한국고대사의 재인식

저자 │ **박경철朴京哲**

1952년 서울 출생

서울고등학교 졸업

고려대학교 법과대학 법학과 졸업

고려대학교대학원 사학과 석사, 박사 졸업

강남대학교 교수

고조선사연구회 회장

(재)고구려발해학회 감사

**한국고대사의
재인식**

초판인쇄일 2018년 3월 24일
초판발행일 2018년 3월 26일
지 은 이 박경철
발 행 인 김선경
책 임 편 집 김소라 · 이순하
발 행 처 도서출판 서경문화사
          주소 : 서울시 종로구 이화장길 70-14 105호
          전화 : 743-8203, 8205 / 팩스 : 743-8210
          메일 : sk8203@chol.com
등 록 번 호 제 300-1994-41호
ISBN   978-89-6062-204-3   93900
ⓒ 박경철. 2018

한국고대사의 재인식

박경철 지음

서경문화사

책을 내면서

늦깍이 대학원생으로서 설레임과 망설임 가운데 학문의 길에 첫 발을 내딛은 지 35년 星霜이 흘러 왔습니다. 그 일이 엊그제 같은데 어느덧 그렇게 많은 세월이 지나쳐 가버리고 만 것이지요. 그런데 길다면 길수도 있는 나의 학문적 여정은 2018년 2월 강남대 교수로서의 정년을 맞이함으로써 하나의 단락을 매듭지을 시점에 이르게 된 것 같습니다. 적지 않은 시간의 흐름 가운데서 그동안 읽고 생각하고 또 쓰면서 갈무리해 두었던 것들을 꺼내고 다듬어 바깥 세상에 한 번 내어 놓고 싶다는 어쭙지 않은 욕심에서 부끄러운 마음으로 이 변변치 못한 책을 펴내고자 합니다.

이 책을 엮으면서 모자람과 부족함이 많은 저에게 언제나 크나큰 학문적 가르침과 인격적 감화를 아낌없이 베풀어 주셨던 고려대학교 사학과의 여러 은사님들에게 다시 한 번 마음속으로 고개를 숙이고 감사의 마음을 전해 드리고자 합니다. 특히 지도교수이신 김정배 선생님께서는 학문적 깨우침과 더불어 메마르고 가파르기 만한 나의 사람됨에 조금이라도 따스함과 여유를 가질 수 있도록 합리적인 사고와 유연한 언행이 가지는 힘을 뼈저리게 느낄 수 있는 많은 가르침을 베풀어 주셨음을 잊지 못합니다.

뿐만 아니라 항상 너그러운 아량을 가지고 이 옹졸하고 못난 후배를 이끌어 주고자 애쓰시던 여러 선배님들에게 따뜻한 감사의 정을 전하고 싶습니다. 그리고 아우이자 벗으로서 많은 시간을 어울려 지냈고 이 순간에도 각자의 소임을 다하면서 학문에 전념하고 있는 후배들의 모습이 새삼 아련해지는 것만 같습니다. 아울러 낯설은 이국 땅에서 풍찬노숙(風餐露宿)의 어려움을 묵묵히 견디며 학문적 관심을 공유하고 그 열정을 함께 나누었던 '고구려 연구자 모임'과 '고조선사 연구회'의 여러 동학들에게도 새삼 감사의 마음을 전하고자 합니다.

그리고 무엇보다도 이 고마움의 마음을 지금 이제껏 이 자식을 믿고 묵묵히 뒷바라지 해주시다가 100수(壽)를 훌쩍 넘기신 어머님과 철부지 동생의 가는 길을 오직 기도와 말없는 격려로 지켜보아 온 누님 부부들께 전하고 싶습니다.

아울러 모자람임이 많은 저에게 가르침과 배움의 기회와 터를 18년간이나 베풀어 주신 강남대학교의 윤신일 총장님을 비롯한 여러 교수님들에게도 다시 한 번 머리를 조아려 감사드리고자 합니다.

끝으로 많은 어려움에도 불구하고 이 책을 세상에 나오게 하는데 애써준 임기환, 정호섭, 양인호, 강나리 선생과 김선경 사장님 이하 서경문화사 관계자 여러분께 감사의 말씀을 전합니다.

2018년 3월 박경철

이 책을 읽는 분들께

이 책은 크게 네 부분의 17편의 논문으로 구성되어 있다. 첫 번째 부는 '고구려의 국가형성'으로 엮어 보았다. 고구려사 전개에서 보여주는 지속적이면서도 집요한 군사적 팽창 정책은 그 국가의 내재적인 성향 혹은 경향성(傾向性)과 유관한 것이다. 고구려 국가의 이러한 내재적 특성은 국가 형성기에서부터 이미 배태(胚胎)되고 있었다는 점에서 고구려의 국가 지배구조와 그 국가 성격 파악을 위한 노력의 첫 출발점도 그 국가 형성 과정의 검토가 될 수 밖에 없다. 제1부 첫 번째 글인 '고구려의 국가형성'은 이 문제에 대한 개론적인 것으로, 이후 세 글은 그 각론에 해당된다고 볼 수 있다.

제2부는 '고구려 국세팽창과 전쟁'이라는 주제를 다루고 있다. 특히 '고구려 군사전략 고찰을 위한 일시론'은 '전구(戰區)'라는 개념 틀을 매개로 고구려 국세 팽창 과정을 그 군사전략의 계기적인 구현 과정으로 파악하여 일별해 본 글이다. 나머지 네 글들은 이러한 고구려의 국세팽창 전략들이 실제 군사행동 및 전쟁이나 특정 지역 경영 과정에서 여하히 관철되고 있었나를 고찰한 글들이다.

제3부에서는 '고구려 국가·사회의 존재양태'의 한 측면을 검토하고 있다. 이 장에서는 먼저 고구려의 공간적인 '중심-주변'의 차별성과 주변 세력의 존재 양식을 적석총 유적군들을 지표로 하여 검토해 보았다. 또 집안(集安)에 소재한 '통구(通溝) 고분군'에 대한 통계학적 접근을 시도해봄으로써 고분 축조의 mechanism과 그 축조집단의 존재양태의 변화상을 엿보고자 하였다. 마지막 글에서는 고구려가 지속적 국세팽창 정책에도 불구하고 제국(帝國)으로서 공간적인 안정성과 구조적인 성숙성을 갖추는데 미흡했음을 고찰하였다.

마지막 부인 '고조선·부여사의 재인식'에서는 먼저 고조선·부여의 주민 구성 문제를 검토한 후, 부여사 전개를 개관하고, 부여의 국가 지배 구조의 특성을 파악하고자 하였다. 또 고조선사 전개를 둘러싼 내·외적 계기를 문화적 기반의 변화상과 대외관계의 진전상을 중심으로 검토하고 있다.

위의 글들 중에는 그 집필 시점이 상당히 경과하여 많은 수정과 보완이 필요한 글들이 대다수이다. 그러나 필자는 이러한 사실 자체가 나의 학문적 역량이 미흡함 속에서 나마 조금씩 앞으로 나아가고 있었다는 반증이며, 또 앞으로의 배움의 길을 감에 있어 하나의 시금석(試金石)이 될 수도 있다고 생각하여 일절의 가필(加筆)을 삼간 점을 밝혀두고자 한다.

박경철 선생님의 정년에 부쳐

2018년 2월에 박경철 선생님께서 오래 동안 재직하셨던 강남대학교에서 停年하셨다. 정년이라는게 대학교 전임교원으로서 연구와 교육의 자리에서 물러난다는 뜻이지, 학업이나 연구를 그만두는 것은 아니다. 하지만 정년을 통해 지금까지 생활에서 큰 매듭을 짓게 되셨다는 점에서 축하의 말씀을 드리지 않을 수 없다. 또 정년을 맞으시면서 그동안 쌓아온 연구 성과를 추려 하나의 책으로 출간하셨다. 내게 머리에 부치는 글을 부탁해오셨으니, 박 선생님과의 인연을 소중하게 여겨온 나로서는 무엇보다 기쁜 마음이다.

내가 알기로는 이 책이 박경철 선생님의 유일한 개인 저작이다. 이 책이 이렇게 묵직한 것을 보면, 그간의 연구가 만만치 않았음을 알 수 있다. 그럼에도 그동안 개인 저작이 없었음은 박 선생님 특유의 무심함과 겸손함 때문일 것이다. 이제라도 한권의 책으로 묶여져 나온 것을 보니, 그런 박 선생님께도 정년이 특별한 의미로 다가왔던 모양이다. 그러하니 박 선생님의 학문적 여정을 이렇게 한권의 책으로 만나게 됨을 반가운 마음으로 축하드린다.

이 책의 목차에서 보아도 알 수 있듯이 박 선생님은 평생의 공부를 고구려사 연구에 바쳤다. 특히 고구려 초기 역사에 깊은 관심을 기울였고, 연구 시야를 확장하면서 부여사나 고조선사 연구에서도 많은 성과를 거두었다. 문헌 연구를 주로하는 박 선생님이 고구려 고분 등 고고자료를 적극적으로 활용하는 연구가 적지 않음을 보면, 박 선생님이 중국에 있는 고구려 유적 답사에 열정을 다하였던 이유를 알게 한다. 또 석사학위논문 작성 때부터 시작된 전쟁사에 관심을 담은 연구들 역시 이 책에서 중요한 몫을 차지하고 있다. 이렇듯 폭과 깊이에서 연구사의 한 세대를 감당한 박 선생님께서 이 책을 통해 후학들에게 만만치 않은 가르침을 줄 수 있을 것이라는 기대가 무엇보다 기쁘다.

책머리에 부치는 글을 쓰면서 박선생님과 함께했던 적지 않은 시간들을 돌아보게 되었다. 박경철 선생님은 '고연모'의 가장 연장자이다. '고연모'는 "고구려사 연구자들의 모임"의 약칭이다. 고연모는 2004년 이른바 중국의 '동북공정'으로 인해 한국사회가 고구려사 지키기 운동으로 한바탕 떠들썩하던 시기에 관련 연구자들이 자발적으로 구성한 모임이다. 그 때 10여명 정도에 불과한 연구자들이 뜻을 같이해 모임을 만들고 박선생님을 큰 형님으로 모셨는데, 흔쾌하게 동참하시고 후배들을 이끌어주셨다. 그 고연모가 지금은 40여명에 이르는 큰 모임으로 성장하였다. 그러기에 박선생님께서 언제까지나 고연모와 함께해 주시기를 부탁드린다.

박경철 선생님과 함께 고구려 유적 답사를 하면서 겪은 일화를 소개하고 싶다. 내가 아는 한 박 선생님은 중국의 고구려와 고조선, 발해의 역사유적을 가장 많이 탐방하신 분이다. 평소 역사 공부에 있어서 역사 현장의 중요성을 강조하신 이유다. 정년을 앞두고도 중국 답사를 떠나시는 모습을 보면 후배의 게으름을 반성하게 된다. 또 박 선생님은 평소 털털한 모습이지만, 중국에서 답사할 때에는 전혀 새로운 면모를 드러내신다. 답사 중에 끊임없이 메모하시고, 또 하루하루의 일정을 꼼꼼하게 정리하신다. 나중에 박선생님의 기록에 큰 도움을 받곤 했다. 술을 좋아하시는 건 답사 중에도 여전하시지만 한번도 아침에 흐트러진 모습을 보이지 않으셨다. 내가 정년할 때까지 박 선생님과 함께 고구려 유적 답사 가기를 희망해본다.

박경철 선생님과 함께한 지난 날을 돌아보며 다시금 정년을 축하드린다. 부디 건강하시어 학업에서 더 큰 성취를 이루시고 후배들과의 만남도 즐겁게 이어가시기를 기원한다.

2018년 3월, 고연모를 대표하여 후학 임기환 씀.

차 례

제3부
고구려 국가·사회의 존재양태

제4부
고조선·부여사의 재인식

제1부
고구려의 국가형성

제1장
고구려의 국가형성

1. 고구려사회의 형성(B.C. 3C~2C 초)

1) '고구려사회'란

'고구려사회(高句麗社會)'란 고구려가 '국가(state)'로서 발흥하기 이전 곧 B.C. 3C~B.C. 1C 하반기의 압록강(鴨綠江) 중류 유역과 그 지류인 혼강(渾江)·독로강(禿魯江) 유역 일대에서 적석총(積石塚)을 축조하던 맥계(貊系) 여러 세력집단 그 자체 혹은 그들의 존재양태를 지칭한다. 이러한 '고구려사회'에 대한 접근은 국가형성기를 전후한 당해지역에서의 적석총 축조집단의 실체와 그 존재양태 해명에 초점을 맞추어 행해지고 있다. 우리 학계에서 흔히 사용되는 '원(原)고구려사회' 혹은 '구려종족사회' 역시 이와 같은 실체의 다른 표현 일뿐이다.

B.C. 1,000년기(年紀) 후반 이후 중국 동북지방에서는 철기문화의 진전과 함께 요녕(遼寧) 동부지방·길림(吉林) 지방에서는 토광묘(土壙墓)가 예맥계 제 집단의 기본묘제로 광범위하게 확산·정착되고 있었다. 그럼에도 불구하고 B.C. 3C 이래 압록강 중류 유역 일대의 맥계주민 일부는 적석총이라 일컬어지는 지역적으로 특화된 묘제를 자기 집단의 기본적 매장관행으로 삼아 그것을 집중 축조하고 있었다.

고구려사회의 공간적 범위는 이들 적석총의 분포지역과 대체로 합치하고 있다. 즉 초기 적석총에 속하는 무기단적석총(無基壇積石塚)과 기단적석총(基壇積石塚)들은 동쪽으로 압록강 상류 일대, 북쪽으로 용강산맥(龍崗山脈) 일대까지 분포하며, 서쪽계선은 충만강, 남쪽 계선은 청천강(淸川江)·대동강(大同江) 중·상류 산간지대로 설정된다.

따라서 토광묘를 기본묘제로 하고 있는 중국 동북지방 및 한반도 서북부 지방과 확연히 구별되는 이들 지역에서의 적석총의 집중적 축조라는 돌출현상은 고구려 국가형성의 전사(前史)의 이해를 위한 노력에 있어 매우 주목되는 사실이 아닐 수 없다. 왜냐하면 이런 사실은 바로

B.C. 3C 이후 압록강 중류 유역의 맥계 제 집단의 응집력이 현저하게 제고됨으로써 그들이 고구려 국가형성 전사에 있어 하나의 주체로서 그 존재를 뚜렷하게 드러내기 시작했음을 뜻하기 때문이다.

2) 고구려사회 기저집단의 존재양태: '마을' 혹은 '촌'

'고구려사회' 형성의 배경으로 지나칠 수 없는 것은 B.C. 4~3C 예맥문화권(濊貊文化圈) 전체 세력 구도의 변동 추세인 것이다. 그리고 압록강 중류 지역 일대의 맥계 주민들 또한 이러한 예맥문화권 내에서의 세력 재편 소용돌이에서 예외가 될 수 없었던 것 같다.

당시 이 지역에서 빈발했던 것으로 보이는 기저집단(基底集團) 간 사투(死鬪) 수준 무장충돌의 흔적은 예컨대 청동기시대 말기 경으로 추정되는 공귀리 유적(公貴里遺跡) 윗자리 문화층의 집자리가 모두 불에 탔으며, 청동기시대에서 고구려시기의 질그릇이 함께 나오는 심귀리(深貴里) 유적 2호 집자리와 비슷한 구조를 가진 1호 집자리 위에 자리한 3호 집자리는 그 기둥이 불에 타서 넘어진 사례 등이 이점을 적시해주고 있다. 따라서 B.C. 3C 이래 압록강 중류 유역일대의 주민들은 자기 기저집단 생존기반을 확보하는 수단으로 각 집단 별 무장역량의 제고에 진력한 것 같다.

그런데 이 기저집단의 실체에 관련해 몇 가지 견해가 개진된 바 있다. 혹자는 그것을 여러 세대(世帶)의 부부가족들로 이루어진 친족집단들로 구성된 '마을'로 추정하고 있다. 또 다른 견해는 제(諸) 나집단(那集團)의 하부단위인 읍락(邑落) 곧 '곡(谷)' 집단을 구성하는 '촌(村)'의 존재에 주목하고 있다. 이들 기저집단을 B.C. 2C 중엽 경 '구려종족사회'의 나집단(那集團) 형성 이전의 강돌무기단적석총을 축조하던 집단의 존재와 연결시켜 이해하는 견해도 있다.

따라서 이제까지의 여러 논의를 감안해 볼 때 고구려사회의 기저집단은 개별주거의 단혼(單婚) 가족을 특징으로 하는 세대가 모여 이루어진 주거군(住居群)인 세대복합체 및 그것이 구성단위가 되는 세대복합체 군이 거주하는 '소규모 취락(聚落)' 수준에 조응한다고 볼 수도 있다. 그러므로 이러한 고구려사회의 기저집단은 다수의 혈연집단이 지연(地緣)을 연결고리로 하여 결합한 형태로 존재했다고 추정할 수도 있는 것이다.

이러한 기저집단들은 다른 집단을 힘으로 아우르면서, 일정 공간 내에서의 자기 집단의 우월성을 확립하려고 노력하였던 것으로 보인다. 즉 이들 집단은 이해관계를 같이하는 다른 집단과 상호 제휴하여, 자기들과 경합하거나 적대적인 집단들을 힘으로써 제압, 자기 집단 생존기반의 보전·확대를 꾀하고 있었다. 따라서 일정 공간 내에서의 주도권을 확립한 기저집단과 그렇지 못한 집단들 간에 우열 차가 생기면서, 전자를 중심으로 고구려사회의 기본적 사회단위인 '국지적집단(局地的集: local group)'을 형성코자 하는 움직임이 태동되기 시작했던 것으로 추정된다. 그리고 이러한 일정지역 내에서 두각을 나타내기 시작한 기저집단의 지도자는 자기 집단 내 다른 구성원에 대한 자기의 우월성과 차별성을, 또 한편으로는 다른 집단에 대한 자기 집단의 그것을 과시코자 무기단적석총을 축조했던 것으로 보인다.

따라서 B.C. 3C 이래 압록강 중류유역을 중심으로 확대되어 가던 적석총의 집중적 축조라는 돌출현상은 이러한 기저집단의 성장이라는 역사적 사실의 문화적 표현과 다름 아닌 것이다. 또 이런 사실은 B.C. 3C에서 B.C. 2C 초 사이에 이 지역에서 제 기저집단 사이에 고구려사회의 기본적 사회단위가 되는 '나집단' 혹은 '곡집단'으로 표현되는 '국지적 집단'을 형성하기 위한 움직임이 나타나기 시작하였음을 엿볼 수 있다.

3) 고구려사회 '국지적 집단'의 성립: '나집단' 혹은 '곡집단'[1]

한편 이러한 고구려사회의 성장은 철기문화의 수용과 확산에 힘입은 바 컸다. 즉 고구려 초기 국가 발생지역 일대에 주조(鑄造) 제품의 농공구 중심에 일부 병기류가 포함된 B.C. 3~2C 대의 전국계(戰國系) 철기문화가 유입되어, 이 지역 초기철기문화를 형성하고, 그러한 철기들을 바탕으로 농경을 중심으로 한 경제력을 강화하면서, 고대사회로 진전되어 가고 있었다는 최근의 연구 성과가 이를 뒷받침 해 주고 있다. 따라서 철기문화의 진전에 따른 '생산력'의 제고와 정치세력의 성장 사이에 존재하는 함수관계의 실재성은 결코 부인할 수는 없다. 그러한 생산력 및 그에 따른 계층분화의 진전이 각 집단 내부 및 그 집단 상호 간의 계서화(階序化)를 촉진했을 가능성도 충분히 상정된다. 이 점은 각기 다른 형식을 가진 적석총들이 통시적(通時的)·공시적(共時的)으로 상당기간 서로 공존하고 있다는 현상을 통해서도 방증될 수 있다.

그러나 청동기문화에서 철기문화로의 기저문화의 변동과 그 새로운 전개는 압록강 중류 유역 일대에만 국한된 현상이 아니라 당시 예맥문화권 전체의 공시적 역사경험이었다는 점에 주목하여야 한다. 따라서 철기문화의 진전 자체가 고구려사회라는 특정지역의 내재적 발전의 가장 중요한 동인으로 인식함은 당해 사회만이 갖고 있고, 따라서 그 사회의 형성과 발전을 내재적으로

---

1 최근 정치인류학계 일각에서는 인류의 정치·경제·사회 발전의 진전상을 (family level society(group)→local group→regional group→state)로 파악, regional group의 실체를 'simple and complex chiefdom'으로 적시하고 있다. Allen W. Johnson & Timothy Earle, 1987, *The Evolution of Human Societies: From Foraging Group to Agrarian State*, Stanford, Stanford University Press, pp.15~22; Timothy Earle, 1994, "Political Domination and Social Evolution", Edited by Tim Ingold, *Companion Encyclopedia of Anthropology*: Humanity·Culture and Social Life, New York, 1994, Routledge, pp.940~961(朴京哲 譯, 1999, 「政治的 支配와 社會進化」, 『史叢』50).

규정하고 있는 요인을 간과할 가능성이 없지 않은 것이다. 따라서 고구려사회 형성과정과 그에 내재한 현상적 특성을 고찰할 필요성이 제기된다.

고구려사회의 공간적 무대가 되는 압록강 중류 유역 일대는 농경에 부적할 정도로 자연환경이 열악하고 그로 인하여 농경지와 개간이 가능한 가경지(可耕地) 확보가 매우 힘든 지역이었다.

따라서 고구려사회는 농경이 이 지역의 주요 생업기반으로 정착화 된 청동기시대 이래 인구가 증가하기 시작, 그 인구압(人口壓)은 이미 이 지역에서의 농업생산이 가지는 부양능력의 한계치를 초과하는 수준에 다다랐을 가능성이 없지 않다. 집안(集安) 일대의 한정된 공간에 밀집분포하고 있는 다기 다양한 형식을 가진 1만 여 기 고분들 역시 고구려사회 형성 이래 이 지역에 언제나 존재해 온 인구압의 실상을 가늠케 해주는 좋은 예가 되고 있다. 따라서 각 기저집단들이 농경지 및 가경지 확보·확대 여부를 자기 집단의 생존기반을 보전·강화하는 열쇠로 인식하게 되었음은 자명한 사실이다.

이러한 농경지와 가경지의 확보를 둘러싼 치열한 갈등·조직화된 무장충돌이 먼저 이 지역 제기저집단 간에 빈번히 발생하였을 것으로 짐작된다. 더구나 이렇게 빈발하는 무장충돌은 승리한 집단이 패배하여 분산(奔散)한 적들의 토지를 차지할 수 있게 만들었음은 물론 그에 따른 높은 전투치사율(戰鬪致死率: battle mortality)은 이 지역 토지에 대한 인구압을 감소시키는 부수적 효과도 제공하였던 것이다.

그리고 이러한 소용돌이 가운데서 제 기저집단 간 무장역량에 기반을 둔 일정한 계서적(階序的) 관계가 정립되어, 우월한 기저집단을 중심으로 자기 생존기반을 지키기 위하여 이해관계를 같이하는 제 집단 간에 제휴관계를 뛰어넘어서는 일련의 통합노력도 진행되었을 것으로 보여 진다. 그 결과 B.C. 2C 초 경 일정 공간 내에 공시적으로 존재하던 몇몇 기저집단들이 그중 가장 빼어난 무장역량을 갖춘 하나의 기저집단을 중심으로 일정한 계서관계에 의하여 규율되는 사회단위로서 '나집단' 혹은 '곡집단'이라 지칭되는 '국지적 집단'을 형성하게 되었던 것으로 추정할 수 있다.

그러므로 제한된 공간적 범위 그것도 매우 한정된 농경 가능한 공간에 대한 인구압은 고구려사회 형성과정을 보다 폭력적인 그것이 되도록 하는데 있어 하나의 내재적 규정성을 가지고 작용하게 되었던 것이다. 이렇게 이 지역의 제 기저집단이 국지적 집단으로 결집·성장하는 과정에서 표출된 폭력적·억압적 분위기는 고구려사회의 보편적 정서(情緒)로서 자리 잡게 되었던 것이다. 이 지역 주민들의 인성이 "흉급(凶急)하고 침략을 좋아 한다"는 중국인들의 평가는 이러한 고구려사회 형성과정과 전혀 무관한 것으로 볼 수 없다. 또한 당시 압록강 중류 유역 일대의 명도전(明刀錢)의 퇴장(退藏) 관행은 당시 이 지역에서 삶을 영위하던 주민들 심성구조(心性構造:

mentality)의 표출이라 이해할 수도 있다.

따라서 B.C. 2C경 고구려사회에서 형성된 제 국지적 집단의 특성은 무엇보다도 그것이 물리적 폭력에 바탕하고 또 조직화된 무장충돌을 통해서 성장한 집단이었다는 점에 있다. 곧 각 집단이 조성·축적한 무장역량 및 조직화된 폭력 기제(機制)의 수준은 이 집단이 갖고 있는 어떠한 측면의 역량보다도 질·양면에서 뛰어난 그것이었다. 또 이점은 당시 고구려사회 전반에서 진행되고 있던 '군사화(militarization) 경향'과 무관한 것이 아니었음은 물론이다. 여기서 말하는 '군사화 경향'이란 당해 지역의 주민들의 삶이 군사적 관점에 의하여 통제되는 사회성향을 지칭하는 것이다.

그러므로 B.C. 3C에서 2C 초 사이 고구려사회 형성과정은 맥계 주민들의 생태적 적응 과정에서 비롯된 과도한 군사화 경향을 현상적 특성으로 하는 제 기저집단의 물리적 폭력에 바탕 한 무기단적석총을 조영하는 사회단위로서의 제 국지적 집단의 형성과정으로 파악할 수 있다.

2. 고구려사회의 발전(B.C. 2C 초~B.C. 1C)

1) 고구려사회 '지역 집단'의 성립: '나' 혹은 '국'

고구려사회의 정치적 성장을 자극·촉진한 것은 이 지역의 내재적 발전과 더불어, 진(秦: B.C. 221년)과 한(漢)의 중원 통일(B.C. 202년) 그리고 동호(東胡)를 공파한 흉노(匈奴)의 강성 (B.C. 209~174년)과 이에 맞물린 위만조선(衛滿朝鮮) 성립(B.C. 194년)과 발전 및 부여(扶餘)의 국가형성(B.C. 3C~B.C. 2C 말)과 한의 창해군(滄海郡) 설치 책동(B.C. 128~126년) 등 동북아시아 방면의 정세변동이었다.

B.C. 2C 초 이전까지 제 국지적 집단을 주체로 고조된 압록강 중류 유역일대에서의 과도한 군사화경향은 이 방면에서의 정치적 통합노력을 저해하는 방향으로 작용해왔다. 그러나 B.C. 2C 초에서 B.C. 2C 말 사이 고구려사회는 위만조선의 성립과 팽창·부여의 입국과 성장 및 한 (漢) 세력의 침투라는 외적 충격을 받게 되었다. 따라서 고구려사회는 일정지역 내의 무장역량이 우월한 유력한 국지적 집단을 중심으로 한 정치적 통합을 적극적으로 추진하는 움직임이 본격화되어 갔다. 그리고 이러한 움직임은 그간 이 지역 전체의 군사화 경향에 따라 조성·축적되어 있던 각 국지적 집단별 무장역량이 고구려사회의 정치적 통합을 담보하는 구심력(求心力)으로 작용하게 되었음을 뜻한다.

따라서 당시 위만조선·부여·한 세력의 존재는 고구려사회의 성장·통합에 대한 자극제임과 동시에 멍에라는 두 가지 의미를 가지고 작용하고 있었던 것이다. 즉 B.C. 2C 초 경 싹터서 B.C. 2C 말 경 본격화한 고구려사회의 정치적 통합노력은 이 방면으로 세력침투를 도모하는 외부 세력에 대항하기 위한 힘의 결집과정과 궤를 같이 하고 있었다.

또 그것은 B.C. 2C 초 이래 고구려사회를 구성하고 있던 사회단위로서의 나집단·곡집단 같은 제 국지적 집단이 군장사회(君長社會: chiefdom) 수준의 '나(那)'나 '국(國)' 같은 '지역집단(地域集團)'을 형성하는 과정이었던 것이다. 여기서 군장사회란 수장(首長)을 중심으로 한 특정혈연집단에 의하여 지배되는 지연(地緣)에 바탕한 '지역집단(regional group)'을 일컫는 용어이다. 고구려사회의 '나' 혹은 '국'은 물론 흔히 '성읍국가(城邑國家)'·'소국(小國)'·'초기국가'도 그 실체는 군장사회인 것이다.

고구려사회는 나(那)나 국(國) 같은 지역집단이 성립하는 B.C. 2C 말 경을 전기(轉機)로 하여 종래의 강돌 무기단적석총에 갈음하여 절석기단적석총(切石基壇積石塚)을 축조한 것으로 추정된다. 이렇게 강돌 무기단적석총에서 절석기단적석총으로의 적석총 조영 양식 변화는 이 집단 내에서 거석(巨石)의 운반·가공·구축을 담보하는 일정한 노동력 동원 기제가 이전보다 한층 실효적으로 가동되게 되었음을 엿보게 해준다. 아울러 이 사실은 일정 지역에서의 특정혈연집단으로 보다 힘을 집중시킬 수 있게 된 지역집단인 군장사회의 성립이라는 역사적 현실이 묘제라는 문화규범으로 표출된 것을 뜻하는 것이기도 하다.

그리고 이러한 사실은 집안 일대에 존재하는 고분군(古墳群)의 실태를 통해서도 다시 한 번 구체적으로 확인할 수 있다. 고구려사회 형성과정과 관련 주목해야 할 사항은 석분류(石墳類) 가운데 적석묘(무기단적석총)에서 방단적석묘(方壇積石墓: 기단적석총)로의 이행양상이다.

그런데 집안 현성(縣城) 일대·통구(洞溝) 일대에는 1만 1,330기의 고분 가운데는 무기단적석총과 기단적석총이 4,078기나 집중 분포하고 있음이 주목된다. 한편 이 지역 적석총의 경우, 무기단적석총에서 기단적석총으로 이행함에 있어 만보정묘구(万寶汀墓區)와 같은 예외(205기→449기)가 없는 것은 아니지만, 대체로 2,886기에서 1,197기로 거의 60% 감소한다는 사실은 눈여겨보아야 할 대목이다. 이는 바로 이 지역에 있어 무기단적석총에서 기단적석총으로의 이행은 단순히 적석총의 축조양식 상의 변화라기보다는 그것을 축조한 집단의 정치적 존재양식에 있어 질적 고양을 의미하는 것이다. 왜냐하면 먼저 이러한 적석총 형태 및 조영 양식 변화에 따른 적석총의 거의 60%에 달하는 양적 감소는 기단적석총을 축조하던 단계에 처한 사회 내 지배집단의 범위가 그 이전에 비하여 60% 가까이 축소되었고, 또 그 사회의 정치·경제·사회적 제 역량이 더욱 소수의 지배집단에 의하여 과점(寡占) 됨을 뜻하는 까닭이다. 따라서 기단적석총을 축조하는 단계의 지배집단은 그것을 구축하는데 필요한 인적·물적 자원의 동원기제를 이전보다 한층 실효적으로 그리고 조직적으로 가동할 수 있는 제반 권능을 획득하게 되었던 것이다. 즉 이러한 묘제의 변화 양상은 적석총 축조집단 내 지배집단 범위의 축소와 그들로의 힘의 집중도 제고를 담보하는 당해사회에 있어서의 정치적 존재양식의 질적 고양이 이루어졌음을 엿보게 해준다. 그러므로 필자는 무기단적석총에서 기단적석총으로 묘제라는 문화규범이 바뀐 사실을 고구려사회에서의 지역집단의 성립이라는 정치적 존재양식의 전향적 변화와 연결시켜 이해하고자 한다. 아울러 이 사실은 고구려사회를 구성하였던 제 지역집단이 빈발하는 내적 갈등과 가중되는 외압을 극복하고 정치적 통합노력을 꾸준히 추진할 수 있는 주체로서 성장하고 있었음은 입증해주는 셈이다.

그러나 무엇보다도 압록강 중류 유역일대의 제 지역집단의 성립 자체는 고구려사회 형성과정과 궤를 같이하며 심화되어온 이 지역·사회의 전반적 군사화 경향의 한 단계를 매듭짓는 결절점이었다. 이러한 고구려사회의 전반적 군사화경향은 제 지역집단 구조와 성격뿐 아니라, 국가형성기 고구려의 그것들마저 내재적으로 규정짓게 되었을 것으로 판단된다.

그런데 나와 국 같은 지역집단은 늦어도 B.C. 2C 말까지 고구려사회에 다수 성립·발전하고 있었다. B.C. 2C 말을 전후하여 압록강 중류 유역일대의 새로운 상황 전개는 중국인들의 관점에서도 그곳의 주민들 및 그들이 집중적으로 구축한 적석총분포지역을 '구려(句麗)'라 특칭하면서 '조선(朝鮮)'과 여타 '예맥(穢貊)' 집단과 분별 인식할 필요성을 느낄 만큼 주목에 값하는 사실이었다.

2) 고구려사회 '지역 집단'의 존재 양태

오늘날 관련학계는 압록강 중류 유역 일대에 산재한 적석총이 집중적으로 축조된 고분군을 대략 9개 정도의 지역 별로 분별·인식하고 있다. 또 이 9개의 고분군들은 모두 압록강 상·중류 유역과 그 지류인 독로강 유역 그리고 혼강 유역 등에 주로 하천 수계에 연하여 조영되어 있다. 또 그것의 분포상은 대체로 이 지역에 구축된 여러 성(城)의 그것과 겹치고 있다. 따라서 당시 고구려사회 내의 제 지역 집단은 압록강 중류 유역 일대의 발달된 하천 수계를 따라 성을 구축하기에 적당한 당해 지역의 주요 전략 거점을 장악한 적석총 축조집단이었음을 확인할 수 있다.

현도군(玄菟郡)은 4만 5천호(戶)와 22만 1천 845구(口)의 주민을 관할하고 있었던 것으로 파악되고 있다. 그런데 한사군(漢四郡)의 한 개 속현(屬縣)의 인구수가 군장사회의 그것인 12,000여 명과 비슷하다는 견해가 있다. 그렇다면 현도군 관할지역에는, 22만 1,845인(人)/1만 2천인=약 18.4, 그러므로 대략 18개 정도의 군장사회가 있었던 것으로 추산할 수 있다. 그러나 『삼국지』상 고구려의 주민이 3만호 곧 15만 명이었다는 점은 당시 현도군 관할지역 및 주민이 고구려사회 주민들과 반드시 일치하지 않았음을 의미할 수도 있다. 따라서 당시 고구려사회는 『삼국지』상 고구려의 주민이 15만 인이었다는 점에서 15만 인/12,000 인=12.5, 곧 최소한 12개 정도의 군장사회를 아우르고 국가로서 형성·발전하고 있었다고 사료된다. 이러한 점을 감안할 때, B.C. 2C 말을 전후한 고구려사회에는 대략 최소한 12개 이상에서 최대한 18개 이하의 군장사회 곧 지역집단이 존재하고 있었다고 추정할 수 있다.

만일 이들 지역집단이 압록강 상류 유역의 장백(長白) 및 자성(慈城) 지역·압록강 중류 유역의 만포(滿浦) 지역·압록강 중류 유역의 위원(渭原) 지역·압록강 중류 유역의 초산(楚山) 지역·독로강 유역 등 다섯 지역에 각기 하나씩 성립하였다고 가정할 때, 나머지 7개에서 13개의 지역집단은 주로 넓게 보면 압록강 중류 유역의 집안 지역과 혼강 유역에서 집중적으로 형성·발전된 것으로 파악할 수밖에 없다. 이 점은 집안 지역과 혼강 유역 일대에 집중 축조된 적석총들이 다른 어떤 지역보다도 그 질·양면에서 압도적인 우월성을 드러내고 있다는 점을 통해서도 확인될 수 있다. 따라서 고구려의 국가형성을 주도하였던 세력들은 주로 이 두 지역에 위치한 지역집단들이었을 것으로 판단된다.

당시 중국인들은 고구려사회를 주도한 두 세력으로서 '구려'라 지칭되던 압록강유역의 맥족 집단인 '대수맥(大水貊)'과 '구려별종(句麗別種)'으로 인식되던 혼강 유역 '소수맥(小水貊)'을 거론하고 있다. 그런데 혼강 유역에 조성된 적석총들은 집안지역에 비해 그 질·양면에 있어 현격한 열세를 보이고 있는 점은 대수맥을 '구려'로, '소수맥'을 '구려별종'으로 파악하는 당시 중국인들의 인식과 궤를 같이하고 있다.

한편 집안 일대에 존재하는 고분군(古墳群)의 실태를 보다 세분하여 검토하면, 무기단적석총에서 기단적석총으로의 이행과정에서 통구하(洞溝河)를 기점(基點)으로 서측의 마선구묘구(麻線溝墓區)(419→373)·七星山(칠성산) 묘구(745→92)·만보정 묘구(205→449)로 총 1369 기에서 914 기로 33% 감소했다. 반면 동 측의 우산(禹山) 묘구(1067→238)·산성하(山城下) 묘구(450→52)·하해방(下海放) 묘구(0→0)로 총 1517 기에서 290 기로 거의 80%가 감소하고 있다. 이 점은 우산 묘구를 중심으로 하는 통구하 동측에서 제 지역집단 성립과정에 따른 제 집단의 세력 재편과정이 그만큼 광범위하고 가파르다는 점을 방증해주고 있다. 따라서 제 집역집단 성립을 전후한 갈등과 세력 재편의 폭은 대수맥의 경우, 우산 묘구를 중심으로 하는 통구하 동측의 기단적석총을 축조한 집단들이 주체가 되었던 그것들에서 더 컸으리라 추단된다.

3) 고구려사회와 현도군

B.C. 2C 말 전한(前漢)은 위만조선을 공멸(B.C. 108년)하고 그 땅에 군현들을 설치, 동북아시아 방면으로의 적극적 세력팽창을 도모하고자 하였다. 또 한은 압록강 중류유역 일대의 '구려

만이(句麗蠻夷)'를 제어하고자 다른 군현들을 설치한 1년 뒤인 B.C. 107년 현도군을 설치하였던 것이다. 곧 전한은 압록강 중류 유역의 지정학적(地政學的)·전략적 우위성을 자기 측에 확보하고, 고구려사회의 성장과 정치적 통합노력을 제어하고자 하는 정책적 구도 하에 현도군을 설치하였던 것이다.

한은 당시 고구려사회의 지역별 세력 판도를 정확히 읽고, 그에 맞춘 분할지배(divide and rule) 정책을 실시함으로써 자기들 세력침투·확산정책의 실효성을 제고하고, 이 지역에서의 정치적 통합노력을 억제코자 하였다. 따라서 한 측은 그 수현(首縣)인 고구려현(집안)으로 하여금 고구려사회의 중심지인 집안지역 일대의 대수맥을, 통화(通化)의 상은태현(上殷台縣)은 혼강 유역의 소수맥을, 서개마현(西蓋馬縣)은 압록강 중류유역 좌반(左畔)을 각각 관할케 한 것으로 추정된다.

그러나 당시 현도군이 원래 20여 개의 속현을 설치해야만 제대로 지배권 행사가 가능한 지역에 3개의 속현만을 설치·운용한 점은 그만큼 당시 고구려사회에서는 한 측의 지배장치가 치밀하고 주도면밀하게 가동되지 못했었음을 시사해주고 있다.

B.C. 2C 말 현도군 건치 이후 그 수현인 고구려현의 현령(縣令)이 고구려사회의 각급 수장들을 개별적으로 파악하여 그들로 하여금 자기 현이 관장하는 '조공무역(朝貢貿易)'에 참여케 함으로써, 교역을 매개로 고구려사회를 구성하는 제 집단의 분할지배를 꾀하였음을 보여 주고 있다. 즉 현도군은 고구려사회의 각급 집단 수장들이 한군현에 귀복하는 대가로 이들의 자기 집단 내에서의 또는 타 집단에 대한 한 제국의 권위를 빌미로 하는 '위의(威儀)'를 과시하는 '고·취·조복의책(鼓·吹·朝服衣幘: 북·나팔·관원이 조정에 나아갈 때 입던 예복)'과 같은 권위재는 물론 악공(樂工) 같은 '기인(技人)'까지 공급하였다. 한 측은 이를 통하여 이 지역에 대한 한문화의 침투·확산을 도모 하였을 뿐 아니라, 그곳에서의 독점적인 권위의 최상위 창출자로서 위상을 점하고자 하였던 것이다. 따라서 현도군은 이런 조건 하에서 교역장소·시기·품목·교환율의 결정권을 자기 측에 유보한 채 개별 집단별로 차등적 교역조건을 강요함으로써 고구려사회의 갈등과 분열을 조장할 수 있었던 것이다.

한 세력의 고구려사회 침투에 가장 민감한 반응을 보인 것은 이러한 제 지역집단의 군장(君長)급 수장들(chieftains)이었다. 이들은 현도군 설치 이후 몇 가지 면에서 위기의식을 공유하고 있었을 것으로 추정된다. 당시 한반도 서북부와 요녕 지방에 설치된 현도군을 비롯한 한 군현들은 고구려사회가 자원이 상대적으로 풍부한 주변지역들로 접근할 수 있는 가능성을 효율적으로 차단하였던 것이다. 따라서 점증하는 인구와 한정된 가경지에 부담을 갖고 있던 고구려사회는 이 지역으로 진출해오는 한 세력을 자기 발전의 멍에로 인식하게 되었던 것이다

한편 현도군은 임의로 설정한 교역조건 하에서 기존 제 지역집단의 계서적 구조·질서를 의도

적으로 간과하면서 지역집단급 세력뿐 아니라 그 하부 구성단위인 국지적 집단 심지어는 제 기저집단의 수장이나 실력자들과 개별적으로 또 차별적으로 교역을 행하였을 개연성이 크다. 그 결과 제 지역집단의 군장들은 이제껏 누려왔던 교역에서의 독점적 지위를 상실하게 되었던 것이다. 그리고 현도군의 이러한 교역을 매개로 한 분할지배정책은 무엇보다도 나름대로 유지되어 왔던 제 지역집단을 기축으로 유지·운영되던 고구려사회의 계서적 구조·질서의 동요를 유발하는 교란요인이 되어, 각급 집단 간의 갈등·분열을 증폭·확산시키는 결과를 초래하게 되었던 것이다.

따라서 이 지역의 제 지역집단은 지금껏 조성·축적한 무장역량을 결집시켜, 한 측이 설정·강요하는 봉쇄선(封鎖線)을 돌파하고, 이 지역의 기존질서·구조를 해체시키려는 기도에 대하여 실효적인 군사적 타격을 가하여, B.C. 75년 집안 지역에 있던 현도군의 수현인 고구려현을 신빈현(新賓縣) 쪽으로 축출하는데 성공하였던 것이다.

'책구루(責溝婁)'의 존재는 고구려사회와 한 세력 간의 교섭에 있어 한 측의 일방적 주도권 아래에서 이루어지던 교역이 이러한 상황 진전에 힘입어 그 장소·시기·품목 등에 있어 쌍방당사자 사이의 일정한 합의가 전제되는 그것으로 변화하고 있음을 시사하고 있다. 즉 고구려사회를 구성하는 제 지역집단의 군장들은 제고된 그들의 교섭력에 힘입어 개별적으로 현도군 측을 상대로 하여 책구루라 일컬어지는 일정 장소에서, '세시(歲時)' 곧 연초인 정월에, '조복의책' 같은 일정한 품목을 수수하는 교역에 관한 합의를 도출할 수 있었던 것으로 보인다.

우리 학계에서는 책구루의 축조 시기를 본서처럼 B.C. 75년 제1차 현도군 축출 직후의 상황으로 파악하지 않고, 이를 훨씬 후대의 사실로 파악하여 이 문제를 달리 해석하는 견해가 제시되고 있다. 즉 각 정치세력의 독자적 대외교섭권이 '책구루'라는 단일창구로 일원화됨을 연맹체(聯盟體)를 대표하는 고구려 왕권의 성장으로 이해하는 견해와 이를 1C 전반 계루집단(桂婁集團)에 의한 '국가권력의 성립'을 시사하는 것으로 파악한 견해가 그것이다.

어쨌든 제1차 현도군 축출과 책구루의 존재는 고구려사회 내부에 있어 대한 교역과 관련된 각급 구성 집단들 사이의 제반 합의 도출과 그 이행을 가능케 할 수준의 정치적 통합 노력의 필요성에 대한 자각을 불러일으키는 계기를 제공하였을 것으로 짐작된다. 그리고 그러한 노력은 스스로를 '고구려'라 자임하던 이 지역 주민들이 공유하고 있던 기왕의 문화적 동질감을 바탕으로 또 외압 극복을 위한 대한 군사행동에서 싹튼 공동운명체의식이라는 한층 고양된 응집력 가운데서 점차 진전되어 가고 있었다.

B.C. 2C 말 한의 위만조선 공멸(B.C. 108) 및 한군현, 특히 현도군 설치(B.C. 107)로 표상되는 한 세력의 동북아시아 방면으로의 적극적 팽창세는 이미 나와 국 같은 지역집단 수준의 정치적 경험을 공유하고 있던 고구려사회 제 집단의 정치적 갈등을 증폭·확산시키는 결과를 초래했

다. 그러나 이 와중에서 현안인 외압을 극복하고 고구려사회 내에 빈발하는 제 갈등과 분열의 효율적 수렴과 실효적 통합을 담보·추진하기 위한 보다 고양된 정치적 존재양식의 창출을 지향하는 움직임도 서서히 고개 들고 있었던 것이다.

3. 고구려 국가형성

1) 고구려 국가형성에 관한 제 논의

고구려의 국가형성과 관련된 논의는 대체로 『삼국사기』 고구려본기(高句麗本紀) 초기 기사에 대한 접근방식에 따라 대체로 두 방향으로 논의가 진행되고 있다.

그 하나는 『삼국사기』 초기기사에 대한 소극적 수용 자세와 이에 바탕한 태조왕(太祖王) 대 고대국가(古代國家) 성립론이다. 또 다른 하나는 이 자료를 적극적으로 새기면서, 고구려의 국가형성기를 『삼국사기』 상의 '동명성왕(東明聖王)·유리명왕(瑠璃明王)·대무신왕(大武神王)' 대로 파악하려는 입장이 그것이다.

이 가운데 태조왕 대의 고대국가 성립론은 또한 두 가지 사실에 논의의 초점이 모아지고 있다. 그 하나는 태조왕 대의 왕계교체론(王系交替論)이고, 또 하나는 태조왕 대의 나부체제(那部體制) 성립론이다.

나부체제 성립론은 태조왕 대에 이르러 고구려 국가의 기본적 지배틀이 성립되었음을 의미한다. 이 입장은 '부족국가론(部族國家論)→부체제론(部體制論)'이라는 단계를 거치면서 그 구체성과 적실성을 심화시켜 온 바, 오늘날 우리 학계의 유력한 견해로서 주목받고 있다. 본래 부족국가론은 '부족국가→부족연맹→고대국가'라는 관점에 서서, 고구려가 B.C. 2C 이래 '부족국가'를 그 원초적 형태로 하는 '부족연맹'단계를 거쳐, 2C경 '고대국가'로 성립·발전하였다고 파악한 바 있다.

그리고 부체제론은 이러한 부족국가론의 입장을 수용하면서도, 고대국가 성립기 단위정치조직체의 특성으로서 종래의 혈연성에 갈음하는 지연성에 주목, 고대국가로서의 '연맹체' 확립에 대신하는 '부체제'라는 인식틀을 제시하면서, 1C 후반 태조왕 대에 이르러 강력한 집권력을 갖춘 고대국가 고구려가 확립되었다고 파악하고 있다.

한편 나부체제론은 부체제론을 고구려사에 원용한 경우로서, 논자에 따라 그 구체적 인식에 있어서는 다소 편차를 보이고 있다.

먼저 늦어도 B.C. 40여 년경 대한군현 투쟁의 구심점 역할을 하던 주몽집단(朱蒙集團)이 이 지역 연맹체의 영도세력으로 등장하였다고 보는 견해가 있다. 이 입장은 대무신왕 15년 이후 태조왕 대 이전 어느 시기엔가에 주몽집단의 계루부왕권(桂婁部王權)을 중심으로 5나부체제(五那部體制)를 그 기본 얼개로 하는 고구려연맹체가 형성되게 된 것으로 파악한다. 또한 이러한 입장은 '나부' 자체를 다수 '곡('읍락')'을 구성단위로 한 '나국(那國)'이 다수 결속된 '소연맹체'라 보는 바, '고구려연맹왕국'이란 이러한 다섯 개의 소연맹체의 총화라 인식하며, 초기에는 소노부(消奴部) 곧 비류부(沸流部)가 연맹왕권을 차지하였다가, 이후 그 지위를 넘겨받은 계루부가 연맹 왕권의 기반을 공고히 다지며 태조왕 대에는 5나부체제를 확립시켰던 것이라 이해하고 있다[곡집단→나국→나부=나국의 소연맹체→5나부체제(국가)].

한편 1C 초·중엽경 구려종족사회에 '나부체제'라는 형태의 계루부 중심의 '국가권력'이 성립했다고 보는 견해가 있다. 이 논의는 B.C. 3C 말 경 '원고구려사회'·'구려종족사회'가 형성되고, B.C. 2C 중엽 이들 가운데서 '나'가 성장하다가, B.C. 1C 전반 현도군 축출과정에서 '나국' 및 이들이 뭉친 '나국연맹'이 이루어지고, 다시 그것들이 지역 별로 보다 큰 단위정치체를 구성하게 되었다고 본다. 또 이 입장은 1C 초~3C 후반 계루집단이 이들 각 지역 별 단위 정치체들을 '나부'라는 하부단위치체로 편제함으로써 '나부체제'·'나부통치체제'가 완성·가동되는 과정을 고구려 초기사의 전개라 이해한다. 또 이 견해는 이 나부체제가 3C 이래 해체과정을 밟으면서, 4C 이후 '집권적(集權的) 귀족국가'가 확립되었다고 결론짓고 있다[나집단→나국→나부=나국연맹→5나부체제(국가)→집권적 귀족국가].

이러한 나부체제론은 고구려 국가 형성을 압록강 중류 유역 일대 전체에 통치력을 관철시키는 구심체의 성립이라 파악하면서 그 시기를 B.C. 1C 주몽집단의 출현에서 1C 태조왕 때까지로 파악하고 있다.

한편 이와 달리 고구려 국가형성기를 『삼국사기』 상의 '동명성왕·유리명왕·대무신왕(B.C. 1C 후반~A.D. 1C 전반)' 대로 파악하려는 입장이 있다. 이 견해는 5C 광개토왕릉비문(廣開土王陵碑文) 상에 드러난 '추모왕(鄒牟王)→유류왕(儒留王)→대해주류왕(大解朱留王)'이라는 당시 고구려인들의 자기 국가형성 인식이 『삼국사기』 고구려본기 초기기사의 그것과 부합됨을 방증으로 제시하고 있다. 본서 역시 고구려 국가형성기를 시기를 앞 3대 왕에 한정하여 보려는 입장을 좇고 있다.

어떤 집단의 정치적 존재양식은 고도의 복합적 정치적 조직체(polity)인 '국가(國家: state)' 수준까지 고양됨을 계기로 하여 그 삶이 질·양 면에 있어 종래와는 차원을 달리하게 된다. 즉 국가란 일정한 공간적 범위 안에 존재하는 여러 군장사회(chiefdom)들 가운데 가장 강력한 그것이 주위의 다른 것들을 힘으로 아우르면서, 이들을 정복·통합하는 과정에서 우뚝 서게 된 고도의 복합적 정치적 조직체와 다름 아닌 것이다. 이러한 제 군장사회의 누층적 통합·정복 과정에서 방출된 역동성이 국가형성의 에너지가 된다.

따라서 설사 태조왕 대에 나부체제라는 지배체제가 가동되고 있었다 할지라도, 이 사실은 기왕에 존재해 온 고구려국가의 존재근거가 되는 것이다. 그러므로 바람직한 고구려사 상(像)의 정립은 일단 국가형성의 실상을 밝히고, 이 국가형성의 역동성(dynamics) 속에서 분출되는 에너지를 바탕으로 생성·발전해 온 국가지배구조의 문제를 논의함이 소망스러운 것이다.

단 나부체제론이나 본서의 입장이나 국가 형성을 향한 과정이 '나집단/곡집단=국지적 집단(local group)→나/국/나국=지역집단(regional group) 혹은 군장사회(chiefdom)→국가(state)'라는 정치인류학적 인식 틀과 그다지 다르지 않다는 점에 주목하여야 한다.양자의 인식 시점(視點)의 차별성에도 불구하고, 국가 형성 과정의 마무리 시점(時點)이 모두 A.D. 1C로 비정됨은 새삼 눈여겨 볼 필요성이 있다.

당시 고구려사회 구성원들 사이에는 계속되는 한의 세력침투 기도와 부여의 이 방면으로의 진출 시도 그리고 말갈(靺鞨)의 발호(跋扈)와 선비(鮮卑)의 공세라는 가중되는 외압 및 빈발하는 상쟁(相爭)에서 비롯된 위기의식이 고조되고 있었다. 그러므로 국가형성기를 전후한 압록강 중류유역의 주민들은 보다 고양된 수준의 정치적 존재양식의 창출, 곧 국가 형성을 소망하고 있었다.

영웅시대(英雄時代: Heroin Zeit)란 청동기시대에서 철기시대로의 이행기에 젊은 영웅들의 활약으로 국가가 형성되는 시기를 지칭한다. 본서가 '국가형성기'로 규정한 주몽 출현 이후 B.C. 1C 후반~A.D. 1C 전반의 시간대 또한 우리 역사상의 영웅시대로 잡을 수 있다. 본시 영웅이란 한 시대의 욕구나 흐름을 자기 인생의 한 순간에 가장 고밀도로 응축(凝縮)해서 전면적으로 담아낸 인간을 뜻함과 다름 아니다. 영웅시대란 이러한 인간의 비범한 재능(charisma)과 젊음의 역동성이 뒤엉켜 인류가 경험 해 온 것들 중 가장 고도로 복합적인 그리고 현재까지도 그 대안(對案)이 없는 정치적 조직체(polity) 곧 국가(state)의 탄생을 예비하던 그 시기를 말함이다.

5C 당시 고구려인들은 「광개토왕릉비문」에서 '하느님의 아들(天帝之子)'이며 '하백의 따님(河伯女郎)'을 부모로 하는 추모(鄒牟: 주몽)가 "나라를 세우고(創基)", "유명(遺命)을 이어 받은 세자 유류왕이 도로써 나라를 잘 다스리고(以道興治)", "대주류왕은 왕업을 계승하여 발전시켰"다고 인식하고 있었다. 이 세 왕이 비문에서 영웅시대의 주인공으로 부각됨은 이들이 고구려 국가형성 과정에서 차지하는 위상을 새삼 되새겨 보게 하는 대목이다.

2) 고구려의 국가형성

고구려의 국가형성과정이란 전쟁과 제사(祭祀)를 매개기제로 하여 물리적 힘에 바탕 한 권력장치의 제도화와 권력의 인격화가 정착되는 과정이다. 이 경우 전쟁은 권력의 실질적 기반을 조성하며, 제사는 그것에 이념적 바탕을 부여하는 역할을 수행한다. 그리고 『삼국사기』 고구려본기 초기기사는 이러한 국가형성과정을 잘 적시해주고 있다.

국가형성기 고구려는 증가하는 인구와 한정된 가경지로 인해 걸머지게 된 과부하의 해소책을 모색할 처지에 놓여 있었다. 그러나 한반도 서북 지방과 요녕 지역에 설치한 한 군현들은 고구려가 물적·인적 자원이 풍부한 서부·북부·서남부 지역들로 접근하는 출로를 봉쇄하는 장애물로 기능하였다. 고구려는 이렇게 '우리에 꽁꽁 묶여 버린 상황(a circumscribed environment)'을 군사력 행사를 통하여 정면으로 돌파하고자 하였던 것이다.

즉 동명성왕 대의 B.C. 37년 말갈 외복, B.C. 37~36년 비류국 제압, B.C. 34년 행인국(荇人國) 정벌, B.C. 28년 북옥저(北沃沮) 공멸이 그것이다. 유리명왕 대에는 B.C. 9년 선비 공벌, B.C. 6년 부여의 고구려 내공 기도 좌절, 12년 고구려와 신(新)의 군사충돌, 13년 고구려와 부여의 학반령회전(鶴盤嶺會戰), 14 양맥(梁貊) 공멸 및 한의 고구려현 강습이 있었다. 대무신왕 대에도 21~22년 부여 공멸전쟁, 26년 개마국(蓋馬國) 정벌 및 구다국(句茶國) 내항, 28년 한 요동태수(太守) 내공, 32년, 37년, 44년 '낙랑(樂浪)' 방면 진출 기도 등이 그 예가 된다.

이 사실은 고구려가 국가형성기에 이미 전방위적(全方位的) 국세팽창이라는 전략적 구도 하에 수많은 군사행동을 실시하였음을 시사해주 있다. 그리고 이러한 군사행동의 실효적 수행이 국가형성기 고구려에 있어 역동성 창출의 본원적 추동력으로 작용했음은 두말할 나위가 없다. 이렇게 국가형성기 고구려는 이미 자기 국가의 생존·발전을 위한 전략으로서 지속적인 군사력 조성 정책·노골적인 군사적 팽창정책·피정복주민의 집단예속민화 정책·집단적 사민(徙民) 정책 등을 선택, 자기 발전의 길을 걷게 되었다는 점에서 '전제적 군사국가(專制的 軍事國家: despotic military state)'로서의 면모를 드러내게 되었다.

애당초 그의 처자(妻子)로부터 "보통사람이 아니라고(非常人)"으로 여겨졌던 고구려 시조(始祖) 주몽은 벌써 그 손자인 무휼(無恤)에게는 "신령의 자손(神靈之孫)"으로 인식되고 있었다. 이러한 인식이 바탕이 되어 "하느님의 아들, 어머니는 하백의 따님(天帝之子, 母河伯女郎)"이라는 주몽의 신격화(神格化)가 추진되게 된다. 20년 대무신왕은 동명묘(東明廟)를 건립함으로써 동맹(東盟)이라는 제천행사와 동명묘를 이념적 매개기제로 하는 국가적 제사 의례(儀禮)를 제도화함을 통하여 선왕 대로부터 추진해 온 권력의 인격화(人格化)를 이념적으로 정착시키게 되었던 것이다.

즉 고구려는 국가 주권(主權)의 연원을 하늘(天)에 직결시켜 자기 국가 정통성(正統性)의 기반을 다지고자 하였다. 즉 고구려는 현실 정치과정 속에서 이러한 지배이념을 매개로 자기 국가의 존재 자체 및 그 지배구조의 정당성(正當性)을 제고시켜 나갔던 것이다. 물론 당시 고구려에서 국가는 주권적 통치권을 쥐고 있는 국왕과 동일시되었을 것이다. 따라서 국가형성기 유리왕과 대무신왕은 국가권력 장치 곧 지배구조의 제도화를 지향하면서도, 한편으로는 자신을 그것을 운용하는 힘 곧 국가권력의 체현자(體現者)로서 관념하는 권력의 인격화를 정당화하는 지배이념을 창출하고자 하였을 것이다. 그러므로 국가형성기 고구려에서의 제천의례와 동명왕묘 건립이라는 국가제사체계의 정립은 이러한 지배이념의 물적 가동장치였던 것이다.

국가형성기 이후 3C경까지 고구려 지배체제의 내포를 이루는 중앙통치구조·지방통치체제·군사제도 등의 운영과정에 있어 핵심적 역할을 수행한 것으로 거론되고 있는 것이 바로 '오나부(五那部)'의 존재이다. 따라서 이 계루부(桂婁部)와 '사나부'의 실체와 그 성격 구명을 둘러싸고 종래 학계는 적지 않은 논의를 진행해 온 바 있다.

오늘날 『삼국사기』상의 '4나부'와 『삼국지』의 '5부'를 계기적 존재로 보는 관점이 매우 설득력 있는 견해로 받아들여지고 있음도 사실이다. 그러나 『삼국사기』상의 '나부'와 『삼국지』상의 '부'는 동일한 실체로 파악할 수도 있다. 즉 후자 상의 '연노부(涓奴部)'의 경우, '노(奴)=나(那)'이며, '부' 곧 부족(部族)이란 한족(漢族)들이 북방 이종족의 조직단위에 대한 관용적인 표현에 흔히 사용되는 것이다. 이러한 시각에서 '4나'와 '5부'는 공시적인 동일집단에 대한 각 역사 서술 집단의 각기 다른 시점(視點)에서의 자기표현과 다름 아니다. 이 경우 각기 그 서술 대상으로 포착된 역사적 제 사상의 시점에 대한 정확한 인식이 당시 실재했던 정치조직단위의 역사적 실체를 파악하기 위한 노력에 있어 관건이 되는 것이다.

『삼국사기』에서 '계루부'가 명시적으로 나타나지 않고 또 각 '나'와 관련된 구체적인 역사적 제 사실이 파노라마식으로 적시되고 있음은 당해 고구려본기 초기기사의 서술시점이 국가형성기 이래 건국을 주도한 계루부 중심적이었던 사료를 저본(底本)으로 하여 후대에 재편집된 것임을 방증해주는 것이기도 하다. 이 점이 바로 『삼국사기』 고구려본기 초기기사가 가지는 사료적 가치성을 돋보이게 하는 대목이기도 하다.

반면 『삼국지』는 중국인의 견문과 한족의 '부족' 인식 같은 자신들의 역사적 경험을 바탕으로 하여 서술된 점을 유념해야 함은 물론이다.

그런데 고구려 '오부'가 한인들의 유목 제족(諸族)의 세력편제단위인 부족에 대한 인식에서 비롯된 것이라면, 유목 제족들의 부족제에 대한 정확한 파악이 필요하다. 곧 유목사회의 부족이 혈연적 집단인지, 아니면 지연성에 기반을 둔 의제적(擬制的) 혈연집단인지 혹은 또 다른 보다 합목적적인 인위적 편제인지를 파악함이 당시 중국인들이 인식했던 고구려의 오부의 실체에 보다 정확히 접근하기 위한 지름길이 될 것이다. 그런데 오늘날의 유목사회 연구 성과는 그들의 '부족'을 "현실적인 필요에 의해 의사(擬似) 혈연적인 유대를 전제로 결합된 지역단위의 정치적 집단"이라고 규정하고 있음은 당시 중국인들이 인식했던 고구려 오부의 실체를 파악함에 있어 시사하는 바가 적지 않은 것이다. 즉 이런 고찰은 최소한 고구려의 각 '나부' 혹은 '부'가 혈연적 집단이라기보다는 지역적 정치조직단위체이거나 그것들의 결합체이었던 사실을 적시해주고 있는 셈이다.

5나부 가운데 고구려사 전개에 있어 중요한 역할을 수행한 것으로 지목되는 계루부·비류(나)부·연나부(椽那部)는 이미 대무신왕에 이르러 그 실체가 확연히 드러나고 있다. 그런데 이러한 세 나부의 실체는 외부에서 침입한 전사(戰士) 집단인 주몽집단이 자기의 우월한 군사역량을 매개로 기왕의 고구려사회에 존재하던 다수의 지역집단을 국가지배구조 내로 편제하는 과정에서 인위적·의도적으로 분획된 국가의 하부단위정치조직이었다.

계루부는 왕실과 그 위성(衛星) 세력인 여러 지역집단과 잡다한 제 세력집단들이 결집된 정치세력단위로 우선적으로 조직화되었을 것이다.

비류(나)부의 실체는 본래부터가 세 개 이상의 국지적 집단으로 구성된 하나의 지역집단이었다. 바로 이 점이 "종묘를 세우고, 영성사직에 제사지내는(立宗廟 祠靈星社稷)"하는 별개 제사체계를 지속적으로 유지하는 특권을 향유할 수 있는 기반이 되었던 것이다. 그러나 이러한 비류나부의 특권 또한 국가 지배구조 내에서 제도적으로 보장받는 수준을 벗어나지 못하는 그것이었음은 물론이다. 따라서 비류나부의 지배구조 내에서의 위상 또한 점진적으로 저하되어 갔던 것이다.

유리왕은 기존의 자기 직할세력인 계루부를 확대·개편하고, 또 새로 통합된 제 지역집단을 재편, 국가권력의 새로운 운용단위로 편제하고자 노력하였던 것이다. 따라서 연나부는 고구려가 국초 이래 상대적인 독자성을 보유한 비류나부를 견제코자, 유리왕 대 이래 22년 사이에 적어도 네 개 이상의 제 지역집단을 인위적으로 편제한 정치조직이었다.

그리고 이러한 국가형성기 고구려에 있어서 나부의 형성과정 자체는 이후 그것들의 정치적 존재양태를 일정하게 규정했을 것임은 물론이다. 따라서 이런 사실들은 대무신왕 대의 고구려에 있어 계루부·연나부는 물론 비류나부가 그 국가 지배구조 내에서 행사할 수 있는 힘의 수준과 한계를 시사해주고 있다.

고구려는 추모왕·유리왕·대무신왕 대에 이미 전쟁과 제사를 매개기제로 하여 국가지배구조를 제도화하고, 그것을 움직이는 힘인 국가권력을 인격화함으로써 '국가(state)'로서 엄존하게 되었다. 그리고 계루부·비류나부·연나부는 이미 이때부터 국가의 하부정치단위로 분획·조직되어 있었던 것이다.

이러한 국가형성기 고구려의 국가 성격은 국가형성론적 측면에서 '전제적 군사국가'적 성격이 농후하다고 판단된다. 다음으로 국가 지배구조의 인적 기반이라는 측면에서 '군사귀족제(軍事貴族制: militocracy)' 사회에 바탕을 둔 국가였다. 당시 고구려는 그 주요지배계층이 군사귀족(war lord)으로 충원되는, 항시 무관이 문관에 대한 우월적 지위를 점하는 사회였던 것이다. 마지막으로 지배질서의 측면에서 신분제를 기축으로하여 운영되는 '신분국가(身分國家)'였다. 고구려는 애당초부터 신분제를 근간으로 물리적 폭력에 바탕한 전일적(專一的)인 통제력이 지배·생산·일상의례에 대해 관철되는 국가로 출발하였던 것이다. 그러므로 국가형성기 고구려는 '전제적 군사국가'에서 출발한 '군사귀족제'에 입각한 '신분국가'로서의 성격을 드러내고 있었다. 그리고 이러한 형성기 고구려의 국가성격은 이후 고구려사의 전개에 있어 그 내재적 속성으로 작용하였던 것이다.

∶ 참고문헌 ∶

盧泰敦, 1975, 「三國時代 '部'에 관한 연구」, 『韓國史論』2, 서울대학교 국사학과.

정찬영, 1983, 『압록강·독로강류역 고구려유적발굴보고』, 과학백과사전종합출판사.

金基興, 1987, 「고구려의 성장과 대외교역」, 『韓國史論』16.

林起煥, 1987, 「고구려초기의 지방통치체제」, 『慶熙史學』14.

盧泰敦, 1991, 「高句麗의 歷史와 思想」, 韓國精神文化研究院 哲學宗敎研究室 編, 『韓國思想大系』2.

池炳穆, 1987, 「高句麗 成立過程考」, 『白山學報』34.

余昊奎, 1992, 「高句麗 初期 那部統治體制의 成立과 運營」, 『韓國史論』27, 서울대학교 국사학과.

林起煥, 1995 『高句麗 集權體制 成立過程의 研究』, 경희대학교 대학원 박사학위논문.

琴京淑, 1995 『高句麗 前期의 政治制度 研究』, 고려대학교 대학원 사학과 박사학위논문.

여호규, 1996, 「압록강 중류 유역에서 고구려의 국가형성」, 『역사와 현실』21.

朴京哲, 1996, 『高句麗의 國家形成 研究』, 고려대학교 대학원 사학과 박사학위논문.

余昊奎, 1997, 『1~4C 고구려 政治體制 연구』, 서울대학교 대학원 국사학과 박사학위논문.

朴京哲, 1997, 「기원전1000年紀 後半 積石塚築造集團의 政治的 存在樣式」, 『韓國史研究』98

朴京哲, 1998, 「'고구려사회'의 發展과 政治的 統合 努力: 國家形成期 高句麗史 理解를 위한 前提」, 『韓國古代史研究』14.

노태돈, 1999, 『고구려사 연구』, 사계절.

김기흥, 2002, 『고구려건국사』, 창작과 비평사.

朴京哲, 2002, 「高句麗人의 '國家形成'認識 試論」, 『韓國古代史研究』28.

임기환, 2004, 『고구려정치사 연구』, 한나래.

김현숙, 2005, 『고구려의 영역지배 방식』, 모시는 사람들.

오강원, 2005, 「萬發撥子를 통하여 본 通化地域 先原史文化의 展開와 初期 高句麗文化의 形成過

　　　程」, 『북방사논총』1.

이남규, 2005, 「高句麗 國家形成期 鐵器文化의 展開樣相」, 『고구려의 국가형성』, 고구려연구재단.

지병목, 2005, 「高句麗 成立期의 考古學的 背景: 묘제의 변화과정을 중심으로」, 『고구려의 국가형
　　　성』, 고구려연구재단

심광주, 2005, 「高句麗 國家形成期의 城郭研究」, 『고구려의 국가형성』, 고구려연구재단.

Allen W. Johnson & Timothy Earle, 1987, *The Evolution of Human Societies: From Foraging Group to
　　　Agrarian State*, Stanford, Stanford University Press.

Timothy Earle, 1994, "Political Domination and Social Evolution", Edited by Tim Ingold, *Companion
　　　Encyclopedia of Anthropology: Humanity · Culture and Social Life*, New York, 1994, Routledge(朴京
　　　哲 譯, 1999, 「政治的 支配와 社會進化」, 『史叢』50).

출전　朴京哲, 2007, 「고구려의 국가형성」, 동북아역사재단 편, 『고구려의 정치와 사회』, 동북아역사재단.

제2장
B.C. 1000년기(年紀) 후반 적석총 축조집단의 정치적 존재양식

1. 머리말

중국 동북지방 및 한반도 각 지역은 '예맥문화권(濊貊文化圈)'에 포섭된 청동기시대 이래 철기시대에 이르기까지 그 기저문화의 계기적 진전상과 더불어 이형동질(異形同質)적 문화발전상을 시현해 왔다.[1]

그런데 B.C. 1,000년기(年紀) 후반 이후 중국 동북지방 철기문화의 진전과 함께 요녕(遼寧) 동부지방·길림(吉林)지방에서는 토광묘(土壙墓)가 예맥계제 집단의 기본묘제로 광범위하게 확산·정착되고 있었다. 그럼에도 불구하고 B.C. 1,000년기 후반 이후 요동반도(遼東半島) 남단과 그리고 B.C. 3C 이래 압록강 중류유역 일대의 맥계주민 일부는 적석총이라 일컬어지는 지역적으로 특화된 묘제를 자기 집단의 기본적 매장관행으로 삼아 그것을 집중 축조하고 있었다.[2]

따라서 토광묘를 기본묘제로 하고 있는 중국 동북지방 및 한반도 서북부지방과 준별되는 압록강 중류유역 일대 적석총의 집중적 축조라는 돌출현상은 고구려 국가형성 전사(前史)의 이해를 위한 노력에 있어 매우 주목되는 사실이 아닐 수 없다. 왜냐하면 이런 사실은 바로 B.C. 3C 이후 압록강 중류유역의 맥계(貊係) 제 집단의 응집력이 현저하게 제고됨으로써 그들이 고구려 국가형성 전사에 있어 하나의 주체로서 그 존재를 뚜렷하게 드러내기 시작했음을 뜻하기 때문이다. 그러므로 B.C. 3C 이후 압록강 중류유역 적석총 축조집단의 실체, 특히 그들의 정치적 존재양식의 일단을 파악하기 위한 노력은 곧 올바른 고구려 국가형성 실상에 접근하기 위한 출

---

1 金貞培, 1971, 「韓國靑銅器文化의 史的 考察」, 『韓國史研究』6; 朴京哲, 1997, 「高句麗와 濊貊: 高句麗의 住民과 그 文化系統」, 『白山學報』48, 122~129쪽.

2 金貞培, 1968, 「濊貊族에 關한 研究」, 『白山學報』5, 24~29쪽, 34쪽 및 44쪽; 鄭漢德, 1990, 「美松里型土器의 生成」, 田村晃一 編, 『東北アジアの考古學: 天池(東北アジア考古學研究會二十周年記念論文集)』, 六興出版社, 87~137쪽: 朴京哲, 1997, 위의 글, 120~121쪽, 133~137쪽.

발점이 될 것이다.[3]

필자는 본고에서 B.C. 1,000년기 후반 이래 적석총 축조집단 존재양태의 한 측면을 고찰함을 통하여 훗날 고구려 발흥의 공간적 장이 되었던 압록강 중류유역 일대에 광범위하게 분포한 적석총을 조영했던 주민들의 국가형성 이전의 정치적 존재양식에 초점을 맞추어 논지를 전개해보자 한다.

2. 강상묘(崗上墓)·누상묘(樓上墓) 축조집단의 정치적 존재양태

오늘날 관련학계가 제시하고 있는 압록강 중류유역 일대에 분포한 적석총의 형식분류에 관한 제견해의 다기다양성과[4] 또 그에 입각한 각기 다른 형식을 가진 적석총들이 통시적으로 또 공시적으로 상당기간 서로 공존하고 있는 현상은 현시점에 있어 적석총을 연결고리로 한 고구려사 및 그 전사 구명을 위한 노력에 있어 적지 않은 애로요인으로 작용하고 있는 측면도 없지 않은 것이다. 그런데 요녕지방 청동기문화는 농경 중심의 생업사회를 바탕으로 형성되었고,[5] 특히 요녕 동부지구와 한반도 서북부의 관계는 우발적·산발적인 그것이 아니라, 그 생업형태의 공통성과 예맥이라는 종족적 동일성에서 비롯된 명백한 대응관계 하에서 진전되고 있었다.[6] 그리고 청동기시대 요동반도 남단 지역은 철기시대 압록강 중류 유역 일대의 적석총과 일종의 상관관계를 갖고 있는 것으로 추정되기도 하는 적석총이 축조된 바 있었고,[7] 또 그곳 주민 또한 맥족 계통인 것으로 알려지고 있다. 특히 이들은 청동기문화에서 철기문화로 이행하던 시기인 B.C. 4~3C 경 이미 상당한 수준의 정치적 발전과정을 경과하고 있었던 것으로 추정되고 있다. 필자는 이 점을 감안, 요동반도 남단의 적석총을 조영한 주민들의 정치적 존재양식을 구명해 보고,

---

3 최근 이에 관한 우리 학계의 연구성과로는, 池炳穆, 1987, 「高句麗 成立過程考」, 『白山學報』34; 余昊奎, 1992, 「高句麗 初期 那部統治體制의 成立과 運營」, 『韓國史論』27; 朴京哲, 1996, 『高句麗의 國家形成 研究』, 고려대학교 대학원 사학과 박사학위논문, 43~103쪽; 余昊奎, 1997, 『1~4C 고구려 政治體制 研究』, 서울대학교 대학원 國史學科 박사학위논문, 20~40쪽 참조.

4 池炳穆, 1987, 앞의 글, 47~53쪽; 東潮, 1995, 「積石塚の成立と發展: 前期·中期の墓制」, 東潮·田中俊明 編著, 『高句麗の歷史と遺跡』, 中央公論社, 167~174쪽; 최무장, 1995, 『고구려고고학』 I , 民音社, 388~448쪽; 尹世英·李亨求·趙由典·車勇杰, 1996, 『高句麗의 考古文物: 調査研究報告書96~1』, 韓國精神文化研究院, 261~263쪽; 申瀅植, 1996, 『集安 高句麗 遺蹟의 調査研究』, 國史編纂委員會, 72~79쪽 참조.

5 千葉基次, 「遼東靑銅器時代開始期: 塞外靑銅器文化綜考1」, 東北亞細亞考古學研究會 編, 1996, 『東北アジアの考古學 第二: 槿域』, 깊은샘, 141~144쪽.

6 鄭漢德, 「美松里型土器形成期に於ける若干の問題」, 東北亞細亞考古學研究會 編, 1996, 위의 책, 205~207쪽 및 231쪽.

7 盧泰敦, 1996, 「개요」, 『한국사5: 삼국의 정치와 사회 I -고구려』, 1쪽. 한편 고구려 적석총의 기원에 관한 제논의에 대한 종합적 고찰은, 朴京哲, 1996, 앞의 글, 47~51쪽; 池炳穆, 1997, 「遼東半島와 鴨綠江 中·下流地域 積石墓의 관계: 高句麗積石墓의 기원에 관한 試論」, 『史學研究』53, 3~32쪽; 余昊奎, 1997, 앞의 글, 20~28쪽 참조.

그 결과를 국가형성 이전 압록강 중류유역 일대 주민들이 영위하였던 정치적 삶의 구체적 실상에 접근하기 위한 하나의 구조론적 모형(model)으로 원용해보자 한다.

B.C. 4~3C 경 요동반도 지역에서 적석총을 축조한 주민들은[8] 석관묘(石棺墓)와 지석묘(支石墓)를 기본묘제로 삼는 여타 예맥계집단들과 준별되는 자기 특유의 매장관행을 견지할 수 있는 독자적 역량을 갖춘 맥계집단이었다. 그 구조와 장법 그리고 출토 동검의 형식에 의거, 강상묘[화장(火葬)−다인장(多人葬)·비파형동검] 그리고 쌍타자동검묘(雙陀子銅劍墓)[단장(單葬)·비파형동검]→와룡천묘(臥龍泉墓)[화장−다인장·비파형동검에서 세형동검으로의 과도기적 동검]→누상묘[화장−다인장·세형동검] 순으로 조영되었을 가능성이 적지 않다.[9]

한편 한·중·일 학계는 강상묘에서의 순장의 가능성 여하와 함께 이러한 적석총을 축조하던 당시 사회성격과 관련된 많은 논의가 진행한 결과, 요동반도의 적석총들은 집단묘로서 그 사회 내부에는 일정한 계층차가 존재하였던 것으로 추정하고 있다.[10] 따라서 강상묘가 축조되던 당시 사회상의 일단이나마 밝히려는 노력은 이러한 순장묘설에 갈음하는 집단묘설의 연장선 위에서 접근할 때 비로소 일정한 성과가 기약될 수 있으리라 본다(이하 〈표 1〉 참조).

먼저 중심 묘광인 7호 묘광에서 비파형동검이 출토되지 않고 청동덩어리(靑銅塊)와 69점의 옥제(玉製) 구슬이 반출된 사실은 당시 이 집단의 수장이 실제적으로 몸소 물리력을 구사하거나 사적 경제력에 의존하지 않고도 그 권능을 행사하며 자기 지위를 유지할 수 있는 단계에 이르고 있었음을 시사할 수도 있다. 곧 이 단계에 이르러 한 집단의 수장은 각 세대에서 생산된 재화의 일정분을 수취하여 그 일부를 소비하고 나머지를 다시 각 개별 세대에게 재분배한 것으로 추정되기도 한다.[11] 또 비파형동검이 출토되지 않은 8호 묘광에 457점의 옥제품이 다량 부장되어 있고, 특히 비파형동검 1점만이 출토된 19호 묘광에서 18인분의 인골이 발굴된 사실들은 당시의 사회가 부와 권위를 창출하며 또 그것을 과시하기 위한 다양한 기제가 존재했던 보다 복합적인 사회였음을 엿보게 한다. 아울러 도끼(斧)·끌(鑿)·장식품을 주출하는 석제거푸집(石製鑄型)이

---

8 북한고고학계는 요동반도 대련시(大連市) 여대(旅大) 부근 적석총의 축조시기를 1960년대 이래 강상묘를 기원전 8~7C 또는 6C로, 누상묘를 B.C. 7~5C로 편년하고 있다. 조중공동고고학발굴대, 1966, 『중국 동북 지방의 유적발굴보고: 1963 – 1965』, 사회과학원출판사, 民族文化 편집부 편, 1995, 『중국동북지방의 유적발굴보고』, 民族文化, 86~89쪽과 100쪽. 그러나 오늘날 학계는 강상묘와 누상묘가 축조된 시기를 대체로 B.C. 4~3C로 비정하되, 강상묘가 누상묘보다 다소 먼저 축조된 것으로 판단하고 있다. 東潮, 1995, 앞의 글, 158쪽 및 182~183쪽.

9 그리고 요동반도 남단 적석총들의 구조와 그 변화상에 관해서는 조중공동고고학발굴대, 1966, 앞의 책, 1~54쪽, 63~106쪽; 東潮, 1995, 앞의 글, 158쪽 및 182~183쪽 참조.

10 이 문제에 관한 제 논의는 권오영 1991, 「崗上墓 旬葬制設에 대한 비판적 검토」, 『한국고대사연구회 회보』21, 12~15쪽 참조.

11 Peter S. Wells, 1980, *Culture Contact and Cultyre Change: Early Iron Age Central Europe and the Mediterranean World*, Cambridge University Press, pp.5~8.

유일하게 4점이나 출토된 16호 묘광에서 두 번째로 많은 124점의 玉類가 발굴된 사실은 이들이 살던 사회단위(social unit) 내의 기능분화가 상당한 수준에까지 진전되어 있었고, 전문화된 직능이 경제력과 조응관계에 있었음을 적시해주고 있다.[12]

〈표 1〉 강상묘의 출토유물 통계표[13]

묘광번호	청동기					석기						골기		청동장식품			돌장식품			기타장식품		토기	계	비고
	단검	창끌	활촉	고리모양	덩어리	검자루받치개	활촉	곤봉두	거푸집	가락바퀴	숫돌	낚시	송곳	팔찌	비녀	구리장식	구슬	돌고리	달아매는장식품	뼈비녀	조개장식			
1																2	3						5	
2																	2		1			1	4	
3									1								3						4	
4	1								2	1							6						10	
5		1														1							2	
6	1						12				1					3	2						19	
7				1			2									2	69		2		2	1	79	
8							1	1					1				457		2				462	
9	1						2			1							1					1	6	
10																	1						1	
11									2								3			1			6	
12							1		3											1		2	7	
13	1					1	2										29					4	37	
14			1				4							4	1		50		1			2	63	
15																							0	
16			1				5		4								124		2				136	
17																		1					1	
18	1																						1	
19	1					1	1													1		1	5	
20								1									2					2	5	
21																	19						19	
22																							0	
23												1										1	2	
계	6	1	2	1	0	2	30	2	12	2	1	1	1	4	1	8	771	1	8	3	2	15	874	

---

12 선사시대 각 지역의 주민들은 종교적 혹은 정치적 집단 등과 같은 '사회체(societies)'에 스스로를 편제하고, 그것을 통하여 제반활동을 수행한다. 이 경우, 이러한 사회체를 구성하는 단위집단 하나하나가 '사회단위(social unit)'로 파악될 수 있다. 그런데 이러한 사회단위는 주민들이 —그것이 지연이든 혈연이든 간에— 혹종의 계기로 결합한 '기저집단(基底集團)'들이 모여 이룬 그 사회의 기본단위라 개념지을 수 있다. 따라서 필자는 본고에서 '국가'라는 복합적인 정치조직체가 형성되기 이전 사회의 구성단위가 그 질·양면에서 '기저집단→사회단위→사회체'의 수순으로 전개·발전된 것으로 보고, '사회체' 단계를 정치인류학에서 제시하는 '군장사회(chiefdom)' 수준에 상응하는 것으로 이해하고 있음을 미리 밝혀둔다. Irving Rouse, 1986, *Migrations in Prehistory: Inferring Population Movement From Cultural Remains*, Yale University Press, pp.3~4.

더구나 강상묘에서 청동제 무기인 비파형동검 6점·청동창끝(銅鉾) 1점·청동활촉 2점이 서로 겹침이 없이 9개의 묘광에서 각각 한 가지씩 출토되고 있다는 점과 검자루받치개(劍把頭石)·돌활촉·곤봉대가리(棍棒頭)의 출토상황을 조합해보면, 그것이 가지는 유의미성을 재음미해 볼 수 있게 된다. 즉 4호 묘광(비파형동검 1점+석제곤봉두 2점)·6호 묘광(비파형동검1+석촉12)·9호 묘광(비파형동검1+석촉2)·13호 묘광(비파형동검1+검파두석1+석촉2)·18호 묘광(비파형동검1)·19호 묘광(비파형동검1+검파두석1+석촉1)의 조합상은 이 비파형동검 파지자(把持者)들이 이 집단의 군사지휘자급의 인물들이며, 당시의 전술적 역량이 주로 활과 지근거리 접전 시의 단검 및 곤봉 등 타격구의 운용 여하에 좌우되었음을 보여주고 있다. 그리고 석촉이 12점이나 반출된 6호 묘광의 피장자는 궁시(弓矢)의 사용에 빼어난 지휘관이었던 것 같다. 반면 동모(銅鉾) 1점만이 출토된 5호 묘광의 존재는 이 집단의 단병접전시의 전투력이 동모의 등장으로 단검과 곤봉에만 의존하던 종전의 그것보다 배가되었었고, 그에 따라서 이 동모파지자의 위상이 제고되었던 것으로 판단된다. 특히 공시적으로도 다른 유적에서 비파형동검 출토례가 보편화된 것과는 달리 동모 같은 창끝의 반출례가 드문 것은 그만큼 이 강상집단의 전술역량의 상대적 우월성을 방증해주는 것일 수도 있다.[14] 아울러 6개의 묘광에서 한 개씩 출토된 비파형동검의 존재는 강상묘 축조집단의 수장이 당해사회에서 물리적 폭력이 특정인에게 집중되는 것을 실효적으로 통제할 수 있는 역량을 갖추고 있었음을 의미하는 것일 수도 있다.

그러므로 이 강상묘는 강상묘 축조집단의 수장(7호 묘광 피장자)과 그를 배출한 혈연집단의 집단묘라 파악될 수 있다. 또 강상묘라는 적석총의 존재는 강상묘축조집단 내에서도 기능상의 제분화 및 집단 구성원 사이의 계서화가 진행, 그 축조집단 내에서의 수장과 그 혈연집단의 우월성이 이미 정립되었음을 보여주는 것이다. 아울러 묘역 내에서의 묘광의 위치·부장품의 내용 및 그 우열차는 강상묘 피장자 간에 여러 기능의 분화 및 지위의 계서화 현상을 대변해주고 있는 사실들이다. 또 이러한 강상묘의 존재 자체 및 그 내부 묘광들의 배치와 부장품의 질·양면의 차별성은 이 묘를 구축한 집단 내부에 이미 사회적 불평등이 사회규범으로, 또 사회구조로서 정착화된 사실이 문화규범으로 표출된 것과 다름 아닌 것이다.

따라서 이 강상묘 축조집단의 수장은 당해 사회단위가 보지(保持)한 전투역량을 실효적으로 운용·통제하고, 경제적 재분배기능을 수행하면서, 경제·군사적으로 분화·전문화된 자기혈연집단을 사회운영의 구심점으로 구사할 수 있는, 정치적 지도자(leader)가 아닌 지배자(ruler)로 군림하고 있었던 것이다. 따라서 강상묘라는 적석총을 구축한 집단, 즉 '강상집단'의 정치발전수

---

13 〈표 1〉은 조중공동고고학발굴대, 1996, 『중국 동북지방의 유적발굴보고: 1963~1965』, 87쪽에서 전재한 것임.
14 박진욱, 1988, 『조선고고학전서: 고대편』, 과학백과사전종합출판사, 52쪽.

준은 이미 '군장사회(chiefdom)' 단계에[15] 진입해 있었고, 따라서 그 수장인 7호 묘광의 주인공은 바로 강상집단의 군장(chief)임을 확인할 수 있다.

한편 필자는 강상묘와 공시적 존재였던 쌍타자 제3기문화층의 거주지에 살면서 '쌍타자동검묘'를 축조했던 '쌍타자집단'을[16] 강상집단과 비교·고찰함을 통하여 강상집단을 중심으로 요동반도 남단의 일정지역에 형성되었던 군장사회라는 정치적 존재양태의 한 측면을 추정해보고자 한다. 이 쌍타자 유적을 남긴 주민들은 장방형 단실(單室)의 반지하식 거주지에서 살면서 미송리형토기를 포함한 무문토기를 사용하는 맥족계통의 주민들이었다. 이들이 축조했던 적석총은 다인장이 아닌 단장이라는 점에서 분명히 구분된다. 즉 양 집단은 장법이라는 면에서 매장관행의 일부를 달리하는 집단으로 추정될 수도 있다. 그리고 쌍타자동검묘는 규모면에서는 물론 비파형동검 1점과 곤봉두 1점 그리고 광구호 1점과 석제 방추차 1점 및 석제 소옥(小玉) 1점이라는 부장품의 측면에서도 강상묘에 비하면 매우 빈약한 편이다. 그러나 비파형동검의 존재는 이 묘 피장자의 여타 쌍타자 주민들에 대한 우월적 지위를 짐작케 해주고 있다.

그런데 이 쌍타자 동검묘의 장법이 강상묘의 다장에 대비되는 단장이라는 사실이 반드시 두 집단 간의 매장관행의 상위성(相違性)에서 비롯된 것이라고 단정지울 수만은 없다. 오히려 이런 장법에 있어서의 상위성은 이들 두 집단의 수장이 각기 자기 집단 내에서 차지하는 위상의 차를 보여주는 것이라고 추정할 수 있다. 그리고 그것은 두 집단 사이에 존재하는 세력의 우열상을 반영해주는 것으로 새길 수 있는 여지가 얼마든지 있는 것이다. 곧 이 쌍타자 동검묘의 피장자는 그 부장품의 내용을 검토해볼 때 본인 스스로가 비파형동검과 석제 곤봉으로 상징되는 군사지휘자로서의 역할도 수행하고 있었음을 알 수 있다. 이 점에서 이 쌍타자집단의 수장은 자기 사회단위 내에서의 위상에 있어 강상집단의 君長에 비하여 상당한 편차가 있었음을 확인 할 수 있다. 또 그러한 쌍타자 동검묘 피장자를 자기 수장으로 하는 사회단위가 강상묘 7호 묘광 피장자를 수장으로 하는 그것에 비하여 사회단위 발전수준이 질·양면에 있어 상대적으로 떨어짐은 자명한 사실이다.[17]

---

15 Elman R. Service, 1962, *Primitive Social Organization: An Evolutionary Persepective*, RandomHouse, pp.133~169쪽. 이러한 '君長社會'段階의 韓國史로의 適用問題에 관해서는, 金貞培, 1973, 「韓國古代의 國家起源論」, 『白山學報』14, 金貞培, 1986, 『韓國古代의 國家起源과 形成』, 高麗大學校出版部, 46~68쪽; 金貞培, 1989, 「韓民族의 起源과 國家形成의 諸問題」, 『國史館論叢』1, 14~26쪽 참조. 한편 이에 대한 비판적 인식은, 金光億, 1985, 「국가형성에 관한 인류학적 이론과 한국고대사」, 『韓國文化人類學』17, 17~33; 金光億, 1985, 「國家形成에 관한 人類學的 이론과 한국고대사」, 『韓國文化人類學』17, 17~33쪽; 李基東, 1989, 「韓國 古代國家形成史 硏究의 現況과 課題: 新進化論의 援用 問題를 中心으로」, 『汕耘史學』3, 41~68쪽 참조.

16 조중공동고고학발굴대, 1966, 앞의 책, 1~54쪽.

17 무문토기시대 한반도 남부지역에 분포한 일정 장소에 한 기씩 발굴되는 '동검묘'에서는 그 피장자와 집단성원의 차별성은 확인되지만, "首長과 그 家族이라는 개념이나 有力者의 累世代的인 전개"는 엿볼 수 없다. 崔鍾圭, 1995, 『三韓考古學研究』, 書景文化社, 112~113쪽.

한편 하나의 집단에 있어 하나의 수장이 있다는 점을 감안할 때 이곳 쌍타자의 주민으로 구성된 쌍타자집단 또한 일정한 공간적 생활권을 확보하고 있었을 것이며, 이점은 강상집단에도 마찬가지인 것이다. 따라서 필자는 이 점을 참작, 양 집단을 '강상구역집단(崗上區域集團)'과 '쌍타자구역집단(雙陀子區域集團)'라 지칭하되, 이들이 각자 나름대로 자기집단의 정치발전 수준에 조응하는 매장관행을 갖고 있는 사회단위로 파악하고자 한다.

강상구역집단은 혹종의 혈연집단인 강상묘 피장자들을 중핵집단으로 하는 지연에 기반한 사회단위이다. 또한 그들은 쌍타자구역집단보다 정치·군사·경제적으로 우월한 사회단위였다. 그런 까닭에 이러한 강상구역집단은 쌍타자구역집단에 대해 힘의 우열관계에 기초한 계서적 관계를 강요할 수 있었을 것이다. 그리고 그들은 요동반도 남단에 존재하던 여타 구역집단에 대해서도 동일한 구조적 불평등관계를 설정하였을 것으로 추단된다. 여기서 강상구역집단은 자기구역집단은 물론 쌍타자구역집단을 비롯한 여러 구역집단, 곧 제 사회단위(social units)를 결집시켜 요동반도 남단의 일정지역, 보다 구체적으로는 대련시 여대 일대에 지연을 연결고리로 하는 하나의 '지역집단'인 사회체(societies)를 성립시킬 수 있었던 것으로 보인다.

이 사회체는 정치발전단계의 측면에서는 군장사회(chiefdom)에 해당하는 바, 이를 '강상지역집단'이라 지칭할 수도 있을 것이다. 왜냐하면 강상구역집단은 이 사회체에서 가장 우월한 사회단위인 구역집단이며, 따라서 강상묘의 피장자집단은 이 군장사회에서 가장 강력한 힘을 보유한 혈연집단으로서 그들 중 7호 묘광의 피장자가 이 사회체 전체의 군장(chief)이 되는 까닭이다.

한편 하나의 사회체로서의 지역집단을 이루고 있는 각 구역집단의, 예컨대 쌍타자구역집단을 구성하고 있던 기저집단의 존재를 상정할 수도 있다.[18]

이러한 수장을 중심으로 한 특정 혈연집단에 의하여 지배되는 지연에 바탕한 군장사회 수준의 사회체인 '강상지역집단'의 구조적 모형을 도시하면 〈그림 1〉과 같다.

〈그림 1〉에서 '강상지역집단'은 '군장사회(chiefdom)' 수준의 '사회체(societies)'

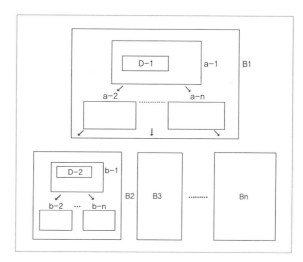

〈그림 1〉 '강상지역집단(군장사회: chiefdom)'의 개념도

---

18 이러한 기저집단의 존재양태는 필자의 능력부족과 강상묘 등에 관한 현재까지의 연구성과가 갖는 한계성으로 말미암아 여기서는 그 존재 그 자체에 대한 문제제기 수준에 머무르고자 한다.

를 가리킨다. 그런데 이것을 구성하는 것은 B1(강상구역집단)·B2(쌍타자구역집단) ······ Bn의 몇 개의 '사회단위(social unites)'들이다. 즉 이를 수식화하면, $\sum_{k=1}^{n} B$(구역집단=사회단위)≦C(지역집단=사회체=군장사회)가 된다. 그런데 각 구역집단 역시 몇 개의 기저집단(B1의 경우 a-1에서 a-n까지, B2의 경우 b-1에서 b-n까지)으로 이루어져 있다. 즉 이를 수식화하면 $\sum_{k=1}^{n} a$≦B1, $\sum_{k=1}^{n} b$≦B2가 된다. 한편 B1에 있는 작은 네모꼴 D1은 강상묘의 피장자집단, B2의 D2는 쌍타자동검묘의 피장자이다. D1인 강상구역집단의 지배집단은 자기구역(B1)에서는 물론 전체 지역집단의 그것으로 군림하며, 당연히 7호 묘광의 主人公은 B1의 수장이며 동시에 이 사회체·지역집단 전체의 수장인 군장(chief)이 된다. 이러한 군장사회의 구조를 수식화하면 다음과 같다.

$$\sum_{k=1}^{n} 기저집단 ≦ 구역집단(사회단위) \rightarrow \sum_{k=1}^{n} 구역집단 ≦ 지역집단(군장사회·사회체)$$

한편 누상묘는 구조상 강상묘에 비해 한층 진전된 적석총이면서도 그 묘광은 강상묘의 23기보다 훨씬 적은 10기에 불과하다. 이것은 이 누상묘축조단계의 누상구역집단 더 나아가 군장사회인 누상지역집단에 있어 그 중핵집단의 인적 구성범위가 대폭 축소되었음을 뜻하는 것이다. 또 누상묘의 10기의 묘광 가운데 부장품이 1·3·9호 묘광에만 집중되어 있다는 것은[19] 지배계층 내부에서도 소수에 의해서만 그 사회체의 권력·권위·부는 물론 물리적 폭력기제까지도 과점되는 상황에 이르렀다는 점을 엿보게 해준다. 결국 누상묘에서 표출된 중핵집단 구성범위의 축소 및 중핵집단 내부에 있어 힘의 과점화(寡占化)라는 특이점은 청동기시대에서 철기시대로 진입하고 있는 시점에서 요동반도 남단에 자리한 이 지역 사회체에서의 광범위한 힘의 과점화 현상을 보여주고 있는 것이다. 그러나 이러한 변화의 와중에서도 이 지역 사회체나 사회단위의 기본적 문화규범인 묘제에 나타난 '적석총-집단묘'라는 보수성은 그 자체가 군장사회로서의 이 누상지역집단의 이데올로기적 측면에 있어서의 교착현상을 표출해 주고 있다.

한편 본래 강상구역집단이나 누상구역집단이라는 적석총 축조집단은 그 집단 내의 응집력은 강하나 당시 주변에서 지석묘·석관묘 그리고 계기적으로 토광묘를 조영하던 맥계 제 집단에 대한 배타적 태도를 견지해 온 요동반도 남단의 고립적 소수집단이었던 것이다. 그럼에도 불구하고 이들은 농경 및 수운에 기반한 교역을 매개로 축적한 경제력과 상술한 강상묘에서 출토된 무기갖춤새에서 엿보이는 군사역량의 집중·축적에 힘입어 적석총으로 표상되는 자신들 특유의 문화규범에 바탕한 집단적 독자성을 견결(堅決)히 유지해올 수 있었던 것이다.

그런데 누상묘는 그 부장품의 측면에서 볼 때, 강상묘에 비해 철기시대에로의 진전에 걸맞

---

19 조중공동고고학발굴대, 1966, 앞의 책, 99쪽의 '루상 묘광 통계표' 참조.

는 무장역량의 제고보다는 오히려 청동제 권위재와 옥류(玉類)가 그 양과 질에서 보다 다양화·고급화해지고 있음을 파악할 수 있다. 이 점은 누상구역집단이 철기시대의 진전과 더불어 증대된 경제력을 자기 군사역량 제고에 직결시키려는 노력에 소홀하였음을 말해준다. 따라서 이 누상구역집단과 동시에 누상지역집단의 핵심집단인 누상묘 피장자들의 이러한 성향은 누상지역집단 전체에 대한 통제역량과 주위의 적대적인 맥계 제 집단에 대한 제압 및 공제역량을 현저히 약화시켰을 가능성이 크다. 그리고 이런 점은 누상지역집단을 주도하고 있던 누상구역집단의 문화규범에 있어서의 착종과 동요상을 반영하는 사실일 수도 있다. 그러므로 이런 현상의 확산은 곧 누상지역집단을 전반적으로 규율하고 있던 사회규범의 해체를 야기시키면서, 누상구역집단이 주도하던 군장사회의 기존 사회구조의 형해화(形骸化)를 촉진시키는 방향으로 사태를 악화시켰을 것으로 추단된다.

따라서 군장사회 수준의 이 누상지역집단은 중국 동북지방에서의 제 예맥집단간의 세력재편의 와류에 휩쓸리면서 이러한 틈새를 노린 외부의 다른 맥족세력[예: 윤가촌(尹家村) 남하유적(南河遺跡)의 주도집단]의 군사적 타격을 받고 종국적으로는 와해되었을 가능성이 큰 것으로 추정된다.[20] 그리고 이런 사실은 윤가촌 남하유적(대련시 여대)을 검토함을 통하여 확인 할 수 있다.[21]

필자는 B.C. 4~3C 요동반도 남단 적석총 축조집단의 정치적 존재양식을 구명해 보았다. 그리고 이들이 영위하였던 정치적 삶의 수준이 군장을 지배자로 또 그의 혈연집단을 중핵으로 하는 지연을 매개로 한 군장사회(chiefdom) 단계에 이르고 있었음을 파악할 수 있었다. 또한 이러한 군장사회의 생존과 발전을 최종적으로 담보하는 것은 당해집단의 무장역량에 바탕한 군사역량이었음도 확인할 수 있었다. 따라서 이러한 요동반도 남단 적석총 축조집단의 정치적 존재양태는[22] ―그 접근방법이 갖고 있는 여러 가지 한계성과 문제점에도 불구하고― 압록강 중류유역 일대 적석총 축조집단뿐만 아니라 여타 예맥계 제 집단의 정치적 성장과정을 이해하는데 있

---

20 세형동검이 출토된 석곽묘인 12호분이 속한 하층 제2기문화의 토기형태가 요하유역 심양 조공가유적(肇工街遺跡)의 그것과 같음(조중공동고고학발굴대, 위의 책, 1966, 129~133쪽 참조)은 이 신래맥족의 출자(出自)와 관련, 시사하는 바가 적지 않다.

21 조중공동고고학발굴대, 1966, 위의 책, 107~128쪽 참조. 보고자들은 하층 제1기문화가 B.C. 5C 이전, 제2기문화는 B.C. 5~4C, 그리고 상층문화를 B.C. 3~2C로 편년하고 있으나(위의 책, 150쪽), 그 타당성 자체에 대해서는 신중한 검토가 필요하다고 본다. 누상구역집단이 주도하던 누상지역집단의 구성원·제구역집단은 자기들의 구심세력이 와해되자 응집력을 상실하고, 분산하게되었다. 그들 중 일부는 요동반도로 남하해 오는 신래(新來) 맥족집단에 흡수·통합·동화되어 그곳에 잔류했을 가능성이 적지 않으며, 이후 다시 적석총 축조집단으로서의 세력 재결집을 이룰 수는 없었던 것 같다. 그런데 이 지역 토착주민들은 신래맥족의 문화규범을 표상하는 기본묘제인 토광묘는 처음부터 수용하였지만, 그 토기양식과 장법은 하층 제2기문화단계를 거치면서 서서히 신래맥족의 그것에 동화되어 갔던 것으로 파악할 수 있다.

22 이 요동반도 남단의 적석총 축조집단과 고조선과의 관련성을 추구한 연구성과로는, 李鍾旭, 1993, 『古朝鮮史硏究』, 一潮閣, 111~132쪽.

어 하나의 구조론적 모형으로서 나름대로 유의미한 시금석으로서의 구실을 다 할 것으로 사료된다.

3. '고구려사회'의 형성(B.C. 3C~2C 초)

'고구려사회'[23] 형성의 배경으로 간과할 수 없는 것은 B.C. 4~3C 예맥문화권 전체 세력구도의 변동 추세인 것이다.[24] 그리고 압록강 중류지역 일대의 맥계 주민들 또한 이러한 예맥문화권 내에서의 세력재편 소용돌이에서 예외가 될 수 없었던 것 같다. 당시 이 지역에서 빈발했던 것으로 보이는 기저집단 간 사투 수준 무장충돌의 흔적들은[25] 이점을 적시해주고 있다. 따라서 B.C. 3C 이래 이들 맥계주민들은 자기 기저집단의 생존기반을 확보하는 수단으로 각 집단 별 무장역량의 제고에 진력한 것 같다.

그런데 이러한 B.C. 3C 이래 이 지역에서 점증되고 있던 격렬한 무장충돌의 주체가 되는 맥계주민으로 이루어진 기저집단의 실체에 관련해 몇 가지 견해가 개진된 바 있다.[26] 따라서 기왕의 제논의를 감안해 볼 때 고구려사회의 기저집단은 개별주거의 단혼가족을 특징으로 하는 세대가 모여 이루어진 주거군인 세대복합체 및 그것이 구성단위가 되는 세대복합체군이 거주하는 '소규모취락 내지 취락' 수준에 조응한다고 볼 수도 있다.[27] 그러므로 이러한 고구려사회의 기저집단은 다수의 혈연집단이 지연을 연결고리로 하여 결합한 형태로 존재했다고 추정할

---

23 본고에서의 '고구려사회'란 고구려가 '국가(state)'로서 발흥하기 이전 곧 B.C. 3C~B.C. 1C 하반기의 압록강 중류유역과 그 지류인 혼강·독로강유역 일대에서 적석총을 축조하던 맥계 제 세력집단 그 자체 혹은 그들의 존재양태를 지칭한다. 지병목은 이를 '원(原)고구려사회'로(池炳穆, 1987, 앞의 글, 26~47쪽), 또 여호규는 '구려종족사회(句麗種族社會)'라 개념하고 있다(余昊奎, 1992, 앞의 글, 19~20쪽).

24 B.C. 4C~3C 당시 '국가(state)'를 형성한 고조선(金貞培, 1977, 「衛滿朝鮮의 國家的 性格」, 『史叢』21·22 合輯, 金貞培, 1986, 앞의 책, 26~35쪽)은 연(燕)의 소왕(昭王) 대(B.C. 311~279년)에 진개(秦開)로부터 심대한 군사적 타격을 받고 국세가 크게 위축되고 있었다(『삼국지』卷30 魏書30 列傳30 烏丸·鮮卑·東夷傳條). 아울러 진개는 내몽골 방면의 동호(東胡)에 대하여도 군사행동을 성공적으로 수행한 바 있다(『史記』卷110 列傳50 匈奴傳). 따라서 당시 철기문화 확산이라는 사실과 맞물리면서 당시 중국 동북지방에는 일련의 정치적·군사적 긴장국면이 장기간 지속되었고, 이에 따라 예맥계 제 집단간 또 그 내부에서 세력재편과정이 진행되었을 것으로 추단된다.

25 정찬영, 1983, 『압록강·독로강류역 고구려유적발굴보고』, 과학백과사전종합출판사, 9쪽 및 21~22쪽.

26 노태돈은 그것의 실체를 '마을'로(盧泰敦, 1991, 「高句麗의 歷史와 思想」, 韓國精神文化研究院 哲學宗教研究室 編, 『韓國思想大系』2, 韓國精神文化研究院, 11~12쪽), 임기환은 '촌'으로(林起煥, 1987, 「고구려초기의 지방통치체제」, 『慶熙史學』14, 19~22쪽), 여호규는 강돌무기단적석총을 축조하던 집단으로(余昊奎, 1992, 앞의 글, 28~34쪽), 최종규는 '집락(集落)'으로[崔鍾圭, 1995, 앞의 책, 109쪽의(註)10, 113쪽] 파악한 바 있다.

27 權五榮, 1995, 「三韓社會 '國'의 구성에 대한 고찰」, 『三韓의 社會와 文化: 韓國古代史研究10』, 1995, 32~36쪽, 52~53쪽.

수도 있다.

　이러한 맥족계 기저집단들은 다른 맥족집단을 힘으로 아우르면서, 일정 공간 내에서의 자기 집단의 우월성을 확립하였다. 따라서 이들은 당해 구역에서의 주도권을 장악하고자 자기들이 보유한 무장역량 곧 물리적 폭력을 조성·축적·조직화하고자[28] 노력하였던 것으로 보인다. 또 이들 집단은 이해관계를 같이하는 다른 집단과 상호 제휴하여, 자기들과 경합하거나 적대적인 맥족집단들을 힘으로써 제압, 자기 집단 생존기반의 보전·확대를 꾀하고 있었다. 따라서 일정 공간 내에서의 주도권을 확립한 기저집단과 그렇지 못한 집단들 간에 우열차가 생기면서, 전자를 중심으로 고구려사회의 기본적 사회단위인 '구역집단' 형성을 지향하는 움직임이 태동되기 시작했다고 추정된다.

　그리고 이러한 일정지역 내에서 두각을 나타내기 시작한 기저집단의 지도자는 자기 집단 내 타 구성원에 대한 자기의 우월성과 차별성을, 또 한편으로는 다른 집단에 대한 자기 집단의 그것을 과시코자 무기단적석총(無基壇積石塚)을 축조했던 것으로 보여진다.

　따라서 B.C. 3C 이래 압록강 중류유역뿐 아니라 그 지류인 혼강·독로강유역 일대로까지 확대되어 가던 적석총의 집중적 축조라는 돌출현상은 이러한 기저집단의 성장이라는 역사적 사실의 문화적 표현과 다름 아닌 것이다. 또 이런 사실은 B.C. 3C에서 B.C. 2C 초 사이에 이 지역에서 맥족의 제 기저집단 사이에 고구려사회의 기본적 사회단위가 되는 제 구역집단을 형성하기 위한 움직임이 나타나기 시작하였음을 엿보게 해주고 있다.

　한편 이러한 고구려사회의 성장은 선철제주조철기(銑鐵製鑄造鐵器)에서 강철로의 철기문화 수준의 질적 고양에 힘입은 바 컸음은 두말할 나위가 없다.[29] 따라서 필자는 철기문화의 진전에 따른 '생산력'의 제고와 정치세력의 성장 사이에 존재하는 함수관계의 실재성, 즉 '철기문화의 진전→생산력의 제고→사회경제적 분화 및 계급관계 성립, 곧 생산관계의 진전→독자적 정치세력의 형성'이라고 도식화가 가능한 제 견해들이 가지는 유의미성을 굳이 부정하지 않는다.[30]

　그러나 필자는 청동기문화에서 철기문화로의 기저문화의 변동과 그 새로운 전개는 압록강 중류유역일대에만 국한된 현상이 아니라 당시 예맥문화권 전체의 공시적 역사경험이었다는 점에 주목하고자 한다. 따라서 철기문화의 진전 자체가 고구려사회라는 특정지역의 내재적 발전의 가장 중요한 동인으로 인식함은 당해 사회만이 갖고 있고, 따라서 그 사회의 형성과 발전을 내

28　Andrew Vayda, "Hypotheses about Funtions of War", Edited by Morton Fried·Marvin Harris and Robert Murphy, 1967, War: The Anthropology of Armed Conflict and Aggression, The Natural History Press, 1967, pp.85~91.

29　金貞培, 1977, 「韓國의 鐵器文化」, 『韓國史研究』16; 金貞培, 1986, 앞의 책, 87~90쪽. 余昊奎, 1992, 앞의 글, 23~28쪽.

30　余昊奎, 1992, 앞의 글, 27~28쪽 및 28~30쪽.

재적으로 규정하고 있는 요인을 간과할 가능성이 없지 않음을 지적코자 한다.

따라서 필자는 이제 이러한 고구려사회 형성과정과 그에 내재한 현상적 특성의 일단을 천착해보고자 한다.

A ①高句麗····方可二千里, 戶三萬 ②多大山深谷, 無原澤.隨山谷以爲居, 食澗水 ③無良田, 雖力佃作, 不足以實口腹. ······ ④其人性凶急, 喜寇鈔(『三國志』 卷30 魏書30 列傳30 烏丸·鮮卑·東夷傳 高句麗條)

사료 A의 ②·③은 고구려사회를 형성했던 맥계주민들이 생존기반으로 삼고 있던 압록강 중류유역 일대의 농경에 부적합한 열악한 자연환경 및 그로 인하여 농경지와 개간이 가능한 가경지 확보가 지난한 지역이었음을 단적으로 표현해주고 있다.

요동지역과 한반도의 하천에 연하여 전개되는 청동기문화 유적지의 분포가 요하·압록강 같은 대하(大河)의 본류 연안에는 의외로 드문 반면, 오히려 대하의 지류 및 산간·저지의 소하천 변에 다수 분포하고 있음이 확인된다. 이런 사실은 당시 수운교통로의 존재뿐만 아니라, 무엇보다도 수자원활용과 관련된 농업 기술상의 한계로 인한 생업경제를 영위할 수 있는 공간적 범위가 매우 한정적이었던 사실을 엿보게 해주고 있다. 또한 B.C. 3C 이후 압록강 중류유역 일대에 축조된 적석총의 분포지역 가운데 상당수가 역시 이 청동기문화 유적지의 분포상과 중첩됨은 당시 이 지역에서 행해진 농업기술의 수준 및 농경의 어려움을 가늠케 해주는 단서를 제공해주고 있다.

그런데 B.C. 3C~2C 말을 전후한 동북아시아지역의 농구는 비록 철제농구 반출 예의 점증에도 불구하고 여전히 석제농구가 그 주류를 이루고 있었다. 이 점은 당시 이 지역의 농업기술 수준 및 토지이용단계가 화경(火耕)을 전제로 한 최단 휴경기간을 3~5년으로 하는 '수풀경작'단계에서 철제농구를 보편적으로 사용하며 2~3년을 휴한기간으로 하는 '단기휴경'단계로 이행하는 과도기적 수준을 벗어나지 못하고 있었음을 적시해주고 있다. 따라서 이 지역에서 농업유형은 온대(溫帶) 정주지역에서 화입(火入)에 의한 삼림경지개척을 힘써 추진하는 화전농업이었을 것이다.[31] 물론 이러한 농법은 단위면적 당 생산성이 낮아, 당해 사회가 필요로 하는 생산의 절대량을 확보하기 위해 집약농업단계에 비하여 더 많은 면적의 토지를 경간해야 하는 조건을 가지

---

31 崔夢龍, 1990, 「에스터 보스럽: "農業成長의 條件"」, 『考古學에의 接近; 文明의 成長과 展望』, 신서원, 41~44쪽 및 50~52쪽; 길경택, 1985, 「한국선사시대의 농경과 농구의 발달에 관한 연구」, 『古文化』27, 91~92쪽 및 95쪽; 李泰鎭, 1989, 『朝鮮儒敎社會史論』, 知識産業社, 14~16쪽; 金相昊, 1979, 「韓國農耕文化의 生態學的 研究: 基底農耕文化의 考察」, 『社會科學論文集』, 第4輯, 서울대학교 社會科學大學, 83~106쪽, 114~116쪽 참조.

고 있다. 그런데 고대사회는 일반적으로 그 시대가 올라갈수록 인구가 적어 경지 확보 과정에서 휴한지를 많이 둔다는 것이 사회적으로 그다지 큰 문제가 될 수 없었다.[32]

그러나 고구려사회의 경우, 이러한 유치한 수준의 농법에 바탕하여 가경지로 이용하고 있고 또 활용할 수 있는 토지는 열악한 자연환경적 조건 하에서 극히 제한적일 수밖에 없었을 것이다. 따라서 고구려사회는 농경이 이 지역의 주요 생업기반으로 정착화된 청동기시대 이래 인구가 증가하기 시작,[33] 그 인구압은 이미 이 지역에서의 농업생산이 가지는 부양능력의 한계치를 초과하는 수준에 다다랐을 가능성이 없지 않다. "戶三萬"이 "雖力佃作"하여도 "不足以實口腹"했다는 사료 A의 ①과 ③은 비록 B.C. 3C~B.C. 2C 경의 상황을 직접 지칭하는 것은 아닐지라도 이 지역에 일반적으로 존재하고 있던 농업생산과 인구 사이의 만성적·고질적 불균형상태를 잘 드러내주는 기사라고 볼 수 있다. 아울러 집안 일대의 한정된 공간에 밀집 분포하고 있는 다기다양한 형식을 가진 1만여 기의 고분들[34] 역시 고구려사회 형성 이래 이 지역에 통시적으로 존재해 온 인구압의 실상을 가늠케 해주는 좋은 예가 되고 있다.

따라서 당시 고구려사회의 각 기저집단들이 "多大山深谷, 無原澤(사료 A-②)"한 자연환경을 입지로 휴한법 하의 농경에 바탕해 자기 집단 구성원에게 "以實口腹"케 할 수 있는 방법은 휴한지를 포함한 기존 농경지와 새로이 개간이 가능한 대하의 지류 및 산간·저지의 소하천변 및 삼림 등을 충분히 확보하는 일이었다. 더구나 당시 새로이 보급되는 강철제 도끼 같은 철제생산도구의 사용은 개간 가능한 토지에 대한 이곳 주민들의 욕구를 더욱 자극·증폭시켰을 것이다.[35] 그러므로 각 기저집단들이 농경지 및 가경지 확보·확대 여부를 자기 집단의 생존기반을 보전·강화하는 관건으로 인식하게 되었음은 자명한 사실이다.

이러한 농경지와 가경지의 확보를 둘러싼 치열한 갈등·조직화된 무장충돌이 먼저 이 지역 제 기저집단 간에 접종(接踵)하였을 것으로 짐작된다. 더구나 이렇게 빈발하는 무장충돌은 승리한 집단이 패배하여 분산한 적들의 토지를 차지할 수 있게 만들었음은 물론 그에 따른 높은 전투치 사율(battle mortality)이 이 지역 토지에 대한 인구압을 감소시키는[36] 부수적 효과도 제공하였던 것이다.

그리고 이러한 와중에서 제 기저집단 간 무장역량에 기반한 일정한 계서적 관계가 정립, 우월

---

32 李泰鎭, 1986, 『韓國社會史研究: 農業技術 발달과 社會變動』, 知識産業社, 15쪽.
33 초기농경과 인구증가의 상관관계에 관해서는, スチュアート ヘンリ, 1986, 「農耕文化出現の研究史」, スチュアート ヘンリ 編著, 『世界の農耕起源』, 雄山閣, 29쪽.
34 李殿福, 1980, 「集安高句麗墓研究」, 『考古學報』 제2기, 163~184. 최무장, 1995, 『고구려고고학 I』, 민음사, 304~306쪽에서 재인용.
35 余昊奎, 1992, 앞의 글, 26쪽.
36 Andrew Vayda, 1967, op. cit., p.87.

한 기저집단을 중심으로 자기 생존기반을 지키기 위하여 이해관계를 같이하는 제 집단 간에 제휴관계를 뛰어넘어서는 일련의 통합노력도 진행되었을 것으로 보여진다. 그 결과 B.C. 2C 초경 일정 공간 내에 공시적으로 존재하던 몇몇 기저집단들이 그중 가장 빼어난 무장역량을 갖춘 하나의 기저집단을 중심으로 일정한 계서관계에 의하여 규율되는 사회단위로서 '구역집단'을 형성하게 되었던 것으로 추정할 수 있다.

이러한 구역집단들은 자기 집단의 무장역량 제고의 필요성과 휴한농법에 있어 필수적인 일시적인 대규모 인력동원과 동원방식의 집단성을[37] 감안, 자기의 제 구성집단과 그 구성원에 대한 통제를 강화시키고자 노력하였을 것이다. 따라서 이 구역집단을 구성하는 제 기저집단 상호간에 또 각 기저집단 내부에는 무장역량의 조직화와 그 효율적 운용 및 이미 확보한 농경지와 가경지의 경작·개간과 관련, 보다 강화된 위계적 관계가 강요되었을 것이다.

그러므로 제한된 공간적 범위 그것도 매우 한정된 농경 가능한 공간에 대한 인구압은[38] 고구려사회 형성과정을 보다 폭력적인 그것이 되도록 하는데 있어 하나의 내재적 규정성을 가지고 작용하게 되었던 것이다. 이렇게 이 지역의 제 기저집단이 구역집단으로 결집·성장하는 과정에서 표출된 폭력적·억압적 분위기는 고구려사회의 기조적 정조(基調的 情操, sentiment)로서 또 이 지역의 보편적 정서로서 자리잡게 되었던 것이다. 사료 A-④에서 적시되는 바, 이 지역 주민들의 인성이 "凶急"하고 "喜寇鈔"하다는 중국인들의 평가는 이러한 고구려사회 형성과정과 전혀 무관한 것으로 볼 수 없다.

또한 당시 압록강 중류유역일대의 명도전의 퇴장관행은 당시 이 지역에서 삶을 영위하던 주민들 심성구조(mentality)의 단적 표출이라 이해할 수도 있다.

즉 요하유역·요동반도 및 청천강유역과 더불어 명도전이 집중적으로 출토되고 있는 압록강 중류유역 및 그 지류인 독로강유역에서 그것들이 다량으로 또 다발적인 퇴장의 형태를 시현하면서 반출되고 있다는 점은[39] 주목에 값하는 사실이다. 이 점은 당시 이 지역 주민들 사이에 명도전을 퇴장하는 관습이 일반화되어 있었음을 보여주고 있다. 이러한 명도전의 퇴장관행은 압록강 중류유역일대에서 접종되는 제 집단간의 조직적인 무장충돌의 결과 이 지역의 구조적 불안정이 장기적으로 지속됨에 따라 이 지역 주민들 모두가 안정된 삶을 영위할 수 없게 된데서 비롯된 상황에서 생성된 것으로 판단된다. 따라서 명도전의 출토상황 역시 B.C. 3C 이후 이 지역에서 진행된 무장역량에 바탕한 고구려사회 형성과정을 반영해주고 있다고 보여진다.

---

37 李泰鎭, 1986, 앞의 책, 116쪽.
38 金貞培, 앞의 글, 1977, 35~41쪽.
39 崔鍾圭, 1995, 앞의 책, 153쪽; 박진욱, 1988, 앞의 책, 135~139쪽. 이곳 주민들에 의한 명도전 퇴장관행은 그 상대적인 빈도나 퇴장 명도전 자체의 수량면에서 볼 때 압록강 중류유역일대의 그것은 특히 두드러진다고 볼 수 있다.

압록강 중류유역 일대의 비교적 규모가 큰 무기단적석총에서 철제무기가 농구나 공구와 같은 생산도구와 공반된다는 점은 당시 이 지역에 자리잡은 사회단위들인 제 구역집단의 성격과 관련, 시사해주는 바가 적지 않은 것이다. 즉 무기단적석총의 유물조합상은 당시 압록강 중류지역 각 구역집단의 수장들은 평상시 경제활동에 있어서 구심적 역할을 다하되, 유사시에는 군사지휘자로서 당해 무장충돌에서 중추적 기능을 수행하고 있었던 점을 엿보게 해준다.

그러나 비록 당시 이들 사회단위의 기본꼴은 요동반도에서의 정치적 삶의 기본적 사회단위였던 '쌍타자구역집단' 수준의 그것이었지만, 그 보다는 상대적으로 높은 수준의 강제력과 폭력을 갖춘, 따라서 보다 응집력이 강한 집단이었을 것으로 추정된다. 그리고 이 새로운 구역집단은 종래 요동반도의 쌍타자구역집단에 비견되는 지연 중심의 사회단위이지만 그 질적 측면에서 상당히 고양된 수준의 그것이었다. 오도령구문(五道嶺溝門) 적석총을 구축한 구역집단의 쌍타자구역집단과의 차별성은 그곳에서 출토된 세형동검을 필두로 한 제반 청동제 무기류의 조합상에서 뿐 아니라 종교적 권위를 표상하는 청동거울이 공반된 사실을[40] 통해서도 확연히 드러난다. 아울러 고구려사회를 구성하는 각 구역집단 내부의 기능분화는 당시 조영된 무기단적석총과 집자리에서 반출된 철촉을 비롯한 제반 무기류의 조합상에서 간취할 수 있는 바처럼, 상당한 수준으로 진전되었을 것으로 보여진다.

한편 집안 오도령구문 적석총에서 출토된 세형동검·검집 금구(金具)·청동창끝·도끼날형의 쇠활촉 및 생산도구로서뿐 아니라 무기로도 전용 가능한 청동도끼·날의 양쪽이 버선코모양으로 된 청동도끼 등은 이 지역의 주민들간에 새로이 점증되고 있는 무장충돌과 그로 인하여 조성된 폭력적 분위기를 짐작게 해주고도 남음이 있을 뿐 아니라 새로이 형성된 구역집단의 일면을 엿볼 수 있게 해준다.

따라서 B.C. 2C경 고구려사회에서 형성된 제 구역집단의 특성은 무엇보다도 그것이 물리적 폭력에 바탕하고 또 조직화된 무장충돌을 통해서 성장한 집단이었다는 점에 있다. 곧 각 구역집단이 조성·축적한 무장역량 및 조직화된 폭력기제의 수준은 이 집단이 갖고 있는 어떠한 측면의 역량보다도 질·양면에서 뛰어난 그것이었다. 또 이점은 당시 고구려사회 전반에서 진행되고 있던 '군사화(militarization) 경향'과[41] 무관한 것이 아니었음은 물론이다.

그런데 당시 고구려사회가 노정(露呈)한 높은 수준의 전반적 '군사화 경향'은 공시적으로 존재하던 타역과 비교하여 검토할 경우 보다 분명해 진다. 즉 당시 철기시대 예맥문화권의 일반적

---

40 박진욱, 1988, 위의 책, 115~116쪽.
41 본고의 '군사화(militarization) 경향'이란 당해지역의 주민들의 삶이 군사적 관점에 의하여 통제되는 사회성향을 지칭하는 것이다. Stanislav Andreski, 1971, *Military Organization and Society*, University of California Press, p.185.

묘제인 토광묘에서는 철기유물로서 호미·괭이·삽·낫·반달칼 등의 농구와 자귀·끌·손칼·
송곳 등의 공구 그리고 비수·창끝·단검·과(戈)·활 등 무기류가 출토되지만, 농구가 그 중 많
은 수를 차지하고, 그 다음에는 공구가 많으며, 무기는 공구보다도 적었던 것이다.[42] 특히 청천
강유역의 명도전 유적지인 세죽리(細竹里) 제3문화층에서는 농구로서 호미·괭이·낫이, 그리고
공구로서 자귀·끌·손칼이, 그리고 무기로서 비수·활촉·과(戈) 등이 출토되고 있다.[43] 이 세
죽리 유적의 경우, 농구와 공구 등 생산도구가 무기류보다 상대적으로 다양하고 다량으로 출토
되고 있다는 점에서, 같은 명도전 출토지역인 압록강 중류유역과 확연한 차별성을 보여주고 있
다. 따라서 고구려사회의 기본묘제인 적석총에서 무기류가 농구와 공구 같은 생산도구에 비하
여 단연 우세한 출토 양상을 보임은 다른 예맥집단 거주지역에 비하여 그 사회전체의 군사화가
보다 신속히 그리고 강력히 진행되었음을 의미하는 것이라 판단된다.

B.C. 2C 초 무렵 고구려사회를 구성하고 있는 제 구역집단은 각 집단 별 편차를 인정하더라
도 요동반도에서의 쌍타자구역집단 수준 이상의 사회단위로 고양되어 있었다. 그럼에도 불구하
고 압록강 중류유역일대의 정치적 통합이 지연되고 있었던 것은 이 지역 주민들의 생존을 위한
생태적 적응과정이[44] 과도한 폭력성에 노출되면서 고구려사회 형성과정 자체가 이 지역·사회
전반의 군사화경향을 촉진·제고시키는 방향으로 진행되었다는 사실에서 비롯된다.

즉 각 기저집단들은 타 집단을 힘으로써 제압, 자신들의 생존기반을 확보하기 위한 치열한 무
장충돌을 치러 나갈 수밖에 없었다. 또 이런 과정을 경과하면서 성립한 제 구역집단 상호간의
물리적 폭력에 바탕한 경합상이 더욱 가열화 되어 갔던 것이다. 따라서 각 구역집단들은 자기
집단 생존기반의 보전·확대를 담보해주는 유일한 수단인 무장역량의 제고에 진력하게 됨으로
써 이 지역·사회의 전반적 군사화경향은 광범위하게 또 지속적으로 확산·심화되어가게 되었
던 것이다. 그러나 이러한 고구려사회의 전반적 군사화경향의 결과 이 지역·사회 전체의 총체
적 무장역량은 증대되고 있었지만, 그것의 각 구역집단별 운용은 힘의 분산을 결과할 수밖에 없
었다. 따라서 이 지역에 확산된 물리적 폭력기제는 정치적 통합의 구심력으로서보다는 오히려
원심력으로 작용하였던 것이다.

그러므로 필자는 B.C. 3C에서 2C 초 사이 고구려사회 형성과정을 맥계주민들의 생태적
적응과정에서 비롯된 과도한 군사화경향을 현상적 특성으로 하는 제 기저집단의 물리적 폭력

---

42 金貞培, 1977, 앞의 글, 86쪽; 박진욱, 1988, 앞의 책, 139~140쪽 참조.
43 金貞培, 1977, 「韓國의 鐵器文化」, 76~77쪽; 박진욱, 1988, 앞의 책, 139~140쪽 참조.
44 '생태적 적응'이란 소여(所與)로서의 객관적 제 환경에 적응, 살아남기 위해서 관련주민·집단의 정치·경제·사회·
   문화의 존재양식이 변모되는 것을 일컫는 문화생태학적·문화유물론적 개념이다. Marvin Harris, 1975, Cows, Pigs,
   Wars and Witches: The Riddles of Culture. 박종열 옮김, 1992, 『문화의 수수께끼』, 한길사 참조.

에 바탕한 무기단적석총을 축조하는 사회단위로서의 제 구역집단의 형성과정으로 파악하고
자 한다.

4. 독로강유역 적석총 축조집단의 실상(B.C. 2C 초~2C 말)

B.C. 2C 초 경 태동하여 B.C. 2C 말 경 본격화한 고구려사회의 정치적 통합노력은 이 방면
에로의 세력침투·부식(扶植)을 도모하는 위만조선·부여·한군현 등에 대항하기 위한 힘의 결
집과정과 궤를 같이 하고 있었다.[45]

여기서 필자는 관련 고고학적 자료를 검토함을 통하여 B.C. 2C 초~B.C. 2C 말 고구려사
회에 성립되었던 적석총 축조집단 실상의 일단을 존재론적 관점에서 구체적으로 구명해보고자
한다.

압록강의 지류인 독로강유역에 산재한 적석총 가운데서도 그 상류쪽의 자강도 시중군(時中
郡) 심귀리(深貴里) 고분군과 그 하류쪽의 노남리의 내평(內坪)·간평(間坪)·남파동(南坡洞) 고분
군 그리고 풍청리(豊淸里) 고분군은 이 문제 해명과 관련, 주목되는 바가 크다.[46] 그런데 노남리
고분군·심귀리 고분군·풍청리 고분군의 경우, 강변에서부터 무기단적석총에서 기단적석총 순
으로, 산측에는 석실봉토분이 분포하고 있다. 이러한 적석총과 석실봉토분의 입지상황의 차별
성이 축조시기 차에서 비롯된 것이라면,[47] 이들 고분군은 통시적으로 '무기단적석총→기단적석
총→석실봉토분' 순으로 조영되었다고 볼 수 있다.[48] 따라서 이 고분군 축조집단은 동일한 문화
규범으로서의 매장관행을 공유한 집단이라고 볼 수 있다.

그러나 그 구체적 존재양태에 있어 심귀리와 노남리의 내평·간평·남파동 그리고 풍청리 고
분군, 이 다섯 고분군은 각기 상호간에 현저한 차별성을 노정하고 있다. 즉 심귀리 고분군의 경

---

45 당시 동북아시아는 진(B.C. 221년)과 한의 중원 통일(B.C. 202년), 동호를 공파한 흉노의 강성(B.C. 209~174년), 위
만조선의 성립(B.C. 194년)과 발전, 부여의 국가형성(B.C. 3C에서 B.C. 2C 말 사이)과 한의 창해군 설치 책동(B.C.
128~126) 등 일련의정세변동이 진행되고 있었다. 朴京哲, 1996, 앞의 글, 77~82쪽 참조.

46 정찬영, 1983, 앞의 책, 23~39쪽, 69~88쪽, 89~95쪽; 東潮, 1995, 앞의 글, 159쪽. 심귀리·노남리고분군 및 풍
청리 고분군이 지근거리에 위치하고 있는 사실(정찬영, 1983, 앞의 책, 23쪽, 40쪽 및 69쪽)은 인간의 '일상생업활동범위
(sitecatchment: 한 시간에 도달가능한 거리)'가 3~7km로 추정되고 있는 점에 비추어(崔鍾圭, 1995, 앞의 책, 92쪽) 이들 고
분군축조집단의 유기적 관련성을 시사하고 있다.

47 東潮, 1995, 앞의 글, 159쪽.

48 필자는 압록강 중류유역 일대 적석총의 형태가 '무기단적석총→(천석·절석)기단(방단)적석총→기단(방단)계단식적석
총' 순으로 발전해나간 것으로 전제하고 본고의 논지를 전개하고자 한다. 尹世英·李亨求·趙由典·車勇杰, 1996,
앞의 책, 261~263쪽.

우, 강돌기단적석총은 강돌무기단적석총에 비하여 질·양면에서 매우 열세한 형편이다. 반면 노남리 남파동 고분군의 경우, 강돌기단적석총에 비하여 절석기단적석총의 우세상이 두드러지며, 또 그것은 '무덤 안길을 표시한' 기단적석총(제100호무덤·제32호 무덤·제34호무덤·제7호무덤·제33호무덤)으로까지 발전하고 있다. 한편 같은 노남리의 내평 고분군에는 강돌기단적석총만이, 또 간평 고분군에는 기단적석총과 석실봉토분이 남파동 고분군에 비하여 양적으로 빈약한 분포상을 보이고 있다. 또 풍청리 고분군은 막돌무기단적석총→절석기단적석총→석실분의 전개상을 보여주면서도 심귀리나 노남리의 그것과는 달리 무덤떼가 분산되어 있다. 이러한 사실은 지근거리에 인접해 있고 동질적 문화규범을 공유하는 적석총 축조집단 간에도 일정한 차별성이 존재하고 있음을 분명하게 해준다. 이러한 차별성은 곧 독로강 유역이라는 일정지역에 존재하는 집단 간에 있어서의 계서적 관계구조의 성립을 상정할 수 있게 해준다. 즉 자강도 시중군 내에 위치한 심귀리 고분군과 노남리의 내평·간평·남파동 고분군 및 풍청리 고분군을 축조한 5개 집단은 각기 기본 사회단위인 구역집단이라 파악될 수 있다.

그리고 이러한 독로강유역에 위치한 구역집단들 가운데 중심이되는 그것은 남파동 고분군 축조집단(이하 논지 전개의 편의상 '남파동구역집단'이라 지칭함)이라고 볼 수 있다. 이 '남파동구역집단'의 이 지역에서의 우월성은 남파동 고분군에서 통시적으로 '무기단적석총→기단적석총→석실봉토분' 순으로 전개되는 이 지역 묘제의 전형성을 현현하고 있을 뿐 아니라, 다른 네 고분군에 비하여 그 질·양면에서 절대적 우세현상을 보이고 있다는 점을 통하여 확인될 수 있다.

아울러 노남리 윗문화층 2호 집자리유적의 구들(溫突)시설과 지상가옥인 3호 집자리의 존재는 화독자리를 갖춘 간평의 집자리유적에 비교할 때, 인근 구역집단들에 대한 남파동구역집단의 우월성을 방증해주고 있다. 또 남파동 윗문화층의 1호 집자리 동북쪽에서 드러난 쇠부리터의 존재는 남파동구역집단이 독로강유역 철기문화 확산의 생산거점으로서의 역할을 다하였으며, 나아가 그 철생산력에 바탕하여 조성·축적된 이 집단 무장역량의 수준을 가늠케 해주고 있다. 그밖에 남파동 윗문화층에서 출토된 소와 말의 이빨은 이 집단이 갖고 있는 경제력의 한 측면을 보여주고 있는 것이다.[49]

따라서 독로강 중류유역 일대의 다섯 개 구역집단은 '남파동구역집단'을 구심점으로 군장사회(chiefdom) 수준인 하나의 사회체로서의 지역집단(이를 이하 '독로강지역집단'라 지칭키로 함)을 형성하였던 것으로 추정된다. 즉 남파동구역집단은 자기집단의 우월한 제 역량에 힘입어 먼저 보다 독로강 하류쪽에 위치한 다른 구역집단과는 지형상 고립된 '내평구역집단'을 제압하였다. 다음으로 이들은 보다 상류쪽의 '간평구역집단'을 복속시킨 후, 그곳에서 보다 상류 쪽으로 1㎞ 떨어

---

49 정찬영, 1983, 앞의 책, 51~52쪽, 68쪽; 박진욱, 1988. 앞의 책, 135~136쪽.

진 곳에 구보동산성이 자리 잡은 고지를 점거,[50] 이를 발판으로 '심귀리구역집단'을 실효적으로 공략하였던 것으로 보인다. 특히 심귀리구역집단에서의 강돌무기단적석총에서 강돌기단적석총에로의 계기적인 전개가 이웃하는 남파동구역집단과의 계서적 규정관계 성립 하에서 크게 왜곡된 점은 이러한 사실을 방증해주고 있다. 그리고 남파동구역집단은 독로강 지류인 풍룡천변에 있는 '풍청리구역집단'을 마지막으로 아우른 것으로 추정된다.

한편 독로강유역에 독로강지역집단이라는 군장사회 수준의 사회체가 성립한 시기는 강돌무기단적석총인 심귀리 78호무덤과 노남리 남파동 윗문화층 2호집자리유적에서 출토된 오수전[전한 무제 원수(元狩) 4년=B.C. 119년에 주조됨: 필자]에 비추어[51] 늦어도 B.C. 2C 말 경으로 비정된다. 그러나 혼강유역의 환인지역이나 압록강 중류유역 집안지역의 경우, 군장사회 형성은 압록강 중류유역일대의 전반적 상황에 비추어 시기적으로 다소 앞섰을 것으로 짐작된다.

따라서 고구려 국가형성 과정을 둘러싼 제 논의에서 항시 초점이 되고 있는 '나(那)'·'국(國)'의 실체는[52] 바로 늦어도 B.C. 2C 말까지 압록강 중류유역일대에 형성된 이러한 군장사회 수준의 사회체인 '지역집단'과 다름 아닐 것으로 판단된다.

B. 大武神王九年(26년) ①冬十月 王親征蓋馬國 殺其王 慰安百姓 毌虜掠 但以其地爲郡縣 ②十月 句茶國王 聞蓋馬滅 懼害及己 擧國來降 由是 拓地浸廣(『三國史記』卷14 高句麗本紀2)

그런데 대무신왕 대의 고구려는 한반도 서북부지역에 대한 군사행동을 실효적으로 실시하기 위한 전략적 접근로로서 종래부터 유지되어 온 '압록강 중류유역→독로강유역→청천강유역' 연선을 선택하였다. 이러한 전략적 구도 하에서 대무신왕은 26년 '왕'으로 호칭되던 수장이 지배하던 압록강 중류유역 좌안의 군장사회들에 속한 것으로 판단되는 개마국(蓋馬國)을 군사적으로 제압하고, 구다국(句茶國)의 내항을 받음으로써(사료 B), 압록강 중류유역에서 독로강유역에 이르는 작전선의 안정적 확보를 기약할 수 있게 되었다. 후한의 요동태수는 고구려의 이러한 움직임에 의구심을 품고 28년 고구려의 한반도 서북부방면에로의 진출 기도에 쐐기를 박고자, 선제 군사행동을 일으켜 국내성까지 내공해왔던 것이다. 따라서 본고에서 '독로강지역집단'으로 지칭한 바 있는 이 맥족계통 군장사회의 실체는 사료 B의 '개마국' 혹은 '구다국'으로서, 그것은 늦어

---

50 이 경우 독로강지역집단 형성 당시 산성의 존재 여부보다는 그 곳이 심귀리 일대를 군사적으로 공제(控制)할 수 있는 전략적 위치에 있었음에 주목하고자 한다.

51 정찬영, 1983, 앞의 책, 1989, 25쪽과 50쪽.

52 『三國史記』卷13·14·15 高句麗本紀 1·2·3. 金貞培, 1979, 「三韓社會의 '國'의 解釋問題」, 韓國史硏究會, 『韓國史硏究』26; 金貞培, 1986, 앞의 책 223~229쪽.

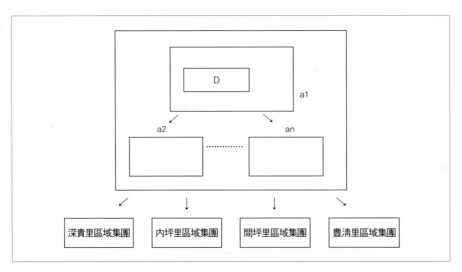

〈그림 2〉 독로강지역집단(군장사회)의 개념도

도 고구려 대무신왕 대까지 독자적 정치단위로 기능하고 있었음을 확인할 수 있다.[53]

이러한 독로강지역집단의 구조를 도시하면 〈그림 2〉와 같다.

〈그림 2〉에서 '독로강지역집단'은 '군장사회(chiefdom)' 수준의 '사회체(societies)'를 가리킨다. 그런데 이것을 구성하는 것은 남파동구역집단·심귀리구역집단·내평구역집단·간평구역집단·풍청리구역집단이라는 다섯 개의 '사회단위(social unites)'들이다. 그런데 각 구역집단 역시 몇 개의 기저집단(남파동구역집단의 경우, 이 지역집단의 군장을 배출한 a-1에서 a-n까지)으로 이루어져 있다. 즉 이를 수식화하면 $\sum_{k=1}^{n}a \leqq$남파동구역집단이 된다. 한편 남파동구역집단에 있는 작은 네모꼴 D는 남파동 고분군의 피장자집단이다. D인 남파동 고분군의 피장자들은 자기 기저집단(a1)에서 가장 유력한 혈연집단으로서 자기 구역에서는 물론 당해지역집단 내에서도 가장 유력한 지배자집단으로 군림하게 된다. 따라서 남파동구역집단의 수장은 동시에 독로강유역에 위치한 다섯 개 구역집단으로 구성된 군장사회의 수장인 군장(chief)이 된다. 여기서 군장사회의 성립과정을 수식화 해보면 다음과 같다.

$$\sum_{k=1}^{n}\text{기저집단} \leqq \text{구역집단(사회단위)} \rightarrow \sum_{k=1}^{n}\text{구역집단} \leqq \text{지역집단(사회체=군장사회)}$$

그러면 필자는 이미 고찰한 바 있는 요동반도 남단 적석총 축조집단의 존재양태에 유념하면

---

53 『三國史記』卷14 高句麗本紀2 大武神王11年(28년) 秋7月條; 朴京哲, 1996, 앞의 글, 78쪽, 93~95쪽, 189~192쪽.

서 '독로강지역집단'을 구체적 사례로 하여 당시 고구려사회에 존재한 군장사회의 실제적 존재
양태의일단을 검토해보자 한다(〈그림 2〉 참조).

먼저 군장사회인 독로강지역집단의 군장을 배출한 사회단위는 남파동구역집단이다. 따라서
이 독로강지역집단은 남파동구역집단과 여타 네 구역집단 상호간에, 또 각 구역집단 내부에 존
재하는 엄격한 계서관계에 바탕하여 운영되었을 것이다. 그리고 그러한 계서관계는 고구려사회
형성과정의 내재적 규정요인으로 파악되는 제구역집단 상호간에, 또 각 구역집단 내부에서 작
동하는 현실적 힘, 무엇보다도 물리적 폭력의 우열관계를 반영하고 있음은 물론이다.

예컨대 남파동구역집단이 자기 집단에 버금가는 세력을 갖고 있던 심귀리구역집단을 제압하
고 이 지역에서 주도권을 장악할 수 있었던 것은 자체 무장역량의 우월성뿐 아니라, 구보동산성
이 위치한 고지를 점거함을 통하여 심귀리구역집단을 군사적으로 공제할 수 있게 되고, 이들과
간평구역집단 간의 제휴 가능성을 봉쇄하게 됨에서 비롯된 것이다.

아울러 이들 다섯 구역집단은 모두 독로강 및 그 지류에 자리 잡고 있어 수로를 통한 상호접
근이 가능하다. 따라서 이들 간에 형성된 독로강수계에 따른 수운연결망의 존재를 상정케 해주
고 있다. 이 점은 이 독로강지역집단을 포함한 압록강 중류유역 일대 제 군장사회의 형성·전개
에 있어 이 지역의 발달된 하천수계라는 요소를 반드시 감안할 필요성을 새삼 제기시켜주고 있
는 셈이다.

그런데 B.C. 2C 초 이전까지 제 구역집단을 주체로 고조된 압록강 중류유역일대에서의 과
도한 군사화경향은 이 방면에서의 정치적 통합노력을 저해하는 방향으로 작용해왔다. 그러나
B.C. 2C 초에서 B.C. 2C 말 사이 고구려사회는 위만조선의 성립과 팽창·부여의 입국과 성장
및 한(漢) 세력의 침투라는 외적 충격에 민감하게 대응, 자기 세력의 보전과 결집을 꾀하는 차원
에서, 일정지역 내의 무장역량이 우월한 유력 구역집단을 중심으로 한 정치적 통합을 적극적으
로 추진하는 움직임이 본격화되어 갔다. 그리고 이러한 움직임은 그간 이 지역·사회 전체의 군
사화경향에 따라 조성·축적된 각 구역집단 별 무장역량이 고구려사회의 정치적 통합을 담보하
는 구심력으로 작용하게 되었음을 뜻한다. 따라서 고구려사회의 군사화 역시 이러한 노력에 정
비례하여 꾸준히 추진되고 있었다. 그리고 이러한 사실은 압록강 중류유역 일대의 고고학적 자
료의 구체적 검토를 통하여 확인해 볼 필요가 있다.

집안지방의 '적석묘(무기단적석총)'인 하활룡(下活龍) M8호분은 환수철도(環首鐵刀)와 화살집
같은 철제장식물 및 유사시 살생도구로의 전용이 가능한 도끼와 낫을 그 부장품으로 가지고 있
다.[54] 또 '무기단적석총'인 초산(楚山) 지방의 운평리(雲坪里) 4지구 8호분의 주곽은 환두장검(環

---

54 李殿福, 1994, 『中國內의 高句麗遺蹟』, 車勇杰·金仁經 譯, 學研出版社, 131~132쪽.

頭長劍) · 철모(鐵矛) · 비수 그리고 대부(袋斧)가 공반된다는 점에서[55] 하활룡 M8호분과 그 맥락을 같이 하고 있다. 이러한 무기단적석총의 무기류 조합상에서 먼저 주목되는 것은 종래 집안 오도령구문 적석총에서와 같은 세형동검에 갈음하여 철제 환두대도가 출현한다(하활룡 M8호분과 운평리 8호분)는 사실이다. 곧 철기문화의 확산과 더불어 출현했던 세형동검이 B.C. 2C 대 이후 보다 실용적 · 경제적이며 특히 단병접전(短兵接戰) 시 살상효과가 큰 철제장검으로 대치되고 있었던 것이다. 이 점은 이 지역의 전술역량이 총체적으로 제고되었음을 보여주고 있다.

그리고 대체로 손칼과 모듬을 이루며 출토되는 도끼날형의 철촉이 출토되는 남파동 104호분 · 심귀리 73호분과 여러 가지 모양과 용도를 갖는 쇠활촉들이 다양다기하게 다량으로 반출되고 있는 남파동 집자리터 윗문화층의 존재는[56] 긴 칼 · 비수 그리고 창 등 제반무기류와 유사시 무기화가 가능한 도끼가 공반되는 운평리 8호분의 사례와 더불어 이 지역에서 지속적으로 심화되고 있던 전반적 군사화경향을 짐작케 해주는 사례가 되겠다. 특히 철촉이 부장되는 현상은 당시 고구려사회가 철기문화의 진전과정에서 소모성 무기인 철촉의 양산체제단계에 진입했으며,[57] 나아가 그 수준도 명적(鳴鏑)으로 추정되는 도끼날형의 철촉(남파동 104호분) · 한 복판에 구멍 한 쌍이 뚫린 세 점의 명적(남파동 집자리터 윗문화층) · 상처를 크게 내여 살상력을 강하게 하려는 의도에서 만들어 진 것으로서 쇠뇌와 같은 강한 활의 존재를 전제로 하는 삼각형의 활촉(남파동 집자리터 윗문화층)을 제작할 정도로 고도화 · 전문화되었음을 엿보게 해준다. 아울러 이러한 철촉이 손칼 이외의 다른 무기와는 공반되지 않는 사실은 각 집단 내부에 있어 장검 · 창을 사용하는 자와 활을 사용하는 사수와 일정한 전술적 역할분담이 이루어지고 있었고, 또 이점은 이들 집단 내에서 진행되고 있던 기능분화의 수준을 가늠하게 해준다. 또한 노남리 유적에서만 유일하게 출토되는 밑 부분이 안으로 휘어든 쇠활촉은 강상 · 누상유적의 돌활촉과 매우 비슷한 모양을 지녔다.[58] 이 점은 이 지역 주민들이 애당초부터 자기 집단의 무장역량을 제고하기 위하여 다른 지역과 그 주민들로부터 선진적 무기와 전술을 획득 · 습득하기 위하여 부심하고 있었던 사실을 시사해주고 있다. 결국 이러한 이 지역 제 집단의 무장역량 제고에 대한 관심과 전술적 기능분화는 당시 이 지역 · 사회에서 진행되던 지속적 군사화경향을 반영해주고 있는 것이다.

그러므로 압록강중류유역일대에서 새로이 진행되고 있던 제 지역집단 형성과정 또한 고구려사회 내의 지속적 군사화경향과 맞물리며 진전되고 있었던 것이다. 또 이러한 고구려사회의 군사화경향은 그 정치적 통합노력의 결과 성립한 제 군장사회의 존재형태를 규정짓게 되었음은

55 東潮, 1995, 앞의 글, 155~156쪽.
56 정찬영, 1983, 앞의 책, 53~56쪽.
57 崔鍾圭, 1995, 앞의 책, 149~151쪽.
58 정찬영, 1983, 앞의 책, 53~56쪽.

물론이다.

이 점은 예컨대 독로강지역집단이라 지칭되는 군장사회의 주도적 구역집단인 남파동구역집단이 그에 버금가는 심귀리구역집단에 비하여 그 무장역량의 측면에서 절대적 우위를 점하고 있었음을 통하여 방증된다. 뿐만 아니라 남파동구역집단의 이곳 독로강유역에서 차지하는 위상은 상술한 바처럼 다양한 기능을 갖춘 쇠활촉들이 다량으로 반출되고 있는 남파동 집자리터 윗문화층과 같은 문화층의 쇠부리터의 존재와 연결시켜 가늠해 볼 수도 있다. 즉 이 구역집단은 전장에서의 일정한 역할 분담이라는 측면에서 어느 정도 조직화된 수준에 이르렀던 전술적 역량상 우월적 집단임과 동시에, 이 독로강지역집단 무장역량에 있어서 물적 수단의 생산·공급·분배를 오로지하는 전략적 우위를 독점하는 집단이었다고 자리매김할 수 있다. 따라서 이 남파동구역집단의 수장은 자기 구역집단 내부의 분화된 전술적 제 기능을 통괄·지휘할뿐만 아니라, 독로강지역집단 전체의 무장역량의 물적 기반인 쇠부리터의 운영을 책임짐으로써 그는 자기 구역집단에서 생산되는 철제무기의 공급·분배권을 매개로 다른 네 집단을 전체적 또는 개별적으로 통제·규제할 수 있는 입장에 있었다. 곧 그는 자기 집단의 무장역량의 우월성에 힘입어 독로강지역집단을 구성하는 다른 네 구역집단의 무장역량을 지역집단의 전체적 차원에서 총체적으로 조정·통괄·지휘하거나 혹은 개별 구역집단 별로 이들의 무장역량을 구사하였을 것이다. 아울러 그는 이러한 입장에 힘입어 자기 구역집단 내 다른 성원들에 대해서 또는 다른 구역집단들에 대해서 일정한 경제적 급부를 제도적으로 강요할 수 있는 지위도 획득할 수 있었을 것이다.

따라서 독로강지역집단으로 예시된 압록강중류유역일대에 새로이 형성된 사회체로서의 제지역집단의 실체는 그것을 구성하는 구역집단 상호간에 또 구역집단 내부의 구성원 상호간에 불평등이 사회규범으로서, 또 사회구조로서 정착화 된 군장사회였다.[59] 그리고 군장사회인 독로강지역집단의 군장을 배출한 남파동구역집단의 수장과 그 혈연집단이 당해구역집단뿐 아니라 다른 네 구역집단 위에 군림하는 최상위 핵심집단이었다.

이러한 군장과 그 혈연집단의 존재는 세 구역으로 분별되는 남파동 고분군을 통해서 확인할 수 있다.[60] 즉 이 고분군에는 강기슭의 강돌무기단적석총군이 열상(列狀)으로 자리 잡고 있고(제1구), 그 위쪽에 절석기단적석총과 석실봉토분이 혼재해 있고(제2구), 산 쪽으로는 세 기의 기단적석총을 제외하면 석실봉토분이 군재(群在)해 있다(제3군). 이 사실은 묘제에 있어서 계기적 전개상을 보이고 있는 남파동 고분군이 일정한 매장질서에 의하여 장기간 조영되어 온 것임을 간

---

59 Elman R. Service, 1962, op. cit., pp.133~169.
60 정찬영, 1983, 앞의 책, 69쪽; 東潮, 1995, 앞의 글, 1995, 159쪽.

파할 수 있다. 그리고 이런 매장 질서의 기본 틀은 당해집단의 수장과 그 혈연집단들을 중심으로 규제·운영되어졌을 것이다.[61]

이런 독로강지역집단의 최상위집단인 남파동구역집단의 수장과 그 혈연집단들은 자기들을 중심으로 군장사회를 형성하게 되는 B.C. 2C 말 경을 전기로 하여 종래의 강돌무기단적석총에 갈음하여 절석기단적석총을 축조하게 된 것으로 추정된다. 이렇게 강돌무기단적석총에서 절석기단적석총으로의 적석총조영양식 변화는 이 집단 내에서 거석(巨石)의 운반·가공·구축을 담보하는 일정한 노동력동원기제가 이전보다 한층 실효적으로 가동되게 되었음을 엿보게 해준다. 아울러 이 사실은 일정지역에서의 특정 혈연집단에로의 보다 힘을 집중시킬 수 있게 된 군장사회의 성립이라는 역사적 현실이 묘제라는 문화규범으로 표출되게 된 것을 뜻하는 것이기도 하다.

그리고 이러한 사실은 집안 일대에 존재하는 고분군의 실태를 통해서도 다시 한 번 구체적으로 검토·확인해 볼 수 있다. 고구려사회 형성과정과 관련 주목해야 할 사항은 석분류 가운데 무기단적석총(적석묘)에서 기단적석총(방단적석묘)로의 이행 양상이다. 그런데 집안 현성 일대·통구 일대 1만 1,330기의 고분 가운데는 무기단적석총과 기단적석총이 4,078기나 집중 분포하고 있음이 주목된다. 한편 이 지역 적석총의 경우, 무기단적석총에서 기단적석총으로 이행함에 있어 만보정묘구(萬寶汀墓區)와 같은 예외(205기→449기)가 없는 것은 아니지만, 대체로 2,886기에서 1,197기로 거의 60% 감소한다는 사실은 눈여겨보아야 할 대목이다.[62] 이는 바로 이 지역에 있어 무기단적석총에서 기단적석총에로의 이행은 단순히 적석총의 축조양식 상의 변화라기보다는 그것을 축조한 집단의 정치적 존재양식에 있어 질적 고양을 의미하는 것이다. 왜냐하면 먼저 이러한 적석총 형태 및 조영양식 변화에 따른 적석총의 거의 60%에 달하는 양적 감소는 기단적석총을 축조하던 단계에 처한 사회 내 지배집단의 범위가 그 이전에 비하여 60% 가까이 축소되었고, 또 그 사회의 정치·경제·사회적 제 역량이 더욱 소수의 지배집단에 의하여 과점되게 됨을 뜻하는 까닭이다. 따라서 기단적석총을 축조하는 단계의 지배집단은 그것을 구축하는 데 공해지는 인적·물적 자원의 동원기제를 이전보다 한층 실효적으로 그리고 조직적으로 가동할 수 있는 제반권능을 획득하게 되었던 것이다. 즉 이러한 묘제의 변화 양상은 적석총 축조집단 내 지배집단 범위의 축소와 그들에로의 힘의 집중도 제고를 담보하는 당해사회에 있어서의 정치적 존재양식의 질적 고양이 이루어졌음을 엿보게 해준다. 그러므로 필자는 무기단적석총에서 기단적석총으로 묘제라는 문화규범이 바뀐 사실을 고구려사회에서의 군장사회의 성립이라

61 東潮, 1995, 앞의 글, 125~129쪽, 176~181쪽.
62 李殿福, 1980, 앞의 글, 304~306쪽.

는 정치적 존재양식의 전향적 변화와 연결시켜 이해해도 크게 무리가 없다고 판단된다.

늦어도 B.C. 2C 말 압록강 중류유역 일대에 성립된 제 군장사회는 B.C. 4~3C 요동반도 남단 주민들의 정치적 경험에 비하여 그 지배력을 자기 사회체 내로 보다 확고히 침투시킬 수 있었다. 고구려사회를 구성하였던 제 군장사회가 요동반도의 그것들이 보여준 역사적 경로와는 달리 접종하는 내적 갈등과 가중되는 외압을 극복하고 정치적 통합노력을 꾸준히 추진할 수 있는 주체로서 성장할 수 있었음은 이를 입증해주고 있는 셈이다. 그리고 이런 사실은 청동기문화에서 철기문화에로 이행하는 시기의 요동반도 제 군장사회와 철기문화 확산시기 압록강 중류유역일대의 제 군장사회라는 시·공간적 차별성에서 비롯된 것으로 파악할 수도 있겠다. 그러나 무엇보다도 압록강 중류유역일대의 제 군장사회의 성립 자체는 고구려사회 형성과정과 궤를 같이하며 심화·제고되어온 이 지역·사회의 전반적 군사화경향의 한 단계를 매듭짓는 결절점이었다. 이러한 고구려사회의 전반적 군사화경향은 제 군장사회의 구조와 성격뿐 아니라, 국가형성기 고구려의 그것들마저 내재적으로 규정짓게 되었을 것으로 판단된다.

독로강지역집단과 같은 군장사회는 늦어도 B.C. 2C 말까지 고구려사회에 다수 성립·발전하고 있었다.[63] B.C. 2C 말을 전후하여 압록강 중류유역 일대의 새로운 상황 전개는 중국인들의 관점에서도 그곳의 주민들 및 그들이 집중적으로 구축한 적석총분포지역을 '구려'라 특칭하면서 '조선(위만조선)'과 여타 '예맥'집단과 준별할 필요성을 느낄 만큼 주목에 값하는 사실이었다.[64]

5. 맺음말

필자는 본고에서 B.C. 1,000년기 후반 이래 적석총 축조집단 존재양태를 고찰함을 통해 압록강 중류유역 일대에 광범위하게 분포한 적석총을 축조했던 주민들이 영위하였던 고구려 국가형성 이전 정치적 존재양식의 일단을 검토해 보았다. 필자는 이상의 논의를 요약하여 맺음말에 갈음하고자 한다.

필자는 제1장에서 B.C. 4~3C 요동반도 남단 적석총 축조집단의 정치적 존재양식을 구명해봄을 통하여 이들이 영위하였던 정치적 삶의 수준이 군장을 지배자로 또 그의 혈연집단을 중핵으로 하는 지연에 기반한 '지역집단'인 군장사회(chiefdom) 단계에 이르고 있었음을 파악할 수 있

---

63 필자는 늦어도 B.C. 2C 말까지 고구려사회에는 12~18개 가량의 군장사회가 압록강 중류유역일대에 형성·전개·발전의 길을 걷고 있었다고 파악한 바 있다. 朴京哲, 1996, 앞의 글, 92~95쪽, 122~126.
64 『漢書』 卷28 地理志 8 下 2.

었다. 또한 필자는 이러한 군장사회 수준의 사회체의 생존과 발전을 최종적으로 담보하는 것은 당해 집단의 무장역량이었음도 확인할 수 있었다.

그리고 필자는 제2장에서 B.C. 3C~B.C. 2C 초 고구려사회 형성과정을 제 기저집단의 무장역량에 바탕한 무기단적석총을 조영하는 제 구역집단 형성 움직임으로 이해하였다. 아울러 필자는 그러한 움직임의 현상적 특성으로서 이 지역 특유의 가혹한 객관적 제 조건을 극복하고자 하는 그곳 주민들의 생태적 적응과정에서 비롯된 과도한 군사화경향에 주목하였다.

마지막으로 필자는 제3장에서 B.C. 2C 초에서 B.C. 2C 말 사이 압록강·독로강·혼강유역 일대에는 '독로강지역집단'으로 예시된 군장사회 수준의 사회체로서의 제 지역집단이 군사화경향과 궤를 같이하면서 다수 성립·전개되었으며, 무기단적석총에서 기단적석총으로의 묘제 변천은 이곳 주민들의 정치적 존재양식의 고양에 대한 문화규범적 조응이라고 판단하였다. 또 필자는 이러한 고구려사회의 전반적 군사화경향이 제 군장사회의 구조와 성격뿐 아니라, 국가형성기 고구려의 그것들마저 내재적으로 규정짓게 되었다고 보고 있다.

그러므로 필자는 B.C. 1000년기 후반 적석총 축조집단이 '기저집단→사회단위(social unit='區域集團')→사회체(societies='지역집단')'로 성장해 왔고, 그 사회체 곧 '지역집단'의 실체는 무장역량을 매개로 성립한 수장을 중심으로 한 특정혈연집단에 의하여 지배되는 지연에 바탕한 군장사회(chiefdom)였다고 파악한다. 따라서 필자는 관련사료 상 나타나는 '나' 혹은 '국'이야말로 이러한 군장사회 수준의 사회체인 '지역집단'을 일컫는 것이라고 잠정 결론짓고자 한다.

출전 朴京哲, 1997,「B.C. 1000年紀 後半 積石築造集団의 政治的 存在樣式」,『韓国史研究』98.

제3장
'고구려사회'의 발전과 정치적 통합 노력:
국가형성기 고구려사 이해를 위한 전제

1. 머리말

최근 우리 학계의 고구려 국가형성 및 그 전사에 대한 접근노력이 압록강 중류유역 적석총 축조집단의 실체와 그 존재양태의 해명에 초점이 맞추어져 행해지고 있음은[1] 이제 새삼스러운 일이 아니다. 그런데 필자는 이 문제 구명과 관련, 고구려가 '국가(state)'로서 흥기하기 이전 곧 B.C. 3C~B.C. 1C 후반 압록강 중류 유역과 그 지류인 혼강·독로강 유역 일대에서 적석총을 축조하던 맥계(貊系) 제 세력집단 그 자체 혹은 그들의 존재양상을 '고구려사회'라 지칭한 바 있다.[2]

그리고 필자는 B.C. 3C에서 늦어도 B.C. 2C 말 사이에 고구려사회의 적석총 축조집단이 '기저집단(基底集團)→사회단위(social unit='구역집단')→사회체(societies='지역집단')'의 수순을 밟으며 성장해 왔으며,[3] 관련 사료들에 '나(那)' 혹은 '국(國)'으로 나타나는 사회체 곧 '지역집단'의 실체

---

1 池炳穆, 1987, 「高句麗 成立過程考」, 『白山學報』34; 余昊奎, 1992, 『高句麗 初期 那部統治體制의 成立과 運營』, 『韓國史論』27; 朴京哲, 1996, 『高句麗의 國家形成 硏究』, 고려대학교 대학원 사학과 박사학위논문, 43~103쪽; 余昊奎, 1997, 『1~4C 고구려 政治體制 연구』, 서울대학교 대학원 국사학과 박사학위논문, 20~52쪽; 朴京哲, 1997, 「B.C. 1000年紀 後半 積石塚築造集團의 政治的 存在樣式」, 『韓國史硏究』98 참조.

2 朴京哲, 1996, 앞의 글, 43~103쪽; 朴京哲, 1997, 앞의 글, 12~30쪽. 한편 지병목은 이를 '원(原)고구려사회'로, 또 여호규는 그것을 '구려종족사회(句麗種族社會)'나 '원(原)고구려사회'라 개념하고 있다. 池炳穆, 1987, 앞의 글, 26~47쪽; 余昊奎, 1992, 앞의 글, 19~20쪽; 余昊奎, 1997, 앞의 글, 29~30쪽.
그러나 '원사(原史, protohistory)'시대로 지칭되는 사회가 '역사(history)'시대와는 질적으로 성격이 다른 차원의 그것이라는 견해(金貞培, 1996, 「'原三國時代' 용어의 문제점」, 『韓國史學報』1, 10~13쪽)는 고구려 국가형성 전사(前史)를 '원고구려사회'라고 개념화하려는 노력과 관련하여 반드시 짚고 넘어가야만 할 사항이다.

3 선사시대 각 지역의 주민들은 정치적 집단 등과 같은 '사회체(societies)'에 스스로를 편제하고, 그것을 통하여 제반활동을 수행한다. 이 경우, 이러한 사회체를 구성하는 단위집단 하나 하나가 '사회단위(social unit)'로 파악될 수 있다. 그런데 이러한 사회단위는 주민들이 —그것이 지연이든 혈연이든 간에— 혹종의 계기로 결성한 '기저집단'들이 모여 이룬

는 무장역량을 매개로 성립한 수장을 중심으로 한 특정 혈연집단에 의하여 지배되는 지연에 바탕한 군장사회(chiefdom)라고 파악한 바 있다.[4]

이제 필자는 이러한 고찰 및 선학들의 연구성과를 바탕으로[5] 본고에서 먼저 B.C. 2C 후반 고구려사회의 발전에 있어 하나의 계기가 되었을 수도 있는 이들과 위만조선 및 부여와의 관계 진전상의 한 측면을 고구(考究)해보고자 한다. 특히 필자는 이 문제 해명과 관련, 오늘날 학계에서 정설화 되어있는 '예군남려(濊君南閭)'의 존재를 고구려사회와 연관시켜 이해하는 견해의 타당성 여부를 본고를 빌려 나름대로 검토해 볼 것이다. 아울러 필자는 당시 이 지역에서 성립·발전하고 있던 여러 지역집단으로서의 제 군장사회(君長社會) 실태의 일단을 추찰(推察)하고자 한다.

다음으로 필자는 B.C. 2C 말 이래 고구려사회의 성장·통합에 대한 자극제임과 동시에 멍에가 되었던 현도군의 존재양태 및 양자 사이에 조성된 길항관계 전개 양상을 살펴보고자 한다. 따라서 필자는 본고에서 현도군의 설치와 그것의 실제적 역량과 영향력 수준, 고구려사회에 대한 정책 및 그에 따른 이 지역 주민들과의 갈등상을 고찰해보고자 한다.

마지막으로 필자는 B.C. 1C 전반 이래, 특히 부여로부터의 '주몽집단' 남분(南奔, B.C. 37년) 이전 고구려사회의 정치적 통합 노력과 그 좌절과정을 검토함을 통하여 국가형성기 이전 당시부터 고구려사회에 잠류(潛流)하던 역동성(dynamics)의 한 측면을 밝혀 보고자 한다. 필자는 이를 위하여 당시 존재하던 고구려사회 내 제 군장사회의 실체 및 그들의 분포상과 상호관계를 주어진 자료가 허락하는 한 보다 구체적으로 살펴 볼 것이다. 또 필자는 고구려 건국설화의 주인공들인 해모수·유화·하백의 관계항을 실마리로 하여 B.C. 1C 중반 고구려사회의 정치적 통합 노력과 그 좌절의 궤적을 추적해보자 한다. 그리고 무엇보다도 필자는 이를 통해서 고구려 건국

그 사회의 기본단위라 개념지울 수 있다. 따라서 필자는 본고에서 '국가'라는 복합적인 정치조직체가 형성되기 이전 사회의 구성단위가 그 질·양면에서 '기저집단→사회단위→사회체'의 수순으로 전개·발전된 것으로 보고, '사회체' 단계를 정치인류학에서 제시하는 '군장사회(Chiefdom)' 수준에 상응하는 것으로 이해하고 있음을 미리 밝혀둔다. Irving Rouse, 1986, *Migrations in Prehistory: Inferring Population Movement From Cultural Remains*, Yale University Press, pp.3~4.

[4] 朴京哲, 1996, 앞의 글, 65~97쪽; 朴京哲, 1997, 앞의 글, 12~30쪽. 한편 최근 정치인류학계 일각에서는 인류의 정치·경제·사회발전의 진전상을 'family level society(group)→local group→regional group polity→state'로 파악, regional group polity의 실체를 'simple and Complex Chiefdom'으로 적시하고 있음은 이 문제 해명과 관련, 시사하는 바가 크다. Allen W. Johnson & Timothy Earle, 1987, *The Evolution of Human Societies: From Foraging Group to Agrarian State*, Stanford, Stanford University Press, pp.15~22; Timothy Earle, "Political Domination and Social Evolution", ed. Tim Ingold, 1994, *Companion Encyclopedia of Anthropology: Humanity, Culture and Social Life*, New York, Routledge, pp.941~947.

[5] 국가형성기를 전후한 고구려사 전개와 관련된 제 고찰에 대한 연구사적 검토는, 李鍾旭, 1982, 「高句麗 初期의 地方統治制度」, 『歷史學報』94·95合輯, 79~109쪽; 盧泰敦, 1986, 「高句麗史硏究의 現況과 課題: 政治史 理論」, 『東方學志』52, 193~207쪽; 林起煥, 1987, 「고구려 초기의 지방통치체제」, 『慶熙史學』14, 11~22쪽; 余昊奎, 1992, 앞의 글, 1~2쪽, 19~45쪽; 琴京淑, 1995, 「高句麗 前期의 政治制度 硏究」, 고려대학교 대학원 사학과 박사학위논문; 朴京哲, 1996, 앞의 글, 1~10;쪽 金賢淑, 1996, 「高句麗 地方統治體制 硏究」, 경북대학교 대학원 사학과 박사학위논문, 1~6쪽; 余昊奎, 1997, 앞의 글, 1~9쪽 참조.

주도세력이 부여 방면으로부터 틈입(闖入)한 주몽집단이었음에도 불구하고, 이 지역 주민들에게 그다지 큰 문화적 충격이나 변화를 야기하지 않았다는[6] 사실을 해명할 수 있는 단서를 찾을 수 있으리라 기대한다.

2. 고구려사회와 위만조선 · 부여

B.C. 2C 초 이래 고구려사회의 정치적 성장 · 발전을 자극 · 촉진한 것은 이 지역의 내재적 · 계기적 발전과 더불어, 진(秦, B.C. 221년)과 한(漢)의 중원 통일(B.C. 202년) 그리고 동호(東胡)를 공파한 흉노의 강성(B.C. 209~174년)과 이에 맞물린 위만조선 성립과 발전(B.C. 194~108년) · 부여의 국가형성(B.C. 3C에서 B.C. 2C 말 사이)과 한의 창해군(滄海郡) 설치 책동(B.C. 128~126년) 등 동북아시아 방면의 정세변동이었다.

> A-①　(a)以聞, 上許之以故滿得兵威財物侵降其旁小邑, 眞番臨屯皆來服屬, 方數千里 (b)傳子
> 　　　至孫右渠, 所誘漢亡人滋多, 又未嘗入見, 眞番旁衆國欲上書見天子, 又擁閼不通.(『史
> 　　　記』卷115 朝鮮列傳 55)
> A-②　東伐朝鮮, 起玄菟樂浪, 以匈奴之左臂(『漢書』卷73 列傳43 韋賢傳)

B.C. 2C 초 성립한 위만조선은 애당초 한의 묵인 하에 강력한 무력을 배경으로 예맥문화권 내에서의 패권 장악을 기도하고 있었다[사료 A-①-(a)]. 그리고 위만조선은 B.C. 2C 후반 우거(右渠) 대에 이르러 한과 대립하는 한편 흉노와의 제휴를 모색(사료 A-②), 주위 예맥계 제 집단에 대한 압력을 가중시키면서, 독자적 세력권 정립 가능성을 모색하고 있었다[사료 A-①-(b)].[7]

그러나 이러한 위만조선의 국력 신장과 더불어 주변 제 예맥계 집단의 발전 또한 괄목할만한 그것이었다. 위만조선과 일방적인 상하관계를 감수하던 진번 · 임둔을 비롯한 '其旁小邑'들은[사료 A-①-(a)], 우거 대에 이르러 그 기반(羈絆)을 벗어나 한과의 직접적 통교를 꾀하는 '眞番旁衆國'[8]으로 성장하고 있었던 것이다[사료 A-①-(b)].

6　盧泰敦, 1986, 앞의 글, 198~199쪽.
7　金貞培, 1977, 「衛滿朝鮮의 國家的 性格」, 『史叢』21 · 22 合輯; 金貞培, 1986, 『韓國古代의 國家起源과 形成』, 고려대학교출판부, 35~45쪽.
8　金貞培, 1983, 「辰國의 政治發展段階」, 『領土問題研究』1, 고려대학교 민족문화연구소; 金貞培, 1986, 앞의 책, 272~275쪽.

여기서 예맥계 제 집단이 형성한 '국'은 '국가(state)' 이외에도 '지역'이라든가 또는 '당해지역의 정치집단'이라는 의미도 내포되어 있다는 점을 감안한다면,[9] 그것은 국가를 향하여 가는 과정에서의 일정한 정치·사회발전단계에 처한 정치집단을 일컫는 표현이라고 봄이 보다 합리적일 것이다. 그리고 이러한 '국'의 실체를 정치발전단계 상의 '군장사회(chiefdom)'로 파악하는 견해는[10] 당시 고구려사회를 포함한 위만조선 주변의 예맥계 제 집단 발전의 지향점을 짐작케 하는데 시사하는 바가 적지 않다.

고구려사회 또한 위만조선의 국세팽창 기도에서 비롯된 이 방면에 조성된 새로운 정세로부터 자유로울 수 없었다. 곧 자강도(慈江道) 시중군(時中郡) 노남리(魯南里) 간평(間坪) 유적의 주거지의 구조와 토기가 청천강 유역 세죽리(細竹里) 유적의 그것들과 같다는 점[11]과 명도전 유적의 분포는 청동기시대에서 철기시대로 이행하는 시기에 청천강→독로강→압록강 중류유역의 하천선을 따라 양 지역 간의 혹종의 연결망이 구축되었을 것임을 엿보게 해준다.[12] 따라서 위만조선도 이 루트를 따라 압록강 중류유역지방에 대한 상당한 영향력 행사를 도모하였을 것이다.

그러나 고구려사회에 있어 자율적 발전의 여지는 B.C. 2C 후반 한과 위만조선의 긴장관계가 고조되는 틈새에서[사료 A-①-(b)] 어느 정도 확보될 수 있었을 것으로 짐작된다. 그리고 위만조선이 자기 국가 성장의 밑바탕으로써 조성·축적했던 군사역량을 중심으로 한 선진적 제측면은 이미 고도의 군사화경향이 확산되고 있던 고구려사회의 성장에 상당한 자극이 되었을 것이다. 아울러 위만조선 붕괴 이후 진행되었을 고조선 주민의 이 지역에로의 유입은[13] 당시 그들이 갖고 있던 우월한 제 역량과 선진적 역사경험의 압록강 중류유역 일대로의 이전에 있어서 결정적 계기가 되었을 것으로 추정된다.

A-③ (a)(武帝), 元朔 元年(B.C. 128년), 東夷薉君南閭等, 口二十八萬人降, 爲蒼海郡(『漢書』卷6 帝紀6)

(b)元朔元年, 薉君南閭等, 畔右渠, 率二十八萬口詣遼東內屬, 武帝以其地爲蒼海郡, 數年乃罷(『後漢書』卷85 列傳75 東夷傳 薉條)

A-④ 玄菟·樂浪, 武帝時置, 皆朝鮮穢貉·句麗蠻夷(『漢書』卷28 地理志 8下2)

---

9 金貞培, 1979, 「三韓社會의 '國'의 解釋問題」, 『韓國史研究』26; 金貞培, 1986, 앞의 책, 229쪽.
10 金貞培, 1979, 위의 글, 223~229쪽.
11 정찬영, 1983, 『압록강·독로강류역 고구려유적발굴보고』, 과학백과사전출판사, 67~68쪽.
12 朴京哲, 1996, 앞의 글, 45~46쪽.
13 李奎報, 『東國李相國集』 東明王篇.

한편 사료 A-③-(a)·(b)는 한이 B.C. 128년 위만조선과 예군남려세력 사이에 조성된 긴장상황에 편승, 송화강 유역에 '창해군'이란 교두보를 구축, 이 지역에서의 세력 부식(扶植)을 꾀하고 있음을 보여주고 있다. 그런데 오늘날 우리 학계는 이 '예군남려'와 '창해군'의 실체와 관련, 그것을 '현도군' 설치 이전 압록강 중류유역 제 집단의 동향과 연관시켜 파악하고자 하는 견해가 정설화하고 있다.[14]

그러나 먼저 맥족의 주거지를 '예(濊)'라 하지 않고, '예'의 그것을 일부 '예맥(濊貊)'이라 지칭하기는 했어도 '맥(貊)'이라 한 적이 없음을 상기할 때[사료 A-③-(a)와 (b)],[15] 압록강 중류지역의 맥계 제 집단을 굳이 '예군남려'라는 존재와 연결시키는 기왕의 논의는 재고의 여지가 없지 않은 것이다.

둘째로 만일 '왕검성=대동강유역'이라는 오늘날 학계의 통설을 전제로 사료 A-③-(b)와 (d)를 새기는 경우, '창해군=압록강유역'이라는 견해는 논리적으로 매끄럽지 못한 측면이 없지 않다. 곧 사료 A-③-(d)가 적시하는 바처럼, 압록강유역 창해군 경영비 과다로 이를 포기한 한이 ─비록 당시 한의 대흉노전이 한 측의 우세상황 하에서 소강상태에 놓여 있었다 할지라도─ 예군남려 세력에 비해 훨씬 남쪽 먼 곳에 자리한 위만조선과 1년간이나 끌었던 치열한 교전상태를 지속, 끝내 승리할 수 있었는지 의문이 아닐 수 없다. 따라서 당시 창해군의 입지는 한의 중심 지역에서 압록강유역에 이르는 그것보다 공간적 간극이 훨씬 큰 본래 예족과 관련된 다른 지역에서 찾아야 될 것이다.

마지막으로 예군남려의 실체를 압록강 중류유역 일대의 주민들과 연관시켜 이해하고자 하는 견해는 한 군현이 축출된 B.C. 75년 이후까지도 이 지역에서는 중국 군현의 분열정책으로 인하여 '고구려연맹체'의 원심분리현상이 심화되고, 따라서 고구려족 전체를 통괄하는 강한 집권력을 지닌 국가조직은 1C 후반 태조왕 때 가서야 비로소 형성되었다고[16] 보고 있다. 그런데 이러한 관점에서 볼 경우, B.C. 2C 말 당시 고구려사회 내에서의 통합노력이 아무리 활발히 또 급속히 진전되었다 할지라도, 그곳 주민들의 정치적 삶의 형태를 규정할 수도 있는 한으로의 '내속(內屬)' 같은 고도의 정치적 결단을 따르는 수준의 응집력을 가진 28만 구의 대규모 집단을 통할하는 예군남려의 존재를 이 지역에서 찾고자 함은 무리가 없지 않다.

---

14 '예군남려'와 '창해군' 설치에 관한 제논의의 연구사적 검토는, 金貞培, 1968, 「濊貊族에 關한 研究」, 『白山學報』5, 29~35쪽; 盧泰敦, 1986, 「高句麗史研究의 現況과 課題: 政治史 理論」, 『東方學志』52, 1986, 194~195쪽 참조.

15 金貞培, 1968, 앞의 글, 24~29쪽, 32~35쪽; 盧泰敦, 1991, 「高句麗의 歷史와 思想」, 韓國精神文化研究院 哲學宗教研究室 編, 『韓國思想大系』(2), 韓國精神文化研究院, 11쪽.

16 盧泰敦, 1991, 앞의 글, 9쪽, 12~14쪽, 19쪽. 한편 여호규는 이와 동일한 취지에서 압록강 중류 일대 주민들은 B.C. 75년 이후 예군남려집단에 비해 보다 강력한 결속력을 지닌 '연맹'을 결성했다고 파악하고 있다. 余昊奎, 1997, 앞의 글, 38쪽, 41~42쪽.

한편『한서』지리지상 현도군이 관할했다는 세 개의 속현, 호(戶) 4만 5천과 구(口) 22만1,845와[17] 예군남려와 더불어 내속했다는 28만 구의 근사성에 주목, 창해군의 입지를 압록강유역으로 비정할 수 있음도 물론이다. 그러나 B.C. 2C 후반 고구려사회의 정치적 통합의 진전도를 당시 송화강 유역 주민들의 그것에 대비시켜 볼 때, 예군남려를 추종하여 내속이라는 정치적 운명을 함께한 28만구라는 주민의 수는『삼국지』에서 적시된 바,[18] 고구려 3만호(15만 명)에 연결시켜 생각하는 것보다 8만호(40만 명)로 파악되고 있던 부여의 주민과 관련시켜 생각함이[19] 보다 합리적일 것이다.

따라서 필자는 이 예군남려 및 28만 구의 실체를 B.C. 3C~2C 말 국가형성기 부여의 주도집단으로 파악하고자 한다. 이 예군남려 집단을 중심으로 부여는 위만조선의 국망 이후 고구려가 흥기하기까지 8만 호를 포섭, '예맥문화권'을 지탱하는 핵심적 세력으로서의 위상을 점하는 전성기를 구가하게 되었던 것이다. 즉 한이 창해군을 설치하고자 했던 예군남려가 통할하던 지역은 압록강유역의 '맥족'의 땅에서 보다는 송화강 유역 '예족'의 땅(濊地[20])에서 구함이 보다 합리적이며, 또 그것은 부여 국가형성사적 측면에서 접근함이 보다 타당할 것으로 판단된다.[21]

그런데 B.C. 2C 말 경 위만조선을 공멸(B.C. 108년)하고 한 군현을 설치하는 등 동북아시아 방면으로의 세력 확산을 도모하고자 하는 한 세력과 제휴관계를 맺고 있던 부여 예군남려 집단의 존재는 '구려'(사료 A-④)라 지칭되던 압록강 중류유역 맥계 제 집단의 자율적 자기발전에 있어 하나의 걸림돌로 작용하였을 것으로 추정된다.

즉B.C. 2C 말 이래 예군남려 집단을 중심으로 하는 부여는 한 세력과 일정한 유대관계 하에서 휘발하선을 따라 압록강 중류 유역으로의 영향력 확대를 도모, 고구려사회 내의 제 맥족집단 사이에 전개되는 세력 재편과정 및 정치적 통합 노력에 혹종의 영향력을 행사할 것을 획책하고 있었던 것으로 보인다. B.C. 1C 중반 '동부여왕' 금와가 압록강의 지류로 비정되는 '우발수'에서 유화와 조우한 사실은[22] 이런 사실과 무관하지 않은 것이다.

---

17 『漢書』卷28 地理志 8 下1.
18 『三國志』卷30 魏書30 列傳30 烏丸・鮮卑・東夷傳 夫餘條 및 高句麗條.
19 한 호를 평균 5인으로 산정하는 견해에 관해서는, 金貞培, 1979, 앞의 글, 224~229쪽. 한편 논자에 따라서는 1호당 5~10인으로 추정하는 견해도 없지 않다. 東潮, 1995, 「積石塚の成立と發展」, 東潮・田中俊明, 『高句麗の歷史と遺跡』, 東京, 中央公論社, 181쪽.
20 『後漢書』卷85 列傳75 東夷 夫餘國條
21 '창해군' 입지=송화강 유역이라는 관점에서 예군남려의 존재와 부여 국가형성을 논한 견해는, 朴京哲1992, 「扶餘史 展開에 關한 再認識試論」, 『白山學報』40, 39~41쪽; 박경철, 1994, 「부여사의 전개와 지배구조」, 한길사, 『한국사 2: 원시사회에서 고대사회로2』, 72~76쪽; 朴京哲, 1997, 「高句麗와 濊貊: 高句麗의 住民과 그 文化系統」, 『白山學報』48, 139~142쪽.
22 『三國史記』卷13 高句麗本紀1 始祖東明聖王 元年條. 盧泰敦, 1993, 「朱蒙의 出自傳承과 桂婁部의 起源」, 『韓國古

그러나 부여는 송화강 유역을 주지로 하는 예족의 나라로서 비록 예맥이라는 뿌리는 같이하고 있지만, 청동기시대 이래 압록강유역의 맥족집단과는 서로 줄기가 나뉜 이형동질적인 문화전통을 향유하고 있었다.[23] 따라서 B.C. 2C 말 이후 부여의 고구려사회에로의 세력 확산 기도는 그 자체 일정한 한계를 가지고 추진되었을 것으로 짐작된다.

B.C. 2C 초 경 태동, B.C. 2C 말 경 본격화한 고구려사회의 정치적 통합노력은 이 방면에로의 세력 침투·확산을 도모하는 위만조선·부여·한 세력 등에 대항하기 위한 힘의 결집과정과 궤를 같이 하는 것이었다. 또 그것은 B.C. 2C 초 이래 고구려사회를 구성하고 있던 사회단위로서의 제'구역집단'이 군장사회 수준의 '지역집단'인 제사회체를 형성하는 과정과 다름 아니었다. 그리고 고구려 국가형성과정을 둘러싼 제 논의에서 항시 초점이 되고 있는 '나(那)'나 '국(國)'의 실체는 바로 늦어도 B.C. 2C 말까지 압록강 중류유역 일대에 형성된 이러한 군장사회 수준의 사회체인 지역집단이었던 것이다. 필자가 이미 살펴 본 바와 같이 '독로강지역집단'과 같은 군장사회는 늦어도 B.C. 2C 말까지 고구려사회에 다수 형성·발전하고 있었다.[24]

사료 A-④는 B.C. 2C 말을 전후하여 압록강 중류유역 일대의 이러한 새로운 상황 전개가 그 곳의 주민들 및 그들이 집중적으로 구축한 적석총 분포지역을 '구려'라 특칭하면서 '조선(위만조선)'과 여타 '예맥' 집단과 준별(峻別)할 필요성을 느끼게 할 만큼 중국인들의 관점에서는 주목에 값하는 사실이었음을 적시하고 있다.

오늘날 관련학계는 압록강 중류유역 일대에 산재한 적석총이 집중적으로 축조된 고분군을 대략 9개 정도의 지역별로 분별·인식하고 있다.[25] 그것들을 열거하면 다음과 같다.

1) 혼강 유역: 고력묘자(高力墓子)묘군·상고성자(上古城子)묘군·대파(大把)묘군·양가가(楊家街)묘군·동선영(董船營)묘군·연합(聯合)묘군·만만천(灣灣川)묘군·대청구(大靑溝)묘군·사도령자(四道嶺子)묘군·대황구(大荒口)묘군·천리(川里)묘군·미창구(米倉溝)묘군·대전자(大甸子)묘군·남두둔(南頭屯)묘군·강연촌(江沿村)묘군·향양촌(向陽村)묘군·동전자(東甸子)묘군.

2) 압록강 상류유역의 장백(長白)·자성지역: 십이도구(十二道溝)묘군·금화(金華)묘군·장백양종장(良種場)묘군·안락(安樂)묘군·조아리(照牙里)고분군·서해리(西海里)고분군·법동

代史論叢』5, 38~58쪽; 朴京哲, 1996, 앞의 글, 104~119쪽 참조.
23 朴京哲, 1997, 앞의 글, 122~139.
24 朴京哲, 1996, 앞의 글, 65~97쪽; 朴京哲, 1997, 앞의 글, 12~30쪽.
25 이 문제에 관해서는, 東潮, 1995, 앞의 글, 123~166쪽. 한편 '지도 1'은 東潮의 위의 글, 138~139에 게재된 지도 鴨綠江·禿魯江の高句麗遺跡을 밑그림으로 하여 작성된 것임을 밝혀둔다.

리(法洞里)고분군 · 송암리(松岩里)고분군.

3) 압록강 중류유역의 집안지역 통구(洞溝)고분군: 우산(禹山)묘구 · 하해방(下解放)묘구 · 산성하(山城下)묘구 · 만보정(萬寶汀)묘구 · 칠성산(七星山)묘구 · 마선구(馬線溝)묘구 · 상활룡(上活龍)−하활룡(下活龍)묘구 · 장천(長川)고분군 · 양민(良民)고분군 · 고지(高地)고분군 · 노호초(老虎哨)고분군.

4) 압록강 중류유역의 만포 지역: 연상리(延上里)고분군 · 미타리(美他里)고분군 · 문악리(文岳里) 화동(化洞)고분군.

5) 태평구하(太平溝河) 유역: 오두령구문(五道嶺溝門)적석총 · 태평구(太平溝)고분군.

6) 유림하(楡林河) 유역: 대고력묘자(大高力墓子)고분군 · 소고력묘자(小高力墓子)고분군.

7) 압록강 중류유역의 위원(渭原) 지역: 사장리(舍長里)고분군 · 덕암동(德岩洞)고분군 · 만호동(万戸洞)고분군.

8) 압록강 중류유역의 초산(楚山)지역: 신천동(新川洞)고분군 · 운평리(雲坪里)고분군 · 연무리(蓮舞里)고분군.

9) 독로강(禿魯江) 유역: 남파동(南坡洞)고분군 · 심귀리(深貴里)고분군 · 풍청리(豊淸里)고분군.

이를 도시(圖示)한 것이 〈지도 1〉이 된다(이하 〈지도 1〉 참조).

또 이 9개의 고분군들은 모두 압록강 상 · 중류 유역과 그 지류인 독로강 유역 그리고 혼강 유역 등에 주로 하천수계에 연하여 조영되어 있다. 또 그것의 분포상은 대체로 이 지역에 구축된 여러 성(城)의 그것과 겹치고 있다. 따라서 당시 고구려사회 내의 제 군장사회는 압록강 중류유역 일대의 발달된 하천수계를 따라 성을 구축하기에 적당한 당해 지역의 주요전략거점을 장악한 적석총축조집단이었음을 확인할 수 있다. 그리고 이러한 사실은 이미 독로강지역 적석총 축조집단의 사례를 통해서도 검증된 바 있다.[26]

현도군은 4만 5천호와 22만 1,845구의 주민을 관할하고 있었던 것으로 파악되고 있다.[27] 이 문제와 관련, 한사군의 한 개 속현의 인구수가 군장사회의 그것인 12,000여 명과 비슷하다는 견해를 받아드린다면,[28] 현도군 관할지역에는, 221,845인/12,000인=약 18, 그러므로 대략 18개 정도의 군장사회가 있었던 것으로 추산할 수 있다. 그러나 『삼국지』 상 고구려의 주민이 3만 호

---

26 朴京哲, 1997, 앞의 글, 21~30쪽.
27 『漢書』 卷28 地理志 第8 下1 玄菟郡條. 오늘날 우리 학계는 대체로 이 호구수를 '제1현도군(B.C. 107~75년)'의 그것으로 이해하고 있다. 盧泰敦, 1986, 앞의 글, 193~194쪽 참조.
28 金貞培, 1979, 위의 글, 228~229쪽.

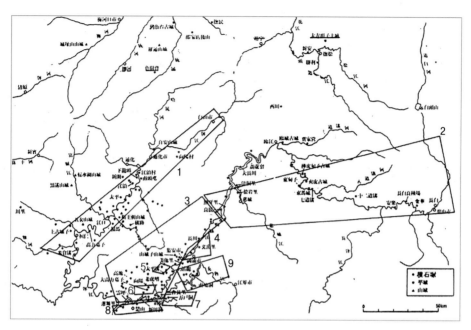

〈지도 1〉 고구려지역 적석총 분포도

곧 15만 명이었다는 점은[29] 당시 현도군 관할지역 및 주민이 고구려 국가형성과정과 관련된 그들과 반드시 일치하지 않았음을 의미할 수도 있다.[30] 곧 관련 사료들에 보이는 '예맥(穢貊)'과 '맥인(貊人)'과 '맥인(貊人)' 및 '예맥(濊貊)' 그리고 '양맥(梁貊)'등이 바로 그러한 존재들의 일단을 보여주고 있는 것이다.[31] 따라서 당시 고구려사회는『삼국지』상 고구려의 주민이 15만 인이었다는 점에서 15만 인/12,000 인=12, 곧 최소한 12개 정도의 군장사회를 아우르고 국가로서 형성·발전하고 있었다고 사료된다. 이러한 점을 감안할 때, B.C. 2C 말을 전후한 고구려사회에는 대략 최소한 12개 이상에서 최대한 18개 이하의 군장사회가 존재하고 있었다고 추정할 수 있다.

만일 이들 군장사회가 압록강 상류유역의 장백·자성지역(2)·압록강 중류유역의 만포지역 (4)·압록강 중류유역의 위원지역(7)·압록강 중류유역의 초산지역(8)·독로강유역(9) 등 다섯 지역에 각기 하나씩 성립하였다고 가정할 때, 나머지 7개에서 13개의 군장사회는 주로 넓게 보면 압록강 중류 유역의 집안지역(3·5·6)과 혼강 유역(1)에서 집중적으로 형성·발전된 것으로 파악할 수밖에 없다. 이 점은 집안지역과 혼강 유역 일대의 고분군에 집중 축조된 적석총들이 다른

29 『三國志』卷30 魏書30 列傳30 烏丸·鮮卑·東夷傳 高句麗條.

30 余昊奎, 1997, 앞의 글, 20~22쪽.

31 『漢書』卷99 王莽傳 第69 中;『三國史記』卷15 高句麗本紀3 太祖大王 53년(105년) 및 66년(118년)조;『三國史記』卷 17 高句麗本紀5 西川王 11년(280년)조; 朴京哲, 1997, 앞의 글, 144~149쪽.

어떤 지역(2·4·7·8·9)보다도 그 질·양면에서 압도적인 우월성을 현현하고 있다는 점을 통해서도 확인될 수 있다. 따라서 고구려의 국가형성을 주도하였던 세력들은 주로 이 두 지역에 위치한 군장사회들이었을 것으로 판단된다.

A-⑤ 句麗作國, 依大水而居, 西安平縣北有小水, 南流入海, 句麗別種依小水作國, 因名之爲小水貊, 出好弓, 所謂貊弓是也.(『三國志』卷30 魏書30 列傳30 烏丸·鮮卑·東夷傳 高句麗條)

사료 A-⑤는 당시 중국인들이 고구려 국가형성과 관련, 그것을 주도한 두 세력으로서 '구려'라 지칭되던 압록강유역의 맥족집단인 '대수맥(大水貊)'과 '구려별종(句麗別種)'으로 인식되던 혼강 유역 맥족집단인 '소수맥(小水貊)'을 거론하고 있는 사실을 적시하고 있다.[32] 그런데 혼강 유역에 조성된 적석총들(《지도 1》의 1)은 집안 지역(3·5·6)에 비해 그 질·양면에 있어 현격한 열세를 보이고 있는 점은 사료 A-⑤에서 대수맥을 '구려'로, '소수맥'을 '구려별종'으로 파악하는 당시 중국인들의 인식과 궤를 같이하고 있다.

한편 고구려사회의 발전과정과 관련, 주목해야 할 사항은 석분류(石墳類) 가운데 무기단적석총(無基壇積石塚: 적석묘)에서 기단적석총[基壇積石塚: 방단적석묘(方壇積石墓)]으로의 이행 양상이다. 곧 필자는 무기단적석총에서 기단적석총으로 묘제라는 문화규범이 바뀐 사실을 고구려사회에서의 군장사회의 성립이라는 정치적 존재양식의 전향적 변화와 연결시켜 이해한 바 있다.[33]

그런데 대수맥의 중심세력들이 웅거하고 있던 압록강 중류유역인 집안 일대('지도 1'의 3·5·6), 특히 그 중심지역인 집안현성 및 통구 일대('지도 1'의 3)에 자리 잡은 1만 1,330기의 고분 가운데는 무기단적석총과 기단적석총이 4,078기가 집중 분포하고 있다.[34] 또 이 지역 적석총의 숫자가 무기단적석총에서 기단적석총으로 이행함에 있어 만보정묘구(萬寶汀墓區)와 같은 예외(205기→449기)가 없는 것은 아니지만, 대체로 2,886기(26%)에서 1,197기(10%)로 거의 60% 감소한다는 사실은 고구려사회 발전과정과 관련, 눈여겨보아야 할 대목이다.

이것을 보다 세분하여 검토하면, 무기단적석총에서 기단적석총으로의 이행과정에서 통구하(洞溝河)를 기점으로 서측의 마선구묘구(麻線溝墓區: 419→373)·칠성산묘구(七星山墓區:

---

32 金貞培, 1995, 「高句麗建國의 諸問題」, 『第一回 高句麗文化學術大會(發表要旨)』, 高句麗·渤海學術研究委員會, 8쪽. 한편 '소수맥'의 거주지를 서안평현 북쪽의 소수 즉 애하(靉河) 일대로 비정하는 견해는 余昊奎, 1997, 앞의 글, p118쪽.

33 朴京哲, 1997, 앞의 글, 21~30쪽.

34 李殿福, 「集安高句麗墓研究」, 『考古學報』제2기, 1980, 163~184쪽, 최무장, 앞의 책, 1995, 304~306쪽에서 재인용.

745→92)·만보정묘구(205→449)로 총 1369기에서 914기로 33% 감소했다면, 동측의 우산묘구(禹山墓區: 1067→238)·산성하묘구(山城下墓區: 450→52)·하해방묘구(下解放墓區: 0→0)로 총 1517기에서 290기로 거의 80%가 감소하고 있다.[35] 이 점은 우산묘구를 중심으로 하는 통구하 동측에서 제 군장사회 성립과정에 따른 제 집단의 세력 재편과정이 그만큼 광범위하고 가팔랐다는 것을 방증해주고 있다. 따라서 제 군장사회의 성립을 전후한 갈등과 세력 재편의 폭은 대수맥의 경우, 우산묘구를 중심으로 하는 통구하 동측의 기단적석총을 축조한 집단들이 주체가 되었던 그것들에서 더 컸으리라 추단된다.

3. 고구려사회와 현도군

B-①　漢武帝元封二年 伐朝鮮 殺滿孫右渠 分其地爲四郡 以沃沮城爲玄菟郡. 後爲夷貊所侵 徙郡句麗西北(『三國志』卷30 魏書30 東夷傳30 東沃沮條)

B.C. 2C 말 경 중국인들은 당시 압록강 중류유역 일대에서 성장하고 있던 고구려사회의 실체를 '구려'라 특칭하면서 '조선(위만조선)'과 여타 '예맥' 집단과 준별·인식하고 있었다(사료 A-⑤). 그리고 실제로 당시 고구려사회는 이미 군장사회라는 정치적 존재양식을 경험하면서 그 사회 특유의 군사화경향을 지속적으로 유지, 위만조선·부여 등 외압을 실효적으로 극복하고, 보다 전향적인 정치적 통합을 지향할 잠재력을 키워나가고 있었던 것이다.

그런데 B.C. 2C 말 전한은 위만조선을 공멸(B.C. 108년)하고 그 땅에 군현들을 설치, 동북아시아 방면에로의 적극적 세력팽창을 도모하고자 하였다. 또 한은 압록강 중류유역 일대의 '구려만이(句麗蠻夷, 사료 A-④)'를 제압하고자 다른 군현들을 설치한 1년 뒤인 B.C. 107년 현도군을 설치하였던 것이다(사료 B-②).

한편 학계 일각에서는 예맥집단이 위만조선의 제어를 받지 않았던 독립된 정치집단이었고, 한과 예맥집단 수장들 간의 교역을 매개로 한 타협에 의하여 현도군이 설치되었기 때문에 당 군이 다른 한군현에 비하여 1년 정도 시차를 두고 설치된 것이라는 견해가 개진된 바 있다.[36]

그러나 압록강 중류유역 일대의 고구려사회는 한 측이 기확보한 한반도 서북부지방의 안정적 경영을 담보하는 '요양→압록강 하류지역→청천강유역→대동강유역'으로 연결되는 회랑지대에

35　李殿福, 위의 글, 1995, 304~306쪽.
36　金基興, 1987, 「고구려의 성장과 대외교역」, 『韓國史論』16, 18~19쪽.

서 병목 역할을 하는 압록강 하류 북안의 서안평현(西安平縣平)[요녕성 단동시(丹東市) 구련성(九連城) 애하첨고성(靉河尖古城)]을 위협할 수 있는 전략적 위치를 차지하고 있었다. 고구려사회는 또한 종래부터 운용된 바 있는 '압록강 중류유역→독로강유역→청천강유역' 선을 따라 남하, 대동강유역을 교란할 가능성마저 유보하고 있었던 것이다. 그리고 이 압록강 중류유역은 한 측이 경제적 관심을 가진 한반도 동북지역에로의 접근이 용이한 '통구→독로강유역의 강계→부전고원→함흥평야'로 이어지는 공도(孔道)의 시발점이기도 했다. 그뿐 아니라 고구려사회의 성장은 휘발하(輝發河) 선을 거슬러가면서 한 세력과 제휴관계를 유지하고 있는 송화강(松花江) 유역 부여의 안전을 위협하는 사태를 결과할 가능성마저 없지 않았다.[37]

따라서 전한은 다른 군현의 건치 1년 뒤인 B.C. 107년에야 비로소 압록강 중류유역의 지정학적·전략적 우위성을 자기 측에 확보하고, 고구려사회의 성장과 정치적 통합노력을 제어하고자 하는 정책적 구도 하에 현도군을 설치하였던 것으로 사료된다.

이러한 현도군의 군치(郡治)와 관할지역에 관해서 설왕설래가 없는 것은 아니지만,[38] 오늘날 우리 학계는 한 제국이 대체로 그것을 압록강 중류유역 일대를 감제(瞰制)하기 용이한 통구 곧 집안 지역을 중심으로 전개시켰던 것으로 보는데 그 견해를 같이하고 있다. 그런데 현도군은 그 설치 당시부터 이례적으로 고구려현·상은태현·서개마현이라는 세 개의 속현만 거느리고 있던 것으로 되어 있다.[39]

먼저 한 세력은 당시 고구려사회의 지역 별 세력 판도를 정확히 읽고, 그에 맞춘 분할지배(divide and rule) 정책을 관철함으로써 자기들 세력침투·확산정책의 실효성을 제고하고, 이 지역에서의 정치적 통합노력을 억제코자 하였다. 따라서 한 측은 그 수현인 고구려현(집안)으로 하여금 고구려사회의 중심지인 집안지역 일대의 대수맥(〈지도 1〉의 3·5·6)을, 상은태현(길림성 통화시)은 혼강 유역의 소수맥(〈지도 1〉의 1)을, 서개마현은 압록강 중류유역 좌반(左畔)의 고구려사회(〈지도 1〉의 2·4·7·8·9)를 각각 관할케 한 것으로 추정된다.

---

37 朴京哲, 1989, 「高句麗軍事戰略考察을 위한 一試論: 平壤遷都以後 高句麗軍事戰略의 志向點을 中心으로」, 『史學研究』40, 11쪽; 朴京哲, 1992, 앞의 글, 46~53쪽.

38 李丙燾, 1976, 「玄菟郡攷」, 『韓國古代史研究』, 博英社, 161~169쪽; 李基白·李基東, 1982, 『韓國史講座(Ⅰ): 古代史』, 一潮閣, 66~68쪽; 盧泰敦, 1986, 앞의 글, 193~194쪽; 金基興, 1987, 앞의 글, 19쪽; 田中俊明, 1994, 「高句麗の興起と玄菟郡」, 『研究紀要: 朝鮮文化研究』1, 東京大學 文學部朝鮮文化研究室, 10~12쪽 참조.

39 金貞培, 1979, 앞의 글, 228~229쪽. 한편 상은태현을 길림성 통화시로, 서개마현을 자강도 초산군으로 비정하는 견해는, 譚其驤 主編, 『中國歷史地圖集: 釋文滙編』, 北京, 中央民族學院出版社, 1988, 21쪽. 그러나 한대 토성지가 집안과 통화에는 존재하는 반면, 초산에는 현재까지 확인된 바 없다는 점에서 서개마현의 비정에 신중함이 요구된다. 그런데 여호규는 서개마현의 치소가 압록강과 혼강의 합류지점에 자리하였을 가능성을 제시하고 있다. 한편 통화 적백송고성(赤栢松古城)을 상은태현의 치소로 비정하는 견해도 있다. 邵春華·滿承志·柳豊, 「赤栢松漢城調査」, 『博物館研究』1987-3(余昊奎, 1997, 앞의 글, 41쪽의 주 3)에서 재인용).

그러나 당시 동북아시아에 포치(布置)된 한 군현들은 각기 많은 경우 20여 개의 속현들을 거느리고 있었다. 따라서 현도군이 원래 20여 개의 속현을 설치해야만 제대로 지배권 행사가 가능한 지역에 3개의 속현만을 설치·운용한 점은 그만큼 당시 고구려사회에서는 한 측의 지배장치가 치밀하고 주도면밀하게 가동되지 못했음을 시사해주고 있다.

　　또 건치 당시의 제1현도군과 소자하(蘇子河) 연안의 제2현도군 및 혼하 방면의 제3현토군에 속했던 것으로 추정되는 17개 가량의 중국식 토성들은 대개가 인간이 생활하기에 편리한 큰 산을 등진 하천변의 낮은 구릉 위에 축조되어 있다. 반면 당시 고구려사회 주민들은 "隨山谷以爲居"했다는 점에서 현도군의 경영이 현지 주민들의 삶과 유리된 상태에서 행해지고 있었음을 짐작할 수 있다.[40] 그리고 무순(撫順) 이동 중국식 토성 주변에서 한대 고분을 찾기 힘들다는 사실은 제1·2현토군시기 이들 토성 주위에 한인사회가 뿌리내리지 못하였음을 시사해 주고 있다. 이 점은 현도군이 설치된 이 지역의 농업생산력이 현저히 낮은데서 비롯된 것으로 추정되기도 한다. 따라서 당시 현도군 자체나 그 속현 설치 및 유지·운영에 소요되는 막대한 비용은 한 측의 재정적 부담으로 귀착될 수밖에 없었던 것으로 사료된다. 곧 현도군의 잦은 이치와 열악한 군세는 고구려사회 및 고구려의 집요한 군사적 압박에 더하여 자기완결적 재생산구조를 갖지 못한 상태에서 중앙정부의 지속적인 지원이 있어야만 정상적인 군현 지배가 이루어질 수 있었다는 점과도 무관하지 않은 것이다.[41]

　　B-② 　(a)漢時, 賜鼓吹技人, 常從玄菟郡受朝服衣幘, 高句麗領主其名籍 (b)後稍驕恣, 不服詣郡, 於東界築小城, 置朝服衣幘其中, 歲時來取之, 今胡猶名此城爲幘溝漊, 溝漊者, 句麗名城也 …… (c)王莽初, 發高句麗兵以伐胡……其五年(244년), 爲幽州刺史毌丘儉所破(『三國志』卷30 魏書30 列傳30 烏丸·鮮卑·東夷傳 高句麗條)

　　B-③ 　其俗好衣幘 下戶詣郡朝謁 皆假衣幘 自服印綬衣幘千有餘人(『三國志』卷30 魏書30 列傳30 烏丸·鮮卑·東夷傳 韓傳)

　　사료 B-②는 현도군과 고구려사회 사이에 존재하던 쌍방의 세력 부침에 따른 길항관계 전개 양상의 한 측면을 엿볼 수 있게 해준다. 그런데 이 사료 B-②가 3C 말 경 쓰여진 『삼국지』 동이전 상의 기사인 만큼 사료 B-②-(a)에서 "한시(漢時)"의 시점이 문제가 될 수도 있다. 즉 '한시=

40 『三國志』卷30 魏書30 烏丸·鮮卑·東夷傳 高句麗條; 尹龍九, 1996, 「한국 고대의 '中國式 土城'에 대하여」, 『韓國古代史論叢』8, 323쪽, 331쪽.
41 尹龍九, 1996, 위의 글, 333~334쪽.

후한대(25~220년)'라 한다면, 이 기사를 인용하여 B.C. 2C 말~B.C. 1C 전반의 상황을 파악하려는 노력은 문제가 있다는 지적이 없을 수 없는 것이다.

그러나 이 "한시"의 시점은 『삼국지』 위지 동이전 고구려조의 체재 검토를 통해 어느 정도 추론해 볼 수 있다. 동이전 고구려조에서 '고구려' 혹은 고구려사회의 대중관계 기사는 사료 B-②-(a)·(b)·(c) 및 사료 C뿐이다. 그런데 사료 B-②-(c)는 왕망의 신(8~23년) 이후 후한 대에서 위(220~265년) 정시 5년(244년)까지의 고구려의 대중관계를 중심으로 하는 연대기적 기사들임에 주목해야 한다. 따라서 사료 B-②-(a)·(b)는 전한대 B.C. 2C 말~B.C. 1C 전반의 상황을, 그것도 B-②-(a)는 현도군 건치 이후의 정황을, 또 B-②-(b)는 고구려사회와 현도군 사이의 관계 전개 양상에서 하나의 획기가 되었던 B.C. 75년 제1차 현토군 축출 이후 한의 이 지역에서의 실질적 영향력이 급격히 위축되어가고 있던 그것을 기술한 자료라 파악될 수 있는 것이다.

사료 B-②-(a)는 현도군의 수현인 고구려현의 현령이 고구려사회의 각급 수장들을 개별적으로 파악, 그들로 하여금 자기 현이 관장하는 '조공무역'에 참여케 함으로써, 교역을 매개로 고구려사회를 구성하는 제 집단의 분할지배를 꾀하였음을 보여 주고 있다. 즉 현도군은 고구려사회의 각급 집단 수장들이 한 군현에 귀복하는 대가로 이들의 자기집단 내에서의 또는 타집단에 대한 한 제국의 권위를 빌미로 하는 '위의(威儀)'를 과시하는 '고(鼓)·취(吹)·조복의책(朝服衣幘)'과 같은 권위재는 물론 악공 같은 '기인'까지 공급하였다. 한 측은 이를 통하여 이 지역에 대한 한 문화의 침투·확산을 도모하였을 뿐 아니라, 그곳에서의 권위의 독점적인 최상위 창출자로서 위상을 점하고자 하였던 것이다.[42]

그런데 현도군이 이 지역에 보급·확산시켰던 '고각(鼓角)' 같은 의기(儀器)는 비류집단과 주몽집단의 각축 상황이 벌어지던 국가형성기에까지도 각급 집단의 권위를 상징하는 것으로 관념·인식되어 지고 있었다.[43]

따라서 현도군은 이런 조건 하에서 교역장소·시기·품목·교환율의 결정권을 자기 측에 유보한 채[44] 개별 집단 별로 차등적 교역조건을 강요함으로써 고구려사회의 갈등과 분열을 조장할 수 있었던 것이다. 그러므로 사료 B-②-(a)는 현도군과 고구려사회와의 관계가 교역을 매개로 한 한 세력의 주도 하에서 이루어지고 있던 상황을 서술한 기사이다.

---

42 한 집단의 首長은 交易을 통하여 획득한 외부집단의 재화를 다시 각 세대에게 하사하기도 한다. 특히 두 집단 간에 있어서의 사치품 교역은 각 집단의 엘리트 사이에서만 행해지는 까닭에, 수장은 교역에서 얻은 사치품을 자기에 대한 충성의 대가인 권위재로서 수여할 수도 있었을 것이다. Peter S. Wells, 1980, *Culture Contact and Culture Change: Early Iron Age Central Europe and the Mediterranean World*, Cambridge University Press, pp.5~8.

43 『東國李相國集』 卷3 東明王篇 ; 張志勳, 1979, 「古代國家의 統治理念에 대한 一考察: 샤마니즘을 중심으로」, 『韓國史研究』 98, 50~51쪽 참조.

44 Peter S. Wells, 1980, op. cit., pp.7~8.

사료 B-③은 이러한 한 군현의 교역을 빌미로 한 분할지배정책이 한반도 남부의 삼한사회에서도 광범위하게 또 실효적으로 수행되고 있었음을 보여주고 있다. 곧 이러한 한 군현의 정책이 삼한사회 제 집단 내부의 기존 위계질서를 교란시키고 이들 간의 정치적 통합노력에 대한 장애요인화하고 있었던 것이다.

한 제국은 사료 A-⑤가 적시하고 있는 바처럼 현도군 설치 당시부터 '구려'라 특칭되던 고구려사회의 과도한 군사화경향을 충분히 감지하고 있었던 만큼 대고구려사회 지배정책의 근간을 물리적 폭력에 갈음한 교역을 지렛대로 한 '이이제이'의 분할지배정책의 관철에서 구하고자 하였던 것이다. 이러한 점에서 현도군에 대한 고구려사회의 저항은 점차 적극화·조직화되어 갔던 것이다 즉 이 압록강 중류유역 일대의 주민들은 건치 당시 현도군의 수현이 '고구려현'이라 명명된 데서 알 수 있듯이, 이미 스스로를 '고구려'라 자임하면서[45] 이 지역 특유의 적석총 집중 축조라는 돌출현상에서 표출되고 있듯이 문화적 동질감에 바탕한 일정한 응집력을 공유하고 있었다.

한편으로 당시 고구려사회는 12~18개의 군장사회를 중심으로 자기집단의 생존과 이 지역에서의 패권 장악을 위하여 치열한 경합상을 연출하고 있었던 것이다. 한 세력의 고구려사회 침투에 가장 민감한 반응을 보인 것은 이러한 제 군장사회의 군장급 수장들(chieftains)이었다. 이들은 현도군 설치 이후 몇 가지 면에서 위기의식을 공유하고 있었을 것으로 추정된다.

당시 한반도 서북부와 요녕 지방에 설치된 현도군을 비롯한 한 군현들은 고구려사회가 자원이 상대적으로 풍부한 주변지역들로 접근할 수 있는 가능성을 효율적으로 차단하였던 것이다. 따라서 점증하는 인구와 한정된 가경지에 부담을 갖고 있던 고구려사회는 이 지역으로 진출해 오는 한 세력을 자기 발전의 멍에로 인식하게 되었던 것이다.[46] 또한 당시 제 군장사회의 수장들은 자기 사회체 내 제 경제활동의 구심적인 조정자로서 모든 재화·용역의 조성·축적·재분배를 관장하고 있었다.[47] 그런데 고구려사회 제 군장의 경제잉여 추출은 이 지역의 열악한 자연환경에서 비롯된 낮은 농업생산성 때문에[48] 실효적 무장충돌의 수행과 외부세력과의 교역에 있어서의 독점적 지위 확보에서 기대할 수밖에 없었다. 그리고 당시 교역은 군사행동에 수반되는 기

---

[45] 李基白·李基東, 1982, 앞의 책, 81~83쪽; 盧泰敦, 1986, 앞의 글, 196~197쪽; 盧泰敦, 1991, 앞의 글, 12쪽 참조.
[46] Song Nai Rhee, 1992, "Secondary State Formation: The Case of Koguryo State", Edited by C. Melvin Aikens and Song Nai Rhee, *Pacific Northeast Asia in Prehistory: Hunter-Fisher-Gatherers, Famers, and Sociopolitical Elites*, lman, Washington State University, p.194.
[47] Peter S. Wells, 1980, op. cit., p.7.
[48] 고구려 입국 지반(地盤)인 압록강 중류유역 일대 는 그 周圍 의 여타 지역에 비해 농경여건 상대적으로 양호하였던 것으로 평가되기도 한다(Song Nai Rhee, 1992, ibid., p.193). 그러나 당시의 고구려사회는 그 농법수준에 따른 가경지에 대한 인구압이 상당히 높았던 것으로 판단된다(朴京哲, 1997, 앞의 글, 15~17쪽).

회비용을 감안할 때 가장 용이한 부의 조성·축적방법일 수밖에 없었다. 따라서 종래 고구려사회의 제 군장은 외부세력과의 교역 기회를 독점, 그 교역조건을 임의로 규정함으로써 상당한 경제적 잉여 획득의 기회를 향유할 수 있었을 것이다.[49] 특히 아울러 그는 이러한 교역품을 자기 하부 구성단위인 제 구역집단에 재분배하는 과정에서도 적지 않은 부를 축적할 수 있었을 것이다. 물론 제 구역집단의 수장들 역시 이러한 교역품을 제 기저집단으로 이전하는 과정에서 일정한 경제적 이익을 기대할 수 있었다. 그리고 당시 군장이 외부세력과의 교역에서 획득한 권위재나 사치재도 이러한 재분배기제를 통하여 자기 휘하 구역집단의 제수장이나 제 기저집단의 실력자들에게 이전되었을 것이다.

그리고 제 군장사회의 군장은 이 점에 힘입어 본래부터 갖고 있던 물리적 폭력이라는 현실적 권력과 경제력에 더하여 사회적 권위의 최종적 담보자로서의 역할까지 수행케 됨으로써 자기 사회체 내의 기존 계서적 구조·질서를 안정적·실효적으로 유지·운영할 수 있었던 것이다.

그러나 사료 B-②-(a)와 B-③에서 엿볼 수 있듯이, 현도군은 임의로 설정한 교역조건 하에서 기존 제 군장사회의 계서적 구조·질서를 의도적으로 간과하면서 군장사회급 집단뿐 아니라 그 하부 구성단위인 구역집단 심지어는 제 기저집단의 수장이나 실력자들과 개별적으로 또 차별적으로 교역을 행하였을 개연성이 크다. 그 결과 제 군장사회 군장들은 이제껏 누려왔던 교역에서의 독점적 지위를 상실하게 되었던 것이다. 그리고 현도군의 이러한 교역을 매개로 한 분할 지배정책은 무엇보다도 나름대로 유지되어 왔던 제 군장사회를 기축으로 유지·운영되던 고구려사회의 계서적 구조·질서의 동요를 유발하는 교란 요인화, 각급 집단 간의 갈등·분열을 증폭·확산시키는 결과를 초래하게 되었던 것이다.

따라서 이 지역의 제 군장사회는 지금껏 조성·축적한 무장역량을 결집시켜, 한 측이 설정·강요하는 봉쇄선을 돌파하고, 이 지역의 기존질서·구조를 해체시키려는 기도에 대하여 실효적인 군사적 타격을 가하여 사료 B-①의 "夷貊所侵", B.C. 75년 집안 지역에 있던 현도군의 수현인 고구려현을 흥경·노성(興京·老城) 부근(요녕성 신빈현)으로 축출하는데 성공하였던 것이다(사료 B-①의 "徙郡句麗西北"). 이러한 사태는 현도군 등 한 군현의 존재를 자기들의 생존과 발전에 대한 기반(羈絆)으로 인식하고 이를 군사적 대응을 통하여 극복할 수 있었던 당시 고구려사회가 갖고 있는 잠재력의 한 측면을 엿볼 수 있게 해주는 사실이기도 하였다. 그리고 이 일은 이후 압록강 중류유역 일대에서의 힘의 균형추가 고구려사회로 옮아가는 분기점이 되었던 것이다.[50]

---

49 Peter S. Wells, 1980, ibid., pp.7~8.

50 B.C. 75년 현도군 축출 이후 고구려의 '연맹왕국' 형성이 시작된 것으로 파악하는 견해는, 李基白·李基東, 1982, 앞의 책, 81쪽. '고구려'라는 명칭은 B.C. 2C 말까지에는 등장하였고, B.C. 37년 고구려왕을 대표로 하는 '연맹체'가 형성되었다는 견해는, 盧泰敦, 1991, 앞의 글, 12쪽.

사료 B-②-(b)는 상황이 B.C. 75년 이후 반전되어, 고구려사회와 한 세력 간의 교섭에 있어, 한 측의 일방적 주도권 아래에서 이루어지던 교역이 그 장소·시기·품목 등에 있어 쌍방당사자 사이의 일정한 합의가 전제되는 그것으로 변화하고 있음을 시사하고 있다. 즉 고구려사회를 구성하는 제 군장사회의 수장들은 제고된 그들의 교섭력에 힘입어 개별적으로 현도군측을 상대로 하여 "책구루(幘溝漊)"라 일컬어지는 일정 장소에서, "세시(歲時)" 곧 연초인 정월에,[51] "조복의책" 같은 일정한 품목을 수수하는 교역[사료 B-②-(b)]에 관한 합의를 도출할 수 있었던 것으로 보인다.[52]

아울러 이러한 상황 진전은 고구려사회 내부에 있어 대한교역과 관련된 각급 구성집단들 사이의 제반 합의 도출과 그 이행을 가능케 할 수준의 정치적 통합 노력의 필요성에 대한 자각을 불러일으키는 계기를 제공하였을 것으로 짐작된다. 그리고 그러한 노력은 스스로를 '고구려'라 자임하던 이 지역 주민들이 공유하고 있던 기왕의 문화적 동질감을 바탕으로 또 외압 극복을 위한 대(對) 한 군사행동에서 싹튼 공동운명체의식이라는 한층 고양된 응집력 가운데서 점차 진전되어 가고 있었다.

B.C. 2C 말 한의 위만조선 공멸(B.C. 108년) 및 한 군현, 특히 현도군 설치(B.C. 107년)으로 표상되는 한 세력의 동북아시아에로의 적극적 팽창세는 이미 군장사회라는 정치적 경험을 공유하고 있던 고구려사회 제 집단의 정치적 갈등을 증폭·확산시키는 결과를 초래했다. 그러나 이 와중에서 현안인 외압을 극복하고 고구려사회 내에 접종하는 제 갈등과 분열의 효율적 수렴·실효적 통합을 담보·추진하기 위한 보다 고양된 정치적 존재양식의 창출을 지향하는 움직임도 서서히 고개 들고 있었던 것이다.

4. B.C. 1C 중반 고구려사회의 통합 노력과 좌절

앞에서 살펴 본 바처럼 B.C. 2C 말 이래 고구려사회에는 대략 12개 이상에서 18개 이하의 군장사회 수준의 지역집단들이 나름대로 자기 사회체의 생존과 발전을 도모, 상호제휴·갈등관계를 진전시켜 나가고 있었다. 그리고 이러한 제 군장사회의 존재는 현존하는 사료 상 '나' 혹은 '국'이라는 존재형태로 그 모습의 일단을 드러내 보이고 있다. 이를 도시하면 〈그림 1〉과 같다(이

---

51 余昊奎, 1997, 앞의 글, 79~80쪽.
52 각 정치세력의 독자적 대외교섭권이 '책구루'라는 단일창구로 일원화됨을 연맹체를 대표하는 고구려 왕권의 성장으로 이해하는 견해는, 盧泰敦, 1975, 「三國時代 '部'에 관한 연구」, 『韓國史論』2, 13~14쪽. 그리고 이를 B.C. 1C 전반(前半) 계루집단에 의한 '국가권력의 성립'을 시사하는 것으로 파악한 견해는, 余昊奎, 1997, 앞의 글, 50~51쪽.

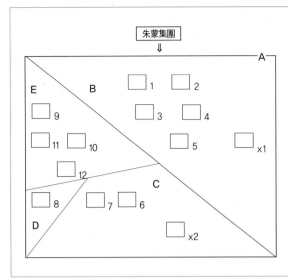

A. 고구려사회(12~18개 군장사회 분포)
B. 소수맥('지도 1'의 1): 1. B.C. 59년 이전의 해모수집단, 2. 소서노집단, 3. 부분노집단, 4. 황룡국, 5. 비류국, X1
C. 대수맥('지도 1의 3·5·6): 6. 하백집단, 7. 압록곡 갈사 수빈(曷思水濱)의 '국', X2
D. 압록강 상류 유역의 군장사회('지도 1'의 2): 8. 행인국
E. 압록강 중류 유역 좌안의 제 군장사회('지도 1'의 4·7·8·9): 9. 구다국, 10. 개마국, 11. 조나, 12. 주나

(다만 '지도 1의 9'인 '독로강지역집단'은 '그림 1-E의 9'인 '구다국' 혹은 '그림 1-E의 10'인 '개마국' 가운데 하나이다.) 고구려 국가형성기를 전후하여 압록강 중류 유역 일대에는 대략 12~18개의 군장사회가 존재했을 것으로 추정한 바 있다. 필자는 본고를 작성하면서 적출한 12개의 군장사회를 〈그림 1〉 상에 네 개의 군으로 나누어 표시해 보았다. 따라서 여기서 밝혀지지 않은 군장사회는 6(X1+X2=18-12)개 이하로, 그것들은 적석총 밀집분포상을 감안할 때, 대개 대수맥에 속할 것으로 추정된다. 따라서 고구려의 국가형성이란 틈입 전사집단인 주몽집단이 힘을 바탕으로 이들을 고구려 국가지배구조 내로 편제하는 과정이라고 파악할 수 있다.

〈그림 1〉 압록강 중류유역 일대의 제 군장사회와 고구려의 국가형성

하 〈지도 1〉 및 〈그림 1〉 참조).

혼강유역의 소수맥계통(〈지도 1〉의 1 및 〈그림 1〉의 B)으로는 먼저 주몽과 맥락이 닿는 'B.C. 59년 이전의 해모수집단(〈그림 1〉의 B-1)'을 꼽을 수 있다.[53] '주몽집단'과 그 생존 입지를 둘러싸고 절박한 상호경합을 벌이던 '비류국(〈그림 1〉의 B-5)' 또한 그 군장이 스스로를 칭왕(稱王)할 만큼 나름대로 이 지역에 웅거한 유력한 사회체였다.[54] 반면 주몽집단과 협력, 비류국과 상쟁한 '소서노집단(〈그림 1〉의 B-2)'[55]·'부분노집단(〈그림 1〉의 B-3)'[56] 역시 소수맥에 속하는 군장사회였던 것으로 보인다. 또 유리왕의 국내성(길림성 집안현) 천도(3년) 이후, 한때 고도(古都)인 환인지방의 안정적 경영에 위협적 존재로 부각되었던 '황룡국(〈그림 1〉의 B-4)'도 이에 속하는 군장사회였던 것 같다.[57]

한편 B.C. 59년 해모수집단과 상쟁을 벌인 '하백집단(〈그림 1〉의 C-6)'은[58] 압록강유역에 자리한 대수맥(〈지도 1〉의 3·5·6 및 〈그림 1〉의C)에 속하는 군장사회였다. 또 부여왕 대소의 동생이

---

53 『三國史記』 卷13 高句麗本紀1 東明聖王 元年(B.C. 17년)條 및 『三國遺事』 卷1 紀異1 北扶餘·東夫餘·高句麗條
54 『三國史記』 卷13 高句麗本紀1 東明聖王 元年(B.C. 17년)條
55 『三國史記』 卷23 百濟本紀1 溫祚王 元年(B.C. 18년)條.
56 『東國李相國集』 卷 3 東明王篇.
57 『三國史記』 卷 13 高句麗本紀1 琉璃明王 27年(8년)條.
58 『三國史記』 卷 13 高句麗本紀1 東明聖王 元年(B.C. 17년)條 및 『三國遺事』 卷1 紀異1 北扶餘·東夫餘·高句麗條.

'갈사국'을 세우기 전 해두왕(海頭王)이 다스리던 압록곡 갈사수빈의 '국' 또한 대수맥에 속하는 사회체 가운데 하나였을 것이다.[59]

그리고 "태백산동남"의 '행인국(荇人國)'은 마천령산맥 이동[60]의 압록강 상류유역의 장백·자성 지역(〈지도 1〉의 2 및 〈그림 1〉의 D-6)에 있던 군장사회였던 것으로 추정된다.[61]

한편 고구려 국가형성기 주몽집단은 자기집단의 고구려사회에로의 틈입 이래 먼저 대수맥과 소수맥에 속한 제 군장사회의 통합과 세력 재편을 위한 노력에 선차성을 부여, 이를 추진하였던 것으로 판단된다. 그리고 압록강 중류유역 좌안에 위치한 제 군장사회의 국가지배체제 내로의 통합·재편은 자기의 전방위적 국세팽창전략에 부응, 합목적적으로 또 점진적으로 진전시켜 나간 것으로 추론할 수 있다.[62] 따라서 '왕'이라 호칭되던 수장이 지배하던 '개마국(〈그림 1〉-E의 10)'·'구다국(〈그림 1〉-E의 9)' 중 하나는 압록강 중류유역 좌안의 군장사회들('지도 1'의 4·7·8·9 및 〈그림 1〉의 E-9·10·11·12) 가운데 B.C. 26년 대무신왕이 한반도 서북 지역으로의 진출을 위한 발판을 다지고자 확보한 독로강 유역의 군장사회('지도 1'의 9)였을 것으로 추정된다.[63] 그러므로 '조나·주나'같은 압록강 중류유역 좌반의 군장사회들('지도 1'의 4·7·8 및 〈그림 1〉의 E-9·10 가운데 하나·11·12)은 고구려 국세팽창의 틈새에서 태조왕대까지도 그 명맥을 유지해 나갈 수 있었던 것이다.[64]

여기서 이제까지 확인된 고구려사회를 구성했던 제 군장사회를 일단 정리해보면('지도 1'과 〈그림 1〉 참조), 소수맥에 속하는 것으로는 해모수집단·소서노집단·부분노집단·비류국·황룡국이, 대수맥으로는 하백집단과 해두왕이 다스리던 압록곡 갈사수빈의 '국'이 확인된다. 나머지 개마국·구다국·조나·주나 같은 제 군장사회는 압록강 중류유역 좌안의, 또 행인국은 압록강 상류유역의 그것들이었다고 파악할 수 있다.[65]

한편 주몽의 남분(南奔) 과정에서 합류하는 모둔곡(毛屯谷) 3인에서[66] 비롯하여 유리왕대의 '우씨(羽氏)'[67]와 대무신왕대의 '부정씨(負鼎氏)·북명인(北冥人) 괴유(怪由)·적곡인(赤谷人) 마로(麻盧)·매구곡인(買溝谷人) 상수(尙須)[68] 등에 이르기까지 국가형성기 고구려의 지배체제에 개별적

---

59 『三國史記』卷14 高句麗本紀2 大武神王5年(22년)條과 卷15 高句麗本紀3 太祖大王 16年(68년)條.

60 朴京哲, 1989, 앞의 글, 7쪽.

61 『三國史記』卷13 高句麗本紀1 東明聖王6年(B.C. 32년)條

62 朴京哲, 1996, 앞의 글, 120~197쪽.

63 『三國史記』卷14 高句麗本紀2 大武神王9年(26년) 冬10月 및 12月條. 朴京哲, 1997, 앞의 글, 24쪽.

64 『三國史記』卷15 高句麗本紀3 太祖大王20年(72년) 및 22年(74년)條.

65 이들의 실체에 관한 논의는, 朴京哲, 1996, 앞의 글, 134~139쪽.

66 『魏書』卷100 列傳88 高句麗傳; 『三國史記』卷13 高句麗本紀1 東明聖王 元年條.

67 『三國史記』卷13 高句麗本紀1 琉璃明王 24年(5년)條.

68 『三國史記』卷14 高句麗本紀2 大武神王 4年(21년) 및 13年(30년)條.

으로 편입되는 세력이[69] 적지 않다는 점도 주목되는 사실이다. 이들 집단은 적어도 기존 군장사회에 편제되지 않고 별개의 세력기반을 확보하고 있던 독립적인 구역집단 수준의 사회단위였거나 혹은 기왕의 제 군장사회 기반을 이탈, 혹종의 새로운 가능성을 모색하고 있던 구역집단들이었을 것으로 추정된다. 또 당시 고구려에 이러한 구역집단이 다수 존재하고 있었다는 사실은 그만큼 압록강 중류유역 일대에 할거하던 제 군장사회를 기축으로 유지되던 기존 고구려사회의 운영질서가 이미 그 한계에 부딪치고 있었음을 시사하고 있다.

더구나 당시 고구려사회 구성원들 사이에는 계속되는 한의 세력침투 기도[70]와 부여의 이 방면에로의 진출 시도[71] 그리고 말갈의 발호[72]와 선비의 공세라는[73] 가중되는 외압 및 접종되는 상쟁[74]에서 비롯된 위기의식이 고조되고 있었다. 그러므로 국가형성기를 전후한 압록강 중류유역의 주민들은 보다 고양된 수준의 정치적 존재양식의 창출, 곧 국가(state) 형성을 위한 기존 고구려사회의 해체라는 현실의 불가피성을 충분히 인지하고 있었다고 판단된다. 이러한 사실은 고구려 국가형성의 배경을 이해하는데 있어 매우 중요한 시사점을 제공해주고 있다.

고구려사회는 힘의 결집을 통하여 B.C. 75년 외압을 극복하는데 성공하였으나, 이 곳에서의 정치적 통합 노력의 진전은 지지부진한 상태에 머무르고 있었다. 이와 관련, 우리 학계 일각에서는 이러한 상황을 B.C. 75년 이후 한 군현의 제1차 축출 이후에도 지속된 한 측의 분열정책으로 인하여 '고구려연맹체'의 원심분리현상이 심화되고 있었던 것으로[75] 새기기도 한다. 또 이러한 견해는 사료 B-②-(b)에서 적시되는바 한 측이 현도군 천사(遷徙) 이후에도 '책구루' 교역을 통해 '조복의책' 같은 권위재를 고구려사회에 공급하면서 일정한 영향력의 행사를 도모하고 있다는 점을 통해서도 뒷받침 되고 있다고 파악하고 있다. 그런데 필자는 이 지역 주민들의 정치적 원심분리현상이 야기된 것은 한 세력의 영향력 행사 기도 이외에도 고구려사회 형성과정 자체에 이미 그 단초가 배태되고 있었다고 파악하고자 한다. 곧 B.C. 3C~B.C. 2C 수많은 기저집단인 제 취락들이 사회단위로서의 구역집단을 형성하는 과정이나, B.C. 2C 초~B.C. 2C 말 제 구역집단이 제 군장사회라는 사회체로 통합하는 과정 자체가 각 수준의 집단들이 갖고 있는 무장역량을 바탕으로 추진되었던 것이다. 따라서 이 점에서 고구려사회의 전반적 군사화경향은

---

69 이들 제 집단의 세력 수준과 그 편제방식에 관해서는, 余昊奎, 1997, 앞의 글, 44~49.

70 盧泰敦, 1991, 앞의 글, 12~13쪽.

71 『三國史記』卷13 高句麗本紀1 東明聖王 元年條;『三國遺事』卷1 紀異1 北扶餘 · 東夫餘 · 高句麗條

72 『三國史記』卷13 高句麗本紀1 東明聖王 元年(B.C. 37년)條.

73 『三國史記』卷13 高句麗本紀1 琉璃明王 11年(B.C. 9년)條.

74 『三國史記』卷13 高句麗本紀1 東明聖王 元年(B.C. 37년)條 ·『三國遺事』卷1 紀異1 北扶餘 · 東夫餘 · 高句麗條.

75 盧泰敦, 앞의 글, 1991, 12~14쪽.

그 불가피한 귀결일 수밖에 없었다.[76]

고구려사회 내 제 군장사회는 이렇게 제고된 지역 내의 무장역량을 결집하여 B.C. 75년 현도군을 축출시킬 수 있었다. 그리고 이러한 과정에서 고구려사회의 총체적 무장역량 역시 질·양면에서 한 단계 높은 수준으로 지양(止揚)될 수 있었다. 그러나 그것은 고구려사회 전체의 군사역량으로 전화되지 못하고, 각 군장사회의 개별적 생존기반으로 분산적으로 운용될 뿐이었다. 따라서 고구려사회의 지배집단인 여러 군장과 그 혈연집단들은 자기 사회체의 무장역량에 힘입어 기득권에 연연하면서 더 이상의 정치적 통합 노력을 방기하고, 고구려사회의 현상유지를 도모하고자 하였던 것이다.

이와 더불어 고구려사회에 잠류하던 대수맥과 소수맥의 분별의식(사료 A-⑤ 참조) 또한 그 골이 깊어만 가면서 이곳에서의 정치적 통합 노력을 저해하는 동인으로 작용하였을 것으로 추정된다.

당시 중국인들은 "作城柵皆員"·"有城柵"·"亦有城郭" 등[77] 자기들의 서술 대상이 되는 사회나 국가에 있어서의 군사적 영조물(營造物)의 실태를 가능한 한 기록으로 남기고 있다. 또 사료 B-②-(b)의 '구루=구려=성' 설에 따르면, B.C. 2C 말 고구려사회는 이미 성과 같은 종류의 군사 영조물들을 다수 구축하고 있었던 것으로 추정할 수 있다. 따라서 사료 A-⑤와B-② 및 B-②-(a)·(b)에 따르면, B.C. 2C 말을 전후한 시점에서 중국인들은 적석총을 집중적으로 축조하면서 한편으로는 다수의 성, 특히 산성들을 군사거점으로 활용하고 있는 압록강중류 유역일대 '이맥(夷貊)·만이(蠻夷)'들을 '구려(句麗)'라 지칭했고, 이 구려의 주민들 역시 스스로를 높여 '고구려'라 일컬었던 것이다. 이렇게 B.C. 2C 말 무렵 고구려사회는 무기단적석총에서 기단적석총으로의 이행과 제성의 구축을 위한 인적·물적 자원의 대규모의 조직적 동원이 가능한 수준으로 성장하고 있었던 것이다.

이 문제와 관련, 오늘날 북한학계는 요녕성 환인현(桓仁縣)의 '오녀산성(五女山城)'과 '하고성자고성(下古城子古城)'·요녕성 신빈현(新賓縣) '흑구산성(黑溝山城)'과 혼강 상류 '전수호산성(轉水湖山城)'·요녕성 통화현 쾌대무자구 '삼합보산성'·요녕성 청원현(淸原縣) 하가보 '두도성자'·요녕성 청원현 '영액문산성(英額門山城)'·길림성 유하현(柳河縣) 대통구 '나통산성(羅通山城)'·자강도 시중군(慈江道 時中郡) 노남리(魯南里) 구보동산성 등 제 성을 '고구려 초기(B.C. 3~2C) 문화'의 소산이라[78] 주장하고 있다. 그러나 필자는 그 주장의 타당성 여부를 떠나 그것들을 일단

---

76 朴京哲, 1997, 앞의 글, 12~30쪽.

77 『三國志』 卷30 魏書30 列傳30 烏丸·鮮卑·東夷傳 夫餘條·韓 辰韓條 및 弁辰條.

78 박진욱, 1992, 「구려와 초기고구려의 유적유물에 대하여」, 『력사과학논문집: 조선 고대 및 중세초기사연구』, 평양, 교육도서출판사, 43~46쪽.

고구려 초기의 문화유적이라기보다는 국가형성기의 전사(前史)에 해당하는 고구려사회의 그것으로 파악하고자 한다.

이들 여러 성 가운데 '오녀산성'·'흑구산성'·'전수호산성' 같은 산성과 '하고성자토성' 같은 평지성은 모두 고구려사회의 소수맥의 주지인 혼강과 부이강 유역에 구축된 그것들임이 주목된다. 이와는 대조적으로 고구려사회의 중심세력인 대수맥의 주지인 집안 지역에서 현재까지 거론되는 축성 사례는 북한학계가 B.C. 5~4C로 편년, '구려'의 성이라고 주장하고 있거나,[79] 중국학계 일각에서 현도군 고구려현성으로 적시하고 있는[80] 석축의 '통구성(집안현성)' 아래의 토성 외는 특기할만한 것이 없는 실정이다. 이 점은 압록강 지류인 혼강 유역의 소수맥세력이 고구려사회의 외곽선을 지키는 전초세력으로서 그 중심지역인 대수맥보다 상대적으로 한층 군사화 된 사회체들로 구성되었던 것임을 시사해주고 있다.

그런데 B.C. 107~B.C. 75년 현도군은 그 속현들을 매개체로 하여 고구려사회에 대한 분할지배정책을 시행한 바 있다. 그리고 이 과정에서 싹튼 고구려사회 내 주민들 간의 분별의식, 특히 대수맥과 소수맥 간의 그것은 이들 간의 경합 의식을 더욱 부채질하게 되었던 것이다. 특히 고구려사회의 구심세력으로 자부하던 대수맥은 소수맥의 군사역량 상의 우월성에 항시 의구심을 버리지 않고 있었을 것으로 사료된다.

C-① ⒜其舊都有人 不知所從來 自稱天帝子解募漱 來都焉 ⒝及解夫婁薨金蛙嗣位 於是時得女子於太白山南優渤水間之曰 我是河伯之女名柳花 與諸弟出遊 時有一男子 自言天帝子解慕漱 誘我於熊心山下鴨淥邊室中私之 卽往不返 父母責我無媒而從人 遂謫居優渤水 ⒞金蛙異之 幽閉於室中(『三國史記』卷13 高句麗本紀1 東明聖王 元年條)

C-② 北扶餘 古記云 前漢書宣帝神爵三年(59 B.C)壬戌四月八日 天帝降于訖升骨城 乘五龍車 立都稱王 國號北扶餘 自稱名解募漱 生子名扶婁 以解爲氏焉(『三國遺事』卷1 紀異1 北扶餘·東夫餘·高句麗條)

C-③ 君是上帝胤 神變請可試 漣漪碧波中 河伯化作鯉 王尋變爲獺 立捕不待跬 又復生兩翼 翩然化爲雉 王又化神鷹 搏擊何大鷙 彼爲鹿而走 我爲豺而趨 河伯之有神 置酒相燕喜 伺醉載革輿 並寘女於車(車+奇) 意令與其女 天上同騰轡 其車未出水 酒醒忽驚起 取女黃金釵 刺革從竅出 獨乘赤霄上 寂寞不廻騎 河伯責厥女 挽吻三尺弛 乃貶優渤中 唯與婢僕二.(『東國李相國集』卷3 東明王篇)

---

79 박진욱, 1992, 위의 글, 38쪽.
80 田中俊明, 1995,「前期·中期の王都」, 東朝·田中俊明 編著, 앞의 책, 95~96쪽.

C-④　其國東有大穴 名隧穴 十月國中大會 迎隧神 還于國東 上祭之 置木隧于神坐(『三國志』卷
　　　30 魏書30 列傳30 烏丸·鮮卑·東夷傳 高句麗條)

C-⑤　惟昔始祖鄒牟王之創基也, 出自北夫餘, 天帝之子, 母河伯女郎(『廣開土王陵碑文』)

한편 전술한 바처럼 국가형성기 고구려의 지배체제에 개별적으로 편제되는 세력들이 적지 않
았다는 점은 고구려사회 내 제 구성집단 간의 세력 수준의 불균등성과 그에 바탕하여 성립한
제 군장사회 상호 간의, 또 그 내부 구성집단들 사이의 갈등이 내연·심화되고 있었음을 엿볼
수 있게 해준다. 아울러 기존 고구려사회의 운영질서는 이러한 갈등의 증폭과정에서 점점 구조
적 불안정상태로 빠져들어가고 있었을 것이다. 이러한 사실은 압록강 중류유역 일대에 할거하
던 제 군장사회를 중심축으로 하여 유지되던 기존 고구려사회의 운영질서가 이미 그 한계에 부
딪치고 있었음을 보여주고 있다. 이러한 와중에서 교착상태에 빠진 고구려사회의 정치적 통합
을 적극적으로 추진하고자 하는 움직임이 제 군장사회의 하부단위인 구역집단 수준의 지배자들
이나 일부 사회체의 군장급 지배자들 사이에 태동하고 있었다. B.C. 1C 중반 고구려사회의 기
조저음(基調低音)으로 관류(貫流)하던 국가형성이라는 보다 고양된 정치적 존재양식을 창출하기
위한 역동성의 일단은 사료 C-①~③ 및 C-⑤에서 적시된 '해모수―하백―유화'집단과 '주몽'집
단의 유기적 관계항 속에서 간취할 수 있다.[81]

　B.C. 1C 중반 당시 고구려사회에서 시도되었던 정치적 통합을 위한 움직임의 한 가닥은 해
모수와 유화의 사랑과 그것을 둘러싼 하백과의 갈등상에 관한 사료[C-①-(a)·(b), C-②, C-③]
를 조심스럽게 검토함을 통하여 그 실상의 한 측면을 어느 정도 포착할 수 있다. 아울러 그것은
고구려 건국을 주도한 주몽집단의 본원과도 무관하지 않다는 점에서 주목에 값한다.

　곧 한 신작(神爵) 3년(B.C. 59년) 경 혼강 유역의 졸본(환인) 지방의 소수맥에 속하는 '천제자(天

---

[81] 고구려 건국설화에 관한 사료들의 비판적 인식과 관련해서는, 朴京哲, 1996, 앞의 글, 104~119쪽.
　　한편 '신화(myth)'란 '역사와 명백히 대비되는 실제가 아닌 이야기로 인식되고 있다. 그러나 Malinowski는 신화란 무
　　엇보다도 사회적 기능을 지닌 이야기로서, 현재를 위한 '특허상(charter)' 역할을 하는 과거의 이야기라 보고 있다. 즉
　　그러한 이야기는 현재의 어떤 제도를 정당화함으로써 그것의 존립을 유지케 하는 기능을 수행하고 있는 셈이다.
　　Peter Burke, 1992, *History and Theory*, 곽차섭 옮김, 1994, 『역사학과 사회이론』, 서울, 문학과지성사, 158~160쪽.
　　이 점에 비추어, 고구려 건국설화 역시 고구려의 지배집단이 자기 국가의 형성과정에 대한 일정한 인식을 바탕으로,
　　그것을 정치신화(political myth)로 형상화시켜, 고구려 국왕으로 표상되는 자기집단의 국가지배 정당성의 역사적 연원
　　을 밝히고자 한 지적 노력의 소산과 다름 아닌 것이다. 따라서 사료(C-①~③)은 단순한 허구가 아닌 나름대로 상당
　　한 역사성이 투영된 것이라 판단해도 크게 틀림이 없을 것이다. 특히 사료(C-③)는 『구삼국사』의 동명왕본기의 일문
　　(逸文)을 인용하고 있는 『동국이상국집』 가운데 『동명왕편』의 '주'로서 고구려시조설화의 원형에 가장 가까운 것으로
　　평가되고 있다. 金哲埈·崔柄憲 編著, 『사료로 본 韓國文化史: 古代篇』, 서울, 一志社, 1987, 46쪽. 그럼에도 불
　　구하고 필자는 설화의 역사성이 가지는 한계를 감안, 그것에 적시된 구체적 사실의 분석보다도 이야기 줄기의 큰 흐
　　름만을 추적, 해모수―유화―하백 사이 상관관계의 실상을 추적해보는데 머무르고자 하였다.

帝子)'임을 자임하는 해모수를 군장으로 하는 사회체가 대수맥의 유력한 군장사회들 가운데 하나인 '하백'집단의 한 하부단위집단인 '유화'로 표상되는 구역집단과 연결, 대수맥과 소수맥을 아우르는 정치적 통합을 도모, 고구려사회에서의 패권 장악을 획책하기에 이르렀던 것이다[사료 C-①-(a)·(b), C-②, C-③]. 이러한 유화집단 동향의 배후에는 자기 사회체의 지배집단인 하백집단에 대한 불신과 해모수집단과의 연계를 통해서 얻어지는 자기 집단의 이해관계에 대한 전망이 암암리에 작용하고 있었음은 물론이다.

사료 C-④는 고구려의 제천의례인 동맹제에 관한 기사로서, 이때 국도의 동쪽 대혈에 모셔져 있는 수신(隧神)에 대한 제사를 함께 거행했음을 밝히고 있다. 여기서 수신은 시조모이자 지모신(mother earth)인 유화를 지칭한다. 그리고 수혈에 있는 수신인 아버지 하백의 신성을 이어 받은 유화를 이때 모시고 나온다는 것은 이 수신과 천신을 결합시키기 위한 것이다. 그러니까 고구려의 동맹제는 제천 및 국조신인 동명에 대한 제사와 더불어 고구려 건국설화를 구체적인 행위로 표현한 것이다. 그런데 건국설화 상의 천신은 유이민집단인 정복적인 집단으로, 지신은 토착민집단으로 새길 수 있다.[82] 따라서 사료 C-④는 고구려 건국을 주도 했던 주몽집단이 천신인 해모수를 부계로, 수신인 하백과 지신인 유화를 그 모계로 하는 신성한 세력임을 자임하고 있었음을 알려준다. 그리고 이 사실은 양 계통 간의 결합의 소산인 주몽집단이 대수맥인 하백과 유화집단을 아우르고 고구려사회의 정치적 통합을 성공리에 이끌었음을 은연 중에 과시하고 있다. 아울러 그것은 소수맥을 자기 출자로 하는 주몽집단에 의한 대수맥지배의 정당성을 강조하기 위한 노력과 무관하지 않다. 그런데 국동대혈은 오늘날 집안시 동쪽 15㎞ 지점 상해방촌 상양어두(上羊魚頭) 영동자구리(永洞子溝里)에 위치한 것으로 비정되고 있다.[83] 이 점은 대수맥인 하백 및 그 분지세력인 유화집단의 실체가 태왕릉·장군총을 포함하고 있는 우산묘구와 통구하 우안의 산성하묘구에 위치한 기단적석총조영집단과 연결될 가능성이 상정될 수 있음을 뜻하는 것이기도 하다. 또 하백집단 내부에서 벌어지는 알력은 제 군장사회 성립을 전후한 갈등과 세력 재편의 폭이 이 지역에서 상대적으로 컸다는 앞서의 고찰과 무관하지 않은 것이다.

그러나 하백집단의 지배세력들은 자기의 하위세력단위인 유화집단과 연결된 소수맥 해모수집단의, 특히 그들이 보유한 군사역량의 우월성에 대한 의구심을 떨쳐 버릴 수 없었다. 따라서 하백집단은 자기 사회체의 보전을 꾀하고자 고구려사회 내 기존 세력구도 속에 안주코자 하는

82 徐永大, 1991, 『韓國古代 神觀念의 社會的 意味』, 서울대학교 대학원 국사학과 박사학위논문, 183~184쪽, 190쪽; 崔光植, 1995, 「韓國 古代國家의 支配이데올로기」, 『韓國古代史硏究: 古代와 中世 韓國史의 時代區分』8, 138~139쪽.

83 吉林省文物志編委會, 1983, 『集安縣文物志』, 52~53쪽; 申瀅植, 1996, 『集安 高句麗遺蹟의 調査硏究』, 國史編纂委員會, 167~169쪽.

제 군장사회의 유형·무형의 뒷받침에 힘입어 이러한 움직임을 제압하였던 것이다[사료 C-①-ⓐ, C-③].[84] 이 과정에서 고구려사회에 내연해 온 대수맥과 소수맥간에 경합의식 또한 하백측에 힘을 실어주었을 것임은 물론이다. 사료 C-③에서 간취할 수 있는 하백과 해모수 사이에 벌어지는 갈등상은[85] 양측 간에 전개된 세력 다툼의 치열성을 엿보게 해준다. 그 결과 하백집단은 해모수집단을 제압, 이들을 고구려사회에서 패퇴·축출시키고, 유화집단을 압록강 지류인 백두산 남쪽 우발수 유역으로 집단 사민시키는 징벌적 조치를 취하게 되었던 것이다.

사료 C-①-ⓑ·ⓒ는 부여가 금와의 치세 시 압록강 중류유역 일대로의 세력 확산을 기도, 길림 지방에서 휘발하 유역을 따라 남하, 고구려사회 내의 정치적 갈등과정에서 방축(放逐)되어 그 존립기반마저 위태로운 상황에 처해있던 유화집단과 조우, 장차 이 지역에서의 영향력 행사를 위한 사전포석의 일환으로 이들을 부여의 지배권 아래로 포섭했었음을 보여주고 있다. 부여는 이들의 잠재적 군사역량에 주목, 고조선의 준왕이 위만세력을, 그리고 마한이 온조집단을 자기 번병 집단화한 것과 마찬가지로,[86] 이들을 부여 국왕의 직할군사집단으로 활용하고자 하였다.

결국 해모수·유화로 표상되는 세력에 의하여 시도되었던 고구려사회의 통합 노력은 B.C. 1C 중반 경 하백으로 대표되는 이 지역 세력구도에 있어 현상유지를 도모하는 세력에 의하여 좌절되었다. 따라서 압록강 중류유역에서의 국가형성을 지향하는 움직임은 이후 새로운 건국 주도세력이 출현하는 B.C. 1C 후반까지 고구려사회에서 내연하면서 잠류하게 되었다.

C-⑥ 東明聖王2年(B.C. 36년) 夏六月 松讓 以國來降 以其地爲多勿都 封松讓爲主 麗語謂復
      舊土爲多勿 故以名焉(『三國史記』卷13 高句麗本紀1)

종래 우리 학계는 고구려 건국주도세력의 실체 구명과 관련, 주몽이라는 '북부여(사료 C-⑤)' 곧 외부로부터 온 사람에 의하여 고구려 국가가 창출되었다고 보고, 이들과 압록강 중류유역 일대 주민들의 동향이 가지는 상관관계를 간과해 온 감이 없지 않다.[87] 그러나 새로운 건국 주도세력인 주몽집단이 다름 아닌 해모수 및 유화집단에 그 맥락을 대고 있는 틈입·전사집단(戰士集團)이었음은 훗날 이들이 소수맥인 비류국을 제압한 후 그 땅을 '다물도(多勿都)'라 지칭하고 있음(사료 C-⑥)을 통하여 확인된다.

84 『東國李相國集』卷3 東明王篇
85 張志勳, 1997, 앞의 글, 49~50쪽.
86 李康來, 1994, 「삼국의 성립과 영역확장」, 『한국사3: 고대사회에서 중세사회로-1』, 한길사, 186~188쪽.
87 Song Nai Rhee, 1992, op. cit., p.192.

맥족계 유화집단은 부여에서 북아시아 유목문화권으로부터 전수 받은 양마술(養馬術)과 기사술(騎射術)을 체득한 전사집단인 주몽집단으로 전화·성장하게 되면서, 예족계의 부여 국가·사회 내에서 그 영향력을 점증시켜 나갈 수 있었다.[88] 그런데 부여의 예족과 고구려사회의 맥족은 예맥문화권이라는 동질적 문화기반을 공유하고 있었음에도 불구하고, 그 양자 간에는 청동기시대 이래 거주지역의 상위성에서 비롯된 그 존재양태의 차별성이 엄존하고 있었던 것이다. B.C. 1C 경 고구려사회의 기본묘제가 적석총임에 반하여, 부여의 그것이 토광묘(土壙墓)·목관묘(木棺墓)임은[89] 이들 두 지역집단 간의 차별성을 명백히 부각시켜 주고 있다. 따라서 기존 부여 지배집단은 주몽집단에 대한 견제·압박 및 그 세력의 제거를 기도하였던 것이다. 주몽집단은 이러한 위험성을 사전에 감지, 그 집단 중 핵심세력이 '주몽(추모)'을 지도자로 하여 본래 해모수·유화집단의 출신지역인 압록강 중류유역 일대로 남하(사료 C-⑤), 고구려사회의 구조적 불안정 상황에 편승, 먼저 혼강(비류수) 유역의 소수맥 사이에서의 주도권 장악을 획책하였던 것이다. 사료 C-⑥은 틈입·전사집단화 한 이들이 먼저 우태 및 소서노집단과 제휴, 고조선 유민 계통인 비류국 송양왕 세력과 치열한 경합 끝에 주몽집단이 종국적으로 패권을 쟁취하게 되었음을 알려주고 있다.

따라서 주몽집단은 이 비류국의 땅을 '다물도'라 명명,[90] 이곳에 대한 자기 지배권을 확인하고자 하였다. 따라서 사료 C-⑥에서 적시되는 바, 주몽집단이 부여로부터 혼강 유역으로 돌아와 비류국을 복속시킴으로써 그 윗대인 해모수의 연고지였던 이 지방에서 성공적으로 세력기반을 구축하게 된 셈["다물=복구토(復舊土)"]이므로, 이 비류국의 땅을 '다물도'라 지칭하게 되었던 것이다.

그런데 사료 C-⑤에서 주몽 즉 '추모'의 출자를 '북부여'라 하고 있지만, 그 실제에 있어 이들은 부여의 지배권 하 유화집단이 주몽집단으로 전화·성장하는 과정에서도 문화적 자기정체성을 지켜나가고 있었던 것으로 판단된다. 사실 고구려 건국 관련 설화에서도 이들이 부여에 머무르면서 이방인으로서 경험한 여러 갈등을 서술하고 있지만, 이들이 부여인들임을 명시한 기사는 찾기 어려운 것도 사실이다. 그러므로 주몽집단의 부여 방면으로부터의 틈입·내주가 적석총축조집단을 주체로 하는 고구려사회에 큰 문화적 충격이나 변화를 야기 시키지 않았다는 사

---

88 朴京哲, 1992, 앞의 글, 47~48쪽; 朴京哲, 1996, 앞의 글, 129~132쪽.
89 田村晃一, 1990, 「高句麗の積石塚」, 田村晃一 編, 『東北アジアの考古學: 天池: 東北アジア考古學研究會二十周年記念論文集』, 東京, 六興出版社, 157쪽.
90 여기서 비류국을 '다물도'라 지칭한 주체문제가 쟁점이 될 수도 있다. 그러나 필자는 사료 C-⑥이나 『삼국사기』의 서술 시점 문제를 감안할 때, 주몽집단이 송양국을 그렇게 호칭했다는 전제 하에 본고의 논지를 전개하였다. 이 문제에 관해서는, 朴京哲, 1996, 앞의 글, 132~143쪽.

실은, '다물'이라는 개념과 연결시켜 생각할 때 재음미해 볼 측면이 적지 않은 것이다.

아울러 이러한 해모수–유화집단과 주몽집단 사이의 유기적 상관성은 고구려 국가형성의 역동성이 B.C. 1C 중반 이전 고구려사회 자체 발전과정 속에서 이미 태동·잠류하고 있었음을 새삼 확인시켜주고 있는 셈이다.

5. 맺음말

필자는 이상에서 논의된 바를 요약하여 결론에 갈음하고자 한다.

B.C. 2C 초 경 태동, B.C. 2C 말 경 본격화한 고구려사회의 정치적 통합노력은 이 방면에로의 세력 침투·확산을 도모하는 위만조선·부여·한 세력 등에 대항하기 위한 힘의 결집과정이었던 것이다. 그 결과 B.C. 2C 말을 전후한 고구려사회에는 대략 12개 이상에서 18개 이하의 군장사회가 성립·발전하고 있었다. 그리고 무기단적석총에서 기단적석총으로 묘제라는 문화규범의 변동은 고구려사회에서의 군장사회의 성립이라는 정치적 존재양식의 전향적 변화와 연결시켜 이해할 수 있다.

아울러 종래 우리 학계가 고구려사회의 동향과 관련하여 논의해 온 바 있는 '예군남려' 집단의 실체는 국가형성기 부여의 주도집단일 가능성을 조심스럽게 제기해 보았다.

전한(前漢)은 B.C. 107년에 압록강 중류유역 일대의 지정학적·전략적 우위성을 자기측에 확보하고, 고구려사회의 성장과 통합노력을 제어하고자 하는 정책적 구도 하에 현토군을 설치하였다. 그러나 현도군의 지배장치는 주도면밀하게 가동되지 못했고, 현지 주민들의 삶과 유리되어 경영되고 있었으며, 자기완결적 재생산구조를 갖지 못한 취약성을 갖고 있었다. 한편 현도군이 교역을 매개로 고구려사회를 구성하는 제 집단의 분할지배를 꾀하자, 기왕의 고구려사회 계서적 구조·질서는 교란될 수밖에 없었다. 따라서 이 지역의 제 군장사회는 결집된 군사행동을 통하여 B.C. 75년 현도군을 축출하였던 것이다.

고구려사회를 구성했던 제 군장사회들로서는, 소수맥에 속하는 해모수집단·소서노집단·부분노집단·비류국·황룡국이, 대수맥으로는 하백집단과 해두왕이 다스리던 압록곡 갈사수빈의 '국'이, 또 압록강 상류유역의 행인국 및 압록강 중류유역 좌안의 개마국·구다국·조나·주나의 존재가 확인된다. 한편 국가형성기 고구려의 지배체제에 개별적으로 편입되는 세력들의 존재는 기존 고구려사회의 운영질서가 이미 그 한계에 부딪치고 있었음을 시사하고 있다.

그러나 고구려사회에 있어서 정치적 통합 노력의 진전은 B.C. 75년 이후 지지부진한 상태에 머무르고 있었다. 이러한 고구려사회의 원심분리현상은 고구려사회의 전반적 군사화 경향과 무관하지 않은 것이다. 이와 더불어 고구려사회에 잠류하던 대수맥과 소수맥의 분별의식 또한 이 곳에서의 정치적 통합 노력을 저해하는 동인으로 작용하였을 것으로 추정된다.

이러한 와중에서 교착상태에 빠진 고구려사회의 정치적 통합을 적극적으로 추진하고자 하는 움직임이 싹트고 있었다. B.C. 1C 중반 이 지역에서의 국가의 형성을 지향하는 역동성의 일단은 '해모수−하백−유화−주몽'집단의 유기적 관계항 속에서 간취할 수 있다. 곧 한 신작 3년(B.C. 59년) 경 소수맥에 속한 군장사회인 '해모수'집단이 대수맥의 유력한 사회체들 가운데 하나인 '하백'집단의 한 하부단위집단인 '유화'로 표상되는 구역집단과 연결, 고구려사회에서의 패권 장악을 획책하고 있었다. 그러나 하백집단 지배세력들은 자기 사회체의 보전을 꾀하고자 고구려사회 내 기존 세력구도 속에 안주코자 하는 제 군장사회의 유형·무형의 뒷받침에 힘입어 이러한 움직임을 제압하였던 것이다. 따라서 압록강 중류유역에서의 국가형성을 지향하는 움직임은 이후 새로운 건국주도세력이 출현하는 B.C. 1C 후반까지 고구려사회에서 내연하면서 잠류하게 되었다. 그리고 새로운 건국 주도세력인 주몽집단은 다름 아닌 해모수 및 유화집단에 그 맥락을 대고 있는 틈입·전사집단이었던 것이다. 그리고 이 사실이 '북부여'를 출자로 하는 주몽집단이 주도한 국가형성이 고구려사회에 큰 문화적 충격이나 변화를 불러오지 않았던 이유가 되는 것이다. 또 이 점은 고구려 국가형성의 역동성이 B.C. 1C 중반 이전 고구려사회의 발전과정 속에서 이미 싹터, 하나의 수맥을 이루며 잠류하고 있었음을 시사해주고 있다.

출전 朴京哲, 1998, 「'高句麗社会'의 発展과 政治的 統合 努力: 国家形成期 高句麗史 理解를 위한 前提」, 『韓国古代史研究』14.

제4장
고구려인의 '국가형성' 인식 시론

1. 머리말

오늘날 우리 학계는 고구려 국가형성 과정 구명 노력과 관련, 각기 다른 관점에서 또 각각 상이한 접근방법에 따라 다기다양한 견해들을 제시해 오고 있다.[1] 특히 이러한 제 견해는 각기 자기 소론(所論)의 논거로 삼고 있는 여러 자료들의 사료적 가치에 대하여 서로 엇갈리는 입장을 견지하고 있다. 따라서 아직 이 문제와 관련된 일정한 합의가 도출되고 있지 못한 점은 국가형성기 고구려사의 실상을 밝힘에 있어서 하나의 걸림돌로 작용하고 있다.

종래 학계 일각에서는 『삼국사기』 초기기사에[2] 대한 불신론이 팽배한 가운데서 중국 측 자료인 『삼국지』에 무게의 중심을 두어 관련 연구를 수행하는 경향이 없지 않았다. 그러나 최근 우리 학계에서는 고구려본기를 포함한 『삼국사기』 초기기사가 가지는 사료적 가치에 대한 긍정론이 새로운 추세로서 자리 잡아 가고 있는 것 같다.[3]

---

[1] 국가형성기를 전후한 고구려사 전개와 관련된 제 고찰에 대한 연구사적 검토로는 다음이 있다.
　李鍾旭, 1982, 「高句麗 初期의 地方統治制度」, 『歷史學報』94 · 95合, 79~109쪽.
　盧泰敦, 1986, 「高句麗史硏究의 現況과 課題: 政治史 理論」, 『東方學志』52, 193~207쪽.
　林起煥, 1987, 「고구려 초기의 지방통치체제」, 『慶熙史學』14, 11~22쪽.
　余昊奎, 1992, 「高句麗 初期 那部統治體制의 成立과 運營」, 『韓國史論』27, 1~2쪽, 19~45쪽.
　林起煥, 1995, 『高句麗 集權體制 成立過程의 硏究』, 경희대학교 대학원 박사학위논문, 10~11쪽.
　琴京淑, 1995, 『高句麗 前期의 政治制度 硏究』, 고려대학교 대학원 사학과 박사학위논문.
　朴京哲, 1996, 『高句麗의 國家形成 硏究』, 고려대학교 대학원 사학과 박사학위논문, 1~10쪽.
　金賢淑, 1996, 『高句麗 地方統治體制 硏究』, 경북대학교 대학원 사학과 박사학위논문, 1~6쪽.
　余昊奎, 1997, 『1~4C 고구려 政治體制 연구』, 서울대학교 대학원 국사학과 박사학위논문, 1~9쪽.
[2] 본고에서의 초기기사란 대체로 동명성왕~대무신왕대(B.C. 37~A.D. 43년)까지의 기사를 지칭한다. 다만 경우에 따라서는 그 범위가 태조왕 이전의 민중왕 · 모본왕대(44~52년)까지 포함될 수도 있다.
[3] 『삼국사기』 고구려본기 초기기사에 대한 우리 학계의 인식 동향에 관해서는, 李鍾旭, 1982 앞의 글, 75~79쪽; 林起煥, 1995, 앞의 글, 10~11; 盧泰敦, 1999 초기 고대국가의 국가구조와 정치운영: 부체제론을 중심으로」, 『제1회 한국고

필자는 학계의 이러한 움직임이 관련 사료 자체의 양적 영성함을 고려할 때, 그리고 무엇보다도 초기기사 그것만이 가지는 독특한 분위기에서 비롯되는 역사성을 감안할 때 매우 고무적인 일이라 판단하고 싶다. 필자 역시 이런 인식 하에서 고구려 국가형성의 실상을 밝히는데 있어 『삼국사기』 고구려본기 초기기사를 매우 적극적으로 활용하고 있다. 이에는 고구려본기 초기기사에 대한 엄격한 사료비판 노력이 뒤따라야 할 것임은 물론이다.

필자는 본고에서 『삼국사기』 고구려본기 상 '태조대왕(국조왕)'의[4] 존재와 「광개토왕릉비문」(이하 서술의 편의 상 능비문으로 약칭함)에서 강조하고 있는 '추모왕·유류왕·대주류왕' 인식이 고구려 국가형성 해명 노력에서 갖는 유의미성을 검토하고자 한다. 또 필자는 이를 바탕으로 『삼국사기』 고구려본기 초기 기사와 능비문의 기사를 검토해 볼 것이다. 필자는 이를 통하여 『삼국사기』 고구려본기 초기기사에 나타난 역사적 제사상(諸事象)이 능비문에 표백(表白)된 4~5C 당시 고구려인들의 자기 국가형성 인식에 부합되는지 여부를 가늠해 보고자 한다.

아울러 본고는 선학들의 기왕의 제 논의를 비판적으로 인식, 고구려 국가형성에 관한 하나의 대안적 시론을 마련해 보고자 하는 고육지책임을 미리 밝혀 두는 바이다.

2. 고구려사의 전개와 '태조왕'에 관한 제논의

우리 학계의 고구려의 국가형성과 관련된 논의는 대체로 『삼국사기』 고구려본기 초기기사에 대한 접근방식에 따라 대체로 두 방향으로 논의가 진행되고 있다.

그 하나는 『삼국사기』 초기기사에 대한 소극적 수용 자세와 이에 바탕한 태조왕 대 고대국가 성립론이다. 또 다른 하나는 이 자료를 적극적으로 새기면서, 고구려의 국가형성기를 『삼국사기』 상의 '동명성왕·유리명왕·대무신왕'대로[5] 파악하려는 입장이 그것이다.

이 가운데 태조왕 대의 고대국가 성립론은 또한 두 가지 사실에 논의의 초점이 모아지고 있다. 그 하나는 태조왕 대의 왕계교체론(王系交替論)이고, 또 하나는 나부체제성립론(那部體制成立論)이다.

나부체제성립론은 태조왕 대에 이르러 고구려 국가의 기본적 지배틀이 확립되었음을 의미한다. 이 입장은 '부족국가론→부체제론'이라는 단계를 거치면서 그 구체성과 적실성을 심화시켜

대사학회 하계 세미나 발표문(1999.7.29~7.30)』 및 李鐘旭, 「새로운 한국고대사체계를 위한 논고: 부체제론 비판을 중심으로」, 위의 책.

4 『三國史記』 卷15, 高句麗本紀3 太祖大王條.

5 『三國史記』 卷13, 高句麗本紀1 및 卷14 高句麗本紀2 大武神王條.

온 바, 오늘날 우리 학계의 유력한 견해로서 주목받고 있다.

본래 부족국가론은 '부족국가→부족연맹→고대국가'라는 관점에 서서, 고구려가 B.C. 2C 이래 '부족국가'를 그 원초적 형태로 하는 '부족연맹'단계를 거쳐, 2C 경 '고대국가'로 성립·발전하였다고[6] 파악한 바 있다.

부체제론은 이러한 부족국가론의 입장을 수용하면서도, 고대국가 성립기 단위정치조직체의 특성으로서 종래의 혈연성에 갈음하는 지연성에 주목, 고대국가로서의 '연맹체' 확립에 대신하는 '부체제'라는 인식틀을 제시하면서,[7] 1C 후반 태조왕 대에 이르러 강력한 집권력을 갖춘 고대국가 고구려가 확립되었다고 파악하고 있다.

한편 나부체제론은 부체제론을 고구려사에 원용한 경우로서, 논자에 따라 그 구체적 인식에 있어서는 다소 편차를 보이고 있다.

먼저 늦어도 B.C. 40여년 경 대한군현투쟁(對漢郡縣鬪爭)의 구심점 역할을 하던 주몽집단이 이 지역 연맹체의 영도세력으로 등장하였다고[8] 보는 견해가 있다. 이는 대무신왕 15년 이후 태조왕 대 이전 어느 시기엔가에 주몽집단의 계루부왕권을 중심으로 5나부체제를 그 기본 얼개로 하는 고구려연맹체가 형성되게 된 것으로[9] 파악한다. 또한 이러한 입장은 '나부' 자체를 다수 '곡('읍락')을 구성단위로 한 '나국(邪國)'이 다수 결속된 '소연맹체'라 보는 바, '고구려연맹왕국'이란 이러한 다섯 개의 소연맹체의 총화라 인식, 초기에는 소노부 곧 비류부가 연맹왕권을 차지하였다가, 이후 그 지위를 넘겨받은 계루부가 연맹왕권의 기반을 공고히 다지며 태조왕 대에는 5나부체제를 확립시켰던 것이라 이해하고 있다.[10]

한편 1C 초·중엽 경 '구려종족사회'에 나부체제라는 형태의 계루부 중심의 '국가권력'이 성립했다고[11] 보는 입장도 있다. 이 견해는 B.C. 3C 말경 '원고구려사회'·구려종족사회가 형성되고, B.C. 2C 중엽 이들 가운데서 '나'가 성장하다가, B.C. 1C 전반 현도군 축출과정에서 '나국' 및 이들이 뭉친 '나국연맹'이 이루어지고, 다시 그것들이 지역 별로 보다 큰 단위정치체를 구성

---

6 金哲埈, 1975, 『한국고대국가발달사』, 한국일보社, 59~70쪽, 84~98쪽; 김철준, 1981, 「部族聯盟세력의 擡頭」, 『한국사 2(고대민족의 성장)』, 국사편찬위원회, 120~144쪽.

7 盧泰敦, 1975, 「三國時代의 '部'에 關한 考察」, 『韓國史論』2, 25~27쪽, 31~33쪽; 盧泰敦, 1981, 「Ⅲ三國의 成立과 發展」, 『한국사 2(고대민족의 성장)』, 국사편찬위원회, 147~155쪽. 이 경우, 그는 고구려족이 '현토군'을 B.C. 75년 요동 방면으로 축출시킨 이후, 고구려왕을 대표로 하는 '고구려연맹체'를 형성했던 바, 이런 상황 하에서 주몽집단의 등장을 계기로 연맹장이 소노부에서 계루부로 교체되었다고 본다[盧泰敦, 1991, 「高句麗의 歷史와 思想」, 『韓國思想大系 (2)』, 韓國精神文化研究院, 11~14쪽].

8 林起煥, 1987 앞의 글, 12~13쪽.

9 林起煥, 1987, 앞의 글, 13~14쪽, 49~50쪽.

10 林起煥, 1987, 앞의 글, 19~22쪽, 44~49쪽.

11 余昊奎, 1997, 앞의 글, 12~52쪽.

하게 되었다고 본다. 또 이 입장은 1C 초~3C 후반 계루집단이 이들 각 지역 별 단위 정치체들을 '나부'라는 하부단위치체로 편제함으로써 '나부체제'·'나부통치체제'가 완성·가동되는 과정을 고구려 초기사의 전개라 이해하면서, 이 나부체제가 3C 이래 해체과정을 밟으면서, 4C 이후 '집권적 귀족국가'가 확립되었다고 결론짓고 있다.[12]

이상에서 살펴본 '태조왕대=나부체제성립'론은 논자에 따라 그 개념적 내포에는 다소 차별성이 없지 않다. 그러나 이 입장에선 견해들은 국가지배구조론인 나부체제론을 국가형성론과 동질적 범주 내로 자리매김하고 논의를 진행시켜 온 감이 없지 않다. 이렇게 나부체제론을 국가형성론과 등치시킴은 인식 시점에 있어 층위가 서로 다른 국가형성과 국가지배구조의 발전 문제를 혼동함을 결과한다.[13] 어떤 집단의 정치적 존재양식은 고도의 복합적 정치적 조직체(polity)인 '국가(state)' 수준까지 고양됨을 계기로 하여 그 삶이 질·양 면에 있어 종래와는 차원을 달리하게 됨은 주지의 사실이다.[14] 즉 국가란 일정한 공간적 범위 안에 존재하는 여러 군장사회(chiefdom)들[15] 가운데 가장 강력한 그것이 주위의 다른 것들을 힘으로 아우르면서, 이들을 정복·통합하는 과정에서 우뚝 서게 된 고도의 복합적 정치적 조직체와 다름 아닌 것이다. 이러한 제 군장사회의 누층적 통합·정복 과정에서 방출된 역동성이 국가형성의 에너지가 된다. 따라서 설사 태조왕 대에 나부체제라는 지배체제가 가동되고 있었다 할지라도, 이 사실은 기왕에 존재해 온 고구려국가의 존재 근거가 됨과 다름 아니다. 그러므로 바람직한 고구려사상의 정립은 일단 국가형성의 실상을 밝히고, 이 국가형성의 역동성(dynamics) 속에서 분출되는 에너지를 바탕으로 생성·발전해 온 국가지배구조의 문제를 논의함이 소망스러운 것이다.

여기서 마지막으로 고구려 국가형성 논의와 '중앙집권적 고대국가' 성립의 상관관계 문제를

---

12 余昊奎, 1997, 앞의 글, 12~52쪽; 余昊奎, 1992, 앞의 글, 19~45쪽, 61~63쪽.

13 우리 학계의 이러한 인식 상의 혼동상에 대한 문제 제기는, 金瑛河, 1999, 「新羅의 百濟統合戰爭과 社會變動: 7C 동아시아의 국제전과 변혁의 一環」, 『한국고대의 전쟁과 사회변동: 韓國古代史學會 第12回 學術討論會 자료집』, 59~62쪽 그리고 金瑛河, 1999, 「古代國家의 政治體制發展: '部體制論'에 대한 所見을 대신하여」, 『제1회 한국고대사학회 하계 세미나 발표문(別紙 發表文)』. 이러한 지적에 대한 부체제론의 입장은, 盧泰敦, 1999, 「초기 고대국가의 국가구조와 정치운영: 부체제론을 중심으로」, 위 자료집, 1쪽.

14 Timothy Earle, 1994, "Political Domination and Social Evolution", Edited by Tim Ingold, *Companion Encyclopedia of Anthropology: Humanity·Culture and Social Life*, New York, 1994, Routledge, pp.940~961(朴京哲 譯, 1999, 「政治的 支配와 社會進化」, 『史叢』50).

15 이 군장사회란 군장을 지배자로 또 그의 혈연집단을 중핵으로 하는 지연에 바탕한 지역집단(regional group)을 일컫는 것이다. 또 혹자는 이 군장사회를 중심이 되는 '국읍'과 '제읍락'으로 이루어진 '하나의 완결된 단위정치체'로 파악하기도 하는 바, 세간에서는 이를 흔히 '성읍국가' 혹은 '소국'이라 지칭하기도 한다(朴京哲, 1997, 「B.C. 1000年紀 後半 積石塚築造集團의 政治的 存在樣式」, 『韓國史研究』98; 朴京哲, 1998, 「'高句麗社會'의 發展과 政治的 統合 努力: 國家形成期 高句麗史 理解를 위한 前提」, 『韓國古代史研究』14).

짚고 넘어가고자 한다.[16] 중앙집권화는 국가의 형성 단계에 이루어지는 것이 아니라, 그것이 성립·팽창한 뒤 '중앙(center)−주변(periphery)'의 관계구조 속에서 진행되는 정치·경제·사회·문화 현상의 한 과정일 뿐이다. 만일 그러한 구조 가운데에서 역학관계 상의 중앙집권화를 국가형성의 인식지표로 삼는다면, 그 이전에 국가가 일단 흥기한 후 중앙이 주변부로 그 힘을 방사·확산시키는 정치·군사적 행위 등을 중심으로 하는 상관관계의 유의미성은 쉽게 간과하게 될 가능성이 큰 것이다. 그러므로 중앙집권화는 국가 발전의 단면을 보여주는 것이지, 국가형성 논의의 전제 혹은 인식근거는 될 수 없는 것이다. 따라서 '중앙집권적 고대국가' 성립 논의 역시 국가형성론이 아닌 국가지배구조론의 층위에서 검토해야 할 논제임을 유념해야만 할 것이다.

A-① 始祖東明聖王, 姓高氏, 諱朱蒙(一云鄒牟, 一云衆解) … 十九年夏四月, 王子類利自扶餘與其母逃歸. 王喜之, 立爲太子. 秋九月, 王升遐, 時年四十歲. 葬龍山, 號東明聖王(『三國史記』卷13 高句麗本紀1)

A-② 琉璃明王立. 諱類利(或云孺留), 朱蒙元子, 母禮氏. … 三十七年 秋七月, 王幸豆谷. 冬十月, 薨於豆谷離宮. 葬於豆谷東原, 號爲琉璃明王(『三國史記』卷13 高句麗本紀1)

A-③ 大武神王立(或云大解朱留王), 諱無恤, 琉璃王第三子. … 二十七年 冬十月, 王薨. 葬於大獸林原, 號爲大武神王(『三國史記』卷14 高句麗本紀2)

A-④ 太祖大王(或云國祖王), 諱宮, 小名於漱. 琉璃王子古鄒加再思之子也, 母太后扶餘人也 … 九十四年 冬十月, …… 乃禪位. 退老於別宮, 稱爲太祖大王(『三國史記』卷15 高句麗本紀3)

A-⑤ 次大王, 諱遂成, 太祖大王同母弟也. 勇壯有威嚴, 小仁慈. 受太祖大王推讓, 卽位, 時年七十六 … 二十年 三月, 太祖大王薨於別宮, 年百十九歲. 冬十月, 椽那皂衣明臨答夫, 因民不忍, 弑王. 號爲次大王(『三國史記』卷15 高句麗本紀3)

A-⑥ 新大王, 諱伯固(固一作句), 太祖大王之季弟 … 十五年 冬十二月, 王薨. 葬於故國谷, 號爲新大王(『三國史記』卷16 高句麗本紀4)

A-⑦ 伊夷模無子, 淫灌奴部, 生子名位宮. 伊夷模死, 立以爲王, 今句麗王宮是也. 其曾祖名宮, 生能開目視, 其國人惡之(『三國志』卷30 魏書30 烏丸·鮮卑·東夷傳 第30高句麗條)

A-⑧ 小獸林王(一云小解朱留王), 諱丘夫, 故國原王之子也 … 十四年 冬十一月, 王薨. 葬於小獸林, 號爲小獸林王(『三國史記』卷18 高句麗本紀6)

A-⑨ (a)惟昔始祖鄒牟王之創基也, 出自北夫餘, 天帝之子, 母河伯女郎 …… (b)顧命世子儒

---

16 朴大在, 1997, 「辰韓 諸國의 규모와 정치발전단계」, 『한국사학보』2, 37~38쪽.

留王, 以道興治, 大朱留王紹承基業 ⓒ遝至十七世孫國罡上廣開土境平安好太王二九登祚, 號爲永樂大王(「廣開土王陵碑文」: 414년)

우리 학계 일각에서는 『삼국사기』 고구려본기의 초기왕계를 검토하면서, 제6대 태조왕대를 전후한 시점에 고구려사 상 혹종의 커다란 변화가 있었음에 주목하는 제 논의가 진행되고 있다. 즉 이러한 견해들은 『삼국사기』가 '동명성왕'을 '시조'라 하고(사료 A-①), '태조대왕'을 '국조왕(國祖王)'이라(사료 A-④) 적시하고 있다는 점에서 그 단층성이 분명해진다고 보고 있다.

그러나 4~5C 당시 고구려인들의 자기 및 세계인식이 응결적으로 표출된 것으로 평가되는 능비문에서 기리고자 하는 광개토왕이 '추모왕·유류왕·대주류왕'의 '17세손'임을 명기하고 있다(사료 A-⑨).

따라서 오늘날 우리 학계는 문헌자료로서의 『삼국사기』 상의 '시조동명성왕→유리명왕→대무신왕(사료 A-①·②·③)' 및 '태조대왕(국조왕)→차대왕→신대왕(사료 A-④·⑤·⑥)'의 존재와 금석문 자료인 능비문 상의 '추모왕·유류왕·대주류왕'이라는(사료 A-⑨) 왕계 인식과 관련하여, 고구려 왕실의 세계 혹은 왕계 인식의 변화와 고구려사 상의 주몽의 위상과 출자 문제를 둘러싸고 매우 복잡한 일련의 논의를 진행하고 있다.

이 문제와 관련, 먼저 고구려 왕실의 세계 혹은 왕계 인식의 변화에 초점을 맞춘 제 논의들을 검토해 보면 다음과 같다.[17]

먼저 3C 동천왕대 왕실의 세계 인식과 5C 장수왕 대의 그것을 분별하는 견해가[18] 있다. 이 견해의 요지는 다음과 같다.

동천왕대 세계 인식은 태조왕과의 혈연적 관계를 강하게 의식하고 있었다. 이 점과 관련, 태조왕의 휘인 '궁'을 본 따 동천왕의 그것을 '위궁'으로 하였음(사료 A-④·⑦)이 주목된다. 따라서 늦어도 동천왕 대에 이미 '태조'라는 왕호가 붙여진 것으로 보고 있다. 따라서 태조왕 대 전후의 왕실은 혈연적으로 직접 연결되어 있지 않았다.

장수왕 대 왕실의 세계 인식과 관련, 능비문의 기사(사료 A-⑨)가 태조왕에 대한 언급 없이, '추모왕·유류왕·대주류왕'을 부각시키고 있음이 주목된다. 이 비문에서 언급한 '17세손'이란 광

17 이와 관련된 제 논의는 다음을 참조.
　　趙仁成, 1991, 「4, 5C 高句麗 王室의 世系認識 變化」, 『韓國古代史研究』4.
　　李道學, 1992, 「高句麗 初期 王系의 復元을 위한 檢討」, 『韓國學論集』20, 漢陽大 韓國學研究所.
　　盧泰敦, 1993, 「朱蒙의 出自傳承과 桂婁部의 起源」, 『韓國古代史論叢』5.
　　盧泰敦, 1994, 「高句麗의 初期王系에 대한 一考察」, 『李基白先生古稀紀念韓國史學論叢(上)』, 一潮閣.
　　林起煥, 2001, 「고구려의 王號의 변천과 성격」, 『韓國古代史研究』28.
18 趙仁成, 1991 앞의 글.

개토왕이 추모왕의 17대손(세대)이 됨을 뜻한다. 또 이러한 유형의 세계 인식은 소수림왕 대에 정립되고 고국양왕 대의 종묘제 정비에 반영된 것이다. 아울러 대무신왕과 소수림왕 사이에는 왕호에서 '대주류왕↔소(해)주류왕', 장지에서 '대수림원↔소수림'이라는 일정한 조응 관계가 존재함(사료 A-③·⑧)은 당대에는 특히 대무신왕이 중시되었던 까닭이다.

이러한 4~5C 왕실의 세계 인식의 변화는 동천왕대 이후 장수왕 대까지의 왕권강화를 배경으로 깔고 이루어진 것이다. 즉 왕실교체의 경험을 갖고 있던 당시 왕실이 시조 동명왕으로부터 자신들까지의 계보를 정리함으로써 왕실의 정통성을 과시하고자, 왕실 교체의 계기가 되었던 태조왕에 갈음하여 대무신왕을 혈연적으로 중시하게 되었던 것이다. 아울러 이러한 시조로부터 당대에 이르는 왕실 계보의 정리는 시조의 신격화 작업과 밀접히 연관되는 것으로, 왕실이 신성한 동명왕의 직접적 자손임을 강조함으로써 자신들의 신성성을 확보하려 했던 것으로 추론할 수 있다.

한편 태조왕 대 왕실교체설에 회의적 입장에 서서, '태조'를 창업주의 의미로 해석할 수 없으며, 그 시호는 아마 후대에 소급·추존되었거나, 존호일 가능성이 있다고 보는 견해가 있다.[19] 이 견해를 정리하면 아래와 같다.

능비문상의 '17세손'은 세대수이며, 계루부 왕실이 등장하는 B.C. 1C 후반부터의 왕위 부자 상속제 확립 사실을 전제로 주몽왕으로부터 광개토왕 사이에 누락된 4세대 왕계의 복원이 가능하다. 즉 태조왕과 차대왕은 부자관계이고, 신대왕은 태조왕의 손자가 되며, 신대왕과 고국천왕 사이에 적어도 1명의 왕명이 탈락되어 있고, 고국천왕과 산상왕 역시 부자 관계로 추정할 수 있다.

또한 '태조·차대왕·신대왕'의 왕명은(사료 A-④·⑤·⑥) 시호로서의 성격이 약하다. 왜냐하면 '태조'는 시조왕의 뜻으로 태조왕 대를 전후한 시기에 동아시아에서 사용한 적이 없을 뿐만 아니라, 그를 일명 '국조왕'이라 한 것으로 보아, 단순히 '큰할아버지왕'이라는 뜻에서 그 왕명이 비롯되었을 가능성이 있기 때문이다. 이는 『삼국사기』 정덕본(正德本)에 태조왕을 '대조대왕'이라 기재한 점에서 방증된다. 아울러 차대왕·신대왕 역시 당시 '다음 왕'·'새 왕'으로 불리어졌던 것으로 추정된다.

마지막으로 이 문제와 관련, 주몽의 출자전승·계루부의 기원 및 고구려 초기왕계 등에 대한 일련의 고찰을 행한 연구가 있다.[20] 이 고찰들의 성과를 요약하면 다음과 같다.

주몽의 출자전승은 동부여출자설(東扶餘出自說)과 북부여출자설(北扶餘出自說) 가운데 북부여

---

19 李道學, 1992, 앞의 글.
20 盧泰敦, 1993, 앞의 글; 盧泰敦, 1994, 앞의 글.

의 그것이 먼저 성립되고, 6C 후반 이후 동부여 건국전승이 북부여 출자설에 덧붙여져서 만들어진 바, 그것이 『신집(新集)』에 수록되고, 이 계통의 사서(史書)가 이어져 『삼국사기』 고구려본기의 주몽전승이 되었다.[21] 또 4C 후반 소수림왕 대에 고구려의 성립과정에 관한 조정의 공식적인 건국전승이 성립될 때 그 일환으로 북부여 출자설이 확립된 것이며, 고구려 초기 왕계도 이때 정립되었다.

한편 계루집단의 출자지(出自地)는 압록강 중류 유역이 아니라, 부여 방면이다. 이 계루집단은 장기간에 걸친 내주 및 토착집단과의 연합과정을 경과하면서, 1C 초 소노집단을 대신해 고구려연맹체를 대표하는 세력으로 부상하였다. 또 이 계루집단을 중심으로 한 통합 움직임의 와중에서 고구려연맹체를 구성하는 제나(諸那) 사이의 대립·갈등이 있게 되고, 계루집단 자체 내에서도 모본왕의 피살 같은 큰 분쟁이 상당기간 지속되었다. 이 내분은 2C 초를 전후한 시기에 계루집단 내에서 태조왕을 실제상의 시조로 여기는 왕계의식을 지닌 세력에 의해 수습된 것이다. 따라서 이 태조왕을 실제상의 시조로 여기는 왕계의식이 4C 후반 추모왕계의 그것과 결합하여 추모왕을 시조로 하는 일원적 왕계가 성립되었으며, 이것이 능비문에 반영된 왕계인 것이다. 그러므로 『삼국사기』의 고구려 왕계와 기년은 그 말기에 정립된 것이며, 능비문과 관련, 늦어도 5C 초에는 현전하는 형태의 왕계가 정립되었다.[22]

한편 고구려 태조왕의 '태조' 호는 왕조의 개창과 관계없는 왕실가계 상의 시조를 의미하는 것이 아니다.[23] 왜냐하면 능비문상 추모왕을 시조로 함은 '천제지자(天帝之子)'인 추모왕의 피를 이은 '천손'으로서의 고구려왕의 정통성 표방의 주요 기저였던 까닭에, 일단 4C 후반 주몽전승이 정립된 이후 고구려 왕실가계 상의 시조는 주몽이었기 때문이다. 또 북위의 경우처럼 태조란 왕조의 기틀을 확립한 제왕이지만, 왕실가계 상의 시조는 아닐 수도 있다. 따라서 계루부왕실의 경우, 그 가계상의 시조는 주몽이지만, '궁(宮)' 때에 이르러 고구려국의 왕위에 올랐다고 여겨져, 5C 후반 이후 어느 시기에 그를 왕계 상에 삽입할 때 '태조왕'이라고 하였을 것이라는 시각도 가능한 것이다. 그러나 능비문에서 "鄒牟王創基·儒留王以道興治·大朱留王紹承基業"라 하여 5C 초에 이미 추모왕은 현 왕조의 개창자로서 확고히 인식되었다.

'태조대왕(국조왕)→차대왕→신대왕(사료 A-④·⑤·⑥)' 3왕의 왕계는 광개토왕릉비 건립 이전, 곧 추모왕을 시조로 하는 건국전승이 확립된 소수림왕 대 이전, 보다 구체적으로 동천왕 대에 정립된 것으로 추정된다. 또 이들 세 왕의 왕호와 관련, 모본왕과 태조왕 사이의 단층성이

---

21 이에 대하여 회의적 입장은, 金基興, 2001, 「高句麗 建國神話의 檢討」, 『韓國史研究』113; 김기흥, 2002, 『고구려 건국사: 되찾은 주몽신화의 시대』, 창작과 비평사.

22 이상의 고찰은 盧泰敦, 1993, 앞의 글.

23 이하의 고찰은 盧泰敦, 1994, 앞의 글.

주목되는 바, 실제로 새로운 왕계가 시작 되어 정통을 자처함에 따라 '첫째 왕'·'둘째 왕' 그리고 정변으로 즉위한 '새 왕'하는 식의 의미를 지닌 말로 불려지고, '첫째 왕' 등의 의미를 지닌 칭호가 뒤에 한자화할 때 '태조왕' 등으로 표현된 것이다. 아울러 이 3왕의 왕호에 붙는 '대왕'이란 칭호는 4C 초 고구려의 급격한 국세 팽창 하에서 고국원왕 대에 대왕호를 사용했을 가능성이 충분하고, 그 시기에 현 왕실을 확립한 이들 3왕을 추앙하여 그 왕호에 '대(大)' 자를 덧붙였을 수 있다. 그리고 이 3왕의 실재성을 긍정하는 위에서, 태조왕과 차대왕은 형제로, 신대왕은 가까운 친족관계로 파악된다.

끝으로 능비문상의 '17세손'은 '대주류왕'을 기준왕으로 한 왕대 수를 나타낸 것으로 『삼국사기』 왕계의 그것과 일치한다. 『삼국사기』 고구려본기의 동명성왕에서 모본왕대의 기사는 그중의 부여 관계·사성(賜姓) 관계 기사를 검토한 결과, 4C 후반 소수림왕 대에 현전하는 형태로 정리된 것이며, 이 왕계와 기존의 태조왕계를 결합하여, 추모왕을 시조로 하는 새로운 왕계가 정립된 바, 이 과정에서 태조왕의 즉위기년이 소급되는 등 재위기간이 늘어나게 되었다. 이렇게 성립된 것이 능비문과 『삼국사기』의 왕계이다.

이상의 제 논의를 요약하면 다음과 같다.

- 3C 동천왕 대 태조왕 중심의 왕계 인식이 먼저 정립되고, 4C 후반 소수림왕 대에 추모왕을 시조로 하는 왕계 인식이 확립되었다.[24] 한편 소수림왕 대에 능비문과 『삼국사기』 상의 두 왕계가 결합하여, 추모왕을 시조로 하는 새로운 왕계로 정립된 것이다.[25]
- 이러한 시조 추모왕으로부터 소수림왕대에 이르는 왕계의 정리는 왕실이 신성한 추모왕의 직접적 자손임을 강조함으로써 자신들의 신성성을 확보하려 했던 것,[26] 혹은 '천제지자'인 추모왕의 피를 이은 '천손'으로서의 고구려왕의 정통성 표방 노력과[27] 관련된다.
- 능비문의 '17세손'이란 광개토왕이 추모왕의 17대손(세대)이 됨을 뜻하거나,[28] '대주류왕'을 기준왕으로 한 왕대 수를 나타낸 것[29]이다.
- 모본왕과 태조왕 사이의 단층성을 주목한다. 즉 태조왕 대 전후의 왕실이 혈연적으로 직접 연결되어 있지 않았다.[30]

24 趙仁成, 1991, 앞의 글; 盧泰敦, 1993, 앞의 글; 盧泰敦, 1994 앞의 글.
25 盧泰敦, 1994, 앞의 글.
26 趙仁成, 1991, 앞의 글.
27 盧泰敦, 1994, 앞의 글.
28 趙仁成, 1991, 앞의 글; 李道學, 1992, 앞의 글.
29 盧泰敦, 1994, 앞의 글.
30 趙仁成, 1991, 앞의 글; 盧泰敦, 1993, 앞의 글; 盧泰敦, 1994 앞의 글.

- 동천왕 대는 태조왕이, 소수림왕 대는 대무신왕이 중시되었다.[31]
- '태조대왕→차대왕→신대왕' 세 왕호에 붙는 '대왕'이란 칭호는 4C 초 고국원왕 대에 대왕호를 사용함에 따라 이들 세 왕을 추앙하여 그 왕호에 '대'자를 덧붙인 것이다.[32]
- 태조왕 대 왕실교체설에 회의적 입장에 설 경우, '태조'를 창업주의 의미로 해석할 수 없으며, 그 시호는 아마 후대에 소급·추존되었거나, 존호일 가능성이 있다.[33]
- '태조대왕·차대왕·신대왕'의 왕명은 시호로서의 성격이 약하며, 당시 단순히 '큰할아버지 왕·다음 왕·새 왕' 등으로 불리어졌던 것으로 볼 수도 있다.[34] 혹은 그것들이 '첫째 왕·둘째 왕·새 왕'하는 식의 의미를 지닌 말로 불려지고, '첫째 왕' 등의 의미를 지닌 칭호가 뒤에 한자화할 때 '태조왕' 등으로 표현된 것이다.[35]
- 주몽의 출자전승은 4C 후반 소수림왕 대에 북부여 출자설이 먼저 성립되고, 6C 후반 이후 동부여 건국전승이 덧붙여져서 동부여 출자설이 만들어진 바, 그것이 『신집』에 수록되고, 이 계통의 사서가 이어져 『삼국사기』 고구려본기의 주몽 전승이 되었다.[36]
- 계루집단의 출자지는 압록강 중류 유역이 아니라, 부여 방면으로 본다.[37]
- 능비문상의 '17세손'은 세대 수일 경우, 왕위 부자상속제 확립 사실을 전제로 주몽왕으로부터 광개토왕 사이에 누락된 4세대 왕계의 복원이 가능하다.[38]

이러한 제 논의가 『삼국사기』 고구려본기 초기기사의 사실성을 검증하는 노력과 무관하지 않다는 점에서 그 중요성은 아무리 강조해도 지나침이 없을 것이다.

그러나 종래의 연구들은 『삼국사기』 고구려본기 초기기사에 대한 회의적 입장에서 출발, 1C 후반 태조왕의 존재에 착목(着目)'→'능비문상의 왕계에 태조왕이 존재하지 않는 이유 추구→태조왕 중심의 왕계 인식이 먼저 성립한 후, 추모왕 중심의 능비문 상의 왕계 인식이 나중에 성립하고, 이를 바탕으로 『삼국사기』 고구려본기 상의 왕계 인식이 맨 나중에 성립함→『삼국사기』 고구려본기 초기기사의 사실성 인정에 소극적 입장)이라는 논리적 구조를 지니고 있다. 아울러 이러한 제 논의가 모두가 불안한 가정에서 출발한 추론 수준을 벗어나지 못하고 있음도 눈여겨

---

31 趙仁成, 1991, 앞의 글; 盧泰敦, 1994, 앞의 글.
32 盧泰敦, 1994 위의 글; 林起煥, 2001, 앞의 글.
33 李道學, 1992, 앞의 글.
34 李道學, 1992, 앞의 글.
35 盧泰敦, 1994, 앞의 글.
36 盧泰敦, 1993, 앞의 글.
37 盧泰敦, 1993, 위의 글.
38 李道學, 1992, 앞의 글.

볼 대목이 아닐 수 없다.

그러나 필자는 능비문상의 '17세손'은 '대주류왕'을 기준 왕으로 한 왕대 수를 나타낸 것으로 『삼국사기』 왕계의 왕대수와 일치한다는 점에서 『삼국사기』와 능비문의 왕계 인식은 기본적으로 동일하며,[39] 이러한 중요자료의 정합성을 다만 태조왕의 존재로 말미암아 그 역사성에 회의적 시각을 가지고 접근하는 것은 재고되어야 된다고 본다. 더욱 이런 견해들은 현존하는 가장 오래된 금석문 자료인 능비문 상의 왕계 인식이 오히려 늦게 성립된 것으로 보고 있다는 점에서 더욱 그러하다.

본고는 시각을 달리 하여 [『삼국사기』 고구려본기 초기기사에 대한 적극적 수용 입장에서 출발→『삼국사기』 고구려 왕계 인식=능비문의 왕계 인식(현존하는 最古의 金石文 자료)→추모왕 중심의 왕계 인식의 역사성·사실성 인정하는 위에서, 고구려사 상 태조왕의 역사적 유의미성 천착→4~5C 고구려인의 자기 국가형성 인식의 구체적 실상이 『삼국사기』 고구려본기 초기기사에 그대로 드러남]이라는 논리 구조 속에서 이 문제에 접근해보고자 한다.

따라서 필자는 다음 장에서 '태조왕'이라는 왕호가 고구려사 인식의 지평에서 한 결절점을 형성, 하나의 역사적 개념으로 정착하게 되는 과정을 추론해 봄을 통하여, 태조왕의 존재가 고구려사에서 차지하는 역사적 유의미성을 검토해 보고자 한다.

3. 고구려 '태조' 관념의 형성과정 추론

B-① 元年 夏五月 立東明王廟(『三國史記』 卷23 百濟本紀1 始祖溫祚王條)

B-② (a)三年 春三月, 立東明王廟 …… (b)四年冬十二月, 王出師伐扶餘(『三國史記』 卷14 高句麗本紀2 大武神王條)

백제의 온조왕은 유이민 집단으로서 백제 건국을 주도하는 과정에서 자기 지배권력의 정당성을 이념적으로 저초(底礎)하기 위한 방편으로 자기들의 출자를 '천손'인 추모왕과 연결시키고자 B.C. 18년 입국(立國)과 동시에 '동명묘'를 건립, 국가적 제사의례를 베풀었던 바이다(사료 B-①).

이에 대하여 대무신왕도 A.D. 20년 동명묘를 건립[사료 B-②-(a)], 종래 제천과 더불어 국조신 동명에 대한 제사가 함께 이루어졌던 동맹(東盟)이라는 국중대회(國中大會)와는 별도의 시조

---

39 박시형, 1966, 『광개토왕릉비』, 135~136쪽; 盧泰敦, 1994, 앞의 글쪽, 105~106쪽.

에 대한 제사의 장을 마련했던 것이다. 그의 이러한 조치는 천신의 하늘과 지신의 땅을 연결하는 존재로서의 추모왕의 국가적 제사의례체계 내에서의 위상 고양을 도모하고자 하는 정책적 의지의 소산이었다.[40] 이 동명묘 건립은 이제 고구려의 국왕이 종래 천손이라는 단순한 관념에서 하늘의 자손으로서 그 밑의 땅(天下)을 다스렸던 추모왕과 혈통적으로 직결된 지상(至上)의 존재로 인식되게 되었음을 시사해주고 있다. 따라서 대무신왕은 동맹이라는 제천행사와 동명묘를 지배이념적 매개기제로 하는 국가적 제사의례를 제도화함을 통하여 선왕 대로부터 추진해온 권력의 인격화를 이념적으로 정착시키고자 하였던 것이다.

뿐만 아니라 이 동명묘 건립 사실은 이를 전후한 시기에 이미 주몽의 건국전승이 형성되었음도 짐작케 해준다. 이런 주몽을 신격화한 전승은 새로이 창출된 국가권력의 정당성을 뒷받침해주는 정치적 신화(political myth)로서 그 지배이념적 기능을 다하였을 것임은 물론이다. 이제 대무신왕은 그 자신이 고구려 국가권력의 파지자로서 계루부 및 그의 외가인 비류부에 대해서 지상(至上)의 권능을 행사, 부여국가 공멸이라는 전략 목표에[사료 B-②-(b)] 전 국력을 결집시킬 수 있게 되었다.[41]

C-① 二十一年春二月, 王以丸都城經亂, 不可復都, 築平壤城, 移民及廟社(『三國史記』 卷17 高句麗本紀5 東川王條)

C-② 句麗王宮數寇遼東, 更屬玄菟. 遼東太守蔡風·玄菟太守姚光以宮爲二郡害, 興師伐之. 宮詐降請和, 二郡不進. 宮密遣軍攻玄菟, 焚燒候城, 入遼隧, 殺吏民. 後宮復犯遼東, 蔡風輕將吏士追討之, 軍敗沒(『三國志』 卷30 魏書30 烏丸·鮮卑·東夷傳 第30高句麗條)

사료 C-①은 동천왕이 위 관구검의 강습을 극복한 이후, '묘사(廟社)'를 이치(移置)하였음을 적시하고 있다. 이 '묘사'는 종묘와 사직을 뜻하는 바, 이 왕실의 조상 숭배와 관련된 종묘에서 당시 태조왕이 모셔졌을 것으로 보는 견해가 있다. 이는 태조왕의 휘인 '궁'을 본 따 동천왕의 그것을 '위궁(位宮)'으로 하였음(사료 A-④·⑦)을 그 입론의 근거로 삼고 있을 뿐이다.[42] 그러나 사료 B-②-(a)의 역사성을 수긍하는 입장이라면, 동천왕대 종묘 제사의 대상은 당연히 동명성왕 곧 추모왕이 될 것이다.

동천왕대에 궁이 중시된 것은, 당시 왕실이 그를 자기들의 시조로서 받들었기 때문이라고 볼

40 崔光植, 1994, 『고대한국의 국가와 제사』, 한길사, 148~153쪽.
41 朴京哲, 1996, 앞의 논문, 180~181쪽.
42 趙仁成, 1991, 앞의 글, 64쪽, 71~73쪽.

수도 있다. 그러나 무릇 모든 역사인식은 당대 시대정신(Zeit Geist)의 반영임은 널리 알려진 사실이다. 동천왕 당시 고구려는 위의 대(對)동북아 강공정책에 치어 곤욕을 치루고 있던 시기였다(사료 C-①). 그만큼 당시 고구려인들 사이에는 사료 C-②에서 볼 수 있는 바처럼 궁의 적극적인 대한(對漢) 군사행동에 대한 관심이 제고되고 있었고, 그에 대한 평가 또한 매우 고양되고 있었을 것으로 보인다. 이러한 관점에서 당시 사람들이 그를 '국조왕'이라 부르며 존숭했던 것으로 볼 수 있는 것이다. 또 '국조왕' 이후의 왕계는 당시 '차왕→신왕'으로 이어진 것으로 파악되고 있다. 이러한 연결고리는 '태왕'호가 정해지는 4C 고국원왕 대 이후 '국조왕→차대왕→신대왕'으로 변화했을 것이다.[43]

D. 九年 三月, 下敎, 崇信佛法求福. 命有司, 立國社, 修宗廟(『三國史記』 卷18 高句麗本紀6 故國壤王條)

고구려 소수림왕 대는 전대인 고국원왕 대 미증유의 국가적 위기를 겪은 이후, 뒷날의 국세팽창을 예비하는 국가지배구조의 재편·강화를 도모한 시기였다. 이즈음 고구려는 국가형성의 주체인 '天帝之子 鄒牟王'을 시조로 하여 '유류왕·대주류왕'으로 연결되는 기왕의 왕계 인식을 재정립·강화하였을 것으로 판단된다. 특히 대무신왕과 소수림왕 사이에 왕호 면에서 '대주류왕↔소(해)주류왕', 장지 면에서 '대수림원↔소수림'이라는 일정한 조응관계가 존재한다는 점에서(사료 A-③·⑧), 당시 대무신왕의 위상에 대한 평판이 고양되고 있었음을[44] 짐작할 수 있다.

역사란 항상 그 인식주체의 당대적 소망을 투사하고 있는 것이다. 4C 후반은 대주류왕이 '천제지자' 추모왕이 '창기'한 것을 '紹承基業'하여[45] 당대에까지 이르게 한 것을 본받아 소수림왕 자신도 전대의 위업을 후대에까지 잘 이어 가기 위한 일대 구조개편을 단행하고 있었던 시기였다. 그리고 이러한 당대인들의 역사의식을 바탕으로 강화된 왕계 인식은 고국양왕 대의 '立國社·修宗廟(사료 D)'하는 국가제사체계의 정비 과정에 투영되었을 것이다. 그런데 사료 D에서 종묘뿐만 아니라 '국사(國社)' 곧 국가의 사직도 새로이 건립되었음을 보여 주고 있다. 이점과 관련, 이는 종래 전(前) 왕족의 사직과 왕실의 사직으로 이원화되어 있던 사직제사체계가 국왕만이 제사지낼 수 있는 그것으로 일원화되었다고 보는 견해도 있다.[46]

따라서 소수림왕~고국양왕 대에 걸쳐 재편·강화된 자기 국가형성 인식은 광개토왕 대의 성

---

43 임기환은 이때 국조왕에게도 '대왕'호가 붙여졌을 가능성이 있다고 본다(林起煥, 2001, 앞의 글, 13쪽).
44 趙仁成, 1991, 위의 글, 66~68쪽.
45 盧泰敦, 1994, 앞의 글, 84쪽.
46 趙仁成, 1991, 앞의 글, 71~72쪽.

공적 군사적 국세팽창정책과 맞물리면서, 또 고구려의 자존적인 '천하관'과 상승 작용을 하면서 능비문(사료 A-⑨)에 각인되게 된 것이다. 이런 상황 하에서 국조왕의 존재는 세인들의 뇌리 속에서 희미해질 수밖에 없었을 것이다.

종래의 제 논의는 태조왕 대가 고구려사 상 일획을 긋는 변화의 시기였음에는 일단 동의하지만, 그것의 실상에 대해서는 현재 정론(定論)된 바 없다. 당시 고구려는 국가형성기였던 '추모왕·유류왕·대주류왕' 대의 역동성을 잃어가면서,[47] 모본왕의 피살 같은 큰 분쟁이 상당 기간 지속되었다.[48] 이러한 국가적 위기를 극복하고 흔들리던 국가를 다시 한 번 크게 추스른 사람이 '궁'이었고, 그 이후 왕들은 모두 그와 혈연적으로 연결된다고 볼 수 있다. 그가 과연 종전 고구려의 왕실과 어떤 관계가 있는지 현재로서는 정확히 알 수는 없지만, 사료 A-④에서 그가 "琉璃王子古鄒加再思之子"라 한 점으로 보아 전혀 혈연적으로 무관하지만은 않았던 것으로 추정된다. 다만 그는 3C 동천왕 대 이래 당시 그의 위업을 기리는 사람들에 의해 '국조왕(사료 A-④)'으로 불리었을 것으로 본다.[49] 그렇다면 그가 새삼 '태조대왕'으로 호칭되며, 고구려사 상 차지하는 위상이 보다 고양된 것은 어느 시기일까.

E-① … 然朕歷數, 當躬仰紹, 太祖之基, 纂承王位, 兢身自愼, 恐違乾道 …(「磨雲嶺 眞興王巡狩碑」: 568년)

이 점과 관련되어 새삼 주목에 값하는 것이 사료 E-①, 곧 신라의 마운령 진흥왕순수비이다. 이 자료에 명기된 '태조'의 실체와 그 의미가 무엇인가에 관해서는 많은 논의가 있어 왔다.[50] 그 논의의 향방은 차치하고, 또 여기서의 태조가 누구를 지칭하든 간에 태종 무열왕의 존재를 감안한다면, 당시 신라에서 '태조→태종'으로 연결되는 완전한 묘호제가 확립되었다고는 볼 수 없다. 다만 여기서 눈여겨 볼 점은 568년 당시 신라에서 이미 태조관념이 나타나고 있다는 사실이다. 그리고 이는 5C 말 북위에서 확립된 묘호제의 영향을 직접적으로 받았거나, 혹은 고구려를 통해 그 관념을 간접적으로 수용했음을 시사하고 있다.[51]

---

47 김기흥, 2002, 앞의 책, 196~203쪽.

48 盧泰敦, 1993, 앞의 글, 65~66쪽.

49 林起煥, 2001, 앞의 글, 9쪽.

50 이 문제에 관해서는, 李基東, 1980, 「新羅 太祖 星漢의 問題와 興德王陵碑의 發見」, 『新羅 骨品制社會와 花郎徒』, 一潮閣, 366~377쪽.; 李鍾泰, 1999, 「新羅의 始祖와 太祖」, 『白山學報』52, 1~20쪽.

51 李鍾泰, 1999, 위의 글, 13쪽.

E-② (始祖神元皇帝), … 太祖卽位, 尊爲始祖(『魏書』卷1 序紀)

E-③ (平文皇帝) 五年, … 天興初, 尊曰太祖(『魏書』卷1 序紀)

E-④ 太和十五(491A.D.)年 秋七月 己卯, 詔議祖宗, 以道武帝爲太祖(『魏書』卷7下 帝紀7下 孝文帝)

도무제(道武帝) 탁발규(拓拔珪)는 천흥(天興, 398~403년) 원년 국호를 '대국(代國)'에서 '북위'로 바꾼 후, 제위에 오르고 평성(平城)에 입도(立都)한 바 있다. 사료 E-②·③에 따르면, 그는 자신의 선조들을 일괄하여 성제 이하 제황제로 추존하였다. 이때 그는 자신의 6대조인 신원황제(神元皇帝)를 시조로, '수명(受命)'을 근거로 3대조인 평문제(平文帝)를 태조로 추존하였음을 적시하고 있다.

그러나 사료 E-④는 효문제(孝文帝)가 도무제를 새로이 태조로 정하였음을 보여 준다. 당시 북위는 도무제의 '建業之勳'을 근거로 그러한 조치를 취하였던 것이다. 그런데 이 '건업지훈'의 실상은 탁발규가 376년 이래 전진(前秦)에 의해 해체된 대국(代國)을 부흥시켜 칭제 건원한 사실을 일컫는 바, 이 경우 그는 탁발씨 중흥지주(中興之主)로 판단되었기 때문에 '태조'로 추촌 되었던 것임에 유의하여야 한다.

이러한 곡절 끝에 '태조 도무제→태종 명원제(明元帝)→세조 태무제(太武帝)→고종 문성제(文成帝)→현조 헌문제(獻文帝)→고조 효문제'라는 묘호제가[52] 확립된 것이다.[53] 고구려가 6C에 들어와 이러한 관념, 특히 북위의 태조 관념을 직접 수용했을 것임은 분명하다.

지금까지의 논의는 '5C 말 북위의 묘호제 확립'→'6C 전반 고구려의 북위 묘호제 개념 수용'→'6C 후반 신라의 북위의 묘호제 개념의 직·간접적 수용(사료 E-①)'으로 정리 될 수 있다. 따라서 고구려가 이 태조 관념을 수용, 이로써 국조왕 궁을 지칭하게 된 시기는 6C기 전반 이후로 비정함에 큰 무리가 없을 것이다.

F. 十一年(600년) 春正月, 詔太學博士李文眞, 約古史爲新集五卷. 國初始用文字時, 有人記事一百卷, 名曰留記, 至是刪修(『三國史記』卷20 高句麗本紀8 嬰陽王條)

6C 전반 문자왕 이후 안장왕·안원왕·양원왕 3대(519~559년)에 걸쳐 고구려의 정정(政情)은 매우 불안한 국면으로 접어들고 있었고, 대외관계 역시 침체상을 드러내고 있었다. 따라서 6C

---

52 史蘇苑, 1983 廟號, 諡號, 尊號考述」, 『社會科學戰線』 1983-2, 114~117쪽.

53 李鍾泰, 1999, 앞의 글, 6~7쪽.
    朴漢濟, 1989, 「胡漢體制의 展開와 그 構造」, 『講座 中國史 Ⅱ : 門閥社會와 胡·漢의 世界』(서울대학교 東洋史學硏究室編), 지식산업사, 83~94쪽.

후반 이래 평원왕(559~590년)과 영양왕은 귀족연립체제 하의 실추된 왕실의 권위를 회복하고, 차츰 긴박해지는 대외정세에 효율적으로 대응하기 위한 특단의 조치를 강구하고자 하였다. 이 조치들 가운데는 대외적으로 고구려 본래의 천하관에 바탕한 국가의 신성성을 천명하고, 대내적으로는 국가경영의 주체인 국왕의 존엄성을 강조하는 이념적 얼개를 재정비하는 정책도 포함되었을 것이다.

사료 A-①은 '시조동명성왕', 사료 A-④는 '太祖大王(或云國祖王)', 그리고 사료 A-⑨는 '始祖鄒牟王之創基'를 적시하고 있다. 오늘날 '시조'와 '태조'의 개념 분별에 관해서는 다양한 견해가 제시되고 있다.[54] 다만 시조는 신성성을 타고난 존재로 혈연적으로 직접 연관되기 보다는 막연하게 자신들의 선조로 가상할 수 있는 존재이고, 반면 태조는 그 후손이 혈연의식을 확연하게 가지고 있는 조상을 의미한다고도 볼 수 있겠다.[55] 뿐만 아니라 북위 도무제의 경우처럼 태조를 중흥지주로 관념할 수도 있을 것이다.

당시 고구려왕들은 당연히 국조왕 궁을 자기 왕실의 혈연적 조상으로 인식하고 있었다. 또 그가 생전에 접종하는 내분을 수습하고 국가를 다시 재편·강화시켰으며, 실효적인 대외 정복전쟁을 수행해 나갔음(사료 C-②)도 익히 알고 있었을 것이다. 따라서 고구려 왕실은 북위의 정비된 묘호제의 영향 아래 국가경영의 주체가 되어야 할 현왕실의 개창자이며 중흥지주인 국조왕 궁을 '태조대왕'이라 존칭함으로써 대내적으로 고구려 국왕의 정통성·존엄성을 제고하고자 하였을 것이다. 아울러 이들은 고구려 국가형성의 주체였던 '천제지자 추모왕'을 시조로 새삼 재확인함으로써 대외적인 고구려국가의 신성성·주체성을 과시하고자 했던 것이다. 이렇게 새로운 이념장치로 제시된 '시조태조'라는 이원적 왕계인식 역시 6C 후반 이래 고구려인들이 가졌던 시대정신의 반영이었음은 물론이다. 따라서 고구려는 600년 이러한 자신들의 역사인식체계를 바탕으로 『신집(新集)』을 편찬하였을 것이다. 그리고 이 '시조태조'라는 이원적 왕계인식이 『삼국사기』에 현전하는 그것인 것이다.

4. 4~5C 고구려인의 '국가형성' 인식

종래 우리 학계는 고구려 국가형성 문제와 관련하여 진행한 제 논의에서 능비문(사료 A-⑨)의 유의미성을 흔히 지나쳐 온 경향이 없지 않다. 그런데 사료 A-⑨는 5C 초 당시 고구려인들의

---

54 '태조'에 관해서는 盧泰敦, 1994, 앞의 글, 92~93쪽, '태조'와 '시조'에 대해서는, 李鍾泰, 1999, 앞의 글, 1~8쪽.
55 李鍾泰, 1999, 앞의 글, 4쪽.

개국시조의 출자와 그에서 비롯된 자기 국가 정통성의 연원에 대한 인식의 일면을 엿볼 수 있게 해준다.

당시 고구려인들은 '천제지자(天帝之子)'이며 '하백녀랑(河伯女郎)'을 모(母)로 하는 추모(주몽)가 "나라를 세우고['창기': 사료 A-⑨-ⓐ]", "유명을 이어 받은 세자 유류왕이 도로써 나라를 잘 다스리고[이도흥치: 사료 A-⑨-ⓑ]", "대주류왕은 왕업을 계승하여 발전시켰"으며[사료 A-⑨-ⓒ], 광개토왕 자신은 바로 그 17세손[사료 A-⑨-ⓓ]이라 파악하고 있었다.

그런데 '창기'란 자전적으로 "기초를 열기 시작"함을 뜻한다. "太祖創基 迄終魏業(魏志 賈逵傳評)"이나 "値 魏太祖創基之初(干寶 晉紀叢論)"의 '창기'는 그런 뜻으로 사용된 예가 된다.[56] 또 "是其創基立本 異於先代者也(晉紀叢論)"에 비추어 그 '창기'는 '창립기업(創立基業)'이라고 새길 수도 있다. 그런데 『삼국사기』 백제본기에서 비류와 온조는 그의 모 소서노가 주몽에게 "其於開基創業, 頗有內助"하였건만, "國家屬於孺留"하게 되었음을 개탄하고 있다.[57] 여기서 주몽이 소서노의 힘을 크게 빌어 "개기창업"한 것은 바로 "국가"임을 알 수 있다. 이 사실 역시 사료 A-⑨ 상의 "추모왕지창기"의 의미를 짐작케 해주는 자료가 되겠다. 그러므로 5C 초 고구려인들은 추모왕 대를 자기국가 형성의 출발점으로 인식, 이 사실을 "시조추모왕창기"라 표백하고 있는 것이다.

한편 '이도흥치(以道興治)'의 '도'란 "與治同道 罔不興, 與亂同事 罔不亡(『書經』太甲 下篇)"의 '도'와 통하는 그것이다. 그런데 여기서 '치'란 '고지치자(古之治者)' 곧 요·순·우·탕·문·무(堯舜禹湯文武) 등 성현의 다스림을 말하는 것이다. 따라서 '이도흥치'의 '도'란 옛 성현들이 훌륭한 정치를 행했던 방법을 뜻한다. 그런데 채심(蔡沈)은 이 태갑의 글을 "治而謂之道者, 蓋治因時制宜 或損或益"라 하여, 옛사람의 제도를 시의에 맞게 다듬는 제도의 정비라는 측면을 중시하는 주석을 가하고 있다. 그러므로 유리왕이 '이도흥치' 했다는 것은 그가 성현의 다스림의 방법에 의거하여, 특히 제도정비적인 측면에서 성과를 보이면서 그들 못지않은 정치를 행했음을 의미하는 것이다. "賢者所在必興化 因時制宜致治(『孔叢子』執節篇)"라는 글은 이러한 '이도흥치'가 가지는 의미를 새삼 뒷받침해 주고 있는 셈이다.

한편 기업은 자전적으로 "밑바탕이 되는 사업, 즉 기서(基緒)"를 뜻한다.[58] "雖堯舜禹湯文武累世廣德, 以爲子孫基業, 無過二三十世者也(『漢書』賈山傳)"의 '기업'이 바로 그러한 뜻으로 사용된 예이다. 따라서 "대주류왕 소승기업"했다는 표현은 대무신왕이 선대의 국가형성 노력을 이

---

56 諸橋轍次, 『大漢和辭典』(昭和59年 修訂版) 卷二, 東京, 大修館書店, 303쪽.

57 『三國史記』 卷23, 百濟本紀1 溫祚王 元年(B.C. 18년)條.

58 諸橋轍次, 『大漢和辭典』(昭和59年 修訂版) 卷三, 197쪽.

어 받아 그것을 마무리함으로써, 그 '17세손'인 광개토왕을 비롯한 후손들이 향유하는 왕업의 기반을 다져준 것이라는 5C 당시 고구려인들의 인식을 강하게 반영해주고 있다.

이제 필자는 이러한 능비문 상에 드러난 당시 고구려인들의 자기국가형성 인식이 『삼국사기』 고구려본기 초기기사의 그것과 부합 되는가 살펴보고자 한다.

고구려의 국가형성과정이란 전쟁과 제사를 매개기제로 하여 물리적 힘에 바탕한 권력장치의 제도화와 권력의 인격화가 정착되는 과정이다.[59] 이 경우 전쟁은 권력의 실질적 기반을 조성하며, 제사는 그것에 이념적 바탕을 부여하는 역할을 수행한다. 그리고 『삼국사기』 고구려본기 초기기사는 이러한 국가형성과정을 잘 적시해주고 있다.

〈지도 1〉의 원은 고구려가 늦어도 5C경까지 자기 국가의 생존권을 담보해주는 전략거점으로서 확보했던 지역들이다.[60] 따라서 지도 1은 고구려가 국가형성기에 이미 그러한 지역들의 전취를 지향하는 전방위적 국세팽창이라는 전략적 구도 하에 제 군사행동을 실시하였음을 시사해주고 있다. 그리고 이러한 군사행동의 실효적 수행이 국가형성기 고구려에 있어 역동성 창출의 본원적 추동력으로 작용했음은 두말할 나위가 없다.[61]

G-① 琉璃明王立 … 母曰 汝父非常人也 不見容於國 逃歸南地 開國稱王(『三國史記』 卷13 高句麗本紀1 琉璃明王 元年條; B.C. 19년)

G-② 秋八月, 扶餘王帶素使來讓王 … 時, 王子無恤, 年尙幼少. 聞王欲報扶餘言, 自見其使曰, 我先祖神靈之孫, 賢而多才. 大王妬害, 讒之父王. 辱之以牧馬, 故不安而出(『三國史記』 卷13 高句麗本紀1 琉璃明王 28年條; A.D. 9년)

애당초 처자로부터 '비상인(사료 G-①)'으로 여겨졌던 고구려 시조 주몽은 벌써 그 손자인 무휼에게는 '신령지손(神靈之孫, 사료 G-②)'으로 인식되고 있었다. 이러한 인식이 바탕이 되어 사료 A-⑨와 같은 "天帝之子, 母河伯女郞"이라는 주몽의 신격화가 추진되게 된다. 20년 대무신왕은 동명묘를 건립함[사료 B-②-ⓐ]으로써 동맹이라는 제천행사와 동명묘를 지배이념적 매개기제로 하는 국가적 제사의례를 제도화함을 통하여 선왕 대로부터 추진해 온 권력의 인격화를 이념적으로 정착시키게 되었던 것이다.

고구려는 사료 A-⑨에서 현시하고 있는 바, 국가주권의 연원을 하늘[天]에 직결시켜 자기 국

---

59 朴京哲, 1996, 앞의 글.
60 朴京哲, 1989, 앞의 글.
61 『三國史記』 卷13 高句麗本紀1 및 本紀2의 大武神王條; 朴京哲, 1996, 앞의 글, 120~197쪽.

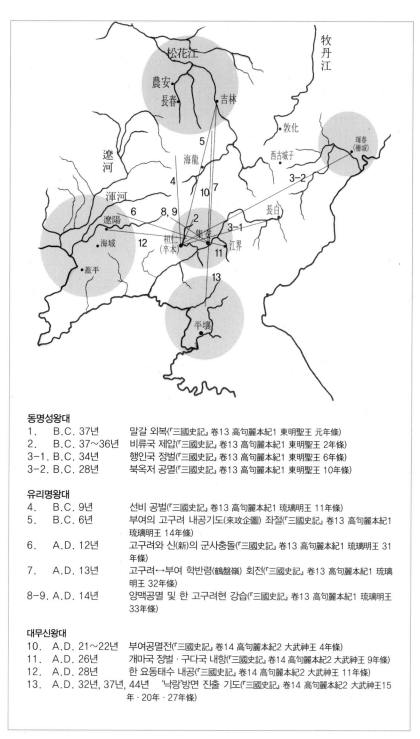

동명성왕대
1. B.C. 37년　　　 말갈 외복(『三國史記』卷13 高句麗本紀1 東明聖王 元年條)
2. B.C. 37~36년　 비류국 제압(『三國史記』卷13 高句麗本紀1 東明聖王 2年條)
3-1. B.C. 34년　　 행인국 정벌(『三國史記』卷13 高句麗本紀1 東明聖王 6年條)
3-2. B.C. 28년　　 북옥저 공멸(『三國史記』卷13 高句麗本紀1 東明聖王 10年條)

유리명왕대
4. B.C. 9년　　　　선비 공벌(『三國史記』卷13 高句麗本紀1 琉璃明王 11年條)
5. B.C. 6년　　　　부여의 고구려 내공기도(來攻企圖) 좌절(『三國史記』卷13 高句麗本紀1 琉璃明王 14年條)
6. A.D. 12년　　　고구려와 신(新)의 군사충돌(『三國史記』卷13 高句麗本紀1 琉璃明王 31年條)
7. A.D. 13년　　　고구려↔부여 학반령(鶴盤嶺) 회전(『三國史記』卷13 高句麗本紀1 琉璃明王 32年條)
8-9. A.D. 14년　　양맥공멸 및 한 고구려현 강습(『三國史記』卷13 高句麗本紀1 琉璃明王 33年條)

대무신왕대
10. A.D. 21~22년　부여공멸전(『三國史記』卷14 高句麗本紀2 大武神王 4年條)
11. A.D. 26년　　　개마국 정벌·구다국 내항(『三國史記』卷14 高句麗本紀2 大武神王 9年條)
12. A.D. 28년　　　한 요동태수 내공(『三國史記』卷14 高句麗本紀2 大武神王 11年條)
13. A.D. 32년, 37년, 44년　'낙랑'방면 진출 기도(『三國史記』卷14 高句麗本紀2 大武神王 15年·20年·27年條)

〈**지도 1**〉 국가형성기 고구려의 諸군사행동과 全方位的 국세팽창

가 정통성(legitimate succession)의 기반을 다지고자 하였다. 즉 고구려는 현실정치 과정 속에서 이러한 지배이념을 매개로 자기 국가의 존재 자체 및 그 지배구조의 정당성(legitimacy)을 제고시켜 나갔던 것이다.[62] 물론 당시 고구려에서 국가는 주권적 통치권의 파지자인 국왕과 동일시되었을 것이다. 따라서 국가형성기 유리왕과 대무신왕은 국가권력장치 곧 지배구조의 제도화를 지향하면서도, 한편으로는 자신을 그것을 운용하는 힘 곧 국가권력의 체현자로서 관념하는 권력의 인격화를 정당화하는 지배이념을 창출하고자 하였을 것이다.

그런데 중국의 '공·사(公·私)'는 '군(君)·국(國)·관(官)'의 공과 '신(臣)·가(家)·민(民)'의 사로 일단 개념지워진다. 중국사상 '황제'란 '현덕(賢德)'에 의하여 관료제도의 정점에 위치하여 천하를 지배하는 왕자를 지칭한다. 이에 비해 '천자'는 천(天)의 권위를 매개로 덕이 뛰어난 인간 '황제'에게 신성성을 부여하기 위한 개념이다. 즉 '천자'란 유공(有功='賢德')한 '황제'에게 천이 사여한 '작(爵)'인 것이다.[63] 따라서 '조정·국가=군·국·관의 공'도 '천하의 공'에 대해서는 '일성일가(一姓一家)의 사'에 불과한 존재로 자리매김 되는 것이다.[64]

그런데 고구려에서의 국가도 중국에서처럼 주권적 통치권의 담지자인 국왕과 동일시되었음은 물론이다. 그러나 중국과는 달리 고구려의 국왕이 '천제지자'의 후손, 곧 '천손'이라고 관념되는 한, 고구려에서의 '조정·국가=군·국·관의 공'의 그 '신·가·민의 사'에 대한 항시적 우월성은 이념적으로 확보된 셈이 된다. 따라서 고구려 지배구조에 있어서 이러한 지배이념은 기존 지배구조의 정당성을 제고시키는 기능을 다하고 있음을 유념해야 한다. 그러므로 국가형성기 고구려에서의 제천의례와 동명왕묘 건립이라는 국가제사 체계의 정립은 이러한 지배이념의 물적 가동장치였던 것이다.[65]

> H-① 大武神王 5年(A.D. 22년) 秋七月 扶餘王從弟 … 乃與萬餘人來投 王封爲王 安置掾那部 以其背有絡文 賜姓絡氏(『三國史記』卷14 高句麗本紀2)
>
> H-② 大武神王 15年(A.D. 32년) 春三月 黜大臣仇都·逸苟·焚求等三人爲庶人 此三人爲沸流 部長 資貪鄙 奪人妻妾·牛馬·財貨 恣其所欲 有不與者 卽鞭之 人皆忿怨(同上書)[66]
>
> H-③ 故國川王 12年(A.D. 190년) 秋九月 京都雪六尺 中畏大夫沛者於畀留·評者左可慮 皆以

---

62 Stuart R. Schram, 1987, "Preface", Edited by Stuart R. Schram, *Foundations And Limits Of State Power In China*, Hong Kong, School Of Oriental And African Studies University Of London · The Chinese Vniversity Press · The Chinese University Of Hong Kong, 1987, pp. ix ~ x.

63 李成珪, 1993, 古代 皇帝權의 性格, 『東亞史上의 王權』(東洋史學會 編), 한울아카데미, 13~18쪽.

64 溝口雄三, 1988, 「中國의 公·私」, 『文學』57, 岩波書店, 88~92쪽,

65 『三國史記』卷13 高句麗本紀1 및 本紀2의 大武神王條; 朴京哲, 1996, 앞의 글, 213~215쪽.

66 이 사료(22)에 대한 비판은, 盧泰敦, 1994, 앞의 글, 105쪽.

王后親戚 執國權柄 其子弟 并恃勢驕侈 掠人子女 奪人田宅 國人怨憤 王聞之怒欲誅之 左可慮等與四椽那謀叛(『三國史記』卷16 高句麗本紀4)

　국가형성기 이후 3C경까지 고구려 지배체제의 내포를 이루는 중앙통치구조·지방통치체제· 군사제도 등의 운영과정에 있어 핵심적 역할을 수행한 것으로 거론되고 있는 것이 바로 '5나부' 의 존재이다. 따라서 종래 학계는 이 계루부 및 '4나부'의 실체와 그 성격 구명을 둘러싸고 적지 않은 논의를 진행해 온 바 있다.

　오늘날『삼국사기』상의 '4나부'와『삼국지』의 '5부'를 계기적 존재로 보는 관점이 매우 설득력 있는 견해로 받아들여지고 있음도 사실이다. 그러나『삼국사기』상의 '나부'와『삼국지』상의 '부' 는 동일한 실체로 파악할 수도 있다. 즉 후자 상의 '연노부'의 경우, '노=나'이며,[67] '부' 곧 부족 이란 한족(漢族)들이 북방 이종족의 조직단위에 대한 관용적인 표현에 흔히 사용되는 것이다. 이러한 시각에서 '4나'와 '5부'는 공시적인 동일집단에 대한 각 역사서술 집단의 각기 다른 시점 에서의 자기표현과 다름 아니다. 이 경우 각기 그 서술 대상으로 포착된 역사적 제 사상(事象)의 시점에 대한 정확한 인식이 당시 실재했던 정치조직단위의 역사적 실체를 파악하기 위한 노력 에 있어 관건이 되는 것이다.『삼국사기』에서 '계루부'가 명시적으로 나타나지 않고 또 각 '나'와 관련된 구체적인 역사적 제 사실이 파노라마식으로 적시되고 있음은 당해 고구려본기 초기기사 의 서술시점이 국가형성기 이래 건국을 주도한 계루부 중심적이었던 사료를 저본으로 하여 후 대에 재편집된 것임을 방증해주는 것이기도 하다. 이 점이 바로『삼국사기』고구려본기 초기기 사가 가지는 사료적 가치성을 돋보이게 하는 대목이기도 하다. 반면『삼국지』는 중국인의 견문 과 한족의 '부족' 인식 같은 자신들의 역사적 경험을 바탕으로 하여 서술된 점을 유념해야 함은 물론이다.

　그런데 고구려 '5부'가 한인들의 유목 제족의 세력편제 단위인 부족에 대한 인식에서 비롯된 것이라면,[68] 유목 제족들의 부족제에 대한 정확한 파악이 필요하다. 곧 유목사회의 부족이 혈 연적 집단인지, 아니면 지연성에 기반한 의제적(擬制的) 혈연집단인지 혹은 또 다른 보다 합목 적적인 인위적 편제인지를 파악함이 당시 중국인들이 인식했던 고구려의 5부의 실체에 보다 정 확히 접근하기 위한 지름길이 될 것이다. 그런데 오늘날의 유목사회 연구성과는 그들의 '부족' 을 "현실적인 필요에 의해 의사(擬似)혈연적인 유대를 전제로 결합된 지역단위의 정치적 집단" 이라고 규정하고 있음은[69] 당시 중국인들이 인식했던 고구려 오부의 실체를 파악함에 있어 시

---

67 盧泰敦, 1975, 앞의 글, 4~5쪽.

68 盧泰敦, 1975, 위의 글, 21~26쪽.

69 金浩東, 1993,「北아시아 遊牧國家의 君主權」,『東亞史上의 王權』(東洋史學會 編), 한울아카데미, 121~122쪽.

사하는 바가 적지 않은 것이다. 즉 이런 고찰은 최소한 고구려의 각 '나부' 혹은 '부'가 혈연적 집단이라기보다는 지역적 정치조직단위체이거나 그것들의 결합체이었던 사실을 적시해주고 있는 셈이다.

5나부 가운데 고구려사 전개에 있어 중요한 역할을 수행한 것으로 지목되는 계루부·비류(나)부·연나부는 이미 대무신왕에 이르러 그 실체가 확연히 드러나고 있다(사료 H-②·③). 그런데 이러한 세 나부의 실체는 틈입·전사집단인 주몽집단이 자기의 우월한 군사역량을 매개로 기왕의 고구려사회에 존재하던 다수의 군장사회(chiefdom)를 국가지배구조 내로 편제하는 과정에서 인위적·의도적으로 분획된 국가의 하부단위정치조직이었다.[70]

고구려는 추모왕 이래 먼저 소수맥의, 그 다음으로는 대수맥에 속한 제 군장사회의 통합과 세력재편 노력을 통해 고구려국가를 형성하고, 압록강 중류유역 좌안에 자리한 그것들의 국가 지배구조 내로의 통합·재편은 자기의 전방위적 국세팽창전략에 부응, 합목적적으로 또 점진적으로 진전시켜 나갔다.

국가형성기 고구려의 세 나부 형성과정 역시 이러한 고구려사의 전개와 그 궤를 같이 하고 있다. 이런 과정에서 계루부는 왕실과 그 위성세력인 여러 군장사회와 그 하위의 국지적 집단(local group)들이 결집된 정치세력단위로 우선적으로 조직화되었을 것이다. 즉 유리왕은 '추모왕→유리'로 연결되는 혈연집단을 왕실로 삼고, '오이·마리·협보'로 지칭되는 추모왕의 직속집단 및 "옥지·구추·도조"로 대표되는 자기의 직할집단과 군장사회 수준의 부분노집단과 '극씨·중실씨·소실씨'집단·우태집단 같은 국지적 집단은 물론 비류·온조세력의 이탈로 와해상태에 빠진 소서노집단의 잔류세력을 흡수, 이들을 자기 왕실의 위성세력으로서 편제하였을 것으로 추측된다. 따라서 계루부는 유리왕이 그 즉위 초 자기들의 지배기반을 공고화하는 과정에서 왕실과 그 위성세력을 중심으로 하여 인위적으로 구성한 정치조직체로 출발하였던 것이다.

비류(나)부의 실체는 본래부터가 세 개 이상의 국지적 집단으로 구성된 하나의 군장사회였다(사료 H-②). 바로 이 점이 "立宗廟, 祠靈星社稷(『三國志』卷30 魏書30 列傳30 烏丸·鮮卑·東夷傳 高句麗條)"하는 별개 제사체계를 지속적으로 유지하는 특권을 향유할 수 있는 기반이 되었던 것이다. 그러나 이러한 비류나부의 특권 또한 국가 지배구조 내에서 제도적으로 보장받는 수준을 벗어나지 못하는 그것이었음(사료 H-②)은 물론이다. 따라서 비류나부의 지배구조 내에서의 위상 또한 점진적으로 저하되어 갔던 것이다.

유리왕은 새로이 통합된 대수맥에 속하던 제 군장사회를 재편, 국가권력의 새로운 운용단위로 편제하고자 노력하였던 것이다. 따라서 연나부는 고구려가 국초 이래 상대적인 독자성을 보

---

70 朴京哲, 1997, 앞의 글; 朴京哲, 1998, 앞의 글.

유한 비류나부를 견제코자, 유리왕 대 이래 22년 사이(사료 H-①)에 대수맥계의 적어도 4개 이상의 제 군장사회(사료 H-③)를 인위적으로 편제한 정치조직이었다.

그리고 이러한 국가형성기 고구려에 있어서 나부의 형성과정 자체는 이후 그것들의 정치적 존재양태를 일정하게 규정했을 것임은 물론이다. 따라서 이런 사실들은 대무신왕 대의 고구려에 있어 계루부·연나부는 물론 비류나부가 그 국가 지배구조 내에서 행사할 수 있는 힘의 수준을 시사해주고 있다.[71]

고구려는 추모왕·유리왕·대무신왕 대에 이미 전쟁과 제사를 매개기제로 하여 국가지배구조를 제도화하고, 그것을 움직이는 힘인 국가권력을 인격화함으로써 '국가(state)'로서 우뚝 설 수 있게 되었다. 그리고 계루부·비류나부·연나부는 이미 이때부터 국가의 하부정치단위로 분획·조직되어 있었던 것이다. 따라서 국가권력과 그것의 궁극적 연원인 왕권의 공유 또는 분유(分有)현상을 전제로 하는 고구려 국가형성과 관련된 종래의 제 논의는 재고해 볼 여지가 없지 않다고 파악된다.

이상에서 필자는 고구려가 B.C. 1C 후반~A.D. 1C 전반 동명성왕(추모왕)→유리왕(유류왕)→대무신왕(대해주류왕) 3대에 걸쳐 "창기→이도흥치→소승기업"이라는 국가형성과정을 거쳤음을 확인하였다. 따라서 필자는 광개토왕릉비 건립을 전후한 4~5C 고구려인들의 자기 국가형성인식은 『삼국사기』 고구려본기 초기기사의 역사상과 부합됨을 확인할 수 있었다.

5. 맺음말

필자는 이상의 논의를 요약함으로써 결론에 갈음하고자 한다.

제2장에서 필자는 『삼국사기』 초기기사에 대한 소극적 수용 자세와 이에 바탕한 태조왕대 고대국가 성립론의 두 가지 논점인 왕계교체론과 나부체제성립론을 검토해 보았다.

나부체제성립론은 인식시점에 있어 층위가 서로 다른 국가형성과 국가지배구조의 발전 문제를 혼동하고 있다. 왕계교체론의 경우, 『삼국사기』 고구려본기 초기기사에 대한 회의적 입장에서 출발, 1C 후반 태조왕의 존재에 착목(着目)'→'능비문상의 왕계에 태조왕이 존재하지 않는 이유 추구→태조왕 중심의 왕계 인식이 먼저 성립한 후, 추모왕 중심의 능비문 상의 왕계 인식이 나중에 성립하고, 이를 바탕으로 『삼국사기』 고구려본기 상의 왕계 인식이 맨 나중에 성립

---

71 『三國史記』卷13 高句麗本紀1 및 本紀2의 大武神王條; 朴京哲, 1996, 앞의 글, 199~204쪽; 朴京哲, 1997, 앞의 글; 朴京哲, 1998, 앞의 글.

함→『삼국사기』고구려본기 초기기사의 사실성 인정에 소극적 입장)이라는 논리적 구조를 지니고 있다.

그러나『삼국사기』와 능비문의 왕계 인식은 기본적으로 동일하며, 이러한 중요 자료의 정합성을 다만 태조왕의 존재로 말미암아 그 역사성에 회의적 시각을 가지고 접근하는 것은 재고되어야 된다.

제3장에서 필자는 모든 역사인식은 당대 시대정신의 반영이라는 명제 하에서 '태조'왕이라는 왕호가 하나의 역사적 개념으로 정착하게 되는 과정을 추론해 봄을 통하여, '태조왕'의 존재가 고구려사에서 점하는 역사적 유의미성을 검토해 보았다.

태조왕은 국가적 위기를 극복하고 이완된 국가를 다시 한 번 크게 추스른 중흥지주로서 그 이후 왕들은 모두 그와 혈연적으로 연결된다고 볼 수 있다. 이런 그가 3C 동천왕 대 이래 '국조왕'으로 지칭되었던 것이다. 한편 소수림왕~고국양왕 대에 걸쳐 재편·강화된 국가형성과 관련된 '추모왕·유류왕·대주류왕'의 왕계 인식은 광개토왕 대의 성공적 군사적 국세팽창정책과 맞물리면서, 또 고구려의 자존적인 '천하관'과 상승작용을 하면서 능비문에 각인되게 된 것이다. 그러나 6C 국가적 위난의 시대를 겪으면서 그 후반 이후 고구려 왕실은 북위의 정비된 묘호제의 영향 아래 국가경영의 주체가 되어야 할 현왕실의 개창자이며 중흥지주인 국조왕 궁을 '태조대왕'이라 존칭함으로써 대내적으로 국왕의 정통성·존엄성을 제고하고자 하였을 것으로 추정된다.

아울러 이들은 고구려 국가형성의 주체였던 '천제지자 추모왕'을 시조로 재확인함으로써 대외적인 고구려국가의 신성성·주체성을 고양하고자 했던 것이다. 이렇게 새로운 이념장치로 제시된 '시조-태조'라는 이원적 왕계인식 역시 6C 후반 이래 고구려인들이 가졌던 시대정신의 반영이었음은 물론이다. 따라서 고구려는 600년 이러한 자신들의 역사인식체계를 바탕으로『신집』을 편찬하였을 것이다. 그리고 그 '시조-태조'라는 이원적 왕계인식이『삼국사기』에 현전하는 그것인 것이다.

제4장에서 필자는 능비문 상에 드러난 당시 고구려인들의 자기국가형성인식이『삼국사기』고구려본기 초기기사의 그것과 부합됨을 확인하였다.

고구려는 추모왕~대무신왕대에 이미 전쟁과 제사를 매개기제로 하여 국가지배구조를 제도화하고, 그것을 움직이는 힘인 국가권력을 인격화함으로써 '국가(state)'로서 흥기하게 되었다. 그리고 계루부·비류나부·연나부는 이미 이때부터 국가의 하부정치단위로 분획·조직되어 있었던 것이다.

이상에서 필자는 고구려가 B.C. 1C 후반~A.D. 1C 전반 동명성왕(추모왕)→유리왕(유류왕)→대무신왕(대해주류왕) 3대에 걸쳐 "창기→이도흥치→소승기업"이라는 국가형성과정을 거쳤음을 확인하였다. 따라서 필자는 광개토왕릉비 건립을 전후한 4~5C 고구려인들의 자기국가 형성인식은 『삼국사기』 고구려본기 초기기사의 역사상과 부합됨을 확인할 수 있었다.

출전 朴京哲, 2002, 「高句麗人의 '國家形成' 認識 試論」, 『韓國古代史研究』28.

제2부
고구려 국세팽창과 전쟁

제5장
고구려 군사전략 고찰을 위한 일시론(一試論)
― 평양천도 이후 고구려 군사전략의 지향점을 중심으로 ―

1. 머리말

동북아시아 일우(一隅) 하나의 왕국(kingdom)으로서 출발한 고구려는 B.C. 1C에서 A.D. 4C 사이에 주어진 환경적 취약성을 군사적 팽창정책으로 상쇄(相殺)하면서 전형적인 전제적 군사국가(專制的 事國家: despotic military state)[1]를 지향, 4C 말에서 6C 초 광개토왕·장수왕·문자왕대에는 동북아시아 일대에 독자적인 생존권(生存圈: lebensraum)[2]을 확고히 형성한 하나의 제국(帝國: empire)으로[3] 성장할 수 있었다. 따라서 이제까지 전제적 군사국가로서의 고구려 왕국의 안정적 기반 조성을 지향하며 전개되어온 바 있던 고구려 군사전략은 종래의 차원을 지양, 고구려제국 생존권의 확보·확대라는 차원에서 재조정되어야 한다.

그런데 오늘날 우리 사학계에는 427년의 평양천도 이후의 고구려사가 기왕의 '서진정책'을 포기하고 '남하정책' 혹은 '남진정책'을 일변도로 하는 대외정책을 기조로 하여 전개되었다고 보는 견해에 집착하는 경향이 없지 않다.[4] 그러나 이 입장은 국초 이래 고구려가 축차적(逐次的)으로

---

1 전제적 군사국가(despotic military state)에 관해서는, Elman R. Service, "War and Our Contemporary Ancestors", Morton H. Fried, Marvin Harris & Robert Murphy, eds., *War: The Anthropology of Armed Conflict and Aggression*, New York; The Natural History Press, 1968, p.167.

2 生存圈(lebensraum)에 관해서는, James E. Dougherty & Robert L. Pfaltzgraff Jr., *Contending Theories of International Relations: A Comprehensive Survey*, New York; Harper & Row, 1981, pp.277~280.

3 본고에서는 '제국(empire)'과 '王國(kingdom)'을 준별하여 사용하고 있다. 이에 관해서는, 秀村欣二, 1964, 「世界帝國の 形成と解體」, 『古代史講座10; 世界帝國の問題』, 東京; 學生社, 2~3쪽; 宋基中, 1983, 「韓國史理論定立을 위한 試論(續)」, 『精神文化研究』; 同旨 "Empire", Encyclopedia of the Social Sciences, ed., 1951, 5:497. "Empire", International Encyclopedia of the Social Sciences, ed., 1968, 15:41.

4 고구려의 대외발전방향 인식에 있어서 '서진론'과 '남진론'에 관해서는, 盧重國, 1985, 「高句麗對外關係史 研究의 現況과 課題」, 『東方學志』49, 306~309쪽 참조.

압록강(鴨綠江) 유역·두만강(豆滿江) 유역 및 대동강(大同江) 유역을 확보하면서 여행(勵行)한 요하(遼河) 선을 지향하는 제 군사행동과 5C 이래 고구려의 요하유역 확보와 송화강(松花江) 유역 경영노력 그리고 요서(遼西) 지방에서 수행한 고구려의 군사행동과 요해(遼海)지방에서의 거란(契丹) 경략 및 동부 내몽골(內蒙古) 지역에 있어서의 성공적인 세력 부식(扶植) 등 엄연한 역사적 사실을 간과한 일면적 역사인식의 소산이 아닐 수 없다.

본고는 고구려사를 위요(圍繞)한 선학들의 연구성과를 바탕으로 고구려사의 전개과정을 당시 고구려가 수행하였던 제 군사행동(軍事行動)을[5] 중심으로 고찰, 평양천도(平壤遷都) 이후 고구려사 전개방향의 이해에 있어 새로운 시각조정(視角措定)의 가능성을 제시해보고자 하는 하나의 시론적 의미를 가지고 있다.

필자는 고구려의 국력팽창이 그 우월한 군사역량(軍事力量)에 힘입은 바 크다고 보고, 고구려사 전개과정을 고구려의 군사적 팽창정책을 달성하려는 고구려 군사전략(軍事戰略)의 구현과정으로 파악하였다. 따라서 본고는 고구려 군사전략의 전개과정을 그 전략거점으로서의 5전구(戰區) 및 그들의 기능적 총화로서의 '고구려 전구', 그리고 두 방호지대(防護地帶)의 형성 및 전개라는 관점에서 전반적으로 개관해 보았다. 아울러 본고는 그것을 토대로 평양천도 이후 고구려가 여행한 군사적 팽창정책의 관철을 담보하는 고구려 군사전략의 지향점(志向點)을 파악해보고자 하였다.

---

5 군사행동(military action)이란, "어떠한 목적을 위하여 군대를 움직여 행동하는 것"이다. 軍事英語編纂委員會 編, 1980, 『English-Korean Military Dictionary Terms』, 兵學社, 525쪽 참조. 그런데 본고에서의 군사행동은 그것의 목표·내용 및 당해 군사행동이 수행되는 공간에 따라 전략·작전·전술이라는 3단계의 차원에서 전개되는 것으로 파악하고 있다.
즉 전략(strategy)이란, "정책에 의해 설정된 목적을 달성하려는 방향으로 가장 효과적인 공헌을 하도록 군사력을 운용하는 술(術)"이다. A. Beaufré, *An Introduction to strategy*(李鍾學·李基遠 譯, 1975, 『戰略論』, 國防大學院 安保問題研究所, 25쪽); 趙志衍, 1983, 『民族生存戰略: 韓國戰略의 體系와 構想』, 兵學社, 211쪽 참조.
작전(operation)이란, "전장(battle field) 밖에서 전투에 가장 유리하게 개입할 수 있도록 부대를 기동시키고 배비(配備)하는 것"이다. 위의 책 참조.
전술이란, "최대한의 충격을 주기 위해 무기를 전투에 사용하는 술(術)"이다. Andre Beaufré, op. cit., p.25(趙志衍, 앞의 책, 207쪽 참조). 따라서 전략·작전·전술이라는 3단계의 차원으로 전개되는 군사행동을 표로 정리해보면 다음과 같다.

군사행동의 3단계 차원

내용 / 군사행동	군사행동의 목표	군사행동의 내용	군사행동이 수행되는 공간
전략	전쟁승리	전쟁지도 (전반적인 전투력조성과 그 배비)	전 국토
작전	작전승리	전투력의 기동과 그 배비	전구(戰區, theatre) (전구=작전기지+작전선+전장)
전술	전투승리	전투력의 발휘 (교전시의 전투력 운용)	전장(battle field)

趙志衍, 위의 책, 211쪽의 表(9) 참조.

2. 고구려의 전략거점: 5전구(戰區)

고구려는 국초 이래 그 군사잠재력의 조성과 전술역량 및 병참역량의 제고에 부심하였다.[6] 또 군사작전에 임하는 고구려군은 그 공수을 불문하고 일정한 전략적 구도하에 이미 구축된 군사 거점에서 전장에 이르는 작전선을 따라 병참기능의 원활화를 담보하면서 시의적절한 전술을 구사, 당해 전투를 수행하였다.[7]

그런데 혼강(渾江) 유역 및 압록강 중류지역의 국내성(國內城) 지방, 두만강 하류일대의 책성(柵城) 지방, 대동강 유역의 평양성(平壤城) 일대, 요하유역의 요동성(遼東城) 일대, 그리고 송화강(松花江) 유역의 부여성(扶餘城) 일대는 제성(諸城)이 집중적으로 분포된 지역이며, 일찍부터 문물이 발달하였고, 생산력도 상대적으로 높았으며, 인구도 가장 조밀한 지역이었음은[8] 주지의 사실이다.

따라서 고구려가 5C 이상의 기간에 걸쳐 축차적으로 확보한 이 다섯 지역은 고구려의 군사적 전선(前線, limes)을 뒷받침하는 동원기지(mobilization-base)화되어 고구려의 전체적인 군사역량을 제고시키는데 결정적 역할을 담당하였던 것이다.[9] 곧 이 다섯 지역이 각기 고구려사 전개에 있어 그 구심적 역할을 다하였으며, 고구려 군사전략 운용에 있어 각기 주요 전략거점으로서의 기능을 수행하였다고 파악할 수 있다. 따라서 국내성·책성·평양성·요동성 및 부여성을 하나의 작전기지(base of operations), 곧 군사거점으로 이해하고, 그것을 중심으로 전개되는 작전선(line of operations)과 당해 교전이 벌어지고 있는 전장(battle field)으로써 기능적인 지역개념의 총화인 전구(theater) 개념이[10] 상정될 수 있다. 그런데 이 전구의 중심요소인 군사거점들이 모두 대하(大河)를 자연적 배경으로 가지고 있다는 점에 주목, 논지전개의 편의상, 이들 전구의 명칭을 '압록강 전구(戰區)'·'두만강 전구'·'대동강 전구'·'요하 전구' 및 '송화강 전구'라 지칭하겠다. 한편 고구려의 전체 영역을 하나의 전장으로 개념할 때, 이 다섯 전구의 기능적인 총화로서 '고구려 전구'의 존재 또한 상정할 수 있는 것이다. 따라서 이들 다섯 전구 및 그 기능적 총화로서의 '고구려 전구' 그리고 '요서(遼西) 작전권'·'지두우 차단지(地豆于遮斷地)'라는 방호지대의 형성·전개 및 그 운용실상은 바로 고구려 군사전략의 전개 및 그 운용실상 더 나아가 그 지향점을 파악하는 관건이 될 것이다.

---

6 朴京哲, 1985, 『高句麗軍事行動에 關한 一考察: 5~7世紀 高句麗大陸政策과 關聯하여』, 高麗大學校 대학원 碩士學位論文, 9~31쪽 참조.
7 위의 글, 31~47 참조.
8 노태돈은 고구려사 전개에 있어 가장 주요한 역할을 수행한 곳으로 이 다섯 지역을 파악한 바가 있음을 주목해야 한다. 盧泰敦, 1981, 「渤海建國의 背景」, 『大丘史學』19, 2~11쪽 참조.
9 朴京哲, 앞의 글, 9~18쪽 참조.
10 전구 개념의 이해를 위해서는, 본고 주 5) 참조.

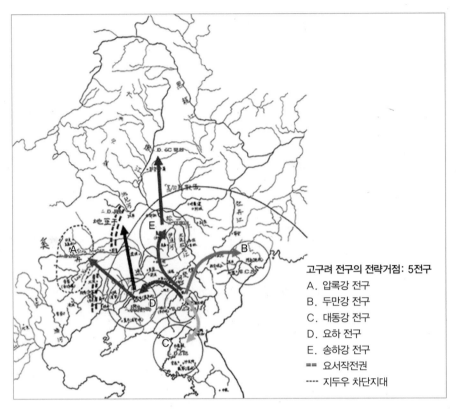

〈지도〉 5~7 C '고구려전구' 형세도

1) '압록강 전구(戰區)'의 형성과 전개

A-①　東明聖王四年(B.C. 34년) 秋四月, 營作城郭宮室(『三國史記』 卷13 高句麗本紀1)

A-②　(a)琉璃明王二十二年(3년) 冬十月 王遷都於國內築尉那巖城(同上書)

　　　(b)孺留王 二十二年(3년) 移都國內城 …… 都國內歷四百二十五年 長壽王十五年(427년)
　　　移都平壤(『三國史記』 卷37 雜誌6 地理4 高句麗條)

A-③　新大王八年(172년) 冬十一月 漢以大兵嚮我 …… 衆議日 …… 且我國山險而路隘, 此所
　　　謂一夫當關 萬夫莫當者也(『三國史記』 卷16 高句麗本紀4)

　　사료 A-①의 졸본성(卒本城, 요녕성 환인현), 곧 오녀산성(五女山城)에서 국내성(길림성 집안현)
에로의 천도사실[사료 A-②-(a), (b)]은 고구려가 혼강 유역의 소수맥(小水貊) 집단을 통합한 다
음, 압록강 유역의 대수맥(大水貊) 집단마저 흡수·통합하였음을 시사한다.[11] 이 국내성은 비록

전화(戰禍)로 말미암아 일시적으로 이거한 일은 있으나, 평양천도(427년) 이전까지 400여년 간 고구려의 국도였다[사료 A-②-ⓑ].[12] 이 혼강 유역 및 독로강(禿魯江) 유역을 포함한 압록강 중류 지역 일대는 '多山大深谷 無原澤'한[13] 산간지대로서 평야는 하천 연변에 좁게 산재하여 있고 척박하여 그 농업생산력보다는 오히려 그 지정학(geopolitics)적 위치에 있어 고구려 발전에 기여한 바가 크다. 즉 고구려는 자기발전을 지속적으로 뒷받침할 수 있는 새로운 경제적 기반을 이 지역의 지정학적 위치를 발판 삼은 군사적 팽창을 통하여 확보하고자 한 것이다. 우선 고구려는 국내성 일대에 오녀산성(兀刺山城)·위나암성(尉那巖城)[국내성 서북의 산성자(山城子)]·패왕조산성(覇王朝山城, 집안현 패왕조촌) 등 여러 산성을 축조하였다.[14] 또 고구려는 사료 A-③이 그 존재를 시사해주고 있는 바처럼 남만주에서 국내성으로 통하는 병항형세(瓶項形勢)의 남북 애구(隘口)에[15] 각각 관마장(關馬墻) 차단성(북로) 및 망파령(望波嶺) 차단성(남로)을 구축함으로써[16] 제산성과 더불어 군사거점으로서의 국내성 지역의 방어 역량을 제고시켰다. 고구려는 이처럼 전략거점화한 국내성 일대의 지정학적인 위치를 십분 이용, 전제적 군사국가로서의 기반을 다지기 위한 전방위적 군사행동을 여행(勵行)하였다.

A-④　東明聖王十年(B.C. 28년) 冬十一月 王命扶尉? 伐北沃沮滅之 以其地爲城邑(『三國史記』 卷13 高句麗本紀1)

A-⑤　太祖大王四年(56년) 秋七月 伐東沃沮 取其土地爲城邑 拓境東至滄海, 南至薩水(『三國史記』 卷15 高句麗本紀3)

고구려는 관북지방과 동북만주지방에서 그 농업생산력[17]과 철 생산에 있어 탁월한 반면, 뚜렷한 정치적 구심체가 없던 두만강 연안의 북옥저 지방에로의 진출을 획책하였다. 사료 A-④

---

11 李基白·李基東, 1982 『韓國史講座』(Ⅰ), 一潮閣, 85쪽.

12 徐永大, 1981, 「高句麗平壤遷都의 動機;王權 및 中央集權支配體制의 强化過程과 관련하여」, 『韓國文化』2, 82~92쪽 참조.

13 『三國志』 卷30 魏書30 列傳30 東夷 高句麗傳.

14 『고구려문화』, (1975), 20~30쪽 참조. 『고구려사 연구』(1976), 167~168쪽 참조. 李元根, 1981, 『三國時代 城郭研究』, 檀國大學校 大學院 碩士學位論文, 74~76쪽 참조.

15 『三國史記』 卷18 高句麗本紀6 故國原王 12年(342년)條의 남도(南道)와 북도(北道)가 그것이다.

16 차단성이란, 교통요지인 병마(竝馬) 불가행의 좁은 길목에 간단한 성벽을 쌓아 막은 방호시설이다. 李元根, 앞의 글, 123~126쪽 참조. 『고구려문화』, 31~34쪽 참조. 文物編輯委員會 編, 1981, 『文物考古工作三十年』, 關野雄 監譯, 『中國考古學三十年: 1949~1979』, 平凡社, 106쪽 참조.

17 이 지역이 만주에서 농경문화권이 발달할 수 있는 조건을 갖춘 지역이라는 견해에 관해서는, 金九鎭, 1976, 「公嶮鎭과 先春嶺碑」, 『白山學報』21, 93쪽.

는 동명왕 6년(B.C. 32)에 확보한 마천령산맥(摩天嶺山脈) 이동의 행인국(荇人國)을 중간 매개점으로 삼아[18] 동왕 10년(B.C. 28)에 북옥저에 대한 군사행동을 실시, 이 지역을 장악하는데 성공하였음을 보여주고 있다. 고구려는 다시 이 북옥저 지역을 군사거점화, 대무신왕 9년(26년)에는 압록강 상류방면의 개마국(蓋馬國)·구다국(句茶國)마저 합병함으로써[19], 훗날 태조왕대의 동북경영의 기초를 닦았던 것이다. 아울러 고구려는 이 과정에 장백산 일대를 주지로 하는 수(隋)대 이후 백산부(白山部) 말갈(靺鞨)[20]이라 지칭되던 동북만주제족(東北滿洲諸族)[21]의 한 집단을 그 세력권 하에 포섭하였으리라 추찰되어 진다. 한편 고구려는 일찍부터 국내성→독로강 유역의 강계(江界)→부전고원(赴戰高原)→함흥평야(咸興平野)의 공도(孔道)[22]를 따라 동옥저 지방에로 그 세력을 뻗쳤다. 온조왕 43년(25년)의 남옥저인의 내투사건이나,[23] 민중왕 4년(47년)의 고래 눈(鯨魚目) 헌상 사실[24] 등은 이 지역에 대한 고구려세력 침투의 실상을 시사해 주고 있다. 마침내 고구려는 태조왕 4년(56년)에는 그 우월한 기마전력에 힘입어[25] 동옥저 지

---

18 『三國史記』卷13 高句麗本紀1. 한편 "송화강→백두산 북록→해란하나 개마고원"이라는 여진인들의 루트에 관해서는 金九鎭, 앞의 글, 92쪽 참조. 그렇다면 고구려도 북도에서 백두산 북록을 거쳐 행인국을 확보하고 이곳을 중간 거점으로 하여 해란하 유역 및 두만강유역으로 진출했을 가능성을 추찰할 수 있다.

19 『三國史記』卷14 高句麗本紀2.

20 백산부 말갈의 주지에 관해서, 돈화현(敦化縣) 훈춘성(渾春城) 설(金廷鶴, 1958, 「北方亞細亞民族考(二)」, 12, 11~14쪽), 백산지방(백두산) 설(李龍範, 1975, 「大陸關係史;古代篇(下)」, 『白山學報』19, 26~27쪽), 장백산 부근설(盧泰敦, 앞의 글, 12쪽) 등이 있다.

21 말갈이란 명칭이 중국정사에서 초견되는 것은 북제 무성제(武成帝) 하청(河淸) 2년(563년)에 이르러서이고, 그것의 별전이 따로 설정된 것은 『수서』에서이다. 그러나 『삼국사기』 고구려본기에는 동명성왕 원년에 이미 말갈양척(靺鞨攘斥) 기사가 나오고 있으며, 숙신관계 기사마저 산견되는 실정이다. 이러한 『삼국사기』상의 혼란은 선진(先秦) 시대 이래의 숙신, 삼국시대의 읍루, 북위 대의 물길이라고 불리어진 동북만주 제족이 수·당대에는 말갈로 지칭되어진데다가, 중국 사서 자체가 『수서』 말갈전에 와서야 비로소 말갈을 동북만주 전역에 산재하고 있는 유력 만주제족을 포괄하는 범칭으로 사용하기 시작하였다는 사실을 상기해보면 이해할 수 있는 현상이다. 곧 『삼국지』상의 읍루는 간도 및 연해주지방의, 또 『위서』상의 물길은 동류(東流) 송화강 유역에 거주하는 유력 만주제족을 특칭하는 것이다. 그러나 『수서』상의 말갈은 서로는 북류 송화강, 남으로는 태백산(백두산), 북으로는 동류송화강, 그리고 동으로는 연해주지방에 걸쳐 분포하고 있는 유력한 동북 만주제족의 범칭으로서 이들 중 가장 두드러진 것이 말갈7부인 것이다. 그런데 이들은 원래 숙신시대에 고(古)아이사족(Paleo-Asiatic)으로 출발하였으나, 읍루시대에 와서 퉁구스족과 혼화(混化), 이후 물길·말갈시대를 거쳐 여진족·만주족의 원류가 된 것이다. 따라서 국초 이래 고구려와 지속적 화전양면관계를 유지하던 숙신·읍루·물길·말갈은 대(對) 나·제 군사행동에 빈번히 동원되던 '위말갈(僞靺鞨)'과는 준별되는 그들 나름대로의 인종적·문화적 공통성을 대유(帶有)하는 동북만주 제족을 지칭하고 있는 것이다. 金廷鶴, 앞의 글, 1~25쪽 참조. 金貞培, 1973, 「朝鮮·肅愼의 民族的 性格」, 『韓國民族文化의 起源』, 高大出版部, 71~84쪽 참조. 李康來, 1986, 「『三國史記』에 보이는 靺鞨의 軍事活動」, 『領土問題研究』2, 31~37쪽 참조. 이 점을 감안할 때, 본고에서는 특별한 경우를 제외하고 이들 동북만주제족을 논지 전개의 편의상 말갈이라 범칭하기로 한다.

22 池內宏, 1951, 「漢·魏·晉의 玄菟郡と高句麗」, 『滿鮮史研究』(上世篇), 祖國社, 195~196쪽. 李弘稙, 1971, 「高句麗의 興起」, 『韓國古代史의 研究』, 新丘文化社, 111~112쪽.

23 『三國史記』卷23 百濟本紀1.

24 『三國史記』卷14 高句麗本紀2.

25 金哲埈, 1981, 「能步戰과 便鞍馬」, 『韓㳓劤博士停年紀念史學論叢』, 31쪽 참조.

역을 확보하였다(사료 A-⑤). 고구려는 여기서 그치지 않고, 그 세력을 동예 지역에까지 뻗쳐서 동남방면 경영의 지반을 굳히게 되었다. 따라서 고구려는 이 동북·동남방면 경영을 통하여 조성한 군사잠재력을 배경으로, 태조왕대 이후 국내성 지역을 거점으로 하여 요하선을 지향하는 군사행동을 적극화하게 된다.

A-⑥ 挹婁 在夫餘東北千餘里 濱大海 南與北沃沮接 …… 自漢以來 臣屬夫餘, 夫餘責其租賦重, 以黃初中(220~226년) 叛之 夫餘伐之(『三國志』卷30 魏書30 列傳30 東夷 挹婁傳)

A-⑦ 大武神王五年(22년) 夏四月 …… 扶餘王從弟 …… 乃與萬餘人來投 王封爲王 安置掾那部(『三國史記』卷14 高句麗本紀2)

A-⑧ 西川王十年(28년) 冬十月 肅愼來侵 …… 遣達賈往伐之 達賈出奇掩擊 拔檀盧城 殺酋長遷六百餘家於扶餘南烏川降部落六七所 以附庸 …… 拜達賈爲安國君 知內外兵馬事 兼統梁貊·肅愼諸部落(『三國史記』卷17 高句麗本紀5)

사료 A-⑥은 부여가 늦어도 후한 황초(黃初) 연간(220~226년) 이후까지 길림(吉林)→돈화(敦化)→연길(延吉) 루트를[26] 따라 간도·연해주 지역의 읍루에[27] 세력을 침투시켜 그들에 대하여 가혹한 경제적 수탈을 행하고 있었음을 시사하고 있다. 따라서 고구려의 북옥저지역 진출에 가장 민감한 반응을 보인 것은 부여일 수밖에 없다. 부여는 B.C. 6년 벌써 5만 병력을 동원하여 고구려를 공격하려는 중 대설(大雪)로 철수한 바가 있었는데,[28] 13년 재차 내침을 감행하였으나, 고구려군이 구사하는 기병전술에[29] 빠져 대패하고 말았다.[30] 이런 부여에 대한 고구려의 적극적 군사대응이 대무신왕 4~5년(21~22년)의 부여국 공멸을 위한 군사행동이었다.[31] 비록 이 고구려의 군사행동이 당시의 고구려가 보유한 외선작전(外線作戰) 역량 및 병참 역량을 무시한 채 강행된 것이었던 만큼, 부여국 공멸이라는 전략목표 달성에 있어 좌절을 감수하여야 했다. 그러나 이 군사행동은 부여국 자체역량의 분열을 가져왔고(사료 A-⑦), 이후의 여(麗)·부(扶) 관계설정에 있어 고구려측이 주도권을 확립하게 된 계기가 되었다는 점에서 자못 그 의의가 크다고 할 수 있다. 더구나 이 전역 이래 부여가 택한 대한(對漢) 유착노선은 부여

---

26 池內宏, 앞의 글, 195.

27 金廷鶴, 앞의 글, 9~11쪽 참조. 金貞培, 앞의 글, 80쪽 참조.

28 『三國史記』卷13 高句麗本紀1 琉璃明王 14年(B.C. 6) 冬11月條.

29 기병(奇兵)전술에 관해서는, 國防部戰史編纂委員會 譯註, 1984, 『東國兵鑑』, 戰史編纂委員會, 93쪽 참조.

30 『三國史記』卷13 高句麗本紀1 琉璃明王 32年(13년) 冬11月條.

31 『三國史記』卷14 高句麗本紀2 大武神王 4年~5年(21~22년)條. 고구려의 이 군사행동에 관해서는, 朴京哲, 28쪽 참조.

자체의 국세신장에 있어서 전반적인 정체를 초래한 결정적인 원인이 되었다.[32] 이제 고구려는 우월한 군사역량을 배경으로 국내성 거점으로부터 휘발하(輝發河) 유역을 따라 송화강 선을 지향하거나,[33] 북옥저 거점에서 연길→돈화→길림 루트를 거슬러가면서 대부여 군사행동을 전개할 수 있게 되었다. 사료 A-⑧은 고구려가 당시 숙신이라 지칭되던 속말부(粟末部) 말갈[34]을 부용세력화 하여 자기군사역량화 함으로써, 부여를 군사적으로 더욱 압박할 수 있게 된 상황을 보여주고 있다.

A-⑨ 琉璃明王三十三年(14년) 秋八月 王命烏伊摩離領兵二萬 西伐梁貊滅其國 進兵襲取高句麗縣(『三國史記』卷13 高句麗本紀1)

A-⑩ 太祖大王九十四年(146년) 秋八月 王遣將 襲漢遼東西安平縣 殺帶方令, 掠得樂浪太守妻子(『三國史記』卷15 高句麗本紀3)

A-⑪ 美川王十二年(311년) 秋八月 遣將襲取遼東西安平(『三國史記』卷17 高句麗本紀5)

고구려는 A.D. 14년 같은 맥족 집단인 양맥(梁貊)[35]을 무력으로 예속시키고 나아가 고구려의 요하유역 진출을 제어하는 현도군의 전초기지인 고구려현을 강습, 이를 말살시켜 버렸다(사료 A-⑨). 한편 고구려가 그 국초부터 혼강 상류 지역과 동요하를 잇는 방면에서 유목제족과 조우, 이들을 그 지배권 하에 편입시키고 있었음은[36] 유리명왕 11년(B.C. 9년)의 대 선비군사행동이나,[37] 49년의 '선비 이종(異種) 만리(滿離)' 집단의 이탈사태[38] 그리고 197년 항호(降胡) 집단의 이반(離叛)사건[39] 등을 미루어 짐작할 수 있다. 또 고구려는 태조왕대에 들어와 갈사국(曷思國)·조나(藻那)·주나(朱那) 같은 주변세력들을 통합,[40] 국내성 거점 자체의 기반을 공고화하면서 집요하게 요동 진출을 기도하고 있었다.[41] 사료 A-⑩은 고구려가 요양(遼陽)에서 압록강 하류 북안으로 이어지

---

32 李基白·李基東, 앞의 책, 79쪽 참조.

33 池內宏, 1951, 「夫餘考」, 앞의 책, 456쪽 참조.

34 속말부말갈의 주지에 관해서는, 길림·오랍(烏拉)일대 설(金廷鶴, 앞의 글, 11~12쪽), 북류송화강일대 설(李龍範, 앞의 글, 26~27쪽) 및, 북류송화강과 그 지류인 휘발하 유역과 부여성 서북에 이르는 지역일대 설(盧泰敦, 앞의 글, 12쪽와 13~14쪽) 등이 있다.

35 양맥의 주지에 관해서는, 서개마현 즉 혼강=혼강(佟佳江) 지류인 부이강(富爾江) 하구설(李丙燾 譯註, 1983, 『國譯 三國史記』, 乙酉文化社, 227쪽의 주 8), 그리고 태자하 상류지역설(『고구려사 연구』, 42~43쪽)이 있다.

36 盧泰敦, 1981, 「三國의 成立과 發展」, 『韓國史』(2), 國史編纂委員會, 147쪽.

37 『三國史記』卷13 高句麗本紀1. 이 군사행동에 관해서는, 朴京哲, 33~35쪽 참조.

38 『後漢書』卷20 列傳10 祭肜傳. 이 사건과 관련해서는, 朴京哲, 35~37쪽 참조.

39 『三國史記』卷16 高句麗本紀4 山上王 元年(197년)條 및 『三國志』卷30 魏書30 東夷 高句麗傳.

40 『三國史記』卷15 高句麗本紀3 太祖大王 16年(68년) 秋8月條, 同王 20年(72년) 春2月條 및 同王 22年(74년) 冬10月條.

41 『三國史記』卷15 高句麗本紀3 太祖大王 53年(105년)條, 同王 59年(111년)條, 同王 69年(121년)條 및 同王 70年(122

는 한(漢) 세력의 대한반도 진출을 위한 회랑지대(回廊地帶)[42]에서 병목 역할을 하는 서안평현(西安平縣)[43]에 대한 강습작전을 성공적으로 수행하고 있음을 보여주고 있다. 한편 미천왕은 위 관구검(毌丘儉)의 침공[44] 이래 위축되어 있던 요하선을 지향하는 군사행동을 재개하였다. 특히 미천왕은 사료 A-⑪의 서안평 강습작전을 성공적으로 실시, 이를 고구려 영역 내로 완전 편입시킨 후, 313~314년 사이에 한 세력의 한반도 내에서의 취약한 교두보였던 낙랑·대방군을[45] 삼제(芟除)시켜버렸다.[46] 그러나 고구려가 요동방면의 전선에서 그 주도권을 장악하게 된 것은 고국양왕 2년(385년)에 비록 일시적인 것이나마 요동·현도를 실함시킨[47] 이후의 일이다.

2) '두만강 전구'의 구축과 운용

A-⑫　太祖大王十六年(98년)，春三月，王東巡柵城，至柵城西罽山，獲白鹿，乃至柵城，與群臣宴飮，賜柵城守吏物段，有差，遂紀功於巖，乃還，冬十月，王至自柵城(『三國史記』卷15 高句麗本紀3)(이하 방점─필자)

A-⑬　太祖大王五十年(102년)，秋八月，遣使安撫柵城(同上書)

A-⑭　故國川王二十一年(217년) 秋八月 漢平州人夏瑤，以百姓一千餘家來投，王納之，安置柵城(『三國史記』卷16 高句麗本紀4)

사료 A-⑫, A-⑬은 고구려가 B.C. 28년에 이 지역으로 진출한 이래,[48] 태조왕대에 들어와 책성(북간도 혼춘)을 중심으로 두만강 유역의 관북지방·간도지방(關北地方·間島地方) 및 연해주(沿海洲) 지방에 대한 경영이 본격화되었음을 시사해주고 있다. 고구려는 이 지역에 반랍성(半拉城, 길림성 혼춘현 팔련성촌)을 구축하여 그 구심(求心)지역화하고, 간도지방에 산성자성(山城子

년)條. 한편 太祖王代의 군사행동 전개양상에 대해서는, 朴京哲, 37~39쪽 참조.

42 회랑지대에 관해서는, 任德淳, 1985, 『政治地理學原論』, 一志社, 53~55쪽 참조.

43 李龍範, 1975, 「大陸關係史;古代篇(上)」, 『白山學報』18, 27쪽 참조. 한편 중국 고고학계에서는 1961년 압록강 하류 북안의 요녕성 단동시 애하첨고성지(靉河尖村城址)에서 안평락미앙(安平樂未央)의 명문이 있는 원와당(圓瓦當)을 발견, 이곳을 한대 서안평현지로 비정하고 있다. 文物編集委員會 編, 앞의 책, 93쪽.

44 『三國史記』卷17 高句麗本紀5 東川王 20년(246년)條.

45 金元龍, 1967, 「三國時代의 開始에 관한 一考察;三國史記와 樂浪郡에 대한 再檢討」, 『東亞文化』7, 2~11쪽 참조. 한편 낙랑·대방의 실세문제와 관련, 사료 A-⑩의 서안평 강습작전의 전과로서 殺帶方令 掠得樂浪太守妻子의 기사에 주목할 필요가 있을 것이다.

46 『三國史記』卷17 高句麗本紀5 美川王 14년(313년)冬10月條 및 同王 15년(314년)秋9月條.

47 『三國史記』卷18 高句麗本紀6.

48 이 문제와 관련, 이용범은 두만강유역을 고구려 계루부의 책원지로 보는 견해를 제시, 주목을 받고 있다. 李龍範, 1966, 「高句麗成長과 鐵」, 『白山學報』1, 29~30쪽 참조.

城, 길림성 연길현 산성자진), 상남산성(上南山城, 길림성 화룡현), 고려성(高麗城, 길림성 안도현서남 보마성) 등 제산성을 구축하여,[49] 이 지역의 군사적기능을 제고시켰다. 고구려는 이 군사거점들을 간도·연해주 일대에 분포하며 읍루·숙신이라 지칭되던 백산부 및 불열부(拂涅部) 말갈에[50] 대한 실효적 군사행동을 담보하는 작전기지로 활용하였다. 따라서 요동방면의 한 세력에 대한 파상적 공세가 치열하게 전개되던 태조왕 69년(121년) 겨울 10월에 '숙신내헌(肅愼來獻)'이라는 수확을 거들 수 있었던 것도[51] 그간 동북경영에 쏟은 관심과 노력의 소산이었던 것이다. 그러나 고구려의 적극화된 대읍루(말갈)경략에 위기의식을 느낀 부여는 후한세력과 합세,[52] 고구려의 요동방면에로의 진출 노력에 제동을 걸었던 것이다. 한편 고구려가 이 책성 지방의 전략적 가치에 주목, 그 경영을 게을리 하지 않았음은 집단 내투한 한인집단을 이곳을 사민시켜 이 지역 경영에 구사한 사실(사료 A-⑭)을 통해서 짐작할 수 있다.

A-⑮　　閔中王四年(47년) 九月 東海人高朱利獻鯨魚目, 夜有光(『三國史記』卷14 高句麗本紀2)

A-⑯　　太祖大王五十五年(107년) 冬十月 東海谷守獻朱豹尾長九尺(『三國史記』卷15 高句麗本紀3)

A-⑰　　太祖大王六十二年(114년) 秋八月 王巡守南海 冬十月至自南海(同上書)

A-⑱　　東川王十九年(245년) 春三月 東海人獻美女 王納之後宮(『三國史記』卷17 高句麗本紀5)

고구려가 태조왕 4년(56년)에 확보한 동옥저·동예 면의 경영은 이미 당대에 본격화되었다. 이 동남방면에 대한 고구려의 관심은 이 지역에 있어서의 고구려의 지배권을 공고화하며 그 통치영역을 확인하려는 목적 하에 실시된[53] 남해(함흥)[54]순수 사실(사료 A-⑰)로써 표출되고 있다. 그런데 이 지역에 대한 고구려의 경제적 관심은 사료 A-⑮·A-⑯을 통해서 어느 정도 엿볼 수 있다. 뿐만 아니라 "送美女, 以爲婢妾, 遇之如奴僕"이라는 『삼국지』의 기사가[55] 시사해주는 동옥저의 고구려에 대한 예속적 관계는 사료 A-⑱을 통해서도 확인된다.

---

49 李元根, 앞의 글, 74~75쪽 참조.
50 불열부말갈의 주지에 관해서는, 영고탑(寧古塔)에서 삼성(三姓) 사이, 혹은 납립하(拉立河)유역의 이동 등 막연하게 나마 동북만주 내륙지방으로 비정하는 견해가 통설화되어 있다. 金廷鶴, 앞의 글, 11~14쪽. 李龍範, 「大陸關係史；古代篇(下), 26~27쪽. 盧泰敦, 앞의 글, 12쪽. 그러나 그곳을 연해주 서북 밀산현(密山縣)의 흥개호(興凱湖) 일대로 비정하는 견해가 새로 제시된 바 있다. 金瑛河, 1985, 「高句麗의 巡狩制」, 『歷史學報』106, 58~59쪽.
51 『三國史記』卷15 高句麗本紀3.
52 『三國史記』卷15 高句麗本紀3 太祖大王 69年(121년) 12月條 및 同王 70年(122년)條.
53 金瑛河, 앞의 글, 44~45쪽.
54 위의 글, 32~35쪽.
55 『三國志』卷30 魏書30 列傳30 東夷 東沃沮傳.

A-⑲　正始七年(246년) 春二月 幽州刺史毋丘儉討高句麗 夏五月, 討滅貊 皆破之(『三國志』卷4
　　　魏書4 三小帝紀4 齊王芳紀)

A-⑳　正始六年(245년) 復征之 宮遂奔買溝 儉遣玄菟太守王頎追之 過沃沮千有餘里 至肅愼氏
　　　南界 刻石紀功 刊丸都之山銘不耐之城(『三國志』卷28 列傳28 毋丘儉傳)

A-㉑　毋丘儉討句麗 句麗王宮 奔沃沮 遂進師擊之 沃沮邑落皆破之 宮奔北沃沮 一名置溝婁
　　　去南沃沮八百餘里 其俗南北皆同 與挹婁接(『三國志』卷30 魏書30 列傳30 東夷 東沃沮傳)

A-㉒　正始六年(245년) 樂浪太守劉茂 · 帶方太守弓遵 以領東濊屬高句麗 興師伐之不耐候等擧
　　　邑降(『三國志』卷30 魏書30 列傳30 東夷 濊傳)

　　동천왕 16년(242년)의 고구려가 실시한 서안평 강습작전을[56] 빌미로 하여 위의 동북경략이 적
극화되었음은 사료 A-⑲ · A-⑳ · A-㉑ · A-㉒ 및 동시기의『삼국사기』고구려본기 및 백제본기
와[57]『삼국지』한전[58]의 기사를 통해 확인할 수가 있다. 위(魏)의 유주자사(幽州刺史) 관구검(毋丘
儉)은 동천왕 18년(244년), 즉 위 정시(正始) 5년 추동간(秋冬間)에 대고구려 군사행동을 개시, 익
년인 동천왕 19년(245년) 위 정시 6년에 환도성을 공함시킨 후 5월에 일단 회군하면서[59] 동남방
면의 공도를 따라서 퇴각하는 동천왕을 현도태수 왕기(王頎)로 하여금 추적케 하였다(사료 A-⑳
과 A-㉑). 추격전을 벌이던 왕기군이 동옥저 지방을 유린하고 있는데 호응, 낙랑 · 대방군의 병
력도 동예 지방에 출병하여 작전을 수행하였던 것이다(사료 A-㉒). 한편 사료 A-⑳ · A-㉑ 및
『삼국사기』고구려본기 동천王 20년(246년) 동10월조의 기사는 '치구루(置溝婁)', 곧 북옥저 지방
[60]에까지 퇴각한 동천왕이 책성을 최후의 방어거점으로 삼아 위군에 대한 반격작전을 벌이는 상
황을 추단케 해준다.[61] 그런데 위군의 추격전이 '지숙신씨남계(至肅愼氏南界, 사료 A-⑳)'하여 그
친 사실은, 고구려가 그간 여행한 적극적 동북경영의 성과로서 간도 · 연해주 일대의 읍루(말갈)
족이 고구려의 전열에 가담하였음을 시사해준다. 결국 자기영역내로 깊숙이 진공해오는 위군
(魏軍)에 대한 고구려의 최후 저항선이 바로 이 책성 중심의 두만강 유역이었다는 사실은 당시
'두만강 전구'가 고구려 군사전략 운용상 차지하는 의미를 한층 고양시키는 계기가 되었다.

---

56 『三國史記』卷17 高句麗本紀5.
57 『三國史記』卷17 高句麗本紀5 東川王 20年(246년)條.『三國史記』卷24 百濟本紀2 古爾王 13年(246년)條.
58 『三國志』卷30 魏書30 列傳30 東夷 韓傳.
59 위 관구검의 대 고구려군사행동과 관련된 제사료상에 나타나는 연대착종문제에 관해서는, 李丙燾, 앞의 책, 263쪽
　　주 6), 9) 참조.
60 金廷鶴, 앞의 글, 5~6쪽 참조. 李龍範, 앞의 글, 50~51쪽 참조.
61 李龍範, 위의 글, 57쪽 참조.

A-㉓ 至太康六年(285년) 爲慕容廆所襲破 其王依慮自殺子弟走保沃沮 …… 明年(286년) 夫餘
後王依羅遣詣龕求率見人還復舊國 仍請援 羅得復國(『晉書』卷97 列傳67 東夷 夫餘國傳)

A-㉔ 八年戊戌(398년) 敎遣偏師觀帛慎土谷 因便抄得莫斯羅城 加太羅谷男女三百餘人. 自此
以來 朝貢論事(廣開土王陵碑文(王健群本)

A-㉕ 二十年 庚戌(410년) 東夫餘舊是鄒牟王屬民 中叛不貢 王躬率往討(上同)

사료 A-㉔는 광개토왕이 모용씨(慕容氏)·백제 및 거란에 대한 군사행동을 수행하던 와중에
서 이미 그 중 상당세력이 고구려의 지배권 하에 포섭되어 있던 영고탑[寧古塔, 영안(寧安)] 이남
의 동만주 및 연해주 일대의 동북만주 제족인 백산부·불열부 말갈에 대하여 고구려의 지배권을
확인할 목적으로 실시한 군사행동의 실상을 보여주고 있다.[62] 즉 광개토왕은 '두만강 전구'에 구
축된 제 군사거점으로부터 병력을 편사케하여 당해군사행동을 수행함으로써, 뒤에 잇달아 전개
할 대모용씨 및 대백제 군사행동을 뒷받침해 줄 이 후방전구 경영의 안정 기조를 유지하고자 하
였던 것이다.

한편 사료 A-㉓은 285년 모용외(慕容廆)의 강습을 받은 부여가 거의 망국 직전에 이른 상황에
서 부여의 한 유력집단이 옥저 즉 동남방면으로 분주한 사실을 적시하고 있다. 이 부여의 유이
민집단은 길림-돈화-연길 루트를 따라 간도의 서고성자(西古城子)나 화룡(和龍) 지방에 정착,
고구려의 양해 하에 동부여를 세우고,[63] 그 대가로 고구려에 대한 예속관계를 인용하였던 것이
다. 이 동부여의 입지로 비정되는 서고성자나 화룡은 훗날 발해의 중경 현덕부(顯德府)가 있었
던 곳인 만큼,[64] 이 지역은 혹종의 독자적인 정치세력이 흥기하기에 알맞은 곳이었다. 더구나
발해시대의 분묘로서 거의 동일시기에 축조된 돈화지방의 정혜공주묘가 고구려 장법인 삼년장
제(三年葬制)를 따른 반면, 그보다 더 혼춘지방에 가까운 화룡의 정효공주묘는 부여장제인 오월
장제(五月葬制)를 따라서 조영되었다는 사실은,[65] 이 두 지역의 문화적 기반의 차이를 잘 보여
주고 있는 바, 이 서고성자나 화룡지방 일대가 본래의 송화강 유역과 그 문화적 기반을 같이하
는 동부여의 고지(故地)임을 입증해주고 있다. 그런데 동부여는 훗날 고구려가 모용씨와 상쟁

62 千寬宇, 1979, 「廣開土王陵碑文再論」, 『全海宗博士華甲紀念史學論叢』, 535~538쪽 참조. 한편 이 帛慎土谷을 新
    羅·加羅로 통하는 南行의 길목인 太白山谷으로 比定하는 見解도 있다. 津田左右吉, 1964, 「好太王征服地域考」,
    『津田左右吉全集』11, 岩波書店, 56~59쪽 참조. 朴性鳳, 1979, 「廣開土好太王期 高句麗南進의 性格」, 『韓國史研
    究』29, 11~12쪽 참조.
63 동부여의 입지에 관해서는, 두만강 하류 혹은 영흥만설(千寬宇, 앞의 글, 555~558), 그리고 간도지방설(李龍範, 1974,
    「『三國史記』에 보이는 對外關係記事, 특히 北方民族에 대하여」, 『震檀學報』38, 207~211쪽)이 있다.
64 李龍範, 「大陸關係史 ; 古代篇(下), 6. 文物編集委員會 編, 앞의 책, 108쪽 참조.
65 宋基豪, 1984, 「渤海多人葬制에 대한 硏究」, 『韓國史論』11, 76쪽 참조.

으로 영일(寧日)이 없는 틈을 타서 자립을 획책, 통구→통화→백두산 북록→해란하(海蘭河) 유역→혼춘을 잇는 고구려의 간선적 교통로[66] 마저 위협하며 중반불공(中叛不貢)하였던 것이다. 따라서 고구려는 대모용씨 전쟁이 일단락된 광개토왕 20년(410년) 친정을 단행, 이 지역을 다시 고구려영역 내로 편입시킨 것이다(사료 A-㉕).

A-㉖ 曾祖式本蕃任二品莫離支 …… 祖量本蕃任三品柵城都督位頭大兄兼大相(高慈墓誌銘
(700년)[67]

'두만강 전구'의 중심거점인 책성(혼춘)지방은 고구려 말기까지 책성도독(사료 A-㉖)의 지배 하에 관북 지방·간도 및 연해주 지방 그리고 동옥저·동예 지방에 있어서의 고구려 통치권의 관철을 담보하는 감제기지로서 그 역할을 다하였다.

한편 발해시대의 동경 용원부(龍原府, 책성부)가 '일본도'라 지칭되어졌던만큼, 이 책성이 위치하는 두만강 하류의 한 포구가 대일 도항기지로서 그 역할을 수행하였을 것이며, 또 남해 즉 함흥 용흥강(龍興江) 하류의 영흥만이 대왜교섭을 위한 도항점(渡航點)이 되었을 것이다.[68]

한편 '두만강 전구'에 포섭되어 있는 동옥저 지역이 추가령지구대(楸哥嶺地溝帶)를 통하여 한강 유역과 연결된다는 사실은 고구려의 대신라·백제 군사행동 수행 상 위말갈(僞靺鞨)의 진공로와 관련,[69] 독특한 전략적 의미를 부여할 수 있을 것이다.

3) '대동강 전구'의 기능과 그 취약성

A-㉗ 廣開土王二年(392년) 秋八月, 創九寺於平壤(『三國史記』卷8 高句麗本紀 6)
A-㉘ 廣開土王十八年(408년) 秋八月 築國東禿山城等六城 移平壤民戶 八月 王南巡(同上書)
A-㉙ 長壽王十五年(427년) 移都平壤(同上書)

미천왕 14년(313년)에 대동강 유역유역을 장악한[70] 고구려는 이 지역을 대백제·신라군사행동

---

66 金九鎭, 앞의 글, 92쪽 참조.
67 李蘭暎 編, 1958, 『韓國金石文追補』, 中央大出版部, 259쪽.
68 『續日本記』卷10 光仁天皇 寶龜 8年(777년) 正月 癸酉條에 따르면, 渤海使 史都蒙의 渡日經路는 南海府 吐號浦에서 對馬島 作室之津을 거쳤던 것으로 되어있다.
69 『三國史記』卷5 新羅本紀5 武烈王 8年(661년) 5月條의 고구려·말갈에 의한 신라 술천성(述川城)·북한산성 공위작전이 그 좋은 예가 된다.
70 『三國史記』卷17 高句麗本紀 5.

을 수행하기 위한 전략거점화 하였다.[71] 그러나 국내성 지역과 이 지역과의 역사적 경험과 문화기반의 편차는 4C 후반부터 본격화된 대백제 군사행동[72]의 실효성을 담보하는 전략거점으로서의 원활한 기능수행을 저해하고 있었다. 사료 A-㉗은 불국토(佛國土) 건설이라는 새로운 가치관을 제시해 줌으로써, 4C 이래 격화된 전화 속에서 물심양면으로 피폐해진 이 지역 주민들을 정신적으로 순화시키고자 하는 정책적 배려 하에서[73] 취해진 조치였다. 이와 병행하여 고구려는 그 통치권을 이 지역 기층사회에 침투·확산시키고, 이 지역 경영에 있어서의 잠재적 불안요인을 해소시키기 위하여 고구려의 정책에 순응하지 않는 토착세력집단들에 대한 사민정책을 실시하기도 하였다(사료 A-㉘). 한편 광개토왕 9년(399년)의 평양 순수와[74] 사료 A-㉘의 남순(南巡)은 이 지역의 경영과 전략거점화에 대한 높은 관심과 배려를 시사하는 것이다. 또 광개토왕대의 잇따른 대백제 군사행동의 성과는 이 지역의 전략거점화 작업이 어느 정도 일단락되었음을 추찰케 한다. 그런데 국초부터 전제적 군사국가를 지향하며 팽창일로를 치달려온 고구려는 광개토왕대의 영토 확장에 힘입어 이미 제국으로서의 기반을 확고히 다지게 되었으며, 이 과정에서 평양천도를 단행하게 된 것이다(사료 A-㉗). 따라서 고구려의 평양천도는 이미 제국으로 성장하고 있는 고구려사 전개에 있어 구도인 국내성이 가지는 한계를 극복하기 위하여 국내의 정치적 갈등을 감수하면서 단행된 것이다. 고구려는 이것을 계기로 왕권강화 및 중앙집권적 지배질서의 확립을 도모하고, 고구려제국의 경제적 기반으로서의 압록강 중류지역이 가지는 취약성을 극복할 수 있는 여건을 마련한 셈이다.[75] 그런데 당시 고구려는 오늘날의 청암리토성(清岩里土城)[76] 혹은 안악궁지(安岳宮址)에[77] 궁성을, 대성산성(大城山城)에 산성을 축조하여 제국의 정치·군사·경제의 중추기능을 담당하게 하였다. 또 고구려는 552년에 궁성과 산성의 기능을 동시에 갖춘 장안성(長安城)을 조영하고[78] 이도하였다.[79] 그리고 고구려는 압록 강방어선에 박작성(泊灼城)·오골산성(烏骨山城, 봉황성)을, 또 그 이남의 국도 주변에 농오리산성(籠吾里山城)·백마산성(白馬山城)·자모산성[慈母山城, 평안남도 자산군(慈山郡)]·황룡산성[黃龍山城, 평안남도 용강군(龍

---

71 『三國史記』卷18 高句麗本紀 6 故國原王 4年(334년) 秋8月條.

72 麗濟間 平壤城一帶에서의 첫 武力衝突은 故國原王 41年(371년) 冬 10月에 있었다.(『三國史記』卷8 高句麗本紀 6)

73 金貞培, 「佛敎傳入前의 韓國上代의 社會相」, 『韓國古代史論의 新潮流』, (서울; 高大出版部, 1980), 140~144쪽 참조.

74 廣開土王陵碑文 永樂 9年 庚子條.

75 徐永大, 앞의 글, 115~126쪽 및 126~137쪽 참조.

76 關野貞, 1928, 高句麗의 平壤城及び長安城에 就いて」, 『史學雜誌』39-1, 345~358쪽 참조.

77 안악궁지설은 채희국의 견해로서, 李進熙, 1982, 「韓國과 日本의 山城」, 『廣開土王碑의 研究』, 李基東 譯, 1982, (서울; 一潮閣, 1982), 190쪽서 再引用. 『고구려문화』, 72~75쪽 참조. 李元根, 앞의 글, 138~144쪽 참조.

78 『三國史記』卷19 高句麗本紀7 陽原王 8年條(552년). 『고구려문화』, 40~45쪽 참조. 『조선고고학개요』, 210쪽, 212. 李元根, 앞의 글, 144~155쪽 참조.

79 『三國史記』卷9 高句麗本紀 7 平原王 28年(586년)條.

岡郡)] 제 산성을 구축하였다.[80] 이렇게 하여 평양성을 중심으로 한 대동강 유역은 대라·제 군사 행동 수행을 위한 거점으로서만이 아니라 고구려제국 전체의 군사행동을 지휘·통제하는 고구려 전구의 중추 전략거점으로서의 '대동강 전구'를 형성하게 된 것이다.

A-㉚ 永樂九年(399년) 乙亥 百殘違誓 與倭和通 王巡下平壤 而新羅遣使白王云 倭人滿其國境 潰破城池 以奴客爲民 歸王請命……十年(400년) 庚子 敎遣步騎五萬 往救新羅 從男居城 至新羅城 倭滿其中 官軍方至 倭賊退……『廣開土王陵碑文』(王健群本)

A-㉛ 十二月卄三日 甲寅 東夷寐錦上下 至于伐城 敎來前部大使者多亐 桓奴主簿道○○○境 ○ 募人三百 新羅土內幢主下部拔位……『忠州高句麗碑文』

A-㉜ 照知麻立干三年(481년) 三月 高句麗與靺鞨入北邊 取孤鳴等七城 又進軍彌秩夫 我軍與百濟伽倻援兵 分道禦之 賊敗退 追擊破之 泥河西 斬首千級(『三國史記』卷3 新羅本紀3)

사료 A-㉚은 천도 전의 평양이 대백제·신라군사행동의 거점화되어 '대백제·가야·왜 낙동강유역방면 작전'[81]의 작전기지로서 기능하고 있음을 보여주고 있다. 또 고구려는 광개토왕 14년(404년)의 대백제·왜 황해도방면 작전[82]에서 석성연선(石城連船)[83]이 의미하는 바, 평양을 작전기지로 하는 수륙합동 군사작전을 성공적으로 실시할 수 있었다. 이렇게 볼 때 광개토왕代의 고구려는 平壤을 대라·제 군사행동의 거점으로 활용하면서, 그 작전권을 황해도지방, 한강과 임진강 유역 및 낙동강 유역까지 확대시키고 있었음을 알 수 있다. 한편 고구려는 평양 일대의 대동강 하구를 기지로 하여 종래 백제의 황해도 제해권[84]에 도전할 수 있게 되었다. 특히 391년의 백제 관미성[關彌城, 경기만 교동도(喬洞島)]을 공발한 후[85] 고구려의 해상 군사활동이 원활화되었음은, 그 이후 백제의 대남조사행이 고구려 수군의 활동으로 여러 번 좌절되었다는 사실을[86] 통해서도 짐작할 수 있다.

---

80 농오리산성에 관해서는, 李元根, 앞의 글, 105~108쪽 참조. 『고구려문화』, 30쪽 및 63쪽 참조. 자모산성에 관해서는, 李元根, 앞의 글, 111~115쪽 참조. 『고구려문화』, 20쪽 및 24쪽 참조. 황룡산성에 관해서는, 李元根, 앞의 글, 108~111쪽 참조.

81 千寬宇, 앞의 글, 540~544쪽 참조.

82 廣開土王陵碑文, 永樂 14年 甲申(404년)條. 위의 글, 544쪽 참조.

83 '연선'은 수군활동을 의미한다. 위의 글, 544쪽.

84 盧重國, 1981, 「泗沘時代 百濟支配體制의 變遷」, 『韓㳓劤博士停年紀念史學論叢』, 53쪽.

85 『三國史記』卷18 高句麗本紀 6 廣開土王 元年(391년) 冬 10月條.

86 『三國史記』卷26 百濟本紀 4 文周王 2年(476년) 3月條 및 同書 東城王 6年(484년) 秋 7月條.

사료 A-㉛은 장수왕 37년(449년)에 건립되어진 것으로 추정되는[87] 「충주고구려비」 전면(前面)의 일부분이다. 비문중의 '신라토내당주(新羅土內幢主)'는 고구려의 영향권 하에서 벗어나 자주적인 국력신장을 꾀하는 신라와 대고구려 견제 세력권 구축을 기도하는 백제[88]와의 사이에 대여(對麗)방어동맹적[89] 성격이 짙은 나·제동맹이 성립된 433년 이후에도 신라 영토 내에 고구려군이 주둔하고 있었던 사실을 시사해준다는 점에서 주목되는 바이다.[90] 한편 이 비는 충주지방이 당시 고구려군이 수행한 대나·제 군사행동[91]의 작전기지였음[92]을 짐작케 해주고 있다.

사료 A-㉜는 고구려가 신라의 미질부(彌秩夫, 흥해)까지 진공, 신라 왕도를 위협하는 상황이다.[93] 그런데 내공해오는 고구려군에 대하여 나·제·가야군이 분도어지(分道禦之)하였다는 사실은 곧 고구려가 충주를 대나제 군사행동을 수행하기 위한 군사거점화하여 나·제에 대한 측방 외선작전을 실시할 수 있는 전략적 우위를 점하고 있었음을 의미한다. 한편 내선적 위치에 서게 된 나·제 양국은 고구려의 이러한 충주거점의 전략적 위치를 역이용하여 분도어지, 곧 평양성으로부터 중원에 이르는 취약한 작전선을 담보로 깊은 공격종심을 형성하면서 전개되는 고구려 외선작전역량의 분산을 유도, 그것을 각개격파하는 내선작전 원칙에 의거한 군사행동을 전개하여 고구려군을 격퇴하였던 것이다. 따라서 사료 A-㉜는 대나·제 군사행동의 수행을 매개하는 중간거점으로서의 충주기지가 갖는 취약성의 일단을 적시하고 있는 셈이다. 결국 고구려도 6C 중반 경 이 충주거점을 포기하고 대나제 전선을 북상시킬 수밖에 없게 되었다.[94]

A-㉝ (a)其外有國內城及漢城 亦別都也(『周書』 卷49 列傳41 異域 上 高麗傳)

(b)復有國內城及漢城 並其都會之所 其國中呼爲三京(『隋書』 卷81 列傳 46 東夷 高麗傳)

천도 이래 평양지방은 고구려제국 전체의 중추적 기능을 수행하였고, 따라서 대나·제 군사

---

87 金貞培, 1979, 「中原高句麗碑의 몇가지 問題點」, 『史學志』13, 90~92쪽. 鄭雲龍, 1986, 『5~6世紀 高句麗·新羅의 세력 變遷過程에 대한 一考察; 中原高句麗碑와 丹陽新羅赤城碑의 連繫的 考察』, 高麗大學校 대학원 碩士學位論文, 5~16쪽 참조.

88 盧重國, 1981, 「高句麗·百濟·新羅 사이의 力關係變化에 對한 一考察」, 『東方學志』28, 72쪽.

89 金秉柱, 1984, 「羅濟同盟에 관한 硏究」, 『韓國史硏究』46, 43~44쪽.

90 鄭雲龍, 앞의 글, 16~26쪽 및 55~61쪽 참조.

91 당시 고구려의 대나·제 군사행동은 대나·제교침양상을 띠며 전개되었다고 본다. 金瑛河, 앞의 글, 48~5쪽0 참조. 이것은 당시 고구려가 한반도에 있어 대나·제전선의 균형을 유지하고자 하는 전략적 배려하에 취해진 군사행동이었다. 鄭雲龍, 앞의 글, 23쪽.

92 金貞培, 앞의 글, 87쪽 참조. 鄭雲龍, 앞의 글, 16~36쪽 참조.

93 李康來, 앞의 글, 63~66쪽 참조. 鄭雲龍, 앞의 글, 24~25쪽 참조.

94 위의 글, 69~79쪽 참조.

행동을 뒷받침해주는 전략거점으로서의 기능은 부차적인 것에 그칠 수밖에 없었다.

　사료 A-㉝은 고구려가 확대된 제국의 영역지배에 있어서의 내실화를 기하고, 아울러 대나·제 군사행동 수행 상에서 노출된 취약점을 보완하기 위하여 평양성·국내역 외에도 한성(漢城)을 별도로서 경영하고 있었음을 보여주고 있다. 그런데 황해도 재령(載寧) 지방은 안악(安岳) 및 사리원(沙里院)과 더불어 그 농업생산력에 있어서 탁월할 뿐만 아니라, 철광마저 대유(帶有)하고 있는 대동강 이남에 자리 잡은 고구려 제일의 요충지인 것이다.[95] 따라서 고구려는 이곳에 한성이라는 고구려 3경 중의 하나를 설치, 대동강 이남의 영역통치의 원활화를 도모함과 동시에, 대나·제 군사행동을 뒷받침하는 군사거점의 기능을 수행토록 조치하였다. 그러나 문무왕 2년(661년) 춘정월 평양성 공위전을 벌이고 있는 당군에 대한 병참임무를 수행하던 신라의 대규모 치중대가 해곡도(海谷道)[96]를 따라 북상하는 도중 그다지 큰 저항을 받지 않은 사실이나,[97] 문무왕 8년(668년) 6월 고구려의 한성과 대곡(평산)이 이렇다 할 무력저항 없이 당군에게 투항한 사실은,[98] 한성이 독자적인 군사행동을 수행할 수 있을 정도의 유력한 자체군사 역량을 대유한 군사거점이라기 보다는, 평양을 중심거점으로 한 '대동강 전구'의 한 하부단위로서 평양성에서 비롯되는 대나·제 군사행동을 위하여 전개시킨 작전선의 중간매개기지로서 기능하였을 가능성을 시사해 준다. 따라서 5C 후반 이래 상대적으로 우월한 군사역량을 가진 고구려의 대나·제 군사행동이 소기의 성과를 달성하지 못하는 예가 허다한 것(사료 A-㉜가 그러한 호례임)은, 신라·백제처럼 상당한 군사잠재역량을 보유하고 있는 국가들을 그 교전상대로 하는 제 군사행동이 하나의 독자적인 전구형성을 위한 노력을 방기한 조건하에서 평양→한성→충주와 같은 길고도 취약한 작전선에 의거하여 전개된데[99] 그 원인이 있는 것이다. 이 점에 비추어 볼 때 551년 고구려의 한수유역 상실은, 나·제양국의 국세신장과 고구려 내부의 정치적 갈등격화 및 북아시아 스텝지대의 세력변동이 조성한 대륙방면에서의 긴장 고조 외에도,[100] 고구려가 평양천도 이래 대나·제 군사행동과 관련하여 대동강 이남에 포치시킨 제 군사거점의 취약성에서도 그 원인의 일단을 구할 수 있을 것이다.

---

95 이 점과 관련, 최근 밝혀진 황해도 신원군 아양리·월당리 일대의 도시유적의 존재가 주목된다. 西谷正, 1987, 「朝鮮民主主義 人民共和國 考古學界における最近の動向」, 『考古學 雜誌』72-3, 401쪽 참조.
96 해곡도란 삭녕(朔寧)→신계(新溪)→수안(遂安)→평양(平壤)의 루트를 지칭한다. 李丙燾 譯註, 앞의 책 99쪽, 주 2).
97 『三國史記』卷6 新羅本紀6.
98 『三國史記』卷6 新羅本紀6
99 고구려의 대나·제 군사행동과 관련된 제작전선의 전개양상에 관해서는, 鄭雲龍, 앞의 글, 35~36쪽 참조.
100 盧泰敦, 1976, 「高句麗의 漢水流域喪失의 原因에 대하여」, 『韓國史研究』13, 29~57쪽 참조.

4) '요하 전구'와 고구려의 제국화(帝國化)

요하유역에 위치한 遼東城[요녕성 요양(遼陽)]은 남만주의 심장부로서[101] 요하 이동지역의 정치·교통의 중심지이며, 오랜 세월에 걸쳐 한민족에게 있어 동북경략의 책원지로서 기능하고 있었다.[102] 그런데 고구려가 4C 말 이 요동성과 요하유역을 완전장악하고 이곳을 그들의 전략거점화 하였다는 사실은 제국으로서의 자기기반을 확고히 다지게 되었음을 뜻함과 동시에 고구려가 동북아시아 세력판도 형성에 결정적 역할을 수행하게 되었음을[103] 의미하는 것이다.

A-㉞ 故國壤王 二年(385년) 夏六月 王出兵四萬……遂陷遼東玄菟 虜男女一萬口而還 冬十一月 燕慕容農將兵來侵 復遼東玄菟二郡(『三國史記』卷18 高句麗本紀6)

A-㉟ 廣開土王九年(339년) 二月 燕王盛以我王禮慢自將兵襲之 以驃騎大將軍慕容熙爲前鋒 拔新城南蘇二城 拓地七百餘里 徙五千餘戶而還(同上書)

A-㊱ 廣開土王 十一年(401년) 王遣兵攻宿軍 燕平州刺史 慕容歸 棄城走(同上書)

A-㊲ 廣開土王 十四年(404년) 春正月 燕王熙來攻遼東 城且陷 熙命將士 毋得先登 俟剗平其城 朕與皇后乘轝而入 由是 城中得嚴備 卒不克而還(同上書)

A-㊳ 永樂十七年(407년) 丁未 敎遣步騎五萬 ○○○○○○○ 王師四方合戰 斬煞蕩盡 所獲鎧鉀一萬餘領軍資器械不可稱數 還破沙溝城婁城牛由城○城○○○○○城(『廣開土王陵碑文』(王健群本)

요동지방 영유권을 에워싼 고구려와 선비(鮮卑) 모용씨[慕容氏, 후연(後燕)]와의 대결은[104] 385년 고구려의 선공으로 시작되었는데, 비록 일시적이나마 요동·현토 두 군이 고구려의 수중에 들어가기도 하였다(사료 A-㉞). 그러나 부여계의 건절장군(建節將軍) 여암(餘巖)이 화북·요서지방에서 일으킨 반란을 평정한 여세에 힘입은 후연의 반공작전으로,[105] 고구려는 동년 11월 다시 이 지역을 상실하고 말았다(사료 A-㉞). 따라서 고구려가 요동지방을 완전 확보한 시기에 관해

---

101 요하유역 일대의 자연 및 인문지리에 관해서는, 村上鈑藏·新帶國太郎·草間茂等,「滿洲の自然地理」,『日本地理大系; 滿洲·南洋篇』, 222~224쪽, 田中秀作·中野竹四郎·高橋純一,「滿洲の人文地理」, 위의 책, 241~250쪽, 및 李龍範, 앞의 글, 80~88쪽 참조.

102 李龍範,「大陸關係史; 古代篇(上), 59쪽 참조.

103 申瀅植, 1983,三國時代戰爭의 政治的 意味,『韓國史研究』43, 6~7쪽 참조.

104 고구려와 鮮卑 慕容氏 間의 宿命的對決을 圍繞한 全般的인 情勢發展에 관해서는 徐永大, 앞의 글, 105~107쪽 참조.

105 『晋書』卷23 載記23 慕容垂傳.

서는, 404~405년 설,[106] 401년 설,[107] 391년 이전 설,[108] 385~395년 설[109] 등이 제시된 바 있다. 생각건대 고구려는 후연이 화북경략에 부심하던 틈을 타, 광개토왕 원년(391년) 추 7월에 대거 란 군사행동을 실시함으로써,[110] 앞으로 전개할 요동쟁탈전에 있어 거란과 모용씨 간의 연계 가 능성을 무산시키고, 거란에 대한 고구려의 우월적 지위를 확립할 것을 기도하였다. 또 고구려 는 395년 대거란 시라무렌 유역방면 작전[111]을 단행함으로써 거란에 대한 고구려의 우위를 재차 확인함과 동시에 대모용씨 공동전선 구축을 실현시킨 것 같다. 이 사실은 모용희 생전 세 차례 의 대거란 · 고구려군사행동 가운데 두 차례의 그것이 거란 · 고구려에 대한 축차적 군사행동의 양상을 띠고 수행되었다[112]는 점으로도 짐작할 수 있다. 이 대거란 시라무렌 유역방면작전에서 주목되는 점은 광개토왕의 귀환로가 ○성→역성(力城)→북풍(北豊)을 경과하는 평양도(襄平道) 였고, 또 유관토경(遊觀土境)하며 전렵이환(田獵以還)하였다는 사실이다. 즉 양평(襄平)은 역성 과 더불어 요동국 8개 속현에 속하며, 북풍(심양 서부)도 요동지방에 위치하고 있다. 따라서 광 개토왕은 귀경로상에 위치한 ○성→역성→북풍으로 매개되는 양평도를 유관 · 전렵함으로써 그 통치영역을 확인하고 있는 셈이다.[113] 이 점에 비추어년 395년 이전에 이미 요동지방은 고구려 에 의하여 확보되어 있었다고 판단할 수 있는 것이다. 다만 391년의 대거란정벌이 395년의 그것 처럼 요동성을 군사거점으로 확보하고 양평도라 지칭되는 작전선을 그 배후에 담보하고 전개된 외선작전이 될 수가 없었기 때문에, 다시금 395년의 대거란군사행동이 필요했으리라 추론할 수가 있다. 따라서 고구려가 요동을 완전 석권한 시기는 391년에서 395년 사이의 일로서, 어떤 극적인 대회전을 계기로 하여서가 아니라, 요동지방을 서서히 잠식 · 확보하는 방식으로 이루어 졌다고[114] 추찰된다. 한편 후연은 395년의 삼합판 회전(三合阪會戰)에서 북위에게 참패한 후,[115]

106 404~405년 설에 관해서는, 千寬宇, 앞의 글, 546~555쪽 참조. 千寬宇, 1977,「潝河上流의 朝鮮; 中國東方州郡 의 置廢와 關聯하여」,『史叢』21 · 22合, 35~37쪽 참조.

107 401년 설에 관해서는 李龍範, 앞의 글, 52~53 및 59 참조.

108 391年 以前說에 대해서는, 金瑛河, 앞의 글, 40 및 45~46 참조.

109 385~395년 설에 관해서는,『고구려사연구』, 55~56쪽 참조. 한편 논지전개 자체에 별 지장이 있는 것은 아니지만, 위의 책의 저자가 요동국 8개 속현 가운데 북풍이 포함된 것으로 파악하고 있는 것은 착오라는 점을 지적해두고자 한다.『晋書』卷14 志4 地理(上) 平州條에 따르면 요동국 8개 속현으로는 양평 · 문(汶) · 거취(居就) · 낙취(樂就) · 안 시(安市) · 서안평(西安平) · 신창(新昌) · 역성(力城)이 있다.

110 『三國史記』卷18 高句麗本紀6

111 광개토왕릉비문 영락 5년(395년) 乙未條. 千寬宇,「廣開土王陵碑文再論」, 520~522쪽 참조. 시라무렌 유역의 거란 고8부 중의 하나인 필려이부(匹黎爾部)의 전신인 비려(碑麗)에 대해 감행된 고구려의 이 군사행동에 관해서는, 朴京 哲, 43~45쪽 참조.

112 『晋書』卷124 載記24 慕容熙傳.『十六國春秋輯補』卷47 後燕錄 慕容熙傳.

113 金瑛河, 앞의 글, 40쪽 및 45~46쪽 참조.

114 千寬宇, 앞의 글, 552~553쪽 참조.

115 『晋書』卷123 載記23 慕容垂傳

그 세력중심을 화북(華北) 중산[中山; 하남 정현(定縣)]에서 요서의 용성[龍城; 요녕성 조양현(朝陽縣)]으로 옮기지 않을 수 없었다.[116] 따라서 후연은 요동지방 경략을 적극화해야만 할 입장에 놓이게 되었다. 이러한 상황 하에서, 고구려는 399년 모용성의 강습작전에 밀려 신성(新城)과 남소성(南蘇城)이 일시 공함 당한 바 있다(사료 A-㉟). 그리고 후연은 화북방면의 청주자사진(靑州刺史鎭)을 신성에 이치(移置)하였다.[117] 그러나 고구려는 과감한 반공작전을 실시, 401년에는 영(평)주자사진[營(平)州刺史鎭]인 숙군성(宿軍城)[118]을 공발하였던 것이다(사료 A-㊱). 이 사실에 비추어, 고구려는 일시적으로나마 피탈당한 바 있던 신성을 399년과 401년 사이에 이미 탈환하고 있었다고 사료된다. 따라서 이 숙군성 공함작전(401년) 이후에야 비로소 고구려의 후연에 대한 상대적 우위가 확립되었다고 볼 수 있다. 한편 404년 고구려의 연군(燕郡) 공격에 대한 보복으로 행해진[119] 요동성 공위작전(사료 A-㊲)이나 405년 거란정벌 실패를 호도하기 위한 즉흥적 군사행동인 목저성 강습작전(木底城 強襲作戰)[120]을 후연 측의 공세적 자세로 이해할 수도 있겠지만, 그것들은 모용희의 파행적인 작전통제 역량에 비추어 처음부터 성공을 기대할 수 없는 군사행동들이었다는 점을 유의하여야 한다. 오히려 고구려는 407년의 대후연 대릉하(大凌河) 유역방면 작전(사료 A-㊳)[121]을 감행, 모용씨 세력에게 치명적 타격을 가함으로써, 이미 분해과정을 치달리고 있던 후연의 자체붕괴를 재촉하고,[122] 나아가 고구려세력의 요서진출의 계기를 만들었던 것이다.

A-㊳　(a)○○郡信都縣 都鄕○甘里 釋加文佛弟子○○氏鎭仕位建威將軍國小大兄左將軍龍驤
　　　　將軍遼東太守使持節東夷校尉幽州刺史 鎭年七月十七薨焉 以永樂十八年太歲在戊甲
　　　　十二月辛酉朔廿五日乙酉 成遷移玉柩……(『德興里壁畵古墳墓誌銘』)
　　　(b)漁陽太守來論州時 上谷太守來朝賀時 廣宵太守來朝賀時 代郡內史來朝賀(同上 前室

116 『晉書』卷124 載記24 慕容寶傳
117 千寬宇, 앞의 글, 55쪽1 참조. 千寬宇,「灤河下流의 朝鮮」, 34~35쪽 참조.
118 영(평)주 자사진의 치소인 숙군성의 위치에 관해서는, 요하와 대릉하 사이의 광녕(廣寧) 설(千寬宇, 앞의 글, 4~35쪽), 조양 동북 설(千寬宇,「廣開土王陵碑文再論」, 551쪽), 그리고 능원(凌原) 동부와 대릉하 서쪽 설(『고구려사연구』, 56~57쪽)이 있다. 한편『三國史記』와는 달리『十六國春秋輯補』卷47 慕容熙傳에 따르면, 후연은 광시(光始) 6년 (406년)에 비로소 영주자사진을 숙군성에 설치한 것으로 되어 있다.
119 『十六國春秋輯補』卷47 慕容熙傳. 고구려의 연군 공격 사실을 감안할 때, 당시 고구려의 대후연 군사행동의 심도를 짐작할 수가 있다.
120 『三國史記』卷18 高句麗本紀6 廣開土王 15年(405년) 冬 12月條. 이 모용희의 군사행동에 관해서는, 朴京哲, 28~29쪽 참조.
121 千寬宇, 앞의 글, 546~555쪽 참조.
122 당시 후연 측의 자체붕괴 과정에 관해서는, 『晉書』卷124 載記24 慕容熙傳.

十三太守來朝賀禮圖 中의 墨書說明文 上段)

ⓒ北平太守來朝賀時 遼西太……昌黎太守來論州時 遼東太守來朝賀時 玄菟太守……樂
浪太守……(……)(同上 上揭文 下段)

ⓓ此十三郡屬幽州部 七十五州治廣薊 今治燕國 云洛陽二千三百里 都尉一部并十三郡
(同上 上揭文의 上段과 先頭의 太守간의 墨書)

1976년에 발견된 강서군(江西郡) 덕흥리벽화고분(德興里壁畫古墳)의 피장자인 '○○씨 진(鎭)'
의 출자문제와 그가 유주자사를 역임하였다는 사실[사료 A-㊴-ⓐ]은 학계의 주목을 받아오고
있다.[123] 그런데 「13태수내조가례도(十三太守來朝賀禮圖)」[사료 A-㊴-ⓑ·ⓒ]를 검토하여 보면,
그 상단[사료 A-㊴-ⓐ]에서 어양군 이외에는 본래 진대(晋代) 유주관할 하의 제군이며, 하단[사
료 A-㊴-ⓒ]에서 마지막 마멸된 태수명을 대방태수로 추정한다면, 북평군과 요서군은 진대 유
주관할이나, 대방군을 포함한 나머지 다섯 군은 평주관할 하의 그것들임을 알 수 있다.[124] 그런
데 후연은 모용보(慕容寶) 대(396~398년)에 와서 북위의 팽창세에 눌려 요서지방의 화룡으로 천
사,[125] 후연의 영역은 난하(灤河) 이동으로 위축될 수밖에 없었다. 그리고 후연은 모용희(慕容熙)
대(401~407년)에 와서 중국 본토 방면의 다섯개의 자사진 가운데서 유주자사진(연군=북경방면)은
영지(令支, 난하 하류의 천안)로, 청주자사진[제군(齊郡)=임류(臨溜) 방면]은 신성으로, 병주자사진
(태원군 방면)은 범성(凡城, 대릉하 상류의 평천)으로, 영(평)주자사진(요동군 방면)은 숙군(요하와 대
릉하 사이의 광녕)으로, 그리고 기주자사진[조군(趙郡)=석가장 방면]은 비여[肥如, 난하 하류의 노룡
(盧龍)]로 동천시켰던 것이다.[126] 한편 고구려는 399~401년 사이에 후연의 청주자사진이 일시적
으로나마 설치된 바 있던 신성을 탈환하고, 401년에는 영(평)주자사진의 치소인 숙군성마저 공
함시켜버렸다(사료 A-㊱). 더 나아가 고구려는 407년 모용희의 잇따른 군사적 좌절(사료 A-㊲

---

123 1976년 12월 평안남도 강서군 덕흥리의 무학산 기슭에서 발견된 벽화고분의 묘지명에 의하면, 피장자는 ○○郡信
都縣都鄕○甘里에서 태어나 유주자사 등 제관직을 두루 역임하고, 77세에 사망한 ○○씨 진으로서, 영락 18년(408
년) 12월 25일(양력 409년 1월 26일)에 이곳에 안장된 것으로 나타나 있다. 김용남은 진을 고구려인으로 추정하고, 고
구려가 한때 하북성 북부를 거쳐 산서성 서부에 이르는 지역에 유주를 설치, 이를 통치하였다고 주장한다. 金勇男,
1980,「新しい發掘された德興里高句麗壁畫古墳において」,『朝鮮學報』95, 208쪽 및 211~212쪽. 同旨, 金基雄,
1981,「北京까지 뻗친 高句麗의 國力; 廣開土王 때의 幽州刺史墓의 새 資料」,『季刊美術』17, 151~152쪽. 그러나
김원룡은 진이 고구려에 귀투한 유주자사를 역임한 바 있는 하북성 기현(冀縣)이 고향인 중국인이므로, 고구려의
통치력이 하북성 및 산서성에까지 미쳤다고는 보지 않고 있다. 金元龍, 1979,「高句麗壁畫古墳의 新資料」,『歷史
學報』81, 165~167쪽.
124 『晋書』卷14 志4 地理(上) 幽州·平州條 참조.
125 『晋書』卷124 載記24 慕容寶傳.
126 『晋書』卷24 志4 地理(上) 平州條.『晋書』卷124 載記24 慕容熙傳.

과 405년 목저성 강습작전의 실패)과 실정[127]으로 인하여 지리멸렬해진 후연의 방어선을 돌파, 이미 군사거점화한 요동성을 작전기지로 삼고, 숙군성을 중간거점으로 하여, 의주(義州)에서 발해만(渤海灣) 연안을 따라[128] 사구성(沙溝城)·누성(婁城) 등 후연측의 제군사거점을 유린하는 강공의 외선작전을 성공리에 수행, 후연의 군사역량에 대하여 치명적 타격을 주었던 것이다(사료 A-㊳). 그 결과 고구려는 후연·북연 교체기(407~408년)를 전후하여 난하 이동으로 동천해 와있던 후연의 의주·평주 관할의 13군 지역을 잠정적으로 장악하게 되었고, 이에 연로습사(年老習事)한 진을 유주자사로 임명, 이 지역을 관장하게 하였다고 본다. 따라서 고구려가 일시적으로나마 난하 이동·요하 이서 지방에 설치한 바 있던 유주라는 특수 군정지역은 "都尉一部幷十三郡"[사료 A-㊴-(d)]하는 독특한 통치형태를 유지할 수밖에 없었던 것이다. 그런 연후에 고구려는 난하 이동 지역에 친고구려적인 북연의 성립을 후원함으로써, 요서지방에 그 영향력을 행사할 수 있는 기득권을 유보한 채 화룡(조양) 이동으로 철수하였던 것이다. 한편 북위는 고구려·남조·유연(柔然)·토욕혼(吐谷渾)의 대북위봉쇄연환(對北魏封鎖連環)[129] 형성 가능성을 저어하여 436년 고구려의 화룡출병[130]에도 불구하고, 북연문제[131]를 위요한 양국간의 긴장관계을 해소시키고자 영주(조양) 이동의 요서지방에서의 고구려의 우월적 지위를 기정사실로 인용할 수밖에 없었다.

A-㊵   文咨明王十三年(504년) 夏四月 遣使入魏朝貢 世宗引見其使芮悉弗於東堂 悉弗進
        日……但黃金出自扶餘 珂則涉羅所産 扶餘爲勿吉所逐 涉羅爲百濟所幷……世宗日
        高句麗世荷上獎 專制海外 九夷黠虜 悉得征之……務盡威懷之略 揃披害裙 輯寧東
        裔 使二邑復舊虛 土毛無失常貢也(『三國史記』卷19 高句麗本紀7)

고구려는 391~395년 사이에 그 정치·군사적 비중과 그 경제력에 있어 어느 지역보다 더 탁월한 요동지방을 확보하였다. 고구려는 이 지역에 요동성(요양=양평)을 중심으로 신성, 목저성, 남소성, 안시성(요녕성 영성자 즉 구 해성현), 건안성(요녕성 개평현 동북의 고려성자), 개모성, 백암성(요녕성 요양현 소부촌의 암주성), 비사성(요녕성 금주의 마가둔회) 등 수 많은 성과 산성을

---

127 『晉書』 卷124 載記24 慕容熙傳.
128 전국시대 이후 요대 이전까지 화북에서 요동까지의 통로 중의 하나는, 북경에서 동북향하여 희봉구(喜峰口) 부근을 통과, 요서의 의주방면에서 동으로 심양을 거쳐 요양으로 나오는 극히 우회하는 코스가 있다. 李龍範, 앞의 글, 21쪽 참조.
129 堀敏一, 1979, 「隋代東アジアの國際關係」, 唐代史硏究會 編, 『隋·唐帝國と東アジア世界』, 汲古書院, 118쪽 참조.
130 『三國史記』 卷18 高句麗本紀6 長壽王 24年(463년)條와 26年(438년)條.
131 盧泰敦, 1984, 「五~六世紀 동아시아의 國際情勢와 高句麗의 對外關係」, 『東方學志』 44, 4~9쪽 참조.

구축,[132] 군사거점화하여 강고한 '요하 전구'를 형성, 고구려 전구의 최전선(limes)화 하였던 것이다.

이제 고구려는 이 '요하 전구'를 발판삼아 영주(조양)를 거점으로 하는 북위를 견제하는 일방, 당시 요서지방에 교두보를 확보하고 활동 중인 백제 세력과도[133] 각축전을 벌이는 등 요서지역을 그들의 작전권 하에 포섭하게 되었다. 또 고구려는 광개토왕대의 두 차례에 걸친 거란정벌(391년 및 395년) 이래 요해지방[134]의 거란족 경략에 박차을 가하게 되어다. 따라서 고구려의 이 요해지방에 대한 관심과 진출상은 현저한 것으로서, 북위조차 장수왕(435년)과 문자왕(492년) 2대에 걸쳐 고구려왕을 도독요해제군사(都督遼海諸軍事)로 제수할 정도였다.[135] 이 사실은 당시 중원의 최강세력인 북위제국이 고구려가 이미 요해지방에서 적극적으로 전개하고 있던 거란경략 정책을 기정사실로서 인정함과 아울러 당해지역에서의 고구려의 우월적 지위를 사실상 승인함과 다름없는 외교적 조치였다고 파악될 수 있다. 뿐만 아니라 고구려는 유연과 더불어 동몽골(동부내몽골) 지방의 지두우 족의 주지을 과분(瓜分)하고(479년),[136] 494년에는 부여를 병합,[137] 송화강 유역에서의 패권을 확립하였다. 사료 A-⑩은 고구려가 "專制海外 九夷黠虜悉得征之"함으로써 이미 동북아시아 일대에 독자적인 생존권(lebensraum)을 확보한 제국으로 군림하고 있음과, 북위조차도 그 사실을 인용하고 있음을 보여주고 있는 것이다.

5) '송화강 전구'의 형성과 운용

A-㊶　(a)扶餘 在長城之北 去玄菟千里·南與高句麗·東與挹婁·西與鮮卑接 北有弱水 方可二千里……多山陵廣澤 於東夷地域最平敞 土地宜五穀 不生五果(『三國志』卷30 魏書30 列傳30 東夷 扶餘傳)

---

132 오늘날 요녕성 일대에 남아있는 70여 개 이상의 고구려 성지가 이 사실을 입증해 주고 있다. 李元根, 앞의 글, 75~76쪽 참조.

133 백제의 대륙진출을 긍정적 입장에서 고찰한 연구성과로는 金庠基, 1967, 「百濟의 遼西經略에 대하여」, 『白山學報』3; 方善柱, 1971, 「百濟軍의 華北進出과 그 背景」, 『白山學報』11; 金哲埈, 1975, 「百濟社會와 그 文化」, 『韓國古代社會研究』, 知識産業社; 李萬烈, 1976, 『三國時代史』, 知識産業社, 82~87쪽. 국사편찬위원회, 1981, 『한국사』2, 국사편찬위원회, 175~178쪽; 徐榮洙, 1981, 「三國과 南北朝交涉의 性格」, 『東洋學』11; 李明揆, 1983, 「百濟對外關係에 관한 一試論; 大陸進出說 考察을 위한 하나의 假說로서」, 『史學研究』3. 한편 백제의 대륙진출설에 회의적인 입장은, 李基白·李基東, 앞의 책, 195~197쪽 참조.

134 요해지방이란, 요원(정가둔)을 중심으로 하는 시라무렌과 라오자무렌 유역 일대를 지칭한다. 이 요해지방은 당대이래 송막지방(松漠地方)으로 불리어지면서, 거란족의 세력중심지로 역사의 각광을 받게 된다.

135 『三國史記』卷18 高句麗本紀6 長壽王 23年(435년) 夏 6月條와 同書 卷19 高句麗本紀7 文咨王 元年(492년) 條.

136 『魏書』卷100 列傳88 契丹傳.

137 『三國史記』卷19 高句麗本紀7 文咨王 3年(494년) 2月條.

(b)扶餘國 在玄菟北千餘里 南接鮮卑 北有弱水 地方二千里……地宜五穀(『晉書』卷97 列傳67 東夷 扶餘國傳)

(c)豆莫婁國 在勿吉北千里 及洛六千里 舊北扶餘也……多山陵廣澤 於東夷地域最爲平敞 地宜五穀 不生五果……或言本濊貊之地也(『魏書』卷100 列傳89 豆莫婁傳)

A-㊷　初扶餘居于鹿山爲百濟所侵 部落衰散 西徙近燕而不設備 燕王皝 遣世子儁師慕容 軍慕容恪慕容根三將軍萬七千騎 襲扶餘 儁居中指授 軍事皆以任恪 遂拔扶餘 虜其王玄 及部落五萬餘口而還 皝以玄爲鎭東將軍妻以女(『資治通鑑』卷92 晋紀19 穆帝 永和 2年(346년)條]

A-㊸　建熙十一年(370년) 十一月 苻堅復率衆十萬會孟來攻鄴城……·散騎侍郎徐蔚等率扶餘高句麗及上黨質民子弟五百餘人 開城北門引納秦師(『十六國春秋輯補』卷29 前燕錄7慕容暐傳)

A-㊹　國岡上大〇城地好太王緣祖父〇爾恩敎奴客牟頭婁〇〇牟敎遣令北扶餘守事『牟頭婁墓誌』

A-㊺　文咨明王三年(494년) 二月 扶餘王及妻孥以國來降(『三國史記』卷19 高句麗本紀7)

A-㊻　開元十一年(723년) 又有達末婁達姤二部首領朝貢 達末婁自言北扶餘之裔也高麗滅其國遣人渡那河 因居之(『唐西』卷220 列傳145 東夷流鬼傳)

　　초창기 부여의 중심지는 송화강 유역 특히 이통하(伊通河) 유역의 농안(農安)·장춘(長春) 일대이다.[138] 그런데 부여는 285년 선비 모용외에게 공파당하고 그 중심세력 일부가 간도지방에 동부여를 세우는 등 위기상황에 처하게 된다(사료A-㉓). 그러나 대고구려·선비 정책수행에 있어 부여가 차지하는 전략적 가치를 고려한 진은 부여의 복국을 적극적으로 원조하였던 것이다(사료 A-㉓). 그런데 『삼국지』 상의 부여가 "西與鮮卑接"[사료 A-㊶-(a)]한데 비하여, 『진서』의 그것은 "南接鮮卑"[A-㊶-(b)]했다는 것은, 그 방위의 진위는 여하간에 286년에 복국한 부여의 입지상에 변화가 있음[139]을 시사해주고 있다. 또 구북부여라 일컫는[사료 A-㊶-(c)] 두막루(豆

---

138 송화강유역의 자연 및 인문지리에 관해서는 村上鈑藏 外, 앞의 글, 233쪽; 田中秀作 外, 앞의 글, 247~249쪽.
　　한편 초기부여의 중심지를 이통하 유역으로 파악하는 것이 오늘날 정설화되어 있다. 李龍範, 1959,「高句麗의 遼西進出企圖와 衝突」,『史學硏究』4, 57~58쪽; 千寬宇, 앞의 글, 563쪽; 李基白·李基東, 앞의 책, 75~76쪽; 千寬宇, 1981,「廣開土王代의 高句麗領域에 대하여」,『領土問題硏究』1, 156~157쪽. 그러나 초기부여의 중심지를 아륵초객(阿勒楚喀) 일대, 특히 아성(阿城) 일대로 파악하는 견해(池內宏,「扶餘考」, 앞의 책, 446~454쪽), 그리고 초기부여의 그곳을 개원(開原) 서북의 사면성(四面城)에 비정하는 견해[和田淸, 1955,「魏의 東方經略과 扶餘城의 問題; 高句麗에 關하는 二征戰」,『東亞史硏究』(滿洲篇), 東洋文庫, 49~52쪽]도 있다.

139 千寬宇,「廣開土王陵碑文再論」, 54 주 32)·33).

莫婁)는 "本濊貊之地"에 거하고 있음이 명기되어 있으며, 그 입지조건의 사료[A-㊶-ⓐ]의 기술과도 일치하고 있는 점에 비추어, 이 두막루의 주지가 본래 구부여가 있던 농안·장춘지역인 셈이다.[140] 따라서 286년에 복국한 부여(제2부여라 함)는 본래 제1부여의 입지인 농안·장춘지역이 아니라, 사평(四平)과 심양의 중간지점인 개원(開原) 일대에 위치하게 되었다고[141] 추정된다. 그런데 이 제2부여가 위치한 개원지방은 요하유역에서 국내성 지역에 이르는 북로[142]상의 요충지였음이 주목된다. 한편 이 개원지방 즉 녹산(鹿山)에 자리 잡고 있던 제2부여는 요동방면에로의 세력침투를 꾀하는 백제의 압력이 본격화되자, "西徙近燕"하던 와중에서[143] 346년 모용황의 강습을 받아[144] 결정적 타격을 받았던 것이다(사료 A-㊷). 그러나 부여는 그것이 가지는 대고구려견제정책 상의 전략적 가치를 인지한 전연 측의 회유책(사료 A-㊷) 하에서 요충지인 개원지방을 전연에게 내어주고 제3의 지역으로 천사해 갈 수밖에 없었다. 사료 A-㊸은 전진(前秦)의 전연 수도인 업(鄴, 하남성 임장현)에 대한 공위전이 전개되던 370년 당시 전연에 입질하던 제3부여의 존재를 확인시켜주고 있다.[145] 한편 494년 고구려에 내항하여온 부여(사료 A-㊺)는 "爲勿吉所逐"(사료 A-㊵)되는 상황에 처하여 있었던 것이다. 그런데 다시 상술하겠지만, 당시 물길의 주지는 동류(東流) 송화강 남안의 납림하(拉林河) 유역, 특히 아륵초객(아성) 일대로 비정된다. 그러므로 346년 이후 복국된 제3부여는 물길이 쉽게 접근할 수 있는 제1부여의 고지인 농안을 중심으로 한 이통하 유역이라 파악할 수 있을 것이다. 한편 제2부여의 고지인 개원 일대는 370년 전연이 전진에게 공멸된(사료 A-㊸) 이래 종래 휘발하 유역을 따

---

140 위의 글, 563 참조. 千寬宇, 「廣開土王代의 高句麗領域에 대하여」, 157쪽.

141 和田淸, 앞의 글, 29~52쪽 참조. 그러나 그는 본고의 입장과는 달리 부여의 천사(遷徙) 사실을 인정하지 않는다. 한편 부여의 천사 사실을 전제로 부여문제를 고찰하는 경우에도, 부여가 아륵초객 일대의 아성에서 농안 지방으로 이동하였다고 보는 견해(池內宏, 앞의 글, 439~465쪽), 부여가 농안에서 길림 오랍방면으로 이동하였다가 다시 농안으로 이동한 것으로 파악하는 견해(日野開三郎, 1946, 「扶餘國考」, 『史淵』34, 1~104쪽), 그리고 농안·장춘 방면의 부여를 제1북부여, 개원 일대의 그것을 제2북부여라고 보는 견해(千寬宇, 「廣開土王陵碑文再論」, 563~564쪽 및 千寬宇, 「廣開土王代의 高句麗의 領域에 대하여」, 155~157쪽)가 있다.

142 『三國史記』卷18 高句麗本紀6 故國原王 12년(342년) 冬 10月條. 남·북도에 관해서는 劉鳳榮, 1976, 「韓·中間의 古代陸上交通」, 『白山學報』20, 273~274쪽; 國防部戰史編纂委員會 編, 앞의 책, 33쪽 주 6); 文物編集委員會 編, 106쪽 참조.

143 본고에서는 녹산을 개원 일대의 어느 한 지점으로 파악하고 있다. 서사근연하였다는 것은, 부여가 백제의 압박을 다소라도 완화시켜보고자 전연에 보다 가까운 개원 일대의 다른 지점으로 이동하였음을 뜻한다. 그러나 녹산을 애초의 중심지로 보는 아성 일대로 비정하는 견해도 있다. 池內宏, 앞의 글, 참조. 또 녹산을 그 두 번째 중심지인 길림·오랍 일대로 보는 견해도 있다. 日野開三郎, 앞의 글, 참조.

144 모용황은 346년의 제2부여 강습작전에 앞서 345년 명년에 있을 이 작전에 대한 고구려의 군사개입 가능성에 쐐기를 박기 위하여 대고구려 견제 군사행동을 감행, 남소성을 공발하였다. 『三國史記』卷18 高句麗本紀6 故國原王 15年 (345년) 冬 10月條. 武田幸男, 1192, 「牟頭婁一族と高句麗王權」, 『朝鮮學報』99·100合, 163~164쪽 참조.

145 李基白·李基東, 앞의 책, 80쪽 주6 4) 참조.

라 송화강선을 지향하던 고구려세력의 침투가 가속화되었다. 그리고 고구려는 요동완전확보시기(391~395년)를 전후하여 제2부여의 고지인 개원 일대를 장악하여 송화강 유역 경략을 위한 전진거점화 하는데 성공하였다. 따라서 광개토왕 대에 모두루(牟頭婁)로 하여금 진수하게 한 북부여(사료 A-㊹)는 제2부여가 있던 개원 일대이며, 장수왕 25년(435년) 당시 고구려의 북경(北境)인 구부여[146]도 제3부여의 존재를 상정할 때 구부여(제2부여)의 고지인 개원 일대인 것이다.[147] 한편 송화강 유역으로 천사한 제3부여는 이 지역을 점유하고 있던 두막루 세력의 심한 반발 속에서 전연(337~370년)·전진(351~397년) 및 후연(384~409년)의 비호 하에 겨우 명맥만을 유지하는 형편이었다.[148] 그러나 광개토왕 대에 들어와서 당대에 확보한 개원 지방을 발판으로 하는 고구려세력의 송화강 유역 침투상은 괄목할 만한 것이었다. 이제 제3부여는 고구려의 보호와 감리 하에서 고구려의 송화강 유역 경영정책의 향방에 자기존립의 여부를 맡겨 놓을 수밖에 없는 입장에서 황금을 고구려에 공납하면서(사료 A-㊵) 간신히 연명해 나가고 있을 뿐이었다.[149] 그러나 5C 말 경 물길의 압력이 드세어짐에 따라, 고구려는 이러한 사태 변화에 직접 대응할 필요성을 절감하고 494년에 제3부여를 병합(사료 A-㊺), 송화강 유역 경영에 본격적으로 착수하게 되었다. 따라서 고구려는 6C 중엽 경에는 물길세력을 제압하고 나아가 제1부여의 고지를 점유하고 있던 두막루 세력을 합이빈(哈爾濱) 대안(對岸)의 호란하(呼蘭河) 유역 일대로 축출하였던 것이다. 고구려세력에 의하여 축출된 두막루[사료 A-㊶-ⓒ]가 바로 달말루(達末婁, 사료 A-㊻)로서, 그들이 "고구려에 쫓긴 북부여의 후예"임을 자언하게 된 연유도 여기 있는 것이다.

A-㊼　勿吉國 在高句麗北 舊肅慎國也 邑落各自有長 不相總一其人勁悍於東夷最強 言語獨異 常輕豆莫婁等國 諸國亦患之……太和初(477년) 又貢馬五百匹 乙力支稱 初發其國 乘船 泝難河西上 至太沵河 沉船於水南出陸行 渡洛孤水 從契丹西界達和龍 自云 其國先破 高句麗十落 密共百濟 從水道并力取高句麗 遣乙力支奉使大國 請其可否 詔敕三國東是

---

146 『魏書』卷100 列傳88 高句麗傳.

147 千寬宇,「廣開土王陵碑文再論」, 563~564쪽;「廣開土王代의 高句麗領域에 대하여」, 155~156쪽 참조. 한편 노태돈은 광개토왕대 무렵에는 이미 농안 일대인 북부여가 고구려 세력권 하에 들어왔다고 본다. 따라서 494년의 부여왕 내항이란 그때까지 명맥을 유지하고 있던 부여왕실이 물길세력의 압박을 받아 안전한 고구려 내지로 천사한 것이라 파악하고 있다. 盧泰敦,「高句麗의 漢水流域喪失의 原因에 대하여」, 46~48쪽 참조.

148 武田幸男, 앞의 글, 163쪽 참조.

149 제3부여의 국세가 미약함은 부여의 전통적인 대중원제국과의 우호추구노선에 비추어볼 때, 북위 태안(太安) 3년(457년)의 단 한 번의 대북위조공 사실 밖에 없다는 점으로도 짐작할 수 있다. 『魏書』卷5 高宗紀5 太安三年(457년) 十有二月條.

蕃附 宜共和順 勿相侵擾 乙力支乃還 從其水道 取得本船 汎達其國(『魏書』卷100 列傳88 勿吉傳)

346년 이래 이통하 유역으로 천사하여온 제3부여를 압박한 바 있는 물길의 실체를 파악하기 위해서는 사료 A-㊼의 난하(難河)를 눈강, 태이하(太尒河)를 조아하(洮兒河), 낙고수(洛孤水)를 시라무렌으로 비정하는 통설[150]에 따라 을력지(乙力支)의 대북위 사행로를 검토해 볼 필요가 있다. 을력지는 물길의 중심지에서 북류(北流) 송화강 유역으로 남하, 그곳에서 수로로 백도눌(伯都訥)을 거쳐 눈강을 거슬러 조아하로 들어와 조남(洮南) 부근에 상륙한 후에 지두우·거란 등 유목제족과의 조우를 피하기 위하여 거란의 서계, 곧 열하 서변을 우회하여[151] 화룡으로 나와 중원의 북변을 거쳐 낙양에 도달하였던 것이다.[152] 따라서 물길의 중심지는 동류송화강 남안의 납림하 유역, 특히 아륵초객하 연안, 곧 아성 일대로서,[153] 이곳은 수·당대 말갈7부 가운데 안거골부(安車骨部)의 주지인 것이다.[154] 이 점에 비추어년 5C 말~6C 초 송화강 유역에서 강세를 보인 물길의 실체는 아성 일대를 중심 주지로 하는 수·당대 말갈7부중의 하나인 안거골부 말갈이었다. 고구려는 이 물길과 여타 적대세력의 제휴를 차단하기 위하여 479년 북위·백제 등 제 적대세력의 송화강 유역 침투 루트인 지두우족의 주지인 동부내몽골 지방을 북아시아의 유목제국인 유연과 과분하였다. 또 고구려는 송화강 유역의 경영을 보다 철저화하기 위한 조치로서 이미 보호국화하고 있던 제3부여를 병합한 것이다(사료 A-㊺). 이제 고구려는 이통하 좌안의 부여성(농안) 일대를 거점으로 하여 경한(勁悍)하지만, "邑落各自有長 不相總一"하여(사료 A-㊼), 뚜렷한 정치적 구심체가 부재한 상태에서 속말수 및 이통하 유역으로 세력을 뻗쳐오는 물길을 북위 정시연간(504~507년)에서 북위 무정(武定) 5년(547년) 사이에[155] 군사적으로 제압하는데 성공하였다. 나아가 고구려는 346년의 천사 이래 부여와 그 주지를 놓고 이통하 유역에서 경합상을 보이던 두막루 세력마저 축출하여(사료 A-㊶-ⓒ 및 A-㊻) 동류 송화강에 이르기까지 그 세력을 신장시킴으로써 송화강 유역 경영의 기반을 굳혀나갔던 것이다.

---

150 金廷鶴, 앞의 글, 9~1쪽1 참조. 李龍範, 「大陸關係史 ; 古代篇(上), 55쪽 참조.

151 金廷鶴, 앞의 글, 11쪽 주 6) 참조.

152 李龍範, 앞의 글 ; 池內宏, 「勿吉考」, 앞의 책, 474~482쪽 참조.

153 池內宏, 위의 글 ; 李龍範, 앞의 글 ; 盧泰敦, 앞의 글, 47~48쪽 참조. 이 아륵초객아 연안의 합이빈과 오상청 사이의 지역, 특히 아성 지방은 훗날 금을 건국한 여진족 완안부(完顏部) 세력의 발흥지인 금대 상경 회녕부(會寧府)의 소재지인 바, 경제 잠재력에 있어 북만주에서 가장 빼어난 곳이다. 金九鎭, 앞의 글, 89~90쪽 ; 池內宏, 앞의 글, 480쪽.

154 안거골부 말갈의 주지는 아륵초객하 유역의 아성 일대라는 것이 통설이다. 池內宏, 앞의 글, 484~485쪽 ; 金廷鶴, 앞의 글, 11~14쪽 ; 李龍範, 「大陸關係史 ; 古代篇(下), 26~27쪽 ; 盧泰敦, 「渤海建國의 背景」, 12쪽.

155 『魏書』卷100 列傳88 勿吉傳. 盧泰敦, 「高句麗의 漢水流域喪失의 原因에 대하여」, 48~49쪽 참조.

고구려가 370년 이후 그 세력을 적극적으로 침투시키기 시작, 494년 완전히 그 영역화한 부여고지인 부여성을 중심으로 한 송화강 유역 일대는 스텝세력과 농경민족 그리고 부차적 스텝세력이 착종하는 수적지지(受敵之地)[156]인 곳이다. 따라서 오늘날 송화강 유역·개원지방·모단강(牧丹江) 유역 일대에 남아있는 50여 개에 달하는 고구려 성지의 분포를 고찰하여 보면,[157] 이 제성을 군사거점화하여 전개되었던 '송화강 전구'의 운용실상을 짐작해 볼 수 있다.

고구려는 이통하 및 북류송화강 유역에 부여천중40여성(扶餘川中四十餘城)[158]이라는 요새망을 구축, 이 일대를 군사거점화하여, 이곳 주민의 대다수를 이루는 속말부·백돌부 말갈에 대한 지배권을 확고히 관철하고자 하였다. 따라서 고구려는 말갈제족간의 정치적 각성에 따른 통합 움직임을 사전에 봉쇄하며, 경제적 수탈과 군사동원의 효율성을 제고시키기 위하여, 이 제거점의 우월한 군사력을 매개로 분리지배정책(divide and rule)을 철저히 여행하고자 하였다.[159] 뿐만 아니라 이 거점들을 운용함으로써 유연·돌궐·거란 등 제스텝 세력과 부차적 스텝세력인 말갈제족과의 연계가능성을 최소화시키고자 하였다.[160] 아울러 고구려는 지두우족의 주지를 차단성 구실을 수행하는 방호지대화 함으로써 이 '송화강 전구'의 안정적 확보를 도모하였다. 그리고 고구려는 이통하 유역의 군사거점들을 전진기지로 하여 동요하를 연하여 거란경략을 획책할 수 있었다. 또 고구려는 이곳을 발판으로 하여 눈강선을 따라 실위(室韋)에 대한 세력부식마저 기도하였다. 결국 고구려가 구축한 부여성 일대의 제군사거점은 '송화강 전구'의 중추적 기능을 수행하였다. 오늘날 남아있는 용담산성(龍潭山城, 길림성 길림시 영길현 용담산), 고려성 1, 2(길림성 문하현 신가 서대하남안 및 통양현 동첨산) 등 30여 개 이상의 고구려 성지가 이곳의 전략적 가치를 시사해 주고 있다.

한편 개원(開原)·창도(昌圖) 일대에 조성된 제군사거점은 '송화강 전구'와 '요서 작전권'·'지두우 차단지'·'요하 전구' 및 '압록강 전구'의 전략적 기능을 매개해주는 요충지로서, 요원방면의 시라무렌 루트를 타고 전개되는 대거란경략의 전진기지로서 그 역할을 다하였다. 따라서 개원·창도 일대에 분포되어 있는 용담산성, 구련성(九連城, 요녕성 개원현) 등 14여 개의 고구려성지는 고구려가 이 지역을 얼마나 중요시하였던가를 보여주고 있다.

마지막으로 목단강 유역에 구축된 군사거점들은 '송화강 전구'와 '두만강 전구'를 연계하여 고구려의 이 지역에서의 대말갈지배권의 관철을 담보하였다. 오늘날 남아있는 동경성(東京城, 길

---

156 盧泰敦, 앞의 글, 7~9쪽 참조.

157 李元根, 앞의 글, 74~76쪽 참조.

158 『三國史記』卷22 高句麗本紀10 寶藏王 27年 2月條.

159 고구려의 말갈지배양상에 관해서는 盧泰敦, 앞의 글, 14~17쪽 참조. 한편 고려 또한 여진인들의 정치적 통합 움직임을 저어하여 이에 대응하는 제시책을 실시하였다. 高承齊, 1976, 「高麗封建制度의 形成過程과 邊疆地帶의 村落創設政策」, 『白山學報』20, 328~331쪽 참조.

160 李龍範, 「高句麗의 遼西進出企圖와 突厥」, 66쪽, 盧泰敦, 앞의 글, 7~9 참조.

림성 영안현 서남)은 이 두 전구를 연결시켜 주는 길림→돈화→연길 루트를 측방에서 방호해주는 역할을 수행하였으리라 추찰된다.

3. 고구려 군사전략의 전개와 방호지대

고구려는 4C 말 이래 요하유역을 완전 장악, 이 지역을 자기의 군사적 팽창정책의 관철을 담보하는 '요하 전구'라 지칭되는 전략거점화 함으로써 제국으로서 웅비할 수 있는 기틀을 확고히 정초하게 되었다. 이제 고구려는 기존의 '압록강 전구' · '두만강 전구' · '대동강 전구'의 운용에 있어 그 내실을 기하고, 아울러 이 '요하 전구'를 고구려 전구의 최전선 거점화하게 되었다. 뿐만 아니라 고구려는 당시 가속화시키고 있던 송화강유역 경영노력에 대한 교란요인을 삼제하며, 요해지역에 있어서 대거란 경략을 뒷받침하고, 나아가 고구려제국 자체의 보호와 안전을 추구하기 위한 군사전략상의 모종의 조치를 강구하고자 하였다. 따라서 고구려는 자국 주위에 제국의 통치권이 직접 관철되지는 않지만, 자기영역에로의 제 적대세력의 침투를 차단해주는 방패의 땅, 곧 차단지(cordon sanitaire) 혹은 방위전지(glacis)를[161] 확보하기 위한 노력을 여행하였다. 결국 고구려는 이러한 전략적 구도 하에서, 5C에 들어와 요서지방에 대한 군사적 공제역량을 제고시키는 한편, 동몽골 지방에서의 고구려세력 부식을 꾀하였던 것이다.

1) '요서 작전권'의 설정

B-① (a)長壽王 二十四年(436년) 夏四月 魏攻燕白狼城 克之 王遣將葛盧孟光 將衆數萬 隨陽伊至和龍 迎燕王 葛盧孟光入城…… 五月 燕王率龍城見戶 東徙 焚宮殿……魏主聞之 遣散騎常侍封撥 來令送燕王……魏主以王違召 議擊之 將發隴右騎卒 劉絜樂平王丕等諫之 乃之(『三國史記』卷18 高句麗本紀6)

(b)(宋 元嘉 13年; 436년)夏四月 魏娥淸 · 古弼攻燕白狼城 克之 高麗遣其將葛盧 · 孟光 將衆數萬隨陽伊至和龍迎燕王 高麗屯于臨川 燕尙書令郭生因民之憚遷 開城門納魏兵 魏

---

161 여러 나라와 인접해 있는 나라는 그 영토가 확대되는 경우, 자국의 변경, 나아가서는 자국 전토의 보호와 안전을 위해서 자기나라 주위에 타국이면서 자국에로의 외침을 막아줄 수 있는 방패의 땅이 필요한 것이다. 이러한 방패의 땅을 정치지리학에서는, 외침을 차단해 준다는 의미에서 차단지(cordon sanitaire)라고 부르거나 자국 앞에 있는 땅이 자국을 방어해 준다는 뜻에서 방위전지(防衛前地, glacis)라 부른다. 任德淳, 1985, 『政治地理學原論』, 一志社, 237~239쪽 참조.

人疑之 不入 生遂勒兵攻燕王 王引高麗兵入自東門 與生戰于關下 生中流矢死 葛盧·孟光入城 命軍士脫 幣褐 取燕武庫精仗以給之 大掠城中(『資治通鑑』卷123 宋紀5 太祖 中之上)

ⓒ(宋 元嘉 13年; 436년)五月 乙卯 燕王帥龍城見戶東徙 焚宮殿 火一旬不滅 令婦人被甲居中 陽伊等勒精兵居外 葛盧·孟光帥騎殿後 方軌而進 前後八十餘里 古弼部將高苞子帥騎欲追之 弼醉 拔刀止之 故燕王得逃去 魏主聞之 怒 轞車徵弼及娥淸至平城 皆黜爲門卒(同上書)

B-② 長壽王二十六(438년) 春三月 初燕王弘至遼東……王處之平郭 尋徙北平 弘素侮我 政刑賞罰 猶如其國 王乃奪其侍人 取其太子王仁爲質 弘怨之遣使如宋 上表求迎 宋太祖遣使者王白駒等迎之 幷令我資送 王不欲使弘南來 遣將孫漱高仇等 殺弘于北豐 幷其子孫十餘人……(『三國史記』卷18 高句麗本紀6)

북연(409~436년)은 고구려·북위·유연이라는 강대세력의 틈바구니에서 친고구려·유연·남조-반북위노선을 수지,[162] 조양 이서·난하 이동의 미약한 존립기반을 간신히 유지하고 있었다. 한편 고구려는 '요하 전구'의 전초선인 요하 이서 지역에 대한 공제역량을 제고시키는데 부심하고 있었다. 즉 북연 풍발(馮跋)의 동생 비(丕)가 고구려에 망명하여 있다가, 풍발의 즉위 후(414년) 귀국한 사실이라든가,[163] 『송서』가 황룡국이라 지칭되는 북연관계기사를 동이·고구려전에서 다루고 있는 사실[164] 등은 고구려의 대요서정책 수행상 차지하는 고구려·북연관계성격의 일단을 짐작케 한다. 북위 또한 북연을 매개로 한 고구려·남조·유연 간의 대북위봉쇄연환 형성 가능성을 무산시켜 화북통일 과업을 안정적로 달성하기 위하여, 북연에 대해 경쟁적으로 영향력을 침투시키고자 하였다. 곧 북위는 북연에 대한 군사적 압력 이외에도 북연 내부에 자국세력의 부식을 꾀하였다. 풍홍의 폐세자 풍숭(馮崇)의 북위에로의 출분사건과 그가 주도하는 요서국이라는 망명 집단에 대한 북위의 노골적인 지원 사실[165] 등은 북위의 이러한 대북연침투공작의 일면을 엿볼 수 있게 해주고 있다. 그런데 북연을 에워싼 고구려·북위의 암투실상이 가장 극명하게 드러난 것이, 436년 북위의 내공과 고구려군의 입성을 목전에 두고 화룡성(和龍城)에서 벌어진 북연 내부의 친고구려파와 친북위파 간의 무력충돌사태[사료 B-①-ⓑ]이다. 한편 사

---

162 『晉書』卷125 載記25 馮跋傳. 『宋書』卷97 列傳57 夷蠻 高句麗傳. 『魏書』卷103 列傳91 蠕蠕傳.

163 『晉書』卷125 載記25 馮跋傳.

164 『宋書』卷97 列傳57 夷蠻 東夷 高句麗國傳.

165 『魏書』卷97 列傳85 海夷 馮跋傳. 三崎良章, 1982, 「北魏の對外政策と高句麗」, 『朝鮮學報』102, 124~12쪽5 참조.

료 B-①-(a)·(b)·(c)는 436년 북위의 대북연공멸 군사행동에 당하여, 고구려가 가능한 한 북위의 화북통일 기도에 제동을 걸고, 최소한 요서지역에서의 고구려의 기득권을 확인하기 위하여 단행한 화룡출병의 경과이다. 이러한 고구려의 노골적인 대북위적대행동에도 불구하고, 북위의 진공군 지휘부는 그 우월한 군사역량을 구사하며 과감한 군사행동을 전개하고 있는 고구려군과 정면충돌하는 것을 회피하고자 하였다[사료 B-①-(c)]. 북위 조정 역시 일시적으로 고구려 정벌여부에 관한 논의가 없지 않았지만[사료 B-①-(a)], 남조·유연의 고구려와의 연계 가능성을 우려,[166] 화룡성에 영주를 설치하는 소극적 대응에 만족할 수밖에 없었다.[167] 한편 고구려는 풍홍집단의 망명을 허용, 그들을 부용세력화 함으로써 그들이 유보하고 있는 영주 이서에 대한 연고권에 가탁, 요서정책의 적극화를 기도하였다. 그러나 풍홍집단은 고구려 영역내에서 독자적 세력권을 유지하면서, 고구려를 북연 복국을 위한 기지로서 활용하려 하였기 때문에, 양자간에는 심각한 갈등이 빚어지게 되었다(사료 B-②). 따라서 풍홍은 고구려와의 신속관계 설정을 거부하고, 요서지역에 대북위 군사교두보를 확보하고자 하는 남조(宋)과의 연결을 획책함에 이르렀다.[168] 이런 사태에 당한 고구려는 자기의 요서정책 수행상의 장애요인로 등장한 풍씨집단을 과감히 삼제(芟除)해버렸던 것이다(사료 B-②).

고구려는 그 숙원이던 요동지방을 완전장악하게 되자, 이 새로이 확보한 요하유역과 나아가 고구려제국 자체의 안전을 제일차적으로 담보하기 위해, 가능한 한 요서에서의 주도권을 장악하되, 최소한 요서에서의 어떠한 우월적 세력의 존재도 용인하지 않겠다는 원칙을 포함한 요서정책을 구상하고 있었음을 이 북연문제에 대한 고구려의 대처자세(사료 B-①과 B-②)를 통하여 짐작할 수 있다.

그런데 고대 유목민 사회에서는[169] 두 유목민 집단이 상접하여 있는 경우, 양자의 세력균형상에 출현하는 진공지대를 기지(棄地) 개념으로 파악하여 왔다.[170] 고구려는 오랜 유목문화권과의 조우를 통하여 습득한 기지관념을 원용, '요하 전구' 더 나아가 고구려 전구의 방위전지(glacis)로서 영주 이동의 요서지방을 기지로 상정, 이를 침해·교란하는 세력에 대해서는 군사행동마저 서슴지 않았던 것은 화룡출병(사료 B-①)을 통하여 이미 명백하게 드러난 바 있다.

결국 고구려는 5C 초에 이미 이 '요서 작전권'을 고구려 전구의 방위전지로서 운용할 수 있게

---

166 盧泰敦, 「5~6世紀 동아시아의 國際情勢와 高句麗의 對外關係」, 6쪽 참조.
167 『魏書』卷106(上) 志5 地形 志(上) 營州條.
168 盧泰敦, 앞의 글, 6~7쪽 참조.
169 『史記』卷110 列傳50 匈奴傳.
170 後藤富男, 1968, 「ウルスの領有と遊牧封建制の問題」, 『內陸アジア遊牧民社會の研究』, 吉川弘文館, 344~345쪽 참조. 姜性文, 1976, 「前漢의 匈奴關係; 呼韓邪單于의 來朝를 중심으로」, 『陸士論文集』15, 244쪽 참조.

되었다.[171] 이 '요서 작전권'의 운용실상은 오늘날 요녕성 토묵현의 고려성지 등 요하이서의 요녕성 일대에 포치되어 있는 19여 개의 고구려 성지를 통해서 집작할 수 있다.[172] 한편 고구려는 612년의 제2차 대수전쟁 와중에서 무려라 등 요서의 제군사거점을 상실함으로써[173] 이 '요서 작전권'의 소멸이라는 전략적 손실을 감수하지 않을 수 없었다.

2) 지두우(地豆于) 차단지의 확보

5C 이후 동아시아 국제질서는 고구려 · 북위 · 유연[174] · 남조(동진→송→남제→양) · 토욕혼[175]이라는 5대강국(five major power)이 필수적 국가행위자(essential national actor)가 되어 세력균형이라는 특이한 평형 상태를 이루고 있었다.[176] 이러한 국제정세 하에서 남조 · 유연 · 토욕혼은 북위의 동아시아 세계에 대한 독점적 지배권의 관철을 저지하기 위하여 서로를 잠재적 동맹대상국으로 인식,[177] 대북위 공동행동을 취하는 경향이 강하였다. 한편 북위는 고구려를 잠재적 적대세력으로 간주하면서도 고구려 · 남조 · 유연 · 토욕혼에 의한 대북위 봉쇄연환 형성 가능성을 저어하여 고구려의 적극적인 군사적 팽창정책을 인용할 수밖에 없었다(사료 A-⑩).

B-③ 地豆于國 在室韋西千餘里 多牛羊 出名馬 皮爲衣服無五穀 惟食肉酪(『魏書』 卷100 列傳88
     地豆于傳)(以下 傍點―필자)

---

171 『고구려사연구』, 84쪽 참조.
172 李元根, 앞의 글, 76쪽.
173 『三國史記』 卷20 高句麗本紀8 嬰陽王 23年(612년) 條.
174 유연(Javčan · 연연 · 예예 · 여여)은 4C 중엽 사이에 몽골에서 웅비, 북아시아 스텝지대의 패자로서 군림한 동호선비계의 유목민족이다. 內田吟風, 1975, 「柔然族に關する硏究」, 『北アジア史硏究; 鮮卑 · 柔然 · 突厥篇』, 東朋社, 271~318쪽 참조. 護雅夫 · 神田信夫 編, 1981, 『北アジア史』, 山川出版社, 75~80쪽 참조. 盧泰敦, 앞의 글, 10~13쪽 참조.
175 토욕혼이란년 3C 이후부터 청해지방(kokonor)을 중심으로 활동한 선비 모용씨계 민족이다. 池培善, 1982, 「吐谷渾과 南朝와의 交涉에 대하여」, 『漢城大學論文集』6, 215~235쪽; 1982, 「吐谷渾과 北朝와의 交涉에 대하여; 北魏를 중심으로」, 『歷史學報』98, p133~182쪽 참조. Luc Kwanten, Imperial Nomads; A History of Central Asia; 500~1500, 宋基中 譯, 1984, 『遊牧民族帝國史; 中央아시아史; 500~1500』, 民音社, 46~49쪽 참조. 池培善, 1981, 「吐谷渾의 遊牧期」, 『東國史學』15 · 16合, 309~332쪽 참조.
176 Morton A. Kaplan은 이론적으로 가능한 국제체제(International System)의 상태를 여섯 가지 전형으로 파악, 이 모델(model) 중에서 다섯 개의 강대국인 필수적국가행위자가 그 체제의 작용에 결정적인 기능을 수행하는 국제체제를 세력균형체제(the balance of power International System)라고 규정하고 있다. James E. Dougherty & Robert L. Pfaltzgraff Jr., op. cit., pp.157~158. 李相禹, 1979, 『國際關係理論; 國家間의 葛藤原因과 秩序維持』, 博英社, 5~8쪽 참조. 한편 노태돈은 5~6C 동아시아 국제질서의 성격을 "국제력관계상의 연동성"이라 규정짓고 있다. 盧泰敦, 앞의 글, 19~20쪽 참조.
177 李相禹, 앞의 책, 56쪽 참조.

B-④ 長壽王 72年(484년) 遣使入魏朝貢 時魏人 爲我方强 置諸國使邸 齊使第一 我使者次之 (『三國史記』卷18 高句麗本紀6)

B-⑤ 契丹 在庫莫奚東 異種同類 俱竄於松漠之間……太和三年(479년) 高句麗竊與蠕蠕謀 欲取地豆于以分之 契丹懼其侵軼 其莫弗賀勿于率其部落車三千乘衆萬餘口 驅從雜畜 求入內附 上於白狼水東 自此歲常朝貢 後告饑高祖(471~499년) 矜之 其聽入關市糴(『魏書』卷100 列傳88 契丹傳)

당시 이처럼 독특한 세력균형체제(Balance of Power International System) 하에서 상대적 안정을 누리던 동아시아 국제질서의 교란자로 등장한 것이 백제이다. 백제는 고구려의 한성강습작전(475년)[178]으로 일대 타격을 받고 웅진으로 남천한 이후 가중되는 고구려의 군사적 압력을 분산시키고자 요서에서의 군사행동을 활성화시키려 하였다. 이러한 백제의 움직임은 영주를 거점삼아 이 방면에서의 현상유지를 꾀하던 북위를 자극, 양국간에 무력충돌마저 발생하게 되었던 것이다.[179] 그런데 백제는 이미 370년 이래 고구려의 세력이 깊숙이 침투하고 있던 송화강 유역에 대한 영향력 침투를 꾀하였다. 사료 A-㊼은, 백제가 그 요서거점으로부터 을력지가 대북위사행로로 활용한 바 있는 우회 루트를 따라 아성 일대의 발전 잠재력에 힘입어 "勁悍於東夷最强"한 물길과의 제휴공작에 부심하고 있음을 보여주고 있다. 백제는 물길이 복잡한 송화강 수계를 활용한[종수도(從水道)] 대고구려군사행동을 실시, 이미 고구려의 보호국화 되어 있던 제3부여 영역을 교란시킴으로써, 예상되는 고구려 전체 군사역량의 분산효과를 기대하였던 것이다. 한편 북위는 친남조 성향을 띤 백제의 이러한 대물길침투공작에 의구심을 갖지 않을 수 없었다. 따라서 북위는 "三國同是蕃附宜共和順 勿上侵擾"(사료 A-㊼)라는 명목하에 백제·물길 간의 대려(對麗) 공동전선형성 움직임에 제동을 거는 일방, 고구려의 제3부여 병합과 송화강 유역 경영노력을 뒤늦게나마 추인(사료 A-㊵), 동북아시아 방면에서의 현상유지를 도모하였다. 고구려는 이러한 사태에 당하여, 백제와 북위·유연같은 잠재적 적대세력의 송화강 유역에로의 진출이 초래할 사태의 심각성을 절감, 차제에 '요서 작전권'에서의 공제역량을 제고하는 한편, 그 근본적인 대응조치로서, 송화강유역을 지향하는 또 하나의 접근로인 흥안령 동록 동몽골[180] 지방의 지

---

178 『三國史記』卷25 百濟本紀3 蓋鹵王 21年(475년) 秋 9月條.

179 『三國史記』卷26 百濟本紀4 東城王 10年(488년)條.『南齊書』卷58 列傳39 東南夷 百濟國傳.

180 동몽골이란 중국본토의 동북, 만주의 서부에 위치하고 있는 오늘날의 몽골인민공화국의 일부와 중국의 내몽골자치구의 대부분의 지역을 일괄하여 지칭하는 것이다. 좀 더 정확히 말하면, 북위 45도의 장성 외면에서부터 50도 10분인 중-러 국경의 매매성(賣買城)에 이르며, 아울러 동경 102도 항애산(抗愛山)에서부터 126도의 송화강 유역에 달하는, 그 면적 약 7만 5천리에 이르는 광대한 지역이다. 본고에서 그 고찰의 대상이 되고 있는 동몽골이란 대흥안령산맥 이동의 동부내몽골을 이르는 것이다. 關東都督部 陸軍部, 1915,『東蒙古』, 兵林館, 1~3쪽 참조.

두우족 주지에 있어서의 고구려세력의 부식을 꾀하게 되었다.

그런데 470년대 말의 동아시아 국제정세는 한층 긴박성을 띠고 전개되고 있었다.[181] 479년 송과 유연은 토욕혼을 매개로하여 대북위 공동군사행동을 감행할 것을 합의하였으나,[182] 479년 송-남제 간의 왕조교체로 인하여 대북위공격은 유연의 단독출병에 그치고 말았다.[183] 그러나 480년 유연이 남제와 북위 공벌에 재차 합의함에 따라, 남제는 신왕조의 정통성을 과시할 필요성을 감안,[184] 북위를 공격하여 사천·감숙·관중회랑의 요충인 구지국(九池國)까지 진출하였으나, 북위의 반공작전에 밀려, 그 익년(481년) 오히려 대패하고 말았다.[185] 이러한 일련의 사태 진전하에서 북위는 고구려의 동향을 예의주시하지 않을 수 없었다. 장수왕 68년(480년) 하 4월 고구려의 대남제 사절선이 나포된 사건[186]은 고구려의 다변적 외교행위가 그 당시 주변열강들의 심상치 않은 움직임으로 날카로워진 북위의 대남제 해상경계망에 포착된 사건이었다. 그럼에도 불구하고 북위가 소극적인 대응조치로 시종한 것은[187] 당시 북위가 갖고 있던 고구려의 향배에 대한 깊은 우려감을 단적으로 보여주고 있는 것이다. 이러한 상황하에서 북위의 고구려에 대한 외교적 배려는 각별한 것이 되지 않을 수 없던 것이며(사료 B-④), 그것은 그대로 동아시아 세력 균형체제 내에서의 고구려의 실세를 반영시킨 외교적 조치였다.

이제 고구려는 당시에 조성된 동아시아 국제정세의 긴박성이 빚어낸 힘의 공백상태를 틈타 479년 유연과 더불어 지두우 과분을 단행하였던 것이다(사료 B-⑤).[188]

지두우란 북으로는 도이하[陶尒河, 도아하(洮兒河)]를 한계로 실위에 접하고, 남으로는 시라무렌 유역에서 고막해·거란과 잇닿고, 서로는 흥안령에서 유연과 만나며, 동으로는 장춘·농안의 송화강유역과 상림하고 있는 동몽골 지방을 주지로 하는 유목민족을 가리킨다.[189]

---

181 5C 말의 동아시아 국제정세 전반에 관해서는, 盧泰敦, 앞의 글, 24~27쪽, 30~33쪽 참조.
182 『宋書』卷10 本記10 順帝 昇明 2年(478년) 9月 乙未條. 『南齊書』卷59 列傳40 芮芮虜傳. 『資治通鑑』卷135 齊紀 高帝 建元元年(479년) 11月 癸丑條. 嶋崎昌, 1971, 「遊牧國家の中央アジア支配と中國支配」, 『世界歷史(6); 古代(6)』, 岩波書店, 397쪽 참조.
183 『南齊書』卷59 列傳40 芮芮虜傳.
184 남조에 있어 북벌과 그 정통성의 관계에 관해서는, 傅樂成, 1979, 『中國通史』(上), 辛勝夏 譯, 宇種社, 313쪽참조.
185 『魏書』卷7 帝紀7(上) 高祖紀(上).
186 『三國史記』卷18 高句麗本紀6.
187 『三國史記』卷18 高句麗本紀6. 그러나 고구려는 이 사건에 구애받지 않고 익년인 481년 다시 사신을 보내 남제에 조공하였다.(『三國史記』卷18 高句麗本紀6 長壽王 69年 條).
188 안정복·한치윤 이래 대부분의 연구자들은 지두우 과분을 단지 기도에 그친 것으로 언급하고 있다. 李龍範, 앞의 글, 54~55쪽; 「大陸關係史; 古代篇(上), 54쪽; 千寬宇, 「廣開土王陵碑文再論」, 566쪽. 李基白·李基東, 앞의 책, 170쪽. 그러나 최근 노태돈은 이 문제에 상당한 관심을 할애하고 있다. 盧泰敦, 앞의 글, 13~14쪽, 17~18쪽, 36쪽, 42쪽, 44쪽, 45~4쪽6 및 49~50쪽 참조.
189 箭內亙, 1913, 「南北朝時代の滿洲」, 箭內亙·稻葉岩吉·松井等 撰, 『滿洲歷史地理』(5), 南滿洲鐵道株式會社, 324~325쪽 참조. 山崎惣與, 1937, 『滿洲地名大辭典』, 國書刊行會, 832쪽 참조. 李龍範, 앞의 글, 58쪽. 盧泰敦,

고구려는 요해지방에 대한 경략을 보다 원활히 수행함과 동시에 스텝로드(steppe-road)의 동단인 동몽골 일부를 확보, 내륙아시아를 포함한 제유목문화권과의 교류를 촉진하며,[190] 전략물자인 말 공급 기반의 확대를 목적으로 출명마(出名馬, 사료 B-③)하는 지두우로 진출하고자 하였다. 그러나 무엇보다도 고구려는 당시 경략 중이던 송화강 유역이 수적지지임을 감안, 이 지역에서의 세력부식을 꾀하는 제적대세력의 침투를 저지하고자 하는 전략적 구도하에서 이 지두우족의 주지를 고구려제국의 차단지화(cordon sanitaire)하려고 서둘렀던 것이다. 즉 고구려는 본래부터 병항형세의 교통 및 군사요지에 간단한 성벽을 쌓아 국내성을 방호하는 차단성을 구축해온 바가 있다. 이제 고구려는 이 지두우족의 주지를 송화강유역(494년 이후에는 '송화강 전구')을 방호하는 차단성화함으로써 당시 여행중이던 이 지역경영을 보다 안정적으로 수행하려 하였던 것이다.

한편 유연의 주공 방향이 470년의 북위공격 이후 카라샤르(karashar) 및 허톈(khotan)에서의 지배권 획득을 염두에 둔 중앙아시아 지향적이었던 만큼,[191] 유연은 고구려·북위의 연대가능성을 배제하고 나아가 고구려를 대북위공동전선에 포섭하고자 원했기 때문에, 지두우 문제로 고구려와 불필요한 긴장관계를 조성할 의사가 없었다. 더구나 고구려와 지두우 과분을 행한다는 것은 일단 흥안령 이동지역에 있어서의 교두보를 확보할 기회가 되는 만큼 유연로서도 굳이 이를 마다할 이유가 없었다.

그런데 당시의 북아시아 스텝세력이 흥안령 이동으로 침투하는 루트는 대체로 세 가지였다고 추정된다. 그 첫째는 외몽골에서 눈강 유역을 따라서 치치하얼을 거쳐 하얼빈에 이르는 눈강 루트이다. 두 번째 통로는 색륜(索倫)·조안(洮安) 혹은 조남(洮南)·대뢰(大賚)·백도눌(伯都訥)에 이르는 조아하(洮兒河) 루트이다. 마지막 세 번째 루트는 대체로 흥안령산맥(興安嶺山脈)을 넘어 구서찰노특왕부(舊西札魯特王府)를 거쳐 시라무렌 북안을 따라 구달뢰한왕부(舊達賴罕王府)에 이르고, 다시 정가둔(鄭家屯)[요원(遼源)]을 지나 사평·개원(四平·開原) 일대로 연결되는 시라무렌 루트이다. 고구려는 이들 중 조아하 루트와 시라무렌 루트를 공제할 수 있는 지두우족 주지인 흥안령 이동의 동몽골 지방을 그 세력권 하에 포섭, 이곳을 제적대세력의 송화강 유역 침투를

앞의 글, 13쪽.

190 고구려와 유목문화권과의 교류에 관한 호례로서, 穴澤和光·馬目順一, 1976,「アフラツャフ都城址出土の壁畫にみられる朝鮮人使節について」,『朝鮮學報』80, 30~32쪽 참조. 그러나 김원룡은 이 사마르칸트의 아프라시압 도성지의 궁전벽화에 나오는 한민족계의 외교사절을 700년 경 4두품 이상의 신라인으로 보고 있다. 金元龍, 1976,「사마르칸트 아프라시압 宮殿壁畫의 使節圖」,『考古美術』129·130合, 162~167쪽 참조; 李殷昌, 1982,「新羅金屬工藝의 源流인인 中央亞細亞의 古代文化; 아프가니스탄의 시바르간 出土遺物을 中心으로」,『韓國學報』26, 165~166쪽 참조. 그런데 김원룡도 최근 이 벽화의 주인공이 고구려인일 가능성을 굳이 부인하지 않고 있다. 金元龍, 1984,「古代韓國과 西域」,『美術資料』34, 5~7쪽 참조.

191 Luc. kwanten, op. cit., pp.40~41.

제어하는 차단지(cordon sanitaire)화하게 된 것이다. 따라서 이 '지두우 차단지(地豆于遮斷地)'가 확보된 이후인 6C 중엽 경 돌궐세력이 송화강 유역으로 침투하는데 이용한 루트는 눈강 루트일 수밖에 없었고, 이에 대하여 고구려는 '송화강 전구'를 거점삼아 전략물자인 철을 남실위에 공급하면서 대돌궐역 공을 벌였음은[192] 주지의 사실이다.

한편 일본의 관동도독부 육군부가 1915년에 조사·작성한 흥안령 이동과 이서에서의 몽골 비적활동(匪賊活動) 상황에 따르면,[193] 외몽골에 근거를 두고 흥안령 이동까지 침입해오는 이 몽비(蒙匪)들에 대한 중국군의 경계선이 조남과 요원을 중심으로 대체로 돌천(突泉)과 개로(開魯)를 잇는 선을 유지하고 있음을 알 수가 있다. 아울러 동 조사보고에 따르면, 당시 동몽골에서 순유목생활을 하는 몽골계 주민분포의 동한(東限)도 대략 이 돌천-개로선을 넘지 않고 있다.[194] 또 이것은 당시 만주에 있어서의 순목지의 동한선과도 거의 일치하고 있다.[195] 그렇다면 비록 시대는 훨씬 뒤떨어지지만, 이 지역의 자연 및 인문환경적 특수성을 감안, 이러한 자료들을 토대로 당시 지두우 과분의 실상을 추찰해 볼 수 있다. 즉 고구려는 돌천-개로선 이동의 구철리목맹(舊哲里木盟) 지역의 대부분을, 그리고 유연은 그 이서의 구철리목맹 지역 나머지 부분과 시라무렌 북안의 구조오달맹(舊照烏達盟) 지역에 위치한 지두우족의 주지를 각각 자기세력 범위로 설정하여 흥안령 이동의 동몽골 지방을 과분하였을 것이다.

결국 고구려는 479년 '지두우 차단지'를 확보, 조아하 루트를 공제할 수 있게 됨으로서 물길의 대중원·백제 접촉루트인 대우회 코스(사료 A-㊼)마저 차단할 수 있게 되었고, 따라서 송화강 유역 경영의 안정성을 담보할 수 있게 되었다. 아울러 고구려는 개원·창도 일대의 제군사 거점을 전진기지로하여 시라무렌 루트를 활용, 요해지방에서의 거란경략을 가속화시킬 수 있었다.[196]

한편 거란족은 고구려가 지두우 과분을 단행하고 요해지방경략을 본격화하게 되자, 그 일부가[197] 남분, 북위에 내부하였다(사료 B-⑤). 그러나 북위는 고구려와 알력이 발생하는 것을 원치 않았다. 따라서 그들이 백랑수(白狼水) 이서(대릉하 상류)의 북위령에 진입하는 것을 허락치 않고 있었다. 북위는 다만 인도적인 명분으로 거란의 입관교역을 허용(사료 B-⑤), 필요한 경우 이 남분한 거란족 집단의 군사력을 이용할 빌미를 유보해 놓고자 하였던 것이다.

---

192 朴京哲, 17~1쪽8 및 132~133쪽 참조.
193 關東都督部 陸軍部, 앞의 책, (附) 蒙匪跳梁區域圖 참조.
194 위의 책, 28~32쪽, 참조.
195 田中秀作 外, 앞의 글, 255쪽 참조.
196 盧泰敦, 「高句麗의 漢水流域喪失의 原因에 대하여」, 41~43쪽쪽 참조.
197 이들 거란족은 이제까지 고구려와 가장 접촉이 적었던 요해지방 서부지역의 거란 집단이라고 보는 견해가 있다. 위의 글, 41쪽.

B-⑥　庫莫奚……·太和四年(408년) 輒入塞內 辭以畏地豆于鈔掠 詔書切責之(『魏書』卷100 列
　　傳88 庫莫奚傳)

B-⑦　東城王 10年(488년) 魏遣兵來伐 爲我所敗(『三國史記』卷26 百濟本紀4)

B-⑧　是歲(490년) 魏虜又發騎數十萬 攻百濟入其界……·大破之(『南齊書』卷58 列傳39 東南夷
　　百濟國傳)

B-⑨　太和十有四年(490년) 夏四月 地豆于 頻犯塞 甲戌征西大將軍 陽平王熙擊走之五月乙酉
　　庫莫奚犯塞安州都將軍樓龍兒擊走之(『魏書』卷7下 帝紀7 高祖紀 下)

　지두우 과분(479년) 이후 이 방면에서 지두우와 고막해,[198] 백제와 북위, 지두우와 북위 및 고
막해와 북위 간에 무력충돌이 빈발하고 있음이 주목된다. 이 사실은 고구려가 자기세력권 하 에
포섭한 지두우족을 군사적 부용세력화하여 요해 및 동몽골 지방에로의 세력확산을 위한 첨병적
역할을 다하도록 그들을 구사하고 있었고, 이와 관련, 이 지역에 새로운 군사적 긴장이 고조되
고 있었음을 시사해 준다. 한편 물길 사신 을력지의 대북위 사행로(사료 A-⑰)를 재검토해 보면,
그는 조아하 루트에 연해 있는 조남 부근에서 침선어수(沉船於水)하여 이미 고구려 세력이 침투
하여 있던 지역을 은밀하게 대우회, 고막해족의 주지인 라오자무렌 유역 이서 곧 열하 서변을
거쳐 북위의 동북거점인 영주에 이르고 있음을 알 수 있다. 이 사실은 고막해가 당시(477년)에
물길의 대북위접촉에 그다지 큰 피해의식을 갖지 않은 백제와[199] 이해관계를 같이하고 있는 집
단이었음을 의미한다고 파악할 수 있다. 따라서 480년 고구려의 사주를 받은 지두우족이 대고
막해 군사행동을 감행하자, 고막해는 이를 감당할 수 없어 북위 내 로 분주하는 사태가 발생하
지만,[200] 북위는 조서절책지(詔書切責之)라는 소극적 대응에 그침으로써(사료 B-⑥),[201] 고구려의
동몽골 및 요해지방에서의 우월적 지위는 확고해졌다. 이제 고구려는 이 방면에서의 세력구도
를 자신에게 유리하게 형성하면서, 482년에는 지두우의 대북위사행마저[202] 인용하는 여유를 가

---

198 고막해는, 시라무렌 상류인 라오자무렌 유역을 주지로 하는 선비 가비능부중(軻比能部衆)의 후예이다. 池培
　　善, 1978, 「鮮卑 拓跋氏의 氏族分裂過程에 대하여」, 『白山學報』24, 130~134쪽 참조. 李龍範, 앞의 글, 57쪽
　　참조.
199 백제는 당시 가중되는 고구려의 군사적 압력을 경감시키기 위한 고육책으로서 의도적으로 북위에 접근하기 위한
　　외교정책을 구사하였으나, 요서방면에 있어서의 양국간의 이해상충으로 실패, 무력충돌 사태로까지 발전하게 되
　　었다. 『魏書』卷100 列傳89 百濟 延興 3年(472년)條.
200 그러나 노태돈은 이 사태를 과분 이후 지두우족의 일부가 해족 지역으로 달아나 초략을 행한 것으로 본다. 盧泰敦,
　　「5~6世紀 동아시아의 國際情勢와 高句麗의 對外關係」, 17쪽.
201 노태돈은 이러한 북위의 소극적인 대응조치로 동부내몽골 지역에 있어서 북위의 영향력과 위신이 실추되었다고 본
　　다. 위의 글, 17쪽.
202 『魏書』卷7 帝紀(上) 高祖紀(上) 太和 6年 2月 戊申條.

질 수 있게 되었다.[203] 그런데 488년(사료 B-⑦) 및 490년(사료 B-⑧) 요서에서 북위·백제 간의 무력충돌이 가열화되는 틈을 타서, 고구려는 490년 하 4월에 지두우로 하여금 대북위군사행동을 벌이게 함으로써(사료 B-⑨), 동몽골 및 요해지방에 있어서의 그 우월적 입장을 시위하였다. 또 백제는 동년 5월 고막해에 대한 자신의 영향력을 구사하여 고막해로 하여금 북위를 공격케 함으로써(사료 B-⑨), 요서방면에서의 북위 군사 역량의 분산을 획책하였다. 결국 479년의 지두우 과분 이후 전개된 동몽골·요해방면에서의 정세변동은 북위의 이 방면에서의 군사역량의 취약성을 노정시킨 결과가 된 셈이다.

B-⑩   阿那瓌來奔之後 其從兄俟力發婆羅門率數萬人入討示發破之 示發走 奔地豆于 爲其所殺(『魏書』卷103 列傳91 蠕蠕傳)

흥안령산맥 이동의 동몽골 지방의 서반부를 주지로 하는 지두우족을 그 세력권 내에 포섭한 유연은 유목제국 특유의 유목봉건제[204]에 입각, 지두우족 고유의 부족구조를 온존시킨 위에 가한 일족을 이곳에 파견, 지두우의 움직임을 통제하는 한편, 현지의 부족장을 매개로 공납을 징수하는[205] 지배·수탈기제를 운영하였으리라 추정된다. 그런데 520년 유연의 가한 추노(醜奴)가 난정(亂政)으로 피살되고, 그 동생인 아나양(阿那瓌)이 계위하게 되었으나, 지두우족을 그 세력 기반으로 하고 있던 족형 시발(示發)의 공격을 받고 아나양은 북위로 남분·망명하는 내분이 발생하였다.[206] 그러나 521년 시발도 그 종부형인 파라문(婆羅門)의 공격을 받고, 그의 통제하에 있던 지두우족의 주지로 달아났다가 그곳에서 피살되고 만다(사료 B-⑩). 이 사건을 계기로 지두우족은 유연의 기반(羈絆) 하에서 이탈하게 되었다.[207] 한편 고구려는 내홍으로 동부내몽골 지방에서 유연족의 세력이 퇴조를 보이게 되자, 돌천–개로 이서의 지두우족에 대해서도 그 영향력 침투를 획책하였으리라 추정된다.

---

203 이와 유사한 사례에 관해서는, 徐榮洙, 앞의 글, 168~169쪽쪽 참조. 盧泰敦, 「高句麗의 漢水유역喪失의 原因에 대하여」, 49~51쪽쪽 참조.
204 유목봉건제에 관해서는, 後藤富男, 앞의 글, 330~352쪽 참조.
205 護雅夫, 「北アジア古代遊牧國家の構造」, 『世界歷史; 古代(6)』, 378쪽 참조.
206 『魏書』 卷103 列傳91 蠕蠕傳.
207 북위 정광(正光) 5년(524년) 및 정무(武定) 연간(544년, 546년, 549년)의 지두우 인공기사가 동몽골 지방에서의 이러한 정세변화를 반영하고 있는 것으로 본다. 『魏書』 卷9 帝紀 9 肅宗紀 正光 5年條 및 『魏書』 卷12 帝紀 12 武定 2年 (544년) 4年·7年(549년)조.

4. 평양천도 이후 고구려 군사전략의 지향점

　고구려 군사전략의 전개과정, 특히 평양천도(427년) 이후 그것의 지향점을 파악하기 위해서는 무엇보다도 고구려 전구의 성립을 전제로 하는 전략거점으로서의 다섯 전구의 축차적 전개양상 및 제국의 방호지대로서의 '요서 작전권'·'지두우 차단지'의 전략적 운용실상을 보다 포괄적으로 검토해 볼 필요가 있다.

　B.C. 1C 말에서 4C 말 사이의 고구려의 제 군사행동은 국내성을 중핵으로 하는 압록강 중류지역 일대를 기축으로 하여 전개되었다. 그것은 먼저 북옥저·동옥저·동예의 동북·동남 방면과 송화강 유역의 부여 방면, 요하유역의 요동 방면, 마지막으로 대동강 유역의 평양 방면이라는 네 방면으로 축차적으로 '압록강 전구'를 형성·확산시켜간 과정이었다. 이 중 동북·동남 방면에서 축적된 군사잠재력은 고구려의 요동 방면에로의 군사적 팽창을 뒷받침하는 일방, 부여방면에 대한 군사적 압력 조성에 일조가 되었다. 또 요동 방면에서의 군사행동은 고구려세력의 대동강 유역과 송화강 유역에로의 확산에 매개가 되었다. 이 점에 비추어볼 때, 각 방면에로의 군사행동은 상호연관 하에서 고구려의 전제적 군사국가화를 지향하면서 전개되었던 것이다. 그러나 '압록강 전구'에서 전개된 제 방면의 군사행동 중에서 관건이 된 것은 요동 방면의 그것이었다. 따라서 당시 고구려 국력팽창의 방향이 요하선을 지향하고 있었음을 파악할 수 있다. 한편 고국양왕 2년(385년)의 요동·현토 공함작전 이후의 고구려 군사행동은 종래의 차원을 지양, 고구려제국의 군사적 기반조성을 지향하면서 전개되었다. 따라서 고구려 군사전략상 '압록강 전구'가 차지하였던 최전선 전구로서의 제1의적(第一義的) 비중도 그 질적 변화를 감수하여야 했다.

　'압록강 전구'를 축으로 하는 고구려의 외선 작전적인 군사적 팽창과정에서 구축된 책성을 중심거점으로 하는 '두만강 전구'는 그 예하에 남해지역까지 포섭하게 되었다. 이 전구는 원래 이 방면의 읍루세력을 고구려 세력권 내로 편입시키는 기능과 더불어 부여에 대한 조공작전 기지의 구실도 하였다. 또 고구려가 이 방면경영을 통하여 조성한 군사잠재력 역시 고구려의 요동방면 진출을 뒷받침하게 되었다. 그리고 이 전구가 위와의 전쟁 시(245년) 고구려의 최후 저항선으로서 그 역할을 다하게 됨으로써 그것이 고구려 군사전략 운용상 차지하는 중요성은 일시적으로나마 한층 고양되게 되었다. 그러나 고구려군사행동의 주공방향이 요하선을 지향하게 됨에 따라, '두만강 전구'는 고구려 국력팽창의 최전선으로서보다는, '송화강 전구'와 더불어, 그것을 뒷받침하는 후방전략거점으로서 보다 큰 역할을 수행하였다. 또 이 '두만강 전구'의 중심거점인 책성은 관북 및 영동지방, 간도 및 연해주지방에 있어서 고구려 통치권의 관철을 담보하는 감제 기지로서의 역할을 다하였다. 고구려는 이 과정에서 축적된 잠재력을 보전하여 훗날 발해 건국

의 기반을 저초(底礎)하였던 것이다.[208]

고구려의 발흥지인 압록강 중류지역과는 그 역사적 경험과 문화적 기반을 달리하는 평양을 중심으로 형성된 '대동강 전구'는 두 가지 기능을 동시에 수행하여야 했다. 그 하나는 고구려제국 전체의 군사행동을 지휘·통제하는, 즉 고구려 전구의 중추전략거점으로서의 기능이다. 또 하나는 대나·제 군사행동을 뒷받침하는 전략거점으로서의 기능이다. 그런데 오늘날 우리 학계에서는 이 '대동강 전구'의 중심거점인 평양천도 동기를 무엇보다도 고구려가 북위의 강습으로 서진정책을 포기하고 보다 적극적으로 남진(下)정책을 수행하기 위한 것으로 파악하고 있는 입장이 정설화 되어있다. 그러나 북위는 북량(北涼)을 공멸하고 화북을 통일하는 439년 이전에는 고구려의 안위에 직접적인 영향력을 미칠 입장에 있지 못하였다. 더구나 당시 북위는 이미 4C 말 이래 현재화된 유연의 군사적 압력에 대한 타개책을 강구해야만 할 상황에 처해 있었다.[209] 게다가 북위는 당시 동아시아에서 형성된 세력균형체제(Balance of power International System)라는 국제질서 하에서 고구려·남조·유연·토욕혼에 의한 대북위봉쇄연환성립 가능성을 저어, 고구려의 향배에 깊은 우려감을 갖고 있었다. 따라서 북위는 고구려가 동북아시아 일대에 구축한 독자적 생존권을 인용하고, 화룡출병(436년), 지두우 과분(479년), 송화강 유역 완전 확보(494년), 요해 지방에서의 거란 경략 등 고구려의 과감한 군사적 팽창정책에 대해 시종일관 소극적으로 대응할 수밖에 없었던 것이다.

그러므로 적어도 평양천도의 제1의적 동기로서 북위의 위협을 거론함은 보다 신중히 재고해 볼 여지가 없지 않다고 본다.

한편 고구려가 평양천도를 계기로 남진(下)정책 일변도의 국세팽창정책을 지향하였다는 인식도 숙고해 볼 필요가 없지 않은 것이다. 즉 천도 이후 고구려의 지속적인 대나·제 군사행동은 그 사회 체질상 대외지향적 성향을 가진 백제나,[210] 일취월장하는 신라의 국세신장을 의식하고 있던 고구려가 자기의 요하 이서선을 지향하는 군사적 팽창정책 전개과정 상 배후의 불안요인 화하고 있는 나·제 양국에 대하여 수행한 공세적 방어조치였다고 이해함이 타당할 것이다. 곧 평양천도 이후 고구려의 대나·제 군사행동은 어디까지나 공세적 방어의 성격을 지니면서 취약한 작전선을 담보로 한 외선작전형태로 전개되었는데, 고구려가 이 방면에서의 군사행동을 하나의 독자적인 전구에서의 그것으로 인식하지 않고 있었던 만큼, 나·제의 국세신장에 반비례,

---

208 李龍範, 「高句麗成長과 鐵」, 63~65쪽 참조. 盧泰敦, 「渤海建國의 背景」, 2~11쪽 참조.
209 傳樂成, 앞의 책, 333~334쪽 참조. Luc. kwanten, op. cit., pp.39~41. 盧泰敦, 「5~6世紀 동아시아 國際情勢와 高句麗의 對外關係」, 10~13쪽 참조.
210 金哲埈, 앞의 글, 51~55쪽 참조. 國史編纂委員會 編, 『韓國史』2, 175~178쪽 참조. 李明揆, 앞의 글, 75~77, 및 79~80쪽 참조.

대나·제 군사행동의 실효성은 저하되어 갔던 것이다. 한편 고구려 전구의 중추전략거점으로서의 '대동강 전구'의 기능은 이 전구 자체를 포함한 고구려 전구 예하 제단위 전구의 기능적 총화로써 유지되는 만큼, 요하·송화강·압록강전구가 대당전쟁 말기에 무력화됨에 따라 이 기능은 형해화(形骸化) 되고 말았다.

고구려가 국초 이래 압록강·두만강 및 대동강 유역을 축차적으로 확보하면서 요하선을 지향한 제 군사행동을 집요하게 추진한 결과, 고구려는 4C 말 요하유역을 완전 장악 요동지방을 그들의 전략거점화 하는데 성공하였다. 이 사실은 고구려가 동북아시아에 있어서 군림하는 하나의 제국(empire)으로서 웅비 할 수 있는 결정적 계기가 됨과 동시에, 이 지역세력 판도형성에 결정적 역할을 수행하게 되었음을 의미한다. 이후 고구려는 요동성을 중심으로 강고한 '요하 전구'를 구축, 이 지역을 고구려 전구의 최전선(limes) 전략거점화 하였다. 또 고구려는 이 '요하 전구'를 발판으로 요서 및 요해 지방에 있어서의 군사행동의 실효성을 제고시키는 한편 동몽골 지방에서의 세력 확산을 획책하였다. 아울러 고구려는 이 '요하 전구'를 송화강 유역 경영의 원활화를 담보하는 전진거점으로서 운용하였다. 한편 이 '요하 전구'는 대수당 70년 전쟁의 와중에서 '요서 작전권'이 소멸됨에 따라 항시 전장화 되게 되었다. 이제 '요하 전구'의 제군사거점이 고구려의 종심방어전략 수행의 주도적 역할을 맡게 됨에 따라, 이 '요하 전구'의 시의적절한 전략적 운용 여하가 고구려제국 존립여부 자체와 직결되게 되었던 것이다.

그 건국 초부터 송화강선을 지향한 제 군사행동을 여행한 바 있는 고구려는 370년 이후 이 송화강유역에로의 세력침투를 본격화하게 되었고, 494년 이 지역을 완전히 자기영역화하게 되었다. 그런데 고구려는 이통하 유역 및 북류 송화강유역 일대, 개원·창도 일대, 목단강 유역 일대를 중심으로 '송화강 전구'를 구축하는 한편, '지두우 차단지'의 운용을 통하여 이 지역의 안정적 확보를 도모하였다. 고구려는 이 '송화강 전구'의 전략적 운용에 힘입어, 무엇보다도 말갈족에 대한 고구려 지배권의 철저한 관철을 담보하면서, 요해지방의 대거란경략을 적극화하고, 아울러 눈강(嫩江) 선을 따라 대실위 세력확산을 획책할 수 있었다. 한편 고구려는 이 '송화강 전구'의 경영을 통하여 조성한 경제력과 안시성 방어전 당시 일시에 15만 대병력의 동원이 가능한[211] 전략 예비군으로서의 말갈의 군사역량을 자기군사 잠재력의 기반으로 활용할 수 있었다. 따라서 이 '송화강 전구'는 대수당 70년 전쟁 중에 항시 전장화되었던 '요하 전구'를 뒷받침하는 고구려 전구의 최대 후방전략거점으로서의 구실을 다하였다. 그러나 666년 남생의 이반과[212] 그에

---

211 『三國史記』卷21 高句麗本紀9 寶藏王 4年(645년)條.
212 『三國史記』卷22 高句麗本紀10 寶藏王 25年(666년)條.

따른 당제국의 대고구려 군사전략의 변경은[213] '송화강 전구'의 실함(668년)을 결과하였으니,[214] 이것은 고구려 전구 자체의 붕괴와 직결되었던 것이다.

고구려는 평양천도 이래 '대동강 전구'를 고구려 전구의 중추적 전략거점화 하였던 만큼, 대나·제 전략거점으로서의 이 전구의 역할은 부차적인 것이 될 수밖에 없었다. 한편 고구려는 '요하 전구'를 고구려 전구의 최전선(limes)의 전략거점화하고, 그 방위전지(glacis)인 '요서 작전권'의 효율적인 운용을 꾀하였다. 따라서 기왕의 중추거점이었던 '압록강 전구'는 고구려 군사전략 운용상 차지하던 중요성이 저하되어, 그것은 고구려 전구의 제2선 전략거점화 되었다. 또한 '지두우 차단지'(condon samitaire)를 방호지대로 하는 '송화강 전구'가 고구려 전구에 있어 최대의 후방 전략거점화 됨에 따라 종래의 '두만강 전구'가 차지하던 후방전략거점으로서의 비중도 감소되어 갔다.

이 점에 비추어 볼 때, 5C 이래 고구려 군사전략 운용상 '요하 전구'는 고구려 전구의 최전선 전략거점으로서, '송화강 전구'는 그것의 최대 후방전략거점으로서 그 중요성이 부각되는 반면, '압록강 전구' 및 '두만강 전구'의 전략적 가치는 상대적으로 저하되어 갔다. 또 '대동강 전구'가 가지는 고구려 전구에 있어서의 중추전략거점적 기능이 한층 고양됨에 반해서, 그것이 가지는 대나·제 군사행동의 실효성을 담보하기 위한 전략거점적 기능은 부차적인 것이 될 수밖에 없었다. 따라서 고구려 전구의 제2전선적 의미를 가진 이 방면에서의 제 군사행동은 나·제의 국세 신장에 반비례하면서 그 취약성을 노정하게 되었다.

결국 평양천도 이후 고구려 전구와 그 방호지대를 물적 기반으로 하는 고구려 군사전략 나아가 그 군사적 팽창정책은 요하 이서 선을 지향하며 전개되었던 것으로 파악할 수 있다.

한편 고구려의 국력팽창 과정에 있어 형성·전개된 각 전략거점과 방호지대가 수행한 바 있던 제 기능의 변화를 일정 시점별로 검토, 고구려 전구 운용양상을 고찰해보면 〈표 1〉과 같다.

표 1의 검토 대상인 고구려가 국초 이래 수행한 제 군사행동은 각 세기별로 당시 고구려가 여행한 군사행동의 주공방향(主攻方向)을 파악할 수 있는 단서를 제공해주는 주는 대표적 사례들이다. 그런데 〈표 1〉에 따르면, 대체로 1C~4C의 고구려 제 군사행동의 주공방향은 요하선을 지향하고 있고, 평양천도 이후인 5C 이래의 그것은 요하 이서선을 지향·전개되고 있었음을 확인할 수 있다. 따라서 평양천도 이후 고구려 군사전략의 지향점, 나아가 그 군사적 팽창정책이 남진(하) 일변도의 그것이 아니었음은 〈표 1〉을 검토함으로써 역시 확인될 수 가 있다.

---

213 令男生…… 爲我鄕導 虜之情僞盡知之[『三國史記』 卷22 高句麗本紀10 寶藏王 27年(668년)조]라는 가언충(賈言忠)의 발언 속에서 당측 전략변화의 배경을 짐작할 수 있다. 이 문제에 관해서는, 朴京哲, 151~153쪽 참조.
214 『三國史記』 卷2 高句麗本紀10 寶藏王 27年(668년) 2月條.

〈표 1〉 고구려 전구의 운용양상(B.C. 37~A.D. 668년)

고구려 군사행동의 전개 / 시점		화북강습작전 (모본왕2=49년)[215]	현토성공위작전 (태조69=121년)[216]	위관구검내침 (동천20=342)	모용황내침 (고국원왕12=342)[217]	지두우 과분 (장수67=479)	利稽察大爲 高麗靺鞨所破 (555~582)[218]	대수당70년전쟁(영양9-보장27=598~668)[219]
고구려 전구	압록강전구 (기원전 37~A.D.3)	중추거점	중추거점	중추거점	중추거점	제2선거점	제2선거점	제2선거점(압록강방어선)
	두만강전구 (기원전 28~A.D.56)	형성중	후방거점	후방거점 (최후저항선)	후방거점	후방거점	후방거점	후방거점
	대동강전구 (313)	작전중	작전중	작전중	형성중	중추거점 및 대라제군사 거점	중추거점 및 대라제군사 거점	중추거점 및 대라제군사 거점
	요하전구 (391~395)	작전중	작전중	작전중	작전중	최전선거점	최전선거점	최전선거점
	송화강전구 (494)	작전중	작전중	작전중	작전중	형성중	최대후방 거점	최대후방 거점
방호지대	요서작전권 (5C 초)	작전중	작전중	×	×	기능중	기능중	612년 이후 기능정지
	지두우차단지 (479)	×	×	×	×	지두우 과분	기능중	기능중
	요해지방 (4C 말)	×	×	×	×	작전중	작전중	작전중
주공방향		요하선	요하선	요하선	요하선	요하이서선	요하이서선	요하이서선

한편 평양천도 이후 고구려 군사전략의 지향점을 검토함에 있어서 간과할 수 없는 것은 고구려가 요해 지방에서 수행한 제 군사행동이 가지는 의미이다. 즉 4C 말 두 차례의 거란 정벌 이래 이 요해 지방에 대한 고구려의 관심과 그 진출상은 현저한 것이었으며, 고구려의 이 지역에 있어서의 군사행동은 대당전쟁의 와중에서조차 여행되고 있었다.[220] 그런데 이 요해 지방은 후대에까지 몽골 지방의 제압과 만주와 서번 제용에 대한 패권의 안정적 관철을 담보함에 있어 천하지

---

215 이 화북강습작전에 관해서는, 朴京哲, 35~37쪽 참조.
216 이 현토성 공위작전에 대해서는, 위의 글, 37~39쪽 참조.
217 이 모용황의 고구려침공과 이에 대한 고구려의 군사적 대응양상에 관해서는, 위의 글, 41~43 참조.
218 돌궐의 동북아시아에로의 세력침투기도와 관련된 고구려의 이 군사행동에 관해서는, 위의 글, 126~131쪽 참조.
219 대수당 70년 전쟁에 관해서는, 위의 글, 139~153쪽 참조.
220 위의 글, 150~151쪽 참조.

뇌(天下之腦)[221]가 되는 지역이라고 인식된 바 있었던 만큼[222] 고구려는 일찍이 이 요해지방의 지정학적 중요성을 간파, 이 방면에서의 세력부식에 부심하고 있었던 것이다. 아울러 대수당 70년 전쟁의 발단이 이 요해 지방에서의 거란족 지배권의 향방을 위요한 고구려 · 수 · 돌궐 간의 각축전에서 비롯되었다는 점을[223] 상기할 때, 이 지역에서의 세력확산에 대한 고구려의 비상한 관심도를 엿볼 수 있다. 따라서 5C 중반 평양천도 이후 고구려는 확고히 형성 · 구축된 '요하 전구' · '송화강 전구'를 발판으로 '지두우 차단지' · '요서 작전권'의 전략적 운용의 실효성을 제고시키면서 그 요해 경략으로 표상되는 독자적인 대륙정책을 구상, 그 관철을 획책하였던 것이다.

고구려는 국초 이래(B.C. 1C~A.D. 4C) 전제적 군사국가을 지향, 요하선을 그 주공 방향으로 하는 군사적 팽창정책을 견지하였다. 그러나 고구려는 광개토 · 장수 · 문자왕대(4C말~6C초년)에 이르러 동북아시아 일대에 독자적 생존권을 확보한 하나의 제국으로 웅비할 수 있었다. 따라서 5C~7C 고구려의 군사전략은 종래의 전제적 군사국가의 안정적 기반조성을 지향하며 전개해 오던 차원을 지양, 고구려제국의 군사적 기반조성을 지향하는 대륙정책적 차원에서 재조정되어야 했던 것이다. 그러므로 평양천도 이후 고구려 군사전략의 지향점을 파악하기 위해서는, 종래와 같이 남진론 · 서진론의 당부여하(當否如何)를 떠나서, 당시 고구려가 추구하였던 대륙정책적 차원에서 그것을 천착하고자 하는 새로운 시각 조정을 위한 노력에 인색할 필요가 없을 것이다.

5. 맺음말

필자는 본고에서 고구려사의 전개과정을 고구려의 군사적 팽창정책을 관철하려는 고구려 군사전략의 구현과정으로 인식, 고구려의 군사적 팽창정책 수행상 여행된 고구려 군사전략의 지향점, 특히 평양천도 이후의 그것을 파악하기 위한 새로운 시각 조정의 가능성을 천착해 보았다.

필자는 우선 제1장에서 고구려 전구의 성립을 전제로 한 전략거점으로서의 다섯 전구의 형성 · 전개 및 그 실상을 검토해 보았다.

즉 고구려는 국초 이래(B.C. 1C 말~4C 말) '압록강 전구'를 기축으로 한 전방위적 군사팽창정

---

221 『熱河日記』卷9, 「黃教問答」.
222 閔斗基, 1963, 「熱河日記의 一研究」, 『歷史學報』20, 1065~1067쪽 참조.
223 李龍範, 1959, 「高句麗의 遼西進出企圖와 突厥」, 『史學研究』4, 68~72쪽 참조. 朴京哲, 135~138쪽 참조.

책을 전개, 축차적으로 '두만강 전구'·'대동강 전구'를 형성하였는데, 그 군사행동의 주공방향은 요하선을 지향하고 있었다. 그리고 4C말 요하유역 확보를 계기로 제국으로 웅비한 고구려는 이 '요하 전구'를 발판으로 '요서 작전권'·'지두우 차단지'의 전략적 운용, '송화강 전구'의 형성 및 그 실효적 경영, 그리고 집요한 요해 지방 경략을 추진할 수 있었다. 한편 평양천도 이래 '대동강 전구'는 고구려 전구의 중추적 전략거점으로서의 역할을 다하였으나, 대나·제 군사행동의 실효성을 담보하는 전략거점으로서의 기능에는 많은 취약점이 노정되고 있었다. 따라서 종래 운위되어 온 평양천도의 동기 또한 재검토할 필요성이 없지 않은 것이다.

제2장에서 필자는 고구려 전구의 안정적 운용을 보장하기 위한 두 방호지대의 존재에 주목하였다. 즉 5C 이래 고구려는 제국 자체와 '요하 전구'의 보호와 안전을 담보하기 위한 방위전지로서 '요서 작전권'을 설정, 이 지방에 있어서의 군사적 공제역량을 제고시켰다. 또 고구려는 '지두우 차단지'를 확보, '송화강 전구'의 안정적 운용을 꾀하였다. 아울러 고구려는 이 두 방호지대를 발판으로 요해지방경략을 적극화시킬 수 있었다.

마지막 제3장에서 필자는 고구려 군사전략의 전개방향, 특히 평양천도 이후 그것의 지향점을 파악해 보고자 하였다.

곧 필자는 고구려 전구와 그 방호지대의 전략적 운용의 실상을 검토해 본 결과 평양천도 이후 고구려 군사전략의 지향점이 요하 이서 선에 있었음을 확인하였다. 한편 필자는 고구려의 국력 팽창 과정에 있어 고구려 전구의 전략거점으로서의 다섯 전구와 두 방호지대가 수행한 바 있던 제 기능의 변화를 일정 시점별로 고찰해 보았다. 그 결과 고구려는 국초 이래 그 군사행동의 주공 방향이 요하선을 지향하였으나, 5C 이후 그것은 요하 이서 선을 지향하고 있었다는 점에 비추어, 평양천도 이래 고구려 군사전략의 지향점, 나아가 그 군사적 팽창정책이 남진(하) 일변도의 그것이 아니었음을 확인하였다.

아울러 필자는 고구려가 4C 말 이래 여행한 요해지방에서의 제 군사행동이 가지는 의미에 주목, 요해 지방이 가지는 지정학적 중요성에 비추어, 평양천도 이후의 고구려는 요해 경략으로 표상되는 독자적 대륙정책을 구상·관철시키고자 하였던 점을 간취할 수 있었다.

따라서 필자는 평양천도 이후 고구려 군사전략의 지향점은 종래의 서진론 혹은 남진론의 관점이 아닌, 5C 이래 고구려가 지향한 바 있던 대륙정책적 차원의 관점에서 파악되어야만 한다는 새로운 시각 조정의 가능성을 조심스럽게 제시하는 바이다.

출전 朴京哲, 1989, 「高句麗 軍事戰略 考察을 위한 一試論: 平壤遷都以後 高句麗 軍事戰略의 志向点을 中心으로」, 『史學研究』40.

제6장
여라(麗羅) 전쟁사의 재검토

1. 머리말

고구려는 국가형성기 이래 자기 생존 전략으로써 전방위적인 군사적 팽창정책을 지속적으로 추진해 나갔다. 그 결과 고구려는 4C 말 이래 동북아시아 일대에서 독자적인 생존권(lebensraum)을 구축한 하나의 제국(empire)으로 우뚝 설 수 있었던 것이다.[1]

한편 신라는 한반도 동남 한 모퉁이에 자리 한 지정학적 여건의 제약으로 인하여 4C 경 비로소 국제적 생존 경쟁의 장에 본격적으로 뛰어 들게 된다. 그러나 신라는 고구려의 비호 속에서 자기 발전의 기반을 다진 이후 5C 중반 후발주자의 학습 효과에 힘입어 비약적 국세 신장을 성공적으로 일구어 냈던 것이다.

그런데 고구려·신라는 물론 백제 등 당시 각 국의 생존·발전을 위한 노력과 상호관계를 이해하는 열쇠 가운데 하나가 '전쟁'이라는 점은 두루 알려진 사실이다.

전쟁이 역사 변화의 주요한 동인이 됨은 이미 널리 인정되고 있는 사실 이다. 전쟁은 사회조직을 재편성, 국가를 구심점으로 한 일원적 지배질서로의 수렴을 담보하고, 나아가 자국에 유리한 기존의 국제질서를 유지하거나 새로운 그것을 조성하는 가장 중요한 정책수단이기도 하다. 특히 고대의 전쟁은 당시의 정치·사회·경제 관계망에 역동성(dynamics)을 불어 넣는 주도적 구실을 다했던 것으로 평가된다. 전근대 시기, 특히 우리 고대사에 있어 전쟁 또한 그 예외가 될 수 없다. 그러므로 한국고대사에 있어서 전쟁은 농경과 교역에 버금가는 정치·경제·사회·문화 등 제 부문의 수요·공급을 창출함으로써 전 사회에 있어서의 역동성을 제고하는 기능

---

[1] 朴京哲, 1996, 『高句麗의 國家形成 研究』, 고려대학교 대학원 사학과 박사학위논문; 朴京哲, 1988, 「高句麗軍事역량의 再檢討」, 『白山學報』35, 白山學會; 朴京哲, 1989, 「高句麗 軍事戰略 考察을 위한 一試論: 平壤 遷都 以後 高句麗 軍事戰略의 志向點을 中心으로」, 『史學研究』40, 韓國史學會.

을 수행하였던 것이다.[2]

우리 학계는 최근 이러한 '전쟁'에 일정한 관심을 할애하여 여러 가지 논의를 진행하고 있다. 이는 우리 고대사에 있어 전쟁이 가지는 함의와 유의미성을 재인식한 결과이다. 곧 한국고대사학회는 1999년 '한국 고대의 전쟁과 사회 변동'이라는 기획연구를, 또 2000년 충남대학교 백제연구소는 '백제사상의 전쟁'이라는 일련의 연구 과제를 수행한 바 있다. 아울러 2006년 고구려연구회가 주최한 '동아시아의 전쟁과 고구려'를 주제로 한 학술대회 및 동년 고구려 연구재단의 '고구려와 중국의 전쟁과 그 의미'라는 기획연구 역시 이러한 노력의 일환으로 자리매김 될 수 있을 것이다.[3]

2002년 이래 우리 학계에서는 최근 중국학계가 추진 중인 '동북공정'과 관련, 주로 만주 지역에서의 고구려사 전개에 관한 고찰이 중점적으로 이루어져 왔고, 현재도 많은 연구가 진행되어 오고 있다.

그러나 이러한 고구려사 인식 노력의 공간적 편중 현상은 균형 잡힌 우리 한국고대사 인식 체계의 정립을 위해서 결코 바람직하지만은 않다. 왜냐하면 고구려의 대 중국 관계, 나아가서 대륙 관계의 전개는 그것의 백제 · 신라를 포함한 한반도 남부 지역에서의 세력 팽창 · 위축의 실상과는 밀접한 상관관계를 가지고 있던 까닭이다.

특히 4C 이래 고구려의 대륙세력과의 화전(和戰) 양면관계의 진전 상은 그 배후지였던 한반도 남부 제 국가 · 세력과의 길항(拮抗) 관계 양상 진전과 무관하지 않다. 반면 백제 · 신라의 입장에서 볼 경우, 당시 고구려 국세 팽창의 지향점은 이들 양 국 사 전개의 방향을 실질적으로 규정하는 중요 변수로 작용하고 있었다. 이 점에서 고구려의 대백제 · 신라와의 화전 관계, 특히 전쟁은 고구려 · 백제 · 신라 삼국 모두의 역사 전개에 규정적 요인의 하나로 작용하고 있었던 셈이다.[4]

그러므로 고구려 · 백제 · 신라 삼국관계사의 진전에 있어 전쟁이 가지는 함의와 유의미성을 재인식함은 종래 피상적으로만 이해해 왔고, 간과해 왔던 당시 역사 전개 실상의 일단(一端)을 파악하는 지름길이 될 것이다.

필자는 최근 여제(麗濟) 전쟁사 관련 자료를 재검토 분석함을 통하여, 여제전쟁사 전개의 추이를 보다 구체적으로 이해하고, 나아가 삼국 관계사의 진전 상을 보다 구체적으로 파악할 수 있는 실마리의 한 끄트머리를 찾아보고자 노력한 바 있다.[5] 필자는 여제전쟁에 관한 이러한 연

---

2 '전쟁'에 관한 기본적 접근은, 朴京哲, 2006, 「麗 · 濟戰爭史의 再檢討」, 『高句麗研究』24, 高句麗研究會, 113~114쪽 참조.
3 '한국 고대의 전쟁과 사회 변동'은 『한국고대사연구』16(1999)에, '百濟史上의 戰爭'은 『百濟史上의 戰爭』, 2000, 書京文化社에, '동아시아의 전쟁과 고구려'는 『高句麗研究』24(2006)에 각각 게재됨. 朴京哲, 2006, 앞의 글, 115쪽.
4 朴京哲, 2006, 위의 글, 115쪽.
5 朴京哲, 2006, 위의 글.

구와 우리 학계에서의 관련 선행 연구 성과를[6] 최대한 감안하면서, 여라(麗羅)전쟁에 관한 자료를 분석하고자 한다. 또 필자는 이를 바탕으로 이 전쟁의 실상을 시기 별로 구체적으로 검토해 보고자 한다. 또 필자는 이러한 고찰에 힘입어 여라전쟁사 전개의 추이를 가늠해보고, 나아가 여제전쟁과 여라전쟁을 아울러 비교·검토해 봄을 통하여 '전쟁'을 인식지표로 한 삼국관계의 전반적 진전상을 고찰해 보고자 한다.

2. 여라전쟁 관련 사료 분석

필자는 주로 『삼국사기』를 중심으로 여라전쟁 관련 사료를 추출해 보았다. 필자는 우선 이 여라전쟁 사료 31개를 분석, 그 구체적 내용을 '〈표 2〉 고구려 vs 신라 군사행동 내용 분석표'로 정리·제시 하였다.[7]

---

6 고구려와 백제·신라와의 전쟁에 관한 최근의 연구 성과는 다음과 같다. 盧重國, 1981, 「高句麗·百済·新羅사이의 力關係變化에 대한 一考察」, 『東方學志』28, 延世大學校 國學研究院; 金寿泰, 2000, 「百済 蓋鹵王代의 対高句麗戰」, 忠南大學校百済研究所 編, 『百済史上의 戰爭』, 書京文化社; 金周成, 2000, 「聖王의 漢江流域 占領과 喪失」, 위의 책; 朴京哲, 2003, 「高句麗 '漢城强襲'의 再認識」, 『民族文化研究』38, 高麗大學校 民族文化研究院,; 李道學, 2005, 「高句麗와 百済의 對立과 東·아시아 世界」, 『高句麗研究』21, 高句麗研究會; 張彰恩, 2006, 「3~5 世紀 高句麗·新羅關係의 戰爭史的 推移」, 『高句麗研究』24, 高句麗研究會; 朴京哲, 2006, 「麗·濟戰爭史의 再檢討」, 위의 책; 노중국, 2006, 「5~6 세기 고구려와 백제의 관계:고구려의 한강유역 점령과 상실을 중심으로」, 『북방사논총』11, 고구려연구재단; 주보돈, 2006, 「5~6 세기 중엽 高句麗와 新羅의 관계: 신라의 漢江流域 진출과 관련하여」, 위의 책; 鄭雲龍, 2006, 「三國關係史에서 본 中原 高句麗碑의 意味」, 권오중·박진숙·정운용·양정석·권덕영, 『고구려의 국제관계:연구총서5』, 고구려연구재단.

7 '〈표 2〉 고구려 vs 신라 군사행동 내용 분석표'에 제시된 사료 1~31의 전거는 아래와 같다.
사료① (a)『三國史記』卷17 高句麗本紀5 東川王 19年(245년), (b)같은 책 卷2 新羅本紀2 助賁尼師今16년(245년); 사료② (a)같은 책 卷18 高句麗本紀6 長壽王 28년(440년), (b)같은 책 新羅本紀3 訥祇麻立干34년(450년); 사료③ (a)같은 책 卷18 高句麗本紀6 長壽王 42년(454년), (b)같은 책 卷3 新羅本紀3 訥祇麻立干38年(454년); 사료④ 같은 책 卷3 新羅本紀3 訥祇麻立干 39년(455년); 사료⑤ 같은 책 卷3 新羅本紀3 慈悲麻立干 13년(470년); 사료⑥ 같은 책 卷3 新羅本紀3 照知麻立干 2년(480년); 사료⑦ 같은 책 卷3 新羅本紀3 照知麻立干 3년(481년); 사료⑧ 같은 책 卷3 新羅本紀3 照知麻立干 6년(484년); 사료⑨ (a)같은 책 卷18 高句麗本紀6 長壽王 77년(489년), (b)같은 책 卷3 新羅本紀3 照知麻立干 11년(489년); 사료⑩ (a)같은 책 卷19 高句麗本紀7 文咨明王 3년(494년), (b) 같은 책 卷3 新羅本紀3 照知麻立干 16년(494년), (c)같은 책 卷26 百済本紀4 東城王 16년(494년); 사료⑪ (a)같은 책 卷19 高句麗本紀7 文咨明王 5년(496년), (b)같은 책 卷3 新羅本紀3 照知麻立干 18년(496년); 사료⑫ (a)같은 책 卷19 高句麗本紀7 文咨明王 6년(497년), (b)같은 책 卷3 新羅本紀3 照知麻立干 19년(497년); 사료⑬ 같은 책 卷4 新羅本紀4 智證麻立干 5년(504년); 사료⑭ (a)같은 책 卷19 高句麗本紀7 陽原王 7년(551년), (b)같은 책 卷4 新羅本紀4 眞興王 12년(551년); 사료⑮ (a)같은 책 卷4 新羅本紀4 眞興王 14년(553년), (b)같은 책 卷26 百済本紀4 聖王 31(553년); 사료⑯ 같은 책 卷4 新羅本紀4 眞興王 16년(555년); 사료⑰ 같은 책 卷4 新羅本紀4 眞興王 17년(556년); 사료⑱ 같은 책 卷4 新羅本紀4 眞興王 18년(557년); 사료⑲ 같은 책 卷4 新羅本紀4 眞興王 29년(568년); 사료⑳ (a)같은 책 卷20 高句麗本紀8 嬰陽王 14년(603년), (b)같은 책 卷4 新羅本紀4 眞平王 25년(603년); 사료㉑ 같은 책 卷4 新羅本紀4 眞平王 26년(604년); 사료㉒ (a)같은 책 卷20

필자는 제시된 사료 31개에 나타난 전쟁과 관련하여 수행된 제 군사행동(Military Action)을 〔A. 당사국(집단), B. 성격, C. 전과, D. 규모〕의 네 항목으로 나누어 일정한 점수를 부여함을 통하여, 당해 개별 군사행동이 가졌던 유의미성을 평가하였다. 이 평가 기준을 규정한 것이 '〈표 1〉 군사행동 관련 사항 평가표'이다.[8]

〈표 1〉 군사행동 관련 사항 평가표

관련 사항	세부 내용	평가
A. 당사자	고구려 · 백제 · 신라	각 2
	가야	1
	왜 · 말갈 · 낙랑 · 예	각 0.5
B. 성격	전역(campagine:왕도 함락 · 왕 전사 · 왕도압박 · 전략적 광역공간 확보: 회전)	5
	전략적 군사행동(전략적 타격→주요거점 확보 etc: 회전)	4
	전술적 군사행동(etc. 교전)	3
	예비군사행동(군사동원 · 군사방어조치 · 군사기동–군사력 전개)	2
	단순 무장충돌	1
C. 전과	왕도 함락 · 왕 전사	5
	전략적 광역공간 확보	4
	전략적 타격(etc 주요거점 확보)	3
	왕도 압박	3
	전술적 타격(etc 제거점 확보)	2
	기타	1
D. 규모	500인 마다 0.1	
	(자료 상 명시 된 경우만 계산함을 원칙으로 함)	

高句麗本紀8 嬰陽王 19년(608년), (b)같은 책 卷4 新羅本紀4 眞平王 30년(608년); 사료㉓ (a)같은 책 卷20 高句麗本紀 8 榮留王 12년(629년), (b)같은 책 卷4 新羅本紀4 眞平王 51년(629년); 사료㉔ (a)같은 책 卷20 高句麗本紀8 榮留王 21 년(638년), (b)같은 책 卷5 新羅本紀5 善德王 7년(638년); 사료㉕ (a)같은 책 卷22 高句麗本紀10 寶藏王 14년(655년), (b)같은 책 卷5 新羅本紀5 武烈王 2년(655년), (c)같은 책 卷28 百濟本紀6 義慈王 15년(655년); 사료㉖ 같은 책 卷5 新 羅本紀5 武烈王 7년(660년); 사료㉗ (a)같은 책 卷22 高句麗本紀10 寶藏王 20년(661년), (b)같은 책 卷5 新羅本紀5 武 烈王 8년(661년); 사료㉘ 같은 책 卷6 新羅本紀6 文武王 2년(662년); 사료㉙ 같은 책 卷6 新羅本紀6 文武王 4년(664 년); 사료㉚ 같은 책 卷6 新羅本紀6 文武王 7년(667년); 사료㉛ 『三國史記』 卷22 高句麗本紀10 寶藏王 27년(668년).

8 본고에서 사용할 '군사행동' · '전략' · '전술' 등의 개념은, 朴京哲, 1988, 앞의 글; 朴京哲, 1989, 앞의 글 참조할 것.

여기서 주목할 점은 〔A. 당사국(집단)〕을 가중치 삼아, 이를 〔B. 성격·C. 전과·D. 규모〕라는 여타 항목의 합에 곱함을 통하여 개별 군사행동 유의미성의 총화를 표현한 지수를 구한 점이다. 곧 〔A×(B+C+D)=총화〕가 된다.

고구려·백제·신라 삼국은 각기 하나의 독립 된 국가로서, 삼국 간의 관계는 하나의 국제관계로 개념지울 수도 있다. 국제전쟁은 국제정치의 연장으로서 그 전쟁의 복잡성은 관련 당사국의 수효와 정비례한다는 점을 감안, 〔A. 당사국(집단)〕의 수를 당해 군사행동 유의미성의 총화 지수를 산정키 위한 가중치로 삼은 것이다.

그런데 삼국 가운데 고구려가 뽑어낼 수 있었던 힘을 고려할 때, 삼국의 가중치를 모두 '2'로 균등케 처리함은 문제가 될 수도 있다. 대체로 군사력 투사의 수준은 중심지로부터 전장 간의 거리에 반비례한다. 따라서 당시 여·제/여·나 간 전장의 고구려 중심지로부터 공간적 원격성과 나제 전선(前線)에 대한 관심도의 수준을 감안하면, 이 점은 어느 정도 이해될 수 있는 문제이다.

'〈표 2〉는 고구려 vs 신라 군사행동 내용 분석표' 는 〈표 1〉을 평점기준으로 하여 여라전쟁 관련 사료(31개: 각주 7번)를 분석한 결과물을 제시한 것이다.

〈표 2〉 고구려 vs 신라 군사행동 내용 분석표

연대	작전명	A. 당사자	당자점수	B. 성격	성격점수	C. 전과	전과점수	D. 규모	규모점수	총화: A×(B+C+D)	총화점수	누적점수	본고에서의 사료 번호	비고
245	고구려 침 신라북변	고구려⇔신라	4	전술적 군사행동 (교전)	3					여·라 첫 충돌	12	12	①—(a)·(b)	신라 보마두 책
450	신라, 려 변장 엄살	고구려⇔신라	4	무장충돌	1	고구려 변장 살해	1			려라 갈등 표면화	8	20	㉒—(a)·(b)	하슬라 / 실직
454	려, 침 신라 북변	고구려⇔신라	4	전술적 군사행동 (교전)	3						12	32	㉓—(a)·(b)	신라 북변
455	여침제, 나견병구지	고구려⇔신라·백제	6	전술적 군사행동 (교전)	3					나제 첫 대려공동 군사행동	18	50	㉔	
470	신라, 축삼년산성	신라	2	예비군사행동	2	군사방어조치		축성기간 3년			4	54	㉕	삼년산성
480	말갈 침 신라북변	신라⇔말갈	2.5	무장충돌	1						2.5	56.5	㉗	신라 북변
481	여군 미질부 진공	려, 말갈⇔라, 제, 가야	7.5	전역	5	전략적 타격/ 왕도 압박	2	여군 참수 1 천여 급	0.2	나, 제, 가야의 공동군사행동	54	110.5	㉘	고명등 7성, 미질부 진공, 니하
484	여침나북변, 나제합격	고구려⇔신라·백제	6	전략적 군사행동	4	전략적 타격	3			나제, 공동군사대응, 여 대파	42	152.5	㉚	신라 북변, 모산성
489	여습라북변, 함고산성	고구려⇔신라	4	전술적 군사행동 (교전)	3	전술적 타격	2				20	172.5	㉛—(a)·(b)	과현, 고산성
494	살수지원 전	고구려⇔신라·백제	6	전략적 군사행동 (회전)	4	전략적 타격	3	제병 3천	0.6	나제, 공동군사대응, 여 철병	45.6	218.1	㉜	견아성, 살수지원

연대	작전명	A. 당사자	당자점수	B. 성격	성격점수	C. 전과	전과점수	D. 규모	규모점수	총화: A×(B+C+D)	총화점수	누적점수	본고에서의 사료 번호	비고
496	여, 내공 우산성	고구려⇔신라	4	전술적 군사행동 (교전)	3	전술적 타격	2			나, 파 고구려	20	238.1	㉞—(a)·(b)	우산성, 니하
497	여, 공함 라 우산성	고구려⇔신라	4	전술적 군사행동 (교전)	3	전술적 타격	2			우산성 함	20	258.1	㉟	우산성
504	축 12 성	신라	2	예비군사행동	2	군사방어조치	1				6	264.1	㊴	파리, 미실, 진덕, 골화 등 12성
551	신라내공 취 여10성	고구려⇔신라	4	전역	5	전략적타격/광역공간 확보	7			신라 한강유역 확보	48	312.1	㊼—(a)·(b)	공취 10 성(군)
553	신라 신주 설치	신라	2	예비군사행동	2	군사력 전개	1			신라 한강유역 확보	6	318.1	㊽—(a)·(b)	신주
555	나왕, 순행북한산	신라	2	예비군사행동	2	군사력 전개	1			척정봉강	6	324.1	㊿	북한산
556	나, 치 비열홀주	신라	2	예비군사행동	2	군사력 전개	1				6	330.1	51	비열홀주
557	국원소경/북한산주	신라	2	예비군사행동	2	군사력 전개	1				6	336.1	52	국원소경, 북한산주
568	남천주/달흘주	신라	2	예비군사행동	2	군사력 전개	1				6	342.1	53	남천주, 달흘주
603	여침 나 북한산성	고구려⇔신라	4	전략적 군사행동	4	전략적 타격	3	나왕친솔병 1만	2	북한산성서 여군 격퇴	36	378.1	54	한수, 북한산성
604	나, 환치 북한산주	신라	2	예비군사행동	2	군사력 전개	1				6	384.1	55	북한산주
608	습나북경, 발우명산성	고구려⇔신라	4	전술적 군사행동 (교전)	3	전술적 타격	2	여, 노획 8천 인	1.6	여, 축차적 대라 군사행동	26.4	410.5	57—(a)·(b)	신라북경, 우명산성
629	침여동변, 파낭비성	고구려⇔신라	4	전술적 군사행동 (교전)	3	전술적 타격	2	참살 여 5천 여급	1	라, 여 낭비성 공함	24	434.5	58—(a)·(b)	고구려 동변, 낭비성
638	침나북변, 칠중성	고구려⇔신라	4	전술적 군사행동 (교전)	3	전술적 타격	2	나, 살획심중		여, 칠중성 서 패	20	454.5	59—(a)·(b)	신라북변 칠중성
655	여제말갈 침 라북경	려,제,말갈⇔라	7	전역	5	전략적타격/광역공간 확보	7	여, 제, 말갈 연병 침 신라		여, 제, 말갈 공동 군사행동	84	538.5	60—(a)·(b)·(c)	신라 북계 33성
660	여 침공 칠중성	고구려⇔신라	4	전술적 군사행동 (교전)	3	전술적 타격	2			벡제공멸전 여파	20	558.5	61	칠중성
661	여, 북한산성 공위전	고구려, 말갈⇔신라	4.5	전술적 군사행동 (교전)	3	전술적 타격	2	성내 남녀 2,800인	0.6		25.2	583.7	62—(a)·(b)	북한산성
662	대평양성 치중작전	고구려⇔신라	4	전략적 군사행동	4	전략적 타격	3	여 추병 참수 1만여 급	2	려공멸전의 제2 전선기능	36	619.7	63	칠중하, 이현, 장새, 평양 등
664	나, 려 돌사성 멸지	고구려⇔신라	4	전술적 군사행동 (교전)	3	전술적 타격	2	일선, 한산 2주병, 부성병마			20	639.7	64	사돌성
667	나당, 려공멸전 돌입	고구려⇔신라, 당	12	전역	5	왕도함락	5	당병 추산 50만 이상	100	고구려공멸전쟁 개시	1320	1960	65	다곡/해곡도, 한성정, 장새, 평양
668	나당, 려공멸전	고구려⇔신라, 당	12	전역	5	왕도함락	5	당병 추산 50만 이상	100	고구려공멸전쟁	1320	3280	66	평양성

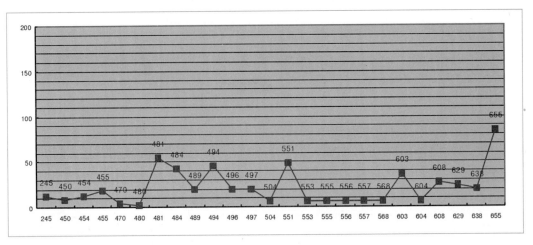

〈도표 1〉 고구려 vs 신라 군사행동 내용 분석 도표

이 분석의 결과물(〈표 2〉)를 그래프로 도시한 것이 '〈도표 1〉 고구려 vs 신라 군사행동 내용 분석 도표'와 '이다.

그런데 여나관계는 고구려·백제 및 백제·신라의 관계 진전 상과 항시 함수관계를 가지고 전개되어 왔다. 따라서 여제전쟁의 실상을 구명하기 위해서는 반드시 여제전쟁의 추이도 검토해 보아야 한다.

이 점에 비추어 필자는 여제전쟁 관련 사료(35개: 각주 9)도 아울러 추출하여, 〈표 1〉을 평점기준으로 하여, 유의미성의 지수를 적시한 것이 '〈표 3〉 고구려 vs 백제 군사행동 내용 분석표'이다.[9]

---

9 '〈표 3〉 고구려 vs 백제 군사행동 내용 분석표'에 제시된 사료㉜~의 전거는 아래와 같다.
　사료㉜『三國史記』卷24 百濟本紀2 責稽王 元年(286년); 사료㉝ 같은 책, 卷18 高句麗本紀6 故國原王 39年(369년); 같은 책, 卷24 百濟本紀2 近肖古王24(369년) 사료㉞ 같은 책, 卷18 高句麗本紀6 故國原王 41年(371년); 같은 책 卷24 百濟本紀2 近肖古王26(371년); 사료㉟ 같은 책, 卷18 高句麗本紀6 小獸林王 5年(375년); 같은 책, 卷24 百濟本紀2 近肖古王30年(375년); 사료㊱ 같은 책, 卷18 高句麗本紀6 小獸林王 6年(376년); 사료㊲ 같은 책, 卷18 高句麗本紀6 小獸林王 6年(376년); 같은 책, 小獸林王 7年(377년); 사료㊳ 같은 책, 卷18 高句麗本紀6 故國壤王 3年(386년); 같은 책, 卷25 百濟本紀3 辰斯王 2年(386년); 사료㊴ 같은 책, 卷18 高句麗本紀6 故國壤王 6年(389년); 사료㊵ 같은 책, 卷18 高句麗本紀6 故國壤王 7年(390년); 사료㊶ 같은 책, 卷18 高句麗本紀6 廣開土王 元年(391년); 같은 책 卷25 百濟本紀3 辰斯王8年(392년); 사료㊷ 같은 책, 卷18 高句麗本紀6 廣開土王 2年(392년); 사료㊸ 같은 책, 卷18 高句麗本紀6 廣開土王 3年(393년); 같은 책, 卷25 百濟本紀3 阿莘王2年(393년); 사료㊹ 같은 책, 三國史記 卷18 高句麗本紀6 廣開土王 4年(394년); 같은 책, 卷25 百濟本紀3 阿莘王3年(394년); 사료㊺ 같은 책, 卷25 百濟本紀3 阿莘王4年(395년); 사료㊻ 광개토왕릉비문 永樂6年 丙申年條(396년); 사료㊼『三國史記』卷25 百濟本紀3 阿莘王6年(397년); 사료㊽『三國史記』卷25 百濟本紀3 阿莘王7年(398년); 사료㊾ 같은 책, 卷25 百濟本紀3 阿莘王8年(399년); 사료㊿ 광개토왕릉비문 永樂10年 庚子年(400년); 사료 광개토왕릉비문 永樂14年 甲辰年(404년); 사료『三國史記』卷18 高句麗本紀6 長壽王 63年(475년); 같은 책, 百濟本紀3 蓋鹵王 21年(475년); 같은 책, 百濟本紀4 文周王 元年(475년); 사료 같은 책, 卷26 百濟本紀4 東城王 4年(482년); 사료 같은 책, 卷19 高句麗本紀7 文咨明王 4年(495년); 같은 책, 卷3

〈표 3〉 고구려 vs 백제 군사행동 내용 분석표

연대	작전명	A. 당사자	당자점수	B. 성격	성격점수	C. 전과	전과점수	D. 규모	규모점수	총화:Ax(B+C+D)	총화점수	누적점수	본고에서의 사료 번호	비고
286	백제 대방 출병	고구려⇔백제·대방	4.5	전술적/예비 군사행동	4					여·제 첫 충돌	18	18	②	대방/축성
369	치양 회전	고구려⇔백제	4	전략적/예비 군사행동	6	전략적 타격	3	고구려 보기 2만	4	백제 대승	52	70	③-(a)·(b)	치양/백제 대열
371	평양 회전	고구려⇔백제	4	전역	5	국왕 전사/이도	7	백제 병 3만	6	백제 대승	72	142	④-(a)·(b)	패하/평양성, 한산 이도
375	수곡성 공함	고구려⇔백제	4	전술적 군사행동(교전)	3	전술적 타격(거점 공함)	2			고구려 주도권 장악 시발점	20	162	⑤-(a)·(b)	수곡성/제, 총동원 시도
376	백제 북비 침공	고구려⇔백제	4	전술적 군사행동(교전)	3	전술적 타격	2			고구려 내침	20	182	⑥	백제 북비
377	제 평양내공, 려 남벌	고구려⇔백제	4	전략적 군사행동	4	전략적 타격(여, 거점 고수)	3	백제병 3만	6	백제의 군사적 좌절	52	234	⑦-(a)·(b)	평양성/여·제 상벌
386	제 설관방/여남벌제	고구려⇔백제	4	예비/전술적 군사행동	5	전술적 타격(여, 대제견제)		제,15세이상 동원 설관방		제, 대규모 군사방어조치	28	262	⑧-(a)·(b)	청목령-팔곤성-서해 관방라인
389	제, 내침략남비부락	고구려⇔백제	4	전술적 군사행동(교전)	3	전술적 타격(제, 대여견제)	2			제, 여 남비부락 략	20	282	⑨	고구려, 남비부락
390	제, 공파 도곤성	고구려⇔백제	4	전술적 군사행동(교전)	3	전술적 타격(제, 거점공파)	2	제, 포로 200 획득		제, 교전후 인신약취	20	302	⑩	고구려, 도곤성
391	북비10성, 관미성공함	고구려⇔백제	4	전략적 군사행동(회전)	8	전략적 공간확보/타격	7	왕 사 려병 4만	8	한수북제부락, 관미성공함	92	394	⑪-(a)·(b)·(c)·(d)	석현 등 10성, 관미성
392	침 백제 남변	고구려⇔백제	4	전술적 군사행동(교전)	3	전술적 타격	2				20	414	⑫	백제 남변
393	제반격, 관미성공위전	고구려⇔백제	4	전술/예비/전략적군사행동	9	역격/축성/전략적 타격	6	왕솔정기5천/제 병1만	3	여,역격/제, 관미성수복좌절	72	486	⑬-(a)·(b)·(c)	관미성

新羅本紀3 照知麻立干 17年(495년); 같은 책, 卷 26 百濟本紀 4 東城王 17年(495년); 사료 같은 책, 卷26 百濟本紀4 東城王 23年(501년); 같은 책, 卷26 百濟本紀4 武寧王 元年(501년); 사료 같은 책, 卷19 高句麗本紀7 文咨明王 11年(502년); 같은 책, 卷26 百濟本紀4 武寧王 2年(502년); 사료 같은 책, 卷19 高句麗本紀7 文咨明王 12年(503년); 같은 책, 卷26 百濟本紀4 武寧王 3年(503년); 사료 같은 책, 卷26 百濟本紀4 武寧王 6年(506년); 卷19 高句麗本紀7 文咨明王 15年(506년); 사료 같은 책, 卷19 高句麗本紀7 文咨明王 16年(507년); 卷26 百濟本紀4 武寧王 7年(507년); 사료 같은 책, 卷19 高句麗本紀7 文咨明王 21年(512년); 같은 책, 卷26 百濟本紀4 武寧王 12(512년); 사료 같은 책, 卷19 高句麗本紀7 安臧王 5年(523년); 같은 책, 卷26 百濟本紀4 武寧王 23年(523년); 같은 책, 卷26 百濟本紀4 聖王 元年(523년); 사료 같은 책, 卷19 高句麗本紀7 安臧王 11年(529년); 같은 책, 卷26 百濟本紀4 聖王 7年(529년); 사료 같은 책, 19 高句麗本紀7 陽原王 4年(548년); 같은 책, 卷4 新羅本紀4 眞興王 9年(548년); 같은 책, 卷26 百濟本紀4 聖王 26(548년); 사료 같은 책, 卷19 高句麗本紀7 陽原王 6年(550년); 같은 책, 卷4 新羅本紀4 眞興王 11年(550년); 같은 책, 卷26 百濟本紀4 聖王 28(550년); 사료 같은 책, 卷19 高句麗本紀7 陽原王 10年(554년); 같은 책, 卷27 百濟本紀5 威德王 元年(554년); 사료 같은 책, 卷20 高句麗本紀8 嬰陽王 18年(607년); 같은 책, 卷27 百濟本紀5 武王 8年(607년). 이에서 제시된 관련 사료의 보다 구체적 내용은 朴京哲의 麗·濟戰爭史의 再檢討(2006, 『高句麗硏究』24, 高句麗硏究會, 116~128쪽)를 참조할 것.

연대	작전명	A. 당사자	당자점수	B. 성격	성격점수	C. 전과	전과점수	D. 규모	규모점수	총화:Ax(B+C+D)	총화점수	누적점수	본고에서의 사료 번호	비고
394	수곡성/패수 회전	고구려⇔백제	4	전략적 군사행동(회전)	4	전략적 타격	3	여, 노획 8천여 급	1.6	고구려 대승	34.4	520.4	⑭—(a)·(b)	수곡성/패수
395	패수지역	고구려⇔백제	4	전략적(회전)/예비군사행동	7	전략적 타격/군사기동		왕 친수각7천/제 사자팔천	4.4	고구려 대승	57.6	578	⑮	패수/한수-청목령, 한산성
396	백제 왕성압박	고구려⇔백제	4	전역	5	전략적 공간확보/왕도압박	7	391년 작전에 비견	8	여왕자서, 종금이후, 영위노객	80	658	⑯	도아리수왕성압박,58성700촌
397	제, 왜국결호/대열	백제·왜	2.5	결호/예비군사행동	2	대열	2				10	668	⑰	한수지남
398	제,축성/출사/습사	백제	2	예비군사행동	2	군사방어조치/군사기동	2				8	676	⑱	축쌍현성/한산북책
399	제, 대장병마	백제	2	예비군사행동	2	군사동원	2				8	684	⑲	
400	낙동강유역 방면작전	고구려·신라⇔백제·가야·왜	7.5	전역	5	전략적 공간확보/타격	7	보기 5만	10	여, 작전범위, 한반도남단까지	165	849	⑳	낙동강유역
404	대왜 대방계 작전	고구려⇔왜	2.5	전략적 군사행동	4	전략적 타격	3	왜 참살무수			17.5	866.5	㉑	대방계
475	고구려 한성 강습	고구려⇔백제·신라	6	전역	5	왕도 함락/제왕 전사	10	여병 3만/신라 원군 1만	8	제 웅진 천도, 나 공동대응	138	1005	㉖	왕도 한성/웅진
482	말갈 습파 한산성	백제⇔말갈	2.5	전술적 군사행동(교전)	3	전술적 타격	2	말갈, 노 300여 호			12.5	1017	㉙	한산성
495	려위 제 치양성	고구려⇔백제·신라	6	전략적 군사행동	4	전략적 타격	3	고구려중 궤		나제,공동군사대응,여중궤	42	1059	㉝—(a)·(b)·(c)	치양성
501	축성,습 여 수곡성	고구려⇔백제	4	예비/전술적 군사행동	5	군사방어조치/전술적 타격		제병 5천	1	대라 설책 탄현	36	1095	㊱—(a)·(b)	탄현, 가림성, 수곡성
502	제, 범 여경	고구려⇔백제	4	전술적 군사행동(교전)	3	전술적 타격	2				20	1115	㊲—(a)·(b)	고구려 변경
503	제침수곡성, 말갈공제	려,말갈⇔백제	4.5	전술적 군사행동(교전)	3	전술적 타격		제병 5천	1	제,말갈 교차 공세	27	1142	㊳—(a)·(b)	수곡성, 마수책/고목성
506	말갈침제, 장벌제	려,말갈⇔백제	4.5	전술적/예비 군사행동	5	전술적 타격/군사기동		말갈, 제 살로 600여 인	0.1	말갈 침파 고목성	36.45	1178	㊵—(a)·(b)	고목성
507	여말갈 진둔 횡악	려,말갈⇔백제	4.5	예비/전술적 군사행동	5	군사방어조치/전술적 타격	3			려 한성공취 기도 좌절	36	1214	㊶—(a)·(b)	고목성, 한성, 장령성, 횡악
512	여,공취 가불,원산성	고구려⇔백제	4	전략적 군사행동	4	전략적 타격	3	노획남여1천여구,제용기3천	0.8	제2성공함, 여 대패	31.2	1246	㊷—(a)·(b)	가불성, 원산성, 위천
523	제왕행/축성, 여침제	고구려⇔백제	4	예비/전술적 군사행동	5	군사방어조치/전술적 타격	3	여 보기1만	2	제, 여병 격퇴	40	1286	㊸—(a),(b)·(c)	한성, 쌍현성, 패수
529	오곡지원 회전	고구려⇔백제	4	전략적 군사행동	4	전략적 타격	3	제 보기 3만, 사자 2천여 인	6	여,혈성공함, 오곡회전 대승	52	1338	㊹—(a)·(b)	혈성, 오곡지원
548	독산성 회전	여, 예병⇔백제·신라	6.5	전략적 군사행동	4	전략적 타격	3	예병6천, 나 경졸3천	0.8	나제,공동군사대응, 여 대패	50.7	1388	㊺—(a),(b)·(c)	한북 독산성

연대	작전명	A. 당사자	당자점수	B. 성격	성격점수	C. 전과	전과점수	D. 규모	규모점수	총화:Ax(B+C+D)	총화점수	누적점수	본고에서의 사료 번호	비고
550	한강유역 쟁탈 전역	고구려⇔백제⇔신라	6	전역	5	전략적타격/광역공간 확보	7	제병 1만, 라 갑사 1천	2.2	신라 한강유역 확보	85.2	1474	㊻—(a), (b)·(c)	금현성, 도살성
554	여 내공, 제 웅천성	고구려⇔백제	4	전술적 군사행동 (교전)	3	전술적 타격	2			관산성회전의 여진	20	1494	㊾—(a)·(b)	웅천성
607	여, 공제송산/석두성	고구려⇔백제	4	전술적 군사행동 (교전)	3	전술적 타격	2	여, 노남녀 3천	0.6	26	22.4	1516	㊿—(a)·(b)	송산성, 석두성

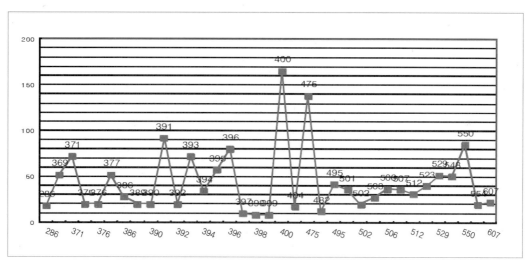

〈도표 2〉 고구려 vs 백제 군사행동 내용 분석 도표

이 분석의 결과물(〈표 3〉)를 그래프로 도시한 것이 '〈도표 2〉 고구려 vs 백제 군사행동 내용 분석 도표'이다.

또 〈표 2〉와 〈표 3〉을 바탕으로 시기별 교전 현황을 제시한 것이 '〈표 4〉 고구려의 대 나제 전쟁관련기사 시기별 분포도'이다.

필자는 이러한 분석 결과를 바탕으로 여라전쟁사의 전개 양상을 구체적으로 검토해 보고자 한다.

아울러 필자는 여라전쟁과 여제전쟁을 함께 비교·검토해 봄을 통하여 '전쟁'을 인식지표로 한 삼국관계의 전반적 진전 상을 고찰해 보고자 '〈도표 3〉 고구려 vs 신라·백제 군사행동 내용 분석 도표'를 작성해 보았다.

〈표 4〉 고구려의 대 나제 전쟁관련기사 시기별 분포도

당사국 연대	백제	신라	비고
350년대 이전	286년(1/35 건)	245년(1/31 건)	
350년대			
360년대	369(1)		
370년대	371, 375, 376, 377(4)		
380년대	386, 389(2)		
390년대	390, 391, 392, 393, 394, 395, 396, 397, 398, 399(10)		
400년대	400, 404(2)		
410년대			
420년대			
430년대			
440년대			
450년대		450, 454, 455(3)	
460년대			
470년대	475(1)	470(1)	
480년대	482(1)	480, 481, 484, 489(4)	
490년대	495(1)	494, 496, 497(3)	
500년대	501, 502, 503, 506, 507(5)	504(1)	
510년대	512(1)		
520년대	523, 529(2)		
530년대			
540년대	548(1)		
550년대	550, 554(2/35)	551, 553, 555, 556, 557(5)	
560년대		568(1)	
570년대			
580년대			
590년대			
600년대	607(1)	603, 604, 608(3)	
610년대			
620년대		629(1)	
630년대		638(1)	
640년대			
650년대		655(1)	
660년대		660, 661, 662, 664, 667, 668 (6/31)	

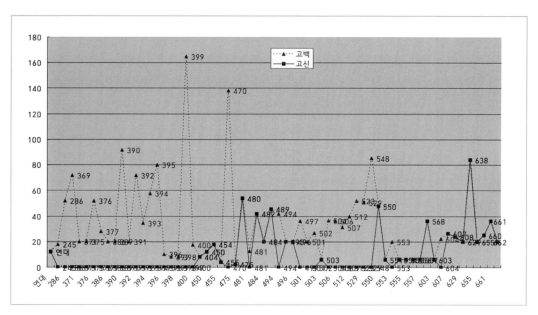

〈도표 3〉 고구려 vs 신라 · 백제 군사행동 내용 분석

3. 고구려의 신라에 대한 후견기(4C 후반~433년)

1) 전사(前史)

　중원은 311년 '영가(永嘉)의 난'을 시발로 6C 말까지 오호십육국시대와 남북조시대라는 분열과 상쟁의 시기를 겪으면서 북아시아 초원 지대에서 흥기한 여러 유목세력에게 압도 · 정복되고 있었다. 한편 고구려는 4~5C 초 사이 만주지역을 중심으로 한 동북아시아 지역의 패권을 둘러싸고 선비 모용씨 세력과 일진일퇴의 각축전을 치뤄야만 했다. 또 백제는 313~314년 낙랑 · 대방이라는 한군현의 축출을 계기로 황해도 지역에서 고구려와 접속 · 교전을 벌리면서 고구려의 발목을 잡게 된다. 4C 후반 고구려 · 신라의 교섭은 이러한 동아시아와 상황 전개를 배경으로 본격화된다.

　그런데 관련 사료들은[10] 고구려와 신라의 첫 교전 · 결화가 이미 3C 중반, 보다 구체적으로는 245~248년 경 이루어지고 있음을 적시하고 있다. 여나 관계사의 전사에 해당하는 이러한 사건의 실상을 둘러싸고 오늘날 여러 가지 설왕설래가 있어 왔다.

10　사료 1- (a) · (b) 그리고 『三國史記』卷2 新羅本紀2 첨해이사금 2년(248년) 條.

종래 연구자들은 당시 낙랑군·대방군과 옥저·동예가 양국을 가로 막고 있었다는 점과 고구려가 244~245년 위장(魏將) 관구검에게 강공을 당하는 와중에서 신라를 공격할 여력이 없을 것이라는 점을 들어 이 기사 자체의 신빙성에 회의적 입장을 취하고 있다.[11]

한편 학계 일각에서는 이 사건을 신라의 중앙과 고구려 사이에 벌어진 사단이라기 보다는, 뒷날 신라에 편입된 동해안 방면의 어떤 정치체의 역사적 경험이 뒷날 이 방면에서 많은 활동을 한 영웅 우로(于老)와 연관 지어져 신라사의 일부분으로 편입된 것으로 보고 있다.[12]

或者는 관구검의 고구려 침입 연대가 244~245년 이 아닌 246년 임을 전제로 이 문제에 접근하고 있다. 이 견해에 따르면 고구려는 245년 자기 세력권 내에 있던 옥저와 동예를 교두보 삼아, 신라 북변에 침입했다고 보고 있다. 이에 따르면, 248년의 여나 결화는 신라 내부 昔氏 왕실 권력구조의 재편과 246년 관구검 침입 이후 고구려의 사정이 맞물린 결과라 파악하고 있다.[13]

245년 위 관구검의 강공에 밀려 분산된 고구려 전력 가운데 한 동아리가 북옥저 방면으로 후퇴한 주력과 달리 〔국내성→독로강 유역의 강계→부전고원→함흥평야〕의 공도(孔道)[14]를 타고 〔동옥저→동예〕쪽으로 철수 했던 것으로 보인다. 246년 동예는 낙랑·대방의 출병으로 큰 타격을 받게 된다.[15] 따라서 이 고구려 세력은 한 군현에 불복하는 동예의 일부 집단과 동해안 선을 따라 신라쪽으로 내몰리게 되고, 잇달아 신라와 교전하게 되었던 것[사료1-(a)·(b)]이다. 오늘날 고고학적 자료는 4C 중반 이전부터의 동해안 선을 매개로 여나 간 접속의 가능성을 강하게 시사해 주고 있다.[16] 이 점에 비추어 당시 양국 간의 접속·교전의 가능성은 일찍부터 언제나 열려 있었음을 짐작할 수 있는 것이다.

그런데 248년 양 국 간 쉽사리 "결화"가 이루어진[17] 까닭은 신라가 자기 측 전력의 열세를 인지 한 상황 하에서 고구려의 군사행동이 신라에 대한 전략적 타격을 염두에 두지 않은 우발적인 군사충돌 임을 확인할 수 있었기 때문으로 추정된다. 어쩌면 여나 간의 이러한 역사적 경험이 4C 후반 양국 간 교섭의 밑바탕이 되었을 수도 있다.

---

11 이 문제에 관한 연구사적 검토는, 張彰恩, 2006, 앞의 글, 44~45쪽.
12 주보돈, 2006, 앞의 글, 68~69쪽.
13 張彰恩, 2006, 앞의 글, 43~52쪽.
14 池內宏, 1951, 「漢·魏·晋の玄菟郡と高句麗」, 『滿鮮史硏究:上世篇』, 祖國社, 195~196쪽.
15 『三國志』卷30 魏書30 東夷傳 30 濊條.
16 張彰恩, 2006, 앞의 글, 44~45쪽. 주보돈, 2006, 앞의 글, 70쪽.
17 『三國史記』卷2 新羅本紀2 첨해이사금 2년(248년)조.

2) 여라 후견관계(後見關係)의 성립

오늘날 학계는 377년과[18] 382년의[19] 신라의 대전진(前秦) 사행이 고구려의 주선에 힘입어 수행된 것으로[20] 파악하고 있다. 또 학계는 이를 계기로 고구려 우위의 본격적인 여나 관계가 성립된 것으로 보고 있다.

고구려는 4C 후반에서 5C 나제동맹 결성 때까지 신라의 후견자로 자임하는 가운데 황해도 이남 지역에서 한반도 남부 지방으로까지 전장을 확대하면서 백제·왜·가야와 치열하게 상쟁을 벌리게 된다.

이 사실은 〈표 2〉와 〈표 4〉 및 〈도표 1〉·〈도표 3〉에서 여나 간의 교전 사실이 450년대까지 전무한 반면, 〈표 3〉과 〈표 4〉 및 〈도표 2〉·〈도표 3〉의 경우, 360년대 이래 400년대까지 여제 간의 교전이 집중적으로 매우 치열하게 벌어지고 있었음을 통해서도 쉽게 간파할 수 있다.

필자는 이러한 여제전쟁사의 추이를 고찰하는 과정에서 이 기간을 〔제 I 기 고구려·백제의 상쟁기(369~390년)→제 II 기 고구려의 대 백제 압박기(391~433년)〕라 파악한 바 있다.[21]

고구려는 특히 〔고구려·백제의 상쟁기(369~390년)〕를 전후 하여 선비 모용씨와의 상쟁을 벌리는 가운데 342년 전연에 대패하고,[22] 잇달아 371년에는 고국원왕이 백제와의 평양성 회전에서 전사하는(〈표 3〉의 사료 34 및 〈도표 2〉) 등 양 방면 전선에서의 가중되는 전략적 과부하를 해소할 방안을 강구하여야 했다.

여기서 고구려는 광개토왕대 이후 신라를 전략적 제휴의 당사자로 택해 '신라↔백제' 사이의 남부 전선을 조성하여, 한반도 중부지방에서의 주요 전선 축인 '고구려↔백제' 대결구도에 있어서의 전략적 부담을 분산코자 하였다. 이 경우 당연히 고구려는 당시 국력에 있어 상대적 열세에 있던 신라에 대한 후견자 역할을 수행하면서, '인질외교'로[23] 표상되는 우월적 지위를 향유코자 하였다. 신라는 이러한 고구려의 비호 하에 백제의 군사적 압력을 배제하면서 나름대로 후발주자의 학습효과에 힘입은 국세 신장을 도모하였던 것이다.

---

18 『資治通鑑』卷184 晋紀 26.
19 『三國史記』卷3 新羅本紀3 奈勿尼師今 26년조.
20 李丙燾, 1959, 『韓國史(古代篇)』, 乙酉文化社, 401~402쪽.
21 朴京哲, 2006, 앞의 글, 133~144쪽.
22 『三國史記』卷17 高句麗本紀6 故國原王 2年條.
23 『三國史記』卷3 新羅本紀3 奈勿尼師今 37年條.

3) 후견기의 여라관계

광개토왕 대 이래 고구려의 백제에 대한 군사역량의 우월성은 이미 명백해졌다.[24] 필자는 이 시기 이후를 〔고구려의 대 백제 압박기(391~433년)〕라 성격 지은 바 있다.[25]

즉 고구려는 391년 관미성과 한수 이북 주요 거점들을 함락시킨 이래(〈표 3〉의 사료㊶), 393년 백제의 관미성 탈환 기도를 제압하고〔〈표 3〉의 사료㊸〕, 394~395년 '패수지역(浿水之役), 〈표 3〉의 사료㊹·㊺)' 등 지속적 군사행동으로 백제군의 방어 거점을 무력화시키며 군사역량의 소모를 강요하였던 것이다. 396년 백제 왕도에 대한 압박 작전(〈표 3〉의 사료㊻)은 이러한 군사적 성과의 바탕 위에서 가능한 군사행동이었다.[26]

신라의 대여 접근은 백제의 군사 강공을 유발했다. 즉 백제는 남부 전선에서 대나 군사압박을 가중시켜 북방 여제전선의 압력을 완화코자 하였던 것이다. 이 와중에서 신라의 대여 종속도는 "귀왕청명(歸王請命)"하는 수준으로까지[27] 심화되어 갔던 것이다.

〈표 3〉의 사료㊿은 영락(永樂) 10년(400년) 고구려의 '대백제·가야·왜 낙동강 유역 방면 작전'에 관한 기사이다. 이 작전은 보기(步騎) 5만의 고구려군이 평양을 중간 전략거점 삼아 오늘의 중원 지방(忠州 일대)의 조령(鳥嶺)이나 단양의 죽령(竹嶺)을 거쳐 경주로 연결되는 작전선을 타고서 이루어진 바 있다.

고구려는 4C 말 이래 황해도 지방에 전개되어 있던 백제의 주저항선에 대한 종심타격을 가하면서 남한강 유역에 연한 여주 등지의 백제 동북부 전선을 돌파·남하하고 있었던 것으로 보인다.[28] 따라서 고구려는 당시 〔평양→ 평강 →춘천→홍천→횡성→원주→영월→제천→청풍→충주이거나 혹은 영월→영춘→단양→충주에서 조령→문경→점촌→상주→선산→경주 또는 단양→죽령→영주→ 안동→의성→군위→영천→경주〕로 연결되는 작전선을 실효적으로 운용할 능력을 갖고 있었던 것이다.[29]

당시 신라는 "이 종은 왕의 백성으로서 왕께 귀복하여 하명을 청하옵니다"라 하며[30] 고구려의

---

24 광개토왕의 군사행동 전반에 대해서는, 千寬宇, 1979, 「廣開土王陵碑文再論」, 『全海宗博士華甲紀念史學論叢』, 一潮閣.

25 朴京哲, 2006, 앞의 글, 136~140쪽.

26 朴京哲, 2006, 앞의 글, 136~138쪽.

27 "以奴客爲民歸王請命" 廣開土王陵碑文永樂 9년(399년) 己亥條.

28 朴京哲, 2001, 「漢城百濟期 龍仁地方의 存在樣態」, 『白山學報』61, 82~84쪽.

29 朴京哲, 2000, 「中原文化圈의 歷史的 展開:그 地政學的·戰略的 位相 變化를 中心으로」, 『先史와 古代』제15호, 282~284쪽.

30 앞의 비문.

도움을 목말라 하고 있었다. 따라서 이 작전은 신라가 자국의 영역 내를 관통하는 이 연장된 작전선의 안정적 운용을 담보해 줌에서 비롯된 과감한 군사행동이었던 것이다.

고구려는 이 작전을 통하여 한반도 남단까지 군사행동을 수행할 수 있는 군사역량을 과시함과 아울러 신라·백제에 대한 상대적 우위를 확인하였던 것이다. 특히 이 낙동강 방면 작전은 그 군사적 충격이나 작전 범위의 광역성을 고려할 때, 고구려가 한반도 남부 지역에서 전개한 가장 중요한 군사행동이었던 것으로 판단된다(〈표 2〉와 〈표 3〉 및 〈도표 1〉·〈도표 2〉 그리고 〈도표 3〉).

또 이 작전의 결과 한반도 남부 지역 전체는 고구려의 마음먹기에 따라서 항시 전장화될 수 있는 상황에 처하게 되었다. 어쩌면 이러한 상황의 도래에 대한 우려는 백제 뿐 아니라, 신라마저 갖게 되었을 가능성이 크다.[31] 아마도 신라가 은연 중 품었던 고구려의 역량에 대한 이런 의구심은 훗날 나제동맹 결성의 씨앗이 되었을 수도 있을 것이다.

5C 초 이래 고구려에 대한 신라의 종속도는 납질(納質)에서 "귀왕청명(歸王請命)" 단계로 심화되어 갔고, 그 결과 고구려군은 중원고구려비 상 "신라토내당주(新羅土內幢主)"가 적시하는 바처럼 몇 몇 군사요충지에는 물론 왕도에까지[32] 주둔하게 되었다. 고구려는 이를 십분 활용하여 신라의 왕위 계승 문제에 적극적으로 간여하는 등[33] 노골적인 내정간섭을 행 하였다.[34] 혹 당시 고구려는 언젠가 신라를 자기 영역화 하여 직접 지배하려는 구도까지 그리고 있었을 수도 있다.[35]

신라는 4C 후반 이래 고구려의 군사력에 자국 안보를 의탁하면서 국세의 보전과 신장을 기약할 수 있었다. 그러나 5C 중반에 접어들면서 신라는 비호에서 차츰 기반화(羈絆化)하는 고구려의 후견적 역할에 거부 반응을 보이면서, 그 멍에를 벗어날 기회를 모색하게 된다.

4. 나제동맹기(433~550년)

1) 나제동맹의 성립 배경과 시점

장수왕이 재위했던 5C 동아시아 국제질서는 5대 강국(major power)인 고구려·북위·남조·유

---

31 朴京哲, 2006, 앞의 글, 138~139쪽.
32 『日本書紀』卷14 雄略紀 8年新 春二月條.
33 『三國遺事』紀異2 第卷18 實聖王條.
34 주보돈, 2006, 앞의 글, 74~75쪽; 鄭雲龍, 2006, 앞의 글, 101~103쪽.
35 『日本書紀』卷14 雄略紀 8年 春二月條; 주보돈, 2006, 앞의 글, 74쪽.

연·토욕혼이 주도하는 세력균형체제(Balance of Power International System)가 성립되어 상대적 안정을 누리게 된다. 특히 이런 세력구도 아래에서 고구려는 캐스팅보트(casting vote)를 행사할 수 있었다. 이제 고구려는 동북아시아 최강의 무장세력(armed force)으로 부상하면서, 나름대로의 세계정책(world policy)을 관철, 동북아시아 패권 장악을 도모하고자 하였다.

5C 이후 백제와 신라는 동아시아 세력균형 체제의 운영에 있어 5대 열강의 차하위 수준의 단위국가로서 자리매김 되고 있었다. 따라서 양 국은 장수왕 대 이후 새로이 조성된 동아시아 국제질서 하에서 운신의 어려움이 가중되고 있는 상황이었다.[36]

그런데 〈표 2〉·〈표 3〉·〈표 4〉 및 〈도표 1〉·〈도표 2〉·〈도표 3〉을 살펴보면, 한반도 남부 지역에서의 410년대~440년대 기간은 고구려의 대나·제 전쟁 관련 기사가 전혀 눈에 띄지 않는 삼국관계에 있어 일시적인 소강상태가 조성되고 있었음을 간파 할 수 있다. 그러나 이는 새로운 삼국관계 구도 형성을 위한 암중모색의 휴지기에 불과하였다.

곧 427년 고구려의 평양 천도는 이후 삼국 관계사의 새로운 장이 열리고 있음을 알리는 序曲이었다. 이후 평양성은 이미 다종족(多種族)국가화한 고구려의 제국적 지배질서·체제 운영을 담당하는 중추 거점화됨과 더불어 대 나·제 군사행동의 실효성을 담보하는 전략거점으로서의 부차적 기능도 수행하게 되었다.[37]

한편 광개토왕 대에 목도한 바, 고구려의 저돌적인 군사적 팽창세는 백제 뿐 아니라 신라에게도 하나의 숨겨진 두려움으로 닥아 왔던 것이다. 고구려의 비호 아래 성장한 신라지만, 이제는 그 멍에에서 벗어날 기회를 노리고 있었다.[38]

백제 또한 고구려의 군사적 압력에서 벗어나기 위한 방도를 강구하고자 하였다. 당시 백제의 대 남조 적극외교정책이 갖는 안보상의 실익은 남조 제국이 갖고 있던 군사역량 자체의 한계성에 비추어 미미할 수밖에 없었다. 또한 백제는 왜의 대여 전략에서 가지는 실효성에 회의를 품고, 새로운 대려(對麗) 적대 관계의 제휴 상대로서 당시 고구려의 굴레로부터 벗어나 자주적인 국력 신장을 꾀하던 신라를 선택하였던 것이다.[39] 433년 결성된 나제동맹은 그러한 긴 고뇌와 모색의 산물이었다.

나제 동맹의 성립 시점에 관해서 종래 433~434년 나제 사이의 관계 개선 사실을 그 시점으로

---

36 朴京哲, 2003, 앞의 글, 287~291쪽.
37 朴京哲, 1989, 앞의 글, 18~20쪽. 한편 평양 천도를 계기로 한 고구려 '남진론'에 대한 비판적 인식은, 朴京哲, 2003, 앞의 글, 292~294쪽 참조.
38 朴京哲, 2006, 앞의 글, 139~140쪽.
39 朴京哲, 2003, 앞의 글, 287~291쪽.

보고 있었다.[40] 즉 백제는 당시 고구려에 대한 외교적 봉쇄 전략의 일환으로 적극적으로 신라와의 교섭을 시도하였던 것이다. 신라 역시 고구려의 과도한 영향력 또는 압력에 대해 백제와 공동 대응 할 필요성을 인식하고, 상호관계의 개선과 결속을 강화할 것을 도모하고자 하였다.[41]

한편 학계 일각에서는 433~434년의 나제 교섭사실을 나제동맹의 초석을 깐 것으로 보면서, 나제 간 첫 대여 공동 군사행동이 이루어진 455년을 방어동맹으로서의 나제동맹 결성 시점으로 파악하는 견해가 제기가 되고 있다.[42]

또 혹자는 동맹의 결성 시점의 문제 보다는 여나 양국 간의 '우호관계기'가 종식 되고, '대립관계기'로 전환 하는 시점인 454년 고구려의 대나 선제공격 사실[사료③-(a)·(b)]에 주목하기도 한다. 이 견해에 따르면 5C 중반을 전환점으로 고구려의 대나 간섭이 종식되고, 양국은 교전 관계로 돌입됨을 강조하고 있다.[43] 그리고 논자에 따라서는 443~455년 사이의 나제관계를 군사동맹이라기 보다는 우호관계의 회복에 이은 '군사협력 단계의 모색'으로 파악기도 한다.[44]

필자는 문헌 사료상[45] 나제동맹 결성 시기를 433~434년이라고 보는 견해를 따르고자 한다. 즉 433년 백제 측의 "청화[請和, 각주 48-(b)]"에 대해 신라의 "종지[從之, 각주 48-(a)]"가 있었고, 434년 이에 상응 하는 양 국 간 외교적인 후속 조치가 뒤따르고 있다[각주 48-(c)·(d)].[46] 곧 양 국은 이를 시점으로 동맹의 양 당사국으로서 쌍무적인 외교관계가 성립되었던 것이다.

2) 「충주고구려비」와 나제동맹

410년대 이래 지속된 삼국 간의 일시적 소강상태는 433년 나제동맹의 성립이라는 새로운 국면으로 접어들고 있었다.

〈표 2〉·〈표 3〉·〈표 4〉 및 〈도표 1〉·〈도표 2〉·〈도표 3〉에 따르면, 433년 나제동맹 결성 이후 440년대 사이 근 20여 년 간은 고구려·백제·신라 삼국 사이의 교전 기사가 나타나지 않는 정중동의 시기였다.

이와 관련 학계 일각에서는 자비왕(慈悲王, 458~479년)과 소지왕(炤知王, 479~500년) 대 축성·

---

40 金秉柱, 1984, 「羅濟同盟에 관한 硏究」, 『韓國史硏究』46; 주보돈, 2006, 앞의 글.
41 鄭雲龍, 2006, 앞의 글, 102쪽.
42 鄭雲龍, 1996, 「羅濟同盟期 新羅와 百濟의 關係」, 『白山學報』46, 102~104쪽.
43 張彰恩, 2006, 앞의 글, 55~58쪽.
44 鄭載潤, 2001, 「熊津時代 百濟와 新羅의 關係에 대한 考察」, 『湖西考古學』4, 72~73쪽.
45 (a)『三國史記』3 新羅本紀3 訥祇麻立干17年(433년); (b)『三國史記』25 百濟本紀3 毗有王7年(433년; (c)『三國史記』3 新羅本紀3 訥祇麻立干18年(434년); (d)『三國史記』25 百濟本紀3 毗有王8年(434년).
46 金秉柱, 1984, 앞의 글.

교전 지역에 대한 분석을 통해, 여나 간 첫 교전이 있었던 454년[사료③-(a)·(b)]을 전후 한 5C 중엽 신라는 이미 소백산맥 이북으로 고구려 세력을 구축하고, 주로 동해안 일대에서 교전을 벌리고 있었다고 보고 있다.[47] 만일 이 같은 견해가 옳다면, 신라가 이 시기 나제동맹 이후 보여준 적극적인 대여 극복 노력의 한 단면을 짐작케 해주는 셈이다.

그러나 무엇보다도 이 당시 고구려·신라의 복잡다단한 관계 전개상을 엿보게 해 주는 것이 바로「충주고구려비」의 존재이다.[48]

현재「충주고구려비」와 관련된 제 사실의 연대 비정 문제에 관해서는 학계의 논의가 분분한 실정이다.[49] 즉 기존의 통설은 비문에서 서술한 사건이 발생했던 연대를 480년(고구려 장수왕 68년, 신라 소지왕 2년)으로 보고 있다. 이 견해는 고구려의 이 지방 진출이 475년 고구려의 백제 漢城强襲 이후 가능했던 것이라 파악함을 전제로 하고 있다. 또 이 견해는 중원에서의 고구려의 건비(建碑)를 480년을 즈음한 시기에 고구려가 나제동맹으로 말미암아 신라에 대해 약화되었던 영향력을 재 강화 하려는 외교적 행위의 일환인 동시에, 군사적 요충지로서의 중원지방을 자기 통치 영역으로 확인하려는 변경 순수행위로 이해하고 있다.[50]

그러나 "지착견아(地錯犬牙) 혹상화친(或相和親) 혹상구초(或相寇鈔)"하던 당시 삼국의 형세로 보아,[51] 고구려의 이 지방 진출을 굳이 475년 이후로 보아야만 할 이유는 없다.[52] 왜냐하면 앞에서 살펴 본 바처럼, 광개토왕 10년(400년) 고구려가 성공적으로 수행한 '대백제·가라·왜 낙동강유역 방면작전'은 고구려군이 평양→중원→경주로 연결되는 작전선을 신라가 안정적으로 담보해준데서 비롯된 과감한 군사행동이었던 까닭이다.

그러므로「충주고구려비」의 서술 대상 연대 비정과 관련, 새삼 주목되는 것이 바로 449년설이다.[53] 곧 고구려는 광개토왕 대나 장수왕 대 초까지만 해도 신라에 대한 우월적 우호·화친관계

---

47 張彰恩, 2006, 앞의 글, 55~58쪽.

48「충주고구려비」과 관련된 여라관계 진전상에 대해서는, 박경철, 2006, 앞의 글, 141~142쪽; 鄭雲龍, 2006, 앞의 글, 98~118쪽.

49 이 문제에 대한 제 견해는, 鄭雲龍, 1996,『5~6 世紀 新羅 對外關係史 硏究: 高句麗·百濟·伽倻關係를 中心으로』, 고려대학교 대학원 사학과 박사학위논문, 20~31쪽; 鄭雲龍, 2006, 앞의 글, 98~110쪽.

50 邊太燮, 1979,「中原高句麗碑의 內容과 年代에 대한 檢討」,『史學志』13, 檀大史學會, 50쪽; 申瀅植, 1979,「中原高句麗碑에 대한一考察」, 위의 책, 1984,「中原高句麗碑의 性格(改題),『韓國古代史의 新研究』, 一潮閣, 407~409쪽.

51『三國史記』地理志 序文.

52 金貞培, 1979,「中原高句麗碑의 몇 가지 問題點」,『史學志』13, 1980,『韓國古代史論의 新潮流』, 高麗大學敎出版部, 165~166쪽.

53 任昌淳, 1979,「中原高句麗古碑 小考」,『史學志』13, 57쪽; 金貞培, 1979, 앞의 글, 165쪽; 鄭雲龍, 1989,「5世紀 高句麗 세력圈의 南限」,『史叢』35, 4~8쪽; 鄭雲龍, 1994,「5~6世紀 新羅·高句麗關係의 推移:遺蹟·遺物의 解釋과 關聯하여」,『新羅文化祭學術發表會論集』15, 45~46쪽; 鄭雲龍, 1996, 앞의 글, 27~30쪽; 鄭雲龍, 1999,「順興 邑內里古墳의 新羅史的 意義」,『白山學報』52, 169~170쪽; 林起煥, 2000,「중원고구려비를 통해 본 고구려와

182 제2부 고구려 국세팽창과 전쟁

를 '속민'인 신라가 고구려에게 '조공'을 바치는 것으로 규정·인식하고 있었다. 그러나 「충주고
구려비」는 고구려와 신라의 관계를 "여형여제(如兄如弟)"로 표현, 5C 전반과는 달리 양국 관계
에 변화가 있음을 시사하고 있으며, 의복의 사수(賜受)도 고구려가 중원까지 와서 준다는 점에
서 당시의 상황이 고구려의 일방적 우위가 아님을 시사해 주고 있다.[54] 이러한 변화상의 단적인
표출이 후술 할 바와 같은 바로 450년 신라의 고구려 변장 살해사건[사료②-(a)·(b)]이다.

이처럼 여나 관계의 전환기라는 시대상이 「충주고구려비」에서 간취되고, 문헌 사료 상으로도
양국 사이의 갈등이 노정되어 있음을 볼 때, 결국 이 비의 서술 내용은 449년의 상황을 기술하
고 있는 것으로 파악된다. 곧 「충주고구려비」의 서술 대상이 되었던 시기는 나제동맹 결성 이후
고구려의 멍에를 벗어나고자 하는 신라의 흥기로 인하여 양국 관계가 점차 소원해지려는 시점
이며, 기존 여나 관계의 재확인·유지를 위한 고구려 측 노력과 인내가 교차하던 시기로 이해함
이 타당할 것이다.

따라서 고구려의 중원 지방 진출은 449년 이전의 시기이며, 「광개토왕릉비」와 「충주고구려비」
에 모두 '고모루성(古牟婁城)'이란[55] 지명이 보이는 점으로 미루어 보아, 이 지역에 고구려가 진
출한 것은 일찍이 광개토왕 대부터, 곧 빠르면 400년을 전후한 시기일 가능성이 높다고[56] 생각
된다.[57]

3) 고구려 대 나제동맹

433년 나제동맹 성립 이후 20년간 지속된 암중모색의 정적을 깬 것은 450년 신라의 고구려 변
장 습살 사건이었다[사료②-(a)·(b)].[58] 당시 신라 하슬라(강릉) 성주의 고구려 변장 살해는 우발적
사건이었지만, 나제동맹의 결성을 전후하여 고구려의 기반에서 벗어나려는 신라 사회의 일반적
분위기를 반영해 주는 그것이었다.

그런데 강릉 남부의 삼척 지방('실직')에 나타난 고구려 변장의 실체는 아마도 중원 거점 경영

신라의 관계」, 『中原高句麗碑 新照明』, 高句麗研究會, 150~154쪽.

54 鄭雲龍, 2006, 앞의 글, 112~116쪽.

55 고모루성의 위치에 관해서는, 그곳이 포천군 소흘면 고모리산성이라는 견해[閔德植, 1992, 「百濟 漢城期의 漢江 以北
交通路에 관한 試考(上): 百濟 初期 都城 硏究를 위한 일환으로」, 『先史와 古代』2, 100쪽]와 원주나 춘천설(徐榮一, 2000, 「中
原高句麗碑에 나타난 高句麗城과 關防體系: 于伐城과 古牟婁城을 中心으로」, 앞의 책, 210~215쪽) 등이 제시된 바 있다.

56 金貞培, 1988, 「高句麗와 新羅의 영역문제: 順興地域의 考古學자료와 관련하여」, 『韓國史硏究』61·62(合輯), 12쪽.

57 고구려가 중원 지방으로 진출한 저간의 상황에 관한 종합적 고찰은, 鄭雲龍, 1996, 앞의 글, 44~45쪽.

58 이 문제에 대해서는, 박경철, 2006, 앞의 글, 142쪽; 주보돈, 2006, 앞의 글, 76쪽; 鄭雲龍, 2006, 앞의 글,
103~104쪽.

과 관련 단위부대의 지휘관 가운데 하나였을 것으로 추정된다. 또 이 점은 당시 고구려의 대 한반도 남부 군사전략 운용 상 이곳이 차지하는 위상을 엿볼 수 있게 해주는 대목이기도 하다.

이 변경의 무장충돌은 곧이어 454년 고구려의 신라에 대한 군사적 적대행위로 표출된다[사료③-(a)·(b)]. 이는 고구려가 실제적 군사압력을 통하여 신라의 새로운 대외 정책에 제동을 걸고자 수행한 군사작전이었을 것으로 추정 된다. 그러나 신라는 455년 고구려의 대제 군사행동에 대한 공동 대응을 통하여(사료④) 나제동맹의 당사자로서의 자기 의무 이행 의지를 과시하고 있다.

한편 학계 일각에서는 『일본서기』상의 464년 신라 왕도에 주둔했던 고구려군 '진살(盡殺)' 기사에[59] 의거, 이 사건이 여나 관계의 '완전한 파탄'을 결과 했다고 이해하고 있다.[60] 그러나 이 기사는 상당 기간에 걸쳐 일어난 여나 간의 갈등 상들이 압축·정리된 것으로,[61] 그 마무리가 고구려군의 '진살'이라는 형태로 표출되어 있다고 볼 수 있다. 그런데 이 경우 당해 사건의 발생 연대는 여나 간 첫 교전이 있었던 454년[사료③-(a)·(b)] 이전으로 추정하는 견해와[62] 464년 전후라 비정하는 견해가[63] 제시 되고 있다. 그런데 5C 중반 여나 관계 진전상은 〔427년 고구려 평양 천도→433년 나제동맹 결성→449년 여라의 중원에서의 마지막 회동→450년 여나 간 첫 무장충돌→454년 고구려의 대나 선제공격→455년 나제의 첫 대여 공동 군사행동〕이라는 수순을 밟으면서 진행된 바 있다. 필자는 적대적 의도를 가진 외국군의 왕도 주둔이 갖는 치명적 의미를 고려할 때, '진살' 사건은 늦어도 454년 이전, 혹 "신라토내당주"가 존재하던 449년에서 454년 사이의 일로서 추정하고자 한다. 물론 이 사건 이후에도 고구려는 '당주'로 표현되는 일정 규모의 군사력을 소백산맥 남북麓 일대 신라 영내에 주둔 시키고 있었을 것으로 추정된다. 신라 역시 이들을 축차적으로 소백산맥 이북으로 구축해 나갔을 것이다.

〈표 2〉·〈표 3〉·〈표 4〉 및 〈도표 1〉·〈도표 2〉·〈도표 3〉에 따르면, 455년 이후 470년까지 15년 간 다시 나·제 관계의 진전 상은 별로 눈에 띄지 않고 있다. 다만 신라가 470년 충주 방면의 고구려군의 동향을 견제하며, 이천–장호원 방면으로의 진공 거점으로도 기능할 수 있는 '삼년산성(충북 보은)'을 축조한 점(사료⑤)이 주목된다. 신라가 이를 단기적으로 대여 군사행동을, 장기적으로는 백제에 대한 견제를 목적으로 축조했다는 점에서, 당시 신라가 나제동맹을 바라보

59 『日本書紀』 卷14 雄略紀 8年 春二月條.
60 주보돈, 2006, 앞의 글, 76쪽; 鄭雲龍, 2006, 앞의 글, 105~106쪽.
61 김현구·박현숙·우재병·이재석 공저, 2002, 『일본서기 한국관계 기사 연구』(Ⅰ), 일지사, 248쪽; 張彰恩, 2006, 앞의 글, 56~57쪽.
62 張彰恩, 2006, 앞의 글, 56~57쪽.
63 篠原啓方, 2000, 「中原高句麗碑'의 解釋과 意味」, 『史叢』51, 32쪽의 각주 86).

는 시점의 한 측면을 엿볼 수 있다.

　이제 고구려의 한반도 남부에서의 군사행동은 나제동맹의 결성으로 인하여 새로운 국면을 맞이하게 되었다. 고구려는 그 첫 번째 승부수를 백제를 겨냥하여 던지게 된다. 475년 고구려의 한성 강습작전이 바로 그것이었다(사료㉒).

　고구려의 한성 강습은[64] 요하 이서(以西) 선을 지향하던 자기 국가 팽창 정책에 걸림돌이 될 수도 있을 당시 차츰 견실화 되어 가던 나제동맹의 한쪽 고리였던 백제에 치명적인 군사적 타격을 가함으로써 남부전선의 안정화를 꾀하고자 함에서 비롯된 공세적 방어전략 개념에 입각한 저돌적 군사행동이었다. 그리고 백제는 그 내재적 취약성으로 인하여 이러한 고구려의 강공책 앞에서 너무 쉽게 무너져 내렸던 것이다. 결국 475년 고구려의 한성 강습은 기왕의 내환과 상승작용을 하면서 한성기 백제의 종언을 고하는 예기된 참화였던 것이다.

　481년 미질부(경북 흥해) 진공작전(사료⑦)은 475년 한성강습(사료㉒)과 더불어 나제동맹기 관련 제국의 군사적 대응 양상을 가늠해 볼 수 있는 호례(好例)가 된다. 〈표 4〉에 따르면, 당시 고구려의 군사행동은 대 나·제 전선의 균형을 유지함을 통하여 자기의 측방 작전선의 안정성을 담보코자 양 국에 대한 교차적 군사행동을 수행하였음을 확인 할 수 있다.[65]

　따라서 고구려는 475년 백제의 한성을 강습함으로써 중원 거점 운용의 안정성을 제고시킨 연후[66], 481년 신라 영역 내 깊숙이 미질부 진공작전을 감행하였던 것이다.[67]

　고구려는 중원 거점으로부터 소백산맥 언저리 신라 영내에 일정한 세력거점을 확보하고 있던 자신의 당주가 주둔하고 있던 곳으로 일대의 고구려군을 진공시켰다. 아울러 고구려는 '위말갈' 집단을 신라가 확보하고 있던 실직·하슬라 지역을 우회·고립시킨 채 동해안선을 따라 남진하여 흥해에서 합군, 경주를 압박하려 했던 것으로 보인다.

　그러나 고구려의 이러한 군사행동은 취약한 동해안 방면의 작전선과 중원 거점에서부터 비롯되는 무리하게 연장된 그것을 담보로 하여 전개되었다. 따라서 이 고구려의 진공 작전은 신라·백제·가야 연합군의 "분도어지(分道禦之)"하는 분산방어 전략에 휘말려 좌절되고 말았다.[68]

　이 경우, 내공해오는 고구려군에 대하여 나·제·가야군이 "분도어지"하였다는 사실은 곧 고구려가 국원성을 중심으로 하는 중원 지방을 대나·제 군사행동을 수행하기 위한 군사거점화 하

---

64 고구려의 한성 강습에 관해서는, 朴京哲, 2003, 앞의 글; 朴京哲, 2006, 앞의 글, 143~146쪽.
65 金瑛河, 1985, 「高句麗의 巡狩制」, 『歷史學報』106, 49~50쪽; 鄭雲龍, 2006, 앞의 글, 118쪽.
66 鄭雲龍, 1996, 앞의 글, 37쪽.
67 이 문제와 관련해서는, 鄭雲龍, 1996, 위의 글, 37~39쪽; 朴京哲, 2006, 앞의 글, 146~147쪽; 張彰恩, 2006, 앞의 글, 69~70쪽; 鄭雲龍, 2006, 앞의 글, 107쪽.
68 李康來, 1986, 「『三國史記』에 보이는 靺鞨의 軍事活動」, 『領土問題硏究』2, 62쪽; 鄭雲龍, 1994, 앞의 글, 53~54쪽.

여 나·제에 대한 측방 외선작전을 실시할 수 있는 전략적 우위를 차지하고 있었음을 의미한다. 한편 나·제 양국은 고구려의 이러한 중원 거점의 전략적 위치를 역이용하여 "분도어지" 곧 평양성으로부터 중원 지방에 이르는 취약한 작전선을 담보로 깊은 종심을 형성하면서 전개되는 고구려 외선(外線)작전 역량의 분산을 유도, 그것을 각개격파하는 내선(內線)작전 원칙에 의거한 군사행동을 전개, 고구려군을 격퇴하였던 것이다.[69]

따라서 고구려의 미질부 진공작전 좌절은 대나·제 군사행동의 수행을 매개하는 중간 군사거점으로서의 중원 거점이 갖는 전략적 취약성의 일단을 드러내준 셈이다. 결국 고구려도 6C 중반 경 이 중원지방 국원성을 포기하고 대나·제 전선을 북상시킬 수밖에 없게 되었던 것이다.

4) 나제동맹의 실상

학계 일각에서는 고구려의 중장기병에 대한 신라의 중기병과 백제의 경기병의 효율적 배합이 고구려 측의 군사적 우위를 상쇄하게 되었음을 지적하기도 한다.[70] 이러한 견해는 병종의 조합 같은 전술 역량 상의 시너지 효과를 감안한다면 일응 타당성이 있다. 그러나 나제동맹의 군사적 실익은 무엇보다도 군사행동 시 측방 작전선의 전략적 안정성을 위협함으로써 고구려로 하여금 임의적인 군사작전 운용을 불가능하게 했다는 점에서 찾아야 할 것이다. 따라서 한성강습 이후 수행된 고구려의 군사행동은 대나·제 교침전략(交侵戰略)으로 특징 지워진다.

먼저 고구려의 군사행동은 대 나·제 전선의 균형을 유지하기 위하여 일정 시기 별로 신라와 백제에 대한 교차적 공세를 펼치고 있다.[71] 〈표 2〉와 〈표 4〉를 보면 480~490년대 20년 간 여라의 군사대결은 7회(사료⑥·⑦·⑧·⑨·⑩·⑪·⑫)인데 비해, 여제의 그것은 〈표 3〉과 〈표 4〉에 따르면 2회(사료㊼·㊽)였다.

곧 한성강습 이후 대 백제 전선이 남하 해 감에 따라 고구려의 신라 쪽 좌측방 작전선이 불안정해 질 우려가 있었기 때문에 480~490년대에 고구려는 신라에 대한 전술적·전략적 타격을 지속적으로 실시했던 것이다.

이 사실은 고구려의 대 나·제 군사행동이 일정한 전략적 구도 아래 측방 작전선의 안정적 확보를 우선시 하고 수행되었음을 엿보게 해 준다. 곧 고구려는 자기의 대 나·제 전선 균형을 유지하고자 하는 전략적 배려 하에서 동쪽의 신라와 서쪽의 백제를 교침하는 군사행동을 전개할

---

69 朴京哲, 1989, 앞의 글, 21~22쪽.
70 李仁哲, 2000, 『고구려의 대외정복 연구』, 백산자료원, 282쪽.
71 金瑛河, 1985, 앞의 글, 47~50쪽.

수밖에 없었다. 따라서 나·제 양국은 자국에 가중되던 고구려의 군사적 압력을 어느 정도 분산시킬 수 있게 되었던 것이다.

아울러 이러한 의도적인 고구려의 군사행동이 나제동맹의 존재를 의식한 데서 비롯된 그것이라는 점에서 당시 나·제 간의 군사적 협력이 가지는 양국 국가 생존전략 상 차지하는 의미를 가늠해 볼 수 있다.

한편 500~540년대 50년 간 여제 사이에는 〈표 3〉과 〈표 4〉에 따르면, 9회의 군사행동(사료(55)·(56)·(57)·(58)·(59)·(60)·(61)·(62)·(63))이 수행되었다. 그러나 〈표 2〉와 〈표 4〉에 의하면, 여나 간의 그것은 504년의 군사행동이 신라의 '축12성(사료⑬)'이라는 군사방어 조치인 점을 감안할 때 한 차례의 군사충돌도 없었던 셈이다.

그런데 〈표 4〉에 비추어, 480~540년대 70년 간 고구려의 대 나·제 군사행동은 사료⑬을 제외하고 모두 18회이다. 그 중 대 신라 군사행동은 7회, 대 백제의 그것은 11회이다. 이 점은 고구려가 한성강습 이후에도 백제를 여전히 주적으로 인식, 대 백제 견제타격 군사행동에 부심하고 있었음을 시사한다.

반면 여라 간 공간적 접속의 어려움은 고구려로 하여금 일취월장하는 신라의 국세 신장을 인식함에 장애물로 작용했을 수도 있다. 혹 고구려는 신라를 433년 나제동맹기 이전의 역사적 경험에 비추어 잠재적 제휴 가능성이 있는 변방의 유력한 무장세력 정도로 평가하고 있었을 가능성도 없지 않다.

나제동맹은 군사적으로 우월한 고구려를 상대로 한 힘겨운 싸움으로부터 백제·신라 모두의 국가 안보와 국익 보전에 큰 보탬이 되었을 것임이 분명하다.

〈표 2〉·〈표 3〉·〈표 4〉 및 〈도표 1〉·〈도표 2〉·〈도표 3〉을 살펴보면, 고구려의 군사적 위협에 나·제 두 나라가 공동 대응한 사례가 433~550년 사이 7차례(사료④·⑦·⑧·⑩·(52)·(54)·(63)) 있었다. 이는 동 시기 축성 기사(사료⑤·⑬)를 제외한 총 22회 사례에 비추어 거의 1/3에 가까운 비중을 차지하고 있다. 이 7차례의 사례도 455년 첫 대여 공동 군사대응 사례(사료④)와 494년 '살수지원전(薩水之原戰, 사례⑩)'을 제외하고 모두 전역·전략적 군사행동 수준의 대규모 무장충돌이었다(사료 ⑦·⑧·(52)·(54)·(63)). 또 그 결과 또한 475년 고구려 한성 강습 시기 이외 6 차례 대려 공동 군사행동 모두 성공적이었음에 주목해야 한다.

그렇다면 나·제동맹의 결과 어느 나라가 더 많은 실익을 챙겼을까?

먼저 백제의 신라 지원 사례는 3회(사료⑦·⑧·⑩)인 반면, 신라의 백제 지원 사례는 4회(④·(52)·(54)·(63))였다. 이것을 보면, 나제동맹에 대한 상대적 적극성은 신라 쪽에 기울어지는 것 같다. 한편 나제동맹으로 결정적 도움을 받은 나라는 신라로 판단된다. 〈표 3〉과 〈도표 2〉에 따르면 백제 측의 가장 어려운 시기였던 475년 한성강습(사료(52)) 당시 신라 측의 지원은 실기(失期)가 되었다. 반면 〈표 2〉와 〈도표 1〉 및 〈도표 2〉의 경우, 신라 측에 대해 최고조로 가해진 고구려의 군사적 압력은 481년 미질부 진공 작전(사료⑦)이었다. 이 경우 신라는 백제뿐 아니라 가야의 지원까지 끌어들여 적을 패퇴시킬 수 있었던 점에 유의하여야 한다. 결국 신라는 나제동맹을 통하여 백제에 비하여 더 실효적으로 국익을 챙길 수 있었던 셈이다.

나제 동맹의 성격을 '상호불가침 및 군사동맹'으로,[72] 혹은 '공수동맹(共守同盟)'으로[73] 파악할 수 있다. 즉 그것은 '공수동맹(攻守同盟)'으로 파악되지 않고, 다만 '방어동맹'이라[74] 성격 지울 수 있는 것이다. 곧 나제 양 국은 고구려의 군사적 압박에 대한 공동 대응이라는 안보 상의 국익은 공유할 수 있었지만, 새로운 영역 확장이라는 측면에서는 이해를 달리 할 수밖에 없었던 것이다. 이 점에서 6C 중반 이래 한강 유역 쟁탈전은 곧 나제동맹의 와해를 의미 하는 것이었다.

5. 삼국관계 착종기(550~598년)와 동아시아 국제전쟁기(598~668년)

1) 6C 중엽 전환기의 삼국관계

6C 중엽에 들어와 3국(북제·북주·진; 北齊·北周·陳) 정립기에 들어간 중원과 돌궐(突厥)의 대두라는 북아시아 스텝지대에서의 세력 변동에 따른 대륙 정세의 과도기적 혼란과 신라의 급성장에 따른 한반도 내 역관계의 변화에 내환까지 겹쳐, 고구려는 한동안 대내·외정책 조정기를 경과하는 진통을 감수하여야 했다.[75]

백제가 한성강습 이후 국가 재흥을 위한 인적·물적 자원의 충원을 위한 방편으로 가야 방면으로 세력 확장을 도모하는 6C 초 이래 나제 간의 갈등도 再燃되고 있었다.[76] 또 백제는 한성백제기의 구영역 회복을 위한 노력의 일환으로 501년 수곡성 싸움에서 548년 독산성회전 사이 고구려·말갈과 더불어 9차례의 교전을 벌이면서(사료㊺·㊻·㊼·㊽·㊾·㊿·⑪·⑫·⑬) 상당한 성과를 올린 듯하다. 그런데 이런 일련의 군사행동 가운데 548년 독산성 회전 이외의 모든 싸움은 백제가 단독으로 수행한 군사행동이었다. 가야 문제로 인해 벌어진 나제 간의 틈은 동맹관계의 기틀이 되는 양 국 간의 군사협력을 저해하는 방향으로 진전되고 있었던 것이다.

---

72 주보돈, 2006, 앞의 글, 78쪽.
73 노중국, 2006, 앞의 글, 9쪽.
74 鄭雲龍, 2006, 앞의 글, 105쪽.
75 朴京哲, 2006, 앞의 글, 149쪽.
76 주보돈, 2006, 앞의 글, 80쪽.

오늘날 학계 일각에서는 백제의 이러한 군사적 성과로 무령왕 대에 한강 유역을 일시적으로 재탈환 했던 것으로 파악하기도 한다.[77] 필자는 고구려가 일단 475년부터 551년 사이 한강 유역과 그 이남의 일정 지역을 영유했던 것으로 파악 하고자 한다. 그러나 고구려가 한반도 남부 지역에서 수행한 군사행동과 그 지배정책은 그렇게 안정적이고 강고한 것이 못되었다. 당시 고구려의 한반도 남부 지방 지배의 실상은 면지배(面支配) 곧 영역지배의 실현보다는, 인위적으로 구축된 제 거점의 우월한 군사력에 바탕하여 현지 세력을 매개로 자기의 지배의지를 관철코자 하는 점지배(點支配) 즉 거점지배적 성격이 강했다. 따라서 고구려의 이 방면에 대한 군사행동이 유력한 지정학적 · 전략적 거점 지역의 확보 노력 없이 평양성으로부터 비롯되는 길고도 취약한 작전선을 담보로 깊은 종심을 형성하면서 전개되고 있었던 만큼, 이 지역에서의 지배 역량은 매우 한정적이었던 것이다.[78] 최근 잇달아 확인되고 있는 한강 유역 및 경기도 북부 지역의 보루 유적들의 존재는[79] 이러한 추론을 뒷받침해주고 있는 셈이다.[80]

따라서 백제는 고구려가 전개 시킨 취약한 거점들과 불안정한 작전선을 돌파 · 교란하면서 한성기 구영역 깊숙이 파고 들어가 군사행동을 수행하였던 것으로 추정된다. 6C 초반 50년 가까이(501~548년: 사료(55) · (56) · (57) · (58) · (59) · (60) · (61) · (62) · (63)) 고구려의 군사행동이 백제를 대상으로 집중된 것도 이로 말미암은 것이다.

2) 550년대 한강유역전역과 '여라통호'론

백제와 신라는 내우외환에 시달리는 고구려의 상황을 간파하고 나제동맹을 매개로 다시금 결속을 도모하여 고구려 남부 전선에서의 상황 반전을 도모코자 한다. 이제껏 50여 년 간 접종하는 여제 간 군사충돌을 모르쇠 하던 신라가 548년 독산성 회전(사료(63))에 기꺼이 참전한 것도 이완된 동맹관계의 복원을 위한 노력으로 판단된다. 550년대 한강유역 전역(戰役)은[81] 550년 1월 도살성 · 금현성의 신라 횡탈(사료(64))로[82] 시작된다. 이 사건에도 불구하고 551년 9월 나 · 제 · 가야 연합군의 한강 유역 점령을 위한 공동 군사행동이 성공적으로 수행되었다[사료⑭-(a) · (b)]. 이

77 주보돈, 2006, 앞의 글, 80~83쪽. 한편 노중국은 지명 이치(移置)론의 입장에서 이를 부정하고 있다. 노중국, 2006, 앞의 글, 16~26쪽.

78 朴京哲, 앞의 글, 1989, 18~23 및 56쪽.

79 구의동보고서 간행위원회, 1997, 『한강유역의 고구려요새: 구의동유적발굴조사종합보고서』, 소화; 서울대학교박물관, 2000, 『특별전 고구려: 한강유역의 고구려요새』.

80 朴京哲, 2001, 앞의 글, 101~102쪽; 朴京哲, 2006, 앞의 글, 149쪽.

81 이 전역의 진행과정에 대해서는, 노중국, 2006, 앞의 글, 42~52쪽; 주보돈, 2006, 앞의 글, 88~95쪽.

82 노중국, 2006, 앞의 글, 42~43쪽.

작전 결과로, 백제는 "한성지지(漢城之地, 한강 이남의 해구군·장제군·율진군·기천군·이산군·수성군·당은군·백성군 등)"과 '평양(양주)'을 중심 거점으로 하는 "육군지지(六郡之地)의 땅(양주 이북의 교하군·내소군·견성군·개성군·송악군·우봉군)"를 점유하게 되고, 신라는 '국원성(충주)'을 중심으로 하던 남한강과 북한강 유역의 "10군"을 차지하였다.[83]

나제동맹의 파탄은 5C 중반 한강 유역 지배권을 신라가 독점함(사료⑭·⑮·⑯ 및 ㉔)에서 비롯되었다. 오늘날 학계에서는 여라통호론(麗羅通好論)이 당시 삼국이 처한 상황을 감안하여 매우 설득력 있게 받아들여지고 있다.[84] 논자에 따라서 다소 차이가 나지만, 이 논의는 고구려가 한강 유역을 담보물 삼아 신라와 제휴함으로써 나제동맹을 결렬시켰다는 점에는 의견을 같이 하고 있다. 당시 고구려가 처한 객관적 상황의 절박성을 고려할 때 충분히 가능성 있는 견해가 아닐 수 없다. 당시 고구려 승려인 혜량법사의 "금아국정란(今我國政亂) 멸망무일(滅亡無日)"[85]이라는 시국 인식은 이를 충분히 뒷받침해 주고 있는 셈이다.

한편 이 문제와 관련, 고구려가 당과의 전운이 감도는 시점인 642년에도 도움을 청하는 신라에 대해 "죽령서북지지(竹嶺西北之地)"의 반환을 강변하고 있었다는 점을[86] 들어, 고구려가 자기 영토를 매개로 신라와 외교적 뒷거래를 하였다는 인식에 대한 보다 신중한 논의가 필요하다는 견해 제시 된 바 있다.[87]

그러나 필자는 사료상 여라밀약 내지 여라연합의 가능성이 명시적으로 간취 될 수 있음이 인정된다면, 한강 유역을 둘러싼 관련국들 사이의 일시적이며 한정적인 담합과 제휴는 충분히 상정될 수 있다고 본다.

551년 나제동맹의 파괴력을 절감한 고구려는 한반도 남부 방면에서 가해오는 나제의 군사적 압력을 완화 시킬 필요성이 대두되고 있었던 것이다. 신라는 백제의 한성기의 구 영역 점탈이 자신에게 부메랑으로 돌아올 것을 두려워하였다. 또한 신라는 가야 문제 등 나제 간의 현안을 감안 할 때 나제동맹의 실효성에 회의적일 수밖에 없었다. 아울러 신라는 한강 하류 지역을 영유함을 통하여 독자적 대중교통로를 확보하고자 하였다.[88] 이러한 신라 측 복안의 실현을 담보

---

83 노중국, 2006, 위의 글, 33~37쪽; 주보돈, 2006, 앞의 글, 88~90쪽.

84 盧泰敦, 1976, 「高句麗의 漢江流域 喪失 原因에 대하여」, 『韓國史研究』13; 盧重國, 1981, 「高句麗·百濟·新羅사이의 力關係變化에 대한 一考察」, 『東方學志』28, 81~86쪽; 金周成, 2000, 「聖王의 漢江流域 占領과 喪失」, 忠南大學校百済研究所 편, 『百済史上의 戰爭』, 書京文化社, 297~307쪽; 李道學, 2005, 「高句麗와 百濟의 對立과 동아시아 世界」, 『高句麗研究』21, 387~389쪽; 노중국, 2006, 앞의 글, 32~57쪽; 주보돈, 2006, 앞의 글, 95~109쪽.

85 『三國史記』 卷44 列傳4 居柒夫條

86 『三國史記』 卷5 新羅本紀5 善德王 11年(642년)

87 朴京哲, 2006, 앞의 글, 149쪽.

88 노중국, 2006, 위의 글, 49쪽; 주보돈, 2006, 앞의 글, 92~95쪽.

할 제휴 상대는 고구려 밖에 없었다. 이러한 여라 간의 전술적 제휴는 551년 9월에서 552년 5월
사이에 맺어 진 것으로 추정된다.[89] [90] 이러한 '여라통호'의 효과는 553년 여나의 공동 출병으로
이어지고, 그 결과 고구려는 '평양' 지역을, 신라는 '한성' 지역을 점유하게 된다[사료⑮-(a)·(b)].

이에 대한 백제의 반격은 553년 10월 고구려와의 '백합야(百合野; 양주 인근 지역 혹은 황해도 황
주) 새전(塞戰)'으로 시작된다.[91] 이에 대해 고구려는 554년 겨울 웅천성(熊川城) 공위전으로 응수
하게 된다[사료⑩-(a)·(b)]. 한편 나제 간의 대결은 553년 12월 함산성(函山城) 전투와 잇단 554년
7월~9월의 구타모라새(久陀牟羅塞)~관산성회전(管山城會戰)으로 치닫게 된다.[92]

여제 간의 제휴가 일시적·한정적 이었던 것은 554~556년 신라 진흥왕이 관산성 회전의 승세
를 타고 북진을 단행, 553년 고구려가 영유했던 평양 지역은 물론 동해안 선을 북상하여 비열홀
(比列忽; 함경남도 안변) 지역까지 영역을 확장했던 사실(사료⑯·⑰·⑱)을 통해서도 입증된다. 특
히 함남 해안 지역은 고구려에 예속 된 옥저·동예 계 주민들의 땅이었다. 고구려의 대 나·제
군사행동에 군사적 부용집단으로 부림 당 하던 '위말갈(僞靺鞨)'의 존재가 적어도 655년 신라 북
계 33 성 공격(사료㉕) 이전까지 일시적으로 나마 보이지 않게 된 점은 신라의 이 지역으로의 진
출과 무관하지 않다. 물론 신라의 동북 해안 지역 지배는 568년 비열홀주에 갈음한 달홀주(達忽
州; 강원도 고성)의 설치가 시사하듯이 지속적·안정적이지 못했다.

삼국은 550년대 한강유역 전역을 전후 하여, 〔551년, 신라+백제↔고구려〕→〔553년, 신라+
고구려 ↔ 백제〕→〔554년 이후, 고구려+백제 ↔ 신라〕라는 피아가 숨가쁘게 갈리는 착종된 관
계 속에서 6C 말 이래 동아시아 국제전쟁기를 맞게 된다.

3) 동아시아 국제전쟁기(598~668년)의 여라관계

551~553년 신라는 일련의 군사행동을 통하여 한강 유역을 독점적으로 영유하게 되었다. 또
이를 빌미로 일어난 554년 관산성회전에서의 백제의 참패는 이후 나·제 양국 관계를 '매상공벌
(每相攻伐)'[93]의 돌이킬 수 없는 상태로 몰고 가게 된다.

고구려는 7C 초까지는 한강 유역 점거로 표출된 신라의 급성장세에 제동을 걸 필요성에서,

---

89 『日本書紀』卷19 欽明紀 13년(552년) 5月 條.
90 노중국, 2006, 위의 글, 47~52쪽; 주보돈, 2006, 앞의 글, 95~100쪽.
91 『日本書紀』卷19 欽明紀 14년(553년); 노중국, 2006, 위의 글, 52~55쪽; 주보돈, 2006, 앞의 글, 103~104쪽.
92 『三國史記』卷26 百濟本紀4 聖王 32年(554년);『三國史記』卷4 新羅本紀4 眞興王 15年(554년); 노중국, 2006, 위의
　글, 56~60쪽; 주보돈, 2006, 앞의 글, 103~104쪽.
93 『舊唐書』卷199 列傳 149 東夷 高麗條

또 여당전쟁기에는 당으로의 급속히 경도되는 신라에 대한 견제 차원에서 지속적인 군사행동을 수행했던 것이다.

〈표 2〉·〈표 3〉·〈표 4〉 및 〈도표 1〉·〈도표 2〉·〈도표 3〉을 검토해 보면, 고구려는 554년 웅천성 공위전(사료⑥)과 607년 송산성·석두성 내습작전(松山城·石頭城來襲作戰)(사료⑥)을 예외로 백제를 교전 대상으로 군사행동을 벌린 사례가 없게 된다. 더 이상 여·제 양국은 무력충돌을 주고받으며 추구할 국익이 당장은 없어진 까닭이다.

반면 고구려는 551년 이후 모두 12회의 대 신라 군사행동(사료⑭·⑳·㉒·㉓·㉔·㉕·㉖·㉗·㉘·㉙·㉚·㉛)을 수행하였던 것으로 파악된다. 또 동 기간 중 신라는 '신주'·'비열홀주'·'북한산주/국원소경'·'남천주/달홀주'('新州'·'比列忽州'·'北漢山州/國原小京'·'南川州/達忽州'; 사료⑮·⑰·⑱·⑲·㉑) 설치 및 이치 같은 군사력 전개와 군사력 시위인 '순행(사료⑯)' 등 6 차례에 걸친 예비 군사행동을 실시한 바, 이 모두 그 투사 대상은 고구려였음이 주목된다.

한편 나제 동맹기(433~550년) 116년간의 고구려의 대나 군사행동은 모두 10회였고 그 중 4회는 나·제 공동 군사행동이었다. 이 점을 감안한다면, 551년 이후 행해진 12회의 여나 간의 무력충돌은 고구려가 이 시기 주적으로 인식한 대상이 신라였음이 명백해진다.

554년 이래 한반도 남부 전선에는 〔고구려+백제↔신라〕라는 새로운 대결 구도가 정착·전개되게 된 것이다.

이제 신라는 고구려가 주도하는 동북아시아 세력구도 속에서 고립화 되어 갈 수 밖에 없었다. 이 같은 상황 하에서 신라는 대당경도정책(對唐傾倒政策)을 국가생존전략으로 선택할 수 밖에 없게 된다. 이 과정에서 신라의 적극적인 당제(唐制) 수용은 자기의 친당노선을 과시하기 위한 외교적 행위 일수도 있다. 그러나 당의 지배체제는 당시 동아시아 농경사회에 가장 최적화된 첨단 시스템으로 평가받고 있었다. 삼국 중 가장 후발국가로 자리매김 되던 신라는 이러한 최첨단 체제를 자기 역량화 함으로써 일거에 여제 양국을 앞질러 가고자 했던 것으로 이해할 수 도 있다.

655년 고구려가 백제·말갈과 연병하여 신라 북경 33성을 공취한 사건(사료㉕)은 신라에게 매우 충격적인 사태였다. 이러한 여제의 압박이 점증됨에 정비례하여 신라의 당으로의 쏠림 현상은 더 해갔던 것이다.

그런데 이후 여나 간의 주전장이 한강과 임진강 선으로 고착화 되어 감(사료㉔·㉕·㉖·㉗·㉙)은 이후 여당전쟁 기간 중 신라가 자임한 '제2전선'의 역할과 무관하지 않은 것이다. 이런 상황 하에서 고구려는 이후 북상하는 나·당군에 의한 '제2전선'의 형성이라는 군사적 부담을 새로이 추가하는 전략적으로 불리한 입장에 처하게 되었다.

혹자가 연개소문이 신라의 동맹 요청을 물리치고 결국 나당동맹이 이루어지게 한 것을 고구려 국운에 치명적인 위협이 된 외교의 실패라 평가한 것도[94] 바로 이런 데서 비롯된 것이다.

660년 나당연합군 18만은 백제를 공멸하였다. 661~662년 제2차 여당전쟁은 당이 백제 공멸의 기세를 휘몰아, 고구려 왕도 평양성을 포위 공격하는 상황으로 치달은 싸움이었다(사료㉘). 이번 전쟁은 세 가지 방면에서 동시에 진행되고 있다.[95] 첫째는 평양성 공위전이다. 661년 당군의 "수륙분도병진(水陸分道并進)"여 거침없이 평양성에 이르게 된 것은 그만큼 고구려의 요하 수계의 방어선이나 압록강 방어선이 당군의 지속인 종심타격으로 매우 약화되었기 때문에 가능한 일이었다. 두 번째는 압록강 방어선을 고수하기 위한 압록회전이다. 세 번째로 특기할 일은 신라가 당을 위한 동계 치중작전(輜重作戰)을 강행하고 있는 점이다(사료㉘).

당은 제 1차 여당전쟁 기간 중 동계 군사작전을 매우 부담스러워 하였다. 그러나 654년 이래 당군이 거리낌 없이 동계 군사행동을 수행함은 수군의 병참 역량에 힘입은 바 크며, 특히 제2차 여당전쟁 시에는 신라의 그것에 큰 기대를 걸었을 것으로 판단된다.

어쨌든 전국(戰局)은 당나라에 유리하게 돌아가고 있었지만, 당 측의 손발 안 맞는 대응이 "개무대공이퇴(皆無大功而退)"라는 결과를 낳았다. 압록회전에 승리한 당군이 소정방을 지원코자 하는 의지를 보임 없이 "유조반사(有詔班師)"한 점이나, 사수전(蛇水戰)에서 패했던 소정방 군이 "회대설해이퇴(會大雪解而退)"한 일, 그리고 애써 북상한 신라 치중부대가 "문당병귀역환(聞唐兵歸亦還)"한 사실 등이 이를 적시하고 있다. 이는 당에게 적극적인 고구려 공멸 의지가 없었거나, 혹 전쟁 지휘부 자체 내의 여러 문제점이 존재했던 것으로 해석할 수밖에 없다. 어쩌면 고구려의 대당 전력과 지도체계가 사수전에서 나타났듯 여전히 강고한 점이 후일을 기약한 철군을 단행하게 했을 수도 있을 것이다.

신라는 자기의 대당 경도 정책에도 불구하고 제1차 여당전쟁(645~648년) 발발 이래 참전에는 매우 소극적 자세를 견지하여 왔다. 신라가 제2차 여당전쟁 시 치중 작전을 전개한 것은 자기의 주적인 백제 공멸전에서 보여 준 당의 역할과 역량을 고려한 조치였다. 그러나 666년 남생(男生)이 당으로 투항한 전쟁 지도부의 분열이라는 고구려의 대당 전열상의 치명적인 균열이 발생했다. 당은 이를 빌미로 고구려 공멸을 위한 제3차 여당전쟁(666~668년)을 일으킨다. 신라는 고구려의 멸망 가능성이 보다 분명해진 시점에서 당군과 연합하여 668년 9월부터 평양성 공위전에 참가했던 것이다.[96]

---

94 林起煥, 1997, 「대륙의 천하질서를 거부한 고구려」, 『한국역사속의 전쟁』, 청년사, 88쪽.
95 『三國史記』卷22 高句麗本紀10 寶臧王 20年(661년)과 21年(662년).
96 『三國史記』卷22 高句麗本紀10 寶臧王 25~27年(666~668년).

6. 여라전쟁사 전개의 추이

이상에서 살펴 본 바 고구려·신라 사이의 전쟁은 양국 관계의 진전을 규정짓는 기본적 추동력이 됨을 확인하였다. 그러나 이 관계는 양 국 간의 관계로 그칠 수 없다. 양 국 관계는 언제나 변수 역할을 하는 백제의 존재를 전제로 하여 전개·변전하고 있다. 따라서 고구려·백제·신라 삼국 관계의 진전상에 대한 정확한 인식 없이는 여나 관계사 및 그것의 힘의 표현인 여나 전쟁사 전개 추이를 정확히 짚을 수 없다.

필자는 여제(麗濟)전쟁사 전개의 추이를 네 시기로 구분 한 바 있다. 그 구체적 내용은 아래와 같다.[97]

제1기 고구려·백제의 상쟁기(369~390년)
제2기 고구려의 대 백제 압박기(391~433년)
제3기 나제동맹기(433~550년)
제4기 여·제의 화·전 양면관계 착종기(550~7C)

필자가 본고에서 행한 여라전쟁사의 분획은 다음과 같다.

제1기 고구려의 신라에 대한 후견기(4C 후반~433년)
제2기 나제동맹기(433~550년)
제3기 삼국관계 착종기(550~598년)와 동아시아 국제전쟁기(598~668년)

여제전쟁사와 여라전쟁사의 이러한 분획을 비교해 보면 대체로 서로가 맞물리면서 흐름이 일치하고 있다. 즉 삼국관계의 흐름은 〔고구려·백제의 상쟁기(369~390년) / 고구려의 대 백제 압박기(391~433년)=고구려의 신라에 대한 후견기(4C 후반~433년)→나제동맹기(433~550년)→여·제의 화·전 양면관계 착종기(550~7C)=삼국관계 착종기(550~598년)와 동아시아 국제전쟁기(598~668년)〕로 파악할 수 있다. 또 이점은 〈표 2〉·〈표 3〉·〈표 4〉 및 〈도표 1〉·〈도표 2〉, 특히 〈도표 3〉을 검토해 보면 보다 분명해진다.

이를 도시한 것이 〈도표 4〉 이다.

---

97 朴京哲, 2006, 앞의 글.

〈도표 4〉 여라전쟁사와 여제전쟁사 전개의 시기별 분획 도표

여라·여제전쟁 \ 연대	390	433	550
여라전쟁사	후견기(4C 후반~433년)	나제동맹기(433~550년)	삼국관계착종기(550~598년)와 동아시아 국제전쟁기(598~668년)
여제전쟁사	여제상쟁기(369~390년)	고구려의 대제 압박기(391~433년)	나제동맹기(433~550년)	여제의 화전양면관계 착종기(550~7C)

그러면 나제전쟁사의 관점에서 삼국 관계의 전개상을 시기 별로 검토해 보자(〈표 2〉·〈표 3〉·〈표 4〉 및 〈도표 1〉·〈도표 2〉, 〈도표 3〉 참조).

'제1기 고구려의 신라에 대한 후견기(4C 후반~433)'의 기본 구도는 〔고구려+신라 ↔ 백제〕이다. 고구려는 광개토왕 대 이후 신라를 전략적 파트너로 택해 '신라 ↔ 백제' 사이의 남부 전선을 조성하여, 한반도 중부지방에서의 주요 전선 축인 '고구려 백제' 대결구도에 있어서의 전략적 부담을 분산코자 하였던 것이다.

이 시기 고구려의 신라에 대한 후견·비호는 차츰 기반으로 변해 가고 있었다.

'제2기 나제동맹기(433~550년)'의 기본 구도는 〔백제+신라 ↔ 고구려〕이다. 나제동맹은 자주적 국세 신장을 꾀하던 신라와 고구려의 군사적 압력을 극복하고자 하는 백제 사이에 맺어진 방어동맹이었다. 당시 고구려는 한성강습·미질부진공작전 등으로 표상되는 대 나·제 교침전략을 구사했지만 그 군사행동 실효성은 차츰 저하되어 가고 있었다. 나제동맹에서 더 많은 실익을 챙긴 나라는 신라로 판단된다.

'제3기 삼국관계 착종기(550~598년)와 동아시아 국제전쟁기(598~668년)'는 한강유역 전역을 계기로 그 기본 구도가 〔551년, 신라+백제 ↔ 고구려〕→〔553년, 신라+고구려 ↔ 백제〕→〔554년 이후, 고구려+백제 ↔ 신라〕로 변전을 거듭한다. 특히 554년 이래 한반도 남부 전선에는 〔고구려+백제 ↔ 신라〕라는 새로운 대결 구도가 정착·전개되게 된다.

이 시기 신라와 백제의 '매상공벌' 상황이 연출되고, 고구려와 신라 간의 주적관계가 성립된 시기이다. 이 상황 하에서 신라는 대당경도정책을 국가생존전략으로 선택하게 된다.

여라전쟁사의 전개 추이는 고구려·백제·신라 모두가 각기 독립된 개별 국가로서 국익 추구를 위해 "영원한 적도 동지도 없고, 영원한 국익만이 있을 뿐", "적의 동지는 나의 적, 적의 적은 나의 동지", "국익을 위해서라면 악마와도 거래할 수 있다"는 국제정치적 명제에 충실하였음을 명백히 보여 주고 있다.

여라전쟁사의 전개는 매개 시기마다 전쟁을 주도한 국가들 면면의 변화상을 보여 준다. 즉 제

1기에는 고구려와 백제가, 제2기에는 신라의 위상이 차츰 고양되며, 제3기에 들어와 신라가 오히려 여제의 공동 주적으로 자리매김 되게 된다.

특히 제3기 신라의 강세는 기존 삼국 간 힘의 구도를 깨는 새로운 무장세력의 대두를 알리는 바, 이는 7C 동아시아 국제전쟁의 발발과 무관하지 않은 것이다. 이 점은 당시 동북아시아 국제정치의 현장이 보다 상위의 동아시아 국제구조·질서의 변화상과 연계되어 움직인 사실과 무관하지 않다. 또 이 점은 시기가 내려올수록 보다 현저해지는 경향이 있다.

한편 〈도표 3〉을 검토해 보면, 여당전쟁 시를 제외 하고, 여라전쟁의 치열성은 언제나 여제전쟁의 그것에 비해 현저히 떨어짐을 알 수 있다. 이 사실이 고구려가 갖는 신라의 지정학적 위상에 대한 고려에서 비롯된 것인지 또는 전략적 파트너로서의 역사적 경험의 소산인지 혹은 신라의 발전 잠재력을 간과·경시한 결과인지 보다 심층적 분석이 요구된다.

마지막으로 〈표 2〉·〈표 3〉에 따르면, 삼국 간 전쟁의 최고 동원전력 수준은 5만~3만 명이라는 통시적 균등성을 보이고 있다. 이 점은 고구려의 대수·당전쟁 당시 양 측의 동원 양상·규모와 비교할 때 질·양 면에서 현격한 차별성을 보여주고 있는 셈이다. 이 점에 비추어 당시 고구려의 국가적 명운을 건 주전장이 한반도 남부 지역이 아닌 서북전선에서 형성되었음을 짐작케해주는 대목이기도 하다.

7. 맺음말

필자는 본고에서 여라전쟁에 관한 자료 분석을 바탕으로 이 전쟁의 실상을 구체적으로 검토하는 한편, 이 전쟁 전개의 추이를 가늠해 보았다.

여라전쟁사의 전개 추이는 고구려·백제·신라 모두가 각기 독립된 개별 국가로서 국익 추구를 위해 우적(友敵)이 무상(無常)하게 변전(變轉)하는 국제정치적 명제에 충실하였음을 명백히 보여 주고 있다.

'제1기 고구려의 신라에 대한 후견기(4C 후반~433년)'의 기본 구도는 〔고구려+신라 ↔ 백제〕이다. 이 시기 고구려의 신라에 대한 후견·비호는 차츰 기반으로 변해 가고 있었다.

'제2기 나제동맹기(433~550년)'의 기본 구도는 〔백제+신라 ↔ 고구려〕이다. 나제동맹은 방어동맹이었다. 당시 고구려의 대 나·제 교침전략에 따른 군사행동의 실효성은 차츰 저하되어 가고 있었다. 나제동맹의 가장 큰 수혜자는 신라였다.

'제3기 삼국관계 착종기(550~598년)와 동아시아 국제전쟁기(598~668년)'는 기본 구도가 〔551년, 신라+백제 ↔ 고구려〕→〔553년, 신라+고구려 ↔ 백제〕→〔554년 이후, 고구려+백제 ↔ 신라)로 변전을 거듭한다. 이 시기 신라와 백제의 '매상공벌' 상황이 연출되고, 고구려와 신라 간의 주적관계가 성립된 시기이다. 이 상황 하에서 신라는 대당경도정책을 국가생존전략으로 선택하게 된다.

특히 제3기 신라의 강세는 기존 삼국 간 힘의 구도를 깨는 새로운 무장세력의 대두를 알리는 바, 이는 7C 동아시아 국제전쟁의 발발과 무관하지 않다.

여라전쟁의 치열성은 언제나 여제전쟁의 그것에 비해 현저히 떨어지고 있다. 이는 고구려의 대나 인식과 정보에 문제가 있었음을 시사한다.

삼국 간 전쟁에서 최고 동원전력 수준의 5만~3만 명이라는 통시적 균등성은 고구려의 대수·당전쟁 당시 양 측의 동원 양상·규모와 비교할 때 고구려의 국가 생존을 위한 주전장은 한반도 남부 지역이 아닌 서북전선이었음을 시사해 준다.

출전 朴京哲, 2007, 「麗羅戰爭史의 재검토」, 『韓國史學報』 26.

제7장
여당전쟁(麗唐戰爭)의 재인식

1. 머리말

고구려는 B.C. 3C 이래 맥계(貊系) 주민을 중심으로 일정한 발전과정을 경과, B.C. 1C~A. D. 1C 동북아시아 구석진 곳의 한 왕국(kingdom)으로 흥기하였다.[1] 고구려는 국가형성기 이래 환경적 여건의 취약성을 군사적 팽창정책으로 상쇄하면서 전형적인 '전제적 군사국가(despotic military state)'로 성장하게 되었다. 따라서 고구려는 4C 말 이래 하나의 '왕국'의 단계를 넘어선 동북아시아의 패권을 장악한 제국적 지배구조에 입각한 다종족 국가로 우뚝 서게 되었던 것이다.[2]

그러나 6C 말 이래 수 · 당 제국(隋 · 唐帝國)은 중원을 재통일하고 자국을 중심으로 한 동아시아 세계 질서를 주변 제 국가와 세력에 강요하게 된다. 따라서 새로운 세계정책(world policy) 입각한 수 · 당의 적극적인 동북아시아정책은 이 방면에서의 패권을 둘러싸고 고구려와의 길고도 지루한 전쟁을 야기 할 수밖에 없었다.

598년 고구려의 선제공격으로 시작된 이 전쟁은 백제(660년)와 고구려(668년)의 국망(國亡)에 그치지 않고, 677년 나당전쟁 종결 시까지 근 80년 가까운 장기간 계속된 동아시아 국제전쟁이었다. 특히 본고가 다루고자 하는 23년간의 여당전쟁(645~668년)은 이 국제전쟁의 한 획을 긋는 전쟁으로 자리 매김 되고 있다.

고구려의 대수 · 당 70년 전쟁(598~668년)은 B.C. 2C 고조선 · 한 전쟁과 30년 여 · 몽 전쟁 (1231~1259년) 및 임진왜란(1592~1598년)과 더불어 우리 민족사 전개에 있어 하나의 분수령을 이

---

[1] 朴京哲, 1997a, 「高句麗와 濊貊: 高句麗의 住民과 그 文化系統」, 『白山學報』48, 109~151쪽; 朴京哲, 1997b, 「B.C. 1000年紀 後半 積石塚築造集團의 政治的 存在樣式」, 『韓國史研究』98, 1~31쪽; 朴京哲, 1998, 「'고구려사회'의 發展과 政治的 統合 努力: 國家形成期 高句麗史 理解를 위한 前提」, 『韓國古代史研究』14, 283~321쪽.

[2] 朴京哲, 1989, 「高句麗 軍事戰略 考察을 위한 一試論: 平壤 遷都 以後 高句麗 軍事戰略의 志向點을 中心으로」, 『史學研究』40, 1~53쪽.

루었던 미증유의 대전란으로 인식되어져 오고 있다. 따라서 이러한 민족사의 전환점에 대한 역사인식이 여러 연구자의 시각에 따라서 상당한 편차가 있을 수 있음은 충분히 수긍하고도 남음이 있다.

『삼국사기』이래 우리 전통사학은 고구려와 당 간의 전쟁(이하 논지 전개 편의 상 이 '고구려의 대당 전쟁'을 '여당전쟁' 혹은 '본 전쟁'으로 표현 함)과 관련된 중국 측 자료에 바탕한 사료를 유교적 합리주의와 자아준거적(自我準據的) 관점에서 다시 읽고, 그것을 역사의 기억 속에서 우리 국가·민족의 자기 정체성을 재확인하는 근거로 삼아 왔다.

그러나 일제강점기 일본인 학자들의 본 전쟁에 대한 인식은 '근대 역사학적 시각에서의 접근'을 표방하면서도 학문외적·정치적인 고려 아래 적잖이 왜곡된 그것으로 표출될 수밖에 없었다. 곧 일본은 그들의 한국 강점과 대륙 침략의 역사적 합리화라는 정책적 역사인식 논리를 바탕으로 '만선사관(滿鮮史觀)'을 구상하고, 고구려사에 대한 일련의 연구를 진행한 바 있다.[3] 따라서 본 전쟁에 관한 저들의 연구 또한 그 연장선 위에서 평가되어야 할 것이다.

우리 역사를 굴절·훼손시키려는 이러한 악의적 기도에 대한 저항이 신채호(申采浩)를 중심으로 하는 민족주의 사학자들을 중심으로 적극적으로 시도되었음[4]은 널리 알려진 사실이다. 오늘날 우리 학계의 본 전쟁과 관련된 연구 노력은 만선사관의 비판적 극복이라는 과제를 넘어서서 냉전구조와 분단 상황에서 비롯된 현장성의 상실이라는 시대적 여건의 어려움을 딛고 이미 적지 않은 학문적 성과를 축적하게 되었다.

우리 선학들의 이 방면의 계도적(啓導的) 연구 성과는 진단학회의 『한국사(고대편)』에 잘 집약되어 있다.[5] 그리고 국사편찬위원회는 1977년 그간의 연구 성과를 참작하여 『한국사2: 민족의 성장』에서 본 전쟁을 재조명한 바 있다.[6]

한편 1991년 국방부 전사편찬위원회가 간행한 『고구려 대수·당전쟁사』는[7] 본 전쟁에 관한 군사사적인 시점에서의 종합적 접근을 시도한 최초의 단행본 저서인 점에서 주목된다. 또한 최초의 민찬사서(民纂史書)로 평가 받는 1994년 한길사 간행의 『한국사4: 고대사회에서 중세사회로』 2는 기왕의 연구 성과에 더하여 본 전쟁과 관련 된 새로운 학계의 견해를 수렴·정리함을 통하

---

3 末松保和, 1931, 「高句麗攻守の形勢」, 『靑丘學叢』5, 87~101쪽; 稻葉岩吉, 1933, 「滿鮮史體系の再認識」, 『靑丘學叢』11, 1~25쪽; 『靑丘學叢』12, 58~76쪽; 『靑丘學叢』13, 92~109쪽; 『靑丘學叢』14, 56~74쪽.

4 申采浩, 1948, 「朝鮮史研究草」, 연학사; 申采浩, 1948, 「朝鮮上古史」, 종로서원; 申采浩, 1955, 정필선 譯, 『乙支文德』, 丹齋 遺稿出版會.

5 李丙燾, 1959, 『韓國史(古代篇)』, 新丘文化社, 463~528쪽; 李丙燾, 1976, 「高句麗의 對隋·唐抗戰」, 『韓國古代史研究』, 博英社, 423~454쪽.

6 李萬烈, 1977, 「高句麗와 隋·唐과의 戰爭」, 『한국사2: 민족의 성장』, 국사편찬위원회, 487~506쪽.

7 國防部戰史編纂委員會, 1991, 『高句麗 對隋·唐戰爭史』.

여[8] 이후 학계 연구의 향방에 많은 시사점을 던져준 바 있다. 국사편찬위원회 역시 1996년『한국사5: 삼국의 정치와 사회 I －고구려』에서 본 전쟁에 관련된 일련의 고찰을 행하고 있다.[9]

오늘날 우리 학계의 본 전쟁에 대한 관심은 2002년 시작된 중국 학계의 '동북공정(東北工程)'의 연구 성과가 국내에 소개됨을[10] 계기로 다시 불붙게 되었다. 이에 대한 우리 학계의 대응은 본 전쟁의 본질적 성격이 국제전쟁이 아닌 '내전'이라는 중국 측의 그릇된 인식을 비판함을[11] 출발점으로 삼고 있다는 점에서. 향후 이 문제에 관한 논쟁의 향방을 짐작케 해주고 있다.

이상의 논의에 유념하면서, 본 연구자는 고구려의 대당 전쟁을 〔배경·원인론→전쟁경과론→성격론〕이라는 얼개에 따라 매개 사안 별 논점과 쟁점을 검토해 보고, 그 결과와 제 자료 검토의 결과를 상호 연결 시켜, 본 전쟁을 바라보는 새로운 시각의 일단을 제시코자 한다.

2. 여당전쟁의 배경 · 원인

1) 연구사적 검토

먼저 이제까지 국내·외 학계에서 논의된 고구려의 당과의 전쟁이 발발하게 된 배경과 원인에 대한 제 논의를 검토해보고자 한다.

진단학회의『한국사(고대편)』은 본 전쟁의 근본적 원인을 고구려와 상접한 중국에서의 통일정권의 출현에서 구하고 있다[12]. 또 국사편찬위원회의『한국사2』에서는 본 전쟁의 그것을 중국에서의 통일왕조의 성립과 그들의 동방진출정책에서 찾고 있다.[13]

한편 전사편찬위원회의『고구려 대수·당전쟁사』(1991)는 여당전쟁의 원인을 당의 대외 팽창 정책과 수의 멸망에 대한 보복 의지 그리고 신라의 대당 원조 요청에서 찾고 있다.[14] 한길사의『한국사4』는 5~6 세기 이래의 동아시아 국제정세의 변동과 맞물리는 고구려 및 당 측의 국내 정치 상황을 거시적 관점에서 고찰하고 있다. 이에 따르면, 당에 의한 돌궐 등의 북방세력 제압으로 동아시아 세력균형이 와해되는 가운데서 삼국 상쟁의 와중에 중국세력 침투의 틈새가 생겼

---

8 林起煥, 1994,「고구려와 수·당의 전쟁」, 한길사,『한국사4: 고대사회에서 중세사회로2』, 139~186쪽.
9 李昊榮, 1996,「수·당과의 전쟁」, 국사편찬위원회,『한국사5: 삼국의 정치와 사회 I －고구려』, 109~144쪽.
10 余昊奎, 2003,「中國學界의 高句麗 對外關係史 研究 現況」,『韓國古代史研究』31, 35~66쪽.
11 朴京哲, 2004,「中國學界의 高句麗 對隋·唐70年戰爭 認識의 批判的 檢討」,『韓國古代史研究』33, 57~73쪽.
12 李丙燾, 1959, 앞의 글, 483~486쪽; 이병도, 1976, 앞의 글, 439~441쪽.
13 李萬烈, 1977, 앞의 글, 501~503쪽.
14 國防部戰史編纂委員會, 1991, 앞의 글, 149~159쪽.

다고 파악한다. 아울러 이 견해는 고구려 내에서 자기 세력권의 안정적 유지를 위한 대외 강경 정책을 주도하는 세력이 집권한 상황 하에 본 전쟁이 일어났다고 보고 있다. 또 이 견해는 본 전쟁의 배경으로 중국 통일제국 황제권력의 권위 고양 욕구 및 동북아 패권 장악을 통하여 경제적 욕구를 충족시키고자 하는 지배집단의 의도와 관료집단 간의 갈등 등을 구체적으로 거론하고 있다.[15]

국사편찬위원회의 『한국사5』는 본 전쟁의 배경으로 중국에서의 통일제국의 출현과 그에 따른 팽창주의적 정책 그리고 고구려 국내 정정의 불안과 대외 정책을 둘러싼 갈등을 꼽고 있다.[16]

이상에서 살펴 본 바처럼, 본 전쟁의 배경에 관한 우리 학계의 견해들은 우선적으로 당 제국 출현이라는 동아시아 정세의 구조적 변화와 이에 힘을 받은 중국 측의 동북아시아로의 세력팽 창정책에 주목하고 있다. 또 최근의 논의에서는 점차 그 관심이 그러한 국제적 요인이 고구려와 당 내부의 상황 진전과 어떻게 상관관계를 가지면서 전쟁으로 수렴되어 갔는가를 밝히는 방향 으로 옮겨 가고 있는 셈이다. 이 점과 관련, 국내 학계 일각에서는 본 전쟁의 배경을 수·당 황 제들의 '쟁취한 황위(皇位)'의 취약한 정통성을 대외전쟁을 통해 강화하고자 하는 의지에서 비롯 된 것으로 파악하기도 한다.[17]

한편 국·내외 학계에서는 일찍부터 고구려의 대륙 관계사 진전 속에서 말갈·거란 등에 대한 지배권과 돌궐 등과의 관계 설정의 향방을 놓고 [여↔수·당]의 갈등이 증폭되어 온 것이 본 전 쟁의 배경이 됨을 밝힌 바 있다.[18]

이점과 관련, 최근 논자에 따라서는 수·당 제국 성립을 주도한 세력은 '무천진군벌(武川鎭軍 閥)=관농집단(關隴集團)'임을 환기시키면서, 동몽골 지역에서의 거란족 지배권의 향방을 둘러싼 [고구려↔수·당↔돌궐] 사이의 각축전을 본 전쟁 발발 원인 가운데 유력한 하나로 꼽기도 한 다. 또 이 견해는 훨씬 뒷날 후금/청의 중원 지배가 만주의 여진족과 몽골과의 연합전선 구축에

---

15 林起煥, 1994, 앞의 글, 169~177쪽.

16 李昊榮, 1996, 앞의 글, 124~131쪽.

17 朴漢濟, 1993, 「七世紀 隋唐 兩朝의 韓半島進出經緯에 대한 一考: 隋唐初 皇帝의 正統性確保問題와 關聯하여」, 『東洋史學研究』43, 1~57쪽.

18 日野開三郎, 1949, 「粟末靺鞨の對外關係: 高句麗滅亡以前」, 『史淵』41~43; 李龍範, 1959, 「高句麗의 遼西進出 企 圖와 突厥」, 『史學研究』4, 43~81쪽; 盧泰敦, 1976, 「高句麗의 漢江流域 喪失의 原因에 대하여」, 『韓國史研究』13, 29~56쪽; 盧泰敦, 1984, 「5~6C 동아시아의 國際情勢와 高句麗의 對外關係」, 『東方學志』44, 1~57쪽; 金善昱, 1985, 「高句麗의 隋唐關係研究 −靺鞨을 中心으로−」, 『百濟研究』26, 5~18쪽; 朴京哲, 1989, 앞의 글, 53~61쪽; 菊池英夫, 1992, 「隋朝의 對高句麗戰爭의 發端について」, 『中央大學アジア史研究』16; 李在成, 1996, 『古代 東蒙古 史研究』, 法仁文化社; 李成制, 2000, 「嬰陽王 9년 高句麗의 遼西 攻擊」, 『震檀學報』90; 朴京哲, 2003, 「高句麗 異 種族支配의 實相」, 『韓國史學報』15, 288~301쪽; 朴京哲, 2004, 앞의 글, 63~68쪽; 朴京哲, 2005a, 「高句麗의 東 蒙古經略」, 『白山學報』71, 146~162쪽.

서 창출된 파괴력에서 비롯되었다는 사실에 비추어, 수·당 지배집단의 대 고구려 강경정책이 결코 기우에서 비롯된 것만은 아니었을 것으로 판단하고 있다.[19]

종래 일본 학계는 '책봉체제론'이라는 관점에서 이 문제를 구명해 보고자 한 바 있다. 즉 이 논의들은 당 대까지의 동아시아 국제관계에 있어서 조공과 책봉을 연결고리로 한 일원적인 '동아시아세계'의 실재를 상정, 고구려의 존재를 도외시 한 수·당 중심의 책봉질서 관철이라는 시점에서 본 전쟁을 이해해 왔던 것이다. 즉 이 견해에 따르면, 본 전쟁은 중국 봉강(封疆)의 질서 및 중국사회의 예적 질서를 바로 잡는다는 관념을 배경으로 일어났다는 것이다.[20]

그러나 본 전쟁 이후 비로소 당을 중심축으로 한 억압적 평화체제가 동아시아에서 본격적으로 가동됨을 상기할 때, 책봉체제론을 전제로, 또 아무런 국가적 실익도 보상받을 수 없는 관념론에서 본 전쟁의 배경을 구하고자 함은 설득력이 떨어진다고 판단된다.

한편 일본 학계의 일각에서는 당시 중국의 황제 독재권 아래의 붕당의 발호와 소수 근신에 의한 정권 독점과 정보 독점이 본 전쟁을 야기 시킨 것으로 보기도 한다.[21] 또 논자에 따라서는 무천진 군벌의 전쟁 상황 지속의 희망을 본 전쟁의 배경으로 추정하기도 한다.[22]

1990년대 이후 중국 학계는 통일적다민족국가론(統一的多民族國家論)을 고구려와 수·당의 관계를 고찰함에 경직적으로 적용, 대부분 수·당의 입장만 지나치게 강조하면서 고구려 원정의 당위성을 주장하고 있다. 이 논의들은 대체로 고구려에 대한 수·당의 정벌은 국가 사이의 전쟁이 아니라 중원 통일정권이 변강 소수민족 할거세력을 통제하던 과정으로서 결코 침략이 아니라는 점을[23] 그 주요 입론으로 삼고 있다.

혹자는 고구려 정벌을 중국의 고유영토를 회복하여 전국을 통일하기 위한 것으로 파악하기도 한다.[24] 논자에 따라서는 고구려는 중국 영역이지만, 신라와 백제는 '종번(宗藩)' 관계에 있었다고 함으로써, 고구려와 백제·신라 사이에 존재하는 역사 인식 영역의 차별성을 강조하는 견해도[25] 제시하고 있다.

여당전쟁 이해의 출발점은 배경·원인론이 되며, 이는 성격론과도 수미상관의 맥락을 가지고

19 朴京哲, 2004, 앞의 글, 67~68쪽; 朴京哲, 2005a, 앞의 글, 161쪽.
20 西嶋定生, 1962, 「6~8世紀の東アジア」, 『岩波講座 日本歷史(古代2)』, 岩波出版社.
21 堀敏一, 1979, 「隋代東アジアの國際關係」, 『隋唐帝國と東アジア世界』, 汲古書院, 113~137쪽; 金子修一, 2002, 「高句麗와 隋의 關係」, 『高句麗研究』14, 371~396쪽.
22 宮崎市定, 1987, 『隋の煬帝』, 中公文庫.
23 孫玉良·李殿福, 1990, 「高句麗與中原王朝的關係」, 『博物館研究』1990-3.
24 楊秀祖, 1996, 「隋煬帝征高句麗的幾個問題」, 『通化師院學報』1996-1, 49~55쪽.
25 劉子敏, 1999, 「關于高句麗政權及其領域的歷史歸屬問題之我見」, 『全國首屆高句麗學術研討會 論文集』, 吉林社會科學院 高句麗研究中心·通化師範學院 高句麗研究所, 4~26쪽.

접속되고 있다. 또 이 문제에 대한 정확한 파악은 본 전쟁의 경과를 올바르게 이해하기 위한 전제가 됨은 물론이다. 그러나 이와 관련된 제 논의들은 중국 학계의 그것은 논외로 하고라도 지나치게 분산적이며 단편적이다. 한 전쟁의 배경이나 원인은 인간사만큼이나 매우 복합적인 것이다. 또 그것이 국제전쟁일 경우 더 말할 나위도 없는 것이다.

오늘날 국제정치학계의 주요 흐름인 신현실주의(neorealism)에 따르면, '전쟁'에 관한 연구는 1) 인간 본성에 관한 연구(political leadership 혹은 personality), 2) 개별 국가구조에 관한 연구(정치·경제·사회·문화 구조), 3) 국제체제라는 세 가지 수준의 분석 및 접근 방법에 기초하고 있다.[26] 이 점은 본 전쟁에 대한 거시적·포괄적 접근 노력에 많은 시사점을 제공하고 있다.

본 연구자는 위에서 제시된 과제들 중 주로 1)과 3)의 두 가지 명제, 곧 국제 구조 틀 속에서의 고구려·당 등 관련 당사국들이 처한 위상 및 상황과 각국의 정치적 지도력과 그와 유관한 정치 상황 등에 대한 고찰을 통해, 이 문제 해명의 새로운 전기를 마련할 수 있을 것이라 판단된다. 그러나 무엇보다도 국제전쟁이란 국제정치의 연장이며, 국제정치의 본질은 각 당사국들의 국익 추구에 있다는 명제 또한 본 전쟁의 본질과 성격을 이해함에 있어 아무리 강조해도 지나침이 없는 시점이 될 것이다.

2) 동아시아 세력구도 재편을 둘러싼 갈등

먼저 동아시아 국제정치 구조의 틀 속에서의 고구려·당 등 관련 당사국들이 처한 위상 및 상황을 점검해 봄을 통하여 여당전쟁의 배경과 원인을 구명하고자 하는 노력이 필요하다.

5C 남북조시대의 동아시아 국제질서는 고구려·북조의 북위·남조의 제왕조들·유연·토욕혼 이라는 5대 강국(major power)에 의한 세력균형체제(Balance of Power International System)가 성립되어 상대적 안정을 누리게 되었다.[27]

이런 정세 하에서 남조·유연·토욕혼은 북위의 동아시아 세계에 대한 독점적 지배권의 실현을 저지하기 위하여 서로를 잠재적 동맹 대상국으로 인식, 대북위 공동행동을 취하는 경향이 현저하였다. 반면 북위는 고구려가 이들과 더불어 대북위 '봉쇄연환(封鎖連環)'을 형성할 가능성을 저어하여 고구려의 적극적인 군사적 팽창정책을 용인할 수밖에 없었다.

---

26 Kenneth Neal Waltz, 김광린 옮김, 1988, 『인간·국가·전쟁』(소나무), 19~38쪽.

27 Morton A. Kaplan은 이론적으로 가능한 국제체제(International System)의 상태를 여섯 가지 전형으로 파악한 바 있다. 그는 이 모델 중에서 다섯 개의 강대국인 '필수적 국가행위자'가 그 체제의 작용에 결정적인 기능을 수행하는 국제체제를 '세력균형체제(the balance of power International System)'라고 규정하고 있다. James E. Dougherty & Robert L. Pfaltzgraff Jr., 1981, *Contending Theories of International Relations; A Comprehensive Survey*, Harper & Row, pp.157~158.

따라서 고구려는 동아시아 세력균형 체제의 5대 열강 간 역학관계의 구도를 결정하는 주요한 캐스팅보트(casting vote)를 거머쥔 존재로서 자리 매김 되게 되었다.[28] 결국 북위는 동북아시아에서의 고구려 패권을 인정함으로써 동아시아세계에서의 궁극적인 자기 지배권을 공고화시키고자 하는 세계 경영 정책, 곧 세계정책을 채택하고 있었다.

"북위가 여러 나라 사저(使邸)의 서열을 정할 때 중국 남조의 남제를 제1위로, 고구려를 그 다음으로 하였"음은[29] 당시 고구려가 동북아에서 차지하고 있던 국제적 위상을 가늠케 한다. 당시 동아시아세계에서의 이러한 고구려의 위상은 자기의 전방위적 국세팽창정책을 관철함에 있어 많은 선택지를 허용 받고 있었던 셈이다.

이처럼 5C 이래 고구려는 동북아 최강의 무장세력(armed force)으로 부상하고 있었다. 이러한 고구려의 강성은 당시 고구려인들로 하여금 스스로를 천하의 중심으로 설정하고, 이를 바탕으로 나름대로의 세계정책을 관철해 나갔다. 즉 고구려는 이러한 '천하관'에 따라 중국과 유목문화권을 자기의 천하와 분별하면서, 동북아에서의 패권 장악을 도모하고자 하였던 것이다.[30]

특히 이 사실과 관련하여 눈여겨 볼 사실은 이 시기 고구려가 우리 민족사에 있어 언제나 강요 항으로서 기능하던 대륙관계사 전개의 향방을 능동적으로 주도·대응해 왔다는 점이다. 이 점은 한족 세력이 위진남북조시대(3C~6C 말) 동안 북아시아 초원 지대에서 흥기한 제 유목 세력에게 위축·압도·정복되고 있었던 점에 비추어 매우 주목을 요하는 문제이다.

그러나 6C 말 이래 중국은 진·한 제국에 이은 한 세력의 제2의 팽창기를 맞게 된다. 곧 수·당 제국은 중원을 재통일하고 자국을 중심으로 한 동아시아 세계체제 질서를 주변 제 국가와 세력에 강요하게 된다.

이제 수·당 양국 모두 조공·책봉을 매개기제로 자국을 중심으로 한 동아시아 세계체제 질서 곧 '중국을 중심으로 한 억압적 평화체제(pax-sinica system)'를 정립함으로써 자기 국가의 궁극적 안전보장을 담보코자 하였다. 그리고 이러한 수·당의 세계정책은 주변 제 국가·민족·집단의 무장 해제와 세력 재편 심지어는 공간적 생존 영역의 재조정을 강제하는 매우 폭력적인 강제기제로 작용하였던 것이다.

7C 초 수에 갈음하여 중원을 재통일한 당의 세계정책 또한 자기의 우월한 군사역량에 바탕한 동북아 세력 구도 재편 기도의 형태를 띠고 추진되고 있었다.

당이 국초의 소극적 대외정책에서 보다 적극적인 그것으로 점진적으로 이행해 나갔음은 수와

---

28 朴京哲, 1989, 앞의 글, 44~45쪽.
29 『三國史記』券18 高句麗本紀6 長壽王72年(484년) 冬10月條.
30 盧泰敦, 1988, 「5C 金石文에 보이는 高句麗人의 天下觀」, 『韓國史論』19, 31~66쪽.

마찬 가지의 수순을 밟았다고 볼 수 있다. 곧 수·당은 국초 북아시아 방면의 돌궐과 동북아 쪽의 고구려에 대해 매우 조심스러운 태도로 접근하고 있다.[31] 그러나 양국의 대외정책 모두 어느 정도 국내 정세가 안정됨에 따라 공세적인 그것으로 바뀌어 갔던 것이다. 양국은 먼저 돌궐을 군사적으로 제압한 후, 그 힘을 동북아 방면으로 투사하기 시작했던 것이며, 그 주 타격 대상은 고구려였던 것이다.

이 점은 B.C. 2C 고조선과 한 제국과의 전쟁이 한 민족 제1팽창기인 진·한 제국 시기에 우리 민족이 감당해야 했던 동북아시아 국제정치에서의 기회비용이었다면, 그 제2팽창기인 수·당 제국 시기의 고구려의 대수·당 전쟁 역시 같은 의미를 지니고 있음을 시사한다.

특히 6C 중반 이래 한강 유역 영유권 문제를 빌미로 신라와 백제의 '매상공벌(每相攻伐)' 상황이 연출되고, 고구려와 신라 간의 주적관계가 성립된 상황 하에서 신라는 대당 경도(傾倒)정책을 국가생존전략으로 선택하게 된다. 이렇게 격화된 한반도 남부 지역에서의 상쟁은 당으로 하여금 동북아 지역 세력균형자를 자임케 함으로써 자기의 전략적 위상을 더욱 고양 시키는 계기가 되었음을 유념해야 한다.[32]

사료① 개황 17년(579년) 文帝가 湯에게 다음과 같은 새서를 내렸다. …… 오히려 말갈을 몰아치고, 거란을 완강히 막았소[33]

사료② 煬帝가 조서를 내려 말하였다. ‥급기야 거란 도당들을 아울러 바다의 수비병들을 죽이고, 말갈의 버릇을 익혀 요서를 침범하였다.[34]

사료③ 3월 황제가 정주에 이르러 시신에게 이르기를, "요동은 본래 중국 땅인데, 隋가 네 번 군사를 출정시켰으나 취하지 못하였다. 내가 지금 동정함은 중국의 전몰 자제들의 원수를 갚고, 고구려에 대해서는 시해 당한 임금의 치욕을 씻어주려는 것일 뿐이다. 또 사방의 구석까지 평정되었는데, 오직 이 고구려만이 평정되지 않았기 때문에, 내가 더 늙기 전에 사대부들의 남은 힘을 가지고, 이땅을 되찾으려는 것이다"라고 하였다[35]

사료④ 男生이 자기 무리를 이끌고 국내성으로 달아나 몸을 피하니, 말갈과 거란병이 내부했다[36]

---

31 『三國史記』卷20 高句麗本紀8 榮留王 4年(621년) 條에서 『三國史記』卷21 高句麗本紀9 寶臧王 2年(643년) 條까지 그러한 당의 대고구려 유화정책이 표현되어 있음.

32 박경철, 2006, 「麗濟·戰爭史의 再檢討」, 『高句麗研究』24, 150쪽.

33 "開皇十七年 上賜湯璽書日, …… 而乃驅逼靺鞨 固禁契丹"(『隋書』卷81 列傳46 東夷 高句麗傳)

34 "煬帝下詔日·‥乃兼契丹之党, 虔劉海戌 習靺鞨之服 侵軼遼西"(『三國史記』卷20 高句麗本紀8 嬰陽王23/612年)

35 "三月 帝至定州 謂侍臣日 遼東本中國之地 隋氏四出師 而不能得 朕今東征 欲爲中國報子弟之讎 高句麗雪君父之恥耳 且方隅大定 唯此未平 故 及朕之未老 用土大夫餘力以取之"(『三國史記』卷21 高句麗本紀9 寶臧王 4/645년年)

36 "男生走保國内城率其衆与契丹靺鞨兵内附"(『唐書』卷110 列傳35 諸夷蕃将 泉男生傳)

사료①과 ②는 당시 고구려의 집요한 말갈과 거란에 대한 패권 추구 정책에 대한 수의 불편한 심기를 잘 드러내 주고 있다. 이 점은 당 역시 마찬가지였다.

사료③은 당의 고구려 공격 원인이 요동에 대한 영유권 회복과 수의 패전에 대한 설욕에 있음을 명시하고 있다. 따라서 당시 당 측은 645년의 전쟁이 수의 대여(對麗) 정벌의 명분이었던 거란·말갈 문제(사료①·사료②)를 완전히 해결하고, 천하평정을 향한 마지막 미답지(未踏地)를 짓밟기 위함임을 명시하고 있다.

그러나 사료④는 국망(國亡) 당시까지 고구려의 군사역량으로 활용되던 말갈·거란의 존재를 확인시켜 주고 있다. 이 사실은 당의 세계정책이 오직 고구려의 공멸을 통해서만 거란·말갈에 대한 패권 문제로 상징되는 동북아 세력 재편 문제를 해결 할 수 있음을 엿보게 해주는 대목이다. 즉 고구려와 당의 전쟁은 애당초 타협이 불가능한 제로섬(zero-sum)의 전쟁이었던 것이다.

고구려는 국초 이래 지속적으로 추진해 온 군사적 국세 팽창정책의 연장선상에서 동북아시아에서의 독자적 생존권과 패권의 보존 및 그 확산을 담보하는 나름대로의 '대륙정책'을 관철해 나가고자 했다. 그러나 당은 동아시아를 중국을 중심으로 하는 일원적 지배질서로 재편, 자국의 안보를 궁극적으로 보장하려는 세계정책을 강행하고자 했던 것이다.

3) 연개소문정권과 관농(關隴)집단

본 절에서는 전쟁 관련 당사국들 내부의 정치적 지도력과 이를 바탕으로 한 고구려·당의 국내 정치상황으로 본 전쟁의 배경과 원인을 짚어 보고자 한다.

(1) 고구려의 연개소문정권

5C 이래 고구려는 그간의 전방위적 국세 팽창정책의 성과에 힘입어 '제국(empire)' 화 되어 갔다. 따라서 고구려는 급격한 정치·경제·사회변동을 경험하게 되었다.

즉 고구려 국세팽창의 진전에 따라 지배구조 내 중심의 폭이 확장되어 간 것은 물론이었다. 그러나 동시에 그 과정은 지배구조 내의 중심과 변방 간의 차별성도 심화되어 갔다.

고구려 지배구조의 인적 기반을 이루는 것은 예맥계 주민들로 구성된 고구려인들이었다. 물론 소수의 상층 신분 한인 등 이종족들 역시 그들의 역량에 힘입어 일정한 역할을 수행할 수 있었으나, 이방인으로서 자리 매김 됨이 상례였다.

고구려 세력권 내에서도 지배구조로 진입할 수 없는 인간군상들이 가상적 변방 주민으로서의 삶을 힘겹게 꾸려 나가고 있었다. 이들은 공간적으로는 고구려 세력권의 중심부에 살면서도 여전히 그 지배구조의 변방에 몸담고 있을 수밖에 없는 존재였다.

즉 고구려사의 전개는 통시적인 변방공간 확대 과정이며. 공시적으로는 지배구조 내에서의 중심/변방 차별성의 심화 과정이기도 하였다. 아마도 이러한 고구려 변방구조의 중층성이 힘을 바탕으로 구축된 제국적 지배구조가 갖는 허실의 한 단면이 될 수도 있을 것이다. 그러나 이런 사실은 고구려가 애당초부터 군사귀족제(軍事貴族制, militocracy)의 신분국가로 출발했다는 점을 상기할 때 하등 이상할 것이 없다. 그리고 어쩌면 이 점이 고구려의 제국적 지배구조의 미숙성의 한 측면일 수도 있다.[37]

한편 이에 따른 제반 갈등의 증폭·만연은 장수왕 대를 전기로 보다 집중적 권력행사가 가능한 지배구조로의 이행을 촉진하였던 것이다.

고구려 국가 지배구조의 근간은 권력 엘리트(élite)가 주로 군사엘리트로써 충원되는 군사귀족제였다.[38] 따라서 장수왕은 선왕의 무훈(武勳)으로 고양된 왕권을 배경으로 국내 지배집단의 심한 반발과 정치적 갈등을 감내하면서 국왕으로의 국가권력 집중을 도모함을 통하여 집권적 지배체제의 확립을 꾀하였다. 무엇보다도 그가 단행하였던 427년 평양으로의 천도는 이후 고구려 국가 지배구조 성격의 변화와 그 정치사 전개에 있어 하나의 획 선을 그었던 것으로 평가되고 있다. 이러한 집권적 지배체제의 정립은 고구려가 보다 강력한 국가권력을 매개로 제 갈등을 수렴·조정함으로써 국가·사회적 통합을 유지하고 나아가 국가의 생존과 이익을 담보코자 하는 노력의 일환이었다.

그런데 이러한 지배구조의 변환은 곧 국가의 기존 지배집단에 대한 순치(馴致) 과정을 동반하게 마련이다. 이 와중에서 국가권력의 표상인 국왕과 기득권 집단 및 새로운 지배구조 형성과정에서 대두한 신흥 지배집단 사이의 갈등은 심화되어 가게 마련이다. 결국 이렇게 잠재·내연되어 오던 지배구조·지배집단 내부의 갈등은 그 제국적 지배질서 및 체제가 이완·약화되는 시점에 이르러 현재화(顯在化)되어 군벌의 발호와 더불어 제국적 지배질서의 와해를 재촉하게 된다. 6C 중반 경 안장왕–안원왕–평원왕 계위 시 발생한 지배집단 내부의 유혈사단은 그러한 현상의 첫 번째 표출이었고, 642년 연개소문의 집권은 그것을 마무리하는 정변이었다. 곧 6C 중반의 일련의 정변들은 귀족연립정권 체제의 운영을 통해 그 갈등의 해소책을 구했던 것으로 평가된다. 그러나 7C 중반 연개소문의 정변은 그러한 체제의 파탄을 보여주고 있는 셈이다.

오늘날 우리 학계에는 이러한 정변과 관련된 귀족 세력의 실체를 둘러싸고 일련의 논의가 진

---

37 朴京哲, 2005b,「高句麗 邊方의 擴大와 構造的 重層性」,『韓國史學報』19, 261~262쪽.

38 朴京哲, 1996,『高句麗의 國家形成 研究』, 고려대학교 대학원 사학과 박사학위논문, 254쪽. 이 점에 관한 한, 신라·백제 역시 마찬가지인 이형동질적(異形同質的) 사회였다.

행된 바 있다. 이들의 실체를 전통적인 국내계 세력과 신진 평양계 세력으로 분별하면서, 전자를 대외정책에 있어 온건파와 후자를 대외 강경파로 분별하는 견해가 제시 된 바 있다. 물론 이 경우, 연개소문은 후자와 관련시켜 파악되고 있다.[39]

한편 또 다른 견해는 동부여의 지배집단 일부가 402년 고구려 광개토왕의 동부여정벌 이래 고구려 지배집단에 편입되었고, 장수왕 대에 들어와 유력 세력화되었을 것으로 파악하고 있다. 이 견해는 이 동부여 출신세력이 신흥귀족으로서 6C 중반 귀족연립정권체제 구축의 중심적 역할을 다하였을 것으로 보고 있다. 또 이 입장은 두만강 유역 일대의 수정설화(水精說話)와 연개소문을 배출한 연씨(淵氏) 집안의 시조설화에 주목, 연씨 가문 또한 동부여 출신세력이었을 개연성을 거론하고 있다.[40]

그러면 여당전쟁 진행과 맞물리면서 그 시종을 같이 해 온 이 연개소문정권의 정치적 성격과 의미를 재검토할 필요가 있다.[41] 연개소문 정권은 642년 유혈 쿠데타로 집권한 이래 군사적 팽창정책의 지속적 추진만이 고구려 국가 및 그 지배집단의 생존기반을 안정적으로 담보할 수 있다는 관점에서 종래 '대륙정책'을 관철할 것을 추구하는 연장선상에서 대당 강경정책을 강력히 추진하였다. 당 태종이 고구려 정벌 의지를 노골화하기 시작한 시점이 연개소문 정변 이듬해인 643년인 점도[42] 이런 연개소문의 성향과 무관하지 않은 것이다.

그러나 이 연개소문이 주도하는 대당전쟁은 몇 가지 내재적 취약점을 갖고 있었다. 먼저 이런 정치체제는 당시 국가권력 '정통성'의 표상인 국왕권의 허구화하게 만든다. 그만큼 연개소문 정권은 국가권력 기제의 실질적 운영주체이지만, 그 권력행사 상의 '정당성(legitimacy)'에 있어 상당한 하자를 가지게 된다.

따라서 이런 체제는 국가권력 집중 현상의 심화에도 불구하고 국가권력의 자율성(State Autonomy)이 훼손되는 심각한 파행상을 드러낼 수밖에 없다.[43] 따라서 위기관리체제를 자임한 연개소문 정권 아래서 여당전쟁의 실효적 수행을 담보하는 국가적 통합도가 눈에 띄게 약화되는 것은 자명한 일이다. 여당전쟁을 수행하는 고구려 군민들이 간헐적으로 보여 주는 무력함과 적전(敵前) 분열상은 여수전쟁(麗隋戰爭) 당시 그들이 보여준 전의와 확연히 분별되고 있음도 이와 무관하지 않다. 정치체제의 정당성의 하자(the crisis of legitimacy)는 그 체제의 효율성을 저하 시

---

39 林起煥, 1992, 「6·7 세기 고구려 정치세력의 동향」, 『한국고대사연구』5, 39쪽.
40 盧泰敦, 1993, 「朱蒙의 出自傳承과 桂婁部의 起源」, 『韓國古代史論叢』5, 43~52쪽.
41 林起煥, 1997, 「대륙의 천하질서를 거부한 고구려」, 『한국역사속의 전쟁』, 청년사, 87~88쪽.
42 『三國史記』卷21 高句麗本紀9 寶藏王 2年(643년) 閏6月 條.
43 국가권력의 自律性(state autonomy)에 관해서는, 孫浩哲, 1989, 「국가자율성개념을 둘러싼 제 문제들; 개념 및 이론적 문제를 중심으로」, 『韓國政治學會報』23-2, 296~318쪽.

키고(the crisis of efficiency) 나아가, 국가의 생존 문제 즉 정체성의 위기(the crisis of identity)마저 불러
오게 되는 것이다.

연개소문정권이 자기의 국가 지배권력의 문제점을 이념적으로 보완코자, 종래의 유교 · 불교
에 갈음하는 도교를 의도적으로 보호 · 육성하고자 한 바 있음은 주지의 사실이다.[44] 한편 국내
정정의 불안은 대외적 갈등행위를 조장하는 경향이 있다.[45] 어쩌면 연개소문 정권은 국내에서
여러 집단의 반발을 무마하는 수단으로 대외적인 갈등을 부각시켜 관심을 밖으로 쏠리게 함으
로써 자기 체제의 안정과 결속을 다지는 계기를 마련했을 가능성도 감안할 필요성이 있다. 그리
고 이러한 대당 강경 정책은 당 측의 집요한 고구려 공멸 기도가 충분히 빌미를 제공해주고 있
었던 것임은 물론이다.

(2) 당과 관농집단

동몽골 지방[북위 · 수 · 당대의 '요해(遼海)' · '송막(松漠)' 지방→보다 후대의 '열하(熱河)' 지방]은 훗
날에까지 몽고 지방의 제압과 만주와 서번제융(西蕃諸戎)에 대한 패권의 안정적 관철을 담보함
에 있어 "천하지뇌(天下之腦)"[46]가 되는 지역이라고 인식된 바 있다.[47] 따라서 고구려는 일찍이
이 동몽골 지방의 지정학적 중요성을 간파, 이 방면에서의 세력 확산에 부심했던 것이다.[48]

6C 말 수 · 당 세계제국 성립을 주도한 세력은 '무천진군벌(武川鎭軍閥)=관농집단'이었다.[49] 이
들은 종래 북위가 내몽골 방면을 방어하기 위하여 설치한 '하북6진(河北六鎭)' 중의 하나로서,
호화(胡化)된 한인 무장 집단이 그 운영 주체였다. 이들은 수 · 당 건국 이후에도 [요해 · 송막 지
방→내몽골→외몽골→서역(실크로드)]으로 이어지는 전선의 전략적 가치를 숙지하고 있었다.
따라서 이들은 사료①~④에서 간취할 수 있듯이 고구려의 동몽골 지방에서의 세력 부식 노력과
북아시아 초원 제 세력과의 연계 가능성에 심각한 우려를 표명함과 동시에 군사적 대응조치 모
색하고 있었다.

훨씬 뒷날 후금/청의 중원 지배가 만주의 여진족과 몽골족과의 연합전선 구축에서 창출된 파

---

44 『三國史記』卷21 高句麗本紀9 寶臧王 2年(643년) 三月條 .
45 Rosenau의 'linkage theory(연계이론)'에 관해서는, 李相禹, 1987, 『國際關係理論: 國家間의 葛藤原因과 秩序維持』改
   訂 · 增補版, 博英社, 133쪽.
46 『熱河日記』卷9, 「黃敎問答」.
47 閔斗基, 1963, 「"熱河日記"의 一硏究」, 『歷史學報』20, 1065~1067쪽.
48 朴京哲, 2005a, 앞의 글.
49 柳元迪, 1989, 「唐 前期의 支配層: 舊貴族과 官僚基盤의 擴大」, 서울대학교 東洋史學硏究室 編, 『講座 中國史 Ⅱ:
   門閥社會와 胡 · 漢의 世界』, 지식산업사, 229~232쪽.

괴력에서 비롯되었다는 사실을 상기할 때,[50] 이들 관농집단의 우려가 결코 기우는 아니었다고 볼 수 있다. 그러나 이들 관농집단의 '관중우선시정책(關中優先視政策)'은[51] 고구려와의 전쟁을 수행하면서도 항시 제 유목 세력의 동향을 주시할 수밖에 없도록 만들었다. 또 실제 이 점이 여당전쟁의 경과에 영향을 끼쳤던 것이다.[52]

고구려는 국초 이래 지속적으로 추진해 온 군사적 국세 팽창정책의 연장선상에서 동몽골 문제에 접근, 동북아에서의 독자적 생존권 및 패권의 보존 및 그 확산을 담보하는 나름대로의 '대륙정책'을 관철해 나가고자 했다. 그러나 수·당 제국은 동아시아를 중국을 중심으로 하는 일원적 지배질서로 재편, 자국의 안보를 궁극적으로 보장하려는 세계정책(world policy)을 강행하고자 했던 것이다. 이 점에 비추어, 특히 동몽골 지방에서의 거란족 지배권의 향방을 둘러싼〔고구려↔수·당↔돌궐〕사이의 각축전은 고구려의 대수·당 70년 전쟁 발발 원인 가운데 유력한 하나로 꼽을 수 있을 것이다.[53]

관련 사료들을 보면, 643~644년 당 태종은 고구려와의 개전 명분을 다양하게 제시하고 있다. '살군(弑君)'[54]·'살주(殺主)'[55]·'요동고중국지(遼東故中國地)'[56]가 그들이다. 이외에도 '침신라(侵新羅)'를[57] 들 수 있다. 또 당 측은 645년 전쟁 명분을 요동 회복과 수의 패전에 대한 설욕을 거론하고 있다(사료③).

당 태종은 '현무문(玄武門)의 변(變)'이라는 일종의 쿠데타를 통해서 왕위를 획득한 바 있다.[58] 이러한 그가 연개소문의 '시군'을 전쟁 구실로 거듭 언급함은 역설적으로 자기의 왕위획득 과정에 있어서의 하자를 연개소문을 징벌하기 위한 전쟁을 수행함을 통하여 치유하고자 하는 정치적 보상행위와 다름 아닌 것이다.

뿐만 아니라 당이 연개소문의 '시군'을 전쟁 명분으로 자주 들먹인 것은 고구려 측 항전의지를 약화시키기 위한 일종의 홍보/심리전 전략의 일환인 바, 실제로 이러한 당 측의 의도는 간혹 효과가 전혀 없었던 것은 아니다. 더구나 고구려에 중국적 군신 간의 의리를 강제함은 동북아시아 일대에 중국 중심적 예교질서(禮敎秩序)를 관철코자하는 숨은 의도가 있는 것이다.

---

50 盧基植, 1999, 『後金時期 만주와 몽고 관계 연구』, 고려대학교 대학원 사학과 박사학위논문.

51 柳元迪, 1989, 앞의 글.

52 徐榮敎, 2003, 「고구려의 대당전쟁과 내륙아시아 제민족: 안시성전투와 설연타」, 『軍史』49, 224쪽.

53 朴京哲, 2004, 앞의 글, 68~72쪽; 朴京哲, 2005a, 앞의 글, 161~162쪽.

54 『三國史記』卷21 高句麗本紀9 寶臧王 2年(643년); 同書 寶臧王 3年(644년)條

55 『三國史記』卷21 高句麗本紀9 寶臧王 3年(644년) 조.

56 『三國史記』卷21 高句麗本紀9 寶臧王 3年(644년)

57 『三國史記』卷21 高句麗本紀9 寶臧王 3年(644년)

58 朴漢濟, 1993, 앞의 글, 17~29쪽.

한편 당이 신라에 대한 고구려의 잦은 침공을 질책함 역시 당 중심의 세계질서 내에서 각국 위상의 자의적인 자리매김과 안정을 강요함을 통하여 중국 중심적 억압적 평화체제를 정립코자 하는 욕구가 표출된 것이다.

결국 당의 전쟁 목적은 드러낸 명분과는 달리 "천하에서 아직까지 평정되지 않은 본중국지지(本中國之地)"였던 요동의 고구려를 공멸시키는 것이었다(사료③).

3. 여당전쟁의 경과

1) 여당전쟁 이해를 위한 분석

645년 첫 전단(戰端)을 연 여당전쟁은 668년 고구려 국망 때까지 23년 간 지속된 동아시아 국제전쟁이었다. 그런데 이 전쟁은 통시적으로 볼 때 군사행동의 배경 및 목적과 전략상의 특성 그리고 그 결과에 있어 시기 별로 일정한 차별성을 보이고 있다.

이러한 관점에서 볼 때, 이 전쟁은 대략적으로 나마 〔제1차 여당전쟁(645~648)→전쟁 소강기의 여당충돌(654~659)→제2차 여당전쟁(660~662)→제3차 여당전쟁(666~668)〕라는 네 단계의 전개 과정을 거치면서 수행되었다. 따라서 본 연구자는 645~668년의 여당전쟁 전개 과정을 위의 네 분기로 쪼개어 각각 본장 에서 분석·검토해 보고자 한다.

본 연구자는 여당전쟁 전개과정의 실효적 분석·검토를 위해 주로 『삼국사기』를 중심으로 관련 사료를 정리해 보았다.[59]

또 연구자는 이들 사료에 나타난 전쟁과 관련 수행된 제 군사행동(Military Action)을 〔A. 당사국(집단), B. 성격, C. 전과, D. 규모〕의 네 항목으로 나누어 일정한 점수를 부여함을 통하여, 당해 개별 군사행동이 가졌던 유의미성을 평가하였다. 이 평가 기준을 규정한 것이 '〈표 1〉 군사행동 관련 사항 평가표'이다.[60]

여기서 주목할 점은 〔A. 당사국(집단)〕을 가중치 삼아, 이를〔B. 성격, C. 전과, D. 규모〕라는 여타 항목의 합에 곱함을 통하여 개별 군사행동 유의미성의 총화를 표현한 지수를 구한 점이다. 곧 〔A×(B+C+D)=총화〕가 된다.

---

[59] 『삼국유사』 등 관련 국내 자료는 물론이고, 『북사』·『주서』·『수서』·『송서』·『남제서』·『양서』·『자치통감』·『책부원귀』 등 중국 측 문헌사료에 대한 검토도 병행할 것임.

[60] 본고에서 사용할 '군사행동'·'전략'·'전술' 등의 개념은, 朴京哲, 1988, 「高句麗 軍事역량의 再檢討」, 『白山學會』35, 143~179쪽; 朴京哲, 1989, 앞의 글, 3~5쪽 참조.

〈표 1〉 군사행동 관련 사항 평가표

관련 사항	세부 내용	평가
A. 당사자	당	8
	고구려	4
	백제 · 신라 · 말갈 등	나 · 제 각 2, 기타 1
B. 성격	전역[campagine: 왕도 함락 · 왕 전사 · 왕도압박 · 주요 전략적 광역공간 확보 · 회전(會戰)]	5
	전략적 군사행동(전략적 타격→주요거점 확보 등)	4
	전술적 군사행동(교전 등)	3
	예비군사행동(군사동원 · 군사방어조치 · 군사기동-군사력 전개)	2
	단순 무장충돌	1
C. 전과	왕도 함락 · 왕 전사	5
	왕도 압박	4
	전략적 광역공간 확보	3
	전략적 타격(주요거점 확보 등)	2
	전술적 타격(제거점 확보 등)	1
	기타	1
D. 규모	1,000 人 마다 0.1	
	(자료 상 명시 된 경우만 계산 함을 원칙으로 함)	

　당과 고구려 · 백제 · 신라 등은 각기 동아시아 세계에서의 국제관계 운영의 당사자로 개념지을 수 있다. 국제전쟁은 국제정치의 연장으로서 그 전쟁의 복잡성은 관련 당사국의 수효와 정비례한다는 점을 감안, 〔A. 당사국(집단)〕의 수를 당해 군사행동 유의미성의 총화 지수를 산정키 위한 가중치로 삼은 것이다.

　그런데 당시 동아시아 세계에 있어 당과 고구려가 뽑어낼 수 있었던 힘을 고려할 때, 각국의 가중치를 모두 균등 처리함은 문제가 될 수도 있다. 따라서 표 1처럼 개별 당사국의 점수에 차별성을 부여한 것이다.

사료④ 고구려의 5부 176성 69만여 호를 나누어 9도독부 42주 100현으로 만들고, 평양에 안동도
　　　호부를 두어 이를 통치하게 하였다[61]

사료⑤ 지난날 고구려가 한창 강성할 적에 군사 30만으로 당과 맞서 싸운 것은 그야말로 강국이
　　　라 할 만 하지만[62]

사료⑥ 병기는 중국과 대체로 같다[63]

　여기서 당과 고구려 가중치의 차이가 곧 양 국 간 실제적 힘의 차이를 반영한다고 볼 수는 없
다. 즉 사료④를 보면 국망 당시고구려는 69만 호 345만 명 정도의 인구를 가진 것으로 추산된
다. 사료⑦은 고구려의 무장체계 곧 전술역량이 중국과 맞먹는 수준이라고 지적되어 있다. 그
리고 그 병력 규모는 30만 명에 이르는 것으로(사료⑥) 전해지고 있다.

　당시 당의 인구는 정확히 알 수 없다. 그러나 고구려의 대수·당 전쟁 발발 직전인 6C 말의 인
구는 460여만 호 2천 4백여 만 명에 달하는 것으로 파악되고 있다.[64] 그리고 당은 7C 중엽 여당
전쟁 시 부병제 하의 가용 병력 30~40만 명에다 주로 하북 지방의 징병으로 구성된 100여만 명
을 더하여 약 130~140여만 명까지 전장에 투입할 군사동원 능력을 갖추고 있었던 것으로 추정
된다.[65] 곧 인구 면에서는 당이 고구려의 7~8배, 가용 병력은 3~4배에 이르는 것으로 추산된
다. 그러나 군사력의 투사 정도는 중심지로부터 전장에 이르는 거리, 곧 전장종심(戰場縱深)에
반비례한다. 따라서 당시 당의 중심지로부터 동북아 전장인 '요좌(遼左)'에 이르는 공간적 원격
성을 감안하면, 이 수치는 어느 정도 이해될 수 있는 문제이다.

　〈표 2〉~〈표 5〉는 〈표 1〉을 평점기준으로 하여 매개 시기 고구려의 대당 전쟁관계 관련 사료를
분석한 결과물을 제시 한 것이다.[66]

　이 분석의 결과물(〈표 2〉~〈표 5〉)을 그래프로 도시(圖示)한 것이 〈도표 1〉~〈도표 4〉이다. 이러
한 표와 도표를 감안하면서 네 시기 별 여당전쟁의 경과를 검토해고자 한다.

---

61 "分五部 百七十六城 六十九萬餘戶爲九都督府 四十二州 百縣 置安東都護府於平壤以統之"(『三國史記 卷22 高句麗本
　　紀10 寶臧王 27 / 668년))

62 "昔 高句麗盛時 士三十萬 抗唐爲敵 可謂雄强"(『唐書』卷219 列傳44 北狄 渤海傳))

63 "兵器與中國略同"(『隋書』卷81 列傳46 東夷 高句麗))

64 傅樂成 著, 辛勝夏 譯, 1976, 『中國通史』(宇鐘社), 398쪽.

65 三軍大學 編著, 1976, 『中國歷代戰爭史:第八冊-唐初對外戰爭, 征高麗·百濟諸戰役』, 黎明文化事業公司,
　　296쪽.

66 『삼국사기』상 고구려의 대당 전쟁 관련 기사에는 대부분 당해 사건의 연과 월만 제시되고 있다. 그러나 『자치통감』
　　에는 이와 관련된 날짜가 일간지로 명기되어 있다. 본 표 2~4 상 '연대' 난에 제시된 날짜는 이를 따라 예컨대, 개모
　　성이 실함(失陷)된 645년 4월 26일을 "645-4-26"로 표기하였다. 그리고 이 작업에는 국방부전사편찬위원회 편의 『高
　　句麗 對隋·唐戰爭史』를 참조하였음을 밝혀둔다.

2) 제1차 여당전쟁(645~648년)

(1) 고구려와 당의 임전(臨戰)태세

당 제국은 고조(618~626년) 말까지 요서회랑지대(遼西廻廊地帶)를 취약한 작전선으로 하는 영주(營州, 요녕성 조양) 지역을 최전방 전진거점으로 운영하고 있었다.[67] 당시 당은 수 말 이래 다시 그 세력을 회복한 돌궐과 동북의 고구려와 더불어 팽팽한 긴장관계 속에서 동북아시아 방면의 현상유지에 만족할 수밖에 없었다. 그러나 태종이 630년 동돌궐의 힐리가한(頡利可汗)을 토벌하고 요서 및 요해 방면으로 적극 진출하여 옴에 따라, 이 방면에서 이해를 달리하는 당과 고구려의 충돌은 불가피하게 되었다.

641년 고구려가 천리장성을 축조하기 시작한 것도[68] 이러한 정세와 관련된 군사대응조치였다. 최근 학계에서는 이 천리장성에 관한 새로운 견해들도 제시되고 있다. 논자에 따라서는 이 천리장성이 처음으로 축성된 것이 아니라, 기왕에 조성된 산성들을 보완·개축함으로써 하나의 방어선으로서 연결된 것이라 보고 있다.[69] 즉 이 견해에 따르면, 천리장성은 만리장성처럼 연속적으로 이어진 것이 아니라, 요하를 따라 구축된 주요 요충을 연결시킨 산성 네트워크로서, 초기의 시발점은 부여성(夫餘城)이며, 그 남쪽 종착지점은 건안성(建安城)이었지만, 후기 장성의 실질적 출발점은 신성(新城)이고 그 종착점은 비사성(卑沙城)이라고 파악하고 있다.

반면 혹자는 이 천리장성을 처음부터 평지성으로 새로이 축조된 장성이라고 본다.[70] 이 견해는 특히 요하 중·상류 지역에서 송화강 유역까지 구축된 그것은 말갈의 이탈을 방지하고, 친당적인 거란·돌궐의 침투 기도를 제어하기 위하여 쌓아졌던 것이라 보고 있다.

당의 전쟁 준비는 644년부터 본격화된다. 그런데 당이 고구려를 공격함에 가장 고민한 문제는 "遼東道遠 糧轉艱阻 東夷善守城 不可猝下"하다는 점이었다.[71] 곧 여수전쟁 당시 수 측은 긴 작전선 운용과정에서 야기되는 병참 문제와 고구려의 제성 네트워크에 힘입은 종심방어전략을 극복하지 못하여 고전했던 것이다.

이에 당은 황해 제해권 장악을 전제로 한 해상운송을 통한 병참 역량 제고에서 해결책을 구했다. 644년 군량을 실을 선박 400척을 건조케 한 사실과 하남 제주(諸州)의 양곡을 바다로 운반한

---

67 『三國史記』卷21 高句麗本紀9 寶臧王3年(644년)條 및 4年(645년)條. 『唐書』卷2 本紀2 太宗 貞觀18年~19年條. 『唐書』卷220 列傳145 東夷 高麗傳.

68 『三國史記』卷20 高句麗本紀8 榮留王 24年條

69 申瀅植, 2000, 「만주의 고구려 산성: II 천리장성」, 신형식·최근영·윤명철·오순제·서일범, 『고구려산성과 해양방어체계연구』, 백산자료원, 65~68쪽.

70 余昊奎, 2000, 「高句麗 千里長城의 經路와 築城背景」, 『國史館論叢』91, 159~175쪽.

71 『三國史記』卷21 高句麗本紀9 寶臧王 3年條.

점 등이[72] 이를 엿보게 해준다.

아울러 당은 고구려의 제 성을 공격키 위해 이루 헤아릴 수 없이 많은 "공성기계"를 마련하는 등[73] 나름대로 준비를 해나갔다.

한편 제1차 여당전쟁 시 당 동원한 군사력 규모는 사료상 장량(張亮) 휘하의 4만 3천명의 수군 및 전함 500척과 이세적(李世勣)의 지휘를 받는 보기(步騎) 6만 명 등 모두 10만 3천명 밖에 되지 않는다.

고구려는 645년 주필회전(駐蹕會戰) 당시 일거에 15만 명을 전장에 투입할 방어역량을 가지고 있었다. 공격자인 당이 10여 만에 지나지 않는 병력을 가지고 길고도 취약한 작전선을 담보로 고구려를 상대로 효율적인 군사행동을 수행했던 점은 선뜻 이해하기 힘든 일이다.

혹자는 당군 측의 기동력이 여수전쟁 당시에 비해 월등히 향상되었던 점을 지적하기도 한다.[74] 곧 이 견해는 수 말 농민군의 전술을 흡수한 당 기병이 중장기병(重裝騎兵)에서 경기병(輕騎兵)으로 전환된 결과 이들의 기동력이 향상되었음을 지적하고 있다. 또 이 견해는 고구려도 이런 당 측 병종 구성의 변화를 간파하고 이를 막기 위해 평지성인 천리장성을 구축한 것으로 파악하고 있다.[75] 한편 이러한 견해에 대해 회의적인 입장은[76] 당시 당 측에 종군한 '항호(降胡)' 곧 유목민 출신 기병들이 당군의 기동전을 수행하였고, 이들이 제 성간의 상호 지원 작전을 효율적으로 저지함으로써 당 측의 실효적 작전 수행을 크게 뒷받침했을 것으로 보고 있다. 그러나 공격자는 항시 방어자에 대해 역량상 절대적 우세를 견지한 조건 하에서만 승리를 보장받을 수 있는 법이다. 기병전력 운용 방식이나 유목기병들의 존재 자체는 전술적 우위성에 보탬이 되지만, 전략적 승패 결정에 그다지 큰 기여를 하지 않을 수도 있다. 668년 당시 당 측은 23년간의 장기 소모전으로 피폐해진 고구려를 공멸코자 최소 50만 이상의 대병을 평양성 공위전(攻圍戰)에 투입한 바 있다.[77] 이점을 감안할 때 645년 당시 태종이 정말로 10만 병력만을 가지고 고구려와의 전쟁에 나섰다면, 이는 무모하거나, 정치적 시위를 목적으로 한 군사행동으로 밖에 해석할 수 없다.

당시 당의 군사제도는 부병제(府兵制)로서 총 60여 만의 병력을 동원할 수 있지만, 외정(外征)에 동원 가능한 병력은 30~40만 명 수준이었다. 따라서 전시에는 별도로 장정을 강제적으로 징발하여 필요한 병력을 보충하였던 것이다.[78] 따라서 당이 645년 전쟁 당시 동원한 것으로 사

72 『三國史記』卷21 高句麗本紀9 寶藏王 3年條.
73 『三國史記』卷21 高句麗本紀9 寶藏王 3年條.
74 余昊奎, 2000, 앞의 글, 181쪽.
75 余昊奎, 2000, 위의 글, 176~184쪽.
76 徐榮敎, 2003, 앞의 글, 204~209쪽.
77 "何力率兵五十萬, 先趨平壤, 勣繼進, 攻凡七月, 拔之, 虜其王以獻"(『唐書』卷110 列傳35 契苾何力傳)
78 國防部戰史編纂委員會, 1991, 앞의 책, 138~148쪽.

료상 저록된 병력은 전투원으로 실제 전장에 투입된 정예 부병 10만을 지칭한 것인 바, 이들을 전장에서 보조한 초모병(招募兵) 등은 병력 수 계산에서 탈락된 것이 아닐까 조심스레 추론해 본다.

어쩌면 당 측으로서는 "수가 100만 대군으로도 실패한 전쟁을 태종은 단 10만 병력으로 수행하였다" 식의 정치적 홍보 효과를 노리고 645년 전쟁의 참전인원을 줄여서 세상에 알렸을 수도 없지 않은 것이다.

혹자는 관련 제 사료상의 10만 병력에는 당 태종 본진의 병력이 명시되지 않은 점에 비추어, 당시 당군의 병력은 〔10만+본진 병력〕에 상당할 것으로 추정하기도 한다.[79]

645년(보장왕 4년/당 정관 19년)의 '제1차 여당전쟁'에서 고구려는 여수전쟁 때와 다름없는 '내선작전(內線作戰)' 원칙에 의거한 '종심방어전략'에 따라 당군의 진공에 대처하였다.

주필회전에 임한 고구려측의 고정의(高正義)가 개진한 작전계획이[80] 그것을 입증해 주고 있다. 곧 고구려는 제 방어 거점을 '수벽고수(堅壁固守)'하는 지구전을 수행함으로써 당군의 전력 분산과 지속적인 출혈을 강요하는 동시에 말갈병 등을 활용한 기병전(奇兵戰)을 전개, 당 측 작전선의 균형을 깨뜨리고 병참선을 차단함으로써 당군 전력의 고갈 상태를 유도한 후 이들을 각개격파하여 패퇴시키고자 한 것이다.

이러한 고구려 대당 '종심방어전략'의 핵심은 제성을 중심으로 한 방어 네트워크이다. 고구려는 전국적으로 산재한 200여 개의 대성(大城)과 소성(小城)을 기축으로 30만 명의 병력을 운용하고 있었다(사료⑥). 즉 고구려는 주로 산성을 거점으로, 이를 주요 교통로 상에 다수 배치하고, 이들 성이 상호호응함으로써 방어역량을 극대화시켰다. 이는 고구려 지방지배체제가 성 단위로 편제된 것과 유관하다.[81]

수·당 측의 최대 약점은 긴 병참선이었다. 여수전쟁 당시 수군은 이러한 약점을 극복하기 위해 요동에서 평양으로의 직공책을 채택했던 것이다. 그런데 고구려는 요동평원~천산산맥 진입로마다 성들을 축조하여 입체적 군사방어체계를 구축하였다. 그리고 고구려는 이를 바탕 삼아 청야수성전(淸野守成戰)을 펴서 적의 취약점을 극대화시키는 한편 유인전과 기습전을 전개하였다. 따라서 수의 평양 직공전략은 좌절될 수밖에 없었던 것이다.[82]

당은 수의 좌절을 감안하는 한편, 고구려의 제 성을 중심으로 하는 입체적 군사방어체계에 입각한 종심방어전략을 고려하여 새로운 대여(對麗) 군사전략을 구상하고 있었다. 곧 당은 요동

---

79 이 견해는 2006년 11월 중국 답사 기간 중 서울교육대학 임기환 교수가 밝힌 것임.
80 『三國史記』卷21 高句麗本紀9 寶臧王 4年 條.
81 林起煥, 1997, 앞의 글, 87쪽.
82 余昊奎, 2000, 앞의 글, 180쪽.

지방 제 성들을 차례로 제압한 후 천산산맥과 압록강을 넘어 평양성으로 진공하는 전략을 선택했던 것이다.[83] 과연 645년 전쟁은 요하유역, 정확히 말해서 혼하와 태자하 연선에 표치(布置)된 여러 성들의 쟁탈전으로 시종하였던 것이다.[84]

(2) 645년의 전면전[85]

644년 당군은 유주(幽州, 북경)에 집결한 후, 다시 동북 방면 각 전선으로 나뉘어 군사기동

---

83 余昊奎, 2000, 위의 글, 180쪽.

84 한대 이전에는 의무려산(醫巫閭山)을 기준으로 요동/요서가 분별되었으나, 그 이후에 그 분획의 기점이 현재의 요하임은 주지의 사실이다. 그런데 당시뿐만 아니라 선사시대 이래 현재까지도 요녕 지방의 인문적 활동 중심축은 요하라기보다는 오히려 혼하·태자하 유역이다. 따라서 오늘날 학계는 여당전쟁의 주전장을 막연히 '요하유역'이라고 흔히들 지칭하고 있지만, 그 주요 싸움터는 오히려 하곡평지(河谷平地)가 발달하여 농경에 적합했던 혼하·태자하 유역의 제 지역들이다. 이는 요하수계가 요하 본류와 혼하·태자하로 구성된 까닭에서 비롯된 혼선이며, 본 연구자를 포함한 우리 학계 일반이 무의식적으로 되풀이 하는 게으름이다. 본 연구자는 관련 자료상에 일반적으로 '요하'로 표기된 경우에도, 앞으로는 이를 가능한 한 '요하(본류)와 혼하·태자하'로 분별·명기하고자 한다.

85 645~648년 시기의 여당전쟁 사료를 분석한 〈표 2〉에 제시된 사료⑧~⑬의 전거는 아래와 같다.

사료⑧ "(a)夏四月 世勣自通定 濟遼水至玄菟 我城邑大駭 皆閉門自守 副大摠管江夏王道宗 將兵數千至新城 折衝都尉曹三良 引十餘騎 直壓城門 城中驚擾 無敢出者 (b)營州都督張儉 將胡兵爲前鋒 進度遼水 趨建安城 破我兵殺數千人 (c)李世勣·江夏王道宗 攻蓋牟城拔之 獲一萬人 糧十萬石 以其地爲蓋州 (d)張亮帥舟師 自東萊渡海 襲卑沙城 城西面懸絕 惟西門可上 程名振引兵夜至 副摠管王大度先登 五月 城陷 男女八千口沒焉"(『三國史記』卷21 高句麗本紀9 寶臧王 4年(645년) 條)

사료⑨ "李世勣進至遼東城下 帝至遼澤 泥淖二百餘里 人馬不可通 將作大匠閻立德布土作橋 軍不留行 度澤東 王發新城國內城步騎四萬救遼東 江夏王道宗將四千騎 逆之 軍中皆以爲衆寡懸絕 不若深溝高壘以待車駕之至 道宗日 賊恃衆有輕我心 遠來疲頓 擊之必敗 當淸路以待乘輿 乃更以賊遺君父乎 都尉馬文擧日 不遇勁敵 何以顯壯士策馬奔擊 所向皆靡 衆心稍安 旣合戰 行軍摠管張君乂退走 唐兵敗衄 道宗收散卒 登高而望見 我軍陣亂 與驍騎數千衝之 李世勣引兵助之 我軍大敗 死者千餘人 帝度遼水 撤橋以堅士卒之心 軍於馬首山 勞賜江夏王道宗 超拜馬文擧中郞將 斬張君乂 帝自將數百騎 至遼東城下 見士卒負土塡塹 帝分其尤重者於馬上持之 從官爭負土置城下 李世勣攻遼東城 晝夜不息 旬有二日 帝引精兵會之 圍其城數百重 鼓噪聲振天地 城有朱蒙祠 祠有鎖甲銛矛 妄言前燕世天所降 巫言 朱蒙悅 城必完 勣列砲車 飛大石過三百步 所當輒潰 吾人積木爲樓 結絙罔不能拒 以衝車撞陴屋碎之 時 百濟上金髹鎧 又以玄金爲文鎧 士被以從 帝與勣會 甲光炫日 南風急 帝遣銳卒 登衝竿之末 爇其西南樓 火延燒城中 因揮將士登城 我軍力戰不克 死者萬餘人 見捉勝兵萬餘人 男女四萬口 糧五十萬石 以其城爲遼州"(『三國史記』卷21 高句麗本紀9 寶臧王4年(645년) 條)

사료⑩ "(a)李世勣進攻白巖城西南 帝臨其東北 城主孫代音 潛遣腹心請降 臨城投刀鉞爲信日 奴願降 城中有不從者 帝以唐幟 與其 使日 必降者 宜之城上 代音立幟 城中人以爲 唐兵已登城皆從之 帝之克遼東也 (b)得城中男女萬餘口 臨水設幄受其降 仍賜之食 八十已上 賜帛有差 他城之兵在白巖者 悉慰諭給糧仗 任其所之 (c)先是 遼東城長史 爲部下所殺 其省事奉其妻子 奔白巖 帝憐其有義 賜帛五匹 爲長史造靈輿 歸之平壤 (d)以白巖城爲巖州 以孫代音爲刺史 (e)初莫離支遣加尸城七百人 戍蓋牟城 李世勣盡虜之 其人請從軍自效 帝日 汝家皆在加尸 汝爲我戰 莫離支必殺汝妻子 得一人之力 而滅一家 吾不忍也 皆稟賜遣之 以蓋牟城爲蓋州"(『三國史記』卷21 高句麗本紀9 寶臧王 4年(645년) 條)

사료⑪ "(a)帝至安市城 進兵攻之 北部耨薩高延壽 南部耨薩高惠眞 帥我軍及靺鞨兵十五萬 救安市 帝謂侍臣日 今爲延壽策有三 引兵直前 連安市城爲壘 據高山之險 食城中之粟 縱靺鞨掠吾牛馬 攻之不可猝下 欲歸則泥潦爲阻 坐困吾軍上策也 拔城中之衆 與之宵遯中策也 不度智能 來與吾戰下策也 卿曹觀之 彼必出下策 成擒在吾目中矣

을 실시하게 된다.[86] 선봉으로 나선 이세적(李世勣)·도종(道宗)이 거느리는 병력은 여수전쟁 당시 수군이 활용했던 (유성(柳城, 요녕성 조양시)→회원진(懷遠鎮, 요녕성 요중현(遼中縣))루트를 타지 않고 혼하 유역으로 진출했다. 곧 이세적은 유성에서 용도(甬道, 양측에 담을 쌓아 밖에서 볼 수 없게 만든 길)를 이용, 고구려의 눈을 속인 후 도하작전의 부담 없이 통정진(通定鎮, 요녕성 신민시(新民市) 고태자산성(高台子山城))에서 요하를 건넜던 것이다. 본래 이곳은 고구려가 요서 지방에 전개 시킨 제 전초거점 가운데 하나인 무려라(武厲邏)가 공제하던 도진점(渡津點)이었다. 그러나 여수전쟁 결과 고구려가 이 무려라를 상실함으로써 이 방면에서의 감제 역량을 상실하게 되었던 것이다. 현도성(玄菟城, 요녕성 무순시 노동공원)의 고구려군이 크게 놀란 까닭도 바로 여기에 있는 것이다. 그러나 고구려는 "폐문자수(閉門自守)"의 '영성고수(嬰城固守)' 전술로 이들 당군의 급공을 이겨 냄으로써 혼하 방면의 거점들을 보전할 수 있었다[⟨표 2⟩의 사료⑧-(a)].

한편 장검(張儉)은 연개소문이 요동으로 온다는 첩보를 접한 후 호병(胡兵)의 기동력에 힘입어 (반산(盤山)→우장(牛莊))의 최남단 코스를 타고 요하를 건너 건안성[建安城, 요녕성 개현(蓋縣) 고려성산산성(高麗城山山城)]을 급습하였으나, 도로(徒勞)에 그쳤다[⟨표 2⟩의 사료⑧-(b)].[87]

그러나 당군의 예봉이 혼하 유역의 제 거점들과 태자하 유역의 중심 거점인 요동성(요녕성 요양시 요동성지)을 매개하는 개모성[蓋牟城, 요녕성 심양시 탑산산성(塔山山城)]을 공발(攻拔)함에 이르러 기세가 오르게 된다[⟨표 2⟩의 사료⑧-(b)]. 고구려는 이 개모성이 함락됨으로써 혼하-태자하 양 지역 제 거점들의 네트워크를 전략적 공간으로 활용함에 어려움을 겪게 되었다.

또한 장량(張亮)의 수군에 의한 요동반도 남단 비사성[卑沙城, 요녕성 금현(金縣) 대흑산산성(大黑山山城)]의 공함은[⟨표 2⟩의 사료⑧-(d)] 당의 요동 방면 전선에 대한 수운에 의한 원활한 병참 지원을 기약할 수 있게 하였다. 또 이 승리는 당측의 혼하·태자하 방면의 주공(主攻)에 대한 조

(b)時對盧高正義年老習事 謂延壽曰 秦王內芟群雄 外服戎狄 獨立爲帝 此命世之才 今據海內之衆而來 不可敵也 爲吾計者 莫若頓兵不戰 曠日持久 分遣奇兵 斷其糧道 糧食旣盡 求戰不得 欲歸無路 乃可勝 延壽不從 引軍直進 去安市城四十里 …… (c)江夏王道宗曰 高句麗傾國 以拒王師 平讓之守必寡 願假臣精卒五千 覆其本根 則數十萬之 衆 可不戰而降 …… (d)旦日 延壽等 獨見李世勣軍少 勒兵欲戰 帝望見無忌軍塵起 命作鼓角擧旗幟 諸軍鼓噪并進 延壽等懼 欲分兵禦之 而其陣已亂 會有雷電 龍門人薛仁貴著奇服 大呼陷陣 所向無敵 我軍披靡 大軍乘之 我軍大 潰 死者三萬餘人 …… (e)延壽·惠眞 帥其衆三萬六千八百人 請降 入軍門拜伏 請命 帝簡褥薩已下官長三千五百人 遷之內地 餘皆縱之 使還平壤 收靺鞨三千三百人 悉坑之 獲馬五萬匹 牛五萬頭 明光鎧萬領 它器械稱是 更名所幸 山 曰駐蹕山 以高延壽爲鴻臚卿 高惠眞爲司農卿"『三國史記』卷21 高句麗本紀9 寶藏王 4年(645년) 條)
사료⑫는 후술
사료⑬ "(a)諸將急攻安市 …… (b)江夏王道宗督衆 築土山於城東南隅浸逼其城 城中亦增高其城 以拒之 士卒分番交戰 日六七合 築山晝夜不息 凡六旬用功五十萬 …… 山頹壓城 城崩 會伏愛私離所部 我軍數百人 從城缺出戰 逐奪據土山 塹而守之"『三國史記』卷21 高句麗本紀9 寶藏王 4年645년) 條)
86 『三國史記』卷21 高句麗本紀9 寶藏王 4年 條.
87 余昊奎, 2000, 앞의 글, 179쪽.

〈표 2〉 645~648년 여당 전쟁 사료 분석

연대	작전명	A. 당사자	당자점수	B. 성격	성격점수	C. 전과	전과점수	D. 규모	규모점수	총화: Ax(B+C+D)	총화점수	누적점수	본고에서의 사료번호	비고
645-1	당, 현토성, 신성, 건안성공격	당→고구려	12	전술적군사행동	3	전술적타격	1	당군 6만, 건안병 수천전사	63	려당전쟁 첫교전	804	804	8-a&b	당세갈래진공, 려폐문자수
645-4-26	당, 개모성공발	당→고구려	12	전략적 군사행동	4	전략적타격	2	당군 6만, 여병 1만 획	70	당군 도요후 첫 거점 공함	912	1716	8-c	신성-요동성단절, 군량10만석
645-5-2	당, 비사성공발	당→고구려	12	전략적 군사행동	4	전략적타격	2	장량 수군 4.3만, 여인 8천 획	51	당군 요동반도 교두보 확보	684	2400	8-d	고구려요하방어선교란 (동래발)
645-5-17	당, 요동성공발	당→고구려	12	전역	5	전략적 광역공간 확보	3	당군6만, 여군4만+2만+4만	160	요하방어선 타격	2016	4416	9	요하방어선상 중요전략거점 확보, 군량50만석
645-5-29	백암성 당에게 투항	당→고구려	12	전략적 군사행동	4	전략적타격	2	당군6만, 여 남녀 1만	70	태자하유역 방어선붕괴위기	912	5328	10	여당전쟁 중 첫 대규모투항
645-6-20	주필회전	당→고구려+말갈	13	전역	5	전략적타격	2	당군6만, 여+말갈 15만	210	고구려 작전역량 취약성노정	2821	8149	11	려병 3만6천청항, 말갈생매장
645-8-10	안시성 공방전	당→고구려	12	전역	5	전략적 광역공간 확보	3	당군6만	60	당군철수결정	816	8965	13	당군의병참역량 취약성
647-5	당, 남소성 등 타격	당→고구려	12	전술적군사행동	3	전술적타격	1	이세적 등 당병 3천	3	여 배성거전	84	9049	18-a	지속적 소규모 소모전 시작
647-7	당, 석성발, 적리성타격	당→고구려	12	전술적군사행동	3	전술적타격	1	우진달 등 당병1만, 려병1만	20	수군 활용	288	9337	18-b	요동반도-압록강선 거점 타격(내주 발)
648-4	당, 부해내격, 역산전	당→고구려	12	전술적군사행동	3	전술적타격	1	고신감, 여군1만5천 교전	15	수군 활동 (누선전함)	228	9565	19-b	박작성전의전초전 (내주→오호도)
648-9	당, 박작성공 위전	당→고구려	12	전략적 군사행동	4	전략적타격	2	설만철 등 3만여, 여군1+3만	70	수군활동, 여측오골, 안지제성내원	912	10477	19-f	압록강방어선 위협

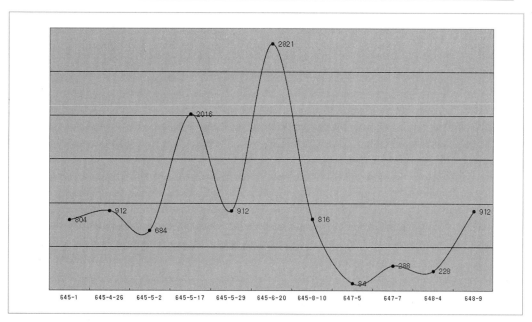

〈도표 1〉 645~648년 고구려 vs 당 군사행동 내용 분석 도표

공(助攻) 작전의 가능성을 열어 놓고, 건안성(建安城)·오골성[烏骨城, 요녕성 봉성(鳳城) 봉황산성 (鳳凰山城)] 등 후방 전략 거점들을 위협함과 더불어 압록강 방어선을 넘볼 수 있게 만들었다.

고구려는 신성·국내성 보기 4만을 요동성 방면으로 보내 당군의 압력을 완화시킬 것을 시도했지만, 우월한 기병 전력에 눌려 실패했고, 요동성은 고립무원의 항전을 강요받게 되었다. 한편 이즈음 당 태종이 요택(遼澤)을 건너 요동성에 당도했다. 이 요택은 요하 본류의 하구 수렁 지대로 추정된다. 이것은 수군을 제외한 당의 모든 역량이 요동성 공함 작전에 투입되었으며, 이 사실은 고구려 측의 내원(來援) 시도와 더불어 그만큼 이곳이 갖는 전략적 중요성이 매우 큼을 시사해 주는 셈이다. 〈표 2〉와 〈도표 1〉의 높은 지수가 이를 입증해 주고 있다(〈표 2〉의 사료⑨).

요동성민들이 주몽신앙까지 동원해 "성필완(城必完)"의 항전의지를 다지고 있었지만, 당군 측 포차(砲車) 등의 우월한 공성 역량에 더한 화공 전술 앞에 성은 함락되었다. 요동성 함락은 고구려 측에게 치명적 손실이었다. 곧 고구려는 병력 2만과 주민 4만 총 6만과 50만 석의 식량 등 막대한 인적·물적 자원을 상실하였다.

뿐만 아니라 고구려는 요하방어선의 중심 거점이 실함됨으로써, 혼하·태자하 방면 제 거점들의 유기적 연결 고리의 결절점을 상실한 셈이다. 또 요동성과 직접적으로 연결되는 안시성[요녕성 해성시(海城市) 영성자촌(英城子村) 영성자산성(英城子山城)]·백암성[白巖城, 요녕성 등탑시(燈塔縣) 연주성(燕州城)]에 대한 당의 안정적 공략이 가능하게 된 것이다.

요동성의 실함은 백암성의 동요를 불러 일으켰다(〈표 2〉의 사료⑩). 주목할 점은 이렇다 할 싸움 없이 적에게 투항한 예가 여수전쟁 당시는 찾아 볼 수 없었던 사실이다. 이 점은 642년 연개소문의 정변과도 무관하지 않은 것으로 추정된다. 안시성의 성주 역시 이 문제로 무력 충돌까지 벌렸던 사실은[88] 요동 지역의 지배집단들의 연개소문 정권에 대한 인식의 일단을 어느 정도 짐작케 해준다.

백암성 성주 손대음(孫代音) 역시 새로이 성립된 연개소문 정권의 정당성에 회의를 품었거나 혹종의 신변 불안을 가졌던 자로 여겨진다. 또 이 사실은 연개소문 정권의 존재가 대당 전쟁 수행 상 가지는 한계성을 엿보게 해준다. 당 태종 또한 이러한 점을 간파하고, 연개소문의 '시군' 사실을 전쟁의 명분으로 공언하고 있었던 것이다. 그는 또한 투항한 자들에 대한 시혜를 통해 고구려 신민의 항전의지를 약화시키고자 노력하고 있었던 것이다.

사료⑫ 봄 2월 태종이 수도에 돌아가서 이정에게 일러 말하기를 "내가 천하 사람을 가지고도 작

---

88 "吾聞安市 城險而兵精 其城主材勇 莫離支之亂 城守不服 莫離支擊之 不能下因而與之"『三國史記』卷21 高句麗本紀9 寶臧王 4年(645년)]

은 오랑캐에게 곤욕을 당한 것은 무엇 때문인가"하니, 이정이 "이것은 도종이 알 것 입니다"라 하였다. 황제가 도종에게 돌아보고 묻자, 도종이 주필산에 있었을 때 빈틈을 타 평양을 빼앗자고 했던 말을 자세하게 진술하였다[89]

요동성·백암성의 실함은 요동 방면 특히 태자하 유역 안시성에 대한 당군의 압력을 집중시키는 결과를 가져왔다. 고구려 역시 안시성이 무너지면 건안성·오골성의 안위를 장담할 수 없고, 나아가 압록강방어선 마저 돌파 당 할 가능성을 직시하고 있었다. 따라서 고구려는 "경국(傾國)" 수준의 군사동원을 실시하여 고구려·말갈 연합병력 15만을 투입한 안시성 구원을 위한 주필[駐蹕, 요년성 요양현 하란진(河欄鎭) 양갑산(亮甲山) 일대]회전을 벌리게 되었다(〈표 2〉의 사료⑪).

고구려가 이렇게 많은 대병력을 동원할 수 있었던 인적기반은 '고구려인' 외에도 말갈 등 이종족들을 자기 군사동원체제 내에 편제할 수 있었기에 가능한 것이었다. 이 점은 〈표 2〉의 사료⑪-(a)에 적시된 말갈 병력의 규모를 통해서 확인할 수 있다. 그런데 〈표 2〉의 사료⑪-(b)에 의하면, 고구려는 말갈을 흔히 비정규전적 성격이 짙은 작전에 투입하고 있음을 알 수가 있다.[90] 그러나 〈표 2〉의 사료⑪-(a)는 말갈이 수만에서 15만까지 작전 병력으로 일시에 대량 투입되고 있다.[91] 이 점은 말갈이 고구려 군사역량 운용에 있어 전략 예비대로서의 구실도 수행하였음을 시사해 준다. 물론 이들 가운데는 598년 영양왕의 요서 공격의 경우처럼[92] 국왕 직속의 특수부대로 편성되어 정복 활동에 구사된 경우도 있었을 것이다.[93] 따라서 주필회전 당시 당 측이 생포한 말갈병들을 집단 생매장한 것은[〈표 2〉의 사료⑪-(e)] 그 표면적 이유와는 달리 말갈의 고구려 군사 역량화에 대한 당 측의 신경질적인 반응의 단적인 표현과 다름 아닌 것이다.

---

89 "春二月 太宗還京師 謂李靖日 吾以天下之衆 困於小夷何也 靖日 此道宗所解 帝顧問道宗 具陳在駐蹕時 乘虛取平壤之言"(『三國史記』卷21 高句麗本紀9 寶藏王 5年(646년). 한편 이와 관련 된 주필회전 당시 당군 지휘부의 작전 논의의 자세한 전말은 " i)帝之克白巖也 謂李世勣日 吾聞安市 城險而兵精 其城主材勇 莫離支之亂 城守不服 莫離支擊之 不能下因而與之 建安兵弱而糧少 若出其不意 攻之必克 公可先攻建安 建安下 則安市在吾腹中 此兵法所謂城有所 不攻者也 對日 建安在南 安市在北 吾軍糧皆在遼東 今踰安市而攻建安 若麗人斷吾糧道 將若之何 不如先攻安市 安市下 則鼓行而取建安耳 …… ii)高延壽·高惠眞 請於帝日 烏骨城耨薩老耄 不能堅守 移兵臨之 朝至夕克 其餘 當道小城 必望風奔潰 然後此其資糧 鼓行而前 平壤必不守矣 iii)群臣亦言 張亮兵在沙城 召之信宿可至 乘高句麗 恟懼 倂力拔烏骨城 度鴨淥水 直取平壤 在此擧矣 帝將從之 iv)獨長孫無忌以爲 天子親征異於諸將 不可乘危徼幸 今建安新城之虜衆 猶十萬 若向烏骨 皆躡吾後 不如先破安市 取建安 然後長驅而進 此萬全之策也 帝乃止"(『三國史記』卷21 高句麗本紀9 寶藏王 4年(645년)]이 참조된다.

90 "兵糧又竭 强敵在前 靺鞨出後(『隋書』卷60 列傳25 段文振傳)"도 이 경우에 해당 한다.

91 "高麗有衆十五萬 屯於遼水 又引靺鞨數萬據南蘇城 何力奮擊大破(『舊唐書』卷107 列傳57 契苾何力傳)"의 경우도 그 호례가 된다.

92 "嬰陽王 九年(598년) 王率靺鞨之衆萬餘, 侵遼西,營州摠管韋冲 擊退之, 文帝聞而大怒 命漢王諒·王世積竝爲元師, 將水陸三十萬來伐"(『三國史記』卷20 高句麗本紀8).

93 金賢淑, 1992, 「高句麗의 靺鞨支配에 관한 試論的 考察」, 『韓國古代史硏究』6, 245~246쪽.

여당전쟁 당시 고구려의 종심방어전략은 〈표 2〉의 사료⑪-(b)에서 볼 수 있는 바, 고정의(高正義)가 개진한 작전계획(각주 88 참조)이 그것을 입증해 주고 있다. 당 측도 고구려의 종심방어전략을 어느 정도 인식하고 있었던 것은 〈표 2〉의 사료⑪-(a)·(c)·(d)를 통해 짐작할 수가 있다. 즉 당 태종은 요동 지방의 가용 작전기간을 의식하여[94] 고구려군의 지구전 기도를 두려워하여 '속전속결'의 원칙하에 "유안시(踰安市) 선공건안(先攻建安)"책을 개진하거나, 고연수(高延壽)의 지구전 기도 가능성에 대해 의구심을 표명했던 것이다. 반면 이세적이나 장손무기(長孫無忌)는 당군의 병참 기능의 취약성을 의식, 작전선의 안정적 확보를 중시하여 태종의 '유안시'책이나 고연수 등 제장의 '평양직공'책에 반대, '선공안시(先攻安市)'책을 고집했던 것이다(각주 89의 관련 사료 iv 참조).

그럼에도 불구하고 당의 대고구려 정토전략의 기본골격은 우월한 군사역량을 배경으로 2~3개월이라는 단기간 내에 요하수계에 구축된 방어거점들을 공파하여, 작전선을 안정적으로 확보하고, 이미 요동반도에 교두보를 설치하고 있는 장량의 수군과 합세하여, 평양으로 진공한다는 것이다[95].

주필회전 당시 고구려 측 지휘관인 고정수·고혜진(高惠眞)은 "연로습사(年老習事)"한 고정의의 건의를 무시하고, '대형원회전(大平原會戰)'을 강행함으로써 당 군의 유인전술에 말려 대패한 후 투항한다. 혹자는 이러한 '대평원회전'이 당의 중장기병에서 경기병으로의 전환을 인지한 고구려 측의 예정된 전술이었다고 보기도 한다.[96] 또 다른 입장은 당군이 이 회전에서 유목기병을 고구려군에 충격을 주는 망치로, 이세적의 장창보병(長槍步兵)은 모루로 사용했다고 보고, 한병(漢兵)과 번병(蕃兵)의 절묘한 배합이 고구려군을 "대궤(大潰)"시켰다고 주장한다.[97]

주필회전의 결과 고구려가 받은 타격은 치명적이었다. 〈표 2〉와 〈도표 1〉에서 주필회전이 가장 높은 지수로 나타남은 이를 웅변해 주고 있다. 15만 병력 중 6만 6천명이 죽거나 생포되었다. 당시 고구려가 동원 가능한 30만 병력 가운데 절반에 해당하는 병력이 미숙한 작전 운용 결과 참패한 것이다.

그보다 심각한 사실은 주필회전에서 확인된 고구려 군의 적극적 항전의지의 부재이다. 대체로 전장에 투입된 단위 병력의 30% 가량이 소모되면, 조직적인 전투가 불가능해진다. 그러나

---

94 요령지방의 기후는 6~7월의 우기가 지나면 8~9월부터 이듬해 2~3월까지 설한기(雪寒期)가 된다. 따라서 이 지방에서의 가용작전기간은 우기 이후 초동기(初冬期)까지 3개월 남짓이다. 당 군은 이 귀중한 7·8·9월 석 달을 안시성공방전에서 소진해 버렸던 것이다. 草間茂登 外, 「滿洲の自然地理」, 『日本地理大系』, 238~240쪽.

95 『三國史記』卷20 高句麗本紀8 榮留王 24年(641년) 조의 당 태종과 진대덕(陳大德)간의 대화중에 이러한 전략구상의 일단을 엿볼 수가 있다.

96 余昊奎, 2000, 앞의 글, 181~182쪽.

97 徐榮敎, 2003, 앞의 글, 208~209쪽.

고구려군은 이 회전에서는 20% 병력이 희생된 순간 전의를 상실하고 투항했던 것이다. 고혜진과 고연수는 아마도 연개소문이 직접 선택하여 출정시킨 자들일 것으로 추정되는 바, 당시 고구려 전쟁 지휘부의 자질과 인선에 상당히 문제점이 있음을 추단케 해준다.

> 사료⑭ 황제가 생각하기를 요동은 일찍 추워져서 풀이 마르고 물이 얼어 군사와 말을 오래 머물게 할 수 없는데다 군량이 곧 다하겠는지라, 군사를 되돌리도록 명령하였다. 먼저 요주와 개주의 주민들을 뽑아 요수를 건너게 하고, 안시성 아래에서 군대를 사열해 돌아가니, 성안에서는 모두 자취를 감추고 나오지 않았다. ……이세적과 도종에게 명해 보병과 기병 4만 명을 거느리고 후군으로 서게 해서 요동에 이르러 요수를 건너는데, 요동의 진창과 웅덩이들 때문에 수레와 말이 지나갈 수 없었다.[98]

> 사료⑮ 고려 막리지가 말갈에게 몰래 명을 내려 이남을 후한 이익으로 유혹하도록 하였으나, 이남이 두려워하여 감히 행동하지 못하였다. …… 이때(645년) …… 마침내 군사를 보내어 하주를 침구하였다[99]

당군은 개모성·비사성·요동성·백암성 등의 공함 작전에 성공하고, 주필회전에서 대승 하였지만, 안시성 공방전에서는 고전을 면치 못하였다(〈표 2〉의 사료⑬). 이 안시성이 당군의 끈질긴 공성전을 끝내 이겨낼 수 있었던 것은 인접한 개평지방의 철 생산에 의해 조성된 경제력에 힙 입은 바 컸으며,[100] 또 이곳의 사수를 위한 고구려 측의 의지 역시 남다른 바 있었기 때문이다.

당군은 가을 7월에서 9월에 걸쳐 행해진 이 싸움에서 요동 지역에서의 가용 작전기간을 거의 소진해버린 데다가, 진작부터 우려의 대상이던 병참 지원조차 6~7월 우기 이후 여의치 못하게 되었던 것이다. 더구나 바로 이 당시 고구려의 사주를 받은 것으로 짐작되는 철륵(鐵勒) 부족 설연타(薛延陀)의 하북 침입으로 인하여(사료⑮) 당군은 철수를 서두를 수밖에 없었다(사료⑭). 즉 설연타 내부에서 반당(反唐)적인 사다미(沙多彌) 가한이 돌연히 집권하고 연이어 오르도스로 침공함으로써, 관중우선정책을 국시로 하던 당은 철군을 단행했던 것이다.[101]

---

98 a.帝以遼左早寒 草枯水凍 士馬難久留 且糧食將盡 勅班師 先拔遼蓋二州戶口度遼 …… 命世勣道宗 將步騎四萬 爲殿 至遼東度遼水 遼澤泥潦 車馬不通 命無忌將萬人 翦草塡道 水深處以車爲梁 帝自擊薪於馬鞘 以助役 冬十月 帝至蒲溝駐馬 督塡道 諸軍渡渤錯水 暴風雪士卒沾濕多死者 勅燃火於道 以待之[『三國史記』卷21 高句麗本紀9 寶臧王 4年(645년)]

99 "而高麗莫離支 潛令靺鞨 誑惑夷男 啗以厚利 夷男氣慴不敢而動 …… 是時(645년) …… 遂發兵寇夏州"[『舊唐書』卷199下 列傳149 北狄 鐵勒傳]

100 李龍範, 1966, 「高句麗의 成長과 鐵」, 『白山學報』1, 83~86쪽; 朴京哲, 1988, 앞의 글, 158~159쪽.

101 徐榮敎, 2003, 앞의 글, 214~221쪽.

한편 중앙아시아 사마르칸트 아프라시압 궁전 유지에서 발견된 벽화의 사절도에는 7C 후반 와르후만(Varxuman) 왕의 치세 중 이곳을 방문한 두 명의 고구려인이 그려져 있다. 초원길(steppe road)을 따라 이곳에 온 두 명의 고구려 사절은 점점 가열되어 가던 대당 전쟁의 절박한 상황 하에서 내륙아시아 국가들과의 동맹을 추구하던 고구려 조정의 외교 노력의 일면을 보여 주고 있다.[102] 고구려의 대 설연타 공작과 더불어 아프라시압 벽화의 사절도는 여당전쟁이 갖는 국제성의 여실히 보여 주고 있다.

> 사료⑯ (a)무릇 현도·횡산·개모·마미·요동·백암·비사·협곡·은산·후황 등 10성을 함락시켰고, 요주·개주·암주 등 3 주의 백성을 주민들을 옮겨 중국으로 들여 온 것이 7만 명이었다. …… (b)신성·건안·주필 3대전에서 우리 군사나 당군 및 말들이 매우 많이 죽었다. 황제가 성공하지 못한 것을 크게 후회하고 탄식해 말하기를 "위징이 있었다면, 나로 하여금 이번 걸음을 하지 못하게 했을 것이다"라고 하였다.[103]

〈표 2〉와 〈도표 1〉에서 645년 제1차 여당전쟁 전개 과정 가운데 개모성(912)·비사성(684)·백암성(912) 등 제 전략 거점 공함의 지수는 거의 비슷한 수준이다. 다만 요동성의 경우, 그곳이 요하수계의 최 중요 전략거점이었다는 점에서 지수(2016)는 매우 높은 셈이다. 그러나 이번 전쟁 중 가장 중요한 전장은 안시성 이었다. 물론 안시성 자체의 싸움은 여타의 전략 거점들의 지수와 거의 비슷한 수준(816)이지만, 그 전초전에 해당하는 주필회전이 가지는 유의미성이 보여 주는 높은 지수(2821)를 참작하면, 이번 전쟁의 가장 주요한 승부처는 안시성이었던 셈이다.

고구려는 이번 전쟁에서 당의 저돌적 공세를 저지하고, 전장을 요동 지역에 고착화시키는 등 상당한 성과를 거두었다. 그러나 사료⑯-(a)에서 적시하고 있는 바, 요동 지역의 주요 전략거점들이 타격을 받았고, 적지 않은 인적·물적 자원이 소진되었다는 점에서 많은 상처를 받게 되었다. 특히 1년 미만의 단기간에 보유 병력 30여 만 중 15만 이 상이 괴멸된 것은 이후 고구려 인적 자원의 관리·동원에 많은 문제점을 던져 준 셈이다.

그리고 전쟁 진행 과정 중 수시로 드러나는 적극적 항전의지의 부재는 연개소문 정권에게 하나의 숙제를 남겨 준 셈이다.

---

102 盧泰敦, 1999, 「고구려·발해인과 내륙아시아 주민과의 교섭에 관한 고찰」, 『고구려사 연구』, 사계절, 539~543쪽.
103 "(a)凡拔玄菟·橫山·蓋牟·磨米·遼東·白巖·卑沙·夾谷·銀山·後黃十城徙遼蓋巖三州戶口 入中國者七萬人 …… (b)新城·建安·駐蹕三大戰 我軍及唐兵馬死亡者甚衆 帝以不能成功 深悔之嘆曰 魏徵若在 不使我有是行也"
　(『三國史記』卷21 高句麗本紀9 寶臧王 4 / 645년年)

(3) 647~648년의 군사충돌[104]

　　사료⑰　당 태종이 다시 원정을 하려 하였으나, 조의는 "고구려가 산에 의거해서 성을 만들어 갑자기 함락시킬 수 없습니다. 앞서 대가가 친정하였을 때 그 나라 사람들은 농사지을 수가 없었고, 함락한 성들은 실제 그 곡식을 거두었으나, 한재가 이어서 태반의 고구려 백성은 식량이 결핍했습니다. 지금 만일 자주 소부대를 보내어 그 지방을 교대로 침요해서 그들로 하여금 명을 듣고 출동하는 것으로 피곤케 하고, 쟁기를 놓고 보루에 들어가기를 수년 간 하여 천리가 황폐하게 되면 인심이 저절로 떠나서 압록강 북쪽은 싸우지 않고도 취할 수 있을 것입니다"라고 하였다. 당주는 이에 따랐다[105]

　　사료⑳　여름 4월 당태종이 죽으니 유조로 요동의 전역을 파하였다.[106]

　　647년 이후의 당 태종의 대고구려 정토전략은 645년 '요동지역'의 경험을 토대로 상당히 변화되었다(사료⑰). 즉 당은 강공과 돌파라는 종래의 정공법을 갈음하여, 3천에서 3만의 소규모 병력을 다수 편제하여 수륙 양면으로 교체투입, 파상적인 〔출병→타격→철수〕의 군사행동을 반복 실시시키되, 작전선의 형성이나 거점 점령을 기도하지 않았다. 당은 남소성[南蘇城, 요녕성 무순(撫順) 철배산성(鐵背山城):〈표 2〉의 사료⑱-(a)]·석성[石城, 요녕성 봉성현(鳳城縣):〈표 2〉의 사료⑱-(b)]·박작성[泊灼城, 요녕성 단동(丹東) 호산산성(虎山山城):〈표 2〉의 사료⑲-(f)] 등 주로 고구려가

104　647~648년 시기의 여당전쟁 사료를 분석한 〈표 2〉에 제시된 사료⑱·⑲의 전거는 아래와 같다.
　　사료⑱ "(a)以左武衛大將軍牛進達 爲靑丘道行軍大摠管 右武衛將軍李海岸副之 發兵萬餘人 乘樓船 自萊州泛海而入 又以太子詹事李世勣 爲遼東道行軍大摠管 右武衛將軍孫貳郞等副之 將兵三千人 因營州都督府兵 自新城道入 兩軍皆選習水善戰者配之 李世勣軍旣度遼 歷南蘇等數城 皆背城拒戰世勣擊破之 焚其羅郭而還 (b)秋七月 牛進達·李海岸 入我境 凡百餘戰 攻石城拔之 進至積利城下 我兵萬餘人出戰 李海岸 擊克之 我軍死者三千人 (c)太宗勅宋州刺史王波利等 發江南十二州工人 造大船數百艘 欲以伐我"『三國史記』卷22 高句麗本紀10 寶臧王 6年(647년) 條)
　　사료⑲ "(a)春 正月 遣使入唐朝貢 (b)帝詔右武衛大將軍薛萬徹 爲靑丘道行軍大摠管 右衛將軍裴行方副之 將兵三萬餘人及樓船戰艦 自萊州泛海來擊 (c)夏四月 烏胡鎭將古神感 將兵浮海來擊 遇我步騎五千 戰於易山破之 其夜 我軍萬餘 襲神感船神感伏發乃敗 (d)帝謂我困弊 議以明年發三十萬衆 一擧滅之 或以爲 大軍東征 須備經歲之糧 非畜乘所能載 宜具舟艦爲水轉 隋末 劍南獨無寇盜 屬者 遼東之役 劍南復不預及 其百姓富庶 宜使之造舟艦 帝從之 (e)秋七月 太宗遣左領左右府長史强偉於劍南道 伐木造舟艦 大者或長百尺 其廣半之 別遣使行水道 自巫峽抵江楊 趣萊州 (f)九月 宗遣將軍薛萬徹等來伐渡海入鴨淥 至泊灼城南四十里止營 泊灼城主所夫孫 帥步騎萬餘拒之 萬徹遣右衛將軍裴行方 領步卒及諸軍乘之 我兵潰 行方等進兵圍之 泊灼城因山設險 阻鴨淥水以爲固 攻之不拔 我將高文 奉烏骨·安地諸城兵三萬餘人 來援 分置兩陣 萬徹分軍以當之 我軍敗潰 (g)帝又詔萊州刺史李道裕 轉糧及器械 貯於烏胡島 將欲大擧"『三國史記』卷22 高句麗本紀10 寶臧王 7年(648년) 條]
105　"太宗將復行師 朝議以爲 高句麗依山爲城 不可猝拔 前大駕親征 國人不得耕種 所克之城 實數其穀 繼以旱災 民太半乏食 今若數遣偏師 更迭擾其疆場 使彼疲於奔命 釋耒入堡 數年之間 千里蕭條 則人心自難 鴨淥之北 可不戰而取矣 帝從之"『三國史記』卷22 高句麗本紀10 寶臧王 6年(647년)]
106　"夏四月 唐太宗崩 遺詔罷遼東之役"『三國史記』卷22 高句麗本紀10 寶臧王 8年(649년)]

요하 수계인 혼하와 요동반도 동안 및 압록강 유역에 전개시킨 방어거점들을 대상으로 이런 군사행동 실시하였다.

당이 의도하는 바는 고구려에게 장기 소모전을 강요함으로써, 고구려의 방어역량의 마멸과 분산을 획책하자는 것이다. 당 측은 이런 전략 구도로 고구려의 완강하게 형성된 방어종심을 약화시킨 후에 비로소 대규모의 군사력을 동원하여 결정적 타격을 가함으로써, 고구려를 일거에 복멸시켜 버리고자 한 것이다. 이러한 전략 구상은 태종의 사후, 고종 대에도 상당 기간 지속되었다.[107]

〈표 2〉의 사료⑱-ⓐ의 남소성 전투는 당이 요하 본류를 건너 혼하 유역까지 거침없이 침투하여 남소성 등 여러 거점에 대한 공격이 가능하게 될 정도로 645년 전쟁 결과 요하 수계의 방어역량이 약화되었음을 짐작케 해준다. 특히 당의 남소성 공격은 이 지역이 국내성 방면으로의 접근로에 해당된다는 점에서 매우 주목된다.

〈표 2〉의 사료⑱-ⓑ의 석성은 요동반도 남단 비사성에서 압록강구에 이른 해안 통로의 중간에 위치하고 있다.[108] 당이 이곳을 확보하게 되면, 수군을 통한 압록강 유역이나 평양으로의 뱃길에 있어 중요 기항지를 얻게 된다는 점에서 공발 작전의 대상이 되었던 것이다.

당의 새로운 전략은 이런 유형의 종심타격을 요하 수계 뿐 아니라, 압록강 유역의 제 거점에 대해 반복 실시함으로써 압록강 방어선을 약화시키고자 하였다.

〈표 2〉의 사료⑲-ⓕ 상의 박작성 공방전은 동원된 양 측 병력 규모에서 647~648년 무장충돌 가운데 가장 큰 규모의 전투였다. 〈표 2〉와 〈도표 1〉의 지수가 이를 뒷받침 한다. 박작성은 오골강과 압록강이 합류하는 지점에 위치한 까닭에 〔요동성→오골성→박작성〕으로 이어지는 압록강 이서 지역의 주요 통로와 그 이동 지역을 연결하는 교통의 요지였던 것이다. 당 군은 우월한 수군 역량을 바탕으로 압록강구인 이곳으로 내공해 왔던 것이다. 그 전초전이라 할 역산〔易山: 〈표 2〉의 사료⑲-ⓒ〕 전투를 포함 양 측 8만 여 이상의 병력이 투입된 이 전투는 그 승패를 떠나 당 군이 이제 압록강 방어선을 압박하는 단계에 진입하고 있음을 보여주고 있다.

여기서 주목되는 것은 당 측이 황해제해권을 확고히 장악하고 있다는 점이다. 석성이나 박작성에 대한 당의 실효적 작전이 모두 수군 활동을 통해 이루어졌고, 그 작전 범위도 육로로 접근함에 비하여 훨씬 임의로 확대시키고 있었던 것이다. 〈표 2〉의 사료⑱-ⓒ는 당 태종 또한 이런 수군의 전략적 활용 가치에 매우 주목하고 기대를 걸고 있었음을 보여 주고 있다.

그러나 당군의 이러한 군사행동이 『당서』 및 그것을 전재하다시피 한 『三國史記』의 기사처럼,

---

107 『三國史記』卷22 高句麗本紀10 중의 寶臧王 13年(654년)條의 신성전, 同王 14年(655년)의 귀단수전 및 同王 18年(659년)條의 횡산전 등이 그 좋은 예이다.
108 國防部戰史編纂委員會, 1991, 앞의 책, 206쪽.

일방적인 연전연승이 아니었음은 "안으로 전대(隋)의 부끄러움을 씻고 밖으로는 신라의 원수를 갚는다 하지만, 이 어찌 얻는 것이 적고 잃는 것이 크다 하지 않겠습니까"라고 한 방현령(房玄齡)의 상표(上表)를[109] 통하여 짐작할 수가 있다. 그리고 645~648년의 제1차 여당전쟁은 사료⑳에 나타난 바 649년 당 태종의 죽음으로 마무리된다.

3) 전쟁소강기의 여당충돌(654~659년)[110]

고구려와 당의 전쟁은 659년까지 소강상태에 돌입한다. 태종 사후 당은 고종이 계위하게 된다. 당시 당 내부에는 655년 무후(武后) 책립, 659년 '동도천거(東都遷居)' 등 무후와 고종이 얽힌 복잡다단한 사건이 연발하여,[111] 고구려 문제는 그다지 관심을 끌지 못한 것 같다. 고구려 역시 650년 반룡사(盤龍寺) 보덕화상(普德和尙)이 "불신불법(不信佛法)"을 이유로 백제로 망명하는 등,[112] 당시 연개소문 정권은 지배 이념 재정립 문제 등 내부 체제 정비에 부심하였던 듯하다.

다만 이 소강기 중에도 요하 수계 일대에서 산발적인 소규모 충돌이 654~659년에 걸쳐 산발적으로 벌어졌던 것이다.

본래 '요해'란 요하 유역에서 해빈(海濱)에 이르는 광활한 지구를 일컫는 말이나, 실상은 그 기본은 '요하지서(遼河之西)'로서 '거란·해·습(契丹·奚·霫)'을 '요해삼번(遼海三藩)'이라 칭한다.[113] 당의 집요한 요해경략 노력은 648년 굴가(窟哥)의 "거부내속(擧部內屬)"이라는 큰 성과를 일궈 내었다. 따라서 당은 굴가를 송막도독(松漠都督)으로 삼아, 그를 통하여 요해 지방 경영을 본격화하였다.[114] 반면, 요해 지방에서의 세력권 보전에 부심하고 있던 고구려로서는 이러한 거란의 움직

---

109 "內爲前代雪恥, 外爲新羅報讎, 豈非所存者小, 所損者大乎"[『三國史記』卷22 高句麗本紀10 寶藏王 8年(649년)]

110 654~659년 시기의 여당전쟁 사료를 분석한 〈표 3〉에 제시된 사료㉑·㉒·㉓·㉔의 전거는 아래와 같다.

　　사료㉑ "冬十月 王遣將安固 出師及靺鞨兵擊契丹 松漠都督李窟哥禦之 大敗我軍於新城"[『三國史記』卷22 高句麗本紀10 寶藏王 13年(654년) 條]

　　사료㉒ "二月 高宗遣營州都督程名振·左衛中郎將蘇定方 將兵來擊 夏五月 名振等渡遼水 吾人見其兵少 開門度貴湍水逆戰 名振等奮擊大克之 殺獲千餘人 焚其外郭及村落而歸"[『三國史記』卷22 高句麗本紀10 寶藏王 14年(655년) 條]

　　사료㉓ "夏六月 唐營州都督兼東夷都護程名振·右領軍中郎將薛仁貴 將兵來攻 不能克"[『三國史記』卷22 高句麗本紀10 寶藏王 17年(658년)년 條]

　　사료㉔ "冬十一月 唐右領軍中郎將薛仁貴等 與我將溫沙門 戰於橫山破之"[『三國史記』卷22 高句麗本紀10 寶藏王 18年(659년) 條]

111 傅樂成 著, 1976, 앞의 책, 444~445쪽.

112 『三國史記』卷22 高句麗本紀10 寶藏王 9年(650년).

113 孟廣耀, 2002, 『北部邊疆民族史硏究』(上)(哈爾濱, 黑龍江敎育出版社), 27~28쪽.

114 未幾 窟哥擧部內屬 乃置松漠都督府 以窟哥爲使節十州諸軍事 松漠都督 …… 窟哥死 與奚連叛 行軍總管阿史德樞賓等執松漠都督阿卜固獻東都(『唐書』卷29 列傳144 北狄 契丹傳)

〈표 3〉 654~659년 고구려 vs 당 군사행동 내용 분석표

연대	작전명	A. 당사자	당자 점수	B. 성격	성격점수	C. 전과	전과 점수	D. 규모	규모 점수	총화: Ax(B+C+D)	총화 점수	누적 점수	본고에서의 사료 번호	비고
654-10	여, 거란 공격, 신성전	고구려+말갈→거란	6	전술적 군사행동	3	전술적 타격	1	말갈+여, 대거란합동작전		여장 안고/거란 이굴가	24	24	21	거란, 고구려 첫 충돌, 여대패
655-5	여당, 귀단수전	당→고구려	4	전술적 군사행동	3	전술적 타격	1	당(정명진, 소정방), 살획1천여	0.1	당의여외곽거점타격	16.4	40.4	22	당, 여요하방어선종심 타격
658-6	당, 내공	당→고구려	4	전술적 군사행동	3	전술적 타격	1	여, 불능극당(정명진, 설안귀)			16	56.4	23	
659-11	여당, 황산전	당→고구려	4	전술적 군사행동	3	전술적 타격	1	당(설인귀)파여(온사문)			16	72.4	24	당, 여요하방어선종심 타격

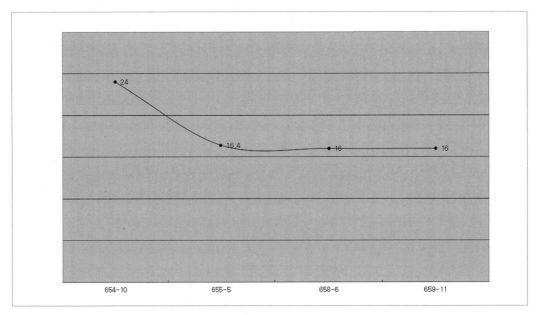

〈도표 2〉 654~659년 고구려 vs 당 군사행동 내용 분석 도표

임을 방치할 수 없었다.

고구려는 654년 거란에 대한 군사행동을 일으켰으나 당의 적극 지원을 받은 굴가 세력의 역습을 받고 물러나야 했다(〈표 3〉의 사료㉑)

그러나 고구려는 요해 방면에서의 군사행동을 지속적으로 추진하여야 했다 왜냐하면 이 방면에 있어서의 고구려 세력의 존재 자체는 요서회랑지대를 통하는 당의 대고구려 군사행동의 작전선을 그 좌측방에서 압박함으로써 당 측에 대한 항시적인 전략상 제약조건을 강요할 수 있었

기 때문이다. 648년 당시 당의 '의구주함위수전(宜具舟艦爲水轉)'론[〈표 2〉의 사료⑲-ⓓ] 또한 요해 지방에서의 고구려 세력의 존재를 의식한 것일 수도 있다.

한편 굴가 사후(656~660년) 거란이 송막도독 아복고(阿卜固)를 중심으로 다시 당에 반기를 든 것은 고구려의 입김이 어느 정도 작용한 것으로 추론 된다.

따라서 당은 659년 흑산(黑山)에서 거란을 격파, 아복고를 생포함으로써[115] 고구려의 요해지방 경영에 큰 타격을 주었다. 그러나 고구려가 거란에 대한 우월적 지위를 끝까지 유지하고 있었던 것은 666년 남생(男生)과 행동을 같이하는 '거란병'의 존재(사료④)를 통해서 확인할 수가 있다.

관련 자료들은 당군이 645년부터 요동 지방 귀단수(貴湍水; 〈표 3〉의 사료㉒)와 횡산[橫山; 요녕성 요양 고수산성(姑嫂山城)] 일대에서 고구려에 대한 종심타격 작전을 수행했음을 보여 주고 있다. 다만 〈표 3〉의 사료㉓의 경우 그 교전지가 불명이나, 『당서』에 그곳이 '적봉진(赤烽鎭)'임을 밝히고 있다.[116] 따라서 전쟁 소강기에 있었던 군사충돌과 관련된 지수들이 매우 미미함을 〈표 3〉과 〈도표 2〉에서 잘 보여주고 있다.

4) 제2차 여당전쟁(660~662년)[117]

사료㉕ 11월에 당의 좌효위대장군 계필하력이 패강도행군대총관이 되고, 좌무위대장군 소정 방이 요동도행군대총관, 좌효위장군 유백영이 평양도행군대총관, 포주자사 정명진이 누방도총 관이 되어 군사를 거느리고 길을 나누어 쳐들어왔다.[118]

660년 나당연합군 18만은 백제를 공멸하였다. 661~662년 제2차 여당전쟁은 당이 백제 공멸의 기세를 휘몰아, 고구려 왕도 평양성을 포위 공격하는 긴박한 상황을 조성하는 데까지 이른

---

115 『唐書』卷111 列傳36 薛仁貴傳.

116 高宗顯慶三年(658년) 六月壬子 程名振及高麗戰于赤烽鎭敗之(『唐書』卷3 本紀3)

117 660~662년 시기의 여당전쟁 사료를 분석한 〈표 4〉에 제시된 사료㉖·㉗의 전거는 아래와 같다.
　사료㉖ "ⓐ春正月 唐募河南北淮南六十七州兵 得四萬四千餘人 詣平壤·鏤方行營 又以鴻臚卿蕭嗣業爲扶餘道行
　軍摠管 帥回紇等諸部兵詣平壤 ⓑ夏四月 以任雅相爲浿江道行軍摠管 契苾何力爲遼東道行軍摠管 蘇定方爲平壤
　道行軍摠管 與蕭嗣業及諸胡兵凡三十五軍 水陸分道并進 …… ⓒ秋八月 蘇定方破我軍於浿江 奪馬邑山 遂圍平
　壤城 ⓓ九月 蓋蘇文遣其子男生 以精兵數萬守鴨淥 諸軍不得渡 契苾何力至 値氷大合 何力引衆乘氷度水 鼓噪而
　進 我軍潰奔 何力追數十里 殺三萬人 餘衆悉降 男生僅以身免 會有詔班師 乃還(『三國史記』卷22 高句麗本紀10 寶
　臧王 20(661년)年 條)
　사료㉗ "ⓐ春正月 左驍衛將軍白州刺史沃沮道摠管龐孝泰 與蓋蘇文 戰於蛇水之上 擧軍沒 與其子十三人皆戰死
　ⓑ蘇定方圍平壤 會大雪解而退 凡前後之行 皆無大功而退"(『三國史記』卷22 高句麗本紀10 寶臧王 21(662년)년 條)

118 "冬十一月 唐左驍衛大將軍契苾何力爲浿江道行軍大摠管 左武衛大將軍蘇定方爲遼東道行軍大摠管 左驍衛將軍
　劉伯英爲平壤道行軍大摠管 蒲州刺史程名振爲鏤方道摠管 將兵分道來擊"[『三國史記』卷22 高句麗本紀10 寶臧王 19
　年(660년)]

〈표 4〉 660~662년 고구려 vs 당 군사행동 내용 분석표

연대	작전명	A. 당사자	당자 점수	B. 성격	성격 점수	C. 전과	전과 점수	D. 규모	규모 점수	총화: Ax(B+C+D)	총화 점수	누적 점수	본고에서의 사료 번호	비고
661-8	당, 평양성 공위전	당+제호→ 고구려	13	전역	5	왕도 압박	4	당군 총 4.4만	44	당(소정방), 최초평양성 압박	689	689	26-c	백제멸망, 작전선(패강→마 읍산→평양성)
661-9	여당 압록회전	당→고구려	13	전역	5	전략적 광역공간 확보	3	당군 총 4.4만, 여3만 전사	74	여(남생)→당 (계필하력)	1066	1755	26-d	당압록강방어선돌파. 남생여군지휘. 당반사
662-1	67	당+신라→ 고구려	15	전역	5	왕도 압박	4	당군 총 4.4만, 방효태 전사	44	여(연개소문)→ 당(방효태/ 소정방)	795	2550	27	당평양성서철수. 연개소문출전. 신리치중작전

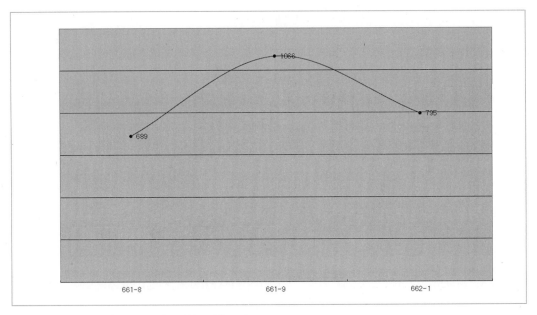

〈도표 3〉 660~662년 고구려 vs 당 군사행동 내용 분석 도표

그것이었다(사료㉕와 〈표 4〉의 사료㉖·㉗). 이번 전쟁은 세 가지 방면에서 동시에 진행되고 있다.

첫째는 평양성 공위전이다. 661년 당 군은 "수륙분도병진(水陸分道并進)"하여 거침없이 평양성에 이르게 되었던 것이다(〈표 4〉의 사료㉖). 이 사실은 당 측의 황해제해권 장악을 전제로, 고구려의 요하 수계의 방어선이나 압록강 방어선이 당 군의 지속인 종심타격으로 매우 약화되었기 때문에 가능한 일이었다. 이 경우 고구려는 당의 소정방(蘇定方)에 대항하여 연개소문이 직접 지휘하고 있다[〈표 4〉의 사료㉖-(c)와 사료㉗-(a)]. 두 번째는 압록강 방어선을 고수하기 위한 남생이 지휘한 압록회전이다[〈표 4〉의 사료㉖-(d)]. 세 번째로 특기할 일은 신라가 당을 위한 동계

치중작전을 강행하고 있는 점이다.[119] 당은 제 1차 여당전쟁 기간 중 동계 군사작전을 매우 부담스러워 하였다. 그러나 소강기의 군사충돌 시나 제2차 및 제3차 여당전쟁 당시 당 군이 과감하게 동계 군사행동을 수행함은 전자의 경우 수군에 의한, 또 후자의 경우 신라에 의한 병참지원 활동에 힘입은 바 큰 것이다.

655년 고구려가 백제·말갈과 연병하여 신라 북경(北境) 33성을 공취한 사건은 신라에게 매우 충격적인 사태였다. 이러한 여·제의 압박이 점증됨에 정비례하여 신라의 당으로의 접근 정책은 더욱 적극성을 띄게 되었다. 즉 신라는 고구려가 주도하는 동북아시아 세력구도 속에서 고립화 되어 갈 수 밖에 없었다. 이 상황 하에서 신라는 대당 경도정책을 국가생존전략으로 선택 하였던 것이다. 이 과정에서 신라의 적극적인 당제 수용은 자기의 친당노선을 과시하기 위한 과장된 외교 정책일 수도 있다. 그러나 당의 지배체제는 당시 동아시아 농경사회에 가장 최적화된 첨단시스템으로 평가 받고 있었다. 삼국 중 가장 후발국가로 자리매김 되던 신라는 이러한 최첨단 지배체제를 자기 역량화 함으로써 일거에 여·제 양국을 앞질러 가고자 했던 것으로 파악할 수도 있다.

이후 여·나 간의 주 전장이 한강과 임진강 선으로 고착화 되어 감은 이후 여당전쟁 기간 중 신라 자임한 '제2전선'의 역할과 무관하지 않은 것이다.

이런 상황 하에서 고구려는 이후 북상하는 나당군에 의한 '제2전선'의 형성이라는 군사적 부담을 새로이 추가하는 전략적으로 불리한 입장에 처하게 되었다.

혹자가 연개소문이 신라의 동맹 요청을 물리치고 결국 나당동맹이 이루어지게 한 것을 고구려 국운에 치명적인 위험이 된 외교상의 실패라 평가한 것도[120] 바로 이런 데서 비롯된 것이다.

어쨌든 전국은 당나라에 유리하게 돌아가고 있었지만, 당 측의 손발 안 맞는 대응이 "모두 큰 성과 없이 돌아가는[皆無大功而退: 〈표 4〉의 사료㉗-(b)]" 결과를 낳았다는 점은 주목되는 사안이다. 압록회전에 승리한 당 군이 소정방을 지원코자 하는 의지를 보임 없이 "군사를 돌리라는 조서가 있다 그들이 곧 돌아간[有詔班師: 〈표 4〉의 사료㉖-(d)]" 점이나, 사수전(蛇水戰)에서 패했던 소정방 군이 "큰 눈이 내리자 포위를 풀고 물러간[會大雪解而退: 〈표 4〉의 사료㉗-(b)]" 일, 그리고 애써 북상한 신라 치중부대가 "당병이 돌아갔다는 소식을 듣고 또한 귀환한(聞唐兵歸亦還)"[121] 사실 등이 이를 적시하고 있다.

이는 당시 당에게 적극적인 고구려 공멸 의지가 없었거나, 혹 전쟁 지휘부 자체 내의 여러

119 『三國史記』卷6 新羅本紀6 文武王 2年(662년).
120 林起煥, 1997, 앞의 글, 88쪽.
121 『三國史記』卷6 新羅本紀6 文武王 2年(662년).

문제점이 존재했던 것으로 해석할 수밖에 없다. 어쩌면 고구려의 대당 전력과 지도체계가 사수전에서 나타났듯 여전히 강고한 점이 후일을 기약한 철군을 단행하게 했을 수도 있을 것이다. 혹자는 당의 백제 공멸 사실을 고구려의 평양 직공을 위한 우회 전략으로 파악하고 있다. 따라서 이 견해는 이 전쟁을 당 측의 평양 직공 전략의 실패로 평가기도 한다.[122] 그러나 왕도 공위전과 압록회전 등을 치른 제 2차 여당전쟁은 〈표 4〉와 〈도표 3〉에서 비교적 높은 지수를 보이고 있다.

5) 제3차 여당전쟁(666~668A.D.)[123]

사료㉘ (a)연개소문이 죽고 맏아들 남생이 그를 대신해 막리지가 되었다. 그가 처음 국정을 맡아서 지방에 나가 여러 성을 돌아다닐 때, 자기 아우 남건과 남산에게 조정에 머물러 뒷일을 처리하게 하였다. 어떤 이가 남생의 두 아우에게 이르기를 "남생은 두 아우 분들이 자기 자리에 바짝 근접해 오는 것을 싫어 해 당신들을 없애려 생각하고 있으니 이쪽에서 먼저 계책을 세우는 것이 나을 것입니다"라고 하였다. 그런데 또 어떤 이가 남생에게 알려 말하기를 "두 분 아우는 형이 돌아와 자기들의 권세를 빼앗을까 염려해 형을 받아들이지 않으려 합니다"라고 하였다. 남생이 몰래 자기 심복을 평양으로 보내 동정을 엿보게 했는데, 남생의 두 아우들이 숨어 있던 그를 체포해 두고는 왕명으로 남생을 소환하니, 남생이 감히 수도에 돌아오지 못하였다. 남건이 스스로 막리지가 되어 군사를 발동해 남생

---

122 金瑛河, 2000, 「高句麗 內紛의 國際的 背景」, 『韓國史研究』110.
123 666~668년 시기의 여당전쟁 사료를 분석한 〈표 5〉에 제시된 사료㉚·㉛의 전거는 아래와 같다.

사료㉚ "(a)秋九月 李勣拔新城 使契苾何力守之 勣初渡遼 謂諸將曰 新城高句麗西邊要害 不先得之 餘城未易取也 遂攻之 城人師夫仇等 縛城主開門降 勣引兵進擊 一十六城皆下 (b)龐同善·高侃 尚在新城 泉男建遣兵襲其營 左武衛將軍薛仁貴擊破之 侃進至金山 與我軍戰敗 我軍乘勝逐北 薛仁貴引兵橫擊之 殺我軍五萬餘人拔南蘇·木氐·蒼巖三城 與泉男生軍合 (c)郭待封以水軍 自別道趣平壤 ……勣乃更遣糧仗赴之 …… (d)郝處俊在安市城下 未及成列 我軍三萬掩至 軍中大駭 處俊據胡床 方食乾糒 簡精銳擊敗之"(『三國史記』卷22 高句麗本紀10 寶藏王26(667년)年 條)

사료㉛ "(a)春正月 唐以右相劉仁軌爲遼東道副大摠管 郝處俊·金仁問副之 (b)二月 李勣等拔我扶餘城 薛仁貴既破我軍於金山 乘勝將三千人 …… 遂拔扶餘城 扶餘川中四十餘城皆請服 (c)御史賈言忠 奉使自遼東還 …… 諺曰 …… 今男生兄弟鬩狼 爲我鄕導 虜之情僞 我盡知之 …… (d)泉男建復遣兵五萬人 救扶餘城 與李勣等 遇於薛賀水 合戰敗 死者三萬餘人 勣進攻大行城 (e)夏四月 彗星見於畢昴之間…… (e)-ⅰ.秋九月 李勣拔平壤 ⅱ.勣既克大行城 諸軍出他道者 皆與勣會 進至鴨淥柵 我軍拒戰 勣等敗之 追奔二百餘里 拔辱夷城 諸城遁逃及降者相繼 ⅲ.契苾何力先引兵 至平壤城下 勣軍繼之 ⅳ.圍平壤月餘 ⅴ.王臧遣泉男産 帥首領九十八人 持白幡詣勣降 勣以禮接之 ⅵ.泉男建猶閉門拒守 頻遣兵出戰皆敗 ⅶ.男建以軍事 委浮圖信誠 信誠與小將烏沙·饒苗等 密遣人詣勣 請爲內應 後五日 信誠開門 勣縱兵登城 鼓噪焚城 男建自刺不死 執王及男建等"(『三國史記』卷22 高句麗本紀10 寶藏王27(668년)年 條)

〈표 5〉 666~668년 고구려 vs 당 군사행동 내용 분석표

연대	작전명	A. 당사자	당자 점수	B. 성격	성격 점수	C. 전과	전과 점수	D. 규모	규모 점수	총화:A x(B+C+D)	총화 점수	누적 점수	본고에서의 사료 번호	비고
667-9	당, 신성등16성 및 남소, 목저, 창암3성공함	당+신라→ 고구려	14	전역	5	전략적 광역공간 확보	3	여군5만 전사	50	당, 고구려공멸 위한 전략적 예비군사행동	812	812	30-a & b	요하방어선붕괴, 압록강방어선압박
668-2	당, 부여성 공함, 부여 천중 40 여성 청항	당→고구려	12	전역	5	전략적 광역공간 확보	3	여 원군 5만 중 3만 전사	50	당, 고구려공멸 위한 전략적 예비군사행동	696	1508	31- b&d	당, 송화강유역후방 거점지역 유린
668-9	당발평양	당+신라→ 고구려	14	전역	5	왕도 함락	5	계필하력 휘하 50만	500	고구려 멸망	7140	8648	31-f	

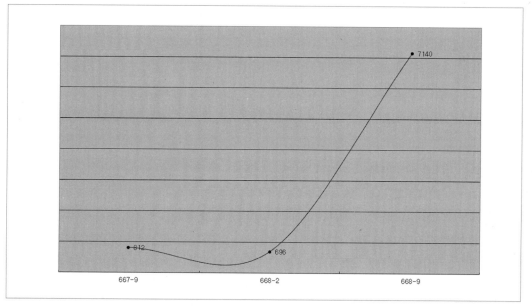

〈도표 4〉 666~668년 고구려 vs 당 군사행동 내용 분석 도표

을 토벌하였다. (b)남생은 국내성으로 달아나 웅거하면서 자기 아들 헌성을 당에 보내 동정을 구걸하였다. 6 월에 당 고종이 좌효위장군 계필하력에게 명해 군사를 거느리고 가서 응접해오게 하니, 남생이 몸을 빼내 당으로 달아났다.[124]

---

124 "(a)蓋蘇文死 長子男生代爲莫離支 初知國政 出巡諸城 使其弟男建・男産 留知後事 或謂二弟曰 男生惡二弟之逼 意欲除之 不如先爲計 二弟初未之信 又有告男生者 曰二弟恐兄還奪其權 欲拒兄不納 男生潛遣所親 往平壤伺之 二弟收掩得之 乃以王命召男生 男生不敢歸 男建自爲莫離支 發兵討之 (b)男生走據國內城 使其子獻誠 詣唐求哀, 六月 高宗命左驍衛大將軍契苾何力 帥兵應接之 男生脫身奔唐"(『三國史記』卷22 高句麗本紀10 寶臧王 25 / 666년年)

사료㉙ ⓐ겨울 12 월 고종은 이적을 요동도행군대총관 겸 안무대사로 삼고, 사열소상백인 안륙
출신 학처준을 그의 보좌로 하였으며, 방동선·계필하력을 모두 요동도행군부대총관 겸
안무대사로 삼았다. 그리고 수육군의 모든 총관들과 전량사인 두의적·독고경운·곽대
봉 등도 다 이적의 지휘를 받게 하였다. ⓑ하북 제 주의 조부는 전부 요동으로 보내 군비
에 충당하게 하였다.[125]

고구려의 대당 전선상의 치명적인 균열은 666년 정쟁으로 실각한 남생이 당으로 투항한 전쟁
지도부의 분열이었다(사료㉘). 연개소문 사후 일어난 그 자식들 간의 권력 다툼은 절대적 권력
자의 죽음이 몰고 올 사후 불안정성(post−death instability)의 단적인 예가 된다. 이러한 불안정성은
생전 절대자 권력의 안정성에 비례하여 증폭되는 것이다.[126] 절대 권력체제 아래서 정보와 권력
의 흐름은 제도보다 인맥에 얽혀 있게 되며, 그것이 파벌 형성을 부채질하게 된다. 따라서 절대
적 권력의 공백기에는 그러한 파벌 간의 투쟁이 결정적 파국을 초래하는 요인이 된다.

논자에 따라서는 당의 고구려 정벌 전략이 〔요동 공략→평양 직공→내분 유도공작〕이라는 3
단계로 진전되었던 것으로 파악하고 있다. 또 이 견해는 평양 직공 전략의 실패 후 당에 의한 고
구려 분열 유도 공작의 소산이 연개소문 사후 벌어진 고구려 내분이라고 본다. 즉 이 견해에 따
르면, 666년 태산봉선(泰山封禪)에 보장왕의 아들이 참석한 것은[127] 〔남생−보장왕〕연합전선이
구축되어 대당 화해노선을 추구하고자 했음을 뜻하는 바, 이에 대해 남산(南山)은 대당 강경노
선을 견지하고자 함으로써 국망과 직결되는 내분이 발생하였다고 보고 있는 것이다.[128]

만일 남생이 대당 화해 추구세력이며,[129] 국내성 지역 세력이 구파인 온건파라고 보는 견해가[130]
맞는 다면, 남생이 실각 후 대당 정책에 대한 견해를 같이 하는 세력들의 본거지인 국내성 지역으
로 도주 후 재기를 꾀했을 수도 있다. 남건이 제2차 여당전쟁 시 압록회전의 지휘자였다는 점 역
시 이와 관련 주목되는 사실이다.

남생은 "走保國內城, 率其衆與契丹靺鞨兵"(사료④)하여 당으로 분주(奔走)하였다. 즉 남생은

125 "ⓐ冬十二月 高宗以李勣爲遼東道行軍大摠管兼安撫大使 以司列少常伯安陸·郝處俊副之 龐同善·契苾何力 并
爲遼東道行軍副大摠管兼安撫大使 其水陸諸軍摠管并轉糧使竇義積·獨孤卿雲·郭待封等 并受勣處分 ⓑ河北諸
州租賦 悉詣遼東給軍用"(『三國史記』卷22 高句麗本紀10 寶藏王 25 / 666년年)

126 Richard K. Betts & Samuel Huntington, 1985/1986, "Dead Dictators and Rioting Mobs", *International Security*, vol.10 3,
Winter, pp.113~143.

127 王遣太子福男入唐 侍祠泰山〔『三國史記』卷22 高句麗本紀10 寶藏王 25年(666년)〕

128 金瑛河, 2000, 앞의 글.

129 金瑛河, 2000, 위의 글.

130 林起煥, 1992, 앞의 글, 39쪽.

자기 국내 지지 세력뿐만 아니라, 적지 않은 거란·말갈 집단을 대당전열에서 이탈케 함으로써, 고구려의 대당 저항역량의 기반을 잠식했던 것이다.

그런데 무엇보다도 심각한 사태는 남생이 대당전쟁을 수행하는데 있어 최대 후방 병참거점이면서, 고구려의 전략예비병력으로서의 구실을 담당하던 말갈에 대한 감제기지로 기능하던 송화강 유역의 전략적 가치를 당에게 제보한 사실이다. 688년 고구려가 도성의 포위 공격 위협에 직면해서조차도 송화강 유역 일대의 탈환전을 시도한 것은[〈표 5〉의 사료㉛-(d)] 말갈의 잠재적 군사역량을 의식한 군사행동이었다. 〈표 5〉의 사료㉛-(c)의 "지금 남생이 형제간에 싸움질을 벌여 우리의 길잡이가 되었으니, 저들의 속사정을 우리가 속속들이 알게 되었다(今男生兄弟鬪狼 爲我 鄕導 虜之情僞 我盡知之)"라는 시어사(侍御史) 가언충(賈言忠)의 말은 남생의 이반이 고구려의 대당 전열에 가한 치명적 결과를 시사해 주고 있다.

이에 따라 당군은 667년 가을 9월에 적어도 50만 이상의 대병력을 동원[131] 고구려 서변 요지인 신성 공발 작전을 필두[〈표 5〉의 사료㉚-(a)]로 종래와는 다른 주공 방향을 취하면서, 남소성·목저성 등 혼하 및 소자하 연선의 제 군사거점 및 압록강 방어선 상의 여러 거점을 축차적으로 유린하였다[〈표 5〉의 사료㉚-(b)]. 그리고 익년인 668년 2월에는 고구려의 최대 후방거점인 송화강 유역의 부여성(扶余城)과 부여 천변(川邊) 40여 성을 확보함으로써[〈표 5〉의 사료㉛-(a)] 반년 간에 걸쳐 수행한 일련의 예비공세를 마무리 지었다.

이러한 당의 군사행동은 압록강방어선 돌파 이후 우려되는 배후의 불안요인인 고구려의 혼하·태자하 유역 일대 및 압록강 유역 상 포진된 제 군사거점들을 일소하여 작전선의 안정적 확보를 통한 병참 기능의 원활화를 꾀하고자 함이다. 또 당 군은 동시에 송화강 유역 일대를 점거함으로써, 최종 군사목표인 평양성을 중심으로 한 대동강 유역 일대에 대한 일체의 물적·인적 지원 가능성을 차단하여 왕도 공위전의 성공가능성을 보다 확고히 담보하려는 목적 하에서 실시된 것이다.

한편 신라는 자기의 대당 경도 정책에도 불구하고 제1차 여당전쟁(645~648년) 발발 이래 대여 참전에는 매우 소극적 자세를 견지하여 왔다. 신라가 제2차 여당전쟁 시 치중 작전을 전개한 것은 자기의 주적인 백제 공멸전에서 보여 준 당의 역할과 역량을 고려한 조치였다. 당은 666년 남생의 투항이라는 고구려의 대당 전열 상의 치명적인 균열을 빌미로 고구려 공멸을 위한 제3차 여당전쟁(666~668년)을 일으킨다. 신라는 고구려의 멸망 가능성이 보다 분명해진 시점에서 당군과 연합하여 668년 9월부터 평양성 공위전에 참가했던 것이다.[132]

---

131 『唐書』 卷110 列傳35 契苾何力傳.
132 『三國史記』 卷22 高句麗本紀10 寶臧王 25~27年(666~668년).

마침내 당 군은 신라군과 연합하여 668년 9월부터 고립무원의 상태가 된 평양성 공발전을 전개하여, 한 달 여에 걸쳐 필사적으로 항전하는 평양성을 함락시킬 수 있었던 것이다[〈표 5〉의 사료㉛-(f)]. 고구려의 국망을 결과 한 667~668년의 제3차 여당전쟁이 〈표 5〉와 〈도표 4〉에서 645년 제1차 전쟁(8965)과 더불어 매우 높은 지수(8648)를 보이고 있음은 당연한 일이다.

4. 여당전쟁 의미의 재검토

1) 여당전쟁 시기 구분

〈표 6〉과 〈도표 5〉는 앞에서 살펴 본 〈표 2〉~〈표 5〉를 연도별로 다시 정리한 것이다. 이를 검토해 보면 23년 간 진행된 여당전쟁의 추이를 파악할 수 있다.

제일 높은 지수가 나온 해는 645년(8965)과 668년(7836) 그리고 661년(1755)이다. 그러나 661~662년(2550) 및 667~668년(8648)은 연속된 당 군의 대여 군사행동이었다는 점을 감안하면, 이 두 기간은 645~648년(10477)과 더불어 지수가 654~659년(72.4)에 비하여 비교가 되자 않게 높은 것이다. 또 이런 지수를 백분율로 표시할 경우도 마찬가지이다(〈표 6〉).

그러므로 본 연구자는 여당전쟁의 시기를 [645~648년(10477)의 제1차 여당전쟁→654~659년(72.4)의 전쟁소강기→660~662년(2550)의 제2차 여당전쟁→667~668년(8648)의 제3차 여당전쟁]이라 네 단계로 분별한 것이다.

2) 여당전쟁에 대한 총괄적 검토

고구려가 6C 이상의 기간에 걸쳐 축차적으로 확보한 압록강·두만강·대동강·요하 및 송화강 유역은 제국화 된 고구려의 전선을 뒷받침하는 동원기지(mobilization base)가 되었다. 국가형성기 이래 고구려의 전방위적 군사팽창의 동선은 당시 가장 중요한 전략물자인 말(馬)과 철의 안정적 확보 노력과 무관하지 않다. 고구려는 이러한 국세 팽창 정책과정에서 한인 및 말갈·선비·거란·실위·지두우(靺鞨·鮮卑·契丹·室韋·地豆于) 등 변방 이종족 집단을 군사력으로 제압하면서 이들에 대한 실효적인 지배권을 확립하여 나갔던 것이다. 따라서 고구려는 6C 이래 동북아시아 패권국가로 군림하게 된 것이다.

그러나 이러한 고구려의 패권이 전방위적 군사팽창 정책의 소산임은 곧 고구려 변방공간이 적대적 국가·세력과 지속적으로 접속·교전하는 전선(limes)으로서 항시적이며 구조적인 불안정

〈표 6〉 645~668년 고구려 vs 당 군사행동 내용 분석표

시기 구분	연대	작전명	A. 당사자	총화 점수	누적 점수	비고	연도별 백분율
제1차 여당전쟁	645	당고구려공멸전	당→고구려	8965	8965	주전장요하유역에 형성	41.22332
	647	당, 고구려에 대한 지속적 소모전 강요	당→고구려	372	9337	당, 수륙양면작전. 요하유역-압록강선종심 타격	1.710549
	648	당, 박작성 공위전	당→고구려	1140	10477	당, 수군활용.압록강방어선 압박. 고구려공벌계획 무산	5.242006
여당전쟁 소강기	654	고구려, 거란 압박	고구려+말갈→ 거란	24	10501		0.110358
	655	귀단수전	당→고구려	16.4	10517.4	당, 여요하방어선종심 타격	0.075411
	658	당내공	당→고구려	16	10533.4		0.073572
	659	황산전	당→고구려	16	10549.4	당, 여요하방어선종심 타격	0.073572
제2차 여당전쟁	661	당, 1차평양성공위전 개시, 압록회전	당+제호→고구려	1755	12304.4	백제멸망, 당평양성공위전 개시, 압록강방어선 돌파	8.06993
	662	당, 평양성에서 철수	당+신라→고구려	795	13099.4	661~662 연속적 군사행동 신라치중작전.	3.655609
제3차 여당전쟁	667	당, 고구려공멸 위한 전략적 예비군사행동	당+신라→고구려	812	13911.4	요하방어선붕괴, 압록강방어선 압박	3.73378
	668	당, 고구려공멸 위한 전략적 예비군사행동→ 평양성공함 →고구려 멸망	당+신라→고구려	7836	21747.4	667~668연속적군사행동. 당, 송화강유역후방거점지역 유린→공발평양	36.03189

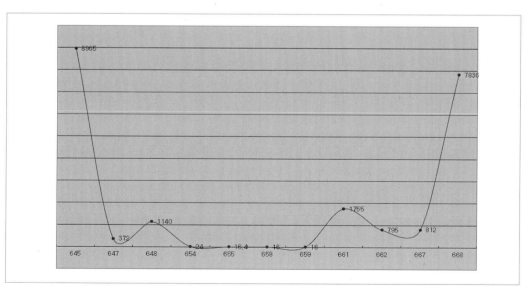

〈도표 5〉 645~668년 고구려 vs 당 군사행동 내용 분석 도표

성을 가진 채 경영되고 있었음을 뜻한다. 고구려의 종심방어전략은 이러한 불안정한 변방 공간을 방어종심으로 운용하는 전수방어전략이었던 것이다.

고구려가 시종일관 전수방어전략 개념에 입각한 종심방어전략으로 대당전에 임한 것은 전력의 선택·집중 원칙을 애당초 포기한 전쟁 수행을 하였음을 뜻한다. 그 결과 고구려는 처음부터 전쟁주도권을 상실하고 당의 군사행동에 대해 분산적·즉흥적 대응으로 일관하고 있었던 것이다. 즉 고구려는 자기가 선택한 전장에서 이미 자리 잡고 있는 당병을 상대로 한 비효율적 전력 소모를 자초하고 있었다. 따라서 고구려는 23년간의 지루한 소모전과 지구전의 한가운데에서 인적·물적 자원을 포함한 국력의 고갈을 결과했고, 방어종심의 축차적 퇴축을 초래했던 것이다.

곧 645~648년 제1차 여당전쟁의 주전장은 혼하 및 태자하 유역 일대였다. 또 654~659년의 소강기의 군사충돌에서도 이 방면에서 고구려는 지속적인 종심타격을 받고 있었다. 661~662년(2550)의 제2차 여당전쟁의 경우, 전장은 압록강 유역으로까지 확대되는 한편 평양성공위전을 벌리게 되었던 것이다. 마지막으로 667~668년(8648)의 제3차 여당전쟁 시기에는 두만강 유역을 제외한 전 영역이 전장화되어 갔던 것이다. 이러한 방어종심의 축차적 퇴축은 결국 종심방어전략 자체를 무용지물로 만들게 되었다.

고구려는 여당전쟁을 치루면서 혼하 및 태자하 유역의 요동 지방과 국내성을 중심으로 하는 압록강 유역 그리고 부여성이 있는 송화강 유역 및 평양성이 중심이 되는 대동강 유역 모두가 전장화 되어 갔던 것이다. 다만 책성 중심의 두만강 유역만이 전화를 모면하게 된 점은 이곳이 훗날 발해 건국의 입지로 거듭날 수 있었던 배경으로 판단된다.

고구려가 채택한 종심방어전략의 핵심은 제성 네트워크의 가동이었다. 이러한 제성 중심의 방어체계는 중앙 통제력이 약화될 경우, 독자적 운동성을 보이는 한계를 드러내게 된다. 특히 대당 전쟁 말기 지방군사력의 이탈로 말미암아 쉽사리 왕도인 평양성이 포위·함락되는 약점을 노출시키기도 하였던 것이다.[133]

아울러 여당전쟁 당시 당이 황해 제해권을 확고히 장악함을 바탕으로 작전 범위를 임의로 확대시킬 수 있었고, 병참 역량의 안정적 운용을 기할 수 있었던 점도 이 전쟁의 승부를 가르는 주요 요인 중에 하나가 된다.

고구려는 본질상 내선적인 위치에서 종심방어전략으로 당과 맞서 상대적으로 우세한 적의 군사역량에 맞서 의연히 대처해 나갔다. 그러나 612년 이래 요서 지역에서의 공제 능력을 상실했고, 645년 이래 요동 지방이 항시전장화됨에 따라, 고구려 최전선으로서의 이 지역의 전반적인

---

133 林起煥, 1997, 앞의 글, 87쪽

방어역량의 소모는 극대화될 수밖에 없었다. 게다가 요해 방면에서의 고구려세의 퇴조는 이 지역의 전략적 부담을 더욱 가중시키게 되었던 것이다. 여기에 백제 멸망(660년) 이후 나·당군의 북상 압력에 의한 '제2전선'의 형성 위협은 군사적으로 취약한 대동강유역 이남 지역 방위라는 새로운 어려움을 더하고 있었다. 결국 667~668년 요동 지역 및 압록강 유역에 대한 당의 마지막 축차적 군사행동과 고구려 최대의 후방거점인 송화강 유역 실함은 고구려 '제국' 자체의 전면적 붕괴를 예고하는 사태였던 것이었다.

3) 여당전쟁의 성격과 의의

우리 학계는 여당전쟁의 성격 혹은 본질이 당의 중화 중심적 천하질서 실현을 위한 팽창주의에 대항한 고구려의 독자적 세력권을 지키기 위한 전쟁이었고, 그것이 고구려와 백제가 연결된 남북 진영과 신라와 당이 연결된 동서 진영을 양축으로 하는 동아시아를 가르는 국제전쟁의 형태를 띠고 전개되었던 것으로 보고 있다.[134]

여당전쟁의 결과로 10세기 말까지 동아시아 세계에는 조공·책봉을 매개기제로 한 당을 중심으로 한 동아시아 세계체제 질서 곧 중국을 중심으로 한 억압적 평화체제가 정착하게 된다. 또 이 전쟁은 이후 우리 한국 대외관계사 전개의 패러다임이 바뀌게 되는 계기가 되었던 것이다.

『태평어람』에서 당 태종 시 정요판관(征遼判官)으로 종군한 바 있던 서경(徐慶)은 당시 전장에서 꾸었던 흉몽이 칙천무후 시에 현실이 되어 피륙되었다는 이야기가 저록되어 있다.[135] 이 사실은 당시 중국인들의 삶과 기억에 있어 고구려와 치렀던 '요동지역(遼東之役)'이 대돌궐·토번전(對突厥·吐蕃戰)과 더불어 동아시아에서 그들이 겪었던 가장 혹독하고도 기나 긴 전쟁으로 각인되고 있었음을 시사해 준다.

그럼에도 불구하고 최근 중국학계 연구 성과들은 대부분 당이 고구려에 보낸 조서를 근거로 양자 관계를 파악, 본 전쟁의 성격을 국제전이 아닌 내전으로 규정하고 있다. 조서라는 자료가 갖는 상투성과 수사성을 감안할 때 그 행간 의미의 파악 노력 없이 행해진 이러한 연구 성과는 즉흥적인 정책적 역사인식의 가장 좋은 본보기가 될 것이다.

그러나 이 조서 및 당시 관련 제 사료에 드러난 당의 화이론적 세계인식은 고구려·백제·신라를 모두 '夷'로 파악하고 있는 바, 고구려만 유독 자기 대내 정책의 관철 대상으로, 또 그것과의 전쟁을 내전으로 단정 지음은 지나친 연역적 논리 비약이 아닐 수 없다.

---

134 林起煥, 1994, 앞의 글, 169~177쪽.
135 『太平御覽』卷 四百, 人事部 四十一, 凶夢

한편 모든 자료들은 본 전쟁이 진행되는 와중에서조차 이 화이론적 세계관의 실천 메카니즘인 조공·책봉체제가 고구려와 당 간에 간헐적으로 가동되고 있었음을 적시하고 있다. 이 점은 화이론과 조공·책봉체제가 갖는 허구성의 일단을 적나라하게 보여 주고 있는 셈이다.[136]

본래 조공·책봉제도란 중국의 문화적·이념적 우월성에 기초하는 바, 그러한 우월성 역시 중국이 사이를 군사적으로 지배하던 특정 시기에 한해서만 실효적으로 관철되었던 것이다. 중국 측의 군사적 우월성이 담보해주지 못하는 유교 이념에 기초한 이러한 계서적 대외관계는 중국 내부에서 皇帝 통치권을 정당화하려는 노력이 빚어낸 허구에 지나지 않았다.[137] 따라서 우리가 화이론적 관념론의 허위의식에서 비롯된 중국 측 사료가 갖는 한계를 충분히 인식한 위에서만 본 전쟁의 실상을 좀 더 분명히 이해할 수 있는 것이다.

이 점에 비추어, 당시 고구려와 당 간의 전쟁과 평화의 갈림길은 '화이론·조공'이라는 도식적 용어의 틀에서 나뉜 것이 아니었다. 당시 동아시아 제국의 대외 관계사를 지정학적·역사적 맥락에서 짚어 갈 때, 본 전쟁은 관련 여러 국가 혹은 왕조의 생존·보존·발전을 위한 전략의 관철이라는 실리주의 원칙 곧 국익 추구에서 비롯된 동아시아 국제전쟁 이었음을 확인할 수 있다. 그렇다면 당시 전쟁 당사국들이 지키고 실현하고자 했던 국익은 무엇이었을까?

고구려는 국초 이래 지속적으로 추진해 온 군사적 국세 팽창정책의 연장선 위에서 동북아시아에서의 독자적 생존권 및 패권의 보존 및 그 확산을 담보하기 위하여 '동몽골' 문제로 대표되는 나름대로의 '대륙정책'을 관철해 나가고자 했다.

그러나 당은 동아시아를 중국을 중심으로 하는 일원적 지배질서에 입각하여 재편함을 통하여 자국의 안보를 궁극적으로 보장하려는 세계정책(world policy)을 강행하고자 했던 것이다. 곧 본 전쟁은 각자의 국익을 추구하려는 고구려의 대륙정책과 당의 세계정책이 정면충돌하면서 빚어낸 동아시아 국제전쟁이었지, 결코 당과 국내 할거세력 사이에 벌어진 내전이 아니었던 것이다.[138]

또 이 점은 "영원한 적도 동지도 없고, 영원한 국익만이 있을 뿐", "적의 동지는 나의 적, 적의 적은 나의 동지", "국익을 위해서라면 악마와도 거래할 수 있다"는 국제정치적 명제가 여당 전쟁의 진행 과정에서 또 이후 나당전쟁에서 그대로 구현되고 있었다는 사실을 통해서 새삼 확인할 수 있다.

---

136 朴京哲, 2004a, 앞의 글, 64~65쪽.
137 피터 윤(윤영민), 2002, 「서구학계 조공제도 이론의 중국 중심적 문화론 비판」, 『아세아연구』109, 272~278쪽.
138 朴京哲, 2004a, 앞의 글, 63~68쪽.

5. 맺음말

이상의 논의를 정리함을 통하여 결어에 갈음코자 한다.

2.에서는 여당전쟁의 배경·원인을 살펴보았다. 고구려는 국초 이래의 군사적 국세 팽창정책의 연장선상에서 동북아시아에서의 독자적 생존권 및 패권의 보존 및 그 확산을 담보하는 나름대로의 '대륙정책'을 관철해 나가고자 했다. 그러나 당제국은 동아시아를 중국을 중심으로 하는 일원적 지배질서로 재편, 자국의 안보를 궁극적으로 보장하려는 세계정책을 강행하고자 했던 것이다.

6C 중반 연개소문의 정변은 귀족연립정권 체제의 파탄을 보여주고 있었다. 연개소문 정권은 군사적 팽창정책의 지속적 추진만이 고구려 국가 및 그 지배집단의 생존기반을 안정적으로 담보할 수 있다는 관점에서 종래 '대륙정책'을 관철할 것을 추구하는 연장선상에서 대당 강경정책을 강력히 추진하였다. 그러나 연개소문 정권은 권력행사 상의 '정당성(legitimacy)'에 있어 상당한 하자를 가지고 있었다. 6C 말 수·당 세계제국 성립을 주도한 세력은 '무천진군벌=관농집단'이었다. 이들은 고구려의 동몽골 지방에서의 세력 부식 노력과 북아시아 초원지역 제 세력과의 연계 가능성에 심각한 우려를 표명함과 동시에 군사적 대응조치 모색하게 된다. 한편 당의 전쟁 목적은 드러낸 명분과는 달리 "천하에서 아직까지 평정되지 않은 본중국지지"였던 요동의 고구려를 공멸시키는 것이었다.

3.에서는 여당전쟁의 경과를 구체적으로 검토해 보았다.

당이 고구려를 공격함에 가장 고민한 문제는 병참과 제 성의 존재였다. 당이 645년 전쟁 당시 동원한 것으로 사료상 저록된 병력은 전투원으로 실제 전장에 투입된 정예부병 10만을 지칭한 것인 바, 이들을 전장에서 보조한 초모병 등은 병원 수 계산에서 탈락된 것이 아닐까 조심스레 추론해 보았다. 645년 제1차 여당전쟁의 가장 주요한 승부처는 안시성이었다. 고구려는 이 전쟁에서 당의 저돌적 공세를 저지하고, 전장을 요동지역에 고착화시키는 등 상당한 성과를 거두었다. 그러나 요동 지역의 주요 전략거점들이 타격을 받았고, 적지 않은 인적·물적 자원이 소진되었다. 전쟁 진행 과정 중 간헐적으로 드러나는 적극적 항전의지의 부재는 연개소문 정권에게 하나의 숙제를 남겨 준 셈이다. 또한 당 측의 황해제해권 장악은 고구려의 전쟁 수행에 있어 큰 장애물 가운데 하나였다.

고구려와 당의 전쟁은 659년까지 소강상태에 돌입한다. 당의 측천무후와 고종이 얽힌 복잡다단한 사건이 연발되었으며, 고구려 역시 연개소문 정권은 내부 체제 정비에 부심하였던 듯하다. 다만 이 소강기 중에도 요하 수계 일대에서 산발적인 소규모 충돌이 654~659년에 걸쳐 산발적으로 벌어졌던 것이다.

660~662년 제2차 여당전쟁에서 고구려는 북상하는 나·당군에 의한 '제2전선'의 형성이라는 군사적 부담을 새로이 추가하는 전략적으로 불리한 입장에 처하게 되었다. 당 측은 평양성 공위전을 벌리는 등 전국을 유리하게 이끌었지만, 손발 안 맞는 대응으로 아무 성과 없이 철군하고 만다. 이는 고구려의 대당 전력과 지도체계가 여전히 강고했던 데서 비롯되었을 수도 있다.

666~668년 제3차 여당전쟁에서 고구려는 정쟁으로 실각한 남생이 당으로 투항한 전쟁 지도부의 분열이라는 고구려의 대당 전선 상의 치명적인 균열을 드러내게 된다.

당군은 압록강방어선 돌파 이후 우려되는 배후의 불안요인인 고구려의 혼하·태자하 유역 일대 및 압록강 유역 상 포진된 제 군사거점들을 일소하여 작전선의 안정적 확보를 통한 병참 기능의 원활화를 꾀하였다. 또 당군은 동시에 송화강 유역 일대를 점거함으로써, 최종 군사목표인 평양성을 중심으로 한 대동강 유역 일대에 대한 일체의 물적·인적 지원 가능성을 차단하여 평양성 공위전의 성공리에 이끌었던 것이다.

마지막 4.에서는 여당전쟁의 시기구분, 전쟁에 대한 총괄적 평가 및 의의를 고찰해 보았다. 본 연구자는 〈표 6〉과 〈도표 5〉를 검토함을 통하여 여당전쟁의 시기를 〔645~648년(10477)의 제1차 여당전쟁→654~659년(72.4)의 전쟁소강기→660~662년(2550)의 제2차 여당전쟁→667~668년(8648)의 제3차 여당전쟁〕이라 네 단계로 분별하였다.

한편 고구려가 시종일관 전수방어전략 개념에 입각한 종심방어전략으로 대당전에 임한 것은 전력의 선택·집중 원칙을 애당초 포기한 전쟁 수행을 하였음을 뜻한다. 그 결과 고구려는 처음부터 전쟁주도권 상실하고 있었다. 따라서 고구려는 지루한 소모전과 지구전으로 인하여 국력의 고갈을 결과했고, 방어종심의 축차적 퇴축을 초래했고, 결국 종심방어전략 자체를 무용지물로 만들게 되었다. 아울러 당시 당의 황해제해권 장악도 이 전쟁의 승부를 가르는 주요 요인 중에 하나가 된다.

여당전쟁의 결과로 10세기 말까지 동아시아 세계에는 조공·책봉을 매개기제로 한 당을 중심으로 한 동아시아 세계체제 질서 곧 중국을 중심으로 한 억압적 평화체제가 정착하게 된다. 또 이 전쟁은 이후 우리 한국 대외관계사 전개의 패러다임이 바뀌게 되는 계기가 되었던 것이다.

여당전쟁은 각자의 국익을 추구하려는 고구려의 대륙정책과 당의 세계정책이 정면충돌하면서 빚어낸 동아시아 국제전쟁이었지, 결코 당과 국내 할거세력 사이에 벌어진 내전이 아니었던 것이다.

출전 朴京哲, 2007, 「麗唐戰爭의 再認識」, 『東北亞歷史論叢』15

제8장
연변(延邊) 지역으로의 고구려 세력 침투 및 지배의 실상

1. 머리말

'연변(延邊)'지역은[1] 한국 고대사·중세사는 물론 근·현대사와도 연관이 깊은 지역이다. 그러므로 중국에서 진행한 바 있는 동북공정(東北工程)이 가장 먼저 첨예하게 또 적극적으로 실현되는 현장이 바로 이곳이었다. 중국 학계에서 최근 몇 년간 점차 이 지역의 고구려사와의 관련성을 부정하는 추세를 보이고 있고, 또한 간도(間島) 문제와 백두산 문제 등과도 관련하여 이 지역을 자주 거론하고 있다.

이 지역의 역사는 동북공정 과정에서도 중국 학계의 주목을 받아온 바 있으며, 특히 '장백산공정(長白山工程)'의 주요 담론인 '장백산문화론(長白山文化論)'의 중심 적용지이기도 하다. 저들은 '중국 북방 3대 지역 문화'로서 '요하문화·초원문화·장백산문화'를 거론하고 있다. 그러나 이러한 논리를 받아들인다면, 선사시대 이래 중국 동북 지방에서 중요한 위상을 점하고 있던 예맥(濊貊)문화는 장백산문화의 하위 지역 문화로 자리매김 되고, 고구려·부여·북옥저·숙신-읍루-말갈 등에 대한 역사인식 상의 착시현상 속에서 예맥계 문화 자체의 정체성을 잃게 될 것이다. 따라서 그 결과 중국 동북지역에서 가장 우월성을 갖는 것은 한문화(漢文化)로 규정되게 되는 셈이다.

연변 지역의 우리 역사 전개에 있어 결절점(結節點) 구실을 하는 것이 바로 이 지역에서의 고구려사의 존재이다. 이러한 정학적(政學的) 담론을 따른다면 [북옥저→고구려→발해]로 연결되는 연변 지역에서의 우리 역사 주권의 정체성과 지속성은 설자리를 잃게 될 것이다.

---

1 '연변(延邊)' 지역이라 함은 과거 '북간도(北間島)'로 불려 왔으며, 현재의 '중화인민공화국 길림성 연변조선족자치주'를 지칭하고 있다. 이 연변 지역은 연길(延吉)을 주치(州治)로 하여, 연길·도문(圖們)·돈화(敦化)·용정(龍井)·훈춘(琿春)의 5개 시와 안도(安圖)·화룡(和龍)·왕청(汪淸)이라는 3개 현으로 구성되어 있다.

고구려사는 대체로 압록강·대동강·요하·송화강·두만강이라는 다섯 대하(大河) 유역을 중심으로 한 공간적 전개상을 보여주고 있다. 종래 우리 학계의 관심과 연구는 도성지역인 압록강·대동강 유역 및 요하 유역의 산성에 집중되어 왔다. 또 송화강 유역의 경우 고구려−부여 관계의 진전상 속에서 부분적인 고찰이 행해져 왔다.

한편 연변 지역은 고구려를 계승한 발해의 중심 지역이었으며, 현재까지도 '간도' 문제로 쟁점이 내연하고 있는 곳이다. 그러나 오늘날까지 이 지역을 중심으로 한 두만강 유역의 고구려사 전개에 관한 연구 성과는 아주 미미한 실정이다.

본고는 고구려사 인식 노력에 있어서 이러한 공간적 편중(偏重) 현상을 극복함과 동시에 그 전사(前史)인 북옥저사와 고구려사와는 계기적 관계로 자리매김 되는 발해사를 포함한 이후 우리 민족사 전개에 있어 일정한 역할을 담당했던 이 지역사의 재인식을 위한 디딤돌을 다지기 위한 노력의 일환으로 작성되었다.

4C 이전 연변 지역 혹은 두만강 유역에서의 고구려사 전개에 관한 연구 성과는 손에 꼽을 정도로 보잘것없다. 그 조차도 고구려사 전개과정 속에 이 지역의 전략적 위상과 역할이나,[2] 발해 건국의 배후지로서의 고구려 당시 이 지역의 유의미성을[3] 거론하고 있을 뿐이다. 최근에는 고구려 도성에서 이 지역으로의 접근로 비정과 관련된 제 논의가[4] 진행된 바 있다.

그런데 종래 우리 학계는 연변 지역사의 전개와 관련하여 주로 '옥저사'와 관련된 제 논의를 행하여 오고 있다. 관련 사료에 따르면 '옥저'는 '북옥저·동옥저·남옥저'로 분별·인식되고 있다. 우리 학계는 이 옥저의 위치와 관련, '동옥저=남옥저'의 입지를 함경북도 남부 및 함경남도 해안 지방, 특히 함흥평야 지방으로, 그리고 '북옥저'의 그것을 두만강 연안 및 연변 지방 그리고 연해주 남부 지역 일대로 비정함을 정설화하고 있다.[5] 그리고 종래 그 연구의 초점이 연변 지역이 아닌 한반도 동북부에 위치한 '동옥저'에 편중되어 왔던 것도 사실이다.[6]

연변에서의 고구려사 전개의 전사에 해당하는 문헌사료 상의 집단은 '북옥저'이다. 아울러 이들은 일찍이 읍루로 일컬어지는 집단과의 공시적 경합상을 연출하면서 고구려의 세력권 내로

---

2 朴京哲, 1989, 「高句麗 軍事戰略 考察을 위한 一試論; 平壤遷都以後 高句麗 軍事戰略의 志向點을 中心으로」, 『史學硏究』40.

3 盧泰敦, 1981, 「渤海建國의 背景」, 『大邱史學』19.

4 여호규, 2008, 「鴨綠江 중상류 연안의 高句麗 성곽과 東海路」, 『역사문화연구』29; 이성제, 2009, 「高句麗와 渤海의 城郭 운용방식에 대한 기초적 검토: 延邊地域 분포의 성곽에 대한 이해를 겸하여」, 『高句麗渤海研究』34.

5 李基白·李基東, 1983, 『韓國史講座(I):古代篇』; 朴京哲, 1994, 「보론: 옥저·동예·읍루」, 『한국사2:원시사회에서 고대사회로-2』; 이현혜, 1997, 「Ⅳ. 동예와 옥저」, 『한국사4: 초기국가−고조선·부여·삼한』, 국사편찬위원회.

6 이현혜는 3C 중엽 고구려의 세력 확장 노력과 맞물려 함흥 이북 동해안과 두만강 유역 주민들을 통칭 하는 '옥저' 개념의 확대 현상을 지적하고 있어 주목 된다. 이현혜, 1997, 위의 글, 250~251쪽; 이현혜, 2011, 「沃沮의 기원과 문화 성격에 대한 고찰」, 『韓國上古史學報』70.

해소되어 간 것으로 판단된다. 따라서 이 지역에서의 고구려 세력의 확산 과정 해명은 북옥저의 실체 구명과 직결된다.

최근 우리 학계 일각에서 최근 중국 및 러시아 측 고고학 자료를 바탕으로 연변과 연해주 지역에 자리했던 북옥저 및 읍루의 실체 파악을 위한 연구 성과가 제시되고 있다. 이런 노력들은 우리 학계가 빈약한 문헌자료에 기대어 '고구려의 북옥저 지배'를 논의하던 종래의 연구 환경을 벗어나 고구려-북옥저-부여-읍루의 상관관계 속에서 고구려의 이 지역으로의 세력 침투, 확산 실상에 대한 보다 유기적이고도 역동적인 구도를 그릴 수 있는 계기가 될 수 있다고 본다.

이 점과 관련, 중국 뿐 아니라 러시아 고고학계의 연구 성과에 주목할 필요가 있다. 곧 우리 학계 일각에서는 단결문화(團結文化)와 동질적인 끄로우노프까(Klounovka) 문화를 매개로 북옥저인들의 구체적 존재 형태에 접근하고 있다.[7] 또 러시아의 한 연구는[8] 이들 북옥저인들과 항시 갈등관계 속에 있었던 읍루의 실체를 '연해주의 뽈체(Poltse) 문화'의 존재를 매개로 추적하고 있다. 또 이러한 읍루가 말갈로 전화되는 과정을 고고학적으로 검토한 연구도 제시된 바 있다.[9]

또 최근 이를 한층 심화시켜, '옥저-읍루문화권'의 존재를 동북아시아 고고학·고대사의 범주 속에서 논의하면서,[10] '단결-끄로우노프까 문화'의 계통적 성격을 구명하고,[11] '한반도의 중도식토기문화(中島式土器文化)'와 끄로우노프까 문화의 관련성을 천착하는 연구도 제시되고 있다.[12]

한편 중국 학계의 연변 지역사에 대한 연구 성과는 우리의 그것과는 사뭇 다르다.[13] 따라서 최근 우리 학계 일각에서 고고학 자료에 입각한 이러한 중국 고고학계의 '옥저사' 인식에 대한 신중하고도 비판적인 접근을 요구하는 새로운 논의가 제기되고 있어[14] 주목을 요한다.

---

7 崔夢龍·李憲宗·姜仁旭, 2003, 『시베리아의 선사고고학』, 주류성.

8 데. 엘. 브로단스끼 著, 鄭焟培 譯, 1996, 『沿海州의 考古學』, 學硏文化社.

9 강인욱, 2008a, 「발해의 기층문화 형성과정에 대하여: A.D. 2~5C 말갈문화 형성을 중심으로(끄라스끼노 국제학술대회 발표문).

10 강인욱, 2008b, 「동아시아 고고학·고대사연구 속에서 옥저문화의 위치:옥저·읍루문화권의 제기를 중심으로」, 강인욱·김재윤·N. A. 클류예프·A. L. 수보티나, 『고고학으로 본 옥저문화』, 동북아역사재단.

11 김재윤, 2008, 「동북한과 중국 연변지구의 초기 철기시대문화: 단결-끄로우노프까 문화의 계통적 성격, 강인욱·김재윤·N. A. 클류예프·A. L. 수보티나, 『고고학으로 본 옥저문화』, 동북아역사재단.

12 강인욱, 2007, 「연해주 초기철기시대 끄로우노프까 문화의 확산과 전파」, 『국가형성에 대한 고고학적 접근』(第31回 韓國考古學全國大會 發表資料集 別刷); A. L. 수보티나, 2008, 「한반도의 중도식 토기문화와 끄로우노프까 문화의 비교: 옥저문화와 한반도의 상호교류에 대한 실증적 비교연구」, 강인욱·김재윤·N. A. 클류예프·A. L. 수보티나, 『고고학으로 본 옥저문화』, 동북아역사재단.

13 2010년 간행된 『延邊通史』[劉子敏·焦增勇, 2010, 『延邊通史(上): 古代篇』, 香港亞洲出版社]가 그 호례(好例)이다. 중국 측 고고학계 인식의 문제점에 대해서는, 이현혜, 2011, 앞의 글 참조.

14 이현혜, 위의 글.

그러나 무엇보다도 4C 이전 연변 지역사의 전개상은 고구려의 독점적 지배권 획득 기도와 이에 걸림돌이 되는 북옥저–읍루–부여 등 제 세력 간의 경합·갈등·지배관계의 실상에 대한 해명을 통해 해결되어야 할 것이다.

본고는 이러한 입장에서 먼저 고구려 지배기 이전 연변 지역 전사 전개의 주체가 되는 '끄로우노프까–단결문화'를 향유하던 주민 집단과 '연해주의 뽈체 문화'를 하담(荷擔)하던 그것들의 실체 파악과 비교, 그리고 이를 바탕으로 한 '북옥저사' 인식의 시·공간적 범위와 그 유의미성을 검토해보고자 한다. 다음으로 본고는 고구려의 연변 지역으로의 세력 침투의 배경 및 그 시점과 과정을 파악해 볼 것이다. 마지막으로 4C 이전 고구려의 연변 지역에서의 거점 경영 및 세력 확산 과정 및 지배의 실상을 파악해보고자 한다.

2. 전사(前史): 북옥저와 읍루

필자는 2011년 4월 연변 답사 과정에서 이 지역의 문화적 정체성의 기반을 '북옥저'에서 구하고자 하는 중국 측의 노력을 간파 할 수 있었다. 아울러 필자는 연변 북부지역과 인접 흑룡강성 일대의 그것을 '숙신·읍루'에 연결시키려는 정책적 의지도 확인 할 수 있었다. 중국 측 『延邊通史(上): 古代篇』에 따르면,[15] 연변의 역사는 〔구석기시대의 '안도인(安圖人)'→신석기시대의 '고숙신인(古肅愼人)'→청동기시대의 '고숙신(古肅愼)'→조기철기시대(早期鐵器時代=초기철기시대)의 '옥저인'→옥저의 '소망(消亡)'과 물길속말부(勿吉粟末部)의 형성→발해→여진족→요(遼)·금(金)·동하국(東夏國)·원(元)·명(明)·청(淸)〕의 구도 아래 전개된 것으로 강변하고 있다. 이 지역에서의 '고구려사'는 이 경우 그 설자리를 잃게 됨은 자명한 일이 된다. 연변 지역은 문헌자료와 고고학 자료 사이에 시간적·공간적 범위의 인식에 있어서의 부정합성이 노정(露呈)되는 대표적 역사의 장이다. 중국 측의 이 지역에서의 고구려 '지우기'는 이러한 빈틈을 엿보면서 수행되고 있다.

따라서 필자는 먼저 본 장에서 우리 학계가 새로이 제시하고 있는 고고학적 연구 성과를 바탕으로 연변 지역 고구려사 전개의 전사가 되는 초기철기시대 '단결–끄로우노프까 문화'와 그에 대비되는 '연해주의 뽈체 문화'의 실체를 차분하게 검토하고자 한다.

---

15 劉子敏·焦增勇, 앞의 책.

1) '단결(團結)-끄로우노프까(Klounovka) 문화'와 '연해주의 뽈체 문화'

'단결-끄로우노프까 문화'란 수분하(綏芬河)-흥개호(興凱湖) 유역에서 두만강(豆滿江) 유역의 연변 및 연해주(沿海洲) 일대에 분포하는 B.C. 4~B.C. 1C의 초기철기시대의 문화이다.

'단결 문화'는 끄로우노프까 문화와 그 내용이 동일하나, 단지 중국 경내의 유적·유물에 한 정된 고고문화를 지칭한다.[16] 혹자는 이 '단결-끄로우노프까 문화'를 지역적 분포상에 따라 〔끄 로우노프까 문화/단결 문화/한반도 동북지방 호곡(虎谷)5기 유형〕으로 분별하기도 한다. 즉, 이 고고문화는 함경북도-중국 연변-연해주 남부의 광범위한 지역에 분포하고 있는 셈이다.[17]

이 '단결-끄로우노프까 문화'의 고고학적 특성은 경질무문토기(硬質無文土器), 나무그루터기 형(柱狀)으로 불리는 파수가 부착된 발형 토기와 호·고배·시루와 함께 주철제(鑄鐵製) 장방형 철부(長方形鐵斧) 등 철제 유물, 오수전 등의 유물이 반출된다는 점을 꼽을 수 있다. 또한 이 문 화는 평면 형태가 '여(呂)'자형 혹은 '철(凸)'자형 주거지와 터널식 노지(爐址)·부뚜막식 노지 등을 주요 유적의 구성요소로 하고 있다.[18] 특히 이 곳 주거지의 '화단(火檀)'으로 알려진 터널식 노지 는 온돌 시설로서 주목을 요한다.[19]

우리 학계 일각에서는 이 '단결-끄로우노프까' 문화가 3단계 발전 과정을 밟은 것으로 파악하 고 있다. 즉 I기의 유적분포는 북한·연변·연해주에서 강을 중심으로 한 곳에서 다발적으로 발 생되고 있다. 이러한 현상은 얀꼽스끼인들이 이미 해안선을 점유하고 있었기 때문으로 추론 되 며, 그 상한은 B.C. 7C경이다.

II기는 두만강(호곡6기)의 지류인 알하하(嘎呀河, 일송정), 바다와 가까운 강(올레니 A, 불로치 까, 키예프까), 섬(뻬뜨로바 섬)에서 유적들이 나타나며, 강 주변에서부터 해안가까지 확산되는 것으로 보인다. II기의 상한연대는 B.C. 4~B.C. 3C경으로 추론된다. 이 II기(B.C. 3C)가 되면 서, 강변에서 해안가로 단결-끄로우노프까 문화가 확산되는 것으로 보인다.

현재 중국 학계는 단결-끄로우노프까 문화의 주체를 '옥저' 혹은 '북옥저'로 비정하고, 러시

---

16 강인욱, 2008b, 앞의 글, 36쪽.
17 강인욱, 2008b, 위의 글, 32~40쪽.
   관련 유적의 자세한 내용은 김재윤의 '표 3. 단결-끄로우노프까 문화 유적'(김재윤, 2008, 앞의 글, 102~103쪽)을, 유 적분포 상황은 김재윤의 '그림 1. 관련유적 분포도'(김재윤, 2008, 위의 글, 89쪽)를 참조할 것.
18 강인욱, 2008b, 앞의 글, 34~36쪽; 김재윤, 2008, 앞의 글, 85쪽. 이에 관한 연구사 정리는, 김재윤, 위의 글, 85~88쪽.
19 강인욱, 2008b, 앞의 글, 34~36쪽, 39쪽; 김재윤, 2008, 앞의 글, 85쪽. 이에 관한 연구사 정리는, 김재윤, 위의 글, 85~88쪽. 한편 고고학계는 '유정동 후기/얀꼽스끼 문화'를 '단결-끄로우노프까 문화'의 선행 문화로 파악하고 있다. 김재윤, 위의 글, 96쪽, 128~129쪽.

아에서도 '옥저족'의 개념을 받아들이고 있다. 그러나 우리 학계 일각에서는 3C 중반 찬술된 『삼국지』등 제 사료의 기록에 비추어, 옥저의 상한을 B.C. 2C경 이후로 보고 있다. 따라서 이 견해는 단결−끄로우노프까 문화 전 시기를 '옥저'로 비정하기 보다는 B.C. 3C~B.C. 1C경으로 판단되는 '단결−끄로우노프까 문화 II기' 이후를 '북옥저'의 실체가 드러나는 시기로 판단하기도 한다.

B.C. 3C가 되면서 강변에서 해안가로 단결−끄로우노프까 문화가 확산되는 것으로 보인다. 단결−끄로우노프까 문화의 확산 현상과 관련, 러시아 학계에서는 기후 변화로 인해서, 끄로우노프까 인들이 남하했을 것으로 추정하기도 한다. 물론, 이러한 시각에서 II기(B.C. 3C~B.C. 1C)부터 해안가로 문화가 확산 되는 현상을 이해 할 수 도 있다. 그러나 내륙 문화와 공존하는 상태에서 그 문화가 해안가로도 확산되는 것은 좀 더 다른 시각이 필요 할 것으로 보인다.

'단결−끄로우노프까 문화 III기'에는 그 시기의 유적이 연변과 연해주 전체에 나타난다. III기의 상한은 B.C. 1C를 넘지 못한다. III기의 하한은 A.D. 1C 중반에서 2C까지 정도로 볼 수 있다.[20]

끄로우노프까 단계에 들어서면서 두만강 유역의 연해(沿海) 지역이나 내륙 지역 할 것 없이 비슷한 경제체계(잡곡농경)를 영위하기 시작하게 된다. 또한 이 시기부터 철기가 널리 쓰이며 강가의 넓은 하안대지(河岸臺地)에 수백 개의 주거지가 밀집한 유적이 확인되기 시작한다. 또한 그 범위는 연해주 남부에서 길림 동남부, 그리고 동북한 지역까지 확인된다. 청동기시대 후기에 내륙 유형과 연해 유형으로 나뉘던 한반도 동북 지역이 이 시기가 되면 같은 문화로 묶이게 되는데, 아마도 커다란 마을을 이루며 집약적 농경을 하던 끄로우노프까 문화의 영향력이 연해 지역에도 미쳤던 것으로 추정된다.[21]

'뽈체 문화'는 지역별·시기별로〔아무르(Amur) 지역 뽈체 문화/연해주의 뽈체 문화(올가문화)/흑룡강성 서북부의 완연하(蜿蜒河) 유형/곤토령(滾兎嶺) 문화와 칠성하(七星河) 유역의 성지군(城址群)〕으로 분별·인식되고 있다. 이를 '뽈체 문화권'으로 개념지울 수 있다.[22]

'아무르지역의 뽈체 문화'는 B.C. 1,000년기(紀) 거의 전 시기에 걸쳐서 분포하고 있었다. 뽈체 문화의 주요 생업경제는 어업과 농업이었다. 아무르 지역 뽈체 문화의 표식유적인 뽈체 유적의 경우 특별한 방어시설은 발견되지 않았으나, 발굴된 10기의 주거지 중 1기를 제외한 나머지 주거지는 완전히 불에 탄 채로 발견되었다. 뽈체 유적의 유물 중 대표적인 것으로는 철기와 골

---

20 김재윤, 위의 글, 129~132쪽. B.C. 4C~1C '단결−끄로우노프까 문화'와 '연해주의 뽈체 문화'의 분포도는 강인욱, 2008b, 앞의 글, 32쪽 참조.
21 강인욱, 2008b, 위의 글, 31쪽, 34쪽
22 이러한 분별과 각 문화의 구체적 내용은, 강인욱, 2008b, 위의 글, 40~54쪽.

각기(骨角器)로 만든 화살촉, 찰갑(刹甲), 철검 등 무기류를 꼽을 수 있다. 특히 무구로서 사용되었을 찰갑이 뽈체 유적의 거의 모든 주거지에서 발견되었다는 점은 당시 뽈체 문화의 주민들에게 전쟁의 가능성이 상존했음을 방증한다. 뽈체 문화 주거지의 위치를 살펴보면, 그들은 각 지역마다 따로따로 군락(群落)을 지어서 살았음을 알 수 있다.[23]

이 뽈체 문화는 기원을 전후 한 시기에 연해주 쪽으로 내려와서 '연해주의 뽈체 문화(올가 문화)'를 형성한다.[24] 이러한 연해주의 문화를 뽈체 문화로 보는 가장 큰 근거는 토기의 유사성이다.[25]

연해주에서 확인된 뽈체 문화의 유적은 나호뜨까시 근처의 불로치까·셀키나 샤프카·말라야 뽀두쉐치까·시니예 스깔르이·글라즈꼬보 성지 등이 유명한데, 주로 우수리강의 지류인 호레강·비키네강·볼쇼이 우수르께강 등에서 발견되었다.[26]

이 시기 문화의 가장 큰 특징은 방어적 성격이 강하다는 점과 기원을 전후 한 시기에 돌연히 남쪽의 연해주로 이동하면서 그곳에 거주하던 기존의 초기철기시대 문화인 끄로우노프까 문화가 점차로 소멸되었다는 점이다.[27] 그러나 연해주의 뽈체 문화가 적극적인 군사행동으로 끄로우노프까 문화를 정복했다는 러시아 학계의 주장을 뒷받침할 증거는 없다. 이 뽈체 문화의 주요 분포지는 끄로우노프까 문화의 중심 분포지인 한까호에서 동쪽인 우수리강 중류유역과 나홋뜨까를 중심으로 하는 연해주 동남부이다. 즉, 연해주의 뽈체 문화는 끄로우노프까 문화의 중심지에서는 다소 벗어나 있으며 군사적인 충돌 증거가 거의 없는 만큼 자연스럽게 끄로우노프까 문화의 요소를 흡수하는 것으로 판단된다.[28]

흑룡강성 삼강평원(三江平原)의 뽈체 문화 계통의 문화는 [완연하 문화→곤토령 문화→풍림(風林) 문화→몽북(夢北) 단결 문화]로 계기적 전개상을 보여주고 있다.[29]

1970년대에 완연하 유적의 발굴과 함께 중국 흑룡강성 서북부에도 뽈체 문화가 존재함이 확인된 바 있다. 한편 뽈체 문화와 흑룡강을 사이에 두고 남쪽에 위치한 삼강평원에서 대형의 성지(城址)들이 수백 개 밀집한 것이 발견된 바 있다. 이는 A.D. 2~3C의 대형유적으로 일부 뽈체

---

23 '아무르지역의 뽈체 문화'에 대해서는, 강인욱, 2008b, 위의 글, 40~48쪽.
24 강인욱, 2008b, 위의 글, 48쪽.
25 연해주 뽈체 문화에서 출토되는 토기의 형식, 문양 구성, 제작기법 등에서 이들 연해주 철기시대 토기와 가장 가까운 것은 쿠켈레보형식의 뽈체토기이다. 이러한 유물의 유사성은 토기 뿐 아니라 석기와 철기에서도 보인다. 강인욱, 2008,b 위의 글, 50쪽.
26 강인욱, 2008, 위의 글, 48쪽, 50쪽.
27 강인욱, 2008b, 위의 글, 48쪽.
28 '연해주의 뽈체 문화' 전반에 대해서는, 강인욱, 2008b, 위의 글, 48~50쪽.
29 '뽈체 문화권'의 특징에 대해서는 강인욱, 2008b, 위의 글, 56~59쪽. 이 문제와 관련된 '옥저-읍루 문화권 계통도'는 강인욱, 2008b, 위의 글, 74쪽 참조.

문화와 유사한 문화요소도 보이지만, 전반적으로 '곤토령 문화'에 해당된다.

이 곤토령 문화는 소팔랑(小八浪), 풍림성지(風林城址), 보안(保安) 성지, 포태산(炮台山) 성지 등 삼강평원에 분포한 뽈체 문화–단결문화와 동시기의 유적이다. 이 문화의 가장 큰 특징은 고지에 성지를 축조했다는 점이다. 곤토령 문화는 대부분 타원형이나 원형의 토성을 쌓고 내부에 수십 기의 주거지를 축조한 것이 확인된다.

곤토령 문화는 이후 '풍림문화'로 변천된다. 삼강평원에서 발견된 성지 유적은 대부분 곤토령 문화층과 풍림 문화층이 같이 발견되며, 토기 상에서도 유사성이 많아 같은 주민 집단이 지속적으로 거주하면서 남긴 것으로 판단된다. 연대는 3~4C 대까지 존재한 것으로 되어있다. 곤토령 유적과 달리 단결문화의 특징적인 고배가 유입되었으며 초원문화계통인 철복(鐵鍑)도 발견된 바 있다. 한편 토기 중 일부는 고구려 토기의 영향을 받아 성립된 것으로 보기도 한다.[30]

이 지역 주민집단은 문헌상 다분히 낙후된 삶을 영위하였던 것으로 기록되어 있다. 그러나 이 지역은 군사적인 긴장 관계가 지속되었으며 성지를 중심으로 중국에서 '문명'이라고 명명할 정도로 발달된 사회를 이루고 있었던 것이다.[31] 이 삼강평원 고고문화 하담자들은 후술할 바처럼 부여–고구려사의 전개와 일정한 상관성이 있었던 것으로 판단된다.[32]

2) '북옥저'의 실체

동북한·연해주·연변 등지의 초기철기시대의 문화는 크게 평지성 취락, 심발형토기(深鉢形土器)를 중심으로 하는 경질무문토기, 집약적 농경으로 대표되는 '단결–끄로우노프까 문화권'과 고지성 취락, 무기 위주의 철기, 다문양호형토기(多文樣壺形土器)로 대표되는 '연해주 뽈체 문화권'이 공존하였음을 파악할 수 있다. 이들 문화의 하담자들은 모두 B.C. 2~B.C. 1C 대에 복합사회로 발전해 나갔던 것으로 추론되고 있다. 그리고 이들은 각기 문헌자료상의 주민집단인 '북옥저'와 '읍루'에 대비될 수 있다.[33]

A–① (a)東沃沮,在高句麗蓋馬大山之東,濱大海而居,其地形東北狹,西南長,可千里,北與挹婁夫餘,南與濊貊接. (b)戶五千. (c)無大君王,世世邑落,各有長帥. (d)其言語,與句麗大同,時時小異 (e)漢初,燕亡人衛滿王朝鮮,時沃沮皆屬焉. ……(f)沃沮諸邑落渠帥,皆自

---

30 삼강평원에서의 뽈체 문화 계통 문화의 전개상에 관해서는, 강인욱, 2008b, 위의 글, 51~54쪽.

31 姜仁旭, 2009, 「靺鞨文化의 形成과 2~4 세기 挹婁·鮮卑·夫餘系文化의 관계」, 『高句麗渤海研究』33, 26~29쪽.

32 朴京哲, 2011b, 「扶餘의 國勢變動相認識에 關한 試論」, 『高句麗渤海研究』39, 40쪽.

33 강인욱, 2008b, 위의 글, 62~65쪽, 73쪽.

稱三老, 則故縣國之制也. (g)國小, 迫于大國之間, 遂臣屬句麗, 句麗復置其中大人爲使者, 使相主領, 又使大加, 統責其租稅貊布魚鹽海中食物, 千里擔負致之, 又送其美女, 以爲婢妾, 遇之如奴僕. (h)其土地肥美, 背山向海, 宜五穀, 善田種. (i)人性質直彊勇, 少牛馬, 便持矛步戰 (j)食飮居處, 衣服禮節, 有似句麗 ……(k)毌丘儉討句麗, 句麗王宮奔沃沮, 遂進師擊之. 沃沮邑落皆破之, 斬獲首虜三千餘級, 宮奔北沃沮. (l)北沃沮一名置溝婁, 去南沃沮八百餘里, 其俗南北皆同, 與挹婁接. 挹婁喜乘船寇, 北沃沮畏之. 夏月恒在山巖深穴中爲守備, 冬月氷凍, 船道不通, 乃下居村落. (m)王頎別遣追討宮, 盡其東界. (『三國志』卷30 魏書 30 列傳30 烏丸·鮮卑·東夷傳 東沃沮條)

A-② (a)挹婁在夫餘東北千餘里, 濱大海, 南與北沃沮接, 未知其北所極, (b)其土地多山, (c)其人形似夫餘, 言語不與夫餘句麗同, (d)有五穀牛馬麻布, (e)無大君長, 邑落各有大人, (f)處山林之間, 常穴居, 大家深九梯, 以多爲好, (g)土氣寒, 劇於夫餘, (h)其俗好養豬, ……, (i)古之肅愼氏之國也, (j)善射, ……, (k)自漢以來, 臣屬夫餘, 夫餘責其租賦重, 以黃初中叛之, 夫餘數伐之, (l)其人衆雖少, 所在山險, 隣國人畏其弓矢, 卒不能服也, 其國便乘船寇盜, 隣國患之, ……, (m)法俗最無綱紀也." (『三國志』卷30 魏書 30 列傳30 烏丸·鮮卑·東夷傳 挹婁條)

옥저는 관련사료에 따르면, '북옥저·동옥저·남옥저'로 분별·인식되고 있었다[사료 A-①-(a)·(k)·(l), 사료 A-②]. 종래 우리 학계는 이 옥저의 위치와 관련, '동옥저=남옥저'의 입지를 함경남도 해안지방, 특히 함흥평야 지방으로, 그리고 '북옥저'의 그것을 두만강 연안으로 비정함을 정설화하고 있다.[34] 즉 옥저는 고조선·부여·고구려·동예와는 청동기 시대 이래 '예맥문화권(濊貊文化圈)'으로 지칭되는 동질적 기저문화를 공유한 '예맥족'의 한 분지(分枝) 집단으로 파악된다[사료 A-①-(d)·(e)·(j)]. 또 그것은 각기 그 지역적 분포상에 따라 두만강 유역 및 연변 지방 그리고 연해주 남부지역일대의 '북옥저'와, 함경남도와 함경북도 남부 일대를 '동옥저=남옥저'로 분별·파악될 수 있다. 이런 견해를 따를 경우, 상술한 바처럼, '단결-끄로우노프까 문화권=북옥저'와 '연해주의 뽈체 문화권=읍루'라는 도식이 별무리 없이 성립될 수 있다.

사료 A-①은 (k)와 (l)을 제외 하고 보면, 거의 모두가 동옥저 관련 기사이다. 다만 사료 A-②-(a)에서 읍루가 북옥저와 남접(南接)하고 있음을 명기함으로써, 북옥저의 실재와 그곳이 읍루와 연접됨을 분명히 하고 있다.

그런데 최근 중국 학계는 '단결 문화=옥저문화'론에 입각, '단결-끄로우노프까 문화'의 모든

---

34 李基白·李基東, 앞의 책; 朴京哲, 1994, 앞의 글; 이현혜, 1997, 앞의 글.

시·공간적 범위를 '옥저=북옥저'에 해당하는 것으로 정론화하고 있다. 이 경우 사료 A-①의 주 서술 대상이 되었던 동옥저의 실체가 모호해 진다. 곧 함흥을 중심으로 실재했던 동옥저는 '옥 저사' 인식 대상에서 배제되게 된다.[35]

　　그런데 문제는 '단결-끄로우노프까 문화'가 점차 소멸, 고구려의 연변 지역 지배 노력이 가시 화 되는 시점인 A.D. 1~3C대 이 지역의 고고문화상 전개에 대해서는이 거의 알려진 것이 없다 점이다.[36] 오히려 전술한 바처럼, 흑룡강성 삼강평원과 연해주 지역 등 주변 지역에서는 뽈체 문화 계통의 문화가 지속적으로 발전하고 있었다.

　　이 경우 최근 중국 측 입장에 따라 연변 지역에서의 역사 전개의 주인공을 〔숙신→읍루〕 계통 을 잇는 〔물길→말갈→여진〕으로만 연결 하게 되면,[37] 이 지역에서 고구려의 존재는 자연스레 지워지게 된다. 이런 중국 측의 논의는 연변 지역 관련 문헌 자료와 고고학 자료 사이에 존재하 는 시간적·공간적 범위의 인식에 있어서의 부정합성을 간취한 의도적인 오류인 셈이다.

　　'단결-끄로우노프까 문화'는 그 존속 시기가 B.C. 7C~A.D. 1C 중반-2C, 혹은 B.C. 4·5C~A.D. 1C에 달한다. 또 이 고고문화의 공간적 범위 역시 수분하-홍개호 유역에서 두 만강 하류역의 연변 및 연해주 일대의 광범위한 지역이다. 물론 중국 학계처럼 '단결-끄로우 노프까' 문화 전 시기를 '북옥저'로 비정하기 보다는 상술한 '단결-끄로우노프까 문화 II기(B.C. 3C~B.C. 1C경)' 이후를 '북옥저'의 실체가 드러나는 시기로 판단할 수도 있다.[38] 그런데 북옥저 에 포섭되는 연변 지역의 경우, 이곳 주민들이 고구려와 접속하게 되는 때는『삼국사기』고구려 본기에 따르자면 아무리 빨라도 B.C. 28년 이후가 된다. 현재까지 우리 학계의 연구도 고구려 의 지배를 받던 북옥저 인식의 시간적 범위는 아무리 빨라도 B.C. 1C 말 이후이고, 공간적인 그것은 두만강 하류 유역의 연변 지방에 초점을 맞추고 수행된 바 있다.[39]

　　따라서 필자 또한 본고에서 '단결-끄로우노프까 문화 II기(B.C. 3C~B.C. 1C 경)' 이후의 그 문화 하담 주민들의 동향을, 특히 B.C. 1C 말~A.D. 4C 이전 고구려의 지배를 받던 연변 지역 을 중심으로 하는 두만강 하류 유역과 함경북도 북부 지역에서의 주민 집단들 삶과 역사를 다루 고자 한다.

---

35 최근의 중국 측 학계의 이러한 동향에 대한 비판적 인식은, 이현혜, 2011, 앞의 글, 48~49쪽.
36 강인욱, 2008b, 앞의 글, 60~61쪽.
37 劉子敏·焦增勇, 2010, 앞의 책.
38 김재윤, 2008, 위의 글, 129~132쪽.
39 盧泰敦, 1981, 앞의 글; 朴京哲, 1989, 앞의 글.

3. 고구려의 연변 지역으로의 세력침투

1) 연변 지역에서의 북옥저와 읍루의 존재양태

고환경학(古環境學) 연구에 의하면, B.C. 4~3C 경 단결-끄로우노프까 문화(이하 '끄로우노프까 문화'로도 약칭함)의 주요 분포 지역인 연해주 남부에서는 기후의 한랭화와 해수면의 하강 현상이 함께 나타났다.[40] 또 이러한 연해주 해안 지역에 대한 기후 연구와 중국이나 한국의 문헌 및 고기후(古氣候)에 대한 분석 결과를 보면, 끄로우노프까 문화와 그 이후 뽈체 문화가 존속했던 시기인 B.C. 4C~A.D. 2C 대에 전반적인 한랭건조화 현상이 일어나고 있었던 것으로 알려져 있다.[41] 이러한 기후의 한랭화 현상은 연해주 지역 뿐 아니라 동아시아 및 북아시아의 전반적 정세 격변과 유관했던 것으로 사료된다.

따라서 끄로우노프까 문화의 주변 지역으로 확산 원인에 대해서는 기후의 변화와 이에 따른 환경 조건의 악화라는 기후결정론이 많은 지지를 얻고 있다. 그러나 100여 기가 넘는 주거지로 구성된 대형 취락을 조영하고 농경을 주업으로 했던 끄로우노프까 문화의 전성기(B.C. 4C~B.C. 1C)가 한랭건조기였다는 사실은 이곳 주민집단이 적극적으로 환경 변화에 대처했을 것이라는 점을 반증한다. 즉, 이 문화의 확산과정은 그 자체의 사회적 적응잠재력(preadaptation)에 바탕한 사회 내부적 요인에서도 찾을 수 있다.[42] 이러한 측면에서 볼 때, 기후 변동은 때에 따라서는 주민집단의 이동을 초래하기도 하지만, 반대로 사회구조의 복합화에 기여해서 문화의 확산을 결과하기도 한다.[43] 즉 이 시기 이곳의 문화는 잡곡농경을 주로 하되 수렵·채집·목축 등에도 종사하는 복합경제체계였다. 이 경우 기후의 변동이 곧바로 주민의 이동으로 이어진다고만 볼 수는 없다. 오히려 고고학적 증거는 주민의 이동이 아니라 사회의 복합화와 문화의 확산 현상이 일어났었음을 보여주고 있다. 즉, 특정 고고문화가 주변 지역으로 확산되어가는 양상은 사회 발달 등을 이유로 인구가 증가한 증거로도 볼 수 있는 것이다.[44] 따라서 끄로우노프까 문화가 내륙 하천 유역에서 연해(沿海) 지역으로 진출하는 단계는 일방적인 문화의 진출이 아니라 전반적으로 주변지역이 복합사회로 급속도로 성장했다는 것을 의미한다. 따라서 끄로우노프까 문화의 연해 지역 진출은 단순한 자원 감소에 따른 선택이라기보다는 의도적인 진출이었다고 볼 수 있

---

40 A. L. 수보티나, 2008, 앞의 글, 246~248쪽.
41 강인욱, 2007, 앞의 글, 532쪽.
42 강인욱, 2007, 위의 글, 533~534쪽.
43 강인욱, 2007, 위의 글, 539쪽.
44 강인욱, 2007, 위의 글, 539쪽.

다.[45]

이 지역에서는 대형 취락이 등장하고, 사회구조가 발전하여 인구가 증가한 동시에 이곳 주민 집단은 기후의 변화에 따른 생산력 감소를 상쇄시킬 수 있는 대체생계수단이 적극적으로 강구하였을 것이다. 이 경우 사회구조의 복합화 현상의 진전은 원거리 교역관계를 가동시킬 수 있는 기반이 될 수 있다. 끄로우노프까 문화권으로 오수전 등 중국 계통의 유물이 유입되는 것도 당시 이 지역에 원거리 교역체계의 정립이라는 저간의 사정과 무관한 것이 아니었다.[46] 끄로우노프까 문화가 B.C. 2~1C 대에 내륙에서 해안 지역으로 확산됨은 기후의 변화에 대한 끄로우노프까 문화인들이 대응할 적응잠재력 제고 노력과 주변 지역과의 교역을 중심으로 하는 상호교류체계로 사회구조를 발전시킬 수 있는 여력이 있던 데서 비롯되었을 것이다.

B.C. 4C 대 이후 기후의 한랭건조화로 끄로우노프까 문화인들은 자신들의 생업경제를 포기한 것이 아니라, 취락의 대형화·보온 기능이 강화된 쪽구들이 설치된 주거지, 생산력을 높일 수 있는 철제 농기구의 도입 등으로 새로운 환경에 성공적으로 적응했던 것이다. 그리고 이들은 B.C. 2C대 이후에는 중국과의 원거리 교역체계를 가동시키고 해안지역으로 진출해서 교역물을 획득했던 것이다.

연해주 지역의 청동기 유물로는 B.C. 9~3C대에는 주로 초원 지역 계통의 청동기가 발견되며, 끄로우노프까 단계부터 세형동검을 중심으로 만주와 한반도계 청동기 유물이 나온다. 이 시기는 한반도 지역과의 상호교류가 시작되는 시점으로, 이곳 세형동검 관계 유물로는 이즈웨스또프까에서 출토된 것이 대표적이다.

이 경우 세형동검문화 계통 주민의 직접적인 이주 또는 전파라기 보다는 집단 간의 교류로 이곳 주민들이 한반도 계통의 위신재(威信財)를 받아들인 것으로 판단된다. 즉, 끄로우노프까 문화가 이전의 얀꼽스끼 문화와는 달리 집약적인 취락을 영위한 정착농경사회로 서쪽의 연변 지역, 남쪽의 한반도와 다양한 문화교류를 했다는 점과도 일맥상통 한다. 사회의 규모가 커지면서 한반도의 정착농경사회와 교류를 하면서 세형동검이 이 지역 최상층의 위신재로 사용되었을 가능성이 큰 것이다. 이는 곧 세형동검문화 계통의 유물이 교역이 유리한 지역에서 출토된 점과 B.C. 4~3C 대의 몇 헥타르에 이르는 끄로우노프까 취락은 대형화되어 사회의 복합화가 상당히 진행되었을 것이라는 점과도 부합한다.[47]

끄로우노프까 문화의 경우 기후의 한랭건조화는 주민의 이주라는 현상으로 이어지지 않고,

---

45 강인욱, 2007, 위의 글, 540~541쪽.
46 강인욱, 2007, 위의 글, 541쪽.
47 강인욱, 2007, 위의 글, 545~546쪽.

오히려 사회구조를 좀 더 복합화시키고 교역체계를 발전시키는 원동력이 되었음을 보여준다. 이러한 일련의 적응과정과 사회발전을 수행한 끄로우노프까 문화권 주민들 중 특히 연변 지역 주민 집단들이 관련 문헌자료에서 '북옥저'라는 이름으로 특기(特記)되었을 것으로 판단된다.[48]

그간 러시아 학계에서는 기원을 전후 한 시기에 뽈체 문화가 아무르 유역에서 연해주 쪽으로 남하 하면서 끄로우노프까 문화와 접촉하여 '연해주 뽈체 문화(또는 올가문화)'가 형성되었다고 보고, 이 호전적인 뽈체 문화가 끄로우노프까 문화를 구축(驅逐)한 것으로 설명하는 것이 통설화되어 왔다. 그런데 최근 조사된 흑룡강성 삼강평원 일대의 자료들을 검토해보면 문화 간의 교류는 일방적인 남하의 증거보다는 기후의 한랭화에서 비롯된 사회구조의 복합화를 보여주고 있다.

연해주의 뽈체 문화가 적극적인 군사활동에 힘입어 끄로우노프까 문화를 정복한 증거는 현재 없다. 이 문화는 끄로우노프까 문화의 중심지에서는 다소 벗어나 있고, 군사적인 충돌 증거도 없는 만큼 자연스럽게 끄로우노프까 문화의 요소를 흡수했던 것으로 판단된다. 또 연해주 남부 바닷가로 진출한 뽈체 문화 세력은 성지의 크기나 유적 수로 볼 때 매우 소규모이며, 현재까지의 고고학적 자료로 볼 때 입지 조건상 끄로우노프까 문화가 비교적 늦은 시기(B.C. 2C~B.C. 1C)에 소규모 취락 단위로 진출한 지역에 성지를 근거로 하는 뽈체 문화가 진출한 것으로 생각된다. 따라서 연해주의 뽈체 문화의 분포지가 끄로우노프까 문화의 중심 지역에서 벗어난 지역이라는 점에서 일방적인 북방 세력의 남하에 의한 기존 세력의 소멸이 아니라, 사회 발전에 따른 주변 집단 간의 문화접변현상이라고 생각된다.[49]

'아무르 지역의 뽈체 문화'의 하담주민들 사이에는 상술한 바처럼 전쟁의 가능성이 상존했던 것으로 파악된다. 이 점은 '연해주의 뽈체 문화'에서 더욱 더 극명하게 확인된다. 연해주 뽈체 문화의 주거지는 한 면은 가파른 경사면이 다른 쪽은 비교적 완만한 경사를 이루는 산의 정상에 위치하며, 그 주변에 토루(土壘)를 설치해서 방어적인 성격을 극대화 시켰다. 이전에 존재했던 얀꼽스끼 문화와 끄로우노프까 문화의 경우 환호(環壕) 시설이 발견된 바가 없지만, 이 연해주 뽈체 문화는 입지조건에서부터 자연지형을 이용한 대피처와 같은 성격을 띠며, 추가로 목책이나 해자를 설치한 경우도 있다.[50]

이 문화의 유물에서도 '아무르 지역의 뽈체 문화'처럼 철기와 골각기로 만든 화살촉·찰갑·철

---

48 강인욱, 2007, 위의 글, 541~542쪽.
49 강인욱, 2007, 위의 글, 538,540, 542쪽.
50 강인욱, 2008, 앞의 글, 48~50쪽.

검 등 무기류가 큰 비중을 차지하고 있다. 반면 끄로우노프까 문화는 방어 시설이나 방어성 취락이 확인된 적이 없고, 유물에서도 몇 개의 철촉을 제외하면 무기류가 보이지 않은 점에서는 연해주의 뽈체 문화와 크게 대비된다.[51]

비록 거시적 관점에서 볼 때, 연해주의 뽈체 문화와 끄로우노프까 문화 간의 문화접변 현상의 사실성은 인정할 수 있다 할지라도, 두 문화의 하담 집단과 사회 사이에는 일정한 획선(劃線)이 존재했던 것이다. 먼저 취락 규모 면에서 끄로우노프까 문화 주거지는 보통 수십 또는 수백 기가 한 곳에 모여 있는 대형 집단 취락을 구성하고 있다. 반면, 연해주의 뽈체 문화의 그것은 상대적으로 소규모였다. 이런 사실은 생업경제면에서도 끄로우노프까 문화의 경제력이 연해주의 뽈체 문화에 비해 비교우위적 측면을 갖고 있었고, 그만큼 양자 간에는 사회적 복합도의 수준에서 일정한 落差가 존재했던 것으로 판단된다. 그런데 시간이 경과함에 따라 뽈체 문화의 분포지인 끄로우노프까 문화의 주변지역도 차츰 복합사회로 전화(轉化)되어 가게 된다. 그런데 양자는 유사한 생업경제 기반을 가졌던 까닭에 끄로우노프까 문화의 중심 지역에서 벗어난 곳에서부터 점차로 각자의 생존기반을 유지·확장하기 위한 제반 갈등이 유발되고, 나아가 무장충돌이 접종(接踵)되었을 것으로 추정된다. 연해주의 뽈체 문화 하담자들의 방어적 기능이 강조되는 고지성(高地性) 취락과 고수준의 무장역량은 이를 입증해주고 있다. 또 사료 A-①-(1)과 A-②-(1)의 읍루의 북옥저에 대한 침구(侵寇) 기사 역시 이러한 상황을 추정케 해준다.

결국 이러한 군사적 갈등의 결과로 끄로우노프까 문화의 일부 집단들은 뽈체 문화에 의해 흡수되게 되었다. 불로치까 유적에서는 끄로우노프까 문화 주거지 1기와 뽈체 문화 주거지 5기, 모두 6기의 주거지가 조사되었다. 이들 주거지에서는 끄로우노프까 문화의 주요 특징인 온돌이 시설된 것과 뽈체 문화의 주요 특징인 외반구연호형토기(外反口緣壺形土器)가 많은 것 등 끄로우노프까 문화와 뽈체 문화의 혼합된 요소들이 나왔다. 연구자들은 이런 사실을 들어 B.C. 1C~A.D. 1C경 끄로우노프까 문화 일부 집단들이 뽈체 문화와 혼합하여 소위 '연해주뽈체문화공동체'를 형성하게 되었다고 보고 있다.[52]

따라서 읍루의 압박을 받던 북옥저의 주민들은 일찍부터 같은 예맥으로서의 기저문화와 정서를 공유하는 고구려로의 귀속을 선택할 수도 있었을 것이다. 그러나 연변 지역에서의 끄로우노프까 문화의 쇠잔을 초래한 것은 뽈체 문화 계통의 읍루의 발호(跋扈)보다는 고구려의 이 북옥저 지역으로의 세력 침투였던 것으로 추단된다.

---

51 A. L. 수보티나, 2008, 앞의 글, 248~250쪽.
52 A. L. 수보티나, 2008, 앞의 글, 250쪽.

2) 고구려의 '북옥저 벌멸(伐滅)'의 실상

B-① 東明聖王六年(B.C. 32년)冬十月 王命烏伊・扶芬奴 伐太白山東南荇人國 取其地爲城邑
(『三國史記』卷13 高句麗本紀1)

B-② 東明聖王十年(B.C. 28) 冬十一月 王命扶尉猒 伐北沃沮滅之 以其地爲城邑(『三國史記』卷
13 高句麗本紀1)

사료 B-②에 따르면, 고구려는 B.C. 28년 북옥저를 '벌멸(伐滅)'하고 그곳을 '성읍'으로 삼았
다고 한다. 북옥저 지역은 백두산 너머 두만강 하류 유역에 자리하고 있는 만큼, 사료 B-②는
『삼국사기』고구려본기 초기 기사의 신뢰성 문제와 더불어 논란의 소지가 큰 문제이다. 먼저 필
자가 고구려 국가형성기(B.C. 1C~A.D. 1C)로 인식하고 있는[53] 〔東明聖王→瑠璃王→大武神王〕
3代의 『삼국사기』상의 군사행동을 연대순으로 적시하면 다음과 같다.

〔B.C. 37년 말갈 외복(畏服)→B.C. 37~36년 비류국 제압→B.C. 34년 행인국 정벌→B.C. 28
년 북옥저 공멸→B.C. 9년 선비 공벌→B.C. 6년 부여의 고구려 내공(來攻) 기도 좌절 →A.D. 12
년 고구려와 신(新)의 군사충돌→A.D. 13년 고구려-부여 학반령회전(鶴盤嶺會戰)→A.D. 14년 양
맥 공멸 및 한(漢)의 고구려현 강습→A.D. 21~22년 부여공멸전→A.D. 26년 개마국 정벌・구다국
내항→A.D. 28년 한 요동태수 내공→A.D. 32・37・44년 '낙랑' 방면 진출 기도〕

이들 기사의 대부분은 중국 측 자료에 없는 것들로서 그 가치 면에서 다양한 함의를 가진 사
료들이다. 그런데 고구려의 국가형성과정이란 전쟁과 제사를 매개기제로 하여 물리적 힘에 바
탕한 권력장치의 제도화와 권력의 인격화가 정착되는 과정이다.[54] 이 경우 전쟁은 권력의 실질
적 기반을 조성하며, 제사는 그것에 이념적 바탕을 부여하는 역할을 수행한다. 『삼국사기』고구
려본기 초기기사는 이러한 국가형성과정을 잘 적시해주고 있다. 고구려가 국가형성기에 이미
전방위적 국세팽창이라는 전략적 구도 하에 압록강 유역-두만강 유역-대동강 유역-요하 유
역-송화강 유역을 지향하는 제 군사행동을 실시하였음을 시사해주 있다. 그리고 이러한 군사행
동의 실효적 수행이 국가형성기 고구려에 있어 역동성 창출의 본원적 추동력으로 작용했던 것

---

53 朴京哲, 1996, 『高句麗의 國家形成 硏究』, 고려대학교 대학원 박사학위논문.
54 朴京哲, 1996, 위의 글.

이다.[55]

따라서 국가형성기부터 고구려는 고구려사회에 포섭된 주변 제 세력들·신(新)·부여·요동군·현도군·낙랑군·말갈·선비·행인국/양맥/개마국/구다국이라는 주변 제 세력 등을 상대로 지속적인 군사행동을 수행해 나갔던 것이다.

여기서 특기할 것은 고구려가 설정한 '북옥저 벌멸'의 선차성이다. 이에 비하여 동옥저 지방 확보는 『삼국사기』상 태조왕 대인 A.D. 56년이다. 이 56년도 시가는 당시 동옥저는 30년 동부도위(東部都尉) 폐지 후 한의 '후국(侯國)'으로서 군현의 영향권 하에 있었음을 고려할 때, 비교적 취신할 수 있는 기사이다. 따라서 북옥저 정벌은 B.C. 28년에서 56년 사이 어느 시점에 이루어졌을 것이다.

그런데 사료 A-②-(k)는 읍루가 "自漢以來, 臣屬夫餘"했다고 한다. 고구려-부여 관계가 급격히 악화되어 B.C. 6년 이래 일련의 교전 상황이 벌어진 것은 고구려가 부여의 국익에 치명적 위협이 되는 행동을 감행함에 따른 것으로 판단된다. 그리고 그 고구려의 위협적 행동이 북옥저 방면으로의 세력 침투 시도가 아닐까 생각해 볼 수도 있다. 즉, 고구려 세력의 연변 지역 침투가 부여의 이 방면 읍루 경영의 저해 요인으로 등장하게 된데 따른 것으로 추정해 본다.[56] 만일 이러한 가정이 맞다면, 〔B.C. 34년 행인국 정벌→B.C. 28년 북옥저 공멸→B.C. 6년 부여의 고구려 내공기도 좌절→A.D. 13년 고구려-부여 학반령회전→A.D. 21~22 부여공멸전〕이라는 기사의 유의미성을 확인 할 수 있다. 따라서 『삼국사기』상 기원전28년 북옥저 관련 기사는 상당히 신빙성이 있는 것으로 판단될 수 있다. 그러나 이러한 결론을 내리기에는 보다 신중한 검토와 고민이 필요하다고 생각된다.

왜냐하면 고구려의 북옥저 '벌멸'은 일회성 군사행동에 의거하여 이루어진 것이 아닐 가능성도 없지 않은 까닭이다. 즉, 고구려가 이 지역을 지배하기 위해서 감당해야만 할 적대 세력은 북옥저 현지 주민들뿐만 아니라, 이 방면의 또 다른 선주민인 읍루 집단 그리고 〔길림→돈화→연길〕루트'를 따라[57] 이곳의 경영에 부심하고 있던 부여 역시 그러했다. 이 경우 국가형성기 고구려의 국력의 헤아려 볼 때, 북옥저 역시 쉽게 아우를 수 있는 곳이 아닐 것이다. 이 점에 비추어 고구려의 북옥저 '벌멸'은 B.C. 28년의 세력 침투 책동을 시점으로 A.D. 1C 말 태조왕 대에까지 점진적으로 진행된 북옥저 '경략(經略)'이라 추측된다.

상술한 바처럼, 북옥저 지역은 백두산 너머 두만강 하류 유역에 위치하고 있는 만큼 국가형성

---

55 朴京哲, 1996, 위의 글, 120~197쪽; 朴京哲, 2002, 「高句麗人의 '國家形成' 認識 試論」, 『한국고대사연구』28, 26~28쪽.
56 朴京哲, 2011, 위의 글, 27~28 쪽.
57 현재 중국 측은 〔연길-돈화-교하(蛟河)-장춘〕 고속도로를 개통·운용 중이다.

기 고구려로서는 접근하기 매우 힘든 곳이었다. 오늘날 우리 학계는 고구려 중심지에서 연변에 이르는 경로를 둘러싸고 논의를 진행한 바 있다. 그것들은 모두 압록강 상류 유역[집안(集安)에서 상류 쪽으로 250km 떨어져 있음]인 임강(臨江)·장백(長白) 지역의 고구려 관방유적 및 고분군의 존재가 확인 된 위에서[58] 이 지역에서 운용되었던 수운체계를 전제로 전개되고 있다.

먼저 이 접근로를 '동해로(東海路)'라 지칭하는 견해가 있다. 이 견해에 따르는 경우 '동해로'란 〔집안(集安)→혜산·장백(惠山·長白)→마천령산맥(馬天嶺山脈)→길주(吉州)→청진(淸津)→두만강(豆滿江) 하류]의 경로를 말한다.[59] 또 이 견해는 고구려가 동해로를 중시한 이유로서 안정적인 배후기지로서의 그것의 역할에 주목하고 있다.[60] 그러나 이 접근로는 고구려가 동옥저를 확보한 이후 보다 효율적으로 가동된 것으로 파악함이 보다 타당할 것이다.

한편 이러한 루트를 고구려의 '옥저방면로(沃沮方面路)'라 지칭하며, 이를 후대 발해의 '압록도(鴨綠道)' 일부 구간으로 파악하는 견해이다. 이 '옥저방면로'는 〔압록강 수로→집안·임강(臨江)→육로, 무송현(撫松縣) 소재지→천양(泉陽, 무송현 천양진)→노수하(露水河, 무송현 소재)〈노수하진→북, 연강향(沿江鄕)→대포시하진(大蒲柴河鎭)→동청(東淸), 만보진(萬寶鎭)〉→안도시(安圖市) 만보진→신합향(新合鄕)→고동하(古洞河)→화룡시 서성진(西城鎭)]에 이르는 길, 곧 '백두산 북로'이다.[61] 이 루트가 국가형성기의 고구려에서 연변에 이르는 길일 가능성을 부인 할 수는 없다. 그러나 실제로 고구려가 북옥저에 세력을 침투·부식할 당시 작전선으로 운용한 접근로는 현시점에서 명확히 확정 짓기 어렵다.

사료 B-①과 B-②에 따르면, 고구려의 북옥저 정벌은 〔행인국→북옥저]라는 축차적 군사행동을 통해 이루어 졌다. 곧 고구려는 연변 지역에 이르는 작전선 상의 요충에 있는 '행인국'을 제압한 후 일단 숨을 고른 후 연변 지역에 진입한 것으로 보인다. 여기서 '행인국'의 실체는 임강-장백 지역을 포괄하는 지역에 웅거하던 세력 집단일 것으로 추정된다. 특히 임강시 6도구(道溝)에는 용강(龍崗) 고분군·서마록포자(西馬鹿泡子) 고분군·동전자(東甸子) 고분군·입대(砬臺) 고분군 같은 고분군과 동마록포자고성(東馬鹿泡子古城)·협피구고성(夾皮溝古城)·화피전자고성(樺皮甸子古城) 등의 고구려 관방 유적들이 강변에 집중 분포하고 있다. 곧 이 지역이 압록강 상류 유역에서는 가장 힘의 집중도가 뚜렷한 곳이다.[62] 따라서 행인국의 중심 세력도 이곳에 근거하

58 余昊奎, 2008, 앞의 글; 朴京哲, 2010, 「鴨綠江 中·上流流域 積石塚築造集團의 存在樣態」, 『先史와 古代』32; 朴京哲, 2011, 「鴨綠江 上流 臨江-長白地域 積石塚築造集團의 存在樣態」, 『역사문화연구』38.

59 余昊奎, 2008, 앞의 글, 152쪽, 153쪽의 주 99.

60 余昊奎, 2008, 위의 글, 153~154쪽.

61 李成制, 2009, 「高句麗와 渤海의 城郭운용방식에 대한 기초적 검토 -延邊地域분포의 성곽에 대한 이해를 겸하여-」, 『高句麗渤海硏究』34, 168~169쪽.

62 朴京哲, 2011, 앞의 글, 47쪽.

였을 것으로 추정 해본다. 고구려는 압록강 수계를 거슬러 올라가면서 이곳을 장악함으로써 백두산에 이르는 작전선 및 작전 거점을 안정적으로 구축하였을 것으로 추정된다.

B.C. 4C~A.D. 2C 대에 전반적인 한랭건조화 현상이 동아시아 및 북아시아의 전반적 정세 격변과 유관했었음은 전술한 바와 같다. 국가형성기(B.C. 1C~A.D. 1C) 고구려 역시 이에 자유로울 수 없었다. 더구나 이 당시 고구려는 증가하는 인구와 한정된 가경지, 또 무엇보다도 사회 복합도의 진전에 따른 제 수요의 증폭으로 인해 걸머지게 된 과부하의 해소책을 모색할 처지에 놓여 있었다. 그러나 한반도 서북 지방과 요녕 지역에 설치한 한 군현들은 고구려가 물적·인적 자원이 풍부한 서부·북부·서남부 지역들로 접근하는 출로를 봉쇄하는 장애물로 기능하였다. 고구려는 이렇게 '우리에 꽁꽁 묶여 버린 상황(a circumscribed environment)'을 군사력 행사를 통하여 정면으로 돌파하고자 하였던 것이다.[63]

혹종의 군사행동은 경략 대상 지역에 대한 충분한 情報를 바탕으로 수행 된다. 즉, 당시 고구려는 어떠한 경로로든지 간에 자신들과 교류 관계가 형성되어 해당 지역에 대한 지식과 정보가 있는 경우에만 군사력을 움직였을 것이다. 국가형성기 이전 '고구려사회(B.C. 3C~B.C. 1C)' 당시에 이미 이들은 두만강 하류 유역 연변 지역과 일정한 연결고리를 갖고 있었던 듯하다. 먼저 압록강 최상류 장백에 위치한 그 상한 연대가 B.C. 3C경까지 올라가는 간구자고분군(干溝子古墳群)의 존재는 공간적으로 그러한 네트워크 가동의 가능성을 열어 놓고 있다. 아울러 고구려사회 시기의 '노남리 문화' 유적지인 장자강[將子江, 1976년 이전의 독로강(禿魯江)] 유역 노남리(魯南里) 윗문화층 2호 집자리 유적의 구들(溫突) 시설의 존재는 이미 압록강 중류 유역에서 단결-끄로우노프까 문화 주거지에서 비롯된 온돌을 받아들이고 있었음을 보여주고 있다. 한랭한 기후에 보온 기능을 강화한 이러한 온돌의 존재는 고구려가 이미 북옥저와의 일정한 교류를 통하여 연변 지역에 관한 지식과 정보를 축적하고 있었음을 시사한다.

한편 국가형성기 당시 고구려가 선택할 수 있는 국세팽창의 동선의 목표지로서 북옥저를 선택한 것은 상술한 한 군현들과의 직접적 충돌을 회피할 수 있는 지역이었기 때문이었을 것이다. 더구나 현재까지 알려진 이곳의 단결-끄로우노프까 문화의 분포상과 전개상은 이 지역에서의 유력한 정치적 중심세력의 부재를 시사해주고 있다. 따라서 고구려는 큰 기회비용을 감당할 위험성이 적은 이곳을 그 세력침투의 첫 대상지로 선택했을 가능성이 크다.

더구나 연변 지역은 현재도 해란강(海蘭江) 유역 화룡의 '통강벌'·용정(龍井)의 '세전벌'·연길의 '연길초원' 그리고 훈춘하(琿春河) 유역의 '훈춘벌' 등이 전개되고 있다. 이런 점에 비추어, 북옥저 지역은 농업 생산력에 있어 압록강 중류 유역보다 오히려 우월한 편이다. 또 화룡에서 두

---

63 박경철, 2007, 「고구려의 국가형성」, 『고구려의 정치와 사회』, 동북아역사재단.

만강 건너편에는 동아시아 최대의 무산철광(茂山鐵鑛)이 있다. 즉 국가형성기 고구려는 전략자원인 철을 확보하고 한랭건조화 현상이라는 장기적인 기상이변 상황 아래에서 보다 안정적인 식량 공급 기반을 구축하기 위해 북옥저 지역을 확보할 필요성이 있었다. 뿐만 아니라 연변 지역은 당시 주요한 교역품으로 평가 받던 모피와 인삼 그리고 목재의 주요 생산지인 백두산에 인접한 지역이었다.[64]

어쩌면 고구려의 이 지역으로의 세력 침투는 이러한 전략적 구상과 점점 거세어지는 읍루 세력의 군사적 압력으로부터 벗어나기 위한 방편을 찾던 북옥저인들의 자구(自救) 노력이 맞물리면서 가능케 되었을 것으로 추정된다. 그러나 고구려 세력의 북옥저 진출은 연변 지역 주민들이 기왕에 향유하던 단결—끄로우노프까 문화의 지속적 발전 기반을 잠식하는 방향으로 작용했을 것이다.

4. 고구려의 연변 지역 지배의 실상

> C-① 太祖大王十六年(98년), 春三月, 王東巡柵城, 至柵城西罽山, 獲白鹿, 乃至柵城, 與群臣宴飮, 賜柵城守吏物段, 有差, 遂紀功於巖, 乃還, 冬十月, 王至自柵城(『三國史記』卷15 高句麗本紀3)
>
> C-② 太祖大王五十年(102년), 秋八月, 遣使安撫柵城(同上書)

사료 C-①, C-②는 고구려가 B.C. 28년에 이 북옥저 지역으로 진출한 이래, 태조왕 대에 들어와 책성을 중심으로 두만강 유역의 연변 지방에 대한 경영이 본격화되었음을 시사해주고 있다. 책성에 대해서는 현재 훈춘의 팔련성(八連城)·온특혁부성(溫特赫部城)·살기성(薩其城), 도문(圖們)의 성자산산성[城子山山城, 혹은 '마반촌산성(磨盤村山城)'으로도 불림]으로 비정하는 제견해가 있다.[65]

〈그림 1〉에 따르면, 현재 연변에서는 연길이 중심지이나, 과거의 경우 이곳에서 90km 이상 떨어진 훈춘이 그 구실을 하고 있었다. 훈춘의 삼가자향(三街子鄉)에는 팔련성·온특혁부성·배우성(裵優城)이 두만강을 끼고서 연접해 있다. 이 점에 비추어 세 평지성이 이례적으로 밀집해 있는 훈춘의 삼가자향이 고구려 시기의 '책성'으로서 북옥저 고지(故地)인 연변 지역의 중심지로 기

---

64 朴京哲, 2011, 앞의 글, 36~39쪽.
65 책성의 위치 비정과 관련해서는, 李成制, 2009, 앞의 글, 166~167쪽.

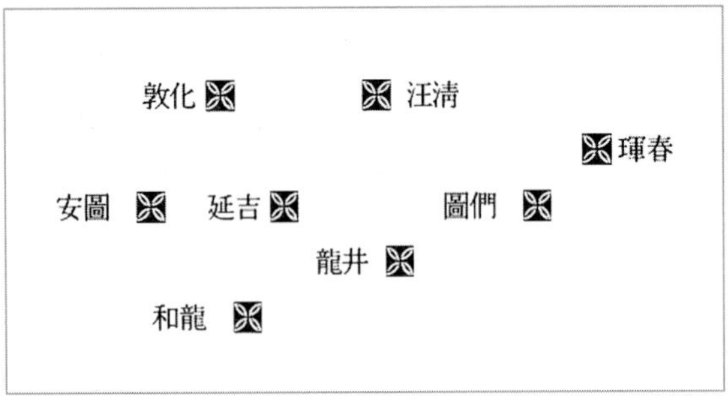

<그림 1> 延邊朝鮮族自治州 행정단위 배치 개념도

능했을 것으로 추정 된다.

현재 연변 지역에는 108곳의 성지(산성과 평지성)가 남아 있다.[66] 이 중 고구려 시기의 성지로 확인된 곳은 극소수 (26~10곳)이다. 그러나 답사 결과 입지·구조면에서 그 중 상당수가 고구려 시기 후기에 구축되어 발해 시기까지 연용된 것으로 추정된다.

더구나 고구려의 관방 운영체계가 '산성–평지성' 배합체계였음에 비추어, 혼춘의 〔통긍산성 (通肯山城)–팔련성〕, 도문의 〔성자산산성–하룡고성(河龍古城)〕 등의 사례는 이 운영체계가 연변 지역에서도 관찰되고 있음을 엿볼 수 있다. 그러나 평시의 거주성으로서의 평지성과 전시입보 (戰時入保)와 동원을 위한 산성을 기능적으로 결합하는 관방체계는 고구려 중후기(4C 이후)에 와서 정립된다.[67] 도문의 성자산산성(4.4km)·혼춘의 살기성(7.0km)·혼춘의 성장립자산성(城墻砬子 山城, 10km) 등 대형 산성들이 그 좋은 예가 된다.

그렇다면 고구려 중후기(4C 이후) 이전 연변 지역에서의 고구려 지배의 실상은 어떠했을까?

흥미로운 사실은 고구려 지배기의 이 지역에는 요동 등 타 지역과 달리 이례적으로 관방체계 구성 중 평지성의 비중이 높다는 점이다. 고구려가 연변 지역 외의 곳에서 축조한 평지성은 현재까지 모두 16곳으로 알려져 있다. 그러나 연변 지역의 경우 확인된 고구려 평지성은 안도(安圖) 동청고성(東淸古城), 혼춘 영성자고성(營城子古城)·온특혁부성(溫特赫部城)·팔련성(八連城), 화룡 동고성(東古城), 연길 하룡고성(河龍古城)·흥안고성(興安古城), 용정(龍井)의 중평고성(仲平 古城) 및 동흥촌토성(東興村土城)·토성둔고성(土城屯古城) 등 모두 10곳이나 되며, 그 입지도 안도·혼춘·화룡·연길·용정 등 연변 각 요지에 산포되어 있다.

이러한 평지성들의 존재는 본래 북옥저 고지인 연변 지역 지배거점으로서 구실하였던 것이다. 그 입지 역시 국내성과 책성을 연결하는 가도(街道)·집안–연변의 접근로인 '옥저방면로'상의 주요 길목·북옥저인들의 밀집거주지 등에 위치하고 있다. 즉, 고구려의 북옥저 고지 지배는 기본적으로 평지성 중심체계였고, 이 점은 다른 지역·주민 집단과 궤를 달리했다.[68]

이 사실은 고구려–북옥저 사이에 존재한 힘의 우열관계를 함축적으로 표상해주고 있는 셈이

---

66 연변지역의 성곽 분포 인식과 문제점은, 李成制, 2009, 위의 글, 160~165쪽.
67 李成制, 2009, 위의 글, 176~165쪽.
68 李成制, 2009, 위의 글, 180쪽.

다. 곧 고구려는 북옥저 고지인 연변 주민들을 절대적으로 제압하고서, 군사적 기능보다는 지역 지배의 중심지로서 기능하는 평지성을 우선적으로 조영했던 것이다. 고구려의 북옥저에 대한 우월적 지위는 사료 A-①-ⓖ에서 적시 된 바 집단 예속민으로 정위(定位)된 동옥저의 그것에[69] 못지않았을 것이다.

현재 연변에는 포이합통하(布爾合通河, 발원지: 안도)·해란강(海蘭江, 발원지: 화룡)·알하하(嘎呀河, 발원지: 왕청)·혼춘하(琿春河, 발원지: 혼춘) 등의 하천이 분포하고, 도문강(圖們江, 도문)에서 합수해서 두만강으로 흘러간다. 따라서 대부분의 연변의 유적지들은 이 수계를 따라 전개되고 있다.

이들 중 책성과 더불어 주목되는 곳이 포이합통하·해란강의 합수처이며 연길초원이 한눈에 조망되는 연길 일대 최요충인 도문의 성자산산성이다. 이 대형 산성이 구축된 것은 4C 이후로서 포이합통하 건너 편 하룡고성과 마주 보고 있다. 이 하룡고성은 평지성으로서 그 축조 시기가 성자산산성보다 앞서지만, 훗날 이 산성과 배합하여 군사적 기능이 강화된다. 혹자에 따라서는 이 하룡고성이 애당초 책성에 앞선 지역 지배의 거점이었을 것으로 보고 있다.[70] 그런데 이 하룡고성이나 포이합통하·해란강의 합수처 부근과 성자산산성 성내에서 고구려 지배기 이전의 유물들이 출토되고 있다. 이 사실은 이 일대가 북옥저인들의 밀집 거주지였던 점을 시사한다.[71]

고구려는 처음 연변 지역에 세력을 침투시킨 후 선주민들의 밀집 거주지역인 연길과 인접한 이 하룡고성 일대를 지배거점으로 운용했던 것으로 추정된다. 이후 고구려는 태조왕 대를 즈음하여 100㎞ 가량 떨어진 혼춘에 책성을 구축하고 지배 거점을 이치(移置)시켰던 것이다. 이는 고구려가 연변 지역 주변의 읍루에 대한 경략을 보다 용이하게 하고, 석두하자고성(石頭河子古城)—팔련성으로 연결되는 연해주 크라스키노 방면의 단결-끄로우노프카 문화 하담 주민들에 대한 영향력 증대를 기도한 조치였을 것이다. 그러나 무엇보다도 고구려가 노린 것은 북옥저 고지의 중심지에서 벗어난 지배거점을 구축함을 통하여 북옥저인들의 정체성 희석과 기왕에 축적된 제 역량의 분산을 꾀했던 것으로 추론된다.

사료 C-①, C-②는 고구려가 이 연변 지역에 "책성수리(柵城守吏)"로 표방된 일정한 지배체제를 가동시키면서, 지속적인 감시와 회유정책을 펼쳐 나간 것을 보여 주고 있다. 특히 이 지역에 대한 지배는 고구려가 A.D. 56년 동옥저를 영유하게 된 이래 더욱 강화되어 나갔을 것이다. 고구려는 동옥저로의 접근로인 〔집안→혜산·장백→마천령산맥→길주→청진→두

---

69 "貊布魚鹽海中食物, 千里擔負致之, 又送其美女, 以爲婢妾, 遇之如奴僕"

70 李成制, 2009, 위의 글, 177쪽.

71 李成制, 2009, 위의 글, 176~177쪽.

만강 하류)라는 '동해로'를[72] 개통하고, 이를 기왕의 〔집안→연변〕의 '옥저방면로'와[73] 연결시켜 연변과 한반도 동북 지역 지배의 효율성을 제고시켜 줄 옥저-동옥저 지배기제를 구축했던 것이다.[74]

D. 故國川王二十一年(217년), 秋八月, 漢平州人夏瑤, 以百姓一千餘家來投, 王納之, 安置柵城(『三國史記』 卷16 高句麗本紀4)

사료 D는 3C 초 경 고구려가 연변 지역 주민들에게 새로운 지식과 정보를 습득하게 하고, 무엇보다도 '이이제이' 정책을 구사하여 지역 사회를 통제하고자 한인들을 집단사민시키고 있음을 보여 주고 있다. 이러한 고구려의 강력하고 집요한 연변 지역 지배정책은 실효를 거두어 갔다.

사료 A-①-(k)는 고구려가 위 관구검의 공세 앞에 무참히 무너지고 있던 당시 북옥저의 상황을 전하고 있다. 즉 관구검은 동천왕 19년(245년, 위 정시 6년)에 환도성을 공함시킨 후 5월에 일단 회군하면서 '동해로'를 따라서 퇴각하는 동천왕을 현토태수 왕기(王頎)로 하여금 추적케 하였다. 추격전을 벌이던 왕기 군이 동옥저 지방을 유린하고 있는데 호응하여, 낙랑·대방군의 병력도 동예 지방에 출병하여 작전을 수행하였던 것이다. 그런데 사료 A-①-(l)은 '치구루(置溝婁)' 곧 북옥저 지방에까지 패퇴한 동천왕이 책성을 최후의 방어거점 삼아 위군(魏軍)에 대한 반격 작전을 벌이는 상황을 추단케 해준다. 자기 영역 내로 깊숙이 진공해오는 위군에 대한 고구려의 최후저항선이 바로 이 책성 중심의 연변 지역이었던 것이다. 이 사실은 당시 고구려의 대 북옥저 고지에 대한 지배정책이 소기의 성과를 거두었음을 입증시켜 주고 있다.[75]

아울러 사료 A-①-(d)·(j)는 동옥저의 언어가 고구려와 거의 같고, "음식거처 의복예절(食飮居處, 衣服禮節)"도 유사함을 전하고 있다. 이러한 동옥저의 문화상은 고구려가 그간 수행한 동화정책의 결과로 추정된다. 고구려는 북옥저 고지인 연변 지역 주민들에 대해서도 마찬가지 정

---

72 余昊奎, 2008, 앞의 글, 152쪽, 153쪽의 주 99).

73 李成制, 2009, 앞의 글, 168~169쪽.

74 이 점과 관련, 우리 학계의 일각에서는 태조왕부터 A.D. 3C 중엽까지의 고구려가 동해안 교통로를 매개로 남옥저·북옥저를 하나의 통치단위로 운용하게 됨에 따라 3C 사서에 남·북옥저가 합쳐져 '동옥저'라는 단일한 세력집단 내지는 종족 집단처럼 나타나게 되었다고 본다. 李賢惠, 1997, 앞의 책, 250~251쪽. 또 이러한 입장은 고구려가 지배한 북옥저와 남옥저를 통합하여 인식함은 "服屬主體와 服屬單位가 동일하다는 政治社會的 範疇"에서 비롯된 오류라고 지적하면서, "A.D. 1C 말 이후 두만강 유역 주민들에게 붙여진 '북옥저'라는 명칭을 시간적으로 遡及하고, 空間的으로 확대하여, '단결-크로우노프카文化' 全體를 '沃沮文化'-'북옥저文化'로 부르거나, 이 문화의 담당자들을 '沃沮族'으로 간주함은 '虛構의 沃沮像'"이라고 오늘날 중국 학계의 연구 경향을 비판하고 있다. 이현혜, 2011, 앞의 글, 60~63쪽.

75 朴京哲, 1989.6, 앞의 글, 14~15쪽.

책을 강요했을 것이다. 「광개토왕릉비」의 수묘인연호조 상의 '구민(舊民)'으로 적시된 "매구여민(賣句余民)"은 '매구' 곧 두만강 하류 일대의 북옥저 지역의 주민을 지칭한다.[76] 이들은 5C 초가 되면 집단예속민이 아닌 평안도·함경도·요동 지방 주민과 더불어 '구민'으로 인식되게 된다.

고구려 말기의 "책성도독(柵城都督)"의 존재는 A.D. 1C "책성수리(柵城守吏)"의 그것과 비교할 때 고구려 지배구조 내에서 차지하는 이 지역의 위상을 가늠케 해준다. 연변 지역의 고구려 산성들은 그 축조 시기가 대체로 4C 이후 일 것으로 추정되고 있다. 그럼에도 불구하고 이런 산성들은 그간 다져진 고구려의 이 지역 지배 역량을 바탕으로 조영되었던 것이다. 북옥저 고지였던 연변 지역의 이와 같은 성공적 '고구려화'의 결과물은 이후 발해 건국의 인적·물적 자원으로서 구실을 다하였던 것이다.

마지막으로 이 지역에 대한 실효적 '고구려화' 정책은 장기간 연변 지역 고유문화로 자리 잡아온 바 있던 단결―끄로우노프까 문화의 전통을 완전히 단절시켜 버렸던 것으로 짐작 된다. 연변 지역에서 북옥저와 고구려 지배기의 고고 문화가 심한 단층성을 드러내는 것도 이러한 까닭에 연유한다고 판단된다. 그만큼 고구려의 연변 지역 지배의 기반은 견실하였던 것이다.

이와 반대로 읍루계 집단을 주체로 한 삼강평원 뽈체 문화 계통의 〔완연하 문화→곤토령 문화→풍림문화→몽북단결 문화〕로의 계기적 전개상은 이곳 주민들이 자기 고유의 문화를 기반으로 사회조직의 자율적 발달을 지속적으로 추진했던 점을 보여주고 있다. 이 점에서 그것은 연변 지역 문화 전개상과 매우 대조되고 있다.

A.D. 5C 이래 종래의 '읍루'와는 그 종족 계통을 함께하는, '물길'이라 지칭되는 퉁구스(Tungus)계 동북 만주 제족이 부여를 압박하게 된다. A.D. 2~4C 대에는 대부분의 뽈체 문화권의 읍루가 유목문화로 재편되며 성지(城址) 중심의 사회구조는 소멸된다. 이는 A.D. 4C 이후 송요평원에서 부여 유적지(성지)가 사라지는 상황과 맞물리고 있다.

다만 이제까지 부여 권역 내에 포함되지 않은 채 독자적인 세력을 가졌던 삼강평원 칠성하(七星河) 유역의 〔풍림문화→몽북단결문화〕의 담당 주민들은 성지중심의 정착경제를 유지하고 있었다.[77] 필자는 삼강평원에서 성지 중심의 정착경제를 지속적으로 영위해 온 뽈체 문화 계통 주민 집단의 역량이 부여의 그것과 경합할 수 있을 것이라는 가정하에서 이들 칠성하 유역 주민 집단을 5C 이래 흥기한 물길이라 보고자 한다.[78]

물론 고구려가 이들 물길을 제압하고 송화강 유역의 안정적 경영을 담보할 수 있게 됨에는 송

76 林起煥, 1987 高句麗初期의 地方統治體制『慶熙史學』14, 58~63쪽; 余昊奎, 2008.2, 앞의 글, 150쪽.
77 姜仁旭, 2009, 앞의 논문, 26~29쪽.
78 朴京哲, 2011, 앞의 논문, 40쪽.

요평원 당지에서뿐만 아니라, 〔연길→돈화→교하→장춘〕루트를 따라 투사되는 연변 지역에 구축한 제 역량 또한 적지 않은 역할을 수행하였을 것으로 추단해 본다.

5. 맺음말

필자는 이상의 논의를 요약함을 통하여 결어에 갈음코자 한다.

'단결-끄로우노프까 문화'란 함경북도-중국 연변-연해주 남부의 광범위한 지역에 분포하고 있는 B.C. 4~1C의 초기철기시대의 문화이다. '뽈체 문화'는 지역별·시기별로 〔아무르 지역의 뽈체 문화/연해주의 뽈체 문화(올가문화)〕와 〔흑룡강성 서북부의 완연하 유형/곤토령문 화와 칠성하 유역의 성지군〕으로 분별·인식되고 있다. 단결-끄로우노프까 문화와 대비되며 논의의 대상이 되는 것은 '연해주의 뽈체 문화(올가문화)'이다.

동북한-연해주-연변 등지의 초기철기시대의 문화는 크게 평지성 취락, 심발형토기를 중심으로 하는 경질무문토기, 집약적 농경으로 대표되는 '단결-끄로우노프까 문화권'과, 고지성 취락, 무기 위주의 철기, 다문양호형토기로 대표되는 '연해주의 뽈체 문화권'이 공존하였다. 이들 문화의 하담자들은 모두 B.C. 2~1C 대에 복합사회로 발전해 나갔다. 그리고 이들은 각기 문헌자료 상의 주민집단인 '북옥저'와 '읍루'에 대비될 수 있다.

본고에서는 '단결-끄로우노프까 문화 II기(B.C. 3C~B.C. 1C경)' 이후의 그 문화 하담 주민들의 동향을, 특히 B.C. 1C말~A.D. 4C 이전 고구려의 지배를 받던 연변 지역을 중심으로 하는 두만강 하류 유역과 함경북도 북부 지역에서의 주민 집단들의 삶과 역사를 다루고 있다.

B.C. 4~3C경 단결-끄로우노프까 문화의 주요 분포 지역인 남연해주에서는 기후와 해수면의 강하가 이루어졌다. 그러나 기후의 한랭건조화는 단결-끄로우노프까 문화의 경우 오히려 사회구조를 좀 더 복합화 시키고 교역체계를 발전시키는 원동력이 될 수 있었다. 이러한 일련의 적응과정과 사회발전을 수행한 단결-끄로우노프까 문화권 주민들 중 특히 연변 지역 주민 집단들이 관련 문헌자료에서 '북옥저'라는 이름으로 특기되었다.

연해주의 뽈체 문화와 끄로우노프까 문화 하담 집단과 사화 사이에는 일정한 획선이 존재했다. 양 자가 유사한 생업경제 기반을 가졌던 까닭에 끄로우노프까 문화의 중심 지역에서 벗어난 곳에서부터 점차로 각자의 생존기반을 유지·확장하기 위한 제반 갈등이 유발되고, 나아가 무장충돌이 접종되었을 것으로 추정된다. 따라서 읍루의 압박을 받던 북옥저의 주민들은 일찍부터 같은 예맥으로서의 기저문화와 정서를 공유하는 고구려로의 귀속을 선택할 수도 있었을 것이다. 그러나 연변 지역에서의 끄로우노프까 문화의 쇠잔을 초래한 것은 뽈체 문화 계통의 읍루의 발호보다는 고구려의 이 북옥저 지역으로의 세력 침투였던 것으로 추단된다.

고구려가 B.C. 28년 북옥저를 '벌멸'하고 그곳을 '성읍'으로 삼았다는 『삼국사기』 고구려본기 초기 기사는 신뢰성 문제와 더불어 논란의 소지가 큰 문제이다. 고구려의 북옥저 '벌멸'은 B.C. 28년의 세력 침투 책동을 시점으로 A.D. 1C 말 태조왕 대에까지 점진적으로 진행된 북옥저 '경략'이라 추측된다. '옥저방면로'='백두산북로'가 고구려에서 연변에 이르는 길일 가능성이 있지만, 현시점에서 명확히 확정 짓기 어렵다. 고구려가 연변 지역에 이르는 작전선 상의 요충에 있는 '행인국'은 임강시 6도구를 중심지로 하는 임강−장백 지역을 포괄하는 지역에 웅거하던 세력 집단일 것으로 추정된다.

국가형성기 당시 고구려가 국세팽창 동선의 첫 목표지로서 북옥저를 선택한 것은 그곳이 상술한 한군현들과의 직접적 충돌을 회피할 수 있는 지역이었기 때문이었을 것이다. 또 현재까지 알려진 이곳의 단결−끄로우노프까 문화의 분포상과 전개상은 이 지역에서의 유력한 정치적 중심세력의 부재를 시사해 주고 있다. 따라서 고구려는 큰 기회비용을 감당할 위험성이 적은 이곳을 그 세력 침투의 첫 대상지로 선택했을 가능성이 크다.

또 고구려는 전략자원인 철을 확보하고 한랭건조화 현상이라는 장기적인 기상이변 상황 아래에서 보다 안정적인 식량 공급 기반을 구축하기 위해 북옥저 지역을 확보할 필요성이 있었다. 뿐만 아니라 연변 지역은 당시 주요한 교역품으로 평가 받던 모피와 인삼 그리고 목재의 주요 생산지인 백두산에 인접한 지역이었다. 고구려의 이 지역으로의 세력 침투는 이러한 고구려의 전략적 구상과 점점 거세지는 읍루 세력의 군사적 압력으로부터 벗어나기 위한 방편을 찾던 북옥저인들의 자구노력이 맞물리면서 가능케 되었을 것이다. 그러나 고구려 세력의 북옥저 진출은 연변 지역 주민들이 기왕에 향유하던 단결−끄로우노프까 문화의 지속적 발전 기반을 잠식하는 방향으로 작용했을 것이다.

팔련성·온특혁부성·배우성이라는 세 평지성이 이례적으로 밀집해 있는 혼춘의 삼가자향이 고구려 시기의 '책성'으로 추정된다. 현재 연변 지역에는 108곳의 성지(산성과 평지성)가 남아 있다. 이 중 고구려 시기의 성지로 확인된 곳은 극소수(26~10곳)다. 그러나 답사 결과 입지·구조 면에서 그중 상당수가 고구려 시기 후기에 구축되어 발해 시기까지 연용된 것으로 추정된다.

중후기(A.D. 4C 이후) 이전 고구려의 북옥저 고지 지배는 기본적으로 평지성중심체제였다. 고구려는 북옥저 고지인 연변 주민들을 절대적으로 제압하고서, 군사적 기능보다는 지역 지배의 중심지로서 기능하는 평지성을 우선적으로 조영했다. 특히 이 지역에 대한 지배는 고구려가 A.D. 56년 동옥저를 영유하게 된 이래 더욱 강화되어 나갔을 것이다. 위 관구검 침공시 고구려의 최후저항선이 바로 이 책성 중심의 연변 지역이었던 사실, 두만강 하류일대의 북옥저 지역의 주민인 "매구여민"이 「광개토왕릉비」의 수묘인연호조상의 '구민'으로 적시된 점, 고구려 말기의

"책성도독"의 존재, 연변 지역의 고구려 산성들은 그 축조 시기가 대체로 A.D. 4C 이후인 사실 등은 북옥저 고지였던 연변 지역의 성공적 '고구려화'의 결과물이었다. 이런 성과는 이후발해 건국의 인적·물적 자원으로서 구실을 다하였던 것이다.

연변 지역에 대한 실효적 '고구려화' 정책은 장기간 연변 지역 고유문화로 자리 잡아온 바 있던 단결─끄로우노프까 문화의 전통을 완전히 단절시켜 버렸다. 연변 지역에서 북옥저와 고구려 지배기의 고고문화가 심한 단층성을 드러내는 것도 이러한 까닭에 연유한다.

이와 반대로 읍루계 집단을 주체로 한 삼강평원 뽈체 문화 계통의 [완연하 문화→곤토령 문화→풍림문화→몽북단결문화]의 담당주민들은 자기 고유의 문화를 기반으로 사회조직의 자율적 발달을 지속적으로 추진하고 있었다. 이들 삼강평원 칠성하 유역 주민 집단의 실체는 5C 이래 흥기한 물길이라고 추단된다.

출전 朴京哲, 2012, 「延邊地域으로의 高句麗 勢力浸透 및 支配의 實相」, 『東北亞歷史論叢』38.

제9장
고구려의 동몽골 경략

1. 머리말

고구려는 그 국가형성기 이래 환경적 여건의 취약성을 전방위적 군사적 팽창정책으로 상쇄하면서 전형적인 '전제적 군사국가(despotic military state)'를 지향,[1] 4C 말 이래 하나의 '왕국'의 단계를 넘어선 동북아시아에서의 패권을 장악한 제국적 지배구조에 입각한 '다종족국가'로 웅비하였다. 이제 고구려는 4C 말 이래 정립된 자기중심적 천하관에 바탕한 제국적 질서를 동북아시아 일대에 강요하게 된다. 따라서 당시 고구려의 정치사상은 고구려 판도의 확대에 따라 말갈·거란(靺鞨·契丹)을 통솔하는 고구려 세력권이 성립됨을 계기로 고대국가 단계 수준을 벗어나 세계 제국 정립 방향을 제시하는 그것으로 진전되고 있었다.[2]

이 점과 관련 주목되는 점은 고구려가 우리 민족사에 있어 언제나 강요항으로 기능하던 대륙 관계사 전개의 향방을 능동적으로 주도·대응해 왔다는 사실이다. 이 점은 같은 시기 한족 세력이 북아시아 스텝 지대에서 흥기한 제 유목세력에게 위축·압도·정복되고 있었던 사실에 비추어 매우 눈여겨 볼 문제이다. 당시 고구려는 이들 다양한 종족과 또 그들의 다기한 문화권과의 조우 속에서 그 발전 과정을 경과하였던 바, 바로 이 점이 고구려 국가 발전의 한 요인이 되었던 것이다.[3]

---

1 Elman R. Service, 1967, "War and Our Contemporary Ancestors", Edited by Morton Friied, Marvin Harris & Rorbert Murphy, *War: The Anthropology of Armed Conflict and Aggression*, Garden City, New York, The Natural History Press, pp.164~165. 국가형성기 고구려는 이미 자기 국가의 생존·발전을 위한 전략으로서 지속적인 군사력 조성 정책·노골적인 군사적 팽창정책·피정복주민의 집단예속민화 정책·집단사민정책 등을 선택, 자기 발전의 길을 걷게 되었다. 朴京哲, 1996, 「高句麗의 國家形成 研究」, 고려대학교 대학원 사학과 박사학위논문, 242~244쪽.
2 金哲埈, 1969, 「韓國古代政治의 性格과 中世政治思想의 成立過程」, 『東方學志』10; 金哲埈, 1975, 『韓國古代社會 研究』, 知識産業社, 303~305쪽.
3 朴京哲, 1988, 「高句麗軍事역량의 再檢討」, 『白山學報』35, 144~146쪽.

곧 "유목사회와 영농정착제국의 중간지대인 변경 지역에서 발흥하여, 양측의 사회·정치 구조를 숙지하고 있는 세력만이 유목제국을 건설할 수 있다"는 주장은[4] 비단 유목제국(imperial nomads)의 흥기뿐만 아니라, 고구려의 국세 팽창과정을 해명함에 있어서도 재음미해 볼만한 가설인 것이다.

고구려는 부여·옥저·동예·양맥 등 여러 예맥계 종족(濊貊系種族) 혹은 주민집단을[5] 자기 국가지배구조 안으로 축차적으로 통합·편제, 이들을 '고구려인'으로 인식하게 되었다. 따라서 고구려 국가권력의 기반이 되는 고구려 '민'의 범주도 지방통치조직을 매개기제로 하여 시·공간상 동심원적으로 확대되어 나갔을 것으로 판단된다.[6]

그러나 고구려는 이들뿐 아니라 말갈·거란·선비·지두우(地豆于)·실위(室韋) 등 비예맥계 제 종족 곧 이종족 집단들에 대한 실효적 정복·지배 정책을 수립, 이를 관철시킴을 통하여 자기 국가 발전 잠재력의 인적·물적 기반을 확충·보전해 나갈 수 있었던 것이다.[7]

즉 국초 추모왕대에서 비롯된 말갈경략의 전통은 그 국망(國亡) 시까지 고구려의 국가경영의 기본지침으로 준수되어져 왔다.[8] 또 고구려는 국초 이래 선비에 대한 고구려의 우월적 지위를 2C 말까지 유지할 수 있었다.[9] 아울러 고구려는 4C 말 이래 확인된 거란 일부에 대한 지배권을 끝까지 지켜나갔던 것이다.[10] 그러나 이러한 고구려의 비예맥계 이종족 지배 실상과 관련된 우리 학계의 접근은 그 질적 측면에 있어서는 피상적·분절적이며, 양적인 면에서도 대단히 적은

---

4 O. Lattimore의 '변경지대이론(frontier marginal zone theory)'이 그것이다. Owen Lattimore, 1962, *Inner Asian Frontiers of China*, Boston, Beacon Press, vv.542~549.

5 현재 인류학계 일각에서 'ethnic group'·'ethnicity'를 '민족'·'민족집단'으로 새기고 있다. 石川栄吉 外 編, 1987, 『文化人類学事典』, 弘文堂, 東京, 103쪽, 650쪽, 749쪽. 실제로 'ethnic group'·'ethnicity'는 "동일한 사회에 속하고, 동일한 문화, 특히 언어를 공유한 것으로 간주되는 사람들"을 뜻한다. Edited by Thomas Barfield, 1997, The Dictionary of Anthropology, Blackwell, Oxford UK, p.152. 이 점에 비추어, 동일한 혈연적 계통과 언어·종교·관습 등 문화적 유대를 지닌 집단을 지칭하는 '종족'(余昊奎, 1997, 「1~4C 고구려 政治體制 연구」, 서울大学校 大学院 國史学科 博士学位論文, 30쪽) 혹은 중국학계에서 흔히 사용하는 '족속'이라는 개념도 이러한 'ethnic group' 수준의 주민집단을 지칭하고 있다. 따라서 본고에서는 논지 전개의 편의상, 이러한 수준의 주민집단을 '종족'으로 표현하고자 한다. 이 문제에 관해서는 朴京哲, 2003, 「高句麗 '民族'問題 認識의 現況과 課題」, 『韓國古代史研究』, 68~70쪽.

6 이 문제와 관해서는, 金賢淑, 1992, 「高句麗의 靺鞨支配에 관한 試論的 考察」, 『韓國古代史研究』6, 208~219쪽; 朴京哲, 1997, 「高句麗와 濊貊: 高句麗의 住民과 그 文化系統」, 『白山學報』48, 139~149쪽; 余昊奎, 2003, 「高句麗初期의 梁貊과 小水貊」, 『韓國古代史研究』25, 한국고대사학회.

7 朴京哲, 2003, 「高句麗 異種族支配의 實相」, 『韓國史學報』15.

8 朴京哲, 1988, 앞의 글, 148~150쪽; 朴京哲, 2003, 「高句麗 異種族支配의 實相」, 288~294쪽.

9 朴京哲, 1988, 앞의 글, 150~151쪽; 朴京哲, 2003, 「高句麗 異種族支配의 實相」, 294~296쪽.

10 朴京哲, 1985, 「高句麗 軍事行動에 관한 一考察: 5~7世紀 高句麗大陸政策과 關聯하여」, 高麗大學校 大學院 史學科 碩士學位論文, 124~153쪽; 朴京哲, 1988, 앞의 글, 151~152쪽; 朴京哲, 1989, 「高句麗 軍事戰略 考察을 위한 一試論: 平壤 遷都 以後 高句麗 軍事戰略의 志向点을 中心으로」, 『史學研究』, 韓國史學會, 39~61쪽; 朴京哲, 2003, 「高句麗 異種族支配의 實相」, 296~301쪽.

실정이다.[11]

4C 말 이래 동부 내몽골지방[東部內蒙古 地方 이하 '동몽골(東蒙古)'로 약칭함]에서의 고구려 세력의 침투·확산상은 괄목할만한 그것이었다. 따라서 당시 그곳에서 삶을 영위하던 거란·지두우·실위 등의 여러 유목계 제 종족의 존재양식 역시 고구려의 이 방면 경략 노력의 전개 양상과 밀접한 상관관계를 가지고 변화해 갈 수밖에 없었다. 그런데 당시 동아시아 제 열강 역시 다투어 이 동몽골 지방과 그 주민들에 대한 정치적·군사적 영향력 확대 및 통제권 장악을 도모하고 있었다. 그러므로 이곳에서의 제 열강 간 세력 각축의 지형도는 바로 당대의 동아시아 세계에서의 국제적 역학관계의 축도(縮圖)였다고 볼 수 있다.

필자는 본고를 통하여 고구려의 동몽골 지방에 대한 경략상을 〔광개토왕대 '비려(碑麗)' 정벌→장수왕 대의 '지두우 과분(瓜分)'→6C 중반 이후 제 열강과의 경합 상황〕이라는 세 시기로 분별·파악해 보고자 한다. 필자는 이를 통해 그것이 고구려사 전개에서 점하는 지정학적·전략적 유의미성을 헤아려 보고자 한다. 또 필자는 이를 바탕으로 부단히 변화하는 동아시아 세계정세 속에서 고구려가 추구하고자 했던 대륙정책과 이를 구체적으로 구현하는 군사전략 전개 과정의 한 측면을 밝힐 수 있으리라 기대한다. 뿐만 아니라 필자는 이 고구려의 동몽골 경략상의 일단을 밝힘을 통하여, 이제껏 우리가 견지해 온 바 있는 고구려사의 공간적 인식 지평의 확대를 꾀해보고자 한다.

2. 고구려의 동몽골 진출(4C 말~5C)

고구려는 국초 이래 압록강 유역을 전략거점으로 전방위적 군사팽창 정책을 성공적으로 수행하면서, 두만강 유역 및 대동강 유역까지 자기 전략거점화 함에 이르렀다. 따라서 4C 이래 고구려는 한 세력의 퇴축추세에 힘입어 요동 지방을 중심으로 한 동북아시아에서의 패권 장악을 위한 선비 세력과의 상쟁에 나서게 된다.

고구려는 선비에 대한 우월적 지위를 2C 말 고국천왕 대까지 유지할 수 있었다.[12] 그러나 산상왕 즉위를 둘러싸고 벌어진 격심한 정쟁의 와중에서[13] '항호(降胡)' 집단의 고구려로부터의 이반사태는[14] 이제 선비 집단이 고구려와 이해관계를 달리 하며 새로운 역사의 무대로 나서게 됨

---

11 이 문제와 관련된 연구사적 검토는, 朴京哲, 2003, 「高句麗 '民族'問題 認識의 現況과 課題」, 92~99쪽.
12 朴京哲, 1988, 앞의 글, 150~151쪽; 朴京哲, 2003, 「高句麗 異種族支配의 實相」, 294~296쪽.
13 『三國史記』卷16 高句麗本紀 山上王 元年(197년)條.
14 『三國志』卷30 魏書30 東夷 高句麗傳.

을 뜻하는 것이기도 했다. 또 이는 4C(보다 정확히는 293년[15]) 이래 고구려가 선비 모용씨(慕容氏)를 상대로 백 여 년 간 벌였던 요하 유역 영유권을 둘러 싼 지리한 전쟁을 예기케 하는 사건이었다. 고구려는 선비 모용씨 간의 장기간의 전쟁을 수행하는 과정에서 동몽골 지방을 근거지로 하는 거란의 존재를 포착, 이와 접속·교전 관계를 갖게 되었다.

동몽골이란 현 중국 내몽골자치구(內蒙古自治區) 대흥안령 산맥(大興安嶺山脈) 남방의 동부 내몽골 지방을 일컫는다. 이 동몽골 지방은 북위 대에는 '요해(遼海)' 지방으로, 수·당 대에는 '송막(松漠)' 지방으로, 그 후대에는 '열하(熱河)' 지방이라 불리던 바로 그곳이다. 특히 이 중 시라무렌(Siramuren)과 라오자무렌(Lao-Xamuren) 그리고 난하(灤河) 상류인 섬전하[閃電河, 옛 상도하(上都河)]유역은 원래 B.C. 7C 동호(東胡) 시대 이래 유목민의 목주지로서 널리 알려진 곳이다.

이후 이 지역을 중심으로 시라무렌 유역의 우문부(宇文部), 난하 하류의 단부(段部), 대릉하(大凌河)와 요하 유역의 모용부 등 선비 제 세력이 정립·상쟁하게 된다.[16]

거란이란 가비능(軻比能)을 그 원조(元祖)로 하는 선비의 한 분파로서, 원래 시라무렌과 라오자무렌 유역의 동몽골 지방에 분포하며 수렵·어로 및 말 사육에 종사하던 몽고계 유목민족이다.[17]

4C 경 동몽골의 우문부는 지배 씨족으로서 흉노계 우문씨와 피지배민인 선비계 고막해(庫莫奚)로 구성되어 있었다. 그런데 이 우문부가 345년 선비 모용부에게 공멸되고, 357년 전연의 모용부가 그 중심을 요서에서 화북으로 옮기게 되자, 하나의 독자적인 정치적 집단세력 곧 '고막해부'가 성립하게 된다. 이 고막해부가 388년의 북위 및 401년 후연의 고막해 정토로 인하여 세력이 약화되자, 이로부터 분리된 새로운 세력인 '거란부'가 시라무렌과 라오자무렌의 합류점을 중심으로 흥기하게 되었다.

따라서 4C 말~5C 초 이래 동몽골은 개로(開魯)에서 조양(朝陽)을 있는 선을 경계로 고막해와 거란이 양립하게 된다.[18] 그리고 466~470년경 거란부를 중심으로 한 '거란 고8부(古八部)'가 결성된다.[19]

A-① 逸豆歸遠遁漠北, 遂奔高麗, 晃徒其部衆五千餘落於昌黎, 自此散滅矣(『魏書』卷103 匈奴

---

15 『三國史記』卷17 高句麗本紀 烽上王 2年(293년)條.
16 李在成, 1996, 『古代 東蒙古史硏究』, 法仁文化社, 10~11쪽.
17 田村實造, 1967, 『中國征服王朝硏究』(上), 京都, 東洋史硏究會, 67~70쪽; 池培善, 1978, 「鮮卑拓跋氏의 氏族分裂 過程에 대하여: 軻比能 以後를 중심으로」, 『白山學報』24, 130~133쪽.
18 李在成, 1996, 앞의 책, 93~109쪽.
19 李在成, 1996, 위의 책, 155~163쪽.

宇文莫槐傳)

A-② 小獸林王8年(378년) 秋九月, 契丹犯北邊, 陷八部落(『三國史記』卷18 高句麗本紀6)

A-③ 廣開土王元年(391년) 九月, 北伐契丹, 虜男女五百口, 又招諭本國陷没民口一万而帰(『三國史記』卷18 高句麗本紀6)

A-④ 永楽5年(395년), 歳在乙未, 王以碑麗不帰○人, 躬率往討, 過富山負山至塩水上, 破其三部落六七百営, 牛馬群羊, 不可称数. 於是旋駕, 因過襄平道, 東来○城, 力城, 北豊. 王備猟, 遊観土境, 田猟而還(『廣開土王陵碑文』)

A-⑤ 廣開土王15年(405년) 冬十二月 燕王熙襲契丹 至陘北 畏契丹之衆欲還 遂棄輜重 輕兵襲我 燕軍行三千餘里 士馬疲凍 死者屬路 攻我木底城不克而還(『三國史記』卷18 高句麗本紀6)

A-⑥ 大破之(庫莫奚), 獲其四部, 雑畜十余萬(『魏書』卷2 太祖紀2 登國3年, 388년 6月條).

사료 A-②는 고구려와 거란과의 첫 교전 기사이다. 그러나 고구려의 동몽골 방면 세력과의 접속은 그 이전부터 존재해 왔다. 고구려가 319년 시라무렌 유역의 우문부 및 난하 하류의 단부 등과 연결하여 숙적인 모용부와 상쟁했음은[20] 익히 알려진 사실이다.

특히 345년 이 우문부가 선비 모용부에게 공파된 후 그 추수(酋帥) 일두귀(逸豆歸, 우문귀)가 '막북(漠北)'으로 가서 숨었다가 고구려로 망명하고, '부중5천여락(部衆五千餘落)'이 창려(昌黎)로 집단 사민 당한 사건(사료 A-①)이 발생한다. 여기서 '막북'이란 고비사막 이북 곧 오늘의 외몽골 지방을 지칭한다. 이 경우 일두귀는 [내몽고→고비사막→외몽고→?→고구려]라는 결코 쉽지 않은 도피로를 취하여 고구려로 망명한 셈이 된다. 당시 내몽고의 유목민족들이 적대세력과의 싸움에 패배하는 경우 그 수장이 자기 잔여 무리와 가축들을 이끌고 외몽고로 도찬(逃竄)하는 것이 항례였다. 그런데 유독 일두귀가 다시 최종 망명지로 고구려를 택한 것은 그들 집단과 고구려 사이에 끈끈한 유착 관계가 존재했었음을 추론케 한다.

고구려가 선비 모용황의 강습(342년)으로부터[21] 입은 상처가 채 아물기도 전에 또다시 그들과의 화근을 만들 수도 있는 일두귀의 망명처를 제공한 사실은 여러 가지 시사하는 바가 크다. 곧 이들의 망명은 고구려로 하여금 동몽골 지방에 관한 지식과 정보를 나름대로 축적할 수 있는 기회를 제공한 셈이 되었을 것이다.

더 나아가 모용부에 의해 강제 사민 된 '부중5천여락'의 규모를 헤아려 볼 때, 자기 수장의 선

---

20 『三國史記』卷17 高句麗本紀5 美川王 20年條.
21 『三國史記』卷18 高句麗本紀6 故國原王 12年條.

택에 따라 고구려로 따라온 우문 부중의 수도 적지 않았을 것으로 본다. 어쩌면 이 점이 고구려에게 가장 큰 매력이었을 수도 있다. 그런데 이들은 본래 동몽골에서 목축을 주업으로 하고, 수렵·농경·약탈을 부업으로 생활을 영위하는 유목 종족이었다.[22] 따라서 고구려는 이들 우문부의 여중을 자기 세력권 외곽 변방 지역에 머물게 하여, 군사적 부용 집단으로 구사코자 하였을 것으로 보인다.

전연은 이러한 고구려의 노골적인 비우호적 행동에 대하여년 345년 남소성(요녕성 무순 철배산성) 공발(攻拔) 작전이라는 무력시위를 벌리게 된다.[23]

학계는 거란과의 첫 교전 기사인 사료 A-②와 사료 A-③·④의 상관성을 둘러싸고 많은 논의가 있어 왔다. 그리고 그 주요 초점은 사료 A-④의 정확한 해석 문제에 맞추어져 있었다. 먼저 사료 A-③과 A-④가 동일한 사실을 적시한 것일까가 문제될 것이다.

관련 학계는 일반적으로『삼국사기』에서의 사료 A-③(광개토왕 원년 391년)과『광개토왕릉비문』상의 사료 A-④(영락 5년 395년)를 동일한 사건을 표현한 각기 다른 자료상의 기사로 파악하고 있다.

그러나 사료 A-③과 A-④가 동일한 사실임을 명증할 근거가 매우 약함 또한 부인할 수 없는 실정이다. 양 사료는 그 기사 내용에 많은 차이가 있다. 오히려 사료 A-②와 A-③ 사이에 서로 인과관계가 존재하고 있다. 즉 사료 A-②상 거란 측의 "함8부락(陷八部落)"에 대한 고구려의 군사적 대응이 뒤늦게나마 사료 A-③에서의 "又招諭本國陷没民口一万"의 형태로 이루어지고 있음을 확인할 수 있다. 고구려의 국가 체제 정비기에 해당하는 小獸林王은 "거란"이 북방 변방("북변")을 침구하여 "팔부락"이 함락 당하는 사태를 맞았지만, 이에 소극적으로 대응하였었다. 그러나 광개토왕은 그 즉위년에 즉각 이에 대한 보복적 군사행동을 일으켰다. 그는 후연이 화북 경략에 부심하던 틈을 타 13년 전에 빼앗겼던 "本國陷没民口一萬"을 "초유(招諭)"해 왔던 것이다.

여기서 무려 1만여 구에 달하는 장기간 함몰됐다가 다시 "초유"된 북방 변방의 '팔부락'의 실체는 일단 사료 A-①의 일두귀와 운명을 함께하여 고구려의 군사부용집단으로서 변방을 지키며 '부락'이라는 유목민적 존재양식을 지켜온 옛 우문부 유민들일 가능성이 크다.

소수림왕 대 이래 재편·강화된 국가 역량과 고국원왕 대 이래 축적된 동몽골 지방에 대한 지식·정보가 광개토왕의 새로운 군사 지도력과 맞물리면서, 고구려는 그 즉위년에 숙원인 거란

22 李在成, 1996, 위의 책, 55~56쪽.
23 '남소성'의 입지에 관해서는, 余昊奎, 1999,『高句麗城Ⅱ: 遼河流域篇』, 國防軍史研究所, 12쪽, 61~66쪽; 余昊奎, 2002,「遼河 中上流 東岸地域의 高句麗 城과 地方支配」,『역사문화연구』, 257~260쪽.

에 대한 군사적 제압과 "본국함몰민(本國陷没民)"의 "초유"의 과제를 해결할 수 있었던 것이다. 아울러 고구려는 이 작전을 통해서 앞으로 전개할 요동 쟁탈전에 있어 거란과 모용씨 간의 연계 가능성을 무산시키고, 거란에 대한 우월적 지위를 확립하기 위한 첫 걸음을 내딛게 되었다. 그럼에도 불구하고 이 작전은 요동 지역이 미확보 된 상태에서 강행된 그것이었던 만큼 훗날 사료 A-④(영락 5년 395년)의 보다 적극적인 작전이 다시금 필요 했었으리라 추론할 수가 있다.

사료 A-④는 고구려의 거란에 대한 군사행동이 보다 적극화 되어 광개토왕의 친정이 동몽골 지방 깊숙이에서 성공적으로 수행되고 있음을 보여 주고 있다. 즉 사료 A-④는 광개토왕의 직접적인 작전 통제 아래 수행된 395년의 '대거란 시라무렌유역방면작전'[24]에 관한 것이다.

최근 학계 일각에서는 '고8부' 성립 이전인 당시 이들의 삶의 터전이 '거란부' 자체와 동일할 수 없음을 들어, 그곳을 태자하 유역이나,[25] 대릉하 남쪽 상류 지대인 요녕성 객좌현 일대로[26] 비정하고 있어 주목된다. 즉 이 견해는 상술한 바처럼 466~470년경에 와서야 비로소 정치적 집단세력으로서 거란부를 중심으로 '거란 고8부'가 나타나며, 또 사료 A-③=A-④임을 전제로 할 때, 사료 A-③의 '거란'과 A-④의 '비려'는 동일 실체로 볼 수 없다고 본다. 따라서 이 견해는 466~470년경 거란의 주지는 시라무렌 유역이지만, 395년 '비려'의 입지는 그곳이 아닌 것으로 파악하고 있다.

그런데 유목 제족들의 '부족'이란 "현실적인 필요에 의해 (의사)혈연적인 유대를 전제로 결합된 지역단위의 정치적 집단"이라고 규정할 수 있다.[27] 더구나 『위서』등의 사서에 실린 거란의 역사적 족적에 관한 기록들은 모두 '거란 고8부' 성립 이후에 저술된 텍스트라는 점을 감안할 때, 후대의 기록을 바탕으로 '거란'의 범위를 지나치게 좁혀서 볼 필요는 없다고 본다. 종족적인 면으로 거란과 한 동아리 집단이라면[28], 굳이 이를 정치적 집단세력으로서의 거란과 엄격히 분별하여, 그 거주 지역까지 달리한 것으로 볼 수는 없다고 본다.

더구나 고구려가 이들로부터 이루 헤아릴 수 없을 만큼 많은 "우마군양(牛馬群羊)"을 노획했다 (사료A-④)고 하는데, 이 경우 생태적 조건에 있어 방목 자체가 불가능한 태자하 상류 지역이이 들 비려의 거주지역이 될 수는 없다. 더구나 그 지역은 이미 고구려가 군사적 방어 연계망(net-work)을 촘촘히 엮어 놓고 있던 지역이라는 점을[29] 유념해야만 한다. 한편 비려의 입지를 객좌현

---

24 千寬宇, 1979, 「廣開土王陵碑文再論」, 『全海宗博士華甲紀念史學論叢』, 一潮閣, 520~522쪽.
25 李在成, 1996, 앞의 책, 112~113쪽.
26 李在成, 2002, 앞의 글, 34~38쪽.
27 金浩動, 1993, 「北아시아 遊牧國家의 君主權」, 東洋史學會 編, 『東亞史上의 王權』, 서울, 한울아카데미, 121~122쪽.
28 李在成, 1996, 앞의 책, 111쪽.
29 余昊奎, 1999, 앞의 책; 余昊奎, 2002, 앞의 글.

일대로 볼 경우, 대규모 가축 방목의 조건을 갖추고 있었지만, 당시 후연이 화북 쟁패전에서 북위에게 서서히 밀리면서 요서의 용성[龍城, 요녕성 조양(朝陽)] 경영에 더욱 힘을 쏟고 있었다는 점을 눈여겨보아야 한다. 즉 고구려가 당시 아무리 요동 지방을 장악하고 있었다고 하더라도, 용성 이서 그 동남방 깊숙이 객좌 지역에까지 군사행동의 폭을 넓힐 수도 없었고, 또 그럴 필요도 없었을 것으로 판단된다.

따라서 현재까지 우리 학계는 일반적으로 당해 작전의 대상이 된 '비려'란 시라무렌 유역을 그 주지로 하는 상술한 북위 대의 '거란 고8부' 가운데 하나인 '필려부(匹黎部)'의 전신으로 파악하고 있다.[30] 필자 역시 이를 따르고자 한다.

그런데 고구려는 395년 이전에 이미 요동 지방을 완전히 확보한 후에 이 왕의 친정을 실시했던 바,[31] "○성－역성(力城)－북풍(北豊, 심양 서부)"이라는 중간 군사거점들로 매개되는 작전선인 '양평도'를 그 배후에 담보하고 전개한 매우 안정적 외선작전이었던 만큼, 그 전략적·전술적 성공 가능성이 매우 높았던 것이다. 당시 고구려는 〔'양평도'→신민(新民)→부신(阜新)→북표(北票)〕에서 후연 지배 하의 용성을 빗겨나 내몽고로 진입하여 시라무렌 유역에 다다르게 되었을 것으로 추론된다.

더구나 이 작전에는 지난 391년 작전(사료A-③) 당시 초유되어 돌아 온 자들의 정보 및 지식과 전투력이 상승효과를 더했을 것으로 짐작된다.

사료 A-④에 따르면, 고구려가 거란을 공격, 필려부의 세 부락 600~700영(營)을 공파, 그들의 재생산구조에 있어 물적 바탕이 되는 '우마군양'을 이루 헤아릴 수 없이 많이 노획하였다고 한다. 한편 사료 B-⑥에 따르면, 당시 고막해 한 부락 당 가축 보유수는 10여만 두(頭)÷4=2.5~3만 두이다. 그런데 고막해가 거란과는 '이종동류'라 한만큼,[32] 거란의 세 부락의 보유 가축 두수(頭首)는 대략(2.5-3만)×3=7.5만~9만 두 가량이 될 것이다. 따라서 당시 고구려가 이 작전을 통해 소·말·양 7만 5천에서 9만 두 가량을 노획하였을 것으로 추론된다.[33] 이 점은 고구려가 당시의 많은 유목군주들처럼 가축을 노획하여 자기 군자로 충당하려는 의도적 군사행동

---

30 朴時亨, 1966, 『廣開土王陵碑의 研究』, 154쪽; 武田幸男, 1979, 「廣開土王碑からみに高句麗의 領域支配」, 『東洋文化研究所紀要』, 106~107쪽. 한편 이와는 좀 더 다른 시각에서 접근한 견해는, 李在成, 1996, 앞의 책, 109~113쪽; 李在成, 2002, 「4~5C 高句麗와 契丹」, 『高句麗의 國際關係』, 高句麗研究會 第8回 高句麗 國際學術大會 發表文, 31~50쪽.
31 391~395년 고구려의 요동 지방 확보론에 관해서는, 朴京哲, 1989.6, 앞의 글, 24~27쪽.
32 『魏書』 卷100 列傳88 庫莫奚傳.
33 朴京哲, 1985, 「高句麗 군사행동에 關한 一考察: 5-7世紀 高句麗大陸政策과 關聯하여」, 고려대학교 대학원 사학과 碩士學位論文, 44쪽의 주 156.

을 수행하고 있었음을 엿보게 해준다.[34]

고구려는 이 작전을 통하여 거란에 대한 우월적 지위를 새삼 확인함과 더불어 대 모용씨 공동 전선 구축을 현실화 시킨 것 같다. 이 사실은 모용희(慕容熙) 생전 세 차례의 대거란·고구려군 사행동 가운데 두 차례의 그것이 거란·고구려에 대한 축차적 군사행동의 양상을 띠고 수행되었 다는[35] 점으로도 짐작할 수 있다. 그러나 사료 A-⑤에서 보는 바, 405년 거란 정벌 실패를 호도 하기 위한 즉흥적 군사행동인 목저성(木底城) 강습 작전을 후연 측의 공세적 자세로 이해할 수도 있겠지만, 그것들은 모용희의 파행적인 작전 통제역량에 비추어 처음부터 성공을 기대할 수 없 는 군사행동들이었다.

고구려는 새로이 복속시킨 동몽골 방면의 거란에 대해서 그들 본래의 공동체적 질서와 생산 양식, 즉 그들 고유의 생존영역과 비호·보장해주는 대가로 그들로부터 조부 특히 노력과 군력 을 수탈하였던 것이다. 결국 고구려는 이런 보호·종속관계를 바탕으로 이들을 부용세력화 함 으로써 제국의 군사 잠재력의 기반을 확대·강화시켜나갔던 것이다.[36]

고구려는 자기가 군사적으로 제압한 이들 거란에 대해서 공납이나 교역의 형식을 빈 경제외 적 강제가 개입된 사실상의 공납을 통해 경제적 수탈을 행했을 것이다.

본래 고구려는 말 사육을 자기 사회 재생산구조의 기반으로 영위하는 유목민족이 아니었던 만큼[37] 철에 버금가는 전략자원인 말 공급 기반 확보에 대한 관심은 대단하였다고 보여진다. 당 시 선비는 '호마(好馬)'를[38], 거란은 "능치주임목간(能馳走林木間)"하는 거란마를,[39] 지두우는 '명 마'를 산출하고 있었다. 특히 거란의 말은 소형인 까닭에 평야 지대인 화북 지방에는 적합하지 않고, 오히려 숲이 울창한 산림 지대에서 주행하기에 좋았다.[40] 이 점에 비추어, 광개토왕이 노 획한 말들(사료 A-④)은 이후 고구려의 기병 전력 조성에 큰 도움이 되었을 것이다.

그리고 이 사실은 국가형성기 이래 고구려의 전방위적 군사팽창의 동선이 당시 가장 중요한 전략물자인 말과 철의 안정적 확보 노력과 무관하지 않음을 시사해주고 있다.

고구려가 4C 말 요하 유역을 장악하고 이곳을 그들의 전략거점화 하였다는 사실은 제국으로 서의 자기 기반을 확고히 다지게 되었음을 의미함과 동시에 고구려가 동북아시아 패권국가로서

---

34 朴漢濟, 1988, 『中國中世胡漢體制硏究』, 一潮閣, 150~162쪽, 240~241쪽; 李在成, 1996, 앞의 책, 121~122쪽.
35 『晋書』卷124 載記24 慕容熙傳; 『十六國春秋輯補』卷47 後燕錄 慕容熙傳.
36 朴京哲, 1988, 앞의 글, 146~148쪽.
37 유목 사회구조의 전반에 관해서는, 後藤富男, 1974, 『騎馬遊牧民』, 近藤出版社.
38 『後漢書』卷20 列傳10 祭肜傳
39 『唐會要』卷72 '諸蕃馬印'條.
40 李在成, 1996, 앞의 책, 54쪽.

우뚝 서게 되었음을 뜻한다.[41]

　　고구려는 요동성(요녕성 요양)을 중심 삼아 혼하·태자하 유역에 연하여 산성을 주축으로 하는 다중의 강고한 방어 네트워크를 구축했다.[42] 고구려는 이곳을 전략거점화 하여 요서 및 동부 내몽골 방면으로부터 가해지는 적대 국가·세력의 군사적 압력을 차단하고, 거꾸로 그곳으로의 세력 확산을 꾀할 수 있게 되었다.[43]

　　이제 고구려는 중원과 유목 제국(諸國)과는 분별되는 동북아시아 세계의 중심국가로 스스로를 자리매김하는 '천하관'에 입각하여 대내·외 정책을 운영할 수 있게 되었다.[44]

3. '지두우(地豆宇) 과분(瓜分, 479년)'을 전후한 고구려의 동몽골 경략

　　B-① 　地豆于國 在室韋西千餘里 多牛羊 出名馬 皮爲衣服無五穀 惟食肉酪(『魏書』 卷100 列傳88 地豆于傳)

　　B-② 　契丹 在庫莫奚東 異種同類 倶竄於松漠之間 …… 太和三年(479년) 高句麗窃与蠕蠕謀 欲取地豆于以分之契丹懼其侵抶 其莫弗賀勿于率其部落車三千乘衆万余口駆従雑畜 求入内部 上於白狼水東 自此歳常朝貢 後告饑高祖(471~499년) 矜之 其聴入関市柔糧(『魏書』 卷100 列傳88 契丹傳)

　　B-③ 　当後魏時 爲高麗所侵 部落万余口求内附 止于 白貃河(『隋書』 卷84 列傳49 北狄 契丹傳)

　　'지두우(사료 B-①)'란 북으로는 도이하[陶尒河, 조아하(洮児河)]를 한계로 실위(室韋)에 접하고, 남으로는 시라무렌 유역에서 고막해·거란과 잇닿고, 서로는 흥안령에서 유연(柔然)과 만나며, 동으로는 장춘·농안(長春·農安)의 송화강 유역과 상임(相臨)하고 있는 중국 내몽골자치구 동부 대흥안령산맥 기슭의 동몽골 지방을 주지로 하는 유목민족을 가리킨다.[45]

　　5C 초의 거란 정벌(사료 A-④) 이래 동몽골 지방에 대한 고구려의 관심과 그 진출상은 현저한 것이었다. '유연[Javčan: 연연(蠕蠕)·예예(芮芮)·여여(茹茹)]'은 4C 중엽 경 몽고에서 웅비, 북

41　申瀅植, 1983, 「三國時代戰爭의 政治的 意味」, 『韓國史研究』43, 韓國史研究會, 6~7쪽; 요동지방 영유권을 에워싼 고구려와 선비 모용씨와의 대결상은, 朴京哲, 1989, 앞의 글, 24~27쪽

42　余昊奎, 1999, 앞의 글, 61~66쪽; 余昊奎, 2002, 앞의 글, 257~260쪽.

43　朴京哲, 2003, 「高句麗 異種族支配의 實相」, 『韓國史學報』15, 296~301쪽.

44　盧泰敦, 1988, 「5C 金石文에 보이는 高句麗人의 天下觀」, 『韓國史論』19.

45　箭内亘, 1913, 「南北朝時代의 滿洲」, 箭内亘·稲葉岩吉·松井等 撰, 『滿洲歷史地理』5, 南滿洲鐵道株式會社, 324~325쪽; 山崎惣與, 1937, 『滿洲地名大辭典』, 國書刊行會, 832쪽.

아시아 스텝 지대의 패자로서 군림한 동호 선비계의 유목민족이다.[46] 이 유연은 특히5C 후반 수라부진하간(受羅部眞可汗) 여성(子成)의 치세(464~485년) 아래 중흥기를 맞아 동몽골 일대에서의 세력 확산을 재차 도모하고자 하였다. 고구려 역시 송화강 유역의 안정적 경영을 꾀하고 있었다. 이러한 양자의 이해관계가 맞물리면서 '지두우 과분'이 행해졌던 것이다(사료 B-②).

우리 학계에서는 479년 고구려와 유연이 공모한 '지두우 과분' 사건의 실상을 둘러싸고, 이용범(1959)의 문제 제기와[47] 그것이 당시 유연의 남조와의 연화 관계 및 고구려와의 친화 관계라는 국제정세의 소산이라는 노태돈의 적극적 관심 표명이 있었다.[48]

최근 이재성은 이 사건이 5C 후반 다시 세력을 회복한 유연과 물길의 대북위 교통로를 차단하고자 하는 고구려의 이해가 일치함에서 발생하였으며, 이에 따른 장수왕의 시라무렌 유역 거란 '고8부연맹' 공격이 있었다고 파악한다.[49]

한편 필자는 고구려가 당시 한창 세력을 부식시켜 나가던 송화강 유역이 "수적지지(受敵之地)"임을 감안, 이 지역으로의 침투를 꾀하는 제 적대세력의 책동을 저지하고자 하는 전략적 구도 아래 이 지두우족의 주지를 고구려 제국의 차단지화(cordon sanitaire)하였던 것으로[50] 파악한 바 있다.[51] 즉 고구려는 본래부터 병항형세(瓶項形勢)의 교통 및 군사 요지에 간단한 성벽을 쌓아 국내성을 방호하는 차단성을 구축해온 바가 있다. 이제 고구려는 이곳을 송화강 유역을 방호하는 차단성화 함으로써 당시 추진 중이던 이 지역 경영을 보다 안정적으로 수행하려 하였던 것이다.

그런데 당시의 북아시아 스텝 세력이 흥안령 이동으로 침투하는 루트는 대체로 세 가지였다고 추정된다. 그 첫째는 외몽골에서 눈강(嫩江) 유역을 따라서 치치하얼(齊齊哈爾)를 거쳐 하얼빈에 이르는 '눈강 루트'이다. 두 번째 통로는 색륜·조안(索倫·洮安) 혹은 조남·대뢰·백도눌(洮南·大賚·伯都訥)에 이르는 '조아하 루트'이다. 마지막 세 번째 루트는 대체로 흥안령 산맥을 넘어 구서찰로특왕부(舊西札魯特王府)를 거쳐 시라무렌 북안을 따라 구달뢰한왕부(舊達賴罕王府)에 이르고, 다시 정가둔(鄭家屯, 遼源)을 지나 사평·개원(四平·開原) 일대로 연결되는 '시라무렌

---

46 內田吟風, 1975, 「柔然族に關する研究」, 『北アジア史研究: 鮮卑·柔然·突厥篇』, 東朋社, 271~318쪽; 護雅夫·神田信夫 編, 1981, 『北アジア史』, 山川出版社, 75~80쪽.

47 李龍範, 1959, 「高句麗의 遼西進出企圖와 突厥」, 『史學硏究』4.

48 盧泰敦, 1984, 「5~6C 동아시아의 國際情勢와 高句麗의 對外關係」, 『東方學志』44.

49 李在成, 1996, 앞의 글; 李在成, 2002, 앞의 글.

50 여러 나라와 인접해 있는 나라는 그 영토가 확대되는 경우, 자국의 변경, 나아가서는 자국 전토의 보호와 안전을 위해서 자기 나라 주위에 타국이면서 자국에로의 외침을 막아줄 수 있는 방패의 땅이 필요한 것이다. 이러한 방패의 땅을 정치지리학에서는 외침을 차단해 준다는 의미에서 '차단지(cordon sanitaire)'라고 부르거나 자국 앞에 있는 땅이 자국을 방어해 준다는 뜻에서 '방위전지(glacis)'라 부른다. 任德淳, 1985, 『政治地理學原論』, 一志社, 237~239쪽.

51 朴京哲, 1989, 앞의 글.

루트'이다.[52] 고구려는 이들 중 '조아하 루트'와 '시라무렌 루트'를 공제할 수 있는 지두우족 주지인 동몽골 지방을 그 영향권 아래로 포섭, 이곳을 제 적대세력의 송화강 유역 침투를 제어하는 차단지화하게 된 것이다.

한편 고구려는 이곳을 발판으로 동몽골 지방에 대한 경략을 보다 원활히 수행함과 동시에 스텝로드의 동단인 동몽골 일부를 확보, 내륙아시아를 포함한 제 유목문화권과의 교류를 촉진하며, 전략물자인 말 공급기반의 확대를 목적으로 "출명마"(사료 B-①)하는 지두우로 진출하고자 하였다.

5C 경 남북조시대의 동아시아 국제질서는 고구려·북조의 북위·남조의 여러 왕조들〔동진 (317~420년)→송(420~479)→남제(479~502)〕·유연·토욕혼이라는 5대 강국(major power)에 의한 세력균형체제(Balance of Power International System)가 성립되어 상대적 안정을 누리게 되었다.[53]

이런 정세 하에서 남조·유연·토욕혼은 북위의 동아시아 세계에 대한 독점적 지배권의 실현을 저지하기 위하여 서로를 잠재적 동맹 대상국으로 인식, 대 북위 공동행동을 취하는 경향이 현저하였다. 반면 북위는 고구려가 이들과 더불어 대북위 '봉쇄연환'을[54] 형성할 가능성을 저어하여 고구려의 적극적인 군사적 팽창정책을 용인할 수밖에 없었다. 따라서 고구려는 동아시아 세력균형 체제의 5대 열강 간 역학관계의 구도를 결정하는 주요한 캐스팅보트를 행사할 수 있는 존재로서 자리 매김 되게 되었다.[55]

그런데 479~481년 남조 제국(송→남제)과 유연은 토욕혼을 매개로 대북위 군사행동에 합의, 실질적인 교전 상태에 돌입하게 된다. 따라서 동북아시아에는 이러한 국제정세의 긴박성이 빚어낸 힘의 공백상태가 조성되게 되었다. 고구려는 이러한 틈새를 이용하여 479년(장수왕 67년) 유연과 더불어 지두우족의 주지를 반분 곧 '과분'하였던 것이다.[56]

한편 당시 유연의 주공방향은 470년의 북위 공격 이후 카라샤르(Karashar) 및 허텐(Khotan)에서의 지배권 획득을 염두에 둔 중앙아시아 지향적이었다.[57] 또 유연은 고구려·북위의 연대 가능

---

52 朴京哲, 1989, 앞의 글, 49~50쪽.
53 Morton A. Kaplan은 이론적으로 가능한 국제체제(International System)의 상태를 여섯 가지 전형으로 파악한 바 있다. 그는 이 모델들 중에서 다섯 개의 강대국인 '필수적 국가행위자'가 그 체제의 작용에 결정적인 기능을 수행하는 국제체제를 '세력균형체제(the balance of power International System)'라고 규정하고 있다. James E. Dougherty & Robert L. Pfaltzgraff Jr., 1981, *Contending Theories of International Relations; A Comprehensive Survey*, New York; Harper & Row, pp. 157~158. 한편 노태돈은 이러한 5~6C 동아시아 국제질서의 성격을 "국제역관계상의 연동성"이라 규정짓고 있다. 盧泰敦, 1984,「5~6C 동아시아의 國際情麗의 對外關係」,『東方學志』44, 19~20쪽.
54 堀敏一, 1979,「隋代東アジアの國際關係」,『隋·唐帝國と東アジア世界』, 唐代史研究會 編, 汲古書院, 118쪽.
55 朴京哲, 1989, 앞의 글, 44~45쪽.
56 이 '지두우 과분'사건에 대한 연구사적 검토는, 朴京哲, 2002, 앞의 글, 82~86쪽.
57 Luc Kwanten, 1984, Imperial Nomads: A History of Central Asia; 500-1500』, 宋基中 譯,『遊牧民族帝國史: 中央아

성을 배제하고 나아가 고구려를 대북위 공동전선에 포섭하고자 원했기 때문에, 지두우문제로 고구려와 불필요한 긴장 관계를 조성할 의사가 없었다. 더구나 고구려와 이 과분을 행한다는 것은 일단 흥안령 이동 지역에 있어서의 교두보를 확보할 기회가 되는 만큼 유연으로서도 굳이 이를 마다할 이유가 없었다.

그런데 479년 당시 고구려와 유연에 의해 반쪽으로 짜개진 지두우족의 거주지역의 입지에 관해서는 중국학계에서 여러 가지 논의가 진행되어 오고 있다.[58] 이에 따르면, 오늘날 중국학계는 이곳을 내몽골자치구 오주목필기(烏珠穆泌旗)에 있는 오납근곽륵하(烏拉根郭勒河) 유역 일대로 비정하고 있다. 물론 그러한 주장은 "지두우부는 남실위의 서쪽, 즉 오늘의 오주목필기에 있었다"는 정겸(丁謙)의 『위서 외국전 고증(魏書 外國傳 考證)』의 견해를 따른 것일 뿐,[59] 이렇다 할 다른 근거가 없는 실정이다. 우리 국내 학계의 일각에서도 현지 답사 후 이러한 견해를 따르면서, 고구려는 대흥안령 산맥을 넘어 이 지역으로 진출한 것으로 추론하고 있다.[60]

현재 지두우의 입지로 비정되는 동/서 오주목필기는 내몽고 최대의 초원 지대인 석림곽륵맹(錫林郭勒盟: Xilingol League)에 자리 잡고 있으면서, 현재 일부 지역에서 돌궐 계통으로 추정되는 유적지가 조사된 바 있다.[61]

필자는 이러한 점을 참조로 당시에 행해진 지두우 과분의 실상을 좀더 구체적으로 추론, 재구성해 보고자 한다[〈지도 1〉의 '몽비도량구역도(蒙匪跳梁區域圖)' 참조].

일본의 관동도독부 육군부가 1915년에 조사·작성한 흥안령 이동과 이서에서의 몽고 비적(匪賊) 활동 상황에 따르면,[62] 외몽골에 근거를 두고 흥안령 이동까지 침입해오는 이 몽비(蒙匪)들에 대한 중국군의 경계선이 조남과 요원을 중심으로 대체로 돌천(突泉)과 개로(開魯)를 잇는 선을 유지하고 있음을 알 수가 있다. 아울러 이 조사보고에 따르면, 당시 동몽골에서 순 유목생활을 하는 몽고계 주민 분포의 동한(東限)도 대략 이 돌천↔개로선을 넘지 않고 있다.[63] 이것은 당시 만주에 있어서의 순목지의 동한선과도 거의 일치하고 있다.[64] 또 그 이서에는 내몽고 최대의 초원 실링고로(錫林郭勒)가 자리 잡고 있음도 주목해야 한다. 그렇다면 비록 시대는 훨씬 뒤떨어

시아史: 500~1500』, 民音社, 40~41쪽.

58 이러한 논의와 관련해서는, 主編 孫進己·馮永謙, 1989, 『東北歷史地理』(第二卷), 黑龍江人民出版社, 153~154쪽.

59 主編 孫進己·馮永謙, 1989, 위의 책, 154쪽.

60 徐吉洙, 1999, 「답사보고: 내몽고 大興安嶺 주변 歷史遺蹟 踏査記, 광개토대왕 서북 정복로 대탐사 일정보고」, 『高句麗研究』7, 387~396쪽.

61 國家文物局 主編, 2003, 『中國文物地圖集: 內蒙古自治區分册(下)』, 西安地圖出版社, 501~502쪽.

62 關東都督部 陸軍部, 1915, 『東蒙古』, 兵林館, (附)蒙匪跳梁區域圖.

63 關東都督部 陸軍部, 1915, 위의 책, 28~32쪽.

64 田中秀作·村上鈑鐵, 『日本地理大系: 滿洲·南洋篇』, 255쪽.

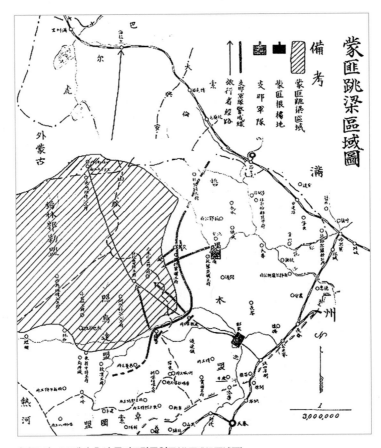

〈**지도 1**〉 20세기 초의 몽비도량구역도(蒙匪跳梁區域圖)

지지만, 이 지역의 자연 및 인문환경적 특수성을 감안, 이러한 자료들을 토대로 당시 지두우 과분의 실상을 추찰해 볼 수 있다.

즉 고구려는 돌천↔개로선 이동의 구철리목맹(旧哲里木盟) 지역의 대부분을, 그리고 유연은 그 이서의 구철리목맹 지역 나머지 부분과 시라무렌 북안의 구조오달맹(旧照烏達盟) 지역 그리고 무엇보다도 실링고로맹(盟)에 위치한 지두우족의 주지를 각각 자기 세력 범위로 설정하여 흥안령 산록의 동몽골 지방을 과분하였을 것이다.

한편 지두우는 남으로 고막해(庫莫奚)·거란과 잇닿아 있었다고 한다. 이 경우 요서의 조양에서 동몽골의 개로를 있는 선을 경계로 고막해와 거란은 양립하고 있었다.[65] 따라서 그 북측의 지두우에서의 고구려/유연의 세력 범위가 〔조양·개로〕선을 북측으로 연장한 〔개로·돌천〕선에서

---

65 李在成, 1996, 앞의 책, 93~109쪽.

갈라진다는 점도 흥미로운 사실이 아닐 수 없다.

고구려는 지두우 과분을 행하는 과정에서 자기 좌측방 작전선과 맞물리는 남쪽의 거란에 대한 군사적 압력을 가중시킨다(사료 B-②·③). 사료 B-③의 "위고려소침(爲高麗所侵)"이라는 표현은 그러한 고구려의 군사행동이 매우 의도적·노골적인 그것이었음을 시사해 준다.

이들 거란은 466~470년 경 거란부가 주변 제부의 대북위교역을 알선·주도함을 계기로 이를 중심으로 '실만단부(悉萬丹部)·아대하부(阿大河部)·복불욱부(伏弗郁部)·우릉부(羽陵部)·일련부(日連部)·필려부(匹黎部)·토육우부(吐六于部)'가 연맹하는 '거란 고8부'를 결성한다.[66]

그런데 당시 고구려는 변방 이종족들의 정치적 자율성을 억압하고, 나아가 그들 사이의 정치적 통합의 움직임을 저지하고자 하는 이종족 지배정책을 구사하고 있었다.[67]

예컨대 6C 초 송화강 유역에 구축된 고구려의 "扶餘川中四十餘城"[68]이라는 요새 망은 이곳 말갈계 주민들의 정치적 삶에 대한 결정적 규정력으로 작용하고 있었던 것이다. 곧 고구려는 말갈 제 족 간의 정치적 각성에 따른 통합 움직임을 사전에 봉쇄하며, 경제적 수탈과 군사동원의 효율성을 제고시키기 위하여, 이 제 거점의 우월한 군사력을 매개로 분리지배정책(divide and rule)을 철저히 추진코자 한 것으로 파악되어 진다.[69] 따라서 고구려는 479년 어간의 지두우에 대한 군사행동을 빌미로 거란에 대한 노골적인 군사적 압박을 통하여 거란의 정치적 통합 노력을 무산시키고, 나아가 이들 중 상당수를 자기 지배권 아래로 포섭하고자 하였다. 이 과정에서 '거란 고8부'는 해체되고, 그 내부 세력 재편의 움직임이 진행되게 된다. 즉 거란의 제 집단은 북위로 내부하거나(사료 B-②·③), 고구려 혹은 유연의 지배권 아래로 들어가게 된다.[70]

한편 북위도 이 문제로 고구려와 알력이 발생하는 것을 원치 않았다. 따라서 그들이 백랑수(白狼水, 대릉하 상류)[71] 이서의 북위령에 진입하는 것을 허락치 않고 있었다. 북위는 다만 인도적인 명분으로 거란의 입관교역을 허용(사료 B-②), 필요한 경우 이들의 군사력을 이용할 빌미를 유보해 놓고자 하였던 것이다.

B-④ 庫莫奚 …… 太和四年(480년) 輒入塞內 辭以畏地豆于鈔掠 詔書切責之(『魏書』卷100 列傳 88 庫莫奚傳)

---

66 李在成, 1996, 앞의 책, 155~163쪽.
67 『隋書』卷84 列傳49 北狄 契丹傳.
68 『三國史記』卷22 高句麗本紀10 寶藏王 27年 2月條.
69 한편 고려 또한 여진인들의 정치적 통합 움직임을 저어하여 이에 대응하는 제 시책을 실시하였다. 高承齊, 1976, 「高麗封建制度의 形成過程과 邊疆地帶의 村落創設政策」, 『白山學報』20, 328~331쪽.
70 李在成, 1996, 앞의 책, 164~180쪽.
71 현재의 요녕성 객좌현에 한대의 백랑진 유적이 있다.

B-⑤　太和十有四年(490년) 夏四月 地豆于 頻犯塞 甲戌征西大將軍 陽平王熙擊走之五月乙酉
　　　　庫莫奚犯塞安州都將軍樓龍兒擊走之(『魏書』卷7下 帝紀7 高祖紀 下)

지두우 과분(479년) 이후 이 방면에서 지두우와 고막해, 지두우와 북위 및 고막해와 북위 간
에 무력충돌이 빈발하고 있음이 주목된다. 이 사실은 고구려가 지두우족을 군사적 부용세력
화하여 동몽골 지방에서의 세력 확산을 위한 첨병으로 구사하고 있었음을 짐작케 해 준다(사료
B-④·⑤).

480년 고구려의 사주를 받은 지두우족이 대 고막해 군사행동을 감행하자, 고막해는 이를 감
당할 수 없어 북위 영내로 분주(奔走)하는 사태가 발생하지만,[72] 북위는 "조서절책지(詔書切責
之)"라는 소극적 대응에 그침으로써(사료 B-④),[73] 고구려의 동몽골에서의 우월적 지위는 확고해
졌다. 이제 고구려는 이 방면에서의 세력 구도를 자신에게 유리하게 형성하면서, 482년에는 지
두우의 대북위 사행(使行)마저[74] 인용하는 여유를 가질 수 있게 되었다.

그리고 고구려는 490년 여름 4월에 지두우로 하여금 대북위 군사행동을 벌이게 함으로써(사료
B-⑤), 이 방면에서의 자기 힘을 과시하였다. 결국 지두우 과분 이후 전개된 동몽골에서의 정세
변동은 북위의 이 방면에서 행사할 수 있는 통제역량의 취약성을 노정시킨 결과가 된 셈이다.[75]

B-⑥　阿那瓌來奔之後 其從兄俟力發婆羅門率數萬人入討示發破之 示發走 奔地豆于 爲其所
　　　　殺(『魏書』卷103 列傳91 蠕蠕傳)

흥안령 산맥 기슭 동몽골 지방의 서반부의 지두우족을 그 세력권 내에 포섭한 유연은 유목제
국 특유의 유목봉건제에[76] 입각, 지두우족 고유의 부족 구조를 온존시킨 위에 가한(可汗) 일족을
이곳에 파견, 지두우의 움직임을 통제하는 한편, 현지의 부족장을 매개로 공납을 징수하는[77] 지
배·수탈기제를 운영하였으리라 추정된다.

그런데 520년 유연의 가한 추노(醜奴)가 난정(亂政)으로 피살되고, 그 동생인 아나양(阿那瓌)

72　그러나 노태돈은 이 사태를 '과분' 이후 지두우족의 일부가 해족 지역으로 달아나 초략(抄掠)을 행한 것으로 본다. 盧
　　泰敦, 1984, 앞의 글, 17쪽.
73　노태돈은 이러한 북위의 소극적인 대응조치로 동부 내몽고 지역에 있어서 북위의 영향력과 위신이 실추되었다고 본
　　다. 盧泰敦, 1984, 위의 글, 17쪽.
74　『魏書』卷7 帝紀(上) 高祖紀(上) 太和 6年 2月 戊申條.
75　朴京哲, 1989, 앞의 글, 51~52쪽.
76　'유목봉건제'에 관해서는, 後藤富男, 1968, 『內陸アヅア遊牧民社會の硏究』, 吉川弘文館, 330~352쪽.
77　護雅夫, 「北アジア古代遊牧國家の構造」, 『世界歷史; 古代(6)』, 378쪽.

이 계위하게 되었으나, 지두우족을 그 세력 기반으로 하고 있던 족형(族兄) 시발(示發)의 공격을 받고 아나양은 북위로 南奔·망명하는 내분이 발생하였다.[78] 그러나년 521년 시발도 그 종부형(從父兄)인 파라문(婆羅門)의 공격을 받고, 그의 통제 하에 있던 지두우족의 주지로 달아났다가 그곳에서 피살되고 만다(사료 B-⑥). 이 사건을 계기로 지두우족은 유연의 명에서 벗어나게 되었다.[79] 한편 고구려는 내홍으로 동부 내몽고 지방에서 유연족의 세력이 퇴조를 보이게 되자, 돌천(突泉)↔개로(開魯) 이서의 지두우족에 대해서도 그 영향력 침투를 획책하였으리라 추정된다.[80]

4. 동몽골에서의 고구려와 제열강의 세력경합상(5C 말 이후)

북위는 5C 중반 이래 동북아시아에서의 고구려 패권을 인정함으로써 동아시아 세계에서의 궁극적인 자기 패권을 공고화시키려는 세계정책을 수행해 나갔다. 북위는 이런 입장에서 이 지역에서의 고구려의 우월적 지위를 용인하는 입장을 취할 수밖에 없었다. 이런 북위 측의 정책은 492년 문자왕에게 "使持節都督遼海諸軍事征東將軍領護東夷中郎將遼東郡開國公高句麗王"라는 관작을 제수함을 통해서 표명되고 있다.[81]

여기서 특히 "도독요해제군사(都督遼海諸軍事)"라는 표현에 주목해야 한다. 본래 '요해'란 요하 유역에서 해빈에 이르는 광활한 지구를 일컫는 말이나, 실상은 그 기본은 '요하지서(遼河之西)'로서, '거란·해·습(霫)'을 '요해삼번(遼海三藩)'이라 칭한다.[82] 이를 보면, 북위는 '거란·해·습'의 주 활동무대인 동몽골에서의 고구려의 군사상의 우월적인 지위를 인정하고 있음을 알 수 있다. 즉 북위는 이 지역에서 훨씬 더 강성한 유연의 존재를 인정하기 보다는, 상대적으로 비적대적인 고구려의 위상을 높임으로써 불안정한 소강상태를 유지하고자 한 것 같다.

C-①   太和(477~499년)中, ……, 先是 契丹虜掠邊民六十余口 又為高麗擁掠東帰……(『魏書』卷 32 列傳20 封懿 附 封軌傳)

---

78 『魏書』卷103 列傳91 蠕蠕傳.

79 북위 정광(正光) 5년(524년) 및 무정(武定) 연간(544년, 546년, 549년)의 지두우 인공(人貢) 기사가 동몽골 지방에서의 이러한 정세 변화를 반영하고 있는 것으로 본다. 『魏書』卷9 帝紀9 肅宗紀 正光 5年條 및 『魏書』卷12 帝紀12 武定 2年(544년) 4年·7年(549년)條.

80 朴京哲, 1989, 앞의 글, 53쪽.

81 『三國史記』卷19 高句麗本紀 7 文咨明王 元年 春正月條.

82 孟廣耀, 2002, 『北部邊疆民族史研究』(上), 哈爾濱, 黑龍江教育出版社, 27~28쪽.

사료 C-①은 문자왕 대인 492~499년에 거란인들이 고구려의 비호 아래 북위의 변경민들을 노략하고 있음을[83] 시사하고 있다. 이 사실은 고구려가 자기들의 지배하에 있는 거란인들의 인신약취(人身掠取)를 교사(敎唆)하고, 피랍인들을 인신매매나 자신들의 영농에 종사시킴을 통하여 상당한 수익 을 챙기고 있었음을 엿보게 해 준다. 이 경우에도 역시 북위는 소극적인 외교적 대응조치로 일관하고 있었던 것이다.

502년 요녕성 의주(義州) 만불동(萬佛洞) '尉喩奚丹使 韓貞'의 각문의 존재는 북위가 지두우 과분 이후 귀부하여(사료 B-②) 새로운 거란의 중심 세력으로 성장하고 있던 물우부와 고막해를 적극적으로 위유(尉喩)하고자 하였음을 보여 준다. 그러나 이마저도 5C 초 동몽골에서 다시 세력을 회복한 유연과 북위 관계가 꼬이게 됨에 따라 여의치 못하게 된다.[84]

6C 중엽에 들어와 3국(북제·북주·진) 정립기에 들어간 중원과 돌궐(突厥)의[85] 대두라는 북아시아 스텝 지대에서의 세력 변동에 따른 과도기적 혼란과[86] 신라의 급성장에 따른 한반도 내 역관계의 변화에[87] 내환까지[88] 겹쳐, 고구려는 한동안 대내·외 정책조정기를 경과하는 진통을[89] 감수하여야 했다.

C-② 陽原王七年(551년) 秋九月, 突厥来囲新城, 不克, 移攻白巖城. 王遣将軍高紇領兵
    一万, 拒克之, 殺獲一千余級(『三國史記』 권19 高句麗本紀7)

돌궐은 투르크계 유목민족으로서 아사나(阿史那)씨를 지배씨족으로 하여 알타이산맥의 철 생산에 힘입어 545년경부터 강성해져, 철륵[鐵勒, 정령(丁零)]을 그 세력권 하에 포섭(546년)한 토문(土門, Bumin) 즉 이리(伊利)가한과 목간(木杆)가한(553~572년) 대에 유연을 공멸시키고(552~555년) 북아시아 전 스텝 지대의 패권을 장악하였다.

83 李在成, 1996, 위의 책, 178~179쪽.
84 李在成, 1996, 위의 책, 193~198쪽.
85 돌궐사는 대체로 돌궐 제1가한국(可汗國)기(552~630년) ⇒ 당의 기미지배기(630~676년) ⇒ 동돌궐제2가한국기 (682~744년)로 대별되고 있다. 돌궐사 전반에 관해서는, 護雅夫·神田信夫 編, 1981, 「突厥の遊牧國家」, 앞의 책, 8 1~119쪽; Luc Kwanten, 1984, 앞의 책, 53~85쪽; 劉義棠, 『中國邊疆民族史』, 中華書局, 209~223쪽, 265~311쪽.
86 6C 중엽이후의 대륙정세 변동에 관해서는, 盧泰敦, 1984, 앞의 글, 46~55쪽.
87 신라의 급성장과 이에 따른 한반도 내 역관계의 변화에 관해서는, 盧重國, 1981, 「高句麗·百濟·新羅사이의 力 關係變化에 대한 一考察」, 『東方學志』28, 80~86쪽; 金秉柱, 1984, 「羅濟同盟에 관한 研究」, 『韓國史研究』46, 36~39쪽.
88 6C 중반 고구려의 내분에 관해서는, 李弘植, 1971, 「"日本書紀" 所載 高句麗關係記事考」, 『韓國古代史研究』, 新丘 文化社; 盧泰敦, 1976, 「高句麗의 漢水流域喪失의 原因에 대하여」, 『韓國史研究』13, 31~35.
89 6C 중엽이후 고구려가 재조율한 대내·외정책에 관해서는, 盧重國, 1979, 「高句麗律令制에 관한 一試論」, 『東方學 志』21, 117~121쪽; 盧泰敦, 1984, 앞의 글, 81~86쪽.

외몽골 오르혼(Orkhon) 하반(河畔)의 호쇼-촤이담(Kosho-Tsaidam)에 위치한 궐특륵(闕特勒, kul-Tegin)비와 비가가한(毗加可汗, Bilgä-garan)비에 따르면, 552년 2월 이전부터 고구려와 돌궐 간에 혹종의 교섭이 있어 왔고, 또 그만큼 고구려가 북아시아 스텝지대의 정세 파악에 부심하면서, 그에 대한 시의적절한 대응조치를 강구하여 왔음을 시사해주고 있다.[90]

당시 고구려는 동위(東魏, 534~550년)에 견사(遣使) 하면서 유연과도 전통적인 우호관계를 유지하는 한편, 돌궐의 발흥이[91] 북아시아 스텝지대에 몰고 올 파문을 예상, 547년 "개축백암성(改築白巖城) 즙신성(葺新城)"하는 등[92] 요하 방어선을 강화하는 조치를 취하였다.

한편 돌궐은 551년 6월 서위(西魏)와 혼인동맹을 맺고, 유연 공멸이라는 당면 과제에 장애요인화할 우려가 있는 유연·북제(550~577년)·고구려의 연결 가능성에 미리 쐐기를 박기 위하여 년 551년 가을 9월 고구려에 대한 견제 군사행동을 감행, 고구려의 요하방어선의 주요 거점인 신성과 백암성(요양 동남)을 공격한다(사료 C-②).[93]

그러나 이런 돌궐의 군사행동은 자기들의 중심 세력권인 외몽골의 알타이 산록으로부터 유연이 공제하고 있는 외몽고 스텝지대를 거쳐 시라무렌 루트를 따라 전개된 유목기마민족 특유의 기동력에 의존한 일종의 대고구려 무력시위적 성격이 짙었던 것이다. 따라서 고구려는 중앙에서 파견한 1만정도의 병력을 가지고도(사료 C-②), 이에 효율적으로 대응할 수 있었다.

C-③   室韋分爲五部 …… 大室韋 無大君長 人民貧弱 突厥常以三吐屯惣領之 …… 南室韋 其
　　　國無鉄取給於高麗(『隋書』卷84 列傳49 北狄 室韋傳)

---

90 돌궐의 시조인 토문가한(Bumin)과 실점밀(室點蜜, Istämi)의 사후, 그것을 조문한 제국명의 필두에 "Bökli" 즉 고구려가 있다. 그런데 Bumin은 552년 2월 아나양이 이끄는 유연에 치명적 타격을 준 그 해에 사망하였던 것이다. Orkhon비 문에 나타는 고구려와 돌궐과의 관계에 관해서는, 李龍範, 1959, 「高句麗의 遼西進出企圖와 突厥」, 『史學研究』4, 44~46쪽; 盧泰敦, 1984, 앞의 글, 49쪽 주119).

91 토문은 서위(535~577년)와 통교하고, 546년 준가리아(Zungaria) 분지의 철륵 제족을 자기 세력권 하에 포섭하여, 북아시아의 스텝 지대에 독자적인 세력기반을 확고하게 구축하였다.

92 『三國史記』卷19 高句麗本紀 陽原王3年(547년).

93 이용범은 사료 C-②의 돌궐내위기사 자체에 대해 그 연대와 지명에 의문을 표시하고 있다. 그러나 그는 그것이 551년 이후에 전개된 돌궐-고구려 간의 접촉의 빈번함을 시사하는 사료로서 독자적인 가치가 있다고 본다. 李龍範, 1959, 앞의 글, 43~46쪽; 李龍範, 1974, 「"三國史記"에 보이는 對外關係記事: 특히 北方民族에 대하여」, 『震檀學報』38, 210쪽. 한편 노태돈은 돌궐 내위 기사의 신빙성에 강한 의문을 제기하며 551년을 전후한 시기에 유연 세력의 붕괴에 따르는 파동이 요하선 이동 방면까지 밀려왔고, 이 사태가 한수 유역 상실의 원인이 된 바, 그것이 곧 이은 돌궐 내침에 의해 보다 장기적이고, 보다 큰 위험으로 대치됨에 따라, 그 때의 경험을 뒤의 돌궐의 그것과 연결시켜, 한수 유역을 상실한년551년에 "돌궐내위(突厥來圍)"를 주장하였다고 본다. 盧泰敦, 1976, 앞의 글, 35~40쪽; 盧泰敦, 1984, 앞의 글, 49~51쪽. 그러나 모리 마사오(護雅夫)는 552년에 돌궐이 유연을 대파하기 이전일지라도, 551년 돌궐 일파가 고구려에 침입할 가능성이 없지 않다고 본다. 護雅夫, 1980, 『古代トルコ民族史研究』I, 山川出版社, 284쪽의 주 38).

오늘날 치치하얼시에 위치한 회교사원인 '청진사(淸鎭寺)'의 존재는 북아시아 스텝지대로부터 이 지역으로 유목세력이 침투할 수 있는 루트가 오래 전부터 가동되고 있었음을 시사해 주고 있다. 6C 중엽 이래 돌궐은 고구려의 지두우 차단지대를 크게 우회, 송화강 유역 북측의 눈강 루트를 따라 그 세력 확산을 꾀하였다. 곧 돌궐은 송화강 유역 북안에서 흑룡강 연안에 이르는 실위에 까지[94] 세력을 확장하여 지방관인 토둔(吐屯)을 파견하였던 것이다(사료 C-③).

그러나 고구려는 6C 중엽 이래 한동안 대내·외 정책 조정기를 거친 후에 다시 송화강 유역 경영을 적극화할 수 있게 되었다. 당시 저돌적인 돌궐세의 팽창은 거란·말갈등 동북아시아 제 세력의 적대감을 유발시켰다. 따라서 돌궐은 거점의 안정적 확보에 차질을 빚을 수 밖에 없었고, 취약하면서도 깊은 종심을 가진 작전선에 의존하여 군사행동을 수행해야만 하였다. 반면 고구려는 비교적 장기간에 걸쳐 요서 및 동몽골 지방과 송화강 유역에 그 세력을 다져왔던 것이다. 따라서 6C 후반에 들어와 고구려는 이 눈강 유역을 따라 침투하고 있는 돌궐 세력을 맞아 효율적으로 대처해 나갈 수가 있었던 것이다.

'남실위'란 눈강 유역의 치치하얼을 중심으로 흥안령산맥 이동 이륵호(伊勒呼) 산맥 이남 지역의 군소 제족의 총칭이다.[95] 당시 고구려는 "부여천중 10여성(扶余川中十余城)"이라는[96] 확고하게 조성된 제 군사거점을 전진기지 삼아 남실위에 대하여 전략물자인 철과 금을[97] 공급하면서(C-③) 세력 부식을 꾀하는 등 대돌궐 역공을 벌이게 된다. 어쩌면 479년에 고구려가 확보한 지두우 지역이 이 남실위로의 세력 확산에 있어 우측방 작전거점으로 그 구실을 다하였을 것으로 추정할 수도 있다.

뿐만 아니라, 실위의 초피(貂皮, 담비가죽)[98]는 말갈의 초피와 더불어 거란이나 고막해에서 생산되는 문피(文皮)에 비해 중원에서 매우 고가로 거래되는 품목이었다.[99] 따라서 고구려는 교역, 곧 실위에 철을 공급하는 대가로 혹은 공납을 매개기제로 실위의 초피를 획득할 수 있었을 것이다. 그리고 고구려는 잉여분의 초피를 중원 방면에 전매함을 통하여 상당한 경제적 이익을 볼 수 있었을 것이다.

C-④ (a)天保三年(552년) 文宣至營州 使博陵崔柳使于高麗 求魏末流人 …… 柳以五千戶反命

---

94 '실위'의 시대 별 지칭 범위에 관해서는, 李龍範, 1975, 앞의 글, 57~58쪽.
95 李龍範, 1966, 「高句麗長城과 鐵」, 『白山學報』1, 86쪽.
96 『三國史記』卷92 高句麗本紀10 寶臧王27年(668년) 2月條.
97 土少金鐵 率資於高麗(『唐書』卷219 列傳144 北狄 室韋傳).
98 『魏書』卷100 列傳88 失韋條.
99 李在成, 1996, 앞의 책, 139쪽의 주 64.

『北史』卷99 列傳82 高句麗傳)

(b)天保四年(553년) 九月, 契丹犯塞 文帝親戎北討(『北史』卷94 列傳8契丹傳)

(c)天保四年(553년) 冬十月丁酉, 帝至平州 …… 辛丑, 至白狼城. 壬寅, 經昌黎城(『北齊書』卷4 帝紀4 文宣)

552년 돌궐에 의해 치명적 타격을 입은 유연의 여중(餘衆)이 철벌(鐵伐) 가한을 옹립하고 남분, 요해 지역의 거란을 압박하면서 상쟁을 벌이는 와중에서, 거란의 일부가 다시 북제의 북변을 초략하는 사태가[100] 발생하였다.

이것을 빌미로 북제(北齊)의 문선제(文宣帝)는 북위 말 이래 이완된 동북경영의 적극화를 기도하였다. 즉 북제는 552년 고막해 토벌전의 여세를 빌어, 외교적 압력을 가하여, 북위 말의 혼란을 피해 고구려로 동사(東徙)해 있던 유민 5천호를 쇄환해간다[사료C-④-(a)].[101] 그리고 이듬해인년 553년 겨울 10월 문선제는 요서 방면의 거란에 대한 친정을 단행한다. 곧 대릉하 상류(白狼水) 이동 지역으로 분주해 있던 거란 일부는 북위 말의 혼란기에 백랑수 이동-청산[요녕성 의현(義縣)] 이남으로 유목지역을 확대, 중원 세력의 동북 방면의 전선거점인 영주를 압박하고 있었다. 따라서 553년 문선제는 평주[하북성 노룡(盧龍)]에서 북제군을 동서로 분군, 자신은 서군을 지휘, 희봉구(喜峰口) 부근에서 대릉하 방면으로 진군, 조양 동북에서 거란 주력을 공파하였다. 이 때 동군도 청산 방면에서 거란 별부(別部)를 공멸시켰다.[102] 문선제는 이어 창려성[昌黎城, 조양·금주(朝陽·錦州) 방면]까지 순시하면서[사료C-④-(b)·(c)], 고구려에 대한 무력시위를 전개하였다. 그러나 고구려에 대한 북제의 위협은 553년 이후 북제의 북주·진과의 상쟁이 격화되고 북제·북주 양국이 요서 경략보다는 오히려 돌궐 세력의 이용에 부심하는 등, 대내·외적 제약 여건으로 인하여 일시적인 그것에 그쳤다.

C-⑤　時 後周武帝出師伐遼東 王領軍逆戰於拜山之野, 溫達爲先鋒, 疾鬪斬數十餘級 諸軍乘勝奮擊大克(『三國史記』卷45 列傳5 溫達傳)

고구려가 북주(北周)와 직접 교섭을 갖게 된 것은 북주가 북제를 멸한 577년 이후이다.[103] 그런데 사료 C-⑤에 따르면 여·북주간의 무력충돌은 무제(560~578년) 대이다. 따라서 온달이

---

100 盧泰敦, 1976, 앞의 글, 38~39쪽; 盧泰敦. 1984, 앞의 글, 49~51쪽.
101 이 문제에 관한 제 논의는, 이성제, 2005, 『高句麗의 西方政策 硏究』, 141~169쪽.
102 田村實造, 1967, 『中國征服王朝の硏究』(上), 東京, 東洋史硏究會, 68쪽.
103 『三國史記』卷19 高句麗本紀7 陽原王19年條.

활약한 배산(拜山) 회전은 577~578년 사이에 있었던 것으로 추정할 수가 있다. 577년 북제를 공멸한 북주 무제(560~578년)가 진(陳)을 공벌하기에 앞서 진과 빈번한 통교관계가 있는 고구려의 요서 및 동몽골 방면에서의 활발한 움직임에 의구심을 가진 나머지 이를 견제하기 위하여 577~578년 사이에 요동 방면에 대한 군사행동을 일으켰으나, 고구려에게 패하고 만다(사료 C-⑤). 여기서 북주의 지배 집단은 훗날 수·당의 그것과 그 맥락을 같이 하는 무천진군벌(武川鎭軍閥) 출신들이라는 점은 매우 눈 여겨 볼 사항이다.

C-⑥ 其後為突厥所逼 又以万家寄於高麗(『隋書』卷84 列傳49 北狄 契丹傳)

C-⑦ 天子震怒下詔曰, …… 東夷諸國 尽挾私讐 西戎群長 皆有宿怨 突厥之北 契丹之徒 切齒磨矛 常何其便 …… 往年利稽察大為高麗靺鞨所破(『隋書』卷84 列傳49 北狄傳 契丹)

552~555년 어간에 새로이 북아시아 스텝 지대의 패자로 등장한 돌궐의 동몽골 이동 지역으로의 진출 위협은[104] 6C 중엽~6C 말 경 보다 광범위하고 지속적으로 전개되었다. 한편 552~553년 경 대륙 정세의 변동에 따른 유연·고막해·거란·북제 간의 동몽골 및 요서 지방에서의 잇단 무력충돌은 북방의 돌궐이나 동북의 고구려라는 양대 세력의 비호 하에서만 그 존립이 가능할 정도로 거란 세력을 위축시켰다.[105] 따라서 555년 이래 흥안령을 넘어 시라무렌선을 따라서 동몽골 지방으로 침입한 돌궐은 572~581년 경 토둔[106]을 파견을 하여 거란·고막해 등의 제족에 대한 감독권과 징세권을 행사했다.[107]

사료 C-⑥은 555~580년 어느 시점에서[108] 광개토왕 대 이래 이미 고구려의 부용세력화 되어 있던 거란 집단 외에도 또 다른 집단이 "又以万家寄於高麗"하게 되었음을 보여 주고 있다. 이제 고구려는 개원(開原)·창도(昌図) 방면에 구축한 제 군사거점에서 요원을 거쳐 시라무렌 루트를 거슬러, 이 방면으로 침투하는 돌궐과 거란의 귀속권 문제를 판가름하는 각축전을 벌이게 되었다.[109]

사료 C-⑦은 돌궐의 저돌적인 동몽골 진출이 빚어낸 주변 제 세력과의 긴장관계를 잘 보여

---

104 『周書』卷50 列傳42 異域下 突厥傳.

105 田村實造, 1967, 앞의 책, 68쪽.

106 토둔(tudun)이란 돌궐이 이족 지역에 파견되어 그 국왕·추장의 정치적 행동에 대해 감찰 곧 통감의 의무와 함께 그 추장·국왕을 통한 징세에 대해서도 통감하는 의무를 지닌 관명이다. 한마디로 그는 중국에서의 어사와 징세관의 직능을 겸유하고 있었다. 李在成, 1996, 앞의 책, 206쪽.

107 李在成, 1996, 위의 책, 206쪽.

108 李在成, 1996, 위의 책, 207쪽.

109 李龍範, 1958, 앞의 글, 69~72쪽.

주고 있다. 당 사료는 북제 말 이래 반독립적인 세력을 형성하고 있던 영주자사 고보녕(高寶寧)
이 돌궐 사발략(沙鉢略) 가한의 후원 하에 말갈·거란과 더불어 일으킨 반란을 진압함을[110] 계기
로 582년 수 문제가 내린 조서의 일부이다. 따라서 이 고구려와 돌궐의 충돌은 582년 이전 발생
했던 것으로 추정된다.[111] 혹자는[112] 이 사료 C-⑦과 관련, 고구려가 목간가한(553~572년)의 동
생인 지두가한[地頭可汗 = 동면가한(東面可汗)][113] 지휘 하의 이계찰(利稽察)의[114] 병단을 대파했던
것으로 파악하기도 한다.

C-⑧ 開皇四年(584년) 率莫賀弗来謁 五年(585년) 其衆款塞高祖納之 聽居其故地(『隋書』 卷84
列傳49 北狄 契丹傳)

C-⑨ 開皇六年(586년) 其諸部相放擊, 久不止 又与突厥相侵 高祖使使責讓之(『隋書』 卷84 列傳
49 北狄 契丹傳)

C-⑩ 其後契丹別部出伏等背高麗 率衆内附 高祖納之 安置於渴奚那頡之北(『隋書』 卷84 列傳
49 北狄 契丹傳)

C-⑪ 開皇(581~600년) 末 其別部四千余家 背突厥来降. 上方与突厥和好 重失遠之心, 悉令
給量還本 勒突厥撫納之 固辭不去 部落漸衆遂北徙逐水草 当遼西征北二百里(『隋書』 卷
84 列傳49 北狄 契丹傳)

사료 C-⑧~⑪은 수 문제 개황(開皇) 연간(581~600년)에 동몽골에서 전개된 거란족 지배권의
향방을 위요한 고구려·돌궐·수 간의 각축상을 잘 보여주고 있다.

수는 582년 고보녕의 반란을 진압함을 계기로 이 방면의 거란족에 대하여 세력침투를 꾀하였
다. 반면 돌궐은 583년을 고비로 내홍과 몽고고원에서의 천재지변으로 급격히 세력이 약화되다
가. 마침내 수의 이이제이정책이 주효하여 584년 동·서로 분열하게 된다.[115]

110 『北齊書』 卷41 列傳33 高寶寧傳. 『隋書』 卷39 列傳4 陰壽傳.
111 李在成, 1996, 앞의 책, 210쪽. 고구려가 이계찰의 병단을 대파한 시기에 관해서는, 이용범은 늦어도 북주 말 경
   (577~581년)으로, 노태돈은 그것이 582년 이전에 있었던 것으로 추정한다. 李龍範, 1958, 앞의 글, 72~73쪽; 盧泰
   敦, 1976, 앞의 글, 52~53쪽.
112 朴京哲, 1985, 앞의 글, 131쪽.
113 護雅夫, 1980, 앞의 책, 14~15쪽.
114 '찰(察)'은 Šad(設)로서 돌궐 28등의 관계 중의 하나이다. Šad는 아사나 일문출신으로 피지배 제 족을 집단적으로
   지배하는 일종의 봉건영주인 바, 대개의 경우, 현지 족장을 통하여 조세와 군사력을 수탈한다. 모리 마사오(護雅
   夫)는 이러한 돌궐의 영역통치구조를 '봉건제'라 관념하고 있다. 護雅夫, 1980, 위의 책, 94쪽; 護雅夫·山田信夫·
   佐口造 譯註, 1982, 『騎馬民族史』 Ⅱ, 平凡社, 48쪽의 주 7).
115 李在成, 1996, 앞의 책, 212~213쪽.

584~585년 거란족의 일파가 막하불(莫賀弗)[116] 다미(多弥)의 인솔 아래[117] 수에 귀부하게 된 사태(사료 C-⑧)는 582년 이후 2년여 간에 걸친 수의 적극적인 대거란 초무책의 성과의 일단을 보여주는 것이다.

한편 전통적으로 이 지역에 깊은 이해관계를 갖고 있는 고구려와 돌궐은 각각 그 지배권아래의 거란 諸部를 조종하여 "其諸部相放擊 久不止"(사료 C-⑨)케 하였다. 특히 고구려의 비호를 받는 거란 제 부는 "又与突厥相侵"(사료 C-⑨)함으로써 고구려의 동몽골 지방 경략의 첨병적 역할을 수행하였다. 한편 583~585년 돌궐에 대한 우월적 지위를 확립하고, 중원 통일 도모하던 수는 이 방면에서의 고구려의 강세를 억제하여, 동몽골 및 요서 방면의 현상유지를 꾀하였다. 여기서 수는 586년 상쟁 중인 거란 제 부와 그 배후 세력인 고구려·돌궐에 대해 외교적 압력을 가하여(사료 C-⑨), 이 방면에서의 빈번한 군사적 갈등을 최소화함으로써, 이 지역에 있어서의 고구려 및 돌궐 세력의 확산을 억지코자 하였다.

수는 589년 중원을 통일한 여세에 힘입어 종래의 '요서회랑지대(遼西回廊地帶)'의[118] 안정적 확보정책을 탈피, 요서 및 동몽골 지방에서 고구려와 돌궐 세력을 배제하고 거란족에 대한 지배권을 독점하고자 하였다. 본래 고구려와 부용 관계를 가지고 있던 거란 별부인 출복부(出伏部)가 고구려 지배권 아래에서 이탈, 수에 귀부한 것(사료 C-⑩)은 수의 거란 경략이 상당히 적극화되었음을 시사하는 것이다.

본래 힘(force)과 이익(interest)은 '부용' 관계를 매개로 한 열강의 이종족 지배 정책의 지렛대 구실을 한다. 따라서 고구려와 당해 거란 집단 사이의 관계가 일방적인 지배-피지배 관계 그리고 착취-피착취 관계로 일관될 수만은 없는 것이다. 고구려는 일찍이 이 점에 주목, 힘을 통한 제압과 이익을 미끼로 한 초무를 매개기제로 한 이종족 집단에 대한 실효적 지배 정책을 수립, 이를 관철하고자 하였을 것이다. 그러나 사료 C-⑩은 고구려의 이들에 대한 장악력이 수의 동몽골 경략이 적극화되게 됨에 따라 급격히 떨어지고 있음을 잘 보여 주고 있다. 이는 7C 초 속말말갈의 한 분지 집단인 돌지계(突地稽) 집단이 수로 도찬한 사건[119] 등과 더불어 고구려의 피지배 이종족 집단에 대한 자기 지배권 확립·유지에 있어 힘과 이익이 점하는 중요성을 새삼 환기 시켜주는 사례이다.

---

116 '막하불'은 대략 '읍락의 거수'로 파악할 수 있다. 盧泰敦, 1976, 앞의 글, 44쪽의 주 20).

117 『隋書』卷1 帝紀1 高祖上 開皇5年(585년) 夏4月 甲午條에 따르면, 수에 내부한 거란주는 '다미'로 되어있다.

118 '요서회랑지대'란 화북에서 희봉구나 고북구(古北口)를 통과하여 영주 부근 약간 북측까지의 대상통곽지대(帶狀通廓地帶)로서 대수당 70년 전쟁 때에도 이 회랑지대는 수·당군의 작전선으로서 중요한 역할을 다하였다고 본다. 李龍範, 1959, 앞의 글, 71쪽; 田村實造, 1967, 앞의 책, 68쪽.

119 『隋書』卷81 列傳46 東夷 靺鞨傳.

그러나 수는 그들의 영향권 하에 포섭된 것으로 간주하고 있던 동돌궐의 반발을 우려, 590년 대 후반(개황 말) 돌궐 지배 하의 거란별부 4천여 가가 내부하여 온 것을 수·돌궐 화호관계 유지를 구실로 선뜻 받아들이지 못하고 있다(사료 C-⑪). 이 사실은 당시 수가 이 방면 경영에 있어 구사할 수 있는 역량의 한계를 짐작케 해주는 대목이 될 것이다.

580년대 이래 통일제국 수의 등장으로 인한 국제 역 관계의 대전환은 동몽골 방면에서 새로운 상황을 조성하고 있었다. 곧 거란 제 부의 돌궐·고구려 기반 하로부터의 이탈과 수로의 귀부와 더불어 '고8부' 당시의 고지로의 귀환이 이어지게 된다. 거란은 이런 일련의 사태 진전 속에서 제부가 연합, 600년경 '거란10부 연맹'이 형성을 보게 된다.[120]

C-⑫ 契丹寇營州 詔通事謁者韋雲起 護突厥兵討之 啓民可汗 發騎二萬受其處分 …… 契丹 本事突厥無猜忌 雲起旣入其境 使突厥傳向柳城與高麗交易 敢漏泄事實者斬 契丹不爲 備 去其營五十里 馳進襲之 進獲其男女四萬口[『資治通鑑』卷180 隋紀4 帝上之上 大業 元年 (605년)]

C-⑬ 開皇十七年(579년) 上賜湯璽書曰, …… 而乃驅逼靺鞨 固禁契丹(『隋書』卷81 列傳46 東夷 高句麗傳)

C-⑭ 煬帝下詔曰, …… 乃兼契丹之党, 虔劉海戍 習靺鞨之服 侵軼遼西(『三國史記』卷20 高句 麗本紀8 嬰陽王23年条)

C-⑮ 男生走保國內城率其衆与契丹靺鞨兵內附(『隋書』卷110 列傳35 諸夷蕃将 泉男生傳)

영주/유성(營州/柳城)(요녕성 조양)은 중원 제국 동북 경략의 최전방 거점이었다. 또 이 지역은 중원 제국이 고구려 및 거란·말갈·돌궐·고막해 등의 제 세력과 접속·교류하는 장이 되기도 하였다. 580년대 후반~590년대 전반의 영주총관 위예(韋藝)가 영주 지방의 산업을 크게 일으키고 북이(거란·돌궐·고막해 등)와 무역하여 가자(家資)가 거만(鉅萬)에 이르렀다는 사실은[121] 이 방면 교역에 임하는 중원 측의 적극성을 간파할 수 있는 대목이다.

사료 C-⑫는 605년 수의 알자(謁者) 위운기(韋雲起)는 돌궐로 하여금 거란인들에게 유성에 가서 함께 고구려 상인들과 교역하자고 속여서 거란인들을 유인해 내도록 했다.[122] 이 사실은 거란 인과 돌궐인 등이 유성에서 고구려 상인들과 수시로 교역하고 있었음을 말해 준다. 더구나 이런

---

120 李在成, 1996, 앞의 책, 220~228쪽.
121 『隋書』卷 37 韋世康傳 附 韋藝傳; 李在成, 1996, 앞의 책, 219쪽
122 『舊唐書』卷 75 韋雲起傳; 李在成, 1996, 앞의 책, 219~220쪽

속임수에 빠져 포로가 된 거란인이 남녀 4만 구에 달했다. 이 점은 당시 유성에서 행해졌던 교역 규모가 상상 이상으로 대규모였음을 엿보게 해주고 있다.[123]

제1차 여수전쟁의[124] 여파가 채 가시지도 않은 당시에 군사기동을 방불케 하는 대규모 교역단에 의한 상거래가 평화적으로 행하여지고 있었으며[125] 거란조차 이를 당연시 하여왔던 것이다. 더구나 이러한 교역이 수의 관할권 하의 유성에서 이루어지고 있었다는 점은 당시 수의 요서 지배가 의외로 방만하였음을[126] 시사하고 있다. 뿐만 아니라 사료 C-⑫는 당시 요서나 동몽골 방면에서의 고구려와 거란 혹은 돌궐 등의 만남과 어울림이 매우 자연스러운 일로 받아 들여 지고 있었음을 엿볼 수 있게 해준다. 어쩌면 수/당이 가장 저어한 것이 바로 이 점일 수도 있다.

따라서 고구려의 동몽골 지역에 있어서의 군사행동은 대당전쟁의 와중에서 조차도 그치지 않았다.[127] 즉 이러한 고구려의 군사작전은 거란을 구사하여 취약한 요서회랑지대의 우측방 작전선을 압박함으로써 수/당 측의 병참 역량을 지속적으로 마모시켰던 것이다.

사료 C-⑬ · ⑭는 당시 고구려의 집요한 말갈과 거란에 대한 패권 추구 정책에 대한 수의 위구심을 잘 드러내 주고 있다. 이 점은 당제국 역시 마찬가지였다. 또 사료 C-⑮는 국망 당시까지 고구려의 군사역량으로 구사되던 거란의 존재를 확인시켜 주고 있다.

동몽골 지방(북위대의 '요해' 지방→ 수 · 당대의 '송막' 지방→보다 후대의 '열하' 지방)은 훗날에까지 몽고 지방의 제압과 만주와 서번제융(西蕃諸戎)에 대한 패권의 안정적 관철을 담보함에 있어 "천하지뇌(天下之腦)"[128]가 되는 지역이라고 인식된 바 있다.[129] 따라서 고구려는 일찍이 이 동몽골 지방의 지정학적 중요성을 간파, 이 방면에서의 세력 확산에 부심했던 것이다.

한편 6C 말 수 · 당세계제국 성립을 주도한 세력은 '무천진군벌=관농집단(關隴集團)'이었다. 이들은 종래 북위가 내몽골 방면을 방어하기 위하여 설치한 '하북6진' 중의 하나로서, 호화(胡化)된 한인 무장 집단이 그 운영 주체였다. 이들은 수 · 당 건국 이후에도 [송막 지방→내몽골→외몽골→서역(실크로드)]으로 이어지는 전선의 전략적 가치를 숙지하고 있었다. 따라서 이들은 고구려의 동몽골 지방에서의 세력 부식 노력과 북아시아 스텝 제 세력과의 연계 가능성에 심각한 우려를 표명함과 동시에 군사적 대응조치 모색하고 있었다. 훨씬 뒷날 후금/청의 중원 지배가

123 朴京哲, 2004, 「高句麗 邊方의 擴大와 構造的 重層性」, 『邊方空間 속에서의 삶과 역사: 2004년 高麗史學會 학술대회 발표문』, 26~27쪽.
124 『三國史記』 卷20 高句麗本紀8 嬰陽王9年(598년)條
125 盧泰敦, 1976, 앞의 글, 52쪽.
126 위의 글, 52~53쪽 참조.
127 『三國史記』 卷22 高句麗本紀10 寶藏王 13年 冬十月(654년)條와 『唐書』 卷3 帝紀2 高宗 顯慶3年(658년)條.
128 『熱河日記』 卷9, 「黃敎問答」.
129 閔斗基, 1963, 「『熱河日記』의 一研究」, 『歷史學報』20, 1065~1067쪽.

만주의 여진족과 몽골족과의 연합전선 구축에서 창출된 파괴력에서 비롯되었다는 사실을 상기할 때,[130] 이들 관농집단의 우려가 결코 기우는 아니었다고 볼 수 있다.

고구려는 국초 이래 지속적으로 추진해 온 군사적 국세 팽창정책의 연장선상에서 동몽골 문제에 접근, 동북아시아에서의 독자적 생존권 및 패권의 보존 및 그 확산을 담보하는 나름대로의 '대륙정책'을 관철해 나가고자 했다. 그러나 수·당제국은 동아시아를 중국을 중심으로 하는 일원적 지배질서로 재편, 자국의 안보를 궁극적으로 보장하려는 세계정책(world policy)을 강행하고자 했던 것이다. 이 점에 비추어, 특히 동몽골 지방에서의 거란족 지배권의 향방을 둘러싼 고구려·수/당·돌궐 사이의 각축전은 고구려의 대 수·당70년 전쟁 발발 원인 가운데 유력한 하나로 꼽을 수 있을 것이다.[131]

5. 맺음말

이상의 제 논의를 요약함을 통하여 결어에 갈음하고자 한다.

4C 말 이래 동몽골에서의 제 열강 간 세력 각축의 지형도는 바로 당대의 동아시아 세계에서의 국제적 역학관계의 축도(縮圖)였다고 볼 수 있다.

학계는 일반적으로『삼국사기』에서의 광개토왕 원년(391년)의 거란 정벌과 광개토왕릉비문 상의 영락 5년(395년)의 '비려' 정벌을 동일한 사건으로 보고 있다. 그러나 양 사료가 동일한 사실임을 명증할 근거가 매우 약하다. 391년의 거란 정벌은 오히려 378년의 거란 침공에 대한 보복적 군사행동이라고 보아야 한다. 따라서 395년의 비려 정벌은 시라무렌 유역을 그 주지로 하는 '거란 고8부' 가운데 하나인 '필려부'의 전신에 대한 광개토왕의 친정이었던 바, 391년의 군사행동과는 별개의 그것이었다. 고구려는 이들 거란을 부용세력화 함으로써 군사잠재력의 기반을 확대·강화시켜나갔던 것이다. 또 고구려는 이들에 대해서 공납이나 교역의 형식을 빈 경제 외적 강제가 개입된 사실상의 공납을 통해 경제적 수탈을 행했을 것이다.

5C경 동아시아 국제질서는 고구려·북위·남조·유연·토욕혼이라는 5대강국(major power)에 의한 세력균형체제(Balance of Power International System)가 성립되어 상대적 안정을 누리게 되었다. 특히 고구려는 이 속에서 캐스팅보트를 행사할 수 있는 존재로서 자리 매김 되게 되었다.

5C 후반 '유연(Javčan)'은 동몽골 일대에서의 세력 확산을 재차 도모하고자 하였다. 고구려 역

---

130 盧基植, 1999,『後金時期 만주와 몽고 관계 연구』, 고려대학교 대학원 사학과 박사학위논문.
131 朴京哲, 2004,「中國學界의 高句麗 對隋·唐70年戰爭 認識의 批判的 檢討」,『韓國古代史研究』33, 68~72쪽.

시 송화강 유역의 안정적 경영을 꾀하고 있었다. 이러한 양자의 이해관계가 맞물리면서 479년 '지두우 과분'이 행해졌던 것이다. 오늘날 학계는 내몽고 최대의 초원 지대인 시린궈러맹(錫林郭勒盟, Xilingol League)에 자리 잡고 있는 동/서 오주목필기를 지두우의 입지로 비정하고 있다. 그러나 이 지역의 자연 및 인문환경적 특수성에 비추어, 고구려는 돌천↔개로선 이동을, 유연은 그 이서의 무엇보다도 석림곽륵맹에 위치한 지두우족의 주지를 과분하였을 것이다. 한편 고구려가 이 과정에서 '거란 고8부'를 해체시키자, 거란의 제 집단은 북위로 내부하거나, 고구려 혹은 유연의 지배권 아래로 들어가게 된다.

북위는 5C 중반 이래 동북아시아에서의 고구려 패권을 인정함으로써 동아시아 세계에서의 궁극적인 자기 패권을 공고화시키려는 세계정책을 수행해 나갔다. 이런 북위 측의 정책은 492년 문자왕에게 "使持節都督遼海諸軍事征東將軍領護東夷中郎將遼東郡開國公高句麗王'라는 관작을 제수함을 통해서 표명되고 있다.

551년 돌궐과 고구려의 첫 군사충돌 이래 양자는 동몽골 방면에서의 거란족 지배권을 둘러싸고 갈등상을 연출한다. 또 고구려는 6C 후반에 들어와 눈강 유역을 따라 침투하고 있는 돌궐 세력을 맞아 남실위에 대하여 전략물자인 철과 금을 공급하면서 역공을 벌이게 된다.

552~553년 경 대륙 정세의 변동에 따른 유연·고막해·거란·북제 간의 동몽골 및 요서 지방에서의 잇달은 무력충돌은 북방의 돌궐이나 동북의 고구려라는 양대 세력의 비호 하에서만 그 존립이 가능할 정도로 거란 세력을 위축시켰다.

그러나 고구려·돌궐·수는 개황연간(581~600년)에 들어와 동몽골에서 거란족 지배권의 향방을 위요한 각축전을 벌리게 된다. 수는 589년 중원을 통일한 여세에 힘입어 요서 및 동몽골 지방에서 고구려와 돌궐세를 배제하고 거란족에 대한 지배권을 독점하고자 하였다. 따라서 고구려의 이들에 대한 장악력이 수의 동몽골 지방 경략이 적극화되게 됨에 따라 급격히 떨어지게 되었다. 그러나 당시 요서나 동몽골 방면에서의 고구려와 거란 혹은 돌궐 등의 만남과 어울림이 매우 자연스러운 일로 받아 들여 지고 있었다. 어쩌면 수/당이 가장 저어한 것이 바로 이 점일 수도 있다. 따라서 당시 수와 당은 고구려의 집요한 말갈과 거란에 대한 패권 추구 정책에 강한 위구심을 갖고 있었다.

동몽골 지방은 훗날에까지 몽고 지방의 제압과 만주와 서번제융에 대한 패권의 안정적 관철을 담보함에 있어 "천하지뇌"되는 지역이라고 인식된 바 있다.

한편 6C 말 수·당세계제국 성립을 주도한 세력은 '무천진군벌=관농집단'이었다. 이들은 고구려의 동몽골 지방에서의 세력 부식 노력과 북아시아 스텝 제 세력과의 연계 가능성에 심각한 우려를 표명함과 동시에 군사적 대응조치 모색하고 있었다. 훨씬 뒷날 후금/청의 중원 지배가 만주의 여진족과 몽골족과의 연합전선 구축에서 창출된 파괴력에서 비롯되었다는 사실을 상기할 때, 이들 관농집단의 우려가 결코 기우는 아니었다고 볼 수 있다.

이 점에 비추어, 특히 동몽골 지방에서의 거란족 지배권의 향방을 둘러싼 고구려·수/당·돌궐 사이의 각축전은 고구려의 대수·당70년 전쟁 발발 원인 가운데 유력한 하나로 꼽을 수 있을 것이다.

출전　朴京哲, 2005, 「高句麗의 東蒙古經略」, 『白山學報』71.

제3부
고구려 국가·사회의 존재양태

제10장
압록강 중·상류유역 적석총축조집단의 존재양태

1. 머리말

압록강 중·상류 유역은 고구려 국가형성기(B.C. 1C~A.D. 1C) 이래 평양 천도(427년)에 이르는 450여 년 간 고구려의 중핵지(中核地)로서, 또 국가 경영의 중심지로서 그리고 국세팽창의 중심 전략거점으로서 그 역할을 다해 왔다.[1]

이처럼 장기간 고구려사 전개의 공간적 장을 제공한 압록강 유역은 그 본류 및 혼강(渾江)·독로강[禿魯江: 1976년 '장자강(將子江)'으로 개칭][2]·자성강(慈城江)·충만강(忠滿江) 등 여러 지류로 이루어져 있다. 압록강 본류는 그 총연장이 803㎞에 달하며 장백(長白)~임강(臨江: 북한 혜산~중강진)의 상류와 임강~집안(중강진~초산)의 중류 및 집안~단동(초산~신의주)의 하류로 구분되어 진다.

B.C. 1000년기 후반 이후 요녕 동부 지방·길림지방에서는 중국 동북 지방 철기문화의 진전과 더불어 토광묘(土壙墓)가 예맥계(濊貊系) 제 집단의 기본묘제로 광범위하게 확산·정착되고 있었다. 그럼에도 불구하고 B.C. 3C 이래 압록강 중류 유역 일대의 맥계 주민 일부는 적석총[積石塚=적석묘(積石墓)]이라 일컬어지는 지역적으로 특화된 묘제를 자기 집단의 기본적 매장관행으로 삼아 그것을 집중 조영하고 있었다.

토광묘를 기본 묘제로 하고 있는 중국 동북 지방 및 한반도 서북부 지방과 준별되는 압록강 중류 유역 일대의 적석총 집중적 축조라는 문화적 돌출현상은 바로 B.C. 3C 이후 압록강 중류 유역의 제 주민 집단의 응집력이 현저하게 제고됨으로써 그들이 국가형성 및 이후의 고구려사

---

1 朴京哲, 1989, 「高句麗軍事戰略考察을 위한 一試論-平壤遷都以後 高句麗軍事戰略의 志向點을 中心으로-」, 『史學研究』4, 韓國史學會, 5~12쪽.

2 http://www.cybernk.net/(북한지역정보넷)의 '장자강·독로강'

전개의 하나의 주체로서 그 존재 및 문화적 정체성을 뚜렷하게 드러내게 되었음을 뜻한다.[3] 따라서 이러한 적석총의 존재양태 및 그 분포의 공간적 범위는 고구려의 국가 형성과 이후의 국세 팽창 그리고 그에 따른 사회변동과 관련된 인식지표로서 자리매김 되었다.[4]

고구려사 전개의 공간적 범위는 이들 적석총의 분포 지역과 대체로 합치하고 있다. 즉 초기 적석총에 속하는 무기단적석총(無基壇積石塚)과 기단적석총(基壇積石塚)들은 동쪽으로 압록강 상류 일대, 북쪽으로 용강산맥(龍崗山脈) 일대까지 분포하며, 서쪽 계선은 충만강, 남쪽 계선은 청천강·대동강 중·상류 산간지대로 설정된다.[5]

그런데 A.D. 5C 전반(前半)까지의 고구려의 중심 묘제인 적석총이 집중 축조된 지역은 그 중류 유역의 집안(集安) 및 혼강 유역의 환인(桓仁) 일대로서, 이 점은 고구려사 전개에 있어 이 지역이 갖는 중핵지로서의[6] 역할과 유관한 것이다.

그러나 최근 학계는 상류 유역인 장백~임강 지역 고구려 유적의 존재에 주목하게 되었고,[7] 나아가 하류 쪽에 가까운 관전(寬甸) 일대에서조차 관련 보고가 나오고 있어,[8] 국가형성기 이래 고구려의 공간적·문화적·종족적 기반 파악을 위한 새로운 접근의 필요성을 절감케 하고 있다.

본고는 이러한 점을 염두에 두고 압록강 상류의 임강~장백 지역 및 중류인 집안 외곽의 장천 지구 그리고 중류 유역의 지류인 독로강 유역에 분포하는 고분군 및 관련 유적들을 대상으로 일련의 고찰을 진행코자 한다.

압록강 중상류 유역의 집안·환인·신빈(新賓)·통화(通化)·임강~장백 일대에는 약 150여 곳의 고분군 및 이와 유기적 연관성을 갖고 있는 것으로 추정되는 40여 곳의 성곽 유적이 존재한다.[9] 특히 집안 지역은 그 역사성에 비추어 유적의 질량 면에서 가장 주목에 값하는 곳임은 물론

---

3 朴京哲, 1996, 『高句麗의 國家形成 研究』, 高麗大學校 博士學位論文; 朴京哲, 1997, 「B.C. 1000年紀 後半 積石塚 築造集團의 政治的 存在樣式」, 『韓國史研究』 98, 韓國史研究會, 1~2쪽.

4 적석총을 비롯한 고구려 고분에 관한 주요 연구 성과는 아래와 같다. 全虎兌, 1997, 『고구려 고분벽화 연구』, 서울대학교 博士學位論文; 全虎兌, 2000, 『고구려 고분벽화 연구』, 사계절; 姜賢淑, 2000, 『高句麗 古墳 研究』, 서울대학교 博士學位論文; 鄭好燮, 2009, 『高句麗 古墳의 造營과 祭儀 연구』, 高麗大學校 博士學位論文.

5 여호규, 1996, 「압록강 중류유역에서 고구려의 국가 형성」, 『역사와 현실』 21, 한국역사연구회, 53~54쪽.

6 '중핵지(core area, nuclear region, nuclear core)'란 국가가 탄생·조직되어 그 국가의 정치권력이 집중된 비교적 좁은 지역을 가리킨다(任德淳, 1973, 『政治地理學原論』, 一志社, 79~80쪽).

7 余昊奎, 2008, 「압록강 중상류 연안의 高句麗 성곽과 東海路」, 『역사문화연구』 29, 한국외국어대학교 역사문화연구소, 119~170쪽.

8 國家文物局 主編, 2009, 『中國文物地圖集—遼寧分冊(上下冊)—』, 西安地圖出版社 중 分冊(上)의 148~149쪽 및 分冊(下)의 186쪽.

9 이에 관한 종합적 정리는 강현숙·백종오·여호규, 2009, 『중국 소재 고구려유적·유물Ⅰ—압록강 중상류 편—』(PDF file), 동북아역사재단 참조. 이하에서 위 자료의 내용을 인용할 경우, 논지 전개의 편의상 "2009, PDF, p.00/1592"로 표기함.

이다.

그러나 임강~장백 지역·독로강 유역·장천 지구의 유적들 역시 그 입지나 역사적 성격상 나름대로 고찰해 볼만한 가치가 적지 않다.

먼저 이 세 곳 모두 중심에서 공간적으로 일정하게 격리된 곳에 위치하고 있다. 장천 지구는 비록 집안 지역에 존재한다 해도 그 중심지인 통구분지의 외곽에 자리하고 있다. 임강~장백 지역은 고구려의 중심지인 집안 지역에서 무려 250㎞나 떨어진 압록강 최상류 유역에 속하는 곳이다. 더구나 독로강은 압록강 본류가 아닌 지류에 불과하다.

다음으로 임강~장백 지역은 집안 지역과의 소격성(疏隔性)에 비추어 비교적 초기의 고분군과 관방유적들이 일정한 관계망 속에서 분포되어 있다. 장천 지구는 유적 규모에 비추어 적석총에서 벽화석실분까지 다양한 형식의 고분과 성지까지 존재하는 비교적 꾸밈새 있는 유적지이다. 독로강 유역은 우리에게는 가장 잘 알려진 압록강 좌안 곧 북한 쪽에 있는 지류에 자리 잡은 유적지를 품고 있다.

이러한 점을 감안할 때, 이 세 지역에 대한 분석과 검토는 고구려 국가의 기반이 된 압록강변제 지역사회의 존재양태와 그 변화 과정을 복원하려는 우리의 시도에 하나의 실마리를 제공해 줄 것이다.

본고는 먼저 이 세 지역의 고분군과 관련 유적의 현황 및 그 특성을 개관코자 한다. 다음으로 이러한 성과를 바탕으로 이 세 지역 적석총 축조집단의 존재양태 및 그 변화상을 검토해보고자 한다.

2. 임강~장백지역 고구려유적 현황과 '도구(道溝)'

임강~장백 지역은[10] 고구려사 전개의 중심지인 환인·집안 지역에서 압록강 상류 쪽으로 임강까지 250㎞, 장백까지 400㎞나 격해 있는 곳이다. 따라서 이 지역에 대한 우리 학계의 관심과 정보는 매우 소략한 수준으로 막연히 고구려 적석총 분포지 정도로 인식되어 온 실정이었다. 그러나 최근 백두산에 근접한 장백현성(長白縣城) 외곽의 간구자(干溝子)에서 B.C. 3C 이상으로 거슬러 올라갈 수 있는 최초기 적석총군이 발견되어 학계에 알려짐에 따라 새삼 이 지역이 주목

---

10 임강~장백지역은 길림성 '백산지구시' 관할 아래 있다. 이 '백산지구시'는 백산시(구 '혼강시')·임강현급시·무송현·정우현·강원현 및 장백조선족자치현으로 이루어진 바, 석탄산업·임업을 주로 하는 일종의 '광역시'이다. 특히 장백조선족자치현의 경우 인구 9만 중 1.4만이 조선족으로 구성된 곳으로서, 중국 측이 최근 전략적 관광자원화를 기도하고 있는 '창바이산(長白山)' 곧 백두산에 대한 새로운 접근로인 '남파루트'와 바로 접속되는 지역이다.

을 받게 되었다.[11]

현재 임강~장백지구에서 고구려 관련 유적으로 추정·보고된 곳은 30~40여 곳이다〈지도 1〉 참조).[12]

〈지도1〉을 통하여 짐작할 수 있듯이, 고분군과 성곽을 주요 내용으로 하는 압록강 상류 유역의 고구려 유적은 백산시(구 '혼강시')·임강현급시 및 장백조선족자치현[白山市(舊 '渾江市')·臨江縣級市 및 長白朝鮮族自治縣]의 강변을 연하여 분포하고 있다. 그러나 백산시 고분군[적대·2도구·선인동·대장천(滴臺·2道溝·仙人洞·大長川)]과 임강의 호로투고분군(葫蘆套古墳群)은 운봉댐으로 인하여 수몰된 까닭에 현재 압록강 상류역의 고구려 유적은 임강~장백 지역에 한하여 접근이 가능하다.

임강시 고분군은 이도하자고분군(二道河子古墳群)을 제외하고 모두 적석총으로 이루어져 있으며, 입대(砬臺)·동전자(東甸子)·서마록포자(西馬鹿泡子)·용강(龍崗)·7도구(道溝) 고분군에서 기단적석총이 확인된 바 있다.

이중 6도구 동전자고분군은 60여 기의 적석총으로 구성된 압록강 중상류 유역에서 규모 면에서 최대이며, 대형분이 있는 유적지로서 주목된다. 이 고분군은 [무기단→기단→계단]이라는 적석총 형식의 계기적 발전상을 시현하고 있고, 동복(銅鍑)이 출토된 곳이기도 하다.[13] 특히 이곳은 인접한 화피전자고성(樺皮甸子古城)의 존재를 고려할 때 더욱 눈여겨보아야 할 유적지이다.

장백현 일대 고분군은 대개 수 기에서 십 수 기로 구성된 소규모 고분군이다. 봉토분의 개연성이 있는 합마천(蛤蟆川) 고분군과 실체가 불명한 하외자(下崴子) 고분군을 제외하고 모든 고분군은 적석총들로 이루어져 있다. 12도구·14도구 전참(前站)·동강고분군은 원형 무기단적석총이며, 간구자고분군은 원형 무기단 적석총이 중층적으로 연접된 군집분으로 이루어져 있다. 안락(安樂)·양종장(良種場)·금화(金華) 고분군에서 기단적석총이 확인된 바, 대형 괴석으로 기단을 축조했다는 점에서 장백현 일대 고분군의 특징을 보여주고 있다.

특히 간구자고분군에서 반량전(半兩錢)·일화전(一化錢) 같은 전국시대에서 한대에 걸쳐 사용

---

11 현재 임강~장백 지역은 북한·중국이 합작건설한 운봉댐으로 인하여 집안~임강을 잇는 압록강 연변 250㎞가 수몰됨으로, [집안→통화→백산→임강]이라는 내륙 우회로를 통해서만 접근이 가능한 실정이다. 다만 압록강 상류 지역인 임강~장백 간 150㎞의 경로는 중국이 북한 측의 중강진~혜산을 마주 보며 새로이 건설한 강안의 4차선 포장도로로 인하여 접근이 수월한 편이다. 그러나 이 지역은 민감한 군사지역으로서 중국 측 '변방대'의 삼엄한 통제하에 있는 까닭에 유적 답사 자체가 매우 어려운 상황이다.

12 임강~장백 지역 고구려 유적지에 관한 개관과 개별 유적들에 대한 상론은 2009, PDF의 제1부 및 제6·7부'에 종합적으로 정리·소개되어 있음. 본고의 〈지도 1〉은 2009, PDF, p.35/1592를 전재.

13 강현숙, 2009, PDF. p.25/1592.

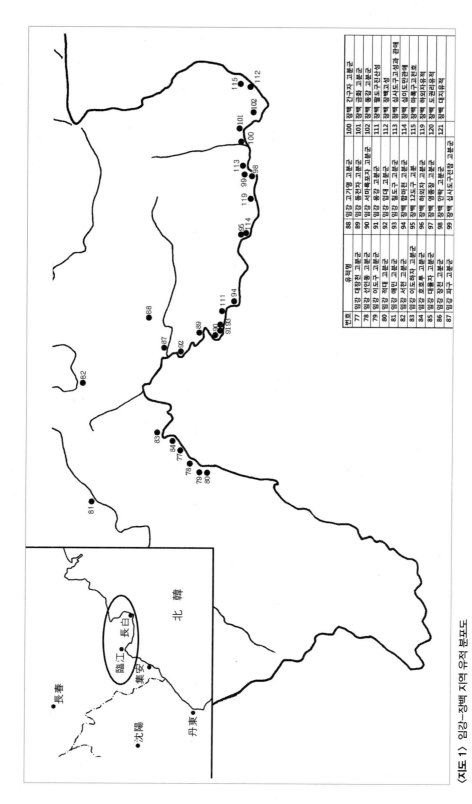

번호	유적명		번호			번호		
77	임강 대청천 고분군		88	임강 고가영 고분군		100	장백 간구자 고분군	
78	임강 선인동 고분군		89	임강 동전자 고분군		101	장백 금화 고분군	
79	임강 수도이 고분군		90	임강 서마록포자 고분군		102	장백 동강 고분군	
80	임강 저비 고분군		91	임강 용강 고분군		111	장백 도구진유적	
81	임강 예민 고분군		92	임강 입대 고분군		112	장백 영광 고분군	
82	임강 서천 고분군		93	임강 칠도구 고분군		113	장백 십사도구성과 관애	
83	임강 이도하자 고분군		94	임강 합마천 고분군		114	장백 십이도만관애	
84	임강 이도하자 고분군		95	장백 12도구 고분		115	장백 마록구고성호	
85	임강 대율자 고분군		96	장백 하외자 고분군		119	장백 하외자유적	
86	임강 정척 고분군		97	장백 영흥창 고분군		120	장백 도권리유적	
87	임강 마구 고분군		98	장백 안락 고분군		121	장백 대지유적	
			99	장백 십사도구전창 고분군				

〈지도 1〉 임강–장백 지역 유적 분포도

된 화폐 등이 출토된 점에 비추어, 이 고분들이 고구려 건국 이전에 축조되었을 가능성이 큰 것으로 파악된다. 최근 중국 학계 일각에서는 이 유적지의 문화 계통을 요동반도 남단의 적석묘 축조 문화와 연결시켜 고구려 적석총의 연원을 구하려고 하는 입장도 있다.[14]

A. ①高句麗……方可二千里 戶三萬. ②多大山深谷 無原澤. 隨山谷以爲居 食澗水. ③無良田 雖力佃作 不足以實口腹……④其人性凶急 喜寇鈔.(『三國志』卷30, 魏書30 列傳30 烏丸·鮮卑·東夷傳 高句麗)

원래 임강~장백지역은 그 최상류인 23도구부터 3도구인 임강시까지 '도구'라는 아주 독특한 지명으로 이 지역에서 전개되는 역사적·인문적 전개의 장을 분별·인식하고 있다.

고구려 유적지 역시 그 예외가 아니다. 즉 장백의 동강 유적은 18도구, 금화고분군은 17도구, 14도구의 간구자고분군, 14도구전참(電站)고분군, 14도구 고성지(古城址) 및 관애(關隘), 12도만(十二道灣) 관애와 고분군, 8도구진성(八道溝鎭城), 7도구고분군, 6도구 협피구고성(夾皮溝古城), 6도구 동전자고분군과 화피전자고성, 3도구인 임강시가 그 예이다(〈지도 2〉 참조).

이처럼 임강~장백 지역 고구려 적석총축조집단의 공간적 기반은 '도구'라는 이 지역 특유의 지명으로 표현되고 있는 셈이다.

이처럼 도구와 유관한 주요 유적지들을 상류 쪽 장백에서부터 임강 쪽으로 내려가며 짚어 보면 아래와 같다(〈지도 1〉 참조).[15]

장백 동강고분군(18도구)→금화고분군(17도구)→양종장고분군→간구자고분군(14도구)→14도구 전참고분군→14도구 고성지 및 관애(14도구진촌 인접)→안락고분군(12도구까지는 고분군 없음)→12도만관애→12도구고분군→8도구진성(산상)→임강 7도구고분군(7도구촌 내)→동마록포자고성·용강고분군·서마록포자고분군·협피구고성(6도구)→동전자고분군(6도구)·화피전자고성(6도구)→입대고분군→호로투→임강 시내·임성고성(3도구)

압록강 중상류 본류 연안에는 넓은 평원이 발달하지 않은 대신, 지류와의 합류 지점이나 곡류하는 안쪽 보호사면 등에 충적대지가 형성되어 있다.[16] 압록강 상류 유역 고분군들은 대체로

---

14 강현숙, 2009, PDF, pp.25~26/1592; 王洪峰·孫仁杰·遲勇, 2003, 「吉林長白縣干溝子墓地發掘簡報」, 『考古』 2003-8(정원철 옮김, 2006, 『高句麗研究』 24, 고구려연구회, 250쪽).

15 이 부분은 2009, PDF와 필자의 2008년 현지 답사를 바탕으로 구성.

16 여호규, 2009, PDF, p.52/1592.

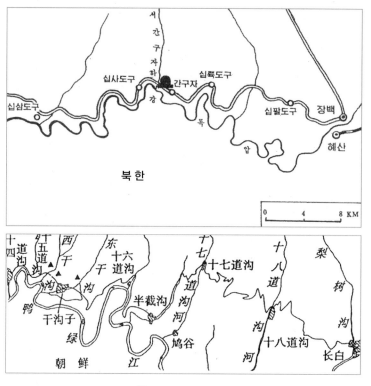

〈지도 2〉 간구자고분군과 '도구'[17]

압록강 좌·우안 충적대지상 개활지의 낮은 구릉으로 이루어진 경작지를 중심으로 분포하고 있다. 압록강 상류 유역의 강안과 잇닿은 하천이 흐르는 계곡과 연계된 충적대지마다 거의 모두 고구려 고분군 등 유적지들이 존재하고 있으며, 이런 곳을 이 지역에서는 '도구'라 하고 있는 것이다.

곧 '도구'란 '계곡+하천+충적대지'의 자연환경적 복합체를 일컫는 말이다. 이 지역 주민들은 고구려 시기 이래 오늘날에 이르기 이런 도구라는 자연적 공간을 기반으로 삶과 역사를 영위하여 왔던 것이다.

사료 A-②의 "多大山深谷 無原澤 隨山谷以爲居 食澗水"라는 기사는 고구려 당시의 이 지역 주민들 역시 이러한 도구를 삶의 공간적 바탕으로 살아갈 수밖에 없었음을 명시적으로 보여 주고 있다. 아울러 사료 A-②는 이러한 '도구'를 당시에는 '산곡(山谷)'으로 표현하고 있었음을 짐

---

17 〈지도 2〉에서 위의 지도는 2009, PDF, pp.1358~1359/1592에서, 아래 지도는 王洪峰·孫仁杰·遲勇, 2003, 앞의 글, 220쪽에서 전재.

작게 해준다.

고구려 국가 형성의 공간적 바탕이 되는 압록강 중상류 유역의 자연적 환경이 정도의 차이는 있지만 대체로 대동소이하였을 것이라고 본다면, 이러한 '산곡'의 주민들이 국가형성기 '고구려 사회'의[18] 인적 기반을 구성하고 있었을 것이다.

압록강 중류 유역의 문화 전개상을 살펴보면, B.C. 7C 이래 압록강 중류 유역에서는 공귀리 문화라 지칭되는 청동기문화가 존재하였지만, 그것은 다른 지역의 문화와 비교할 때 질량 면에 서 매우 빈약한 형편이었다. 이 처럼 천산산맥 동부 지방의 청동기 및 철기문화 시기는 타 지역 에 비해 그 문화 지체 현상이 매우 심하였다. 그런데 B.C. 4~3C경 비파형동검과 세형동검의 속성을 공유하되, 검신 하단부에 턱이 형성된 청동검인 중간형동검(후기형동검·변형검·과도형 검)이 천산산맥 동부(태자하 중·상류, 압록강 중·하류)와 요하 중·상류와 송화강 유역에 출현하 게 되었으며, 특히 천산산맥 동부에서는 중간형동검과 엽맥문 및 공귀리식기형에 고리모양 손 잡이 달린 토기를 공유하는 문화가 형성되었다.

그리고 이를 바탕으로 B.C. 3~2C경 압록강 중상류 유역에서 노남리문화(魯南里文化: 적석총 축조문화)가 전개되면서 '고구려사회'의 형성과 발전이 이루어지고, 마침내 B.C. 1C~ A.D. 1C 고구려문화로의 진전을 볼 수 있었다.[19] 여기서 적석총이라는 고분의 출현이 바로 고구려사회와 고구려 국가의 문화적 정체성의 표상으로 자리 잡게 되었던 것이다.

압록강 중상류 유역의 주민 집단들은 사료 A-②와 같은 동질적 생태조건을 공유하게 되면서 이들 사이에는 여기에 적응하는 과정에서 동일한 생존양식이 자리 잡게 되었던 것이다. 그리고 B.C. 4~3C 이래 동북아의 정세가 격변하는 와중에서 이곳 주민들은 적석총의 집중축조라는 돌출현상을 통하여 자신들의 강력한 정체성과 응집력을 문화적으로 표출하고자 하였던 것이다.

한편 고구려 국가 또한 이러한 도구를 사회와 주민을 편제·통제하기 위한 하나의 기저단위로 인식·활용하였을 것이다. A.D. 4C경 고구려는 지방사회를 그 주민들의 생존공간과 그에 따른 존 재양태에 따라 '성-곡'으로 편제하고 이들을 '성민-곡민'으로서 분별·인식하고 있었던 것이다.[20]

---

18 '고구려사회'란 고구려가 '국가(state)'로서 발흥하기 이전 곧 B.C. 3C ~B.C. 1C 하반기의 압록강 중상류 유역과 그 지류인 혼강·독로강 유역 일대 등에서 적석총을 축조하던 맥계 제 세력집단 그 자체 혹은 그들의 존재양태를 지칭 한다(朴京哲, 1996, 앞의 글; 朴京哲, 1997, 앞의 글, 12쪽의 註23). 이러한 '고구려사회'에 대한 접근은 국가형성기를 전 후한 당해 지역에서의 적석총축조집단의 실체와 그 존재양태 해명에 초점을 맞추어 행해지고 있다. 곧 지병목은 늦 어도 B.C. 2C 초 압록강 중류 유역에서의 적석총축조집단의 출현을 '원고구려사회'의 성립으로 개념하고 있다(池炳 穆, 1987, 「高句麗 成立過程考」, 『白山學報』 34, 26~47쪽). 또 여호규는 '고구려사회'에 갈음하여 B.C. 3C 중엽~B.C. 2C 초 '구려종족사회'의 형성을 논하고 있다(余昊奎, 1992, 「高句麗 初期 那部統治體制의 成立과 運營」, 『韓國史論』 27, 19~20쪽; 余昊奎, 1997, 『1~4세기 고구려 政治體制 연구』, 서울大學校 博士學位論文, 20~40쪽).

19 余昊奎, 2007, 「고구려의 기원과 문화기반」, 『고구려의 정치와 사회』, 동북아역사재단, 34~38쪽.

20 金賢淑, 2005, 『고구려의 영역지배방식 연구』, 모시는 사람들, 255쪽.

3. 독로강유역 · 장천지구 고분군의 실태

1) 독로강유역 고분군

압록강 유역 좌안 즉 북한 쪽에도 자강도 자성 조아리 · 서해리 · 송암리고분군과 자강도 시중군 노남리[魯南里=내평(內坪) · 간평(間坪) · 남파동(南坡洞)] 고분군 · 자강도 시중군 심귀리(深貴里) 고분군 · 자강도 시중군 풍청리(豊清里) 고분군 · 자강도 초산(楚山) 만호동 · 운평리(雲坪里) 및 연무리(蓮舞里) 고분군 · 자강도 만포시 미타리(美他里) 고분군 등 고구려 고분군들이 존재하고 있다(〈지도 3〉 참조).[21]

북한 학계는 이와 관련 자강도 초산군~위원군(1974) · 자강도 송원군~만포시(1978) 등지 유적에 대한 지표조사를 실시한 바 있다.[22]

이에 따르면, 만포의 미타리고분군은 미타벌과 미타골로 그 유지가 나뉘며, 미타벌에는 500여 기의 무기단적석총(돌무지무덤)이 존재했으나, 현재는 수십 기만 잔존하고 있다. 미타골에는 100여 기의 무기단적석총 · 기단적석총(돌칸돌무덤) · 석실봉토분(돌칸흙무덤)이 확인된다. 초산의 운평리고분군은 수십 기 고분이 남아있는 바, 그 중 전방후원형 적석총인 운평리 4지구 6호 무덤, 네 모서리 돌출형적석총인 4지구 8호 무덤, 기단적석총인 4지구 10호 무덤이 알려져 있다.[23] 특히 압록강 유역의 연무리 2호분(1988)과 운평리고분군(1990)의 발굴 결과, 이들 고분은 전방후원형의 봉분모양으로 밝혀져 남한이나 일본에 보이는 전방후원분의 기원 문제 해명에 있어서 커다란 실마리를 제공하였다.[24]

본고에서는 이들 유적지들 중 관련 정식 발굴보고서가[25] 간행된 바 있는 독로강 유역 고분군의 현황을 파악해 보고자 한다.[26]

---

21 백종오, 2008, 「북한의 고구려 유적 연구 현황 및 성과」, 『정신문화연구』 110, 한국정신문화연구원, 338~339쪽. 특히 남파동과 운평리고분군에 대한 개요는 강현숙, 2009, 「적석총」, 『고구려 유적의 어제와 오늘』, 동북아역사재단, 16~23쪽. 한편 임강~장백 지역 건너편 북한 쪽 혜산~중강진 지역에도 2008년 현재 고분군이 산재해 있음을 필자가 목측 · 확인한 바 있다.

22 백종오, 2008, 앞의 글, 329쪽.

23 강현숙, 2009, 앞의 글, 18~19쪽; http://www.cybernk.net/의 '미타리무덤떼' · '남파동무덤떼' 등 참조.

24 백종오, 2008, 앞의 글, 329쪽.

25 독로강 유역 고구려 유적에 관한 논의는 주로 『압록강 · 독로강유역 고구려유적발굴보고—유적발굴보고 제13집—』 (1983, 과학백과사전출판사)에 의거한 것임(이하 논지 전개 편의상 『보고서1983』으로 표기). 그러나 현재 학계는 당 발굴보고서의 내용에 비추어 보다 진전된 논의를 진행 중인 까닭에 이것도 참조하였음.

26 朴京哲, 1996, 앞의 글, 21~22쪽.

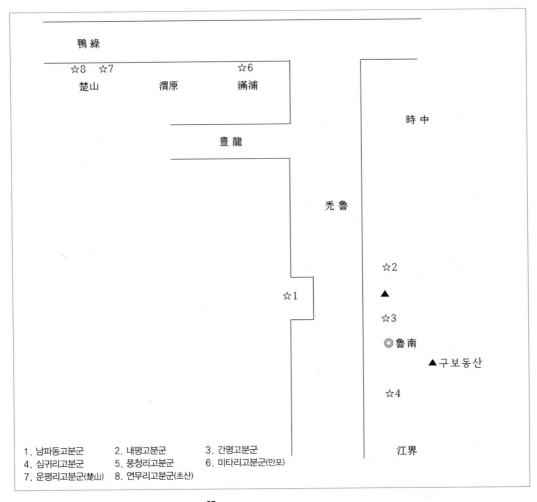

鴨綠

☆8　☆7　　　　　　　☆6
楚山　　　　渭原　　　滿浦

時中

豊龍

禿魯

☆1

☆2
▲
☆3
◎魯南
▲구보동산
☆4

江界

1. 남파동고분군　　　2. 내평고분군　　　3. 간평고분군
4. 심귀리고분군　　　5. 풍청리고분군　　6. 미타리고분군(만포)
7. 운평리고분군(楚山)　8. 연무리고분군(초산)

〈지도 3〉 독로강 유역의 고분군 분포상 개념도[27]

　　독로강 유역에는[28] 자강도 시중군 심귀리고분군과 그 하류 쪽의 노남리의 내평·간평·남파
동고분군 이른바 '노남리고분군' 그리고 풍청리고분군이 산재해 있다.
　　노남리고분군은 심귀리고분군보다 좀더 독로강의 하류 쪽에 있다. 그리고 두 고분군 사이에
는 구보동산성이 자리하고 있다. 또 노남리고분군은 다시 세 개의 고분군으로 나누어진다. 구

27　이 〈지도 3〉은 본 연구자가 『보고서1983』, 40·69쪽과 http://www.cybernk.net/의 '시중군' 지도를 참조하여 작성한
　　개념도임.
28　독로강은 함경남도의 동남쪽을 북류하는 길이 238㎞, 유역 면적 5,207㎢의 강이다. 개마고원의 소백산 부근에서
　　발원하여 만포선을 따라 북상하다가 강계를 지나서 서북쪽으로 방향을 바꾸어 위원 부근에서 압록강과 합류한다.
　　1976년 '장자강'으로 개칭하였다(http://www.cybernk.net/의 '장자강·독로강').

보동산성에서 좀더 강 아래쪽으로 약 1km 되는 곳에 간평고분군이 존재하고, 그 건너편 하류 쪽에 남파동고분군이 있으며, 그것이 끝나는 강 하류 쪽 건너편에 내평고분군이 있다. 남파동이 돌출한 대안(對岸)인 내평고분군과 간평고분군 사이에는 험한 산이 강변에서 벼랑을 이루고 있다. 그리고 내평에서 15리 가면 풍청리가 된다.[29]

심귀리와 노남리 양 고분군이 구보동산성을 중심으로 상호 10리(4km)도 안되는 가까운 거리에 분포하고 있다는 사실 및 풍청리고분군 역시 노남리고분군으로부터 15리(6km) 정도의 지근거리에 위치하고 있는 사실은[30] 인간의 '일상생업활동범위(site catchment: 1시간에 도달 가능한 거리)'가 3~7km로 추정되고 있는 점에 비추어[31] 이들 고분군 축조집단은 상호 유기적 관련성을 맺으며 존재했던 것으로 추정된다.

그런데 노남리고분군의 경우, 강변에서부터 무기단적석총에서 기단적석총·계단적석총 순으로, 산측에는 석실봉토분이 분포하고 있다. 또 심귀리고분군에서의 무기단적석총·석실봉토분과 풍청리고분군의 무기단적석총·기단적석총·석실분의 입지 역시 그러하다. 그리고 이러한 적석총과 석실봉토분의 입지 상황의 차별성이 축조 시기 차에서 비롯된 것이라면,[32] 이들 고분군은 통시적으로 '무기단적석총→기단적석총→계단적석총→석실봉토분' 순으로 조영되었다고 볼 수 있다. 따라서 이 고분군 축조집단은 동양(同樣)의 문화규범으로서의 매장관행을 공유한 집단이라고 볼 수 있다.[33]

그러나 그 구체적 존재양태에 있어 심귀리와 노남리의 내평·간평·남파동 그리고 풍청리고분군, 이 다섯 고분군은 각기 상호간에 현저한 차별성을 노정하고 있다. 즉 심귀리고분군의 경우, 강돌기단적석총은 강돌무기단적석총에 비하여 질·양면에서 매우 열세한 형편이다. 반면 노남리 남파동고분군의 경우, 강돌기단적석총에 비하여 절석기단적석총의 우세상이 두드러지며, 32·33·100호분은 계단적석총으로까지 발전하고 있다. 또 80호분은 33호분보다 발전된 구조로서 6명 다인합장의 석실봉토분임이 주목된다.[34]

한편 같은 노남리의 내평고분군에는 강돌기단적석총만이, 또 간평고분군에는 기단적석총과 석실봉토분이 남파동고분군에 비하여 양적으로 빈약한 분포상을 보이며, 70여 기가 남아 있다. 또 풍청리고분군은 막돌무기단적석총→절석기단적석총→석실분의 전개상을 보여주면서도 심

29 『보고서1983』, 40·69쪽.
30 『보고서1983』, 23·40·69쪽.
31 崔鍾圭, 1995, 『三韓考古學研究』, 書景文化社, 92쪽.
32 東潮, 1995, 「積石塚の成立と發展-前期·中期の墓制-」, 『高句麗の歷史と遺跡』, 中央公論社, 159쪽.
33 朴京哲, 1996, 앞의 글, 21쪽.
34 강현숙, 2009, 앞의 글, 16~17쪽.

귀리나 노남리의 그것과는 달리 무덤떼가 분산되어 있다. 이러한 사실은 지근거리에 인접해 있고 동질적 문화규범을 공유하는 적석총 축조집단 간에도 일정한 차별성이 존재하고 있음을 분명하게 해준다.

2) 장천지구(長川地區)의 고분군

장천(長川) 유적은 고구려 고분군과 고성지로 구성되어 있다. 고분군은[35] 집안시에서 동북 25㎞ 떨어진 황백향(黃栢鄉) 장천촌의 북쪽 제1단과 제2단 대지에 자리 잡고 있다. 장천은 동서로 좁고 길게 뽑은 하곡분지로, 계절하인 건구하[乾溝河＝간구하(干溝河)]가 북쪽 산골짜기에서 분지 중앙을 지나 남쪽으로 흘러 압록강으로 유입되는데, 건구하 양안을 따라 100여 기의 고구려 고분이 밀집되어 있다. 특히 장천 분지에는 2개의 계절하가 북에서 남으로 흘러가는데, 서쪽이 건구하이고, 동쪽이 후림자구하(後林子溝河)이다.

고분군은 무기단적석총과 기단적석총 및 계단적석총 및 계단석실적석총 그리고 소수가 석실봉토분으로 구성되어 있다. 적석총은 남북으로 배열되어 있으며, 건구하 양안 언덕과 장천촌 목재소 서북부의 평지에 대다수가 분포하고 있다. 후림자구하 양쪽 언덕에는 소수의 대규모 계단저석총과 석실봉토분이 위치한다.

봉토석실벽화분으로는 후림자구하 동서 언덕에 장천 1호분과 173m 떨어져 장천 2호분이 존재하며, 건구하 서쪽 언덕에 자리한 장천 4호분이 있다. 이 석실분들은 대략 A.D. 5C 중반경 축조되었을 것으로 본다.[36]

장천 3호분은 4호분 정남쪽 10m 지점에 있는 5층의 계단석실적석총(추정)이다. 한편 장천 5호분은 4호분 동북 방향 약 100m 거리에 있는 바, 압록강을 조망할 수 있는 이 고분군에서 가장 높은 곳에 위치하고 있다. 이 무덤은 이 고분군 유일의 완형으로 남아있는 계단석실적석총으로서 유네스코 세계문화 유산에 미등재 상태라는 점에서 주목을 요한다.

이 5호분은 집안의 장군총보다 다소 거칠게 마무리 지어졌지만, 그와 거의 유사한 고분이다. 또 이 고분은 4층의 계단을 가졌던 것으로 추정되나, 현재 3층이 잔존해 있고, 중앙이 함몰되어 석실이 붕괴되어 있다. 장군총과 동시기인 A.D. 5C 초경 조영된 것으로 추정된다.

장천고분군은 〔무기단→기단→계단〕적석총과 석실봉토벽화분 등 여러 형식의 고분으로 구성되어 있다.

---

35 장천고분군에 대한 종합적 고찰은 2009, PDF, pp.811~839/1592 참조.
36 전호태, 1993, 「고구려 장천1호분 벽화의 서역계 인물」, 『蔚山史學』, 蔚山大學校 史學科, 1~38쪽.

무기단·기단·계단 적석총들은 건구하 계곡을 따라가면서 열상 배치되어 있다. 계단석실적석총과 봉토석실분이 같은 능선상에 배치되어 있는 듯하나(장천 3·4·5호분), 실상 계단석실적석총인 5호분이 가장 전망 좋은 곳에 위치하고 있다. 봉토석실벽화분인 장천 1·2호분은 독립적인 입지에 자리하고 있다.

이러한 고분 분포상은 장천고분군이 고구려 초기부터 중기까지 지속적으로 조영되었음을 시사한다. 능선 정상부의 계단석실적석총의 규모나 봉토석실벽화분들의 존재는 이 고분 피장자의 사회적 지위를 짐작케 해주고 있다.

장천고성은[37] 집안시에서 동북 23㎞ 격한 황백향 장천촌 서측 압록강변의 대지상에 위치한다. 고성은 2단 충적대지의 가장자리에 위치하고 있다. 이 고성은 동서 길이 110m, 남북 너비 100m 전후로, 전체 평면이 정방형 내지 방형인 평지성으로 추정된다.

장천촌 동쪽 계절 하천 충적대지에는 고구려 적석총이 100여 기 이상 분포하고 있으며, 장천촌 서북쪽 산기슭에는 장천 2호분을 비롯한 벽화고분과 대형기단계단적석총 등이 자리하고, 고성 서남쪽 충적대지상에도 대형 적석총 2기가 있다. 고성의 서쪽 일대에서 청동기시대 유적도 확인된 바 있다.

인접한 장천고분군의 구성·규모에 비추어, 이곳은 집안의 귀족 세력과 유관한 유적으로 추론된다. 중국 학계에서는 한때 이를 마을 유적으로 파악한 바 있다. 그러나 성곽이 비교적 소규모이고, 압록강변 충적대지의 가장자리에 위치한 점에 비추어 단순한 마을 유적으로 추정하기는 힘들다.

최근 양민고성(良民古城) 등 압록강 중상류 연안에서 장천고성과 입지조건이나 규모가 유사한 성곽이 다수 확인되고 있다. 이들은 대부분 압록강변 2단 충적대지의 가장자리에 위치해 있으며, 방형 내지 장방형의 소규모 평지성이라는 공통점을 갖고 있다. 따라서 장천고성도 이들과 비슷한 성격의 평지성으로 압록강 수로를 통제하기 위해 축조한 것으로 파악된다.

4. 압록강 중·상류 유역 적석총 축조집단의 존재양태

1) 간구자고분군 축조집단의 등장과 조숙성

길림성 백산시 장백조선족자치현 14도구진 외곽의 간구자고분군의 고분들은 우선 지면에 커

---

37 장천고성에 대한 개괄적 검토는 2009, PDF, pp.863~864/1592 참조.

다란 돌을 사용하여 일정 범위의 묘역을 조성한 후 냇돌과 할석을 깔아 평평한 지면의 무덤의 기저부를 만든 후, 그 위에 단을 쌓아 몇 기의 무덤이 연접되도록 축조하였다.

이 고분군의 상한 연대가 B.C 3C까지 운위되는 국가 형성 이전 '고구려사회'와 유관한 유적이다.

이 경우 상한연대는 이곳에서 출토된 동전(銅錢)으로 미루어 추정해 볼 수 있다. 2기의 고분(AM2FK3, BM5FK2)에서 방공원전(方孔圓錢)이 발굴되었는데, 반량전과 일화전이다. 묘지 연대의 상한은 전국 말기, 비교적 이른 것은 전국 중기에 해당한다. 하한연대는 AM1에서 출토된 철곽(鐵钁)과 AM3 · AM4 주묘단에서 채집된 철도(鐵刀)로 추정할 수 있다. 집안 판차령에서 "일화(一化)"원전(圓錢)이 "반량(半兩)", "오수(五銖)", "대천오십(大泉五十)" 등의 한대 화폐와 함께 출토되었다. 그 유통 시간은 전국 말기~동한이다. 간구자고분군에서는 아직 "오수" 및 동한 화폐가 발견되지 않았다. 따라서 대부분 고분의 하한은 동한 이전의 서한 시기이다.[38]

중국 학계 일각에서는 "간구자고분군은 강상 · 누상묘에서 환인 적석묘로 발전해 나가는 과정의 과도기 단계로서 고구려 선인들의 토착문화"라 파악하며, 고구려 적석총 축조 문화의 연원을 요동반도 남단 적석묘 축조문화와 연결시키고자 하는 것 같다.[39]

간구자고분군이 현재까지 알려진 가장 오래된 적석총 고분군인 것은 사실이다. 그러나 고구려의 중심지역인 집안 · 환인 일대 고분군에 대한 조사가 완벽하게 수행되었다고 볼 수만은 없다. 더구나 임강시와 집안 외곽 사이 압록강 연선 250㎞에 달하는 운봉댐 수몰지구나, 보다 하류 쪽 단동시 관전현 일대의 수풍댐 수몰지구의 존재를 감안할 필요가 있다. 따라서 이 간구자고분군이 고구려 국가형성기 이전 고구려 사회의 실상을 파악하는데 참조가 되는 중요한 유적지임에는 틀림없으나, 이 고분군 하나만의 사례를 가지고 고구려 적석총의 연원 문제를 단정 짓기는 어려울 것 같다.

더구나 강상 같은 요동반도 서남단 청동기시대 적석묘는 형태에 있어서는 유사성이 크나, 지표상에 곧바로 매장부를 조성하고, 여러 매장 주체부를 하나의 봉분으로 덮은 집단묘라는 점은 고구려 적석총과 많은 차이가 있다.[40] 또 간구자고분군의 고분들은 이후 고구려 적석총의 일반

---

38 王洪峰 · 孫仁杰 · 遲勇, 2003, 앞의 글(정원철 옮김, 2006, 앞의 글, 248~249쪽). 이 외에도 간구자고분군과 관련해서는 吉林省文物志編委會, 1986, 『長白朝鮮族自治縣文物志』; 朴潤武, 1990 『長白縣干溝子墓地調査』, 『博物館研究』 1990-3; 吉林省地方志編纂委員會, 1991, 『吉林省志』 45; 國家文物局 主編, 1992, 『中國文物地圖集-吉林分冊-』; 朴潤武, 1995, 「압록강 유역 干溝子 적석무덤에 대한 조사연구」, 『中國境內 高句麗遺蹟研究』; 孫仁杰 · 遲勇 · 張殿甲, 2004, 「鴨綠江上游右岸考古調査」, 『東北史地』 2004-5 참조.

39 王洪峰 · 孫仁杰 · 遲勇, 2003, 앞의 글, 250~251쪽.

40 여호규, 2007, 앞의 글, 35쪽.

적 계기적 전개상을 보여주지 못하고 있다. 이 점은 이곳 고분군 축조집단의 존재론적 특수성에서 비롯된 만큼, 간구자고분군에 매달려 고구려 적석총의 기원을 천착함에는 많은 주의가 필요하다.

상술한 바처럼, 이 간구자고분군은 고구려 국가형성기 이전 고구려 사회의 실상을 파악함에 있어 새로이 알려진 유적지이다.[41]

이 고분군은 〈지도 4〉처럼 서쪽에서 동쪽으로 A·B·C·D의 4개 묘구로 구획된다. A구는 서간구하 북안 고분군의 가장 서쪽에 위치한다. B구는 서간구하 동남안에 자리하고 있다. C구는 묘지의 중앙부에 위치하는데, 잔묘(殘墓)가 비교적 많고, 그 가운데 돌무지 규모가 비교적 작은 고분들이 있다. D구는 간구자촌의 동쪽에 위치하고 있다. 이곳의 무덤들은 수 기의 고분이 중

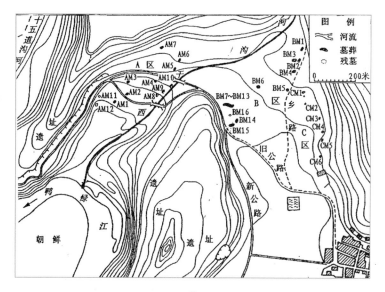

〈**지도 4**〉 간구자고분군의 분포도(2001년)[42]

---

41 간구자고분군이 1985년 장백조선족자치현 문화관리소에 의해 처음으로 그 존재가 알려진 이래(1차 조사), 1986년 장백조선족자치현 문물보사대는 고분 19기에 대한 편호 작업을 실시한 바 있다(2차 조사). 3차 조사는 2001년 길림성 문물고고연구소·장백조선족자치현 문물보호관리소 및 집안시박물관에 의해 시행되었다. 이 과정에서 43기의 고분들을 A~D지구로 분별한 후 새로운 편호 작업을 행하였고, 그 중 A구에서 4기, B구에서 3기, 총 7기를 발굴하였다. 4차 조사는 2004년 길림성장백산문화연구회·백산시문화관판·집안시박물관에 의해 수행되었다(2009, PDF, pp.1394~1395/1592 참조).

42 〈지도 4〉는 王洪峰·孫仁杰·遲勇, 2003, 앞의 글, 221쪽 〈圖2〉를 전재, 〈표 1〉은 252쪽 〈附表1〉을 전재.

첩 연접된 적석총들이며, 연접된 평면은 원형·반원형·선형(扇形) 등 3가지 형태로, 편호된 고분은 모두 43기인 바, 그 개개 속성은 〈표 1〉과 같다.[43]

〈**표 1**〉 간구자고분군의 주요 속성표(길이 단위: m)

편호	위치	간격	형태	방향(°)	크기	현상
AM1	도로 남쪽, A구 남단		타원형	75	15×11.5	전면 해부
AM2	AM1동북 15°	70	타원형	55	22.5×12.5	전면 해부
AM3	AM2 북쪽	50	원형		13.5	국부 해부
AM4	AM3 동쪽	120	원형		13.5	발굴 해부
AM5	AM4 동북 27°	120	타원형	50	15×10	식생 양호
AM6	AM5 북쪽	30	타원형	30	15×10.5	남부에 석흔 있음
AM7	AM6 서북	100	타원형	40	15×9	양호
AM8	AM4 남쪽, 서간구하변	55	타원형	55	잔장(殘長) 10	서쪽 절반 남음
AM9	AM8동북 30°	30	타원형	70	잔장 8	위와 같음
AM10	AM9동북 35°	50	타원형	55	잔장12	위와 같음
AM11	AM1 서북 10°	70	타원형		16×10	묘기(墓基)만 남음
AM12	AM1 서남 5°	80	타원형		20×11	위와 같음
BM1	B구 북단, 향로(鄕路) 옆		타원형	25	16×10	봉석 노출
BM2	BM1 남서 10°	50	타원형	45	24×14.5	발굴 후 봉호(封護)
BM3	BM2 서쪽	8	타원형	75	28×16	파괴심각[취석(取石)]
BM4	BM2 남서 20°	60	타원형	60	17×12.5	발굴 후 봉호
BM5	BM4 남서 18°	80	원형		11.5	발굴 후 봉호
BM6	BM5 서북 5°	120	원형		14	식생 양호
BM7	BM6 서남	130	원형		12	약간 남음
BM8	BM7 서남	2	타원형	50	13×15	양호
BM9	BM8 동쪽, BM7 서쪽	4	원형		12	식생 무성
BM10	BM9 남쪽, BM8 인접		타원형	35	23×9	둘레 약간 남음

---

43 〈표 1〉은 2001년 조사 당시 새로이 편호된 것임.

편호	위치	간격	형태	방향(°)	크기	현상
BM11	BM10 서북	6	원형		12.5	큰 훼손은 없음
BM12	동쪽으로 BM10과 인접		타원형	60	10×8	아주 양호
BM13	연묘(連墓) 최서북, BM12 서북	3	타원형	70	28×11	중부에 구덩이
BM14	BM8 남동 20°	60	타원형	15	14×9	보존 양호
BM15	BM14 서남 30°	10	타원형	65	30×14	동쪽 약간 훼손
BM16	BM8 남쪽, BM15 북쪽	각40	원형		7	파괴 심각
CM1	CRN 북단, BM5 동남	65	타원형	75	12×7	이미 파괴(취석)
CM2	CM1 남동 15°	55	타원형	25	8×6	파괴 심각
CM3	CM2 동남	92	타원형	30	11×5	파괴 심각
CM4	CM3 남동 10°	60	타원형	50	13×11	보존 양호
CM5	CM4 남쪽	28	타원형	30	12×8	식생 조금
CM6	CM5 남서	68	타원형	40	10×8	비교적 조금
DM1	학교 동쪽80m, 도로 북쪽		타원형	45	15×8	보존 양호
DM2	DM1 남쪽	4	타원형	45	16×7	둘레 석단 노출
DM3	DM2 동북	16	원형		8	무식생
DM4	DM3 동북	76	타원형	45	16×10	양호
DM5	DM3 동북 20°	85	타원형	63	28×10	보존 양호
DM6	DM5 동쪽	20	타원형	60	14×8	이미 파괴
DM7	DM6 동남 30°	30	타원형	50	8×4	파괴 심각
DM8	DM7 동남, 동간구하변	30	타원형	55	24×8	둘레 미완비
DM9	DM8 서남, DM6 남쪽	60	타원형	50	8×7	이미 파괴

〈표 1〉에 따르면, A구 12기의 무덤 가운데 한 변이 20m 이상인 2기의 대형분(AM2, AM12)을 제외하고 그 규모가 대체로 그만그만하다. B구는 16기의 무덤 중에 5개의 대형분(BM2, BM3, BM10, BM13, BM15)이 존재하는 네 곳의 구역 중 가장 중심이 되는 곳이다, C구 6기는 대체로 규모가 작은 무덤만이 확인되고 있다. D구는 9기의 무덤 가운데 2기의 대형분이 존재하고 있다.

따라서 같은 고분군 내에서도 〔B구(5/16)→D구(2/9)→A구(2/12)→C구(0/6)〕(대형분 수 /구별 고분 총수)의 서열 관계가 성립되고 있다. 이는 같은 고분군 축조집단 내에서도 각 구별 축조집단의 역량적 차별성이 존재함을 의미한다.

그러나 각 구별 집단의 최대 고분인 BM15(30×14m)→BM13(28×11)→DM5(28×10)의 존재를 감안하면, B구와 D구의 차고위 고분은 거의 같은 수준임을 보여주고 있다. 곧 이 고분군은 4개의 하위 축조집단으로 구성되어 있었으며, 그 역량적 측면에서 일정한 계서관계가 성립되어 있었던 것으로 추정된다.

그러면 이러한 4개의 하위 구성단위의 실체는 무엇이었을까. 간구자고분군의 매장 방식은 무덤 밖에서 화장한 후에 소골(燒骨)을 매장하는 2차장이다. 소골은 묘광 내 2~3곳에 무더기로 안치되었으며, 토기는 묘광 양단에 나누어 부장하였다. 이로 미루어 1세대 혹은 한 가정의 합장이거나, 동일 가족 수 대의 합장묘 유적으로 추정된다. 따라서 신분 혹은 항렬이 비교적 높은 사람이 주묘단의 중심에 매장되고, 다수 속·부묘단은 항렬의 장서 또는 소목(昭穆)제도에 따라 부장되었을 것이다.[44]

간구자고분군의 무덤들은 하나의 기단 위에 여러 기의 고분이 배열된 모습을 보여준다. 7호분은 특히 1기의 원형석광적석총을 중심으로 그 주위에 장방형의 작은 돌무덤을 방사선 모양으로 배치하였는데, 무덤 사이의 주차(主次) 관계가 매우 선명하게 반영되었다. 즉 중심 무덤의 피장자는 주위의 무덤에 비해 사회적 지위가 높은 편이나 다른 무덤은 중심무덤에 예속된 상태이다. 반면에 1호분 및 4호분과 같은 단일한 원형석광무덤의 무덤 배열 상태에서는 주종 관계가 전혀 보이지 않는다. 한 묘구 내의 여러 개 무덤은 그 크기와 모양이 같으며 또한 무덤 사이마다 돌로 서로 연결시켰다. 이러한 현상은 한 무덤 구역 내의 피장자들 관계가 평등하였다는 것을 설명해 주는데, 이는 혈연 관계를 이루고 있는 가족 성원의 무덤에서만 찾아볼 수 있는 것으로 짐작된다.[45]

따라서 이 고분군이 몇 기의 고분이 중첩적으로 연접된 적석총들로 구성된 점은 이 고분군 축조집단이 주로 가족 관계 등 혈연 집단을 바탕으로 운영되었음을 의미한다. 예컨대 가장 중심이 되는 B구는 16기의 무덤에 상응하는 16개의 개별 가족으로 구성된 하나의 혈연집단이 구성되어 있었을 것이며, BM15(30×14m)→BM13(28×11) 순으로 개별 가족들 간의 서열 관계가 가동되고 있었을 것으로 추측된다.

앞에서 지적하였듯이 천산산맥 동부 지방의 청동기 및 철기문화 시기는 타 지역에 비해 그 문화 지체 현상이 매우 현저하였다. 하물며 압록강 최상류 지역인 장백 지역에서의 그러한 경향은

---

44 王洪峰·孫仁杰·遲勇, 2003, 앞의 글, 249쪽.
45 이와 관련된 내용은 朴潤武, 1990, 앞의 글; 2009, PDF, pp.1401~1407·1455·1592/1592 참조.

더욱 현저하였을 것으로 생각된다. 특히 이 지역에서는 철도(鐵刀) 3개와 철곽(鐵钁) 1개만이 출토될 정도로 철기문화 보급이 저조하여 사회분화가 느리게 진행되었고, 따라서 가족 단위의 집단묘 성격이 강한 적석총이 집중적으로 축조되었을 것으로 추정된다.[46]

다만 이 지역에서 "반량"·"일화" 2종 35점의 동전이 출토되어 새삼 주목을 받게 되었음은 전술한 바와 같다. 아마도 이 화폐의 출토는 이 외진 지역에 적석총축조집단의 형성을 가능케 한 경제적 기반과 연관되었을 것으로 추론된다.

간구자고분군이 자리한 곳은 15도구·16도구와 접속된 공간적으로 교통의 요지가 되는 지역이다(〈지도 1〉과 〈지도 2〉 참조). 또 근처에는 14도구진이라는 압록강 상류 유역에서는 보기 드문 규모가 꽤 큰 취락이 있고, 〔14도구전참고분군→14도구 고성지 및 관애〕가 존재하며, 안락고분군을 지나면, 지형적 조건으로 12도구까지는 고분군이 없는 실정이다. 따라서 이 14도구는 장백현성을 제외하고 장백 지역에서는 가장 넓은 하변 충적대지 위에 자리잡고 있으며, 고구려 관련 유적이 가장 집중적으로 분포하고, 고분군 규모도 가장 크다.

다만 간구자고분군의 구성이 집단묘 성격이 강한 적석총으로 이루어진 점이 다른 임강~장백 지역 고분군과 다르다. 보다 상류 쪽의 장백동강고분군(18도구)·금화고분군(17도구)·양종장고분군 뿐 아니라, 같은 도구의 14도구전참고분군과 잇닿아 있는 안락고분군 등은 모두 〔무기단적석총→기단적석총〕으로의 전개상을 보여주고 있다. 이 사실은 간구자고분군과 그 축조집단이 고구려사회의 발전과 국가 형성의 과정에서 구조적으로 소외되었을 가능성이 크다는 점을 시사한다. 곧 이 간구자고분군 축조집단에게서는 그 생성의 조숙성에 비해 지속적 성장의 징후를 찾아보기 어렵다. 아마도 간구자고분군 축조집단은 지정학적 궁벽성으로 하여 혹은 다른 이유로 인하여 임강 6도구 동전자고분군 축조집단이나 임강시 쪽에 자리잡은 집단에게 힘의 선차성에 의해 압도되게 된 것이 아닐까 하는 추측도 해볼 수 있다. 왜냐하면, 임강시 6도구는 용강·서마록포자 같은 고분군과 동마록포자고성·협피구고성·화피전자고성 등의 고구려 관방 유적들이 강변에 집중 분포하고 있는 임강~장백지역의 중심지인 까닭이다. 또 임강시 일대는 '3도구' 산록의 '임성고성'과 압록강 양안의 고분군 등이 자리한 장백~임강 지역 가운데 최대 개활지라는 점에서, 또 이곳이 발해 시기 서경압록부로 비정될 만큼 압록강 유역 중심 거점의 하나로 꼽힐 수 있는 중심지인 까닭이다.

---

46 여호규, 2007, 앞의 글, 38쪽.

2) 독로강유역 적석총 축조집단의 정치적 존재양태[47]

전술한 바처럼 자강도 시중군 독로강 유역에 위치한 심귀리고분군과 노남리의 내평·간평·남파동고분군 및 풍청리고분군을 축조한 5개 집단 사이에 계서적 관계구조의 성립을 상정할 수 있다. 그리고 이 5개 집단들 가운데 중심이 되는 것은 남파동고분군 축조집단(이하 논지전개의 편의상 '남파동 집단'이라 지칭)이라고 볼 수 있다.

이 '남파동 집단'의 이 지역에서의 우월성은 남파동고분군에서 통시적으로 '무기단적석총→기단적석총→석실봉토분' 순으로 전개되는 이 지역 묘제의 전형성을 현현하고 있을 뿐 아니라, 다른 네 고분군에 비하여 그 질·양면에서 절대적 우세현상을 보이고 있다는 점을 통하여 확인될 수 있다. 아울러 노남리 웃 문화층 2호 집자리 유적의 구들(온돌)시설과 지상가옥인 3호 집자리의 존재는 화독자리를 갖춘 간평의 집자리 유적에[48] 비교할 때, 인근 집단들에 대한 남파동 집단의 우월성을 방증해주고 있다. 또 남파동 웃 문화층의 1호 집자리 동북쪽에서 드러난 쇠부리터의 존재는[49] 남파동 집단이 독로강 유역 철기문화 확산의 생산거점으로서의 역할을 다하였으며, 나아가 그 철 생산력에 바탕하여 조성·축적된 이 집단 무장역량의 수준을 가늠케 해주고 있다. 그밖에 남파동 윗문화층에서 출토된 소와 말의 이빨은[50] 이 집단이 갖고 있는 경제력의 한 측면을 보여주고 있는 것이다.

따라서 독로강 중류 유역 일대의 다섯 개 집단은 '남파동 집단'을 구심점으로 하나의 정치적 세력(이를 '독로강 집단으로 지칭)을 형성하였던 것으로 추정된다.(〈지도 3〉 참조)

한편 이 독로강 집단이 성립한 시기는 강돌 무기단적석총인 심귀리 78호 무덤과 노남리 남파동 웃 문화층 2호 집자리유적에서 출토된 오수전[전한 무제 원수 4년(B.C. 119)에 주조−필자]에 비추어[51] 늦어도 B.C. 2C 말경으로 비정된다. 따라서 고구려 국가 형성 과정을 둘러싼 제 논의에서 항시 초점이 되고있는 '나(那)'·'국(國)'의 실체는[52] 바로 늦어도 B.C. 2C 말까지 압록강 중류 유역 일대에 형성된 이러한 세력과 다름 아닐 것으로 판단된다.

최근 정치인류학계 일각에서는 인류의 정치·경제·사회 발전의 진전상을 〔family level

---

47 朴京哲, 1997, 22~30쪽.

48 이 간평유적의 집자리는 B.C. 3~2C의 화독자리가 두 개 있는 세죽리유적 웃층의 집자리와 매우 비슷한 것으로 평가되고 있다(『보고서1983』, 68쪽; 박진욱, 1988. 『조선고고학전서−고대편−』, 과학백과사전종합출판사, 135~136쪽.

49 『보고서1983』, 51~52쪽.

50 『보고서1983』, 52쪽.

51 『보고서1983』, 25·50쪽.

52 『三國史記』卷13·14·15, 高句麗本紀1·2·3; 金貞培, 1979, 「三韓社會의 '國'의 解釋問題」, 韓國史研究會, 『韓國史研究』 26; 金貞培, 1986, 『韓國古代의 國家起源과 形成』, 高麗大學校出版部, 223~229쪽.

society(group)→local group(국지적 집단)→regional group polity(지역집단)→state(국가)]로 파악, regional group polity의 실체를 'simple and complex chiefdom(군장사회)'으로 적시하고 있다.[53] '군장사회(chiefdom)'란 수장을 중심으로 한 특정 혈연집단에 의하여 지배되는 지연에 바탕한 '지역집단(regional group polity)'을 일컫는 용어이다. 고구려사회의 '나' 혹은 '국'은 물론 흔히 '성읍국가'·'소국'·'초기국가'도 그 실체는 군장사회인 것이다.

또 나부체제론이나[54] 필자의 입장이나[55] 고구려 국가 형성을 향한 과정이 [나집단·곡(谷)집단=국지적 집단(local group)→나·국·나국=지역집단(regional group polity) 혹은 군장사회(chiefdom)→국가(state)]라는 정치인류학적 인식틀과 그다지 다르지 않다는 점에 주목할 필요가 있다.[56]

따라서 독로강 중류 유역 일대의 다섯 개 집단은 '남파동 집단'을 구심점으로 군장사회(chiefdom) 수준인 하나의 지역집단(regional group polity: 이하 '독로강지역집단'이라 지칭)인 '나·국·나국'을 형성하였던 것으로 추정된다.

이럴 경우 이 독로강지역집단을 구성한 5개의 개개 고분군 축조집단은 국지적 집단(local group) 수준의 '나집단·곡집단'으로 자리매김될 수 있다.

이러한 독로강지역집단의 구조를 도시하면 다음 〈그림 1〉과 같다.

〈그림 1〉에서 '독로강지역집단'은 군장사회(chiefdom) 수준의 지역집단(regional group polity)를 가리킨다. 그런데 이를 구성하는 것은 남파동 집단·심귀리 집단·내평 집단·간평 집단·풍청리 집단이라는 다섯 개의 국지적 집단(local group)들이다. 그런데 각 국지적 집단 역시 몇 개의 기저집단(남파동 집단의 경우, 이 지역집단의 군장을 배출한 a-1에서 a-n까지)으로 이루어져 있다. 그리고 이러한 기저집단은 '마을' 혹은 '촌'의 형태로 존재했을 것이다.[57]

이를 수식화하면 $\sum_{k=1}^{n} a \leqq$ 남파동 집단이 된다. 한편 남파동 집단에 있는 작은 네모꼴 D는 남파동고분군의 피장자 집단이다. D인 남파동고분군의 피장자들은 자기 기저집단(a1)에서 가장 유력한 혈연집단으로서 자기 구역은 물론 당해지역집단 내에서도 가장 유력한 지배자 집단으로

---

53 Allen W. Johnson & Timothy Earle, 1987, *The Evolution of Human Societies: From Foraging Group to Agrarian State*, Stanford University Press, pp.15~22; Timothy Earle, 1994, "Political Domination and Social Evolution", Edited by Tim Ingold, *Companion Encyclopedia of Anthropology: Humanity · Culture and Social Life*, Routledge, pp.940~961(朴京哲 譯, 1999, 「政治的 支配와 社會進化」, 『史叢』 50, 解題).

54 林起煥, 1987, 「고구려초기의 지방통치체제」, 『慶熙史學』 14, 慶熙史學會; 余昊奎, 1992, 앞의 글; 林起煥, 1995, 『高句麗 集權體制 成立過程의 研究』, 慶熙大學校 博士學位論文; 여호규, 1996, 앞의 글; 余昊奎, 1997, 앞의 글.

55 朴京哲, 1996, 앞의 글; 朴京哲, 1997, 앞의 글; 박경철, 2007, 「고구려의 국가형성」, 『고구려의 정치와 사회』, 동북아역사재단.

56 박경철, 2007, 위의 글, 71~72쪽.

57 박경철, 2007, 위의 글, 61~62쪽.

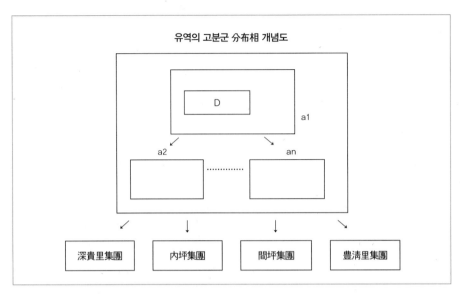

〈그림 1〉 독로강지역집단(군장사회)의 구조 개념도

군림하게 된다. 따라서 남파동 집단의 수장은 동시에 독로강 유역에 위치한 다섯 개 국지적 집단으로 구성된 군장사회의 수장인 군장(chieftain)이 된다.

여기서 군장사회의 성립과정을 수식화해 보면 다음과 같다.

$$\sum_{k=1}^{n} \text{기저집단} \leqq \text{국지적 집단} \rightarrow \sum_{k=1}^{n} \text{국지적 집단} \leqq \text{지역 집단(군장사회)}$$

그러면 필자는 '독로강지역집단'을 구체적 사례로 하여 당시 고구려사회에 존재한 군장사회의 실제적 존재양태의 일단을 검토해보고자 한다(이하 〈그림 1〉 참조).

먼저 군장사회인 독로강지역집단의 군장을 배출한 국지적 집단은 남파동 집단이다. 따라서 이 독로강지역집단은 남파동 집단과 여타 네 국지적 집단 상호 간에, 또 각 국지적 집단 내부에 존재하는 엄격한 계서관계에 바탕하여 운영되었을 것이다. 그리고 그러한 계서관계는 고구려사회 형성과정의 내재적 규정요인으로 파악되는 제 국지적 집단 상호 간에, 또 각 국지적 집단 내부에서 작동하는 현실적 힘, 무엇보다도 물리적 폭력의 우열관계를 반영하고 있음은 물론이다.

예컨대 남파동 집단이 자기 집단에 버금가는 세력을 갖고 있던 심귀리 집단을 제압하고 이 지역에서 주도권을 장악할 수 있었던 것은 자체 무장역량의 우월성뿐 아니라, 구보동산성이 위치한 고지를 점거함을 통하여 심귀리 구역 집단을 군사적으로 공제할 수 있게 되고, 이들과 간평 집단 간의 제휴 가능성을 봉쇄하게 됨에서 비롯된 것이다.

아울러 이들 다섯 구역집단은 모두 독로강 및 그 지류에 자리잡고 있어 수로를 통한 상호 접근이 가능하다. 따라서 이들 간에 형성된 독로강 수계에 따른 수운연결망의 존재를 상정케 해주고 있다. 이 점은 이 독로강 지역집단을 포함한 압록강 중류 유역 일대 제 군장사회의 형성·전개에 있어 이 지역의 발달된 하천수계라는 요소를 반드시 감안할 필요성을 새삼 제기시켜주고 있는 셈이다.[58]

B.C. 2C 초에서 B.C. 2C 말 사이 고구려사회는 위만조선의 성립과 팽창, 부여의 입국과 성장 및 한 세력의 침투라는 외적 충격에 민감하게 대응, 자기 세력의 보전과 결집을 꾀하였다. 따라서 이들은 일정지역 내의 무장역량이 우월한 유력 국지적 집단을 중심으로 한 정치적 통합을 적극적으로 추진하는 움직임이 본격화되어 갔다. 그리고 이러한 움직임은 그간 이 지역·사회 전체의 군사화 경향에[59] 따라 조성·축적된 각 국지적 집단별 무장역량이 고구려사회의 정치적 통합을 담보하는 구심력으로 작용하게 되었음을 뜻한다. 따라서 고구려사회의 군사화 역시 이러한 노력에 정비례하여 꾸준히 추진되고 있었다.[60]

따라서 독로강지역집단으로 예시된 압록강 중류 유역 일대에 새로이 형성된 제 지역집단의 실체는 그것을 구성하는 국지적 집단 상호 간에 또 국지적 집단 내부의 구성원 상호 간에 불평등이 사회규범으로서, 또 사회구조로서 정착화된 군장사회였다.[61] 그리고 군장사회인 독로강지역집단의 군장을 배출한 남파동 집단의 수장과 그 혈연집단이 남파동 집단뿐 아니라 다른 네 국지적 집단 위에 군림하는 최상위 핵심 집단이었다.

이러한 군장과 그 혈연집단의 존재는 세 구역으로 분별되는 남파동고분군을 통해서 확인할 수 있다.[62] 즉 이 고분군에는 강기슭의 강돌 무기단적석총군이 열상으로 자리잡고 있고(제1구), 그 위쪽에 절석기단적석총과 석실봉토분이 혼재해 있고(제2구), 산 쪽으로는 세 기의 기단적석총을 제외하면 실봉토분이 군재(群在)해 있다(제3군). 이로써 묘제에 있어서 계기적 전개상을 보이고 있는 남파동고분군이 일정한 매장질서에 의하여 장기간 조영되어 온 것임을 간파할 수 있다. 그리고 이런 매장질서의 기본틀은 당해 집단의 수장과 그 혈연집단들을 중심으로 규제·운영되어졌을 것이다.[63]

---

58 이 점과 관련해서 박경철, 1997, 앞의 글, 26쪽; 余昊奎, 2008, 앞의 글 참조.

59 본고의 '군사화(militarization)경향'이란 당해 지역 주민들의 삶이 군사적 관점에 의하여 통제되는 사회성향을 지칭하는 것이다. 이것이 국가 수준에서 그것의 기능과 결부될 때, 흔히 '군국주의(militarism)'로 귀결된다(Stanislav Andreski, 1971, *Military Organization and Society*, University of California Press, p.185).

60 이와 관련해서 박경철 1997, 앞의 글, 26~28쪽 참조.

61 Elman R. Service, 1962, *Primitive Sosial Organization: An Evolutionary Persepctive*, *Random House*, pp.133~169.

62 『보고서1983』, 69쪽; 東潮, 1995, 앞의 글, 159쪽.

63 東潮, 1995, 앞의 글, 125~129·176~181쪽. 중국 학계는 이러한 적석총군을 가족묘지매장제도와 연결시켜 파악하

이런 독로강지역집단의 최상위 집단인 남파동 집단의 수장과 그 혈연집단들은 자기들을 중심으로 군장사회를 형성하게 되는 B.C. 2C 말경을 전기로 하여 종래의 강돌무기단적석총에 갈음하여 절석기단적석총을 축조하게 된 것으로 추정된다. 이렇게 강돌무기단적석총에서 절석기단적석총으로의 적석총 조영 양식 변화는 이 집단 내에서 거석의 운반·가공·구축을 담보하는 일정한 노동력 동원기제가 이전보다 한층 실효적으로 가동되게 되었음을 엿보게 해준다. 아울러 이 사실은 일정지역에서의 특정 혈연집단으로의 보다 힘을 집중시킬 수 있게 된 군장사회의 성립이라는 역사적 현실이 묘제라는 문화규범으로 표출되게 된 것을 뜻하는 것이기도 하다.

그리고 이러한 사실은 집안 일대에 존재하는 고분군의 실태를 통해서도 다시 한 번 구체적으로 검토·확인해 볼 수 있다. 고구려사회 형성과정과 관련하여 주목해야 할 사항은 석분류(石墳類) 가운데 무기단적석총에서 기단적석총으로의 이행양상이다. 그런데 집안현성 일대·통구 일대에는 11,330기의 고분 가운데 무기단적석총과 기단적석총이 4,078기나 집중 분포하고 있어 주목된다.[64] 한편 이 지역 적석총의 경우, 무기단적석총에서 기단적석총으로 이행에 있어 만보정묘구와 같은 예외(205기→449기)가 없는 것은 아니지만, 대체로 2,886기에서 1,197기로 거의 60% 감소하는 사실은 눈여겨보아야 할 대목이다.[65] 이는 바로 이 지역에 있어 무기단적석총에서 기단적석총으로의 이행은 단순히 적석총의 축조 양식상의 변화라기보다는 그것을 축조한 집단의 정치적 존재양식에 있어 질적 고양을 의미하는 것이다. 왜냐하면 먼저 이러한 적석총 형태 및 조영 양식 변화에 따른 적석총의 거의 60%에 달하는 양적 감소는 기단적석총을 축조하던 단계에 처한 사회 내 지배집단의 범위가 그 이전에 비하여 60% 가까이 축소되었고, 또 그 사회의 정치·경제·사회적 제 역량이 더욱 소수의 지배집단에 의하여 과점됨을 뜻하는 까닭이다.

따라서 기단적석총을 축조하는 단계의 지배집단은 그것을 구축하는데 필요한 인적·물적 자원의 동원기제를 이전보다 한층 실효적으로 그리고 조직적으로 가동할 수 있는 제반 권능을 획득하게 되었던 것이다. 즉 이러한 묘제의 변화 양상은 적석총축조집단 내 지배집단 범위의 축소와 그들로의 힘의 집중도 제고를 담보하는 당해 사회에 있어서의 정치적 존재양식의 질적 고양이 이루어졌음을 엿보게 해준다. 그러므로 필자는 무기단적석총에서 기단적석총으로 묘제라는

는 시점에서 접근하고 있으며, 묘주와의 동배(친)족·이배인·동일가족을 그 범주에 속하고 있는 것으로 주장하는 견해도 제시되고 있다(東潮, 1995, 위의 글, 178~179쪽).

64 집안 일대에 축조된 고분의 수는 12,358기에 달하며, 그 중심 지역인 집안현성 일대·통구 일대의 우산묘구·하해방묘구·산성하묘구·만보정묘구·칠성산묘구·마선구묘구에는 석분류와 토분류 모두 합쳐 11,300기가 집중 분포하고 있다. 그리고 이 지역에 분포한 11,330기의 고분 가운데 적석묘 26%, 방단적석묘 10%, 방단계단적석석묘와 방단계단석실묘 3%, 봉석동실묘 4%이고, 나머지 55%는 토분류에 속하는 것이다(李殿福, 1980, 「集安高句麗墓研究」, 『考古學報』 2, 304~306쪽).

65 李殿福, 1980, 위의 글, 304~306쪽.

문화규범이 바뀐 사실을 고구려사회에서의 군장사회의 성립이라는 정치적 존재양식의 전향적 변화와 연결시켜 이해해도 크게 무리가 없다고 판단된다.

독로강지역집단과 같은 군장사회는 늦어도 B.C. 2C 말까지 고구려사회에 다수 성립·발전하고 있었다.[66] B.C. 2C 말을 전후하여 압록강 중류 유역 일대의 새로운 상황 전개는 중국인들의 관점에서도 그곳의 주민들 및 그들이 집중적으로 구축한 적석총 분포 지역을 '구려(句麗)'라 특칭하면서 '조선(위만조선)' 및 여타 '예맥' 집단과 준별할 필요성을 느낄 만큼 주목에 값하는 사실이었다.[67]

3) 6도구와 양민지구 그리고 장천지구

임강시 6도구에는 용강·서마록포자 같은 고분군과 동마록포자고성(東馬鹿泡子古城)·협피구고성·화피전자고성 등 고구려 관방 유적이 강변에 집중 분포하고 있다. 특히 동전자고분군은 임강~장백 지역에서 질·양면에서 가장 우월한 고분군으로서, 밑면이 20~25m에 쌍묘광인 대형계단적석총(후산 M1)과 보다 아래쪽 같은 선상에 또 하나의 대형계단적석총(후산 M2)까지 확인되고 있다.

이곳의 화피전자고성은 2단 충적대지의 가장자리에 위치해 있는데, 평면은 장방형으로서, 성곽의 동서 길이 58m, 남북 너비 40m, 전체 둘레 180m 전후로서, 2㎞ 정도 가면 동전자고분군과 마을 유적이 위치해 있다.[68]

따라서 화피전자고성과 동전자고분군은 하나의 복합유적인데 6도구 지역의 중심지로서, '성-고분군'으로 조합된 압록강 중상류 유역 고구려 유적의 특징을 시현하고 있다. 또 이곳의 주민들은 기와와 벽돌로 건축물과 성곽을 구축하고 동복(銅鍑)을 사용하며, 고분군을 축조하던 자들의 통제 하에서 삶을 영위하였을 것으로 추정된다. 동마록포자고성·협피구고성·화피전자고성 등 대체로 한 변 25~100m로 둘레가 400m 미만인 연접된 소형 성곽은 강변 충적대지에 위치하며 수운 역참의 성격이 강했다.[69] 화피전자고성 동벽 외곽 고구려시기 기와와 토기 산포지의 존재는 고성 외곽에 기와 건물이 존재했을 가능성을 시사하고 있는데, 고구려에서는 왕궁을

---

66 필자는 늦어도 B.C. 2C 말까지 고구려사회에는 12~18개 가량의 군장사회가 압록강 중류 유역 일대에 형성·전개·발전의 길을 걷고 있었다고 파악한 바 있다(朴京哲, 1996, 앞의 글, 92~95·122~126쪽.

67 『漢書』 卷28, 地理志 8下2.

68 余昊奎, 2008, 앞의 글, 127~128쪽. 동마록포자고성·협피구고성에 관해서는 余昊奎, 2008, 위의 글, 128~130쪽 참조.

69 余昊奎, 2008, 위의 글, 132쪽.

비롯하여 신묘(神廟), 불사(佛寺), 관부 건물 등에만 기와를 사용했다. 이로 보아 화피전자고성에는 지방관청 등 중요한 건물이 존재했을 가능성이 높다. 즉 화피전자고성은 압록강 수로를 관리하는 수운 역참의 기능과 더불어 지방통치의 거점 역할도 수행했다고 추정할 수 있다.[70]

그런데 화피전자고성 남쪽 0.5㎞ 거리에 왕팔발자요지(王八脖子窯址)가 있다. 가마터는 동서 길이 30m, 남북 너비 3m였고, 문화층의 두께는 2m에 이르렀다고 한다. 가마터의 규모로 보아 여기에서 생산한 토기는 현지뿐 아니라 국내성 등 각지로 운송되었을 것이다. 이 경우 가마터에서 생산된 토기는 화피전자고성으로 운반해 보관했다가 압록강 수로를 통해 각지로 운송했을 것이다.[71] 더구나 최근 조사된 보산(寶山) 6도구 야동유지(冶銅遺址)는 발해~금대까지 사용된 것으로 확인된 바 있는데, 중국 학계에서는 이곳이 고구려 시기부터 가동되었을 것으로 추측하고 있다.[72] 실제 그렇다면 이곳에서 채광하여 제련한 동은 6도구 하구 부근의 협피구고성이나 7도구 하구 인근의 동마록포자고성으로 운반했다가 압록강 수로를 이용해 국내성 등지로 운송했을 것이다.[73] 이러한 사실들은 이곳 6도구 지역 상위 적석총 축조자들의 경제적 기반을 엿볼 수 있게 해주는 대목이다. 곧 이들은 압록강 수운 역참의 운영·관리를 통해서, 또 현지의 생산기반을 이용한 자원수탈을 통하여 부를 축적하면서 지배력의 제고를 도모했을 것으로 짐작된다.

임강 화피전자고성과 집안 장천고성은 입지면에서, 그리고 모두 2㎞를 격하여 각기 동전자고분군과 장천고분군과 조합된 복합유적이다. 그러나 위치면과 규모면에서 장천 고분 축조집단 우위성은 명백하다. 더구나 장천고분군의 고분 구성이 [무기단적석총→기단적석총→계단적석총]이라는 계기적 진전상을 보이고, 계단석실적석총과 석실봉토벽화분마저 존재함에 비해, 동전자고분군의 그것이 [무기단적석총→기단적석총→계단적석총]에 그치고 있다는 점에서 더욱 그러하다.

양민고성은 집안시에서 동북쪽으로 45㎞ 떨어진 양민전자촌에 위치해 있다. 이 일대는 본래 남북 4㎞, 동서 3㎞의 비교적 넓은 충적대지가 펼쳐져 있었으나, 운봉댐 건설로 수몰되었다. 고성은 2단 충적대지의 가장자리에 위치했다고 추정된다. 주민들의 회상에 따르면 고성은 주성곽과 보조성벽으로 이루어져 있었다고 한다. 주성곽의 규모는 남북 길이 350~400m, 동서 너비 300m 전후라고 한다.[74]

70 余昊奎, 2008, 위의 글, 145쪽.
71 余昊奎, 2008, 위의 글, 142쪽.
72 田野考古集粹編輯委員會, 2008, 『田野考古集粹−吉林省考古文物研究所成立二十五周年紀念−』, 文物出版社, 83~84쪽.
73 余昊奎, 2008, 위의 글, 142쪽.
74 양민유적에 관해서는 吉林省長白文化研究會·集安市博物館, 2004, 「集安良民高句麗遺蹟調査」, 『東北史地』 2004-4; 余昊奎, 2008, 앞의 글, 125쪽.

양민 지구 역시 고성과 조합된 양민고분군이 있는데,[75] 1964년에 조사했던 '양민고분군'은 적석묘와 방단적석묘 등 155기, 봉토분 15기, 총 170기가 있었다. 고분은 일정한 순서에 따라 배열되어, 좀 큰 적석묘와 방단적석묘는 고분군의 중부에 집중되어 있고 작은 적석묘들은 주변에 분산되어 있었다. 봉토분은 고분군의 동쪽에 모여 있는데 압록강가의 근처에 위치하여 지세가 낮고 적석묘와 섞이지 않았다. 당시 총 30기 고분을 발굴하였는데, 그 중에 적석묘·방단적석묘·계단적석묘·봉토석실묘 그리고 봉토동실묘 등이 있었다. 한편 2004년 조사된 '양민전자고분군'은 모두 13기로 양민 1호와 9호 및 13호 고분만 유단적석석광묘이며, 나머지 10기는 모두 적석석광묘이다. 곧 이 지역 고분들은 (무기단적석총→기단적석총→계단적석총) 및 봉토묘로 구성된 셈이다.[76]

집안 양민고성은 국내성보다 상류 방면에 위치한 대체로 한 변 25~100m, 둘레 400m 미만인 다른 4기의 소형 성곽 성곽들에 비하여 둘레가 1㎞를 넘는 점에서 주목을 요한다.[77] 그러나 고분군의 경우, 장천고분군과 비교해 볼 때 이곳은 고구려사의 전개 과정 속에서 기복을 매우 심하게 탔던 것 같다. 적석총의 최상위 고분인 계단석실적석총으로의 진전상이 포착되지 않고 있으며, 고분군의 중심부는 오히려 큰 무기단적석총과 기단적석총이 차지하고 있다. 또 봉토분의 존재가 확인되고 있지만, 그 역시 한쪽에 치우쳐 고립되어 있으며, 강변의 낮은 지세에 입지하고 있는 실정이다. 이 점은 이 고분군 중심 세력 집단의 신장이 어느 순간 정지되었거나, 중심 세력 자체의 미약함을 의미할 수도 있다. 그러나 국내성과의 지근거리에 위치한 이 고성의 규모에 비추어 볼 때, 또 지방통치의 거점일 가능성[78] 등 여러 가지 의미에서 중요성을 갖는 이 지역의 지배주체가 지역적 연고가 약한 국내성 중앙귀족 출신일 개연성도 없지 않다. 그 경우 그들의 장지는 보다 국내성에 가까운 지역이거나 통구분지였을 것이다.

한편 장천고성이 양민고성에 비해 양자가 '고분군-성지'의 유적 복합상은 유사하나 규모면과 입지면에서 열세를 보임은 사실이다. 그러나 두 곳의 고분군은 그 반대의 경우를 보여 주고 있다. 양민고분군의 구성은 (무기단적석총→기단적석총→계단적석총)의 전개상을 보이고 있고, 봉토묘도 분포하고 있다.[79] 그러나 장천고분군은 봉토석실벽화분인 장천 1호·2호·4호분이 존

---

75 양민을 중심으로 양민전자고분군, 추피구고분군, 화피고분군, 석호고분군, 하투고분군, 그리고 주변에 현존한 고구려 고분 100여 기, 운봉댐 수몰 고분 250기를 더해서 거의 400기 고분이 있다(吉林省長白山文化研究會·集安市博物館, 2004, 앞의 글).

76 吉林省長白文化研究會·集安市博物館, 2004, 위의 글.

77 余昊奎, 2008, 앞의 글, 137쪽.

78 余昊奎, 2008, 앞의 글, 146쪽. 한편 중국 학계 일각에서는 이 '양민전자고성'을 247년 동천왕대의 '평양성'이라 주장하고 있으나, 명확한 근거는 없다(吉林省長白文化研究會·集安市博物館, 2004, 위의 글).

79 方起東은 良民 92호 고분의 계단을 7단이라 파악하고 있으나, 현재로서는 확인할 수 없다(方起東, 1985, 「高句麗石墓

재하며, 대형계단석실적석총인 장천 3호와 5호분이라는 최상위 고분을 가지고 있음을 유념해야 한다.

즉 장천고분군 축조집단의 중심 세력은 고구려사 전개와 궤를 같이하면서 지속적으로 세력을 유지하고 또 신장세를 이어왔던 것으로 보인다. 이 점에서 장천 집단은 단속적 측면이 강한 양민 집단에 비해 질적 측면에서 자기 정체성을 지키며, 지속적으로 발전해 왔던 것으로 판단된다. 아마도 그 지속적 성장잠재력의 원천은 그들이 갖고 있는 중앙 귀족세력과의 유기적 연관성에서 가능성을 구하고자 한다. '예불도'·'보살도'·'백희기악도'로 잘 알려진 장천 1호분[80]과 압록강을 조망할 수 있는 입지에 자리잡은 장천 5호분의 존재가 이를 웅변해 주고 있다.

5. 맺음말

본고는 압록강 상류의 임강~장백 지역 및 중류인 집안 외곽의 장천 지구 그리고 중류 유역의 지류인 독로강 유역에 분포하는 고분군 및 관련 유적들을 대상으로 일련의 고찰을 행하였다.

'도구'란 '계곡+하천+충적대지'의 자연환경적 복합체를 일컫는 말이다. 이러한 '도구'를 고구려에서는 '산곡'으로 표현하고 있었다. 압록강 중상류 유역의 주민 집단들은 이와 같은 동질적 생태조건을 공유하고 여기에 적응하는 과정에서 동일한 생존양식이 자리잡게 되었다. 그리고 B.C. 4~3C 이래 동북아의 정세가 격변하는 와중에서 이곳 주민들은 적석총의 집중축조라는 돌출현상을 통하여 자신들의 강력한 정체성과 응집력을 문화적으로 표출하고자 하였다.

간구자고분군이 현재까지 알려진 가장 오래된 적석총 고분군인 것은 사실이나, 이 고분군 하나의 사례를 가지고 고구려 적석총의 연원 문제를 단정짓기는 어려울 것 같다. 이 지역에서는 철기문화 보급이 저조하여 사회분화가 느리게 진행되었고, 따라서 가족 단위의 집단묘 성격이 강한 적석총이 집중적으로 축조되었을 것으로 추정된다. 이 고분군이 몇 기의 고분이 중첩적으로 연접된 적석총들로 구성된 점은 이 고분군 축조집단이 주로 가족 관계 등 혈연 집단을 바탕으로 운영되었음을 의미한다. 간구자고분군과 그 축조집단은 이후 고구려사회의 발전과 국가 형성의 과정에서 구조적으로 소외되었을 가능성이 크다. 이 간구자고분군 축조집단에게서는 그 생성의 조숙성에 비해 지속적 성장의 징후를 찾아 보기 어렵다.

독로강 중류 유역 일대의 다섯 개 집단은 '남파동 집단'을 구심점으로 군장사회(chiefdom) 수준

的演進」, 『博物館研究』 1985-2; 吉林省長白文化研究會·集安市博物館, 2004, 위의 글).

80 전호태, 1993, 앞의 글.

인 하나의 지역집단(regional group polity)인 '나·국·나국'을 형성하였던 것으로 추정된다. 이럴 경우 이 독로강 지역 집단을 구성한 5개의 개개 고분군 축조집단은 국지적 집단(local group) 수준의 '나집단·곡집단'으로 자리매김 될 수 있다. 독로강 지역집단의 최상위 집단인 남파동 집단의 수장과 그 혈연집단들은 자기들을 중심으로 군장사회를 형성하게 되는 B.C. 2C 말경을 전기로 하여 종래의 강돌무기단적석총에 갈음하여 절석기단적석총을 축조하게 된 것으로 추정된다.

화피전자고성과 동전자고분군은 하나의 복합유적으로 6도구 지역의 중심지이다. 화피전자고성은 압록강 수로를 관리하는 수운 역참의 기능과 더불어 지방통치의 거점 역할도 수행했다고 추정된다. 왕팔발자요지와 보산 6도구야동유지는 6도구 지역 상위 적석총 축조자들의 경제적 기반을 엿볼 수 있게 해준다.

양민고분군은 고구려사의 전개 과정 속에서 기복을 매우 심하게 탔던 것 같다. 이 고분군의 중심 세력 집단의 신장이 어느 순간 정지되었거나, 중심 세력 자체가 미약하였을 수도 있다. 그러나 이 지역의 지배주체가 지역적 연고가 약한 국내성 중앙귀족 출신일 수도 있다.

장천고분군 축조집단의 중심 세력은 고구려사 전개와 궤를 같이하면서 지속적으로 세력을 유지하고 또 신장세를 이어 왔던 것으로 보인다. 그 지속적 성장 잠재력의 원천은 그들이 갖고 있는 중앙 귀족세력과의 유기적 연관성에서 가능성에서 구할 수 있다.

출전 朴京哲, 2010, 「鴨綠江 中·上流流域 積石塚 築造集團의 存在樣態」, 『先史와 古代』32.

제11장
압록강 상류 임강-장백지역 적석총축조집단의 존재양태

1. 머리말

적석총이라는 고분의 존재가 국가형성기 이래 A.D. 5C까지 고구려의 문화적 정체성의 표상으로서 자리매김 됨은[1] 주지의 사실이다.[2] 그런데 초기 적석총 형식인 무기단적석총(無基壇積石塚)과 기단적석총(基壇積石塚)들의 분포상은 당시 고구려사 전개의 공간적 범위와 대체로 합치하고 있다. 즉 그 범역은 대체로 동쪽으로 압록강 상류 일대, 북쪽으로 용강산맥(龍崗山脈) 일대까지 분포하며, 서쪽 계선은 충만강(忠滿江), 남쪽 계선은 청천강·대동강 중·상류 산간지대로 설정할 수 있다.[3]

그 가운데 압록강 중류유역은[4] 고구려 국가형성기(B.C. 1C~A.D. 1C) 이래 평양 천도(427 A.D.)에 이르는 450여 년간 고구려의 중핵지로서,[5] 또 국가 경영의 중심지로서 그리고 국세팽창의 중심 전략거점으로서 그 역할을 다해 왔다.[6] A.D. 5C 전반까지의 고구려의 중심 묘제인 적석총이 집중 축조된 지역은 압록강 중류 유역의 집안 및 혼강 유역의 환인 일대로서, 이 점은 고구려사 전개에 있어 이 지역이 갖는 역할과 유관한 것이다.

그러나 최근 우리 학계는 압록강 상류 유역인 장백(長白)~임강(臨江) 지역 고구려 유적의 존재

---

1 朴京哲, 2010, 「鴨綠江 中·上流流域 積石塚築造集團의 存在樣態」, 『先史와 古代』 32, 219쪽.
2 적석총을 비롯한 고구려 고분에 관한 주요 연구 성과는 아래와 같다. 全虎兒, 1997, 『고구려 고분벽화 연구』, 서울대학교 博士學位論文; 全虎兒, 2000, 『고구려 고분벽화 연구』, 사계절; 姜賢淑, 2000, 『高句麗 古墳 硏究』, 서울대학교 博士學位論文; 鄭好燮, 2009, 『高句麗 古墳의 造營과 祭儀 연구』, 高麗大學校 博士學位論文.
3 여호규, 1996, 「압록강 중류유역에서 고구려의 국가 형성」, 『역사와 현실』 21, 한국역사연구회, 53~54쪽.
4 압록강은 그 본류만도 그 총연장이 803㎞에 달하며 장백~임강(북한: 혜산~중강진)의 상류와 임강~집안(중강진~초산)의 중류 및 집안~단동(초산~신의주)의 하류로 구분되어 진다(朴京哲, 2010, 앞의 글, 212쪽).
5 '중핵지(core area, nuclear region, nuclear core)'란 국가가 탄생·조직되어 그 국가의 정치권력이 집중된 비교적 좁은 지역을 가리킨다(任德淳, 1973, 『政治地理學原論』, 一志社, 79~80쪽).
6 朴京哲, 1989, 「高句麗軍事戰略考察을 위한 一試論-平壤遷都以後 高句麗軍事戰略의 志向點을 中心으로-」, 『史學硏究』 4, 5~12쪽.

에 주목하고 있다. 이곳은 집안 지역과의 공간적 소격성(疏隔性)에도 불구하고 비교적 초기의 고분군과 하변 관방유적들이 일정한 관계망 속에서 분포되어 있음이 최근 밝혀지고 있는 지역이다. 즉 우리 학계는 이 지역 연구를 매개로 국가형성기 이래 고구려의 공간적·문화적·종족적 기반 및 그 경영 기제와 그 변화상의 실상 파악을 위한 접근 가능성을 조심스럽게 두드리고 있다.

여호규(2008)는 압록강 중상류 연안에 포치된 고구려 관방 유적들의 기능과 운영상을 분석한 바 있다.[7] 그는 특히 압록강 상류 연안 방면에 구축된 제성곽은 수운 역참의 기능을 수행했으며, 일부는 지방행정 중심지의 기능도 수행했음을 밝히고 있다.

강인욱(2008)은 중원 지역과 한반도 북부~압록강 중상류 지역과의 본격적인 교역은 B.C. 4C에 시작되며, 고조선이 멸망한 후에도 그 루트는 지속되는 바, 그 루트는 압록강 줄기를 따라서 장백산에서 서북한의 고조선 고지로 이어졌다고 파악하고 있다. 또 그는 이러한 교역의 중심에는 모피교역이 자리하고 있었다고 보고 있다.[8]

강현숙·백종오·여호규(2009)는 압록강 중상류 유역에 분포한 고구려 유적과 관련된 중국 측 고고학 자료를 취합·종합·정리한 디지털자료집을 간행하였다. 이는 우리 학계가 앞으로 이 방면 연구를 진행함에 있어 획기적 기여가 기대되는 성과라 하겠다.[9]

박경철(2010)은 이러한 선행 연구 성과를 바탕으로 압록강 중상류 유역의 임강-장백지역·독로강유역·장천지구의 유적들을 검토한 바 있다.[10] 이에 따르면, 임강-장백지역의 간구자고분군 축조집단은 생성의 조숙성에 비해 지속적 성장의 징후를 찾기 어렵다고 보면서, 이후 이 지역 발전의 중심이 화피전자고성(樺皮甸子古城)과 동전자고분군(東甸子古墳群)을 조영한 임강 6도구(道溝) 지역으로 이행했다고 보고 있다.

필자는 본고에서 국가형성기 이래의 고구려사 전개와 압록강 상류 유역의 임강-장백지역의 상관성의 실상을 검토하고자 한다. 필자는 먼저 이러한 고찰의 바탕이 되는 임강-장백지역 고구려 관련 유적의 실태를 정리·검토해보고자 한다. 다음으로 필자는 간구자고분군(干溝子古墳群)의 실태를 검토함을 통하여 국가형성기 '고구려사회'[11] 초기 고분군 축조집단의 사회적 존재

---

7 余昊奎, 2008, 「鴨綠江 중상류 연안의 高句麗 성곽과 東海路」, 『역사문화연구』 29, 한국외국어대학교 역사문화연구소.

8 강인욱, 2008, 「고조선의 모피무역과 명도전」, 고조선사연구회 발표문.

9 강현숙·백종오·여호규, 2009, 『중국 소재 고구려유적·유물Ⅰ-압록강 중상류 편-』(PDF file), 동북아역사재단. 임강-장백 지역 고구려 유적지에 관한 개관과 개별 유적들에 대한 상론은 이 자료집의 '제1·6·7부'에 이미 종합적으로 정리·소개되어 있다. 이하에서 위 자료의 내용을 인용할 경우, 논지 전개의 편의상 "2009, PDF, p.00/1592"로 표기함.

10 朴京哲, 2010, 앞의 글.

11 '고구려사회'란 고구려가 '국가(state)'로서 발흥하기 이전 곧 B.C. 3C~B.C. 1C 하반기의 압록강 중상류역과 그 지류인 혼강·독로강 유역 일대 등에서 적석총을 축조하던 맥계 제 세력집단 그 자체 혹은 그들의 존재양태를 지칭한다(朴京哲, 1996, 『高句麗의 國家形成 硏究』, 高麗大學校 博士學位論文; 朴京哲, 1997, 「B.C. 1000年紀 後半 積石塚築造集團의 政治的 存在樣式」, 『韓國史硏究』 98, 韓國史硏究會, 12쪽의 주23). 이러한 '고구려사회'에 대한 접근은 국가형성기를

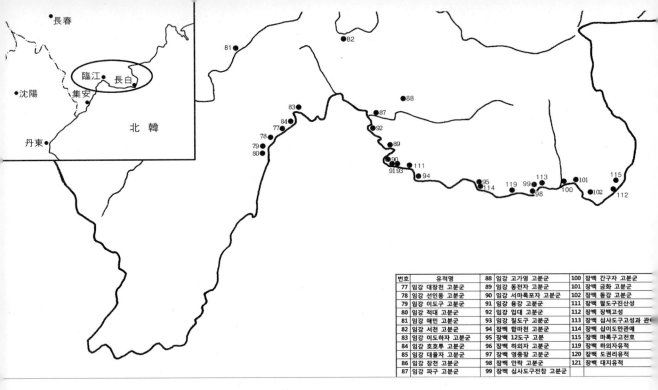

번호	유적명				
77	임강 대장천 고분군	88	임강 고가영 고분군	100	장백 간구자 고분군
78	임강 선인동 고분군	89	임강 동전자 고분군	101	장백 금화 고분군
79	임강 이도구 고분군	90	임강 서마록포자 고분군	102	장백 통강 고분군
80	임강 적대 고분군	91	임강 용강 고분군	111	장백 팔도구진산성
81	임강 애민 고분군	92	임강 입대 고분군	112	장백 장백고성
82	임강 서천 고분군	93	임강 칠도구 고분군	113	장백 십사도구고성과 관
83	임강 이도하자 고분군	94	장백 합마천 고분군	114	장백 심이도만관애
84	임강 호호투 고분군	95	장백 12도구 고분군	115	장백 마록구고전호
85	임강 대율자 고분군	96	장백 하외자 고분군	119	장백 하외자유적
86	임강 장천 고분군	97	장백 영종장 고분군	120	장백 도권리유적
87	임강 파구 고분군	98	장백 안락 고분군	121	장백 대지유적
		99	장백 십사도구전참 고분군		

〈지도 1〉 임강-장백지역 고구려관련 유적 분포도[12]

양태의 일단을 추론해보자 한다. 마지막으로 고구려사회의 진전과 고구려 국가 성립 이후 이 지역 역학 관계 지형도상의 변동 추세를 추적해보고자 한다.

필자는 이러한 노력이 고구려사 전개의 와중에 휩쓸린 주변부 인간군상들의 존재가 '중앙-지방'의 관계망 속에서 어떻게 정위·규정되어지는가를 엿볼 수 있는 단서를 제공할 수 있는 계기가 될 수 있기를 조심스레 소망해 본다.

2. 임강-장백지역 고구려 관련 유적의 실태

압록강 중상류 유역의 집안·환인·신빈(新賓)·통화(通化)·임강-장백 일대에는 약 150여 곳의 고분군과 이와 유기적 연관성을 갖고 있는 것으로 추정되는 40여 곳의 성곽 유적이 존재한다.[13]

전후한 당해 지역에서의 적석총축조집단의 실체와 그 존재양태 해명에 초점을 맞추어 행해지고 있다. 곧 지병목은 늦어도 B.C. 2C 초 압록강 중류유역에서의 적석총 축조집단의 출현을 '원고구려사회'의 성립으로 개념하고 있다(池炳穆, 1987, 「高句麗 成立過程考」, 『白山學報』34, 26~47쪽). 또 여호규는 '고구려사회'에 갈음하여 B.C. 3C 중엽~B.C. 2C 초 '구려종족사회'의 형성을 논하고 있다(余昊奎, 1992, 「高句麗 初期 那部統治體制의 成立과 運營」, 『韓國史論』27, 19~20쪽; 余昊奎, 1997, 「1~4세기 고구려 政治體制 연구」, 서울大學校 博士學位論文, 20~40쪽).

12 본고의 〈지도 1〉은 2009, PDF, p.35/1592를 전재.

13 이에 관한 종합적 정리는 2009, PDF 참조.

〈표 1〉 임강-장백지역 고구려 관련 유적 개요와 현황(Ⅰ)

유적지	동강고분군	금화고분군	간구자고분군	양종장고분군
지도 번호	102	101	100	97
유형	고분군	고분군	고분군	고분군
위치 (행정)	장백현 금화향(金華鄉) 이전촌(梨田村)(18도구)	장백현 금화향 금화촌(金華村)(17도구)	장백현 14도구진 간구자촌. 15도구~16도구 사이 위치, 15도구에 더 가까움.	백산시 장백현 14도구진
입지	이전촌 동남 약 1.5㎞의 동강 대지 북부	금화촌 남쪽 약 300m의 압록강 북안대지	간구자촌의 동·서간구하 양안의 하곡 충적대지	간구자촌 동남쪽 약 3.5㎞ 거리의 압록강 북안대지
규모	경작지 가운데 10여 기의 적석묘군으로 추정되는 유구가 보이나, 대략 판별할 수 있는 고분은 총 4기	동서 길이 약 500m, 남북 너비 약 300m	길이 1,000m, 너비 350m, 면적 8,000㎡. 연구자-유적의 규모·범위 예상 이상으로 크고 넓음.	남북 길이 150m, 동서 너비 약 100m. 고분들은 남북 배열.
내용	원형무기단적석총	서로 다른 규모의 6기의 기단적석총을 M1~M6로 편호. 평면 타원형.	원형무기단적석총이 중층적으로 연접된 군집분	6~8기 고분, 방단적석묘 6기 확인.
유물	도편(陶片) 1건	적석총 내 대량의 고구려 철촉(鐵鏃) 출토	고분 2기에서 방공원전(方孔圓錢)인 반량전(半兩錢)·일화(一化), 철곽(鐵钁) 출토. 철도(鐵刀) 채집.	불명
역사적 성격	중국: 청동기시대 고분 비정. 연구자: 고구려 국가형성기(B.C. 3C~A.D. 1C) 혹은 그 초기 고분군으로 추정.	고구려 초기 적석총.	요동반도 묘제와 연결되는 고구려 최조기 적석총 유적임을 강조하는 표석 있음	고구려시기 적석총 고분군
현황	거의 방치 상태 속에서 파괴 진행 중. 특히 고분 일부는 민묘(民墓)와 혼재.	방치 상태 속에서 파괴 진행 중. 특히 경작지 가운데 대형 고분 2기가 눈에 띰.	중국 측 발굴 조사와 성급 문물보호단위 지정 이후에도 지속적인 경작과 도로 개설 등 개발 사업으로 유적지 자체 훼손 심각	임강~장백 간 도로와 연접, 포도밭 외곽 펜스의 존재로 접근 불가능
유적지	14도구전참고분군	14도구고성	안락고분군	12도만관애
지도 번호	99	113	98	114
유형	고분군	평지성과 관애	고분군	관애
위치 (행정)	백산시 장백현 14도구진 14도구촌	백산시 장백현 14도구진 14도구촌	백산시 장백현 14도구진 안락촌	백산시 장백현 12도구향 12도만촌
입지	14도구진 발전소 동쪽 100m, 15도구하 북안의 동서로 긴 평탄한 대지	14도구촌 남쪽 약 1.5㎞	안락촌 동남 약 1㎞의 압록강 북안대지	12도만촌 동쪽 약 1.5㎞의 동산 등성이의 북단
규모	유적지 규모 확인 불가능	고성: 동서 길이 40m, 남북 너비 20m 성벽: 기단 너비 5m, 윗너비 2m, 높이 2m 전후 관애: 고성 남벽과 일직선으로 축조, 길이 약 500m	남북 길이 70m, 동서 너비 약 50m	동산 산마루 북단과 중앙 절벽 사이의 움푹 들어간 지점, 전체 길이 약 30m

내용	총 4기의 고분은 원형무기단적석총	고성: 토석혼축 관애: 본래 석축성벽설	1986년 총 10기의 고분 확인, 기단적석총과 유사한 형태.	성벽(墻), 참호(壕), 흙언덕(土丘) 등으로 구성.
유물	협사도기 저·구연부, 흑요석편 등 출토. 인골 출토설 있음.	석기류, 토기류, 철기류 등 출토. 1981년 14도구하와 압록강 합류처에서 쇠솥 발견.	1960·70년대, 현지인들 도관(陶罐), 인골 등 수습했다고 함.	미보고
역사적 성격	고구려 시기 적석총군	고구려 시기 유적	고구려 시기 유적	고구려 시기 유적
현황	지속적 경작, 도로 개설 등 무분별한 개발로 현재 거의 존재 의미 없는 유적지로 방치.	농지 개간으로 훼손 심함. 고성 성벽은 동북 모서리·남벽 동단만 조금 남아 있음.	유적지 접근 불가능. 장기간의 경작과 무관심으로 훼손도가 심할 것으로 추정.	우천 관계로 접근로만 확인 후 철수.
유적지	12도구고분군	8도구진성 유지	7도구고분군	동마고성 (동마록포자고성·동마성지·동마록촌고성)
지도 번호	95	111	93	
유형	고분군	산성	고분군	평지성
위치 (행정)	백산시 장백현 12도구진 12도구촌	백산시 장백현 8도구진 8도구촌	임강시 동남 130km 거리의 6도구향	임강시 6도구향 동마록촌
입지	12도구촌 북쪽 언덕	8도구진 압록강 우안의 산 위, 8도구촌에 인접	6도구향 동남단	6도구향 동남쪽 동마록촌의 압록강 우안
규모	원래 고분이 30여 기에 이르나, 현재 2기 잔존	길이 500m 석축 성벽	동서 약 300m, 남북 약 150m 범위에 동서방향으로 분포. 특히 7도구촌 내 강변 충적대지상 경작지 구릉에 적석총 산재.	방형으로 둘레 150m 전후
내용	원형무기단적석총	구체적인 조사 미실시로 불명	원래 50여 기, 2004년 3기만 확인. 현재 무기단적석총이 주를 이루나, 기단적석총도 다수 분포 추정.	성벽 내부를 흙으로, 바깥은 다듬은 돌로 축조한 토석혼축. 동·남·서 성벽과 남·북 성문 및 돌계단, 도로유적 확인.
유물	철제자귀, 동촉(銅鏃), 고리자루손칼(環首鐵削刀) 등 출토	불명	1984년 발굴 조사 때 마을 동쪽 취토장의 단면에서 비교적 많은 도기편 발견	삼족철기, 철족, 도끼날형 철촉 및 원추형 창 발굴
역사적 성격	고구려 시기의 유적	고구려 시기 유적 추정. 관애 가능성 있음.	고구려 5~6세기의 유적 짐작	고구려 중기 이후 축조, 청 말까지 사용된 것으로 추정
현황	경작 및 도로공사로 인해 적석총 멸실	불명	택지 조성, 경작으로 인하여 많이 훼손되어 가고 있음.	성곽 안팎이 경작으로 심하게 허물어졌지만, 성곽의 전체적인 윤곽은 잘 드러나 있음.

유적지	용강고분군	서마록포자고분군	협피구고성	동전자고분군
지도번호	91	90		89
유형	고분군	고분군	평지성	고분군
위치 (행정)	임강시 6도구향 서마록 포자촌	임강시 6도구향 서마록 포자촌	임강시 육도구향 협피촌 협피1사(社)	임강시 6도구진 동전자 촌(일명 동화피전자촌)
입지	서마록포자촌 용강 동쪽 400m 지점의 산비탈 아 래	압록강변의 동서로 좁고 긴 충적대지에 위치한 서 마록포자촌의 30m 지점	협피촌 협피1사 압록강 우안의 모래사장	동전자촌 서쪽 대지와 후산 남쪽 언덕. 화피 T.G.너머 '全家福小吃' 지나 좌측 강변 충적대지 상에도 다수 고분 산재.
규모	고분군 범위 약2,000㎡	동서 약 400m, 남북 약 50m 범위 내 고분군 3 군데로 나누어 분포	고성의 범위는 동서 폭 50m, 남북 길이 100m, 성곽 전체 둘레 약 280m	동서 500m, 남북 450m 범위에 백 수십여 기 분포하나, 현재 2개의 구역으로 나누어 60여 기만 잔존
내용	고분은 원래 수 십 기 있 었으나, 기단적석총 2기 만 남음.	기단적석총, 계단적석총 으로 이루어졌었다고 전 해짐	불규칙한 장방형, 동· 북·서 3면의 석축 성벽, 남쪽 성벽 미축조. 본래 성문 4개가 있었다 하나, 현재 흔적 찾기 어려움.	대부분 기단적석총, 둘레 길이 5~6m이나, 10여 m에 이르는 것도 있음. 소 수는 계단적석총. 후산 남 쪽 언덕 위 2기(M1·2)의 대규모 계단적석총 확인.
유물	기타 유적·유물 확인되 지 않음.	고분 주위에서 철, 동, 도기, 용석 잔편 등 발견 되었다 함	돌창, 돌화살촉, 토기편, 철촉, 동전 등 출토. 니 질회도, 협사갈도편, 석 도편 등 채집.	동복(銅鍑), 도관(陶罐), 철제자귀, 철제괭이, 창 등 유물 수습.
역사적 성격	고구려 시기의 고분	고구려 시기의 고분	고구려 시기의 고분	임강-장백지구 최대고 분군. 후산의 대형계단적 석총 M1·M2는 4·5세 기 고구려 귀족의 고분으 로 추정.
현황	압록강 우안 2급대지의 북쪽가에 위치한 2기만 잔존, 나머지는 파괴 또 는 소멸	원래 백여 기 있었으나, 현재 서마촌에서 강변 쪽 충적대지상 기단적석총으 로 추정되는 고분 10여 기 산포	최근 임강-장백 도로 확·포장하면서 성곽 남 단부를 덮어 남단뿐 아니 라 동·서벽의 남단도 도 로에 덮혀 원형을 찾아볼 수 없음	Ⅱ구역의 도로 좌측 강변 충적대지상 경작지 가운 데 적석총 다수 산포 목 측. 후산의 대형적석총 M1은 엉성한 고고학적 조 사 이후 방치 상태로 유구 파괴가 진행 중. Ⅰ구역의 좌측 강변 충적대지상에 도 다수 고분 산재. 민가 사이 규모가 큰 기단적석 총들의 존재 확인, 상당수 석재는 현 주민들이 건축 용재로 재활용 중.

유적지	화피전자고성(화피전자성지)	입대고분군	임성고성
지도 번호		92	
유형	평지성	고분군	산성
위치 (행정)	임강시 6도구향 화피전자촌	임강시 6도구진 입대자촌	임강시 임강진 임성 8대(임동촌(臨東村)]
입지	화피전자촌 서남 1.25㎞ 거리의 화피전자1사의 경작지에 위치	입대자촌 서쪽에 자리한 학교의 동쪽 산기슭. 강이 내려다 보이는 언덕 위 마을 내에 유적지.	임강진에서 3도구하를 따라 동쪽으로 약 5㎞ 떨어진 임성 8대 북쪽의 산봉우리에 위치.
규모	성곽 외곽에서도 유물 출토. 유적의 전체 면적은 동서 100m, 남북 200m 전후.	고분군의 범위는 동서 약 200m, 남북 약 60m. 원래 수 십여 기가 있었으나, 2004년 조사에서 15기만 확인.	북벽: 길이 26~27m, 기단부 너비 2m, 윗면 너비 0.5m, 잔고 1.3m 동벽: 길이 8m, 너비 3.5m, 높이 0.7m 남벽: 길이 20m, 높이 1m, 아래 너비 0.5~0.8m 서벽: 길이 5m도 미만, 높이 1m
내용	성곽 규모는 길이 58m, 너비 40m, 잔고0.5~18m, 전체 둘레 약 180m. 석축성벽으로 성문지, 각대 등 있음. 건물지는 동벽 외곽의 경작지.	기단적석총이 다수, 가장 큰 고분은 9×9m, 작은 고분은 5×5m.	성곽의 평면은 전체적으로 조금 찌그러진 공 모양. 동서남북 석축성벽과 성문지 있음.
유물	은가락지 출토. 회색의 승문기와편, 통와(筒瓦), 니질회도 등 토기편, 돌절구 등 채집·출토. 토기편 니질회도와 니질황갈도로 구분, 대부분 구연이 외반된 단지류, 구연부는 네모난 모양 다수. 토기저부, 띠 모양 손잡이(橋狀橫耳] 채집.	고분 파괴가 일찍 진행되어 발굴·수집된 유물 없음	토기편과 도끼날형[錛形] 철촉 등 채집. 토기: 泥質灰陶와 황갈도로 비교적 두꺼운 편, 토기 형태를 판별하기 어려움.
역사적 성격	고구려 중기 이후 세워진 평지성. 압록강 수로상의 취락지이자 역참으로 추정.	유적 아래 강변 쪽 고분 축조입지로 부적합, 언덕 위에 고분군이 조영된 듯. 고분 형식과 근처 유적으로 미루어 고구려 고분군 추정.	고구려 중기에 축조, 발해시기까지 사용된 것으로 추정.
현황	성곽의 규모와 윤곽은 쉽게 파악할 수 있지만, 성곽 서쪽에 화피전자1사 마을 위치, 나머지 성곽 안팎도 농지로 경작 중으로 유적 훼손 심각	파괴와 훼손 극심히 진행 되어 유구의 흔적 거의 없음. 다만 거대석재로 조영된 계단적석총 잔존 유구 1기 확인.	정상부는 무선기지국시설로 유구 상당히 훼손. 성돌 대부분 성벽 주변에 무너진 상태로 남아있어 성곽의 윤곽을 확인하기는 어렵지 않음. 성곽 안팎에 가시나무가 꽉 들어차 있음.

〈표 2〉 임강-장백지역 고구려 관련 유적 개요와 현황(Ⅱ)

유적	지도	위치	내용	성격	기타
마록구 고전호	115	장백현 마록구촌 북쪽 2㎞ 거리 산등성이 북사면 단애 가장자리(19도구)	낭떠러지에 인접한 다섯 갈래, 약215m의 참호는 암반을 뚫어 만들었음. 참호 안에서 소량의 銅鏃과 鐵鏃이 출토되었다고 함.	고구려시기의 유적으로 파악하기도 하지만, 명확치 않음	1986년 조사 당시 이미 모두 산실

유적	지도	위치	내용	성격	기타
장백고성	112	장백현 소재지의 민주촌 압록강 우안 2단 충적대지	둘레1,200m, 동서 380m, 남북 240m 전후. 강돌로 축조한 장방형성. 성벽, 성곽내부 건물지 확인. 권점문판와, 승문판와, 니질교상도이, 유정(乳釘), 연화문 와당 출토	고구려시기 축조, 발해시기까지 사용된 평지성	채소밭·과수원으로 변함
하외자유적	119	장백현 13도구향, 향소재지 서쪽 2.5㎞ 거리의 압록강 북안 대지	흙무지 2개, 석축방단(건축유구) 1기 확인. 토기구연부·손잡이, 석구(石球), 시루편, 돌칼 출토·채집.	원시사회 말기(4~3C B.C.)부터 고구려시기에 걸친 마을 유적	
합마천고분군	94	장백현 8도구진 합마천촌 서쪽 대지의 서부	흙무지 2개 확인. 동쪽흙무지: 평면원형, 직경 15m, 높이 2m 서쪽흙무지: 정상부 파괴, 경작지로. 평면은 삼각형에 가까움, 높이 1m, 길이 20m, 고분 정상에서 권연철현문도기구연 1건, 돌칼 1건 수집.	고구려시기로 추정. 연대 상한은 청동기시대 말 약 2500년 전, 하한은 고구려 초기 약 1900년 전으로 비정.	
고가영고분군	88	임강시 고가영향 고가영촌 5대 약 300m 지점	총 3기의 고분. 대형고분: 적석총(남북 길이 7m, 동서 너비 16m, 높이 1.5m) 소형고분1: 적석총(타원형, 나머지 소형고분 역시 동일, 길이 8m, 너비 4m, 높이 1.2m), 고분 부근에서 철촉 등 유물 발견, 기단적석총의 가능성.	고구려 적석총의 다실묘와 유사, 4세기 이후로 비정	대형고분 보존 상태 양호. 소형고분 교란.
파구고분군	87	임강시 4도구진 파구촌 부근 5도구 북안	논에서 2개의 대석퇴(길이 30m, 너비 약10m)를 갈아엎음.	파구촌은 고구려시대 여러 유물들이 채집된 곳. 대석퇴는 대략 고구려 고분으로 추정.	1970년대 초 현지인들에 의해 훼손
이도하자고분군	83	임강시 위사하진 4도하자촌의 2도하자 부근 골짜기 양안 산기슭 아래	고분군 분포 범위는 너비 150m가 채 안되고, 높이는 하상1~3m 되는 곳에 위치. 봉토석실분 4기 현존. 이도하자 1호분(M1)은 직경 4m, 높이 1.80~2m. 기타 고분은 M1의 맞은편 위치, 보존 상태 양호, M1에 비해 봉토가 비교적 낮고, 석실 작음.	부근 경작지에서 대량의 용석, 불태워진 석편 등과 2곳의 용로지 발견. 강 서쪽의 골짜기 언덕 위에 인철광 광맥 발견. 용철지와 관련된 주민의 무덤으로 추정, 두 유적의 연대는 동일한 것으로 추정.	
호로투고분군	84	임강시 위사하진 호로투촌 동쪽의 동강(東崗) 일대	수몰 전 약 30여 기 분포. 1958년 정지 작업 때 고분 1기 파괴, 철화·철전도 등 출토. 기단적석총으로 추정.	고구려시기 고분군	1965년 운봉댐 건설로 고분 수몰. 갈수기 일부 노출.
애민고분	81	임강시 손가보자진 애민5대 북쪽 1,500m 지점, 혼강 좌안의 대지	석붕 1기 확인. 5매 판석으로 축조된 석관(길이 2.1m, 너비 1.3m, 높이 1m)	청동기시대. 요동 지구의 석붕과 유사 구조, 같은 형식의 석붕은 인근의 해룡 및 유하현에서도 발견. 애민석붕은 석붕 분포 범위의 최동단에 해당.	이미 파손

유적	지도	위치	내용	성격	기타
대장천고분군	77	백산시 3도구진 대장천촌	본래 고분 30여 기 분포. 둘레 길이가 10m인 비교적 대형고분, 교란된 돌무지는 기단을 쌓은 기단적석총으로 추정. 대지 단애에서 약 2척 너비의 고대 이랑 흔적 발견.	고구려시기 고분군	1965년 운봉댐 건설로 고분 수몰
선인동고분군	78	백산시 3도구진 선인동촌 서쪽 일대	수몰 전 비교적 많은 고분 분포. 둘레 길이 10m 가량의 기단적석총 2기가 있었으며, 두 고분 사이 거리 약 100m. 대형고분 부근에 소형 고분이 적지 않게 분포.	고구려시기 고분군	갈수기에 3기 고분 확인
2도구고분군	79	백산시 3도구진 2도구촌	수몰 전 대략 10여 기 고분이 분포하였다고 하나, 구조와 내용은 확실하지 않음.	고구려시기 고분군으로 추정	현재는 운봉댐으로 수몰
적대고분군	80	백산시 3도구진 적대촌	대형고분 6기 이상 포함, 비교적 많은 고분 분포. 기단적석총 또는 계단적석총으로 추정.	고구려시기 고분군	1965년 운봉댐 건설로 수심 50m 지점의 대지 위 수몰
대율자고분군		임강시 대율자진 서쪽 강안 대지 위	1950년대 초 약 10여 기 고분 분포, 1984년 봄 조사 당시 이미 완전 파괴된 상태. 일찍이 철촉 등 유물 발견되었다고 함.	고구려시기 고분군으로 추정	
장천고분군		임강시 4도구진 장천촌 북쪽	비교적 넓은 범위 분포, 동쪽에서 서쪽으로 가면서 3개 구역으로 나뉨. 2구역은 고분 가장 많이 분포했으나 이미 파괴, 현재 몇 기만 잔존. 3구역 6기 정도가 보존 상태 양호. 3기는 기단적석총(둘레 길이 5~6m 내외), 연접적석총 1기(길이 12m, 너비 5m). 기단적석총 2기는 기단 없어져 외형 무기단적석총과 유사, 기단석 위에 용석(화장 풍속). 1·2구역 도관(陶罐), 철도(鐵刀), 전두(箭頭), 3구역 도관, 동식(銅飾), 철제 괭이 등 수습. 1987년 조사 때 철제괭이, 석촉(石鏃) 각 1점 회수.	고구려유적으로추정됨.	
도권리유적		장백현 8도구진 신흥촌 도권리	유적지 동서 길이 약 100m, 남북 너비 약 50m. 표면에 비교적 많은 토기편, 흑요석 흩어져 있음.	고구려에서 발해시기에 걸친 생활유적으로 추정.	
대지유적		장백현 8도구진 북흥촌 대지의 계단식경작지 중	규모 동서 약100m, 남북 약 50m. 토기편 다량 채집. 도권리유적과 기본적으로 비슷한 문화 면모를 가진 유적.	대체로 고구려에서 발해시기에 걸친 생활유적으로 추정	경작으로 문화층 대부분 교란
선인동유적	78	백산시 3도구향 소재지 동쪽 8km에 위치한 선인동촌 남쪽 강안 대지	구들판석[炕板石], 온돌의 구들[烟道], 탄층(炭層) 등 확인	구들판석, 온돌의 구들, 炭層 등 확인, 토기편 출토, 부근에 고구려 고분군 위치, 이 일대는 고구려시기의 마을이었을 것으로 추정.	1966년 운봉발전소건설로 유적지 모두 수몰

유적	지도	위치	내용	성격	기타
파구유적	87	임강시 4도구향 파구촌 부근 5도구하 북안	5도구하 양안 충적대지 곳곳에서 유물 출토. 1958년 삼각형 모양으로 분포한 우물 3개 발견. 1970년대 마을주민들이 제거했다는 돌무지는 고구려 적석묘로 추정. 토기편, 어망추, 돌보습, 돌화살촉(또는 철촉), 동정(銅鼎) 등 출토. 동정은 삼족원형, 구경 30cm, 무게 2kg.	대체로 고구려시기의 취락 및 고분 유적으로 추정	
7도구유적	93	임강시 6도구향 7도구촌 동북쪽	1984년 조사 시 채토장에 위치. 길이 150m, 너비 100m, 깊이1.8~2m의 흙구덩이. 지표하 1~1.5m의 문화층에서 파괴된 재구덩이(灰坑), 토기편 다수 출토. 1987년 조사 시 2단대지상 짙은회색의 평기와, 수키와, 흑요석, 토기편 등 산포, 범위 남북 100m, 동서 50m. 크게 3개의 층위로 나뉘는데, 제2문화층에서 불탄 흙덩어리, 숯, 토기편 등 출토.	고구려시기의 마을 유적. 다만 흑요석 대거 분포, 고구려 건국 이전부터 취락이 자리잡았을 가능성 높음.	
왕팔발자 요지	89	임강시 6도구향 동전자촌 서쪽 약 1.5km	1960년 가마터 발견 당시, 가마터가 산등성이의 가파른 모퉁이 지점 위치, 20여 개의 등요식[윷窯式, 요동식(窯洞式] 가마 구덩이가 도로에 인접, 동서 방향으로 활처럼 나란히 펼쳐져 있었음. 가마터의 동서 길이 30m, 남북 너비 3m, 문화층 두께 2m. 붉게 불탄 흙덩이, 토기편, 목탄 등 출토.	고구려시기 가마터로 추정	1984년 조사 때 이미 흔적 찾을 수 없었음
6도구동광지(협심강 고동광지)		임강시 6도구향 동북쪽 13km의 착초정자향[현재의 보산진] 관할의 동산진 서쪽 산 위	깊이 6m의 오래된 채광갱도 4개 발견. 제련 시에 남긴 찌꺼기(鑛渣) 다량 발견.	고대 동광 및 야련유적으로 추정. 고구려시기부터 개발되어 발해시기에도 채굴했을 것으로 추정	
하남둔 유지		임강시 4도구향 하남둔촌 북쪽 3km의 하남둔	1987년 조사 범위는 마을의 도로를 중심으로 동서 200m, 남북 100m 전후. 도로 서쪽에 기와편, 동쪽에 토기편 많음. 2004년 조사 범위는 남북 300m, 동서 200m. 유적 서남쪽에 성지(잔장 50m, 높이 0.4~1m, 기단 너비 6m)와 건축물 흔적 파악.	발해시기의 성터 또는 절터로, 서경압록부에 소속된 신주 관할의 신화현(神化縣)이나 쇠문현(釗門縣) 소재지로 추정. 하남둔유적에서 출토된 토기편들이 고구려토기의 특징을 비교적 많이 보유하고 있다고 파악하기도 함.	
동전자 유적	89	임강시 6도구향 동전자촌 남쪽 200m 지점의 경작지	1960년 조사 때 동서 645m, 남북 400m. 1984년 재조사 결과 대략 동서 180m, 남북 50-70m 확인. 1987년 조사 때 동서 400m, 남북 100m로 파악. 압록강에 인접한 2단 충적대지상에 분포하는 마을유적. 토기항아리 2개, 돌도끼, 돌화살촉, 돌보습, 토기편, 자기편, 어망추, 석기류 다수 등 출토 · 채집.	고구려시기의 마을유적. 유적지 내 주로 석기 발견, 당시 거주민의 생산력 수준은 비교적 낮았던 것으로 파악, 고구려 건국 초기의 일반적인 상황 반영하는 것으로 추정.	

그 가운데 고분군과 성곽을 주요 내용으로 하는 압록강 상류 유역 임강-장백 지역의 고구려 관련 유적은 백산시[구 '혼강시(渾江市)'] · 임강현급시(臨江縣級市) 및 장백조선족자치현(長白朝鮮族自治縣)의 압록강변을 연하여 분포하고 있다.[14] 그리고 그 유적지는 위의 〈지도 1〉과 〈표 1 · 2〉가 적시하고 있듯 적어도 43개소에 이른다. 〈표 1〉은 필자가 2008년에 현지 답사한 유적지 19곳의 개요와 현황을 정리한 것이고, 〈표 2〉는 대부분 현실적으로 접근이 불가능하거나, 이미 훼손이 심하게 진행 혹은 수몰된 미답사 유적지 24개소의 개요를 정리한 것이다.[15] 이 중 임강시의 호로투고분군(葫蘆套古墳群)과 백산시의 대장천고분군(大長川古墳群) · 선인동고분군(仙人洞古墳群) · 2도구고분군(二道溝古墳群) · 적대고분군(滴臺古墳群)은 이미 수몰된 까닭에 현재 압록강 상류역의 고구려 유적은 임강-장백 지역에 한하여 접근이 가능하다.

임강-장백-백산 지역의 43개소 유적지의 성격을 대별하면 〈표 3〉과 같다. 지역별로는 장백현이 16개소, 임강시가 22개소, 백산시가 5개소이다. 이들 유적지 중 상당수는 고분군(24/43)이며, 그 다음으로는 군사유적(9/43)이, 그밖에 생활유적(7/43) · 생산유적(2/43) 등이다.

임강-장백 지역의 주요 유적지들을 상류 쪽 장백(23~8도구)에서부터 임강(7~3도구) 쪽으로 내려가며 짚어 보면 〈표 4〉와 같다(〈지도1〉 및 〈표 1 · 2 · 3〉 참조).

이 밖에 임강시 소재 유적지로는 고가영고분군(賈家營古墳群) · 이도하자고분군(二道河子古墳群) · 애민고분(愛民古墳) · 대율자고분군(大栗子古墳群)이, 백산시 소재의 대장천고분군(大長川古墳群) · 선인동고분군(仙人洞古墳群) · 선인동유적(仙人洞遺蹟) · 2도구고분군(二道溝古墳群) · 적

---

14 임강~장백지역은 길림성 '백산행정시' 관할 아래 있다. 이 '백산행정시'는 백산시(구 '혼강시') · 임강현급시 · 무송현 · 정우현 · 강원현 및 장백조선족자치현으로 이루어져 있다. 현재 임강~장백 지역은 운봉댐으로 인하여 집안~임강을 잇는 압록강 연변 250㎞가 수몰되어, 〔집안→통화→백산→임강〕이라는 내륙 우회로를 통해서만 접근이 가능한 실정이다. 다만 압록강 상류 지역인 임강~장백 간 150㎞의 경로는 중국이 북한 측의 중강진~혜산을 마주 보며 새로이 건설한 강안의 4차선 포장도로로 인하여 접근이 수월한 편이다. 그러나 이 지역은 민감한 군사지역으로서 중국 측 '변방대'의 삼엄한 통제하에 있는 까닭에 유적 답사 자체가 매우 어려운 상황이었다(朴京哲, 2010, 앞의 글, 214쪽 주10과 11).

15 〈표 1 · 2〉 작성에 참조한 자료는 다음과 같다.
羅賓書 · 邱在官 편, 1935, 『臨江縣志』; 吉林省文物志編纂委會, 198,4『渾江市文物志』; 吉林省文物志編委會, 1986, 『長白朝鮮族自治縣文物志』; 王洪峰, 1988, 「臨江電站庫區古遺存調査綜述」, 『博物館研究』 1988-3; 朴潤武, 1990, 「長白縣干溝子墓地調査」, 『博物館研究』 1990-3, 吉林省地方志編纂委員會; 國家文物局 主編, 1992, 『中國文物地圖集-吉林分冊-』, 文物出版社; 長白縣志編纂委員會編, 1993, 『長白朝鮮族自治縣志』, 中華書局; 渾江市地方志編纂委員會 編, 1994, 『渾江市志』, 中華書局; 王禹浪 · 王宏北, 1994, 『高句麗 · 渤海古城址研究匯編(上)』, 哈爾濱出版社; 馮永謙, 1994, 「高句麗城址輯要」, 『北方史地研究』, 中州古籍出版社; 張殿甲, 2000, 「鴨綠江中上流高句麗 · 渤海遺址調査綜述」, 『北方文物』 2000-2; 魏存成, 2002, 『高句麗遺跡』, 文物出版社; 王洪峰 · 孫仁杰 · 遲勇, 2003, 「吉林長白縣干溝子墓地發掘簡報」, 『考古』 2003-8(정원철 옮김, 『高句麗研究』 24, 고구려연구회); 孫仁杰 · 遲勇 · 張殿甲, 2004, 「鴨綠江上游右岸考古調査」, 『東北史地』 2004-5; 張福有, 2004, 「高句麗平壤東黃城考」, 『東北史地』 2004-5; 2009, PDF; 國家文物局 主編, 2009, 『中國文物地圖集-遼寧分冊(上下冊)-』, 西安地圖出版社.

〈표 3〉 임강-장백-백산 지역의 유적지 성격 정리

지역구분＼유적	고분군	군사유적	성곽	관애	참호	생활유적	생산유적	미상	소계
장백	8	5	3	1	1	2	0	1	16
임강	12	4	4	0	0	4	2	0	22
백산	4	0	0	0	0	1	0	0	5
임강-장백-백산	24	9	7	1	1	7	2	1	43

〈표 4〉 임강-장백 지역 주요 유적지의 공간 배치

장백현[장백고성·마록구고전호(馬鹿溝古戰壕)→ 동강(東江) 고분군(18도구)→금화(金華) 고분군(17도구)→양종장(良種場) 고분군(14도구)→간구자 고분군(14도구)→14도구 전참(電站) 고분군→14도구 고성지(固城址) 및 관애(14도구)→안락(安樂) 고분군(14도구:12 도구까지는 고분군 없음)→하외자유적(下崴子遺蹟, 13도구)→ 12도만(十二道灣) 관애→12 도구 고분군→8도구진성(八道溝鎭城: 山上)·합마천(蛤蟆川) 고분군·도권리유적(桃圈里遺蹟)·대지유적(大地遺蹟): 8道溝]→임강시[7도구 고분군 / 7도구 유적(7도구촌 내)→동마록포자고성·용강(龍崗) 고분군·서마록포자 고분군·협피구고성(6 도구)→동전자 고분군 / 동전자 유적·화피전자고성·왕팔발자요지·6도구동광지(六道溝銅礦址: 6 도구)→입대(砬臺) 고분군(6 도구)→파구(坡口) 고분군 / 파구 유적·장천 고분군·하남둔유지(河南屯遺址: 4도구)→호로투(葫蘆套)→임성고성 (3 도구)]

대고분군(滴臺古墳群) 등이 있다.

　장백현 일대 거의 모든 고분군들은 적석총들로 이루어져 있다.[16] 이들 고분군은 대개 수 기에서 십 수 기로 구성된 소규모 고분군들이다. 단 간구자고분군(干溝子古墳群)은 예외적 존재이다.[17]

　〈표 4〉에 따르면 압록강 최상류역에 속하는 장백현 일대에서는 양종장고분군(良種場古墳群)·간구자고분군·14도구 전참고분군(電站古墳群)·14도구 고성지(固城址) 및 관애·안락고분군(安樂古墳群) 등이 자리한 14도구가 유적이 가장 밀집 분포하는 곳이며, 고분과 군사(성곽·관애)유적이 함께 분포하는 곳으로서 주목을 요한다.

---

16 단 봉토분의 개연성이 있는 합마천고분군과 실체가 불명한 하외자고분군은 제외(강현숙, 2009, PDF, p.25/1592).
17 강현숙, 2009, 위의 글.

특히 이곳의 간구자고분군에서 반량전(半兩錢)·일화전(一化錢) 같은 전국시대에서 한대에 걸쳐 사용된 화폐 등이 출토된 점에 비추어, 이 고분들은 고구려 건국 이전에 축조되었을 가능성이 큰 것으로 파악된다. 또 이 고분군이 원형무기단적석총이 중층적으로 연접된 군집분으로 이루어져 있다는 점에서 최근 중국 학계 일각에서는 이 유적지의 문화 계통을 요동반도 남단의 적석묘 축조 문화와 연결시켜 고구려 적석총의 연원을 구하려고 하는 입장도 있다.[18] 한편 안락·양종장·금화고분군에서 기단적석총이 확인된 바, 대형 괴석으로 기단을 축조했다는 점에서 장백현 일대 고분군의 특징을 보여주고 있다.[19]

임강시 고분군은 봉토석실분인 이도하자 고분군과 석붕(石棚: 지석묘)이 있는 애민 고분을 제외하고 모두 적석총으로 이루어져 있으며, 입대(砬臺)·동전자(東甸子)·서마록포자(西馬鹿泡子)·용강(龍崗)·7도구 고분군에서 기단적석총이 확인된 바 있다.[20] 〈표 4〉에 따르면 이 지역에서 동마록포자고성(東馬鹿泡子古城)·용강고분군(龍崗古墳群)·서마록포자고분군·협피구고성(夾皮溝古城)·동전자고분군(東甸子古墳群)·동전자유적(東甸子遺蹟)·화피전자고성(樺皮甸子古城)·왕팔발자요지(王八脖子窯址)·6도구 동광지(銅礦址)·입대고분군(砬臺古墳群) 등 고분군·성곽·가마터(窯址)·동광지 같은 생산유적 및 마을유적이 유기적으로 엮어진 6도구가 중심지였을 것으로 추정된다. 이중 동전자고분군은 60여 기의 적석총으로 구성된 압록강 중상류역에서 규모 면에서 최대이며, 대형분이 있는 유적지로서 주목된다. 이 고분군은 〔무기단→기단→계단(階段)〕이라는 적석총 형식의 계기적(繼起的) 발전상을 시현하고 있고, 동복(銅鍑)이 출토된 곳이기도 하다.[21] 특히 이곳은 상술한 6도구 제 유적지의 고려 할 때 더욱 눈 여겨 보아야 할 고분군이다.

따라서 임강–장백 지역에서 가장 연대가 올라가는 유적지는 장백 14도구의 간구자고분군인 반면, 후대의 중심 세력지는 임강 6도구 일대라는 점을 일단 간취할 수 있다.

임강–장백 지역 유적지들은 모두 입지상의 공통점을 보여주고 있다. 〈표 4〉에 따르면 원래 임강–장백지역은 그 최상류인 23도구부터 3도구인 임강시까지 '도구(道溝)'라는 아주 독특한 지명으로 이 지역에서 전개되는 역사적·인문적 전개의 장을 분별·인식하고 있다. 압록강 상류 본류 연안에는 넓은 평원이 발달하지 않은 대신, 지류와의 합수 지점이나 곡류하는 안 쪽 보호 사면 등에 충적대지가 형성되어 있다.[22] 압록강 상류역 고분군들은 대체로 압록강 좌·우안 충

---

18 강현숙, 2009, PDF, p.25~26/1592; 王洪峰·孫仁杰·遲勇, 2003, 앞의 글, 250쪽.
19 강현숙, 2009, PDF, p.26/1592.
20 강현숙, 2009, PDF, p.25/1592.
21 강현숙, 2009, PDF, p.25/1592.
22 여호규, 2009, PDF, p.52/1592.

적대지상 개활지의 낮은 구릉으로 이루어진 경작지를 중심으로 분포하고 있다. 즉 압록강 상류 유역의 강안과 잇닿은 하천이 흐르는 계곡과 연계된 충적대지마다 거의 모두 고구려 고분군 등 유적지들이 존재하

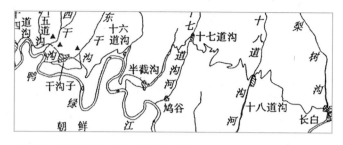

〈지도 2〉 압록강 상류 장백 지역의 '도구'[23]

고 있으며, 이런 곳을 오늘날 이 지역에서는 '도구'라 지칭하고 있는 것이다. 〈지도 2〉는 이 점을 새삼 확인시켜 주고 있다.

곧 '도구'란 '계곡+하천+충적대지'의 자연환경적 복합체를 일컫는 말이다. 이 지역 주민들은 고구려시기 이래 오늘날에 이르기 이런 도구라는 자연적 공간을 기반으로 삶과 역사를 영위하여 왔던 것이다.

> A. ①高句麗……方可二千里 戶三萬. ②多大山深谷 無原澤. 隨山谷以爲居 食澗水. ③無良田
> 雖力佃作 不足以實口腹……④其人性凶急 喜寇鈔.(『三國志』卷30, 魏書30 列傳30 烏丸·鮮卑·
> 東夷傳 高句麗)

사료 A-②의 "多大山深谷 無原澤. 隨山谷以爲居 食澗水"라는 기사는 당시의 이 지역 주민들 역시 이러한 도구를 삶의 공간적 바탕으로 살아 갈 수밖에 없었음을 명시적으로 보여 주고 있다. 아울러 사료 A-②는 이러한 '도구'를 당시에는 '산곡'으로 표현하고 있었음을 짐작케 해 준다.

고구려 국가 형성의 공간적 바탕이 되는 압록강 유역의 자연적 환경이 정도의 차이는 있지만 대체로 대동소이하였을 것이라고 본다면, 이러한 '산곡'의 주민들이 국가형성기 '고구려사회'의 인적 기반을 구성하고 있었을 것이다.

압록강 유역의 주민 집단들은 사료 A-②와 같은 동질적 생태조건을 공유하게 되면서 이들 사이에는 여기에 적응하는 과정에서 동일한 생존양식이 자리잡게 되었던 것이다. 그리고 B.C. 4~3C 이래 동북아의 정세가 격변하는 와중에서 이곳 주민들은 적석총의 집중축조라는 돌출현상을 통하여 자신들의 강력한 정체성과 응집력을 문화적으로 표출하고자 하였던 것이다.[24] 곧

---

23 〈지도 2〉는 王洪峰·孫仁杰·遲勇, 2003, 앞의 글, 220쪽에서 전재.
24 朴京哲, 2010.6, 앞의 글, 217~219 쪽.

적석총이란 '도구=산곡(山谷)'에 자리한 하변 충적대지와 하변 제 군사유구의 존재가 시사하는 하천수계망을 기반으로 한 수변 제 집단이 함께하는 동질적 기저문화의 표상이 되는 셈이다.

'도구=산곡'이라는 자연경관에 적석총이라는 역사경관을 조영하던 당시의 임강–장백 지역 주민들은 입지상의 공통점은 함께하고 있었다. 그러나 이들 적석총축조집단의 존재양태는 시간적으로 또 공간적으로 분명한 차별성을 시현하고 있다. 즉 시간적으로 장백의 간구자고분군 축조집단의 선차성은 분명하다. 그러나 이들이 만들었던 원형무기단적석총이 중층적으로 연접된 군집분 전통은 더 이상 형식상의 진전이나 확산을 보지 못하게 된다. 이 고분군은 그 생성의 조숙성에 비하여 지속적 성장의 징후를 찾아볼 수 없었던 것이다.[25] 따라서 〈표 3〉과 〈표 4〉에서 시사하듯 이후 임강–장백 지역 역사 전개의 중심지는 동전자고분군으로 대표되는 임강 6도구 일대로 이전되고 있었다. 동전자고분군은 '무기단→기단→계단' 적석총이라는 적석총 형식의 계기적 전개상을 보여주면서, 같은 지역 여타 고분군과는 다른 우월적 위상을 분명히 보여주고 있다.[26]

필자는 이상의 고찰을 바탕으로 임강–장백 지역 적석총축조집단들의 형성과 세력 결집 및 그 변동상의 역동성을 간구자고분군과 동전자고분군을 중심으로 천착해고자 한다.

3. 간구자고분군 축조집단의 사회적 존재양식

길림성 백산시 장백조선족자치현 14도구진 외곽의 간구자고분군의 고분들은 우선 지면에 커다란 돌을 사용하여 일정 범위의 묘역을 조성한 후 냇돌과 할석을 깔아 평평한 지면의 무덤 기저부를 만든 후, 그 위에 단을 쌓아 몇 기의 무덤이 연접되도록 축조하였다.[27]

이러한 적석총의 연접된 평면은 원형·반원형·선형(扇形) 등 3가지 형태로 나뉜다. 원형 묘단은 일반적으로 고분의 중간에 위치하는 바, 대다수 고분의 원단은 1개로서 다른 여타 묘단 보다 높아 '주묘단'이라 지칭된다. 반원형 묘단은 주묘단 밖에 일정 방향으로 반원형 형태로 연접하

---

25 朴京哲, 위의 글, 217~219쪽.
26 朴京哲, 위의 글, 236~237쪽.
27 간구자고분군이 1985년 장백조선족자치현 문화관리소에 의해 처음으로 그 존재가 알려진 이래(1차 조사), 1986년 장백조선족자치현 문물보사대는 고분 19기에 대한 편호 작업을 실시한 바 있다(2차 조사). 3차 조사는 2001년 길림성 문물고고연구소·장백조선족자치현 문물보호관리소 및 집안시박물관에 의해 시행되었다. 이 과정에서 43기의 고분들을 A~D지구로 분별한 후 새로운 편호 작업을 행하였고, 그 중 A구에서 4기, B구에서 3기, 총 7기를 발굴하였다. 4차 조사는 2004년 길림성장백산문화연구회·백산시문화관관·집안시박물관에 의해 수행되었다(2009, PDF, pp.1394~1395/1592 참조).

며, '속묘단'이라 칭해지고, 대다수는 주묘단의 중심축선에서 만들어져 있다. 선형 묘단은 주묘단 주위와 속묘단 양쪽에 부채꼴 형태로 형성되며, 일명 '부묘단'이라 일컬어진다.

〈그림 1〉에 적시한 간구자 AM2호분의 경우, 전체 형태는 타원구상으로, 주묘단 2기, 속묘단 5기, 부묘단 9기로 조성되었고, 전체 길이는 25.5m, 너비 12.5m, 중심부분 높이는 2.1m가 된다. 〈그림 1〉에서 주묘단은 'ZT1·ZT2' 두 개이며, 속묘단은 'XT1~XT5'이고, 부묘단은 'FT1~FT9'이다. 이 AM2호분의 부묘단인 FT3에서 "반량"과 "일화" 원전 등 화폐 총 30매가 출토된 바 있다.

이 고분군은 상한연대가 B.C 3C까지 운위되는 국가 형성 이전 '고구려사회'와 유관한 유적이다. 이 경우 상한연대는 이곳에서 출토된 동전으로 미루어 추정해 볼 수 있다. 2기의 고분(AM2FK3, BM5FK2)에서 반량전(半兩錢)과 일화전(一化錢)이라는 방공원전(方孔圓錢)이 발굴되었다. 묘지 연대의 상한은 전국말기, 비교적 이른 것은 전국 중기에 해당한다. 하한연대는 AM1에서 출토된 철곽과 AM3·AM4 주묘단에서 채집된 철도(鐵刀)로 추정할 수 있다. 집안 판차령에서 일화원전(一化圓錢)이 반량, 오수전, 대천오십(大泉五十) 등의 한대 화폐와 함께 출토된 바 있는데, 그 유통 시간은 전국 말기~동한이다. 간구자묘지에서는 아직 오수전 및 동한 화폐가 발견되지 않았다. 따라서 대부분 고분의 하한은 동한 이전의 서한시기이다.[28]

중국 학계 일각에서는 "간구자고분군은 강상·누상묘에서 환인 적석묘로 발전해 나아가는 과정의 과도기 단계로서 고구려 선인들의 토착문화"라 파악하며, 고구려 적석총 축조 문화의 연원을 요동반도 남단 적석묘 축조문화와 연결시키고자 하는 것 같다.[29] 간구자고분군이 현재까지 알려진 가장 오래된 적석총 고분군인 것은 사실이다. 그러나 고구려의 중심지역인 집안·환인 일대 고분군에 대한 조사가 완벽하게 수행되었다고 볼 수만은 없다. 더구나 임강시와 집안 외곽 사이 압록강 연선 250km에 달하는 운봉댐 수몰 지구나, 보다 하류 쪽 단동시(丹東市) 관전현(寬甸縣) 일대의 수풍댐 수몰 지구의 존재를[30] 감안할 필요가 있다. 따라서 이 간구자고분군이 고구려 국가형성기 이전 고구려 사회의 실상 파악에 참조가 되는 중요한 유적지임에는 틀림없으나, 이 고분군 하나만의 사례를 가지고 고구려 적석총의 연원 문제를 단정 짓기는 어려울 것 같다.

---

28 王洪峰·孫仁杰·遲勇, 2003, 앞의 글, 248~249쪽. 이외에도 간구자 고분군과 관련해서는 吉林省文物志編委會, 1986, 앞의 책; 朴潤武, 1990, 앞의 글; 吉林省地方志編纂委員會, 1991『吉林省志』45; 國家文物局 主編, 1992『中國文物地圖集-吉林分冊』; 朴潤武, 1995 「압록강 유역 干溝子 적석무덤에 대한 조사연구」, 『中國境內 高句麗 遺蹟研究』; 孫仁杰·遲勇·張殿甲, 2004, 앞의 글 참조.

29 王洪峰·孫仁杰·遲勇, 2003, 위의 글, 250~251쪽.

30 최근 학계는 압록강 하류 쪽에 가까운 관전 일대에까지 고구려 적석총 관련 보고(國家文物局 主編, 2009, 『中國文物地圖集-遼寧分冊(上下冊)-』, 西安地圖出版社 중 分冊(上)의 148~149쪽 및 分冊(下)의 186쪽)가 나오고 있음에 주목하면서, 연구 시각의 공간적 범위를 종래의 중상류 유역에서 하류역까지 확대할 필요성이 제기되고 있다.

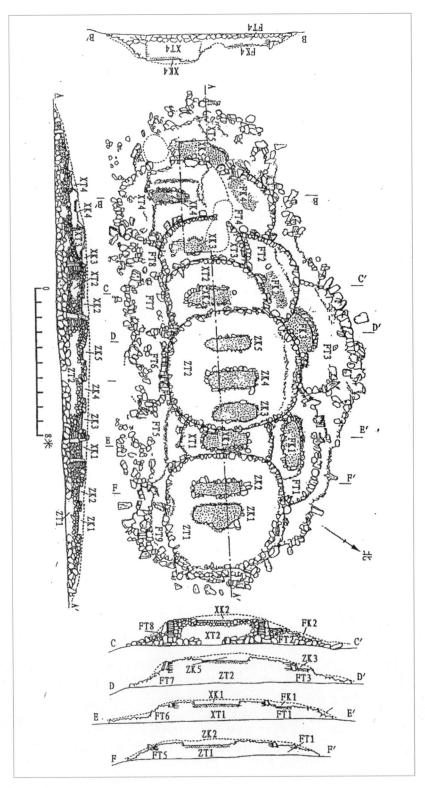

⟨그림 1⟩ 간구자 AM2호분의 구조

더구나 강상 같은 요동반도 서남단 청동기시대 적석묘는 형태에 있어서는 유사성이 크나, 지표상에 곧바로 매장부를 조성하고, 여러 매장 주체부를 하나의 봉분으로 덮은 집단묘라는 점은 고구려 적석총과 많은 차이가 있다.[31] 또 간구자고분군의 고분들은 이후 고구려 적석총의 일반적·계기적 전개상을 보여주지 못하고 있다. 이

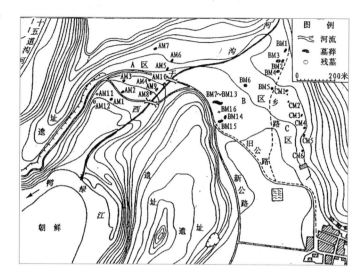

〈지도 3〉 간구자고분군의 분포도(2001년)[32]

점은 이곳 고분군 축조집단의 생성론적·상황론적 특수성에서 비롯된 만큼, 간구자고분군에만 집착하여 고구려 적석총의 기원을 천착함에는 많은 주의가 필요하다.

상술한 바처럼, 이 간구자고분군은 고구려 국가형성기 이전 고구려 사회의 실상을 파악함에 있어 새로이 알려진 유적지이다.

이 고분군은 〈지도 3〉처럼 서쪽에서 동쪽으로 A·B·C·D의 4개 묘구로 구획된다. A구는 서간구하 북안 고분군의 가장 서쪽에 위치한다. B구는 서간구하 동남안에 자리하고 있다. C구는 묘지의 중앙부에 위치하는데, 잔묘(殘墓)가 비교적 많고, 그 가운데 돌무지 규모가 비교적 작은 고분들이 있다. D구는 간구자촌의 동쪽에 위치하고 있다(단 〈지도 3〉상 미적시). 2001년에 새로이 편호된 고분은 모두 43기인 바, 그 개개 속성은 〈표 5〉와 같다.[33]

〈표 5〉 간구자고분군의 주요 속성표(길이 단위: m)

편호	위치	간격	형태	방향(°)	크기	현상
AM1	도로 남쪽, A구 남단		타원형	75	15×11.5	전면 해부
AM2	AM1동북 15°	70	타원형	55	22.5×12.5	전면 해부
AM3	AM2 북쪽	50	원형		13.5	국부 해부

31 여호규, 2007, 「고구려의 기원과 문화기반」, 『고구려의 정치와 사회』, 동북아역사재단, 35쪽.
32 〈지도 3〉은 王洪峰·孫仁杰·遲勇, 2003, 위의 글, 221쪽의 〈圖2〉를, 〈표 5〉는 252쪽의 〈附表1〉을 전재함.
33 〈표 5〉는 2001년 조사 당시 새로이 편호된 것임.

편호	위치	간격	형태	방향(°)	크기	현상
AM4	AM3 동쪽	120	원형		13.5	발굴 해부
AM5	AM4 동북 27°	120	타원형	50	15×10	식생 양호
AM6	AM5 북쪽	30	타원형	30	15×10.5	남부에 석흔 있음
AM7	AM6 서북	100	타원형	40	15×9	양호
AM8	AM4 남쪽, 서간구하변	55	타원형	55	잔장(殘長) 10	서쪽 절반 남음
AM9	AM8동북 30°	30	타원형	70	잔장 8	위와 같음
AM10	AM9동북 35°	50	타원형	55	잔장12	위와 같음
AM11	AM1 서북 10°	70	타원형		16×10	묘기(墓基)만 남음
AM12	AM1 서남 5°	80	타원형		20×11	위와 같음
BM1	B구 북단, 향로(鄕路) 옆		타원형	25	16×10	봉석 노출
BM2	BM1 남서 10°	50	타원형	45	24×14.5	발굴 후 봉호(封護)
BM3	BM2 서쪽	8	타원형	75	28×16	파괴심각[취석(取石)]
BM4	BM2 남서 20°	60	타원형	60	17×12.5	발굴 후 봉호
BM5	BM4 남서 18°	80	원형		11.5	발굴 후 봉호
BM6	BM5 서북 5°	120	원형		14	식생 양호
BM7	BM6 서남	130	원형		12	약간 남음
BM8	BM7 서남	2	타원형	50	13×15	양호
BM9	BM8 동쪽, BM7 서쪽	4	원형		12	식생 무성
BM10	BM9 남쪽, BM8 인접		타원형	35	23×9	둘레 약간 남음
BM11	BM10 서북	6	원형		12.5	큰 훼손은 없음
BM12	동쪽으로 BM10과 인접		타원형	60	10×8	아주 양호
BM13	연묘(連墓) 최서북, BM12 서북	3	타원형	70	28×11	중부에 구덩이
BM14	BM8 남동 20°	60	타원형	15	14×9	보존 양호
BM15	BM14 서남 30°	10	타원형	65	30×14	동쪽 약간 훼손
BM16	BM8 남쪽, BM15 북쪽	각40	원형		7	파괴 심각
CM1	CRN 북단, BM5 동남	65	타원형	75	12×7	이미 파괴(취석)
CM2	CM1 남동 15°	55	타원형	25	8×6	파괴 심각
CM3	CM2 동남	92	타원형	30	11×5	파괴 심각
CM4	CM3 남동 10°	60	타원형	50	13×11	보존 양호
CM5	CM4 남쪽	28	타원형	30	12×8	식생 조금

편호	위치	간격	형태	방향(°)	크기	현상
CM6	CM5 남서	68	타원형	40	10×8	비교적 조금
DM1	학교 동쪽80m, 도로 북쪽		타원형	45	15×8	보존 양호
DM2	DM1 남쪽	4	타원형	45	16×7	둘레 석단 노출
DM3	DM2 동북	16	원형		8	무식생
DM4	DM3 동북	76	타원형	45	16×10	양호
DM5	DM3 동북 20°	85	타원형	63	28×10	보존 양호
DM6	DM5 동쪽	20	타원형	60	14×8	이미 파괴
DM7	DM6 동남 30°	30	타원형	50	8×4	파괴 심각
DM8	DM7 동남, 동간구하변	30	타원형	55	24×8	둘레 미완비
DM9	DM8 서남, DM6 남쪽	60	타원형	50	8×7	이미 파괴

〈표 5〉에 따르면, A구 12기의 무덤은 한 변이 20m 이상인 2기의 대형분(AM2, AM12)을 제외하고 그 규모가 대체로 그만그만하다. B구는 16기의 무덤 중에 5기의 대형분(BM2, BM3, BM10, BM13, BM15)이 존재하는 네 곳의 구역 중 가장 중심이 되는 곳이다. C구 6기는 대체로 규모가 작은 무덤만이 확인되고 있다. D구는 9기의 무덤 가운데 2기의 대형분(DM5, DM8)이 존재하고 있다. 따라서 같은 고분군 내에서도 〔B구(5/16)→D구(2/9)→A구(2/12)→C(0/6)〕(대형분 수 /구별 고분 총수)의 서열 관계가 성립되고 있다. 이는 같은 고분군 축조집단 내에서도 각 구별 축조집단의 역량적 차별성이 존재함을 의미한다. [34]

그러나 각 구별 집단의 최대 고분인 〔BM15(30×14m)→BM13(28×11)→DM5(28×10)〕의 존재를 감안하면, A 및 B구와 D구의 차고위 고분들 6기(AM2, AM12, BM2, BM3, BM10, DM8)는 거의 같은 수준임을 보여 주고 있다. 또 이 고분군 A·B·C·D 각 묘구의 최대 및 차고위 고분(9/43)을 제외한 여타 고분들(34/43)이 규모 면에 있어 대체로 엇비슷하다는 점에서, 각 구별 혹은 그 구 내 개개 고분 간에 일정한 계서관계 이상의 계층화 경향은 그다지 심하지 않았던 것으로 추정된다.

2001년 발굴한 고분은 AM1~4 및 BM2·4·5로서 모두 7기이다. 이를 바탕으로 간구자묘지의 연접방식은 3가지 형식으로 분별된다. 제1형식은 속·부묘단이 주묘단을 둘러싸고, 다시 밖으로 접속하지 않는다(AM3, AM4, BM5). 제2형식은 한 바퀴 둘러싼 속·부묘단의 밖에 다시 고

---

34 朴京哲, 2010, 앞의 글, 229쪽.

정방향을 따라 제2속묘단이 외접한다(BM2, BM4). 제3형식은 먼저 주묘단을 둘러싸고 다시 밖을 두르는 속묘단을 쌓고 다만 빈곳에 1, 2개의 부묘단을 세운 후 다시 연속으로 서남방향에 속묘단을 설치하고, 이후 양쪽에 연속하여 부묘단을 대칭으로 축조하였다(AM1, AM2: 〈그림 1〉 참조). 이 경우 배열법의 변천순서는 제1형식→제2형식→제3형식이다. 이런 양상은 고분군의 분포 양상과도 합치한다.[35] A·B구역을 보면, 산에 가까운 곳에 위치한 묘가 이른데 비해, 강에 가까운 곳에 위치한 묘는 비교적 늦다. 이러한 上→下의 배열과 발전과정은 환인과 집안 일대의 고구려 적석총의 배열과 일치한다.[36]

이 경우 고분 조영의 시간적 순서는 [AM1·AM2→BM2·BM4→AM3·AM4·BM5]이다. 제 1형식의 고분인 AM1·BM2는 대형 고분들이다. 그러나 철도(鐵刀)가 출토된 AM3·AM4 비롯한 제3형식의 고분들은 비록 이미 훼손된 것이지만 결코 규모 면에 있어 이들에 비할 바가 못 된다. 이 점은 고분 구조의 완성도나 정제성과 규모가 반드시 정비례하지 않으며, 따라서 각 구별 혹은 그 구내 개개 고분 간의 규모의 차별성이 고분군 축조집단의 계층화 경향을 곧바로 반영하지 않고 있음을 짐작케 한다.

2001년 조사 결과에 의하면, 간구자고분군의 매장 방식은 무덤 밖에서 화장한 후에 소골을 매장하는 2차장이다. 소골은 묘광 내 2~3곳에 무더기로 안치되었으며, 토기는 묘광 양단에 나누어 부장하였다. 이로 미루어 하나의 고분은 1세대 혹은 한 가정의 합장이거나, 동일 가족 수대의 합장묘 유적으로 추정된다. 따라서 신분 혹은 항렬이 비교적 높은 사람이 주묘단의 중심에 매장되고, 다수 속·부묘단은 항렬의 장서 또는 소목(昭穆)제도에 따라 부장되었을 것이다.[37] 예컨대 B구는 16기의 무덤에 상응하는 16개의 개별 가족으로 구성된 하나의 혈연집단이 구성되어 있었을 것이며, BM15(30×14m)→BM13(28×11) 순으로 개별 가족들 간의 서열관계가 가동되고 있었을 것으로 추측된다.

2001년 발굴한 7기 고분의 부장품은 총 283점으로 작은 장식품을 제외하면 평균 각 묘광에 3점이 부장되었다. 따라서 매장 습속은 후장(厚葬)이 아니었을 것이다.[38] 또 이 고분군의 전체적

---

35 王洪峰·孫仁杰·遲勇, 2003, 앞의 글. 250~251쪽.
36 王洪峰·孫仁杰·遲勇, 2003, 위의 글.
37 王洪峰·孫仁杰·遲勇, 2003, 위의 글. 249쪽. 한편 1986년에 편호된 19기의 고분을 검토해 보면, 한 고분 내의 여러 개 무덤은 그 크기와 모양이 같으며 또한 무덤 사이마다 돌로 서로 연결시켰다. 이러한 현상은 한 무덤 구역 내의 피장자들 관계가 평등하였다는 것을 설명해 주는데, 이는 혈연 관계를 이루고 있는 가족 성원의 무덤에서만 찾아볼 수 있는 것으로 짐작된다. 따라서 이 고분군이 몇 기의 고분이 중첩적으로 연접된 적석총들로 구성된 점은 이 고분군 축조집단이 주로 가족 관계 등 혈연 집단을 바탕으로 운영되었음을 의미한다(朴潤武, 1990, 앞의 글; 2009, PDF, p.1401~1407·1455/1592 참조).
38 王洪峰·孫仁杰·遲勇, 2003, 앞의 글. 249쪽.

유물 출토상은 부장품의 내용이 그 피장자의 사회적 위상과 직결되는 것이 아님을 추론케 해준다. 특히 AM2의 주묘단이 아닌 부묘단(FK3)에서 반량전과 일화전이라는 방공원전 30매가, BM5의 속묘단(FK2)에서 일화전 5매가 출토된 점에 주목해야 한다. 이 사실은 개별 가족 혹은 혈연 집단 내의 최상위 서열의 피장자가 매장된 주묘단으로의 부의 집중 현상이 보이지 않고 있음을 뜻한다. 즉 이 고분군 축조집단 내부의 계층화 수준이 매우 더디게 진행된 결과로 판단된다.

천산산맥 동부 지방의 청동기 및 철기문화시기는 타 지역에 비해 그 문화 지체 현상이 매우 현저하였다. 하물며 압록강 최상류 지역인 장백 지역에서의 그러한 경향은 더욱 현저하였을 것으로 생각된다. 특히 이 지역에서는 철도(鐵刀) 3개(AM3, AM4)와 철곽(鐵钁) 1개(AM1)만이 출토될 정도로 철기문화 보급이 저조하여 사회분화가 느리게 진행되었고, 따라서 가족 단위의 집단묘 성격이 강한 적석총이 집중적으로 축조되었을 것으로 추정된다.[39]

장백—임강—백산 지역의 24개 고분군(〈표 1·2·3〉 참조) 가운데 이 간구자고분군은 그 편년이나 형식면에서 아주 고립적인 존재이다. 이는 위에서 고찰했듯이 이 고분군 축조집단의 사회적 계층화 진전이 매우 더딘 것과도 무관하지 않다.[40] 즉 이 집단 내의 계층화 진전의 지체가 압록강 상류 장백—임강—백산 지역 내에서의 동질적 매장 문화의 공간적 확산과 그 문화 내용의 계기적 진전에 장애가 되었던 것이다.

최근 정치인류학계 일각에서는 인류의 정치·경제·사회 발전의 진전상을 〔family level society(group)→local group(국지적 집단, 局地的 集團)→regional group polity(지역집단, 地域集團)→state(국가)〕로 파악, regional group polity의 실체를 'simple and complex chiefdom〔군장사회(君長社會)〕'으로 적시하고 있다.[41] '군장사회(chiefdom)'란 수장을 중심으로 한 특정 혈연집단에 의하여 지배되는 지연에 바탕한 '지역집단(regional group polity)'을 일컫는 용어이다. 고구려사회의 '나(那)' 혹은 '국(國)'은 물론 흔히 '성읍국가'·'소국'·'초기국가'도 그 실체는 군장사회인 것이다.

또 나부체제론이나[42] 필자의 입장이나[43] 고구려 국가 형성을 향한 과정이 〔나집단(那集團)·곡

---

39 여호규, 2007, 앞의 글, 38쪽.

40 박양진, 2004, 「遼寧地域 靑銅器時代 後期文化의 相似性 과 相異性」, 『(제31회 한국상고사학회 학술발표대회)동아시아의 초기금속기문화』, 한국상고사학회, 137~138쪽.

41 Allen W. Johnson & Timothy Earle, 1987, *The Evolution of Human Societies: From Foraging Group to Agrarian State*, Stanford University Press, pp.15~22; Timothy Earle, 1994, "Political Domination and Social Evolution", Edited by Tim Ingold, *Companion Encyclopedia of Anthropology: Humanity·Culture and Social Life*, Routledge, pp.940~961(朴京哲 譯, 1999, 「政治的 支配와 社會進化」, 『史叢』 50, 解題).

42 林起煥, 1987, 「고구려초기의 지방통치체제」, 『慶熙史學』 14, 慶熙史學會; 余昊奎, 1992, 앞의 글; 林起煥, 1995, 『高句麗 集權體制 成立過程의 研究』, 慶熙大學校 博士學位論文; 여호규, 1996, 앞의 글; 余昊奎, 1997, 앞의 글.

43 朴京哲, 1996, 앞의 글; 朴京哲, 1997, 앞의 글; 박경철, 2007, 「고구려의 국가형성」, 『고구려의 정치와 사회』, 동

집단(谷集團)=국지적 집단(local group)→나·국·나국(那國)=지역집단(regional group polity) 혹은 군장사회(chiefdom)→국가(state)라는 정치인류학적 인식틀과 그다지 다르지 않다는 점에 주목할 필요가 있다.[44]

이 간구자고분군 축조집단은 사회적 불평등이 정착된 사회적 계층화의 진전 속에서 지배자(ruler)가 권력을 행사하는 구심적 집권체(centrality)가 통제하는 경제적 재분배기제가 가동하는 '나·국·나국=지역집단(regional group polity) 혹은 군장사회(chiefdom)' 수준에 미치지 못하는 사회단계에 머무르고 있었다고 파악된다. 곧 이 집단은 지도자(leader)의 권위에 바탕하며, 내부 구성원 간에 계서관계가 작동하는 '국지적 집단(local group)' 즉 '나집단·곡집단' 수준의 사회적 복합도(social complexity)가 상대적으로 낮은 사회를 영위했던 것으로 이해될 수 있다. 다만 이 지역에서 반량전과 일화전이라는 방공원전 35매가 출토되어 새삼 주목을 받게 되었음은 전술한 바와 같다. 아마도 이러한 화폐의 출토는 이 외진 지역에 적석총 축조집단의 형성을 가능케 한 경제적 기반과 연관되었을 것으로 추론된다.

4. 간구자고분군 축조집단의 경제적 기반

고구려사회 역동성의 경제적 기반은 농경과 전쟁 그리고 교역에서 구할 수 있을 것이다. 그러나 "無良田 雖力佃作 不足以實口腹(사료 A-③)"라는 기사는 이 지역의 농경 수준이 생태적 조건의 열악성과 농경 기술상의 낙후성으로 인하여 자족적 기능마저 갖출 수 없는 생계경제(subsistence economy) 수준을 벗어나지 못하고 있음을 엿보게 해준다. B.C. 3C경 이래 장백 지역 간구자고분군 축조집단이 처한 상황이 바로 그러했을 것이다. 이 점은 이 집단의 완만하기만한 계층화 수준을 통해서도 방증해 주고 있다.

한편 전쟁은 고부가가치 창출은 가능하지만, 높은 기회비용과 위험요소 수준을 감안할 때 당시 항시적 경제활동으로 자리매김 될 수 없었다. 더구나 "其人性凶急 喜寇鈔(사료 A-④)"라는 기사에서 분명하듯이, 당시 고구려사회에서의 군사화경향은 현저했지만,[45] 전쟁을 통한 성공

북아역사재단.

44 박경철, 2007, 위의 글, 71~72쪽.

45 본고의 '군사화(militarization)경향'이란 당해 지역 주민들의 삶이 군사적 관점에 의하여 통제되는 사회성향을 지칭하는 것이다. 이것이 국가 수준에서 그것의 기능과 결부될 때, 흔히 '군국주의(militarism)'로 귀결된다(Stanislav Andreski, 1971, Military Organization and Society, University of California Press, p.185). 고구려사회의 군사화경향과 관련해서는 朴京哲, 1997, 앞의 글, 26~28쪽; 朴京哲, 2010, 앞의 글, 234쪽.

기회는 극소수 집단들에게만 기약되는 행운에 불과했을 것이다. 사회적 복합도가 낮은 간구자고분군 축조집단의 경우 이러한 요행은 바랄 수 없는 상황이었을 것임은 명백하다. 그러므로 필자는 고구려사회 가운데에서도 가장 외진 압록강 최상류역인 장백 지역에서 그것도 가장 빠른 시기인 B.C. 3C경 전무후무한 원형무기단적석총이 중층적으로 연접된 군집분을 축조하는 집단이 형성된 경제적 계기와 기반을 교역에서 찾고자 한다.

압록강 최상류 유역인 간구자고분군의 두 고분(AM2FK3, BM5FK2)에서 반량전과 일화전이라는 방공원전이 발굴되었다. 반면 고구려 국가형성기의 중핵지인 압록강 중류역 환인·집안 지방에서는 명도전은 물론 포전(布錢)·왕망전(王莽錢)과 더불어 일화전·반량전 및 오수전 등 다양한 화폐가 고분·주거지 등 생활유적과 매납유적 등에서 출토되고 있다.[46]

그런데 유적지 수와 출토량에 있어 동북아 일대 명도전의 중심 분포지는 압록강 중하류역과 한반도 서북부 지역으로 비정된다.[47] 그런데 이 명도전이 대량으로 매납된 유적이 이 지역을 중심으로 분포한다는 점은 매우 특이한 현상이다. 대체로 이 유적들은 고조선 교역의 증거, 또는 전국계 유이민의 유입으로 보는 것이 정설인데, 최근 학계일각에서는 요동~서북한 출토의 명도전이 실제 고조선의 화폐로 사용되었으며, 중계무역이라는 기존의 통설에서 한 단계 나아가 '완충교역'이라는 새로운 견해가 제시하고 있다.[48]

그런데 명도전이 출토되는 환인·집안 지방의 경우 명도전은 물론 일화전·반량전 및 오수전 등이 고루 출토되며, 이를 통시적으로 본다면 이곳에서는 [명도전→일화전·반량전→오수전] 순서로 유통되었음을 뜻한다. 명도전의 존재가 고조선 교역과 연관된다면, 환인·집안 지방은 일찍부터 고조선의 교역권에 포섭된 이래 동북아 정세 변동과 궤를 같이하면서 일정한 교역체계를 유지, 나름대로의 발전 가능성을 모색해 왔을 것으로 판단된다.

한편 간구자고분군에서는 현재까지 오직 일화전과 반량전만이 출토되고 있다. 이는 장백 지역과 유사한 입지 및 생태 조건을 가진 압록강 중류와 잇닿은 독로강 유역의 노남리(자강도 시중군) 유적지에서마저 명도전과 오수전이 출토된다는 점과[49] 대비된다. 아마도 장백 지역 주민들은 노남리 같은 여타 명도전 출토 지역 주민들과는 다른 시기의 또 상이한 형태의 교역을 행하고 있었을 것으로 추론된다.

---

46 박선미, 2009, 『고조선과 동북아의 고대 화폐』, 학연문화사, 109~111쪽; 王洪峰·孫仁杰·遲勇, 2003, 앞의 글, 248~249쪽.

47 박선미, 2009, 앞의 책, 219~220쪽.

48 '완충무역'은 중계무역과 유사하지만, 좀 더 문화의 단계가 낮은 지역이 자신의 체제를 유지하면서 교역의 이득을 얻을 수 있다(박선미, 2009, 위의 책, 309~353쪽).

49 박선미, 2009, 위의 책, 122쪽.

우선 간구자고분군 축조의 상·하한연대인 B.C. 3C경~서한대(202 B.C.~8 A.D.)의 동북아시아 국제 정세 변동에 유의할 필요가 있다. 그런데 압록강 유역의 문화 전개상을 살펴보면, B.C. 7C 이래 이 지역에서는 공귀리문화(公貴里文化)라 지칭되는 청동기문화가 존재하였지만, 그것은 다른 지역의 문화와 비교할 때 질량 면에서 매우 빈약한 내용을 갖고 있었다. 이처럼 천산산맥 동부 지방의 청동기 및 철기문화시기는 타 지역에 비해 그 문화 지체 현상이 매우 심하였다. 그런데 B.C. 4~3C경 비파형동검과 세형동검의 속성을 공유하되, 검신 하단부에 턱이 형성된 청동검인 '중간형동검(후기형동검=변형검=과도형검)'이 천산산맥 동부(태자하 중·상류, 압록강 중·하류)와 요하 중·상류와 송화강 유역에 출현하게 된다. 특히 천산산맥 동부에서는 중간형동검과 엽맥문(葉脈文) 및 공귀리식 기형(器形)에 고리모양 손잡이 달린 토기를 공유하는 문화가 형성되었다. 그리고 이를 바탕으로 B.C. 3~2C경 압록강 중상류 유역에서 노남리문화(적석총 축조문화)가 전개되면서 '고구려사회'의 형성과 발전이 이루어지고, 마침내 B.C. 1~ A.D. 1C '고구려문화'로의 진전을 볼 수 있었다.[50]

B.C 4말~3C 초 연(燕)의 동정(東征)은 이후 명도전을 매개로 한 동북아 방면에서의 교역권의 확대를 결과했을 것이며, 그 중심 당사자로서 고조선과 연이 자리했을 것이다. 그러나 이들은 주변지역을 직접 장악한 것이 아니라 상호이득을 취하기 위한 교역체계를 운영해 나가는 '완충무역'을 행하였다고 보여진다. 즉 당시 고조선과 연은 전한 이전이라는 극히 제한적인 시기에 압록강 중하류 유역과 청천강 유역의 한반도 서북부 지역이라는 매우 한정된 지역(청천강 이북)에서 명도전을 매개로 교역을 행하였을 것이다. 그런데 이들 명도전 유적지는 상당수가 주거지 근처 또는 퇴장유적이며, 화폐와 공반되는 유물들은 미사용 된 철제농기구류가 주를 이룰 뿐 기타 위신재로 추정할 수 있는 유물은 거의 보이지 않는다. 명도전은 실제 연국 내지는 고조선 내부의 교역망에서 유통되는 화폐였고, 농기구는 당시 철기를 직접 생산할 수 없었던 지역의 사람들 간의 교환수단으로 사용되었을 가능성이 크다. 이는 곧 좀 더 내륙 산악 지역 주민들과 실물철기로 교역을 했다고 추정된다. 그리고 연의 멸망 이후에 명도전의 사용은 급격히 소멸되었다고 할 수 있다.[51]

그러나 장백 지역의 주민들이 이러한 교역에 참여하지 않았음은 이곳에서의 명도전 출토 사

---

50 余昊奎, 2007, 앞의 글, 34~38쪽.
51 박선미, 2009, 앞의 책, 309~353쪽. 강인욱은 "이러한 교역의 정황은 박선미가 제시한 buffer zone이라는 개념과 매우 유사하다고 생각된다. 박선미는 각각 자신의 사회구조의 틀을 깨지 않는 범위 내에서의 교역을 위해서 분리시켰다고 했으나, 필자가 보기에는 그와같은 이중적 체제는 서로의 이해관계가 들어맞지 않은 상황에서 나오는 필연적인 체계였다고 본다. 즉, A지역, B지역, 그리고 그들을 중개하는 C라는 집단이 있을 때 A가 필요한 제품을 B가 공급할 수 없으며 역으로 B가 필요한 제품을 A가 공급할 수 없을 때에 C(중개세력)이 개입하는 것은 필연적인 상황이었다."고 본다(강인욱, 2008, 앞의 글, 8~10쪽).

례가 현재까지 보고된 바 없음을 통해 짐작할 수 있다. 그러나 진(221 B.C.)·한 제국(202 B.C.) 성립과 고조선의 멸망(108 B.C.)은 장백 지역 주민들에게 새로운 교역 참여의 기회를 제공하였을 것이다. 이는 이곳에서의 반량전·일화전 출토 사실이 말해주고 있다.

B. ①以聞 上許之以故滿得兵威財物侵降其旁小邑 眞番臨屯皆來服屬 方數千里 ②傳子至孫右渠 所誘漢亡人滋多 又未嘗入見 眞番旁衆國欲上書見天子 又擁閼不通(『史記』 卷115, 朝鮮列傳 55)

위만조선과 일방적인 상하관계를 감수하던 진번·임둔을 비롯한 '其旁小邑'들은(사료 B-①) 우거왕대에 이르러 그 기반을 벗어나 한과의 직접적 통교를 꾀하는 '眞番旁衆國'으로(사료 B-②) 성장하고 있었다. 결국 위만조선과 한과의 전쟁은 이러한 교역통제권에 바탕한 경제적 이익에 대한 위만조선의 과욕과 주변 예맥계 제 집단의 성장 그리고 한의 이 방면에서의 전략적 이해관계가 맞물리면서 발발하였던 것이다.

고조선이라는 중계무역 중심체가 사라지면서 각 지역의 집단은 중원 세력과 직접적으로 교역할 수 있었고, 이러한 교역은 결국 각 지역의 제 세력집단의 사회발전에도 일정 정도 기여하게 된다.[52] 압록강 중·상류지역 제 집단을 주축으로 한 고구려사회의 발흥 또한 이러한 맥락에서 이해될 수도 있다. 또 B.C. 3~2C경 압록강 중상류 유역에 출현한 노남리문화라는 적석총의 축조문화는 그 문화적 표현이었다.

압록강 최상류라는 불리한 지리적·생태적 조건 아래 일찍이 그 모습을 드러낸 간구자고분군 축조집단 역시 대중교역체계의 재편이라는 새로운 동북아 세력구도 개편의 결과 그 형성의 경제적 계기를 찾을 수 있게 되었던 것으로 추론된다.

이 시기에 들어와 한대 화폐 발견 지역은 명도전이 발견되는 그곳과 서로 다르게 되며, 그 양도 소량에 그치게 된다. 이러한 교역체계와 교환수단의 변화는 종래의 위세품이 개재(介在) 되지 않은 비정치적 집단 상호간의 거래 곧 실물생필품의 1:1 교역에서 지배세력 간의 재분배(redistribution) 교역으로 그 형태로 바뀌어 간데서 기인한다고 생각된다.[53] 곧 이 지역에서 한측이 통제하는 '조공' 개념에 입각한 교역시스템이 가동되기 시작되었던 것이다.

당시 한제국은 여러 부문에서 압도적 우위를 점하며 동아시아의 국제적 재분배시스템으로 개념되는 '조공-책봉체제'를 빌미로 이 지역 주민들을 압박해 들어오고 있었다. 이러한 동북아 국

---

52 강인욱, 2008, 위의 글, 11쪽.
53 강인욱, 2008, 위의 글.

제정세 하에서 고구려사회 내의 제 세력 집단은 한 세력의 패권주의에 대한 길항 작용을 벌리면서, 꾸준히 자기 발전의 길을 추구하고자 하였을 것이다. 그리고 간구자고분군 축조집단은 이러한 고구려사회의 진전과 국가형성의 소용돌이가 분출하는 에너지의 영향력 아래에서 생성과 해소의 길을 걷게 되었던 것이다.

필자는 이 간구자고분군 축조집단이 중원 세력과 거래했던 교역 품목으로서 모피와 인삼 그리고 목재를 꼽고자 한다. 본래 고조선 시절부터 이 세 가지 품목은 명도전이 출토되는 압록강 중하류 유역과 청천강 유역의 한반도 서북부 지역의 중요한 교역품들이기도 하였다. B.C. 7~3C대 모피 산지는 길림성 중남부 지역이었다. 특히 압록강 중상류지역에서는 모피동물 이용이 신석기시대~한대에 지속적으로 이루어졌다.[54] 이점은 혼강 유역 통화의 만발발자유적(萬發撥子遺蹟)에서 확인된다. 이 유적지에서 신석기시대 이래 호랑이·담비·여우·수달 등 모피동물의 뼈가 대량 발굴되고 있다. 특히 춘추전국시대(B.C. 4~2C) 유물이 나오는 제3기 문화층과 고구려 초기 세력 형성과 관련된 적석총이 나온 제4기 문화층에 그것이 많은 편이다. 또 이 유적에서는 노루·사슴뼈도 대량 출토된 바, 이는 사슴 목축의 한 증거가 되며, 녹피(鹿皮)는 당시 주요 방한의복이었다.[55]

또 『관자』에 나오는 '발조선'의 '문피(文皮)'는[56] 호랑이 가죽인데, 호랑이는 백두산과 시호테-알린산맥을 중심으로 하는 연해주 동북부 일대에 주로 서식하고 있다. 그러나 『관자』의 이 '문피' 기록이 당대의 상황을 반영하고 있다고 해도, 체계적인 대량 교역을 통한 이득을 얻기보다는 상징적 진상품 역할을 하였을 가능성이 크다.[57] 다만 이 기사를 통하여 당시에 이미 백두산을 중심으로 하는 지역에서 널리 모피동물 사냥이 신석기시대 이래 지속적으로 이루어지고 있었음을 짐작할 수 있다.

한편 대부분의 명도전 관련 유적은 압록강 및 청천강 유역의 산간오지이면서도 주변에 강이 흐르는 교통의 요지에 위치한다. 청천강 유역에서 압록강으로 이르는 이 교통로는 B.C. 4C 이래 실제로 백두산을 중심으로 모피의 산지에서 주변지역으로 교류하는 길이 되기도 하였던 것이다.[58] 이 지역은 고조선 붕괴 이후 한 측의 통제 하에 놓이게 된다.

---

54 의복으로 쓸 수 있는 짐승 가죽은 소, 말, 개 등 일반인들이 입었던 것도 있지만, 고급재료로는 호랑이(虎皮), 여우(狐皮), 사슴(鹿皮), 노루(獐皮), 담비(貂皮), 노랑가슴담비(貂鼠), 삵괭이(貍) 스라소니(土豹), 수달(水獺), 표범(豹) 등이 꼽힌다(강인욱, 2008, 위의 글, 4쪽의 주4).

55 강인욱, 2008, 위의 글, 4~5쪽과 6~7쪽의 '〈표1〉 내몽고 동남부~중국 동북지방 신석기~청동기시대 동물뼈 출토양상' 참조.

56 『管子』 卷23, 揆道篇 第78.

57 강인욱, 2008, 앞의 글, 6~8쪽.

58 강인욱, 2008, 위의 글, 9쪽.

한편 전한대가 되면 대체로 기후는 한랭건조화한다는 것이 기록 및 고기후 연구 성과에서 공통적으로 제시된다. 따라서 호랑이가죽(虎皮)·여우가죽(狐皮)·담비가죽(貂皮)·노랑가슴담비가죽(貂鼠皮)·수달가죽(水獺皮)·표범가죽(豹皮) 등의 모피에 대한 수요가 더욱 증가하게 된다.[59] 이러한 상황 아래에서 장백 지역은 상술한 바와 같이 모피 동물의 주 서식지인 백두산으로부터 지근거리에 위치하고 있다. 따라서 간구자고분군 축조집단의 입지는 다른 압록강 유역 제 세력보다 모피 교역에 있어 경쟁력의 상대적 우위를 한동안 확보할 수 있게 만든 요인이었을 것이다.

한반도의 인삼은 '조선인삼'으로 이미 기원전에 중국에 소개되고 있었음에도 불구하고 500년 동안 기록이 없다가, A.D. 6C 초반 문헌에 집중적으로 등장하기 시작한다. 이는 중국인들이 태행산맥(太行山脈) 일대의 '중국인삼' 곧 '상당삼(上黨蔘)'을 '조선인삼'으로 대체하여 활용하여 왔기 때문이었다. 그러나 인삼은 자연적인 조건의 제약을 크게 받는 만큼, 만주 및 한반도 일대가 그 자생 지역이다. 한반도 일대의 산지는 평안도와 함경도 일대의 북부 산간지대와 태백산맥과 소백산맥 등의 남부 산간지대였으며, 그 중 백두산 일대는 인삼 산지로 저명하였다.[60] 따라서 백두산과 인접한 장백의 간구자고분군 축조집단은 이 인삼의 채취와 수집에 있어 다른 여타의 압록강 유역 제 집단에 비해 상대적 강점을 누릴 수 있었을 것으로 추측된다.

『삼국지』 한전의 염사치(廉斯鑡) 설화에는 진한 땅에서 목재를 벌채하다가 한(韓) 측의 노예가 된 1,500 한인(漢人)들의 이야기가 나온다.[61] 이 사실은 당시 한인들의 목재에 대한 욕망을 엿볼 수 있게 해준다. 백두산을 중심으로 한 압록강 유역의 산림자원은 한반도 남부 지방에 비하여 질량 면에서 압도적으로 우수하였을 것이며, 한(漢) 측의 이에 대한 관심과 수요 또한 남달랐을 것으로 생각된다. 간구자고분군 축조집단은 모피나 인삼의 경우처럼 자신들의 입지상의 이점을 활용하여 목재 또한 주요 교역품으로 활용하였을 것이다. 이 경우 목재는 압록강 수계를 따라 뗏목으로 운송되었을 것이다.

인삼·목재·모피는 당시 고구려사회의 생태조건하에서 최적화된 경쟁력 있는 교역품이 될 수 있었고, 또 그것은 압록강 수계에 바탕한 수운망을 따라 집적·출하·유통되었을 것이다.[62]

59 강인욱, 2008, 위의 글, 10~11쪽.
60 양정필·여인석, 2004, 「삼국-신라통일기 인삼 생산과 대외교역」, 『醫史學』 25, 大韓醫史學會, 179~182쪽. 한편 양정필·여인석은 인삼의 기원을 중국 산서성 동남부 일대의 '상당삼(上黨蔘)'에서 찾는 기존의 통설을 부정하고, 인삼의 자생지를 만주와 한반도라 논증하고 있다[양정필·여인석, 2003, 「'중국인삼'의 실체에 대한 비판적 고찰-이마무라 토모(今村鞆)의 학설을 중심으로-」, 『醫史學』 23, 大韓醫史學會, 144~166쪽; 양정필·여인석, 2004, 「'조선인삼'의 기원에 대하여」, 『醫史學』 24, 大韓醫史學會, 1~19쪽].
61 『三國志』 卷30, 魏書30 東夷傳30 韓傳.
62 압록강 수계의 수운망과 관련해서는 余昊奎, 2008, 앞의 글 참조.

특히 고구려사회 초기의 간구자고분군 축조집단은 이런 품목들에 대한 접근이 상대적으로 용이한 지역적 여건에 힘입어 전에 없던 경제력을 축적할 수 있었을 것으로 추정된다. 그리고 이렇게 조성된 힘은 주변 여타 지역과 차별화된 형식의 고분군을 일찍부터 조영함에 활용되었을 것이다.

5. 임강-장백지역 제 적석총 축조집단 간의 세력구도 변동상

한(漢) 세력을 상대로 한 교역의 활성화는 고구려 사회 내 제 집단의 실제적 역량 강화에는 결정적 도움이 되지 못했을 것이다. 이들 제 집단은 반량전과 일화전 혹은 오수전과 같은 중국 화폐나 철기를 그들이 건넨 교역품의 대가로 받았다. 한편 A.D. 4C경 을불(乙弗)의 사례에서 보듯[63] 이 지역 주민들에게 긴요한 소금도 당시 교역의 대가로 거래되었을 것이다. 특히 압록강 최상류 장백 지역 주민들에게 소금은 생존에 절대적으로 필요한 상품으로 인식되었다.[64] 이 경우 고구려사회 내 제 집단은 모피동물의 수렵·수집 그리고 벌목과 인삼 채취 등의 고역을 감당하면서 한 측으로부터 고부가가치 창출이 기약되지 않는 자원수탈만을 강요받고 있었던 셈이다.

예컨대 모피를 가공하기 위해서는 실제 사냥한 모피의 무두질 등 섬세한 과정을 거쳐야하며 고위층이 사용하는 상등품을 만들고 그를 장기간 보존하기 위해서는 고도의 기술이 필요하다. 따라서 모피무역의 경우, 공급자와 제작자가 필연적으로 분리된다는 점에서[65] 단순한 모피동물 사냥과 수집에 비해서 그것의 상품화 과정을 통제·독점하는 측의 수익은 비교의 대상이 될 수 없었을 것이다. 인삼의 경우도 그것의 채취·수집과정보다는 그것의 가공과 처방이 보다 높은 부가가치를 약속해 줌은 물론이다. 목재의 경우도 별반 다르지 않다. 이러한 상황은 한의 현도군이 역내에서 운용하는 '조공-책봉'을 빙자한 교역체계가 정치적 힘을 바탕으로 한 부등가교환의 재분배체제라는 점에서 비롯되었던 것이다.

C. ①漢時 賜鼓吹技人 常從玄菟郡受朝服衣幘 高句麗令主其名籍. ②後稍驕恣 不服詣郡 於東
　界築小城 置朝服衣幘其中 歲時來取之 今胡猶名此城爲幘溝漊 溝漊者 句麗名城也.(『三國

---

63 『三國史記』卷17, 高句麗本紀5 美川王 卽位年.

64 17~18세기 당시에도 삼수·갑산 그리고 북관 지역은 다른 지역과 물자 교역이 절실한 지역이었고, 특히 문제가 된 것이 식염이었음을 지적하고 있다(이욱, 2005, 「17~18세기 犯越 사건을 통해본 함경도 주민의 경제생활」, 고려사학회, 『韓國史學報』 20, 156쪽).

65 안보연, 2005, 『우리나라 모피와 피혁 복식에 관한 연구』, 이화여자대학교 대학원; 강인욱, 2008, 앞의 글, 10쪽.

사료 C는 현도군과 고구려사회 사이에 존재하던 쌍방의 세력 부침에 따른 길항관계 전개 양상의 한 측면을 엿볼 수 있게 해준다. 사료 C의 시점과 관련해서는 두 가지 견해가 있다. 먼저 사료 C-①·② 모두를 B.C. 75년 제1차 현도군 축출 이후의 일로 보는 견해로서[66] 우리 학계의 통설이다. 한편 필자는 사료 C-①을 도군 건치 이후의 정황을, 사료 C-②를 제1차 현도군 축출 이후 한의 이 지역에서의 실질적 영향력이 급격히 위축되어가고 있었음을 기술한 자료라 파악하고 있다.[67] 이러한 견해차가 고구려 국가형성에 관한 시각의 차이에서 비롯됨은 이미 알려진 사실이다. 그러나 본고가 논의하고자 하는 것은 그러한 제 입장의 당부를 떠나 B.C. 2C 이래 압록강 중상류 유역에 침투한 현도군을 앞세운 한 세력과 그에 대한 고구려사회의 대응 양상 속에서 전개되는 임강–장백 지역 제 적석총축조집단 간의 세력구도 변동의 실상인 것이다.

사료 C-①은 현도군의 수현(首縣)인 고구려현의 현령이 고구려사회의 각급 수장들을 개별적으로 파악, 그들로 하여금 자기 현이 관장하는 '조공무역'에 참여케 함으로써, 교역을 매개로 고구려사회를 구성하는 제 집단의 분할지배를 꾀하였음을 보여 주고 있다. 즉 현도군은 고구려사회의 각급 집단 수장들이 한 군현에 귀복하는 대가로 이들의 자기 집단 내에서의 또는 타집단에 대한 한제국의 권위를 빌미로 하는 '위의'를 과시하는 '고(鼓)·취(吹)·조복의책(朝服衣幘)'과 같은 권위재는 물론 악공 같은 '기인(技人)'까지 공급하였다. 한 측은 이를 통하여 이곳에서의 권위의 독점적인 최상위 부여자로서 또 문화권력의 담지자로서의 위상을 점하고자 하였던 것이다.[68]

따라서 현도군은 이런 조건 하에서 교역장소–시기–품목–교환율의 결정권을 자기 측에 유보한 채[69] 개별 집단 별로 차등적 교역조건을 강요함으로써, 불공정한 자원 추출과 고구려사회의 갈등과 분열을 조장할 수 있었던 것이다. 그러므로 사료 C-①은 현도군과 고구려사회와의 관계가 교역을 매개로 한 세력의 주도하에서 이루어지고 있던 상황을 서술한 기사이다. 한 제국은 대고구려사회 지배정책의 근간을 물리적 폭력에 갈음한 교역을 지렛대로 한 '이이제이'의 분할

---

66 盧泰敦, 1975, 「三國時代 '部'에 관한 연구」, 『韓國史論』 2, 13~14쪽; 余昊奎, 1997, 앞의 글, 50~51쪽; 여호규, 2007, 「고구려 초기 對中戰爭의 전개과정과 그 성격」, 『동북아역사논총』 15, 15~24쪽.

67 朴京哲, 1996, 앞의 글, 99~103쪽; 朴京哲, 1998, 「高句麗社會'의 發展과 政治的 統合 努力-國家形成期 高句麗 史 理解를 위한 前提-」, 『韓國古代史研究』 14, 300~306쪽.

68 한 집단의 수장은 교역을 통하여 획득한 외부집단의 재화를 다시 각 세대에게 하사하기도 한다. 특히 두 집단 간에 있어서의 사치품교역은 각 집단의 엘리트 사이에서만 행해지는 까닭에, 수장은 교역에서 얻은 사치품을 자기에 대한 충성의 대가인 권위재로서 수여할 수도 있었을 것이다(Peter S. Wells, 1980, *Culture contact and culture change: Early Iron Age central Europe and the Mediterranean World*, Cambridge University Press, pp.5~8.

69 Peter S. Wells, 1980, op. cit., pp.7~8.

지배정책의 관철에서 구하고자 하였던 것이다.

더구나 당시 한반도 서북부와 요녕지방에 설치된 현도군을 비롯한 한 군현들은 고구려사회가 자원이 상대적으로 풍부한 주변 지역들로 접근할 수 있는 가능성을 효율적으로 차단하였던 것이다. 따라서 점증하는 인구와 한정된 가경지에 부담을 갖고 있던 고구려사회는 이 지역으로 진출해오는 한 세력을 자기 발전의 멍에로 인식하게 되었던 것이다.[70] 이러한 점에서 현도군에 대한 고구려사회의 저항은 점차 적극화·조직화되어 갔던 것이다

그 결과가 고구려사회는 B.C. 75년 제1차 현도군을 축출하고, 현안인 외압을 극복하고 압록강 유역에서 접종하는 제 갈등과 분열의 효율적 수렴과 실효적 통합을 담보하기 위한 보다 고양된 정치적 존재양식 즉 국가형성을 지향하는 움직임을 가시화하게 된다.

사료 C-②는 이 와중에서 한 측의 일방적 주도권 아래에서 이루어지던 교역이 그 장소·시기·품목 등에 있어 쌍방 당사자 사이의 일정한 합의가 전제되는 그것으로 변화하고 있음을 시사하고 있다. 즉 고구려사회가 현도군 측을 상대로 하여 "책구루(幘溝婁)"라 일컬어지는 일정 장소에서, "세시(歲時)" 곧 연초인 정월에,[71] "조복의책" 같은 일정한 품목을 수수하는 교역(사료 C-②)에 관한 합의를 도출할 수 있었던 것으로 보인다.[72]

이제 본고는 이러한 상황이 압록강 유역 특히 중류역의 집안과 혼강 유역의 환인을 중심으로 하는 제 세력을 구심점으로 하여 진전되어 나가는 동안 상류역 임강-장백 지역의 제 집단의 동향을 간구자고분군 축조집단의 존재양태를 중심으로 고찰해보고자 한다.

〈표 1·2·4〉를 바탕으로 임강-장백 그리고 백산 지역 고분군들을 형식별로 검토하면 〈표 6〉과 같다.

〈표 3〉에 따르면 임강-장백 그리고 백산 지역 고분군들은 모두 24개다. 이를 〈표 1·2·5〉를 통하여 분석하면 원형무기단적석총으로 이루어진 고분군이 4개(장백), 방형무기단과 기단적석총이 혼재된 곳이 1개(임강), 기단적석총고분군이 11개(장백:임강:백산=3:6:2), 기단과 계단 적석총이 함께 있는 곳이 2개(임강:백산=1:1), 석실봉토분이 1개(임강), 석붕(지석묘)이 1개(임강), 형식 불명이 4개가 된다.

임강-장백-백산 지역은 적석총 형식의 통시적 전개과정에서 집안과 환인 지역 등 고구려

70 Song Nai Rhee, 1992, "Secondary State Formation: The Case of Koguryo State", 『Pacific Northeast Asia in Prehistory: Hunter-Fisher-Gatherers, Famers, and Sociopolitical Elites』, Washington State University, p.194.

71 余昊奎, 1997, 앞의 글, 79~80쪽.

72 사료 C와 관련해서는 朴京哲, 1998, 앞의 글, 300~306쪽. 각 정치세력의 독자적 대외교섭권이 '책구루'라는 단일창구로 일원화됨을 연맹체를 대표하는 고구려 왕권의 성장으로 이해하는 견해는 盧泰敦, 1975, 앞의 글, 13~14쪽. 그리고 이를 A.D. 1C 전반(前半) 계루집단에 의한 '국가권력의 성립'을 시사하는 것으로 파악한 견해는 余昊奎, 1997, 앞의 글, 50~51쪽.

고분군　구분	형식	기타
장백 18도구 동강고분군	원형무기단적석총	
장백 17도구 금화고분군	기단적석총	평면 타원형
장백 14도구 양종장고분군	기단적석총	평면 방형
장백 14도구 간구자고분군	원형무기단적석총이 중층적으로 연접된 군집분	편년 최고
장백 14도구 14도구전참고분군	원형무기단적석총	
장백 14도구 안락고분군	기단적석총	형태 기단적석총과 유사
장백 12도구 12도구고분군	원형무기단적석총	
장백 8도구 합마천고분군	불명	흙무지 2개
임강 7도구 7도구고분군	무기단·기단적석총	
임강 6도구 용강고분군	기단적석총	
임강 6도구 서마록포자고분군	기단적석총	계단적석총도 있었다고 전해짐
임강 6도구 동전자고분군	기단적석총, 대형계단적석총 2기	규모 최대
임강 6도구 입대고분군	기단적석총	
임강 4도구 파구고분군	불명	대석퇴 2개
임강 4도구 장천고분군	기단적석총	
임강 호로투고분군	기단적석총	
임강 고가영고분군	기단적석총	
임강 2도하자고분군	봉토석실분 4기	
임강 애민고분	석붕 1기 확인	
임강 대율자고분군	불명	
백산 대장천고분군	기단적석총	
백산 선인동고분군	기단적석총	
백산 적대고분군	기단 혹은 계단적석총	대형 고분 6기 이상
백산 2도구고분군	불명	

중심 지역의 그것들과 다소 다르다. 장백의 고분군 8곳은 대체로 〔원형무기단적석총고분군(4곳)→기단적석총고분군(3곳, 그중 두 곳은 전형적 기단적석총이라 보기 힘듬)〕으로 공간을 달리하며 분포하고 있다(1곳은 불명). 임강의 12개 고분군의 경우, 원형무기단적석총 고분군의 부재 아

래, 석붕 1곳과 석실봉토분 1곳 외에〔무기단·기단적석총 혼재 고분군(1곳)→기단적석총고분군(6곳)→기단·계단적석총 혼재 고분군(1곳)〕이 역시 공간을 달리하며 전개되고 있다(2곳은 불명). 또 백산의 4개 고분군은〔기단적석총고분군(2곳)→기단·계단적석총 혼재 고분군(1곳)〕으로 이 또한 별개의 고분군으로 존재하고 있다(2곳은 불명).

장백의 원형무기단적석총 고분군 4곳의 존재는 이곳에서 가장 빨리 적석총문화가 성립·발전하였음을 알 수 있다. 그러나 고분군의 수는〔임강(12개)→장백(8개)→백산(4개)〕의 순이 성립된다. 또한 그 질적인 측면에 있어서도 기단적석총 고분군 11개 중 6곳이, 기단·계단적석총 혼재 고분군 2개 중 1곳이 있는 임강이 가장 우월한 지역이 된다. 뿐만 아니라 이 임강 지역 고분군은〔석붕→무기단·기단 혼재→기단→기단·계단 혼재→석실봉토분〕이라는 고분군 형식 발전의 계기적 전형성을 보여주고 있다. 따라서 임강 지역이 압록강 상류역의 임강-장백-백산 지역에서 가장 지속적·안정적인 발전 경로를 밟아온 곳임을 새삼 확인할 수 있다.

장백 지역은 간구자고분군 축조로 표상되는 최조기의 적석총 조영 지역임에도 불구하고 이후 고구려사회의 진전과 국가형성기 이래 뚜렷한 위상을 정립하는데 실패했던 것이다. 특히 간구자고분군 축조집단(이하 '간구자집단'으로 표기하기도 함)의 경우 다수의 원형무기단적석총이 중층적으로 연접된 군집분의 조영이 이루어진 이후 더 이상 고구려사 전개에 있어 유의미성을 상실하였다. 애당초 이 간구자집단은 B.C. 3~2C경 동북아 정세 급변의 상황하에서 조성된 새로운 교역시스템에 기생하는 존재로 출현한 세력이었다. 이 집단은 당시 주요 교역품의 주산지였던 백두산에서 가장 가까운 곳에 자리잡아 주요 자원으로의 접근이 가장 용이하다는 입지적 조건에 힘입어 부를 축적할 수 있었던 세력이었다. 그러나 상술한 바처럼 당시 교역을 주도했던 것은 현도군이었고, 이들이 운용한 교역 기제는 자원 수탈을 위한 부등가교환의 재분배체제였다. 따라서 당시 간구자집단의 교역은 그리 실속이 컸다고 볼 수 없었다. 이런 점으로 하여 간구자집단은 이미 살펴본 바 사회적 계층화 진행이 더디고, 중류역 제 집단보다 권력 집중도가 현저히 떨어지는 사회를 운영할 수밖에 없었다. 또 이 고분군의 발굴 유물들은 대체로 토기와 생산도구인 석제 호미·숫돌·가락바퀴 등이 주를 이루고, 철도(鐵刀)와 곡괭이(鐵钁) 같은 철제 도구는 4점에 불과하다. 가장 빠른 시기에 조성된 AM1에서 철곽(鐵钁)이, 가장 늦은 시기에 조영된 AM3에서 철도(鐵刀)가 출토된 점은 농업생산기반 구축과 관련 이 집단이 갖고 있던 철기문화의 기술 수준과 관심도를 반영하고 있다. 이 점은 입지 면에서 비슷한 독로강 유역 노남리 남파동 웃 문화층의 1호 집자리 동북쪽에서 드러난 쇠부리터의 존재와[73] 비교되는 대목이다. 더구나 이 간구자 집단이 중심 역할을 하던 장백 지역은 고구려사회의 진전을 주도하던 제 세력의 활동무

---

[73]『압록강·독로강유역 고구려유적발굴보고-유적발굴보고 제13집-』, 1983, 과학백과사전출판사.

대인 압록강 중류역과는 공간적으로 400㎞ 가량 떨어진 지정학적으로도 너무나 고립성이 강한 곳이었다. 이제 간구자 집단은 현도군의 세력 퇴축과 고구려사회의 진전과 국가형성이라는 정치적 환경의 급변 속에서 그 존재 의미를 차츰 상실해 가게 되었던 것이다.

고구려사회 내의 통합도가 제고되고, 국가형성 노력이 진전되면서, 공간적 범주를 초월한 권력을 매개로 이 압록강 상류역 장백-임강 지역에서는 부존자원(賦存資源)에 대한 접근·통제의 난이도(難易度)와 관련된 제 집단 간 힘의 우열 관계상의 역전 현상과 세력 재편 과정이 뒤따랐을 것이다. 이 과정에서 단순히 입지적 이점에 의지할 수 밖에 없던 간구자집단의 퇴출이 이루어졌다. 결국 이 간구자고분군 축조집단의 지속적 성장의 징후는 그 생성의 조숙성에 비해 찾아보기 어렵게 되었다고 판단된다.

〈표 1·2·4·5〉와 〈지도 1〉에 따르면 간구자고분군 주위에는 장백으로부터 〔동강고분군(18도구)→금화고분군(17도구)→양종장고분군(14도구)→간구자고분군(14도구)→14도구전참고분군→안락고분군(14도구)〕이 분포하고 있다. 이 고분군들은 실제 차로 1시간 내에 답사가 가능한 가까운 거리에 있고, 특히 14도구 유적지들의 경우, 30분 내로 그것이 가능하다. 〈표 5〉를 보면, 그들 고분군의 고분 형식은 〔원형무기단적석총이 중층적으로 연접된 군집분(간구자)→원형무기단(동강·14도구전참)→평면이 타원형인 기단적석총(금화)→기단적석총(양종장·안락)〕순으로 전개되고 있다.

이를 보면 간구자 집단의 와해 이후 이 장백 지역의 상황 전개를 추측해 볼 수 있다. 즉 이 간구자 집단 자체와 원형무기단적석총을 조영하던 주위의 동강·14도구전참 집단들로 구성되었던 세력이 해소되고, 그것이 다시 〔평면이 타원형인 기단적석총(금화)→기단적석총(양종장·안락)〕을 축조하던 순으로 세력이 재결집한 경우이다. 그러나 이 새로운 세력도 기단적석총 축조가 가능한 수준의 세력집단 이상의 성장은 힘들었을 것이다.

임강-장백 지역 고분군들은 동일 고분군 내에서는 〔무기단→기단→계단〕이라는 적석총의 계기적 진전상이 거의 눈에 띠지 않고 있다. 그나마 임강 6도구고분군의 존재가 그 계기적 전개의 가능성을 보여주고 있을 뿐이다. 이 점에서 압록강 상류 유역의 제 적석총 고분군 축조집단은 대부분 그 세력 부침의 단층성이 매우 크며, 그만큼 외적 충격에 매우 취약한 존재들이었음을 추론케 한다. 따라서 임강-장백-백산 지역에는 국내성 중앙세력과 혹종의 유기적 연계를 가졌거나, 혹은 제 역량 면에서 우월한 동전자집단이 모피·인삼·재목 등과 같은 고부가가치를 지닌 자원의 생산·유통과 관련된 제반 잉여의 향유자로 등장하게 되었을 것이다.

임강 지역은 압록강 상류 유역의 임강-장백-백산 지역에서 가장 지속적으로 또 안정적인 발전 경로를 밟아온 곳이다. 특히 임강시 6도구에 용강고분군·서마록포자고분군·동전자고분군·입대고분군 같은 고분군과 동마록포자고성·협피구고성·화피전자고성 등의 고구려 관방

유적들이 강변에 집중 분포하고 있는 양상이 이를 입증한다.

특히 동전자고분군은 임강-장백 지역에서 질량 면에서 가장 우월한 고분군으로서, 밑면이 20~25m에 쌍묘광인 대형계단적석총(후산 M1)과 보다 아래쪽 같은 라인상에 또 하나의 대형계단적석총(후산 M2)까지 확인되고 있다. 또 동마록포자고성·협피구고성·화피전자고성 등의 관방 유적은 수운 역참의 성격이 강했다. 아울러 왕팔발자요지나 보산 6도구 야동유지는 이곳 경제력의 재지적(在地的) 기반을 짐작케 해준다.[74]

그러나 궁극적으로 고구려 국가권력은 이러한 교역을 위한 생산과 유통 과정을 독점적으로 통제하는 매커니즘을 가동시켜 나갔을 것이다. 〈표 1·2·4〉와 〈지도 1〉에서 보듯이 〔장백고성·마록구고전호(馬鹿溝古戰壕)→14도구고성지 및 관애(14도구)→12도만관애(12도구)→8도구진성→동마록포자고성·협피구고성·화피전자고성(6도구)→임성고성(3도구)〕 등 압록강 상류 하변 일정 거리마다 구축된 제 소형성곽들의 존재가 이를 확인시켜 준다. A.D. 4C경 고구려는 지방 사회를 그 주민들의 생존 공간과 그에 따른 존재양태에 따라 '성-곡'으로 편제하고 이들을 '성민-곡민'으로서 분별·인식하고 있었던 것이다.[75]

결국 6도구 동전자고분군 축조집단 역시 이러한 기제에 기생하는 존재로 정위되게 되었다.

6. 맺음말

이상의 논의를 정리하면서 맺음말에 갈음코자한다.

압록강 상류역 임강-장백 지역의 고구려 관련 유적지는 적어도 43개소에 이른다. 지역별로는 장백현이 16개소, 임강시가 22개소, 백산시가 5개소이다. 이들 유적지 중 상당수는 고분군(24/43)이며, 그 다음으로는 군사유적(9/43)이, 그밖에 생활유적(7/43)·생산유적(2/43) 등이다. '도구=산곡'이라는 자연경관에 적석총이라는 역사경관을 조영하던 당시의 임강-장백 지역 주민들은 그 입지상의 공통점은 함께하고 있었다. 그러나 이들 적석총축조집단의 존재양태는 시간적으로 또 공간적으로 분명한 차별성을 시현하고 있다.

장백의 간구자고분군의 고분들은 우선 지면에 커다란 돌을 사용하여 일정 범위의 묘역을 조성한 후 냇돌과 할석을 깔아 평평한 지면의 무덤의 기저부를 만든 후, 그 위에 단을 쌓아 몇 기

---

74 임강시 6도구 지역과 그 중심인 동전자집단의 우월성에 관해서는 余昊奎, 2008, 앞의 글, 142~147쪽; 박경철, 2010, 앞의 글, 236~237쪽.

75 金賢淑, 2005,『고구려의 영역지배방식 연구』, 모시는 사람들, 255쪽.

의 무덤이 연접되도록 축조하였다. 또 고분은 연접한 '주묘단'·'속묘단'·'부묘단'으로 구성된다. 이 고분군은 출토된 반량전과 일화전이라는 방공원전으로 미루어 상한연대가 B.C 3C까지 운위되는 국가 형성 이전 '고구려사회'와 유관한 유적이다. 하한연대는 철곽(鐵钁)과 철도(鐵刀)로 추정할 수 있는 바, 고분의 하한은 동한 이전의 서한 시기이다. 그러나 이 고분군 하나만의 사례를 가지고 고구려 적석총의 연원 문제를 단정짓기는 어려울 것 같다. 이 고분군 내에서도 [B구(5/16)→D구(2/9)→A구(2/12)→C(0/6)](대형분 수/구별 고분 총기수)의 서열 관계가 성립되고 있다. 이는 같은 고분군 축조집단 내에서도 각 구별 축조집단의 역량적 차별성이 존재함을 의미한다. 그러나 각 구별 혹은 그 구 내 개개 고분 간에 일정한 계서관계 이상의 계층화 경향은 그다지 심하지 않았던 것으로 추정된다. 또 고분 구조의 완성도나 정제성과 규모가 반드시 정비례하지 않으며, 각 구별 혹은 그 구내 개개 고분 간의 규모의 차별성 이 고분군 축조집단의 계층화 경향을 곧바로 반영하지 않고 있다. 하나의 고분은 한 세대 혹은 한 가정의 합장이거나, 동일 가족 수 대의 합장묘 유적으로 추정된다. 따라서 신분 혹은 항렬이 비교적 높은 사람이 주묘단의 중심에 매장되고, 다수 속·부묘단은 항렬의 장서 또는 소목제도에 따라 부장되었을 것이다. 이 고분군의 전체적 유물 출토상은 부장품의 내용이 그 피장자의 사회적 위상과 직결되는 것이 아님을 추론케 해준다. 이 고분군 축조집단 내의 계층화 진전의 지체가 압록강 상류 장백-임강-백산 지역 내에서의 동질적 문화의 공간적 확산과 그 문화 내용의 계기적 진전에 장애가 되었던 것이다. 이 집단은 지도자(leader)의 권위에 바탕하며, 내부 구성원 간에 계서관계가 작동하는 '국지적 집단(local group)' 즉 '나집단·곡집단' 수준의 사회적 복합도(social complexity)가 상대적으로 낮은 사회를 영위했던 것으로 이해될 수 있다.

간구자고분군을 축조했던 집단이 형성된 경제적 계기와 기반을 교역에서 찾을 수밖에 없다. B.C. 4 말~3C 초 연의 동정은 이후 명도전을 매개로 한 동북아 방면에서의 교역권의 확대를 결과했을 것이며, 그 중심 당사자로서 고조선과 연이 자리했을 것이다. 그러나 장백 지역의 주민들이 이러한 교역에 참여하지 않았다. 진(221 B.C.)·한제국(202 B.C.) 성립과 고조선의 멸망(108 B.C.)은 장백 지역 주민들에게 새로운 교역 참여의 기회를 제공하였다. 고조선이라는 중계무역 중심체가 사라지면서 각 지역의 집단은 중원 세력과 직접적으로 교역할 수 있었고, 압록강 중·상류지역 제 집단을 주축으로 한 고구려사회의 발흥 또한 이러한 맥락에서 이해될 수도 있다. 이러한 교역체계와 교환수단의 변화는 종래의 위세품이 개재되지 않은 비정치적 집단 상호간 거래 곧 실물생필품의 1:1 교역에서 지배세력 간의 재분배(redistribution) 교역으로 그 형태로 바뀌어 갔음을 의미한다. 곧 이 지역에서 한 측이 통제하는 '조공' 개념에 입각한 교역시스템이 가동되기 시작되었다. 간구자고분군 축조집단이 중원 세력과 거래했던 교역품목으로서 모피와 인삼 그리고 목재를 꼽을 수 있다. 전한대 기후의 한랭건조화로 모피에 대한 수요가 더욱 증가하게 된다. 장백 지역은 모피 동물의 주 서식지인 백두산으로부터 지근거리에 위치하고 있었다. 따라서 간구자고분군 축조집단의 입지가 다른 압록강 유역 제 세력보다 모피 교역에 있어 경쟁력의 상대적 우위를 한동안 확보할 수 있게 만든 요인이었다. 백두산과 인접한 장백의 간구자고분군 축조집단은 인삼의 채취와 수집에 있어 다른 여타의 압록강 유역 제 집단에 비해 상대적 강점을 누릴 수 있었다. 간구자고분군 축조집단은 자신들의 입지상의 이점을 활용하여 백두산을 중심으로 한 압록강 유역의 산림자원을 주요 교역품으로 활용하였을 것이다. 고구려사회 초기의 간구자고분군 축조집단은 이런 품목들에 대한 접근이 상대적으로 용이한 지역적 여건에 힘입어 전에 없던 경제력을 축적할 수 있었을 것으로 추정된다. 그리고 이렇게 조성된 힘은 주변 여타 지역과 차별화된 형식의 고분군을 일찍부터 조영함에 사용되었을 것이다.

한 현도군이 역내에서 운용하는 '조공–책봉'을 빙자한 교역체계는 정치적 힘을 바탕으로 한 부등가교환의 재분배체제였다. 간구자집단은 B.C. 3~2C경 동북아 정세 급변의 상황하에서 조성된 새로운 교역시스템에 기생하는 존재로 출현한 세력이었다. 고구려사회의 진전과 국가형성의 와중에서 단순히 입지적 이점에 의지할 수밖에 없던 간구자집단의 퇴출이 이루어졌다. 결국 이 간구자고분군 축조집단의 지속적 성장의 징후는 그 생성의 조숙성에 비해 찾아 보기 어렵다고 판단된다.

임강–장백 지역 고분군들은 동일 고분군 내에서는 〔무기단→기단→계단〕이라는 적석총의 계기적 진전상이 거의 눈에 띄지 않고 있다. 그나마 임강 6도구고분군의 존재가 그 계기적 전개의 가능성을 보여주고 있을 뿐이다. 이 점에서 압록강 상류역의 제 적석총 고분군 축조집단은 대부분 그 세력 부침의 단층성이 매우 크며, 그만큼 외적 충격에 매우 취약한 존재들이었다.

임강 지역은 압록강 상류 유역의 임강–장백–백산 지역에서 가장 지속적으로 또 안정적인 발전 경로를 밟아온 곳이다. 이 중 6도구 동전자집단이 이곳 자원의 생산·유통과 관련된 제반 잉여의 향유자로 등장하게 되었다. 그러나 고구려 국가권력은 이러한 교역을 위한 생산과 유통 과정을 독점적으로 통제하는 매커니즘을 가동시켜 나갔고, 결국 동전자집단 역시 이러한 기제에 기생하는 존재로 정위되게 되었다.

출전 朴京哲, 2011, 「鴨綠江 上流 臨江~長白地域 積石塚築造集團의 存在樣態」, 『歷史文化研究』38.

제12장
집안 고구려고분군에 대한 통계적 접근 시론*

1. 머리말

　고분은 그 입지·외형·매장구조·묘역시설 등을 통해 당시 사람들의 사상과 관념, 정치·사회적 변화상 등을 이해할 수 있게 해주는 지표가 된다. 특히 고분은 피장자의 당대 지배구조 내에서의 위계를 상징적으로 시현해주는 건축물, 곧 정치적 경관(景觀; political landscape)을 구성하는 주요 유적이다. 일반적으로 고구려 고분은 적석총에서 석실봉토분으로 변화된 것으로 이해되고 있다. 그동안 고구려 고분에 대한 연구는 분포, 구조나 형식, 편년, 기원과 변천 등 주로 고고학적인 측면에서 이루어져 왔다. 고구려 고분은 주로 압록강(鴨綠江)과 독로강(禿魯江, 1976년 이래 '장자강(將子江)'으로 개칭) 유역, 환인(桓仁)의 혼강(渾江) 유역, 북한의 청천강과 대동강 유역 등에 군집을 이루어 분포하고 있다. 그 중 가장 주목되는 것은 1만 1천 여 기 이상이 밀집되어 있는 집안(集安) 지역이다.

　중국 측은 동북공정을 계기로 집안 일대의 고구려 고분에 대한 조사를 진행하여 다양한 수준의 보고서들을 속속 간행한 바 있다. 가장 우선적으로 전체 고분에 대한 현상 조사 수준의 보고서가 처음으로 간행되었는데, 1997년도에 시행한 '조사측회(調査測繪)' 작업의 결과 보고서인 2002년의『통구고묘군(洞溝古墓群)』이 그것이다.[1] 이 자료는 집안 일대 고구려 고분에 대한 분포 상태, 현재 잔존 상태, 고분의 크기와 형식 등을 대략적으로 이해할 수 있는 유일한 자료이다.

---

* 박경철·유제민

1　吉林省文物考古硏究所·集安市博物館, 2002,『洞溝古墓群－1997年調査測繪報告－』. 고구려 고분 발굴 조사 보고서로서는『集安高句麗王陵』(2004년)이 있다. 한편『集安高句麗墓葬』(2007년)과『高句麗王陵通考』(2007년) 등 관련 연구서도 간행된 바 있다(吉林城文物考古硏究所·集安市博物館 編著, 2004,『集安高句麗王陵』; 孫仁杰·遲勇, 2007,『集安高句麗墓葬』, 香港亞洲出版社; 張福有·孫仁杰·遲勇, 2007,『高句麗王陵通考』, 香港 亞洲出版社). 이들 자료 가운데『集安高句麗王陵』또한『洞溝古墳群』에 대한 자료 분석 작업에 참조 자료로 활용하였다.

그러나 이 『통구고묘군』은 양적으로 방대하고 파편화된 더구나 신뢰도가 문제시되는 단순 실측치의 집적이어서, 개개 연구자가 사용하기에 용이하지 않은 까닭에 자료로서의 불적실성이 제기될 수도 있다. 현장 접근을 통한 직접적 검증이 어려운 현실적 여건하에서 우리는 다양한 접근 기법을 매개로 이 자료를 저본으로 한 해체—재구성의 노력을 통하여 이 텍스트의 행간에 숨겨진 역사적 유의미성을 천착할 필요성이 있는 것이다.

본고는 통구고분군(洞溝古墳群: 5개 고분군, 고분 10,743기)과[2] 집안 외곽 지역의 고분군(36개 고분군, 고분 481기)을 대상으로 한 정량적—정성적인 통계적 분석 작업을 통하여 〔고분과 고분군 현황(정량분석)→축조 당시 고분과 고분군의 존재양태 복원(정성분석-1)→축조 당시의 표준척과 연대 추정(정성분석-2)〕이라는 세 단계 작업의 결과치를 요약·정리·분석한 결과물이다.[3]

본 연구에 투입된 집안 시내와 외곽지역의 고구려 고분 관련 변인들은 〔구역, 고분형식, 연접 여부, 연접수, 평면형태, 해발(m), 입지, 길이, 너비, 현존높이, 현재상태〕이다. 본 연구에서는 통계적인 현황을 기초로 데이터 마이닝(data-mining) 방식을 활용하여 보정된 높이, 체적, 경사각 등을 신경망모형으로 추정하였다. 이어서 데이터 마이닝의 일종인 의사결정나무분석을 통해 각 고분발달 형식별로 축조의 패턴과 양식을 확인하였다. 여기서 가장 적절한 군집 수와 그 패턴이 산출되기 때문에 군집의 해석은 변인의 변화 과정에 맞추어 구체적으로 해석할 수 있다. 이어서 표집한 원자료와 추론한 풀 데이터(pooled data) 모두를 사용하여 신경망 분석을 적용한 척도의 현황을 도출하였고, 중요고분의 편년 추정을 시도하였다.

2. 고분과 고분군 현황(정량분석)

고구려 유적의 최대 집중 분포 지역인 집안 시내의 약 11,000여 기의 고분에 관한 고고 자료인 『洞溝古墓群』[구역(麻線溝·萬寶汀·山城下·禹山下·七星山·下解放)·고분형식·연접여부·연접수·평면형태·해발고도(m)·입지·길이·너비·높이(잔고)·현재상태]를 통계학적 분석 대상(모집단)으로 하여, 그것이 가진 역사적 유의미성 추구에 용이하게 하기 위한 해체와 재구성 작업을 수행하였다. 이러한 『통구고묘군』상 고고자료의 내용을 바탕으로 일단 엑셀(EXCEL) 원표를 작성한

---

2 '통구고분군'이란 현재 집안 시내에 분포한 마선구·만보정·산성하·우산하·칠성산 구역에 군집한 고분들을 지칭한다. 다만 본고의 저본이 된 『통구고분군』에서는 '하해방' 구역까지 그 인식 범위를 확장하고 있다.

3 본 연구는 한국학중앙연구원이 주관한 "2010년도 한국학진흥사업역사기초자료번역" 사업의 일환으로 2011~2013년에 수행된 '고구려 국내도성의 복원을 위한 유적자료의 기초적 연구' 중 '집안 지역 고구려 고분에대한 統計的 분석 결과 및 해석'을 요약·정리·수정 보완한 것이다.

후, 통계적 방식('SPSS')을 활용하여 다양한 정량적 분석을 행하였다. 이 결과물로서 현존 통구고분군 현황의 일단을 파악할 수 있었다.

〈표 1〉통구의 지역별 고분전개 양상의 현황

		지역					전체
		마선구	만보정	산성하	우산묘	칠성산	
고분형식전개양상	적석석광묘	76	28	88	366	144	702
	유단적석석광묘	235	301	293	398	139	1366
	계단적석석광묘	444	308	185	226	336	1499
	계단적석석실묘		5	2	5		12
	봉토석실묘	94	27	102	200	11	434
	유단봉토석실묘	19	6	3	4	3	35
	동실묘	1516	799	1169	2274	937	6695
전체		2384	1474	1842	3473	1570	10743

〈표 1〉은 동실묘(洞室墓)를 포함한 집안 시내 고분군의 현황 분석 결과이며, 〈표 2〉는 집안 외곽 고분군의 현황분석 결과이다. 종래 중국 및 우리 학계에서는 이전복(李殿福)의 연구 성과에[4] 주로 의존하여 관련 논의를 진행하여 온 바 있다. 이점에 있어서는 일본 학계도[5] 별 다를 바 없었다. 그러나 본 연구의 성과는 최초기 고분 형식으로 논의되어왔던 적석석광묘(積石石壙墓: 무기단적석총)가 2,886기(총 기수의 26%)가 아닌 702기(6.53%)에 불과함을 확인할 수 있었다. 이는 아마도 이전복이 동실묘를 적석석광묘로 혼동하여 인식함에서 비롯되었던 것으로 추론된다. 본 연구의 성과가 맞다면, 이 결과치는 앞으로 〔고구려 국가 형성-집안으로의 천도 시점-왕릉 비정〕 등 제 문제의 해명에 매우 유의미한 영향을 줄 것으로 판단된다.

동실묘의 개체수가 절대적으로 많지만(6,695기/10,743기), 그것의 실체와 성격 등과 관련된 학계의 논의는 거의 이루어지지 않고 있다. 중국 측의 조사 과정에서도 동실묘에 대한 실측치가 거의 제시되어 있지 않다. 따라서 본 연구에서는 이를 분석 대상에서 제외하였다.

---

4 李殿福, 1980, 「高句麗墓硏究」, 『考古學報』 1980-2.

5 東潮-田中俊明, 1995, 『高句麗の歷史と遺跡』, 中央公論社.

〈표 2〉 집안 외곽의 지역별 고분형식의 현황지역

지역구분	고분형식													전체
	적석석광묘	유단적석묘	유단적석석광묘	유단적석광실묘	계단적석묘	계단적석석광묘	적석석실묘	유단적석석실묘	계단적석곽실묘	계단적석석실묘	봉토묘	유단봉토석실묘	봉토석실묘	
대청구남천			8											8
양민	16	1	83	1	2	7								110
장천										2			3	5
호자구			6											6
태평									1					1
강구			5										2	7
상활룡	1				1								2	4
오도령구문	1													1
초가구			30										1	31
연영참장			9											9
하활룡	2													2
석묘자			2			22					1		12	37
홍농교			6											6
대고려묘구					1		2	1		2			5	11
노호초													5	5
소고려묘구			7										2	9
지구3대			5											5
지구촌동구문			4			1								5
지구문			5							3			12	20
고마령12대			3										11	14
고마령고려구					1			1					1	3
고마령강구			11			2								13
대로촌4대			3											3
대양차6대			4											4
대양차4대			4											4
대양차촌서			3										1	4
정의			2											2
파보촌			18											18
대양구		1												1
판차구문			7										2	9
횡로9대	3												1	4
보마촌4대													33	33
쌍흥			3			1								4
금가촌						1						1	24	26
묘서													18	18
반가가			15			3							21	39
전체	23	2	243	1	5	37	2	2	1	7	1	1	156	481

〈표 3〉에 따르면, 양적인 측면에서 분석해 볼 때, 전형적 고분 형식(proto type)은 〔적석석광묘(무기단적석총)-유단적석석광묘(有壇積石石壙墓=기단적석총, 基壇積石塚)-계단·계장적석석광묘(階段/階墻 積石石壙墓=계단적석총, 階段積石塚)-계단적석석실묘(階段積石石室墓) - 봉토석실묘(封土石室墓)〕라는 것이 확인되었다.[6]

〈표 3〉 지역별 고분형식의 분포

고분형식	지역						전체
	마선구	만보정	산성하	우산묘	칠성산	하해방	
적석석광묘	72	27	81	354	139		673
대형적석석광묘	4	1	5	6	4		20
특대형적석석광묘			1	6	1		8
유단적석석광묘	227	289	265	383	127		1291
대형유단적석석광묘	8	12	27	11	11		69
특대형유단적석석광묘			1	4	1		6
계단적석석광묘	387	268	106	185	264		1210
대형계단적석석광묘	51	37	52	30	69		239
특대형계단적석석광묘	6		2	8	3		19
계단적석석실묘		3	1				4
대형계단적석석실묘		2	1	2			5
특대형계단석실묘				1			1
특대형계단적석석실묘				2			2
봉토석실묘	91	25	90	178	10	11	405
봉토묘			1				1
대형봉토석실묘			3	3	1		7
특대형봉토석실묘	2			16			18
대형봉토석실벽화묘						3	3
봉토석실벽화묘	1	1	1	1			4
소형봉토석실벽화묘		1					1
중형봉토석실벽화묘			1				1
대형봉토석실벽화묘			5	2			7
유단봉토석실묘	19	6	1	3	3		32
대형유단봉토석실묘			2	1			3
전체	868	672	646	1196	633	14	4029

---

6 본 연구에서는 통계 작업의 특성상 '전형적 고분 형식' 표기와 관련, 저본이 되는 『통구고묘군』상의 용어를 따를 수밖에 없었음을 밝혀둔다. 우리 학계에 통용되는 개념은 따로 괄호 안에 부기하였다.

〈표 4〉에 따르면, 고분의 평면 형태는 장방형–정방형이 기본형이다. 적석묘의 경우〔원형〈사다리형〈장방형〈정방형〕순으로 조영되었음을 짐작케 한다. 봉토석실묘 등 석실분 계통의 고분은 원형이 기본형이다. 평면 형태가 부정형인 고분은 그 개체수가 적다. 이런 고분은 대체로 기술적인 이유 등으로 다음 단계의 고분 형식으로 진전하는 과도기에 축조된 것으로 보인다.

〔고분의 현재 상태〕를 검토해보면,〔현존–파괴–소멸〕이라는 현재 상태에 대한 중국 측 판단은 비교적 정확한 것으로 사료된다. 예컨대 산성하묘구 M1296 고분은 봉토석실벽화묘인 '미인총'으로 알려져 있다. 현재 이 고분은 완전 파괴되어 돌무더기만 남아 있다. 중국 측은 이를 '소멸'로 적시하고 실측 작업을 하지 않았다.

본 연구 결과, 빈도에 대한 카이스퀘어 검증 결과,〔고분형식별 입지 형태〕는 차이가 없는 것으로 확인되었다.

〔고분의 평면 형태에 따른 고분 위치의 해발고도〕를 검토해보면, 고분의 입지는 평면 형태에 따라 달라진다는 것을 알 수 있다. 사다리 형이 가장 높은 곳에 위치해 있고 장방과 정방이 가장 낮은 곳에 위치해 있다. 고분의 평면 형태에 따른 해발 고도는 유의미한 차이가 있음을 확인할 수 있다($F=12.06$, $p<.01$).

〔고분형식에 따른 고분의 입지조건〕을 고찰할 경우, 제 고분은 규모가 대형화될수록 주로 평지에 입지하는 것으로 나타났는데 이러한 양상은 고분형식의 전개 양상에 관계없이 일관되게 나타나는 현상이었다.

이상의 정량 분석 결과치는 현존하는 집안 고분군의 현황 파악에 일조가 될 것으로 사료된다. 다만 이러한 결과물은 기존의 SPSS와 같은 기술적 통계에 의존한 고분과 고분군의 존재론적 고찰에 그치고 있다는 아쉬움이 있다.[7]

---

7 이와 관련되어 진행된 통계작업으로는〔지역별 고분전개 양상의 분포현황·구역별 고분의 평면형태·지역별 연접묘의 분포현황·고분형식별 연접여부·고분형식별 위치의 평균해발고도·지역별 고분형식의 분포·고분형식별 평면형태·고분의 현재 상태·고분의 평면 형태에 따른 현재 보존상태·고분형식별 입지상태·고분형식에 따른 평면형태·고분형식에 따른 고분 위치의 해발고도·고분의 평면 형태에 따른 고분 위치의 해발고도·고분형식에 따른 고분의 입지조건·입지에 따른 고분 형식의 구역별 분포입지에 따른 고분형식별 평면형태·입지에 따른 고분형식별 연접여부·고분형식에 따른 해발고도의 일원변량분석결과·고분형식에 따른 해발고도의 일원변량분석결과〕가 있으나, 이 중 본고의 논지 전개와 직접 연결되는 결과치들만 제시하였다. 정량적 분석 결과치의 경우, 별고를 준비 중이다.

〈표 4〉 고분형식별 평면형태

고분형식	평면형태						전체
	부정형	원형	방형	사다리형	장방형	정방형	
적석석광묘			21	13	331	308	673
대형적석석광묘				1	9	10	20
특대형적석석광묘			1	1	1	5	8
유단적석석광묘	6	2	48	9	772	446	1283
대형유단적석석광묘	2			4	36	25	67
특대형유단적석석광묘				2	2	2	6
계단적석석광묘	2		15	24	792	374	1207
대형계단적석석광묘	7		1	16	118	96	238
특대형계단적석석광묘	2			5	7	5	19
계단적석석실묘					3	1	4
대형계단적석석실묘	1			1	1	2	5
특대형계단석실묘						1	1
특대형계단적석석실묘						2	2
봉토석실묘		405					405
봉토묘		1					1
대형봉토석실묘		7					7
특대형봉토석실묘	11	4			1	2	18
대형봉토석실벽화묘		3					3
봉토석실벽화묘		4					4
소형봉토석실벽화묘		1					1
중형봉토석실벽화묘		1					1
대형봉토석실벽화묘		7					7
유단봉토석실묘		31			1		32
대형유단봉토석실묘		3					3
전체	31	469	86	76	2074	1279	4015

3. 축조 당시 고분과 고분군의 존재양태 복원(정성분석-1)

본고는 이상의 정량적 분석의 결과물을 감안하면서, 'FNN(fuzzy neural network)'프로그램에 바탕한 Data Mining의 비모수적(非母數的, non parametric) 통계 기법을 활용한 여러 수준의 정성적 분석을 실시하였다. 따라서 본고는 개개 고분들에 대한 축조 당시의 〔높이→기울기(경사각)→체적(규모)〕을 산출하고 이에 바탕한 여러 '의사결정 나무 모형' 접근을 통하여 주요 고분에 대한 축조 패턴을 밝혔다. 이를 통해 본고는 집안 고분군에 대한 보다 입체적이고 종합적인 정보를 획득하고자 노력하였다.

1) 극단치(outliers) 선별을 통한 특이 사례의 확인 및 실측자료의 신뢰성 검토

극단치(極端値)는 두 가지 의미가 있다. 첫 번째는 기본적인 실측 자료가 처음부터 잘못 기입되어 있었거나, 본 연구자들이 편집하는 과정에서 실수로 잘못 표기한 것이다. 두 번째는 실측에 문제가 없었다면, 원래부터 소위 기본적인 크기에서 일탈되는 고분 형태를 보인다는 의미이다. 특정한 고분의 유형에서 특출한 크기를 보인다는 점은 오히려 주목할 만한 가치와 의미를 지니는 개별 고분이라는 것을 시사하는 것이다.

본 연구에서 극단치 마이닝(outlier mining)의 지표는 Huber's M-estimator로서 이는 군집의 벡터값을 기준으로 한 평균추정치이다. 즉, 각 고분유형별로 평균을 구하고 그 평균의 벡터 중심값에서 벗어난 정도를 표준화하여 거리로 환산한 값이다. 따라서 그 값이 클수록 평균에서 벗어난 (극단적으로 크거나 작은) 극단치가 된다.

분석 결과 outliers의 대부분은 고분형식에 있어 '대형-특대형'으로 분류된 고분들인 것으로 파악되었다. 이 사실은 개체수가 압도적으로 많은 〔적석석광묘(무기단적석총)-유단적석석광묘(기단적석총)-계단적석석광묘(계단적석총)-계단적석석실묘-봉토석실묘〕라는 전형적 고분형식(proto type)들의 대부분의 측정치들이 outliers의 범주에 포함되지 않고 있는 점과도 뚜렷하게 대비된다. 또 실제로 '대형-특대형'으로 분류된 고분들을 전형적 형식을 갖춘 고분들과 통합적으로 통계 처리할 경우, '대형-특대형' 고분들은 그 규모면에서 현실적·기술적으로 불합리한 결과치가 도출되지만, 전형적 형식의 고분들의 그것은 타당성에서 그다지 문제가 없음이 확인되었다. 이 사실은 극소수 '대형-특대형'으로 분류된 고분들이 전형적 형식의 고분들과 구조적·기술적으로 상이한 환경과 조건 아래 축조된 것으로 추론된다. 본 연구는 이를 감안하여 '대형-특대형'으로 분류된 고분들과 전형적 형식의 고분들을 구분하여 추론적 통계분석 작업을 수행하였다.

2) 파괴된 고분의 높이 추정

현재 집안시내 그 외곽의 고분은 현상이 보존된 것이 많지 않아 원형과 축조패턴을 확인하기 위해서는 원래 모양이나 크기를 추정할 필요가 있다. 길이와 너비를 고려하여 고분 높이에 대한 보정이 이루어질 수 있다. 이 과정을 거쳐야 고분모양과 체적에 대한 추론이 가능하다. 본 연구에서 적용한 기법은 인공신경망분석(Artificial Neural Networks; ANN)이며, 사용 프로그램은 Neural Connection 3.0 V.(2002)이었다. 인공 신경망 분석은 가설을 검증하는 것이 아니라 스스로 자료(데이터)를 fit시켜 나갈 수 있도록 조건을 설정해주는 사전 절차를 거쳐야 한다. 데이터는 이 조건(흐름도)을 따라 이동하면서 최종적인 결과를 최대한 유사하게 추정할 수 있는 가중치를 스스로 찾아내 이를 근거로 방정식을 도출하고 예측모형을 창출한다. 즉, 본 표집에서 기입된 모든 변인들을 투입해 고분 유형 별로 길이(x1)와 너비(x2)를 다시 계산한 후 이를 근거로 원래 높이를 스스로 추정하는 것이다. 그 다음 단계로 현재 남아있는 고분의 높이가 추정된 고분의 높이가 일치될 때까지 신경망으로 반복 학습시켜 최종 높이(y)를 확정하는 방식이다. 신경망 분석에서 자료를 분석하는 방법은 예측변인의 특성에 따라 일곱가지가 있는데, 그 중 단층인식모형(Radial Basis Function; RBF)과 다층인식모형(Multiple Layer Perception; MLP)이 가장 많이 사용된다. RBF는 비선형적 고차 함수를 산출하며, MLP는 신경망 구조에서 자료를 훈련시키는 과정에서 여러 개의 은닉 층을 거치면서 모형을 최적화시킬 때 사용하는 방법이다. 본 연구에서는 길이와 너비는 RBF로 그리고 높이는 파괴된 현황을 고려하여 MLP 방식을 적용하였다. 본 연구에서는 전 과정에서 결측값에 대한 대체규칙(surrogate rule)이 설정되었고, 척도의 합산으로 인한 오류를 감소시키고자 각 변인을 실수(float)형 변인으로 변경시켰다. 따라서 결측 치는 모두 fuzzy neural 처리 방식이었다.

(1) 높이 추정의 과정

본 모형에서는 결합도구(combiner)를 사용하여 길이와 너비의 통합적인 측정치로 만든 후, 두 가지 독립된 경로에 대해 다축 변환(simulation)을 거쳐 다층인식모형(MLP)을 구성하였다. 다 축 변환은 길이와 너비를 각각 X, Y축으로 하고 결과변인인 높이를 그래프의 Z축으로 설정한 등고선형태의 결합모형을 산출하였다. 변화단위는 최하값에서 최상값을 21개의 구간으로 할당하였다.

(2) 높이 추정결과

고분 결측 추정모형의 결과, Best Fit(87.28)는 각 요인이 종속변인을 설명하는 예측값이고,

Mean Absolute(4.81)는 예측값과 실재값의 차이를 절대값으로 표현한 것이며, Mean Absolute(%)(7.16)는 그것의 백분율이다. RMS Error(3.23)는 이 두 값을 토대로 얻어진 모형의 정확도를 나타내는데 오차값이 0이라는 것은 모형이 100%의 예측 정확도를 갖는 것을 의미한다. Iteration(522)은 학습결과가 안정되기까지 해를 구하는데 걸리는 횟수이다. 일반적으로 FIT가 높고, RMS error가 적으며, 오차함수가 적은 상태에서 수렴되기까지의 학습 횟수가 적은 것이 좋은 모델이다(Smith, 1996; Bishop, 1995). 신경망모형은 RMS 오차가 0.001미만이거나 예측정확도가 95% 이상이면 자동으로 정지된다. 이 고분 결측치 추정모형은 87.28%의 높은 예측력을 보여주고 있다. 검증자료에서는 각각 86.02%로 나타났다. 따라서 이 모형은 타당하고 수용할만한 적합한 모형으로 판정할 수 있다.

(3) 특대형 고분의 결측치에 적용되는 신경망 모형의 수정

위의 신경망 모형은 수용할 만한 모형으로 판명되었으나 계단적석석광묘와 계단적석석실묘의 특대형 고분의 경우 높이를 다소 과대하게 추정하는 것으로 판단되어 두 고분 형식의 대형 고분만을 선별하여 결측치의 신경망 모형을 수정하였다. 대형 이상의 고분은 outlier의 Huber's M-estimator 이상의 크기를 가지는 점으로 보아 전형적인 고분 제작 규칙에서 벗어난 특이한 사례라고 가정하였다. 따라서 이런 예외군을 대상으로 한 신경망 규칙을 따로 적용해볼 필요가 있었다.

기본적으로 고분의 평면 형태가 가중치가 주어지는 보정 변인이었다. 정방은 가로×세로×높이가 1:1:1이어야만 탄젠트(Tan) 45°가 되고 무너지지 않는 소위 안식각이 형성된다. 정방보다 장방이 동일한 체적이라도 하중을 더 크게 받기 때문에 높이가 높을 경우 건축구조상 무너지게 될 가능성이 크다. 본 모형에서는 계단이 높아지면서 형성되는 각의 변화를 Euclidean 분포로 보정한 후 가로×세로의 평면형태의 등분포 가정을 충족하는지를 확인하였다.

결과적으로 보정 전 장군총의 경우는 원래 추정된 이후 12.4m에서 보정 후 12.88m로 다소 더 높아졌지만(실측치는 12m), 그 외에 다른 왕릉급 고분의 경우 더 낮아지는 것으로 나타났다. 수정된 결측 모형의 Best Fit는 90.28이었고, Mean Absolute는 4.02이며, Mean Absolute(%)는 6.83%이어서 정확도가 오히려 더 증가한 것으로 나타났다.

3) 고분의 평면 형태와 보정된 높이를 통한 고분 경사각의 추정

본 연구에서는 기본 데이터를 토대로 경사각을 추정하였다. 경사각과 고분의 상관관계는 건축물의 조영방식에서는 기본적으로 구조적 안정성을 보장하여야 함을 전제로 추정하였다. 이 과정에서 기울기 즉 경사각은 건축물의 안정성을 담보하는 기본적인 요소이므로 고분의 경우에도 간과할 수 없는 변인으로 가정하였다. 경사각의 추정은 신경망 분석으로 높이를 보정한 후 이 값을 밑변으로 나눈 탄젠트 기본값을 계산하고, 이 기본값에 평면 형태에 따른 유클리디안 거리를 적용 한 후 꼭지점을 기준으로 한 경사각을 산출하였다.

본 연구의 결과 통구고분군의 경우 개별 고분들 사이에는 36~60도라는 비교적 큰 폭의 경사각의 편차를 보여주고 있다. 그럼에도 불구하고 그 평균값은 43도였다. 한편 집안 외곽 지역 고분들의 경사각은 평균 42도였으며 편차가 없는 것이 특징이었다. 아마도 이런 현상은 중심인 통구고분군에서 먼저 일어난 후, 주변부인 외곽지역으로 확산되었을 것으로 추론된다. 외곽지역 주민들은 43도의 고분 축조에 관한 통구 지역의 기술과 정보를 수용·학습하고, 이를 바탕으로 자신들의 여건에 가장 최적합화 된 42도의 고분들을 조영한 것으로 짐작된다. 집안 외곽 지역의 고분군과 통구 고분군 사이에는 〔중심 ⇔ 주변〕이라는 상관관계 속에서 정치 및 사회경제적 제약 기제가 가동되고 있었을 가능성을 상정할 수도 있다. 또는 주변부의 제 세력들이 중심인 통구 지역의 고분 축조 기술을 시차를 두고 학습한 결과로도 해석할 수 있다. 이 점은 집안 외곽 지역의 고분들 사이에는 과도기 혹은 이행기에 해당하는 형식의 것이 눈에 띄지 않고 있다는 사실과 더불어 주변부의 문화지체 현상을 반영하는 것일 수도 있는 것이다. 어쩌면 이러한 현상은 양 지역 사이의 인구분포와 거주지 분포의 시기별 차별성을 반영하고 있는 것일 수도 있다.

4) 고분의 평면 형태와 경사각을 고려한 크기(체적)의 계산

체적은 고분의 평면 형태를 고려하여 높이가 올라갈수록 경사각에 따라 부피가 줄어드는 비율을 고려하여 산출하였다. 즉, 고분의 '규모'란 보정된 신경망 추정 높이를 근거로 "길이-너비-(보정된)높이"의 총화에 대해 평면 형태와 경사각을 고려하여 계산한 체적을 의미한다.

통구 고분군의 경우, 체적평균('Mean')으로 표현된 구역별 고분들의 규모의 서열은 〔우산묘구→산성하묘구→칠성산묘구→만보정묘구→마선구묘구〕 순으로 배열됨을 적시하고 있다. 집안 외곽 고분군의 경우는 〔호자구〉장천〉오도령구문〕 순으로 규모에서 가장 우월하다.

각 고분 형식을 기준으로 구역별 평면 형태와 규모를 통계처리한 결과, 적석석광묘의 경우, 방형적석석광묘는 만보정묘구에 7기, 산성하묘구에 12기, 칠성산묘구는 2기이다. 비교적 초기 고분의 평면 형태인 방형의 적석석광묘가 집안 고분군에 있는 모든 적석석광묘 674기 중 12기에 불과할 뿐이며, 그것도 5개 묘구(고분군) 중 3곳에만 조영되었고, 산성하 묘구에 가장 다수가 분포되어 있다. 이 사실을 통하여 평면 형태 측면에서는 통구고분군 중 산성하 묘구에서 적석석광묘(무기단 적석총) 형식 중 가장 초기 형태인 적석 석광묘가 많이 축조되었음을 엿볼 수 있다.

적석석광묘 체적(규모)의 구체적 수치의 전개상이 구역별로 어떻게 배열되었는가를 살펴보면, 최소 11.24㎡에서 최대 2569.28㎡라는 광범위한 분포대에 걸쳐 각 구역별로 674기의 고분이 전개되고 있다.

계단적석석광묘의 경우, 체적(규모) 최소 1.83㎡에서 최대 4877.89㎡라는 광범위한 범위에 걸쳐 분포하지만, 최소 1.83㎡에서 66㎡에 이를 때까지는 거의 마선구묘구에서만 조영되다가, 그 이상의 규모에서는 오히려 마선구 구역에서는 더 이상 나타나지 않고 오히려 여타 묘구에서 다수 축조됨을 알 수 있다.

일정 수치의 체적에 고분들이 시기 별로 집중적 분포상을 보이고 있고, 일정 체적 수준에서 동일한 규모의 고분들이 공시적으로 확산되고 있다. 또 체적에 따른 공시적 분포상은 고분군별로 차별성이 크며, 통시적으로도 편차가 적지 않다. 이 점은 적석석광묘·계단적석석광묘라는 동일 형식의 고분일지라도 구역별·규모별로 통시적·공시적으로 전개상이 달랐음을 의미한다. 이런 사실은 다른 전형적 형식의 고분에도 거의 유사한 특성으로 나타난다. 따라서 각 구역별 동일 형식의 고분들의 일정 규모에 있어서의 공시적 확산 현상과 통시적인 분포상의 단층성을 확인할 수 있다.

5) 고분체적 예측 결정 모형의 적합성 검증

본 연구에서는 고분체적예측의 모형에 적용되는 변인들을 모두 포함시켜 가장 효과적으로 분류하고, 가장 정확하게 예측하는 비선형 방정식을 도출하고자 하였다. 자료 분석하는 방법은 원자료를 훈련시키는 과정에서 여러 개의 은닉 층을 거치면서 모형을 최적화시킬 때 사용하는 다층인식모형(Multiple Layer Perception; MLP)을 채택하였다. 본 다층인식 모형에서는 가중치 부여 방식으로 Gaussian분포에 맞추어 예측모형을 최적화하는 방식을 적용하였다. 전 과정에서 결측값에 대한 대체규칙(surrogate rule)이 설정되었고 단순한 이진(binary) 분류에 따른 오류를 감소시키고자 문자(symbol)형 변인들을 실수(float)형 변인으로 변경시켰다.

본 연구에서는 일차적으로 대형 및 특대형 고분만을 대상으로 모형의 타당성을 검증하였다. 분석 결과 RMS Error는 4.18이며, Iteration은 342로서, 고분 결측치 추정모형은 82.22%의 높은 예측력을 보여주고 있다. 검증자료에서는 각각 86.02%로 나타났다. 따라서 이 모형은 타당하고 수용할만한 적합한 모형으로 판정할 수 있다.

6) 의사결정나무(decision tree)를 이용한 고분의 형식과 체적을 기준으로 한 대형·특대형 고분의 패턴 분류

현재 고구려 고분의 제 형식과 관련된 편년 논의는 수많이 이루어지고 있지만, 연구자 각자의 관점이 상이한 만큼 다종 다기한 견해들이 제시되고 있다. 본 연구에서는 통구고분군들의 존재형태를 분석하여 고분의 발달양상과 그 건축의 축조패턴을 구체화하는 후속 분석을 실시하였다. 이러한 접근방식은 고분의 축조 시 기술적 우선 고려 사항 및 그에 따른 축조 방식, 특정 고분의 조영 주체 등을 짐작케 해주는 다양한 패턴을 추론적으로 도출할 수 있다.

본 연구는 데이터 마이닝 통계적 절차를 사용하여 고분의 발달과정에서 작용하는 고유한 변인과 과정적 변인의 상호 작용을 연속선상의 누적적인 확률로 예측하고자 하였다. 이 연구는 고분의 분류와 발달패턴의 확인을 통해 고분축조에 개입되는 변인들의 우선순위와 이를 통한 시대추정의 정확성을 제고시키고자 수행되었다. 본 연구의 결과는 정치적인 권력이나 사회적 세력의 변화 양상을 추정하는데 사용될 수 있다.

단일한 변인으로 고분의 양식이나 크기를 추정하기란 쉽지 않지만 여러 개의 변인들이 중복되면(cumulative) 특정한 형태나 양식으로의 발달을 더 신뢰도 높게 예언할 수 있다. 데이터 마이닝에서는 각 고분의 대단위 데이터를 토대로 상태나 조건들이 구체적으로 달라질 때 고분의 형식과 크기를 실시간의 확률(%)로 계산할 수 있다. 데이터 마이닝의 의사결정나무(Decision Tree) 기법에서는 조건들의 세부적 분지(spliting)와 결합(merging)절차를 통하여 이 과정을 추론하고 각조건이나 변인이 추가될 때마다 모형들을 연속적으로 비교할 수 있다.

본 연구에서는 명명 변인과 연속 변인 등이 혼합된 다양한 변인들을 동시에 투입하여 각각 명목형 종속변인(고분형식)과 연속형 종속변인(고분의 체적)을 가장 효과적으로 변별하는 독립변인들과 그 상호 작용 유형을 알아내고자 하였다. 본 연구에서는 비모수 통계를 기초로 하는 데이터 마이닝의 의사결정나무분석(decision tree analysis)을 실시하였으며 사용 프로그램은 Answer Tree 2.1v(1999)이었다.

본 연구에서는 구체적으로 독립변인들의 구간 별 조합으로 명목변인인 대형 이상 고분형식을 가장 효과적으로 변별하는 변인들의 조건들을 확인하고자 실제 빈도와 기대 빈도가 다를 확률을 x^2값으로 이지 분리(twoway-split)하는 CHAID(Chi-Squared Automatic Interaction Detection) 알고리즘을 채택하였다. 독립변인들의 분리(splitting)와 병합(merging)의 기준은 0.05 수준이었다. 그리고 자동적으로 집단내의 구간(또는 범주 수)을 변경한 것을 감안해 p값에 대한 Bonferroni 조정을 거쳤다. 결측치는 특정마디에서 예측이 일치하는 순서에 따라서 대체규칙(surrogate rule)을 설정하였다. 정지규칙으로 최대한의 나무깊이(maximum tree depth)는 4 수준이었으며, 부모마디(parent node)와 자식마디(child node)의 사례 수는 하위 집단 모두 각각 2와 1로 지정하였다.

(1) 대형과 특대형 고분형식의 의사결정모형

대형과 특대형 고분의 분류 모형은 〈그림 1〉에서 볼 수 있듯이, 나무구조를 통해 변수의 분리 규칙을 추론할 수 있다. 즉, 그 변인을 적용했을 때 각 마디에서 실제빈도와 기대빈도 간에 차이가 없다는 영가설을 x^2값을 통해 검증한다. 이 값이 기각되었을 때(p<.05) 각 마디의 구간 특성에 따라 분리되어야 하고, 이 과정을 자동적으로 반복하면서 분류나무가 형성된다. 먼저 형성된 상위 마디의 변인일수록 중요하며 자식마디의 특성들이 누적되어가면서 분류율이 증가된다.

통계적으로 보면 다섯 가지의 유형의 고분형식은 석광묘와 석실묘로 분류된다. 석광묘는 (신경망분석으로 보정된) 고분의 높이에 따라 일차적으로 분류되었다. 높이가 15.35m 이하일 경우에는 대형일 확률이 95.93%이고, 그 이상일 경우 특대형일 확률이 75%이다. 높이가 13.35m 이상이라도 길이가 28.72m 이하인 경우 모두(100%) 대형계단적석석광묘이다. 높이가 13.35m 이상이고 길이가 28.72m 이상인 경우, 특대형일 확률이 75%에서 90%로 더 증가한다. 이 조건에서 고분이 해발 186m 이상에 위치할 경우 특대형일 확률이 100%이다. 그러나 높이가 13.35m 이상이고 길이가 28.72m 이상이라도 해발 위치가 186m 이하일 경우, 특대형일 확률이 50%로 줄어든다.

계단적석석실묘의 경우, 길이가 더 우선시되는 변인이었다. 대형과 특대형을 구분하는 기준은 길이 33.43m 이하와 이상이었다. 길이가 33.43m 이하일 경우에는 집안시 지역에 따라 달라진다. 만보정과 산성하 지역에는 대형계단적석석실묘만 있지만 우산하에는 대형과 특대형계단석실묘가 모두 있다. 우산묘에 있는 대형이상의 석실묘는 보정된 고분의 높이가 11.75m였다. 〈그림 1〉에서 보듯이 계단적석석광묘와 계단적석석실묘는 공통적으로 높이와 길이를 중심으로 축조했지만 석광묘는 해발위치로, 그리고 석실묘의 경우, 특정 지역을 일차적으로 고려했다는 것을 알 수 있다. 마디 번호 19번, 21번, 7번, 12번은 100% 분류가 가능한 조건공식이다. 이 네 가지 마디의 조건으로 의사결정나무를 구성할 때 효율성과 경제성을 최대한 만족시키는(간단하면서도 설명량이 큰) 모델이 된다. 따라서 이 네 개의 마디로 대형과 특대형 고분형식을 가지치기(pruning)할 수 있다.

이러한 모형을 고분과 연계하여 설명하면, 계단식석광·석실적석총 가운데 대형과 특대형의 고분형식 분류 의사결정모형을 보면 고분발달의 측면에서 계단적석석실묘 가운데 대형계단적석석실묘가 가장 기본모형을 차지한다. 그 가운데 가장 중심적인 척도는 길이로 나타나고 있는데, 대체로 33.4m 정도가 가장 전형적인 고분형태로 나타나며 33.4m 이하에서는 대형계단적석

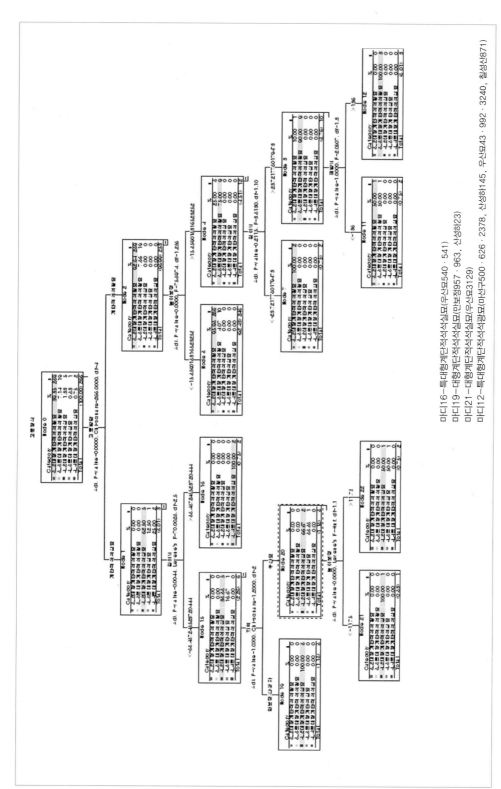

마디16 ― 특대형계단적석석실묘(우산묘540 · 541)
마디19 ― 대형계단적석석실묘(만보정957 · 963, 산성하23)
마디21 ― 대형계단적석석실묘(우산묘3129)
마디12 ― 특대형계단적석석광묘(마선구500 · 626 · 2378, 산성하145, 우산묘43 · 992 · 3240, 칠성산871)

〈그림 1〉 고분형식의 의사결정모형(계단적석석광묘와 석실묘의 대형이상만)

석실묘의 비중이 높고 33.4m 이상은 특대형계단적석석실묘의 형식만 나타난다. 이를 통해 보면 계단적석석실묘가 대형과 특대형 고분의 가장 안정적인 형식임과 동시에 가장 발달된 형식임을 확인할 수 있다. 이러한 고분형식이 만보정고분군과 산성하고분군, 우산하고분군에 나타나고 있지만, 만보정고분군과 산성하고분군에는 대형계단적석석실묘만 보이고, 우산하분군에는 대형계단적석석실묘와 특대형계단적석석실묘가 나타나고 있다. 우산하고분군이 가장 안정적이고 발달된 형태의 특대형계단적석석실묘가 나타나는 점에서 왕릉입지로서 최적지임을 보여준다. 우산하고분군에 위치한 이들 고분들의 높이 보정을 통해 살펴보면 대체로 11.75m를 기준으로 아래인 대형계단적석석실묘가 1기, 그 이상인 대형계단적석석실묘가 1기, 특대형계단적석석실묘가 1기를 차지하고 있어 11.75m 이상의 고분이 가장 발달된 형식의 고분군으로 이해할 수 있다. 결과적으로 계단적석석실묘 가운데에서는 길이 33.4m 이하이면서 우산하고분군에 위치한 높이 보정치 11.75m 이상의 특대형 고분이 가장 안정적인 고분모형을 차지한다고 볼 수 있다. 이 조건을 모두 충족시키는 고분이 바로 장군총이라고 할 수 있다.

계단적석석광묘 가운데에서는 대형계단적석석광묘가 가장 기본모형을 차지한다. 그 가운데에서 중심적인 척도는 높이 보정자료로 대체로 15.36m가 가장 전형적인 고분의 높이로 나타나는데, 이하는 대형계단적석석광묘, 이상은 특대형계단적석석광묘가 해당된다. 높이 보정을 통한 15.36m 이상의 고분들 가운데에서는 길이가 또 다른 중심 척도로 나타나는데, 28.7m를 기준으로 그 이하는 대형계단적석석광묘, 이상은 특대형계단적석석광묘가 압도적인 우위를 보이고 있다. 왕릉급으로 생각되는 특대형계단적석석광묘는 해발 186m를 기준으로 186m이상에 주로 분포하고 있다. 결과적으로 계단적석석광묘 중에서는 높이 보정에 의한 높이 15.36m 이상이면서 길이 28.7m 이상인 고분 가운데 해발 186m 이상에 위치한 고분이 특대형 고분이 가장 안정적인 고분모형을 차지한다고 볼 수 있다. 칠성산 871호분, 우산하 992호분, 산성하 전창 145호분, 서대묘, 마선구 626호분 등이 이에 해당된다.

(2) 대형 고분분류의 의사결정모형

대형으로 구분된 계단적석석광묘와 계단적석석실묘를 구분하는 결정적인 축조변인을 확인하는 모형이 〈그림 2〉에 제시되어 있다.

통계적으로 보면 계단적석석광묘와 계단적석석실묘를 가장 효과적으로 분류하는 기준은 신경망으로 보정된 고분의 높이였다. 10.82m 이상이면서, 산지에 위치할 경우, 모두 대형계단적석석실묘이다. 보정된 높이가 10.82m 이상이면서, 평지에 위치할 경우에는 대형계단적석석광묘일 가능성이 96.39%이지만, 이 경우라도 평면형태가 부정형일 경우 대형계단적석석광묘일 확률이 75%로 감소한다. 평지에 높게 쌓은 고분이 부정형의 평면 형태를 가지는 경우는 매

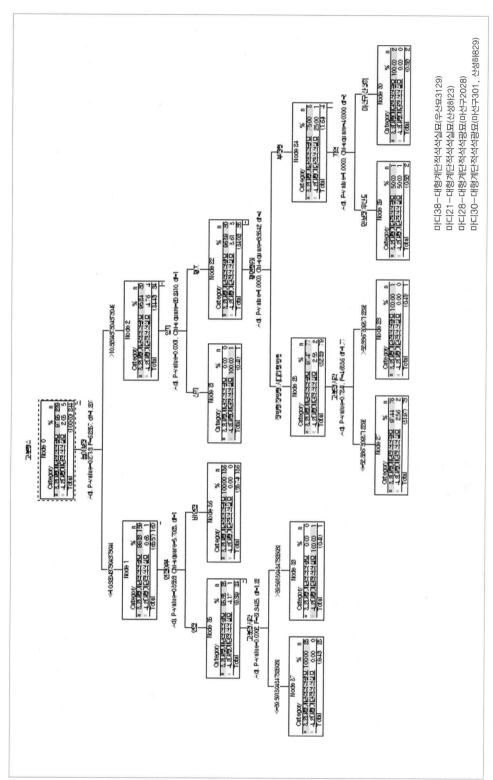

〈그림 2〉 대형 고분군의 의사결정나무모형

마디38-대형계단적석석실묘(우산묘3129)
마디21-대형계단적석석실묘(산성하23)
마디28-대형계단적석석광묘(마선구2028)
마디30-대형계단적석석광묘(마선구301, 산성하829)

우 이례적이라는 것을 알 수 있다. 그럼에도 불구하고 마선구와 산성하 지역에는 모두 이런 조건의 계단적석석광묘가 축조되었다. 보정된 높이가 10.82m 이상이면서, 평지에 위치할 경우에 평면형태가 부정형이 아니라면(정방형, 장방형, 사다리형, 방형) 고분경사각이 중요한 분류변인이다. 즉, 보정된 높이가 10.82m 이상이면서, 평지에 위치하고, 평면형태가 부정형이 아닐 경우, 고분경사각이 52.88° 이하일 경우, 대형계단적석석광묘일 확률이 97.44%이다. 그 이상의 경사일 경우는 한 사례밖에 없었다. 지극히 이례적인 경우라고 할 수 있다. 보정된 고분의 높이가 10.82m 이하인 경우에는 연접여부가 중요한 구분변인이었다. 고분의 높이가 10.82m 이하로 낮으면서 비연접되는 경우가 대부분이지만 대형계단적석석실묘의 경우 연접된 고분이면서 고분경사각이 39.59° 이상인 사례가 하나 있었다. 즉, 낮게 연접되어 축조하였으면서도 높은 각도로 가파르게 축조한 특이한 사례가 발견되었다. 〈그림 2〉에서도 마디 번호가 21번, 28번, 30번, 36번, 37번, 38번은 100% 분류가 가능한 조건공식이다. 이 여섯 가지 마디의 조건으로 의사결정나무를 구성할 때 역시 효율성과 경제성을 최대한 만족시키는 모델이 된다.

이를 고분과 연계하여 설명하면, 대형계단적석석광묘와 대형계단적석석실묘로 대표되는 대형 고분분류의 의사결정모형을 보면 먼저 높이보정에 의한 10.8m 높이를 기준으로 그 이하인 고분과 이상인 고분으로 분류될 수 있다. 대체적인 높이가 10.8m 이하의 고분의 수량이 조금 더 많고 이들 고분은 연접여부가 또 하나의 중요한 의사결정의 기준이 되고 이다. 비연접(非連接) 고분이 수적으로 우위를 보이지만, 연접 고분의 고분 경사각이 의사결정의 또 하나의 기준이 되고 있다. 이것은 대체로 연접 고분의 경사각이 상대적으로 낮은 것에서 기인되는 것으로 보이는데, 39.6도를 기준으로 그 이하인 고분들이 다수를 차지하고 있다. 여기서 대형계단석실묘의 경우에는 연접되어 있지만 경사각 39.6도 이상에서 1기가 보이고 있는 점이 특이하다. 이는 보편적인 고분형식에서는 보이지 않는 아주 특수한 사례로 여겨진다. 대형 고분 분류의 높이보정에 의한 10.8m 이하의 대형계단적석석광묘에서 비연접 고분이 많은 수를 차지하는 일반적 고분이지만 연접된 고분에서는 고분경사각이 39.6도 이하의 고분이 가장 전형적인 고분으로 이해할 수 있다.

높이 보정에 의한 10.8m 이상의 대형고분 분류의 경우에는 입지가 중요한 의사결정의 기준이 되고 있는데, 산지보다는 평지에 대형고분이 위치하고 있음을 알 수 있다. 그 평면형태는 방형계통과 부정형계통으로 나누었을 때, 방형계통의 경우 고분경사각 52.9도를 기준으로 그 이하인 고분들이 대다수를 차지한다. 부정형계통의 경우는 고분이 위치한 지역을 기준으로 만보정고분군과 우산하고분군, 마선구고분군, 산성하고분군에 분포하고 있는데, 어떤 특징적인 요소를 발견하기 어렵다. 마찬가지로 대형계단적석석실묘의 수는 몇 기에 한정되고 있을 뿐이어서 일반적 고분형식으로 보기는 어려운 측면이 있다. 이에 따라 대형 고분 분류의 높이보정에 의한

10.8m이상의 대형계단적석석광묘는 산지보다는 평지에 위치하면서 주로 방형계통의 고분 가운데 경사각 52.9도 이하의 고분들이 가장 전형적인 고분으로 이해할 수 있다.

(3) 특대형 고분분류의 의사결정모형

특대형으로 구분된 계단적석석광묘와 계단적석석실묘를 구분하는 결정적인 축조변인을 확인하는 모형이 〈그림 3〉에 제시되어 있다.

모형 제시되어 있는 것처럼, 특대형 석실묘는 모두 우산묘에 축조되었다. 우산묘에 있는 특대형계단적석석광묘는 해발 204m에서 228m 사이에 대부분 위치해있다. 이 경우 계단적석석실묘인 경우 길이가 39m 이하이거나 54m 이상이고, 39m에서 54m 이하인 경우에는 계단적석석광묘였다. 특대형 고분의 경우는 사례수가 적어 정확한 분류공식이 도출되기 어렵다. 우산하 지역에 축조된 고분은 고분의 사례가 개별적으로 모두 독특한 것이 특징이었다.

이를 고분과 연계하여 설명하면, 특대형계단적석석광묘와 특대형계단적석석실묘가 22기를 차지하고 있는 특대형 고분분류의 의사결정모형을 보면 지역이 중요한 기준으로 작용하여 크게 마선구고분군, 산성하고분군, 칠성산 고분군과 우산하 고분군으로 양분되고 있다. 마선구고분군, 산성하고분군, 칠성산 고분군에는 특대형계단적석석광묘만 분포하고 있고, 반면 우산하 고분군에는 특대형계단적석석실묘도 분포하고 있다. 우산하고분군에 분포하는 특대형계단적석석실묘가 비교적 늦은 시기에 축조된 고분으로 보이므로 평양천도 이전 시기의 왕릉들에 해당된다. 우산하고분군의 특대형 적석총에서 해발 204m와 228m가 중요한 기준이 되며 204m이하에 특대형계단적석석실묘가 2기 분포하고 있다. 204~228m 사이에는 특대형계단적석석실묘는 확인되지 않는다. 228m 이상에는 특대형계단적석석실묘가 1기 분포하고 있는 바, 이는 '산릉'에 존재하는 장군총의 경우에 해당된다. 해발 204m 이하의 특대형 고분에서는 길이 39m와 54m가 기준이 되는 바, 39m 이하 1기, 39~54m 1기, 54m 이상 1기가 분포하고 있어서 어떤 의미 있는 점을 발견하기 어렵다. 이 시기의 고분들이 크기에서 일정한 규칙성을 찾아보기 어렵다는 점에서 왕릉 축조에 있어서의 고분의 크기는 정해져 있지 않았음을 확인할 수 있다.

결론적으로 수가 많지 않은 특대형 고분은 일반적으로 왕릉급 고분이라고 할 수 있는데, 우산하 고분군 지역에 위치하면서 다양한 입지와 크기를 가진 고분이므로 어떤 표지적인 모형을 발견하기 어려운 점이 있다고 할 것이다. 즉 입지면에서 대체로 해발 204~228m 사이에 위치하였던 고분이 점차 해발이 낮거나 더 높은 위치를 점하게 됨으로써 왕릉급 고분의 입지 선정이 확대되고 있다고 할 수는 있으나 전형성을 발견하기는 어렵다. 이는 길이면에서도 마찬가지이므로 고구려 당시에 왕릉의 규격이 정해져 있지 않았음을 보여주는 것으로 해석할 수 있을 것이다.

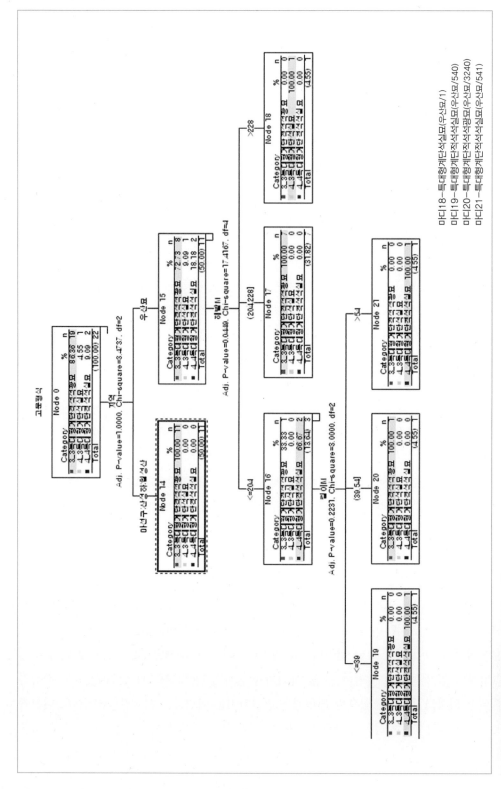

<그림 3> 특매형 고분분포와 이장상관성모형

마디18-특매형계단석실모(우산묘/1)
마디19-특매형계단적석석실모(우산묘/540)
마디20-특매형계단적석석광모(우산묘/3240)
마디21-특매형계단적석석실모(우산묘/541)

(4) 특대형 고분 체적 예측에 대한 의사결정 모형

체적으로 추정하는 고분의 크기는 세력이나 지배성을 시사하는 중요한 지표가 될 수 있다. 본 연구에서는 파괴 혹은 소실된 고분의 높이를 인공신경망(artificial neural network; ANN)분석으로 복원하였고, 이 추정된 높이의 정확성이 신뢰할만한 수준이었기 때문에 평면형태에 따른 체적의 추정이 가능하였다. 이를 기초로 본 연구에서는 고분 축조 시 크기를 가장 효율적으로 예측하는 변인과 변인간의 조합을 도출하고자 하였다. 축조 시 고려하는 핵심적인 변인이 무엇인지 알 수 있다면 복원 등을 목표로 한 후속 연구에서 기초자료로 활용될 수 있다. 이 모형을 위해서는 개별변인의 평균값을 예측변인으로 하고 그에 따른 분산(improvement)의 감소를 이용하는 CART 방식을 사용하였다. CART(classification and regression tree; CART) 방식은 각 마디의 평균값을 예측값으로 사용하므로 마디가 진행될수록 평균값은 증가하고 분산은 감소한다. 따라서 같은 마디 내의 조건으로 예측할 경우 편차가 작아지고, 다른 조건으로 분류할 경우 편차가 극적으로 커지게 되는 자동 모형이 형성된다. 일반적으로 가장 예측력이 높은 변인으로 형성되는 뿌리마디로부터 자식마디의 수, 즉 회귀나무의 예측수준은 자식마디의 수준과 사례 수를 제한하여 결정하는데, 예측모형의 간명성을 위해 깊이는 4수준으로 그리고 사례 수는 1까지로 각각 설정하였다.

본 모형에서는 의사결정 회귀나무를 통해 결과변인으로 설정한 고분크기(체적)에 영향을 미치는 조건을 예측수준(독립변인)별 각 마디의 평균과 분산으로 평가하였다. 회귀나무에 의해 설명되는 분산의 정도는 위험추정치를 이용하여 분석하고, 최종모형의 예측력과 효율성은 전체 사례를 예측(prediction) 모형과 타당화(validation) 모형의 결과로 비교하여 검증하였다. 본 연구에서는 왕릉급에 해당할 수 있는 특대형 고분의 축조방식은 체적을 기준으로 할 때 보다 독특하고 특정한 축조기준이 적용되는지 확인해 보고자 하였다. 그 결과는 〈그림 4〉에 제시되어 있다.

특대형 고분의 경우, 높이보다는 길이를 더 우선적으로 고려하였다. 길이가 54.5m 이하와 이상의 조건으로 분류되는데 길이와 너비가 상대적으로 작을 경우(길이 54.5m 이하, 너비 32.5m 이하)에는 고분의 해발위치가 상대적으로 낮을수록(205.5m 이하) 고분의 크기가 작았다. 우산묘 지역은 특대형 고분을 축조할 때 우선적으로 고려하는 지역이었다. 평면형태도 정방형이 경우 고분의 크기가 더 컸다. 이에 비해 마선구 지역에서는 평지에 특대형 고분을 더 크게 축조하였다. 길이가 상대적으로 작은(54.5m 이하) 특대형 고분이라도 너비가 클 경우(32.5m 이상) 높이를 고려하였고, 너비가 작을 경우에는 해발위치를 고려한 것으로 나타났다. 길이도 작고 너비도 작은 특대형 고분이라도 해발고도가 높은 곳에 축조할 경우 고분의 크기가 매우 커졌다. 길이와 너비가 작은데도 불구하고 체적이 커졌다는 것은 높이가 극적으로 높았다는 것을 의미한다. 일반적으로 산지에 위치한 대형 이상 고분의 경우 평지에 비해 크기가 작은 경우가 대부분이기 때문에 길이와 너비가 작은데도 불구하고 체적이 큰 조건에 해당하는 특대형 고분은 높은 입지에

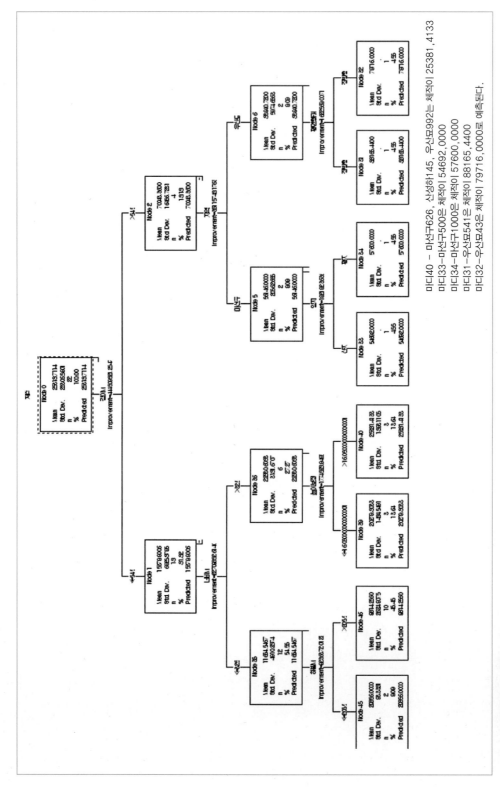

〈그림 4〉 특대형 고분 제작 예측에 대한 의사결정 모형

위치했음에도 높게 축조한 독특하고 강력한 세력자라고 추정해 볼 수 있다. 특대형 고분은 사례 수가 적어(22개 고분) 예측(prediction) 모형과 타당화(validation) 모형을 구분하지 않았다. 예측모형의 위험추정치(risk estimates)는 0.12723이었다.

이를 고분과 연계하여 살펴보면 특대형 고분의 경우 높이보다는 길이가 가장 중요한 기준이 되는데, 54.5m 이하와 이상의 조건으로 분류된다. 대체적으로 54.5m 이하가 일반적이었음을 알 수 있고, 그 이상은 다소 드문 형태로 여겨진다.

길이 54.5m 이하의 고분 가운데에는 너비가 다음 변수로 32.5m 이하와 이상으로 구분이 가능하다. 32.5m 이하의 고분들은 해발 205.5m를 기준으로 그 이하와 이상으로 구분할 수 있는데, 해발이 25.5m 이상에 위치한 고분들이 전형적인 모습을 보여준다. 한편 32.5m 이상의 너비를 가진 고분들의 경우에는 높이 보정에 의한 높이 16m를 기준으로 구분할 수 있다. 길이 54.5m 이상의 고분 가운데에서는 지역변인이 중요하게 자리하고 있는데, 마선구고분군과 우산하고분군이 핵심지역이었고 특대형 고분이 자리하고 있음을 알 수 있다. 마선구 지역에 자리한 초대형 고분은 산지와 평지에 각각 1기씩 분포하고 있어서 입지는 중요 변인은 아닌 것으로 보인다. 우산하 고분군 지역에는 평면형태가 정방형과 장방형인 특대형 고분이 각 1기씩 분포하고 있어 평면형태도 중요 변인은 아님을 알 수 있다. 이러한 사례는 일반적인 것이라기보다는 왕권의 성장과 함께 특대형 고분이 자리하게 되었음을 의미한다.

특대형 고분의 경우에 체적은 길이 54.5m를 기준으로 그 이하인 고분은 너비가 체적을 결정하는 중요 기준이었고, 그 이상인 경우는 지역이 변인으로 작용하고 있어 지역적인 측면이 감안되었음을 살펴볼 수 있다. 이것은 아마 마선구나 우산하 지역이 특대형 고분군 축조에 최상의 입지였음을 반영하는 것으로 여겨진다.

4. 축조 당시의 표준척과 연대 추정(정성분석-2)

1) 고분 축조 당시의 '표준척' 추정

(1) 연구사적 맥락에서의 '고구려척(高句麗尺)'[8]

도량형의 정비와 통일은 어느 시대, 어느 나라에서나 상품 유통과 조세 수입 등을 위해서 가장 필요한 요소 가운데 하나이다. 그 가운데 척도제의 정비는 건축물의 축조나 조세수입을 위한

---

8 朴贊興, 1995, 「高句麗尺에 대한 研究」, 『史叢』 44 참조.

양전 및 포백 수취 등을 위하여 반드시 필요한 제도였다.

『삼국사기』와 『삼국유사』, 그 밖의 금석문 등에 분(分), 촌(寸), 척(尺), 보(步), 리(里)와 같은 단위가 나타나는 것으로 보아, 고구려와 백제, 신라에서도 그들 나름의 척도 제도가 있었던 것으로 생각된다. 삼국시대 전반에 걸쳐, 이들 사서와 금석문에 나타나는 척도 단위들과 그 용례, 내용 등에 대해서는 이미 오래 전에 정리되었다.[9]

고구려는 물론이고 삼국시대의 척도로서 일찍부터 주목을 받았던 것은, 일본 학계에서 '고려척'으로 불렸던 고구려척(고구려자)이었다.[10] 『영집해(令集解)』에 처음 기록되어 있는 고구려척에 대한 연구는 대개 남아 있는 유적·유물의 발굴과 분석을 통해, 주로 건축사가나 고고학자들에 의하여 이루어졌다. 그것도 초기에는 주로 일본인들의 연구가 중심이 되었다. 이들의 연구에 따르면, 고구려에서는 한 특히 낙랑의 영향 아래 한척(漢尺)을 사용했고, 그 후기에 동위척(東魏尺)을 받아들여 사용했으며, 동위척이 일본으로 건너가 사원이나 고분의 축조, 도시 계획 등에 사용되었는데, 이것이 일본 사서에 나타나는 이른바 '고려척'이라고 이해하였다.[11]

그 뒤, 고구려척이 평양성의 도시유적과 여러 절이나 고분 등의 건축에 사용되었음이 고고학 발굴과 분석을 통해 밝혀졌고,[12] 이러한 연구 성과를 바탕으로 고구려척에 대한 종합적인 고찰이 시도되었다.[13]

한편, 고구려척의 실물이 발견되지 않은 것을 근거로 그 실체를 부정하면서, 후한척(後漢尺)을 이어 26.8cm 길이의 이른바 '고한척(古韓尺)'이 쓰였다는 견해도 제기되었다.[14] 그러나 중국 척도사의 범주 속에서 척도의 길이를 설정한 '고한척설'은 잘못된 전제 위에서 세워진 이론이라고 생각된다. 더구나, 근래에 들어 경기도 이성산성과[15] 일본 야마가타현(山形縣) 요네자와시(米沢市) 후루시다히가시(古志田東) 유적에서[16] 고구려척과 관련된 척도유물이 발견됨으로써, 고구

---

9 李宇泰, 1984, 「韓國古代의 尺度」, 『泰東古典研究』.

10 藤島亥治郎, 1930, 「朝鮮建築史論」 其1~5, 『建築雜誌』 44–52~56; 關野貞, 1941, 『朝鮮の建築と藝術』, 岩波書店; 米田美代治, 1944, 『朝鮮上代建築の研究』; 申榮勳 譯, 1976, 『韓國 上代建築의 研究』, 東山文化社; 藤田元春, 1929, 「尺度考」, 『尺度綜考』, 刀江書院.

11 關野貞, 1928, 「高句麗の平壤及び長安城に就いて」, 『史學雜誌』 39–1; 米田美代治, 1944, 앞의 책.

12 장상렬, 1971, 「발해 건축의 력사적 위치」, 『고고민속론문집』 3; 최희림, 1978, 『고구려 평양성』; 리화선, 1980, 「안악궁 터자리 복원을 위한 몇가지 문제」, 『력사과학』 1980–1; 한인호, 1981, 「정릉사 건축의 평면구성에 대하여」, 『력사과학』 1981–2; 리화선, 1986, 「고구려 금강사와 그 터자리 구성에 대하여」, 『조선고고연구』 1986–4; 리화선, 1989, 「고구려 평양성 외성안의 리방의 형태와 규모, 그 전개에 대하여」, 『력사과학』 1989–1; 한인호, 1993, 「고구려 건축의 특성에 대하여」, 『조선고고연구』 1993–2.

13 李宇泰, 1984, 앞의 글; 朴贊興, 1995, 앞의 글.

14 新井宏, 1992, 『まぼろしの古代尺—高麗尺なかった—』, 吉川弘文館.

15 漢陽大學校博物館·河南市, 2000, 『二聖山城(第8次 發掘調査 報告書)』.

16 米沢市教育委員會, 2002, 『古志田東遺跡』; 米市沢市上杉博物館, 『古代長者の世界—古志田東遺跡』.

려척의 존재를 부정하기는 더욱 어려워졌다. 특히, 부여 쌍북리에서는 당대척과 같은 길이의 척의 실물이 발견되었기 때문에,[17] 26.8㎝의 고한척만이 삼국에서 사용되었다는 견해는 성립되기가 한층 어려워졌다. 그 가운데, 이성산성에서 발견된 척도를 고구려척과 관련시키면서 고구려의 척도를 재정리하거나,[18] 고구려의 척도제가 국가의 기준척[=한척(漢尺)]과 양전척(=고구려척)으로 이원화되었다는 연구가[19] 이루어졌다.

이상에서 살펴보았듯이, 기왕의 연구 성과들은 거의 모두 『삼국사기』와 『삼국유사』, 그 밖의 금석문 등에 단편적으로 나타나는 같은 도량형의 단위나 일본의 『영집해』에 처음 기록되어 있는 '고려척'에 주목하며 이루어진 문헌 자료 분석에 바탕한 고찰의 결과물들이었다.

한편 북한 학계가 애써 행한 바 있던 고고학 자료를 활용한 '고구려척'에 대한 접근 노력은 주목에 값한다. 그러나 이 또한 평양 지역에 분포한 소수의 유적지, 그것도 주로 A.D. 427년 평양 천도 이후 고고자료를 바탕으로 이루어졌다는 점에서 아쉬움이 적지 않다. 이 점은 한국 학계에서 최근의 발굴 성과에 힘입어 이루어진 연구 결과물에 대해서도 동일하게 적용된다. 이러한 연구 성과들에 따르면, 학계는 고구려가 처음에 한척(漢尺)을 수용하여 23.7㎝의 척도를 사용하다가, 이후 35.6㎝의 척도인 '고려척'를 사용하게 되었다고 보고 있는 셈이다. 따라서 고구려에서 초기부터 후기에 이르기까지 어떠한 척도를 사용했는지에 대한 고찰은 현재까지 추상적 담론 수준에 머물고 있다고 판단된다.

(2) 본고에서의 '표준척' 추정 방식의 특성

이제까지 '고구려척'에 관한 연구는 문헌학적 접근을 중심으로 시간적·공간적으로 편중된 극소수의 고고자료에 힘입어 수행되어 왔다는 한계성을 가지고 있다. 따라서 〔초기의 한척(漢尺, 23.7㎝)→이후의 '고려척'(35.6㎝)〕이라는 고구려척의 진전과정에 대한 담론은 보다 실증적·구체적 검증 과정을 필요로 한다.

본 연구자들은 그 첫 걸음으로서 집안 지역을 중심으로 한 고구려척의 변화상에 대한 명확한 인식이 이후 그것의 진전상 파악을 위한 시금석이 될 것이라는 문제의식 하에서 본 연구 과제를 수행하였다.

최근 일본 학계 일각에서도 같은 통계학적 방법론을 가지고 고구려척의 실상에 접근한 1992년 아라이 히로시(新井宏)의 『まぼろしの古代尺-高麗尺なかった-』라는 연구 성과가 있다. 아

---

17 李康承, 2000, 「백제시대의 자에 대한 연구-부여 쌍북리 유적 출토 자를 중심으로-」, 『韓國考古學報』 43.
18 俞泰勇, 2001, 「高句麗尺에 대한 文獻史料와 考古學的 遺物의 再檢討」, 『高句麗研究』 11; 유태용, 2001, 『35.6의 고구려자』, 서문문화사.
19 尹善泰, 2002, 「韓國 古代의 尺度와 그 變化-高句麗尺의 誕生과 관련하여-」, 『國史館論叢』 98.

라이 히로시는 통계학적 분석 방법을 활용하여 고구려에서는 23.7㎝인 후한척에 이어 26.8㎝ 길이의 이른바 '고한척'이 쓰여졌다고 파악하고 있다. 그러나 이 견해에 대해서는 중국 척도사의 범주[20㎝ 정도 길이의 주척(周尺)에서부터 출발하여 30㎝ 정도의 당대척(唐大尺)] 속에서 고구려척의 존재를 상정한 납득할 수 없는 연역적 전제 위에서 행해진 고찰의 결과물이라는 비판이[20] 있어 왔다.

무엇보다도 아라이 히로시의 연구는 본 연구와 통계학적 접근방법론상 명백한 차별성을 보이고 있다. 우선 그의 연구는 30여 개 이하의 기존 알려진 고분과 건축물 실측치(주로 일본과 북한 측 자료)에 전적으로 의존하여 통계적 분석을 행하고 있다. 이는 그가 활용한 모집단 자체의 질·양적 빈약성으로 인하여 결과치의 신뢰성을 담보할 수 없다.

특히 그가 구사한 통계학적 접근방법은 다음과 점에서 본 연구와 비교할 때 문제점이 적지 않다. 아라이 히로시는 상기한 바와 같이 집안지역의 전체 고분이 아니라 몇몇 대표적인 석실고분과 평양지역의 건축물들을 척도의 추정근거로 삼았다. 이는 표집오차(標集誤差; sampling error)의 문제가 발생할 수 있다. 또한 그는 집안지역의 고분에 적용되는 척도가 단일한 근거에 의한 것이 아니라, 중국 척이 적용되는 시기적 변화가 있었고, 과도기적으로 혼재되어 사용된 상태가 있었음을 간과하였다. 즉, 표준오차를 감안한 방식이 아니었다. 또한 산출하는 방법론으로써 회귀분석(回歸分析)을 주로 적용하였는데, 중국 측 문헌자료를 근거로 26.8㎝의 단일한 기준을 고정시킨 상태에서, 추정치의 표준오차가 유의한 수준으로 적다는 근거로 이 기준을 확정하였다. 다른 추정 척도를 비교하지도 않았다. 예를 들어, 한척이나 진척의 사용 가능성은 원천적으로 배제하고 있다.

본 연구에서는 척을 예측하는 다양한 변인들의 scale이 연속, 범주, 서열 등으로 혼재되어 있고, 척의 사용이 특정 시기에만 집중적으로 광범위하게 분포된다는 점 때문에 정상분포를 가정한 모수통계를 적용할 수 없다고 전제하였다. 이것은 측정오차(measurement error)의 문제를 야기시킬 수 있으며, 중국 측 자료의 신빙성 문제와도 관련이 있는 까닭이다. 측정시기가 다르고 측정자가 상이하였으며, 측정방식이 다를 경우, 체계적인 오차가 발생할 수 있다. 기존 연구자가 적용한 회귀분석은 측정오차를 감안할 수 없는 모수적인 통계방법이다. 따라서 본 연구는 비모수적 방식으로 척도의 이질성에 영향을 받지 않고, 제한된 표본을 Bootstrapping 방식으로 확대 추론하는 데이터 마이닝 방식이 적절하다고 판단하였다. 이 방식은 표본의 교차타당도를 검증하기 위해 전체 표본을 무작위로 분할하여 검증하는 과정을 거치기 때문에 일반화의 문제도 상당부분 보완할 수 있다. 본 연구에서는 신경망 분석의 역오류 전파방식(back

---

20 朴贊興, 1995, 앞의 글.

propagation; 이하 BP)을 적용해 길이와 너비의 표준편차(standard deviation)가 최소화되는 척도의 기준을 찾고자 하였다. 현재 실체가 밝혀져 있지 않는 고구려척의 예상 가능한 길이를 적용한 후 오차가 최소화되는 척도의 기준을 수렴적으로 확인하는 방법이다. 즉, 특정한 척도 길이를 적용한 후, 역 오류 학습방식을 통해 은닉 층에 가중치를 주면서 척도 길이를 안정되게 수렴될 때까지 반복 학습시키는 방식이다. 본 연구에서는 각 고분유형별로 대형 및 특대형 고분만을 선별하여 추정하였다.

본 연구에서는 Baum과 Haussler의 공식을 적용하여 다음과 같은 BP알고리즘의 학습절차를 거쳤다.

1단계 (연결강도의 초기화 및 학습패턴 쌍 설정)

2단계 (학습률과 오차의 한계치 설정)

3단계 (학습패턴입력)

4단계 (은닉층의 출력산출)

5단계 (출력층의 출력산출)

6단계 (목표치와 출력을 계산하여 오차계산)

7단계 (출력층의 오차신호산출)

8단계 (은닉층에 전파되는 오차신호산출)

9단계 (출력층과 은닉층의 연결강도변경)

10단계 (학습패턴 쌍을 반복 입력하여 연결강도 변경)

11단계 (오차가 특정범위보다 작아지면 학습종료)

본 연구에서는 20.0에서부터 34.00cm까지 1mm단위로 척도를 기준으로 적용하여 오차가 최소화되는 척도를 확인하였고, 그 결과 22.5, 23.5, 24.6, 26.3cm의 네 가지 척도 기준으로 길이와 너비가 수렴되는 것을 확인하였다. 학습의 추정회전(iteration)은 1,820회였다.

(3) 집안 지역 古墳에서의 '표준척' 추정 결과치

본 연구는 기왕의 개개 고분에 대한 〔높이→기울기(경사각)→규모(체적)〕 관련 Data Mining의 결과치와 관련 '의사결정나무분석'의 성과를 기본으로 고분 축조 시의 '표준척'을 산출하였다. 이 경우 분석의 실효성과 정확성을 담보하기 위하여 전형적 고분 형식(proto type)인 〔적석석광묘(무기단적석총)−유단적석석광묘(기단적석총)−계단·계장적석석광묘(계단적석총)−계단적석석실묘−봉토석실묘〕의 각 체적 상위 10%의 범위 안에 드는 360여 기의 고분에 대한 표준적도 추정 작업을 실시하였다. 여기서 '표준척'이란 흔히 고구려 당시 표준척도로 알려진 '고구려척'의 원형을 추정할 수 있는 기본 수치를 뜻한다. 곧 이 경우 고분 축조 시의 '기본 수치'란 바로 '고구려척' 변화상 추정에 기본 자료가 될 수치들임을 뜻한다. 따라서 본 연구에서는 이를 '표준척'이라 지칭하였다.

〈표 5〉 고분형식별 최적기준으로 수렴된 표준척도의 적용현황

		최적기준으로 수렴된 표준척도				전체
		22.50	23.50	24.60	26.30	
고분 형식	대형계단적석석광묘	46	31	61	65	203
	특대형계단적석석광묘	2	4	7	6	19
	계단적석석실묘	1		1	1	3
	대형계단적석석실묘		2	1	1	4
	특대형계단석실묘				1	1
	특대형계단적석석실묘				2	2
	대형봉토석실묘		1	2	4	7
	특대형봉토석실묘	1	1	8	8	18
	대형봉토석실벽화묘		1	7	2	10
	대형유단봉토석실묘	2		1		3
전체		52	40	88	90	270

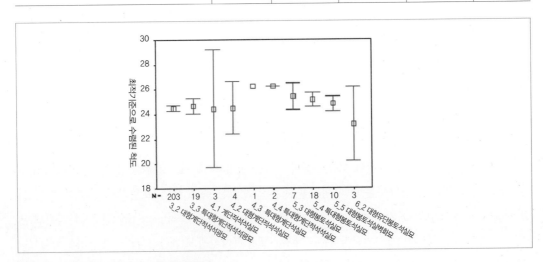

〈도표 1〉 고분유형에 따른 척도사용의 신뢰구간

적석석광묘는 특히 대형과 특대형으로 갈수록 26.3㎝을 사용하는 경향이 있다. 큰 규모의 적석석광묘는 24.6과 26.3을 골고루 사용하고 있다. 또 적석석광묘는 고분형식에 따라 분포의 해발고도에서 차이가 없다. 척도 사용의 기준으로 볼 때 시기적으로 산성하에서 점차 우산하로 적석석광묘 대형고분의 위치가 이동하는 것을 알 수 있다. 적석석광묘의 경우 후기(26.3을 사용하는 시기)로 갈수록 장방향과 정방형으로 변화하는 것을 알 수 있다. 적석석광묘의 경우 후기(26.3을 사용하는 시기)로 갈수록 산지에 위치하는 곳이 많아지고 있음을 알 수 있다. 적석석광묘의 경우 후기(26.3을 사용하는 시기)로 갈수록 경사각이 낮아지고 있음을 알 수 있다.

유단적석석광묘의 경우 특대형일수록 후기(26.3을 사용하는 시기)에 나타나고 있다. 따라서 유단적석석광묘의 경우 전 시기에 걸쳐 일관되게 축조되고 있음을 알 수 있다. 유단적석석광묘의 경우 대형과 특대형일수록 해발고도가 낮은 곳에 축조되고 있음을 알 수 있다. 대형 유단적석석광묘의 경우 시기별로 특정한 지역에 집중되고 있지 않다. 유단적석석광묘의 경우 후기(26.3을 사용하는 시기)로 갈수록 경사각이 낮아지고 있음을 알 수 있다.

계단적석석광묘의 경우 전 시기에 걸쳐 일관되게 축조되고 있음을 알 수 있다. 이는 대형급의 경우 특정한 척도가 사용되기 시작하는 시기에 선도적으로 나타나는 경향을 시사한다. 또 대형급 계단적석석광묘의 해발고도는 차이가 없었다. 대형급 이상의 계단적석석광묘의 경우 시기가 진행되면서 산성하에서 우산하구로 이동하는 경향을 알 수 있다. 대형급 계단적석석광묘의 경우 정방형에서 장방형 그리고 장방형과 정방형이 혼재되어 사용되고 있음을 알 수 있다. 26.3을 사용하는 시기에 사다리형 평면형태는 없었다. 후기(26.3)로 갈수록 고분경사각이 유의미하게 낮아지고 있음을 알 수 있다.

봉토석실묘의 경우 벽화묘는 24.6 시기에 많고 특대형은 26.3 시기에 많이 축조되었다. 봉토석실묘의 경우도 큰 규모의 고분은 산성하에서 우산하로 축조 지역이 주로 이동하고 있음을 알 수 있다. 당연히 봉토분은 원형이어야 하나 정방형이 두 개가 있다. 우산하 2102(23.5척도), 우산하 2115(26.3척도)는 정방형이다. 봉토분은 평지에 경우 제한 없이 축조된 듯하나, 특히 후기(24.6과 26.3)에는 큰 규모는 산지에 집중되고 있음을 알 수 있다. 봉토분은 후기로 갈수록 고분경사각이 다소 낮아지기는 하나 안정된 형태와 각도로 축조되는 관계로 통계적으로 유의한 차이는 없었다.

대형계단적석석광묘는 척도 기준이 생기면 보편적으로 적용을 따르는 듯하다. 계단적석석실묘는 23.5를 적용한 사례가 없고, 대형계단적석석실묘는 한척인 22.5를 적용한 경우가 없다. 특대형인 계단석실묘와 계단적석석실묘는 모두 26.3을 사용하였다. 대형유단봉토석실묘는 26.3이 없다. 특히, 계단적석석실묘는 소수이지만 모두 다른 척도 기준을 사용하고 있다. 각 척도를 처음 적용하는 선도적 사례로 볼 수 있다.

본 연구자들은 집안 지역에서의 표준척이 시기별·형식별로 다소 차별성로 보이지만, 대체로 [22.5㎝→23.5㎝→24.6㎝→26.3㎝]로 변화하고, 천도 직후 평양 지역도 26.3㎝의 표준척을 사용한 것으로 파악하고 있다. 다만 천도 이후 집안의 경우 주로 석실분 다수에서 24.6 ㎝의 표준척이 다시 등장함은 주목할 만한 대목이다. 즉 평양 천도 이전의 집안에서는 그 마지막 단계의 시기에 26.3㎝(천추총·태왕릉·장군총)가 중심 수치가 되지만, 이후 주로 석실분들 사이에서 24.6㎝의 수치가 흔히 사용됨을 알 수 있다. 물론 천도 이후 평양 지역의 덕흥리 벽화 고분·'동명왕릉'은 26.3㎝이며, 이는 고구려척이 집안 지역과 연속성을 가지고 변화했음을 의미한다.

도성에 존재하는 주요 고분들은 정치적 경관의 하나를 구성하고 있다. 따라서 이러한 고분에 관련된 고구려의 표준척도의 변화는 곧 고구려사 전개의 정치·경제·사회·문화적 측면의 진전상을 추정하는 지표가 될 것이다.

2) 고분 축조 연대 추정

본 연구에서 각 고분의 편년추정절차는 다음과 같다.

1단계-고분발달형식을 고려해 시간적인 전후 관계를 설정한다.

2단계-중국의 전한척-후한척-진척-고척을 사용한 왕조의 개국 출발년을 최소치에서 산출한 수렴척도들이 집안 지역 고구려 고분에서 마지막까지 발견된 년까지를 최대치 한계 연도로 제한하였다. 신경망 프로그램에서는 입력층 신경세포에 입력패턴(시간적인 전후성과 척도의 사용시기)을 제시한다-신경망 공식(1)

$$a_j = \frac{1}{1 + exp\,(net_j + bias_j)} \qquad (1)$$

출력층 신경세포 j의 활성함수의 미분값

3단계-이미 산출된 척도분포의 순서와 의사결정나무분석에서 대형급 이상에서 산출된 결정변인들을 고분형식별 체적 상위 10%고분에 적용하였다.

4단계-인공신경망분석을 각 해당 고분의 산출된 연도 범위 내에서 1년 단위로 적용시킨다-신경망 공식 (2)

$$\delta_j = f'(net_j) \cdot e_j = \frac{\partial f(net_j)}{\partial net_j} \cdot e_j$$
$$= a_j(1 - a_j) \cdot (t_j - a_j)$$

(2)

출력층 신경세포 j의 활성함수의 미분값

　5 단계−최종 고분연도 추정은 fuzzy neural방식으로 0과 1사이의 실수(floating)방식으로 1에 가장 가까운(적합한) 연도를 최종 선택하였다. 신경망을 동작시켜 활성함수값을 계산하는데 바이어스를 고려할 경우(표준오차−시간적인 전후성과 척도의 사용 시기) 이를 포함시킨다. 프로그램에서는 식(2)을 이용하여 출력 층 신경세포들의 에러와 델타를 구해 이를 은닉층으로 역 전파하는 방식이다−신경망 공식(3)

$$\delta_i = f'(net_i) \cdot e_i = \frac{\partial f(net_i)}{\partial net_i} \cdot e_i$$
$$= a_i(1 - a_i) \cdot e_i$$
$$여기서, \quad e_i = \sum_j w_{ji} \delta_j$$

(3)

$f'(net_i)$: 은닉층 신경세포 i의
활성함수의 미분값

　본고에 제시된 연대는 결코 '절대연대'에 값하는 그것이 될 수는 없다. 연대 추정시 중요 변인으로 작용한 것은 〔고분형식·표준척도·고분평면형태〕가 주요 지표이고, 기타 〔해발·입지 등〕이 보조적 변인으로 기능하고 있다. 따라서 이러한 편년 추정이 매우 정확하다고 보기 어려운 점은 '표준척도'가 신경망 데이터를 통해 얻은 2차적 결과물이기 때문에 그 결과물이 주요 변인으로 작용한 점을 고려해야하기 때문이다. 그러나 편년 자료가 부족한 고구려 고분의 상황에서 이러한 연대 추정의 방식은 고분 편년을 방증하는 자료로써 활용될 여지는 충분히 있다고 할 것이다. 현재 고구려 고분으로서 연대가 확정된 것은 안악3호분(357년)과 우산 3319호분(357년) 및 덕흥리벽화고분(408~409년) 뿐이다. 물론 본 분석과정에서도 이 세 고분들의 절대연대가 상대적 비교치로 활용되었다. 본 연구에서 얻어진 고분 축조 연대 추정치는 연대 비정에 있어 상대적으로 신뢰도가 높은 자료로서 활용될 수 있다. 따라서 본 연구 결과물은 관련 문헌 자료와 고고학 자료를 바탕으로 고구려사 전개의 맥락 아래서 보다 심도 깊은 정치한 분석 과정이 더해졌을 때만 그 가치성을 기약할 수 있을 것으로 사료된다.

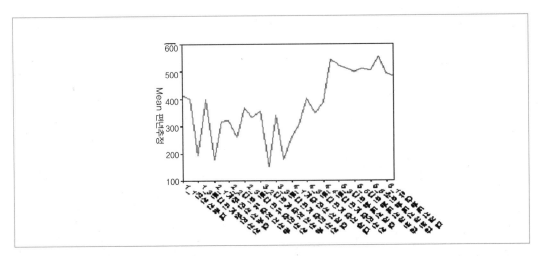

〈도표 2〉 고분형식 별 추정연대의 평균 그래프

〈표 6〉 주요고분의 전체 연대 추정표(360여기) (척, 연대, 고분 명칭)

지역	고분번호	추정편년	표준척도	고분형식	비고
마선구	626	142	23.5	특대형계장적석석광묘	
산성하	55	145	.	대형적석석광묘	
우산하	3308	150	23.5	대형계단적석석광묘	
마선구	2381	151	23.5	대형계장적석석광묘	
우산하	3309	167	23.5	대형계단적석석광묘	
칠성산	166	171	23.5	대형계단적석석광묘	
우산하	1625	172	.	적석석광묘	
마선구	2378	175	23.5	특대형계장적석석광묘	
마선구	-6	177	.	유단적석석광묘	
마선구	2355	179	.	대형적석석광묘	
산성하	822	182	.	대형유단적석석광묘	
우산하	1684	188	.	유단적석석광묘	
우산하	3266	188	.	적석석광묘	
만보정	272	189	.	대형유단적석석광묘	
우산하	2111	192	23.5	특대형계장적석석광묘	
칠성산	871	192	23.5	특대형계장적석석광묘	
칠성산	164	195	.	대형계단적석석광묘	
산성하	145	198	22.5	계장적석석광묘	
마선구	1058	199	.	대형유단적석석광묘	
산성하	529	199	.	대형유단적석석광묘	

지역	고분번호	추정편년	표준척도	고분형식	비고
우산하	-388	199	.	적석석광묘	
우산하	2733	199	.	유단적석석광묘	
산성하	1387	201	.	대형유단적석석광묘	
만보정	690	202	.	대형유단적석석광묘	
우산하	3240	202	.	특대형계단적석석광묘	
칠성산	976	202	.	대형적석석광묘	
칠성산	946	204	.	대형유단적석석광묘	
칠성산	957	204	.	유단적석석광묘	
우산하	390	205	.	계단적석석광묘	
만보정	49	212	.	대형유단적석석광묘	
우산하	2773	212	.	유단적석석광묘	
산성하	1412	222	.	대형유단적석석광묘	
산성하	1538	222	.	대형유단적석석광묘	
우산하	2734	222	.	유단적석석광묘	
우산하	3291	223	.	유단적석석광묘	
산성하	533	224	.	유단적석석광묘	
산성하	826	231	.	대형계단적석석광묘	
산성하	1212	231	.	유단적석석광묘	
칠성산	211	231	.	특대형적석석광묘	
우산하	2865	232	.	대형유단적석석광묘	
산성하	127	233	.	대형유단적석석광묘	
산성하	293	237	.	대형적석석광묘	
칠성산	695	240	23.5	대형계단적석석광묘	
산성하	1413	243	.	대형유단적석석광묘	
우산하	2836	243	.	유단적석석광묘	
마선구	71	244	.	유단적석석광묘	
우산하	2861	244	.	유단적석석광묘	
마선구	1380	247	.	적석석광묘	
칠성산	250	250	23.5	대형계단적석석광묘	
마선구	40	254	.	대형계단적석석광묘	
산성하	244	254	.	유단적석석광묘	
칠성산	958	254	.	유단적석석광묘	
만보정	661	255	.	대형계단적석석광묘	
산성하	644	255	.	대형유단적석석광묘	
산성하	952	255	.	유단적석석광묘	

지역	고분번호	추정편년	표준척도	고분형식	비고
우산하	427	257	.	유단적석석광묘	
칠성산	891	258	.	대형유단적석석광묘	
우산하	2118	261	23.5	특대형계장적석석광묘	
마선구	1073	263	.	대형유단적석석광묘	
산성하	1299	265	.	대형유단적석석광묘	
우산하	43	265	24.6	특대형계단적석석광묘	임강묘
우산하	3275	265	.	유단적석석광묘	
마선구	681	266	.	대형계단적석석광묘	
산성하	44	266	.	적석석광묘	
칠성산	1002	266	.	유단적석석광묘	
만보정	894	267	.	대형계단적석석광묘	
산성하	565	267	.	대형계단적석석광묘	
산성하	1383	268	22.5	대형계단적석석광묘	
우산하	1480	268	.	적석석광묘	
우산하	452	275	.	유단적석석광묘	
산성하	811	276	.	유단적석석광묘	
마선구	2032	277	.	대형계단적석석광묘	
만보정	1455	277	.	대형계단적석석광묘	
산성하	294	277	.	유단적석석광묘	
산성하	515	277	.	적석석광묘	
산성하	877	277	.	유단적석석광묘	
우산하	910	277	.	대형계단적석석광묘	
우산하	1050	277	.	대형계단적석석광묘	
우산하	3473	277	.	대형계단적석석광묘	
마선구	678	278	.	대형계단적석석광묘	
마선구	1368	278	.	대형계단적석석광묘	
만보정	627	278	.	대형계단적석석광묘	
산성하	534	278	.	대형계단적석석광묘	
산성하	1086	278	.	대형계단적석석광묘	
산성하	1531	278	.	대형유단적석석광묘	
산성하	248	279	.	적석석광묘	
만보정	631	281	.	대형유단적석석광묘	
우산하	2116	283	.	적석석광묘	
만보정	673	287	.	유단적석석광묘	
산성하	674	288	.	대형계단적석석광묘	

지역	고분번호	추정편년	표준척도	고분형식	비고
산성하	853	288	.	대형유단적석석광묘	
우산하	-3598	288	.	특대형유단적석석광묘	
우산하	1061	288	.	대형계단적석석광묘	
우산하	1493	288	.	대형계단적석석광묘	
우산하	2724	288	.	유단적석석광묘	
칠성산	570	288	.	유단적석석광묘	
칠성산	1061	288	23.5	대형계단적석석광묘	
산성하	1048	289	.	대형계단적석석광묘	
우산하	901	291	22.5	특대형계단적석석광묘	22.5척도기준
산성하	584	293	.	대형계단적석석광묘	
산성하	650	293	24.6	대형계단적석석광묘	
산성하	145	298	.	특대형계장적석석광묘	
만보정	1503	299	.	대형계단적석석광묘	
산성하	1300	299	.	대형유단적석석광묘	
우산하	445	299	.	대형계단적석석광묘	
우산하	2125	299	26.3	특대형계단적석석광묘	
마선구	301	301	.	대형계단적석석광묘	
만보정	56	301	.	대형계단적석석광묘	
만보정	639	302	.	대형계단적석석광묘	
산성하	607	302	.	대형유단적석석광묘	
우산하	1514	302	.	대형적석석광묘	
우산하	3346	302	.	유단적석석광묘	
칠성산	341	302	.	대형계단적석석광묘	
칠성산	1201	302	24.6	특대형계단적석석광묘	
마선구	726	311	.	유단적석석광묘	
마선구	1190	311	.	대형계단적석석광묘	
만보정	1078	311	23.5	대형계단적석석광묘	
만보정	1117	311	.	유단적석석광묘	
만보정	1134	311	.	대형적석석광묘	
산성하	215	311	.	대형계단적석석광묘	
산성하	563	311	.	대형계단적석석광묘	
칠성산	389	311	24.6	대형계단적석석광묘	
칠성산	1244	311	.	적석석광묘	
만보정	1087	312	.	유단적석석광묘	
우산하	3464	312	.	대형계단적석석광묘	

지역	고분번호	추정편년	표준척도	고분형식	비고
우산하	992	316	23.5	특대형계단적석석광묘	
우산하	2591	321	.	대형적석석광묘	
마선구	500	322	23.5	특대형계단적석석광묘	서대묘(23.5척도기준)
만보정	198	322	.	대형계단적석석광묘	
만보정	992	322	.	대형계단적석석광묘	
만보정	1084	322	.	대형계단적석석광묘	
우산하	3364	322	.	유단적석석광묘	
산성하	1238	323	.	유단적석석광묘	
우산하	3471	324	.	특대형계단적석석광묘	
산성하	209	326	.	대형계단적석석광묘	
만보정	868	331	.	대형계단적석석광묘	
만보정	860	332	.	대형유단적석석광묘	
산성하	291	332	.	유단적석석광묘	
산성하	832	332	.	유단적석석광묘	
우산하	3517	332	.	적석석광묘	
칠성산	69	332	23.5	대형계단적석석광묘	
칠성산	128	332	23.5	대형계단적석석광묘	
만보정	707	333	.	유단적석석광묘	
산성하	214	334	.	대형계단적석석광묘	
산성하	987	342	.	대형계단적석석광묘	
우산하	2860	343	.	유단적석석광묘	
만보정	895	344	.	대형계단적석석광묘	
산성하	513	344	24.6	대형계단적석석광묘	
산성하	1515	344	.	유단적석석광묘	
칠성산	1001	344	.	유단적석석광묘	
칠성산	151	345	23.5	대형계단적석석광묘	
칠성산	1291	345	.	유단적석석광묘	
산성하	272	347	.	대형유단적석석광묘	
산성하	257	351	.	유단적석석광묘	
우산하	3032	354	.	적석석광묘	
우산하	3403	354	.	유단적석석광묘	
마선구	2100	355	26.3	특대형계단적석석광묘	
만보정	872	355	.	대형계단적석석광묘	
칠성산	913	355	.	적석석광묘	
산성하	1305	356	24.6	대형봉토석실벽화묘	

지역	고분번호	추정편년	표준척도	고분형식	비고
칠성산	966	356	.	유단적석석광묘	
우산하	3319	357	23.5	대형계단적석석광묘	
만보정	751	361	.	대형계단적석석광묘	
우산하	2722	365	.	유단적석석광묘	
산성하	256	366	.	유단적석석광묘	
칠성산	398	366	.	특대형계단적석석광묘	
우산하	3080	367	.	적석석광묘	
우산하	2097	371	.	특대형적석석광묘	
우산하	2686	373	.	대형적석석광묘	
마선구	1000	375	26.3	특대형계단적석석광묘	천추총(26.3척도기준)
우산하	2177	376	.	유단적석석광묘	
마선구	1353	377	.	유단적석석광묘	
만보정	434	377	.	유단적석석광묘	
만보정	440	377	23.5	대형유단적석석광묘	
산성하	277	377	.	유단적석석광묘	
우산하	2028	377	.	유단적석석광묘	
산성하	833	380	.	대형유단적석석광묘	
산성하	281	383	.	유단적석석광묘	
마선구	585	388	.	대형계단적석석광묘	
산성하	185	388	.	대형적석석광묘	
산성하	829	388	.	대형계단적석석광묘	
우산하	541	388	26.3	특특대형계단적석석실묘	태왕릉
우산하	2124	388	.	특대형적석석광묘	
우산하	3539	388	.	특대형유단적석석광묘	
산성하	128	389	.	특대형유단적석석광묘	
산성하	299	389	.	적석석광묘	
우산하	451	389	.	대형유단적석석광묘	
우산하	2110	399	.	특대형유단적석석광묘	
우산하	2790	399	.	유단적석석광묘	
우산하	3421	399	.	유단적석석광묘	
산성하	841	401	.	대형유단적석석광묘	
우산하	1	401	26.3	특대형계단석실묘	장군총
우산하	2601	401	.	유단적석석광묘	
마선구	785	402	.	대형계단적석석광묘	
산성하	1297	402	24.6	대형계단적석석광묘	

지역	고분번호	추정편년	표준척도	고분형식	비고
우산하	2954	402	.	특대형적석석광묘	
우산하	3293	404	.	대형유단적석석광묘	
우산하	2837	411	.	유단적석석광묘	
마선구	1293	412	.	유단봉토석실묘	
산성하	635	412	22.5	대형계단적석석광묘	
칠성산	951	416	.	대형유단적석석광묘	
칠성산	1341	417	.	대형적석석광묘	
우산하	1316	419	.	대형계단적석석광묘	
산성하	725	421	26.3	대형계단적석석광묘	
산성하	1303	422	22.5	대형계단적석석광묘	
칠성산	982	422	.	대형유단적석석광묘	
만보정	581	423	.	대형계단적석석광묘	
우산하	2840	423	.	유단적석석광묘	
마선구	682	425	.	대형계단적석석광묘	
마선구	2354	426	.	대형적석석광묘	
우산하	3479	427	.	유단적석석광묘	
마선구	1107	428	.	대형유단적석석광묘	
산성하	675	428	.	대형계단적석석광묘	
우산하	2174	429	.	유단봉토석실묘	
우산하	347	432	.	적석석광묘	
산성하	671	433	.	대형계단적석석광묘	
우산하	30	433	24.6	특대형계단적석석광묘	
우산하	1041	433	23.5	대형계단적석석광묘	
만보정	994	435	.	대형계단적석석광묘	
산성하	636	435	26.3	대형계단적석석광묘	
우산하	3569	442	.	유단적석석광묘	
우산하	3282	443	.	대형계단적석석광묘	
산성하	1541	444	.	대형유단적석석광묘	
산성하	1542	444	.	대형유단적석석광묘	
우산하	2531	444	.	적석석광묘	
우산하	3030	445	.	특대형적석석광묘	
우산하	3453	445	.	유단적석석광묘	
산성하	177	446	.	유단적석석광묘	
우산하	2640	447	.	대형유단적석석광묘	
하해방	1	448	24.6	대형봉토석실벽화묘	모두루묘

지역	고분번호	추정편년	표준척도	고분형식	비고
산성하	1	451	.	대형계단적석석광묘	
우산하	1075	452	.	대형유단적석석광묘	
우산하	3267	452	.	대형유단적석석광묘	
우산하	1081	453	24.6	대형봉토석실묘	
마선구	707	455	.	특대형계단적석석광묘	
산성하	511	455	.	대형계단적석석광묘	
산성하	1408	455	24.6	대형계단적석석광묘	
우산하	412	455	.	특대형계단적석석광묘	
마선구	58	456	.	적석석광묘	
우산하	3458	457	.	계단적석석광묘	
우산하	3105	461	26.3	대형계단적석석광묘	
우산하	924	462	.	대형계단적석석광묘	
마선구	679	466	.	유단봉토석실묘	
우산하	915	466	.	대형계단적석석광묘	
우산하	1894	466	24.6	대형유단봉토석실묘	
우산하	3501	467	.	대형적석석광묘	
마선구	1309	468	.	유단봉토석실묘	
산성하	332	468	24.6	대형봉토석실벽화묘	왕자묘
우산하	2334	469	.	대형적석석광묘	
우산하	3197	469	.	적석석광묘	
칠성산	1224	469	.	적석석광묘	
산성하	823	472	26.3	대형계단적석석광묘	
산성하	1301	472	23.5	대형계단적석석광묘	
만보정	352	473	.	유단봉토석실묘	
우산하	2107	473	24.6	특대형봉토석실묘	사회분2호묘
우산하	2895	476	.	유단봉토석실묘	
마선구	1444	477	.	유단봉토석실묘	
마선구	2027	477	.	대형계단적석석광묘	
만보정	755	477	.	유단봉토석실묘	
우산하	2910	477	.	적석석광묘	
우산하	3290	477	.	유단적석석광묘	
마선구	703	478	.	대형계단적석석광묘	
만보정	748	478	.	유단봉토석실묘	
우산하	2109	478	26.3	특대형봉토석실묘	사회분4호묘
우산하	458	479	.	대형봉토석실벽화묘	무용묘

지역	고분번호	추정편년	표준척도	고분형식	비고
산성하	1405	482	24.6	대형계단적석석광묘	
산성하	1409	482	22.5	대형유단봉토석실묘	
산성하	1414	482	.	유단봉토석실묘	
우산하	2231	482	26.3	특대형봉토석실묘	
칠성산	998	483	.	대형유단적석석광묘	
마선구	962	484	.	유단봉토석실묘	
마선구	1601	487	.	유단봉토석실묘	
마선구	2360	487	.	특대형봉토석실묘	
산성하	633	487	22.5	대형계단적석석광묘	
마선구	920	488	.	유단봉토석실묘	
산성하	63	488	.	대형적석석광묘	
우산하	457	488	26.3	대형봉토석실벽화묘	각저묘
우산하	2115	488	26.3	특대형봉토석실묘	
하해방	31	488	24.6	대형봉토석실벽화묘	
마선구	684	489	.	대형계단적석석광묘	
우산하	2412	489	.	봉토석실묘	
칠성산	66	491	.	유단봉토석실묘	
우산하	2103	492	24.6	특대형봉토석실묘	오회분3호묘
마선구	981	494	.	유단봉토석실묘	
마선구	2351	499	.	대형적석석광묘	
산성하	1298	499	26.3	대형계단적석석광묘	절천정묘
우산하	2106	499	26.3	특대형봉토석실묘	사회분1호묘
우산하	3340	499	.	특대형봉토석실묘	
마선구	1340	501	.	유단봉토석실묘	
마선구	2033	501	.	대형계단적석석광묘	
마선구	675	502	.	유단봉토석실묘	
마선구	677	502	.	봉토석실묘	
산성하	1020	502	26.3	대형봉토석실묘	
우산하	2019	502	.	봉토석실묘	
우산하	2101	502	24.6	특대형봉토석실묘	오회분1호묘
우산하	2104	502	24.6	특대형봉토석실묘	오회분4호묘
우산하	2225	502	.	유단봉토석실묘	
우산하	2114	503	24.6	특대형봉토석실묘	24.6척도기준
산성하	1304	504	24.6	대형봉토석실벽화묘	귀갑묘
산성하	1407	504	26.3	대형봉토석실벽화묘	

지역	고분번호	추정편년	표준척도	고분형식	비고
칠성산	65	504	.	유단봉토석실묘	
만보정	1368	506	26.3	소형봉토석실벽화묘	
만보정	701	508	.	유단봉토석실묘	
만보정	197	511	.	대형계단적석석광묘	
산성하	1051	511	.	대형유단적석석광묘	
우산하	2105	511	24.6	특대형봉토석실묘	오회분5호묘
마선구	1	512	26.3	봉토석실벽화묘	
산성하	634	512	.	대형유단봉토석실묘	
산성하	700	512	.	대형계단적석석광묘	
산성하	1017	512	.	봉토석실묘	
우산하	2102	512	23.5	특대형봉토석실묘	오회분2호묘
우산하	3006	512	.	적석석광묘	
마선구	2046	516	.	유단봉토석실묘	
산성하	1410	517	.	대형봉토석실묘	
칠성산	1118	517	.	대형적석석광묘	
우산하	2946	521	.	적석석광묘	
칠성산	963	521	.	대형유단적석석광묘	
만보정	1119	522	.	적석석광묘	
산성하	824	522	26.3	대형계단적석석광묘	
칠성산	955	522	.	대형적석석광묘	
하해방	33	522	24.6	대형봉토석실벽화묘	환문묘
만보정	685	523	.	대형계단적석석광묘	
만보정	1359	523	.	유단봉토석실묘	
우산하	3	523	.	특대형봉토석실묘	
마선구	940	527	.	유단봉토석실묘	
우산하	385	527	.	봉토석실묘	
우산하	3341	527	.	특대형봉토석실묘	
산성하	831	531	.	봉토석실묘	
우산하	388	531	.	봉토석실묘	
마선구	2356	532	.	적석석광묘	
우산하	1080	532	26.3	대형봉토석실묘	
우산하	1082	532	.	대형봉토석실묘	
우산하	2018	532	.	봉토석실묘	
우산하	2330	532	.	대형적석석광묘	
칠성산	1	532	.	대형봉토석실묘	

지역	고분번호	추정편년	표준척도	고분형식	비고
산성하	365	534	24.6	대형봉토석실벽화묘	동대파묘
산성하	1347	534	.	대형봉토석실묘	
우산하	2113	542	24.6	특대형봉토석실묘	사신묘
만보정	1022	544	.	봉토석실묘	
만보정	588	552	.	대형계단적석석광묘	
산성하	983	553	26.3	중형봉토석실벽화묘	
칠성산	1077	554	.	적석석광묘	
산성하	642	557	.	봉토석실묘	
우산하	2117	561	.	특대형적석석광묘	
우산하	2903	564	.	적석석광묘	
칠성산	1475	577	.	적석석광묘	
우산하	2329	578	.	적석석광묘	
산성하	509	579	.	대형적석석광묘	
우산하	2108	582	26.3	특대형봉토석실묘	사회분3호묘
마선구	608	588	.	봉토석실묘	
마선구	2024	588	.	특대형봉토석실묘	
우산하	2528	588	.	적석석광묘	
산성하	20	599	.	봉토석실묘	
마선구	2372	602	.	적석석광묘	
칠성산	668	608	.	봉토석실묘	
마선구	2374	611	.	적석석광묘	
마선구	2371	612	.	대형적석석광묘	
우산하	1150	621	.	봉토석실묘	

5. 맺음말

본고는 통구고분군과 집안 외곽 지역의 고분군을 대상으로 한 정량적·정성적인 통계적 분석 작업을 통하여 획득한 결과치를 요약 정리·분석한 결과물이다. 본 연구는『통구고묘군』(2002년)을 기본 텍스트로 하여 수행되었다. 본 연구는『통구고묘군』상 고고자료의 내용을 바탕으로 일단 엑셀 원표를 작성한 후, 통계적 방식('SPSS')을 활용하여 다양한 정량적 분석을 행하였다. 본 연구는 최초기 고분 형식으로 논의되어 왔던 적석석광묘(무기단적석총)가 2,886기(총 기수의 26%)

가 아닌 702기(6.53%)에 불과함을 확인할 수 있었다. 동실묘의 개체수가 절대적으로 많으므로 (6,695/10,743), 본 연구에서는 이를 분석 대상에서 제외하였다.

본 연구 결과에 따르면, [적석석광묘(무기단적석총)→유단적석석광묘(기단적석총)→계단·계장적석석광묘(계단적석총)→계단적석석실묘→봉토석실묘]라는 것이 확인되었다. 고분의 평면 형태는 장방형·정방형이 기본형이다. 적석묘의 경우 [원형〈사다리형〈장방형〈정방형] 순으로 조영되었음을 짐작케 한다. 고분의 입지는 평면 형태에 따라 사다리형이 가장 높은 곳에 위치해 있고 장방과 정방이 가장 낮은 곳에 위치해 있다. 제 고분은 규모가 대형화될수록 주로 평지에 입지하는 것으로 나타났다.

본 연구는 이상의 정량적 분석의 결과물을 감안하면서, 'FNN(fuzzy neural network)'분석과 Data Mining의 비모수적(non parametric) 통계 기법을 활용한 여러 수준의 정성적 분석을 실시하였다. 따라서 본 연구는 개개 고분들에 대한 축조 당시의 [높이→기울기(경사각)→체적(규모)]를 산출하고 이에 바탕한 여러 '의사결정나무모형' 접근을 통하여 주요 고분에 대한 축조 패턴을 밝혔다.

극단치 분석 결과, 극소수 '대형·특대형'으로 분류된 고분들이 전형적 형식의 고분들과 구조적·기술적으로 상이한 환경과 조건 아래 축조된 것으로 추론된다. 또한 본 연구에서는 기본 데이터를 토대로 경사각을 추정하였다. 경사각과 고구려 고분의 상관관계는 건축물의 조영방식에서는 기본적으로 구조적 안정성을 보장하여야 함을 전제로 추정하였다. 본 연구의 결과 통구고분군의 경우 개별 고분들 사이에는 36~60도라는 비교적 큰 폭의 경사각의 편차를 보여주고 있다. 그럼에도 불구하고 그 평균값은 43도였다. 추후 분석 결과 집안 외곽 지역 고분들의 경사각은 평균 42도였으며 편차가 없는 것이 특징이었다. 아마도 이런 현상은 중심인 통구고분군에서 먼저 일어난 후, 주변부인 외곽지역으로 확산되었을 것으로 추론된다. 집안 외곽 지역의 고분군과 통구 고분군 사이에는 [중심 ⇔ 주변]이라는 상관관계 속에서 정치 및 사회경제적 제약 기제가 가동되고 있었을 가능성을 상정할 수도 있다. 또는 주변부의 제 세력들이 중심인 통구 지역의 고분 축조 기술을 시차를 두고 학습한 결과로도 해석할 수 있다. 어쩌면 이러한 현상은 양 지역 사이의 인구분포와 거주지 분포의 시기별 차별성을 반영하고 있는 것일 수도 있다. 고분의 '규모'란 보정된 신경망 추정 높이를 근거로 "길이·너비·(보정된)높이"의 총화에 대해 평면 형태와 경사각을 고려하여 계산한 체적을 의미한다.

통구 고분군의 경우, '체적평균'으로 표현된 구역별 고분들의 규모의 서열은 [우산묘구→산성하묘구→칠성산묘구→만보정묘구→마선구묘구] 순으로 배열됨을 적시하고 있다. 집안 외곽 고분군의 경우는 [호자구〉장천〉오도령구문] 순으로 규모에서 가장 우월하다. 일정 수치의 체적에 고분들이 시기별로 집중적 분포상을 보이고 있고, 일정 체적 수준에서 동일한 규모의 고분들이 공시적으로 확산되고 있다. 또 체적에 따른 공시적 분포상은 고분군별로 차별성이 크며, 통시적으로도 편차가 작지 않다. 각 구역별 동일 형식의 고분들의 일정 규모에 있어서의 공시적 확산 현상과 통시적인 분포상의 단층성을 확인할 수 있다.

본 연구는 데이터 마이닝 통계적 절차를 사용하여 고분의 발달과정에서 작용하는 고유한 변인과 과정적 변인의 상호 작용을 연속선상의 누적적인 확률로 예측하고자 하였다. 본고에 제시된 4가지 〈고분형식의 의사결정나무모형〉이 그 결과물이다. 즉 〔대형과 특대형 고분형식의 의사결정모형〕·〔대형 고분형식의 의사결정나무모형〕·〔특대형 고분형식의 의사결정나무모형〕에 따르면, 해당 고분들은 각각 4가지 범주로 분별된다. 〔특대형 고분 예측에 대한 의사결정모형〕의 경우 5가지 범주로 나누어진다. 이러한 범주화 과정과 그 결과물에서 고분의 분류와 발달패턴의 확인할 수 있다. 또 이를 통해 고분축조에 개입되는 변인들의 우선순위와 정치적인 권력이나 사회적 세력의 변화 양상을 추정할 수 있다. 이제까지 '고구려척'에 관한 연구는 문헌학적 접근을 중심으로 시간적·공간적으로 편중된 극소수의 고고자료에 힘입어 수행되어 왔다는 한계성을 가지고 있다. 본 연구에서는 척을 예측하는 다양한 변인들의 scale이 연속, 범주, 서열 등으로 혼재되어 있고, 척의 사용이 특정 시기에만 집중적으로 광범위하게 분포된다는 점 때문에 정상분포를 가정한 모수통계를 적용할 수 없다고 전제하였다. 본 연구는 비모수적 방식으로 척도의 이질성에 영향을 받지 않고, 제한된 표본을 Bootstrapping 방식으로 확대 추론하는 데이터 마이닝 방식이 적절하다고 판단하였다. 본 연구는 기왕의 개개 고분에 대한 〔높이→기울기(경사각)→규모(체적)〕 관련 Data Mining의 결과치와 관련 '의사결정나무분석'의 성과를 기본으로 고분축조 시의 '표준척'을 산출하였다.

본 연구자들은 집안 지역에서의 표준척이 시기별·형식별로 다소 차별성로 보이지만, 대체로 〔22.5㎝→23.5㎝→24.6㎝→26.3㎝〕로 변화하고, 천도 직후 평양 지역도 26.3㎝의 표준척을 사용한 것으로 파악하고 있다. 다만 천도 이후 집안의 경우 주로 석실분 다수에서 24.6㎝의 표준척이 다시 등장함은 주목할 만한 대목이다. 즉 평양 천도 이전의 집안에서는 그 마지막 단계의 시기에 26.3㎝(천추총·태왕릉·장군총)가 중심 수치가 되지만, 이후 주로 석실분들 사이에서 24.6㎝의 수치가 흔히 사용됨을 알 수 있다. 물론 천도 이후 평양 지역의 덕흥리벽화고분·'동명왕릉'은 26.3㎝이며, 이는 고구려척이 집안 지역과 연속성을 가지고 변화했음을 의미한다.

고분 연도 추정 작업은 본 연구에서 도출된 핵심 설명변인들을 투여해 fuzzy neural 방식을 통해 추출하였다. 따라서 본고에 제시된 연대는 결코 '절대연대'에 값하는 그것이 될 수는 없다. 다만 편년 자료가 부족한 고구려 고분의 상황에서 연대 비정 과정에 있어 상대적으로 신뢰도가 높은 자료로서 활용될 수 있다.

본 연구의 결과물들은 관련 문헌 자료와 고고학 자료를 바탕으로 고구려사 전개의 맥락 아래서 보다 심도 깊은 정치한 분석 과정이 더해졌을 때만 그 가치성을 기약 받을 수 있을 것으로 사료된다. 아울러 본 연구 결과를 바탕으로 이후 타 연구자들도 본 연구의 결과물(exed 원자료-SPSS 변환 자료-Mining 추정자료)을 바탕으로 각자의 개별 연구 수요에 최적합화된 가설에 바탕한 통계 분석 작업을 통하여 집안 지역 고분군을 복원·재구성할 수도 있을 것으로 기대된다.

〈**참조 1**〉 통구지역 고분군의 엑셀 원자료 예시

연번	고분명	고분군명	지역	고분형식	연접고분수	평면형태	해발	입지	길이	너비	높이	현재상태	중심점 GPS
1	0001	禹山墓区	禹山	특대형계단적석실묘		정방형	263m	평지	30m	30m	12m	현존	N41°09'27.0"/E126°13'34.9"
2	0002	禹山墓区	禹山	계단적석석실묘		정방형	262m	평지	10m	10m	3.5m	현존	N41°09'27.4"/E126°13'37.9"
3	0002A	禹山墓区	禹山	계단적석석실묘		정방형	264m	평지	10m	10m	3.5m	현존	N41°09'28.5"/E126°13'36.6"
4	0002B	禹山墓区	禹山	유단적석석광묘		장방형	265m	평지	68m	10m	0.5m	현존	N41°09'28.7"/E126°13'36.3"
5	0003	禹山墓区	禹山	특대형봉토석실묘		원형	300m	산지	30m	32m	8m	현존	

〈**참조 2**〉 집안외곽지역 고분군의 엑셀 원자료 예시

연번	고분명	고분군명	지역	고분형식	평면형태	해발	입지	길이	너비	높이	지도번호	현재상태
125	호자구1호분(JHM1)	호자구	청석진 호자구촌	유단적석석광묘	장방형			35m	25m	2.5m		
126	호자구3호분(JHM3)	호자구	청석진 호자구촌	유단적석석광묘	장방형			6m	3m	0.8m		
127	호자구4호분(JHM4)	호자구	청석진 호자구촌	유단적석석광묘	장방형			5m	3m	0.5m		파괴
128	호자구5호분(JHM5)	호자구	청석진 호자구촌	유단적석석광묘	장방형			8m	5m	0.7m		
129	호자구6호분(JHM6)	호자구	청석진 호자구촌	유단적석석광묘				3m	3m	0.5m		파괴
130	호자구7호분(JHM7)	호자구	청석진 호자구촌	유단적석석광묘	장방형			10m	6m	0.8m		

〈**참조 3**〉 통구지역 고분군의 SPSS 원 자료 예시

	고분번호	척도적용	수렴척도	고분형식	평면형태	해발m	입지	길이	너비	높이	높이보정	현재상태	체적	각도
1	40.00	22.50	22.50	3_2대형계단적석석광묘	정방형	198	1	18.0	18.0	5.00	11.06	현존	3583.44	51.00
2	41.00	24.60	24.60	3_2대형계단적석석광묘	정방형	199	1	16.0	16.0	3.10	10.09	현존	2583.04	45.23
3	90.00	24.60	24.60	3_2대형계단적석석광묘	정방형	193	1	17.0	17.0	2.50	10.58	현존	3057.62	51.20
4	93.00	24.60	24.60	3_2대형계단적석석광묘	정방형	192	1	16.0	16.0	2.50	10.09	현존	2583.04	48.60
5	219.00	26.30	26.30	3_2대형계단적석석광묘	장방형	185	1	15.0	17.0	3.00	10.10	현존	2575.50	51.60

〈**참조 4**〉 집안외곽지역 고분군의 SPSS 원 자료 예시

연번	고분명	고분군명	지역	고분형식	평면형태	해발_m	입지	길이	너비	높이	높이보정	체적	현재상태	경사
1.00	JTDM1	대청구남천	청석진	유단적석석광묘	정방형	.	.	6	6	2	2.73	98.28	파괴	41.80
2.00	JTDM2	대청구남천	청석진	유단적석석광묘	정방형	.	.	6	6	1	2.73	98.28	파괴	42.40
3.00	JTDM3	대청구남천	청석진	유단적석석광묘	정방형	.	.	8	8	1	3.64	232.96	파괴	43.10
4.00	JTDM4	대청구남천	청석진	유단적석석광묘	정방형	.	.	6	6	1	2.73	98.28	파괴	42.35

출전 박경철·유제민, 2015, 「集安 高句麗古墳群에 대한 統計的 接近 試論」, 『한국사학보』59.

제13장
고구려 변방의 확대와 구조적 중층성

1. 머리말

고구려는 국가형성기 이래 환경적 여건의 취약성을 전방위적 군사팽창정책으로 상쇄하면서 전형적인 '전제적 군사국가(despotic military state)'를 지향,[1] A.D. 4C 말 이래 하나의 '왕국'의 단계를 넘어선 동북아시아에서의 패권을 장악한 제국적 지배구조에 입각한 '다종족국가'로[2] 웅비하였다.[3]

정치지리학적 개념으로서의 '국경(boundary)'이란 "일국(一國)의 관할권의 지적 표현" 곧 "어떤 정치체제가 갖고 있는 힘의 지적 표현"을 일컫는다. 그런데 국가 간에 있어서 관할권의 명확한 분리가 가능한 선형경계(linear boundary) 혹은 경계선은 근대민족국가(nation-state) 성립 이후 정립된 개념이다. 이 경우 이것은 '국경(frontier)'·'접경(boder)'·'경계(boundary)'라는 용어의 정치·사회적 '현실'과 관련지어져 제 국가들 사이를 가르는 '선'으로 개념지어진다.

반면 대형경계(帶型境界: zone-type boundary) 또는 경계대(境界帶: boundary zone)란 근대 이전의 제 국가 간에 존재한 정치적 등압선(等壓線: political isobar)에 조응하는 국경 개념이다. 이러한 대형경계의 경우 제 국가·세력 간에는 그 귀속이 불명확한 지대(zone) 내지 변경대(邊境帶: boderzone)가 존재할 수밖에 없게 된다. 오늘날 학계는 이러한 범위가 확정되지 않은 어떤 지대,

---

1 Elman R. Service, 1967, "War and Our Contemporary Ancestors", Edited by Morton Friied, Marvin Harris & Rorbert Murphy, *War: The Anthropology of Armed Conflict and Aggression*, Garden City, New York, The Natural History Press, pp.164~165. 국가형성기 고구려는 이미 자기 국가의 생존·발전을 위한 전략으로서 지속적인 군사력 조성 정책·노골적인 군사적 팽창 정책·피정복주민의 집단예속민화 정책·집단적 사민 정책 등을 선택, 자기 발전의 길을 걷게 되었다(朴京哲, 1996, 「高句麗의 國家形成 硏究」, 高麗大學校 大學院 史學科 博士學位論文, 242~244쪽).

2 武田幸男, 1979, 「廣開土王碑がらみた高句麗の領域支配」, 『東洋文化硏究所紀要』 78, 114쪽.

3 朴京哲, 1988, 「高句麗軍事力量의 再檢討」, 『白山學報』 35, 白山學會, 144~146쪽; 1989, 「高句麗 軍事戰略 考察을 위한 一試論─平壤 遷都 以後 高句麗 軍事戰略의 志向点을 中心으로─」, 『史学研究』 40, 韓国史学会, 39~61쪽.

곧 분계선에서부터 그에 의해 구획된 영토 안쪽으로 들어간 지대를 '국경(frontier)'·'접경(boder)'· '접경지대(border land)'·'변경(periphery)' 혹은 보다 고전적으로 '변방(march)'으로 지칭한다. 이 경우 이는 '선'이 아닌 '지대'를 가리킨다. 또 정치지리학은 분계선을 중심으로 나눈 양 정치 구역 각각 의 영역에 속한 그곳들을 모두 '접경지대(boderland)'라 하고, 특히 그 분계선에 인접한 한 쪽 구역 의 영역만을 '변경(boders)'이라 칭하기도 한다.

고구려의 경우에도 그 '영역·영토·강역' 등을 논하기보다는 그 '세력권'의 설정 및 그 파악 을 위한 노력이 보다 바람직하다고 본다.[4] 한편 이러한 세력권 내에서도 원심적 성향(centrifugal factor)을 강하게 띤 주변지역인 '변방'과 정치중추기능이 모여 있는 중심지역이 준별됨은 물론 이다.

필자가 본고에서 논의하려고 하는 '변방'이란 고구려 세력권 안팎에 잇닿은 공간지대를 지칭 하는 것이다. 그리고 이 변방은 고구려와 제 국가·세력이 만나서 어울리고 싸운 공간적 장으로 기능하였던 것이다. 이는 고구려의 변방이 적대 국가/세력에 맞서 국가를 보호하기 위해서 만 든 방어선인 'frontier(국경)'/'front[전선(前線)]'/'limes'[5]일 수도 있음을 의미한다. 또 이를 보다 적극 적으로 새긴다면, 고구려의 변방이란 방어를 위한 울타리만이 아니라 지속적으로 확장되는 세 력권의 경계를 의미하기도 한다. 700여 년 간에 걸친 고구려 국세팽창 과정이란 중심부의 구심 력이 주변의 변방으로 힘을 방사/확산하는 과정이기도 하다. 따라서 고구려 변방의 역사상은 고구려사의 부침에 따라 매우 가변적일 수밖에 없었다.

아울러 필자는 고구려 변방구조의 중층성에도 주목하고자 한다. 곧 고구려의 변방은 실재적 인 공간적 변방('변방공간')과 가상적인 지배구조에서의 변방이 존재할 수 있음을 상정해 본다. 이 경우 실재적인 변방공간의 확대과정은 고구려의 군사적 국세팽창 과정이 된다. 또 가상적인 지배구조에서의 변방은 고구려 국가 지배구조에서의 이종족의 존재양태와 무관하지 않을 것이 다.[6]

따라서 필자는 본고에서 먼저 시기별 변방공간의 확대상과 그 곳에서의 인간들의 존재양태 및 그 속에서 그려지는 역사상의 일단을 추적해 보고자 한다. 다음으로 필자는 이 과정 속에서 드러난 고구려 지배구조에서의 중심과 변방 차별성의 수준을 가늠해 보고자 한다. 어쩌면 이 두

---

4 한국 고대상의 '세력권'에 관해서는 鄭雲龍, 1991, 「부여의 판도와 예맥문화권」, 『展望』52, 大陸研究所, 53~149쪽.
5 'limes'란 "군사적인 전선(前線)"을 뜻한다[Arnold J. Toynbee, 盧明植 譯, 1976, 『歷史의 研究(Ⅱ)』, 三省出版社, 146~149쪽].
6 고구려 '변방'의 개념 설정에 관해서는 任德淳, 1973, 『政治地理學原論』, 一志社, 76~78쪽; 크리스 윌리엄스, 2004, 「변경에서 바라보다-근대 서유럽의 국경과 변경-」, 『(한양대학교 비교역사문화연구소 창립기념 국제심포지움)근대의 국 경, 역사의 변경-Frontiers or Boders-』, 한양대학교 비교역사문화연구소, 9~14쪽.

가지 측면(변방구조의 중층성)에 대한 고찰은 고구려 국가 성격의 한 측면을 엿볼 수 있는 실마리를 제공해 줄 수도 있을 것으로 기대된다.

2. 국가형성기 변방공간의 실상

1) 고구려의 국가형성

압록강 중류 유역 일대 맥계(貊系) 적석총축조집단은 이 지역 특유의 군사화(militarization) 경향 속에서 B.C. 2C 말 경 '구려만이(句麗蠻夷)'로 지칭되며[7] 역사의 무대에 등장한다. 그리고 이들은 B.C. 1C~A.D. 1C 경 주몽[朱蒙, 추모(鄒牟)]로 표상되는 전사집단의 틈입을 계기로 국가형성의 길을 밟게 된다. 이러한 고구려의 국가형성은 당시 이들이 당면한 한(漢) 및 부여의 세력침투 기도 그리고 말갈과 선비의 발호라는 가중되는 외압 및 끊이지 않고 일어나는 내부 상쟁을 극복할 수 있는 계기를 제공해 주었던 것이다.[8]

그리고 국초 이래 졸본성(요녕성 환인)과 국내성(길림성 집안)은 고구려의 중핵지(core area/nuclear region/nuclear core)로서의[9] 구실을 다하게 된다. 특히 고구려는 전략거점화한 국내성 일대의 지정학적인 위치를 잘 활용하여, 전제적 군사국가로서의 기반을 다지기 위한 전방위적 군사행동을 지속적으로 추진하였던 것이다.[10]

2) 말갈 외복(畏服)

말갈(靺鞨)이란 원래 숙신(肅愼) 시대에 고아시아족(Paleo-Asiatic)으로 출발하였으나, 읍루(挹婁) 시대에 와서 퉁구스족과 혼화, 이후 물길(勿吉)·말갈 시대를 거쳐 여진족·만주족의 원류가 된 종족을 일컫는다. 곧 말갈이란 예맥계 제 종족에 비해 생태적·인문적 조건이 상대적으로 열악한 동북 만주 여러 지역에 분포하면서, 그들 나름대로의 종족적·문화적 특성을 공유하고 있는 동북만주제족을 지칭한다.[11]

---

7 『漢書』卷28, 地理志 8下2.
8 朴京哲, 1996, 앞의 글, 43~149쪽.
9 '중핵지'란 국가가 탄생·조직되어 그 국가의 정치권력이 집중된 비교적 좁은 지역임(任德淳, 1973, 앞의 책, 79~80쪽).
10 朴京哲, 1989, 앞의 글, 5~6쪽.
11 이 말갈에 관해서는 朴京哲, 2003, 「高句麗 '民族'問題 認識의 現況과 課題」, 『韓國古代史研究』31, 한국고대사연구

B.C. 37년 주몽(추모) 집단은 말갈에 대한 선제공격을 감행, 이들을 군사적으로 제압하였다.[12]

또 고구려는 B.C. 28년 북옥저 지방을 장악하는 과정에서,[13] 장백산 일대를 주지로 하는 수대(隋代) 이후 백산부(白山部) 말갈이라 지칭되던 동북만주제족의 한 집단을 그 세력권 하에 포섭해 나갔다.[14]

이러한 국초 주몽왕 대에서 비롯된 말갈 경략의 전통은 그 국망 때까지 고구려의 국가경영의 기본지침으로 준수되어져 왔다. 따라서 고구려의 말갈에 대한 지배권 확대·강화 과정은 그 국세 팽창의 시·공간적 전개양상과 궤를 같이 하게 된다.[15]

3) 예맥계(濊貊系) 제 세력 집단의 광역적 통합 노력

국초의 "말갈외복" 사실은 당시 맥계 주민들의 안보적 현안 가운데 하나를 해결하였다는 의미에서 이곳에서의 주몽 집단에 대한 위망(威望)을 높여 주는 빌미를 보태주었다. 따라서 고구려는 이를 계기로 B.C. 36년 비류국 같은 중핵지 주변 예맥계 제 집단을 국가 지배구조 내로 편제해 나갈 수 있었던 것으로[16] 추정된다.

뿐만 아니라 당시 고구려는 인접 지역뿐 아니라 보다 광역의 예맥계 제 세력 집단의 통제와 통합에 소홀히 하지 않았다. 특히 고구려의 이러한 움직임은 군사전략적 관점에 따라 힘의 집중이 필요한 지역에 대해 선차성(先次性)을 띄고 의도적·선택적으로 행해졌던 것이다. 즉 고구려는 B.C. 32년 마천령산맥 이동의 행인국(荇人國)을 정벌하여[17] 두만강 하류 유역을 지향하는 군사행동의 실효성을 담보할 중간 매개 거점을 확보할 수 있었다. B.C. 3C경의 적석총 유구가 장백현(長白縣)까지 분포함은 이곳의 주민 역시 고구려와 그 종족적·문화적 맥락을 같이 하고 있었음을 시사해 준다.

고구려는 A.D. 14년 2만 병력으로써 태자하 유역과 소자하 연안 및 애하(靉河) 상류 지역에

회, 94~95쪽.

12 『三國史記』卷13, 高句麗本紀1 東明聖王 元年.

13 『三國史記』卷13, 高句麗本紀1 東明聖王 10年(28 B.C.) 冬11月.

14 朴京哲, 1989, 앞의 글, 6~8쪽.

15 고구려의 말갈경략·지배의 실상에 관해서는 朴京哲, 1988, 앞의 글, 144~150쪽; 金賢淑. 1992, 「高句麗의 靺鞨支配에 관한 試論的 考察」, 『韓國古代史研究』 6, 한국고대사연구회, 205~253쪽.

16 『三國史記』卷13, 高句麗本紀1 東明聖王 2年 夏6月.

17 『三國史記』卷13, 高句麗本紀1 東明聖王 6年 冬10月.

거주하던 맥족 집단인 양맥(梁貊)[18]을 제압,[19] 요하선(遼河線)을 지향하는 대한 군사적 압력을 가중시킬 수 있는 바탕을 마련하게 되었다. 또 고구려는 이 양맥을 자기 군사잠재력의 인적 기반으로 편입시켜서, 이후 요하 유역에서의 군사행동 시 군사적 부용집단으로 구사하였을 것이다.

또 고구려는 A.D. 26년 '왕'으로 호칭되던 수장이 지배하던 압록강 중류 유역 좌안의 군장사회들 가운데 하나로 판단되는 개마국을 군사적으로 제압하고, 구다국(句茶國)의 내항을 받았다.[20] 따라서 고구려는 이곳에서 독로강 유역에 이르는 작전선의 안정적 확보를 기약함으로써 대동강 유역의 한 세력을 압박할 수 있게 되었다.

A.D. 12년 대흉노출병을 둘러싼 고구려와 신(新)의 군사충돌 사태는 예맥계 제 세력 집단 사이에서 작용하는 고구려의 영향력의 수준을 가늠케 해 준다.[21]

당시 중국인들은 '맥인'들이 모두 '고구려후추(高句驪侯騶)'의 지배권 하에서 신을 침구(侵寇)하고 있다고 판단할 정도로 '맥=고구려'를 동일시하고 있었다. 이 점은 그만큼 고구려의 제 맥계 집단에 대한 영향력이 상당 수준에 달했었음을 엿보게 해준다.

동북아시아 방면의 사정에 정통한 엄우(嚴尤)는 신 측의 강경대응이 불러올 파장을 우려, 고구려 및 맥계 제 세력에 대한 경제적 시혜 조치를 건의하고 있었다. 즉 엄우는 이 방면의 맥인들 가운데 고구려의 지배권 하에 포섭되어 있지 않은 맥인 집단의 존재를 인지, 오히려 신 조정의 강경책이 고구려와 부여는 물론 이들 나라와 공시적으로 존재하면서도 아직 뚜렷한 정치적 구심점을 갖추지 못한 여타 예와 맥계 집단들의 대신(對新) 공동전선 형성 가능성이 현재화(顯在化)될 것을 저어하고 있었던 것이다. 그러나 이러한 그의 건의는 신 조정에 의하여 거부되고, 엄우는 연비(延丕)를 기만책으로 유인,[22] 그를 참하지만, 이를 빌미로 한 맥계 제 집단의 신에 대한 군사도발은 더욱 빈발해지게 되었던 것이다. 이 신과의 군사충돌 사태는 고구려와 한 세력 간의 군사협력 관계가 파탄 상태에 이르렀음을 보여주는 것이다.

그리고 무엇보다도 이 일련의 군사충돌 과정에서 포착되는 '맥인'과 '예맥'의 동향은 이미 A.D. 1C경 고구려 세력 확산의 대상이 먼저 맥계 제 집단에서, 다음 전체 예맥계 제 집단으로 그 폭이 점차 확대되어가고 있었음을 시사해 주고 있는 것이다.[23]

---

18 余昊奎, 1995, 「3세기 후반~4세기 전반 고구려의 교통로와 지방통치조직-南道와 北道를 중심으로-」, 『韓國史研究』 91, 韓國史研究會, 14쪽.
19 『三國史記』 卷13, 高句麗本紀1 琉璃明王 33年 秋8月.
20 『三國史記』 卷14, 高句麗本紀2 大武神王 9年 冬10月 및 12月.
21 『漢書』 卷99, 王莽傳 第69; 『三國史記』 卷13, 高句麗本紀1 琉璃明王 30年.
22 李丙燾, 1977, 『三國史記-國譯篇-』, 乙酉文化社, 227쪽의 註(4).
23 朴京哲, 1997, 「高句麗와 濊貊-高句麗의 住民과 그 文化系統-」, 『白山学報』 48, 白山学会, 144~147쪽.

4) 북옥저 정벌과 읍루(挹婁)

B.C. 28년 추모왕은 농업과 철 생산 측면에 있어 탁월한 반면, 뚜렷한 정치적 구심체가 없던 두만강 하류 연안과 연변 지방 및 연해주 일부에 위치한 북옥저 지방으로 그 세력을 뻗쳤다.[24] 옥저인들은 당시의 군사기동의 관건이 되는 기병전력과 병선(兵船)을 매개로 한 수전(水戰) 역량에 있어 현저한 취약상을 노정함으로써 외부세력의 침투책동에 대하여 주로 보병 전력에 의존, 그 생존영역 자체를 지키기에 급급한 상황이었다.

북옥저인들의 구체적 존재 형태는 끄로우노프까(Klounovka) 문화를 통해 어느 정도 엿볼 수 있다. 이것은 흥개호(興凱湖)와 수분하(綏分河)를 중심으로 분포하는 B.C. 5C~A.D. 2C에 걸친 연해주의 초기 철기시대 문화이다. 이것과 동일한 것으로 간주되는 길림성 동부의 단결문화(團結文化), 북한의 초도 4층과 범의 구석 4층 문화의 존재를 감안하면, 이 문화는 중국 길림성·흑룡강성 동부 및 한국의 두만강 유역에 걸쳐 분포하는 셈이었다.

장방형 수혈주거지(竪穴住居地)는 화재를 입어 폐기된 것이 많고, 벽을 따라서 돌을 쌓아 만든 갱(온돌)이 특징적이다. 끄로우노프까 문화는 비록 철제 유물의 양은 적지만 제철의 흔적이 확인되는 바, 출토된 주조철부는 이 지역에서 일찍부터 주조 기술이 발달했음을 말해준다. 거주지 내부에 발견된 밀·보리·기장·조 등을 미루어 농경이 행해졌으며, 출토 유물 및 수골(獸骨)에 비추어 어업 및 목축도 영위된 것으로 짐작된다.

이 문화의 특징은 그 범위가 매우 넓고, 주변 지역과의 교역이 활발했다는 점이다. 이즈웨스또프카 유적 및 끄로우노프까 마을의 고인돌(또는 개석묘)의 존재를 근거로 세형동검문화와의 연관성이 거론되는 것이 한 예가 된다.[25]

고구려는 이미 정복했던 행인국을 디딤돌 삼아 '집안→통화→백두산 북록→해란하(海蘭河)·개마고원 루트'를 공제(控制)함으로써 북옥저 경영의 안정성을 담보할 수 있게 되었다. 고구려는 이 지역을 군사거점화, 훗날 태조왕대의 동북경영의 기초를 닦았던 것이다.

읍루의 존재와 관련하여 거론되는 문화가 '연해주의 뽈체(Poltse) 문화'이다. 아무르 유역의 뽈체 문화는 기원후가 되면 연해주 지역으로 확장된다. A.D. 2C경 이 문화의 담당 주민들이 북쪽에서 연해주로 이동해 오지만, 선주민들은 그들에게 우호적이지만은 않았던 것 같다. 때문에 이들은 주거지를 선정하는데 은신처를 택했고, 전투용 무기도 발전시켰다.[26]

---

24 『三國史記』卷13, 高句麗本紀1 東明聖王 10年 冬11月; 朴京哲, 1994, 「보론-옥저·동예·읍루-」, 『한국사(2)-원시사회에서 고대사회로(2)-」, 한길사, 139~144쪽.

25 崔夢龍·李憲宗·姜仁旭, 2003, 『시베리아의 선사고고학』, 주류성, 453~457쪽.

26 데.엘.브로단스끼 著, 鄭焳培 譯, 1996, 『沿海州의 考古學』, 學硏文化社, 359~361쪽.

즉 이 문화 주거유적의 큰 특징은 방어시설이 되어 있는 고지성(高地性) 취락을 이룬다는 점이다. 보통 아래가 늪으로 둘러싸여있고, 한쪽은 가파른 경사가 진 천혜의 방어지를 주거지로 선택하였다. 더불어 철촉·철갑 등의 무기가 다량으로 출토된 점은 뽈체 문화인들이 이 지역 토착의 끄로우노프까 문화인들과 군사적으로 갈등관계가 있었음을 반영하고 있다.[27] 이는 북옥저와 읍루의 매우 껄그러운 관계를 적시한 문헌사료와도 일치하고 있다.

어쩌면 당시 북옥저인들은 거세어지는 읍루 세력의 군사적 압력으로부터 벗어나기 위한 방편으로써 고구려의 지배권 행사를 수용했을 가능성도 없지 않다.

5) 선비(鮮卑) 제압

선비는 순유목(純遊牧)기마민족인 투르크계의 흉노·돌궐과는 분별되는 남만주 및 시라무렌 유역에서 목축·수렵 및 조방농경을 영위하던 목주농부(牧主農副)의 몽고계 유목민족이었다.[28]

최근 고고학계는 B.C. 2C~A.D. 3C 후반 송화강 유역 일대에 부여와 선비 유적이 혼재하고 있음을 밝히고 있다.[29] 이 점은 고구려가 국초부터 그들과의 접속·교전이 가능했음을 시사해 준다. 따라서 고구려는 이미 유리명왕 11년(B.C. 9)에 혼강 상류지역과 동요하를 잇는 방면에 자리잡은 선비족에 대한 군사행동을 감행,[30] 그들의 한 집단을 자기 부용세력화하였던 것이다.[31]

후한제국은 대흉노분열공작을 집요하게 추진하여 마침내 그들을 남북으로 분열시키는데 성공한다(A.D. 48).[32] 요동태수 제동(祭肜)은 이에 편승하여 대선비 초무(招撫)정책을 적극화하고 있었다. 이러한 제동의 책동은 당시 선비족의 일부를 부용세력화하고 있던 고구려의 이해와 상충되는 움직임이었다.[33] 고구려 모본왕은 A.D. 49년 봄 즉각 이에 대한 무력시위로서 요동과 요서에 점재하여 있는 취약한 후한의 제 군사거점들을 우회 혹은 돌파하여[34] 화북의 우북편[右北平: 하북성 풍윤현(豊潤縣)]·어양(漁陽: 섬서성 밀운현(密雲縣)]·상곡[上谷: 하북성 회래현(懷來縣)]·

---

27 崔夢龍·李憲宗·姜仁旭, 2003, 앞의 책, 457~460쪽.

28 護雅夫·神田信夫 編, 1981,『北アジア史』, 山川出版社, 68~74쪽; 江上波夫, 1984,『騎馬民族國家-日本古代史へのアグローケー』, 中央公論社, 115~116쪽.

29 박양진, 1998,「族屬 추정과 夫餘 및 鮮卑 고고학자료의 비교 분석」,『韓國考古學報』39, 韓國考古學會.

30 盧泰敦, 1981,「三國의 成立과 發展」,『韓國史(2)』, 國史編纂委員會, 147쪽.

31 『三國史記』卷13, 高句麗本紀1 琉璃明王 11年(9 B.C.); 朴京哲, 1988, 앞의 글, 169쪽.

32 護雅夫·神田信夫 編, 1981, 앞의 책, 57쪽.

33 『後漢書』卷20, 列傳10 祭肜傳.

34 『三國史記』卷14, 高句麗本紀2 慕本王 2年 春.

태원(太原: 산서성 태원 서남방)에 대한[35] 강습작전을 감행하였다. 그러나 고구려의 이러한 과감한 군사작전에도 불구하고 바로 그해에 '선비이종(鮮卑異種) 만리(滿離)'집단이 고구려의 기반 하에서 이탈, 후한 측에 귀부하는 사태가 발생하였던 것이다.

6) 한(漢) 세력과의 충돌

국가형성기 고구려는 증가하는 인구와 한정된 가경지로 인해 걸머지게 된 과부하의 해소책을 모색할 처지에 놓여 있었다. 그러나 한반도 서북 지방과 요녕 지역에 설치한 한 군현들은 고구려가 물적·인적 자원이 풍부한 서부·북부·서남부 지역들로 접근하는 출로를 봉쇄하는 장애물로 기능하였다.[36] 더구나 당시 한 세력은 예맥계 제 국가·세력집단의 세력 판도를 정확히 읽고, 그에 맞춘 분할지배(divide and rule) 정책을 관철함으로써 자기들 세력침투·확산정책의 실효성을 제고하고, 이 지역에서의 정치적 통합노력을 억제코자 하고 있었다. 고구려는 이렇게 '우리에 꽁꽁 묶여 버린 상황(a circumscribed environment)'을 군사력 행사를 통하여 정면으로 돌파하고자 하였다. 그리고 그 첫 타격점은 현도군이 되었다.

그런데 당시 동북아시아에 포치된 한 군현들은 각기 많은 경우 20여 개의 속현들을 거느리고 있었다. 그러나 현도군은 원래 20여 개의 속현을 설치해야만 제대로 된 지배권 행사가 가능한 지역에 3개의 속현만을 설치·운용하고 있었다. 이 점은 그만큼 당시 이 방면에서의 한 측의 지배장치가 치밀하고 주도면밀하게 가동되지 못했었음을 시사해주고 있다.

또 건치 당시의 제1 현도군과 소자하 연안의 제2 현도군 및 혼하 방면의 제3 현도군에 속했던 것으로 추정되는 17개 가량의 중국식 토성들은 대개가 인간이 생활하기에 편리한 큰 산을 등진 하천변의 낮은 구릉 위에 축조되어 있다. 반면 당시 이곳의 맥계 주민들은 "隨山谷以爲居"하고 있었다. 이 사실은 현도군의 경영이 현지 주민들의 삶과 유리된 상태에서 행해지고 있었음을 시사한다.[37] 그리고 무순 이동 중국식 토성 주변에서 한대 고분을 찾기 힘들다는 사실은 제1·2 현도군 시기 이들 토성 주위에 한인사회가 뿌리내리지 못하였음을 시사해 주고 있다. 이 점은 현도군이 설치된 이 지역의 농업생산력이 현저히 낮은데서 비롯된 것으로 추정되기도 한다. 따

---

35 千寬宇, 1977, 「灤河上流의 朝鮮−中國東方州郡의 置廢와 관련하여−」, 『史叢』21·22(합집), 高大史學會, 20~22쪽.

36 Song Nai Rhee, 1992, 「Secondary State Formation−The Case of Koguryo State−」, Edited by C. Melvin Aikens and Song Nai Rhee, 『Pacific Northeast Asia in Prehistory: Hunter-Fisher-Gatherers, Famers, and Sociopolitical Elites』, Pullman, Washington State University, p.194.

37 『三國志』 卷30, 魏書30 烏丸·鮮卑·東夷傳 高句麗條; 尹龍九, 1996, 「한국 고대의 '中國式 土城'에 대하여」, 『韓國古代史論叢』8, 323·331쪽.

라서 당시 현도군 자체나 그 속현 설치 및 유지·운영에 소요되는 막대한 비용은 한 측의 재정적 부담으로 귀착될 수밖에 없었던 것으로 추정된다. 곧 현도군의 잦은 이치와 열악한 군세는 국가형성기를 전후한 고구려의 집요한 군사적 압박에 더하여 자기완결적 재생산구조를 갖지 못한 상태에서 중앙정부의 지속적인 지원이 있어야만 정상적인 군현 지배가 이루어질 수 있었다는 점과도 무관하지 않은 것이다.[38]

고구려는 현도군의 이러한 취약점을 간파하고, 군사적 강공 정책을 취하게 된다. 곧 고구려는 A.D. 14년 양맥을 제압, 측방 작전선의 안전을 확보한 뒤, 고구려의 요하 유역 진출을 제어하는 흥경·노성 부근 제2 현도군의 전초기지인 고구려현을 강습하는 군사작전을 감행하였다.[39] 이 양맥 정벌과 고구려현 습취 작전을 계기로 고구려는 요하 유역으로의 진공을 위한 작전선을 안정적으로 확보하게 되었다.

국가형성기 당시 고구려는 예맥계 주민집단 이외에도 북옥저·말갈·선비 및 상당수의 한인들을 그 지배권 하에 포섭하고 있었다. 이들 가운데 한인 집단은 비록 수적으로는 미미한 세력이지만 그들이 갖고 있는 비군사적 제 역량은 쉽게 무시할 수 없는 그것이었다. 예컨대 집안 부근에서는 철제대형보습(犁頭)·요자형(凹字形) 호미(鋤)·도끼(斧)가 출토된 바 있다. 특히 철제대형보습은 하북성 만성한묘(滿城漢墓)의 그것과 완전일치하고 있다. 이것은 이 지역 한인들이 현도군 관할 동부지역에서 축경을 행하고 있었음을 보여주고 있다. 또한 이 지역에서 다양하게 출토되는 한대 전기의 호미(鋤)와 낫(鎌)의 존재는 이 지역에서 한인들에 의해 대규모의 경종(耕種)이 행해지고 있었음을[40] 엿보게 해준다. 이 사례들은 당시 한인들이 자연 환경이 대단히 열악한 이 지역의 농업생산성 제고에 필수적인 선진적 농업기술을 보유하고 있었던 집단이었음을 보여주고 있다. 아울러 이들이 사용한 철제 농구가 시사하는 바 이들의 야철 기술 또한 상당히 요긴한 것으로 평가되어졌을 것이다.

그리고 이들에 의해 증대된 농업생산과 이들이 가진 기술력은 국가형성기 고구려의 경제적 기반, 특히 국가권력과 군사잠재력의 그것으로 전화되었을 것이다. 또 이들은 한 측과의 교섭·교역에 있어 매개자로서의 구실을 다하였을 것으로 판단된다.

B.C. 17년 유리왕은 비류부 출신 왕비가 사망하자, 비류부 견제를 의식한 정치적인 포석에서 골천(鶻川) 집단 출신인 '화희(禾姬)'와 이종족인 한족에 대한 배려의 상징으로서 한인 집단 출신

---

38 尹龍九, 1996, 위의 글, 333~334쪽; 朴京哲, 1998,「'高句麗社會'의 發展과 政治的 統合 努力−國家形成期 高句麗史 理解를 위한 前提−」,『韓國古代史研究』14, 한국고대사학회, 299~300쪽.
39 『三國史記』卷13, 高句麗本紀1 琉璃明王 33年 秋8月.
40 西川宏, 1992,「中國における高句麗考古學の成果と課題」,『青丘學術論集』2, 韓國文化硏究振興財團, 55쪽.

의 '치희(稚姬)'를 계실로 삼아 새로 지은 양곡(涼谷)의 두 궁에 거주케 하였다. 그러나 이런 왕의 시도가 당사자인 골천 세력은 물론 자기 집단 출신의 왕비를 잃고 기득권 상실을 우려하는 비류부를 필두로 한 기존 맥계 세력들의 심한 반발 속에서 무참히 좌절되었던 것이다.[41]

따라서 이 사건은 한인 집단들이 한군현 세력의 정치·군사적 비호를 받지 못하는 한, 고구려 지배권하에서 정치·사회적 운신의 폭이 매우 한정적인 이방인으로서 자리매김될 수밖에 없었음을 시사해 주는 대목이 될 것이다.

7) 중핵지의 전략거점화

고구려는 중핵지인 환인·집안 지방을 전략·군사거점화 하여 두만강·대동강·요하·송화강선을 지향하는 군사행동의 동선을 따라 주변의 예맥계 제 집단과 화전 양면의 관계를 맺으면서

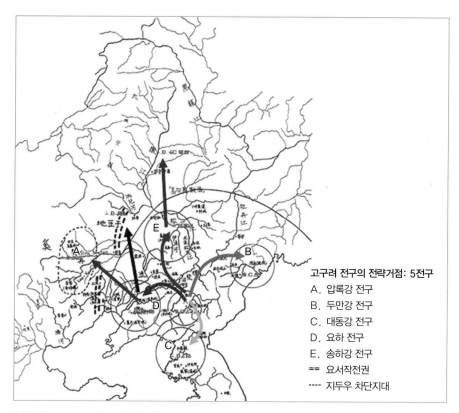

고구려 전구의 전략거점: 5전구
A. 압록강 전구
B. 두만강 전구
C. 대동강 전구
D. 요하 전구
E. 송하강 전구
== 요서작전권
···· 지두우 차단지대

〈지도 1〉 5~7 세기 고구려전구 형세도

---

41 『三國史記』 卷13, 高句麗本紀1 琉璃明王 3年; 朴京哲, 1996, 앞의 글, 153~154쪽.

이들을 자기 세력권 아래로 포섭해 나갔다. 또 고구려는 한 세력 및 부여와 같은 국가 수준의 적대 세력과 교전함은 물론 말갈·선비 등의 이종족을 부용집단으로 편제해 나갔다. 아울러 이 사실은 국초부터 고구려의 변방이 적대적 국가·세력과 접속·교전하는 전선(limes)을 형성하면서 지속적으로 확장되어 나갔음을 뜻한다(이하 본고의 논지 전개에 따라 '〈지도1〉 5~7세기 고구려전구 형세도'[42] 참조).

3. 전제적 군사국가 팽창기 변방공간 확대와 운영

1) 동북경영

고구려 태조왕은 A.D. 98~102년 이미 확보한 바 있던 책성[柵城; 길림성 훈춘(琿春)]을 군사거점화하여[43] 관북·연변 및 연해주 지방 일대의 '읍루'·'숙신'이라 지칭되던 '백산부' 및 '불열부' 말갈에[44] 대한 실효적 군사행동을 담보하는 작전기지로 활용하였다. 이후에도 고구려는 이 지방의 전략적 가치에 주목, A.D. 217년 집단 내투한 평주인(平州人) 하요(夏瑤)를 위시한 1,000여 가(家)의 한인 집단을 이주시켜 이 지역 경영에 구사한 바 있다.[45] 이렇게 고구려가 동북경영에 쏟은 관심과 노력은 A.D. 244~245년 관구검 내침 당시 동천왕이 북옥저 지방을 최후 저항 거점으로 삼아 반격작전을 벌이게 됨을 통하여 보답 받는다.[46]

고구려는 태조왕 대 이래 책성 거점을 전략적 발판 삼아 동남 방면의 동옥저·동예의 원활한 경영을 꾀해 나갔다.[47]

고구려는 이 동옥저 지방의 제 읍락 거수들 곧 '대인(大人)'들을 '사자(使者)'로 삼아 이들을 매개로 한 공납적 수탈기제를 운영하였다. 아울러 고구려는 자국의 핵심지배계층인 '대가(大加)'들로 하여금 이 과정을 통제토록 함으로써 자기 국가권력의 경제적 기반 확대를 도모하고 있었다.[48] 그리고 고구려는 그 지배계층이 자국의 '하호(下戶)'를 혹사함과 유사한 방식으로 국가의

---

42 '〈지도1〉 5~7세기 고구려전구 형세도'에 관해서는 박경철, 1989, 앞의 글 참조.
43 『三國史記』卷15, 高句麗本紀3 太祖大王 46年(98 A.D.) 春3月 및 太祖大王 50年(102 A.D.) 秋8月.
44 金瑛河, 1985, 「高句麗의 巡狩制」, 『歷史學報』106, 歷史學會, 58~59쪽.
45 『三國史記』卷16, 高句麗本紀4 故國川王 21年 秋8月.
46 『三國志』卷28, 列傳28 毌丘儉傳 正始6年(245 A.D.) 그리고 『三國志』卷30, 魏書30 列傳30 東夷 東沃沮傳 및 『三國史記』卷17 高句麗本紀5 東川王 20年(246 A.D.) 冬10月. 이에 관해서는 朴京哲, 1989, 앞의 글, 12~15쪽.
47 『三國史記』卷15, 高句麗本紀3 太祖大王 55年(107 A.D.) 冬10月 및 62年(114 A.D.) 秋8月.
48 『三國志』卷30, 魏書30 列傳30 烏丸·鮮卑·東夷傳 東沃沮.

공적 지배 범역에 속하는 이 동옥저 주민들에 대해 물적·인적 수탈을 행하고, 또 이들을 '노복'처럼 인식·처우하고 있었던 것이다. 이러한 동옥저지방에 대한 고구려의 지배방식은 북옥저·양맥 같은 피정복지에서 이미 관철되고 있었을 것으로 짐작된다.

한편 고구려는 관북·영동 지방 및 한반도 중부 지역에 광범위하게 존재하던 예맥계 제 집단을 대백제·신라 군사행동에 구사하고 있었다. 이들은 오늘날 흔히 '위말갈(僞靺鞨)' 혹은 '중도식토기집단(中島式土器集團)'이라고 일컬어지고 있다.[49] 즉 이들은 삼국상쟁의 틈새에서 뚜렷한 독자적인 정치적 조직체(polity)로 성장하지 못했으면서도, 특정 국가의 지배체제에 확고히 편제되지 않은 제 세력 집단들이었다. 따라서 고구려는 자기 집단의 생존 전략을 추구하거나, 아니면 자기보다 우월한 제 세력의 군사적 팽창세로부터 자기의 생존 영역을 지키려던 이들을 포섭, 자기 군사 부용세력화하고 있었던 것이다. 그리고 학계는 이들의 실체로서 옥저·동예 등을 지목하고 있다.

그러나 고구려가 후대에 이르러 이 지역 옥저·동예 등의 예맥계 주민들을 고구려인으로 편제, 지방행정의 대상으로 인식하게 되었음은 『고자묘지명(高慈墓誌銘)』상의 '책성도독(柵城都督)'의 존재를 통해서 확인할 수 있다.

한편 연변 및 연해주 지방 일대 주민의 상당수는 당시 '읍루'라 일컬어지던 말갈이었다.[50] 이 읍루족 역시 옥저·동예와 마찬가지로 정치적 통합 노력이 지지부진한 가운데, 읍락별로 '대인'의 지배하에 혈거 생활을 영위하고 있었다. 그런데 이 읍루족의 혈거가옥 계단 수에 차등이 있다는 사실은 그 읍락 내부에서 어느 정도 계층 분화가 진행되고 있었음을 시사한다. 그러나 이들의 공동체적 성격이 비교적 강하게 유지되고 있었던 점은[51] 읍루로 하여금 부여·고구려 등 외부세력의 침투·수탈 하에서도 종족적·문화적인 자기정체성을 강인하게 유지해나갈 수 있게 한 배경이 되었다.

한편 읍루족은 전작(田作) 중심의 농경을 행하고 있었으나, 한랭한 기후의 삼림 및 산악지대 그리고 해안·하안 지방에서의 농업생산성은 대단히 낮았을 것이다. 곧 연해주 지방은 넓은 충적평원이 많지 않아 초기 경작 농경의 발전 속도가 더뎠다. 더구나 산림의 개간을 위해서는 다량의 철제 도끼·철제 쟁기 그리고 보다 높은 단계의 사회조직이 필요한 바, 이곳의 경우 그러한 조건이 현실화되는 것은 A.D. 4~7C 사이의 일이었다.[52]

---

49 李康來, 1985, 「'三國史記'에 보이는 靺鞨의 軍事活動」, 『領土問題研究』 2, 高麗大學校 民族文化研究所; 李弘鍾, 1998, 「"三國史記" '靺鞨'기사의 考古學的 接近」, 『韓國史學報』 5, 고려사학회; 朴京哲, 2000, 앞의 글, 280쪽.

50 『三國志』 卷30, 魏書30 列傳30 烏丸·鮮卑··東夷傳 挹婁; 朴京哲, 1994, 「보론-옥저·동예·읍루-」.

51 文昌魯, 1990, 「三國時代 初期의 豪民」, 『歷史學報』 25, 歷史學會, 48·51쪽.

52 데.엘.브로단스끼 著, 鄭焟培 譯, 1996, 앞의 책.

이에 대한 보완책으로 읍루족은 선박과 궁시(弓矢)를 이용한 어로와 수렵을 활발히 행했을 것으로 추정된다. 그런데 연해주 지방에서 다량의 돼지뼈가 발굴되고 있다는 사실은 읍루족이 농업과 어로와 수렵 이외에도 돼지(猪)를 중심으로 한 가축사육에 주력하고 있었던 것을 짐작케 해준다. 그리고 이러한 읍루에서의 돼지 사육 성행은 혈거 주거양식과 더불어 한랭한 기후에 대한 '생태학적 전략'의 일환으로도 이해될 수 있는 것이다.

읍루족은 이러한 생활방식을 통해서 체득한 궁술과 항해술을 활용, 인근의 보다 양호한 환경에서 살아가는 북옥저 등에 대한 침공을 빈번히 감행했으나, 조직적·집중적 군사통제 역량의 부재하에 수행된 그것은 일과성(一過性)의 약탈적 군사행동의 수준을 벗어나기 힘든 것이었다.

부여는 '길림→돈화→연길' 루트를 따라 읍루족에 대한 지배권을 획득하고, 각 읍락별로 대인을 매개로 공납제에 의거한 인적·물적 수탈을 행하고 있었다. 그러나 부여 수탈의 가혹성은 고구려의 이 지역으로의 세력침투기도와 맞물리면서 A.D. 220~226년경 읍루족의 광범위하고도 적극적인 이반 사태를 자초하고 말았다. 따라서 부여의 이 지역에서의 읍루 지배기반은 A.D. 3C경 거의 와해되어 가고 있었던 것이다.

한편 고구려는 국초 이래 장악한 북옥저 지역을 거점화하여 변방의 읍루족 사회로의 세력침투·확산을 기도, 부여의 이 방면에서의 읍루지배 기반을 잠식하면서 제반 이득을 취하고자 하였다. 고구려인들이 읍루인들과 교역을 통하여 담비 가죽('挹婁貂')을 입수하여 큰 이익을 남기고 중국인들에게 전매했던 것은 그 좋은 예가 된다. 이 초피는 거란이나 고막해(庫莫奚)에서 생산되는 문피(文皮)에 비해 중원에서 매우 고가로 거래되는 품목이었다.[53] 이 읍루초의 구득 과정이 공적인 공납을 매개기제로 했든, 고위 귀족이 주도한 상단에 의해 이루어졌든[54] 그것은 교역을 빙자한 부등가교환이라는 수탈적 성격이 짙었을 것으로 사료된다.

또 A.D. 280년 고구려는 휘발하 유역을 따라 송화강 유역 방면으로 세력을 확산하는 과정에서 조우한 당시 '숙신'이라 지칭되던 속말부(粟末部) 말갈 제 세력을 제압하고, 이들에 대한 사민·부용화 정책을 실시, 부여에 대한 자기 잠재적 군사역량을 주도면밀하게 조성해 나갔다.[55] 따라서 고구려는 A.D. 3C 말 이래 '속말부'로 지칭되는 이 방면 말갈 집단에 대한 경략을 집요하게 추진할 수 있게 되었다.

---

53 李在成, 『古代 東蒙古史硏究』, 法仁文化社, 39쪽의 註64.
54 金昌錫, 2004, 「高句麗 초·중기의 對中 교섭과 교역」, 『新羅文化』 24, 東國大學校 新羅文化硏究所, 113~115쪽.
55 『三國史記』 卷17, 高句麗本紀5 西川王 11年(280 A.D.) 冬10月. 이 문제에 관해서는 朴京哲, 1989, 앞의 글, 8~10쪽.

2) 대동강 유역의 경영

미천왕 14년(A.D. 313)에 대동강 유역을 장악한[56] 고구려는 이 지역을 대백제·신라군사행동을 수행하기 위한 전략거점화 하였다.[57] 그러나 고구려의 중심지인 국내성 지역과 이 지역과의 역사적 경험과 문화 기반의 편차는 A.D. 4C 후반부터 본격화된 대백제 군사행동의 실효성을 담보하는 거점지역으로서의 원활한 기능 수행을 저해하고 있었다.

이 지역은 낙랑·대방군 축출 이후에도 여전히 전축분이 조영되고 있었고, 특히 기년명 전축분은 황해도 지방에 주로 분포하고 있다. 이들 전축분의 피장자들은 이 지역의 토착세력이거나 중국에서 이주해 온 인물들일 개연성이 크다. 그런데 평양 지역에서는 목곽분(木槨墳)과 전축분(塼築墳)의 전개가 서로 연결되는데 비해, 대방군의 치소였던 봉산군 당토성(唐土城) 주변에서는 목곽분이 거의 발견되지 않는다. 이는 전축분이 중국에서 들어 온 새로운 묘제이고, 따라서 묘를 만든 자들은 평양의 중국인들과는 다른 중국계 이주자였을 가능성이 없지 않다.[58] 이 점은 이 지역의 주민 구성과 문화 양상이 매우 복잡다단함을 보여 주고 있다. 물론 논자에 따라서는 고구려가 이 점을 감안하여 이 지역을 다스릴 만한 대표자를 선정하여 독자성을 부여해 줌으로써 간접적인 지배를 꾀하였을 것으로 보기도 한다. 이러한 견해는 그 예로서 안악3호분의 피장자를 동수(冬壽)라 보고, 그를 이곳의 전축분 조영 집단을 관리·지배하고자 고구려에 의해서 안악 지방으로 보내진 자로 파악하고 있다.[59]

고구려가 낙랑·대방 축출 이후 황해도 지역에서 백제와 접속하게 되고, 첫 교전을 벌리게 되는 것이 A.D. 371년이다.[60] 그런데 현재까지 확인된 4~5C 낙랑·대방군 지역 출토 기년명전 출토 사례는 15건이 있다.[61] 이 가운데 313·314년 이전 것이 1건, 313·314~371년 사이에 해당하는 것 가운데 보다 구체적으로 316~353년 사이의 것이 10건, 371년 이후(386~407년) 것이 4건이 된다. 이 사실은 고구려의 황해도 지역에 대한 통제가 이 지역이 군사지대화되어감에 비례하여 점차 강화되어 갔음을 짐작케 해준다. 이러한 고구려 지배의 긴박도는 371년 이후 4건의 경우 명문의 내용이 단순한 기년과 인명뿐이라는 점과 무관하지 않다. 다만 386년 '태안2(太

56 『三國史記』卷17, 高句麗本紀5.

57 『三國史記』卷18, 高句麗本紀6 故國原王 4年(334 A.D.) 秋8月.

58 孔錫龜, 2004, 「고구려에 유입된 중국계 인물의 동향―4~5세기 고고학 자료를 중심으로―」, 『(第10回 高句麗 國際學術大會)高句麗의 正體性』, 高句麗研究會, 240~243쪽.

59 孔錫龜, 2004, 위의 글, 248~249쪽. 또 임기환은 동수의 존재와 관련, 고구려가 낙랑·대방지역의 통치를 위해 '도독―막부제'를 시행한 것으로 본다(임기환, 2004, 『고구려 정치사 연구』, 한나래, 151~180쪽).

60 『三國史記』卷8, 高句麗本紀6 故國原王 41年(371 A.D.) 冬10月.

61 孔錫龜, 2004, 앞의 글, 242쪽.

安二)' 명전의 경우 전진 태초(太初) 원년의 오기이며, 407년 후연의 '건시(建始)'는 당시 고구려와 적대국의 기년이라는 점이 눈길을 끌뿐이다.

3) 변방 예맥계 제 집단의 고구려 전력화(戰力化)

고구려는 예족계의 부여와 화전 양면 관계를 지속적으로 유지하면서,[62] 한편으로는 예맥계 제 집단을 자기 세력권 내로 포섭·통합하는 작업을 꾸준히 진행시켜 나갔다. 그런데 이들 예맥계 제 집단은 고구려·부여·한 세력 등 주변 제 세력 간의 갈등이 접종하는 틈새에서 특정 세력에 확고히 편제되지 않은 상태로 자기 집단의 생존 기반 모색에 부심하고 있었다. A.D. 2C경 고구려는 이들에 대하여 이미 상당 수준의 영향력을 행사, 이들을 군사적 부용세력화 함으로써, 이들을 대후한 군사행동에 있어 작전병력으로 투입·구사하고 있었다. 또 후한 측도 이들 '예맥'의 실체를 '맥인'으로 인식하고 있었던 것이다.[63]

이들 중 '양맥' 같은 집단은 고구려에 의해 '숙신' 같은 이종족과 더불어 A.D. 3C 말까지 집단 예속민으로 파악되고 있었다.[64] 이후 이 양맥은 A.D. 4C경 지방 제도와 집권체제 정비과정에서 국가구성원인 '고구려민'으로 편입, 고구려 중심부의 문화에 일방적으로 동화되어 자기들의 정체성을 상실하게 되었다.[65]

그리고 이러한 고구려 세력권 아래로의 변방 예맥계 제 집단의 결집 및 통합 노력은 이후에도 고구려 국세팽창과 그 궤를 같이하면서 꾸준하게 추진되었던 것이다.

4) 고구려·선비 관계의 진전

고구려는 선비 대인(大人) 기지건(其至鞬)·단석괴(檀石槐)의 출현(A.D. 120~167)과 더불어 정치적 통합의 움직임이 싹트던 선비 세력과 합세, 한제국의 요동 거점을 공격함으로써[66] 그 군사행동의 폭을 확대시켜나갔다. 이는 고구려가 선비족의 정치적 통합 추세를 자기 세력 확장에 일정한 기여를 하게 하는 방향으로 이용하는 용의주도한 정책을 구사하였음을 보여주고 있다.

이러한 고구려의 노력은 A.D. 2C 말 고국천왕 대까지 지속되고 있었다. 그러나 산상왕 즉위

---

62 朴京哲, 1992, 「扶餘史展開에 關한 再認識試論」, 『白山學報』 40, 46~62쪽.
63 『三國史記』 卷15, 高句麗本紀3 太祖大王 53年(105 A.D.) 春正月 및 66年(118 A.D.) 夏6月.
64 『三國史記』 卷17, 高句麗本紀5 西川王 11年(280 A.D.) 冬10月.
65 余昊奎, 2002, 「高句麗 初期의 梁貊과 小水貊」, 『韓國古代史研究』 25, 한국고대사학회.
66 『三國史記』 卷15, 高句麗本紀3 太祖王 69年(121 A.D.) 夏4月.

를 둘러싸고 벌어진 격심한 정쟁의 와중에서[67] '항호(降胡)' 집단의 고구려로부터의 이반사태가 벌어졌다.[68] 이 일은 이제 선비 집단이 고구려와 이해관계를 달리 하며 새로운 역사의 무대로 나서게 됨을 뜻하는 사건이었다. 또 이는 A.D. 4C 이래 고구려가 선비 모용씨를 상대로 백여 년간 벌였던 요하 유역 영유권을 둘러싼 지리한 전쟁을 예기케 하는 사건이기도 했다.

5) 고구려의 전방위적 군사팽창

고구려는 A.D. 1C 후반~4C 말까지 압록강 유역 국내성 지역을 중심 전략거점 곧 중추 전략거점으로 삼아 전방위적 군사팽창 정책을 관철해 나감으로써 전제적 군사국가로서의 면모를 다지게 되었다. 즉 고구려는 동북 변방의 책성을 말갈·옥저·동예 지배를 위한 전략거점화 하였다. 또 고구려는 대동강 유역 및 황해도 지방을 자기 세력권 아래 새로이 편입하고, 평양 지역의 전략거점화 작업도 추진하게 되었다. 뿐만 아니라 고구려는 한 세력에 이어 새로이 선비족 모용씨와 요동 방면의 패권 확보를 위한 길고도 지루한 전쟁에 돌입하게 된다. 아울러 고구려는 송화강 유역 방면에서 부여를 압박하면서, 이 방면의 말갈 집단을 부용세력화하게 된다.

4. 제국화된 동북아 패권국가의 변방 경영

1) 요동 확보와 전략거점화

고구려가 A.D. 4C 말 요하 유역을 장악하고 이곳을 그들의 전략거점화 하였다는 사실은 제국으로서의 자기 기반을 확고히 다지게 되었음을 뜻함과 동시에 고구려가 동북아시아 패권국가로서 우뚝 서게 되었음을 뜻한다.[69]

이제 고구려는 중원 및 유목제국과는 분별되는 동북아시아 세계의 중심국가로 스스로를 자림매김 하는 '천하관'에 입각하여 대내·외 정책을 운영하게 되었다.[70]

먼저 고구려는 요동성(요녕성 요양)을 중심 삼아 혼하·태자하 유역에 연하여 산성을 주축으로

---

67 『三國史記』卷16, 高句麗本紀 山上王 元年(197 A.D.).

68 『三國志』卷30, 魏書30 東夷 高句麗傳.

69 申瀅植, 1983, 「三國時代戰爭의 政治的 意味」, 『韓國史研究』43, 韓國史研究會, 6~7쪽; 요동지방 영유권을 에워싼 고구려와 선비 모용씨와의 대결상은 朴京哲, 1989, 앞의 글, 24~27쪽.

70 盧泰敦, 1988, 「5세기 金石文에 보이는 高句麗人의 天下觀」, 『韓國史論』19, 서울大學校 人文大學 國史學科.

하는 다중의 강고한 방어네트워크를 구축했다. 고구려는 이곳을 전략거점화 하여 요서 및 동부 내몽고 방면으로부터 가해지는 적대 국가·세력의 군사적 압력을 차단하고, 거꾸로 그곳으로의 세력 확산을 꾀하고자 하였다.[71] A.D. 4C 말 이래의 고구려의 거란 경략과 A.D. 436년 고구려의 화룡(和龍) 출병[72] 역시 이 요동 지방을 전략거점 삼아 행해진 군사행동들이었다.

고구려의 요동 경영은 그 전략적 가치뿐만 아니라 실제적인 인적·물적 자원 확보 면에 있어서도 많은 기여를 했다. 요동성은 원래부터 중국의 동북아시아 경략을 위한 전초기지였던 만큼 그동안 축적된 경제적·기술적 역량이 적지 않은 곳이었다. 또 이 지역 주민들 역시 예맥계 주민은 물론 한인·선비족 등 다양한 종족들로 구성되어 있었던 만큼 그 문화적 역량 면에서도 무시 할 수 없었을 것이다.

요동 지방은 한대 이래 철관(鐵官)과 염관(鹽官)이 설치되었던 곳이다.[73] 고구려 시기까지도 이 철광과 염전은 계속 운영되고 있었을 것이다. 따라서 당시 이 분야의 기술 축적도 상당했을 것으로 추정된다. 고구려가 A.D. 645년의 안시성 공방전에서 당군의 집요한 공성전을 끝내 극복할 수 있었던 것도[74] 인접한 개평(蓋平)·해성(海城) 지방의 철 생산에 의하여 조성된 경제력에 힘입은 바 컸을 것이다.[75] 또 당시 안시성 근처에는 수백 가(家)가 채굴작업에 종사하는 은광이 있었다.[76] 이들은 채굴을 위한 공동의 역역(力役)과 그 산물인 은을 제공하고 일정 양의 토지를 분급 받아 경작함으로써 삶을 영위하였을 것으로 추정된다.[77]

뿐만 아니라 A.D. 645년 당 태종에게 함락당한 요동성에 "糧五十萬石"이 비축되어 있었다는 점은[78] 당시 이 지역의 우월한 농업생산 기반을 짐작케 해준다.

그런 만큼 고구려는 개평·해성의 철광과 은광 및 염산 그리고 이 지역의 우월한 농업 생산 기반을 활용함으로써 제국적 지배구조 운영을 위한 경제적 기반을 굳게 다질 수 있었던 것이다.

고구려의 국세 팽창 과정에 발맞추어 이 지역으로 유입되는 인구 또한 점증했을 것으로 추정된다. A.D. 436년의 화룡 출병의 결과, 북위에 내몰린 북연의 '용성현호(龍城見戶)'가 대거 요동 지방으로 들어왔다. 이들이 고구려의 국력에 얼마나 큰 보탬이 됐는지는 A.D. 472년 백제 측의

71 朴京哲, 2003, 「高句麗 異種族支配의 實相」, 『韓國史學報』 15, 高麗史學會, 296~301쪽.
72 『三國史記』 卷18, 高句麗本紀6 長壽王 24年 및 26年 春3月; 『資治通鑑』 卷123, 宋紀5 太祖 中之上; 朴京哲, 1989, 앞의 글, 40~44쪽.
73 西嶋定生, 卞麟錫 編譯, 1983, 『中國古代社會經濟史』, 學問社, 124~126쪽.
74 『三國史記』 卷21, 高句麗本紀9 實臧王 4年.
75 李龍範, 1966, 「高句麗의 成長과 鐵」, 『白山學報』 4, 白山學會.
76 『翰苑』 卷30, 蕃夷部 高麗.
77 朴南洙, 2004, 「三國의 經濟와 交易活動」, 『新羅文化』 24, 東國大學校 新羅文化研究所, 126쪽.
78 『三國史記』 卷21, 高句麗本紀9 實臧王 4年.

대북위 표문에[79] 잘 나타나 있다. 곧 백제 측은 고구려가 북연의 유민들을 곧 '풍족(馮族)의 사마(士馬)'를 받아들임으로써 강성해졌다고 주장하고 있다. 이는 북연의 유민들이 곧장 요동에서 고구려의 군사력으로 전화되었음을 뜻하는 것이기도 하다.[80]

고구려의 이들에 대한 정책은 이중적이었던 것 같다. 일반 유민 대중은 고구려 국가 지배구조 내에서의 군사동원체제에 편입되었을 것이다. 그러나 고구려의 국익에 반하거나 지배구조에 적응하지 못하는 지배집단 출신의 유민은 과감히 도태되었다. 북연주(北燕主) 풍홍(馮弘)의 경우가 바로 그러했다. 이들은 요동 지역에서 독자적 지배권을 유지하면서 이곳을 요서 지역에서의 복국(復國)을 위한 기지로서 활용하려 하였다. 따라서 풍홍은 고구려와의 신속관계 설정을 거부하고, 요서 지역에 대북위 군사교두보를 확보하고자 하는 남조(송)와의 연결을 획책함에 이르렀다. 이런 사태에 당한 고구려는 자기의 요서정책 수행 상의 걸림돌로 등장한 풍씨 집단을 과감히 삼제(芟除)해버렸던 것이다.

2) 요서 지방으로의 세력 확산

고구려는 A.D. 5C 중반 이후 요서 지방에 무려라(武厲邏) 등 방어 거점을 구축하고, 이곳을 자기 세력권으로 침투하는 적대세력을 군사적으로 공제하는 방위전지(glacis)로서[81] 운용할 수 있게 되었다. 고구려는 이 요서 지방을 군사공제지대로 삼아 중원 제국 동북 경략의 최전방 거점인 영주(營州)·유성(柳城: 요녕성 조양)과 대치하게 된 것이다. 즉 이 지역은 고구려의 최서단 외측 변방으로 자리매김하게 되었다.

따라서 이 지역은 군사지대로서 뿐 아니라, 고구려의 북위 등 중원 제국 및 거란·말갈·돌궐·고막해 등 제 세력과의 접속·교류의 장이 되기도 하였다.

고구려의 경우 이 변방 지역은 군사지대인 만큼 매우 엄격한 통제가 행해졌던 것 같다. 그런 만큼 이 방면의 국제 교역은 북위·북주·수·당 측의 주도하에 유성·영주 쪽에서 이루어졌던 것이다. A.D. 580년대 후반~590년대 전반의 영주총관 위예(韋藝)가 영주 지방의 산업을 크게 일으키고 북이(거란·돌궐·고막해 등)와 무역하여 가자(家資)가 거만(鉅萬)에 이르렀다는 사실은[82] 이 방면 교역에 임하는 중원 측의 적극성을 간파할 수 있는 대목이다.

A.D. 605년 수의 알자(謁者) 위운기(韋雲起)는 돌궐로 하여금 거란인들에게 유성에 가서 함께

---

79 『魏書』 卷100, 百濟傳.
80 徐榮敎, 2004, 「北魏 馮太后의 집권과 對고구려 정책」, 『中國古代史研究』 11, 中國古代史學會, 209~216쪽.
81 '방위전지'에 관해서는 任德淳, 1985, 앞의 글, 237~239쪽.
82 『隋書』 卷37, 韋世康傳 附 韋藝傳; 李在成, 1996, 앞의 책, 219쪽.

고구려 상인들과 교역하자고 속여서 거란인들을 유인해 내도록 했다.[83] 이 사실은 거란인과 돌궐인 등이 유성에서 고구려 상인들과 수시로 교역하고 있었음을 말해 준다. 더구나 이런 속임수에 빠져 포로가 된 거란인이 남녀 4만 구에 달했다. 이 점은 당시 유성에서 행해졌던 교역 규모가 상상 이상으로 대규모였음을 엿보게 해주고 있다.

한편 이 유성 지역은 각종 국제 음모와 정치적 공작이 행해지는 시장이 되기도 하였다.

이곳을 중심으로 돌궐과 고구려의 지배하에 있던 거란 집단의 상당수를 수로 귀부시키기 위한 공작이 꾸며지기도 했다.[84] 또 수가 고구려와의 상쟁 끝에 패주한 속말말갈의 돌지계(突地稽) 집단을 유성 근처에 안치하고, 관작을 하사·위무하며 고구려와의 전쟁에서 이들을 첨병 부대로 구사하고 있음도[85] 이와 무관치 않다.

3) 평양천도와 중추거점화

A.D. 4C 말 이래 평양 지역은 황해도 지역과 달리 고구려에 의해 보다 치밀한 경영이 이루어진 것 같다. 곧 광개토왕은 A.D. 392년 이곳에 9개의 사찰을 세운다.[86]

이는 불국토 건설이라는 새로운 가치관을 제시해 줌으로써, A.D. 4C 이래 격화된 전화 속에서 물심양면으로 피폐해진 이 지역 주민들을 정신적으로 순화시키고자 하는 정책적 배려 하에서[87] 취해진 조치였다. 이와 병행하여 고구려는 A.D. 408년 그 통치권을 이 지역 기층사회에 침투·확산시키고, 이 지역 지배에 있어서의 잠재적 불안요인을 해소시키기 위하여 자기 정책에 순응하지 않는 토착 세력집단들에 대한 사민 정책을 실시하기도 하였다.[88] 한편 A.D. 399년 광개토왕의 평양 순수와[89] 408년의 '남순'은[90] 이 지역의 경영과 전략거점화에 대한 높은 관심과 실제적 노력이 행해졌음을 시사해 준다. 또 광개토왕 대의 잇따른 대백제 군사행동의 성과는 이 지역의 전략거점화 작업이 어느 정도 일단락되었음을 추찰케 한다.

A.D. 427년 평양으로의 천도는 이후 고구려 국가 지배구조 성격의 변화와 그 정치사 전개에 있어 하나의 획선을 그었던 것으로 평가되고 있다. 이 장수왕의 평양 천도는 이미 제국화된 국

---

83 『舊唐書』卷75, 韋雲起傳; 李在成, 1996, 앞의 책, 219~220쪽.
84 『隋書』卷84, 列傳49 北狄 契丹傳.
85 李在成, 1996, 앞의 책, 219쪽.
86 『三國史記』卷8, 高句麗本紀6 廣開土王 2年 秋8月.
87 金貞培, 1980, 「佛敎傳入前의 韓國上代의 社會相」, 『韓國古代史論의 新潮流』, 高麗大學校出版部, 140~144쪽.
88 『三國史記』卷8, 高句麗本紀6 廣開土王 18年 秋8月.
89 「廣開土王陵碑文」永樂 9年 庚子.
90 『三國史記』卷8, 高句麗本紀6 廣開土王 18年 秋8月.

력을 바탕으로 왕권의 전제화를 강행하고자 하는 그의 의도와 무관하지 않다.[91]

이후 이 평양성은 이미 다종족국가화한 고구려의 제국적 지배구조(지배질서+지배체제)의 운영을 담당하는 중추거점화 됨과 더불어 대나·제 군사행동의 실효성을 담보하는 전략거점으로서의 부차적 기능도 수행하게 되었다.[92]

이에 따라 국내성을 중심으로 한 압록강 중류 유역 지방은 종래의 중추거점지로서의 기능에 갈음하여 이미 고구려 최전선 거점이 된 요동지방의 실효적 경영을 뒷받침하는 제2선 거점으로 자리매김 된다.

그러나 당시 고구려가 한반도 남부 지역에서 수행한 군사행동과 그 지배정책은 그렇게 안정적이고 강고한 것은 못되었다. 당시 고구려의 한반도 남부 지방 지배의 실상은 면지배 곧 영역지배의 실현보다는, 인위적으로 구축된 제 거점의 우월한 군사력에 바탕하여 현지 세력을 매개로 자기의 지배의지를 관철코자 하는 점지배 즉 거점지배적 성격이 강했다. 따라서 고구려의 이 방면에 대한 군사행동이 유력한 지정학적·전략적 거점 지역의 확보 노력 없이 평양성으로부터 비롯되는 길고도 취약한 작전선을 담보로 깊은 공격종심을 형성하면서 전개되고 있었던 만큼, 그 외선작전 역량은 매우 한정적이었던 것이다.[93] 최근 잇달아 확인되고 있는 한강 유역 및 경기도 북부 지역의 보루 유적들의 존재는[94] 이러한 추론을 뒷받침해주고 있는 셈이다.[95]

A.D. 661년 평양성공위전을 벌이고 있는 당군에 대한 병참 임무를 수행하던 신라의 대규모 치중대가 '해곡도(海谷道)'[96]를 따라 북상하는 도중 그다지 큰 저항을 받지 않은 점과[97] A.D. 669년 고구려의 한성과 대곡(평산)이 이렇다 할 무력 저항 없이 당군에게 투항한 사실[98] 모두가 이 점과 무관하지 않다. 고구려에게 있어 한반도 남부 지방은 취약한 머나먼 남쪽 변방에 다름 아니었던 것이다.

91 朴京哲, 2003, 「高句麗 '漢城强襲'의 再認識」, 『민족문화연구』 38, 고려대학교 민족문화연구원, 291~297쪽.
92 朴京哲, 1989, 앞의 글, 18~20쪽.
93 朴京哲, 1989, 위의 글, 18~23쪽 및 56쪽.
94 구의동보고서 간행위원회, 1997, 『한강유역의 고구려요새-구의동유적발굴조사종합보고서-』, 소화; 서울대학교박물관, 2000, 『특별전 고구려-한강유역의 고구려요새-』.
95 朴京哲, 2001, 「漢城百濟期 龍仁地方의 存在樣態」, 『白山學報』 61, 白山學會, 101~102쪽.
96 '해곡도'란 朔寧→新溪→遂安→평양의 루트를 지칭한다. 李丙燾 譯註, 1977, 앞의 책, 99쪽의 註(2).
97 『三國史記』 卷6, 新羅本紀6 文武王 2年 春正月.
98 『三國史記』 卷6, 新羅本紀6 文武王 8年 6月.

4) 송화강 유역의 전략거점화

고구려는 국초 이래 부여 세력권을 잠식해 나감과 더불어 말갈 경략정책을 성공적으로 수행해 나갔다. 고구려는 A.D. 479년 물길과 북위 등 여타 적대세력의 제휴를 차단하기 위하여 유연과 지두우(地豆于) 과분(瓜分)을 도모하였다.[99] 또 고구려는 송화강 유역의 안정적 경영을 담보하고자 이미 보호국화하고 있던 부여를 병합하게 된다.[100] 이제 고구려는 물길을 북위 정시년간(504~507 A.D.)에서 무정 5년(547 A.D.) 사이에[101] 군사적으로 제압하는데 성공하였다.[102] 따라서 고구려는 A.D. 580년대 이후 '말갈7부' 가운데 흑수부를 제외한 백산부·속말부·백돌부(伯咄部)·안거골부(安車骨部)·호실부(號室部)·불열부(拂涅部)라 지칭되던 동북만주 제족의 대부분에 대한 지배권을 확립하게 되었다.[103]

고구려는 A.D. 1C 이래 지속된 부여 세력권 잠식 노력 과정에서 상당수의 주민들을 이미 고구려 지배구조 내로 편입시키고 있었다. A.D. 5C 말 이래 고구려는 나머지 부여계 주민들의 통합을 가속화시킬 수 있게 되었다. 또 고구려는 길림을 중심으로 이통하 및 제2송화강 유역에 "扶餘川中四十餘城"[104]이라는 요새망을 구축, 이 일대를 공제하는 전략거점을 구축하게 되었다. 고구려는 이를 디딤돌 삼아 이곳 주민의 대다수를 이루는 속말부·백돌부 그리고 안거골부 말갈에 대한 지배권을 확고히 관철할 수 있게 되었다.[105]

A.D. 6C 초 이래 고구려는 이곳 말갈계 주민들의 정치적 존재양식에 대한 결정적 규정력으로 작용하고 있었다. 곧 고구려는 말갈 제 족 간의 정치적 각성에 따른 통합 움직임을 사전에 봉쇄하며, 경제적 수탈과 군사동원의 효율성을 제고시키기 위하여, 이 제 거점의 우월한 군사력을 매개로 분리지배 정책을 철저히 추진코자 한 것으로 파악된다.

'남실위(南室韋)'란 눈강 유역의 치치하얼(齊齊哈爾)를 중심으로 흥안령산맥 이동 이륵호리산맥(伊勒呼里山脈) 이남 지역의 군소 제 족의 총칭이다.[106] 돌궐은 A.D. 6C 중엽경 고구려의 지두우 차단지대를 대우회, 송화강 유역 북측의 눈강 루트를 따라 그 세력 확산을 꾀하였다. 곧

---

99 朴京哲, 1989, 앞의 글, 44~51쪽; 李在成, 1996, 앞의 책, 164~180쪽.

100 『三國史記』卷19, 高句麗本紀7 文咨明王 3年 2月.

101 『魏書』卷100 列傳88 勿吉傳; 盧泰敦, 1976, 「高句麗의 漢水流域喪失의 原因에 대하여」, 『한국사연구』13, 韓國史研究會, 48~49쪽.

102 물길의 실체는 제2송화강 남안의 납림하(拉林河) 유역, 특히 아륵초객하(阿勒楚喀河) 연안, 곧 아성 일대를 중심지로 하는 수·당대 말갈7부 중의 하나인 안거골부말갈이었다.

103 고구려의 말갈에 대한 지배 범위와 수준에 관한 제 논의는 金賢淑, 1993, 앞의 글, 229~233쪽.

104 『三國史記』卷22, 高句麗本紀10 寶藏王 27年 2月.

105 朴京哲, 1989, 앞의 글, 38~39쪽.

106 李龍範, 1966, 앞의 글, 86쪽.

돌궐은 송화강 유역 북안에서 흑룡강 연안에 이르는 실위에까지 세력을 확장, 지방관인 토둔(吐屯)을 파견하였던 것이다.[107] 그러나 고구려는 "扶餘川中四十餘城"이라는 확고하게 조성된 제 군사거점을 전진기지 삼아 남실위에 대하여 전략물자인 철과 금을[108] 공급하면서 세력 부식을 꾀하는 등 대돌궐 역공을 벌이기 시작하였다.

5) 동몽골 경략

거란이란 가비능(軻比能)을 그 원조(元祖)로 하는 선비의 한 분파로서, 원래 시라무렌과 라오자무렌 유역의 동몽골 지방에 분포하며 수렵·어로 및 말사육에 종사하던 몽고계 유목민족이다.[109]

A.D. 395년 광개토왕의 거란 정벌[110] 이래 이 동몽골 지방에 대한 고구려의 관심과 그 진출상은 현저한 것이었다. 이러한 고구려의 동몽골 경략은 고구려가 최전선 거점인 요동 지방을 발판으로, 그 변방 밖 스텝 지대 깊숙이 세력을 팽창하려 하였다는 점에서 주목된다. 이 동몽골 지방[북위대의 '요해' 지방→수·당대의 '송막(松漠)' 지방→후대의 '열하(熱河)' 지방]은 후대에까지 몽고 지방의 제압과 만주와 서번 제융에 대한 패권의 안정적 관철을 담보함에 있어 "천하지뇌(天下之腦)"[111]가 되는 지역이라고 평가된 바 있다.[112] 따라서 고구려는 일찍이 이 동몽골 지방의 지정학적 중요성을 간파, 이 방면에서의 세력 부식에 부심했던 것이다.

'지두우(地豆于)'란 북으로는 도이하[陶兒河, 조아하(洮兒河)]를 한계로 실위에 접하고, 남으로는 시라무렌 유역에서 고막해·거란과 잇닿고, 서로는 흥안령에서 유연과 만나며, 동으로는 장춘·농안의 송화강 유역과 상임하고 있는 곧 중국 내몽고자치구 동부 대흥안령산맥 기슭을 주지로 하는 유목민족을 가리킨다.[113] 그런데 A.D. 5C 후반 중흥기를 맞은 유연은 동몽골 일대에서의 세력 재확산을 도모하고자 하였다. 또 고구려 역시 '수적지지(受敵之地)'인 송화강 유역의 안정적 경영을 꾀하고 있었다. 이러한 양자의 이해관계가 맞물리면서 A.D. 479년 '지두우 과분(瓜

---

107 『隋書』卷84, 列傳49 北狄 室韋傳.
108 『唐書』卷219, 列傳144 北狄 室韋傳, "土少金鐵 率資於高麗".
109 田村實造, 1967, 『中國征服王朝硏究(上)』, 東洋史硏究會, 67~70쪽; 池培善, 1978, 「鮮卑拓跋氏의 氏族分裂過程에 대하여-軻比能 以後를 중심으로-」, 『白山學報』24, 白山學會, 130~133쪽; 李在成, 1996, 앞의 책, 93~109쪽.
110 『廣開土王陵碑文』永樂 5年.
111 『熱河日記』卷9, 「黃敎問答」.
112 閔斗基, 1963, 「"熱河日記"의 一硏究」, 『歷史學報』20, 歷史學會, 1065~1067쪽.
113 『魏書』卷100, 列傳88 地豆于傳; 李龍範, 1959, 「高句麗의 遼西進出企圖와 突厥」, 『史学研究』4, 韓國史學會, 58쪽.

分)'이 행해진다.[114] 고구려는 송화강 유역으로의 세력 침투를 꾀하는 제 적대 세력의 책동을 저지하고자 하는 전략적 구도 아래에서 이곳을 고구려 세력권의 차단지화(cordon sanitaire)하였던 것이다.[115]

한편 A.D. 551년 돌궐의 고구려에 대한 선제 군사행동 이래,[116] 고구려는 동몽골 방면에서 거란에 대한 지배권을 놓고 이들과 상쟁을 벌이게 된다.[117] 또 A.D. 580년대 이래 새로이 통일제국으로 등장한 수는 거란 지배권의 향방을 둘러싸고 돌궐·고구려와 갈등상을 연출하게 된다.[118] 그러나 고구려는 국망 당시까지 거란 일부에 대한 지배권을 놓지 않고 있었던 것이다.[119]

고구려 지배하의 거란인들은 무엇보다도 군사적 부용집단으로서의 자기 존재양식을 강요받을 수밖에 없었을 것이다. A.D. 492~499년경 문자왕대에 거란인들이 고구려의 비호 아래 북위의 변경민들을 노략한 사건[120]은 고구려가 자기들의 지배하에 있는 거란인들을 이용한 인신약취를 통하여 이들 피랍인들을 인신매매나 자신들의 영농에 종사시킴을 통하여 상당한 수익을 챙기고 있었음을 엿보게 해준다.

또 고구려의 A.D. 395년 거란 공파 당시 노획한 "우마군양(牛馬群羊)"이 이루 헤아릴 수 없이 많았다는 점은 경제적 수탈의 주목적물이 무엇인가를 시사해주고 있다. 철에 버금가는 전략자원인 말 공급 기반 확보에 대한 고구려의 관심은 대단하였다. 당시 선비는 '호마(好馬)'를[121], 거란은 "能馳走林木間"하는 거란마(契丹馬)를,[122] 지두우는 '명마(名馬)'를 산출하고 있었다. 대체로 이 말들은 스텝 지대의 마종으로서 서구마보다 외모는 볼품이 없지만, 그 강인성과 지구력에 있어서 가히 '신마(神馬)'라 상찬 받을 만한 그것이었다.[123] 특히 거란의 말은 소형인 까닭에 평야 지대인 화북 지방에는 적합하지 않고, 오히려 숲이 울창한 산림 지대에서 주행하기에 좋았다.[124] 이 점에 비추어, 고구려가 거란에서 입수한 말들은 고구려의 기병전력 조성에 큰 보탬이 되었을 것이다. 따라서 고구려가 거란을 힘으로 제압한 이후에 이 거란마를 공납이나 부등가교

---

114 『魏書』卷100, 列傳88 契丹傳.

115 '遮斷地(cordon sanitaire)'에 대해서는 任德淳, 1985, 앞의 글, 237~239쪽; 朴京哲, 1989, 앞의 글, 45~53쪽.

116 『三國史記』卷19, 高句麗本紀7 陽原王 7年 秋9月.

117 『隋書』卷84, 列傳49 北狄 契丹傳; 朴京哲, 2003, 앞의 글, 298~299쪽.

118 『隋書』卷84, 列傳49 北狄 契丹傳.

119 『唐書』卷110 列傳35 諸夷蕃將 泉男生傳.

120 『魏書』卷32 列傳20 封懿 附 封軌傳; 李在成, 1996, 앞의 책, 178~179쪽.

121 『後漢書』卷20, 列傳10 祭彤傳.

122 『唐會要』卷72, 諸蕃馬印.

123 『史記』卷123, 列傳63 大宛傳; 關東都督府 陸軍部, 1915, 『東蒙古』, 兵林館, 131~132쪽; 參謀本部, 1916, 『經營資料-東部內蒙古調査報告-』, 92~107쪽.

124 李在成, 1996, 앞의 책, 54쪽.

환을 내포로 하는 교역의 형식을 빈 즉 경제외적 강제가 개입된 사실상의 공납을 통해서 확보할 수 있었을 것이다.

6) 동북아 패권국가 고구려의 전략거점 운용과 변방

고구려는 국초 이래 압록강 중류 유역 지방을 중추 전략거점 삼아 전방위적 군사팽창 정책을 관철해 나갔다. 그리고 이는 요하선을 지향한 고구려 변방공간의 확대과정과 다름 아니었다. 따라서 고구려는 A.D. 4C 말 자기의 동측 변방인 요동 지방을 그들의 전략거점화 하는데 성공하였다. 이를 계기로 고구려는 동북아시아 패권국가로서 웅비할 수 있게 되었다. 이후 고구려는 이곳을 자기 세력권의 최전선(limes) 거점화하였다. 또 고구려는 이곳을 발판으로 요서 지방을 자기 세력권의 군사 공제지대로 만들고, 변방 밖 멀리 동몽골 지방으로 세력 확산을 꾀하게 된다.

고구려는 A.D. 427년 평양 천도 이래 대동강 유역을 자기 국가의 중추적 전략거점화 하였다. 따라서 기왕의 중핵지였던 국내성 지역은 요동 지방을 뒷받침하는 제2선 전략거점화 되었다.

고구려는 국초부터 송화강선을 따라 부여·말갈과 화전 양면관계를 진전시켜 가면서 꾸준히 세력을 침투·확산시켜 나간 바 있다. A.D. 5C 말 고구려는 부여를 자기 세력권으로 통합하고 동몽골의 지두우의 주지를 차단지대로 운용, 이 지역의 안정적 경영을 도모, 이곳을 말갈 지배를 위한 전략거점화 하였다. 또 고구려는 이곳을 발판으로 A.D. 6C 중엽 실위로 영향력을 확대시켜 나갔던 것이다. 따라서 이 지역은 두만강 유역 책성 중심의 동북 전략거점과 더불어 고구려의 인적·물적 자원 동원을 위한 후방 전략거점으로 구실을 다하게 되었다.[125]

고구려가 6세기 이상의 기간에 걸쳐 축차적으로 확보한 압록강·두만강·대동강·요하 및 송화강 유역은 제국화 된 고구려의 전선(limes)을 뒷받침하는 동원기지(mobilization base)가 되어 고구려의 전체적인 군사역량을 제고시키는데 결정적 역할을 수행하였던 것이다.[126]

국가형성기 이래 고구려의 전방위적 군사팽창의 동선은 당시 가장 중요한 전략물자인 말과 철의 안정적 확보 노력과 무관하지 않다. 물론 고구려는 이러한 군사적 팽창정책 수행 과정에서 마주치게 된 한인 및 말갈·선비·거란·실위·지두우 등 변방 이종족 집단을 군사력으로 제압하면서 이들에 대한 실효적인 지배권을 확립하여 나갔던 것이다. 따라서 고구려는 A.D. 6C 이래

---

125 朴京哲, 1989, 앞의 글, 56~60쪽.
126 朴京哲, 1988, 앞의 글, 159~160쪽.

"專制海外 九夷黜虜 悉得征之"하게[127] 된 제국적 지배구조를 운영하는 동북아시아 패권국가로 군림하게 된 것이다.

그러나 한편 이러한 고구려의 패권이 전방위적 군사팽창 정책의 소산임은 곧 고구려 변방공간이 적대적 국가·세력과 지속적으로 접속·교전하는 전선(limes)으로서 항시적이며 구조적인 불안정성을 가진 채 경영되고 있었음을 시사하고 있다.

5. 고구려 변방구조의 중층성

1) 다종족국가 고구려

일찍이 한 선학은 고구려 판도 확대에 따라 말갈·거란을 통솔하는 고구려 세력권이 성립되며, 나아가서 고구려가 동북아시아 문화적·정치적 중심지가 되어 대 한족 투쟁의 영도적 위치에 서게 된 것은 단순한 정복역량의 증대에서 오는 것이 아니라고 본다. 즉 그는 이런 사실은 당시 고구려의 정치사상이 고대국가 성립 단계의 정치사상에서 세계제국의 성립 방향을 제시하는 사상으로 진전한 위에서만 가능한 것이었다고 파악한 바 있다.[128]

실제로 고구려가 다양한 종족과 다기한 문화권과의 조우 속에서 그 발전과정을 거친 점이 바로 고구려 국력 팽창의 한 주요한 요인이 되었던 것이다.[129]

고구려의 정복·지배 대상이 되었던 주요 종족은 물론 옥저·동예·양맥·부여 등 예맥계 제 집단이었다.[130] 그러나 고구려의 지배 대상에는 한인·선비·거란·말갈·지두우 등 매우 다양한 이종족들이 다수 포함되어 있었던 것이다. 그리고 이들 이종족들은 각기 상이한 생태적 조건 아래에서 각자 별개의 역사적·정치적 경험을 경과한 주민집단들이었다. 고구려는 이들 이종족 집단들의 정치발전 수준과 집단의 규모, 그리고 그들의 경제적 재생산구조의 질·양적 평가를 통하여, 개개 종족과 집단에 대하여 최적화된 지배정책을 강구하였을 것이다. 따라서 이들 피지배 이종족 집단들의 존재양식은 바로 이러한 정책의 운용 방향 여하에 따라 규정될 수밖에 없었다.[131] 이는 고구려가 A.D. 4C 말 이래 성공적인 군사적 국세팽창정책과 맞물리면서

---

127 『三國史記』卷19, 高句麗本紀7 文咨明王 13年(504 A.D.) 夏4月.
128 金哲埈, 1969, 「韓國古代政治의 性格과 中世政治思想의 成立過程」, 『東方學志』 10, 延世大學校 國學研究院.
129 朴京哲, 1988, 앞의 글, 144~145쪽.
130 '종족'과 'ethnic group'·'ethnicity'에 관해서는 朴京哲, 2003, 앞의 글, 68~70쪽.
131 이 문제에 대한 연구사적 검토는 朴京哲, 2002, 앞의 글, 82~86쪽.

정립한 자기중심적 '천하관'에 바탕한 제국적 질서를 동북아시아 일대에 강요하게 되었음을 뜻한다.

2) 고구려 세력권의 지배구조 운영과 정체성 인식

그렇다면 다종족국가 고구려의 지배구조 곧 제국적 지배구조의 실상은 어땠을까?

6세기 이상 기간에 걸친 고구려의 군사적 국세팽창 과정은 고구려 변방공간의 확대과정이며 고구려의 제국화 과정이었다. 고구려 제국적 지배구조의 실상은 그 구조가 세력권 안에서 또 그 언저리인 변방 너머에서 어떻게 가동·투사되었는가를 통해서 엿볼 수 있다.

고구려 세력권 내에서도 '고구려인'으로 편제되어 삶을 영위하는 주민들과 그렇지 못한 사람들이 병존하고 있었던 것으로 보인다. 고구려는 자기 세력권 내의 옥저·동예·양맥·부여 등 예맥계 제 종족 혹은 주민집단을 자기 지배구조 안으로 축차적으로 통합·편제, 이들을 '고구려인'으로 인식·처우하였을 것이다. 따라서 고구려 국가권력의 기반이 되는 고구려 '민'의 범주도 지방 통치조직을 매개기제로 하여 시·공간상 동심원적으로 확대되어 나갔을 것으로 판단된다.[132] 이런 고구려의 예맥계 집단의 통합정책은 종족적 친연성이란 그 생태적·지정학적·생업경제적인 그것에서 비롯된다는 점에 비추어 당연한 것일지도 모른다.

〈지도 2〉는 청동기시대 이후 우리 민족의 바탕문화가 뿌리내리기 시작한 청동기시대의 예맥문화권의 형성과 전개에 관한 개념도이다.[133]

〈지도 2〉의 '예맥문화권의 형성과 전개'에 나타난 지역별 유형문화들과 〈지도 1〉의 '5~7세기 고구려전구 형세도'상의 고구려 전략거점['전구(戰區)']의 전개상은 거의 완벽히 중복됨을 간파할 수 있다.

곧 청동기시대 공귀리유형문화(公貴里類型文化)는 고구려의 압록강전구와, 요동비파형동검문화(遼東琵琶形銅劍文化)는 요하 전구와, 서단산문화(西團山文化)·포자연문화(泡子沿文化)는 송화강 전구(戰區)와,[134] 소영자문화(小英子文化)·단결문화는 두만강전구와 그리고 팽이형토기문화는 대동강전구와 거의 비슷하게 겹치고 있다. 더구나 고구려가 군사 공제지대로 운용한 요서지방은 요서비파형동검문화와 또 차단지로써 활용하고자 한 지두우 지역 역시 예맥문화권 외곽에서 혹종의 상관관계를 유지하던 내몽고 하가점상층문화(夏家店上層文化)의 유지(遺址)인 셈이

---

132 朴京哲, 2003, 「高句麗 '民族'問題 認識 現況과 課題」, 69~70쪽.

133 朴京哲, 2004, 「濊貊·扶餘와 高句麗의 正體性에 관한 研究」, 『高句麗研究』 18, 高句麗研究會, 497~531쪽.

134 吳江原, 2000, 「中滿地域의 初期鐵器文化: 泡子沿式文化의 成立과 展開樣相─文化背景 및 夫餘 문제와 관련하여─」, 『(第24回 韓國上古史學會 學術發表大會)전환기의 고고학Ⅲ─歷史時代의 黎明─』, 韓國上古史學會.

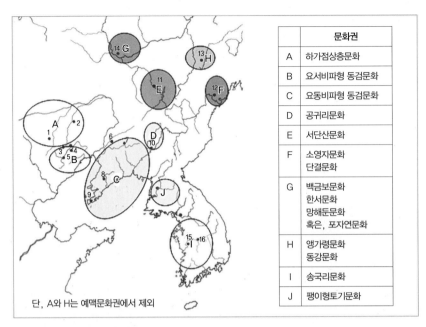

	문화권
A	하가점상층문화
B	요서비파형 동검문화
C	요동비파형 동검문화
D	공귀리문화
E	서단산문화
F	소영자문화 단결문화
G	백금보문화 한서문화 망해둔문화 혹은, 포자연문화
H	앵가령문화 동강문화
I	송국리문화
J	팽이형토기문화

단, A와 H는 예맥문화권에서 제외

〈지도 2〉 예맥문화권의 형성과 전개

다. 뿐만 아니라 A.D. 6C 중엽 고구려가 세력 침투를 꾀하였던 눈강 유역의 실위 지역은 바로 '탁리국(橐離國)'의 문화로 추정되는 한서문화상층(漢書文化上層)·망해둔문화(望海屯文化)·포자연문화(泡子沿文化)의 유지였던 것이다.

필자는 이런 사실을 적시함을 통해 '고구려전구(高句麗戰區)'의 형성·전개로 상징되는 국세 팽창의 지형도가 청동기시대 '예맥문화권'의 부활 혹은 재현을 노린 고구려의 의도적인 전방위적 군사팽창 정책의 결과라고 주장하고자 함은 결코 아니다. 필자는 고구려의 전략적 동선의 향방은 부여·옥저 등의 예맥계 종족뿐 아니라 말갈·선비·거란·지두·실위 등 제 이종족을 아우른 인적 자원을 확보하고, 또 말·철과 같은 물적 자원의 안정적 확보 노력과 무관하지 않았던 것으로 판단한다. 그리고 고구려는 이 과정에서 예맥계 종족이 주민의 상당수를 차지했었을 수도 있는 두만강·대동강·요하·송화강 유역을 우선적으로 차례차례 제압해 나가면서, 이들 주민들을 고구려 국가 지배구조 내로 편입·통합시켜 국가의 인적 근간을 확대시켜 나갔을 것으로 추정된다.

이러한 고구려 세력권 확장과 민의 확대 정책은 청동기 시대 이래 동질적 기저문화에 바탕한 생태적·지정학적·생업경제적인 친연성에 크게 힘입었을 것으로 보인다. 정체성 인식의 요체는 동질성과 차별성의 인식이다. 이 점에 있어 고구려는 분명히 동질성을 인정할 수 있는 주민들이 사는 지역을 우선적으로 확보하여 전략거점화하고, 이들을 고구려인으로 동화·통합시키는 국세팽창 정책을 수행해 나갔던 것이다. 이러한 정책의 결과물이 바로 '고구려전구'의 형성과 운영이었다. 반면 고구려는 자기들과는 이질적인 제 종족에 대한 차별성을 분명하게 자기들의 정책에 투영하고 있었다.

고구려의 이런 자기 정체성 인식은 고조선·부여 등과 같은 이형동질적 역사를 경험한 예맥족에 대한 청동기 시대 이래 뿌리내린 동아리 의식과 특히 한인·말갈·거란을 비롯한 비예맥계 주민집단의 문화와 정치 세력들에 대한 분별 의식이 바탕이 되었던 것이다.

3) 이종족들의 존재양식

고구려 변방 너머 동몽골 방면의 거란·지두우 같은 유목종족들은 고구려의 지배구조에서 배제된 군사적 부용 집단으로 그 존재형태가 규정되었을 것이다. 비록 그 다수가 고구려 세력권 내 혹은 그 언저리 몰려 살았던 말갈의 정치적 존재양식 또한 이들 유목종족과 별다를 바 없었을 것이다. 곧 고구려의 말갈에 대한 인식·정책은 분명 달랐다.

예컨대 고구려와 말갈이 같은 전장에서 함께 전투를 수행하는 경우에도 대부분의 사료는 이들을 항시 분별하여 기록하고 있다. 무릇 전쟁을 수행하는 군사조직에 있어서 종족성에 따른 구성과 운용의 차별성은 바로 당해 조직을 운영하는 지휘부의 심성(mentality)과 다를 수 없는 것이다. 따라서 말갈은 고구려의 국가공민으로서 뿐만 아니라 국가구성원으로서도 파악되지 않고 있었던 것이다.

이러한 고구려 지배구조의 종족별 단층성은 종족적 친연성 형성의 바탕을 감안하면 당연한 것일지도 모른다. 따라서 고구려는 광개토왕 대 이래 급팽창한 자기 세력권 안팎에서 영위되는 제 기저사회의 다양한 존재형태에 대응하여 다기한 지배형태의 병존을 허용하는 '다종족국가'의 경영, 곧 제국적 지배구조의 실효적 운용을 꾀하였던 것이다.

즉 고구려는 농경정주양식을 영위하는 '촌(村)'을 그 기저사회로 하는 성-촌지배체제(城-村支配體制)를 강화함으로써 면지배적 영역통치형태를 실현하여 안정적 수취기반을 확보하는데 진력하였다.[135] 또 고구려는 유목·수렵과 조방농경을 영위하는 비정주적인 '영(營)'을 그 기저단위로 하는 말갈·거란·지두우 등과 같은 이종족에 대하여 집단적 지배형태인 '부락-영지배체제(部落-營支配體制)'[136]를 관철, 종래와 같이 당해 지역의 군사거점인 제성의 우월한 군사력을 배

---

135 武田幸男, 1979, 앞의 글, 109~115쪽.

136 武田幸男, 1979, 위의 글, 114쪽. 武田은 고구려의 거란 지배형태를 '부락-영지배체제'의 전형으로 파악하고 있다. 그러나 필자는 선비·지두우·말갈에 대해서도 이와 유사한 지배형태가 관철되었으리라고 본다.

경으로 한 점지배적 통치형태를 유지하고자 하였다. 따라서 고구려는 이들 이종족에 대해서는 그들 본래의 공동체적 질서와 생산양식, 즉 그들 고유의 생존영역을 비호·보장해주는 대가로 그들로부터 조부(租賦) 특히 노력(勞力)과 군역을 수탈하였던 것이다.[137]

결국 고구려는 이런 보호·종속관계를 바탕으로 국초 이래 말갈·선비·거란 등의 이종족 집단을 부용 세력화함으로써 국가 군사잠재력의 기반을 확대·강화시켜나갔던 것이다.[138]

'부용'은 본래 소국 그 자체를 의미하면서, 동시에 대국에 복속되어 있는 상태를 나타내기도 한다.[139] 공납제란 정복자가 피정복사회나 국가를 정복할 그 당시의 상태로 유지한 채 외부에서 이들을 지배할 때 성립하는 관계이다. 따라서 이 공납제 역시 넓은 뜻의 부용관계의 내포로 파악할 수 있다.[140] 이 점에 비추어 볼 때, 고구려와 피정복 이종족들과의 관계도 대체로 보호↔종속관계에 입각한 부용관계로 규정하는 것이 무난하다고 본다. 한편 로마제국이 당시 해방노예가 그들의 옛 주인인 자유민을 보호자(patronus)로 삼는 대신 노역 및 전역에 종사해 주어야 하는 부용민(clientes) 제도의 개념을 제국의 피정복지 통치방식으로 원용한 바 있다는 사실도 이 부용관계를 이해하는 데 시사하는 바가 크다.[141]

이런 점에 비추어 이종족이 고구려와의 관계 설정에서 고려할 선택지는 오히려 간단했다. 말갈·거란·지두우 등은 고구려의 '천하관'에 바탕한 제국적 질서에 순종하든지 아니면 그것을 거부하고 또 다른 보호자를 찾을 수밖에 없었을 것이다.

본래 힘(force)과 이익(interest)은 '부용' 관계를 매개로 한 변방에서의 이종족 지배 방식의 지렛대 구실을 한다. 따라서 고구려와 당해 이종족 집단 사이의 관계가 일방적인 지배-피지배 관계 그리고 착취-피착취 관계로 일관될 수만은 없었다.[142]

A.D. 49년 선비 이종 만리 집단[143]과 건안(196~219 A.D.) 중 선비 항호(降胡) 집단의[144] 고구려 지배권으로부터의 이탈과 A.D. 6C 말 돌궐·고구려 기반(羈絆) 하에서 거란 제 부의 수(隋)로의 귀부 사태 그리고 A.D. 7C 초 속말말갈의 한 분지 집단인 돌지계 집단이 수로 도찬한 사

---

137 김광진은 이를 '공납적 수취관계'에 기반한 '속민제도' 혹은 '종족노예제'로 파악하고 있다(金洸鎭, 1937, 「高句麗社會の生產樣式-國家の形成過程を中心として-」, 『普專學會論集』 3, 761~772쪽; 武田幸男, 1969, 「魏志東夷傳にみえる下戶問題」, 『朝鮮史硏究會論文集』 3, 朝鮮史硏究會, 19~20쪽; 李基白·李基東, 1982, 『韓國史講座(Ⅰ)-古代史-』, 一潮閣, 107쪽.

138 朴京哲, 1988, 앞의 글, 146~148쪽.

139 『孟子』 万章(下).

140 中村哲, 우대철 譯, 1985, 「前近代아시아의 社會構成」, 『아시아前近代社會構成의 性格論爭』, 한울社, 33쪽.

141 玄勝鍾, 1973, 『로오마法原論』, 一潮閣, 82~83쪽; 崔鍾軾, 1984, 『西洋経済史論』, 瑞文堂, 88쪽.

142 박경철, 2003, 앞의 글, 304~305쪽.

143 『後漢書』 卷20, 列傳10 祭肜傳.

144 『三國志』 卷30, 魏書30 東夷 高句麗傳.

건[145] 등은 고구려와 피지배 이종족 집단 사이에 존재했던 힘과 이익이 접하는 중요성을 새삼 환기 시켜주는 사례이다. 따라서 고구려는 일찍이 이 점에 주목, 힘을 통한 제압과 이익을 미끼로 한 초무를 매개기제로 한 이종족 집단에 대한 실효적 지배 정책을 수립, 이를 관철하고자 하였을 것이다.

4) 가상적인 지배구조에서의 고구려 변방

이제까지의 논의를 정리하면, 고구려 세력권 내에서도 지배구조에 편입된 예맥계 제 집단이 존재한 반면, 말갈과 같이 '고구려인'이 될 것을 거부당한 이종족 집단이 병존하고 있었다.

경계는 공간상에 설정된 것만은 아니다. 그것은 내러티브(narrative)를 통해 사람들에게 공통의 경험, 역사적 기억에 관한 의식을 제공함으로써 사회적 관행과 담론 속에서도 구축된다. 즉 경계가 교차되고 경험되는 실제의 맥락과 그 상징적 의미를 분리하는 것은 불가능한 일이다.[146] 따라서 필자는 고구려 변방구조(邊方構造)의 중층성(重層性)에도 주목하고자 한다. 곧 고구려의 변방은 실재적인 공간적 변방('변방공간')과 가상적(假想的)인 지배구조에서의 변방이 존재할 수 있음을 상정해 본다. 그런데 이 가상적인 고구려 지배구조 내의 변방에 사는 사람들은 이들 말갈만이 아니었다.

A.D. 4~5C 고구려와 한·선비 모용씨 세력과의 무장충돌이 빈발하면서, 고구려는 다수의 포로를 노획한다. A.D. 302년 현도군에서 8천명을,[147] 313년 낙랑군에서 남녀 2천명을,[148] 315년 현도군에서 다수를,[149] 385년 요동군·현도군에서 1만명을[150] 강제로 고구려 국내로 끌고 온다. 이들은 전쟁포로로서 고구려 지배구조 내에서 최하 신분계층에 편제되어 노비로서 구사되었을 가능성이 크다.

또 A.D. 385년에는 유주·기주의 유망민들이 고구려로 넘어 왔다.[151] 이보다 앞서 고구려는 A.D. 217년 집단 내투한 평주인(平州人) 하요(夏瑤)를 위시한 1천여 가의 한인 집단을 책성 지방에 사민 시켜 이 지역 경영에 투입한 바 있다.[152] 따라서 전란과 기근의 와중에서 뿌리를 뽑힌

---

145 『隋書』卷81, 列傳46 東夷 靺鞨傳.
146 크리스 윌리엄스, 2004, 앞의 글, 9~14쪽.
147 『三國史記』卷17, 高句麗本紀5 美川王 3年.
148 『三國史記』卷17, 高句麗本紀5 美川王 14年.
149 『三國史記』卷17, 高句麗本紀5 美川王 16年.
150 『三國史記』卷18, 高句麗本紀6 故國壤王 2年.
151 『資治通鑑』卷114, 晋 安帝 義熙 10年.
152 『三國史記』卷16, 高句麗本紀4 故國川王 21年 秋8月.

자들인 이들 유주·기주인들 역시 전례에 따라 고구려가 주목하는 전략적 거점에 집단 이주시켰을 가능성이 크다. 이런 유민들의 국가 전략적·사회경제적 가치에 대한 고구려의 관심은 A.D. 550년 북제와 고구려 간의 '북위 말 유인' 송환을 둘러 싼 국제분쟁으로까지 비화되었던 것이다.[153]

한편 천하대란의 시기인 A.D. 4~5C 고구려에는 307~313년 고무(高撫)·고현(高顯) 형제를 필두로, 336년 동수 등 많은 한인 혹 선비인 고위직 인사들이 망명해 온다.[154] 이들의 망명에 대한 고구려의 대응과 조치는 망명자의 평소 정치적 성향과 능력에 따라 달랐다. 이들 중 동수는 안악3호분의 피장자로까지 추정되면서, 그의 고구려에 지배구조 내에서의 위상에 대하여 많은 논의의 여지를 던져 주고 있다.[155] 그러나 고구려는 어떠한 경우에도 이들의 행태가 국익을 저해하거나, 지배구조의 틀을 흔드는 경우 단호한 조치를 취했다. 북연주 풍홍의 경우가 그 좋은 예가 된다.

따라서 이들은 외면적으로는 고구려 지배구조 내에서 자기의 역량을 발휘할 공간을 확보한 듯 보여도, 그 내면은 항시 이방인으로의 고단한 삶을 살아갈 수밖에 없었을 것이다.

우산하(禹山下) 3319호분은 외곽은 대형계단식적석총, 묘실부(墓室部)는 벽화가 그려진 전축분이다. A.D. 4C 중엽경으로 편년되는 이 무덤의 피장자는 중국계 이주민으로 추정된다. 그는 현실적인 삶의 공간은 고구려였으나, 사후에는 묘실에서나마 중국적 정신세계를 지향하며 살았던 것으로 추정된다.[156] 결국 고구려로 망명한 한인들 중 송황(宋晃)·담시(曇始)·풍비(馮丕)·고잠(高潛)·왕평(王評) 등 당대나 후손대에 이르러 다시 중국 땅으로 돌아간 자가 적지 않은 것은[157] 자신들의 존재가 고구려 지배구조 내에서 갖는 한계성을 알았기 때문일 것이다.

고구려 지배구조로 흘러든 인간군상들은 한인들이나 선비인들만은 아니었다.

A.D. 5C 중엽경의 묘주가 당시 1급 귀족 혹은 왕족이었던 집안의 장천1호분에는 코가 높은 이른바 '서역계 인물'이 백희기악도(百戲妓樂圖)에 여러 차례 등장하고 있다. 이들 9인의 고비인(高鼻人) 가운데는 가축을 훔치다가 들켜 쫓기는 자와 평민일 듯한 역할이 불분명한 노인 1명을 제외하면, 다른 7인은 마차나 말을 관리하는 비교적 천한 일을 맡고 있다. 즉 노인을 제외하

153 李成制, 2002, 『5~6世紀 高句麗의 西方政策-北朝와의 對立과 共存의 관계를 중심으로-』, 西江大學校 大學院 史學科 博士學位論文, 117~139쪽.
154 이들에 관해서는 孔錫龜, 2003, 「4~5세기 고구려에 유입된 중국계 인물의 동향-문헌 자료를 중심으로-」, 『韓國古代史研究』 32, 한국고대사학회, 131~159쪽.
155 이 문제에 대한 제 논의의 개요는 韓國古代社會研究所 編, 1992, 『韓國古代金石文(Ⅰ)』, 駕洛國史蹟開發研究院, 59~71쪽.
156 孔錫龜, 2004, 『(第10回 高句麗 國際學術大會)高句麗의 正體性』, 高句麗研究會, 246~247·257~259쪽.
157 孔錫龜, 2004, 위의 글, 259쪽.

면 나머지는 모두 노비이거나 일반 천인인 듯하다. 이 고비인들은 백희기악도에 등장하는 인물들 가운데서도 가장 낮은 신분 계층의 인물들인 셈이다. 이들은 아마도 북중국에서 유입된 자들로, 특히 남자의 경우 코가 높고 수염이 많은 점에서 후조를 세웠던 갈호(羯胡)가 국망 전후인 A.D. 349년에서 북연이 망하는 436년 사이에 산동·하북 일대를 떠돌다가 고구려로 흘러들어왔을 가능성이 크다. 이들이 여러 세대 이전에 사·민(士·民)이 섞인 혹은 협사(俠士)나 대인의 인솔을 받는 개별 가호로서 자립성을 갖춘 민호로 고구려로 들어 왔다면, 고구려 국가의 보호를 받으며 특정지역에 정착했을 것이다. 그러나 이들은 대호(大豪)나 거수(渠帥)의 인솔 없이 자립성을 거의 잃은 반노비 상태로 흘러 들어왔기 때문에, 특정 귀족 가문에 속하거나, 그 지배를 받으며 하나같이 우마와 관련된 일에 종사하게 된 것으로 추정된다.[158]

5) 고구려 변방공간의 중층성

고구려 국세팽창의 진전에 따라 지배구조 내 중심의 폭이 확장되어 간 것은 물론이었다. 그러나 동시에 그 과정은 지배구조 내의 가상적 변방의 심화과정과 다름 아니었다.

고구려 지배구조 내에서의 중핵은 왕족과 제가라 지칭되던 귀족 등으로 구성된 지배계층으로 구성된다. 또 고구려 지배구조의 인적 기반을 이루는 것은 예맥계 주민들로 구성된 고구려인들이었다. 국가형성기 국내성 지역의 주민을 필두로 이들은 동질적 기저문화에 바탕한 생태적·지정학적·생업경제적인 친연성에 힘입어 고구려 지배구조의 중심을 두텁게 해주는 존재였던 것이다. 물론 소수의 상층 신분 한인 등 이종족들 역시 그들의 역량에 힘입어 일정한 역할을 수행할 수 있었으나, 이방인으로서 자리매김 됨이 상례였다.

고구려 세력권 내에서도 지배구조로 진입할 수 없는 인간군상들이 가상적 변방 주민으로서의 삶을 힘겹게 꾸려 나가고 있었다. 말갈이나 전쟁포로처럼 타의에 의해 고구려로 끌려온 사람들 그리고 '고비인'처럼 역사의 흐름에 떠밀려 흘러들어 온 이들은 공간적으로는 고구려 세력권의 중심부에 살면서도 여전히 그 지배구조의 변방에 몸담고 있을 수밖에 없는 존재였다.

결론적으로 고구려사의 전개는 통시적인 변방공간 확대 과정이며, 공시적으로는 지배구조 내에서의 중심·변방 차별성의 심화 과정이기도 하였다. 아마도 이러한 고구려 변방구조의 중층성이 힘을 바탕으로 구축된 제국적 지배구조가 갖는 허실의 한 단면이 될 수도 있을 것이다. 그러나 고구려가 애당초부터 신분제를 근간으로 물리적 폭력에 바탕한 전일적인 통제력이 지배·생산·일상의례에 대해 관철되는 군사귀족제(militocracy)의 신분국가로 출발하였다는 점을 상기

---

158 전호태, 1993, 「고구려 장천1호분벽화의 서역계 인물」, 『蔚山史學』6, 蔚山大學校 史學科, 1~31쪽.

할 때,[159] 이 점은 하등 이상할 것이 없는 사실이다. 그리고 어쩌면 이 점이 고구려의 제국적 지배구조의 미숙성(未熟性)의 한 측면일 수도 있다.

6. 맺음말

필자는 이상의 논의를 요약함을 통하여 결어에 갈음코자 한다.

국가형성기의 고구려는 환인 · 집안 지방을 전략 · 군사거점화 하여 두만강 · 대동강 · 요하 · 송화강 선을 지향하는 전방위적 군사팽창정책을 수행해 나갔다. 따라서 국초부터 고구려의 변방은 적대적 국가 · 세력과 접속 · 교전하는 전선(limes)을 형성하면서 지속적으로 확장되어 갔던 것이다. 또 이는 요하선을 지향한 고구려 변방공간의 확대과정과 다름 아니었다. 따라서 고구려는 A.D. 4C 말 자기의 동측 변방인 요동 지방을 그들의 전략거점화 하는데 성공하였다. 이를 계기로 고구려는 동북아시아 패권국가로서 웅비할 수 있게 되었다.

고구려가 6세기 이상의 기간에 걸쳐 축차적으로 확보한 압록강 · 두만강 · 대동강 · 요하 및 송화강 유역은 제국화된 고구려의 전선을 뒷받침하는 동원기지(mobilization base)가 되었다. 국가형성기 이래 고구려의 전방위적 군사팽창의 동선은 당시 가장 중요한 전략물자인 말과 철의 안정적 확보 노력과 무관하지 않다. 고구려는 이러한 군사적 팽창정책과정에서 한인 및 말갈 · 선비 · 거란 · 실위 · 지두우 등 변방 이종족 집단을 군사력으로 제압하면서 이들에 대한 실효적인 지배권을 확립하여 나갔던 것이다. 따라서 고구려는 A.D. 6C 이래 동북아시아 패권국가로 군림하게 된 것이다.

그러나 이러한 고구려의 패권이 전방위적 군사팽창 정책의 소산임은 곧 고구려 변방공간이 적대적 국가 · 세력과 지속적으로 접속 · 교전하는 전선(limes)으로서 항시적이며 구조적인 불안정성을 가진 채 경영되고 있었음을 뜻한다.

고구려 국세팽창의 진전에 따라 지배구조 내 중심의 폭이 확장되어 간 것은 물론이었다. 그러나 동시에 그 과정은 지배구조 내의 중심과 변방 간의 차별성의 심화과정과 다름 아니었다.

고구려 지배구조의 인적 기반을 이루는 것은 예맥계 주민들로 구성된 고구려인들이었다. 물론 소수의 상층 신분 한인 등 이종족들 역시 그들의 역량에 힘입어 일정한 역할을 수행할 수 있었으나, 이방인으로서 자리매김 됨이 상례였다.

---

159 '신분국가'에 대해서는 최재현, 1990, 『열린사회학의 과제』, 창작과 비평사, 175 · 177쪽; 朴京哲, 1996, 앞의 글, 243쪽.

고구려 세력권 내에서도 지배구조로 진입할 수 없는 인간군상들이 가상적 변방 주민으로서의 삶을 힘겹게 꾸려 나가고 있었다. 이들은 공간적으로는 고구려 세력권의 중심부에 살면서도 여전히 그 지배구조의 변방에 몸담고 있을 수밖에 없는 존재였다.

결론적으로 고구려사의 전개는 통시적인 변방공간 확대 과정이며. 공시적으로는 지배구조 내에서의 중심·변방 차별성의 심화 과정이기도 하였다. 아마도 이러한 고구려 변방구조의 중층성이 힘을 바탕으로 구축된 제국적 지배구조가 갖는 허실의 한 단면이 될 수도 있을 것이다. 그러나 이런 사실은 고구려가 애당초부터 군사귀족제(militocracy)의 신분국가로 출발했다는 점을 상기할 때 하등 이상할 것이 없다. 그리고 어쩌면 이 점이 고구려의 제국적 지배구조의 미숙성의 한 측면일 수도 있다.

출전 朴京哲, 2005, 「高句麗 邊方의 擴大와 構造的 中層性」, 『韓國史學報』19.

제4부
고조선·부여사의 재인식

제14장
고조선·부여의 주민 구성과 종족

1. 머리말

오늘날 우리 학계는 동북아시아 주민 이동의 큰 줄기인 고아시아족(Palio-Asiatics)과 알타이어족의 움직임에 주목하면서, 우리 청동기문화의 향유자인 예맥(濊貊)이 신석기문화의 담당 주민이었던 고아시아족을 정복·흡수·동화·통합하는 과정이 한민족의 형성과정이라고 인식하고 있다.[1] 따라서 우리 민족의 기원·형성 문제 해명을 위한 노력은 알타이어족에서 갈라져 나온 하나의 독립된 민족단위인 예맥의 실체 구명 문제로 집약된다. 또 그것은 고조선과 부여의 주민 구성과 문화 계통을 밝히는 문제의 열쇠도 되는 것이다.[2]

필자는 이러한 인식을 바탕으로 고조선과 부여의 주민 구성의 실상과 이를 주도한 종족으로서의 예맥의 실체가 무엇인가를 되짚어 봄으로써 우리 겨레와 나라의 뿌리 내리기와 그 줄기의 가지침의 내력을 새삼 재확인해 보고자 하는 것이다. 그리고 어쩌면 이러한 작업은 예맥에서 비롯된 문화의 흐름과 주민 구성의 동질성이 고조선·부여에서 고구려를 연결고리로 하여 우리 민족 자기 정체성 인식의 바탕이 되고 있음을 새삼 확인해 볼 수 있는 기회가 될 것으로 기대해 본다.

필자는 본고에서 먼저 문헌자료에 나타난 '예맥'의 존재와 관련된 〔B.C. 7C『관자(管子)』이전에 나타나는 예와 맥의 존재 양태→『관자』에 등장하는 '발조선(發朝鮮)'으로 표현되는 예맥의 실

---

1 金貞培, 1973, 『韓國民族文化의 起源』, 高麗大學校出版部. 한편 이에 대한 다소 비판적이면서도 다양한 접근과 인식은 盧泰敦, 1991, 「한국민족 형성과정에 대한 이론적 고찰」, 『韓国古代史論叢』 1 韓國古代社會研究所; 韓永熙·李鮮馥·盧爀眞·朴善周, 1997, 『韓国民族의 起源과 形成(上)』, 小花 참조.

2 '예맥'에 대한 관련 학계 인식의 연구사적 검토는 朴京哲, 2003, 「高句麗 '民族'問題 認識의 現況과 課題」, 『韓國古代史研究』 31, 한국고대사학회, 72~80쪽; 朴京哲, 2004, 「濊貊·扶餘와 高句麗의 正體性에 關한 研究」, 『高句麗研究』 18, 高句麗研究會, 498~504쪽 참조. 한편 본 논의 과정에서 흔히 거론되는 주민집단들을 지칭하는 '민족'·'종족'·'족속' 등의 개념 분별 문제에 관해서는 朴京哲, 2003, 앞의 글, 68~70쪽.

체→B.C. 4~3C '조선요동'과 '조선'의 실상→B.C. 2C의 '예맥조선'과 부여)를 기본 뼈대 삼아 시기별로 달리 드러나는 예맥을 중심으로 한 고조선·부여 주민 구성의 바탕과 윤곽을 어설프게 나마 그려보고자 한다.

필자는 이 문제 구명을 위해 선진문헌상의 예맥 인식의 검토를 본고 작성을 위한 기본 작업으로 수행하고자 한다. 필자는 이를 기초로 가능한 범위 내에서나마 문헌상에 나타나는 예맥과 실재했던 그것의 매개 집단별 존재 양태의 시기별 차별성 및 그 실체를 파악해보고자 한다.

그런데 사학이 문헌자료 그 자체의 비판·해석으로 그칠 경우, 그 사료가 갖고 있는 시간적인 제약으로 말미암아 역사적 제 사상에 대한 유의미성의 추구는 어느 시대 이상 올라 갈 수 없다는 한계를 드러내게 된다. 따라서 문헌 사학자가 아무리 적극적으로 역사적인 의미를 부여한다 해도 그 한계성은 극복될 수 없는 것이다.[3] 따라서 문헌 자료와 고고학 자료의 체계적인 연계 고찰은 고조선·부여사의 주인공인 예맥과 그들의 문화를 보다 잘 이해하기 위한 소망스러운 노력이 될 것이다. 이 점에서 필자도 가능한 한 고고학적 연구 성과를 원용해보고자 노력하였다. 다만 필자는 문헌 사학자로서 고고학 자료에 대한 독자적인 판단하기에는 모자란 점이 너무 많은 까닭에 이 문제와 관련된 최근 제 성과물들의 도움을 받아 이 작업을 수행 할 것임을 미리 밝혀 두고자 한다.

또 본고의 주제가 고조선·부여의 주민 구성이라는 점에 비추어, 이와 관련된 국가형성 등의 제 문제는 본고의 논지 전개에 직접 관련된 부문에 한해서 간단히 짚고 넘어갈 것이다.

2. '예(穢)'와 '맥(貉)'의 등장(B.C. 12~7C)

우리 민족의 뿌리를 찾고 그것을 내원으로 한 고조선·부여의 주민 구성을 해명하기 위한 노력은 예맥의 실체 구명 문제로 집약된다. 그리고 이러한 문제 해결의 실마리는 중국 측 문헌자료(사료 1~25)에서 구할 수밖에 없다.[4]

본고에서 제시한 중국 측 문헌 자료(사료 1~25)들은 해당 기사 가운데서 적시된 역사적 사실들이 일어난 순서에 따라 나열해 본 것이다. 그런데 이른 시기의 중국 측 자료들, 특히 선진시기 것들로 추정되거나 주장되고 있는 자료들 가운데는 예맥이나 조선에 관한 자료(사료 A~E, H~J,

---

3 金貞培, 1968, 「濊貊族에 關한 硏究」, 『白山學報』 5, 白山學會, 35쪽.
4 중국 사서의 우리 역사에 대한 서술 내용의 신빙성 문제에 관해서는 李成珪, 2004, 「中國 古文獻에 나타난 東北觀」, 『동북아시아 선사 및 고대사 연구의 방향』, 학연문화사, 12~13쪽.

P, Q)가 드물게나마 눈에 띄고 있다.

종래 우리 학계는 선진시기 동이와 예맥의 동원성을 입론의 바탕으로 삼아 연구를 진행해 온 바 있다.[5] 그러나 최근 학계는 이 양자를 보다 명확히 준별하면서[6] 보다 진전된 모습으로 이 문제에 다가가고 있다.[7]

A. 子墨子言……昔者 武王將事泰山隧 傳日 泰山 有道曾孫周王有事 大事旣獲 仁人尙作 以祇商夏蠻夷醜貉 不若仁人 萬方有罪 維予一人 此言武王之事 吾今行兼矣 是故子墨子言曰……(『墨子』兼愛篇)

B. 周公旦主東方……西面者正北方 稷愼大塵 穢人前兒 前兒若獼猴 立行 聲似小兒 良夷 在子 在子(幣)身人首……揚州禺……發人麃 麃者 若鹿迅走 俞人雖馬 靑丘狐九尾……黑齒白鹿白馬……北方臺正東 高夷嗛羊 嗛羊者 羊而四角 獨鹿邛邛 距虛善走也 孤竹距虛 不令支玄獏 不屠何靑熊 東胡黃熊 山戎戎菽(『逸周書』卷7, 第王59 會解篇)

C. 職方氏掌天下之圖 以掌天下之地 辨其邦國都鄙四夷八蠻七閩九貉五戎八狄之人民 與其財用五穀六畜之數要 周知其利害乃辨九州之國 使同貫利……王殷國亦如之.(『周禮』夏官 職方氏)

D. 溥彼韓城 燕師所完 以先祖受命 因時百蠻 王錫韓侯 其追其貊 奄受北國 因以其伯 實墉實壑 實畝實籍 獻其貔皮 赤豹黃羆(『詩經』大雅 蕩之什 韓奕篇)

B.C. 7C 이전 곧 『관자』 이전 예맥의 동향, 특히 서주시기의 그것은 사료 A~D를 통해서 고찰할 수밖에 없다.

오늘날 학계 일각에는 이전부터 주목해 온 『시경』 한혁편(韓奕篇, 사료 D) 외에도 『일주서(逸周書)』(사료 B)·『주례』(사료 C) 등 서지학적 측면에서 논란이 되고 있는 자료들까지도 일정한 비판적 검토를 거쳐 적극적으로 활용하고자 하는 입장도 나타나고 있어 주목된다.[8] 즉 종래 우리 학계는 이들 자료 자체가 갖는 사료적 한계성 혹은 문제점으로 인하여 『관자』(사료 E·H·I) 이전 시대의 사건이 기록된 자료(사료 A~D)들을 직접적으로 활용하기를 조심스러워 하는 경향이 없지

---

5 朴京哲, 2003, 앞의 글, 72~75쪽; 朴京哲, 2004, 앞의 글, 498~500쪽 참조.
6 李成珪, 1991,「先秦文獻에 보이는 '東夷'의 性格」,『韓國古代史論叢』1, 韓國古代社會研究所, 97~143쪽.
7 金貞培, 1989,「韓民族의 起源과 國家形成의 諸問題」,『國史館論叢』1, 國史編纂委員會; 宋鎬晸, 1999,『古朝鮮 國家形成 過程 研究』, 서울大學校 博士學位論文; 金貞培, 2000,「東北亞의 琵琶形銅劍文化에 대한 綜合的 研究」, 『國史館論叢』88, 國史編纂委員會; 박준형, 2001,「濊貊의 形成過程과 古朝鮮」,『學林』22, 延世大學校 史學研究會; 송호정, 2003,『한국 고대사 속의 고조선사』, 푸른역사.
8 박준형, 2001, 앞의 글, 6~16쪽.

않았다. 그러나 이들 자료를 적극적으로 활용하여 예맥 인식의 문헌학적 상한선을 올리려는 노력이 최근 우리 학계 일각에서 나타나고 있다.[9] 또 이러한 시도는 예맥에 대한 형성론적 관점에서의 접근 노력과 무관하지 않다는 점에서 주목을 요한다.

이 문제를 검토함에 앞서 필자는 선진시기 자료들(사료 A·D/E·H·I/J·P·Q)의 실제 저작 시기를 짚고 넘어갈 필요성이 있다고 본다. 오늘날 학계의 연구 결과를 참조로 실제 저작연대를 빠른 순으로 정리해 보면,[10] 『관자』(B.C. 7C: 사료 E·H·I)→『시경』(B.C. 470: 사료 D)→『묵자』(B.C. 390: 사료 A)→『춘추좌전』(B.C.350: 사료 J)→『맹자』(B.C. 280: 사료 Q)→『여씨춘추』(B.C. 237: 사료 P))가 된다. 이 경우 가장 문제가 되고 있는 『일주서』(사료 B)와 『周禮』(사료 C)는 이 헤아림에서 일단 제외했다.

따라서 선진 문헌 자료들 가운데 가장 이른 시기에 저술된 것이 『관자』라면, 비록 서주대의 역사적 사실을 적시한 기사가 실린 자료들의 예맥에 관한 인식에도 『관자』이후 형성·정립된 예맥에 대한 그것이 적지 않게 투영되어 있다는 점을 유념해야 한다.

주(周) 무왕대(B.C. 1122~1116)라는 아주 이른 시기 '맥'의 존재를 적시하고 있는 자료가 『묵자』(사료 A)이다. 이에 따르면 무왕은 이미 동쪽의 은(殷)을 멸망시켰으니, 남쪽과 북쪽의 만(蠻)과 맥까지 평정해야겠다고 다짐했다고 한다.

논자에 따라서는[11] '추(醜)'란 『이아(爾雅)』석고(釋詁)에서 "醜衆也" 즉 '많다'는 의미를 갖는다고 하므로,[12] 이 경우 "추맥(醜貉)"은 맥에는 여러 갈래가 있다는 사실을 알려 준다는 점에서 단순한 '맥'보다는 구체적 표현이 된다고 이해하고 있다. 또 '맥'에 대해서도 이 견해는 『설문해자』에[13] "북방맥(北方貉)"이라 하고 있는 바, 이 맥은 북방을 대표하는 종족이었던 것으로 파악하고 있다.

따라서 이 견해는 사료 A의 "만이추맥(蠻夷醜貉)"은 단순히 '만맥(蠻貊)'처럼 변방 민족을 대표하는 추상적인 명칭이 아니라, 서주 초기에 남쪽과 북쪽의 여러 세력들 중 가장 대표할만한 것들로서의 만과 맥을 가리킨 것으로 본다. 그러므로 이 견해는 B.C. 12C 말 주 무왕 대에는 이미 북방 세력으로서 맥의 실체가 중국에 알려졌다고 보고 있는 것이다.

그러나 이 기사는 무왕이 태산 제사를 위해 길을 나섰을 때 그가 빌었던 내용에 관한 서주 시

---

9 박준형, 2001, 위의 글, 16~31쪽.
10 이하 본고에 제시된 문헌자료의 사료비판적 접근에 관해서는 蔣伯潛, 1963, 앞의 책; 金時俊 外, 1980, 『中國의 古典 100選』, 東亞日報社; 皮錫瑞, 李鴻鎭 譯, 1984, 『中國經學史』, 同和出版公社; 陸宗達, 金槿 譯, 1986, 앞의 책; 유권종·방준필, 1995, 『함께 가보는 중국고전여행』, 사민서각; 박준형, 2001, 앞의 글 참조.
11 박준형, 2001, 위의 글, 14~17쪽.
12 『爾雅』卷1, 釋詁 第1.
13 『說文解字』9篇下.

대의 전승을 전국 시대 묵자의 제자들이 B.C. 390년경 기록한 것으로 추정된다. 그 전승 가운데 "만이추맥"의 존재가 나타나고 있음을 감안할 때, 사료 A는 주 무왕 당시 중원 세력의 세계에 대한 인식의 지평상에 남쪽의 만과 북쪽의 맥이 비로소 포착되고 있었음을 짐작케 하는 자료 정도로서의 의미를 찾을 수 있을 것이다.

이 점과 관련, 논자에 따라서 선진 문헌상 '맥'이란 고대 황하 유역 주민들이 그 북방의 족속들을 지칭하던 일종의 범칭으로서 특정한 족속을 의미하지는 않는다고 이해하기도 함을[14] 간과해서는 안 될 것이다.

한편 가장 이른 시기 예와 맥의 존재를 함께 알려 주는 자료는 『일주서』(사료 2)이다. 그런데 이 자료는 서주 초의 역사적 사실에 대한 기록이 있음도 부정할 수만은 없지만, 전국시대 주의 제도까지 실려 있다는 점에서, 매개 기사에 대한 구체적·실증적 분석 후에만 사료로서 이용이 가능한 것으로 평가받고 있다. 더구나 본고의 사료 B에 나타나는 '고이(高夷)'는 오늘날 중국 학계가 고구려의 선인으로, 서주 대에 이미 중국 중앙왕조에 신복·조공하던 족속으로 강변하고 있다는 점에서,[15] 매우 신중한 접근이 요구되는 자료이기도 하다.

사료 B의 성주지회(成周之會)는 서주 왕실에서 B.C. 12C경 삼감(三監)의 난을 평정한 후, 서주의 입국을 알리고, 사방에 세력을 과시하기 위해 개최한 대회이다. 여기에는 주변 제후들뿐 아니라 변방 지역의 '직신(稷愼)·예인(穢人)·양이(良夷)·발인(發人)·고죽(孤竹)' 등의 외족들이 그들의 특산물을 가지고 참가하였던 것으로 기록되어 있다.[16]

이 성주지회의 기사는 주 왕실이 은·주 교체라는 격동기의 고비를 어느 정도 넘어서게 된 시점에서 자기에 의한 천하 지배의 정당성을 강조하고자 '만이'들의 내조를 거론하고, 이들을 주의 종법적 봉건질서 하에서 제후들이 정기적으로 조근하여 신례(臣禮)를 행함을 통하여 군신지의(君臣之義)를 밝히던 명당위(明堂位)에 참석시켰던 사실과[17] 무관하지 않다. 그러나 B.C. 7C 경 제 환공 대(사료 E·H·I)에 들어서 예맥과 비로소 접속하게 된 중원 세력이 B.C. 12C 당시 동북 아시아 지역에 대해 행사할 수 있는 영향력 수준을 고려할 때 이 기사의 사실성 여부는 심각히 재고되어야 한다.

다만 만일 '발(發)=맥(貉)'의 논의가 맞는다면,[18] 사료 B는 B.C. 12C 서주 초에도 '예인'과 '발

14 盧泰敦, 1996, 「개요」, 『한국사(5)-삼국의 정치와 사회(1, 고구려)-』, 국사편찬위원회, 1쪽; 盧泰敦, 1998, 「고구려의 기원과 국내성 천도」, 『한반도와 중국 동북3성의 역사와 문화』, 서울대학교출판부, 313~316쪽.

15 孫進己, 1994, 「高句麗王國和中央皇朝的關係」, 『東北民族史硏究(一)』, 中洲古籍出版社.

16 박준형, 2001, 앞의 글, 8~9쪽.

17 『禮記』 王制; 李春植, 1969, 「朝貢의 起源과 그 意味-先秦時代를 中心으로-」, 『中國學報』 10, 韓國中國學會, 11쪽.

18 金貞培, 2000, 앞의 글, 70~71쪽. 이 '발=맥'론은 본고 Ⅱ장에서 자세히 검토할 것임.

인', 곧 예와 맥으로 분별되는 예맥의 존재가 중원 세력에게 어느 정도 인지되고 있었음을 짐작케 해주는 자료가 될 수도 있다. 그러나 이 자료가 서주 이전 은대의 예와 맥의 존재를 추정하는 근거로까지 활용됨은[19] 보다 신중한 검토가 요구된다.

사료 A와 B에서 적시된 사건들은 B.C. 12C경 은·주 교체기를 시대적 배경으로 하고 있다. 이 시기는 바로 우리 역사에서 '기자조선'의 성립과 맞물리는 시점이다. 그런데 이 자료들에서 후대 중국인들이 운위하던 기자동래론(箕子東來論)에 관한 언급이 없다는 점은 주목에 값할 만한 사실이다.

또 사료 B와 『관자(사료 E-①·②)』 등은 예와 맥, 예맥을 기자 곧 은의 유민들과 유관한 것으로 알려진 '고죽' 등의 존재와 언제나 분별·인식하고 있음을 눈여겨보아야 한다. 이 점은 『관자(사료 E·H·I)』에서 적시하는 바, '고죽' 등과 준별되는 '발조선'이 오히려 예맥 또는 맥과 관련 있는 존재로 파악되고 있음을 통해 확인할 수 있다. 즉 선진시기 자료들은 '조선'의 실체를 '기자의 조선'이 아닌 '맥의 조선(發朝鮮)' 곧 '예맥의 조선'으로 인식하고 있었던 것이다.[20]

난하(灤河) 이동에서의 고고학 발굴 성과는 이 점을 실질적으로 확인해주고 있다. 곧 이 지역의 '기후(箕侯)'명 등이 새겨진 청동예기 매납유적의 분포상은 은 유민을 이끌고 북방으로 진출한 연 세력이 대릉하 하류역에까지 도달하였고, 이 은 유민들이 '고죽국'으로 한 때 실재하였음을 보여주고 있다. 그러나 이들은 아마도 일시적인 변고로 인하여 '영보존이(永保尊彝)'를 황급히 땅에 묻고, 다시 서쪽으로 이동, 이후에 결코 동북방으로 이동하지 않았음을 고고학 자료는 보여주고 있는 것이다.[21] 이 점에서 우리 학계 일각에서는 『삼국유사』상 '기자조선' 단계의 '조선'의 실체를 '예맥조선'으로 주장하는 견해가 일찍부터 제기되어 온 바 있다.[22]

사료 C의 『주례』는 전한 말 고문학파 유흠의 위작설이 제기되는 등 그 자체의 진정성 여하를 둘러싸고 많은 논쟁이 그치지 않는 자료이다. 학계 일각에서는 『주례』의 맥 관련 기사들이 『일주서』 직방해편과 일치되는 부분이 있다고 보고, 사료 C의 기사 내용을 서주시대 맥의 실체를 접근함에 활용하고 있다.[23]

그러나 사료 C 자체는 당시의 현실적인 통치 질서를 무시하고 각국의 영역을 '구주(九州)'로 재편성하고자 했던 전국시대 통일론 형성 과정에서 제기된 '중국=구주=천하'론의 관념적 표현

19 박준형, 2001, 앞의 글, 17쪽.
20 이 '발조선'론은 본고 Ⅱ장에서 자세히 검토.
21 宋鎬晸, 1999, 앞의 글, 71~75쪽; 송호정, 2003, 앞의 책, 67~77쪽.
22 金貞培, 1984, 「古朝鮮의 再認識」, 『韓國史論』 14, 國史編纂委員會; 金貞培, 1997, 「고조선의 국가형성」, 『한국사(4)』, 국사편찬위원회.
23 박준형, 2001, 앞의 글, 9~11쪽.

으로 이해해야 한다.[24] 따라서 "구맥(九貊)"이란 다른 "四夷八蠻七閩五戎八狄"과 더불어 새로이 정립되어야만 할 중국 중심의 천하 질서에 포섭되어야 할 대상들 가운데 하나의 존재를 지칭한다고 보아야 한다. 다만 구맥의 '구'는 대양수(大陽數)로서 막연히 '다(多)'를 의미한다고 점에서 '구맥'은 '많은 맥 집단들' 정도로 새김이 타당할 것이다. 따라서 설령 이 사료 C가 서주시대의 사실을 반영하는 것이라 할지라도, 당시 서주인들이 인지하고 있던 많은 이민족들 가운데 맥들의 실재와 그들이 다수의 집단으로 구성되었음을 파악하고 있었던 것을 짐작케 하는 자료 정도로 이해함이 타당하다고 본다.

사료 D는 서주 초기(B.C. 12C)~ 춘추 중기(6C B.C.)에 전승되던 시 가운데 공자가 편집, B.C. 470년경 저술된 것으로 알려진 『시경』 한혁편이다. 여기의 기사는 B.C. 9C경 서주 왕실을 방문한 한후(韓侯)를 기리는 글이다. 선학들은 기사 중 "其追其貊"에서 '추(追)'가 예와 음이 비슷하고, 예맥이 연칭된다는 전제하에서 '추=예'로 파악하고,[25] '한성하북설(韓城河北說)'의 입장에서[26] 예맥 문제에 접근해 온 바 있다.

그러나 최근 '추'는 다른 문헌에 나오지 않는 까닭에 비교할 수 있는 대상이 없고, '추=예' 설역시 언어학적 단순 추론에 의한 것임을 들어, 사료 D에서의 실체 구명 대상을 '맥'에 한정하려고 하는 견해가 제시되고 있다. 이 입장은 한성이 연 나라 사람들에 의해 완성되었다고 하므로, 그것의 입지는 연(북경 부근)과 가까운 지역인 하북성 고안현(固安縣) 방성(方城) 부근(한성하북설)으로 파악한다. 따라서 이 견해는 서주 왕이 한후에게 추와 맥을 하사하였다는 것은 연과 가까이에 있는 이들에 대한 통솔권을 부여한 것으로 이해한다.[27] 만일 그렇다면 맥의 입지도 『관자(사료 E·H·I)』대인 B.C. 7C경의 맥의 입지와는 달라야 한다. 따라서 사료 D상의 맥의 입지에 주목하는 견해는 "奄受北國"에 비추어 맥이 연을 중심으로 그 북방 연접지인 하북의 북변에 분포하였다고 보고 있다.

이러한 관점에 따르면, 『관자(사료 E-①)』의 '호맥(胡貊)'도 북방 민족의 범칭과 같은 추상적 표현이 아니라, 호와 더불어 맥도 진(晉)의 북쪽에 있었음을 뜻하는 것이며, 이 점은 춘추 초기(사료 E)뿐 아니라 서주 시대(사료 D)에도 별다름이 없었을 것으로 보고 있는 셈이 된다. 즉 이 견해에 따르면, 맥은 대체로 진의 북방에서 연의 북방에 이르는 곧 섬서·산서 및 하북의 북변에 걸

---

24 李成珪, 1975, 「戰國時代 統一論의 形成과 意味」, 『東洋史學研究』 9·10, 東洋史學會, 86~89쪽.

25 '추=예'로 파악하는 견해로는 金庠基, 1948, 「韓·濊貊移動考」, 『史海』 1(1986, 『東方史論叢』, 서울大學校出版部, 355~368쪽); 金廷鶴, 1964, 「韓國民族形成史」, 『韓國文化史大系(Ⅰ)』, 高麗大學校 民族文化研究所 出版部, 411~414쪽; 金貞培, 1968, 앞의 글, 24~25쪽; 千寬宇, 1974, 「箕子攷」, 『東方學志』 15, 延世大學校 國學研究院 (1989, 『古朝鮮史·三韓史研究』, 一潮閣, 61쪽.

26 '한성하북설'에 관해서는 金庠基, 1948, 앞의 글, 358~366쪽; 千寬宇, 1974, 앞의 글(1989, 앞의 책, 54~63쪽).

27 박준형, 2001, 앞의 글, 21쪽.

친 넓은 지역에 분포했던 것이 된다. 또 이 견해는 이런 사실이 『묵자(사료 A)』와 『주례(사료 C)』에서 '맥'이 북방의 대표적 세력으로 간주되었던 점과 상통하며, "추맥(사료 A)"과 "구맥(사료 C)"이라는 여러 갈래의 맥이 진과 연의 북쪽에 걸쳐서 분포하였던 점을 적시하고 있다고 본다.[28]

그러나 사료 D의 "추·맥"은 한의 시점에서 "북국"으로 인식된 것일 뿐이다. B.C. 9C경 서주가 임의로 한후에게 북국의 추와 맥을 하사할 정도로 강력한 천하 경영 역량을 갖추지 못하고 있었음은 널리 알려진 사실이다. 『관자(사료 E·H·I)』에서의 제의 '예맥' 혹은 '발조선'과의 접속 상황이 이를 방증하고 있다.

『관자(사료 E·H·I)』이전의 선진시기 자료(사료 A~D)의 적극적 해석을 통해 예맥의 실체를 구명하고자 하는 새로운 견해는 관련 문헌 자료 자체의 빈곤이라는 한계 상황을 돌파하기 위한 새로운 시도일 뿐 아니라, 예맥에 대한 형성론적 관점에서의 접근이라는 점에서 그 유의미성을 부정할 수 없을 것이다.

이러한 견해에 따르면, 예와 맥은 은대로부터 출현하였으며, 예는 대릉하 이동 지역에, 맥은 진과 연의 북쪽에 걸쳐 분포하였다고 보고 있다.[29] 그러나 진과 연 북방에서의 맥족의 실재와 이들과 다른 종족 혹은 주민 집단과의 차별성을 증거해 줄 고고학적 연구 성과의 뒷받침을 현재까지는 확인할 수 없다.

그러므로 현재 단계에서 『관자(사료 E·H·I)』이전의 선진시기 자료(사료 A~D)란 B.C. 12C경 이래 서주 시대에는 다수의 집단으로 구성된 예와 맥으로 분별되는 종족 혹은 주민집단의 존재가 당시 중원 세력의 인식선상에 포착·인지되고 있었음을 확인해 주는 자료정도로서 그 의미를 부여할 수 있을 것으로 판단된다.

위에서 살펴본 바처럼, 예맥은 문헌 자료상 매우 불안한 근거 위에서 서주 초 (B.C. 12C)에서 춘추 중기(B.C. 8~7C)에 이르는 기간 동안 예와 맥으로 분별되는 형태로 그 모습을 드러내고 있는 실정이다.

그러나 고고학 자료상 예맥은 이 시기 중국 동북지방에서 나름대로 주변의 다른 주민집단과 분별성을 가진 문화를 갖고 있는 존재로 역사의 무대에 등장하고 있었다. 즉 이들 예맥의 문화는 이후 비파형동검(琵琶形銅劍)·다뉴조문경(多紐粗文鏡)·무문토기(無文土器)·석관묘(石棺墓)/지석묘(支石墓)를 그 문화적 내포로 하여 시·공간상 단계적으로 확산·발전되어 가게 되었다. 특히 비파형동검은 중국의 요녕성·길림성 및 한반도 등을 포섭하는 청동기시대 예맥문화의 표

---

28 박준형, 2001, 앞의 글, 21~22쪽.
29 박준형, 2001, 앞의 글, 22쪽.

지유물로서 위상을 점하고 있음은 이미 두루 알려진 사실이다.[30] 또 최근 이것과 더불어 다뉴문경의 존재에 주목하는 입장도 제기되고 있다.[31] 그리고 이런 관점에서 이 비파형동검문화와 중심지 구명 및 그것과 무관하지 않은 고조선 실상 파악을 둘러싼 제반 논의가 진행되고 있다.[32]

이 비파형동검 및 그와 관련된 유적들 가운데 비교적 이른 시기의 것들이 난하 이동 특히 대릉하(大陵河) 유역을 중심으로 한 요서(遼西) 지방 및 내몽고지방(현 중국 내몽고자치구) 동남부에까지 분포하고 있다(이하 본고에서는 논지 전개의 편의상 이를 '요하 이서지방'이라 지칭). 문제는 이 광범위한 지역에 걸쳐 있는 비파형동검과 관련된 고고문화가 하나의 동질적인 성격과 동일한 주민을 가진 포괄적인 인지대상이 될 수 있을까하는 것이다. 즉 이 비파형동검 관련 유적을 남긴 주민들의 실체 구명이 선차성(先次性)을 가진 문제로 떠오르는 것이다.[33]

첫 번째로 이 '요하 이서지방 청동기문화'를 하나의 범주 곧 '하가점문화(夏家店文化)'로 파악하면서, 이 문화의 하담자를 동호 또는 산융으로 보는 견해가 있다. 중국 학계에서 파악하는 '하가점문화'란 시라무렌 남쪽과 연산(燕山) 남록 및 요하 이서에 분포하고 있는 문화유형을 말하는 바, 그 '하층문화'는 상·은(商·殷) 시대에, '상층문화'는 춘추기(春秋期)에 걸쳐 이루어진 것으로 편년되고 있다.[34] 이처럼 중국 학계는 내몽고지방은 물론 그 이남 대릉하·소릉하(小凌河) 유역 청동기문화까지 모두 '하가점상층문화'로 총칭함을 일반적 관행으로 삼고 있다(이하 필자는 이러한 중국학계가 운위하는 '하가점상층문화'를 서술 편의상 '광의의 하가점상층문화'라 지칭). 아울러 이들은 이 '광의의 하가점상층문화'의 하담자를 동호 혹은 산융으로 보고 있다.[35] 이러한 견해에 따르면 요서지방 비파형동검 관련 유적들은 예맥과는 아무런 관련이 없는 내몽고 지방의 청동기 문화권역에 포섭되는 동호(東胡) 혹은 산융(山戎)의 문화 유산이 되는 것이다.

우리 학계 일각에서도 고조선 실상 해명 노력과 관련, 광의의 하가점상층문화의 담당주민을

---

30 金貞培, 1971,「韓國靑銅器文化의 史的 考察」,『韓國史硏究』6, 韓國史硏究會(1973, 앞의 책, 106~109쪽); 金貞培, 1989,「韓民族의 起源과 國家形成의 諸問題」,『國史館論叢』1, 國史編纂委員會, 4쪽 및 11~14쪽; 金貞培, 2000, 앞의 글.

31 金貞培, 1996,「韓民族의 形成過程과 考古学的 分布」,『白山学報』47, 白山学会, 218~220쪽; 李清圭, 1993,「청동기를 통해 본 고조선」,『国史館論叢』42, 國史編纂委員会; 金貞培, 2000, 앞의 글.

32 이 문제를 둘러싼 여러 견해에 관해서는 李清圭, 1993, 앞의 글, 1~31쪽 참조.

33 이 문제를 둘러싼 여러 견해에 관해서는 朴京哲, 1999,「遼西琵琶形銅劍文化'의 再認識」,『先史와 古代』12, 韓國古代學會, 231~245쪽; 金貞培, 2000, 앞의 글, 7~28쪽.

34 '하가점문화'에 관해서는 中国社会科学院 考古学研究所 編著, 1984, 위의 책, 329~336쪽.

35 靳楓毅, 1982·1983,「中国東北地区含曲刃青銅短劍의 文化遺存(上·下)」,『考古学報』82-4·83-1(김영수 옮김, 1994,「曲刃青銅短劍을 포함하는 中国 東北地区의 文化遺存論」,『古代 東北아시아의 民族과 文化』, 驪江出版社, 289~310·335~367쪽). 이에 대한 비판적 인식은 呉江原, 1997,「西遼河上流域 青銅短劍과 그 文化에 관한 研究－銅劍의 系統과 使用集団 問題를 중심으로－」,『韓国古代史研究』12, 한국고대사학회, 368~369쪽.

산융과 연결시키려는 견해가 조심스럽게 제기되고 있다.[36] 이러한 입장에 선 견해는 적봉(赤峰) 하가점·영성(寧城) 남산근(南山根) 등을 중심으로 하는 노로아호산(努魯児虎山) 북록의 노합하 (老哈河) 유역은 가축을 동반한 정주농업에 바탕한 '하가점상층문화'가 집중적으로 전개되었던 지역이라 보고 있다(이하 필자는 이를 '협의의 하가점상층문화'라 칭함). 따라서 이 견해는 문헌 사료 에 기재된 산융을 중심으로 융적의 활동 연대·지역·주변 문화와의 관계가 하가점상층문화와 대체로 부합된다는 점에서, 하가점상층문화의 담당주민을 산융을 중심으로 융적(戎狄)이라고 파악하고 있다.

한편 이 견해는 대릉하 유역의 조양·금서 일대의 청동기문화를 하가점상층문화에 포함시 켜 이해하면서, 이곳의 고고문화 양상은 중국문화와 북방 유목문화 및 요동지역 농경문화의 요소가 혼재되어 있는 다양한 특징을 보여주고 있다고 판단하고 있다. 그러므로 이 견해는 이 대릉하 유역의 요서 지방이 융적 계통의 주민집단이 위치한 제일 동단이라고 파악, 산융족은 이 대릉하·의무려산(医巫閭山) 일대를 경계로 이동 지역의 예맥족과 접하고 있었다고 판단하 고 있다.

우리 학계에서의 또 다른 견해는 '요서의 비파형동검문화=고조선의 문화'론은 고고학적 검토 를 토대로 제기된 것이 아니라, 논리적 전개에 있어서 오류가 적지 않은 고조선의 서쪽 경계 에 대한 설정 작업에 일차적 바탕을 둔 것임을 지적하면서, 이러한 견해에 대해 회의적 입장을 취 하고 있다.[37]

따라서 이런 관점에서 이 견해는 비파형동검문화 공유단계에서, 요동의 조선 및 예·맥계 제 집단과 요서의 산융·동호계 집단들 간에는 문화의 친연성을 지니고 있었으나, 그 뒤의 역사 전 개 과정을 거치면서 서로 간의 상이성을 현저하게 지닌 실체로 되어갔다고 본다.

그러므로 이 견해는 요녕성 비파형동검문화권 내의 동검·토기 양식을 기준으로 할 때, 단경 식(短茎式) 비파형동검과 미송리형토기가 함께 나오는 지역인 요하 하류 이동 지역을 고조선 중 심지로, 그 서쪽은 산융·동호 지역으로 파악하고 있다. 즉 이런 입장에 따르면, '광의의 하가점 상층문화' 담당주민은 산융·동호가 된다.

두 번째로 '요하 이서 지방 청동기문화'의 담당주민을 예맥으로 보는 입장이 있다. 1980년대 북한 고고학계가 이런 입장을 취한 바 있다.[38] 곧 이들 중 한 견해는 요서지방의 비파형단검문화 를 요서 북부의 '남산근유형의 문화'와 대릉하·발해만 연안의 '십이대영자유형(十二台營子類型)

36 宋鎬晸, 1999, 위의 글, 35~38·43쪽.
37 盧泰敦, 1990, 「古朝鮮 중심지의 변천에 대한 연구」, 『韓国史論』 23, 서울大学校 国史学科, 37~38·42~49쪽.
38 박진욱·황기덕, 1987, 『비파형단검문화에 관한 연구』, 과학백과사전출판사.

의 문화'로 대별한다. 이 견해는 남산근유형의 문화의 하담자는 길림·장춘 또는 그 북쪽의 맥인
들의 한 갈래가 이주한 주민들이라 보고 있다. 반면 이 견해는 십이대영자유형의 문화를 창조
한 '발(불)족'들은 적어도 비파형단검이 대릉하 유역에 본격적으로 보급되어 가던 시기에 이미 고
조선에 편입, '고조선족'의 주요 구성부분을 이루게 되었다고[39] 주장하고 있다. 결국 북한학계는
'광의의 하가점상층문화'를 예맥을 담당주민으로 하는 '요서지방의 비파형단검문화'로 파악하되,
이를 남산근 유형문화'와 '십이대영자유형문화'로 분별하고 있는 셈이다.

한편 우리 학계에서 일부 선학들도 고조선 문제 해명과 관련, '광의의 하가점상층문화' 담당주
민을 예맥계로 파악하면서, 그 문화의 중심으로 대릉하 유역 조양의 십이대영자유적을 꼽고 있
다.[40]

세 번째 견해로는 '요하 이서 지방 청동기문화'를 하나의 동질적인 성격과 동일한 주민을 가진
포괄적인 인식대상으로 고찰함에 회의적인 입장이 있다. 즉 이 견해들은 내몽고 동남부와 대릉
하 유역의 비파형동검 문화 유적지의 성격과 담당주민을 분별·인식하려고 하는 입장에 서서,
후자를 예맥의 문화로 파악하고자 하고 있다.

이들 중 한 견해는 비파형동검 관련 청동유물군과 유관한 요하 이서 지방의 문화유형을 '십
이대영자유형·남산근유형·오금당유형(烏金塘類型)'으로 분별·인식한 바 있다.[41] 먼저 이 견
해는 영성현 남산근 101호 무덤으로 대표되는 남산근 유형의 문화를 십이대영자 유형에 비견
되는 그것으로 이해하면서, 이 문화의 가장 큰 특징으로 비파형동검과 함께 북방계 오르도스
식 동검이 공반 된다는 점을 꼽고 있다. 따라서 이 견해는 남산근 유형문화가 요동 지방 청동
유물군과 달리 인접 지역 북방계·중원계의 청동기가 공반되는 지역적 특징을 잘 보여주고 있
다고 파악한다.

또 이 견해는 십이대영자 유형문화는 비파형동검을 비롯하여 말재갈·Y자형동기·十자형동
기 같은 마구류 및 동끌·도끼와 같은 공구류, 그리고 무엇보다도 기하학무늬 동경과 사람얼굴
모양과 동물모양장식 등 장식품들을 그 주요 출토 유물로 갖춘 유형의 문화라 파악한다. 그런데
이 견해는 이 유형 문화의 성격 판별과 관련, 무엇보다도 눈여겨 볼 것은 만주·한반도 출토품
가운데 가장 오래된 형식으로 평가 받고 있는 연속Z자무늬 동경의 존재라 본다. 그리고 이 견해
는 이와 유사한 거울이 최근 요동 지방 쪽에서도 출토되고 있다는 점과 관련, 양 지역이 요하를
사이에 두고 문화적으로 서로 연계되어 있었음이 확인된다고 새기고 있는 것이다.

---

39 황기덕, 1987, 「료서지방의 비파형단검문화와 그 주민」, 위의 책, 93~107·124~150쪽.
40 金廷鶴, 1990, 「古朝鮮의 起源과 国家形成」, 『韓国上古史研究』, 범우사, 171~177쪽; 林炳泰, 1991, 「考古学上으
    로 본 濊貊」, 『韓国古代史論叢』 1, 韓国古代社会研究所, 81~94쪽.
41 李清圭, 1993, 앞의 글, 10~11쪽.

한편 이 견해는 요서지방 발해만(渤海灣) 연안을 대표하는 문화로서 오금당유형을 거론하면서, 이 유형의 문화는 북방계 요소가 보이지 않는 반면, 중국계 요소가 보이면서, 한편으로는 기하학 무늬 같은 요동지방의 요소도 보인다고 파악하고 있다.

그러므로 이 견해는 남산근 유형문화는 북방계·중원계 청동기문화 계통에 속하는 바, 요동지방의 그것과 확실히 분별되며, 오금당 유형문화는 중국계 요소와 요동 지방 요소가 공존하고 있는 반면, 십이대영자유형 문화는 북방계 청동기문화의 영향을 부인할 수는 없지만, 그러나 무엇보다도 요동지방 청동기문화와의 관련을 강하게 보여주고 있는 것으로 판단된다고 본다.

또 논자에 따라서는 중국학계의 견해에 대한 비판적 인식을 그 논의 출발점으로 삼고 있다,[42] 즉 이 견해는 그간 발견된 공병식검(銎柄式劍)을 공반하는 전형적인 하가점상층문화에 속하는 유적은 주로 노로아호산 이북 지역, 즉 서요하 상류·노합하(老哈河)·영금하(英金河)·교래하(敎來河) 유역 등에만 분포한다고 본다. 따라서 이 견해는 대릉하·소릉하 유역을 중심으로 하는 요서지방의 청동기문화는 중국 청동기문화와 대비할 때, 상대적으로 노로아호산 이북 지역에서의 하가점상층문화와 친연성을 갖고 있을 따름이지, 결코 동일 문화권에 속한다고 할 수 없다고 파악하고 있다.

이런 관점에서 위의 견해는 종래의 중국학계가 '하가점상층문화'라 포괄적으로 총칭하고 있는 내몽고 지방과 대릉하 유역의 청동기문화를 노로아호산을 계선으로 그 이북의 내몽고지방 서요하·노합하 유역의 공병식검을 특징으로 하는 '서요하상류역의 청동단검문화권'과 그 이남 대릉하·소릉하 유역의 '비파형동검문화권'으로 분별·인식하는 견해를 제시하고 있다. 이 경우 중국학계 일각에서 제시한 바 있는[43] 대정유형문화(大井類型文化)·남산근유형문화는 '서요하상류역의 청동단검문화권'에, 그리고 십이대영자유형문화는 '비파형동검문화권'에 각각 해당됨은 두 말할 나위가 없다.

이에 따라 이 견해는 동검을 분석 기준으로 하여, 오르도스청동기문화 담당자를 북적(北狄)·북융(北戎)·흉노(匈奴)로, 기북(冀北)지역 유병식검문화(有柄式劍文化) 하담자를 산융으로, 아울러 유목문화권에 속하는 '서요하상류역의 청동단검문화권'의 주체를 동호로 비정하는 한편, '비파형동검문화권'에 포섭되는 십이대영자 유형문화의 향유자를 예맥으로 추정하고 있다.

중국학계는 곡인(曲刃)·직인식(直刃式) 동검 7점과 더불어 비파형동검 1점이 공반된 내몽고지방 노합하 유역 남산근 M101 석곽묘의 존재에 주목하고 있다. 그러나 비파형동검이 전체 출토 동검 수량의 1/8에 불과한 점에 비추어 이들이 이를 하가점상층문화의 보편적이고 고유한 양

---

42 吳江原, 1997, 위의 글, 365~368·372·404~415쪽.
43 靳楓毅, 1982·1983, 앞의 글.

식의 동검이라 보고 있음은 설득력이 없다. 또 이들이 출토 동검들의 주내용인 직인비수식동검의 연원을 은(殷)·주(周)청동기문화에서 찾으려함도 내몽고 지방의 직인검이 북방 초원지대 청동기문화의 영향을 받았다는 점에 비추어 타당성이 없다.

아울러 중국학계가 남산근 M101 석곽묘나 같은 지역의 소흑석구(小黑石溝) M8501 석곽묘가 서주 만기(晚期)~춘추 조기(B.C. 8C)로 편년된다는 점을 들어 비파형동검의 하가점상층문화 기원설을 주장하기도 하나, 이 동검이 하가점상층문화 중기에 비로소 내몽고 동남부 지역에 출현한다는 점에 비추어, 비파형동검은 하가점상층문화의 재래적 요소가 아니라, 중기에 이르러 유입되는 별계통의 동검임이 틀림없다.[44]

한편 광의에서 노합하 상류와 대릉하 상류 중간지대는 공병곡인식동검(銎柄曲刃式銅劍)과 비파형동검의 상합지대(相合地帶)라 파악할 수도 있다. 그런데 곡인공병식동검은 이 중복지대에서 출토되는 동검의 주종을 이루고 있다. 이 동검의 분포는 대체로 노합하 유역을 중심으로 내몽고 동남부 지역에 국한되어 있다. 따라서 노합하와 대릉하 중간지대에서 노로아호산맥 상하지대를 연결한 횡선이 곧 곡인공병식동검 남한계선이 된다. 이 지대로부터 더 남하한 대릉하 유역에서는 여타 곡인계 동검이 발견되지 않는 점에서 단순한 비파형동검문화 지역이라 파악할 수 있다.[45] 그렇다면 현재의 요서지방 대릉하 유역을 중심으로 뚜렷이 그 존재를 드러내고 있는 비파형동검문화의 실체를 확인해 볼 필요가 있다.

'위영자유형문화(魏營子類型文化)'란 요서에서 비파형동검문화 직전 단계(B.C. 12C)인 하가점하층문화와 비파형동검문화 시기 사이에 개재하는 지방색 강한 문화이다. 객좌현(喀左縣) 남구문유지(南溝門遺址)는 〔제1기층: 하가점하층문화→제2기층: 위영자유형문화(B.C. 12C)→제3기층: 체석묘군(砌石墓群)→제4기층: 전국 중기 전후 토광묘(土壙墓), 전국 만기 옹관(甕棺)〕의 층위로 구성되는 바, 이 유적을 통해 대릉하 유역 청동기문화의 변화상을 엿볼 수 있다. 특히 남구문 제3기층에서는 동검·동촉·동모(銅鉾) 등 동제 병기류가 출현하기 시작한다. 따라서 요서지방 묘분(墓墳)에서 청동제 병기가 등장하는 것은 남구문유지의 예처럼 비파형동검이 동반하는 층위로부터 말미암는 현상이다.[46]

따라서 이 남구문유지는 내몽고 지역의 고고문화가 〔하가점하층문화→하가점상층문화〕의 진전상을 보이는 데 반하여, 대릉하 유역 비파형동검과 관련한 그것은 〔하가점하층문화→위영자문화→비파형동검문화〕라는 또 다른 전개상을 보이고 있음을 확인시켜 준다.

---

44 金貞培, 2000, 위의 글, 9~10 · 12쪽.
45 金貞培, 2000, 위의 글, 14~15쪽.
46 金貞培, 2000, 위의 글, 21~22쪽.

한편 객좌현 화상구묘지(和尙溝墓地)는 [A지점: 분묘(토광목곽묘)−위영자유형문화/B·C·D 지점: 비파형동검 출토]으로 분별된다. 원보고문은[47] 동촉을 모방한 쌍익식골촉(雙翼式骨鏃)은 일반적으로 상·주 교체기(B.C. 11C)에 보이며, 삼릉식(三稜式)보다 빠른 것이라는 점 등을 근거로, 화상구 B·C·D지점의 시기는 조양 십이대영자보다 빠르고, 대략 남산근이나 오금당유적과 동시기이거나 조금 더 앞설 수도 있다고 보고 있다. 또 원 보고문은 화상구 두 구역 사이의 구분이 '서주 중기(B.C. 10C) 전후'에 이루어졌으나, 비파형동검이 출토된 B·C·D 세 지점이 곧이어 연속했다는 점에서 두 구역 간 그리 오랜 시간이 개재하지 않은 것으로 보고 있다.

이 점에 비추어, 국내 학계 일각에서는 비파형동검 출토 화상구 B·C·D 지점의 상한연대는 서주 중기인 'B.C. 10C' 무렵에 해당하는 것으로 판단하고 있다. 그리고 이 견해는 이러한 화상구유적의 연대가 요서 지방 비파형동검 출현과 직접 관련된 중요한 문제이며, 그것과 하가점상층문화('남산근유형') 동검과의 관계 구명의 커다란 단서가 된다고 보고 있다. 곧 종래 중국 학계는 내몽고 동남부와 요서 지방 출토 비파형동검 가운데 영성 남산근 유적 M101의 동검이 가장 이르며, 그 시기는 대략 B.C. 8C 무렵이라고 보아왔었던 것이다. 그러나 이 견해는 화상구 B·C·D지점 유적이 남산근 유적 M101의 연대보다 빠름에 주목하고 있다. 따라서 이러한 견해는 요서지방 비파형동검 등장 시기를 기존의 '남산근유형'이나 '십이대영자유형'이 아닌, 화상구 토광묘나 남구문 3기층과 같은 이른바 '화상구유형(和尙溝類型)'에서 구하면서, 그 연대는 대략 B.C. 10C에 해당한다고 파악하고 있는 것이다.[48]

최근 학계의 또 다른 견해는 객좌 화상구 유적의 존재가 적어도 B.C. 9C 이전에 비파형동검이 발해만 연안 지역에서 출현한 것을 적시해 주는 것으로 주목하고 있다. 이 견해는 무덤양식과 공반유물상에서 볼 때 이 화상구유적은 이후 십이대영자문화로 지속적으로 발전되게 된다고 보고 있다. 따라서 이 견해에 따르면 비파형동검은 처음에 위영자문화를 영위한 주민들에 의해 사용되었으며 B.C. 8C 초엽에 하가점상층문화로 유입되어 남산근 M101 등의 유적에서 발견되게 된 것으로 본다.

결국 이 견해는 B.C. 10C 말~ 9C 중엽 하가점상층문화가 급속히 성장하며 주변지역에 군사적인 영향력을 미치자, 이에 자극 받은 위영자유형문화 단계에서 비파형동검이 출현하고, 그 후속문화인 십이대영자문화 단계에서 본격화된 것으로 보고 있다. 따라서 이 견해는 발해만 연안 지역에서 최상위급의 무덤이 등장하는 시점은 화상구 다음 단계인 십이대영자 유형문화로

---

47 遼寧省文物考古硏究所·喀左縣博物館, 1989, 「喀左和尙溝墓地」, 『遼海文物學刊』 1989−2.
48 金貞培, 2000, 앞의 글, 21~24쪽.

파악하고 있다.[49]

물론 국내 학계에서도 논자에 따라서 이 화상구 유적의 편년을 B.C. 10C로 파악함은 원보고 자가 이곳 출토 유경식 골촉이 하가점상층문화의 임서(林西) 대정에서 출토된 그것과 유사하다 고 판단함을 근거로 하고 있음을 지적하고 있다. 이 견해는 그러나 이러한 골촉은 하가점상층문 화 초기로부터 중기에 이르는 모든 유적에서 일상적으로 발견되고 있다고 보면서, 오히려 화상 구 유적의 편년은 비파형동검 측면에서는 십이대영자와, 검병두식의 그것은 오금당과 연결되므 로 이들 유적과 유사한 시간대로 보는 것이 타당하다고 보고 있다. 이 견해는 비파형동검문화가 능원(凌源) 왕팔개자(王八蓋子) 유적 출토 검파두식(劍把頭飾) 등에 주목, B.C. 10C 후반~9C 노 로아호산 이남 대릉하 유역 최상류~노호산하 이서의 요서 서북부 지역인 능원 북부~건평 남부 일대를 지역적 기반으로 하여 성립하였고, 청동 제품의 원료 취득과 관련하여 노로아호산 이북 하가점 상층문화와 혹종의 교섭 관계가 있었다고 보고 있다. 또 이 견해는 능원·건평 등 요서 서북부 지역에서 성립한 비파형동검문화가 이후 요서 북부 지역(조양·건평)·서부 지역(객좌)· 남부 지역(錦州)으로 확산된다고 파악하면서, 이 세 지역 간에는 공반유물을 기준으로 볼 때, 위 계적 층차현상이 나타난다고 보고 있다. 아울러 이 견해는 이 가운데서 북부 지역의 조양 지역 청동기 유물의 구성이 무기류~위세류에 이르기까지 보다 완벽히 갖추어져 있다는 점에서 요서 지방 비파형동검문화의 중심지는 현 단계에서는 일단 조양 지역으로 꼽고 있다.[50]

비파형동검의 시원과 관련된 위의 견해들은 그 구체적 인식 내용에 있어서는 다소 차별성을 보이고 있지만, 그러나 공히 이 비파형동검이 B.C. 10C~9C경 요서 지방에서 최초로 출현하였 고, 이후 그것은 조양 십이대영자유형문화를 중심으로 발전되었다는 점에는 견해를 같이 하고 있는 셈이다. 앞서 살펴 본 바처럼, 종래 관련 학계도 비파형동검문화의 실상 구명과 관련, 이 조양 십이대영자 유적의 존재를 눈여겨 본 바 있다.

조양 십이대영자의 M1 석관묘는 남산근 석곽묘와 별 계통의 묘제로서 '석판'을 이용 '개구(蓋 口)'하는 장식을 쓴 바, 이는 요동 지역 석관묘 내지 석개석관묘(石蓋石棺墓)와 연관된 장법이다.

또 이곳에서 나온 다뉴동경 3매는 노합하 유역과 대릉하 유역의 청동기문화의 양상을 구분 짓 는 가장 특징적 표지유물이기도 하다.[51] 현재까지 다뉴경의 분포 범위는 내몽고와 요서 지방을

49 姜仁旭, 1996,「중국 요령지방 비파형동검문화의 일고찰」,『韓國上古史學報』21, 한국상고사학회, 173~247쪽; 姜 仁旭, 2005,「한반도 출토 비파형동검의 출현시기와 형성과정에 대하여−요서지방 비파형동검의 형성에 대하여−」, 『고조선사연구모임 제2회 연구발표회(발표문)』.

50 吳江原, 2002,「琵琶形銅劍文化의 成立과 展開過程 硏究」, 韓國精神文化硏究院 博士學位論文, 133~134·143~153·273~284쪽.

51 金貞培, 2000, 위의 글, 16쪽.

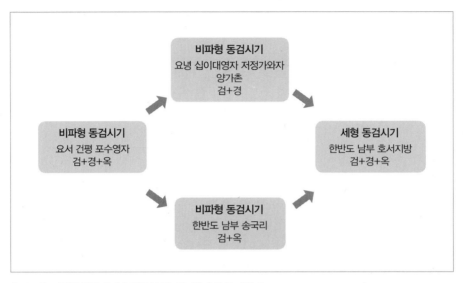

〈도표 1〉 예맥문화권 묘제에 있어서 검·경·옥 출토상 계통도

구분짓는 노로아호산맥을 넘지 않는다. 이러한 다뉴동경과 관련된 유적으로는 건평(建平) 대랍한구(大拉罕溝) M851와 건평 포수영자(炮手營子) M881을 빼놓을 수 없다.

종래 우리 학계 일각에서는 비파형동검시기 중국 동북 지방 석관묘에서의 검·경과 대비되는 한반도 지역에서의 검·옥이라는 차별적 공반 현상을 언급·주목해 온 바 있다.[52] 그러나 노로아호산맥 남록 고산구릉 산간지대에 자리한 건평 포수영자 M881 석곽묘에서 [비파형동검·쌍뉴동경·천하석제관옥(天河石製管玉)]이 동반 출토된 사실은 요서 지방에서도 이후 한반도의 세형동검 시기에 흔히 보이는 검·경·옥 공반 현상을 확인하는 새로운 계기가 될 것으로 평가된다.[53] 또 이 점은 요서와 요동 그리고 한반도 세 지역 청동기문화의 계통성을 짐작케 하는데 있어 하나의 실마리를 건 내 주고 있는 셈이다(〈도표 1〉 참조).

그러므로 이 같은 요서 지방에서의 다뉴동경 출토의 유의미성을 헤아려 볼 때 가장 오래된 형식의 다뉴동경이 3매나 출토된 십이대영자 유적의 중요성은 아무리 강조해도 자나침이 없는 것이다.

이상에서 살펴 본 바처럼, 노로아호산맥 이남 대릉하 유역에서 성립·발전한 요서의 비파형동검·다뉴경을 특징으로 하는 청동기문화는 내몽고 동남부 지방 남산근 유형 등으로 대표되는

---

52 金貞培, 1991, 「中国에서 発見되는 우리 나라의 青銅遺物의 問題－石棺墓의 劍·鏡·玉을 中心으로－」, 『先史와 古代』 1, 韓国古代学会, 62쪽; 朴京哲, 1999, 앞의 글, 251~252쪽.

53 金貞培, 2000, 위의 글, 16~17·19쪽.

하가점상층문화(이 경우 '협의의 하가점상층문화'라 볼 수도 있음)와는 질적으로 차별성이 큼을 확인할 수 있다.

그러므로 필자는 요하 이서 지방의 청동기문화를 '하가점상층문화(본고에서는 광의의 하가점상층문화)'라 총칭하면서, 그 문화의 성격과 주민 문제를 일괄적으로 해명하고자 함은 타당성이 희박하다고 본다. 오히려 필자는 요하 이서 지방 가운데 노로아호산맥 이남 대릉하 유역(오늘날의 '요서 지방')에서의 비파형동검과 다뉴경을 공반하는 청동기문화를 십이대영자유형을 그 중심지로 하는 예맥이 하담자인 '요서비파형동검문화'로 파악하고자 한다.[54]

문헌 자료상 그 존재의 포착이 어려웠던 B.C. 12~7C경 예맥은 고고학 자료 속에서 나마 노로아호산맥 이남 대릉하 유역 청동기 문화의 향유자로서 그 실체를 서서히 드러내고 있다. 그리고 그 문화의 중심지는 현 단계로서는 조양 십이대영자 일대로 추정된다. 또 바로 이들이 후술할 사료 E-②상에 적시된 '예맥'과 무관하지 않았을 것으로 추정된다.

최근 조문경을 중심으로 한 청동기 부장묘의 단계적 발전을 고찰한 한 연구에 따르면,[55] 조문경 단계 전기(B.C. 8~7C)의 문화는 십이대영자유형문화의 대릉하 유역이 중심이 되며, 요동반도 지역과 요하 유역이 1차 주변, 길장·연해주 지역과 한반도 지역은 2차 주변으로 자리매김되고 있다. 그러므로 예맥은 이 요서비파형동검문화의 성립과 확산을 첫걸음으로 중국 요녕성·길림성 및 연해주 그리고 한반도를 공간적으로 포섭하는 예맥문화권으로 성장하는 계기를 맞게 되었던 것이다.

3. '발조선'과 예맥(B.C. 7C~6·5C)

E. ①於是桓公東救徐州……中救晋公 擒狄王 敗胡貉 破屠何 而騎寇始服 北伐山戎 制令支 斬孤竹 而九夷始聽 海濱諸侯 莫不來服……②桓公日 余 乘車之會三 兵車之會六 九合諸侯 一匡天下 北至於孤竹山戎穢貉(『管子』卷8, 小匡篇 第20)

F. (桓公)二十三年(663 B.C.) 山戎伐燕 燕告急於齊 齊桓公救燕 遂伐山戎 至于孤竹而還…….（『史記』卷32, 齊太公世家 第2)

G. (莊公)二十七年(664 B.C.) ①山戎來侵我 齊桓公救燕 遂北伐山戎而還 ②燕君送齊桓公出境

---

54 朴京哲, 1999, 앞의 글, 247~253쪽.

55 李清圭, 2004,「고조선의 중심과 주변에 대한 고고학적 고찰」,『(2004년 高麗史學會 學術大會 발표문)邊方空間 속에서의 삶과 역사』, 高麗史學會, 5~8쪽; 李清圭, 2004,「고조선과 그 주변 지역의 청동기 사회」,『고조선사 연구모임 제1차 연구발표회 자료집』, 2쪽.

桓公因割燕所至地子燕 使燕共貢天子 如成周時職 使燕復修召公之法.(『史記』卷34, 燕召公世家 第4)H. 桓公問管子曰 吾聞海內玉幣有七筴 可得以聞呼 管子對曰……燕之紫白金一筴也 發朝鮮之文皮一筴也.(『管子』卷23, 揆道篇 第78)

I. ①管子曰 陰王之國有三 而齊與在焉 桓公曰 若此言可得聞乎 管子對曰 楚有汝漢之黃金 而齊有渠展之鹽 燕有遼東之煮 此陰王之國也……②桓公曰 四夷不服 恐其逆政 游於天下 而傷寡人 寡人之行 為此有 道乎 管子對曰 吳越不朝 珠象而以為幣乎 發朝鮮不朝 請文皮毤服而以為幣乎……一豹之皮容金而金也 然後八千里之發朝 鮮可得而朝也.(『管子』卷2,4 輕重甲篇 第80)

J. 王使詹桓伯辭於晉曰……肅愼燕亳吾北土也.(『春秋左傳』卷45, 昭公 9年)

『관자』(사료 E·H·I)는 제 환공(685~643 B.C.) 당시 재상 관중의 언행을 모아 놓은 글로서, 한대 유향(劉向: 77~6 B.C.)이 교정한 것으로 알려져 있다. 이 『관자』는 환공의 "천하를 바로잡는(一匡天下)" 과정(사료 E)이 다른 여러 자료들, 예컨대 사료 F·G와도 합치한다는 점에서 선진 문헌들 가운데서도 비교적 신뢰도에 있어 후한 평가를 받고 있다. 따라서 춘추시대(770~475 B.C.), 특히 B.C. 7C경의 예맥과 조선의 존재 양태를 알아보기 위해서는, 먼저 이 자료의 검토가 필요함은 물론이다.

이 책의 조선·예맥 관련 기사는 '일광천하' 관련 자료(사료 E)와 '발조선' 관계 자료(사료 H·I) 두 계통으로 분류되며, 그들이 시사하는 역사적 제 사상의 함의 또한 각기 달리 새기는 것이 타당함은 물론이다. 특히 후자 즉 사료 H·I는 선진 문헌들 가운데서 '조선'이라는 명칭이 처음 보인다는 점에서 한층 주목에 값하는 자료이다.

대체로 보면, 사료 E의 제 환공 천하 평정의 결과 '발조선'과 중원 세력이 일정한 관계(사료 H·I)를 갖게 되었음을 시사하고 있다. 이 경우 사료 E의 시점은 사료 F·G에 비추어 볼 때 B.C. 660년대 어간으로 추정된다. 곧 환공은 "적왕(狄王)을 생포하고, 호맥을 패배시키며, 도하(屠何)를 공파함으로써 말 타고 침구하는 적을 처음으로 복속시켰고, 북으로 산융을 정벌하고, 영지(令支)를 제압하며, 고죽을 벰으로써, 구이(九夷)를 처음으로 받아들였다"(사료 E-①)고 한다. 따라서 환공 스스로도 이런 사실을 북으로 고죽과 산융 그리고 '예맥'에 이르렀다고 술회하고 있다(사료 E-②). 한편 사료 F를 보면, 환공은 "산융을 정벌하고 고죽에까지 이르렀다가 돌아왔으며", 사료 G에서는, 이를 "북으로 산융을 정벌하고 돌아왔다"고 표현하고 있다.

이 경우 예맥은 산융·고죽 등의 동쪽 곧 대릉하 이동 지역에 위치하여[56] 환공의 북벌 대상에

---

56 宋鎬晸, 1999, 앞의 글, 76쪽.

는 포함되지 않았다고 볼 수도 있다. 또는 제 환공의 북진이 난하 유역에 그쳐 그 동쪽의 예맥 족과는 직접 접촉하지 못했던 것으로 이해할 수도 있다, 따라서 제는 이 북벌을 계기로 '조선'과 '예맥'에 관한 지식과 정보를 직접적인 접촉·교류보다는 연을 통해 입수하거나 전문(傳聞)하였 을 가능성도[57] 없지 않은 것이다.

그러나 제가 북벌 과정에서 원튼 원치 않았든 간에 예맥과 직접 접속·교전하였을 가능성도 지나쳐 볼 수 없음은 사료 E-①의 "敗胡貉" 기사를 통해 추정할 수 있다. 본래 산융(내몽고 방면)과 영지(난하 유역) 및 고죽·도하(대릉하 유역)는 내몽고와 요서 방면에 거주하던 종족들이었 다.[58] 그런데 사료 E-②에서는 이들 외에도 '예맥'이 분별 언급되고 있는 바, 이것의 존재는 사료 E-①에서의 '호맥(胡貉)'에 대응된다. 이는 〔호맥=예맥〕이 이들과 요서 지방에서 뒤섞여 살면서도 종족적으로 준별되는 존재였음을 시사한다.[59] 앞에서도 검토해 보았지만, 이 지역의 고고학 자료들은 요서 지역의 주민집단 분포와 그에 따른 문화적·공간적 지형도가 매우 착잡하게 뒤섞여 있음을 보여주고 있다. 특히 이곳의 능원·건평·객좌·북표·조양 등지에서 산견되는 비파형동검 관련 유적지들의 존재는[60] 이 점을 분명히 해주고 있다. 제 환공의 북벌 시 예맥계 주민집단과의 조우·교전의 가능성을 전적으로 부인할 수만 없는 것도 이런 까닭에서 비롯되는 것이다. 어쨌든 B.C. 7C를 기점으로 제와 연 등의 중원 세력이 산융·고죽 등의 적대 세력을 너머에 존재하는 예맥에 관한 구체적 지식·정보와 적극적 관심을 갖게 된 것은 분명하다. 사료 E-①에서의 "始聽"은 이를 가리켜 하는 말로 짐작된다.

한편 사료(H·I-②)에는 '발조선'이 사료 E-②의 '예맥'에 갈음하여 부각되고 있다. 지금까지의 고찰이 크게 틀리지 않다면, 〔'발조선'='예맥'〕이 될 것이다. 이 자료들에서 발조선은 문피 곧 표범가죽(豹皮) 혹은 '표범 가죽과 그것으로 만든 옷(文皮毤服)'의 특산지로 기록되어 있다.

여기서 '발(發)'자는 '조선'과는 분리해서 파악하기 곤란한 문맥으로 이루어져 있다. B.C. 470 년경 저술된 것으로 알려진 사료 D에 따르면, "其追其貊"은 '비피(貔皮)'의 특산지로 지목되고 있다. 또 『설문해자』 제9편은 "貔豹屬出貉(貊)國"이라 하고 있다. 이 점에서 '발'은 '예' 보다는 '맥'과 더 관련이 있다고 봄이 타당하다. 더구나 주 경왕(景王)대(545~520 B.C.)에 사신으로 진(晉)에 간 환백(桓伯)은 "肅愼燕毫吾北土也"라고 주변국의 사정을 인식하고 있었다(사료 J).[61] 여기서의 '박(毫)'이 '발'과 같은 것으로 봄이 일반적 견해이다. 따라서 〔맥(貊, 貉)=발=박〕은 동음이

---

57 金貞培, 2000, 앞의 글, 75쪽.

58 宋鎬晸, 1999, 앞의 글, 23~26쪽; 金貞培, 2000, 앞의 글, 75쪽; 송호정, 2003, 앞의 책, 78~91쪽.

59 '호맥'의 맥이 진의 북방에서 연의 북방에 걸쳐 있던 것으로 파악하는 견해도 있다(박준형, 2001, 앞의 글, 21~22쪽).

60 金貞培, 2000, 앞의 글, 14~28쪽.

61 이 『춘추좌전』은 B.C. 350년경의 저작물로서 이 기사의 시점은 B.C. 543년이다.

자의 범주에 속함으로 이해함이 타당하다고 본다.[62]

일찍이 '발'의 용례는 하·상의 고사에서부터 이미 나타나고 있었다. 곧 발은 '조선'에 비해 상당히 이른 시기부터 중국 고사와 관계가 있었던 것으로 나타난다. 이에 따르면, 발은 순(舜) 때부터 서주에 이르는 장기간에 걸쳐 산융과 숙신 사이에 개재한 중원 북방의 종족이었던 것으로 표현되고 있었다.[63] 따라서 사료(H·I-②)상의 '발조선'이란 표현은 서주 이후인 춘추시대에 이르러 새롭게도 '조선'이란 명칭이 '발'과 병기되게 됨을 뜻한다. 그리고 이 발조선 역시 산융과 숙신 사이에 자리 잡고 있었을 것임은 물론이다. 한편 학계 일각에서는 '발조선'을 '발과 조선'으로 새기는 견해도 있다.[64] 이런 견해는 후술하는 바, '조선'과 '예맥', 그리고 '조선'과 '요동'을 분별 인식하는 관점과 무관하지 않다.

그러나 여기서 '발'은 종족·주민의 개념과 유관한 듯하며, '조선'은 지역 혹은 집단에 대한 호칭의 성격이 강한 것으로 보인다. 따라서 사료(H·I-②)의 '발조선'은 곧 '발족(맥족)의 조선'이라는 뜻일 것으로 추정할 수 있다. 그리고 이런 사실은 맥족이 조선을 구성하는 중심적 주민들이었음을 시사해 주고 있다.[65]

또한 〔발조선(사료 H·I-②)=예맥(사료 E-b)〕에 비추어, 당시 중원 세력은 조선이 연 동북 방면에 위치한 산융의 동쪽에 자리하고 있고, 그 주민들에는 발족(맥족)은 물론 예족까지 포함되어 있는 것으로 인식하였으리라 추정된다. 동시에 이 점은 당시 중국인들이 거시적으로는 예맥을 한 동아리로 인식하면서, 한편으로는 보다 구체적으로 맥과 예가 그 존재 양태에 있어 분별할 수 있는 존재로 비추어졌음을 시사한다. 또 이 사실은 중원 세력에게 있어 맥이 예에 비해 공간적 접근성이 상대적으로 용이하였던 점을 짐작케 해 준다.

한편 논자에 따라서는[66] 사료 I-①에서 "燕有遼東之煮" 기사를 당시 제가 요동을 연의 통치범위에 포함시켜 이해했던 것으로 보면서, 이 당시부터 요동과 조선이 별개의 존재로 인식되고 있었다고 파악하는 경우도 있다. 그러나 이 기사는 당시 제가 연과 인접한 요동에서 구운 소금(煮)이 산출됨을 인식할 정도로 연을 넘어선 요동 지역에 대한 상당한 정보와 관심을 갖게 되었음을 엿볼 수 있게 해주는 대목 정도로 이해해야 할 것이다. 연이 요동으로 직접 세력을 뻗친 것은 그보다 훨씬 시기가 떨어지는 전국시대 B.C. 4C 말~ 3C 초경의 일이다(사료 M·N·O).

사료로서의 『관자』 역시 중국 천자의 당위적인 지배 범위를 '천하'로 상정하고, 이민족 세계를

62 馬德謙, 1996, 「發人芻議」, 『北方文物』46, 1996-2, 76쪽; 金貞培, 2000, 위의 글, 70~71쪽.
63 『史記』五帝本紀, 『大戴禮記』少閑篇, 『漢書』卷6 武帝本紀 등이 그 예이다(金貞培, 2000, 위의 글, 71쪽).
64 宋鎬晸, 1999, 앞의 글, 65~66쪽; 송호정, 2003, 앞의 책, 93쪽.
65 金貞培, 2000, 앞의 글, 71쪽.
66 송호정, 2003, 앞의 책, 165쪽.

그 천하의 일부에 포함시켜 주변 민족의 역사를 사실상 중국 왕조사의 일부로 편입시키고자 하는 중국 측 문헌 자료의 문제점을[67] 그대로 드러내고 있음을 유념해야 한다. 사료 H의 "해내(海內)"는 이른바 천하를 지칭하는 바, 여기서의 천하란 춘추시대에서 전국시대에 걸쳐 개념화된 '중국=구주'를 뜻한다.[68] 이러한 해내=천하에 '발조선'을 포섭하여 인식하고 있음은 당시의 역사적 현실과 매우 어긋나는 관념론에 불과할 따름이다.

애당초 조공은 제후가 정기적으로 방물을 휴대하고 직접 천자를 배알하여 제후 된 예를 행하고 군신지의를 밝혔던 가장 기본적인 신례였다. 그리고 동시에 그것은 천자가 제후들을 통제하고 지배했던 일종의 정치적 지배수단이기도 하였다. 또 이 조공은 외이에게 확대 적용되어 그들을 위무·포섭하여 번병화 시키는 방편으로 활용되었던 것이다.

그러나 사료 G-②는 그러한 개념의 조공이 천자와 연 사이에서도 행해지지 않고 있었음을 보여주고 있다. 더구나 '조공'과 침탈을 임의로 자행하던 춘추·전국시대 제 이족의 동태는 이런 조공 개념의 허구성을 현실적으로 보여주는 것이기도 하다.[69] 따라서 사료 I-②의 "발조선이 조공하지 않음(發朝鮮不朝)"이 문제되는 것조차 당시의 현실을 제대로 적시한 것이라 볼 수 없다.

다만 사료 D나 『설문해자』 제9편에서 나타나는 바, 발조선의 문피는 중원에 익히 알려진 특산물이었다. 따라서 사료 I-②는 제 환공이 이에 관심을 보이고, 제와 발조선으로 표방되는 예맥계 집단 사이에 문피를 매개로 한 교역이 행해지고 있었음을 짐작케 해준다.[70] 또한 사료 I-①은 당시 연이 인접한 요동에서 구운 소금(煮)을 교역함을 통하여 많은 수익을 올리고 있었고, 제도 이 교역에 상당한 관심을 갖고 있음을 시사해 주는 자료이다. 실제로 요동의 소금은 시기는 떨어지지만 한대에는 염관이 설치될 정도로 역대 중원 세력들에게 탐나는 자원이 되어 왔던 것이다. 따라서 사료 I-①·②는 당시 발조선이 문피를 매개로 제와, 같은 계통의 요동 지역의 주민들은 구운 소금을 가지고 연과 교역을 하고 있었음을 짐작케 해준다.

이렇게 『관자』에서 '조선'이 처음 보인다 하여 예맥과 '고조선사'의 상한을 B.C. 7C경으로 한정할 수만은 없다. 중국인들의 북방 내지 동방의 관한 인식의 확대 과정선상에서 조선의 등장을 이해해야만 한다. 오히려 이 시기는 '조선'이 제 및 연과의 접촉 내지 교류를 통하여 중원 세력과 일정한 관계가 시작된 시점이라는 데에서 그 의미를 찾을 수 있을 것이다.[71]

B.C. 350년경 저작물로 알려진 사료 J의 기사는 B.C. 543년경 주 경왕 대에 사신으로 진에

---

67 李成珪, 2004, 앞의 글, 12~13쪽.
68 李成珪, 1975, 앞의 글, 89~92쪽.
69 李春植, 1969, 앞의 글, 16~21쪽.
70 송호정, 2003, 앞의 책, 92~93쪽.
71 金貞培, 2000, 앞의 글, 74쪽.

간 환백의 주의 동북방 사정에 대한 인식이 잘 드러나고 있다. 사료 G-②에 비추어, 주 왕실은 B.C. 7C 제 환공의 북벌(사료 E·F·G·H·I) 이래 동북아시아 방면의 정세를 그 이전 어느 때보다 구체적으로 파악할 수 있었던 것이다. 따라서 환백은 당대 주의 시점에서 "숙신·연·박"이 "북토(北土)"임을 밝히고 있는 것이다.

『시경』은 B.C. 9C 한(韓)의 관념에서 "추·맥"을 "북국"으로, 『관자(사료 E·H·I)』는 B.C. 7C 이래 제의 입장에서 "고죽·산융·예맥"을 북쪽의 적대 세력들로 그리고 발조선을 교류의 대상으로, 마침내 『춘추좌전(사료 J)』에서는 B.C. 6C 주의 시점에서 "숙신·연·박"을 "북토"로 인식하게 된다. 따라서 선학들은[72] 〔추·맥=북국(『시경』)→고죽·산융·예맥=북쪽의 적대 세력들/ 발조선=교류의 대상(『관자』)→숙신·연·박=주의 북토(『춘추좌전』)〕이라는 기사와 『전국책』(사료 K) 및 『산해경』(사료 O)의 "조선이 연의 동쪽에 있다"는 조선과 예맥에 대한 인식 내용의 변화를 예맥족 내지 기자족의 이동에 의한 결과로 새기기도 한다.[73]

최근에도 논자에 따라서는[74] B.C. 7C 제 환공의 북벌로 진·연 북방에 거주하던 맥족이 원주지에 잔류한 '호맥(사료 E-①)'과는 별도로 대릉하 이동으로 동진, 요동 지역에서 예와 결합하여 '예맥'을 형성하였다고 보기도 한다.

그러나 앞에서 지적한 바처럼, 진과 연의 북방에서 대릉하 이동으로의 주민집단, 특히 맥족의 이동을 고고학적으로 추적·검증함이 매우 어려운 것이 현실이다. 예컨대 만일 위와 같은 견해가 맞다면, 동진 후의 맥족이 이주 전 진·연 문화와의 접속 과정에서 수용했던 중원 청동기 문화를 자기 문화 역량화한 결과물을 요동 지역에 고고학 자료로 남겼음을 입증해야 할 것이다. 따라서 이러한 논의들은 현재 단계에서는 예맥의 형성론적 측면에서 제기될 수도 있는 간과할 수 없는 가설로서 남겨 둘 수밖에 없을 것이다.

그런데 이 자료들의 실제 저술 시기는 〔『관자』(B.C 7C: 사료 E·H·I)→『시경』(470 B.C: 사료 D)→『춘추좌전』(350 B.C: 사료 J)〕의 순이다. 이 경우 오히려 〔고죽·산융·예맥=북쪽의 적대 세력들 / 발조선=교류의 대상(『관자』)→추·맥=북국(『시경』)→숙신·연·박=주의 북토(『춘추좌전』)〕라는 예맥에 대한 인식 내용은 저술 연대가 떨어질수록 그 구체성이 더해감을 알 수 있다. 즉 저술 시기가 늦은 자료일수록 〔예맥/발조선(『관자』)→예맥은 추와 맥으로 구성됨(『시경』)→예맥 중 맥은 숙신·연과는 확실히 분별되는 존재(『춘추좌전』)〕라고 인식 내용이 구체화되어 감을 적시하고 있다.

---

72 金庠基, 1948, 앞의 글; 千寬宇, 1974, 앞의 글.
73 이에 대한 비판은 金貞培, 2000, 앞의 글, 74쪽.
74 박준형, 2001, 앞의 글, 26~31쪽.

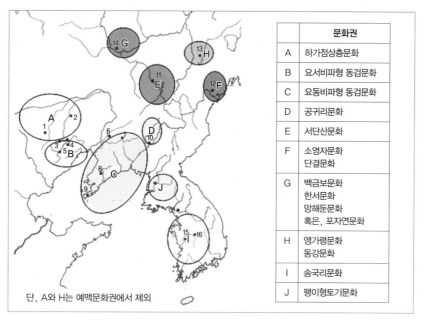

	문화권
A	하가점상층문화
B	요서비파형 동검문화
C	요동비파형 동검문화
D	공귀리문화
E	서단산문화
F	소영자문화 단결문화
G	백금보문화 한서문화 망해둔문화 혹은, 포자연문화
H	앵가령문화 동강문화
I	송국리문화
J	팽이형토기문화

단, A와 H는 예맥문화권에서 제외

〈지도 1〉 예맥문화권의 형성과 전개

따라서 이러한 중원 세력의 예맥과 조선이라는 주변 종족 혹은 세력 집단에 대한 인식의 폭과 깊이가 확대·심화됨에 비례하여 양자 간의 관계 진전 양상 또한 복잡다단하게 전개될 수밖에 없게 되었던 것이다.

청동기시대 이래 만주와 한반도에 걸쳐 동질적 기저문화를 향유하는 주민집단들은 '예맥'이라 범칭되어져 왔다. 이 문제와 관련, 우리 학계 일각에서는 그 상한이 B.C. 10C 이전으로 편년되는 우리나라 청동기시대에 있어 중국의 동북 지방 및 한반도 등지에 분포된 비파형동검을 '예맥 I기 문화'의 소산으로, 그 이후 계기적으로 전개되는 '세형동검'을 그 표지유물로 하는 철기시대를 '예맥 II기 문화'로 파악한 바 있다.[75] 이러한 견해는 그 문화의 담당 주민과 역사성의 문제와 관련, '예맥문화권'의 시·공간적 범위의 상정을 가능케 하고 있다. 따라서 예맥문화권은 이 시기 예맥이 주체가 되어 만주와 한반도에 걸쳐 성립·전개되었던 동질적 기저문화를 바탕으로 한 광역의 문화권을 일컫는다. 이를 전제로 B.C. 7C 이래 '발조선'의 등장(사료 H·I)과 그 실체 문제를 추론해 보고자 한다.

예맥문화권은 요서 지방에서 비파형동검문화가 B.C. 10C경 성립한 뒤, B.C. 7~8C경 이래 요녕 지역에서 한반도에 이르기까지 각 지역별 생태적·지정학적·생업경제적 조건에 즉응한

---

75 金貞培, 1971, 앞의 글, 149쪽.

'발전의 불균등성'이나 생태적 적응전략의 차별성에 따라 이형동질적 종족·주민집단으로 분별되면서, 여러 하위 문화권으로 분화·발전해 나간다. 따라서 이러한 예맥문화권의 검토가 고조선·부여·고구려 등의 주민 구성과 문화 및 국가 형성 계기 구명을 위한 선차적 과제가 됨은 두말할 나위가 없다(이하 〈지도 1〉 참조).

청동기시대 예맥문화권의 중심 지역은 태자하와 혼하를 중심으로 하는 요하 유역 곧 요동지방이다. 또 이곳에서의 예맥을 향유 주체로 하는 요동비파형동검문화(〈지도 1〉상의 C)는 훗날 고조선의 기저문화로서 자리매김할 수 있다.

송화강 유역 서단산문화(〈지도 1〉상의 E)는 훗날 부여의 선행문화로서, 또 한서문화상층·망해둔문화(〈지도 1〉상의 G)는 탁리국의 문화로서 부여의 그것과 일정한 상관관계를 가졌던 것으로 종래에 추론되어 온 바 있다. 그런데 부여사 전개 및 그 고고문화와 관련되어 새로이 주목받고 있는 것이 '포자연식문화'이 다. 즉 포자연식문화란 눈강 하류역 흑룡강성 서남부 지역의 고고문화를 지칭한다. 따라서 학계 일각에서는 이 고고문화를 탁리국의 문화로 보고 있다. 이 견해에 따르면, 포연자식문화와는 별개의 대해맹식(大海猛式) 유적군이 서단산문화에 갈음하여 제2 송화강 유역에 분포하고 있었으나, B.C. 2C경 송눈평원(松嫩平原)으로부터 포자연식문화가 들어와 송요평원의 주요문화로 자리 잡게 되었다는 것이다.[76] 또한 최근 학계에서는 종래의 '한서문화상층−망해둔문화=탁리국문화'의 도식에 대해서도 이론이 제기되고 있다.[77]

한편 공귀리유형문화(〈지도 1〉상의 D)는 고구려의 선행문화 혹은 기저문화로서 거론될 수 있다.[78] 그리고 소영자문화·단결문화(〈지도 1〉상의 F)는 옥저의 바탕이 되는 문화로 그 구실을 다하였을 것이다.[79] 그런데 최근 학계 일각에서는 북옥저의 문화로서 흥개호와 수분하를 중심으로 분포하는 B.C. 5C~ A.D. 2C의 연해주의 초기 철기시대 문화인 끄로우노프까 문화를 거론하고 있다. 이 문화는 중국 길림성·흑룡강성 동부 및 한국의 두만강 유역에 걸쳐 분포하며, 길림성 동부의 단결문화, 북한의 초도4층과 범의구석4층 문화와 동질적 문화로 간주되고 있다.[80] 그러나 앵가령·동강문화(鶯歌嶺·東康文化: 〈지도 1〉상의 H)만은 숙신·읍루의 문화로서 예맥문화

76 吳江原, 2000,「中滿地域의 初期鐵器文化: 泡子沿式文化의 成立과 展開樣相−文化背景 및 夫餘 문제와 관련하여−」,『(第24回 韓國上古史學會 學術發表大會)전환기의 고고학 Ⅲ : 歷史時代의 黎明』, 韓國上古史學會, 64~75쪽.

77 송기호, 2005,「扶餘史 연구의 쟁점과 자료 해석」,『韓國古代史硏究』, 한국고대사학회, 44~47쪽; 박양진, 2004,「考古學에서 본 夫餘」, 위의 책, 72~75쪽.

78 황기덕, 1984,『조선의 청동기시대』, 사회과학출판사, 9~10·54~65쪽; 藤口健二, 1986,「朝鮮無文土器と彌生土器」,『彌生文化의 硏究(3)』, 雄山閣, 148~149쪽; 東潮, 1995,「高句麗以前의 東北アジア」,『高句麗의 歷史と遺跡』, 中央公論社, 71쪽.

79 董學增·李澍田, 1984,「略談西團山文化的族屬問題」,『東北師大學報(哲學社會科學版)』1984−2, 53~57쪽.

80 崔夢龍·李憲宗·姜仁旭, 2003,『시베리아의 선사고고학』, 주류성, 453~457쪽.

권의 범주에서 제외된다.[81]

한편 팽이형토기문화(〈지도 1〉상의 J)는 고조선 중심이동설에 무게를 두고 있는 논자들에 의해 이를 '후기고조선'에 선행하여 존재했던 예맥계의 문화라 이해되고 있다.

또 송국리유형(松菊里類型) 문화(〈지도 1〉상의 I)는 중요한 한반도 중·남부의 무문토기문화로서 이 지역에서의 수전농경의 확산과도 무관하지 않은 것으로 훗날 삼한의 선행문화로서 이해할 수 있다.[82] 요서비파형동검문화는 철기시대 이래 예맥문화권 인식 범주의 지평에서 일단 포착되지 않고 있으나, 이를 예맥세의 위축으로 받아 드리는 것 보다는 오히려 예맥의 민족적 혹은 종족적 자기 정체성이 보다 분명해지는 계기로 파악함이 타당할 것이다.

B.C. 7C경 제 환공의 북벌(사료 E)로 중원 제 세력과 처음으로 조우·접속하게 되는 '예맥'의 실체란 바로 앞서 검토한 십이대영자유형문화를 중심으로 하는 요서 비파형동검문화를 담당했던 예맥계 주민집단들이었을 것으로 현 단계에서는 추정할 수밖에 없다.

그러나 B.C. 7~8C경 이래 예맥문화권의 중심 지역은 요동 지방 곧 태자하와 혼하를 중심으로 하는 요하 유역으로 옮겨 가게 된다. 즉 십이대영자유형문화를 중심으로 하는 요서비파형동검문화가 요동 지방 심양 지역 일대에 직접 영향을 주면서, B.C. 6~5C에 접어들어 심양 지역이 새로운 중심지로 부상하게 된다, 즉 요동비파형동검문화의 주요 내포가 되는 정가와자유형문화가 바로 그 중심문화로 새로이 성장하게 된 것이다.[83]

당시 요동 지방의 기하학무늬동경을 공반하는 비파형동검 관계 유물군은 쌍방유형·강상유형·정가와자유형 등이 꼽힌다. 이들 중 정가와자유형은 쌍방유형·강상유형에 비해 거울·거마구 등 비교적 풍부한 부장품을 갖추고 있어 주목된다. 특히 심양시 정가와자 6512무덤유적에서는 번개 모양 장식의 칼집이 딸린 3점의 비파형동검· 4마리분에 해당하는 청동 말재갈을 비롯, 나팔모양 청동기 등 각종 말치레거리가 부장되어 있다. 이곳에서 출토된 청동거울의 번개무늬는 십이대영자의 그것보다 거친 편이다. 또 이 무덤에서 십이대영자 출토 동물장식의 청동기가 거의 보이지 않는 것은 요하 동쪽과 한반도 출토 청동유물군의 보편적 특징으로 파악된다.

곧 정가와자 유형문화는 동검·장신구·마구 등 청동기는 물론 토기군에서 한반도와 강한 유사성을 보이지만, 그러나 보다 다량의 부장품을 갖고 있다.

이 유형문화와 강상·쌍방유형 간의 차이는 질적인 것이 아니고, 양적 수준에서 각각 차별성이 있으며, 이러한 차별성은 주민집단 내의 계층적 차이를 시사한다고 볼 수 있다. 따라서 주

---

81 董學增·李澍田, 1984, 앞의 글.
82 李弘鍾, 1996, 『청동기사회의 토기와 주거』, 서경문화사, 12~47쪽.
83 吳江原, 2002, 앞의 글, 295~303쪽.

민집단 내 지배층의 존재를 입증해 주는 다량의 청동유물을 부장한 무덤유적이 확인된 이 정가와자유형문화가 현 단계에 있어서는 요동비파형동검문화의 중심지로 비정될 수밖에 없는 것이다.[84] 아울러 이러한 쌍방유형 · 강상유형 · 정가와자유형의 차별성은 곧 세 문화유형 향유집단 사이에 존재하는 힘의 차이를 나타낸다고 볼 수도 있겠다.

논자에 따라서는 십이대영자 비파형동검문화 유형에서 직접 기원한 정가와자 비파형동검문화가 B.C. 6C경 심양 지역에 출현한다고 본다. 이 견해는 이 문화의 영향을 받아, 늦어도 B.C. 5C경 종래 '고조선의 중심문화'로 잘못 인식되어 왔던 비파형동검 · 고인돌 · 미송리형토기을 표지로 하는 요동 남부의 지역적인 유물 복합인 쌍방 유형이 소멸 · 변모하게 된다고 본다. 뿐만 아니라, 이 견해는 이와 같은 변화 양상이 요동 전 지역에서 확인되는데, 요동 북부의 돌널무덤 유적 군('대화방 유형') · 요동 남단의 돌무지무덤 유적 군('강상유형') 등의 지역적인 유물복합들도 정가와자유형 비파형동검문화와 유사한 형태의 유물복합으로 점차 변모되어 간다고 본다. 또 훗날 고구려가 발생한 요동 동부의 유물복합도 비록 정가와자유형과 직접적인 관계를 보이고 있지 않지만. 주변 지역문화의 변동 속에 새로운 단계로 전환되어 감을 지적하고 있다.[85]

이러한 논의들은 B.C. 5~6C에 접어들어 요동 지역에 심양 일대의 정가와자 유형 문화가 요동비파형동검문화의, 나아가 새로운 예맥문화권의 중심문화 · 중심지로 부각되게 되었음을 뜻한다. 이와 관련, 초기 조문경 단계의 중심을 대릉하 유역 조양 십이대영자에서 구하고, 조문경 후기 단계에 와서 요하 유역의 심양 정가와자 지역으로 그 중심 거점이 이동했다고 보고 있는 견해가 있음[86]은 이미 언급한 바 있다.

사료 H · I에서 제 · 연 등 중원 제 세력과 교역을 매개로 일정한 관계를 갖게 된 '발조선'의 실체는 요동비파형동검문화권 내에서 정가와자 유형 문화를 향유하는 심양 일대를 중심으로 하는 예맥계 주민집단으로 추정된다. 또 발조선으로 인식됐던 요동의 예맥계 제 집단들은 제 · 연 등 중원 제 세력과 원거리 교역의 매커니즘을 무리 없이 가동 · 운용할 수준의 정치 · 경제 · 사회적인 네트워크를 갖춘 사회였을 것으로 추정된다. 이는 사료 I-①이 시사하는 바, 당시 연이 인접한 요동에서 구운 소금(煮)을 교역함을 통하여 많은 수익을 올리고 있었던 사실을 통하여서도 짐작할 수 있다. 따라서 이후 이곳에서 청동기문화의 철기문화로의 계기적 진전 과정 가운데서 창출된 역동성(dynamics)은 고조선 국가형성의 원동력이 되었던 것으로 파악할 수도 있다.

---

84 李淸圭, 1993, 위의 글, 11~12 · 21~22쪽.
85 吳江原, 2004, 「遼寧 地域 靑銅器文化와 地域間 交涉關係」, 『동북아시아 선사 및 고대사 연구의 방향』, 학연문화사, 164~168쪽; 吳江原, 2004, 「선사와 역사가 만나는 곳, 고조선」, 『고조선 · 단군 · 부여』, 고구려연구재단, 26~27쪽.
86 李淸圭, 2004, 앞의 글, 6~7쪽; 李淸圭, 2004, 앞의 글, 2쪽.

4. '조선요동'과 '조선'(B.C. 4 · 3C)

K. 蘇秦將爲從 北說燕文侯曰 燕東有朝鮮遼東 北有林胡 樓煩(『戰國策』 卷29, 燕1 燕文公)

L. 說燕文侯曰 燕東有朝鮮遼東 北有林胡樓煩.(『史記』 卷69, 列傳列傳 第9 蘇秦)

M. 魏略曰 ①昔箕子之後 朝鮮侯見周衰 燕自尊爲王 欲東略地 朝鮮侯亦自稱爲王 欲興兵逆 擊燕以尊周室. 其大夫禮諫之 乃止 使禮西說燕 燕止之 不攻 ②後子孫稍驕虐 燕乃遣將秦開攻其西方 取地二千餘里 至滿番汗爲界 朝鮮遂弱.(『三國志』 卷30, 魏書30 東夷傳30 韓條)

N. 燕襲走東胡 辟地千里 度遼東而攻朝鮮(『鹽鐵論』 第45 攻伐篇)

O. 朝鮮在列陽東 海北山南 列陽屬燕(『山海經』 卷12, 海內北經)

P. 非濱之東 夷穢之鄕 大海陵魚 其鹿野搖山揚島大人之居 多無君(『呂氏春秋』 恃君覽篇)

Q. 白圭曰 吾欲二十而取一 何如 孟子曰 子之道 貉道也 萬室之國 一人陶則可乎 曰 不可 器不足用也 曰 夫貉 五穀不生 惟黍生之 無城郭宮室宗廟祭祀之禮 無諸侯幣帛饔飱 無百官有司 故二十取一而足也(『孟子』 告子章 下)

우리 민족사는 청동기시대 발전과 갈등의 와중에서 축적된 역동성을 바탕으로 철기시대로 계기적 진전상을 보이면서, 마침내 B.C. 4C 말경의 "조선요동(사료 K·L)"에서 B.C. 4C 말 ~3C 초 이래 "조선(사료 M·N·O)"으로 그 정치적 존재 형태가 고양됨을 경험할 수 있게 되었던 것이다.

B.C. 6년경 유향이 편집한 것으로 알려진 『전국책』(사료 K)에서 B.C. 4C 말경 소진(蘇秦, ~317 B.C.)은 연이 동으로 "조선요동"을 갖고있다고 인식하고 있다. 이런 관점은 사료 L을 통해서도 확인할 수 있다. 그러나 이런 인식이 실제 동북아 정세와 다른 관념론에 불과함은 사료 M·N에서 연이 실제로 그보다 다소 시기가 떨어지는 B.C. 4C 말~3C 초에 이르러서야 진개의 동정을 계기로[87] "度遼東而攻朝鮮(사료 N)"하게 됨을 통해서 확인할 수 있다.

따라서 사료 K·L에서의 "燕東有朝鮮遼東"이란 사료 I-②의 "燕有遼東之煮"와 다름없는 의미를 가질 따름이다. 즉 이는 정확히 말해서 "연의 동쪽에 조선요동이 있다"고 새겨야 할 것이다. 다만 사료 M에 나타나는 바, 당시 연과 조선의 관계는 춘추시대(사료 I-②) '발조선' 때와는 달리 단순한 교역 수준 이상의 정치·외교·군사상의 관계망 속에서 매우 복합적인 성격을 갖고 있었던 것으로 추정된다.

한편 사료 K·L에서의 "조선요동"이 '조선과 요동'인지 혹은 '조선의 요동'인지 논의의 초점이

---

87 진개의 동정 시점은 연 소왕 B.C. 284년경으로 추정된다(李治亭 主編, 2003, 『東北通史』, 中州古籍出版社, 60~63쪽.

될 수도 있다. 혹은 이를 연과의 원근 순서에 의해 표기한 것으로 파악한다면, 조선은 연과 요동 사이인 요서에 위치하는 셈이 된다.[88] 그러나 이 경우 "度遼東而攻朝鮮(사료 N)"과 모순되는 결과가 된다.

사료 K·L에서의 '조선요동'이 '조선과 요동'인지 혹은 '조선의 요동'인지는 해당 기사의 축자적 해석에 지나치게 매달릴 필요가 없다. B.C. 6~5C 이래 그 문화의 중심이 요동, 특히 혼하 유역의 심양 지역임을 고려할 때.[89] 조선의 중심 지역으로서의 요동의 위상은 확고했던 것으로 판단된다.

논자에 따라서는 사료 I-②·K·L·N을 일관되게 조선과 요동으로 분별하여 보려는 경우가 있다. 즉 이 경우를 따르면, 사료 K·L·N는 B.C. 4~3C 당시 조선과 요동이 별개의 지역으로 존재했음을 적시하는 자료가 된다. 그런데 이런 관점은 조선과 예맥의 분별론과 고조선 중심지를 한반도 서북부에서 찾으려는 견해와[90] 접맥되어 있음에 유념해야 한다.

한편 전국시대 중원 제 세력들 사이에는 조선에 관한 인식에 더하여 그것을 구성하는 주민 집단인 예와 맥에 대한 개별적·구체적인 정보가 미흡하게나마 축적되어 갔음을 사료 P·Q를 통해 간취할 수 있다. 『여씨춘추(사료 P)』는 저작 년대가 B.C. 237년으로 추정되며, 『맹자(사료 Q)』는 B.C. 280년경 저작물로 알려져 있다.

사료 P에 관해서 연구자들은 대체로 '비(非)'는 '북(北)'의 오자로 보고, 이를 "북빈지동(北濱之東) 곧 발해의 동쪽인 이예(夷穢)의 지방에서는 큰 게와 해릉어가 난다"고 해석하여 왔다. 또 논자에 따라서는, 발해만의 동부가 예맥의 거주지였던 바, B.C. 3C 이후 조선이 대동강 유역에 있을 당시 요동 지방의 기본 주민이 예맥이었다고 봄으로써, 이 기사를 예맥·조선 분별론의 전거로 파악하고 있다.[91] 그러나 인용된 사료 P는 주의 사방 경계 밖에 있는 족속들에게는 군주(君)가 없으며, 천자·군·장관의 필요성을 강조하는 내용이다.

또 논자에 따라서는 '비'는 '북'의 오자가 아니라 '위(渭)'의 오자라 본다. 따라서 이 견해는 사료 P를 "위빈(渭濱)의 동쪽으로 이·예의 땅과 대해·능어·기·녹야·요산·양도·대인 등이 사는 곳은 대부분 군주가 없다"고 새기고 있다.

따라서 사료 P는 전국시대 정치사상의 반영물이기도 하지만, 그 내용을 모두 B.C. 3C의 사실을 반영하는 것으로 볼 수 없다.[92] 만일 사료 P가 B.C. 3C의 사실을 반영하고 있다 하더라도,

---

88 金貞培, 2000, 앞의 글, 72~75쪽.
89 李淸圭, 1993, 앞의 글, 19~23쪽; 오강원, 2004, 앞의 글, 25~28쪽.
90 宋鎬晸, 1999, 앞의 글, 78~81쪽; 송호정, 2003, 앞의 책, 158~168쪽.
91 宋鎬晸, 1999, 앞의 글, 77쪽.
92 박준형, 2001, 앞의 글, 11~14쪽.

'이예'에게 군주가 없다는 점은 사료 M의 역사상과 어긋난다는 점에 주목해야 한다.

사료 Q는 '맥'이 중국의 정치·경제·사회·문화 수준에 비추어 보잘 것은 없지만, 나름대로 농경을 행하고, 일정한 수취체계를 갖춘 단계의 세력 집단으로 성장하고 있음을 시사하고 있다.[93] 이 점은 사료 M에서 그려진 조선의 실상과 상당히 근사할 수도 있다. 그리고 이 점은 사료 P의 '이예'의 실태와 대비된다.

그러므로 이 사료 Q는 '발조선(사료 H·I-②)' 곧 '맥의 조선' 인식 이래, 중원 세력들에게 조선의 중심 세력이 맥족이라는 인식이 널리 확산되어 있음을 방증하는 것일 수도 있다. '예맥의 조선'이 '맥의 조선'으로 파악됨은 어쩌면 앞서 지적한 공간적 접근의 용이성에서 비롯된 것으로 추정된다.

'발조선'이라 인식되던 심양 일대의 정가와자유형문화에 바탕한 세력을 중심으로 하는 요동 지역 예맥계 주민집단의 문화는 B.C. 4C경에 이르러 말기 비파형동검단계 혹은 다음의 전형적인 세형동검 단계로 넘어가기 전의 과도기적 양상을 시현하고 있었다.[94]

이와 관련, 우리 학계 일각에서는 청동기·청동기 부장묘를 준거로 그 마지막 세문경 단계에는 대동강 유역이 새로운 중심이 되며, 이 단계 대동강 유역의 다뉴경·세형동검문화는 철기문화의 영향 하에서 길장 지역과 한반도 지역으로 확산되었다고 파악한다.

결국 이 견해는 예맥계 청동기 문화 중심의 이동과 그 문화의 단계적 진전 과정의 맥락에서 고조선·부여 국가 형성의 계기를 추구하고 있는 셈이다.[95]

그런데 우리 학계 일각에서는 사료 M을 요동에서의 고조선 국가형성과 직결시켜 이해하는 견해가 제기된 바 있다. 즉 이 견해는 사료 M이 조선의 '조선후'가 조선 '왕'이 되며, 조선이 일정한 관료 체계를 갖추고, 전국칠웅 중 하나인 연과 외교 및 전쟁의 당사자로까지 성장했음을 적시하고 있다고 이해한다. 따라서 이 견해는 예맥의 나라 '조선'은 예맥문화권의 선진 지역인 요동 지방에서 B.C. 4C 말~3C 초 초기국가·원생국가(pristine state)를 형성하게 된 것으로 본다. 이 경우, 이 조선은 청동기시대 이래 축적된 제 역량을 토대로 철기시대에 진입하면서 성립된 우리 민족 최초의 '국가(state)'였던 셈이다.[96]

그러나 우리 학계 일반은[97] B.C. 4 말~3C 초 요동 지역의 조선(사료 M-①)을 '前期古朝鮮'으로, 연장 진개의 동벌(사료 M-②) 이래 평양 지역으로 이동한 조선을 '후기고조선'으로 이해하

93 박준형, 2001, 앞의 글, 33쪽.
94 李清圭, 1993, 앞의 글, 23쪽; 오강원, 2004, 앞의 글, 25~28쪽.
95 李清圭, 2004, 앞의 글, 3~11쪽; 李清圭, 2004, 앞의 글, 2~3쪽.
96 金貞培, 1986, 『韓國古代의 國家起原과 形成』, 高麗大學校出版部, 79~81쪽.
97 盧泰敦, 1990, 앞의 글; 李清圭, 1993, 앞의 글.

는 '고조선 중심이동설'의 입장을 취하고 있다. 왜냐하면 진개의 동정(사료 M-②·N)으로 조선은 서방 땅 2,000여 리를 빼앗기고, 그 중심 세력이 이동할 수밖에 없었던 것으로 보고 있기 때문이다.

　B.C. 4C경 요녕 지역에서는 철기를 제외한 전국 연계 유물이 공반되면서 요서 지방과 요동 지방의 교섭은 지속된다. 그러나 B.C. 3C경에는 요녕 지역에서는 철기를 위시한 전국 연계 유물이 적극 공반되지만, 요서 지방은 완전히 전국 연의 문화가 오로지 하게 된다. 특히 후자의 문화현상은 전국 연의 요녕 지역 진출의 고고학 자료로 새길 수 있는데, 이 경우 연은 천산산맥이서 지방은 직접 다스리면서, 이동 지방은 간접적으로 지배한 것으로 추정된다.[98] 진개의 동정이 결과한 동북아 지형도가 바로 사료 O라 할 수 있다. 따라서 사료 M·N·O가 이른바 고조선 중심이동설의 논거가 되는 셈이다. 그리고 이런 견해들은 대체로 고조선의 국가 형성 시점을 후기고조선 단계인 B.C. 2C 초의 위만조선의 성립에서 구하고 있다.

5. '예맥조선'과 부여(B.C. 2C)

　R. 諸左方王將居東方 直上谷以往者 東接穢貊朝鮮(『史記』 卷110, 匈奴列傳)

　S. 彭吳穿穢貉朝鮮 置蒼海郡……(『漢書』 卷24下, 貨殖志4下)

　T. 漢武帝元封二年 伐朝鮮 殺滿孫右渠 分其地爲四郡 以沃沮城爲玄菟郡 後爲夷貊所侵 徒郡
　　句麗西北(『三國志』 卷30, 魏書30 東夷傳30 東沃沮)

　U. 玄菟樂浪 武帝時置 皆朝鮮穢貉句麗蠻夷(『漢書』 卷28下, 地理志8下)

　V. 夫燕亦勃碣之間一都會也……北隣烏丸夫餘 東綰穢貉朝鮮眞番之利(『史記』 卷129, 貨殖列傳)

　B.C. 3C 초 연의 침공으로 요하~청천강 유역에는 전국시대 철기유물 군인 연화보-세죽리 유형이 분포하게 되고, 한반도 청천강 이남에는 세형동검문화가 발전하게 된다. 여기서 전기 고조선 비파형동검문화를 계승한 것이 세형동검문화이므로, 청천강 이남으로 고조선 중심지가 옮겨졌다고 볼 수밖에 없다는 것이 중심이동론의 고고학적 근거가 된다.

　위만조선이 들어서기 전까지 고조선문화는 세형동검·세문경문화로 발전된다. 따라서 B.C. 2C 초 준왕의 한 지역으로의 남천이 있었고, 동시기 대동강·한반도 남부 지역에 동일한 세문경 문화[細文鏡文化: 송산리·용제리유형(松山里·龍提里類型)문화]가 광범위하게 퍼지는 것도 주목되

---

98 吳江原, 2004, 앞의 글, 168~169쪽.

는 사실이다.

한편 B.C. 2C경 위만조선 성립 당시 전국계 거마구와 세형동검문화, 그리고 철기문화가 대동강 유역에 자리잡은 것으로 보인다. 반면 한반도 남부 지방에서는 북방 시베리아 계통 방울무구를 공반하는 대곡리유형(大谷里類型) 등과 같은 유물군이 위만조선과 한(韓)의 문화적 차별성을 보여주고 있다.[99] 또 이 점은 한반도 남부 지방에서의 예맥의 또 다른 동아리인 삼한 사회의 성장을 반영하고 있다.

그런데 B.C. 2C대 이래 위만조선이 자리하게 된 대동강 유역과 한반도 남부지방 유물군은 세형동검·세문경·동과(銅戈) 등의 유물을 기본으로 한다는 점에서 공통점을 갖는다. 그러나 대동강 유역 정백동 출토 금속유물 중 한대 이전 중국식 마면(馬面) 장식·진(秦)나라 꺽창이 있는데, 이런 중국식 청동기는 한강 이남 남부 지방에서는 보이지 않는다는 점에서 차별성을 보인다. 따라서 고고학자료 상 대동강 유역 고조선식 세형동검과 중국의 꺽창·마면의 공반 현상은 위만조선 복합문화의 성격을 상징적으로 보여주는 것이다.

사료 R~V는 한제국과 위만조선과의 관계 진전상 및 그 파탄의 실상을 보여 주고 있다. 사료 R·S·V에서는 '예맥조선'이 사료 U에서는 '조선예맥'의 존재가 부각되고 있다. 즉 사료 R에서는 흉노와의 관계망 속에서, 사료 S의 경우 창해군 설치와 관련해서, 사료 V에서는 연 지방과 오환·부여·진번의 이웃으로서 예맥조선이 주목받고 있다. 다만 사료 U의 경우 종래의 예맥조선이 '조선예맥'으로 '구려만이'와 더불어 병칭되고 있다. 사료 R·S의 '예맥조선'과 사료 T의 '조선'의 실체가 바로 위만조선인 것이다. 이 경우 ('예맥조선(사료 R·S)'='조선(사료 T)')이 된다. 곧 위만조선의 실체는 '예맥의 조선'임을 확인할 수 있다.

다만 사료 U의 경우 종래의 예맥조선이 '조선예맥'으로 지칭된 것은 위만조선 국망으로 '예맥의 나라 조선(예맥의 조선)'이 아닌 '조선에 속했던 예맥(조선의 예맥)'으로 그 정치적 존재양태상의 변화가 있었음을 시사하는 것이다.

위만조선의 실체는 위에서 본 바처럼 '예맥조선(예맥의 조선)'임을 확인할 수 있다. 이 점은『관자』시대 이래 조선이 ('발조선'='발의 조선'→'조선요동'='조선의 요동'→'예맥조선'='예맥의 조선')이라 인식되어 왔고, 조선을 특징짓는 요인이 (발→요동→예맥)으로 변화되어 왔음을 보여주고 있다. 위만조선 이래 조선은 적어도 그 세력권 내의 주민 구성에 있어 예와 맥의 분별이 어려울 정도 수준의 통합이 진전되었음을 짐작할 수 있다. 따라서 동북아시아 예와 맥의 세계에 있어 조선은 이들과는 한 동아리지만 그러나 이들의 구심점인 '예맥조선'으로서 그 존재가 명백히 각인되게 되었던 것이다.

---

99 李清圭, 1993, 앞의 글, 28·31쪽.

그러나 오늘날 학계 일각에서는 '조선과 예맥'을 별개의 존재로 파악하고자 하는 견해가 제기되고 있어 주목을 요한다. 즉 이 견해는 ('발조선'='발과 조선'→'조선요동'='조선과 요동'→'예맥조선'='예맥과 조선')이라는 일관된 논리를 바탕으로, '발·요동·예맥'을 '조선'과 분별, 이를 고조선 평양중심설로 귀결시키고 있다.[100]

이 견해는 요녕식 동검문화가 요동 지역에 전파되었을 때, 그 지역에는 '예맥'과 '조선'이라는 동일 계열의 다른 세력 집단이 서로 밀접한 관련을 맺으면서 성장하고 있었다고 본다. 그리고 이 견해는 종족적·지역적 개념으로서 '조선'이란 본래 서북한 지방을 가리킨 지역의 이름이며, 예맥과 이웃하고 있었던 한 지역 집단이었다고 이해한다. 또 이 견해는 다만 조선은 예맥과 친연관계를 형성하여, 그 주민은 예·예맥으로 불린 종족과 매우 유사하였다고 파악하고 있는 것이다.[101]

그런데 이 견해는 조선과 예맥의 바탕문화를 분별함을 논지의 출발점을 삼고 있다. 즉 이 입장은 돌널무덤과 미송리형토기를 사용한 예맥 계통 지역집단은 혼하~압록강 유역에 이르는 지역에 위치하였고, 그 남쪽 고인돌·팽이형토기문화를 영위한 주민집단이 '조선'이라고 본다.[102]

그러나 이 경우 한반도 서북 지역이 출발 당시부터 공시적으로 존재하던 '예맥'과의 문화 상의 질·양적 차별성을 극복하고, B.C. 5~4C경 요동과 한반도 서북 지역을 아우르는 '연맹 상태의 국가체제'를 형성하는 과정에 대한 보다 명쾌한 해명이 아쉽다. 더구나 최근 한반도 서북 지역 고인돌 축조 집단의 내적 발전 결과 세형동검문화가 형성되었다는 견해에 대해, 고인돌 문화는 묘제·장법·토기·입지·금속 기술 등의 면에서 뒤이은 세형동검문화와는 전혀 다른 문화성을 갖고 있어, 양 문화는 물질문화·정신문화·생활문화·상징문화를 전혀 달리하고 있다는[103] 비판이 제기되고 있다.

결국 '예맥'이라는 종족의 매개 집단별 '발전의 불균등성'을 전제로 '조선'은 예맥의 나라이지만, 예맥의 모두를 포섭하지는 못했음에도, 이들의 존재를 표상하고 있다고 이해함에서 이 문제의 실마리를 풀어나가야 할 것이다. 최근의 한 연구에서[104] 고조선은 '예맥'이란 범칭에서 벗어나 '예맥'을 대표하는 독자적인 세력으로 성장했다고 봄도 이런 맥락에서 타당한 지적이라 생각된다.

오늘날 학계는 고조선 국가 형성과 관련, 국가(state)라는 고도의 정치적 복합체 형성 요인을

---

100 宋鎬晸, 1999, 앞의 글; 송호정, 2003, 앞의 책.
101 宋鎬晸, 1999, 앞의 글, 75~81쪽; 송호정, 2003, 앞의 책, 159~168쪽.
102 宋鎬晸, 1999, 앞의 글, 80쪽; 송호정, 2003, 앞의 책, 167쪽.
103 오강원, 2004, 「풀어야 할 과제들」, 앞의 책, 69~71쪽.
104 박준형, 2001, 앞의 글, 37쪽.

농경·전쟁·교역에서 찾는 것이 일반적이다.[105] 위만조선은 역사상 그 실체가 최초로 분명히 드러나는 국가로서, 그 성립과 관련, 전쟁과 교역에 각각 초점을 맞추어 연구가 진행된 바 있다.

전자의 경우, 위만조선 국가의 성립은 제한된 영역 안에서의 인구 증가, 그리고 그러한 인구압에 대처하기 위한 전쟁이라는 도식 속에서 이 문제 해명의 실마리를 찾고 있다.[106] 후자의 경우, 위만조선이 한반도 북쪽의 지리적 요충지에 자리 잡음으로써, 그 지리적 이점을 최대한 이용한 '중심지무역(central place trade)'으로 막대한 흑자를 보고 이를 토대로 국가를 성립시키고 성장시켰다고 파악한다.[107]

한편 위만조선은 B.C. 2C 말 동북아시아 방면의 유력한 무장세력(armed power)으로 부각되게 되었다. 따라서 위만조선과 한제국 사이에는 이 방면에서의 교역망 통제를 둘러싼 갈등이 증폭되고 있었다(사료 S·V). 사료 R은 당시 위만조선='예맥조선'의 지정학적 위상에 대한 한 제국 측 인식의 한 단면을 엿볼 수 있게 한다. 마침내 위만조선은 자기를 '흉노의 왼쪽 팔'로 인식하던 한 측과의 전면적 군사대결을 벌리면서 붕괴되어 갔던 것이다(사료 T·U).

한편 이러한 고조선을 선두로 한 부여·고구려 등 예맥계 제 집단의 정치적 성장(사료 T·U·V)은 교역권의 확대와 동아시아 교역 네트워크 형성을 촉진하는 계기가 되었던 것이다. 특히 이 시기 이래 고조선을 중심으로 한 예맥계 제 집단은 여러 부문에서 압도적 우위를 점하며 동아시아의 국제적 재분배시스템으로 관념되는 '조공·책봉체제'를 매개고리로 압박해 오는 한 세력의 패권주의에 대한 길항작용을 벌이면서, 꾸준히 자기 발전의 길을 추구하고자 하였음에 유의하여야 한다.

만주와 한반도에서의 청동기시대는 우리 민족이 '예맥'이라 지칭되면서 자기 존재를 드러내고 그 문화의 원형이 뿌리를 내리기 시작한 시기였다. 바로 이 시기 예맥이 중원 청동기문화의 영향권 하에서 벗어나 있었다는 점은 주목에 값하는 사실이다. 오히려 이들은 몽골고원−시베리아 방면 유목문화권에서 비롯된 그것의 영향을 짙게 받으면서 '예맥 I 기 문화' 곧 비파형동검문화를 창출하고 있었던 것이다. 이 사실은 예맥이 우리 민족 문화의 원형을 형성하던 바로 그 출발점부터 중원문화와는 계통을 달리하게 되었음을 뜻한다.

따라서 예맥은 '예맥 II 기 문화' 즉 세형동검문화를 바탕으로 한 철기문화로의 진전 상황 아래

---

105 이 문제에 관한 종합적 고찰은 姜奉遠, 1998, 「원거리 무역의 이론과 방법론−복합사회 형성 과정 연구와 관련하여−」, 『韓國考古學報』 39, 韓國考古學會.

106 金貞培, 1977, 위의 글, 35~45쪽.

107 崔夢龍, 1983, 「韓國古代國家形成에 對한 一考察−衛滿朝鮮의 例−」, 『金哲埈博士華甲紀念史學論叢』, 知識産業社, 62~77쪽; 崔夢龍, 1985, 「古代國家成長과 貿易−衛滿朝鮮의 例−」, 『韓國古代의 國家와 社會』, 一潮閣, 65~75쪽.

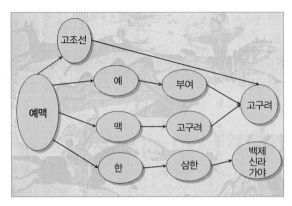

〈도표 2〉 예맥의 분화와 정치적 성장

에서 마주 부딪치게 된 질·양 면에서 압도적이며 침투력과 동화력에서 빼어난 중원문화와의 만남 가운데서도 자기 정체성을 상실하지 않을 수 있었다. 이들은 오히려 중원문화를 자기들 문화역량 증대를 위한 전략적 자원으로 활용할 수 있게 되었던 것이다.

그러므로 예맥은 제 세력집단의 '발전의 불균등성'을 전제로 한 청동기시대에서 철기시대로의 계기적 진전상 가운데서 동질적 기저문화에 바탕한 이형동질적 사회·국가로의 발전을 기약함과 동시에 중원의 한을 비롯한 제 이질적 존재와의 차별성을 보다 뚜렷이 할 수 있게 되었다.

청동기문화를 바탕으로 축적된 예맥문화권의 제 역량이 이후 고조선의 국가 형성을 중심축으로 한 부여·고구려·옥저·동예·삼한 등 예맥계 제 정치세력의 성장이라는 역사의 진전으로 표출됐다는 점이 이 시기가 갖는 함의로서 자리매김 될 수 있을 것이다. 곧 예맥을 주체로 한 고조선과 부여의 국가형성, 고구려사회와 삼한사회의 성장은 바로 그 역사적 표현이었던 것이다(〈도표 2〉참조).

W. 夫餘……國之耆老自說古之亡人……[魏略曰 其國殷富 自先世以來 未嘗破壞] 其印文言 濊王之印 國有故城名濊城 蓋本濊貊之地 而夫餘王其中 自謂亡人 抑有似也.(『三國志』卷30, 魏書30 列傳30 烏丸·鮮卑·東夷傳 夫餘條)

X. 夫餘國……本濊地也(『後漢書』卷85, 列傳75 東夷 夫餘國條)

부여 관련 자료들(사료 W·X)은 맥족의 주지를 '예'라 하지 않고, 예의 그것을 일부 '예맥'이라 지칭하기는 했어도 '맥'이라 한 적이 없음을 적시해 주고 있다. 따라서 부여는 예맥의 한 동아리로서 예맥의 조선인 위만조선에 비해 예족의 나라로서 자기 정체성을 분명히 하면서 B.C. 3~2C 송화강 유역을 중심으로 그 역사적 실체를 드러내게 되었다.

B.C. 5C경 송눈평원의 예족이 송요평원으로 점진적 이주를 시작, B.C. 3C경 탁리국 동명 집단의 남하·망명을 계기로 국가형성 단계에 진입하게 된다. 그리고 B.C. 2C 말 이미 '예군남려(濊君南閭)'로 표상되는 '원(原)부여'가 형성되고 있었던 점, 그리고 고조선의 국가형성 시점이 B.C. 3~4C라 파악되고 있는 점 등을 감안할 때, 부여국가의 성립은 B.C. 3C 이후에서 B.C.

2C 말 사이 어느 시점의 일로 비정된다.

부여의 건국과정을 둘러싼 이러한 견해는 사료 W·X를 통하여 검토해 볼 필요가 있다. 곧 이 사료는 동명집단이 B.C. 3C경 송눈평원의 탁리국에서 남하·망명한 예족 출신으로서("古之亡 人"), 같은 예맥문화권에 속한("蓋本濊貊之地") 송요평원("濊地")의 선주(先住) 예족과 더불어 제 거점("濊城")을 구축하면서 '국가' 형성에 노력하여, B.C. 2C 말 예군남려대 이전의 '원부여'의 성립을 계기로 한 세력과는 "예왕지인(濊王之印)"의 수수관계가 정립될 정도로 동북아시아방면 의 주요세력으로 등장하고 있었음("其國殷富 自先世以來 未嘗破壞")을 확인시켜주고 있다.[108]

한편 사료 V는 문헌상 '부여'의 존재가 최초로 우리 민족사 인식의 지평에 포착되는 사료로서, 이 사료는 그 '화식열전'의 서술체재나 사료상의 '오환'이 그 두각을 나타내는 때가 전한 초라는 점을 참작할 때, 늦어도 『사기』가 저술된 B.C. 91년 때까지의 연 지방의 사회경제상을 기술한 것이라 파악된다.

그런데 이 사료 V는 B.C. 3C~B.C. 2C 말 사이에 '국가'를 형성한 '원부여'가 늦어도 B.C. 108년까지의 사이에 그 문화적 기반을 같이하는 "예맥의 조선" 곧 위만조선 및 몽고계 유목민인 오환과 더불어 동북아 세력 구도 형성을 주도한 주요 신흥 세력 '부여'로서 당시의 전한 측에 인 식되고 있었음을 보여주고 있다.

이후 부여는 A.D. 5C 말에 이르기까지 고구려와 더불어 동북아시아 일각에 자리하며 우리 민족사 흐름의 큰 줄기 가운데 하나를 담당하는 역사적 실체로 존재했었던 것이다.

특히 고구려·백제가 부여와 공존하고 있던 시기마저 각각 부여와의 연고 의식을 강조하고 있 었던 점은 부여사가 당시 이들이 간직한 역사의 기억 속에 점하는 유의미성을 짐작케 해주는 대 목이다.

Y. 句麗作國 依大水而居 西安平縣北有小水 南流入海 句麗別種依小水作國 因名之爲小水貊 出好弓 所謂貊弓是也(『三國志』 卷30, 魏書30 列傳30 烏丸·鮮卑·東夷傳 高句麗條)

청동기시대 이래 진전된 예맥문화의 큰 흐름은 고조선과 부여를 거쳐 맥계 주민을 주체로 하 는 고구려로 이어진다. 부여가 고조선의 영향 하에 성장하였다면, 고구려사는 부여사와 직접 맞닿고 있다. 사료 T·U는 B.C. 2C 말경 중국인들이 당시 압록강 중류역 일대에서 성장하고 있던 고구려사회의 실체를 '구려만이' 혹은 '이맥'이라 특칭하면서 '조선'과 여타 '예맥' 집단과 준 별·인식하고 있었음을 보여준다.

---

108 부여 국가형성 과정에 대한 제 논의의 연구사적 정리는 朴京哲, 1992, 앞의 글; 朴京哲, 2004, 앞의 글.

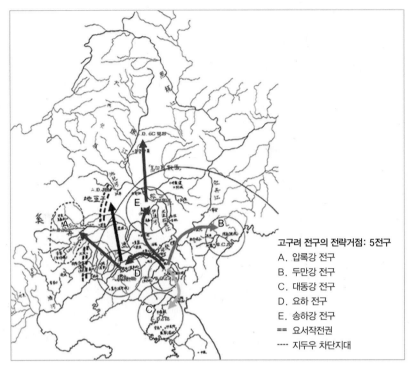

고구려 전구의 전략거점: 5전구

A. 압록강 전구
B. 두만강 전구
C. 대동강 전구
D. 요하 전구
E. 송하강 전구
== 요서작전권
---- 지두우 차단지대

〈**지도 2**〉 A.D. 5~7C '高句麗戰區 形勢圖'

또 사료 Y는 당시 중국인들이 고구려 국가형성과 관련, 그것을 주도한 두 세력으로서 '구려'라 지칭되던 압록강 유역의 맥족 집단인 '대수맥(大水貊)'과 '구려별종'으로 인식되던 혼강 유역 맥족 집단인 '소수맥(小水貊)'을 거론하고 있음은 고구려의 종족적 실체가 예맥 가운데 '맥'임을 확인해주고 있다.

이런 관점에서 보면, 자연히 〔고조선→부여→고구려→백제〕의 역사적 계통이 잡힌다. 따라서 고조선·부여를 뿌리로 한 예맥문화의 흐름과 예맥계 주민의 동질성은 고구려를 결절점으로 하여 우리 민족 자기 정체성 인식의 바탕이 된다.

〈지도 1〉의 '예맥문화권의 형성과 전개'에 적시된 예맥문화의 지역별·종족별 분포상이 훨씬 후대의 〈지도 2〉 '고구려전구 형세도'에 있어서의 고구려 국세 팽창과정상에 구축된 제 전략거점['전구(戰區)'] 및 그 동선과 거의 중복됨은 고구려의 역사와 문화가 예맥민족·문화를 바탕으로 한 고조선·부여의 그것과 동일한 연장선상에 놓여 있었음을 쉽게 간파하게 해준다.[109]

한편 〈도표 3〉의 '만주와 한반도의 예맥계 제 국가'는 고구려가 우리 역사에서 차지하는 위상

---

109 朴京哲, 2004, 앞의 글, 521~524쪽.

을 새삼 확인할 수 있다. 먼저 만
주와 한반도의 예맥계 제 국가는
청동기 시대의 예맥문화권을 공
통 바탕으로 성립하였다. 또 고
구려와 공시적으로 존재하던 백
제는 고구려와 뿌리를 같이하고
있음을 공언하고 있고, 한때 신
라 역시 고구려의 비호와 영향력
아래에서 그 발전의 계기를 찾을
수 있었다. 한편 발해는 고구려
의 계승국가이며, 고려 역시 그
역사적 계승성을 주장하고 있다.

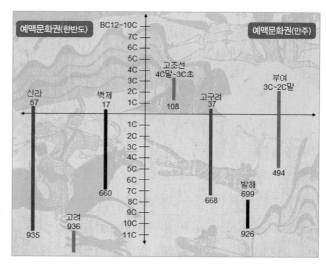

〈도표 3〉 만주와 한반도의 예맥계 제 국가

따라서 고구려는 공간적으로 고조선·부여와 발해 등 만주 지역의 제 예맥계 국가와 오늘의
우리를 이어 주고 있는 디딤돌이 된다. 아울러 고구려는 고조선·부여 이래 발해·고려에서 오
늘에 이르는 우리 겨레 시간적 계속성의 연결고리가 되는 셈이다. 그리고 우리는 이 점에서 중
국 학계가 고구려사를 주 타격점으로 삼아 동북공정을 수행하는 배경을 파악할 수 있다.[110]

6. 맺음말

이상의 제 논의를 정리함으로써 맺음말에 갈음하고자 한다.

현재 단계에서 『관자』 이전의 선진시기 자료는 B.C. 12C경 이래 서주시대에는 다수의 집단으
로 구성된 예와 맥으로 분별되는 종족 혹은 주민집단의 존재가 당시 중원 세력의 인식선상에 포
착·인지되고 있었음을 확인해 주는 자료 정도의 의미를 찾을 수 있다.

이 시기 문헌 자료상 그 존재의 포착이 어려웠던 B.C. 12~7C경의 예맥은 고고학 자료 속에
서 나마 대릉하 유역 십이대영자유형 문화를 중심으로 하는 요서비파형동검문화의 하담자로서
그 실체를 서서히 드러내고 있었다.

한편 『관자』를 포함하여 비교적 이른 시기를 다룬 선진 문헌들에 '기자동래론'이 언급되지 않

---

110 Park kyung-chul, 2004, "History of Korea and China's Northeast Asian Project", *International Journal of Korean History*,
    Korea University Press, pp.17~19.

고 있음은『삼국유사』상 '기자조선' 단계의 '조선'의 실체가 '예맥조선'임을 새삼 확인해 준다.

『관자』에서 '조선'이 처음 보인다 함은 B.C. 7C경 '조선'이 제 및 연과의 접촉 내지 교류를 통하여 중원 세력과 일정한 관계가 시작된 시점이라는 데에서 그 의미를 찾을 수 있을 것이다. '발조선'은 곧 '발족(맥족)의 조선'이라는 뜻일 것으로 추정할 수 있다. 이런 사실은 맥족이 조선을 구성하는 중심적 주민들이었음을 시사해 주고 있다. B.C. 7C 이래 '발조선'의 실체는 요동비파형동검문화권 내에서 정가와자유형문화를 향유하는 심양 일대를 중심으로 하는 예맥계 주민집단이었던 것으로 추정된다.

『戰國策』에서의 '조선요동'은 '조선의 요동'으로 새길 수 있다. 즉 B.C. 6~5C 이래 그 문화의 중심이 요동, 특히 혼하 유역의 심양 지역임을 고려할 때 조선의 중심 지역으로서의 요동의 위상은 확고했던 것이다.

'발조선'이라 인식되던 요동 지역 예맥계 주민집단의 문화는 B.C. 4C경에 이르러 말기 비파형동검 단계 혹은 다음의 전형적인 세형동검 단계로 넘어가기 전의 과도기적 양상을 시현하고 있었다. 논자에 따라서는 예맥의 나라 '조선'은 예맥문화권의 선진 지역인 요동 지방에서 B.C. 4C 말~3C 초 초기국가·원생국가(pristine state)를 형성하게 된 것으로 본다. 그러나 우리 학계 일반은 '고조선 중심이동설'의 입장을 취하고 있다. 그리고 이런 견해들은 대체로 고조선의 국가 형성 시점을 후기고조선 단계인 B.C. 2C 초의 위만조선의 성립에서 구하고 있다.

B.C. 2C경 역사상 그 실체가 최초로 분명히 드러나는 국가인 위만조선 성립 당시 전국계 거마구와 세형동검문화, 그리고 철기문화가 대동강 유역에 자리 잡은 것으로 보인다. 고고학자료상 대동강 유역 고조선식 세형동검과 중국의 꺽창·마면의 공반 현상은 위만조선의 복합문화의 성격을 상징적으로 보여주는 것이다. 당시 문헌 자료상의 '예맥조선'과 '조선'의 실체가 바로 위만조선인 것이다. 위만조선의 실체는 '예맥의 조선'임을 확인할 수 있다.

『관자』 시대 이래 조선이 〔'발조선'='발의 조선'→'조선요동'='조선의 요동'→'예맥조선'='예맥의 조선'〕이라 인식되어 왔고, 조선을 특징짓는 요인이 〔발→요동→예맥〕으로 변화되어 왔음을 보여주고 있다. 따라서 동북아시아 예와 맥의 세계에 있어 조선은 이들과는 한 동아리지만 그러나 이들의 구심점인 '예맥조선'으로서 그 존재가 명백히 각인되게 되었던 것이다.

그러나 오늘날 학계 일각에서는 '조선과 예맥'을 별개의 존재로 파악하고자 하는 견해가 제기되고 있어 주목을 요한다. 즉 이 견해는 〔'발조선'='발과 조선'→'조선요동'='조선과 요동'→'예맥조선'='예맥과 조선'〕이라는 일관된 논리를 바탕으로, '발·요동·예맥'을 '조선'과 분별, 이를 고조선 평양중심설로 귀결시키고 있다.

마지막으로 부여(扶餘, 夫餘)는 예맥의 한 동아리로서 예맥의 조선 즉 위만조선에 비해 예족의 나라로서 자기 정체성을 분명히 하면서 역사의 무대에 등장한 반면, 부여사와 직접 맞닿고 있는 고구려는 맥계 주민을 주체로 성장하고 있었던 것이다. 이 고구려는 공간적으로 고조선·부여와 발해 등 만주 지역의 제 예맥계 국가와 오늘의 우리를 이어 주고 있는 디딤돌이 된다. 아울러 고구려는 고조선·부여 이래 발해·고려에서 오늘에 이르는 우리 겨레 시간적 계속성의 연결고리가 되는 셈이다.

이상의 고찰을 통하여 필자는 문헌 자료를 통하여 『관자』 시대 이래 조선이 ('발조선'='발의 조선'→'조선요동'='조선의 요동'→'예맥조선'='예맥의 조선')이라 인식되어 왔으며, 조선을 특징짓는 요인이 (발→요동→예맥)으로 변화되어 왔음을 확인할 수 있었다. 아울러 필자는 고고학 자료상에서도 예맥은 B.C. 12~10C 이래 예맥문화권 내 비파형동검문화에서 세형동검문화로의 계기적 진전 과정 속에서 그 구체적 존재를 드러내고 있음도 검증할 수 있었다. 그러므로 필자는 본고를 통해서 고조선과 부여 나아가서 고구려 주민 구성과 문화의 뿌리가 예맥에서 비롯됨을 결론지을 수 있게 되었다.

출전　朴京哲, 2005, 「古朝鮮·扶餘의 住民構成과 種族」, 『北方史論叢』6.

제15장
부여의 국세변동상 인식에 관한 시론

1. 머리말

부여(扶餘 또는 夫餘)는[1] B.C. 3~2C 이래 예맥의 한 동아리로서 자기 정체성을 분명히 하면서 송화강(松花江) 유역을 중심으로 하는 역사의 장에 등장하게 된다. 이러한 부여는 A.D. 5C 말에 이르기까지 고구려와 더불어 동북아 일각에 자리하면서 우리 민족사 흐름의 큰 줄기 가운데 하나를 담당하는 역사적 실체로 존재하였던 것이다.[2] 그러나 이제까지 이러한 부여사가 우리의 민족사 인식체계에 있어 점하는 위상은 고조선·삼한·삼국의 그것에 비하여 상대적으로 초라한 실정이다. 따라서 이제까지 부여사에 대한 연구는 '고대사 연구의 변경'에 속한 것으로[3] 자리매김 되어 왔던 것이다.[4]

이러한 연구 환경 아래서 오늘날 우리 학계는 올바른 부여사상의 정립 노력을 둘러싸고 여러 가지 상이한 견해들을 개진하고 있다. 특히 '북부여·동부여·부여'의 실체 및 이를 얼개로 하여 엮어지는 부여사 전개의 인식체계 문제가 그러하다. 또 부여 국가·사회 성격 해명의 실마리가 되는 '민(民)·하호(下戶)' 문제 역시 그 견해의 틈이 작다고만은 볼 수 없다. 더구나 이 두 가지

---

1 사료상에 나타나는 '부여'의 한자 표기 용례는 대체로 '夫餘'나 '扶餘' 두 가지이다. 즉 '부여'는 『사기』·『한서』·『삼국지』·『후한서』 등의 중국 측 사료 및 「광개토왕릉비문」·「모두루묘지」 등 우리 측 금석문에서 '夫餘'로, 그리고 『삼국사기』·『삼국유사』·『동명왕편』·『제왕운기』 등 우리 측 문헌사료와 『위서』·『당서』에서는 '扶餘'로 각기 표기되고 있다(朴京哲, 1992, 「扶餘史展開에 關한 再認識試論」, 『白山學報』 40, 白山學會, 23쪽). 따라서 본고는 편의상 후자의 입장을 좇아 '부여'를 '扶餘'로 표기하되, 꼭 필요한 경우 '夫餘'로 明記하고자 한다.
2 부여사가 우리 민족사상 점하는 유의미성에 관해서는 이기동, 2005, 「한국민족사에서 본 부여」, 『韓國古代史研究』 37, 한국고대사학회; 朴京哲, 2005, 「새로운 扶餘史像 定立을 위한 몇 가지 課題」, 『先史와 古代』 23, 韓國古代學會, 5~6쪽 참조.
3 이기동, 2005, 앞의 글, 6쪽.
4 부여사 관련 연구사적 검토는 朴京哲, 2005, 앞의 글, 5~6쪽; 박경철, 2010, 「부여」, 『한국고대사 연구입문(Ⅰ)』(증보), 신서원, 238~240쪽 참조.

문제는 부여사의 재구성을 위해서는 반드시 해명되고 넘어가야 할 문제들이다. 뿐만 아니라 '부여문화'의 실상 또한 명쾌히 밝혀지지 않고 있는 실정이다.[5] 부여는 우리 역사 인식의 지평에 있어서 아직도 그림자와 같은 나라로 남아 있는 셈이다.

부여는 B.C. 3~2C 이래 700여 년간 고조선·고구려 등 예맥계 제 세력뿐만 아니라 중국의 한(漢) 세력 외에도 읍루·물길과 선비 등 이질적 세력들과 일정한 화전 관계를 유지하면서 우리 민족사의 한 줄기를 지켜왔던 것이다. 더구나 부여가 두 차례(A.D. 285년, 346년)에 걸친 선비 모용씨의 강공 아래서도 끝내 거듭날 수 있었던 점은 이 나라의 뒷심이 만만치 않았음을 엿볼 수 있게 하는 대목이다.[6] 부여사는 그만큼 매우 굴곡진 행보를 보여주고 있었던 것이다.

필자는 본고를 통하여 이렇게 기복이 심한 부여의 국세변동상을 일별하면서, 그 시기별 세력권의 변화와 국가·사회의 존재양태의 일단을 밝혀보고자 한다. 필자는 이를 위하여 먼저 부여의 국세변동상 인식에 있어 반드시 짚고 넘어가야 할 과제를 해명하고자 한다. 다음으로 필자는 이러한 성과를 입론 삼아 부여 국세의 시기별 변동상과 특성을 고찰해보고자 한다.

2. 부여의 국세변동상 인식과 관련된 선결과제

1) 부여사 전개의 인식체계

부여의 국세변동상 인식에 있어 가장 중요한 문제는 부여사 전개의 인식체계 정립과 시기구분 문제이다.

『삼국사기』·『삼국유사』 및 중국 측 여러 사료와 「광개토왕릉비문」·「모두루묘지」 등에는 '부여·동부여·북부여·졸본부여'라 지칭되는 다양한 부여의 존재가 기록되어 있다. 이 사실은 부여사의 전개 과정 자체를 이해하는 얼개 곧 부여사 인식체계를 짜는데 있어 적지 않은 혼선을 초래하고 있다. 그리고 이 문제의 핵심은 북부여·동부여의 실체 구명 여하에 있다. 이에 관한 제 논의는 일단 '북·동부여 공시적 실재론(北·東夫餘 共時的 實在論)'과 '북·동부여 통시적 분기론(北·東夫餘 通時的 分岐論)'으로 대별할 수 있다.[7]

'북·동부여 공시적 실재론'이란 한·중 학계 일각에서 개진되고 있는 견해이다. 이 견해는 고

---

[5] 朴京哲, 2005, 앞의 글, 20쪽; 박경철, 2010, 앞의 글, 264쪽.

[6] 朴京哲, 2005, 앞의 글, 5쪽.

[7] 박경철, 2004, 「扶餘史 硏究의 諸問題」, 『동북아시아 선사 및 고대사 연구의 방향』, 학연문화사, 88~91쪽: 朴京哲, 2005, 앞의 글, 9~11쪽; 박경철, 2010, 앞의 글, 241~245쪽 참조.

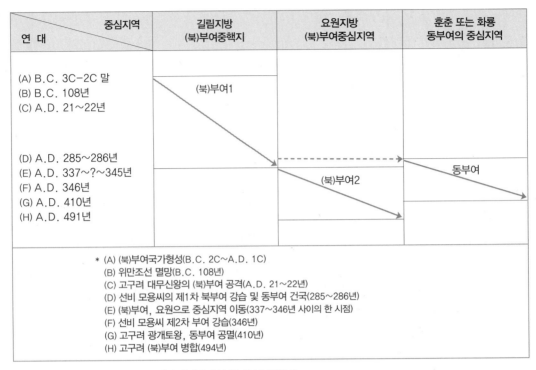

〈그림 1〉 '북·동부여 통시적 분기론'의 관점에서 본 부여사 인식체계

구려 건국 당시 북부여·동부여가 같은 시기에 각기 다른 지역에 실재해 있었다고 본다. 이 견해도 학자마다 매우 다른 입장을 주장하고 있는 실정이다.[8]

오늘날의 우리 학계의 다수는[9] 기존의 제 사료에 대한 비판적 인식을 전제로 '북부여=부여'이며, '동부여'란 훗날 이들로부터 갈라져 나온 세력이 세운 나라로 보고 있다. 곧 이는 '북·동부여 통시적 분기론'이라 볼 수도 있다.

이 견해는 본래 주몽의 고향은 송화강 유역의 북부여(부여)로서 기원 후 5세기 말 고구려에 합병되었고, 동부여란 3세기 말 선비족 모용씨의 공격을 받은 북부여의 일족이 세운 나라인 바, 광개토왕대에 고구려에 통합되었다고 보는 입장이다.

이 경우 동부여란 고구려 건국 당초부터 실재했던 것이 아니라, A.D. 285년 선비 모용외의

---

8 張博泉, 1981, 「夫餘史地叢說」, 『社會科學輯刊』 1981-6; 孫正甲, 1984, 「夫餘源流辨析」, 『學習與探索』 1984-6; 徐榮洙, 1988, 「廣開土王陵碑文의 征服記事의 再檢討(中)」, 『歷史學報』 119, 歷史學會; 李道學, 1991, 「方位名 夫餘國의 성립에 관한 檢討」, 『白山學報』 38, 白山學會.

9 盧泰敦, 1989, 「扶餘國의 境域과 그 變遷」, 『國史館論叢』 4, 국사편찬위원회; 朴京哲, 1992, 앞의 글; 朴京哲, 1994, 「부여사의 전개와 지배구조」, 『한국사(2)-원시사회에서 고대사회로(2)-』, 한길사; 박경철, 2004, 앞의 글; 송기호, 2005, 「扶餘史 연구 쟁점과 자료 해석」, 『韓國古代史硏究』 37, 한국고대사학회; 박경철, 2010, 앞의 글.

제1차 부여 강습(强襲)으로 부여('북부여')의 일부 핵심 지배집단이 옥저 지방으로 망명·건국한 나라로서, 410년 고구려 광개토왕의 군사행동에 의하여 공멸되었던 것이다. 이러한 입장에 선 부여사 전개과정을 도시하면 〈그림 1〉과 같다. 필자 또한 이러한 북·동부여 통시적 분기론에 입각하여 논지를 전개코자 한다.

2) 扶餘史 展開의 時期區分

오늘날 우리 학계에서는 부여사 전개의 시기구분과 관련한 일련의 논의가 있었다. 먼저 그것을 '문화적 기반'을 지표로 [초기부여(B.C. 2C~A.D. 1C)'→'전성기 부여(A.D. 1~3C)']로 일단 구분하면서, A.D. 4C 이후에는 고구려가 부여를 사실상 지배한 것으로 파악하는 견해가 있다.[10] 또 부여 변경의 가변성을 전제로 부여사가 [부여 초기=부여 성립기(B.C. 3~1C)→부여 중기=부여 전성기(B.C. 1C~285 A.D. 모용외(慕容廆) 강습)→부여 후기=부여 쇠락기(285~494 A.D.)]라는 세 단계로 진전되었다고 이해하고 있는 입장도 있다.[11] 이렇듯 '문화'와 '경역'을 지표로 시기구분 노력을 행할 경우, 대체로 부여사가 세 단계로 분별됨을 알 수 있다.

국가의 형성·발전 여부는 경제력의 집적보다는 오히려 군사력을 중심으로 하는 강제(coercion)·강제수단(coercive means)의[12] 집적 수준과 그것을 활용한 전쟁의 성패에 달려 있다. 곧 전쟁이 국가의 형성과 그 성격의 변환을 이끌어 내고 있는 것이다.[13] 더구나 고대국가는 일반적으로 정착적 농경을 자기 사회에 있어 재생산구조의 기반으로 삼고 있기 때문에 당시의 낮은 생산성은 국가권력의 집중도를 제고하는데 있어 하나의 저해요인으로 작용하고 있었다. 그런데 이렇게 취약한 경제력을 바탕으로 한 고대국가 팽창의 전형적 경로는 언제나 적극적 군사행동

---

10 송호정, 2005, 「扶餘의 國家形成過程과 文化基盤」, 『북방사논총』 6, 동북아역사재단.

11 李鍾洙, 2005, 「高句麗의 夫餘진출과정 연구」, 『高句麗研究-廣開土太王과 東아시아 世界-』 21, 고구려연구회.

12 '강제(coercion)'에는 "실제적인 행동과 잠재적인 손상의 가능성을 인식하고 있는 개인들이나 제 집단의 인격이나 소유에 대한 손실이나 손상을 흔히 야기시키는 일체의 위협적인 혹은 실제적인 행동의 합의에 의거한 적용을 포함하고 있는 것"으로 파악할 수 있다. 따라서 강제수단은 무장역량의 제고뿐만 아니라 투옥·착취·모욕·공적인 위협을 강요하는 제기제의 확장에 힘을 집중시키게 되는 것이다(Charles Tilly, 1990, "Cities and States in World History", *Coercion, Capital and European States, AD 990~1990*, Basil Blackwell, pp.15~28; 朴京哲, 1996a, 『高句麗의 國家形成 研究』, 高麗大學校 博士學位論文, 168쪽의 주 172.

13 C. Tilly는 국가는 '지정학적(geopolitical)' 행위자로서 국가 간의 경쟁체계의 현상유지 및 (필요한 경우) 전쟁에 필요한 사회·경제적 자원을 추출할 수 있는 능력에 기초하고 있다고 본다. 또 그는 국가는 합리적 선택이론에 바탕을 둔 '경제학적(economistic)' 행위자로서, 외부세력으로부터 국민을 '보호'해주는 대신 내부적 '약탈'을 통하여 국가엘리트들은 자기 이익을 극대화한다고 보고 있다(C. Tilly, 1985, "War Making and State Making as Organized Crime", *Bringing the State Back In*, Cambridge University Press, p.6; 朴京哲, 1996a, 앞의 글, 168쪽의 주 173.

(military action)을 수반한 '옆으로의(lateral) 길' 곧 지리적 정복(geographical conquest)이었다.[14] 국가란 정치적 공동체의 총화이다. 필자는 본고에서 전쟁이라는 국가의 총체적 역량투사현상을 기준 지표 삼아 부여사 전개의 시기구분을 시도하고자 한다.

부여사 전개 과정에 있어 전쟁(군사행동)과 관련된 사료들은 아래와 같다.[15]

A. (琉璃明王) 十四年(6 B.C.) ①春正月 扶餘王帶素 遣使來聘 請交質 子王憚扶餘强大 欲以太子都切爲質 都切恐不幸 帶素之. ②冬十一月 帶素 以兵五萬來侵 大雪 人多凍死乃去(『三國史記』卷13, 高句麗本紀1)

B. (琉璃明王) 三十二年(13 A.D.) 冬十日月 扶餘人來侵 王使子無恤率師禦之 無恤以兵小 恐不能敵 設奇計 親率軍伏于山谷 以待之 扶餘兵直至鶴盤嶺下 伏兵發 擊其不意 扶餘軍大敗 棄馬登山 無恤縱兵盡殺之(『三國史記』卷13, 高句麗本紀1)

C. (大武神王) 四年(21 A.D.) 王出師伐扶餘……五年(22 A.D.) 春二月 王進軍扶餘國南…… 直進執扶餘王斬頭 扶餘人……圍數重 王以量盡士饑 憂懼不知所爲 乃乞靈於天……王旣至國 乃會群臣飮至曰 孤以不德 輕俄扶餘 雖殺其王 未滅其國 而又多失我軍資 此孤之過也(『三國史記』卷13, 高句麗本紀1)

D. 至安帝永初五年(111 A.D.) 夫餘王始將步騎七八千入寇樂浪 殺傷吏民 後復歸附(『後漢書』卷85, 列傳75 東夷傳 夫餘國條)

E. (太祖大王) 九十九年(121 A.D.) ①冬十月 王幸扶餘 祀太后廟 存問百姓窮困者 賜物有差……②十二月 王率馬韓濊貊一萬餘騎 進圍玄菟城 扶餘王遣子尉仇台 領兵二萬 與漢兵幷力拒戰 我軍大敗(『三國記』卷15, 高句麗本紀3)

F. ①永康元年(167 A.D.) 王夫台將二萬餘人寇玄菟 玄菟太守公孫域擊破之 斬首千餘級……②至靈帝熹平三年(174 A.D.) 復奉章貢獻 夫餘本屬玄菟 獻帝時 其王求屬遼東云(『後漢書』卷85, 列傳75 東夷傳 夫餘國條)

G. 挹婁 夫餘東北千餘里……自漢以來 臣屬夫餘 夫餘責其租賦重 以黃初(220~226 A.D.) 中叛之 夫餘數伐之 其人衆雖少 所在山險 隣國人畏其弓 卒不能服也(『三國志』卷30, 魏書30 列傳30 烏丸·鮮卑·東夷傳 挹婁條)

H. ①尉仇台死 簡位居立 無適子 有孽子麻餘 位居死 諸加共立麻餘 牛加兄子名位居爲大使輕

14 P. Anderson, 유재건·한정숙 공역, 1990, 『고대에서 봉건제로의 이행』, 창작과 비평, 26~27쪽; 朴京哲, 1996a, 앞의 글, 225쪽.

15 광개토왕릉비문의 "(永樂)二十年 庚戌 東夫餘 舊是鄒牟王屬民 中叛不貢 王躬率往討" 기사는 '북·동부여 통시적 분기론'에 입각, 별도로 다룰 필요가 있다.

財善施 國人附之 歲歲遣使詣京都貢獻 ②正始中(240~249A.D.) 幽州刺史毌丘儉討句麗 遣玄菟太守王頎詣夫餘 位居遣大加郊迎 供糧 ③季父牛加有二心 位居殺季父父子 籍沒財物 遣使簿斂送官 舊夫餘 水旱不調 五穀不熟 輒歸咎於王 或言當易 或言當殺(『三國志』卷30, 魏書30 列傳30, 烏丸·鮮卑·東夷傳 夫餘條)

I. ①武帝時(266~290 A.D.) 頻來朝貢 ②至太康六年(285 A.D.) 爲慕容廆所襲破 其王依慮自殺 子弟走保沃沮 ③帝爲下詔曰 夫餘王世守忠孝 爲惡虜所滅 甚愍念之 若其遺類足以復國者 當爲之計 使得存立 有司奏護東夷校尉鮮于嬰不救夫餘 失於機略 詔免 以何龕代之 ④明年(286 A.D.) 夫餘後王依羅遣詣龕 求率見人還復舊國 仍請援 龕上列 遣督郵賈沈以兵送之 廆又要之於路 沈與戰 大敗之 廆衆退 羅得復國 ⑤爾後每爲廆掠其種人 賣於中國 帝愍之 又發詔以官物贖還 下司冀二州 禁市夫餘之口(『晉書』卷97, 列傳67 四夷 東夷傳 夫餘國條)

J. ①初夫餘居于鹿山爲百濟所侵 部落衰散 西徙近燕 而不設備 ②燕王皝 遣世子儁師慕容軍 慕容恪慕容根三將軍萬七千騎 襲夫餘 儁居中指授 軍事皆以任恪 遂拔夫餘 虜其王玄及部落五萬餘口而還 ③皝玄爲鎭東將軍妻以女(『資治通鑑』卷97, 晉紀19 孝宗上之上 永和2年(346 A.D.) 春正月條]

K. 文咨明王 三年(494 A.D.) 二月 扶餘王及妻孥以國來降(『三國史記』卷19, 高句麗本紀7)

이상의 11개 부여 전쟁 관련 사료들을 아래 '〈표 1〉 부여 군사행동 관련 분석 기준표'를 바탕으로 분석·검토하여 정리한 것이 〈표 2〉 부여 군사행동 관련 평가표'이다. 그리고 이를 바탕으로 작성된 것이 '〈도표 1〉 부여 군사행동의 시기별 평가 도표'이다.

필자는 11개 전쟁 관련 사료를 〔Ⓐ당사국(집단)·Ⓑ성격·Ⓒ전과]의 세 항목으로 나누어 일정한 점수를 부여함을 통하여, 부여사상에서 당해 개별 군사행동이 가졌던 유의미성을 평가하였다. 이 평가 기준을 규정한 것이 〈표 1〉 부여 군사행동 관련 분석 기준표'이다.

여기서 주목할 점은 〔Ⓐ당사국(집단)을 가중치 삼아, 이를 〔Ⓑ성격·Ⓒ전과]라는 여타 항목의 합에 곱함을 통하여 개별 군사행동 유의미성의 총화를 표현한 지수를 구한 점이다. 곧 〔Ⓐ×(Ⓑ+Ⓒ)=총화지수]가 된다.

부여·고구려·선비 모용씨는 각기 하나의 독립된 국가로서, 이들 국가 간의 관계는 하나의 국제관계로 개념지을 수도 있다. 국제전쟁은 국제정치의 연장으로서 그 전쟁의 파괴력은 관련 당사국의 역량과 정비례한다는 점을 감안, 〔Ⓐ당사국(집단)을 당해 군사행동 유의미성의 총화 지수를 산정키 위한 가중치로 삼은 것이다.

특히 고구려·선비 모용씨의 존재가 부여의 안위에 결정적 역할을 했다(사료 C·I·J)는 점을 고려할 때, 이 삼국의 가중치를 모두 '5'로 처리 했다. 현도군 등 한 군현의 군사력 투사 수준은

〈표 1〉 부여 군사행동 관련 분석 기준표[16]

군사행동 관련 평가 사항			
관련사항	세부내용	평가	
		Ⓓ정량(定量)평가	Ⓔ정성(定性)평가
Ⓐ당사자	부여	5	
	고구려 · 선비 모용씨	5	
	한군현(현도군 · 낙랑군)	4	
	기타(읍루 · 마한 · 예맥)	2	
Ⓑ성격	전역	5	
	전략적 군사행동	4	
	전술적 군사행동	3	
	기타(예비군사행동 등)	1	
Ⓒ전과	왕도 압박/함락 · 왕 전사/피로(被虜)/자살 · 내항	5	
	전략적 타격	3	
	전술적 타격	2	
규모	자료 부족으로 평가 불능		
Ⓔ정성적평가 (전쟁주도권)	부여의 공세적 군사행동		(+)
	부여의 방어적 군사행동		(−)

이들 삼국의 수준에 못 미치지만, 정치적 영향력 측면에서 무시 못 할 존재였다는 점에서 그 가중치 '4'를 부여했다.

부여가 수행한 전쟁을 포함한 제 군사행동 관련 사료에서는 당시 전장에 투하된 인적 · 물적 자원의 계량적 수치 제시가 매우 부족하다. 따라서 본 검토 과정에서 행할 수 있는 정량적 분석에는 한계가 있을 수밖에 없다. 그러므로 본고는 주로 정성적 분석에 의존하여 부여사 전개의

---

16 여기서 '전역(campagine)'에는 왕도 압박/함락 · 왕 전사/피로/자살 등이 포함된다. '전략적 군사행동'에는 주요 전략적 광역공간 확보 · 주요 거점 확보 · 회전 등을 거론할 수 있다. '전술적 군사행동'은 교전 · 단순 무장충돌 등이다. '예비군사행동'에는 군사동원 · 군사방어조치 · 군사기동/군사력 전개 등이 열거될 수 있다. 본고의 '군사행동' · '작전' · '전략' · '전술' 등의 개념들과 관련해서는 朴京哲, 1988, 「高句麗軍事力量의 再檢討」, 『白山學報』 35, 白山學會, 142~143쪽 참조.

〈표 2〉 부여 군사행동 관련 평가표

연대	작전내용	당사자	당사자 점수	성격	성격 점수	전과	전과 점수	규모	정량적 평가 총화*	정성적 평가**	평가 총화***	비고
6 B.C.	부여병 고구려 침공, 대설로 철수	부여 vs 고구려	10	전략적 군사 행동	4	전략적 타격	3	부여군 5만	70	plus (+)	70	사료 A
13 A.D.	부여 침공, 학반령에서 고구려에게 대패,	부여 vs 고구려	10	전략적 군사 행동	4	전략적 타격: 부여병 진살됨	3	부여군 대, 고구려군 소	70	plus	70	사료 B
21 A.D.	고구려, 부여국 공멸작전	부여 vs 고구려	10	전역	5	부여왕 전사, 미멸(未滅) 부여국	5		100	minus (-)	-100	부여, 대려관계에서의 주도권 상실 사료 C
111 A.D.	부여왕, 낙랑 침공	부여 vs 낙랑군	9	전략적 군사 행동	4	살상 낙랑 이민(吏民)	2	부여, 步騎七八千	54	plus	54	"後復歸附" 사료 D
121 A.D.	고구려 "率馬韓濊貊一萬餘騎 進圍玄菟城 扶餘王遣子 尉仇台 領兵二萬 與漢兵并力拒戰"	부여+현토군 vs 고구려+마한·예맥	16	전략적 군사 행동	4	고구려군 대패	3	고구려 측 1만 vs 부여 2만과 漢兵	112	plus	112	사료 E
167 A.D.	부여 "王夫台將二萬餘人寇玄菟玄菟太守公孫域擊破之"	부여 vs 읍루	9	전략적 군사행동	4	부여군 천여급 참수됨	3	부여군 二萬餘人, 千餘級 斬首됨	63	plus	63	174 A.D., "復奉章貢獻 夫餘本屬玄菟獻帝時 其王求屬遼東云" 사료 F
223 A.D.	"挹婁 自漢以來 臣屬夫餘 夫餘責其租賦重 以黃初(220~226 A.D.)中叛之 夫餘數伐之"		7	전술적 군사 행동	3	夫餘數伐挹婁	2		35	minus	-35	사료 G
244 A.D.	"正始中(240~249 A.D.) 幽州刺史毌丘儉討句麗 遣玄菟太守王頎詣夫餘 位居 遣大加郊迎 供軍糧"	부여+현토군	7	예비 군사 행동	1	"夫餘供軍糧"	0		7	plus	7	사료 H
285 A.D.	"爲慕容廆所襲破 其王依慮 自殺 子弟走保沃沮"	부여 vs 선비 모용씨(후연 모용황)	10	전역	5	모용외습파 부여, 왕 자살	5		100	minus	-100	286 A.D., 夫餘王依羅得復國 사료 I
346 A.D.	慕容軍萬七千騎 襲夫餘 拔夫餘 虜其王玄及部落五萬餘口而還	부여 vs 선비 모용씨	10	전역	5	拔夫餘虜其王玄及部落五萬餘口	5	모용군 17,000기	100	minus	-100	"觥玄爲鎭東將軍 妻以女" 사료 J
494 A.D.	"扶餘王及妻孥以國來降"	부여 vs 고구려	10	국망	5	"以國來降"	5		100	minus	-100	사료 K

* 정량적 평가총화=당사자점수x(성격점수+전과점수)
** 정성적 평가(+/-)
*** 평가총화=정량적 평가총화x정성적 평가

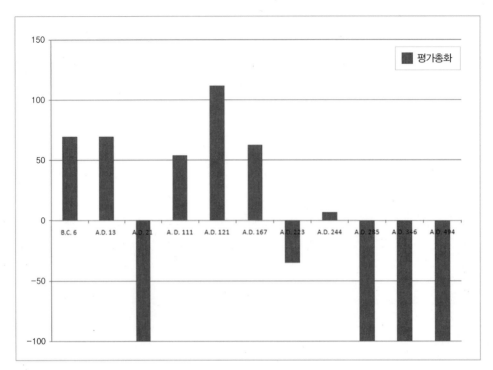

〈도표 1〉 부여 군사행동의 시기별 평가도표

시기구분과 국세변동상을 엿볼 수밖에 없다. 대체로 당사자의 국세팽창을 지향하는 의지가 그 승패를 불문하고 그 전쟁의 역사적 성격 파악에 열쇠가 되고 있다. 따라서 부여가 수행한 군사행동에서 공세적 성격이 돋보일 경우(사료 A·B·D·E·F·H)에 플러스(+)를, 그것이 방어적 측면에서 이루어진 것(사료 C·G·I·J·K)이라면 마이너스(−)로 처리했다.

이러한 방식으로 제 사료를 분석해보면, 부여사 전개의 획기로 자리매김될 수 있는 시기는 A.D. 21년 부여국 공멸을 위해 수행한 고구려의 군사행동이 있었던 A.D. 1C(사료 C)와 A.D. 285년 선비 모용외의 부여 강습작전(사료 I)이 이루어진 A.D. 3C이다(〈표 2〉·〈도표 1〉 참조). 이상의 군사행동 분석 결과를 바탕으로 부여사 진전상을 시기별로 분별해보면, 부여사가[국가형성기(2C B.C.~1C A.D.)→전기부여(1~3C A.D.)→ 후기부여(3~5C A.D.)]라는 세 단계를 거쳐 진전되었음을 알 수 있다.

필자의 '전쟁(군사행동)'을 매개틀로 한 부여사 3시기 구분론은 전술한 '문화·변경의 가변성'을 기준틀로 한 시기 구분 결과와 거의 일치하고 있다. 이는 우리 학계의 부여사 전개에 관한 인식이 대체로 일치함을 시사해주고 있다.

3. 국가형성기(B.C. 2C~A.D. 1C) '부여사'의 실상

1) 부여의 고고문화적 기반에 관한 제논의

고고학 자료상 예맥은 B.C. 10C 이래 중국 동북 지방에서 나름대로 주변의 다른 주민집단과 분별성을 가진 문화를 갖고 있는 존재로 역사의 무대에 등장하고 있었다. 즉 이들 예맥의 문화는 이후 비파형동검·다뉴조문경·무문토기·석관묘·지석묘를 그 문화적 내포로하여 시·공간상 단계적으로 확산·발전되어 가게 되었다.

이러한 '예맥문화권'은 이후 B.C. 7~8C경 이래 요녕성·길림성 지역에서 한반도에 이르기까지 각 지역별 생태적·지정학적·생업경제적 조건에 즉응한 '발전의 불균등성'이나 생태적 적응 전략의 차별성에 따라 이형동질적 종족·주민집단으로 분별되면서, 여러 하위 문화권으로 분화·발전해 나간다. 이를 도시한 것이 '〈지도 1〉 B.C. 10~7C 예맥문화권의 전개와 발전'이다.[17]

송화강 유역 서단산문화(西團山文化: 〈지도 1〉상의 E)는 훗날 부여의 선행문화로서, 또 한서문화하층(漢書文化下層)·백금보·망해둔문화(白金寶·望海屯文化: 〈지도 1〉상의 G)는 탁리국(槖離國)의 문화로서 부여의 그것과 일정한 상관관계를 가졌던 것으로 추론되고 있다. 곧 우리 학계 일각에서는 최근 중국 고고학계의 연구 성과를 수용, 탁리국의 문화와 부여의 선행문화 및 부여 자체 문화의 흐름을 구명함에 관심을 할애하고 있다.

먼저 부여 건국 주도 집단의 출자인 '탁리국 문화=백금보문화'론이 제기되면서 이 방면 논의 전개의 물꼬가 트이게 되었다.[18] 한편 동일한 관점에서, 중국 학계의 연구 성과를 참작하여,[19] 예맥계에 의한 '백금보문화'·'한서문화' 혹은 '망해둔문화'를 탁리국의 문화로, 그리고 이들 문화와 상당한 관련성을 갖고 있는 예족의 '서단산문화'를 부여의 기저문화로 이해하는 견해가[20] 제시되기도 하였다. 아울러 이 견해는 '소영자문화(小營子文化)'·'단결문화(團結文化)'를 옥저의 기저문화로 파악하되, '앵가령·동강문화(鶯歌嶺·東康文化)'만은 숙신·읍루의 문화로서 예맥문화권의 범주에서 제외시키고 있다.

한편 송눈평원(松嫩平原)에서의 백금보·한서하층문화에서 망해둔·한서상층문화로의 진전상

---

17 朴京哲, 2004, 「濊貊·扶餘와 高句麗의 正體性」, 『高句麗硏究』 18, 高句麗硏究會; 朴京哲, 2005, 「古朝鮮·扶餘의 住民構成과 種族」, 『북방사논총』 6, 고구려연구재단.

18 盧泰敦, 1989, 앞의 글.

19 董學增·李澍田, 1984, 「略談西團山文化的族屬問題」, 『東北師大學報(哲學社會科學版)』, 1984-2, 53~57쪽.

20 朴京哲, 1992, 앞의 글; 朴京哲, 1994, 앞의 글.

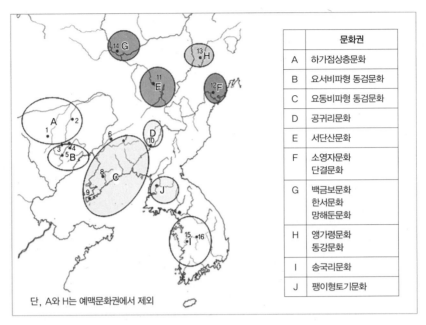

	문화권
A	하가점상층문화
B	요서비파형 동검문화
C	요동비파형 동검문화
D	공귀리문화
E	서단산문화
F	소영자문화 단결문화
G	백금보문화 한서문화 망해둔문화
H	앵가령문화 동강문화
I	송국리문화
J	팽이형토기문화

단, A와 H는 예맥문화권에서 제외

〈지도 1〉 B.C. 10~7C 예맥문화권의 전개와 발전

에 주목, 후자를 탁리국의 문화로, 길림시 일대의 서단산문화를 부여 선주민의 문화로 이해하는 보다 진전된 견해가[21] 제시된 바 있다.

이 서단산문화는 B.C 10~2C B.C 길림시 서단산·장사산(長蛇山)·양반산(兩半山)·후석산(猴石山)·성성초(星星草)·토성자(土城子) 등 길림시 일대를 중심으로, 남북으로 제1송화강 이남, 장광재령 이서 길림합달령(吉林哈達嶺) 이북 및 유하 등 휘발하 유역에 분포하고 있다. 이들의 기본 묘제는 석관묘이며, 농업·가축사육·어렵경제를 영위한 것으로 파악된다. 또 이 문화 중기에는 수장권이 성장하며, 보채의 존재로 미루어, 전쟁을 포함한 제 갈등이 접종했던 것으로 추정된다.[22] 이점과 관련, 서단산문화 후기 단계(B.C. 5~4C)에 가서 사회적 복합체의 발전 정도가 단순군장사회(單純君長社會) 수준에 이르렀으며,[23] 이 문화의 생업경제는 농경을 중심으로 하여 어로·수렵·채집이 보조하는 형태였다고 파악된다는 견해가 제시된 바 있다.[24]

또 백금보·한서문화의 분포지는 흑룡강성 치치하얼시(齊齊哈爾市)·두이백특몽고족자치현(杜爾伯特蒙古族自治縣)·조원현(肇源縣)·파언현(巴彦縣)·탕원현(湯原縣) 등이며, 그 중심지는 제1

21 송호정, 1997, 「부여」, 『한국사(4): 초기국가-고조선·부여·삼한-』, 국사편찬위원회; 송호정, 2005, 앞의 글.

22 송호정, 2005, 앞의 글, 207~208쪽.

23 吳江原, 2007, 「西團山文化의 社會構造와 發展段階에 관한 試論」, 『先史와 古代』 26, 韓國古代學會.

24 吳江原, 2007, 「서단산문화의 농경과 생업경제」, 『韓國上古史學報』 57, 韓國上古史學會.

송화강 북안·눈강 하류 일대 혹은 송눈평원·삼조지역[三肇地域: 조원(肇源)·조주(肇州)·조동(肇東)] 등이다. 이 문화의 기본 묘제는 토광묘이며, 그 생업경제는 어렵·농업·목축으로 파악되고 있다.[25]

그러나 우리 학계 일각에서는 '서단산문화=선부여문화'론에는 일단 동의하면서도 '백금보·한서·망해둔문화=탁리국문화'론에 대해서는 회의적 견해가 제기되고 있다.[26] 특히 고고학계는 이 문제와 관련, 사회적 계층화 등 탁리국의 사회발전단계 구명이 선행되어야 함을[27] 강조하고 있다.

그런데 최근 고고학계 일각에서는 종래 '부여의 선행문화=서단산문화'론에 갈음한 눈강 하류역 흑룡강성 서남부 지역의 고고문화에 기원한 포자연식문화(泡子沿式文化)를 탁리국 및 부여의 문화로 파악하는 견해가[28] 제기되고 있다. '포자연식문화'란 눈강 하류역 흑룡강성 서남부 지역의 고고문화를 지칭한다. 이렇게 '포자연식문화=탁리국문화'라 보는 입장은 포연자식문화와는 별개의 대해맹식(大海猛式) 유적군이 서단산문화에 갈음하여 제2송화강 유역에 분포하고 있었으나, B.C. 2C경 송눈평원으로부터 포자연식문화가 들어와 송요평원의 주요문화로 자리 잡게 되었다고 본다. 또 이 견해는 부여를 건국한 지배집단이 토착 예맥계와 구분되는 종족 계통이었을 가능성이 높으나, 그 이후 점차 융합 과정을 거쳐 지배집단 역시 예맥계에 포섭되었을 것으로 이해한다. 또 이 견해는 부여의 지배집단이 군사집단적 성격이 강하였던 점을 서풍(西豊) 서차구유적(西岔溝遺蹟)을 통해 검토하고 있다. 따라서 이 견해는 이들이 초창기에는 몇 개의 군사거점을 중심으로 주변을 군사적으로 지배하다가 이후 점차 토착화되어 안정적 국가체계를 갖추었을 것으로 보고 있다.

또 최근 학계 일각에서는 노하심(老河深)·학고촌(學古村)·모아산(帽兒山) 고분군 관련 고고자료를 정리·분석하여, 부여의 건국 주체를 "북방초원계통의 민족일 가능성이 매우 높"은 것으로 파악하고 있다.[29] 이러한 입장들은 종래 '부여 건국주도집단=예맥계 주민집단'으로 이해하고 있는 종래 우리 학계의 견해와는 매우 차별성이 큰 것으로 판단된다. 현재 중국 측 일각에서는 '부여문화=서차구문화→삼연(三燕)문화'론을 거론하고 있는 만큼 이 문제에 대한 우리 학계의 지속

---

25 송호정, 2005, 「扶餘의 國家形成 過程과 文化基盤」, 『북방사논총』 6, 고구려연구재단, 202~205쪽. 한편 백금보문화 발굴 보고서에 관해서는 張忠培 主編, 2009, 『肇源白金寶-嫩江下游一處靑銅時代遺址的揭示-』, 科學出版社; 李鍾洙, 2009, 「松嫩平原地域 靑銅器文化의 寶庫 白金寶」, 『한국청동기학보』 5 참조.

26 송기호, 2005, 앞의 글.

27 박양진, 2005, 「考古學에서 본 夫餘」, 『韓國古代史研究』 37, 韓國古代史學會.

28 吳江原, 2000, 「中滿地域의 初期鐵器文化: 子沿式文化의 成立과 展開樣相-文化背景 및 夫餘 문제와 관련하여-」, 『(第24回 韓國上古史學會 學術發表大會)전환기의 고고학 Ⅲ: 歷史時代의 黎明』, 韓國上古史學會.

29 李鍾洙, 2009, 「무덤의 변화양상을 통해 본 부여사 전개과정 고찰」, 『先史와 古代』 30, 韓國古代史學會.

적 관심과 논의가 요구되는 시점이다.

이런 문제의식에서 볼 때[포자연문화=서단산문화를 직접 계승한 부여문화]라는 인식을 바탕으로 이 문제에 접근하는 견해가[30] 보다 설득력을 갖고 있음도 사실이다. 이러한 입장에 따르면, 망해둔/한서 상층문화에 바탕한 탁리국 주민들이 제2송화강 중류 길림시 일대를 중심으로 하는 '예지(穢地)'로 남하하여 서단산문화를 누리던 부여 선주민과 융합하여 부족국가 부여를 건립하였다고 본다. 그리고 이 견해는 서단산문화가 B.C. 3C부터 이전의 돌널무덤에서 움무덤으로 변화한 것은 새로운 정치집단의 출현을 암시하고 있다고 이해, 부여의 성립을 B.C. 3C 후반경으로 비정, 이 시기부터 초기 권력집단이 길림시 일대에 형성되고 있었던 것이라 파악한다. 아울러 이 견해는 길림시 포자연전산(泡子沿前山)과 유수(榆樹) 노하심문화유형(老河深文化類型)을 서단산문화를 직접 계승한 부여의 문화로 보고 있다. 또 대체로 같은 입장에서, 부여 건국시기를 B.C. 2C 이후로 비정하면서, 포자연유형의 문화를 서단산문화와 연속선상에서 발전한 부여의 문화로 이해하면서, 서풍 서차구유적과 노하심유적 역시 이 범주로 파악하는 견해도[31] 제시되고 있다.

2) 부여의 국가형성

부여의 국가 형성의 시점과 관련, 필자는 한때 B.C. 5C경 송눈평원의 예족이 송요평원으로 점진적 이주를 시작, B.C. 3C경 탁리국 동명집단의 남하·망명을 계기로[32] 국가형성 단계에 진입하였다고 본 바 있다. 또 이 견해는 B.C. 128년경 이미 예군남려(穢君南閭)로 표상되는 '원(原)부여국가'가 형성되어 있었던 점,[33] 그리고 고조선의 국가형성 시점을 논자에 따라서는 B.C. 3~4C로 파악하고 있는 점 등을 감안할 때, 부여국가의 성립의 움직임이 B.C. 3C 이후에서 B.C. 2C 말 사이를 시점으로 하여 태동하고 있었던 것으로 비정한 바 있다.[34] 특히 B.C. 128년 한제국은 28만 예군남려집단이 투항해오자, 이곳에 '창해군' 설치를 획책한 바 있다. 오늘날 우리 학계는 이 예군 남려의 존재를 고구려 국가형성사 문제와 결부시켜 이해하려는 견해가 우세한 것도 사실이다. 그러나 필자는 창해군의 입지를 부여 국가형성사의 맥락에서 검토함이 타당함을 주장하는 견해를 개진한 바 있다.[35] 이 문제와 관련, 최근 우리 학계 일각에서는 노하심·

---

30 송호정, 1997, 앞의 글; 송호정, 1999, 「고고학 자료를 통해서 본 부여의 기원과 그 성장과정」, 『한반도와 동북 3성의 역사 문화』, 서울대학교출판부; 송호정, 2005, 앞의 글.

31 오영찬, 1999, 「榆樹 老河深 유적을 통해 본 부여 사회」, 『한반도와 동북 3성의 역사 문화』, 서울대학교출판부.

32 『論衡』 卷2, 第9 吉驗篇.

33 『漢書』 卷6, 帝紀6; 『後漢書』 卷85, 列傳75 東夷傳 濊條.

34 朴京哲, 1992, 앞의 글; 朴京哲, 1994, 앞의 글.

35 朴京哲, 1992, 앞의 글; 朴京哲, 1994, 앞의 글.

서차구(西岔溝)·석역향(石驛郷) 채람(彩嵐) 문화의 담당 주민을 요동오환(遼東烏丸)이나 예군남려로 추정하되, 특히 후자에 무게를 싣는 견해가[36] 제시된 바 있다.

고고학 자료에 따르면, 청동기시대 송요평원의 서단산문화(10C~2C B.C.)와 송눈평원의 '백금보문화(B.C. 8C 이전)=한서 I 기문화'가 병존하고 있다가, 송눈평원에서는 초기철기시대에 해당하는 한서 II 기문화(4·3~2·1C B.C.)가 전개되는데 반해, 송요평원에서는 B.C. 4~3C의 과도기를 거쳐 B.C. 2C 초 길림시 일대에 포자연식문화가 등장함을 알 수 있다.[37]

> L. ……北隣烏丸夫餘 東縮穢貉朝鮮眞番之利(『史記』卷129, 貨殖列傳)
>
> M. 夫餘……國之耆老自說古之亡人……〔魏略曰 其國殷富 自先世以來 未嘗破壞〕其印文言 濊王之印 國有故城名濊城 蓋本濊貊之地 而夫餘王其中 自謂亡人 抑有似也(『三國志』卷30, 魏書30 列傳30 烏丸·鮮卑·東夷傳 夫餘條)

『논형』의 동명설화나 사료 M의 "고지망인(古之亡人)"이나 "자위망인(自謂亡人)" 기사를 보면, 부여의 성립이 기왕의 논의처럼 송눈평원 주민집단의 송요평원으로의 직접적 이주와 유관하다고 추론할 수도 있다. 그런데 송요평원의 서단산문화에서 포자연문화로의 전환이 아주 점진적으로 이루어진 것을 알 수 있다. 따라서 현재로서는 송요평원에서의 포자연문화의 출현이 송눈평원에 살던 주민집단의 직접적 이주에 의한 것이라고 단정지을 수만은 없다.

B.C. 5C 경 동요하와 휘발하 상류역인 요원·동풍·서풍과 유하 일대에는 송요평원의 중심문화인 서단산문화와 분별되는 개석식 고인돌을 기본 묘제로 하는 보산문화(宝山文化)가 전개되고 있었다.[38] 그런데 이 보산문화 집단은 B.C. 4~3C경에 송눈평원 문화의 일부(유물)를 수용한 후, B.C. 2C경에야 송눈평원의 묘제인 토광묘 문화를 급속도로 받아들인다.[39] 이 보산문화 지역은 비록 부여 중심지는 아니지만, 송눈평원과 요동평원의 접속지인 곳이다. 이곳에서의 문화변동이 유이민 집단의 주도 아래 이루어진 것인지, 아니면 토착세력에 의한 문화변용인지는 좀 더 신중한 검토가 필요할 것으로 사료된다. 또 그에 대한 판단은 길림시 일대의 포자연식문화의 등장에 대한 해석의 실마리를 제공해 줄 수 있을 것이다.

---

36 송기호, 2005, 앞의 글.

37 이와 관련, 오강원은 부여 중심지역의 문화가 "서단산문화→B.C. 3C대 대해맹식유적군→B.C. 2C 초반~A.D. 2C 포자연식문화"로 진전된다고 본다(吳江原, 2000, 앞의 글).

38 李鍾洙, 2005, 「松花江流域 初期鐵器文化 研究 II -西荒山屯古墳群을 중심으로-」, 『先史와 古代』 22, 韓國古代學會.

39 李鍾洙, 2007, 「西岔溝古墳群의 性格과 使用集團에 대하여」, 『白山學報』 77, 白山學會.

부여는 B.C. 2C 초 이래 길림시 일대에 분포한 포자연식문화를 기반으로 국가 형성의 길을 걷게 되었던 것이다. 국가형성기 당시 부여는 사료 M상 "예맥지지(濊貊之地)"에서 "예군(濊君)"이 "예왕(濊王)"이 됨을 계기로 그 실체가 드러나지만, 그 정확한 시점은 B.C. 128년 한의 '창해군' 설치 책동 이후임은 분명하다. 당시 한이 흉노·위만조선의 연결고리를 끊기 위한 방편으로 예군남려와의 제휴를 꾀하고자 할 만큼 이 방면에서 부여의 존재 및 영향력은 두드러졌던 까닭이다. 사료 L은 당시 한 측이 동북아 일대에서 존재하는 제 세력에 대한 인식에서 부여의 존재에 주목하고 있음을 엿보게 해준다.

따라서 현재 필자는 부여 국가형성의 움직임이 B.C. 3C 이후에서 B.C. 2C 말 사이를 시점으로 하여 태동하고 있었다고 본다. 다만 필자가 국가형성의 시점을 좀 더 특정한다면, 그 때를 B.C. 128년의 '예군'이 '예왕'으로 전화하는 B.C. 2C 말~A.D. 1C로 비정하고자 한다. 따라서 필자는 본고에서 일단 B.C. 2C~A.D. 1C의 시간대를 '국가형성기'로 분획한 것이다.

종래 우리 학계 다수는[40] 국가형성기 이래 부여의 첫 중심지가 이통하(伊通河) 유역의 농안(農安)·장춘 일대라는 입장을 정설화한 바 있었다. 그러나 이후 중국 및 우리 학계는[41] 고고학적 발굴 성과와 제 문헌 사료 등을 참작, 부여의 초기 중심지를 길림시 일대, 보다 구체적으로는 초기 부여의 왕성을 길림시 동단산(東團山) 남성자(南城子)로 파악하고 있다. 한편 우리 학계 일각에서는[42] 길림 동단산 남성자는 궁성으로, 용담산성(龍潭山城) 일대는 도성에 해당되며, 이 두 성이 합쳐져서 부여 전기 왕성을 이룬 것으로 이해하면서, 그 인근의 모아산고분군을 포자연식문화의 수혈식 토광목곽묘(土壙木槨墓)로 조성된 부여시기의 묘장으로 파악하고 있다.

부여는 길림시 일대에서 흥기하여, 이후 제2 송화강 중류 연안을 따라 영길·교하·구태· 서란 등지로 세력 확산을 시도하였다.[43] 이는 포자연식문화의 토기가 길림시 영길현 학고촌·길림시 포자연 전산·농안 전가타자(田家坨子)·덕혜(德惠)·유수 노하심·교하(蛟河)·쌍양(雙陽) 등지에서 출토되고 있음을 통해서도 알 수 있다.[44] 이는 부여가 국가 형성이라는 정치상황의 진전과 더불어 문화적 등질화 과정이 이루어지게 되었음을 뜻한다.

N. 夫餘……戸八萬 其民土著……多山陵廣澤 於東夷之域最平敞 土地宜五穀 不生五果(『三國

---

40 李基白·李基東, 1983, 『韓國史講座(Ⅰ)-古代篇-』, 一潮閣.
41 李建才, 1982, 「夫餘的疆域和王城」, 『社會科學戰線』 1982-4, ; 武國勛, 1983, 「扶餘王城新考-前期夫餘王城的發現-」, 『黑龍江文物叢刊』 1983-4; 盧泰敦, 1989, 앞의 글; 朴京哲, 1992, 앞의 글.
42 송호정, 1997, 앞의 글.
43 李鍾洙, 2005, 앞의 글, 227쪽.
44 송호정, 2005, 앞의 글, 227쪽.

유수 노하심은 전한~후한 초라는 국가형성기 부여의 대표적 유적지이다. 이곳에서 출토된 철기들이 한과 북방초원문화 계통의 유물이라면, 그 토기는 협사조도(夾砂粗陶)로서 포자연식문화의 소산이다. 중심지인 길림시 일대가 "다산릉(多山陵, 사료 N)"한 데 비하여, 100km 이상 떨어져 있는 유수 지역은 소택지(沼澤地)가 많은 저습초원지대이다(사료 N의 "廣澤"). 이처럼 노하심 유적의 문화 내용은 중심문화와는 생태적 · 지정학적 · 생업경제적 조건에 따라 다소 차별성을 드러내고 있으면서도, 부여문화로서의 일정한 공통성을 함께 가지고 있다.

동요하와 휘발하 상류의 요원 · 동풍(東豊) · 서풍(西豊)과 유하(柳河) 일대의 주민집단 역시 그들의 공간적 · 생태적 기반이 달랐기 때문에 보산문화(寶山文化)라는 차별성 있는 문화를 가지고 출발하여 이형동질적인 부여문화를 구성하는 일익을 담당하였을 것으로 추론된다. 논자에 따라서 이곳 주민들이 재지적 문화 기반 위에 송눈평원 지역의 문화와 요동 지역 한식(漢式)문화를 받아들인 것이 서풍의 서차구식 고분문화라 파악하기도 한다.[45] 동료현 석역향 채람유적(기원 전후) 역시 같은 성격의 유적으로 파악되어지기도 한다.[46] 한때 중국 학계 일각에서 거론한 서풍현 양천진유지(涼泉鎭遺址)로 대표되는 '양천유형문화(涼泉類型文化)'[47] 역시 부여의 주변부 문화로 꼽을 수 있을 것이다. 이처럼 부여는 국가형성기 이래 길림시 일대의 중심지와 주민집단별 · 지역별 주변성이 강한 제 지역으로 분별되면서 원심성과 다변성이 강한 체질을 가지고 역사의 무대에 등장하였던 것이다.

3) 부여의 흥기와 고구려와의 전쟁

부여의 존재가 서서히 드러나고 있던 당시 특히 B.C. 2C 말 고조선 국망 이후 동북아시아 일대에는 새로운 국제 정세가 진전되고 있었다. 당시 한제국은 여러 부문에서 압도적 우위를 점하며 동아시아의 국제적 재분배시스템으로 개념 되는 '조공 · 책봉체제'를 빌미로 이 지역 주민들을 압박해 들어오고 있었다. 이러한 동북아 국제정세 하에서 부여를 비롯한 이 지역 제 세력집단은 한 세력의 패권주의에 대한 길항작용을 벌이면서, 꾸준히 자기 발전의 길을 추구하고자

---

45 李鍾洙, 2007, 앞의 글, 123쪽.

46 朴洋震, 1998, 「族屬 추정과 夫餘 및 鮮卑 고고학자료의 비교 분석」, 『韓國考古學報』 39, 韓國考古學會, 35쪽.

47 '양천유형문화'란 B.C. 3C 초~2C 말 요북 동부 산지인 길림합달령 일대와 청하 · 휘발하 유역의 요녕성 개원 및 서풍현과 길림성 동풍 · 유하 · 해룡 · 휘남 · 반석 등에서 발전했다는 고고문화유형이다[周向永, 1994, 『絡氏』考」, 『遼海文物學刊』 18(1994-2)].

하였다. 당시 이 지역에서 가장 유력한 존재로 자리매김된 것이 부여였다. 이런 점에서 부여는 한 무제 이래[48] 왕망[49]과 후한[50] 등 중원의 한 세력과 지속적 유대 관계를 유지하였던 것이다. 부여는 이러한 안정적 대 중원 관계를 배경으로 그 힘을 외부로 방사하고자 하였다. 부여는 먼저 B.C. 3C 말 이래 뚜렷한 구심점이 없이 분산 상황에 처해있던 선비 집단에 대해 전한~후한 대에 길림성 서부 백성 지역을 계선으로 하여[51] 접속·교류·압박을 가하였을 것으로 추정된다. 또 부여는 장광재령 이동의 읍루 계통 주민들을 경략·지배하고자 했다. 사료 G는 이러한 부여의 읍루 지배가 가혹한 수탈을 빌미로 A.D. 220~226년경 난항에 부딪혔음을 명기하고 있다.

그런데 B.C. 1C 부여는 상대적으로 우월한 자기 사회의 제 역량을 체득한 유력한 전사 집단인 '주몽집단'이 부여 국가지배권외인 압록강 중상류 유역으로의 이탈을 방기하고, 나아가 부여로부터 이전된 제 역량이 그들을 매개로 부여로 역투사 되는 사태를 감수할 수밖에 없게 되었다.[52] 종래 부여가 주도한 동북아시아 방면에서의 안정적 정세는 고구려라는 새로운 무장세력(armd power)의 도전 앞에 흔들리게 되었다. 곧 부여·고구려 간의 '세력전이' 상황이 전쟁이라는 새로운 위기를 불러오게 되었고, 이는 신흥국가로의 안착을 꾀하던 부여에게 미증유의 시련과 위기로 다가오게 된다.[53]

고구려는 B.C. 28년 그 농업생산력과 철 생산에 있어 탁월한 반면 뚜렷한 정치적 구심체가 없던 연변 지역의 '북옥저' 지방에 대한 군사행동을 성공적으로 실시[54], 부여의 이 방면에 대한 경영 노력에 있어 위협적인 저해 요인으로 등장하게 되었고, 실질적으로도 부여의 읍루 지배 기반을 잠식할 수 있게 되었다. 따라서 부여의 대소(帶素)는 고구려에 대한 군사·외교상의 일련의 공세적 방어조치를 취하고자 하였다. 즉 부여는 B.C. 6년 인질 교환을 요구하는 고압적 외교 공세가 무산되자 5만의 병력을 동원, 고구려를 공격하였으나 대설로 실패하고 말았다(사료 A-①·②). 그 이후 A.D. 9년과 10년 부여는 고구려에 대하여 다분히 심리전 이상의 의미를 찾을 수 없는 외교행각을 벌이지만, 고구려는 끝내 부여 측의 종속적 외교관계 설정의 요구를 거

48 『漢書』卷6, 帝紀6; 『後漢書』卷85, 列傳75 東夷傳 濊條.

49 『三國史記』卷13, 高句麗本紀1.

50 『後漢書』卷85, 列傳75 東夷傳 夫餘國條; 『後漢書』卷1下, 帝紀1 光武帝下.

51 朴洋震, 1998, 앞의 글, 45~46쪽.

52 『三國史記』卷13, 高句麗本紀1. 국가 간의 기술이전에 따른 '부메랑효과'에 관해서는 Mark Elvin, 1989, 李春植·金貞姬·任仲爀 共譯, 『中國歷史의 展開形態』, 新書苑, 12~13쪽.

53 '세력전이이론'이란 Orgenski에 의해 시작된 국제정치 접근법을 지칭한다. 이 이론에 따르면 현 상태에 만족하는 국가와 만족하지 못하는 국가가 있는데, 불만족하는 국가의 국력이 크게 신장돼 만족하는 국가와 대등해지면, 전쟁이 일어날 가능성이 높아진다. 이런 점에서 이 이론은 세력균형 이론과 반대된다. 당시 부여·고구려 전쟁 관계 진전에 대해서는 朴京哲, 1988, 앞의 글, 166쪽; 朴京哲, 1992, 앞의 글, 50~53쪽.

54 『三國史記』卷13, 高句麗本紀1 東明聖王10年(28 B.C.) 冬11月條.

부하면서, 나름대로 일취월장하는 국력에 자부심을 가지고, 기병전력을 중심으로 한 군사역량 제고에 부심하고 있었다.[55]

그런데 부여는 A.D.13년 왕망의 '신(新)'과 고구려 사이에 군사적 긴장관계가 지속되는 상황 (10~12 A.D.)에 편승,[56] 고구려를 공격하였으나, 고구려군의 기병전술에 빠져 대패하였다(사료 B). 이 '학반령회전(鶴盤嶺會戰)' 이후 고구려·부여 간의 군사역량상의 우열상은 일전(一轉), 부여는 전수방어전략에 입각, 자국의 생존기반을 지키기에 급급한 수동적 입장으로 시종하게 되었던 것이다. 이에 반해 고구려는 A.D. 21년 12월에서 익년 정월까지 '부여국가의 공멸'이라는 전략 목표 달성을 위한 군사적 대공세를 실시하였다. 그러나 고구려는 자기의 동계 군사행동을 뒷받침해 줄 병참지원 역량마저 충분히 확보하지 못한 상태에서 초창기 고구려의 국력으로서는 무리한 출정을 감행한 까닭에 시종 "양진사기(糧盡士饑)"한 상황에 시달리다가 "부여왕참두(斬頭)"의 전과와 용강산맥 북록을 넘어 휘발하 유역까지 세력을 확산함에[57] 자족하고 철수하여야만 하였다(史料 C).

부여는 비록 국왕의 전사라는 참담한 상황 하에서도 오히려 분전, 고구려군을 격퇴할 수 있었고, 그 국가권력 운용 중심의 다원성에 힘입어 국가의 존립 자체는 유지할 수 있었다. 이 사실은 부여의 잠재된 저력을 보여주는 대목이다. 그러나 이 과정에서 배태된 부여 내에서의 정치적 갈등은 A.D. 22년 부여왕 대소의 동생과 부여왕 종제 등 그 핵심지배집단 구성원의 잇따른 고구려로의 조직적 이탈 사태를 결과함으로써[58] 부여국가의 총체적 역량의 분열을 가져왔던 것이다.

부여왕 대소는 고구려 문제 해결을 빙자, 국왕으로의 권력집중을 기도하면서 고구려에 강경 대응하였으나 좌절에 그치고, 오히려 그 이후 B.C. 6년에서와 같은 5만 병력을 동원한 대외전쟁을 수행할 수 있을 정도 수준의 국력 결집(史料 B)은 끝내 이루어지지 않았다. 이 A.D. 21~22년의 전역(campaign)은 이후의 부여·고구려 관계 진전의 향방에 있어 고구려의 주도권 확립을 결정짓는 계기가 되었던 것이다. 이후 부여는 국제 정세 변동에 발빠르게 대처 하면서, 국내 지배구조의 안정적 경영을 통하여 쉽지만은 아닌 국가 생존과 발전의 길을 모색해 나가게 된다.

---

55 『三國史記』卷13, 高句麗本紀1 琉璃明王 28·29年條; 卷14, 高句麗本紀2 大武神王 3·5年條.

56 『漢書』卷99, 王莽傳69 始建國2年(10 A.D.)·4年(12 A.D.)條; 『三國史記』卷13, 高句麗本紀1 琉璃明王 31年(12 A.D.)條.

57 李鍾洙, 2005, 앞의 글, 340·356쪽.

58 『三國史記』卷14, 高句麗本紀2 大武神王 5年 夏4·秋7月條.

4. 전기부여(A.D. 1~3C) 국가경영의 원심성(遠心性)

1) 전기부여의 국익중시 대외정책의 전개

부여가 A.D. 1C 고구려와의 관계에서 위기(사료 C)를 일단 넘긴 후 선택한 대외관계의 기본 정책은 한 세력과의 적극적인 상호제휴관계의 설정이었다.[59] 한편 부여는 A.D. 121년까지 고구려와 일련의 화해 분위기 조성을 위한 교섭 관계를 유지하고 있었지만,[60] 이는 어디까지나 일시적인 상황 관리적 성격을 띤 외교 행보였을 뿐이다. 당시 후한은 동북아 방면에서의 저돌적인 고구려의 전방위적 국세팽창 기도와[61] A.D. 2C 중엽 이후부터 가시화된 선비의 위협에도 대응해야 할 필요성이 있었다. 부여 또한 이들 고구려·선비로부터 직접적 위협을 감내해야할 절박한 입장이었다. 따라서 부여는 A.D. 120년 이래 자국의 생존기반 보전책으로서 적극적인 대한군사제휴노선을 선택, 그 대외정책상 일대 전환을 시도하게 된다.[62] 부여는 고구려가 실시한 A.D. 121년의 '현도성공위작전(사료 E)'및 익년의 '요동침공작전'에[63] 적극 개입하게 된다. 고구려의 이 작전은 자신의 요동 진출의 걸림돌이 되는 현도군(무순)을 제압하여 혼하의 도진점(渡津點)을 안정적으로 확보하기 위한 군사행동이었다. 당시 부여·한의 군사적 제휴 관계는 고구려의 소기의 목적이 자기의 우측방작전선을 위협하는 부여군의 출병으로 인하여 좌절됨을 맛보게 함으로써 그 전략적 가치가 새삼 확인될 수 있었다. 그러나 부여는 이러한 국제정세 하에서도 자신의 국익을 위해서는 대한(漢) 군사행동을 주저하지 않았다(사료 D·F). A.D. 167년 부여가 왕의 직접 지휘하에 현도군에 대한 군사행동을 감행한 것은(사료 F) 현도군 측의 부여 내정에 대한 과도한 관여 기도 내지 경제적 이해관계상의 상충에서 비롯되었을 것으로 추정된다. A.D. 174년 이후 부여가 대한 교섭창구를 요동군으로 바꾼 것도[64] 이 문제와 무관하지 않았을 것으로 사료된다. 이전 A.D. 111년 부여가 '낙랑'에 대한 "보기칠팔천(步騎七八千)"이라는 국가적 차원의 조직적 군사행동(사료 D)을 단행함도 같은 배경을 가졌던 것으로 추정된다.

이상의 사실을 놓고 볼 때 부여가 종래 소견처럼 국운의 향방을 시종 대한추종노선에 다 건 것처럼 인식함은 재고되어야 한다. A.D. 1~3C 부여의 대외정책은 국익의 관점에서 수행되어

---

59 『後漢書』卷85, 列傳75 東夷傳 夫餘國條;『後漢書』卷1下, 帝紀1 光武帝下.
60 『三國史記』卷15, 高句麗本紀3 太祖大王 25年(77 A.D.) 冬10月; 53年(105 A.D.) 春正月; 99年(121 A.D.) 冬10月條.
61 『三國史記』卷14, 高句麗本紀2 慕本王 2年(49 A.D.) 春條;『後漢書』卷1下, 帝紀1 光武帝下.
62 『後漢書』卷85, 列傳75 東夷傳 夫餘國條 永寧 元年(120 A.D.); 順帝 永和 元年(136 A.D.)條.
63 『三國史記』卷15, 高句麗本紀3 太祖大王 70年(122 A.D.)條.
64 『後漢書』卷85, 列傳75 東夷傳 夫餘國條; 獻帝時條.

졌던 것이다. 물론 부여의 이러한 대외정책의 배후에는 안정된 국력의 뒷받침이 있었던 것으로 판단된다.

2) 전기부여 국가경영의 원심성

O. 夫餘 在長城之北 去玄菟千里 南與高句麗 東與挹婁 西與鮮卑接 北有弱水 方可二千里(『三國志』卷30, 魏書30 列傳30 烏丸 · 鮮卑 · 東夷傳 夫餘條)

P. 夫餘國 在玄菟北千里 南與高句麗 東與挹婁 西與鮮卑接 北有弱水. 地方二千里 本濊地也 (『後漢書』卷85, 列傳75 東夷傳 夫餘國條)

Q. 夫餘⋯⋯①戶八萬⋯⋯②國有君王 皆以六畜官名 有馬加牛加濊加狗加大使大使者使者 ③邑落有豪民民下戶皆爲奴僕 ④諸加別主四出道 大者主數千家 小者數百家(『三國志』卷30, 魏書30 列傳30 東夷傳 夫餘條: 宋本 · 殿本)

부여의 국력은 광대한 공간적 기반을 바탕으로 축적되었을 것이다(〈지도 2〉 참조). A.D. 1~3C 부여의 공간적 세력권(강역 · 경역)은 국가형성기의 그것을 바탕으로 확대 · 안정화되었다.

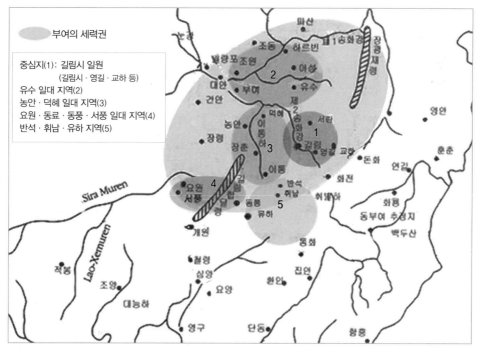

〈**지도 2**〉 A.D. 1~3C 부여의 세력권과 하위 5개 지역권

사료 O·P는 그것의 대강을 그려주고 있다. 당시 부여의 세력권은 길림시 일대를 중심지로 하여 북쪽은 눈강·제1송화강까지, 남쪽은 휘발하 유역을 계선으로 고구려와 접하며, 동쪽은 장광재령·위호령을 획하여 읍루와, 서쪽은 백성지구나[65] 쌍료-대안선(雙遼-大安線)에서[66] 선비와 접하고 있었다.[67]

또 혹자는 이를 좀더 구체화시켜, A.D. 1~3C 부여국은 대략 북으로 눈강과 송화강 일대까지 포괄하면서, 서쪽으로 조올하(洮兀河) 하류의 건안(乾安)·장령(長岭)·쌍료 등지를 경계로 하며, 서남으로는 요동의 중국 세력과 접하고, 동으로 위호령(威虎嶺)을 경계로 목단강(牧丹江) 유역에 이르고, 남으로는 길림합달령을 경계로 휘발하 이북에 이르렀다고 보기도 한다.[68]

그런데 "地方二千里(사료 O·P)"라는 부여의 터전은 대체로 "東夷之域最平敞(사료 N)"한 입지 조건 아래서도 지역적으로는 일정한 차별성을 보이면서 다양한 생태적·지형적 조건을 갖추고 있다. 부여 유적지들의 입지 및 분포 상황과 문화 내용 또한 이들과 같은 양상을 보이고 있다.

먼저 "다산릉"한 곳에 입지한 길림 시내와 그 일대의 영길현 학고촌·포자연 전산 등 유적지는 질·양면에서 부여의 중심지로서 위상을 확인해주고 있다. 그 북동쪽 제2송화강 하류역에 가까운 유수 일대 지역의 노하심·포가둔유적·양강구유적(兩江口遺蹟)·남배목고묘군(南排木古墓群)·전배목둔(前排木屯) 및 전배목둔동유적·십팔반유지(十八盤遺址) 등의 유적지는[69] 모두 "광택(廣澤, 사료 N)"한 소택지가 많은 저습초원에 자리하고 있다. 한편 농안 전가타자·함영유적(函營遺蹟) 등 농안·덕혜 지역 일대의 유적지들은 일망무제(一望無際)의 평원지역("東夷之域最平敞": 사료 N)에 위치하고 있다. 또 부여 세력권 남서쪽을 가로지르고 길림합달령산맥의 남북록의 요원·동료·동풍 일대의 동료현 채람유적·동료현 구 경로원(敬老院) 후산유적(後山遺蹟)·동풍 산만자촌(山彎子村) 북산유적(北山遺蹟: 보산문화)·동풍 산만자촌 동승유적(東升遺蹟)·동료 고고촌(高古村) 동산유적(東山遺蹟: 보산문화) 등은 대체로 "다산릉"한 곳에 입지한 유적지들이다.[70] 이는 부여 이전 '양천유형문화'를 영위했던 서차구유적이 있는 서풍 지역도 마찬가지이다. 마지막으로 길림시에서 길림합달령 산맥을 넘어 휘발하 유역을 거쳐 용강산맥에 이르는 반석·휘남·유하 등 유적지가 산재한 지역은 "다산릉"한 지형적 조건을 가진 곳이다. 이러한 지형

---

65 李建才, 1982, 앞의 글.

66 송호정, 1997, 앞의 글.

67 李鍾洙, 2005, 앞의 글, 339~340쪽.

68 송호정, 1997, 앞의 글.

69 유수 지역 유적의 대부분은 현재 미보고 유적으로서, 필자가 2008월 1월 30일~2월 3일 현지답사에서 확인한 것임을 밝혀둔다.

70 동료·동풍 일대 유적의 상당수는 현재 미보고 유적으로서, 필자가 2008월 1월 30일~2월 3일 현지답사에서 확인한 것임을 밝혀둔다.

적·생태적 입지 조건의 차별성은 결국 부여 국가경영에 참여한 제 세력집단이 각기 그들의 재지적 제 조건에 걸맞는 저마다의 생존양태와 경제적 기반을 영위하고 있었음을 시사해준다.[71] 이를 정리해 보면, 부여는 지역적으로는 첫째, "다산릉"한 곳에 입지한 길림시 일대와 요원·동요·동풍·서풍 일대 지역 및 반석·휘남·유하 지역, 둘째 "광택"한 저습초원에 자리한 유수 일대 지역, 셋째는 일망무제의 평원지역("東夷之域最平敞")에 위치한 농안·덕혜 지역 일대로 대별된다. 곧 부여는 [중심지인 길림시 일대/북 혹은 동북쪽 유수 일대 지역·남서쪽 요원·동요·동풍·서풍 지역 일대/남쪽 반석·휘남·유하 지역/서쪽 농안·덕혜 지역 일대]라는 5개의 하위지역권으로 분별된다(〈지도 2〉 참조).

필자는 사료 Q에서 적시하고 있는 "사출도(四出道)"를 상술한 부여의 세력권을 구성하고 있는 5개의 하위지역권과 비견하고자 한다. 이 경우 길림시 일원이 중앙으로서 자리하고 나머지 4곳이 각자 처한 생태적·지정학적·경제적 기반의 차별성에 따라 사출도로서 자리매김할 수 있다. 그런데 우리 학계 일각에서는 현재 고구려(부여)의 유적지로 추측되는 유적 30여 곳의 분포상을 분석하여 '사출도'와 관련성을 논의한 바 있다.[72] 이 견해에 따르면, 고구려가 구축한 30여 성지의 분포상은 모두 3개 지역군으로 나뉘는 바, 모두 교통·지리적 요충지에 구축한 것으로 본다. 즉 그것은 반석·휘남·유하 중심의 휘발하 일대 지역군(용강산맥 북쪽 여맥 혹은 휘발하 유역)/요원·서풍 중심의 길림합달령 지역군(길림합달령 산맥과 동요하 상류)/길림·교하 일원의 제2송화강 중류 일대 지역군(제2송화강 중류 유역의 나지막한 구릉 정상부 혹은 그 사면)들이다.[73] 이러한 고구려 성곽군이 분포한 세 지역군은 상술한 필자의 부여 5개 하위 지역권 구분 중 "다산릉"한 지역인[길림시 일대/요원·동요·동풍·서풍 지역 일대/반석·휘남·유하 지역]과 거의 합치한다. 이처럼 고구려 역시 A.D. 4C 이래 부여 세력권을 잠식·지배하기 위한 전략으로서 부여의 지방 통치를 위한 사출도체제를 원용하였던 것이다.

이러한 부여국가의 사출도체제는 중앙 부여 국왕의 통제 아래 상이한 지역적 기반을 가진 제 세력 집단["제가(諸加)": 사료 Q]이 웅거하고 있는 광역의 세력권을 가진 4개의 하위지역권을 매개로 하는 지방통치체제로서 기능하였던 것으로 판단된다. 아울러 부여는 이 사출도를 대외관계 운영의 접근로로서 활용하였을 것으로 추정된다. 이 경우 반석·휘남·유하 지역은 고구려에

71 姜仁旭, 2009, 「鮮鞨文化의 形成과 2~4세기 挹婁·鮮卑·夫餘系文化의 관계」, 『高句麗渤海研究』 33, 고구려발해학회, 29~30쪽.
72 李鍾洙, 2003, 「夫餘城郭의 特徵과 關防體系 研究」, 『白山學報』 67, 白山學會, 820쪽. 한편 이종수는 최근 이를 고구려가 구축한 30여 곳이라 판단하고 있으나(李鍾洙, 2005, 앞의 글), 이 사실이 필자의 논지 전개 방향과 상치하는 것은 아니라고 판단한다.
73 李鍾洙, 2005, 앞의 글, 351~352쪽.

대한, 요원·동요·동풍·서풍 지역 일대는 한 세력과의, 농안·덕혜 지역 일대는 선비와의, 유수 지역 일대는 읍루와의 접속 루트로 운용되었을 것으로 판단된다.

다만 이런 원심성이 강한 사출도체제는 중앙 국왕의 구심성과 원만히 조화될 경우에만 순기능한다는 한계성이 있다.

종래 학계에서는 부여의 왕권이 국내적으로 제가들에 의해서 제약을 받고 국외적으로는 중국에 의존해야 하는 취약하고 자율성이 부족한 왕권이라고 보는 시각이 통설화되어 오고 있다. 그러나 최근 우리 학계에서는 A.D. 2~3C 부여의 왕위가 적자상속의 원칙에 의해 세습되고 있었다는 점과 당시 고구려·부여·현도군 사이의 상호관계에 주목해 볼 때, 부여의 왕권은 국내외적으로 자율성을 갖춘 국가(state) 단계의 왕권이라고 보아야 할 것이란 견해가 제기되고 있다.[74]

그럼에도 불구하고 부여의 국가 지배질서 상 내재한 원심성은 부여 국가권력의 표상인 국왕권 공고화를 위한 노력에 장애가 되었다. 곧 이러한 논의는 사료 Q-③의 〔민=하호론〕·〔민·하호 분별론〕·〔명(名)하호론〕으로 집약된다.[75] 그러나 본고에서는 일단 이 문제와 관련된 논의를 접어두고자 한다. 사료 Q-③은 그 논의의 향방은 차치하더라도 부여 국가 지배질서 내에 있어서의 '하호'라는 존재의 광범위성과 그 지속성을 시사하고 있는 나름대로 유의미한 자료인 것이다. 결국 부여가 동북아시아 지역에서의 패권쟁탈전에서 끝내 좌절하고만 것은 자기 국가 지배계층의 사적 지배권 하에 예속되어 있던 이 하호들을 국가권력의 공적 지배범역으로 귀일시켜 '민'으로 수렴·재편하는 정책을 효율적으로 집행·관철하는데 실패한 사실과 무관하지 않은 것이다. 그리고 이 점은 부여 국가권력 및 그것을 표상하는 국왕권의 집중성과 구심성이 상대적으로 취약하였음을 의미하는 것이기도 하다. 이것은 국가권력 운용 중심의 다원성과 원심성을 뜻하기도 한다. 이 경우 사출도체제의 원심성 또한 지배질서의 원심성과 상승 작용을 하면서, 국가 위기관리 역량의 실효적 제고에 역작용을 하였던 것이다. 그리고 이러한 위기는 A.D. 3C 초반부터 두드러지게 된다.

---

74 朴大在, 2008, 「夫餘의 왕권과 왕위계승-2~3세기를 중심으로-」, 『韓國史學報』 33, 高麗史學會.
75 이 논의 관한 연구사적 정리와 검토는 朴京哲, 1994, 앞의 글; 朴京哲, 1996b, 「扶餘國家의 支配構造 考察을 위한 一試論」, 『韓國古代史研究』 9, 한국고대사연구회; 朴京哲, 2005, 앞의 글; 박경철, 2010, 앞의 글 참조.

5. 후기부여(A.D. 3~5C)의 국세위축과 해소

1) A.D. 3C 후기부여의 국세위축

A.D. 2C 말에서 3C 초 동아시아 정세는 중원의 그것이 후한시대(A.D. 25~220년)에서 위·진·남북조시대(220~589년)로 이행하는 과도기에 처함과 더불어, 선비 세력의 현재화(顯在化), 고구려의 강세 등으로 일대 전환기로 접어들고 있었다.

사료 G에 따르면, 읍루는 국가형성기 이래 부여의 지배를 받았지만, 가혹한 경제적 수탈에 직면하여 황초(黃初, 220~226년) 중 반(叛)하자 여러 차례 부여가 공벌하였다고 한다. '읍루'란 장광재령 이동의 삼강평원(곤토령문화→풍림문화)·목단강 유역(단결→동흥문화)·연변 지역(단결문화)·연해주 지역(연해주 폴체문화)의 퉁구스 계통의 동북만주제족을 지칭한다. 그런데 이 지역의 초기철기시대의 기반문화인 폴체문화는 대체로 A.D. 2C경에 끝나는데 말갈문화는 5~6C가 되어서야 시작된다. 다만 이 A.D. 3~4C 고고문화적 공백을 메꾸는 문화는 삼강평원(三江平原) 칠성하(七星河) 유역의 풍림문화(風林文化)와 목단강 유역의 동흥문화(東興文化)이다.[76] 이 무렵 부여와 '신속(사료 G)' 관계를 갖던 읍루 집단은 대체로 이 삼강평원 칠성하 유역과 목단강 유역의 주민들이었을 것으로 추론된다.

고구려가 태조왕대 이래 연변 지역에 구축한 책성을 거점으로 이 방면의 읍루 경략에 부심,[77] 이들의 부여지배권으로부터의 이탈·이반을 부추기자, 읍루는 후한 황초연간(220~226년)에 일으킨 반부여 항쟁을 통하여 부여의 이종족 지배체제에 타격을 가하고 있었다(사료 G). 따라서 부여는 고구려의 군사적 압력을 감하시키고 읍루에 대한 지배권을 고수하고자 이 방면에서의 현상유지를 추구하던 한 세력과의 제휴 관계의 지속을 위한 노력을 아끼지 않았다(사료 H-②).

그런데 상술한 부여 국가경영 구조의 원심성은 이러한 전환기의 위기관리에 매우 비효율적이었다. 사료 H-①·③은 A.D. 3C 중반 대사(大使)인 위거(位居)가 전환기에 처한 동북아시아 정세에 상응하여 고조된 국내·외적 긴장상황에 가탁, 취약한 국왕권에 갈음하여 자신에게 국가권력 집중을 시도하였다. 그가 '우가부자(牛加父子)'의 적몰한 재산을 '관(官)'에 귀속시킨 점은 이러한 그의 노력의 일단을 시사해주고 있다. 그러나 이러한 위거의 정치행태는 제가평의회 중심의 기존 부여국가 지배체제의 운영원리와 배치되는 것이었다. 따라서 그것은 부여국가 지배구조의 파행적 운영을 결과했고, 나아가서 전 부여국가의 통합·결속력을 저해·훼손하는 방향으

---

76 姜仁旭, 2009, 앞의 글, 18~22쪽.
77 朴京哲, 1989, 「高句麗 軍事戰略 考察을 위한 一試論」, 『史學研究』 40, 韓國史學會, 12~14쪽.

로 작용하였던 것이다.[78] 이 점은 당시 부여가 위 관구검의 고구려 정벌전이라는 자기의 국익 추구에 있어 결정적 기회가 될 수도 있을 시점에서조차 참전이라는 적극적 군사행동에 갈음한 병참 지원이라는 예비적 군사대응조치 수준에 자족하고 있다[사료 H-②의 "공량(供糧)"]는 점을 통해서 엿볼 수 있다. 이러한 부여국가 경영상의 원심성과 파행성은 A.D. 285년 선비 모용씨의 제1차 강습으로 인하여 망국 직전의 상황으로까지 내몰리게 되었던 사실을 예비하는 파국적 위기의 조짐이었다.

A.D. 3C 말 부여는 새로이 서진(265~316년)과의 제휴관계를 모색하면서(사료 I-①) 국세의 보전을 꾀하였으나, 자국의 안전보장을 추구하기 위한 경직된 대한편향정책에 매몰된 나머지 자기 군사역량 조성 노력을 방기하고 국가 권력기제 운영상의 파행상(사료 H-① · ③)마저 노정하게 됨에 따라, 국가의 자존 능력 자체를 훼손시키는 결과를 초래하고 말았다. 따라서 부여는 A.D. 285년 선비 모용외의 강습을 받고 그 왕 의려가 자결하고 그 왕의 자제 등 부여국가의 핵심지배집단의 일부가 '길림→돈화→연길루트'를 따라 연변 지역으로 동분, '동부여' 입국을 주도하는 등 거의 망국 직전의 상태에 이르게 된다(사료 I-②). 그런데 당시 고구려는 대선비 방어역량 구축에 매진하고 있었기 때문에[79] 부여 방면의 사태 진전에 대한 적극적 개입을 회피하고 있었다. 그러나 서진은 자국의 대고구려 · 선비 정책 수행상 부여가 점하는 전략적 가치를 고려, 적극적 군사행동을 실시, 부여왕족으로 추정되는 의라(依羅)를 구심점으로 하는 부여의 복건을 실현시킨다(사료 I-③ · ④).

그러나 부여는 그 중심지인 길림 지방이 주전장(主戰場)화되고, 그 핵심집단의 일부가 이탈하게 됨에 따라 그 국가경영을 위한 물적 · 인적 기반 자체가 크게 타격을 받고 동요할 수밖에 없었다. 더구나 이후 부여는 인신약취를 목적으로 한 선비 모용씨의 빈번한 군사행동을 효율적으로 제어할 역량마저 갖추지 못한 상태에서 지속적인 인적 · 물적 소모를 강요당할 수밖에 없었다(사료 I-⑤).

이러한 부여의 국세위축의 실상은 A.D. 319년 고구려 · 동진의 평주자사 최비(崔毖) · 선비 단씨및 우문씨가 도모한 바 있던 대선비 모용씨 공동 군사행동에 부여가 전혀 관여하지 못하고 있는 점[80]을 통해서도 짐작할 수 있다. 아울러 이 사실은 부여가 A.D. 3C 말 이래 동북아시아 세력구도 형성과정에서 이미 유의미한 존재로서의 위상을 상실하게 되었음을 뜻한다.[81]

부여는 A.D. 5C경까지 국가로 존재해 있었음에도 불구하고 현재까지 A.D. 4C 이후(길림 지

---

78 朴京哲, 1994, 앞의 글; 朴京哲, 1996b, 앞의 글.
79 『三國史記』卷17, 高句麗本紀5 西川王 7(276 A.D.) · 19年(288 A.D.)條.
80 『三國史記』卷17, 高句麗本紀5 美川王 20年(319 A.D.)條.
81 이 부여의 A.D. 285년 위기에 관해서는 朴京哲, 1992, 앞의 글, 57~58쪽.

방의 경우 천도 시기로 추정되는 A.D. 4C 중반 이후)의 유적지(특히 성지)는 잘 알려져 있지 않다. 오히려 유하·휘발하 일대의 나통산성(羅通山城, A.D. 3~4C)과 제2송화강 중류 유역의 용담산성(전기부여 왕성, 고구려 시기에도 연용)·남성자고성(전기부여 왕성, 고구려 와당 출토) 및 동요하 상류역의 용수산산성(龍首山山城, A.D. 6~7C 고구려)·서풍 성자산산성[A.D. 5C 고구려 시축(始築)] 등 고구려 성지들만이 확인되고 있을 뿐이다.[82] 이런 현상은 그 이전 시기보다 인구가 급감해서 실제 유적이 거의 발견되지 않았을 가능성과 정주생활을 하지 않는 유목에 근거한 생활로 전환되었을 가능성을 생각해 볼 수 있다. 특히 초원계의 문화가 유입된 양상이 눈에 띄게 보이는 점과 관련시켜 본다면 유목에 근거한 주민집단이 거주하게 되면서 조사되는 유적이 주로 무덤 자료만 나올 뿐 취락은 거의 나오지 않는다. 실제로 만주 지역은 시기에 따라 정착농경과 유목의 전환이 자주 이루어지고 있었다. A.D 2~4C대에 요녕성 서부·송화강 중류 등 만주 전역은 초원계 문화로 급격히 재편되고 있다. 이러한 사회적 변동에는 여러 가지 원인이 있겠지만 서기 전후한 시기에 기후 악화에 따른 초원 지역의 감소에 따라서 흉노 세력이 와해되고, 이에 따라 각 지역의 주민집단이 흉노계의 생계경제를 도입함으로써 사회가 재편되었던 것이다.[83] 즉 A.D. 2~4C대 부여권역 내에서 유적지가 급감하는 점은 이동성이 강하며 상대적으로 인구밀도가 적은 유목경제로 이 지역의 경제구조가 재편된 결과였다고 볼 수 있다. 만약 이런 가정이 유효하다면, 사료 N에서 적시하는 바 영농정착사회에 바탕했던 부여는 A.D. 2C를 전기로 사회·경제구조의 대변동을 경험하게 되었던 것이다. 그러나 전술한 부여 국가경영 구조의 원심성은 이에 효율적으로 대응하기 위한 힘의 결집 노력을 힘들게 했고, 총체적 국가역량의 하강 추세가 진행되는 와중에 때 맞춰 가해진 외부의 타격 앞에 무력하게 무너졌던 것으로 이해할 수 있다.

A.D. 3C 말 당시 기왕의 부여 세력권은 이미 고구려·선비에 의하여 그 남·서 경계대가 상당히 잠식되고 있었으며, 장광재령 이동의 읍루에 대한 지배기반 역시 고구려의 이 지역으로의 지속적 세력 확산 노력에 의하여 거의 붕괴되어 가고 있었다고 파악함이 타당할 것이다.

2) A.D. 4~5C 후기부여의 해소과정

부여가 가중되는 선비·고구려 등 외세의 침탈 위협과 국가 경제 기반의 동요 등 가중되는 내우외환 앞에서 선택한 조치가 천도였다. 즉 부여는 '녹산(鹿山: 길림시 일원)'을 포기하고 A.D. 337~346년 사이 어느 시점에 선비 모용씨의 전연(337~370 A.D.)의 세력권에 보다 근접하고 있

---

82 李鍾洙, 2005, 앞의 글, 349~351쪽.
83 姜仁旭, 2009, 앞의 글, 26~29쪽.

는 지역으로 그 중심지를 이동("西徙近燕"), 주변 제 적대 세력의 항시적인 위협 앞에 효율적인 대응능력을 상실한 상태에 노출되게 된다(사료 J-①).

오늘날 학계에서는 종래의 '후기부여 중심지=농안·장춘'설에 대해 고고학 자료의 부재를 근거로 매우 비판적 입장이다. 실제 농안 지역은 일망무제의 평원지역에 위치한 까닭에 실효적 방어역량의 조성·축적이 힘든 곳이다.

최근 학계 일각에서는 그에 갈음한 서풍현 성산자산성설[84]과 요원설[85] 등 다양한 견해를 제시하고 있다. 이 중 서풍현 성산자산성은 휘발하 유역의 나통산성·길림시의 용담산성과 더불어 고구려가 축조한 대형 성으로서 지역 중심 방어성의 역할을 한 곳이다. 그러나 필자의 실제 답사 결과, 이 성의 입지는 부여 세력권에서 지나치게 서남쪽으로 편중되어 있고, 그 구조상 정치적 기능을 수행하기에는 힘든 전형적인 고구려 산성이었다. 오히려 요원은 분지에 자리한 동요하 상류 지역의 중심지로서, 지형적·지정학적·인문적 관점에서 후기부여의 왕도로서 조건을 갖춘 곳이다. 특히 이 요원 시내에는 성자산산성('대고려성')·용수산성('서고려성')·공농산성(工農山城)·남가산성('소고려성')이라 지칭되는 고구려산성들 4개가 한 시야 안에서 연접되어 포치하고 있다. 이는 고구려가 부여권역을 장악한 후에도 이 지역을 상당히 중시했음을 방증해 주고 있다. 따라서 필자는 일단 이곳 요원 일대를 부여의 두 번째 왕도로 비정하고자 한다.

전연은 A.D. 342년 고구려에 대한 전체 군사역량 분쇄를 그 전략 목표로 하는 군사행동을 실시하였으나 실패했다.[86] 따라서 전연은 A.D. 345년 명년에 있을 제2차 부여강습작전에 앞서 고구려의 남소성을 공발하는 예비 군사행동을 통해 고구려의 이 작전에 대한 군사개입 가능성을 사전에 차단하였다.[87] 따라서 전연은 우측방 자기 작전선을 안정적으로 확보한 상태에서 A.D. 346년 부여국가의 전면적 붕괴를 강요하는 작전을 성공적으로 수행할 수 있었던 것이다(사료 J-②).

그러므로 종래 학계 일각에서는 이 전연 모용황의 군사작전 결과 부여 자체가 소멸된 것으로 파악하는 견해가 제시되고 있다.[88] 그러나 부여는 그 특유의 국가권력 운용 중심의 다원성·원심성에 힘입어 전연에 납치된 그 왕 '현(玄)'에 갈음하는 또 다른 세력 집단을 구심점으로 복국, 그 명맥을 유지하게 되었다. 그런데 전연이 전 부여왕 현을 이례적으로 우대한 것(사료 J-③)은

---

84 송호정, 1997, 앞의 글.
85 李鍾洙, 2004, 『夫餘文化研究』, 吉林大學 博士學位論文 ; 李鍾洙, 2005, 앞의 글.
86 『三國史記』 卷18 高句麗本紀6 故國元王 12年(342 A.D.)條.
87 『三國史記』 卷18 高句麗本紀6 故國元王 15年(345 A.D.)條.
88 李丙燾, 1959, 『韓國史-古代篇-』, 乙酉文化社, 416~417쪽.

자기 영내로 강제 연행해 온 5만여 인의 부여인들을 효율적으로 통합하고, 나아가 복건된 부여국가의 정통성을 훼손시킴으로써 그 중흥 노력에 제동을 걸뿐만 아니라, 이 지역에 대한 정치적 연고권을 전연 측에 유보해 두고자 하는 고도의 정책적 배려에서 나온 조치였다. 한편 복국된 부여 역시 대고구려 견제정책상 부여가 점하는 그 전략적 가치를 인식한 전연 측의 인용하에 그 국명을 보전하고 있는 형편이었다. 이 점과 관련, 전진(351~397년)의 전연 측 왕성인 업(鄴: 하남성 임장현)에 대한 공위전이 전개되던 A.D. 370년 성의 북문을 열어 전진군의 성내 진입을 결정적으로 도와준 "부여질민자제(扶餘質民子弟)"들의 활약상은[89] 당시 전연에 입질하던 복건된 부여국가의 존재를 확인시켜주고 있는 사실이다. 그리고 부여는 전연 멸망 이후에도 전진·후연(384~409 A.D.)의 정책적 배려·비호하에 그 명맥만은 유지할 수 있었다.[90]

부여 국가경영의 구조적 특성은 원심성과 다원성이다. 따라서 부여는 수차례에 걸쳐 외부세력으로부터 국망 직전에 이르는 군사적 타격을 강요받았고, 그때마다 위기관리역량 상 현저한 취약상이 노정된 바 있었다. 그러나 부여국가는 이러한 위기상황에 처하여 그 지배구조의 원심성과 다원성에서 비롯한 탄력성과 복원력에 힘입어 '복국'에 성공, 국명을 보전해왔던 것이다. 결국 이러한 부여 국가경영 구조의 취약성이 역설적으로 부여로 하여금 그 국가의 지속성을 담보해주는 기제로 작용하고 있었던 것이다.

R. ①文咨明王 十三年(504 A.D.) 夏四月 遣使入魏朝貢 世宗引見其使芮悉弗於東堂 悉弗進曰……但黃金出自扶餘 珂卽涉羅所産 扶餘爲勿吉所逐 涉羅爲百濟所并……②世宗曰 高句麗 世荷上獎 專制海外 九夷黠虜 悉得征之……務盡威懷之略 揃披害群 輯寧東裔 使二邑復舊墟 土毛無失常貢也(『三國史記』卷19, 高句麗本紀7)

한편 본래 부여국가의 중심지인 길림 지방은 A.D 337~346년 사이의 어느 시점에 고구려의 세력권에 편입되었던 바, 고구려는 이 지역에 효율적인 지배기제 및 방어체계를 구축하기 위한 노력을 아끼지 않았다. 유하·휘발하 일대에 축조된 휘발성·나통산성(A.D. 4~3C)·조어대산성 등은 고구려의 부여 경략을 위한 주요 작전선상에 조성된 군사거점들이다. 또 길림시의 용담산성·남성자고성 등도 고구려에 의해 연용되었다.

A.D. 346년 선비 모용씨의 제2차 부여 강습작전 당시 길림 방면으로 진공하려던 전연군이 '대형염모(大兄冉牟, 모두루의 선조)' 지휘하 고구려군의 강력한 반격을 받고 퇴각할 수밖에 없었

---

89 『十六國春秋輯補』卷29, 前燕錄7 慕容暐傳 建熙 11年(370 A.D.)條.
90 A.D. 346년 선비 모용씨의 제2차 부여강습에 대해서는 朴京哲, 1992, 앞의 글, 59~61쪽.

던 것도 이러한 고구려의 노력으로 말미암은 것이다.[91] 이후 고구려가 이 길림 지역을 송화강 유역 경략을 위한 전진거점화하여 전 송요평원으로 세력 확산을 기도하게 됨에 따라 부여는 A.D. 5C 중반 이래 고구려의 보호·감리 아래 자기 존립 여부를 맡겨놓는 입장에서 황금을 고구려에 공납하면서(사료 R-①) 간신히 그 잔명만 유지해 나갈 수 있게 되었다. A.D. 5C 이후 부여가 단 한 차례(457 A.D.) 북위에 외교사절을 파견한 사실 밖에 없다.[92] 이 점은 부여가 그 국익 추구상 견지해 온 중원제국과의 제휴정책에 비추어 당시 부여 국세의 미약상을 짐작할 수 있게 해준다.[93]

A.D. 5C 이래 종래의 '읍루'와는 그 종족 계통을 함께 하는, '물길'이라 지칭되는 퉁구스계 동북만주제족이 이 방면에 출현하여 후기부여를 압박하게 되었다(사료 R-①). A.D. 2~4C대에 대부분의 뽈체문화권의 읍루가 유목문화로 재편되며 성지 중심의 사회구조가 소멸된다. 이는 A.D. 4C 이후 송요평원에서 부여 유적지(성지)가 사라지는 상황과 맞물리고 있다. 다만 이제까지 부여 권역 내에 포함되지 않은 채 독자적인 세력을 가졌던 삼강평원 칠성하 유역의 [곤토령문화→풍림문화→나북단결문화]의 담당 주민들은 성지 중심의 정착경제를 유지하고 있었다.[94] 필자는 성지 중심의 정착경제를 지속적으로 영위해 온 물길의 역량이 부여의 그것과 경합할 수 있을 것이라는 가정 하에서 이들 칠성하 유역 주민집단을 물길이라 보고자 한다.[95]

고구려는 물길의 발호로 야기된 송화강 유역 경영기조상의 난조에 직접 대응할 필요성을 절감하게 되었다. 고구려는 A.D. 494년 그 보호 하에서 잔명만을 유지해오던 부여국가를 병합하는 조치를 단행하였다(사료 K).[96] 동북아시아 방면에서의 현상유지를 추구하던 북위 또한 A.D. 504년 이를 외교적으로 추인함과 동시에 고구려가 구축한 독자적인 '생존권(Lebensraum)'을 인용할 수밖에 없었다(사료 R-②). 이후 고구려는 A.D. 6C 중엽경 이 물길 세력을 제압하고, A.D. 580년대 이후 "扶餘川中四十餘城"[97]이라는 요새망을 구축, 당시 동북 만주제족의 총칭이던 '말갈' 대부분에 대한 지배권을 확립하게 된다.[98] 현재 부여 권역 내에서 확인된 고구려 성지만 27곳에 달하고 있음은[99] 이와 무관하지 않다.

---

91 「牟頭婁墓誌」.
92 『魏書』卷5, 高宗紀5 太安 3年(457 A.D.) 12月條.
93 고구려의 부여 경략 과정은 朴京哲, 1992, 앞의 글, 61쪽.
94 姜仁旭, 2009, 앞의 글, 26~29쪽.
95 강인욱은 칠성하 유역의 집단은 두막루(또는 탁리국), 아무르강 중류지역의 집단을 물길로 보기도 한다(姜仁旭, 2009, 앞의 글, 33~34쪽).
96 물길의 발호와 고구려의 부여 병합에 관해서는 朴京哲, 1992, 앞의 글, 61쪽.
97 『三國史記』卷22, 高句麗本紀10 寶藏王 27年 2月條.
98 朴京哲, 1989, 앞의 글, 36~38쪽.
99 李鍾洙, 2005, 앞의 글, 342~354쪽.

부여는 공시적으로 고조선과 병존하였고, 통시적으로도 고구려·백제가 모두 이 부여를 자기들의 뿌리로서 인식·자임하고 있었다. 특히 고구려·백제가 부여와 공존하고 있던 이 시기에마저도 각각 부여와의 연고를 강조하고 있었던 점은 부여사가 당시 이들이 간직한 역사의 기억 속에 점하는 위상을 짐작케 해주고 있다. 이 부여와 고구려의 통합은 만주 지역에 있어서의 우리 겨레의 역사 흐름이 하나의 큰 꼭지를 이루게 되었음을 뜻하는 것이었다.

6. 맺음말

이상의 논의를 맺음말로써 갈음하고자 한다.

부여사 인식체계에 관한 제논의는 일단 '북·동부여 공시적 실재론'과 '북·동부여 통시적 분기론'으로 대별할 수 있다. 본고는 '북부여=부여'이며, '동부여'란 훗날 이들로부터 갈라져 나온 세력이 세운 나라로 보고 있는 후자를 따랐다.

군사행동 분석 결과를 바탕으로 한 부여사 진전상은 [국가형성기(B.C. 2C~A.D. 1C)→전기부여(A.D. 1~3C)→후기부여(A.D. 3~5C)]라는 세 단계로 분획된다.

[포자연문화=서단산문화를 직접 계승한 부여문화]라는 인식을 바탕으로 부여의 고고문화적 기반에 관한 제 논의에 접근하는 입장이 보다 설득력을 갖고 있다. 부여 국가형성의 움직임은 B.C. 3C 이후에서 B.C. 2C 말 사이를 시점으로 태동하고 있었다. 다만 국가형성의 시점을 좀 더 특정하면, B.C. 128년의 '예군'이 '예왕'으로 전화하는 B.C. 2C 말~A.D. 1C로 비정할 수 있다. 부여는 길림시 일대에 분포한 포자연식문화를 기반으로 국가 형성의 길을 걷게 되었다.

길림 동단산 남성자는 궁성으로, 용담산성 일대는 도성에 해당되며, 이 두 성이 합쳐져서 부여 전기 왕성을 이루었으며, 모아산고분군은 포자연식문화의 수혈식토광목곽묘로 조성된 부여시기 묘장이다. 부여는 국가형성기 이래 길림시 일대의 중심지와 주민집단별·지역별 주변성이 강한 제 지역으로 분별되면서 원심성·다변성이 강한 체질을 가지고 역사의 무대에 등장하였다.

국가형성기 부여는 이러한 안정적 대중원 관계를 배경으로 그 힘을 선비·읍루 등 외부로 방사하고자 하였다. B.C. 1C 부여·고구려 간의 '세력전이' 상황이 전쟁이라는 새로운 위기를 불러 왔다. A.D. 21~22년의 전역(campaign)은 이후의 부여·고구려 관계 진전의 향방에 있어 고구려의 주도권 확립을 결정짓는 계기가 되었다. 부여는 참담한 상황하에서도 국가권력 운용 중심의 다원성에 힘입어 국가의 존립 자체는 유지할 수 있었다.

부여가 종래 소견처럼 국운의 향방을 시종 대한추종노선에 다 건 것처럼 인식함은 재고되어야 한다. A.D. 1~3C 부여의 대외정책은 국익의 관점에서 수행되어졌던 것이다. 부여의 세력권은 길림시 일대를 중심지로 하여 북쪽은 눈강·제1송화강까지, 남쪽은 휘발하 유역을 계선으로 고구려와 접하며, 동쪽은 장광재령·위호령을 획하여 읍루와, 서쪽은 백성지구나 쌍요·대안선에서 선비와 접하고 있었다.

부여 국가경영에 참여한 제 세력집단은 부여 세력권 내의 지형적·생태적 입지 조건의 차별성에 따라 각기 그들의 재지적 제 조건에 걸 맞는 저마다의 생존양태와 경제적 기반을 영위하고 있었다. 부여는 지역적으로는 5개의 하위지역권으로 분별 된다. 부여의 세력권을 구성하고 있는 5개의 하위지역권은 "사출도"와 비견된다. 3개 지역군으로 나뉘는 고구려가 구축한 30여 성지의 분포상 역시 이 구획과 합치된다. 부여국가의 사출도체제는 중앙 부여 국왕의 통제 아래 상이한 지역적 기반을 가진 제 세력 집단이 웅거하고 있는 광역의 세력권을 가진 4개의 하위지역권을 매개로 하는 지방통제체제로서 기능하였다. 부여는 이 사출도를 대외관계 운영의 접근로로도 활용하였다. 다만 이런 원심성이 강한 사출도체제는 중앙 국왕의 구심성과 원만히 조화될 경우에만 순기능한다는 한계성이 있다.

부여 국가권력 및 그것을 표상하는 국왕권의 집중성과 구심성은 상대적으로 취약하였다. 이것은 국가권력 운용 중심의 다원성과 원심성을 뜻하기도 한다. 이 경우 사출도체제의 원심성 또한 지배구조의 원심성과 상승작용을 하면서, 국가 위기관리 역량의 실효적 제고에 역작용을 하였던 것이다. 이러한 위기는 A.D. 3C 초반부터 두드러지게 된다.

A.D. 3C 중반 부여의 대사인 위거가 취약한 국왕권에 갈음하여 자신에게 국가권력 집중을 시도하였다. 이러한 부여국가 경영상의 원심성과 파행성은 파국적 위기의 조짐이었다. 부여는 A.D. 285년 선비 모용외의 강습을 받고 거의 망국 직전의 상태에 이르게 된다. 서진은 자국의 대고구려·선비정책 수행상 부여가 점하는 전략적 가치를 고려, 부여의 복건을 실현시킨다. 이러한 부여의 국세 위축은 A.D. 3C 말 이래 동북아시아 세력 구도 형성과정에서 이미 유의미한 존재로서의 위상을 상실하게 되었음을 뜻한다.

A.D. 2~4C대 부여권역 내에서 유적지가 급감하는 점은 이동성이 강하며 상대적으로 인구밀도가 적은 유목경제로 이 지역의 경제구조가 재편된 결과였다. 부여 국가경영 구조의 원심성은 이에 실효적으로 대응하기 위한 힘의 결집 노력을 힘들게 했고, 총체적 국가역량의 하강 추세가 진행되는 와중에 때맞춰 가해진 외부 타격 앞에 무력하게 무너졌던 것이다. A.D. 4~5C 후기부여의 중심지는 요원 일대로 비정된다. A.D. 346년 전연은 부여국가의 전면적 붕괴를 강요하는 작전을 수행하지만, 부여는 그 특유의 국가권력 운용 중심의 다원성·원심성에 힘입어 그 명맥을 유지하게 된다.

부여 국가경영의 구조적 특성은 원심성과 다원성이다. 따라서 부여는 수차례에 걸쳐 외부세력으로부터 국망 직전에 이르는 군사적 타격을 강요받았고, 그때마다 위기관리역량 상 현저한 취약상이 노정된 바 있었다. 그러나 부여국가는 이러한 위기상황에 처하여 그 지배구조의 원심성과 다원성에서 비롯한 탄력성과 복원력에 힘입어 '복국'에 성공, 국명을 보전해왔던 것이다. 결국 이러한 부여 국가경영 구조의 취약성이 역설적으로 부여로 하여금 그 국가의 지속성을 담보해주는 기제로 작용하고 있었던 것이다.

길림 지방은 A.D 337~346년 사이의 어느 시점에 고구려의 세력권에 편입되었다. 고구려는 이 지역에 효율적인 지배기제 및 방어체계를 구축하게 된다. A.D. 5C 이래 '물길'이라 지칭되는 퉁구스계 동북만주제족에 속하는 삼강평원 칠성하 유역 주민집단이 후기부여를 압박하게 되었다. 고구려는 송화강 유역 경영기조상의 난조에 직접 대응하고자 A.D. 494년 부여국가를 병합하는 조치를 단행하였다.

출전 朴京哲, 2011, 「扶餘의 國勢變動相 認識에 관한 試論」, 『高句麗渤海研究』39.

제16장
부여국가의 지배구조 고찰을 위한 일시론(一試論)

1. 머리말

부여(扶餘 또는 夫餘)는 공시적으로 고조선과 병존하였고, 통시적으로도 고구려·백제가 모두 이 부여를 자기들의 출자로서 인식·자임하고 있었다. 따라서 이 부여사가 한국고대사 인식체계상에서 차지하는 위상과 비중은 결코 낮게 혹은 가벼이 취급될 수 없는 것이다.[1] 그런데 우리 국사학계는 최근 제한적으로나마 중국과의 학술교류가 진행됨에 따라 중국학계의 부여사 연구성과를 우리의 시점에서 비판적으로 소개·수용·원용, 부여사에 대한 새로운 인식지평의 가능성을 제시해주고 있다.[2]

이에 필자는 제 선학의 연구성과와 그리고 최근 우리 국사학계에 있어서의 새로운 연구동향을 바탕으로 부여사의 전개에 관한 시론적 의미를 지닌 검토를 행한 바 있다.[3]

여기서 필자는 부여가 '예족'을 중심으로 B.C. 3C 이후에서 B.C. 2C 말 사이 어느 시점에 '국가(state)'를 형성, A.D. 494년에 이르기까지 수차에 걸친 국망 직전의 상황을 감내하면서도 의연히 그 국명을 보전해 왔음을 확인하였다. 또 필자는 이 사실이 역설적으로 부여국가의 지배구조 운영을 담당한 제 세력집단의 원심성과 다원성 및 그로부터 야기된 집중적 국가권력 운용역량

---

1 金貞培, 1991, 「豆莫婁國 硏究─扶餘史의 連結과 관련하여─」, 『國史館論叢』 29, 國史編纂委員會, 71쪽 참조.
2 이러한 최근 우리 국사학계의 연구성과로는 金貞培, 「滿洲의 韓國史·韓國人(中): 未踏 40年─韓民族史가 中國史로 둔갑─」, 『조선일보』, 1989.9.8; 盧泰敦, 1989, 「扶餘國의 境域과 그 變遷」, 『國史館論叢』 4, 國史編纂委員會, 33~53쪽; 金貞培, 1989, 「豆莫婁攷」, 『韓國史硏究會 發表文(1989.12.9.)』; 金貞培, 1991, 앞의 글, 71~80쪽; 鄭雲龍, 1991, 「부여의 판도와 예맥문화권」, 『展望』 52, 大陸硏究所, 50~55쪽.
3 朴京哲, 1992, 「扶餘史 展開에 關한 再認識 試論」, 『白山學報』 40, 白山學會, 23~73쪽 참조; 朴京哲, 1994, 「扶餘史의 展開와 支配構造」, 『한국사(2)─원시사회에서 고대사회로(2)─』, 한길사, 59~100쪽 참조.
한편 본고는 필자가 집필한 위의 글(1994)의 101~138쪽과 1994년 2월 4일 '고조선과 부여의 제문제'를 공동주제로 하여 열린 한국고대사연구회의 제7회 합동토론회 발표문을 수정·보완한 것임을 밝혀둔다.

의 미숙성에서 힘입은 바 크다고 상정한 바 있다.

따라서 본고는 이 점에 유념하면서, 부여국가의 지배구조, 즉 그 지배질서와 이를 근간으로 운영된 지배체제 및 이러한 지배구조를 뒷받침해 준 경제적 기반의 실상의 일단을 천착해보고 자 한다.

2. 부여국가의 지배질서

1) 연구사적 검토

A-① 　(a)戶八萬……(b)國有君王 皆以六畜官名 有馬加牛加豬加狗加大使大使者使者(c)邑落有 豪民民下戶皆爲奴僕(d)諸加別主四出道 大者主數千家 小者數百家……(e)以殷正月祭 天 國中大會 連日飮食歌舞 名曰迎鼓 於是時斷刑獄 解囚徒(f)用刑嚴急 殺人者死 沒其 家人爲奴婢 竊盜一責十二 男女淫 婦人妬皆殺之 尤憎妬……(g)以弓矢刀矛爲兵 家家自 有鎧仗……(h)有軍事亦祭天 殺牛觀蹄以占吉兇……(i)有敵 諸加自戰 下戶俱擔糧飮食 之……(j)尉仇台死 簡位居立 無適子 有孼子麻餘 位居死 諸加共立麻餘 (k)牛加兄子名位 居爲大使輕財善施 國人附之 歲歲遣使詣京都貢獻 (l)正始中(240~249 A.D.) 幽州刺史毌 丘儉討句麗 遣玄菟太守王頎詣夫餘 位居遣大加郊迎 供糧 (m)季父牛加有二心 位居殺季 父父子 籍沒財物 遣使簿斂送官(n)舊夫餘俗 水旱不調 五穀不熟 輒歸咎於王 或言當易 或 言當殺(『三國志』卷30, 魏書30 列傳30 東夷傳 夫餘條: 宋本·殿本)

A-② 　夫餘……邑落有豪民名下戶皆爲奴僕(同上書: 汲古閣本)

A-③ 　夫餘國……以六畜官名 有馬加牛加狗加 其邑落皆主屬諸加(『後漢書』卷85 列傳75 東夷傳 夫餘國條)

＊ 사료 A-①과 A-②의 서술대상이 되는 시간적 범위는 부여국가 형성을 전후한 B.C. 3~2C 말에서 『삼국지』가 저술된 A.D. 3C 말 사이라 상정된다.

부여국가 지배질서의 주요한 인지지표로서 상정될 수 있는 부여사회의 '계층·신분·계급'편 제에 관해서는[4] 각 연구자들이 선택한 시각·입장·인식준거틀에 따라 다양한 견해가 제시되고

---

4 '계층(stratum)'이란 "사회성층(社會成層, social stratlfication)의 한 층위를 이루는 집단"인 바(劉承源, 1987, 『朝鮮初期身分制 研究』, 乙酉文化社, 7~11쪽 참조), 그것은 Alain Tourain에 의하면 "하나 또는 몇 개의 객관적인 분류기준에서 보아 비

있다. 그리고 이러한 제논의가 관련사료 A-①·②·③에서 적시되고 있는 부여사회의 계서구조 내에서 '제가(諸加)·호민(豪民)·민(民)·하호(下戶)·노비(奴婢) 또는 노복(奴僕)'의, 특히 '하호(또는 민)'의 존재양태 구명을 그 단서범주로 진행되어 오고 있음은 주지의 사실이다.

그런데 우리 국사학계는 일반적으로 이 문제와 관련, 사료 A-①-ⓒ를 "읍락에는 호민이 있고, 민은 하호로서 모두 노복으로 삼았다(邑落有豪民 民下戶 皆爲奴僕)"고 새기면서, 부여의 기본적 지배질서가 '왕-제가-호민-민=하호-노복(노비)'이라는 계서구조를 바탕으로 운영되었음을 상정하고 있다.[5] 그런데 이렇게 부여의 기층집단으로서의 '하호'를 곧 '민'으로 인식함은 부여사의 발전수준을 '부족국가론'의 경우 그것을 "실제적인 기능을 수행하고 있는 국가체제가 결여"된 '부족연맹'단계로, '성읍국가론'에서는 국가권력의 집중도가 현저하게 낮은 '연맹왕국'수준 정도로 파악, 부여 국가권력의 주요기반이 되는 집단 중의 하나인 '민'의 존재를 간과한데서 비롯된 것이다.

반면 북한사학계는 1960년대 이래 해당 사료를 "읍락에는 호민과 민이 있는데, 그 민 중의 하호는 모두 노예로 된다"라고 해석, 부여의 사회구성이 '국왕-제가-호민-민-하호-노복(노비)'를 기축으로 형성된 것으로 파악하고 있다.[6] 그런데 북한사학계는 부여의 사회구성을 고찰함에

숫한 그런 개인들의 총합"이다(Stanislaw Ossowski, 정근식 譯, 1981, 『사회의식과 계급구조』, 人間社, 59쪽 참조). 또 '신분 (status)'이란 "전근대사회의 사회관계를 구성하는 서열"이다. 이는 "사회의 생산관계에서 유래하는 바, 제도상 고정되어 사회적 지위·직업이 세습적이어서 다른 신분으로의 이행이 인정되지 않는다". 따라서 '신분'은 "전근대사회 특유의 집단범주"인 것이다(劉承源, 1987, 앞의 책 참조). 한편 '계급(class)'은 "생산관계 속에서 규정되는 인간의 경제적 지위" 또는 "생산의 사회적 과정에서 그들이 차지하는 위치에 의하여 결정된 집단들"을 일컫는다(Stanislaw Ossowski, 1981, 앞의 책, 77·197쪽).

5 우리 국사학계에서 '부족국가론'의 입장에 선 견해는 부여의 지배질서가 '군왕'과 족장급인 '제가'와 '호민' 그리고 '하호=민' 및 '노복'이라는 '신분계층'을 중심으로 형성되어 있다고 파악한 바 있다. 또 '성읍국가론'의 시각에서 이 문제에 접근하고 있는 견해들은 부여의 지배질서는 '가(加)'-'호민'-'민=하호'-'노비'라는 계층구성을 기반으로 운영되었다고 보면서, 특히 '하호'를 양인신분의 농민층으로 파악하고 있다.

이 문제와 관련된 우리 국사학계의 제견해에 관해서는 金哲埈, 1981, 「部族國家의 成長」, 『한국사(2)-민족의 성장-』, 國史編纂委員會, 133~135쪽; 盧泰敦, 1975, 「三國時代 '部'에 關한 研究-成立과 構造를 中心으로-」, 『韓國史論』 2, 서울大學校 國史學科, 40~47쪽; 盧泰敦, 1981, 「古代國家의 成立과 發展」, 『한국사(2)-민족의 성장-』, 國史編纂委員會, 229~233쪽; 洪承基, 1974, 「1~3세기 '民'의 存在形態에 대한 一考察-所謂 '下戶'의 實體와 관련하여-」, 『歷史學報』 63, 歷史學會, 21~28쪽; 李基白·李基東, 1983, 『韓國史講座(Ⅰ)-古代篇-』, 一潮閣, 97~98쪽; 文昌魯, 1990, 「三國時代 初期의 豪民」, 『歷史學報』 25, 歷史學會, 36~37·44~45·51~52·57~58쪽 참조.

6 북한사학계는 '고·중세시대구분논쟁(1955~1963 A.D.)'과정에서 '하호'의 실체해명과 관련, '노예론자'들은 이를 본질 상 노예적 예속관계에 있던 '고대동방적 노예'라 주장하는 반면, '봉건론자'들은 이 하호를 농노에 유사하게 착취당하는 계급 혹은 계층이라고 파악하되, 논자에 따라서는 이를 예속민으로서 농노보다도 처지가 나은 봉건적 농민으로 보되, 그것은 "비교적 막연하게 일반적으로 하층인민의 뜻"이라고 주장하기도 했다. 그런데 이 논쟁이 마무리 된 1960년대의 북한사학계는 고조선·부여·'진국'의 사회구성체의 성격을 아시아적 공동체에 기반한 '동방적 가내노예제' 곧 총체적 노예제로 규정, 당시 부여의 '읍락'에는 '호민-민-하호' 그리고 노예계급이 존재했으며, 이 '하호'를 동방적 가내노예의 범주에 속하는 '빈민계층' 또는 '예농층'이라고 규정한 바 있다. 그러나 북한사학계는 1970년대 이후 고조

있어 '귀족신분(제가)-평민신분(호민-민-하호)-노비·노복신분'이라는 신분범주와 '지배계급=노예소유자계급(왕·제가 및 호민계층)'에 대한 '민'계층과 '민'신분이지만 계급적 처지로는 노예와 별다를 바 없는 계층인 '하호' 그리고 '노비·노복'계층으로 이루어진 '피지배계급'이라는 계급범주를 제시함으로써 '계층-신분-계급'이라는 지배질서 인식지표상의 혼동상을 표출하고 있다. 이는 북한학계가 1960년대 이래 견지해 온 '고조선·부여·진국(辰國)=노예제사회·국가'론을 관철키 위한 연역적 개념조작의 소산과 다름 아닌 것이다. 특히 북한학계는 생산관계·법률적·정치적관계·이데올로기적 관계가 변증법적으로 통일된 계급간의 총체적 사회관계인 '계급관계'인식에 있어 생산의 사회적 과정에서 그들이 차지하는 위치에 의하여 결정된 집단으로서의 '계급'인식에만 집착, 자기들의 기왕의 소론을 분식하고 있는 점은 당시 부여국가의 실체적 상황파악을 위한 노력에 하나의 걸림돌로서 작용하고 있다. 이 점과 관련, 전자본제사회에 있어 '신분'은 생산력 발달의 일정한 단계에 있어 인간에 의한 인간의 착취형태로서 그 이전의 공동체적 생산관계의 부분적인 해체에서 야기된 지배 및 착취관계를 나타낸다는 견해는 부여국가의 지배질서 인식지표 설정에 있어 적지 않은 시사점을 제공해 주고 있다.

2) 지배계층: 왕과 제가

부여국가 형성과정은 그 국가의 지배집단·지배계층 형성과정 즉 부여국가 구성원 전체이익을 구현하는 일정한 개인들의 수중에로 사회권력이 집중되는 과정이었다. 따라서 부여국가의 지배집단은 '동명집단'에서 배출된 국왕을 중심으로 송눈평원(松嫩平原)에서 남하한 신래예족(新

선·부여·'진국'을 고전적 노예제국가로 규정, 부여의 사회구성이 국왕·귀족신분인 '제가' 그리고 평민신분인 '호민' 계층으로 이루어진 '노예소유자계급' 즉 지배계급과 평민과 비록 평민신분에 속하였으나 계급적 처지가 노예와 다를 바 없는 계층인 '하호' 그리고 노예들을 포괄하는 피지배계급으로써 형성되어 있었음을 주장하고 있다.
북한사학계의 이 문제와 관련된 제견해에 대해서는 정찬영·김세익, 1963, 「조선 노예소유자사회의 존재시기문제에 관한 론쟁개요」, 『력사과학』 1963-6, 53~56쪽; 과학원 력사연구소 편, 1958, 『삼국시기 사회경제구성에 관한 토론집』, 과학원출판사, 115쪽; 림건상, 1959, 「삼국시기 사회경제구성에 관하여」, 『력사과학』 1959-2, 57~58쪽; 김석형, 1959, 「3국의 계급 제관계-3국의 사회경제구성의 해명을 위하여-」, 『력사과학』 1959-2, 23쪽; 리지린, 1963, 『고조선연구』, 과학원출판사, 233~262쪽; 사회과학원 력사연구소, 1977, 『조선통사(상)』(제3판), 과학백과사전출판사[1988, 『조선통사(상)』, 오월, 54~57쪽]; 사회과학원 력사연구소, 1979, 『조선전사(2)-고대편-』, (제2판), 과학백과사전출판사, 137~139쪽; 사회과학원경제연구소, 1976, 『조선인민경제사(상)』, 사회과학출판사[1989, 『조선경제사(상)』, 미래사, 40~41쪽] 참조.
한편 이에 대한 비판적 인식은 朴京哲, 1991, 「림건상의 '삼국시기 사회경제구성에 관하여'와 김석형의 '3국의 계급 제관계'의 이해를 돕기 위한 小考」, 『북한의 우리 고대사인식(1)-연구성과와 평가-』, 대륙연구소출판부, 236~251쪽; 박노영, 1988, 「마르크스 역사이론에 있어서의 계급과 민족」, 『문학과 사회』 1-2(통권 2), 文學과 知性史, 474쪽; Stanisiaw Ossowski, 1981, 앞의 책, 59쪽; Maurice Godlier, 1987, 「국가형성의 과정, 국가의 다양성과 토대(Process of the formation, diversity and bases of the State)」, 『국가형성론의 역사』, 열음사, 198쪽 참조.

來濊族)의 지배집단과 송요평원(松遼平原)에서 기왕에 나름대로의 세력기반을 갖고 있던 선주예족(先住濊族)의 지배집단이 상호동화·통합하는 국가형성과정에서 결집·형성·재편된 '제가(諸加)'신분을 보유한 집단이다. 이들 외에도 부여의 국세팽창에 따라 '해모수·유화집단' 같은 다소 이질적 집단도 불안정적이나마 이들 지배집단에 포섭·편입되었을 것이다. 그런데 '동명집단'이 소속된 신래예족들이 부여에서 자기들의 주도권을 확립·영속시키기 위해서는 물리적 우월성의 확보는 물론 선주예족들로부터 일정한 '동의·승인'을 획득해야만 하였다.

따라서 부여국왕은 국초부터 국가권력을 자기에게 집중하는 과정에서 상당한 애로요인을 안고서 그 지배질서와 지배체제를 운영할 수밖에 없었다. 즉 부여국왕의 위상이 『삼국지』 저자의 안목에서는 '군왕'이라 인식될 만큼[사료 A-①-(b)] 매우 한정적 권능을 갖고 있었고, 또 국초에는 농사의 작황 여하에 따라 국왕의 진퇴·생사 여부가 논의됐었다는 사실[사료 A-①-(n)]은 초창기 부여 국왕권의 취약성뿐만 아니라, 당시 부여국가의 존립기반이 '제가'신분집단의 '동의·승인' 위에서만 유지될 수 있었음을 시사해주고 있다.

그러므로 부여국가 지배구조 내에서의 '제가'집단의 위상은 국왕권에 비하여 상대적으로 고양될 수밖에 없었다. 곧 이들은 국왕을 정점으로 구축된 중앙통치조직과 지방지배체제의 운영권을 장악하고[사료 A-①-(b)·(d)], 왕위계승문제에까지 관여함[사료 A-①-(j)]과 아울러 국가방위체제 운용의 핵심적 기능을 수행하고 있었다[사료 A-①-(i)]. 그런데 이들 '제가'집단이 부여국가 경영의 실질적 하담자로서 그 위치를 공고히 할 수 있었던 것은 그들이 부여국가 형성 당시 이미 독자적 세력기반을 가진 '군장사회(chiefdom)'의 수장인 '군장(chief-chieftain)'으로서 국가형성과정에 참여하였던 사실에서 비롯되는 것이다. 곧 이러한 부여국가의 지배질서는 동일 예족집단의 대내·외적인 생존기반 확보·확대를 목적으로 '동명집단'을 구심점으로 하여 신래예족과 선

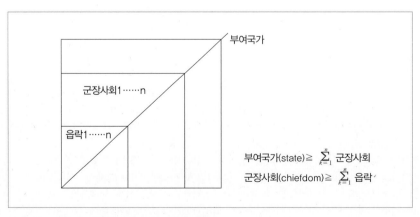

〈그림 1〉 부여국가 지배구조의 계서적·누층적 편성

주예족출신의 대소제군장이 그 세력기반의 강약을 기준으로 일원적 지배질서를 표방하는 계서구조 내로 수렴·재편된 결과 형성된 것이었다. 따라서 부여국가의 지배질서가 이러한 제 군장사회의 계서적·누층적 편성을 기초로 구축되었다는 사실(〈그림 1〉 참조)은 부여사 전개의 향방을 구조적으로 규정하게 되었던 것이다.[7]

3) 부여국가의 피지배계층: 민·하호·노비

(1) 민(民)

B-① 琉璃明王 十四(6 B.C.)年 冬十一月 帶素 以兵五萬來侵 大雪 人多凍死乃去(『三國史記』
卷13, 高句麗本紀1)

B-② 高句麗……戶三萬……其國中大家不佃作 坐食者萬餘口 下戶遠擔米糧魚鹽供給之(『三國
志』 卷30, 魏書30 列傳30 東夷傳 高句麗條)

B-③ 內外見任受祿官 三千餘員 散官同正無祿給田者 又一萬四千餘員(『高麗圖經』 卷16, 官府
倉廩條)

부여국가의 피지배계층을 구성하는 제 신분집단은 사료 A-①-(c)에 적시된 '읍락'에 거주하는 '민-하호 또는 민=하호-노복'신분을 가진 집단들이라 상정된다. 이것은 부여국가의 지배구조 자체가 읍락을 그 기저지배단위로 하는 제 군장사회의 대소를 기준으로 계서적·누층적으로 편제되어 있었던 점(〈그림 1〉 참조)과 무관하지 않다.

그러나 부여는 비록 그 국가권력의 표상인 국왕에로의 권력집중이 여의치 못했음에도 불구하고, 고도의 전쟁수행능력(사료 B-①)과 소정의 외교·행정역량[사료 A-①-(b)·(b)·(k)·(l)·(m)]은 물론 일정한 사법제도까지 운용하고 있는[사료 A-①-(e)·(f)·(m)] '국가(state)'로서 엄존하고 있었던 만큼, 그 국가권력의 인적·물적 또는 군사적·경제적 기반이 되는 국가공민·자유민으로서의 '민'의 존재여부는 자명한 것이다.

특히 전자본제사회에서는 국가가 사회적 요구에 의해 규정되는 것이라기보다는 전쟁·정복·약탈을 그 기본성격으로 하고 있음을 유의한다면, 전쟁기구로서의 국가는 무엇보다도 대내·외적인 폭력의 독점이라는 측면에서 그 존재가 명백히 부각되는 것이다. 즉 국가란 군사력이 국내

---

7 부여국가의 지배계층에 관해서는 Maurice Godlier, 1987, 위의 글, 185~195쪽; 金貞培, 1986, 「君長社會 發展過程 試論」, 『韓國古代의 國家起源과 形成』, 高大出版部, 197~198쪽; 金貞培, 1989, 「韓民族의 起源과 國家形成의 諸 問題」, 『國史館論叢』 1, 國史編纂委員會, 23쪽 참조.

적으로 동원되며, 대외적으로 사용되는 장(arena)으로 파악될 수 있는 것이다. 그런데 사료 A-①-ⓒ와 관련, '민=하호'로 파악하는 우리학계의 다수설은 당해 사료 상에 명시된 '민'의 존재론적 유의미성을 간과하고 있는 측면이 없지 않을 뿐만 아니라, 무엇보다도 당시 존재하던 '부여'라는 정치체(polity)의 전쟁수행능력 및 그 담당집단의 인식에 적지 않은 혼선을 야기시키고 있다. 즉 이 입장은 부여의 '제가'를 전쟁수행담당집단으로 파악하고 있다. 그러나 당해 전장의 주타격원으로 구사되어야만 할 '하호 곧 민'은 다만 병참지원기능만을 수행하고 있음을 사료 A-①-ⓕ는 명시하고 있다. 예컨대 B.C. 6년 부여는 5만 병력을 동원, 고구려를 공격한 바 있다(사료 B-①).이 부여의 군사행동 때 동원된 병력공급원을 '제가'집단에서만 찾을 수없음은 물론이다. 그런데 당시 부여와 대치상태에 있던 고구려 지배집단("坐食者 萬餘口")의 범위가 전체인구("戶三萬")의 1/15에 불과하고(사료 B-②), 훨씬 후대인 고려전기 지배집단이 17,000여 인밖에 되지 않았던 점(사료 B-③)에 비추어, B.C. 6년 부여가 동원한 5만 병력이란 당시 부여 인구("戶八萬")의 1/8에 달하는 것[사료 A-①-ⓐ]인 바, 이들이 모두 부여의 지배계층에 속하는 '제가'집단이라고 추정할 수는 없다. 반면 사료 A-①-ⓒ를 "읍락에는 호민과 민이 있고, 하호는 모두가 노복처럼(으로) 되었다(邑落有豪民 民 下戶皆爲奴僕)"고 새기면, 당시 부여 군사동원체제의 실상은 보다 합리적으로 해명될 수 있다. 즉 부여국가의 군사행동은 '제가'집단의 지휘 아래 스스로 무장한 '민'신분집단을 주전력으로 하여 수행되었고, '하호'신분집단은 비전투원으로서 주로 병참기능을 담당하였던 것[사료 A-①-ⓖ·ⓘ]으로 파악할 수 있다. 또 부여는 그 군사행동에 임함에 있어 제천행사와 점복을 통하여[사료 A-①-ⓗ] 자기 군사력의 주축이 되는 '제가'집단과 '민'집단 간의 결속을 다지고, 그 사기를 고양시킴으로써 전력운용의 효율성을 제고시키고자 하였던 것이다. 이 점에 비추어 부여의 '민'신분집단이 같은 피지배계층의 범주에 속하는 '하호'신분집단과는 준별되는 자유민이며 국가공민으로서 그 국가권력의 주요한 군사적 기반이 되었음을 확인할 수 있다.

한편 부여와는 공시적으로 존재하였던 한제국도 호족을 중심으로 '상가(上家)-하호제'가 확산되어가는 상황 하에서 그 국가권력의 군사·경제적 기반으로서 자영소농민을 항상 중시하였음은 이 점과 관련, 유의해두어야 할 사실이다. 북한사학계 역시 노예제국가의 기본적 생산관계인 '노예소유자적 소유형태'와 병존하는 우클라드(uklad)로서의 '자영소농민경리'의 존재에 주목하고 있음을 지적해둔다. [8]

---

8 부여에서의 '민'의 존재양태에 대해서는 金貞培, 1989, 앞의 글, 20쪽 참조; Charles Tilly, 1985, "War Making and State Making as Organized Crime", *Bringing the State Back In*, Cambridge University Press, pp.169~172; Michael Mann, 1988, *States, War & Capitalism*, Basil Blackwell, p.40; 盧泰敦, 1981, 앞의 글, 233쪽; Maurice Godlier, 1987, 앞의 글, 91쪽; 李春植, 1986, 『中國古代史의 展開』, 藝文出版社, 375~378쪽; 『조선전사2;고대편』, 제1판,139쪽

(2) 하호

C-① 閔中王 四(47 A.D.)年 冬十月 蠶支落部大家戴升等一萬餘家 詣樂浪投漢[後漢書云 大加 戴升等萬餘口](『三國史記』卷14, 高句麗本紀2)

C-② 大武神王 五(122 A.D.)年 (a)夏四月 扶餘王帶素弟 至曷思水濱立國稱王 是扶餘王金蛙 季子 史失其名 初帶素之見殺也 知國之將亡 與從者百餘人 至鴨淥谷 見海頭王出獵 遂 殺之 取其百姓 至此始都 是爲曷思王 (b)秋七月 扶餘王從弟謂國人曰 我先王身亡國滅 民無所依 王弟逃竄 都於曷思吾亦不肖 無以興復 乃興萬餘人來投王封爲王 安置椽那部 以其背有絡文 賜姓絡氏(同上書 卷14, 高句麗本紀2)

C-③ 故國川王……漢獻帝建安初 拔奇怨爲兄而不得立 與消[魏志作涓]奴加 各將下戶三萬餘 口 詣公孫康降[同上書 卷16, 高句麗本紀4 故國川王 元年(179 A.D.)條]

C-④ 東沃沮……(a)沃沮諸邑落渠帥 皆自稱三老 則故縣國之制也.(b)國小 迫于大國之間 遂臣 屬句麗 句麗復置其中大人爲使者 使相主領 又使大加 統責其租稅貊布魚鹽海中食物 千 里擔負致之 又送其美女 以爲婢妾 遇之如奴僕(『三國志』卷30, 魏書30 列傳30 東夷傳 東沃 沮條)

C-⑤ 挹婁……(a)自漢以來 臣屬夫餘 夫餘責其租賦重 以黃初中(220~226A.D.)叛之 夫餘數 伐之 (b)其人衆雖少 所在山險 隣國人畏其弓矢 卒不能服也 其國便乘船寇盜 隣國患 之…….(同上書 東夷傳 挹婁條)

부여의 피지배계층 가운데 '민'과 준별되는 '하호'는 그 구체적 존재양태가 '노복'과 다름없는 처지로 인식될 정도로 열악한 상황에 처해 있었다. 이들 '하호'는 전시에는 국가적 차원의 병력충원 대상에서조차 제외되는 비자유민집단이었다.

한편 A.D. 3C경까지의 고구려관계 제 사료(B-②, C-①·②·③·④)에서 그 존재의 일단이 포착되는 고구려의 '하호'들은 그 지배계층인 왕실 및 '제가'신분집단의 사적 지배·통제를 받는 집단이었던 바, 이들 '하호'에 대해서는 원칙적으로 고구려 국가권력의 침투가능성이 배제되고 있었다(사료 B-②, C-①·③). 따라서 이들 고구려의 하호 역시 당시 고구려 국가권력의 기반이 되는 국가공민인 '민'신분집단과는 분별되는 존재였던 것으로 추정된다. 한편 고구려는 A.D. 56년 장악한 동옥저지방의 제읍락 거수들 곧 '대인(大人)'들을 '사자(使者)'로 삼아 이들을 중간매개기구로 한 공납적 수탈기제를 운영하면서, 자국의 핵심지배계층인 '대가(大加)'들로 하여금 이 과정을 통제토록 함으로써 자기 국가권력의 경제적 기반 확대를 도모하였다. 그리고 고구려는 그 지배계층이 자기 국내의 '하호'를 혹사함과 유사한 방식으로 국가 자체가 그 공적 지배범역에 속하는 이 동옥저 주민에 대해 물적·인적 수탈을 행하고, 또 이들을 '노복'처럼 인식·처우하고 있었던 것이다[사료 B-②, C-④-(a)·(b)]. 따라서 고구려는 국왕으로 상징되는 국가권력의 직접적 규율을 받는 공적 지배범역에 귀속된 자유민인 '민'과 국왕과 그 국가 지배계층의 사적 지배범역에 전속된 비자유민인 '하호'를 그 주요 피지배계층으로 하여 그 지배질서를 운영하였던 것이다. 아울러 고구려는 동옥저와 같은 피정복지의 주민을 고구려 국가 공권력하의 집단예속민으로 편제하고 있었던 것이다.[9]

그런데 부여에서도, 고구려의 경우처럼(사료 C-①·③) A.D. 22년 국난 시에 부여국가 지배계층의 핵심을 구성하는 '왕종제(王從弟)'의 개인적인 정치적 선택을 좇아 자기 국가의 지배권에서 이탈하고 있는 1만여 인에 달하는 집단의 존재가 확인된다[사료 C-②-(b)]. 그리고 비록 이들 모두가 '하호'는 아닐지라도 이 중에는 상당수에 달하는 '하호'신분을 가진 자들이 포함되어 있을 것으로 추정된다. 이처럼 부여의 '하호'는 고구려의 '하호'나 동옥저 주민들처럼 '노복'을 방불케 하는 지배계층의 강력한 사적 통제력 하에서 삶을 영위할 수밖에 없는 비자유민적 성격을 가진 신분집단이었던 것이다. 즉 부여의 '하호'는 그 국가 지배계층인 국왕과 왕실 및 '제가'집단의 사적 지배범역에 전속된 집단예속민이었던 바, '민'과는 준별되지만 그러나 그들과 더불어 피지배계층을 구성하고 있는 주요 신분집단이었다.

아울러 부여는 그 국가적 차원에서 수행된 군사행동을 통하여 복속시킨 읍루와 같은 이종족 집단에 대하여 가혹한 공납적 수탈기제를 매개로 그 국가의 물적·인적 기반의 취약성을 보전할 것을 기도하고 있었던 것이다[사료 C-⑤-(a)].[10]

(3) 노비

사료 A-①-(c)·(f)와 A-②는 부여에서 '민-하호'와 준별되는 또 그들보다도 더 열악한 생존조건을 강요받으면서 부여 지배질서의 최기저층을 구성하는 신분집단으로서의 '노복' 곧 '노비'의 존재를 시사하고 있다.

그런데 이 문제와 관련, 1960년대의 북한사학계는 '고조선·부여·진국=총체적 노예제사회·국가'론에 입각, 부여사회에 있어 '노예'가 그 '사회경제구성' 내에서 점하는 위상을 비교적 낮게 평가한 바 있다. 그러나 1970년대 이래 북한학계는 '고조선·부여·진국=전형적인 노동·생산노예제사회에 기반한 고전적 노예제사회·국가'론에 의거, 당시 공존하던 '자영소농민경리형태'나 '공동체적 소유형태'를 선도하는 '기본적 생산관계'로서의 '노예소유자적 경리형태'의 존재를 논단, 당시 고조선·부여에서의 '순장제도의 보편화현상'을 그 실증적 근거로서 제시하고 있다. 물

---

9 동옥저에 관해서는 朴京哲, 1994, 「보론-옥저·동예·읍루-」, 앞의 책, 139~144쪽 참조.
10 읍루에 관해서는 朴京哲, 1994, 위의 글, 139~150쪽 참조.

론 순장의 실시여부가 당해사회의 성격규정에 있어 유효한 판단기준임은 사실이지만, 절대적인 기준은 될 수 없다는 점은 반드시 유념해야만 할 사항이다.

결국 부여의 노예 곧 노비는 비자유민이라는 점에서 '하호'와 동일하나, '하호'가 그 지배계층에 의하여 집단적으로 기속되고 있는 반면, 노비는 개별적·인신적으로 보다 철저히 예속당하는 신분집단이었다. 또 이들 노비는 '민-하호'와는 달리 자기경리조차 가질 수없는 존재로서, 그리고 사적인 매매·상속·증여의 목적물로서 지배계층의 자의적인 처분대상으로서만 그 생존이 허락되는 존재였다. 그러나 이러한 노비신분집단이 부여 지배질서 운영기제 내에서 점하는 질·양면에서의 비중은 '민-하호'에 비하여 상대적으로나마 그리 높지 않았을 것으로 추정된다.[11]

4) 부여국가의 중간지배계층: 호민

부여의 '호민'은 부여사회의 기저지배단위인 '읍락'의 실력자로서 국가공권력에 의한 '민'의 파악과 '제가'등 부여 지배계층의 '하호'에 대한 사적 지배의 관철을 담보하는 중간매개기제로서의 역할을 수행하고 있었다(〈그림 2〉 참조).

즉 이들 '호민'은 부여 국가권력이 강력하게 침투하고 있는 국왕의 직할통치지역에 위치한 읍락들(〈그림 2〉의 △AEB의 범역)과 '사출도'라 지칭되던 지방행정단위에 포섭된 제읍락(〈그림 2〉의 △CEB의 범역)에서 국가의 '민'에 대한 공적 지배를 관철시키는 중간지배계층으로서 기능하였다. 반면 부여의 국왕·왕실 및 '제가'등의 지배계층에 사적으로 기속되고 있는 지역에 위치한 여러 읍락에서의 경우(〈그림 2〉의 △AED의 범역과 △CED의 범역), 이들 '호민'은 그 지배계층의 사적 예속민들인 '하호'에 대한 지배권의 관철을 담보하는 중간지배계층이었던 것이다. 그러므로 부여의 '호민'은 읍락에 거주하는 재지실력자로서 국가 및 그 지배계층의 지배의지를 피지배계층인 '민-하호'에 침투·관철시키는 중간지배계층이었다.[12]

---

11 우리 국사학계에서는 이러한 '노비'집단을 그 발생·공급원인에 따라 일차적으로 포로노비·형벌노비·약탈노비·부채노비 및 인신매매에 의한 노비로 분별하고 있고, 이차적으로 이들 노비의 자손들인 혈연노비의 존재를 상정하되, 이들 중 전쟁포로를 가장 중요한 노비공급원으로 추정한다. 이러한 부여에서의 '노비(노복)'문제 해명과 관련해서는 盧泰敦, 1981, 앞의 글, 238~239쪽; 리지린, 1963, 앞의 책, 261쪽; 박경철, 1991, 앞의 글, 250쪽; 『조선전사』2(고대편), 제1판, 137~139쪽; 손영종·박영해, 1987, 앞의 책, 44~51쪽 참조.
   한편 북한사학계의 견해에 대한 비판적 인식으로는 유.엠.부찐, 1986, 『古朝鮮』, 國史編纂委員會, 325~326쪽; 金貞培, 1980, 「中·日에 比해 본 韓國의 殉葬」, 『韓國古代史論의 新潮流』, 高大出版部, 119·125~128쪽; 권오영, 1991, 「崗上墓 殉葬制說에 대한 비판적 검토」, 『한국고대사연구회 회보』21, 한국고대사연구회, 14~15쪽 참조.
12 우리 국사학계에서 대체로 '민=하호'를 전제로, '호민'신분집단이 부여 지배질서 내에서 중간지배계층으로서의 위상을 점하고 있다고 파악하고 있다. '부족국가론'의 입장에 선 견해는 특히 삼국시대의 '호민'이란 '부장' 및 '부내부장'

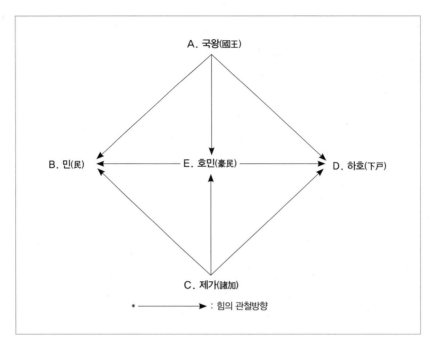

A. 국왕(國王)

B. 민(民)   E. 호민(豪民)   D. 하호(下戶)

C. 제가(諸加)

* ——————▶ : 힘의 관철방향

〈그림 2〉 부여국가 지배구조 내에서 '힘'이 관철되는 범역

5) 소결

부여국가의 지배질서는 국왕을 그 정점으로 왕실과 '제가'로서 구성된 지배계층을 기축으로 하여 중간지배계층으로서 기능하는 '호민' 그리고 자유민인 '민'과 비자유민인 '하호'와 노비로 이루어진 피지배계층을 기반으로 운영되고 있었다. 아울러 부여는 그 국가적 차원에서 읍루와 같은 이종족을 집단예속민으로서 파악하고 있었다. 그런데 전술한 B.C. 6년 5만 병력이 동원된

을 위시한 그의 친족들 그리고 하급관인 · 상인층 · 철야장들로서 이루어진 '부'의 통치담당자들인 바, 그들은 '부원'들이 내는 부세와 집단예민들이 내는 공납물로서 생활하며, 상당규모의 노예경작도 행하였다고 파악한다. 또 '성읍국가론'을 따르는 견해는 '소연맹국'단계의 '국읍'에 예속된 제읍락의 수장이 '국읍'을 중심으로 한 '연맹왕권' 성장과정에서 본래의 기반인 읍락을 떠나 '국읍'에 거주하면서, '연맹왕권'하의 귀족층으로 편제되고, 이들 귀족화과정을 밟고 있는 읍락의 수장층은 자기 읍락의 실질적 지배권을 호민층에 위임하게 됨에 따라 '호민'계층이 성장하게 되었다고 보고 있다. 한편 북한사학계는 '호민'들이란 원시사회 말기 계급분화가 진행되는 과정에서 원래 공동체성원들 가운데서 상층으로 분화된 계층인 바, 이들은 자영소농민들보다 많은 생산수단을 가지고 노예를 착취하며 부유해진자들로서, 신분적으로는 '민'에 속하였으나 계급적으로는 노예소유자로서 착취계급에 속하였는데, '노예제' 붕괴 이후 일부는 봉건지주로 전화되기도 하였다고 파악하고 있다.
부여에서의 '호민'의 실체 파악에 관해서는 盧泰敦, 1975, 앞의 글, 40~53쪽; 文昌魯, 1990, 앞의 글, 35 · 52~58쪽; 『조선전사』2(고대편), 제1판, 138쪽; 손영종 · 박영해, 1987, 앞의 책, 46~47쪽.

부여의 군사행동에서(사료 B-①) 그 전장의 주 타격원으로서 국가공민인 '민'이 주로 충원되었다고 상정하고, 또 농경사회에 있어 전시동원의 최고수준이 그 사회 전체구성원의 1/4에서 1/5이라는 견해를 감안한다면,[13] 당시 부여인구 40만(8만호×5인)명[사료A-①-ⓐ] 가운데서 '민'은 20만에서 25만(5만×4에서 5만×5)명에 불과한 실정이다. 이 사실은 부여국가 지배질서에 있어서 그 공적 지배범역 곧 〈그림 2〉의 △ACB의 범역에 포섭된 국가공민인 '민'의 존재보다 그 지배계층의 사적 지배범역 즉 〈그림 2〉의 △ACD의 범역에 전속되는 집단예속민적인 '하호'의 존재를 더욱 부각시켜주고 있다. 따라서 사료 A-②는—그 사료비판적 측면에서의 가치성 여하는 차치하더라도—부여국가의 지배질서 내에 있어서의 '하호'라는 존재의 광범위성과 그 지속성을 시사하고 있는 나름대로 유의미한 자료인 것이다. 결국 부여가 고구려를 상대로 한 동북아시아지역에서의 패권쟁탈전에서 끝내 좌절하고만 것은 고구려에 비해 자기국가 지배계층의 사적 지배권 하에 예속되어 있던 이 '하호'들을 그 국가권력의 공적 지배범역에 귀일하는 '민'에로 수렴·재편하는 정책을 효율적으로 집행·관철하는데 실패한 사실과 무관하지 않은 것이다. 그리고 이 사실은 부여 국가권력 및 그것을 표상하는 국왕권의 집중성과 구심성이 고구려에 비해 상대적으로 취약하였음을 의미하는 것이기도 하다.

3. 부여국가의 지배체제

1) 부여국가의 중앙통치구조

부여국왕은 그 지배체제 내에서 국가권력 정통성의 최종적 담보자이며 국가주권의 최상위 파지자로서의 위상을 점하고 있다. 그러나 부여국왕은 상술한 바 그 국가형성과정에서 비롯된 상당한 본질적·내재적 제약요인을 감수할 수밖에 없었다. 따라서 부여 국가권력의 표상인 국왕권의 정립 노력은 읍락을 그 기저단위로 계서적·누층적으로 편제·온존되어 있는 '제가'의 제군장사회적 세력기반의 해소, 대내적인 일원적 지배질서의 관철을 지향하기보다는, 오히려 대내·외적인 현안 타결을 위한 정책결정 및 그 실효적 집행을 담보하는 지배계층 내에서의 합의 도출을 제도적으로 보장하는 방향으로 추진되었다.

따라서 부여국가의 정책결정과정에는 '제가'들의 참여와 합의가 필수적이었고, 또 그 논의·합의의 대상으로는 왕위계승문제[사료 A-①-ⓙ], 사법에 관한 사항[사료 A-①-ⓔ]뿐만 아니라

---

13 全炳元, 1966, 『國防經濟論』, 博英社, 131~135쪽 참조.

국내·외적으로 중요한 제반문제가 망라되어 있었을 것이다. 그리고 부여는 지배계층 내에서의 합의도출을 담보하는 제도적 장치로서 '제가평의회'를 자주 열었을 것이다. 이 경우 '제가평의회'는 '대가'들을 중심으로 그 참여범위가 제한된 가운데 운영되었고, 그 최종적 결정권은 국왕에게 유보되었을 것으로 추정된다.

이 점과 관련, 주목되는 것은 6축관명(六畜官名)을 가진 '마가(馬加)·우가(牛加)·저가(豬加)·구가(狗加)'등의 존재이다[사료 A-①-ⓑ·ⓓ]. 그런데 이미 우리의 선학들은 윷놀이판의 '모·개·걸·도'등이 부여의 '사가(四加)'와 유사함에 착목, 이 윷판이 당시 부여의 관제를 표시한 것으로 주장해온 바 있다.

한편 오늘날 우리학계의 일각에서는 이들 '사가'와 '사출도'를 연계시켜 이를 지방통치조직의 운영자로 파악하는 견해가 제시되고 있다. 그러나 이들은 '제가' 중에서 '대가'에 해당하는 층으로서 아마 왕족출신의 귀족으로서 중앙관직체계의 핵심적 구성원이라는 견해도 없지 않다. 후자의 입장을 따른다면, 이들 '사가'는 '제가' 중에서도 '대가' 또 그들 가운데서도 가장 강력한 세력기반을 가진자들로서 부여국가의 정책결정과정에 적극적으로 참여, 그 국정운영의 향방이나 가치배분문제의 결정과 관련, 당시의 지배계층인 '제가'의 이익을 최대한 관철시키는데 있어 주도적 역할을 수행하였으리라 판단된다. 아울러 부여사회 자체가 군사엘리트집단이 그 사회의 지배계층으로서 기능하는 군사귀족제(militocracy)적 성격이 농후하였다는 점에서, 그들은 당연히 국가권력의 물리적 기반이 되는 제 군사역량의 운용과정에서도 구심적 위치를 차지하고 있었으리라 추정된다.

한편 '제가평의회(諸加評議會)'가 국가 정책결정기관으로서 기능하였다고 볼 때, 그러한 국가정책을 직접 집행하는 계선상의 실무책임자들이 바로 '대사(大使)·대사자(大使者)·사자(使者)'라 지칭되는 관직보유자들이다. 즉 이들은 국왕과 '사가'들을 중심으로 운영되던 '제가평의회'의 합의결정사항을 전부여국가적 차원에서 이행하기 위한 실무를 집행하는 중앙계선조직의 책임자들이었다. 이들은 또한 '궁실·창고·뇌옥' 같은 국가공권력의 물적 기반이 되는 제시설 운영의 책임자로서의 역할도 수행하고 있었을 것이다.

그런데 사료 A-①-ⓙ·ⓚ·ⓛ·ⓜ에 따르면, A.D. 3C 중반 당시 부여의 '대사' 위거는 그와 숙질관계의 '우가부자(牛加父子)'와 정치적으로 대립, '대가'를 그가 구상하고 있는 대위접근정책의 집행자로서 구사하고 있다. 이 점에 비추어 부여국가의 중앙통치조직의 계선상에 존재하는 '대사·대사자·사자'등의 관직은 '제가', 그 가운데서도 '대가'들 중에서 우선 충원된 것임을 알 수 있다.

뿐만 아니라 부여의 '대가'들은 고구려와 마찬가지로 자기 자신들의 기속을 받는 '대사·대사자·사자'등을 그 실무집행의 책임자로 하는 나름대로의 계선조직을 운영하였다.

따라서 이들 '대가'들은 〈그림 2〉의 △CEB의 범역이나 △CED의 범역에서 국가정책이나 자기 사적 지배의지의 실효적 관철을 도모하였을 것이다. 그리고 후자의 경우, '대가'와 상명하복의 관계에 있는 '대사' 등은 주로 이들 '대가'와는 누층적인 지배·피지배관계에 있는 구 군장사회의 수장급인 '소가'나 '읍락'의 실질적 지배자로서 상층분화과정을 밟은 '호민'들 가운데서 주로 충원되었을 것이다(〈그림 1〉 참조). 이러한 부여의 이원적인 '대사·대사자·사자'류 관직체계의 존재는 바로 부여국가의 계서적·누층적 지배질서에 조응하는 다원적 지배체제의 단적인 표현인 것이다.

한편 '성읍국가론'을 따르는 견해는 국왕 직속관리인 '위거'의 정치실권 장악사실[사료 A-①-(j)·(k)·(l)·(m)]을 '연맹왕국' 부여의 A.D. 3C 전반경의 '왕권을 중심으로 한 중앙집권적 귀족국가'로의 전환을 예비하는 왕권강화의 결과로 파악하고 있다. 그러나 '제가'가 공립, 부여국왕으로 추대된, 게다가 그 적통성마저 하자를 가진 '마여(麻餘)'가 행사할 수 있는 국왕권의 범위는 매우 한정적인 그것이었을 것으로 추정된다. 그런데 이런 상황하에서 '위거'가 '우가'로 표상되는 '제가평의회'가 중심이 되는 기왕의 국가 지배체제 운영의 틀을 일탈, '대사'로서 국정운영을 오로지할 수 있게 된 것은 그가 중앙계선조직의 실무책임자로서 그 정책집행과정에서 "재물을 아끼지 않고, 남에게 베풂[輕財善施, 사료 A-①-(k)]" 수 있을 정도로 '우가'보다 상대적으로 우월한 사적 경제력을 조성·축적할 수 있었을 가능성이 컸었을 것이라는 점과 무관하지 않다고 생각된다. 그리고 그는 A.D. 3C 중반 전환기에 처한 동북아시아 정세에 상응하여 고조된 국내·외적 긴장상황에 가탁, 취약한 국왕권에 갈음하여 자신을 중심으로 한 국가권력 집중을 시도하였다. 그가 '우가부자'의 적몰한 재산을 '관'에 귀속시킨 점은 이러한 그의 노력의 일단을 시사해주고 있다. 그러나 이러한 '위거'의 정치행태는 '제가평의회' 중심의 기존 부여국가 지배체제의 운영원리와 배치되는 것이었던 만큼, 그것은 부여국가 지배구조의 파행적 운영을 결과했고, 나아가서 수부여국가의 통합·결속력을 저해·훼손하는 방향으로 작용하였던 것이다. 이 점은 부여가 A.D. 285년 선비 모용씨의 제1차 강습으로 인하여 망국 직전의 상황으로까지 내몰리게 되었던 사실과 관련, 유념해두어야 할 사항이다.

결국 부여국가는 국왕을 중심으로 가장 유력한 '대가'들인 '우가'등 '사가'를 기축으로 운영되는 '제가평의회'에서 주요국가정책을 논의·합의하고, 이 결정사항을 '사가' 외의 여타 '대가'들로서 보임된 '대사·대사자·사자'등을 그 실무책임자로 하는 중앙계선조직을 통해 이행·집행하였던 것이다.

아울러 부여의 이러한 중앙통치구조는 부여국가 전체의 통치뿐만 아니라 그 중핵지 경영을 위한 조직으로서도 활용되고 있었다. 오늘날 남북한사학계는 부여의 '사출도'[사료 A-①-(d)]의 실체 파악과 관련, 전국을 관통하는 지배행정단위로서의 '5부제'의 존재를 상정, 국도(國都)는

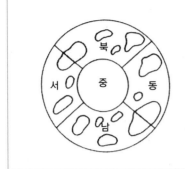

그림 3	부여국가의 공간적 통치분	그림 2의 힘의 영역
중(中)	중핵지 =국왕직할지	△ABE의 범역
동·서 남·북	4출도	△BCE의 범역
	지배계층의 사속지 (私屬地)	△ADE 및 △CDE의 범역

〈그림 3〉 부여국가의 공간적 통치분획

'중부'로서 국왕직할지로, 나머지 '동·서·남·북'의 4부를 지방행정구획으로서 '사출도'와 연관시켜 이해하는 견해가 정설화 되어 있다.(이하 부여의 지방통치체제와 관련해서는 〈그림 3〉 참조). 이 경우, 부여국가의 지배의지가 가장 효율적으로 침투·관철되는 공간적 범위는 늦어도 A.D. 4C경까지는 부여의 중핵지인 길림을 중심으로 하는 지역, 보다 구체적으로는 길림시 동단산 남성자 및 그 부근으로 한정되었다고 볼 수 있다. 또 〈그림 3〉에 따르면, 부여지배 질서 내(◇ ABCD의 범역)에서 △ABE의 범역이 그에 해당한다. 즉 이 길림시 일대 및 이 △ABE의 범역이 국왕이 '제가평의회'를 매개로 '대사'등으로 구성된 중앙계선조직을 운용, 그 공적 지배의지를 구현시킬 수 있었던 국왕의 직할통치지역이었던 것이다. 물론 이 국왕직할지에서의 그 기저지배단위는 '읍락'이고, 주인적 파악대상은 국가공민인 '민'이었던 만큼, 국가권력의 '민'에로의 지배력·규정력의 관철(〈그림 2〉의 A→B)은 사실상 당해 '읍락'의 실질적 파지자인 '호민'을 매개(〈그림 2〉의 A→E→B)로 실현되었을 것이다.

한편 부여국왕이 그 사적 지배지로서 배타적 지배권을 향유하고 있던 지역(〈그림 2〉의 △AED의 범역)은 부여의 중핵지 뿐만 아니라 전국에 산재해 있었을 것이라 추단된다. 이러한 국왕의 사속지에 위치한 '읍락'의 주민인 '하호'에 대한 그의 사적 지배의지의 관철(〈그림 2〉의 A→D) 노력은 국왕에게 사속된 '대사·대사자·사자'등을 근간으로 하는 사적인 제계선조직의 통제하에 '하호'가 거주하는 '읍락'의 실질적 관장자인 '호민'을 매개기제화 함(〈그림 2〉의 A→E→D)으로써 담보되었을 것이다.[14]

---

14 우리 국사학계에서는 '부족국가론'에 입각, '부족연맹'단계의 부여가 중앙부족국가의 감독하에 '제가'의 지배를 받는 지방의 독립된 부족국가들로 구성되어 있었다고 보는 견해와 당시의 부여는 실제적인 기능을 수행하고 있는 국가체제가 결여된 상태에서 강력한 주권이나 중앙정부의 통제력이 부재하는 사회였다고 파악하는 견해가 이미 개진된 바 있다. 그리고 '성읍국가론'에 의거한 입장은 '연맹왕국' 초기단계의 부여에서는 왕의 선거제가 행하여졌고, 정치의 실

2) 부여국가의 지방통치체제

부여의 지방통치체제를 이해하기 위한 전제로서 부여의 입지상의 제특성과 함께 그 지배구조의 계서적·누층적 편제에 대한 정확한 인식이 요구되어진다. 곧 부여의 행정구획은 '수적지지(受敵之地)'로 평가되는 그 입지인 송요평원의 자연환경적·지정학적 특성을 충분히 감안하여 분획되었던 것이다. 이 점은 부여의 건국주도세력이 송눈평원에 거주, 정착적·반농반목적 생활양식을 영위하던 예족집단이었던 점과 무관하지 않다. 곧 흉노를 비롯한 여러 유목민들은 평원에서의 방어와 일상생활상의 교통로 확보 등의 필요성에서 '5부제'를 채택·실시한 바 있다. 부여는 이러한 유목문화권의 직·간접적 영향 하에서 중앙의 국왕직할지와 '사출도'를 포괄, 부여 전국을 5개의 행정단위로 분획·통치하고자 하였던 것이다. 따라서 부여는 한 점인 중앙의 국왕직할지를 중심으로 사주를 방어하기 위해 '사출도제' 실시, 그 중핵지의 방어역량을 제고하고, 나아가서 보다 실효적인 국가권력의 침투·관철을 꾀하였던 것으로 판단된다[사료A-①-(d)].

아울러 일찍이 일본학계 일각에서는 이 '사출도제'가 부여의 대선비·대중관계를 관장하는 서남향의 '농안·조양가도'와 대현토군관계를 주관하는 남향의 '농안·요동가도' 및 자기 '속령'의 북부를 통치하기 위한 '북방동서가도' 그리고 자기 '속령' 남부의 통치와 대고구려관계를 관할키

권은 '마가'·'우가'등 '대가'들에게 있었는데, 이들은 왕과 마찬가지로 '사자' 등의 가신을 거느리고 있었으며, 또 늦어도 A.D. 2C 초 왕위의 부자상속제가 확립된 이후 국왕의 직속관리인 '대사'직의 정치적 비중이 커지게 되는 바, 이러한 현상은 부여가 늦어도 A.D. 3C 전반경까지는 왕권을 중심으로 한 중앙집권적 귀족국가로 전환되었음을 시사하는 것으로 파악하고 있다. 한편 1960년대의 북한사학계는 부여의 국가기구는 소박한 전제주의제도에 기초한 바, 국왕권의 행사는 '국중대회' 즉 '영고'의 일정한 제약을 받고 있었다고 본 바 있다. 그리고 이들은 중앙관직으로 '마가·우가·저가·구가'등의 '4가'와 그 밑에 '대사·대사자·사자'등이 있었는데, 특히 '4가'는 대신급 관리로서 지방행정을 담당하면서 군사지휘권을 소유하고 있었다고 보고 있었다. 그러나 1970년대 이래 북한학계는 종래의 소론을 대체로 견지하면서도, 부여의 국왕이 "전국의 토지와 인민에 대한 지배권을 틀어쥔 국가의 최고권력자"인 바, 귀족민주주의적 합의기구로서의 '제가평의회'도 왕의 전횡을 제한하는 측면보다는 왕의 통치를 보장하는 측면이 더 강하였다고 주장하는 등 부여에 있어서의 국왕권의 위상 제고에 관심을 할애하고 있다는 점에서 일정한 차별성을 노정하고 있어 주목된다.
부여의 중앙통치구조에 관한 제견해는 金哲埈, 1975, 『韓國古代國家發達史』, 한국일보사, 64쪽; 盧泰敦, 1975, 앞의 글, 11~12쪽; 李基白·李基東, 1983, 앞의 책, 105~110쪽; 과학원 력사연구소, 1962, 『조선통사(상)』(제2판) 과학원출판사, 51~53쪽; 사회과학원 력사연구소, 1988, 앞의 책, 57~59쪽; 『조선전사』2(고대편), 제1판, 126~130쪽; 손영종·박영해, 1987, 앞의 책, 49~50쪽.
부여 중앙통치구조 운영실상 구명과 관련해서는 申采浩, 李萬烈 註釋, 1986, 『註釋 朝鮮上古史(上)』, 丹齋申采浩先生紀念事業會, 110~111쪽; 李丙燾, 1983, 「夫餘考」, 『韓國古代史研究』, 博英社, 214~216쪽; 과학원 력사연구소, 1962, 앞의 책, 51~53쪽; 사회과학원 력사연구소, 1988, 앞의 책, 57~58쪽; 손영종·박영해, 1987, 앞의 책, 49~50쪽; 李基白·李基東, 1983, 앞의 책,1 05~110쪽; 文昌魯, 1990, 앞의 글, 52~56·70~80쪽; 金哲埈, 1975, 앞의 책, 63쪽; Stanislav Andreski, 1971, *Military Organization and Society*, University of Califonia Press, pp.184~186.

위한 '길림·돈화·간도가도(間島街道)'로 편제되어 있었을 것으로 비정하는 견해가 제시된 바 있음을 지적해둔다.[15]

한편 부여국가는 본래 제읍락을 다스리는 대·소군장을 그 수장으로 하는 대·소군장사회 (chiefdom)의 계서적·누층적 편제과정을 거쳐 성립한 것이다(〈그림 1〉참조). 부여국가형성 이후 이들 대·소군장들은 그 세력기반의 강약에 따라 부여국가 지배질서 내에서 '대가'와 '소가' 곧 '제가'로 편제되었던 것이다. 따라서 '군장사회'수준의 정치체의 인구수가 일반적으로 1만~1만 2천명 선 이상이라는 견해를 감안할 때, 사료 A-①-(d)는 부여국가의 적어도 '대가'급 '제가'는 종래의 세력기반을 그대로 유지하고 있었음을 시사하고 있다. 그런데 당 사료에서 대·소제가의 관할대상의 인적 규모가 '가'단위로 구체적으로 적시된 것은 그만큼 당해 피지배계층에로의 국가권력 침투 기도가 보다 효율적으로 실현되었음을 의미하는 것이다. 이 경우 본래 '군장'급이었던 '제가'는 종래의 자기의 세력기반이었던 지역에서 국가공권력의 관철을 책임지면서(〈그림 2〉의 C→B), 그 반대급부로 그가 가졌던 당해지역에서의 우월적 지위를(〈그림 2〉의 △BCE의 범역) 국가권력에 의해서 공정 받았다고 추단된다. 그러나 이 경우에도 '제가'는 그 기저지배단위인 '읍락'의 실질적 지배자인 '호민'을 매개로 해서만 그곳의 주민이며 국가공민인 '민'에 대하여 국가가 자기에게 부여한 지배권을 행사할 수밖에 없었다(〈그림 2〉의 C→E→B).

한편 이러한 '사출도'에 포섭된 지역에도 국왕과 '제가'의 사적 지배의지가 전속적으로 관철되는 지역(〈그림 2〉의 △ADE와 △CDE의 범역)이 산재하였음을 간과해서는 안된다. 왜냐하면 국가권력 집중도가 상대적으로 낮은 당시 부여에서 국왕과 '제가'들은 자기들의 종래 세력기반을 가능한 한 온존·유지함으로써 국가권력의 침투가능성을 차단·배제하고자 하는 경향이 현저하였을 것이기 때문이다. 그리고 이런 지역의 읍락거주민은 지배계층의 집단예속민적 성격이 짙은 '하호'들이었는 바(〈그림 2〉의 A→D와 C→D), 이들 역시 '호민'을 매개기제로 하여서만 국왕과 '제가'의 사적 파악대상이 되었을 것이다(〈그림 2〉의 A→E→D와 C→E→D). 한편 이점과 관련, 북한 학계는 부여에서의 '후국(侯國)'의 존재가능성을 제기하고 있지만, 보다 신중한 실증적인 검토가 요구된다.

따라서 사료 A-③의 모든 '읍락'의 관할권이 '제가'에게 귀속되었다는 지적은 〈그림 2〉의 △CBE와 △CDE의 범역에 관한 한 당시 부여의 현실과 부합되는 사실이었다.

결국 부여국가의 지방통치체제의 근간인 '사출도제'하에서도 그 실상은 국가공민인 '민'이 거주하는 읍락을 그 기저지배단위로 하는 지역과 지배계층의 집단예속민인 '하호'를 그 주민으로 하는 '읍락'이 공간적으로 혼재되어 있었던 것이다. 그리고 이 사실은 부여국가의 계서적·누층

---

15 日野開三郎, 1946, 「夫餘國考─特にその中心地の位置に就ぅぃて─」, 『史淵』 34, 九州史學會, 100~103쪽 참조.

적 지배구조에서 비롯된 것인 바, 〈그림 2〉의 △ABE의 범역과 △BCE의 범역의 질·양면에서의 확산·확대만이 부여의 국가권력 집중도를 제고하고 또 국가권력의 인적·물적 기반을 공고히 하는 첩경이 될 것임은 논리적으로 검증이 가능한 사실이다.[16]

3) 부여의 읍락

부여의 '읍락'은 분산적인 정주형태인 '부락(hamlet)'과 분산성보다 핵을 가진 그것인 '촌락 (village)'의 중간적 성격을 지닌 그것으로서, 그 내부에는 거주지와 주민인 '민'이나 '하호'의 소경 영(小經營)에 의거한 개별경작지와 공유지가 병존하고 있었던 것으로 추정된다. 그리고 이러한 부여의 읍락은 그 지배질서 내에서의 기층집단인 '민'이나 '하호'의 거주지로서, 또 그 지배체제 내에서의 기저지배단위로 자리매김될 수 있다.

즉 부여국가는 〈그림 2〉의 △ABE의 범역과 △BCE의 범역 또는 공간적으로는 〈그림 3〉의 국 왕직할지와 '사출도' 설정지역 중에서 국가의 지배의지의 관철이 가능한 지역에 위치한 제읍 락의 '호민'들을 장악·통제, 그들을 매개로 국가공민인 '민'들로부터 조세와 역역을 수취하고, 나아가 그들을 군사동원의 제1차적 대상으로 파악할 것을 도모하였다(〈그림 2〉의 A→E→B와 C→E→B). 따라서 부여국가 경영의 안정성 여부는 이들 제 읍락, 그리고 그 주민인 '민'에 대한 보다 실효적인 통제·지배기제의 확보 여하에 좌우되었다.

반면 국왕을 포함한 지배계층은 〈그림 2〉의 △ADE의 범역과 △CDE의 범역에서 혹은 '사출 도'설정지역 내에 산재해 있는 자기들의 사속지(私屬地)에서 집단적으로 예속되어 있는 제읍락 의 주민인 '하호'들을 대상으로 '호민'들을 구사, 그들로부터 '민'에 비해 상대적으로 가혹한 인

---

16 부여의 지방통치체제에 관해서 우리 학계의 '부족국가론'을 따르는 입장은 당시 부여국가의 지배체제가 전국을 지역 단위로 편제·통제하는 단계는 아니었고, 왕성을 중심으로 사방의 각 지역에서 족장출신의 세습귀족인 '제가'들이 상 당히 자치적으로 휘하 '읍락'의 '민'들을 지배하고 있었기에, 중앙정부의 통제력이 지방 각지에까지는 강하게 작용하 지 못하였다고 파악하고 있다. 또 '성읍국가론'에 의하면, '연맹왕국'단계의 부여의 '사출도'제도는 그 원초적 형태가 '성읍국가'에서 비롯된 것인 바, 비록 '제가'가 이를 관할하였다고는 하지만 그 형식 자체는 수도를 중심으로 대체로 '동·서·남·북'의 사방에 짜여진 행정구역을 가리키는 것으로서, 이 경우 국왕은 그 중심인 '중부'를 직접 통치하였 다고 파악되어지고 있다. 한편 북한사학계는 1960년대 이래 부여가 2,000리에 걸치는 방대한 영토를 '동·서·남· 북·중앙'의 5개 행정구역으로 나누고, '동·서·남·북'의 4개 구역을 '가'들이, 중심지역은 국왕이 직할통치하였다고 주장하고 있다.
부여의 지방통치체제 파악과 관련된 국사학계의 제견해에 대해서는 金哲埈, 1975, 앞의 책, 63쪽; 盧泰敦, 1975, 앞 의 글, 16쪽 및 그 주 14; 李基白·李基東, 1983, 앞의 책, 100·108쪽; 金貞培, 1986, 「蘇塗의 政治史的 意味」, 『韓 國古代의 國家起源과 形成』, 高大出版部, 145~148쪽 참조. 북한학계의 이 문제에 관한 연구성과에 대해서는 과 학원 력사연구소, 1962, 앞의 책, 51~52쪽; 사회과학원 력사연구소, 1988, 앞의 책, 58쪽; 『조선전사』2(고대편), 제1 판, 130쪽; 손영종·박영해, 1987, 앞의 책, 50쪽; 황기덕, 1984, 『조선의 청동기시대』, 사회과학출판사, 96~99쪽.

적·물적 수탈을 행함으로써(〈그림 2〉의 A→E→D와 C→E→D) 자기들의 사적 세력기반을 보전·확대할 것을 기도하였다고 추정된다.[17]

4) 부여국가의 군사역량

D-① 至安帝永初五年(111 A.D.) 夫餘王始將步騎七八千入寇樂浪 殺傷 吏民 後復歸附.
(『後漢書』 卷85, 列傳75 東夷傳 夫餘國條)

D-② 夫餘……(a)有宮室倉庫牢獄……(b)其國 善養牲 出名馬……(c)作城柵皆員 有似牢獄 (d)
魏略曰 其國殷富 自先世以來 未嘗破壞. (『三國志』 卷30, 魏書30 列傳30 東夷傳 夫餘條)

부여는 그 국가의 지배질서에 조응하는 일련의 군사동원체제를 창출·운영해 나갔다.

즉 군사귀족제(militocracy)사회에 기반한 부여국가는 유사시 그 국왕이 군통수권을 장악하고, '제가'가 고급 및 중견지휘관으로서 보임되며, 중간지배계층인 '호민'은 초급지휘관으로서 구사되었을 것이다. 그리고 당해 전장에서의 주 타격원으로 운용되는 일반전투원은 국가공민이며 자유민인 '민'신분보지자로서 충원되었을 것이지만, 국왕이나 '제가'의 사적 예속민인 '하호'들은 비전투원으로서 병참기능을 수행하였다. 다시 말하면 부여는 전국가적차원의 군사행동을 수행할 필요성이 있을 경우 사료 A-①-(g)·(i)가 시사하는 바처럼, 국왕직할지와 국가직접관할지(〈그림 2〉의 △ABE의 범역과 △BCE의 범역 및 〈그림 3〉 참조)의 '제가'들은 국왕의 지시에 의거, 제 읍락의 호민들로 하여금 당해 읍락의 주민들인 '민'들을 동원케해, 그들이 평상시에 각자가 개인적으로 준비·보관하고 있던 창·칼·활등으로 무장케 하고 전투에 참가하도록 조치하였을 것(〈그림 2〉의 A→E→B와 C→E→B)으로 사료된다. 그러나 국왕 및 '제가'의 집단예속민인 '하호'들이 거

---

17 부여의 '읍락'에 관해 우리 국사학계 가운데 '성읍국가론'에 입각한 견해는 부여의 읍락을 농업을 영위하는 기본적 단위로서 기능하는 '촌락'으로 파악하고 있다. 이 입장을 따르는 또 다른 견해는 '읍락'이란 동이사회 전역에 걸쳐 광범위하게 산재했던 취락집단의 일반적 명칭이며, 한국사의 경우 그것은 '연맹왕국'단계(기원 전후~A.D. 3C)에 형성되었다고 본다. 또 이 견해는 읍락을 일정한 지역 안에서 혈연적인 유대관계를 바탕으로 한 부락공동체로서, 그 안에는 주거지를 포함, 농경지와 산곡까지를 영역으로 하는 취락단위라 이해하면서, 부여의 '읍락'은 공동체적 신분질서가 파괴된 정치력 통제력에 의해서 지배되는 행정단위로 파악하고 있다.

한편 북한사학계는 '읍락'을 주민거주지를 이르는 명칭으로 파악, 큰 읍락은 작은 읍락을 관할하였다고 본다. 또 북한학계는 '성'이나 '촌'을 통틀어 '읍락'이라 보면서, '성'은 큰 규모의 읍락인 바, 부여 말기에는 대체로 한 개의 성에 20개 정도의 촌이 있었을 것이라 주장하고 있다.

부여 '읍락'의 실상 해명과 관련해서는 李基白·李基東, 1983, 앞의 책, 97~98쪽; 文昌魯, 1990, 앞의 글, 45~47쪽; 『조선전사』2(고대편), 제1판, 130쪽, 153~154쪽; Perry Anderson, 유재건·한정숙 共譯, 1990, 『고대에서 봉건제로의 이행』 창작과 비평사, 130~131쪽 참조.

주하는 지역(〈그림 2〉의 △ADE의 범역과 △CDE의 범역 및 〈그림 3〉 참조)의 경우, 당해 읍락의 '호민' 들은 자기들이 사적으로 피지배관계를 갖고 있는 지배계층의 지시를 수령, 자기 읍락의 '하호'들을 지휘, 비전투원으로서 제반지원임무를 수행하였을 것(〈그림 2〉의 A→E→D와 C→E→D)으로 추정된다.

한편 군사행동에 임하는 부여군의 군령체계는 군통수권을 가진 국왕과 '제가'들의 합좌기관인 '제가평의회'에서 전략차원의 제 문제를 논의·결정하고, 이를 '제가'들이 군사작전을 통하여 실행하며, '호민'은 이 작전지침의 범위 내에서 전술적 차원의 전투행위를 일반전투원인 '민'을 구사하여 수행하였던 것으로 추단된다.

그런데 A.D. 111년 부여는 대'낙랑'군사행동에서 보기합동작전을 실시한 바 있는데(사료 D-①), 이는 부여가 평상시의 훈련과 전투 시의 부대 운용 단위로서 보병과 기병이라는 병종에 따른 제대편성 노력을 아끼지 않았으며, 그 조직·운용역량도 상당한 수준을 유지하고 있었음을 시사해주는 사실이다. 아울러 이 점은 부여가 '명마'의 산지로 인식되어 왔고[사료 D-②-ⓑ], 또 그것이 '신마(神馬)'라 상찬되던 스텝(steppe)마로서 고구려에까지 비공식적으로나마 공급되고 있었다는 점과 더불어 당시 부여가 보유했던 기마전역량의 수준을 가늠케 해주는 실마리가 되고 있다. 또 부여는 그 군사거점인 '성책'을 조영[사료 D-②-ⓒ], 그 군사역량의 물적 기반을 구축하는 일방, 국가적 차원의 '창고'제의 운영을 통하여[사료D-②-ⓑ] 전략물자의 확보·비축에 노력함으로써 그 군사잠재력의 경제적 기반 조성에도 소홀하지 않았던 것으로 판단된다.

다만 전술한 바 있듯이, 부여 국가권력의 인적·물적 기반 ,특히 그 군사동원의 대상이 되는 국가공민인 '민'이 전체 부여인구 40만 인의 1/2~5/8(20만~25만 인)정도밖에 되지 않는다는 사실은 부여국가의 군사잠재력의 가장 중요한 기반이 되는 인적 동원능력에 본질적·치명적인 문제점으로서 작용해왔던 것이다. 따라서 부여는 그 국초 이래 일원적 지배질서로의 수렴을 통한 국가권력의 집중을 지향해 온 고구려의 도전을 극복하지 못하고 동북아시아에서의 주도적 지위를 상실할 수밖에 없었다.[18]

---

18 부여국가의 군사역량과 관련하여, 우리 국사학계는 '민=하호'라는 관점에서 그 군사동원체제의 해명에 상당한 관심을 할애해 온 바 있다. '부족국가론'의 시점에서 이 문제에 접근하는 견해는 부여에서는 '민'의 분화현상으로 인하여 스스로 무장할 수 있는 '민(읍락원)'들도 있었을 것이지만, '개장(鎧杖)' 곧 갑옷과 무기로 무장함이 여의치 않거나 노약한 '민'들은 '하호'로서 보급품 운반을 맡았을 것으로 파악하고 있다. 또 '성읍국가론'에 입각하고 있는 입장은 부여의 '하호' 곧 양인농민은 전투에 있어서는 무기를 들고 싸우지 못하고 군량을 운반할 뿐인 존재로 인식하고 있다. 한편 북한사학계는 군의 최고지휘권은 왕에게 있었고, 보병과 기병으로 구성된 '제가'의 지휘를 받는 기본전투성원은 '민'과 '호민층'이며, '하호'는 전투에 참가하지 못하고 기본전투대오의 보장성원으로서 군대에 참가하였다고 파악함으로써, 이 '하호'가 자영소농민을 포함한 일반평민과는 준별되는 존재임을 분명히 하고 있다. 아울러 북한학계는 부여에서의 농업·목축업·수공업들의 발전이 군사력 강화의 물질적 기초를 마련하였고, 특히 그 병종 구성에 있어 기병의 지위가 높았음도 이 목축업의 발전과 유관함을 지적하고 있다.

5) 부여국가의 법제

부여의 법은 '살인·절도·투기·간음'이라는 4가지 행위를 가벌적인 범죄행위로 규정하고 있다[사료 A-①-(e)]. 그리고 부여에는 반역죄에 대한 일정한 처벌법이 존재했음[사료 A-①-(m)]이 틀림없다. 또 부여에는 이러한 형사법적인 규범 이외에도 '영고(迎鼓)'와 같은 '국중대회'에서의 제반행사에 관한 규범, '형사처수제(兄死妻嫂制)'와 같은 친족상속법적인 규범, 왕위계승에 관한 규범등 많은 법규범과 법관행이 종교·도덕규범 및 관습과 미분화된 상태로 혼재되어 있었을 것으로 추정된다.

그리고 이러한 모든 형태의 규범들이 당시 부여인들의 삶을 규율하고, 나아가서 그들의 정치·경제·사회적인 존재양태를 규정하고 있었을 것이라는 점에서 일정한 이데올로기적인 기능마저 수행하고 있었으리라 파악된다. 따라서 부여는 법관념과 종교적 관념이 미분화된 당시에 '영고'와 같은 '국중대회'에서 제천의식과 형사재판을 병행함으로써 국가구성원들이 보편적으로 공유한 법과 종교에 대한 동질적 인식을 재확인하는 계기를 마련, 국가적 통합을 공고히하고져 노력하였던 것이다.

한편 부여는 그 국가 및 사회의 규범을 범하거나 그로부터 일탈하는 자에 대한 자유형의 집행장으로서 '뇌옥(牢獄)'제를 운영하고 있었다[사료 D-②-(a)]. 아울러 부여국가는 이러한 범법자들을 색출·재판하며 또 그것을 집행하는 책임을 진 일정한 조직과 인원을 운영하고 있었으리라[사료 A-①-(m)] 추단된다.

그런데 당시 부여의 법제가 '준엄·가혹'했다고 일반적으로 평가되고 있음은 주지의 사실이다. 이 점은 부여국가 자체가 군사귀족제에 바탕한 엄격한 신분제를 그 기본적 지배질서로 하여 생산·지배·일상의례에 대한 전일적인 통제력을 관철시킬 것을 지향하는 '신분국가'였고, 그만큼 그 국가·사회의 권력·권위·부가 소수의 지배계층에 의해 과점될 수밖에 없었다는 사실과 무관하지 않은 것이다.[19]

부여의 군사역량 파악과 관련한 국사학계의 연구성과는 盧泰敦, 1981, 앞의 글, 232~233쪽; 李基白·李基東, 1983, 앞의 책, 99쪽 참조.

북한사학계의 부여의 군사역량 인식과 관련해서는 과학원 력사연구소, 1962, 앞의 책, 53~54쪽; 사회과학원 력사연구소, 1988, 앞의 책, 56쪽;『조선전사』2(고대편), 제1판, 131~132쪽; 손영종·박영해, 1987, 앞의 책, 48쪽 참조.부여 군사역량의 재인식을 위한 노력과 관련해서는 朴京哲, 1988,「高句麗 軍事力量의 再檢討」,『白山學報』35, 白山學會, 142쪽의 주 13 및 155~156쪽; 李永植, 1985,「加耶諸國의 國家形成問題-'加耶聯盟說'의 再檢討와 戰爭記事分析을 中心으로-」,『白山學報』32, 白山學會, 89쪽; 金貞培, 1986,「韓國에 있어서의 騎馬民族의 問題」, 앞의 책, 128~130쪽; 全炳元, 1966, 앞의 책, 131~135쪽.

A.D. 111년 부여의 대'낙랑'군사행동에 관해서는 朴京哲, 1992, 앞의 글, 53~55쪽 참조.

19 부여의 법제에 관하여 우리 국사학계의 한 선학은 부여의 형법이 응보형주의에 입각해 있되, 준엄·가혹하였다고 평

6) 소결

부여국가의 계서적·누층적 지배질서와 이에 조응하여 구축된 지배체제는 그 국가형성기 이래 국가권력 집중을 위한 노력의 실효도를 저하시키고, 나아가 국가 지배구조 운영의 중심세력에 있어서의 원심성과 다원성을 심화시켰던 것이다. 따라서 부여국가는 A.D. 1C 이후 수차례에 걸쳐서 그 위기관리역량상 현저한 취약상을 노정시켰고, 국가적 위기상황의 발발을 전후하여 주요 핵심지배집단의 부여 지배권 바깥으로의 방출·이탈·이반사태를 연출하곤 하였다. 그러나 이러한 부여 국가권력 및 그 지배구조의 취약성이 역설적으로 부여로 하여금 수차례에 걸친 외부세력에 의하여 조성·강요된 치명적인 군사적 타격에도 불구하고 그 국가의 지속성을 담보해주는 기제로 작용하고 있었음은 부여사의 전개과정 자체가 이를 입증해주고 있는 셈이다 [예: 사료 C-②-(a)·(b)].[20]

4. 부여국가 지배구조의 경제적 기반

E. 夫餘……(a)戶八萬 其民土著……(b)多山陵廣澤 於東夷之域 最平敞 (c)土地宜五穀 不生五果

　　(『三國志』卷30, 魏書30 列傳30 東夷傳 夫餘條)

1) 부여 농업의 전개

부여의 경우, 농사의 작황 여하에 따라, 국왕의 생사·진퇴 여부가 결정된 적이 있었고[사료

가한 바 있다. 또 그는 절도죄에 대한 '일책십이(一責十二)'라는 도물배상법은 천문역상사상에서 비롯된 것이고, 투기자에 대한 극형법은 당시 부여사회에 일반화됐던 일부다처제 혹은 축첩제의 존재를 반영이며, 형사처수제는 북방계 제민족사회에 공통하는 법으로 재산상속과 유관한 것으로 이해한 바 있다. 또 우리 학계의 일각에서는 당시 부여가 공동체의 조직원리에 위배되는 사항을 준엄하게 처벌하였는 바, 살인죄는 개인의 생명과 노동력을 존중한데서, 절도죄는 사유재산을 중시한데서, 간음·투기죄는 가부장적인 가족제도의 옹호를 위해 각기 금법으로 준수되었다고 파악하고 있다. 한편 북한학계는 부여의 법이 노예소유자적 사회경제제도의 반영이며, 노예주들이 자기들의 이익을 옹호하기 위하여 만들어낸 강제수단이라는 관점에서 부여의 법제를 인식하고 있다.

부여의 법제에 대해서는 李丙燾, 1983, 앞의 글, 222~223쪽; 李基白·李基東, 1983, 앞의 책, 111~112쪽; 『조선전사2;고대편』, 제1판, 132~133쪽; 崔載賢, 1990, 「맑스의 아시아적 생산양식에 대한 비판적 검토」, 『역사비평』 10, 역사문제연구소, 175·177쪽; 윌킨스, 1991, 「處罰·犯罪와 市場經濟의 原理」, 『(1991.10.15. 國際學術會議 發表文) 犯罪와 犯罪統制』, 韓國刑事政策研究院.

20 이 문제에 관해서는 朴京哲, 1992, 앞의 글, 46~71쪽 참조.

A-①-⒩], 고고학상의 발굴 결과 당시의 노동도구 가운데 농구가 절대다수를 차지하고 있었다는 점은 부여의 자기존립을 위한 재생산구조의 기반이 농업을 기축으로 하여 전개되고 있었음을 시사하고 있다.

부여가 발흥한 송화강 유역은 요하 유역에 버금하는 중국 동북지방 최대의 곡창인 "동이지역에서 가장 넓고 평탄(於東夷之域 最平敞)"[사료 E-ⓑ]하며, "토질은 오곡을 가꾸기에는 알맞지만, 오과(五果)는 생산되지 않는(土地宜五穀 不生五果)"[사료 E-ⓒ] 충적평야지대로서 주목받아 왔다. 따라서 '부여(夫餘·扶餘)'라는 국호 자체는 본래 평야를 의미하는 '벌(伐·弗·火·夫里)'에서 연유했다는 견해가 제시된 바 있다. 한편 부여의 중핵지인 길림지방이 "산과 언덕 그리고 넓은 못이 많다(多山陵廣澤)"는 사실[사료 E-ⓑ]도 당시의 수리 및 관개기술 수준에 비추어 부여의 농업전개의 실상과 무관하지 않다.

한편 부여의 인구는 "호8만(戶八萬)" 즉 약 40만 인으로 추산되던 바[사료 A-①-ⓐ, E-ⓐ], 이는 B.C. 128년 '예군남려(濊君南閭)'시대의 인구 28만 인의 거의 1.5배에 해당하는 규모이다. 이 점과 관련, 부여국가는 그 정치·사회적인 통합노력에 못지않게 점증하는 인구문제에 보다 효과적으로 대처해야할 필요성에 직면하게 되었을 것으로 사료된다. 따라서 부여인들은 이렇게 균형을 깨는 인구압에 대해서 전통적인 낡은 농경방식으로는 대응할 수 없음을 인식, 기왕의 정착적 농경에 있어서의 생산성 제고를 위한 농작물·농구·농법의 개량및 개선을 추진하고, 나아가보다 효율적인 농업경영양식의 변화가능성을 모색하였을 것으로 추정된다.

그런데 국가형성기(B.C. 3~2C 말)를 전후한 부여의 농구는 비록 서황산둔(西荒山屯) 무덤(B.C. 4~3c)·토성자유적(土城子遺蹟, B.C. 3~2c) 및 양둔(楊屯) 대해맹유적(大海猛遺蹟, B.C. 2C)에서의 철기반출 예에도 불구하고 여전히 석제농구가 그 주류를 이루고 있었다. 이 사실은 당시 부여의 농업기술 수준 및 토지이용단계가 '수풀경작'단계에서 철제농구를 보편적으로 사용하는 '단기휴경'단계로 이행하는 과도기적 수준을 벗어나지 못하고 있었음을 적시해주고 있다. 그리고 국가형성기 이후에 있어서 부여의 농경 역시 화경(火耕)을 전제로 한 최단휴경기간을 3~5년으로 하는 '수풀경작'단계를 벗어나 2~3년을 휴한기간으로 하는 '단기휴경단계'로 진입하게 되었을 것으로 상정된다. 따라서 당시 부여에서 행해지던 농업유형은 온대정주지역에서 화입(火入)에 의한 삼림경지개척을 힘써 추진하는 화전농업이었을 것이다. 즉 이러한 '개척형화전농업(開拓型火田農業)'은 정주농민들이 정주지 주변의 삼림을 불살라 경지화 하고, 주로 자연지력을 따라 이를 윤경하는 한전농법이었던 것이다. 그런데 이러한 부여의 개척형화전농업은 잡곡 중심의 한전(旱田)농업을 근간으로 전개되고 있었는데, 이는 특히 철기문명의 등장으로 화북평야 일대가 개척되는 춘추전국시대(B.C. 770~202년) 이후 발달된 화북한전농업(華北旱田農業)

의 영향을 상당히 받고 있었던 것으로 평가되고 있다.

따라서 B.C. 1C경 저술된 『주례』에 적시된 "삼(麻)·기장(黍)·조(稷)·보리(麥)·콩(豆)"이라는 '화북형오곡(華北型五穀)'을 감안하고, 아울러 당시 공간적으로나 생태학적으로 근사성이 비교적 큰 한반도 동북부지역에 위치한 무산 '범의 구석'유적에서 수수·기장·조가, 회녕(會寧) 오동유적(五洞遺蹟)에서는 콩·팥·기장이 출토된 점, 그리고 양둔 대해맹유적에서의 좁쌀반출 예 및 주몽의 모(母) 곧 '신모(神母)'가 부여를 탈출한 아들에게 '오곡' 중의 '맥자(麥子, 보리의 종자)'를 뒤늦게 전달한 사례 등을 참작할 때, 당시 부여에서 산출된 '오곡'이란 '보리·조·콩·기장'과 '수수(蜀黍·高粱)' 또는 '팥'이었을 가능성이 크다.[21]

2) 부여의 농업경영양식

부여의 농업경영양식과 관련, 1960년대의 북한사학계는 "고대사회에서 신분적으로는 노예가 아닌 계층이라고 해도, 그 생산대중을 노예적으로 착취할 때, 그 생산관계는 노예소유자적 생산관계를 이루며, 따라서 그 사회의 생산양식은 고대적 생산양식을 이룬다"는 논거하에서 '고조선·부여·진국=총체적 노예제사회·국가'론을 개진, '하호'를 일반적인 노예와는 준별되는 '동방적 가내노예'의 범주에 속하는 존재로서, 부여사회의 그 재생산구조에 있어서의 인적 기반으로 강조하고 있다. 그러나 이러한 견해는 생산수단의 소유를 통한 사람과 사람의 관계인 '생산관계=토대'라는 관점에서 그 경제적 착취관계의 측면에만 착목, '생산력' 전개의 측면

---

21 우리 국사학계에서는 부여의 주된 산업은 농업이었다고 보면서, 철기시대의 전개와 더불어 괭이·보습·낫과 같은 철제농구가 많이 사용되어 경작·수확방법에 있어 커다란 진전이 있게 되었던 바, 당시 농경은 이미 누경단계에 이르고 있었다고 보고 있다. 북한사학계 역시 부여의 입지가 농업에 매우 유리한 지역으로서 국초부터 철제농구를 사용, '오곡'을 생산하는 정착적 농경생활을 영위하고 있었다고 파악하고 있다.

부여의 농업에 관한 제견해는 李基白·李基東, 1983, 앞의 책, 96~97쪽; 박진욱, 1988, 『조선고고학전서-고대편-』, 과학백과사전종합출판사, 211~214쪽; 과학원 력사연구소, 1962, 앞의 책, 50~51·53쪽.

부여 농업의 실상 파악을 위한 노력과 관련된 사료는 『周禮』 天官·疾醫 註, 大戴禮 曾子圓 註; 『漢書』 卷6, 帝紀6; 『三國志』 卷30, 魏書30 列傳30 烏丸·鮮卑·東夷傳 夫餘條; 『東國李相國集』 卷3, 古律詩 東明王篇 并序.

그리고 이에 관해서는 崔夢龍, 1990, 「에스터 보스럽-"農業成長의 條件"-」, 『考古學에의 接近-文明의 成長과 展望-』, 신서원, 41~44·50~52쪽; 길경택, 1985, 「한국선사시대의 농경과 농구의 발달에 관한 연구」, 『古文化』 27, 91~92·95쪽; 崔夢龍, 1987, 「考古學上으로 본 韓國의 食文化-漁撈와 農業을 통해 본 生業經濟-」, 『斗溪李丙燾博士九旬紀念韓國史學論叢』, 知識産業社, 34~35·37~39쪽; 박진욱, 1988, 앞의 책, 211~215쪽; 李泰鎭, 1986, 『韓國社會史研究-農業技術 발달과 社會變動-』, 知識産業社, 187~189쪽; 李泰鎭, 1989, 『朝鮮儒敎社會史論』, 知識産業社, 14~16쪽; 金相昊, 1979, 「韓國農耕文化의 生態學的 研究-基底農耕文化의 考察-」, 『社會科學論文集』 4, 서울大學校 社會科學大學, 83~106·114~116쪽; 李盛雨, 1978, 『高麗 以前의 韓國食生活史研究』, 鄕文社, 102~103쪽; 嚴文明, 1992, 「東北亞農業的 發生與傳播」, 『(1992.11.12.~14, 第11回 馬韓·百濟文化 國際學術會議) 東北亞 古代文化의 源流와 展開』, 圓光大學校 馬韓百濟文化研究所, 95~100쪽 참조.

과 관련된 '생산양식'문제에 대한 관심의 할애에 인색함으로써 그 연구성과 자체를 추상화·관념화시켰고, 특히 직접생산자인 '민·하호·노비'라는 피지배계층의 사회적 존재형태의 역동적 측면을 구명하지 못한 아쉬움을 남겨주고 있다. 이후의 북한사학계의 부여사 인식 또한 이러한 문제점을 하나의 본질적·내재적 속성으로 가지면서 전개되어 오고 있음은 주지의 사실이다. 한편 1970년대 이래 북한학계는 '고조선·부여·진국=노동·생산노예제에 기반한 고전적 노예제사회·국가'론을 주장, 부여에서의 지배적인 경제형태는 생산수단과 생산자인 노예에 대한 노예주들의 완전소유에 기초한 '노예소유자적 경리형태(노예소유자적 소유형태)'였는 바, 이는 노예소유자들인 '왕·제가·호민'들이 기본적 생산수단인 토지와 수백 명의 노예를 소유하고 막대한 노예노동에 의거, 농업경리를 운영하였음을 의미하는 것이다. 아울러 이 경우 신분상 '민'이지만 계급적 처지로는 노예와 다를 바 없는 '하호' 또한 노예주들의 착취대상으로 파악되어졌다고 관념하고 있다. 물론 북한학계는 일정량의 토지와 그 밖의 생산수단을 가지고 자체의 힘으로 경리를 유지하는 계층들에 의해 영위되는 '자영소농민경리(자영소농민의 소유형태=소농경리)'와 '공동체적 소유형태(촌락공동체경리)'의 존재를 부인하고 있지는 않다. 그러나 '노예소유자적 경리(소유)형태'가 비록 양적으로는 많은 자리를 차지하지 못하였다 하더라도, 그것은 당시의 생산관계의 기본을 이루며 '소농경리'와 '촌락공동체경리'를 끊임없이 침식하면서 계속 확대·발전되어나간 '지배적'인 소유형태였다고 강변하고 있다. 최근의 북한사학계의 이러한 견해는 그 문제의식의 참신성과 논리적 정연성 여하는 논외로 하더라도, 그 학문적 엄정성과 객관적 설득력을 획득하기 위한 실증과 검증의 노력이 요구되고 있음은 부정할 수 없는 사실이다.

그런데 노예나 노예제도 자체는 고대 근동이나 아시아 지역에서도 분명히 존재했지만, 그것은 농촌노동력의 주변적이고 지엽적인 현상이었고 잉여수탈의 지배적인 유형도 아니었다. 또 이 지역들에서의 노예제는 농민신분에까지 잇닿아 있는 예속의 연장선상에서 최하층의 범주에 속하는 여러 예속유형들 중의 하나일 뿐이다. 따라서 서양 고전·고대의 노예제적 생산양식이 전인류에 보편적으로 존재했다는 관점은 신중한 비판적 인식의 대상이 아닐 수 없다. 더구나 이 문제와 관련, 부여가 "不生五果"하였다[사료 E-ⓒ]는 사실에 비해 고전·고대 지중해세계의, 특히 로마의 대토지소유제(latifundium)하에서 주요 농업경영의 대상이 과수재배와 그 가공·수출이었다는 점, 그리고 부여의 소극적 대외정책과 대조되는 로마의 군사적 팽창정책과 노예제의 발전이 갖는 함수관계를 고려할 때, '부여=고전적 노예제사회·국가'론의 타당성 여부에 대한 해답은 자명한 것이라 판단된다.

결국 부여의 농업 발전수준의 실상 파악을 위한 노력은 그 농업생산력과 소유의 문제를 포괄하는 생산관계의 총화인 농업경영양식의 측면에서 천착되어져야 할 것이다. 따라서 부여에서 한전농법을 바탕으로 전개된 '개척형화전농업'이 당시 영위되고 있던 농업경영양식의 향방을 규정지었을 것임은 물론이다. 즉 부여인들은 그 국가형성 이전에 이미 정착생활을 시작, 지연공동체인 '읍락'을 기본단위로 화전농업을 행하였다. 이런 읍락은 그 주변에 농경양축지(農耕養畜地)를 경영, 경목교체형식으로 토지를 이용하였을 것으로 추정된다. 따라서 국가형성 이후에도 부여인들은 읍락의 공동체적 규제를 상당히 감수하면서도 동시에 가족중심 개척단위의 원심성을 강화시켜가면서 그 거주지 주변에서 윤경화전(輪耕火田)을 확대, 화전개척곡물농업의 생산성을 제고시켜나갔던 것이다. 또한 한전농업이 기간이 되었던 화북지방에서 춘추전국시대, 특히 B.C. 4~5C를 분기점으로 하여 철제농구의 출현을 계기로 종래의 공동의 계산에 기초한 공동노동에 의한 농업에서 개별가족을 단위로 한 농업경영 곧 '소경영'에로의 이행이 시작되었다는 사실은 이 문제 해명과 관련, 시사하는 바가 적지 않다. 물론 당시의 농업은 단위면적당 생산성이 낮아, 사회가 필요로 하는 생산의 절대량을 확보하기 위해 집약농업단계에 비하여 더 많은 면적의 토지를 경간해야 하는 조건을 가지고 있다. 따라서 일시의 인력 동원규모가 크거나 그 동원방식이 집단성을 강하게 띠기 마련인 까닭에 지역공동체인 '읍락'을 기본단위로 한 인력통제의 필요성을 상대적으로 강하게 지니고 있었다. 더구나 읍락공유지가 온존하는 현실하에서 명백한 분업과 협업을 포함하지 않고 분산된 생산수단 아래서 고립적으로 농업경영을 행하는 소규모생산인 '소경영'의 전개·발전 자체는 상당한 제약을 받고 있었다. 그러므로 당시의 부여의 농업경영방식은 피지배계층인 '민·하호'가 소규모생산자인 '소농민'으로서 농경에 종사하면서도, 한편으로는 중간지배계층인 '호민'의 통제 하에 읍락단위의 공동체적규제를 매우 강하게 받을 수밖에 없는 제한적인 '소경영양식'을 기조로 전개되었던 것이다. 아울러 당시의 부여농민들은 '민·하호'라는 각 신분에 조응, 각 읍락단위로 '호민'을 매개로 강요되는 국가나 '제가' 등의 지배계층의 공권력이나 사적 지배력에 기초한 자기영농에 대한 간섭이나 통제를 인용할 수밖에 없었다.[22]

---

22 부여의 농업경영양식과 관련, 우리 국사학계에서 '부족국가론'의 입장에 선 견해는 '부족연맹'의 기저단위가 되는 '부족국가'에서는 부족장 또는 씨족장들이 그들 관할하의 전노동력을 4~5세 가량의 연령 차이로 한데 묶는 '급단조직(Age Set 또는 Alters Klassen)'으로 편제, 공동노동이나 전쟁에 동원하였다고 파악하고 있다. 또 '성읍국가론'의 관점에서 이 문제에 접근하는 견해는 '촌락'을 기본단위로 하는 농경사회가 전개됨에 따라 촌락 내부의 사회구조도 바뀌어 가게 된 바, 점점 단독노동이 두드러지면서도 공동노동의 전통이 남아 이에 작용하고 있었으며, 촌락 내부에 있어 농민의 개인적인 토지사유는 이미 발생하고 있었지만, 촌락의 주된 구성분자인 '양인농민'으로서의 '민' 곧 '하호'는 주로 촌락의 공유지를 경작하였을 것으로 추정하고 있다.
국사학계의 부여 농업경영양식을 위요한 제견해에 대해서는 김철준, 1975, 앞의 책, 58~59·64~65쪽; 이기백·이기동, 1983, 앞의 책, 97~99쪽 참조.
북한사학계의 부여 농업과 그와 관련된 '사회경제구성'에 관한 제 견해 및 그에 대한 비판적 인식에 대해서는 리지린, 1963, 앞의 책, 232~262쪽; 과학원 력사연구소, 1962, 앞의 책, 52쪽; 박경철, 1991, 앞의 글,

3) 부여의 목축업과 수공업

(1) 목축업

부여국가 형성과정 자체가 송요평원에서 정착농경을 행하던 선주예족과 송눈평원에서 정착적 반농반목생활을 영위하던 신래예족의 꾸준한 동화·통합과정과 다름 아니었고, 또 부여국가의 중핵지인 길림지방이 목축에 적합한 자연환경("多山陵廣澤")을 갖추고 있었던 까닭[사료 E-ⓑ]에 부여의 생업경제(subsistence economy) 내에서 목축업이 차지하는 위상은 상당히 높았을 것임은 명백한 사실이 아닐 수 없다. 이 점은 관직명에까지 '마가(말)·우가(소)·저가(돼지)·구가(개)'등의 가축 이름이 붙여진 사실(사료 A-①-ⓑ, A-③)을 통해서도 확인할 수 있다.

한편 "가축을 잘 기른다(善養牲)"고 알려진[사료 D-②-ⓑ] 부여인들이 기른 가축으로는 부여의 시조설화와 관련된 '말·소·돼지·닭(鷄)'이, 부여의 관직명으로서 '말·소·돼지·개'가, 그리고 제천행사 시 행해진 점복과 관련된 '소'가 각각 적시되고 있다. 그리고 송눈평원의 망해둔유적에서 '말·소·황양·돼지'의 뼈가 나오고, 송요평원의 여러 유적에서는 주로 '돼지'뼈가 반출되고 있다. 따라서 부여에서 가축으로 주로 사육된 것은 '말·소·돼지·닭·개"이며, 그 중에서도 돼지 사육이 가장 중시되었던 것으로 파악된다.

그런데 당시 철과 더불어 전략물자로서 중시된 것은 말(馬)이었던 바, 부여는 초원로(steppe road)를 따라 '신마'라 상찬받던 '명마'[사료 D-②-ⓑ]인 북아시아의 스텝마를 받아들여 이를 국가적 차원에서 사육·관리하여 이를 자기 군사역량 강화를 뒷받침하는 전략자원화하 는데 부심하고 있었다. 그리고 이런 사실은 부여의 건국주도집단인 '동명집단'이 일정한 기마전투역량을 갖춘 세력이었으리라는 점과도 무관하지 않다고 보여진다.

그러나 당시 부여의 농업수준이 '단기휴경'단계에 겨우 진입한 상황 하에서 그 생업경제 내에서 차지하는 목축업의 비중은 어디까지나 농업의 그것에 비해 부차적인 것이 될 수밖에 없었다. 왜냐하면 방목 자체가 부여의 생태학적 입지상 불가능한 조건하에서 부여의 농업생산력이 공급할 수 있는 가축사료의 절대량은 매우 한정적일 수밖에 없었기 때문이다.[23]

240~241·246·250~251쪽; 사회과학원 력사연구소, 1988, 앞의 책, 52~54쪽;『조선전사』2(고대편), 제1판,137~139쪽; 손영종·박영해, 1987, 앞의 책, 42~46쪽; Perry Anderson, 1990, 앞의 책, 343쪽 참조.

부여 농업경영양식 전개의 실상 파악을 위한 노력과 관련하여 大澤正昭, 1991,「중국에 있어서의 소경영발전의 제단계」,『중국의 농업과 농민운동』, 한나래, 156·164~165쪽; 金相昊, 1979, 앞의 글, 91~98쪽; 이태진, 1986, 앞의 책, 116쪽 참조.

23 부여의 목축업에 대해서는 황기덕, 1984, 앞의 책, 96~99쪽;『조선전사2;고대편』, 제1판, 134~135쪽; 崔夢龍, 1987, 앞의 글, 33쪽; 李基白·李基東, 1983, 앞의 책, 97쪽; 金貞培, 1973,「朝鮮·肅愼의 民族的 性格」,『韓國民族文化의 起源』, 高大出版部, 81쪽; 박진욱, 1988, 앞의 책, 213쪽; 朴京哲, 1988, 앞의 글, 154~159쪽; Marvin

(2) 수공업

오늘날 우리학계에서는 부여에서 무기제조와 관련된 야금업을 비롯한 철제농구를 포함한 각종 생산도구들을 생산하는 수공업이 철기문화의 확산과 더불어 상당히 발달하였을 것으로 보고 있다. 그러나 부여는 그 유력한 철산지인 두만강 유역의 북옥저지방에 대한 기득권을 B.C. 28년 고구려에게 빼앗김으로써 주요 전략자원으로서의 철생산 기반 조성노력에 있어 상당한 손실을 감수할 수밖에 없었다.

그런데 북한사학계는 부여에서의 야금업·직조업·모피가공업·금은세공업·구슬가공업 등 수공업이 상당히 세분화·전문화되어 발전하고 있었음을 그 노예제국가·사회론과 관련, 강조하고 있다.

한편 이러한 부여의 수공업부문에서 생산된 각종제품들은 우선적으로 그 지배계층의 욕구충족의 수단이나 군사잠재력 조성을 위한 물질적 기초로서 제공되어졌을 것으로 생각된다. 또 그 잉여분은 한세력·고구려·선비·읍루·물길등 주변 제 세력과의 교섭을 매개하는 수단으로 활용되어졌을 것으로 추정된다.[24]

4) 부여국가의 수취체계

부여국가의 수탈기제는 그 지배질서와 지배체제에 조응, 3원적 구성을 가지고 운영되었다. 곧 국가권력의 표상인 국왕의 직할지(〈그림 2〉의 △ABE의 범역 및 〈그림 3〉 참조)와 '사출도'설정지역(〈그림 2〉의 △BCE의 범역 및 〈그림 3〉 참조)에 소재한 제읍락의 주민인 '민'에 대하여 '호민'을 매개로 국가공권력의 지배의지를 관철시키는 한편(〈그림 2〉의 A→E→B와 C→E→B), '호민'을 중간기제로 또 '읍락'을 기저단위로 '민'에 대한 일정한 인적·물적 기여를 강요함으로써 안정적인 국가권력의 경제적·군사적 기반조성을 도모하였다. 따라서 이 경우 주로 자영소농민층인 '민'은 조세와 역역 곧 조부(租賦) 그리고 무엇보다도 군역을 부담하는 국가공민으로서의 소임을 감당해 나가야만 하였다. 한편 국왕을 포함한 '제가'를 기축으로 하는 부여국가의 지배계층은 자기들의 사적인 지배의지가 전속적으로 관철되는 일정지역(〈그림 2〉의 △ADE와 △CDE의 범역 및 〈그림 3〉 참조)을 확보·유지하고 있었다. 따라서 부여의 지배계층은 이러한 지역에 위치하는 제읍락의 주민인 자기들의 사적인 예속민적 성격이 짙은 집단이면서 주로 소경영을 영위하던 '하호'

Harris, 박종열 옮김, 1992, 『문화의 수수께끼』, 한길사, 21~64쪽; Marvin Harris, 서진영 옮김, 1992, 『음식문화의 수수께끼』, 한길사, 53~113쪽.

24 부여의 수공업과 관련해서는 『조선전사2;고대편』, 제1판, 134~136쪽; 朴京哲, 1988, 앞의 글, 58~159쪽.

들을 '호민'을 매개로 '읍락'단위로 파악하였는바(《그림 2》의 A→E→D 와 C→E→D), 이들 '하호' 역시 '호민'의 통제 하에 읍락을 기저단위로 자기들의 지배계층에 대한 조부를 부담하였다. 그리고 이들 '하호'가 국가적 차원에서 행해지는 군사행동에서 병력충원의 대상에서 제외되어 다만 병참지원 기능만을 수행한 것은 이들이 부여 지배질서 내에서의 위상이 지배계층의 사적인 집단예속민적 성격이 짙은 비자유민이었다는 점과 무관하지 않았으리라 추정된다. 그러나 이들 '하호'가 경우에 따라서는 지배계층의 사적 군사기반으로 전화되었을 가능성도 전혀 배제할 수는 없다. 따라서 '하호'로부터 지배계층에게 이전된 잉여는 지배계층의 사적 권력기반의 강화를 담보하는 방향으로 기능한 반면 국가권력 기반 자체를 잠식·약화시키는 작용을 하였던 것이다.

아울러 '부역(labor service)'이 농민층으로부터 잉여를 착취해 내는 정도를 가늠하는 지표라는 점을 감안하면, 그들이 당시 중국인의 시점에서 '노복'과 같이 부림을 당하는 존재로 인식되었다는 사실[사료 A-①-ⓒ]은 '하호'의 지배계층 및 '호민'에 대한 예속도가 '민'의 국가권력 및 '호민'에 대한 그것보다 훨씬 강하였고, 수탈의 수준도 훨씬 가혹하였음을 시사해주고 있다. 또 이 사실은 '민'·'하호'를 불문하고 당시의 피지배계층에 대한 수탈이 주로 인신적 수탈의 형태를 띠고 전개되었음을 시사하고 있다. 이러한 인간의 노동력 자체가 수탈의 목적물이 되어 있는 상황 하에서 부여에서의 소경영양식의 발전은 상당히 지지부진하였을 것으로 추정된다.

또 부여국가는 상대적으로 우월한 군사역량을 배경으로 읍루와 같은 이종족에 대한 가혹한 공납적 수탈기제를 운영하였다[사료 C-⑤-ⓐ]. 즉 부여는 읍루를 읍락별로 복속시켜 그 수장인 '대인'을 매개로 그들 본래의 공동체적 질서와 생산양식 즉 그들 고유의 생존영역을 비호·보장해주는 대가로 그들로부터 조부, 곧 그곳의 특산물인 적옥·담비가죽(貂) 등의 공납물과 그밖에 노력(勞力)과 군력을 수탈함으로써 자기 국가권력의 취약한 물적·인적 기반을 보전·보완하고자 하였다. 그러나 부여의 대읍루수탈의 가혹성은 결국 A.D. 3C경 읍루족의 적극적 이반행동을 유발시켰을 뿐만 아니라, 고구려에 의한 부여의 읍루 지배기반에 대한 잠식 기도는 부여의 읍루 경영노력에 있어 결정적 타격을 주었던 것이다[사료 C-⑤-ⓐ·ⓑ].[25]

---

25 부여의 수취체계에 관해서 우리 국사학계 가운데 '부족국가론'을 따르는 견해는 "적군이 나타나면, 제가가 스스로 싸우는(有敵諸加自戰)"(사료 A-①-(i)) 각 부족은 사실상 천제 시 등에 공납을 좀 하는 정도 외에는 재정적인 불입권을 가졌을 것으로 추정하고 있다. 그리고 '성읍국가론'에 의거, 이 문제에 접근하는 견해는 '연맹왕국'단계의 부여에 있어 보통농민('하호')은 양인으로서 촌락공동체 속에서 농업에 종사하면서 조세와 역역을 부담함으로써 이들이 중국인에게는 '노복'과 같이 부림을 당하는 존재로 비치었고, 전투에 있어서 이들은 무기를 들고 싸우지 못하고 군량을 운반할 뿐인 존재였다고 파악하고 있다.

한편 1970년대 이래 북한사학계는 노예소유자국가인 부여의 경제는 주로 기본생산대중인 노예와 '하호'들에 대한 착취와 피정복민인 읍루족에 대한 가혹한 수탈에 기초하고 있다고 파악하고 있다. 따라서 이 견해는 노예주들은 노예

5) 소결

농업·목축업·수공업 등을 기초로 한 부여국가의 경제적 기반 자체는 지극히 자기충족적인 수준에 머무르고 있었다. 또 그 수탈기제 및 그 운영의 실상 또한 대단히 원심성이 강한 자기소모적·분산적 특성을 가졌던 것이다. 그런 한계 내에서도 부여는 고조선 국망(B.C. 108년) 이후 한때나마 고구려·선비·읍루와 같은 주변 제 세력에 비하여 "매우 부강하여, 선대로부터 일찍이 (적에게) 파괴된 일이 없다(其國殷富 自先世以來 未嘗破壞)"[사료 D-②-ⓓ]라고 자부할 수 있었다. 그러나 부여가 동북아시아지역의 주요강국으로서 존재하기 위한 지속적인 국가권력 집중 노력 및 경제적 기반 강화와 이를 바탕으로 한 군사잠재력 조성 노력에 소홀한 결과 A.D. 1C 초반 이미 이 지역에서의 힘의 중심축으로서의 역할을 고구려에게 넘겨줄 수밖에 없게 되었던 것이다.

5. 맺음말

필자는 본고에서 제 선학들의 연구성과를 바탕으로 부여국가(B.C. 3·2C 말~A.D. 494년)의 지배구조, 곧 그 국가의 지배질서와 지배체제 및 이를 실질적으로 뒷받침하는 경제적 기반에 관한 시론적 고찰을 행하였다.

부여국가의 형성과정 자체는 제 군장사회의 계서적·누층적 편성을 기초로 한 일원적 지배질서에로의 수렴과정과 다름 아니었다. 그만큼 부여국가의 지배질서도 국가권력 집중도 면에서 현저히 낮은 수준의 상태를 유지하면서 가동되고 있었다. 즉 그것은 '제가'를 주축으로 하는 지배계층과 중간지배계층으로서 기능하는 '호민' 그리고 자유민인 '민'과 비자유민인 '하호'와 노비로 이루어진 피지배계층을 기반으로 그리고 지배계층으로서의 '제가'신분집단의 존재가 부각됨과 아울러 그들에게 사속된 '하호'신분집단의 지속성과 광범위성을 특성으로 하여 운영되고 있었다. 따라서 국가공민인 '민'신분집단의 상대적으로 낮은 비중은 부여 국가권력의

들로부터는 생산물의 전부를, 하호들로부터는 생산물의 대부분을 착취하였고, 읍루족들에게는 과중한 경제적 부담을 들씌웠다고 보면서, 착취한 생산물들은 노예소유자들과 국가의 소유가 되어 노예제적 경리와 국가활동의 물질적 기초가 되었고, 이밖에 자영소농민들에 대한 착취도 국가의 경제적 기초를 강화하는 주요한 수단이 되었다고 파악하고 있다.
부여의 수취체계 파악과 관련해서는 盧泰敦, 1975, 앞의 글, 44쪽; 李基白·李基東, 1983, 앞의 책, 99쪽; 과학원 력사연구소, 1962, 앞의 책, 52쪽; 리지린, 1963, 앞의 책, 261~262쪽; 『조선전사2;고대편』, 제1판, 139쪽; Perry Anderson, 1990, 앞의 책, 382쪽; 盧泰敦, 1989, 앞의 글, 41쪽; 박경철, 1992, 앞의 글, 56쪽.

인적·물적 기반의, 또 그것을 표상하는 국왕권의 집중성과 구심성의 상대적 취약화를 결과하였다.

한편 부여국가는 이러한 계서적·누층적 지배질서에 조응하는 다원적 지배체제를 구축, '사가' 중심의 '제가평의회'를 매개로 대내·외적인 현안 타결을 위한 정책결정 및 그 실효적 집행을 담보하는 지배계층 내에서의 합의도출을 제도적으로 보장하는 방향으로 그 지배체제를 운영하였다. 그리고 부여는 '제가'들, 그중에서도 '대가'들을 '제가평의회'에서 결정된 국가정책을 직접 집행하는 중앙계선상의 실무책임자들로서 '대사·대사자·사자'라 지칭되는 관직에 충원하였다. 아울러 부여의 '대가'들은 자기들의 사적 지배 범역 혹은 사속지에서 자신들의 기속을 받는 '대사·대사자·사자'등을 그 실무집행의 책임자로 하는 나름대로의 계선조직을 운영하였다. 이러한 부여국가의 다원적인 지배체제는 그 지방통치체제의 근간인 '사출도제'하에서도 그 실상은 국가공민인 '민'이 거주하는 읍락을 그 기저지배단위로 하는 지역과 지배계층의 집단예속민인 '하호'를 그 주민으로 하는 읍락이 공간적으로 혼재되어 있었다는 사실을 통해서도 확인할 수 있다.

따라서 부여의 경우 자기 국가권력의 인적·물적 기반 ,특히 그 군사동원의 대상이 되는 국가공민인 '민'이 전체 부여인구 40만 인의 1/2~5/8(20만~25만 인)정도밖에 되지않았고, 이 사실은 부여국가 군사잠재력의 가장 중요한 기반이 되는 인적 동원능력에 치명적이며 본질적인 문제점으로서 작용해왔던 것이다.

한편 부여국가의 자기존립을 위한 재생산구조의 기반이 농업을 기축으로 하여 전개되고 있었음은 주지의 사실이다. 그러나 그 농업기술은 국가형성기의 '수풀경작'단계에서 국가형성 이후 '단기휴경단계'로 진입하는 수준이었고, 그 농업경영양식 또한 매우 제한적인 '소경영양식'을 기조로 전개되었다.

따라서 농업·목축업·수공업 등을 기축으로 한 부여국가의 경제적 기반 자체는 지극히 자기충족적인 수준에 머무르고 있었다. 또 그 수탈기제 및 그 운영의 실상 또한 대단히 원심성이 강한 자기소모적·분산적 특성을 가졌던 것이다.

부여국가의 계서적·누층적 지배질서와 이에 조응하여 구축된 지배체제 및 그 경제적 기반의 실상은 부여 국가권력 집중을 위한 노력의 효율적 추진을 저해하고, 나아가 국가 지배구조 운영의 중심세력에 있어서의 원심성과 다원성을 심화시켰다. 따라서 부여는 수차례에 걸쳐 외부세력으로부터 국망 직전에 이르는 군사적 타격을 강요받았고, A.D. 1C 이후 수차례에 걸쳐 그 위기관리역량상 현저한 취약상이 노정된 바 있었다. 그러나 부여국가는 이러한 위기상황에 처하여 그 핵심지배세력의 원심성과 다원성에서 비롯한 탄력성과 복원력에 힘입어 '복국'에 성공, B.C. 3~2C 말의 '국가(state)' 형성 이후 A.D. 494년까지 그 국명을 보전해왔던 것이다. 결국 이러한 부여국가 지배구조의 취약성이 역설적으로 부여로 하여금 그 국가의 지속성을 담보해주는 기제로 작용하고 있었던 것이다.

출전　朴京哲, 1996, 「扶餘国家의 支配構造 考察을 위한 一試論」, 『韓國古代史研究』 9.

제17장
고조선 대외관계 진전과 위만조선[1]

1. 머리말

종래 우리 학계의 고조선 대외 관계에 대한 연구는 주로 '중심지와 강역' 문제 인식과 관련한 대외적 계기 해명에 초점이 맞추어져 논의되어 왔다.[2] 그리고 이 문제와 관련 우리 학계는 흔히 '대동강중심설·요동중심설·중심이동설'의 당부를 에워싸고 논의를 진행해 온 바 있다. 이러한 논의들이 문헌사학자들 각자의 입장과 시점에 따라 연역적 논지 전개를 바탕으로 진행되고 있어 오고 있음은 주지의 사실이다. 본고 또한 이러한 점에서 자유로울 수 없음은 부인할 수 없다. 최근 연구자들은 이에 대한 돌파구로서 중국 측 동북 지방의 고고학 자료의 활용을 시도하고 있다. 그러나 이러한 노력조차 현장으로의 접근이 어렵고, 이 분야 전문가들의 수적 한계성, 그리고 연구 역량의 미축적으로 아직 신뢰할 수 있는 대안으로 자리잡지 못하고 있다. 그러나 무엇보다도 고조선사 대외관계 해명에 걸림돌이 되는 것은 문헌자료 자체가 질량적으로 한계가 있다는 사실이다. 즉 고조선사 인식의 상한이 올라가고 있지만, 자료 자체가 파편화된 형태로 존재할 뿐 아니라 그나마 사료적 가치에 대한 논의 자체가 쟁점이 되고 있다는 점에서 어려움은 더욱 커진다. 먼저 필자는 이러한 어려움 속에서 온축된 선학들의 연구 성과를 바탕으로 위만조선의 대외관계 해명을 위하여 본고를 작성했음을 밝혀두고자 한다.

고조선사는 예맥·고조선·중원 제 세력·유목 제 세력의 관계망 속에서 일정한 진전과 변동상을 시현하고 있다. 이들은 관련 문헌 자료상에서 주로 중원 제 세력의 인식 지평상에서 '예맥·발조선·조선·위만조선' 등의 존재로 포착되고 있다. 그리고 이들은 문헌 자료상 B.C. 7C

---

1 본고에서의 '고조선'은 『삼국유사』상의 '단군·기자조선'과 위만조선을 포함한 개념이다. 그리고 '조선'이란 이 '고조선'에서 위만조선을 제외한 시기의 그것을 특칭하는 것으로 사용하기로 한다.

2 고조선사 및 위만조선사에 관한 연구사는 고조선사연구회·동북아역사재단 편, 2009, 『고조선사 연구 100년-고조선사 연구의 현황과 쟁점-』, 학연문화사 참조.

이래, 그리고 고고학 자료로는 B.C. 12~10C 이래 동북아시아 한 모퉁이의 동질적 문화 기반을 바탕으로 한 주민 집단으로 파악되고 있다. 따라서 본고의 주제는 위만조선의 대외관계이지만, 그 자체는 이러한 고조선사 전개의 흐름 속에서 배태된 결과물이 아닐 수 없다. 이 점은 위만조선의 중심과 강역을 논의 할 때마다 반드시 고조선사 전반의 '중심지와 강역'의 변화상이 검토되고 있는 사실에 비추어 그러하다. 따라서 필자는 본고에서 고조선사 대외 관계 진전의 흐름 속에서 또 그것의 대내외적 계기와 의미항을 파악해가면서 위만조선의 대외 관계 진전상을 파악해보고자 한다.

필자는 고조선사 대외 관계의 전개상의 매개 꼭짓점마다 당시 동북아시아 국제 관계를 구성한 중원 측과 고조선·유목계 제 세력이라는 제 당사 세력의 내적 계기와 이들 상호 간의 길항 관계라는 외적 계기가 작용했다고 파악한다. 이러한 관점에서, 필자는 먼저 B.C. 7C 이전부터 비파형동검문화 담당 집단으로 규정되는 예맥의 존재 양태와 이들과 B.C. 7C경 제 환공의 북벌과의 관련성, 그리고 B.C. 6~5C경 '발조선'의 실체를 해명해 보고자 한다. 다음으로 필자는 B.C. 4C 말~3C 초 고조선 국가형성과 조선과 연의 충돌에 대한 구명을 시도하고자 한다. 마지막으로 필자는 B.C. 2C 말 진(秦)과 조선의 관계와 위만조선의 성립 및 한과의 갈등 문제를 검토해 볼 것이다.

2. B.C. 4~3C 이전 예맥사회와 '발조선'

1) 요서비파형동검문화의 진전

종래 우리 학계는 선진문헌들 가운데 나오는 『묵자』[3] 겸애편의 "맥", 『일주서(逸周書)』의 "직신(稷愼)·예인(穢人)·양이(良夷)·발인(發人)·고죽(孤竹)",[4] 『주례』의 "구맥(九貉)",[5] 『시경』대아(大)탕지십(蕩之什) 한혁편(韓奕篇)의 "其追其貊"[6] 등의 존재와 관련, 그 자체가 갖는 사료적 한계성 혹은 문제점으로 인하여 직접적으로 활용하기를 조심스러워 하는 경향이 없지 않았다. 그러나 이들 자료는 B.C. 11C경 이래 서주시대에는 다수의 집단으로 구성된 예와 맥으로 분별되는 종족 혹은 주민집단의 존재가 당시 중원 세력의 인식선 상에 포착·인지되고 있었음을 확인해 주

---

3 『墨子』兼愛篇.
4 『逸周書』卷7 第59 王會解篇.
5 『周禮』夏官 職方氏.
6 『詩經』大雅 蕩之什 韓奕篇.

는 정도로서 의미는 부여할 수 있을 것으로 판단된다. 이처럼 예맥은 문헌 자료상 매우 불안한 근거 위에서 서주 초 (B.C. 11C)에서 춘추 중기(B.C. 8~7C)에 이르는 기간 동안 예와 맥으로 분별되는 형태로 그 모습을 드러내고 있는 실정이다.[7]

한편 고고학 자료상 예맥은 이 시기 중국 동북 지방에서 나름대로 주변의 다른 주민집단과 분별성을 가진 문화를 갖고 있는 존재로 역사의 무대에 등장하고 있었다. 즉 이들 예맥의 문화는 이후 비파형동검·다뉴경·무문토기·석관묘·지석묘를 그 문화적 내포로 하여 시·공간상 단계적으로 확산·발전되어 가게 된다. 특히 비파형동검은 중국의 요녕성·길림성 및 한반도 등을 포섭하는 청동기시대 예맥문화의 표지 유물로서 위상을 점하고 있다. 또 최근 이것과 더불어 다뉴경의 존재에 주목하는 입장도 제기되고 있다. 오늘날 우리 학계에서는 비파형동검문화와 중심지 구명 및 그것과 무관하지 않은 고조선 실상 파악을 둘러싼 제반 논의가 진행되고 있다.[8]

필자는 요하 이서 지방의 청동기문화를 '하가점상층문화(夏家店上層文化)'라 총칭하면서, 그 문화의 성격과 주민 문제를 일괄적으로 해명하고자 함은 타당성이 희박하다고 본다.[9] 오히려 필자는 요하 이서 지방 가운데 노로아호산맥(努魯兒虎山脈) 이남 대릉하 유역(오늘날의 '요서 지방')에서의 비파형동검과 다뉴경을 공반하는 청동기문화인 '십이대영자유형문화(十二臺營子類型文化)'를 예맥이 향유 주체가 되는 '요서비파형동검문화(遼西琵琶形銅劍文化)'의 중심 문화라 파악하고 있다.[10] 즉 요서 지방 및 내몽고의 청동기 문화 즉 종래의 '요서청동기문화'의 제 유형은 '십

7 박경철, 2005, 「고조선·부여의 주민구성과 종족」, 『북방사논총』6, 105~113쪽.

8 이와 관련된 제 논의는 靳楓毅, 1982·1983, 「中国東北地区含曲刃青銅短劍的文化遺存(上·下)」, 『考古学報』, 82-4·83-1(김영수 옮김, 1994, 「曲刃青銅短劍을 포함하는 中国 東北地区의 文化遺存論」, 『古代 東北아시아의 民族과 文化』, 驪江出版社, 289~310·335~367쪽); 박진욱·황기덕, 1987, 「비파형단검문화에 관한 연구」, 과학백과사전출판사; 盧泰敦, 1990, 「古朝鮮 중심지의 변천에 대한 연구」, 『韓国史論』23·37~38·42~49쪽; 金廷鶴, 1990, 「古朝鮮의 起源과 国家形成」, 『韓国上古史研究』, 범우사, 171~177쪽; 林炳泰, 1991, 「考古学上으로 본 濊貊」, 『韓国古代史論叢』 1, 81~94쪽; 이청규, 1993, 「청동기를 통해 본 고조선」, 『國史館論叢』42, 19~22쪽; 姜仁旭, 1996, 「요녕지역 비파형동검에 대한 일고찰」, 『韓國上古史學報』 21, 173~247쪽; 吳江原, 1997, 「西遼河上流域 青銅短劍과 그 文化에 관한 研究」, 『韓国古代史研究』12, 368~369쪽; 宋鎬晸, 1999, 「古朝鮮 國家形成 過程 研究」, 서울大學校 博士學位論文, 35~38·43쪽; 朴京哲, 1999, 「遼西琵琶形銅劍文化'의 再認識」, 『先史와 古代』12; 吳江原, 2002, 「琵琶形銅劍文化의 成立과 展開過程 研究」, 韓國精神文化研究院 博士學位論文, 133~134·143~153·273~284쪽; 이청규, 2005, 「靑銅器를 통해 본 古朝鮮과 주변사회」, 『북방사논총』 6, 14~16·27~32쪽; 박경철, 2005, 앞의 글, 115~125쪽; 송호정, 2010, 「고조선의 위치와 중심지 문제에 대한 고찰」, 『한국고대사연구』 58, 35~38쪽; 박준형, 2012, 「대릉하·서북한지역 비파형동검문화의 변동과 고조선의 위치」, 『한국고대사연구』 66, 174~191쪽; 오강원, 2012, 「동북아시아 속의 한국청동기 문화권과 복합사회의 출현」, 『동양학』 51, 141~154쪽; 오강원, 2013, 「청동기·철기시대 중국 동북지역 물질문화의 전개와 상호작용 및 족속」, 『高句麗渤海研究』46, 19~23쪽.

9 이 문제를 둘러싸고 대립하는 여러 견해에 관한 정리는 朴京哲, 1999, 앞의 글, 231~245쪽; 박경철, 2005, 앞의 글, 115~125쪽 참조.

10 우리 학계 일각에서는 대체로 노로아호산맥 이북의 내몽고 지방과 그 이남 요하 이서의 요녕성 관할 구역 양 지역의 고고문화의 차별성을 담당주민과 문화 성격의 분별성으로 연결하는 논의가 이루어지고 있다. 이를 따를 경우, 필자

이대영자유형·남산근유형(南山根類型)·대정유형(大井類型)'으로 분별·인식되는 바,[11] 이들 중 산융(山戎)이 담당 집단인 남산근 및 대정 유형을[12] 제외한 십이대영자유형문화가 예맥계의 '요서비파형동검문화'의 중심 문화인 셈이다.

B.C. 8~6C로 편년되는 십이대영자유형문화는 비파형동검을 비롯하여 말재갈·Y자형동기·十자형동기 같은 마구류 및 동끌·도끼와 같은 공구류, 그리고 무엇보다도 기하학무늬동경과 사람얼굴모양과 동물모양장식 등 장식품들을 그 주요 출토 유물로 갖춘 유형의 문화라 파악된다. 이 유형 문화에서 눈여겨 볼 것은 만주·한반도 출토품 가운데 가장 오래된 형식으로 평가받고 있는 연속Z자무늬동경의 존재이다. 그리고 이와 유사한 거울이 요동 지방 본계(本溪) 양가촌(梁家村)에서도 출토되고 있는 점은[13] 양 지역이 요하를 사이에 두고 문화적으로 서로 연계되어 있었음을 확인시켜 주고 있다.[14]

중국 동북 지방에서 이른 단계 다뉴경이 부장된 무덤 중 지금까지 조사된 최대급 무덤은 요동과 요서 모두에 존재한다. 그 중 요서에는 조양 십이대영자, 포수영자(炮手營子) 등이 있다.[15] 그런데 조양 십이대영자의 인근 수 ㎞ 이내에는 다수의 청동기 부장묘가 조사된 바 있어 이 일대에 초기단계의 '국(國)'이 형성되었던 것으로 판단된다.[16] 곧 십이대영자유형문화 하담 집단은 B.C. 8~6C경 국가(state) 직전의 '군장사회(chiefdom)' 수준의 복합사회(social complexity)로 접어들고 있었을 것으로 추정된다.[17] '군장사회(chiefdom)'란 수장을 중심으로 한 특정 혈연 집단에 의하여 지배되는 지연에 바탕한 '지역집단(regional group polity)'을 일컫는 용어이다.[18]

는 현재 주로 요녕성 관할 구역 내에서 비파형동검·다뉴문경을 표지 유물로 갖는 예맥을 향유 주체로 하는 청동기 문화를 '요서비파형동검문화'로 개념 정의코자 한다. 또 필자는 이 문화를 동질적인 종족적-문화적 기반을 공유하면서도 시기별·지역별 차별성을 보이며 전개된 요녕 지역 중에서도 요동 지역의 '요동비파형동검문화'와도 분별하고자 한다. 이 경우 '요서비파형동검문화' 가운데서도 십이대영자 유적을 중심으로 시기별·지역별로 특화되어 하나의 유형화된 고고문화 현상을 '십이대영자유 문화'라 보고 있다. 즉 필자는 요녕 지역에서 전개된 요녕 지역 비파형동검 문화에는 시기별·지역별 차별성을 보이는 '요서비파형동검문화'와 '요동비파형동검문화'가 있고, 전자의 하위 유형 문화로서 '십이대영자유형문화'가 존재한다고 보고 있다(朴京哲, 1999, 앞의 글, 247~253쪽).

11 李淸圭, 1993, 앞의 글, 10~11쪽; 이청규, 2005, 앞의 글, 14~16쪽.
12 하가점상층문화의 담당 주민=산융을 중심으로 융적이라고 파악한 대표적 견해는 宋鎬晸, 1999, 앞의 글, 35~38쪽. 이와는 달리, 이 문화 담당 주민=동호라 파악한 대표적 견해는 吳江原, 1997, 앞의 글, 404~415쪽.
13 李淸圭, 1993, 앞의 글, 10~11쪽; 이청규, 2005, 앞의 글, 14~16쪽.
14 朴京哲, 1999, 앞의 글, 250~251쪽.
15 이청규, 2005, 앞의 글, 27쪽.
16 이청규, 2005, 위의 글, 37~38쪽.
17 박준형은 이를 "자체적으로 교역권을 갖는 정치단위"인 "국가성립 이전 단계인 소국 단계"로 규정하고 있다(박준형, 2012, 앞의 글, 191쪽). 최근 오강원 또한 십이대영자를 포함한 노호산하유역권의 이 시기 복합사회 수준을 '발달된 군장사회'로 자리매김하고 있다(오강원, 2013, 「遼寧地域 靑銅器·初期鐵器時代 複合社會의 形成과 社會變動」『선사와 고대』 38, 164~174쪽).
18 최근 정치인류학계 일각에서는 인류의 정치·경제·사회 발전의 진전상을 〔family level society(group)→local group(국

조양(朝陽)은 그 서쪽의 중원 청동기문화와 북쪽의 하가점상층문화의 남산근유형문화권과의 접속 지대로서 일찍부터 요하 유역에서 중원과 북방 내몽고 지역으로 연결되는 교통 요충지였다. 대릉하(大凌河) 상류로 거슬러 올라가 건평(建平)의 포수영자 등지에서도 다뉴경 부장묘가 있으므로, 이곳은 십이대영자유형 분포권 내의 주변으로서 하위의 '국'이 형성되어 있을 가능성이 높다. 곧 B.C. 8~6C경 다뉴경을 표지로 한 십이대영자유형의 권역에서 그 중심은 조양 십이대영자이고, 주변의 서쪽은 건평으로서, 상호 일정한 네트워크를 형성하고 있었을 것으로 추론된다.[19]

그리고 이곳 주민들이 내몽고 지역 산융 등과 폭 넓게 교류하고 있었음이 여러 고고문화 현상을 통해 검증되고 있다. 즉 2000년 현재 국내 학계에 소개된 내몽골·동북3성·한반도에서 확인된 비파형동검 개체 수는 모두 331점으로서 내몽고 지역에서만 19개가 출토되었다.[20] 그 중 노합하 유역 남산근 M101 석곽묘에서는 곡인(曲刃)·직인식(直刃式) 동검 7점과 더불어 비파형동검 1점이 공반된 바 있다. 이 무덤에서 출토된 비파형동검은 전체 출토 동검 수량의 1/8에 불과한 점에 비추어, 이것은 피장자의 위세품으로서 요서 지방으로부터 유입된 것으로 추정된다.[21] 혹자는 청동 제품의 원료 취득과 관련하여 요서 지방과 하가점상층문화와 일정한 교섭 관계가 있었다고[22] 추론하기도 한다. 뿐만 아니라 비파형동검은 동부 내몽고 호륜패이맹(呼倫貝爾盟) 악온극족자치기(鄂溫克族自治旗) 이민하(伊敏河) 매광유적(煤鑛遺蹟)에서도 발견된 바,[23] 요서 지방 비파형동검문화 담당 세력들과 대흥안령산맥 북록 초원 지역 주민들과의 교류 양상이 의외로 깊고 광범위했음을 시사하고 있다.

문헌 자료상 그 존재의 확인이 어려웠던 B.C. 12~7C경 예맥은 고고학 자료 속에서 나마 노로아호산맥 이남 대릉하 유역 청동기 문화의 향유자로서 그 실체를 서서히 드러내고 있다. 그리고 그 문화의 중심지는 현 단계로서는 조양 십이대영자 일대로 추정된다. 또 바로 이들이 후술

지적 집단)→regional group polity(지역집단)→state(국가)]로 파악, regional group polity의 실체를 'simple and complex chiefdom(군장사회)'으로 적시하고 있다. 고구려의 '나(那)'는 물론 흔히 '국(國)'·'성읍국가'·'소국'도 그 실체는 군장사회인 것이다(Allen W. Johnson & Timothy Earle, 1987, *The Evolution of Human Societies: From Foraging Group to Agrarian State*, Stanford University Press, pp.15~22; Timothy Earle, 1994, "Political Domination and Social Evolution", Edited by Tim Ingold, *Companion Encyclopedia of Anthropology: Humanity·Culture and Social Life*, Routledge, pp.940~961[朴京哲 譯, 1999, 「政治的 支配와 社會進化」, 『史叢』 50, 解題]).

19 이청규, 2005, 앞의 글, 37~38쪽; 박경철, 2005, 앞의 글, 125쪽; 박준형, 2012, 앞의 글, 185~191쪽.
20 金貞培, 2000, 「東北亞의 琵琶形銅劍文化에 대한 綜合的 研究」, 『國史館論叢』 88, 2~6쪽.
21 박경철, 2005, 앞의 글, 119쪽.
22 吳江原, 2002, 앞의 글, 133~134·143~153·273~284쪽.
23 金貞培, 2000, 앞의 글, 2쪽. 필자는 이 비파형동검이 현재 호륜패이시(구 해랍이시)에 위치한 '호륜패이민족박물관'에 이민(伊敏) 출토 "청동단검"으로 전시 중임을 2012년도의 현지 답사 당시에 확인한 바 있다.

할 사료 A-② 상에 적시된 '예맥'과 무관하지 않았을 것으로 추정된다.

2) 제 환공의 북벌과 예맥

A. ①於是桓公東救徐州……中救晉公 擒狄王 敗胡貉 破屠何 而騎寇始服 北伐山戎 制令支 斬
    孤竹 而九夷始聽 海濱諸侯 莫不來服……②桓公曰 余 乘車之會三 兵車之會六 九合諸侯
    一匡天下 北至於孤竹山戎穢貉.(『管子』卷8, 小匡篇 第20)

B. (桓公)二十三年(663 B.C.) 山戎伐燕 燕告急於齊 齊桓公救燕 遂伐山戎 至于孤竹而還……
    (『史記』卷32, 齊太公世家 第2)

C. (莊公)二十七年(664 B.C.) ①山戎來侵我 齊桓公救燕 遂北伐山戎而還 ②燕君送齊桓公出境
    桓公因割燕所至地予燕 使燕共貢天子 如成周時職 使燕復修召公之法(『史記』卷34, 燕召公世
    家 第4)

D. 桓公問管子曰 吾聞海內玉幣有七筴 可得以聞呼 管子對曰……燕之紫白金一筴也 發朝鮮之
    文皮一筴也(『管子』卷23, 揆道篇 第78)

E. ①管子曰 陰王之國有三 而齊與在焉 桓公曰 若此言可得聞乎 管子對曰 楚有汝漢之黃金 而
    齊有渠展之鹽 燕有遼東之煮 此陰王之國也……②桓公曰 四夷不服 恐其逆政 游於天下 而
    傷寡人 寡人之行 為此有 道乎 管子對曰 吳越不朝 珠象而以為幣乎 發朝鮮不朝 請文皮□
    服而以為幣乎……一豹之皮容金而金也 然後八千里之發朝鮮可得而朝也(『管子』卷24, 輕重
    甲篇 第80)

『관자』는[24] 제 환공의 패업 곧 "천하를 바로 잡는(一匡天下)" 과정(사료 A)이 다른 여러 자료들, 예컨대 사료 B·C와도 합치한다는 점에서 선진 문헌들 가운데서도 비교적 신뢰도에 있어 후한 평가를 받고 있다. 따라서 춘추시대(B.C. 770~475년), 특히 B.C. 7C경을 전후한 예맥과 조선의 존재 양태를 알아보기 위해서는 먼저 이 자료의 검토가 필요하다.

이 책의 조선·예맥 관련 기사는 '일광천하(一匡天下)' 관련 자료(사료 A)와 '발조선' 관계 자료

---

24 『관자』(사료 E·G·H)는 제 환공(685~643 B.C.) 당시 재상 관중의 언행을 모아 놓은 글로서, 한대 유향(77~6 B.C.)
   이 교정한 것으로 알려져 있다. 선진 시기 자료들의 실제 저작 시기는 빠른 순으로 정리 해보면『관자』(B.C. 7C: 사료
   A·D·E)→『시경』(470 B.C.)→『묵자』(390 B.C.)→『맹자』(280 B.C. : 사료 K)→『여씨춘추』(237 B.C. : 사료 J)]가 된다. 선진
   문헌 자료들 가운데 가장 이른 시기에 저술된 것이『관자』라 할지라도, 비록 서주 대의 역사적 사실을 적시한 기사가
   실린 자료들의 예맥에 관한 인식에도『관자』이후 형성·정립된 예맥에 대한 그것이 적지 않게 투영되어 있다는 점을
   유념해야 한다(金時俊 外, 1980,『中國의 古典 100選』, 東亞日報社; 皮錫瑞, 李鴻鎭 譯, 1984,『中國經學史』, 同和出版公社;
   유권종·방준필, 1995,『함께 가보는 중국고전여행』, 사민서각; 박준형, 2001, 앞의 글 참조).

(사료 D·E) 두 계통으로 분류되며, 그들이 시사하는 역사적 제 사상의 함의 또한 각기 달리 새기는 것이 타당하다. 특히 후자 즉 사료 D·E는 선진 문헌들 가운데서 '조선'이라는 명칭이 처음 보인다는 점에서 한층 주목할 만하다.[25]

　B.C. 7C경 제는 천하의 패업을 도모할 만큼 강국인 반면, 연의 사정은 이와는 매우 달랐다. 연은 서주 중기 이후 춘추시대에 걸쳐 거의 그 존재가 드러나지 않는다. 당시 연의 입지인 연산(燕山) 지역에는 군도산(軍都山) 일대의 옥황묘문화(玉皇廟文化)·내몽고의 하가점상층문화·태항산(太行山) 일대의 백적(白狄) 계통의 문화를 기반으로 한 제 세력집단이 웅거하고 있었다. 따라서 연은 이들의 압박 속에서 중원 제국의 일원으로서의 '소공지법(召公之法, 사료 C)'의 실행이 거의 불가능할 정도의 고단한 처지를 감내하고 있었다. 춘추 연의 상황은 그 도성을 〔유리하유지(琉璃河遺址)→임역(臨易: 하북 용성현 남양유지)→임역: 고현촌(古賢村)〕으로 세 차례나 옮겨 다닌 사실을 통해서도 방증된다.[26] 사료 A·B·C의 B.C. 663년 제 환공의 북벌은 B.C. 664년의 '산융벌연(山戎伐燕)' 상황에 대응한 군사행동이었던 것이다.[27]

　현재 사료 A에서의 '예맥'의 존재에 대한 신빙성에 관한 논란이 없지 않다. 그러나 사료 A는 제 환공 천하 평정의 결과 '예맥'과 중원 세력이 일정한 관계(사료 D·E)를 갖게 되었음을 시사하고 있다. 이 경우 사료 A의 시점은 B.C. 660년대 어간으로 추정된다. 곧 환공은 "적왕(狄王)을 생포하고, 호맥(胡貉)을 패배시키며, 도하(屠何)를 공파함으로써 말 타고 침구하는 적을 처음으로 복속시켰고, 북으로 산융을 정벌하고, 영지(令支)를 제압하며, 고죽을 벰으로써, 구이를 처음으로 받아들였다"(사료 A-①)고 한다. 따라서 환공 스스로도 이런 사실을 북으로 고죽과 산융 그리고 '예맥'에 이르렀다고 술회하고 있다(사료 A-②). 한편 사료 B를 보면, 환공은 "산융을 정벌하고 고죽에까지 이르렀다가 돌아왔으며", 사료 C에서는, 이를 "북으로 산융을 정벌하고 돌아왔다"고 표현하고 있다.

　이 경우 예맥은 산융·고죽 등의 동쪽 곧 대릉하 이동 지역에 위치하여[28] 환공의 북벌 대상에는 포함되지 않았다고 볼 수도 있다. 또는 제 환공의 북진이 난하 유역에 그쳐 그 동쪽의 예맥과는 직접 접촉하지 못했던 것으로 이해할 수도 있다, 따라서 제는 이 북벌을 계기로 '예맥'에 관한 지식과 정보를 직접적인 접촉·교류보다는 연을 통해 입수하거나 전문(傳聞)하였을 가능성도[29]

---

25 朴京哲, 2005, 앞의 글, 126쪽.
26 배진영, 2008, 「춘추 연의 도성 천도와 의미」, 『이화사학연구』36, 133~159쪽.
27 배진영, 2002, 「춘추시기 연국 대외관계의 변화」, 『中國史硏究』17, 2~5쪽.
28 宋鎬晸, 1999, 앞의 글, 76쪽.
29 金貞培, 2000, 앞의 글, 75쪽.

없지 않은 것이다.[30]

　그러나 제가 북벌 과정에서 원튼 원치 않았든 간에 예맥과 직접 접속·교전하였을 가능성도 지나쳐 볼 수 없음은 사료 A-①의 '패호맥(敗胡貉)' 기사를 통해 추정할 수 있다. 본래 산융(내몽고 방면)과 영지(난하 유역) 및 고죽·도하(대릉하 유역)는 내몽고와 요서 방면에 거주하던 종족들이었다.[31] 그런데 사료 A-②에서는 이들 외에도 '예맥'이 분별 언급되고 있는 바, 이것의 존재는 사료 A-①에서의 '호맥'에 대응된다. 이는 〔胡貉=穢貉〕이 이들과 요서 지방에서 뒤섞여 살면서도 종족적으로 준별되는 존재였음을 시사한다.[32]

　이 지역의 고고학 자료들은 요서 지역의 주민 집단 분포와 그에 따른 종족적·문화적 지형도가 매우 뒤섞여 있음을 보여 주고 있다. 특히 이곳의 능원·건평·객좌·북표·조양 등지의 비파형동검 관련 유적지들의 존재는[33] 이점을 분명히 해주고 있다. 제 환공의 북벌 시 예맥계 주민 집단과의 조우·교전의 가능성을 전적으로 부인할 수만 없는 것도 이런 까닭에서 비롯되는 것이다. 어쨌든 B.C. 7C를 기점으로 제와 연 등의 중원 세력이 산융·고죽 등의 적대 제 세력 너머에 존재하는 예맥에 관한 구체적 지식·정보와 적극적 관심을 갖게 된 것은 분명하다. 사료 A-①에서의 "시청(始聽)"은 이를 가리켜 하는 말로 짐작된다.[34] 한편 이후 연은 중원 제국의 질서에 재편입하는 "復修召公之法"을 기대할 수 있게 되었다(사료 C).[35]

　B.C. 663년 제 환공의 북벌 이후 B.C. 6~4C 요서 지방에서의 연을 포함한 중원 세력 및 북방계 제 세력과의 상관성이 보다 뚜렷해진다. 그리고 이런 현상은 아마도 제 환공의 북벌 이후 연의 중심 지역인 연산 일대에 대한 유목 제 세력의 압박이 약화됨에 반하여, 요서 지역에 대한 이들 세력 및 문화의 침투 강도가 제고되고, "燕復修召公之法(사료 C)"의 결과 연의 요서 지방에 대한 영향력이 증대된 것과 유관한 것으로 추정된다. 대릉하 유역의 객좌 남동구, 능원 삼관전자유적에서는 동과·동정·동궤·차축두·재갈과 같은 중원적 요소와 직인동부·동물장식과 같은 북방적 요소가 많이 나타나는 것이 특징이다. 무기 체계에서도 여전히 비파형동검을 고수하고 있지만 중원식 동과가 공반된다. 건창 우도구토광묘유적(于道溝土壙墓遺蹟)에서는 비파형동검이 대표적인 중원식 동검인 도씨검 및 동과와 함께 출토되었다. B.C. 5C 이래 대릉하 유역에서는 비파형동검 문화의 영향력이 약화되기 시작하면서 전국계와 일부 북방계 문화 요소가

30　朴京哲, 2005, 앞의 글, 126~127쪽.

31　宋鎬晸, 1999, 앞의 글, 23~26쪽; 金貞培, 2000, 앞의 글, 75쪽; 송호정, 2003, 앞의 책, 78~91쪽.

32　'호맥'의 맥이 진의 북방에서 연의 북방에 걸쳐 있던 것으로 파악하는 견해도 있다(박준형, 2012, 「濊貊'의 形成過程과 古朝鮮」, 『學林』 22, 21~22쪽).

33　金貞培, 2000, 앞의 글, 14~28쪽.

34　朴京哲, 1999, 앞의 글, 247~253쪽.

35　배진영, 2002, 앞의 글, 25~30쪽.

토착적 요소를 압도하는 단계로 진전된다. 특히 B.C. 4C 건창 동대장자유적에서 나타나는 중원 문화의 영향력은 주목할 만하다. 즉 요서 지역에서는 비파형동검 문화의 정체성이 퇴색하는 고고문화 현상이 지속적으로 진행되게 되었던 것이다.[36]

3) 요동비파형동검문화와 '발조선'

예맥계 주민집단을 주체로 하는 비파형동검문화는 요서 지방에서 B.C. 10C경 성립한 뒤, B.C. 8~7C경 이래 요녕 지역에서 한반도에 이르기까지 각 지역별 생태적·지정학적·생업경제적 조건에 즉응한 '발전의 불균등성'이나 생태적 적응 전략의 차별성에 따라 이형동질적 종족·주민집단으로 분별되면서, 여러 하위 문화권으로 분화·발전해 나간다. 필자는 이를 '예맥문화권'이라 지칭한 바 있다. B.C. 8~7C경 이래 예맥문화권의 중심 지역은 요동 지방 곧 태자하와 혼하를 중심으로 하는 요하 유역으로 옮겨가게 된다. 즉 십이대영자유형문화를 중심으로 하는 요서비파형동검 문화가 요동 지방 심양 지역 일대에 직접 영향을 주면서, B.C. 6~5C에 접어들어 심양 지역이 새로운 중심지로 부상하게 되는 것이다. 즉 '요동비파형동검문화'의 주요 내포가 되는 정가와자유형문화가 바로 그 중심 문화로 새로이 성장하게 된 것이다.[37]

B.C. 6~5C경이 되면 동북아 최대급의 다뉴경 부장묘는 요하 유역을 중심으로 한 정가와자 유형에서 나타난다. 즉 이 시기 요동 지역 심양 일대의 정가와자 유형 문화가 요동비파형동검문화의, 나아가 새로운 예맥문화권의 중심문화·중심지로 부각되게 되었다.[38]

한편 요동반도 남단 대련시(大連市) 일대에는 심양 지역과는 별개의 요동 비파형동검문화집단이 '요동 조기 청동기문화'의 하나인 '쌍타자문화(雙砣子文化)'의 전통을 잇는 적석묘를 조영하며 발전하고 있었다. 이곳 주민집단은 석관묘와 지석묘를 기본묘제로 삼는 여타 예맥계 집단들과 준별되는 강상묘(崗上墓)로 표상되는 자기 특유의 매장관행을 견지할 수 있는 독자적 역량을 갖춘 세력집단이었던 것임은 분명하다.[39]

『관자』의 사료 A에 적시된 제 환공의 북벌 사실과 사료 D·E의 '발조선(發朝鮮)' 관련 기사가 모두 환공 당대 사실의 기록이라고는 볼 수는 없다. 『관자』는 한대 유향(77~6 B.C.)이 교정할 당시 B.C. 7C 이후 제국(齊國)의 주변 제 세력 관계가 환공대의 사실로 가탁되어 서술되었을 가능

---

36 그러나 오강원은 B.C. 6~5C 십이대영자문화의 중심이 객좌 중심과 심양 중심으로 다극화됨을 주장하고 있다(오강원, 2012, 앞의 글, 22쪽).

37 吳江原, 2002, 앞의 글, 295~303쪽; 이청규, 2005, 앞의 글, 38~39쪽; 박경철, 2005, 앞의 글, 132~135쪽.

38 이청규, 2005, 앞의 글, 38~39쪽.

39 朴京哲, 1997, 「紀元前 1000年紀 後半 積石塚築造集團의 政治的 存在樣式」, 『韓國史硏究』 22, 2~12쪽.

성은 충분히 예상된다. 〔사료 A→사료 D · E〕는 제를 포함한 중원 제국의 대 동북아 인식이 춘추시대의 '예맥'에서 그 이후 '발조선'으로 보다 구체화 되어 갔음을 시사해 주는 자료이다. 더구나 사료 D에서의 '해내=천하'론이나 사료 E-②의 "發朝鮮不朝" 논의 자체는 B.C. 5C 이후의 전국시대 통일론 형성 과정에서 제기된 '중국=구주=천하'론의 관념적 표현으로 이해된다.[40] 사료로서의 『관자』 역시 중국 천자의 당위적인 지배 범위를 '천하'로 상정하고, 이민족 세계를 그 천하의 일부에 포함시켜 주변 민족의 역사를 사실상 중국 왕조사의 일부로 편입시키고자 하는 중국측 문헌 자료의 문제점을[41] 그대로 드러내고 있는 셈이다. 따라서 필자는 사료 A의 제 환공의 북벌은 B.C. 7 C경 춘추시대, 사료 D · E의 '발조선'은 전국시대의 상황을 기술한 것으로 보고자 한다.

사료 E-②에는 '발조선'이 사료 A-②의 '예맥'에 갈음하여 부각되고 있다. 지금까지의 고찰이 크게 틀리지 않는다면, 〔'발조선'='예맥'〕이 될 것이다. 이 자료들에서 발조선은 문피 곧 표범가죽(豹皮) 혹은 '표범 가죽과 그것으로 만든 옷(文皮毾服)'의 특산지로 기록되어 있다. 여기서 '발'은 종족 · 주민의 개념과 유관한 듯하며, '조선'은 지역 혹은 집단에 대한 호칭의 성격이 강한 것으로 보인다. 따라서 사료(D · E-②)의 '발조선'은 곧 '발족(맥족)의 조선'이라는 뜻일 것으로 추정할 수 있다. 그리고 이런 사실은 맥족이 조선을 구성하는 중심적 주민들이었음을 시사해 주고 있다.[42]

사료 E-① · ②는 당시 발조선이 문피를 매개로 제와, 같은 계통의 요동 지역의 주민들은 구운 소금을 가지고 연과 교역을 하고 있었음을 적시해준다. 사료 E-①은 당시 연이 인접한 요동에서 구운 소금(煮)의 교역을 통하여 많은 수익을 올리고 있었고, 제도 이 교역에 상당한 관심을 갖고 있음을 시사해 주는 자료이다. 실제로 요동의 소금은 시기는 떨어지지만 한(漢)대에는 염관이 설치될 정도로 역대 중원 세력들에게 탐나는 자원이 되어 왔던 것이다.

한편 논자에 따라서는[43] 사료 E-①에서 "燕有遼東之煮" 기사를 당시 제가 요동을 연의 통치 범위에 포함시켜 이해했던 것으로 보면서, 이 당시부터 요동과 조선이 별개의 존재로 인식되고 있었다고 파악하는 경우도 있다. 그러나 이 기사는 당시 제가 연과 인접한 요동에서 구운 소금(煮)이 산출됨을 인식할 정도로 연을 넘어선 요동 지역에 대한 상당한 정보와 관심을 갖고 있음을 엿볼 수 있게 해주는 대목 정도로 이해해야 할 것이다. 연이 요동으로 직접 세력을 뻗친 것은

---

40 李成珪, 1975, 「戰國時代 統一論의 形成과 意味」, 『東洋史學研究』 9 · 10, 東洋史學會, 86~89쪽. 이에 대해서는 朴京哲, 2005, 앞의 글, 130쪽.
41 李成珪, 2004, 「中國 古文獻에 나타난 東北觀」, 『동북아시아 선사 및 고대사 연구의 방향』, 12~13쪽.
42 金貞培, 2000, 앞의 글, 71쪽. 이하 '발조선'에 관해서는 朴京哲, 2005, 앞의 글, 128~131쪽.
43 송호정, 2003, 『한국 고대사 속의 고조선사』, 푸른역사, 165쪽.

그보다 시기가 떨어지는 전국시대 B.C. 4C 말~3C 초경의 일이다.

발조선의 문피는 중원에 익히 알려진 특산물이었다. 따라서 사료 E-②는 제의 환공이 이에 관심을 보이고, 제와 발조선으로 표방되는 예맥 제 집단 사이에 문피를 매개로 한 교역이 행해지고 있었음을 짐작케 해준다.[44] 고고학 자료를 통해 확인되듯이 요동반도와 산동반도[특히 교동반도(膠東半島)] 사이의 묘도열도(廟島列島)를 통한 해상교류는 이미 청동기시대 초기부터 이루어지고 있었다.[45] 당시 강국이었던 제는 환공의 북벌을 빌미로 연을 제치고 동북아 한 모퉁이 요동에 자리한 예맥 제 세력과 일정한 관계를 맺게 되는 계기를 마련할 수 있었던 것으로 추정된다. 이후 산동 지역에 위치하고 있던 제는 춘추시대 이래 요동반도와 산동반도를 연결하는 묘도열도를 이용해 조선과 활발한 교역 활동을 전개해 왔던 것이다.[46] 이 묘도열도를 이용하는 해상로는, 산동의 등주[登州: 지금의 봉래(蓬萊)]에서 출발하여 대사도[大謝島: 장산도(長山島)]-귀흠도[龜歆島: 타기도(砣矶島)]-말도(末島: 묘도)-오호도(烏湖島: 황성도)의 열도를 지나 요동반도 남단의 마석산[馬石山: 지금의 여순(旅順) 노철산(老鐵山)]에 이르는 길이었다.[47] 제와 조선은 요동-산동 양 반도를 연결하는 열도의 해상교통로를 통해 육로상의 중간지대인 연을 경유하지 않고도 상호 직접 교류할 수 있었던 것이다.[48]

사료 D·E에서 제·연 등 중원 제 세력과 교역을 매개로 일정한 관계를 갖게 된 '발조선'의 실체는 요동 비파형동검 문화권 내에서 정가와자 유형 문화를 향유하는 심양 일대를 중심으로 하는 예맥계 주민집단으로 추정된다.[49]

발조선의 '문피'는 대체로 호랑이와 같은 얼룩무늬의 맹수를 지칭하며, 옷보다는 깔개나 수레를 장식하는 용도로 쓰였던 것이다. 따라서 이것은 제환공이 주변의 제후들을 위무하고 통제하기 위하여 공급하는 위신재로서의 역할을 했을 것으로 보인다.[50] B.C. 7~3C대의 모피는 길림성 중남부 지역, 특히 압록강 중상류 유역이 그 중심 산지이다.[51]

여기서 주목되는 것은 요동반도 남단 강상집단의 존재이다. 이곳 유적지들이 거의 전부 해

---

44 송호정, 2003, 앞의 책, 92~93쪽.

45 李淸圭, 2003, 「韓中交流에 대한 考古學的 접근」, 『韓國古代史硏究』 32, 105~107쪽.

46 박준형, 2004, 「古朝鮮의 대외 교역과 그 의미-春秋 齊와의 교역을 중심으로-」, 『北方史論叢』 2, 63~93쪽.

47 박준형, 2006, 「古朝鮮의 海上交易路와 萊夷」, 『北方史論叢』 10, 177~178쪽.

48 혹자는 춘추시기 교래하 이동지역 즉 교동반도 일대에는 내이(萊夷) 세력이 존재하고 있었다. 이들 내이가 춘추시대 이래 척산(산동성 영성시)을 중심으로 제와 조선간의 교역의 매개자 역할을 하였을 가능성이 크다고 본다(박준형, 2006, 위의 글, 179~183쪽; 박대재, 2006, 「古朝鮮과 燕·齊연의 상호관계-기원전 4세기말~3세기초 전쟁 기사를 중심으로-」, 『史學硏究』 83, 5쪽.

49 박경철, 2005, 앞의 글, 137~138쪽.

50 강인욱, 2011, 「고조선의 모피무역과 명도전」, 『한국고대사연구』 64, 244~245쪽.

51 강인욱, 2011, 위의 글, 260쪽.

안에 조영되었다는 점에서 이들은 해상교통로와 유관한 집단으로 추정된다. 따라서 당시 발조선의 중심 세력인 심양 지역 집단과 대련 지역 집단사이에는 원거리 국제교역을 담보하는 네트워크가 운용되었을 가능성은 충분히 있다. 예컨대 모피의 국제 교역로는 〔압록강 상·중류 유역→심양 정가와자(鄭家窪子) 집단→대련 강상 집단→제도(齊都) 임치(臨淄)〕로 상정된다.

연-조선의 교역 품목인 구운 소금은 생필품으로서 그 부가가치가 제·조선 간의 그것인 문피에 비하여 현격한 차이가 난다. 더구나 연의 요동으로 연결되는 육상 교역로 자체가 내몽고·요서 방면의 제 이족의 위협에 항시 노출된 상황인 까닭에 제에 비해 무척 불리한 교역조건을 강요받고 있었다. 따라서 연의 제·조선 관계에 대한 의구심과 당혹감은 커질 수밖에 없었고, 이후 연은 그에 대한 특단의 해결책을 찾게 된다.

B.C. 6~5C경 발조선으로 인식됐던 이들 요동의 예맥계 제 집단들은 제·연 등 중원 제 세력과 육상·해상의 원거리교역 매커니즘을 무리 없이 가동·운용할 수준의 정치·경제·사회적인 네트워크를 갖춘 사회였을 것으로 추정된다. '발조선'이라 인식되던 심양 일대의 정가와자 유형 문화에 바탕 한 요동 지역 예맥계 제 주민집단은 복합군장사회(complex chiefdom) 수준의 정치적 삶의 양식을 영위하고 있었을 것으로 추정된다.[52]

3. B.C. 4~3C 동북아 정세변동과 조선과 연의 충돌

1) B.C. 4C 말~3C 초 고조선 국가형성

F.　蘇秦將爲從 北說燕文侯曰 燕東有朝鮮遼東 北有林胡 樓煩(『戰國策』 卷29, 燕1 燕文公)

G.　說燕文侯曰 燕東有朝鮮遼東 北有林胡樓煩(『史記』 卷69, 列傳 第9 蘇秦)

H.　魏略曰 ①昔箕子之後 朝鮮侯見周衰 燕自尊爲王 欲東略地 朝鮮侯亦自稱爲王 欲興兵逆 擊燕以尊周室. 其大夫禮諫之 乃止 使禮西說燕 燕止之 不攻 ②後子孫稍驕虐 燕乃遣將秦 開攻其西方 取地二千餘里 至滿番汗爲界 朝鮮遂弱(『三國志』 卷30, 魏書30 東夷傳30 韓條)

I.　燕襲走東胡 辟地千里 度遼東而攻朝鮮(『鹽鐵論』 第45, 攻伐篇)

앞 장에서 B.C. 6~5C경 요동 지역 예맥계 주민집단은 복합군장사회(complex chiefdom) 수준의 정치적 삶의 양식을 영위하고 있었을 것으로 추정한 바 있다. 그런데 이 요동 지역 예맥계 주민

---

52 오강원, 2012, 앞의 글, 164~174쪽.

집단의 문화는 B.C. 4C경에 이르러 말기 비파형동검단계 혹은 다음의 전형적인 세형동검 단계로 넘어가기 전의 과도기적 양상을 시현하고 있었다. 따라서 이후 이곳에서 청동기문화의 철기문화로의 계기적 진전 과정 가운데서 창출된 역동성(dynamics)은 고조선 국가형성의 원동력이 되었던 것으로 파악할 수도 있다.

우리 학계에서도 사료 H를 요동에서의 고조선 국가형성과 직결시켜 이해하는 입장이 일찍이 제시된 바 있다. 이 견해는 사료 H가 조선의 "조선후(朝鮮侯)"가 조선의 "왕"이 되며, 조선이 "대부(大夫)"와 같은 일정한 관료 체계를 갖추고, 전국칠웅 중 하나인 연과 대등한 외교 및 전쟁의 당사자로까지 성장했음을 적시하고 있다고 이해한다. 따라서 이 견해는 예맥의 나라 '조선'은 예맥문화권의 선진 지역인 요동 지방에서 B.C 4C 말~3C 초 초기국가·원생국가(pristine state)를 형성하게 된 것으로 본다.[53] 이 경우, 이 조선은 청동기시대 이래 축적된 제 역량을 토대로 철기시대에 진입하면서 성립된 우리 민족 최초의 '국가(state)'였던 것이다.

한편 이와 관련 우리 학계에서는 이때의 고조선이 연맹왕국 단계의 '국(國)' 수준으로 발전하였다고 파악하는 견해와.[54] 당시 고조선이 연과 대결할 수 있었던 것은 주변의 진번·임둔과 같은 소국과 연맹체를 결성하여 대외적으로 통일된 힘을 발휘했기 때문이라는 견해도 개진되고 있다.[55] 그러나 우리 학계 일각에서는 전쟁을 통해 성장한 군사 지도자가 제사권까지 확보하여 군장(chief)으로 발전하고, 한 걸음 더 나아가 그 지위를 자신의 후계자에게 세습시키면서 등장한 최고 통치자가 바로 국가의 '왕'(king)인 것으로 이해한다. 또 이 견해는 국왕이 직전 단계의 군장과 다른 점은 바로 권력을 세습하는 측면이라고 보면서, 이 세습적인 최고 권력자가 등장하는 시점이 바로 국가의 형성기라고 파악하고 있다.[56] 이러한 점에서 B.C. 4C 말 고조선의 지배자는 중국 측 사료에 따르면 연왕과 상호작용하는 과정에서 '조선왕'으로 한 단계 상승했으며, B.C. 282년 무렵 연의 반격으로 점차 세력이 약화되어 갔지만, 왕호는 계속 이어져 비왕(否王)·준왕(準王)으로 계승되었던 점에 주목해야 한다.[57] B.C. 4C 말은 고조선이 전국 7웅의 하나인 연왕국에 대한 공격을 도모할 정도로 정치·군사적 역량이 축적된 시기로서, 당시의 조선왕을 군사통수권자로서의 국왕(king)에 상정해도 무리가 없는 시기였던 것이다. 당시 고조선은 본격적인 국가(state) 단계로 발전하였다고 판단된다.[58]

---

53 金貞培, 1986, 『韓國古代의 國家起原과 形成』, 高麗大學校出版部, 79~81쪽.
54 이청규, 2005, 앞의 글, 41쪽.
55 박준형, 2012, 앞의 글, 201쪽.
56 박대재, 2005, 「고조선의 '王'과 국가형성」, 『북방사논총』7, 187쪽.
57 박대재, 2005, 위의 글, 164~165쪽.
58 박대재, 2005, 위의 글, 165~166쪽.

그럼에도 불구하고 『전국책』(사료 F)에서 B.C. 4C 말 경 소진(?~B.C. 317년)은 연이 동으로 "조선요동"을 갖고 있다고 인식하고 있다. 이런 관점은 사료 G를 통해서도 확인할 수 있다. 그러나 이런 인식이 실제 동북아 정세와 다른 관념론에 불과함은 사료 H-②·I에서 연이 실제로 그보다 다소 시기가 떨어지는 B.C 282~280년에 이르러서야 진개의 동정을 계기로 "度遼東而攻朝鮮(사료 I)"하게 됨을 통해서 확인할 수 있다.

따라서 사료 F과 G에서의 "燕東有朝鮮遼東"이란 사료 E-②의 "燕有遼東之煮"와 다름없는 의미를 가질 따름이다. 즉 이는 정확히 말해서 "연의 동쪽에 조선과 요동이 있다"고 새겨야 할 것이다. 다만 사료 H에 보이는 바, 당시 연과 조선의 관계는 '발조선(사료 E-②)' 때와는 달리 단순한 교역 수준 이상의 정치·외교·군사상의 관계망 속에서 매우 복합적인 성격을 갖고 있었던 것으로 추정된다. 이런 상황이 조선·연 사이의 전쟁 발발의 배경이 되었다고 볼 수 있다.

2) 조선과 연의 충돌

J. 往者四夷俱强 并爲寇虐 朝鮮逾徼 劫燕之東地(『鹽鐵論』卷7, 備胡)

K. 箕子居朝鮮 其後伐燕(『博物志』卷8)[59]

L. 蘇秦將爲從 北說燕文侯日 燕東有朝鮮遼東北有林胡樓煩 西有雲中九原 南有嘑沱易水 地方二千餘里 帶甲數十萬 車七百乘 騎六千匹 粟支十年(『戰國策』卷29, 燕1)

M. 昭王二十八年 燕國殷富 士卒兵鐵輕戰(『史記』卷34, 燕召公世家)

N. 太史公日 燕北迫蠻貉 內措齊晉 崎嶇彊國之間 最爲弱小幾滅者數矣(『史記』卷34, 燕召公世家)

O. 其後燕有賢將秦開爲質于胡 胡甚信之 歸而襲破走東胡 東胡却千餘里(『史記』卷110, 匈奴列傳)

P. 自始全燕時 嘗略屬眞番朝鮮 爲置吏 築障塞.(『史記』卷115, 朝鮮列傳 第55)

Q. 燕亦築長城 自造陽至襄平 置上谷漁陽右北平遼西遼東郡以拒胡(『史記』卷110, 匈奴列傳 第50)

R. 燕王亡 徙居遼東 斬丹以獻秦……三十三年 秦拔遼東 虜燕王喜(『史記』卷34, 燕召公世家 第4)

사료 H-①은 연과 조선은 '칭왕' 문제에서 비롯된 전쟁 발발 일보직전의 상황이 외교적 타협

---

59 『염철론』과 『박물지』는 각각 전한 선제(74~49 B.C.) 때 환관이 편찬하였고, 후자는 서진 때 장화(232~300년)가 편찬한 바 있다.

을 통해 모면했음을 보여주고 있다. B.C. 334년 제의 '칭왕'에 뒤따라, B.C. 323년 어간 연 등 전국기 제 열국은 다투어 칭왕하게 된다. 이는 각국의 제후가 국내체제 안정 및 국력신장을 확보함으로써 명실상부한 영역국가의 군주로서 권위와 권력을 과시하고 더 나아가 '왕천하'의 열망을 표출한 결과였다.[60] 이러한 연 등 중원 제국의 동향에 대응하여 조선 역시 ('조선후'→조선왕)으로 스스로 '칭왕'하게 된다. 이 B.C. 323년 무렵이 고조선 국가 형성의 시점이 됨은 상술한 바 있다.

당시 연은 북쪽으로는 '만맥'에게 막혀 있고 중국 내부(서·남쪽)로는 제와 진(晉)에 의해 교착되어 있어 세력을 뻗어나가기가 어려운 형세였다(사료 N). 그런데 B.C. 323년 무렵은 제·연 간의 무장충돌이 소강상태에 처한 시기였던 까닭에, 연은 국세 팽창의 돌파구로서 조선에 대한 강경정책을 시도할 수 있었다. 그러나 조선 역시 그 이전부터 다져온 제와의 우호적인 교류관계에 힘입어(사료 E), 그리고 축적된 역량을 바탕으로 전쟁도 감수하는 대연 강경책을 구사하게 된다. 이러한 조선·연 간 갈등의 이면에는 B.C. 5C 이래 요서 지역에서 예맥계 제 세력의 퇴조 현상과 이를 계기로 한 연 측의 이곳에서의 영향력 확대 시도에 대한 조선 측의 반발이 내재되어 있었다. 이러한 군사적 긴장상황은 양국 간의 외교적 교섭의 결과 잠정적으로나마 해소될 수 있었다(사료 H-①).

그러나 제·연·조선 사이의 소강상태가 깨지게 된 것은 연에서 일어났던 '자지(子之)의 난 (B.C. 314년)'을 빌미로 제가 연에 군사적으로 개입, 침공하면서 부터이다. 연의 이 내란과 그로 인한 대혼란, 그리고 그 틈을 탄 제의 침공과 연왕 쾌(噲)의 사망 등으로 연은 거의 멸망 상태에 이르게 되었다. 『사기』 연세가에 의하면 연에 왕이 없는 극심한 혼란 상태가 그 후 2년간 지속되었다고 하는데, 바로 이 무렵에 조선이 연의 동쪽 땅을 침공했던 것으로 추정되는 기록이 있다.[61] B.C 311~314년경 조선은 이러한 연의 망국 위기 상황을 틈타 "燕之東地(사료 J)"를 "伐燕 (사료 K)"하는 군사행동을 단행한다. 요서 지역은 서쪽 중원의 화북 농경문화권과 노로아호산맥 이북 내몽고 일대의 유목 문화권과의 접속 지대로서 요동에서 이들 방면으로 접근하는 지정학적 요충지였던 것이다. 따라서 조선의 "朝鮮逾徼 劫燕之東地"하는 "伐燕"은 아마도 요서 지역에서의 영향력을 보다 강화시키려는 목적에서 행해진 강공수였던 것으로 짐작된다. 이러한 조선 측의 의도가 어느 정도 실현되었는지는 사료 L이 시사해주고 있다. 그런데 당 사료 상 소진 (蘇秦)이 합종설을 유세한 대상은 연 문후(문공)가 아니라 사실은 연 소왕(B.C. 311~279년)이다.

---

60 박대재, 2006, 앞의 글, 7쪽.

61 박대재, 2006, 위의 글, 11~14쪽. 한편 서영수는 이 사료를 진한교체기 조선이 진에게 빼앗겼던 패수 이동의 땅을 회복한 사실을 적시한 것으로 보고 있다(서영수, 1999, 「古朝鮮의 對外關係와 疆域의 變動」, 『東洋學』29, 114~115쪽; 서영수, 2006, 「고조선의 발전과정과 강역변동」, 『白山學報』76, 475쪽).

즉 이 사료는 연 소왕 즉위 초기 소진이 연이 처해 있는 국제 정세에 대해 이야기하고 있는 대목이다.[62] 물론 소진은 이 사료에서 주군의 부국강병 의지를 자극하고자 다소 과장된 내용을 말했겠지만, 당시 연 측마저도 조선의 상대적 강세를 의식하고 있었음을 짐작케 해준다. 실제로 우리 학계 일각에서는 사료 L의 "조선요동"을 '조선과 요동'으로 새기면서, 연의 대혼란기에 조선이 요하를 넘어 연의 동쪽 요서 지역을 침공하여 점거하게 되었으며, 이 변화를 계기로 소진이 소왕 즉위 초기에 연의 동쪽 정세에 대해 "조선(요서)과 요동"이라고 설명했다고 보기도 한다.[63]

연인들은 B.C. 311년에 이르러서야 조(趙)의 원조 하에 공자(公子) 직(職)을 소왕(昭王)으로 옹립할 수 있었다. 소왕은 체제 개혁 곧 '변법'과 이를 바탕으로 부국강병정책, 연하도(燕下都) 경영을 통하여 '거연(巨燕)' 정책을 성공적으로 수행하였다(사료 M). 특히 합종책을 빙자하여 제를 고립시키고 견제하는 소왕의 대외 정책은 벌제(伐齊)를 위한 외교적 포석이었다.[64] 소왕 28~29년(284~283 B.C.)에 연은 '벌제'를 단행, "濟西之戰"을 치루면서 제의 왕도인 임치를 포함 70여 성을 함락, 즉묵(卽墨)·거(莒)·요(聊)를 제외한 제의 전역을 차지하여, 지난 B.C. 314년의 수모를 설욕하게 되었다.

연은 합종론을 구사하여 제를 고립시키는 한편 동호와 조선에 대한 현상유지 정책을 추진하는 등 자기들의 제일의적 과제인 '벌제'를 달성하기 위한 국제환경 조성에 부심하고 있었다. 그러나 연 소왕은 남벌 직후인 B.C 282~280년 동호와 조선에 대한 북벌과 동정을 감행한다.[65] 전국시기(B.C. 5~3C) 내몽고 주민은 동호(東胡)라고 볼 수 있다. 동호란 동부 내몽고의 대흥안령지구 호륜패이(呼倫貝爾) 초원을 중심지로 삼는 유목민족인 바, B.C. 3C 말 흉노와의 충돌에서 패배, 이후 선비와 오환으로 분기된다. 사료 O에 따르면, 진개는 동호에 머무르는 동안 깊은 신임을 얻어 그곳의 여러 제도나 혹은 주변과의 관계를 충분히 감지할만한 위치에 있었던 것으로 보인다. 이점에 비추어, 이 두 세력은 항상 친연 관계를 맺고 있지는 않았을지라도, 파제(破齊) 이전까지 동호와 연 상호간에는 인질 교환관계를 바탕으로 서로 큰 위협이 될 존재는 아니었을 것으로 추론된다.[66] 그럼에도 동호는 사료 J에서 적시된 바처럼 항시 "구학(寇虐)"의 가능성이 있는 "사이(四夷)"였던 것이다. 즉 동호란 연에게 있어서는 조선과 더불어 항시 잠재적 적대 세력으로 자리매김 되었던 것이다. 따라서 연은 사료 I의 "습(襲)"이나 사료 O의 "습파(襲破)"에서 엿

---

62 박대재, 2006, 앞의 글, 17~18쪽.
63 박대재, 2006, 위의 글, 18쪽.
64 배진영, 2003, 「燕昭王의 政策과 '巨燕'의 成立」, 『中國史研究』25, 3~8쪽.
65 진개의 동정 시점에 대해 중국 학계 일각에서는 연 소왕 B.C. 284년경으로 추정하기도 한다(李治亭 主編, 2003, 『東北通史』, 中州古籍出版社, 60~63쪽).
66 裵眞永, 2003, 앞의 글, 21~22쪽.

볼 수 있는 바처럼 이제까지의 상황에 안주하여 방심하고 있던 동호를 기습적으로 공격하여 이들을 천여 리 가량 패주시키는 데 성공하였다.

연은 B.C 282~280년 동호 "습파"에 잇달아 지난 B.C 311~314년 이래 조선의 영향권 아래 놓여있던 요서 지역과 그 너머 요동의 조선에 대한 반공 작전을 성공적으로 수행, "地二千餘里"를 차지하고, "만번한(滿番汗)"을 경계로 삼았다(사료 H-②).

연의 대조선 군사행동의 구체적 성과는 "만번한"을 경계로 "略屬眞番朝鮮(사료 P)"이었다. 당시 연장 진개의 동정은 요서를 장악함으로써 고조선의 동호 등 유목 세력과의 연계 가능성을 사전에 차단하고, 요동 지역으로 진공하여 당시 조선의 중심지인 심양 지역에 타격을 가하고, 나아가 제와의 해상 교역로를 끊고 이를 자기 통제 하에 두기 위해 만번한까지 군사작전을 벌이게 된다. 한편 우리 학계의 일각에서는 연장 진개는 동호 경략에 이어 요서 지역까지 들어와 있던 조선 세력을 요동 지역으로 몰아내기 위해서 요하를 건너 진군을 계속했고, 그 최종 공격 목적지는 제와 조선의 주요 해상 연결 거점이었던 요동반도 서남부 해안지역의 만번한을 지향했던 것으로[67] 파악하기도 한다.

그리고 연은 이러한 동호·조선에 대한 북벌과 동정의 결과 연5군의 설치와 조양~양평 사이의 연 장성 축조 역사를 벌일 수 있었다(사료 Q). 이를 전후한 연상도(燕上都)인 계성(북경 일대) 천도는 소왕의 거연 정책의 마무리였던 셈이다.

오늘날 우리 학계에서 쟁점이 되는 것은 '만번한(사료 H-②)'의 실체, 그리고 연 측 요동 지배의 실상 곧 사료 P의 "略屬眞番朝鮮 爲置吏 築障塞"의 구체적 해석의 문제이다. 그런데 우리 학계에서는 진개(秦開)가 침공했다고 한 서쪽 2,000여 리 땅(사료 H-②)을 모두 고조선의 그것으로 보기보다는 동호의 지역 1,000여 리까지 포함된 의미로[68] 이해하고 있다. 연군은 현재 북경 지역에서 산해관(山海關)이 아닌 희봉구(喜峰口)를 거쳐 조양으로 들어와 요서 지방을 확보하였던 것이다.[69] 이어 연군은 의현(義縣)을 거쳐 당시 요동과 요서를 가르는 의무려산 남록을 통과 요동에 진입, 요하를 넘어 당시 조선의 중심지인 혼하변의 심양을 제압하고, 만번한에까지 이르렀을 것이다. 이 경우 요서에서 만번한에 이르는 진개의 진공로의 거리가 1,000여 리라는 셈이다.

『한서』 지리지에는 요동군의 속현으로 문현(文縣, 汶縣)과 번한현이 붙어서 기록되어 있는데, 현재 우리 학계는 '만번한'은 바로 이 두 현의 연칭이라고 본 정약용의 견해[70]에 주목하여, 그것

---

67 박대재, 2006, 앞의 글, 28쪽.
68 서영수, 1988, 「고조선의 위치와 강역」, 『한국사 시민강좌』 2.
69 李龍範, 1996, 「大陸關係史 古代篇(上)」, 『韓民族의 大陸關係史』, 백산학회, 5~11쪽.
70 丁若鏞, 『我邦疆域考』 卷1, 朝鮮考.

을 문현과 번한현이 위치했던 요동반도 서남부 개주시 일대(천산산맥 서쪽 지역)로 비정하고 있다. 이를 따른다면, 필자는 조선과 연의 계선으로 천산산맥의 존재에 주목하고자 한다. 천산산맥은 태자하 상류 유역 본계 일대에서 시작하여 남서향하여 남북으로 요동반도의 척추 형세로 뻗어나간 거대한 산맥이다. 이 산맥 이서 지역에는 요하평원이, 그 이동 지역은 심양−봉성−단동−신의주로 연결된 통로를 제외하고, 대부분 험한 산지이다. 개주 역시 이 천산산맥 서쪽 즉 요동반도의 서안에 자리하고 있다. 결국 고조선이 만번한을 연과의 계선으로 삼았다면, 결국 천산산맥이 그 경계가 됨을 상정할 수 있다.[71] 실제 B.C. 3C대 요동 동부 및 서북한 지역의 요녕식 및 한국식 청동무기(세형동검 · 유엽형동모 · 요녕식동과 · 세신형동모 등)가 출토되는 유적지의 분포는 주로 천산산맥 남 · 북록의 본계 · 신빈 · 봉성 · 관전 · 환인 · 통화 · 집안 등에, 특히 그 남록에 집중 분포하고 있음이[72] 본 소론의 고고학적 방증이 된다고 본다. 현재 본계박물관에 전시된 유물들 중 전국기에 해당하는 중원 계통의 그것을 찾아보기 힘듦도 이와 무관하지 않다. 또 'Google Earth'에 따르면, 〔조양~심양=317km〕+〔沈陽~本溪=74.7km〕=391.7km, 곧 〔조양~본계=약 400km, 1000리〕가 된다는 점도 참고가 될 것이다.

사료 P의 "略屬眞番朝鮮 爲置吏 築障塞"에서의 '진번'의 존재가 주목된다. 오래전부터 학계에서는 진번의 위치와 실체에 대해서 많은 논란이 있었다. 후한의 주석가인 응소(應劭)가 "옛 진번은 조선의 호국(胡國)"이었다고[73] 지적했듯이 조선과 밀접한 관계에 있던 주변세력으로 이해할 수 있을 것 같다.[74] 그 시기 여하를 불문하고 '북 · 남진번 이동설'이[75] 맞다면, 필자는 '호국'이라는 표현에 따라 진번이란 요동 지역에 거주하면서 남하 전 조선과 친연 관계를 갖는 예맥계의 유력한 세력으로 보고자 한다. 여기서 한사군의 진번군에 관해서는 별도의 논의가 필요함은 물론이다.

여기서 가장 문제가 되는 것은 "약속(略屬)"이 의미하는 바가 과연 연이 진번과 조선을 정치 · 군사적으로 복속시켜 실질적 지배를 행하였는가의 여부이다. 종래 학계에서는 연 장성의 서쪽 끝인 조양은 상곡군(上谷郡)의 군치인 회래현(懷來縣)에 비정되며, 동쪽 끝인 양평은 요동군의 군치인 지금의 요양 일대로 추정하고 있다. 또 종래 학계는 연5군의 군과 군치는 상술한 두 군 외에도 어양군(군치: 밀운현 · 회유현) · 우북평군(군치: 하북성 평천 · 요녕성 능원현 안장자고성지 · 내

71 서영수, 1999, 앞의 글, 110쪽; 서영수, 2006, 앞의 글, 470쪽; 박준형, 2012, 앞의 글, 204쪽.

72 이후석, 2013, 「요동 · 서북한지역의 세형동검문화와 위만조선」, 『고조선사연구회 발표문(2013.9.27.)』, 29쪽.

73 『漢書』 卷28下, 地理志 玄菟郡條 注 "應劭曰 故眞番朝鮮胡國".

74 이 논의에 대해서는 박대재, 2006, 앞의 글, 29쪽.

75 千寬宇, 1975, 「三韓의 成立過程」, 『史學研究』 26(1989, 『古朝鮮史 · 三韓史研究』, 一潮閣, 147~148쪽); 박준형, 2012, 앞의 글, 199쪽.

몽고 영성현 전자향 흑성고성지·보지현)·요서군(군치: 조양시 십이대영자 원대자유지)으로 파악해 온 바 있다.[76]

그런데 최근에 알려지기 시작한 연 장성 유적의 분포 현황을 보면,[77] 연이 동호를 몰아내고 설치했다는 5군 가운데 요동군의 존재에 의심을 가지게 된다. 현재까지 조사된 연 장성(적봉 남장성)의 동단은 요하를 건너지 못하고 당시 요서와 요동의 실질적인 분수령인 의무려산 서쪽 부신에서 그치고 있다. 사실 그동안 연이 양평에 설치했다는 요동군의 실체에 대해 그 실재를 인정하는 쪽[78]과 회의적으로 보는 쪽으로[79] 시각차가 있어 왔다.[80] 실제로 우리 학계의 일각에서는 연의 요동군이 지목만 있을 뿐 실제로는 설치되지 않았다는 주장이[81] 제시된 바 있다.

이 문제와 관련, 당시 연의 요동군 치소인 '양평'을 과연 요양이라 비정할 수 있는지에 대한 의문은[82] 이미 선학에 의해 제기된 바 있다. 즉 진한 교체기 항우는 구연 지역에서의 봉국체제를 정립하는 과정에서 옛 연장 출신인 장도(臧荼)를 '연국'의 연왕에, 한광(韓廣)을 '요동국'의 왕으로 봉한다. 그런데 장도가 한광을 5개월 후 요동국 수도인 무종에서 살해한다. 무종의 현재 위치는 하북성 계현으로서 산해관–준화–평곡으로 이어지는 현존 만리장성 이남에 위치한다. 전국기 연 소왕은 연상도인 계성(북경 일대)으로 천도한 바 있다. 그 이후 연은 요동군의 군치를 인근의 무종(하북성 계현)에 설치하고 이를 '양평'으로 칭했을 가능성이 없지 않다.[83]

이 견해의 당부와 관련하여 B.C. 3C 말 당시 숨가쁘게 진전되던 진(秦)의 천하통일 과정을 검토해 볼 필요가 있다.

B.C. 228년 진은 조(趙)를 공멸하게 된다. 그러나 B.C. 227년 유목왕(幽穆王)의 아우 조가(趙嘉)는 왕도 한단(邯鄲)이 함락되었음에도 불구하고 대(代)땅[하북 장가구 위현(尉縣)]에 대국(代國)을 세우고 진에 대항하고자 하였다.[84] 이 과정에서 진의 왕전(王翦)은 '자지의 난(314 B.C.)' 이래 연·조 관계의 추이를 감안하여, 연·조 접계인 역수(易水)로 진공, 양국 간 제휴 가능성을 사

---

76 裵眞永, 2005, 「燕國의 五郡 설치와 그 의미－戰國時代 東北아시아의 勢力關係－」, 『中國史硏究』 36, 5~11쪽.
77 요서지역에서도 내몽고 적봉 지역과 마찬가지로 3도의 장성 유적이 동서방향으로 나란하게 발견되는데, 연 장성은 동쪽으로 의무려산 서록의 부신에서 멈추고 있다. 다시 말해 연이 동호를 몰아내고 쌓았던 장성이 실제로는 요하를 건너지 못하고 요서지역에 머물러 있었던 것이다(박대재, 2006, 위의 글, 25쪽).
78 裵眞永, 2005, 앞의 글.
79 徐榮洙, 1988, 앞의 글, 41쪽; 서영수, 1999, 앞의 글, 110쪽 각주 60; 서영수, 2006, 앞의 글, 470쪽 각주 38.
80 박대재, 2006, 앞의 글, 25~26쪽.
81 박대재, 2006, 위의 글, 26쪽.
82 권오중, 1995, 「전한시대의 요동군」, 『인문연구』 29, 영남대, 273~274쪽.
83 권오중, 1995, 위의 글, 273~276쪽.
84 『史記』 卷43, 趙世家 第13.

전에 차단하는 조치를 취함은 주목이 필요한 대목이다.[85] B.C 227년 진은 연태자 단(丹)의 진왕 암살 미수 사건을 빌미로 연을 정벌하게 된다. 그러나 진장 왕전이 역수 상류 우회작전을 실시, 양군의 전열을 와해시키자, 대군(代軍)은 철병하고, 연왕 희(喜)는 왕성을 포기하고 요동으로 물러나 단을 죽이고 화의를 청할 수밖에 없었다. 이러한 연의 헌수구화책(獻首求和策)은 조가의 서신을 받고 행한 고육지책이었던 것이다.[86] 사료 R은 그러나 B.C. 222년 진장 왕분(王賁)은 요동을 공격, 희를 생포, 연을 멸망시킨다. 사료 R은 B.C. 227년 연왕 희가 왕도인 계성(북경 일대)에서 진을 피해 요동으로 사거하였다고 한다. 'Google Earth'에 따르면, 북경에서 심양까지는 약 750여 ㎞인데, 과연 그렇게 먼 거리로 연왕의 천사(遷徙)가 가능할지 의심이 든다. 또 대국의 중심지인 장가구(張家口)에서 북경까지는 228㎞에 달한다. 이 정도 거리에서 연·대국 연합은 어느 정도 실현가능성이 있음은 사실이다. 그러나 연왕 희의 "사거요동" 후에도 조가가 진군의 공세 앞에 속수무책인 연에 대해 서신으로 필요한 조치를 상의함에는 이야기가 달라진다. 곧 장가구에서 요양까지는 978㎞, 약 1,000㎞나 상거하고 있는 셈이다. 이 경우 연왕의 천사처가 오늘의 요동이 될지는 재고를 요하는 문제이다.

더구나 B.C. 222년 요동에 잔존했던 연을 공멸을 전후한 진의 행보는 여러 가지를 생각게 한다. 애당초 진이 요동 연을 방기하고 철군한 것은 연이 더 이상 자국의 위협 대상이 안 될 정도로 약체화되었고, 대국 또한 그러한 존재로 판단함에서 비롯된 조치였을 것이다. 당시 진은 초·제 공멸 전쟁을 더욱 큰 현안으로 인식했던 것 같다. 과연 진은 B.C. 225년에는 위(魏)를 B.C. 224년에는 초를 멸하게 된다. 마지막으로 진은 제를 마지막 전략적 목표로 삼아 군사행동을 실시하게 된다. 진은 이 전쟁의 하위 전략의 하나로서 잔존한 요동 연과 대국의 공멸을 꾀하게 된다. 실제로 진은 〔B.C. 222년 요동 연→ 대국(代國)→B.C. 221년 제〕 순으로 천하통일 전쟁을 마무리 짓게 된다. 그런데 만일 요동의 연의 위치가 현재 요양이라면 진의 작전선은 북경을 기점으로 하더라도, 〔북경→요양→북경→장가구→임치(산동성 치박(淄博))〕라는 매우 무리한 군사행동을 벌일 수밖에 없게 된다. 곧 그 작전선의 총 연장은 〔(북경~요양) 약 750㎞×2=약 1,500㎞〕+〔(북경~장가구) 228㎞×2=456㎞〕+〔(북경~치박) 448㎞〕=2,404㎞에 달하게 된다.

그런데 B.C. 222년 진장 왕분(王賁)은 요동을 공격, 희를 생포, 연을 멸망시키고, 곧이어 돌아오는 길에 대국을 공습하여 조가(趙嘉)를 자살케 한다. 그런 다음 진군은 B.C. 221년 곧장 남하하여 돌연 산동반도 임치로 진공하여 쉽게 제를 멸하게 된다.[87]

---

85 慕中岳·武國卿, 1992, 『中國戰爭史』, 金城出版社, 24쪽.
86 『史記』卷46, 秦始皇本紀 第6; 卷43, 燕召公世家 第4; 卷68, 刺客列傳 第26; 慕中岳·武國卿, 1992, 앞의 책, 26쪽.
87 『史記』卷46, 田敬仲完世家 第16.

만일 사료 R상의 '요동'이 요양이라고 본다면 당시 진의 작전선은 상술한 바처럼 2,404㎞에 달한다. 이 경우 진 측의 실효적인 연·대에 대한 연속적 군사행동과 돌출적 대제 군사행동을 담보하기에는 그 공간적 범위가 지나치게 광범위하다 볼 수밖에 없다.

그러나 연의 요동군의 위치를 무종[無終: 하북성 계현(薊縣)] 일대로 상정할 경우, 그 작전선은 900여 ㎞가 된다. 따라서 필자는 이러한 조건하에서 진이 '요동' 즉 하북성 계현 일대의 연과 다시 장가구 방면의 대국을 공멸시킨 직후 곧바로 병력을 산동 방면으로 남하시켜 제도인 임치를 기습적으로 공격하였다고 파악하고 있으며, 연의 요동군의 입지를 현재의 요양(양평)으로 비정하는 것보다, 오히려 무종(하북성 계현) 일대로 볼 수 있을 가능성이 없지 않다고 본다. 이러한 견해가 앞으로 좀 더 신중한 검토가 필요한 것임은 두말할 나위가 없다.

이러한 논의를 고려해 볼 때, 연의 요동 지배란 "약속(略屬)" 수준의 일정한 지배기제가 구동하는 강력한 그것은 아니었다고 본다. 특히 소왕 사후에 혜왕(惠王)과 낙의(樂毅) 사이의 갈등과 이 틈새를 타서 제의 복국(復國)이 이루어지고, 이후 연의 약체화가 급속히 진행된다는 점에서 더욱 그러하다. 따라서 연이 요동에 선상(線狀)의 장성은 물론 점열상(點列狀)의 그것조차 구축하였다고 단정하기 어려우며, 요동 대부분 지역에 연 장성이 처음부터 축조되지 않았다고 봄이[88] 타당할 것이다. 실제 요동군치인 양평으로 알려진 요양의 '연진한(燕秦漢)' 유적이란 것도 대부분 한대의 그것임이 이 사실을 뒷받침해주고 있다.

종래 관련 학계는 B.C. 3C 이후 요하~청천강 유역에서 철기를 위시한 전국 연계(燕系) 유물이 공반되는 고고문화를 '세죽리─연화보유형(細竹里─蓮花堡類型)'이라 지칭하며, 이를 연의 요동~청천강 이북에 대한 실질적 지배의 근거로 개념해 왔다. 그런데 본고의 〔만번한=천산산맥〕론이 맞다면, 이 종래의 논의는 재고의 필요성이 있다. 특히 연화보 유적이 천산산맥 훨씬 북쪽 혼하 북안 무순 외곽에, 세죽리 유적은 천산산맥과는 동떨어진 서북한 영변에 위치하는 점은 이러한 고고문화 유형의 내용 여하를 떠나 그 문화유형 개념의 정당성에 일말의 의문을 던지고 있는 셈이다. 또 세죽리─연화보유형의 철기문화 향유 지역이 연의 영토가 되기 위해서는 이곳에서 연국 경내의 유물 공반상에 비견되는 유적 및 성지와 같은 연 문화의 특성이 온전히 드러나는 유적이 대량으로 발굴되어야 하지만, 철제 농기구와 화폐를 제외하면 예맥 문화계 유물에서의 점진적인 변화상이 더 크게 나타나기 때문에, 이 문화의 존재를 일괄적으로 연의 요동 지배의 증거로 채택할 수는 없다.[89]

---

88 오강원, 2010, 「戰國時代 燕나라 燕北長城 동쪽 구간의 構造的 實體와 東端」, 『先史와 古代』 33, 195~196쪽. 한편 중국학계의 '장성' 조사 및 인식의 문제점에 대해서는 이종수, 2011, 「中國의 遼東地域 燕秦漢 長城 調査現況 및 問題點 檢討」, 『한국사학보』 43 참조.
89 강인욱, 2011, 앞의 글, 267쪽.

다만 현재 요녕과 서북한 지역에서 연나라 유물이 공반되는 유적이 516개소이라는 점은[90] 연의 세력이 어떠한 형태로든 간에 천산산맥 이동 지역 주민들에 일정한 영향력을 행사하고 있었음은 부인하기 어렵다. 그러나 철령현(鐵嶺縣) 신태자진(新台子鎭) 신태자촌(新台子村)의 연나라 건물유지인 '구대유지(邱臺遺址)'와 이수(梨樹) 이룡호성지(二龍湖城址) 등의 요동 외곽 주변부에서 확인된 예외적인 사례는[91] 사료 P의 "爲置吏 築障塞"가 정치적인 이유에서 기인한 것만은 아니라는 심증을 준다.[92] 즉 당시 연은 군현제와 같은 강고한 지배기제를 바탕으로 이 지역에 대한 "약속"을 행했다기보다는, 오히려 '구대유지'와 같은 "爲置吏 築障塞"한 점재하는 거점을 중심으로 자국 상고(商賈)들이 개척한 교역로를 통제하는 방식으로 이 지역에서의 일정한 세력 부식과 영향력 행사를 꾀하고 있었던 것으로 판단된다.

당시 이 지역 제 집단들의 사회적 복합도는 지속적으로 제고되고 있었다. 따라서 이곳에서의 연의 철기문화와 새로운 기술·지식·정보에 대한 수요는 예맥계 주민들 사이에도 무시할 수 없는 영향력을 발휘하였을 것으로 짐작된다. 즉 이곳 주민들의 연의 문화 등에 대한 수요와 이 지역의 문피·구운 소금 등 특산물에 대한 연 측의 경제적 동기가 상승 작용을 하면서 이 지역에서의 연의 세력과 영향력이 일정하게 확산되었을 것으로 추측된다.

그 고고 문화적 증거가 명도전 유적인 것이다. 이와 관련, 한때 명도전이 청천강 이북지역에서 집중 출토된다고 하여 연과 조선의 새로운 경계가 된 '만번한'이 그곳에 위치했다고 보기도 했었다. 그러나 근래 국내학계에서도 명도전을 조선과 연의 경계 기준보다는 양국 사이의 교역과 관계된 유물로 보는 경향이 강하다.[93] 그리고 최근에는 요하 동쪽 명도전 유적의 담당자를 연이 아니라 조선의 주민이라고 보는 좀 더 진전된 견해가[94] 제기되기도 했다. 이상의 고찰을 볼 때 명도전 관련 유적들은 대체로 천산산맥 이동 지역에서 다수 확인되며, 이것은 고조선 내부의, 혹은 연의 상고와 고조선인들 간의 교역의 과정의 결과물로 이해함이 바람직하다. 혹자는 이 지역 명도전 매납유적들을 모피무역과 관련된 중계무역의 증거들이라 파악하기도 한다. 이러한 입장은 이 명도전 관련 유적에서 발견되는 화폐들의 다수가 명도전이긴 하지만 진한대의 화폐가 일부 섞여있다는 점을 들어 연의 이 지역 지배 사실의 증거가 될 수 없다고 본다.[95]

조선은 B.C 282~280년 진개의 동정 이후 만번한을 경계로 요서-혼하-천산산맥에 이르는

---

90 오강원, 2010, 앞의 글, 『先史와 古代』 33, 173~191쪽.

91 오강원, 2010, 「연나라 요동군과 동요하유역 토착집단의 독특한 교류방식-이룡호 성지-」, 『백산학보』 88.

92 오강원, 2010, 위의 글, 196~197쪽.

93 최몽룡, 1997, 「고조선의 문화와 사회경제」, 『한국사』 4, 국사편찬위원회.

94 박선미, 2000, 「기원전 3~2세기 요동지역의 고조선문화와 명도전유적」, 『先史와 古代』 14; 박선미, 2005, 「戰國~秦·漢初 화폐사용집단과 고조선의 관련성」, 『北方史論叢』 7.

95 강인욱, 2011, 앞의 글, 262~270쪽.

1,000여 리(약 400㎞)에서 영향력과 지배력을 상실하고 천산산맥 이동으로 웅크려들게 되었다. 사료 H-②에서 적시한 "朝鮮遂弱"이란 바로 이러한 상황을 표현한 것이다.

4. B.C. 2C 위만조선의 성립과 한과의 갈등

1) 진의 천하통일과 조선

S. 自始全燕時 嘗略屬眞番朝鮮爲置吏築障塞 秦滅燕屬遼東外徼 漢興爲其遠難守 復修遼東故 塞 至浿水爲界(『史記』卷115, 朝鮮列傳 第55)

T. 築長城 因地形 用制險塞 起臨洮至遼東(『史記』卷88, 蒙恬列傳 第28)

U. 魏略曰……①朝鮮遂弱 及秦幷天下 使蒙恬築長城到遼東 ②時朝鮮王否立 畏秦襲之 略服 屬秦 不肯朝會(『三國志』卷30, 烏桓鮮卑東夷傳 제30 韓條 所引 『魏略』)

V. ①三十二年(B.C.215) 始皇之碣石 ②二世皇帝元年(B.C.209) 年二十一……春 二世東行郡縣 李斯從 到碣石(『史記』卷6, 秦始皇本紀 第6)

진은 B.C. 221년 천하를 통일한 뒤에 몽염(蒙恬)을 시켜서 장성을 쌓게 하여 요동까지 이르렀다(사료 T·U-①). 이때 조선왕 비(否)가 즉위하였는데, 진의 습격을 두려워하여 진에 복속하였다고 기록은 전하고 있다(사료 U-②).

진의 대조선 정책은 연의 그것에 비해서도 매우 소극적이었다. 사료 V는 진시황과 진2세(秦二世)의 순행 관련 기사인데, 그들의 여정의 동쪽 한계는 '갈석(碣石)'이었다. 이 갈석은 현재 발해만을 연한 하북성 산해관·진황도시(秦皇島市)·북대하(北戴河) 지역과 이서의 갈석산이 있는 창려(昌黎) 일대를 일컫는다. 특히 창려 서쪽으로는 난하(灤河)가 흐르는 바, 이 난하는 중원과 새외 문화의 계선으로 주목받는 하천이다. 사료 V는 진이 이곳 갈석 지방을 자기들 통치권의 동한으로 인식하고 있었음을 시사한다.

사료 S의 "秦滅燕屬遼東外徼"는 이 점을 분명히 해주고 있다.[96] 곧 진은 연을 멸한 후 그곳을 "요동외요(遼東外徼)"에 속하게 했음을 기록하고 있다. '요(徼)'란 "순찰하다·순행하다"라는 뜻

---

96 서영수는 이 사료가 진의 조선 정벌을 서술하고 있다고 보면서, 당시 조선은 천산산맥에서 압록강에 이르는 땅을 상실한 것으로 파악하고 있다(서영수, 1999, 앞의 글, 112~114쪽; 서영수, 2006, 앞의 글, 473~474쪽). 또 "요(徼)"를 "이적 (夷敵)을 막기 위해 강가에 설치한 서남쪽의 요새"를 뜻한다고 새기고 있다(서영수, 1999, 앞의 글, 112쪽 각주 67).

의 글자이다. 즉 진은 구 연나라 지역을 '요동순찰지역'이라는 특수 관리 구역 정도로 인식·규정하였던 것이다. 진나라는 전국을 36개 군으로 나누는 군현제도를 실시하였다는 점에 비추어, 진의 요동에 대한 이러한 인식과 조치들은 자못 이해하기 힘든 대목이다.

먼저 추측해 볼 수 있는 것은 대외정책에서의 우선순위 문제이다. 진의 제1차 과제는 흉노 문제였다. B.C. 4C 무렵 흉노는 이미 중국의 북방 초원 지대의 강력한 세력으로 등장했으며, 전국기의 조·진·연에 대한 위협적인 존재로 성장하고 있었다. 특히 흉노는 진의 중심부인 관중지방에 인접해 출몰한 까닭에 매우 위험한 존재였다. 따라서 진시황은 B.C. 215년 몽염의 지휘하에 30만 대병을 동원하여 흉노를 토벌하여 전국 말에 빼앗겼던 오르도스 지역을 수복하고, 구원군을 설치하였다. 이어 진시황은 B.C. 214~213년 '직도'라는 군사도로망을 구축하고, 만리장성을 축조하였다. 또한 B.C. 214년 진은 남방의 '백월(百越)'을 정벌하는 등 동북의 요동과 조선 문제까지 손댈 여력이 없었을 것으로 추정된다. 그러기에는 진의 치세(B.C. 221~207년)가 너무 짧았던 것이다.

이 시기 고조선은 B.C. 3C 전반 중심지 이동에 따른 정비과정을 거쳐 상당한 역량을 축적시킨 것으로 보인다. B.C. 214~213년에 조선왕 비(否)가 즉위하였는데, 진의 습격을 두려워하여 진에 복속하였으나, 입조하지는 않았다(사료 U-②)고 한다. 그러나 진에 복속하였다는 사실 자체가 역설적으로는 대제국 진과 일정한 정치·외교적 관계를 맺는 주체로 성장하였음을 시사한다. 평양에서 발굴된 진 명문 동과가 이러한 조선·진 교류의 물증이 된다.[97] 그러나 위만이 한때 머물렀다는 패수 이동의 "秦故空地 上下鄣"[98]의 존재는 진의 조선에 대한 인식이 그다지 우호적인 것만은 아니었음을 짐작케 해준다. 혹자는 진이 연을 멸망시킨 후 이곳을 변방 혹은 공지(空地)로 남겨 두어 일종의 완충지대로 기능케 한 것이라 보고 있다.[99] 그런데 '장(鄣)'이란 산간 지역에 설치된 소형 성보(城堡)나 전략적인 필요에 따라 장성 본체 외에 별도로 요충지에 축조해 놓은 성보·성보군을 일컫는다.[100] 당시 진은 패수 이동의 땅을 일종의 자기 영역으로의 제 적대 세력의 침투를 차단해주는 방패의 땅, 곧 '차단지(cordon sanitaire)' 혹은 '방위전지(glacis)'로 운용하고 있었던 것이다.[101] 당연히 진은 이곳에 이중의 성보["상하장(上下鄣)"]를 구축하여 조선에

---

97 이청규, 2005, 앞의 글, 48~49쪽.

98 『史記』 卷115, 朝鮮列傳55.

99 이청규, 2005, 앞의 글, 49쪽.

100 오강원, 2010, 앞의 글, 198쪽.

101 여러 나라와 인접해 있는 나라는 그 영토가 확대되는 경우, 자국의 변경, 나아가서는 자국 전토의 보호와 안전을 위해서 자기 나라 주위에 타국이면서 자국에로의 외침을 막아줄 수 있는 방패의 땅이 필요한 것이다. 이러한 방패의 땅을 정치지리학에서는 외침을 차단해 준다는 의미에서 '차단지(cordon sanitaire)'라고 부르거나 자국 앞에 있는 땅이 자국을 방어해 준다는 뜻에서 '방위전지(防衛前地, glacis)'라 부른다(任德淳, 1985, 『政治地理學原論』, 一志社,

대한 감시의 끈을 늦추지 않았던 듯하다. 이처럼 당시 조선의 동향은 진의 눈에도 심상치 않게 보였을 것이다. 아마 조선은 연과의 전쟁으로 상실한 천산산맥 즉 '만번한'이서 지역을 잠식하려는 움직임을 보이기 시작한 것이 아니었을까 추측해 본다. 사료 U-②의 "진의 습격을 두려워하여 진에 복속하였으나 입조하지" 않음도 이런 점과 유관한 기록일 것이다. 그러나 진은 이러한 조선의 동향에 대하여 "상하장"을 운용하는 위기관리 수준의 대응에 그치고 있었던 것이다.

한편 요동 지역에 존속되었던 명도전 관련 연화보-세죽리 유형의 철기문화는 변화를 겪게 된다. 고조선계 청동기(세형동검), 점토대토기의 갖춤새와 연나라 계통의 철기, 회색도기의 갖춤새가 융합된 상보촌(上堡村: 본계)유형의 문화가 이 시기의 요동 지역에 존재하는 것이 확인된다. 그리고 이 지역에서 흔히 발견되는 명도전 매납유적은 조선·연과의 교역 관계망 아래에서 유지되었던 명도전의 화폐 기능이 상실되면서 퇴장되었을 것으로 판단된다.[102]

2) 衛滿朝鮮의 成立

W. ①盧綰者 豊人也 與高祖同里……高祖已定天下 諸侯非劉氏而王者七人……②燕王綰悉將
其宮人家屬騎數千居長城下……四月 高祖崩 盧綰遂將其衆亡入匈奴 匈奴以爲東胡盧王 綰
爲蠻夷所侵奪……③太史公曰 韓信盧綰非素積德累善之世 徼一時權變 以詐力成功 遭漢初
定 故得列地 南面稱孤 內見疑彊大 外倚蠻貊以爲援 是以日疏自危 事窮智困 卒赴匈奴 豈
不哀哉(『史記』卷93, 韓信盧綰列傳 第33)

X. ①朝鮮王滿者,故燕人也……秦滅燕 屬遼東外徼 ②漢興爲其遠難守 復修遼東故塞 至浿水
爲界 屬燕 ③燕王盧綰反 入匈奴 滿亡命 聚黨千餘人 魋結蠻夷服而東走出塞 渡浿水 居秦
故空地 上下鄣稍役屬 眞番朝鮮蠻夷及故燕齊亡命者王之 都王險(『史記』卷115, 朝鮮列傳55)

Y. 燕丹散亂遼間 滿收其亡民 厥聚海東 以集眞藩 葆塞爲外臣(『史記』卷130, 太史公自序)

Z. 會孝惠高后時天下初定 遼東太守卽約滿爲外臣 保塞外蠻夷無使盜邊 諸蠻夷君長欲入見天
子 勿得禁止 以聞 上許之 以故滿得兵威財物 侵降其旁小邑 眞番臨屯皆來服屬 方數千里
(『史記』卷114, 朝鮮列傳3)

B.C. 3C 말 동북아 정세는 급변하고 있었다. B.C. 207년 진제국이 붕괴되고, 유방의 한이 B.C. 202년 항우의 초를 제압함으로써 중원은 다시 통일되었다. 바로 이 무렵인 B.C. 206년

237~239쪽).

102 이청규, 2005, 앞의 글, 47쪽.

북방 초원 지대에서도 흉노 묵특선우(冒頓單于)가 내몽고 시라무렌 유역으로 추정되는 '기지(棄地)'에 대한 지배권 갈등을 빌미로 동쪽의 동호를 강습하여 이를 대파, 이들을 선비와 오환으로 분산하게끔 만들었다. 이제 동아시아 패권을 둘러싼 한과 흉노의 장기간의 각축전이 시작된 것이다.

한은 고조가 B.C. 200년 평성(산서성 대동) 인근 백등산(白登山)에서 흉노에게 참패한 이후, 문제(文帝)·경제(景帝) 대(B.C. 179~141년)에 이르기까지 대흉노화친책에 매달리면서 국내에서의 군현제를 기반으로 한 중앙집권적 통일제국 정립에만 부심하고 있었다. 곧 건국기 한 고조의 제일의적 과제는 군국제하 다수의 이성제후왕(사료 W-①)을 정리하여 중앙정부의 안정성을 제고하는 일이었다. 고조의 이러한 정책은 B.C. 203년 초왕 한신으로부터 시작되어 한왕 신 등을 거쳐 마지막으로 B.C. 195년 연왕 노관에 대해서 차례로 관철되었다. 이들 이성제후왕들의 존재는 사료 W-③의 "內見疑彊大 外倚蠻貊以爲援"처럼 중앙정부에 대한 위협이 되었을 뿐만 아니라, 이들이 흉노·'만맥' 등과도 연결되어 자기 생존기반을 공고히 할 것을 도모하고 있었다. 실제로 한왕 신·진희·노관이 모두 흉노로 망명하고 있다. 특히 노관은 사료 W-②처럼 "宮人家屬騎數千"을 이끌고 흉노로 투항하여, 그들의 '동호노왕'이 되어 오히려 한을 공격하고 있다.

그런데 상곡 이동으로 부터 요동에 이르는 동북 제 군은 흉노의 좌방왕장(左方王將: 좌현왕)의 소재지에 인접해 있어 흉노의 피해가 심한 지역이었다. 그럼에도 문제·경제 시대에는 동북 지역의 안정 확보를 위한 출정이 실현되지 못하였다. 문제의 시기 흉노의 피해가 가장 극심했던 지역으로는 운중군(雲中郡)과 아울러 요동군이 꼽히고 있다. 무제기 이전의 요동군은 중앙의 군사적 지원도 받지 못한 상황 아래에서 매우 불안한 지역이자 열약한 군으로서 명맥을 유지하였던 것이다.[103]

사료 X-①·②는 한이 진의 "요동외요" 관할 지역이 멀어서 지키기 힘들다하여 요동의 고새(故塞)를 다시 고쳐 사용하면서 패수를 조선과 경계로 삼아 그 이서의 땅을 [장도→노관]이 다스리던 연국에 소속하게 하였음을 말해준다. 주목할 것은 한 초 요동 방면에서의 한의 세력 위축상이다. 한은 본래 있던 "秦故空地 上下鄣(사료 X-③)"을 포함한 "요동이 멀고 지키기 힘든 까닭"에 요동의 옛 거점을 수리하여 사용하고, 그 계선을 과거 조선과 연의 경계에서 더 후퇴하여 패수로 정한 것이다. 이 사실은 당시 조선이 본래 '만번한(천산산맥)' 이동으로 밀려 났다가, 진의 소극적 대 동북아 정책과 진한교체기의 혼란 그리고 이 방면에서의 흉노의 강세와 발호를 틈타 천산산맥 이서 지역으로 세력을 확장했음을 적시해주고 있다.[104] 따라서 필자는 '요동고새'는 전국 연기의 요동

---

103 권오중, 1995, 앞의 글.
104 서영수도 본고의 논지와는 다소 차별성이 없지 않지만, 고조선이 한초 실지를 회복했다고 본 바 있다(서영수, 1999,

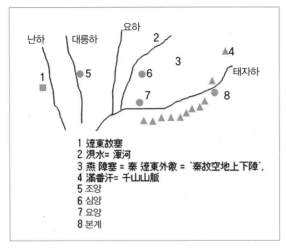

〈그림 1〉

1 遼東故塞
2 浿水 = 渾河
3 燕 障塞 = 秦 遼東外徼 = '秦故空地上下鄣'
4 滿番汗 = 千山山脈
5 조양
6 심양
7 요양
8 본계

군치인 하북성 계현의 무종 일대에 위치했다고 본다. 진이 대조선 '차단지' 혹은 '방위전지'로 운용한 바 있던 "秦故空地上下鄣"은 만번한 이서 패수 사이에 있었고, 여기서 더 서쪽에 '요동고새'가 있었던 것이다. 그러면 패수는 지난 국가형성기 조선의 중심지로 추정되는 심양에 연하여 흐르는 혼하가 아닐까 추정해 본다.[105] 이를 도시한 개념도가 〈그림 1〉이다.

사료 X-②·Y·Z는 B.C. 194년 "고연인(故燕人)"인 위만이 "眞番朝鮮蠻夷及故燕齊亡命者"를 규합하여 고조선의 왕권을 장악하였고, 위만조선은 대외적으로 한과의 외신관계를 맺음으로써 병위재물을 얻어 주변 지역을 복속하여 광역의 영역국가로 성장하였다고 보는 통설의 근거가 된다.[106]

　"고연인"인 위만이 쉽게 조선에 받아들여져 중용된 것은 그의 역량을 뛰어 넘는 시대적 상황과 맞물린다. 위만과 그가 속한 집단의 정체성은 고조선사 전개의 유전(流轉) 속에서 그 답을 구할 수 있다. 대릉하 유역 요서 지역의 문화가 요녕 비파형동검문화 초기의 한 축으로 구실했음은 이미 알려진 사실이다. 그러나 이 지역 문화는 특히 B.C. 5~4C를 기점으로 연 문화의 영향으로 그 내용이 점차 변용되어 갔다. 특히 대릉하 유역의 남동구·동대장자 유형은 전국계·북방계 문화의 영향을 강하게 받았지만, 기본적으로 비파형동검을 무기체계의 근간으로 삼는다는 점에서 요서 비파형동검문화의 전통을 계승한 문화라고 볼 수 있다.[107] 그러나 B.C. 282~280년 연 진개의 동정은 이 지역 주민들에게 정치적 존재 양식의 변화마저 강요하게 된다. 특히 B.C. 3C 초 이후 이곳 예맥계 요서 집단은 급격한 문화 변동을 겪으면서 점진적으로 연 세력권 아래로 편입되어 갔던 것이다. 따라서 이곳 지역 주민들은 예맥·연·진·한 등 지배 세력의 빈번한 교체하에서 자기들 상호 간 일정한 관계망을 구성하면서 다양한 정치·문화적 경험을 통해 나름

　　　앞의 글, 114~116쪽; 서영수, 2006, 앞의 글, 474~476쪽).
105 '혼하=패수설'은 서영수, 1999, 앞의 글, 115쪽; 서영수, 2006, 앞의 글, 476쪽.
106 박준형, 2011, 「위만조선의 지배구조와 대외관계」, 『고조선사연구회 발표문(2011.9.30.)』, 1쪽.
107 오강원, 2004, 「中國 東北地域 세 靑銅短劍文化의 文化地形과 交涉關係」, 『先史와 古代』 20, 68~73쪽; 박준형, 2012, 앞의 글, 201~202쪽.

대로 역량을 온축한 집단 이었다. 진한교체기 중국인들의 시선에서 위만을 "고연인(사료 X-①)"이라하고, 사료 Y에서 사마천의 눈에 그가 연의 망민을 거두었다는 기록은 여기에서 비롯된 것이다.[108]

위만집단 역시 이 요서 지방에 거주하면서도 '피발좌임(被髮左衽, 魋結蠻夷服)'의 전통을 지켜 온 예맥계 주민들이었을 것으로 추론된다. 이들은 위만을 수장으로 연·진 및 진·한 교체의 동란기 속에서 장도(臧茶)-노관(盧綰)으로 이어지는 연왕의 지배기제 속에서 일정한 역할을 수행하였던 것이라 추정된다. 사료 W-②에서 노관이 흉노로 망명 시 함께 움직인 "宮人家屬騎數千"의 규모에 비추어 볼 때, 위만의 "聚黨千餘人(사료 X-②)"은 결코 만만한 세력이 아님을 적시해 준다. 특히 노관이 위기 시 흉노로 망입한 것이 "外倚蠻貉以爲援(사료 W-③)"했다는 사실과 관련 있다는 점에 비해, 위만은 종래부터 종족적·문화적 친연성이 깊은 조선으로 망명했던 것이다. 이 점에서 위만의 정체성이 더욱 분명해진다. 그런데 사료 X-③·Y는 "眞番朝鮮蠻夷及故燕齊亡命者"들이 진번에 일단 집결한 것으로 읽힐 수 있는데, 이 경우 '진번'은 만번한과 패수 사이에 위치한 '연 장새=진 요동외요=진고공지 상하장(〈그림 1〉의 3)'에 자리한 것으로 판단된다.

위만조선은 위만계를 중핵 집단으로 하는 예맥계 유이민 중심의 왕권과 재지 토착세력에 바탕한 상권(相權)이 연합한 집단의 과두제적 지배구조(origarchy system)로 구성되었다.[109] 따라서 우리 학계는 이러한 이중적인 불완전한 지배 구조가 위만조선이 갖는 한계성으로 지적하고 있다.[110] 예컨대 우거왕 때 조선상 역계경(歷谿卿)처럼 언제든지 스스로 국가 지배권 밖으로 자의적 퇴출을 감행한다든지, 한의 왕검성 공위전 당시 드러난 지배 집단의 자중지란 등이 그 호례가 된다. 그리고 이러한 국가의 지배구조 형해화의 계기는 언제나 대외 관계 진전의 고비 고비에서 찾아온다.

위만조선의 국가적 성장은 보통 대외교역(중계무역)과 영역화 과정(정복전쟁)으로 설명되고 있다. 이 가운데 주목되는 것은 세형동검문화 요소의 대외교류 측면이다. 하북·산동 지역과 연해주에서 확인되는 한국식 청동기, 요녕·길림 지역에서 확인되는 세형동검문화 요소들은 위만조선 성립기의 교류 양상을 대변한다. 한편 요동·서북한 지역에서 나타나는 명도전과 반량전 등의 중원계 화폐와 거마구, 그리고 전국시대 북방 초원계 문화에 기인하는 동물 장식이나 조형 검파두식은 이 시기 대외교류의 일면을 잘 보여준다. 결국 위만조선 청동기문화의 특징은 중원

---

108 金貞培, 1972, 「古朝鮮의 民族構成과 文化的 複合」, 『白山學報』 21, 45쪽.

109 위만조선의 지배구조 전반에 대한 검토는 박준형, 2012, 「고조선의 성립과 발전에 대한 연구」, 연세대학교 박사학위논문, 194~198쪽.

110 노태돈, 1998, 「衛滿朝鮮의 정치구조-官名 분석을 중심으로-」, 『汕耘史學』 8; 송호정, 2008, 앞의 책; 박준형, 2012, 앞의 글.

계 문화요소와 동북계 혹은 북방 초원계 문화 요소가 세형동검문화 속에 복합, 변형되고 있다는 점에서 구할 수 있다. 이러한 문화 요소의 지역 간 교류는 주민 이주와 모방경쟁, 전쟁 등 다양한 기제로 이루어질 수 있다. 위만조선 시기의 청동기문화가 단일하지 않고 다양한 문화적 기반 위에 성립, 발전하였다는 지적은 이와 무관하지 않다. 당시 위만조선의 문화는 세형동검문화를 바탕으로 한 철기문화로의 진전 상황 아래에서 마주 부딪치게 된 질·양 면에서 압도적이며 침투력과 동화력에서 빼어난 중원 문화와의 만남 가운데서도 자기 정체성을 상실하지 않을 수 있었다. 이들은 오히려 중원문화를 자기들 문화 역량 증대를 위한 전략적 자원으로 활용할 수 있게 되었던 것이다.[111]

국초 위만은 요동태수를 통해서 한과 외신 관계를 맺었다. 외신의 의무는 새외의 만이를 지키고("保塞外蠻夷"), 변경에서 노략질하지 못하게 하며("無使盜邊"), 모든 만이의 군장이 천자를 입현할 때 막지 않는다("諸蠻夷君長欲入見天子 勿得禁止")는 세 가지 약속을 지키는 것이었다(사료 Z).[112] 그러나 학계에서 흔히 논의되고 있는 위만조선의 성장의 계기가 된 한과의 사이의 "병위재물" 수수 관계는 외신 관계 체결 당시의 한시적인 것이었다. 또 이 때 한으로부터 받은 발달된 강철제 무기류가 위만 군사력을 강화했다는 주장은 고고 문화적으로 뒷받침 되지 않고 있다. 따라서 사료 Z의 내용은 위만이 성장하는데 있어서의 한의 역할을 강조하기 위한 수사적인 표현이라 봄이 타당하다고 본다.[113] 오히려 이 경우 위만은 외신의 직위를 감수하는 대가로 한으로부터 왕권을 공식적으로 인정받았으며, 위만조선의 주변 세력과의 대외 교섭권을 독점할 수 있게 되었다는 점에 더 주목해야 한다. 한이 내우외환으로 외신의 의무를 강제하지 못하는 상황을 틈타 위만조선은 주변 제 세력을 압박하며 광역의 영역국가로 성장할 수 있었던 것이다.[114]

3) 위만조선과 한의 갈등

a. 夫燕亦勃碣之間一都會也……北隣烏丸夫餘 東綰穢貉朝鮮眞番之利(『史記』卷129, 貨殖列傳)

b. 諸左方王將居東方 直上谷以往者 東接穢貉朝鮮(『史記』卷110, 匈奴列傳)

c. 孝武皇帝愍中國罷勞無安寧之時 乃遣大將軍驃騎伏波樓船之屬 南滅百粤 起七郡. 北攘匈奴 降昆邪十萬之衆 置五屬國 起朔方 以奪其肥饒之地. 東伐朝鮮 起玄菟樂浪 以斷匈奴之左臂. 西伐大宛 並三十六國 結烏孫 起敦煌酒泉張掖 以鬲婼羌 裂匈奴之右肩. 單于孤特 遠

---

111 박경철, 2005, 앞의 글, 148쪽.
112 박준형, 2011, 앞의 글, 3~6쪽.
113 박준형, 2011, 위의 글, 5~6쪽.
114 박준형, 2011, 위의 글, 18쪽.

遁于幕北. 四垂無事 斥地遠境 起十餘郡(『漢書』卷73, 韋賢傳 第43)

d.　衛滿擊破準 而自王朝鮮 傳國至孫右渠. 元朔元年 濊君南閭等畔右渠 率二十八萬口 詣遼東 內屬 武帝以其地爲蒼海郡(『後漢書』卷85, 東夷列傳 第75 濊條)

e.　彭吳穿穢貊朝鮮 置滄海郡 則燕齊之間靡然發動(『漢書』卷24下,「食貨志」第4下)

f.　武帝以其地爲蒼海郡 數年乃罷(『後漢書』卷85, 東夷列傳 第75 濊條)

g.　傳子至孫右渠 眞番旁衆 國欲上書見天子 又擁 關不通(『史記』卷115, 朝鮮列傳 55)

사료 a는 한 초 이성제후왕으로서 분봉된 연국이 "예맥조선진번"과 일정한 경제적 관계망 속에서 상당한 부를 축적하고 있음을 보여주고 있다. 특히 이곳의 장도·노관은 중앙정부의 통제를 벗어나 흉노 좌현왕("좌방왕장")과 일정한 연계 하에 조선 등과 교역을 행하고 있었음을 짐작케 한다. 그리고 이러한 연결고리의 일익을 요서의 위만 집단이 담당하고 있었을 것이다. 당시 흉노의 좌현왕은 상곡군과 그 이동의 예맥 및 조선 방면을 통할하고 있었다(사료 b). 그런데 B.C. 195년 연왕 노관의 흉노 망입 이후 문제·경제 대(B.C. 179~141년)까지 상곡 이동으로 부터 요동에 이르는 동북 제군에서의 흉노의 발호가 더욱 극심하게 된다. 이 틈을 타 조선이 패수선까지 세력을 확장할 수 있었음은 상술한 바대로다. 이후 이런 정황을 숙지하고 있는 위만조선도 한과의 기왕의 외신 관계를 무시·파기하고, 흉노와 제휴하여 자국과 그 지배 집단의 이익 제고에 진력하였을 것이다.[115]

위만조선과 흉노 관계는 사료 c를 비롯한 관련 사서에 "조선=흉노좌비"라는 기사 외에는 이렇다 할 기록이 없는 실정이다. 다만 몇 가지 방증은 꼽을 수 있다. 흉노에 있던 '비왕(裨王)'이라는 관직이[116] 위만조선의 그것에도 있다는[117] 점이다. 또 고조선 태자가 왕검성 공위전 시 항복 교섭 차 "獻馬五千匹"을 시도한 사실이[118] 있는데, 전략물자인 말의 이런 물량의 수급은 오직 유목 세력 즉 흉노와의 교섭을 통해서만 가능하다. 당시 위만조선에게 말을 대량공급 해 줄 수 있는 루트는〔심양→통요(通遼)→오란호특(烏蘭浩特)→아이산(阿爾山)→호륜패이 초원이나 석림곽륵(錫林郭勒, Xilingol) 초원〕인데 이 대흥안령 일대 또한 흉노 좌현왕이 통제하는 지역이었던 점에서 더욱 그러하다. 비록 동시기는 아니지만 호륜패이시 '호륜패이민족박물관'과 통요시 '과이심 박물관(Horqin Museum)'에는 비파형동검이 전시되어 있는 바, 이전부터 이곳이 예맥계 주민과 초

---

115 권오중, 1992, 『樂浪郡研究』, 一潮閣, 27~28쪽.
116 『史記』卷110, 匈奴列傳에서의 곽거병(霍去病)에게 투항한 흉노 혼사왕(渾邪王)의 비왕 호독니(呼毒尼)가 그다.
117 『史記』卷115, 朝鮮列傳55.
118 위의 책.(『史記』卷115, 朝鮮列傳55)

원 유목민들 간의 접속 루트임을 짐작케 해준다. 또 『회남자』에서 "以匈奴出穢裘"는[119] 흉노가 예에서 산출되는 가죽 옷(穢裘)을 다시 중국과 교역한 것으로, 당시의 흉노와 예맥과의 교역을 방증해 주는 자료이다.[120]

그러나 위만조선과 흉노와의 관계에 대한 중국 측의 인식과 속뜻은 B.C. 128~126년 창해군 설치 문제에 드러나 있다. 무제기(147~87 B.C.)에 이르러 한의 대 흉노 정책은 공세적으로 전환된다. B.C. 133년 한군의 첫 출병이 단행되었다. 그런데 B.C. 129년에는 한이 장군 한안국(韓安國)을 파견하여 어양·우북평·요서군에 주둔하도록 하였다. 중앙에서 파견된 장군이 동북 지역에 주차(駐箚)하였음은 이제까지 방치해 온 요동군을 비롯한 동북 제 군을 강화하려는 조치였다.[121] 곧 한의 동북지역에 대한 이러한 군사력 전개는 흉노의 좌측방 전선을 위협하기 위한 포석이었다고 판단된다. B.C. 128년 예군남려가 내속하였다는 사실(사료 d·e·f)은 바로 이 1년 전의 한의 조치와 유관한 것이다.[122]

오늘날 우리 학계는 이 예군남려의 존재를 고구려 국가 형성사 문제와 결부시켜 이해하려는 견해가 우세한 것도 사실이다. 그러나 필자는 창해군의 입지는 부여사의 맥락에서 검토함이 타당함을 주장하는 견해를 개진한 바 있다.[123] 즉 첫째, 맥족의 주지(住地)를 '예'라 하지 않고, 예의 그것을 일부 '예맥'이라 지칭하기는 했어도 '맥'이라 한 적이 없다는 점, 둘째 압록강 유역 창해군의 경영비용 과다로 이를 포기한 한이 예군 남여 세력에 비해 보다 강력했고 훨씬 먼 곳에 위치한 위만조선과 치열한 교전상태를 2년간이나 끌면서 어떻게 끝내 승리할 수 있었는지 의문이 아닐 수 없다는 점, 마지막으로 B.C 2C 말 당시 고구려사회의 정치적 통합 노력이 아무리 활발히 또 급속히 진전되었다 할지라도, 이 지역에서 한에게로의 '내속' 같은 정치적 운명을 같이 하는 수준의 응집력을 가진 28만 구의 대규모 집단을 통할하는 예군남려의 존재를 상정함은 무리라는 점이 그것이다.

당시 예군남려 집단은 위만조선이 흉노와의 유착 관계에 기대어 주변 예맥계 제 집단과 한 및 흉노 간의 교섭을 제어하면서(사료 g) 자기 지배 집단의 이익만을 추구함에 반발하였던 것으로 판단된다. 상술한 '예구'는 본래 훗날의 동예가 되는 지역의 특산물이었다. 위만조선이 이를 공납 받아 흉노에게 매매하고, 흉노가 다시 이를 중원에 전매하여 수익을 취하고 있던 것이다. 이

---

119 『淮南子』卷1, 原道訓.
120 박준형, 2004, 앞의 글, 85쪽.
121 권오중, 1995, 앞의 글, 278쪽.
122 권오중, 1995, 위의 글, 280쪽.
123 朴京哲, 1992, 「扶餘史展開에 關한 再認識試論」, 『白山學報』 40; 朴京哲, 1994, 「부여사의 전개와 지배구조」, 『한국사(2)-원시사회에서 고대사회로(2)-』, 한길사.

사실은 위만조선이 주변 제 세력에 대한 자원 수탈 구조를 구동시키고 있었음의 방증이 된다. 이러한 위만조선의 수탈적 공납제는 비단 동예 뿐 아니라, 송화강 유역의 예군 남여 집단에게도 강요되었을 것이다. 예군남려집단·옥저·동예·"진번방중국(眞番旁衆國)" 같은 주변 예맥계 제 집단은 한이나 흉노와의 직접 교섭을 막는 위만조선의 존재에 불만을 가졌을 것이다(사료 g). 이에 한은 흉노와 위만조선을 측방에서 견제 할 수 있는 예군남려 집단의 지정학적 가치를 고려하여 이곳에 창해군을 설치하였던 것이다. 이러한 한의 조치가 "燕齊之間(사료 e)"의 위만조선이 운영하는 수탈구조와 이해관계를 가진 제 세력에게는 한 측의 새로운 동북 정책의 시행을 알리는 전조로 받아들여져 파문을 일으켰을 것이다. 창해군은 B.C. 126년 경영 비용 문제로 폐지되지만, 이후에도 한의 예군 남여 집단에 대한 관심과 배려는 각별했던 듯하다. 위만조선은 장검 아닌 세형동검이라는 단검을 상용한데 비하여, 부여의 선행 집단인 예군남려 집단(채람·서란·서차구·유수 등)은 〔쌍조형검병(雙鳥形劍柄)의 동병동검→쌍조형검병의 동병철검→원주식 검병의 동병철검(B.C. 3C~A.D. 1C)〕이라는 장검을 사용하고 있다. 이는 예군남려 집단이 한 측으로부터 '병위재물' 곧 장검 제작 기술을 이전 받은 결과일 수도 있다고 추론된다. 이처럼 창해군 설치는 한이 흉노와의 전쟁이 진행되는 와중에서 단행한 위만조선과 흉노의 연대에 쐐기를 박는 조치였다. 그만큼 한의 양 세력 관계에 대한 의구심과 우려는 컸다고 짐작된다. 당시 한 측의 이러한 인식이 여러 사서에 투영된 것이 "조선=흉노좌비"라는 기사인 것이다.

우리 학계 일각에서는 위만조선 건국기 한과 체결한 외신 관계에 대해 한 측이 주도권을 쥐고 상대방에게 신(臣)이라는 호칭을 강제한다는 점은 분명하지만, 특정한 유력 군장에게만 외신의 지위를 부여한 것이 아니라 정치적 친선 관계를 맺을 수 있다면 모든 만이를 그 외신의 대상으로 삼았던 것이라고 본다. 이렇게 외신이 비교적 일반적 의미로 사용되었다면, 그들에게 특수한 의무가 부과되었을 가능성은 그다지 많지 않다.[124] 문제는 그 외신 관계의 내용에 대한 해석권이 언제나 한 측에 유보되어 있었다는 점이다. 이 점에서 위만조선과 한 사이에는 갈등의 가능성이 구조적으로 상존하고 있었던 셈이다. 오히려 외신이라는 개념 자체에 특정한 의무가 없기 때문에 한은 시대적 상황에 따라 자의적인 요구를 강요할 수 있었다. 전한 초기는 전란이 막 평정된 시기이므로 외신들에게 무리한 요구를 한다는 것 자체가 불가능했다. 외신에 대한 요구는 경제 시기 오초7국(吳楚七國)의 난을 전후로 제후국에 대한 한의 우세가 본격화되면서 크게 달라졌고, 더욱이 황제권이 크게 강화된 무제 시기가 되면 내신에 대한 통제가 강화됨과 동시에 외신의 의무 또한 더욱 강화되었던 것이다.[125]

---

124 김병준, 2008, 「漢이 구성한 고조선 멸망 과정-『사기』 조선열전의 재검토-」, 『韓國古代史研究』 50, 15쪽.
125 김병준, 2008, 위의 글, 17~18쪽.

한 무제(B.C. 147~87년)의 세계정책(world policy)은 한·흉노를 기축으로 한 이원적 동아시아 국제질서를[126] 한 중심으로 재편함을 목적으로 추진되었다. 이를 통하여 한은 자국의 안전보장의 담보와 주변 제 세력을 통제·관리하는 과정에서 그들의 부존(賦存) 자원에 대한 접근의 기회를 포착하고자 했던 것이다. 이러한 무제의 세계정책은 주변 제 국가·민족·집단의 무장 해제와 세력 재편 심지어는 공간적 생존 영역의 재조정을 강제하는 매우 폭력적인 강제 기제로 작용하였던 것이다. 이것이 한 제국을 중심으로 한 동아시아 세계체제 곧 한을 중심으로 한 억압적 평화체제(pax-sinica system)의 실상이었다.

B.C. 133~119년에 벌인 제1차 흉노와의 전쟁과 잇따른 B.C. 112~109년의 대월전(對越戰), 그리고 B.C. 108년의 조선정벌과 연이어 B.C. 108년 이래 지속된 서역정벌 등이 모두 이러한 정책의 구현 과정이었다. 특히 위만조선에 대한 한의 군사행동은 주변 제 민족을 흉노로부터 분리시킴을 통해 그들을 고립화시키려는 전략의 일환으로 추진되었다. 즉 한은 자국의 '외신'에서 '흉노좌비'로 전신한 조선에 대한 응징과 흉노와의 소강기에 그들을 간접적이며 우회적으로 공격하고자 전쟁을 도발했던 것이다.[127] 결국 사료 c처럼, 한은 "伐朝鮮 起玄菟樂浪 以斷匈奴之左臂"하게 된다.[128]

위만조선은 B.C. 2C 말 동북아시아 방면의 유력한 무장세력(armed power)으로 부각되게 되었다. 당시 위만조선을 선두로 한 예군남려집단·옥저·동예·"진번방중국" 등 예맥계 제 집단의 정치적 성장은 교역권의 확대와 동아시아 교역 네트워크 형성을 촉진하는 계기가 되었던 것이다. 그러나 동아시아 역학 구조상의 위만조선의 위상과 이에서 비롯된 교역망 통제를 둘러싸고 한제국과의 갈등이 증폭되게 된다. 따라서 위만조선은 자기를 '흉노지좌비'로 인식하던 한 측과의 전면적 군사대결을 벌리면서 붕괴되었던 것이다. 이 위만조선과 한제국과의 전쟁은 한(漢)민족 제1차 팽창기인 진·한제국 시기에 우리 민족이 감당해야 했던 동아시아 국제정치에서의 기회비용이었던 것이다. 그러나 위만조선을 중심으로 한 예맥계 제 집단은 여러 부문에서 압도적 우위를 점하며 동아시아의 국제적 재분배시스템으로 관념되는 '조공·책봉체제'를 매개고리로 압박해 오는 한 세력의 패권주의에 대한 길항작용을 벌이면서, 꾸준히 자기 발전의 길을 추구하고자 하였음에 유의하여야 한다. 아울러 동아시아사의 진전이 중국 문화의 수용과 이를 자기역량화한 주변 제 국·세력의 저항이라는 상호 관계의 역동성의 결과물이라는 사실도 함께 유념해야 한다.

---

126 권오중, 1992, 앞의 책, 26~27쪽.
127 권오중, 1992, 앞의 책, 29~30쪽.
128 위만조선·한 전쟁의 경과에 대해서는 김병준, 2008, 앞의 글 참조.

5. 맺음말

이상의 논의를 정리함으로써 맺음말에 갈음하고자 한다.

B.C. 12~7C경 예맥은 고고학 자료 속에서 나마 노로아호산맥 이남 대릉하 유역 청동기 문화의 향유자로서 그 실체를 서서히 드러내고 있다. 그리고 그 문화의 중심지는 현 단계로서는 조양 십이대영자 일대로 추정된다. 또 십이대영자유형문화 하담집단은 B.C. 8~6C경 국가(state) 직전 단계인 군장사회 수준의 복합사회로 접어들고 있었다.

B.C. 7C 제 환공의 북벌을 기점으로 제와 연 등의 중원 세력이 산융·고죽 등의 적대 제력을 너머에 존재하는 예맥에 관한 구체적 지식·정보와 적극적 관심을 갖게 되었다. 그러나 B.C. 5C 이래 요서 지역에서는 비파형동검문화의 정체성이 퇴색하는 고고문화 현상이 진행되어 가게 된다. B.C. 6~5C에 접어들어 심양 지역이 비파형동검문화의 새로운 중심지로 부상하게 된다. 즉 요동 비파형동검 문화의 주요 내포가 되는 정가와자유형문화가 바로 그 중심문화로 새로이 성장하게 된다. 따라서 제·연 등 중원 제 세력과 교역을 매개로 일정한 관계를 갖게 된 '발조선'의 실체는 요동 비파형동검 문화권 내에서 정가와자 유형 문화를 향유하는 심양 일대를 중심으로 하는 예맥계 주민집단으로 추정된다. B.C. 6~5C경 발조선으로 인식됐던 요동 지역 예맥계 제 주민집단은 복합군장사회 수준의 정치적 삶의 양식을 영위하고 있었을 것이다.

B.C. 4C 말은 고조선이 전국 칠웅의 하나인 연에 대한 공격을 도모할 정도로 정치·군사적 역량이 축적된 시기로서, 당시의 조선왕을 군사통수권자로서의 국왕에 상정해도 무리가 없는 시기였다. 당시 고조선은 본격적인 국가 단계로 발전하였다.

B.C. 311~314년경 조선은 연의 망국 위기 상황을 틈타 "燕之東地"를 "伐燕"하는 군사행동을 단행한다. 조선의 "벌연"은 아마도 요서 지역에서의 영향력을 보다 강화시키려는 목적에서 행해진 강공수였다. 연은 B.C. 282~280년 동호 "습파"에 잇달아 지난 B.C. 311~314년 이래 조선의 영향권 아래 놓여 있던 요서 지역과 그 너머 요동의 조선에 대한 반공작전을 성공적으로 수행, "地二千餘里"를 차지하고, "만번한"을 경계로 삼았다. 고조선이 만번한을 연과의 계선으로 삼았다면, 결국 천산산맥이 그 경계가 됨을 상정할 수 있다. 연의 요동군치인 양평을 현재의 요양으로 비정하는 것보다, 오히려 하북성 계현의 무종 일대로 볼 수 있을 가능성이 없지 않다. 당시 연은 군현제와 같은 강고한 지배기제를 바탕으로 이 지역에 대한 "약속"을 행 했다기보다는, 오히려 '구대유지'와 같은 "爲置吏 築障塞"한 점재하는 거점을 중심으로 자국 상고들이 개척한 교역로를 통제하는 방식으로 이 지역에서의 일정한 세력 부식과 영향력 행사를 꾀하고 있었다. 요동 주민들의 연의 문화 등에 대한 수요와 이 지역의 특산물에 대한 연 측의 경제적 동기가 상승 작용을 하면서 이 지역에서의 연의 세력과 영향력이 일정하게 확산되었을 것으로 추

측된다.

　진의 대조선 정책은 연의 그것에 비해서도 매우 소극적이었다. "진고공지 상하장"의 존재는 진의 조선에 대한 인식이 그다지 우호적인 것만은 아니었음을 짐작케 해준다. 진은 패수 이동의 땅을 일종의 자기 영역으로의 제 적대세력의 침투를 차단해주는 방패의 땅, 곧 '차단지' 혹은 '방위전지'로 운용하고 있었던 것이다. 조선은 본래 '만번한(천산산맥)' 이동으로 밀려났다가, 진의 소극적 대 동북아 정책과 진한교체기의 혼란 그리고 이 방면에서의 흉노의 강세와 발호를 틈타 천산산맥 이서 지역으로 세력을 확장했다. 패수는 심양에 연하여 흐르는 혼하로서 조선과 한의 경계가 된다.

　B.C. 194년 위만이 "眞番朝鮮蠻夷及故燕齊亡命者"를 규합하여 고조선의 왕권을 장악하였다. B.C. 5~4C 이래 요서 지역 주민들은 예맥·연·진·한 등 주도세력의 빈번한 교체하에서 자기들 상호 간 일정한 관계망을 구성하면서 다양한 정치·문화적 경험을 통해 나름대로 역량을 온축한 집단이었으며, 이들이 바로 위만의 출자가 된다.

　위만조선과 흉노와의 관계에 대한 중국 측의 인식과 속뜻은 B.C. 128~126년 창해군 설치 문제에 드러나 있다. 당시 예군남려 집단은 위만조선이 흉노와의 유착 관계에 기대어 주변 예맥계 제 집단과 한 및 흉노 간의 교섭을 제어하면서 자기 지배 집단의 이익만을 추구함에 반발하였던 것이다. 위만조선 건국기 한과 체결한 외신 관계의 내용에 대한 해석권이 언제나 한 측에 유보되어 있었다. 한 무제(147~87 B.C.)의 세계정책은 한·흉노를 기축으로 한 이원적 동아시아 국제질서를 한 중심으로 재편함을 목적으로 추진되었다. 이를 통하여 한은 자국의 안전보장의 담보와 주변 제 세력을 통제·관리하는 과정에서 그들의 부존 자원에 대한 접근의 기회를 포착하고자 했던 것이다. B.C. 108년 위만조선에 대한 한의 군사행동은 주변 제 민족을 흉노로부터 분리시킴을 통해 그들을 고립화시키려는 전략의 일환으로 추진되었다. 한은 자국의 '외신'에서 '흉노좌비'로 전신한 조선에 대한 응징과 흉노와의 소강기에 그들을 간접적이며 우회적으로 공격하고자 전쟁을 도발했던 것이다. 결국 한은 "伐朝鮮 起玄菟樂浪 以斷匈奴之左臂"하게 된다.

출전 박경철, 2015, 「古朝鮮 對外關係 進展과 衛滿朝鮮」, 단국대 동양학연구소·고조선사연구회 엮음, 『고조선과 위만조선의 연구쟁점과 대외교류』, 학연문화사.

연구성과 목록

1. 朴京哲, 1985,「高句麗 軍事行動에 關한 一考察」, 高麗大學校 大學院 史學科 碩士學位論文.

2. 朴京哲, 1988,「高句麗 軍事力量의 再檢討」,『白山學報』35.

3. 朴京哲, 1989,「高句麗 軍事戰略 考察을 위한 一試論: 平壤遷都以後 高句麗 軍事戰略의 志向点을 中心으로」,『史學研究』40.

4. 박경철, 1991,「림건상의 '삼국 시기 사회 경제구성에 관하여'와 김석형의 '3국의 계급 제 관계'의 이해를 돕기 위한 小考」, 김정배 엮음,『북한의 우리 고대사 인식 Ⅰ: 연구성과와 평가』, 대륙연구소 출판부.

5. 朴京哲, 1992,「扶餘史 展開에 關한 再認識 試論」,『白山學報』40.

6. 박경철, 1993,「韓国 儒学史学에서의 民族史認識: 그 古朝鮮史認識을 中心으로」, 尹絲淳 외,『新実学의 탐구』, 열린책들.

7. 박경철, 1994,「扶餘史 展開와 支配構造」,『한국사 2: 원시사회에서 고대사회로(2)』, 한길사.

8. 박경철, 1994,「북한에서의 '고·중세 사회경제구성' 인식에 관한 일고찰: 시대구분 논의와 '중세초기' 정치사 인식과 관련하여」, 김정배 엮음,『北韓의 古代史研究와 성과: 우리 민족의 기원과 발전』, 대륙연구소 출판부.

9. 朴京哲, 1996,「最近 北韓学界의 高句麗史研究動向에 関한 小考: 그 認識視点에 對한 批判的 接近」,『白山學報』46.

10. 朴京哲, 1996,「高句麗 軍事戰略 考察을 위한 一試論」(再收錄), 国防軍史研究所 編,『韓国軍事史論文選集: 古代篇』, 国防軍史研究所.

11. 朴京哲, 1996,「扶餘国家의 支配構造 考察을 위한 一試論」,『韓國古代史研究』9.

12. 朴京哲, 1996,「高句麗의 國家形性 研究」, 高麗大學校 大學院 史學科 博士學位論文.

13. 朴京哲, 1997,「高句麗와 濊貊: 高句麗의 住民과 그 文化系統」,『白山學報』48.

14. 朴京哲, 1997,「B.C. 1000年紀 後半 積石築造集団의 政治的 存在様式」,『韓国史研究』98.

15. 朴京哲, 1998,「北韓의 '古代·中世史' 認識틀에 관한 一考察: '古代·中時代区分' 論議를 中心으로」,『史叢』47.

16. 朴京哲·李相白, 1998,「忠州 지역 주민의 意識構造 연구」,『中原地域研究』1, 건국대학교 중

원지역 발전 연구소.

17. 朴京哲, 1998,「'高句麗社会'의 發展과 政治的 統合 努力 : 国家形成期 高句麗史 理解를 위한 前提」,『韓国古代史研究』14.

18. 朴京哲, 1999,「'遼西琵琶形銅劍文化'의 再認識」,『先史와 古代』12.

19. Timothy Earle, 1999,「政治的 支配와 社會進化(Political Domination and Social Evolution)」, 飜譯─ 解題, 朴京哲,『史叢』50.

20. 朴京哲, 1999,「우리 傳統史學의 古朝鮮史認識」,『史學研究 : 乃雲 崔根泳 博士 停年紀念論文集』58, 59合輯.

21. 朴京哲, 2000,「中原文化圈의 歷史的 展開 : 그 地政學的 · 戰略的 位相 변화를 중심으로」,『先史와 古代』12.

22. 朴京哲, 2001,「抗蒙主體의 再認識」,『사회과학논문집』12, 강남대학교 사회과학연구소.

23. 朴京哲, 2001,「漢城百濟期 龍仁地方의 存在樣態」,『白山學報』61.

24. 朴京哲, 2001,「고구려의 한성 강습과 백제의 남천」, 京畿道史編纂委員會,『京畿道史』.

25. 朴京哲, 2002,「高句麗人의 '國家形成' 認識 試論」,『韓國古代史研究』28.

26. 朴京哲, 2002,「書評 : 戰爭 · 政治 · 國家 그리고 歷史 ─김영하,"韓國古代社會의 軍事와 政治"」,『韓國史學報』13.

27. 朴京哲, 2003,「高句麗 '民族'問題 認識의 現況과 課題」,『韓國古代史研究』31.

28. 朴京哲, 2003,「高句麗 異種族支配의 實相」,『韓國史學報』15.

29. 朴京哲, 2003,「高句麗 '漢城强襲'의 再認識」,『民族文化研究』38.

30. Park, Kyeong-chul, 2004,「History of Koguryo and China's Northeast Asian Project」,『International Journal of Korean History』6.

31. 朴京哲, 2004,「濊貊 · 扶餘와 高句麗의 正體性에 관한 研究」,『高句麗研究』18.

32. 朴京哲, 2004,「中國學界의 高句麗 對隋 · 唐70年戰爭 認識의 비판적 검토」,『韓國古代史研究』33.

33. 박경철, 2004,「扶餘史 研究의 諸問題」, 이성규 외,『동북아시아 선사 및 고대사 연구의 방향』, 학연문화사.

34. 박경철, 2004,「선사 및 초기국가시대의 무역」, 최광식 외,『한국무역의 역사』, 청아출판사

35. 박경철, 2004,「부여」, 고구려연구재단 편,『고조선 · 단군 · 부여』, 고구려연구재단.

36. 朴京哲, 2005,「高句麗 邊方의 擴大와 構造的 中層性」,『韓國史學報』19.

37. 朴京哲, 2005,「古朝鮮 · 扶餘의 住民構成과 種族」,『北方史論叢』6.

38. 朴京哲, 2005,「高句麗 國家形成問題의 再檢討」,『國際高麗學會 서울支會 論文集』6.

39. 朴京哲, 2005,「高句麗의 東蒙古經略」,『白山學報』71.

40. 朴京哲, 2005,「새로운 扶餘史像 定立을 위한 몇 가지 課題」,『先史와 古代』23.

41. 朴京哲, 2006, 「麗濟戰爭史의 재검토」, 『高句麗研究』24.

42. 朴京哲, 2006, 「삼국시대 용인의 위상」, 龍仁市史編纂委員會, 『龍仁市史』.

43. 朴京哲, 2007, 「고구려의 국가형성」, 동북아역사재단 편, 『고구려의 정치와 사회』, 동북아역사재단.

44. 朴京哲, 2007, 「麗羅戰爭史의 재검토」, 『韓國史學報』26.

45. 朴京哲, 2007, 「麗唐戰爭의 再認識」, 『東北亞歷史論叢』15.

46. 朴京哲, 2007, 「부여」, 조법종 외, 『이야기 한국 고대사』, 청아출판사.

47. 朴京哲, 2008, 「中國 古文獻 史料에 비쳐진 韓國古代史像」, 『先史와 古代』29.

48. 박경철, 2009, 「중국 '고조선사' 인식의 어제와 오늘」, 고조선사연구회·동북아역사재단, 『고조선사 연구 100년』, 학연문화사.

49. 박경철, 2010, 「부여」, 김정배 편·저, 『한국고대사 입문 Ⅰ』, 신서원.(13人)

50. 朴京哲, 2010, 「鴨綠江 中·上流流域 積石塚 築造集團의 存在樣態」, 『先史와 古代』32.

51. 朴京哲, 2011, 「扶餘의 國勢變動相 認識에 관한 試論」, 『高句麗渤海研究』39.

52. 朴京哲, 2011, 「鴨綠江 上流 臨江~長白地域 積石塚築造集團의 存在樣態」, 『歷史文化研究』38.

53. 朴京哲, 2012, 「延邊地域으로의 高句麗 勢力浸透 및 支配의 實相」, 『東北亞歷史論叢』38.

54. 朴京哲, 2014, 「古朝鮮 對外關係 進展과 衛滿朝鮮」, 『東北亞歷史論叢』44

55. 박경철·유제민, 2015, 「集安 高句麗古墳群에 대한 統計的 接近 試論」, 『한국사학보』59.

56. 박경철, 2015, 「古朝鮮 對外關係 進展과 衛滿朝鮮」, 단국대 동양학연구소·고조선사연구회 엮음, 『고조선과 위만조선의 연구쟁점과 대외교류』, 학연문화사